कश्मीरनामा

इतिहास और समकाल

अशोक कुमार पाण्डेय

ISBN : 9789386534453
प्रथम संस्करण : 2018
KASHMIRNAMA (History)
by Ashok Kumar Pandey
आवरण चित्र : जावेद शाह

राजपाल एण्ड सन्ज़
1590, मदरसा रोड, कश्मीरी गेट, दिल्ली–110006
फोन : 011–23869812, 23865483, 23867791
e-mail : sales@rajpalpublishing.com
www.rajpalpublishing.com
www.facebook.com/rajpalandsons

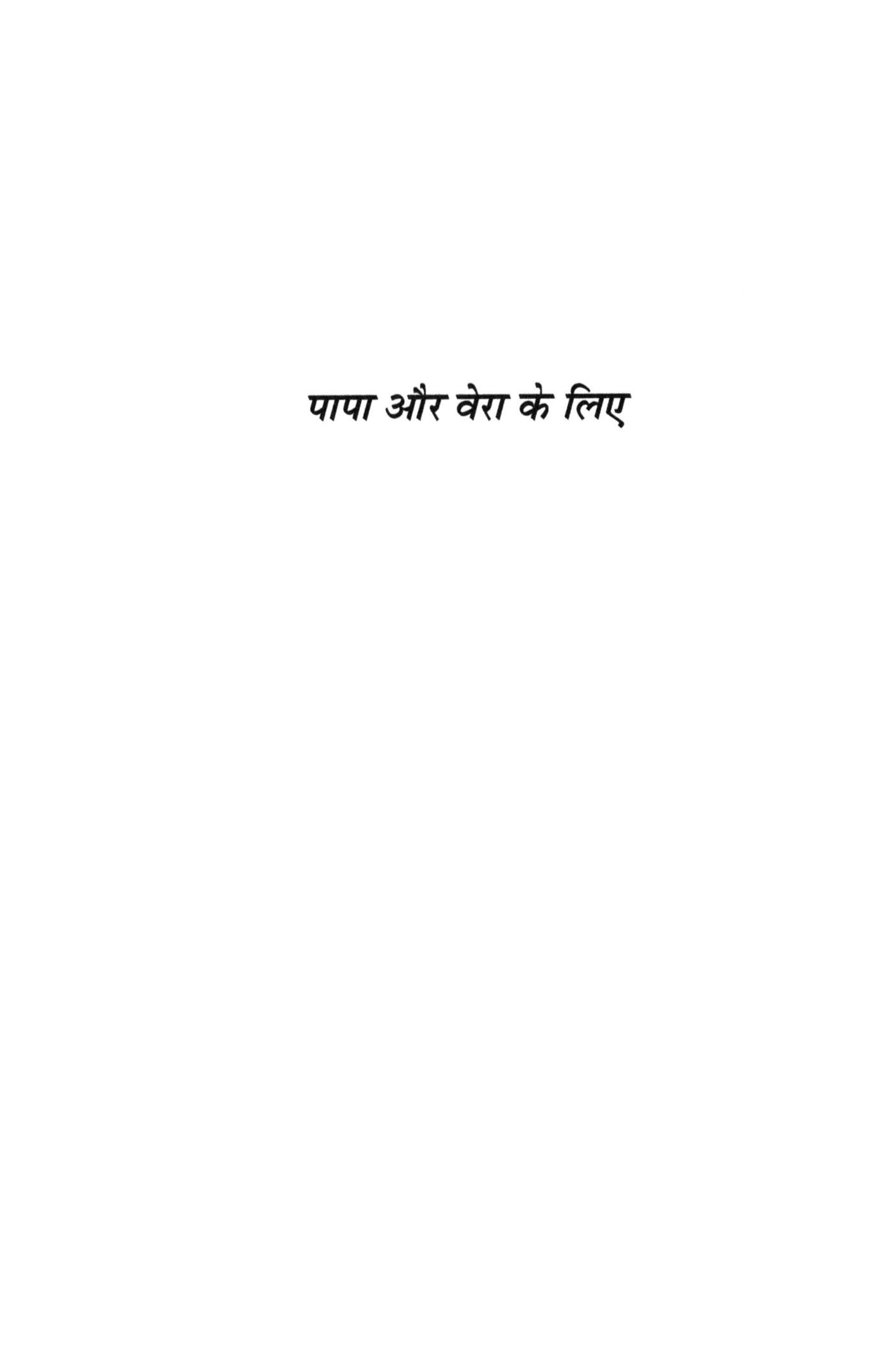

पापा और वेरा के लिए

क्रम

आमुख

कहते हैं कि कश्मीर का सौन्दर्य देख, जहाँगीर के मुँह से निकला था—'धरती पर स्वर्ग यदि कहीं है, तो यहीं है, यहीं है, यहीं है' (अगर फ़िरदौस बर रु-ए-ज़मीं अस्त, हमीं अस्तो हमीं अस्तो हमीं अस्त.)

आज धरती के इस स्वर्ग में अविश्वास, हिंसा और घृणा का नर्क फैला हुआ है।

अशोक कुमार पाण्डेय की यह पुस्तक इस नर्क के फैलने की कथा विस्तार से कहती है। यह कथा *नीलमत पुराण* जैसे पौराणिक संदर्भों और *राजतरंगिणी* जैसे पारंपरिक इतिहास-ग्रंथों से आरंभ होकर नवीनतम शोध और विवादों तक आती है। कथा का थोड़ा विस्तृत हो जाना लाज़िमी था, लेकिन कश्मीर के समकाल की सही समझ के लिए वहाँ के इतिहास की जानकारी और समझ अनिवार्य है। कश्मीर के इतिहास, भूगोल और समकाल की कथा सुनना ज़रूरी है ताकि हम कश्मीर को सिर्फ़ 'समस्या' नहीं बल्कि एक ऐसी जगह के रूप में पहचान पाएँ जहाँ हमारे जैसे ही नागरिक रहते हैं, जिनका जीवन-मरण उस जगह के विशिष्ट इतिहास और भूगोल से प्रभावित होता है।

'कश्मीर-समस्या' का एक कारण भूगोल है तो दूसरा इतिहास—मुस्लिम बहुल आबादी और भारत और पाकिस्तान दोनों से मिलती सीमाएँ। फ़ैसला हर रियासत की तरह महाराजा को ही लेना था और उनकी मुख्य चिंता अपनी हुकूमत बनाए रखने की थी, जो कि व्यावहारिक रूप से संभव नहीं था। इसीलिए उन्होंने भारत और पाकिस्तान दोनों से सौदेबाज़ी की कोशिश की, और इसी दुचित्तेपन के कारण 'समस्या' के वर्तमान रूप की शुरुआत हुई।

आज, असल समस्या है अजनबियत और पराएपन का बोध। इस बोध को दूर किये बिना उस असंतोष का कोई समाधान संभव नहीं जो बीच-बीच में उग्र रूप लेता रहता है। इसी के साथ, यह बात भी उतनी ही सच है कि कश्मीर को 'विश्वविजयी इस्लाम' (पैन इस्लामिज़्म) के आख्यान में स्थापित करने की कोशिशें लगातार चलती रही हैं। अशोक याद दिलाते हैं कि शेख अब्दुल्ला के 1931-32 के लोकतांत्रिक और व्यावहारिक रूप से सेकुलर आंदोलन के ज़माने से ही पैन इस्लाम और कट्टरपंथ के तत्व आंदोलन को भटकाने की कोशिश कर रहे थे। यह ब्रिटिश राज के इशारे पर ही हो रहा था। इस

विचारधारा के प्रभाव में आने वालों को कैसी 'आज़ादी' मिली, यह पाकिस्तान के कब्ज़े वाले कश्मीर में देखा जा सकता है। कहने की ज़रूरत नहीं कि इस आंदोलन को ही नहीं, सारी राजनैतिक प्रक्रिया को हिन्दू-मुसलमान में बदलने के काम में हिन्दू सांप्रदायिकता पीछे नहीं थी। स्वाभाविक ही था, कि हिन्दू और मुस्लिम दोनों रंगत की सांप्रदायिक राजनीति कश्मीर में भी वही कर रही थी, और कर रही है, जो बाकी सारे देश में। यह पुस्तक ऐसे अनेक प्रसंग रेखांकित करती है, बहुत सारे मिथकों और छद्म नायकों की वास्तविकता को सप्रमाण, तर्कसंगत ढंग से उजागर करती है।

ऐसा नहीं है कि पराएपन का बोध केवल कश्मीरी मानस में है। कश्मीरियों को बाकी भारत के लोग कितना अपना समझते हैं? उनके बारे में किस तरह सोचते हैं? एक सिरे पर वे लोग हैं जिनके लिए ना मानवाधिकारों का कोई मतलब है ना कानूनी प्रक्रियाओं का, वे हर तरह के दमन का समर्थन राष्ट्रवाद के नाम पर करते हैं। जिनकी समझ 'खीर देंगे—चीर देंगे' वाली वाणी में झलकती है। वे लोग भूल जाते हैं कि असंवाद का समाधान संवाद से ही हो सकता है, आक्रामकता से नहीं। दूसरी तरफ़ वे हैं जो बिना सोचे-समझे 'आत्मनिर्णय के अधिकार' का समर्थन करते हैं। इन्हें इससे कोई मतलब नहीं कि आत्मनिर्णय में 'आत्म' कौन होगा? कैसे निर्धारित होगा? उसका 'अन्य' कौन होगा? इन सवालों की उपेक्षा करने का नतीजा यही होना है कि घोर कट्टरपंथी, प्रतिगामी तत्व राजसत्ता और समाजतंत्र पर हावी हो जाएँ। औरतें सदा के लिए दोयम दर्जे पर ठेल दी जाएँ, मेहनतकश तबकों के अधिकारों की बात से लेकर सिनेमा आदि तक को कुफ्र करार दे दिया जाए।

कश्मीरनामा की खूबी यह है कि सवाल सांप्रदायिकता का हो, या कश्मीर की सामाजिक संरचना और उसके ऐतिहासिक विकास का, इतिहास के मूल्यांकन का हो, या भविष्य की कल्पना का—सरलीकरणों के बजाय किताब तथ्यों, प्रमाणों और उनसे प्राप्त होने वाले निष्कर्षों पर भरोसा करती है। सामाजिक-सांस्कृतिक पहचानों के प्रति संवेदनशील रहते हुए भी, अशोक उनके निर्माण की ऐतिहासिक प्रक्रिया और सामाजिक गतिकी के आर्थिक-भौतिक पहलू को कहीं भी ओझल नहीं होने देते। वे सांस्कृतिक अस्मिता के सवालों को वास्तविक आर्थिक-सामाजिक ढाँचे के संदर्भ में तथा अखिल भारतीय ही नहीं व्यापार के अतंर्राष्ट्रीय संदर्भ में भी रखते हैं।

बीसवीं सदी के कश्मीर का राजनैतिक इतिहास शेख अब्दुल्ला और उनकी विरासत से गुँथा हुआ है। अशोक शेख अब्दुल्ला के राजनैतिक विकास-क्रम को सहानुभूति के साथ देखते हैं, लेकिन आलोचनात्मक आकलन करते हुए। वे इस बात को विडम्बना कहते हैं कि शेख अब्दुल्ला मुस्लिम और हिन्दू, दोनों तरह के कट्टरपंथियों के लिए हमेशा नफ़रत का सबब रहे।

इसमें विडम्बना क्या है? यह तो बिलकुल स्वाभाविक बात है। जो भी व्यक्ति सांप्रदायिक राजनीति के बरक्स समावेशी और सेकुलर राजनीति करेगा, वह ऐसे लोगों की नफ़रत ही तो कमाएगा। हिन्दू-मुस्लिम एकता की बात करने के लिए शेख अब्दुल्ला को मुस्लिम कट्टरपंथी बीसवीं सदी के चौथे-पाँचवें दशक में मुस्लिम विरोधी कह रहे थे

तो नेहरू को हिन्दू विरोधी साबित करने के लिए हिन्दू कट्टरपंथ ने दुष्प्रचार की सारी हदें पार की हैं।

एक दुष्प्रचार यह भी है कि कश्मीर 'समस्या' के लिए नेहरू ही ज़िम्मेवार हैं। अशोक ने कुछ ज़रूरी तथ्य याद दिलाए हैं, जो इस दुष्प्रचार का निवारण तो करते ही हैं, इस विडम्बना का निराकरण भी करते हैं कि, 'आज कश्मीर को लेकर नेहरू को बार-बार कठघरे में खड़ा किया जाता है और कहा जाता है कि अगर पटेल की चलती तो कश्मीर में कोई समस्या नहीं होती।'

अशोक की उपलब्धि यह है कि वे कई स्रोतों में बिखरी पड़ी सूचनाओं और उनसे संबंधित वाद-विवाद को सामाजिक-ऐतिहासिक गतिकी के सुचिंतित तर्क और लोकतांत्रिक नागरिकता को नैरेटिव में रखने में सफल हुए हैं।

विवरण चाहे कश्मीर के इतिहास का हो, चाहे समकाल का—लेखक के चित्त में स्त्रियों की दशा (अधिकांशत: दुर्दशा ही) के सवाल की सतत उपस्थिति आश्वस्तिदायक है।

कोई दो-ढाई साल पहले, अशोक ने कश्मीर पर किताब लिखने की इच्छा जताई थी। लिखे हुए के कुछ मसौदे मुझे पढ़वाए भी थे। मैं तभी से *कश्मीरनामा* का इंतज़ार करता रहा हूँ। यह आमुख लिखते समय मुझे जैसे संतोष और खुशी का एहसास हो रहा है, आप समझ ही सकते हैं। मेरी जानकारी में, यह हिन्दी में इस विषय पर इतने मुकम्मल ढंग से लिखी गयी पहली किताब है। आशा और विश्वास जताने की बात नहीं, मैं निश्चित रूप से जानता हूँ कि *कश्मीरनामा* का अध्येताओं और सामान्य पाठकों के बीच शानदार स्वागत होगा।

नवम्बर, 2017 **— डॉ. पुरुषोत्तम अग्रवाल**

दिल्ली

भूमिका

हम दिखते हैं भूगोल की तरह लेकिन
बस खुरचो हमें
और बहने लगता है इतिहास
हम असली हैं या फिर किसी ने आविष्कार किया है
हमारा

–मिरियम वाडिंगटन की कविता 'कनाडियन' से

कश्मीर। ज़मीन का एक ऐसा ख़ूबसूरत टुकड़ा जहाँ सब एक बार जाना चाहते हैं मगर जिसकी कहानी कोई नहीं सुनना चाहता। एक ऐसा भू–भाग जिसे पाकिस्तान अपना अभिन्न हिस्सा कहता है और हिन्दुस्तान अपना। धरती की वह जन्नत जहाँ संगीनों की आवाज़ गूँजती है और लाशों के सन्नाटे। जिसको लेकर हमारी समझ अक्सर टीवी चैनल्स की निरुद्देश्य बहसों या फिर अख़बारों की सतही रिपोर्टिंग से बनती है। कश्मीर का लम्बा इतिहास तो छोड़िए समकालीन इतिहास भी अक्सर किसी गंभीर चर्चा का हिस्सा बनने की जगह 'कश्मीर हमारा अभिन्न हिस्सा है' के नारे में दब कर रह जाता है। यह एक कटु सत्य है कि कश्मीर और उत्तर–पूर्व हमारे देश के दो ऐसे हिस्से हैं जिनके नक़्शे में होने को लेकर हम जितने अधिक संवेदनशील हैं, वहाँ के हालात, मुश्किलात, इतिहास, आकांक्षाओं और उम्मीदों के बारे में उतने ही असम्पृक्त। दुनिया के तमाम तनावग्रस्त इलाकों की तरह ही कश्मीर का भी एक जटिल इतिहास है, संशयग्रस्त वर्तमान और अनिश्चित भविष्य। उसे जानने, समझने और विवेचित करने के मुश्किल काम से गुज़रे बिना उस पर कोई टिप्पणी बेमानी ही होगी। कश्मीर में डोगरा शासन के दौरान भू बंदोबस्त के लिए वहाँ लम्बे समय तक रहे और कश्मीरी इतिहास तथा समाज के अध्येता वॉल्टर लॉरेन्स ने अपने एक आधिकारिक पत्र में एक फ्रेंच यात्री विक्टर जैक्मंट्स के हवाले से लिखा है, '(कश्मीर) एक शानदार फ्रेम में जड़ी बदसूरत तस्वीर है।' यह किताब उस बदसूरत तस्वीर को करीब से देखने और उसकी बदसूरती के निशानात और उनकी वजूहात की शिनाख़्त की कोशिश है।

1948 में जम्मू और कश्मीर के तत्कालीन डोगरा शासक हरि सिंह के भारत के साथ विलय पत्र पर हस्ताक्षर के बाद से ही न केवल भारतीय बल्कि अंतरराष्ट्रीय माध्यमों में भी

कश्मीर के साथ समस्या अनिवार्य रूप से उपस्थित रही है। कश्मीर का ज़िक्र आते ही हर दूसरा व्यक्ति नेहरू की ख़ूबियों/ग़लतियों, शेख़ अब्दुल्ला की भारत के प्रति निष्ठा/अनिष्ठा, कश्मीरी पंडितों के पलायन जैसी बातें एक विशेषज्ञ की तरह करता हुआ दिख जाता है। हमारे अख़बार, पत्र-पत्रिकाएँ, समाचार माध्यम इन्हीं मुद्दों, बहस, मुबाहिसे में मसरूफ़ दीखते हैं जिसमें कुछ कश्मीर विशेषज्ञ पत्रकार और अक्सर सैन्य अधिकारी जो बहस करते हैं उनका लब्बो-लुआब सिर्फ़ वे तरीक़े होते हैं जिनसे कश्मीर को नियंत्रण में रखा जा सके। कश्मीरी समाज-संस्कृति और वहाँ के इतिहास में आमतौर पर कम-से-कम हिन्दी भाषी समाज में मैंने कोई गंभीर रुचि नहीं देखी है। इसका एक पक्ष तो यही है कि भारतीय उपमहाद्वीप का विशिष्ट हिस्सा होने के बावजूद जिसका एकदम आरंभिक काल से अब तक का इतिहास क्रमबद्ध तरीके से उपलब्ध है, हिन्दी में कश्मीर के इतिहास पर कोई किताब उपलब्ध नहीं है—अनूदित भी नहीं। प्राचीन युग में कश्मीर के उद्भट विद्वान अभिनव गुप्त सहित संस्कृत में लिखित साहित्य के बाद जिस साहित्य की उपस्थिति है, वह है डोगरी साहित्य और बाद में लिखे गए हिन्दी साहित्य की। न तो मध्यकाल का उस फ़ारसी में लिखा विपुल साहित्य हिन्दी में अनूदित करने का कोई प्रयास किया गया जो वहाँ के हिन्दू-मुसलमानों दोनों ही की भाषा थी, न ही वहाँ की जनभाषा कश्मीरी में लिखा साहित्य हिन्दी में उपलब्ध है। यहाँ तक कि कश्मीरी भाषा के पहले आधुनिक कवि माने जाने वाले महजूर जैसे महत्त्वपूर्ण कवि का काम भी अंग्रेज़ी में तो उपलब्ध है लेकिन हिन्दी में नहीं और आज जब कश्मीर के ज़्यादातर युवा अंग्रेज़ी में लिख रहे हैं तो उसे भी हिन्दी के पाठकों तक लाने की कोई कोशिश नहीं है।

ऐसे माहौल में इस किताब को लिखते हुए मेरे सामने सबसे बड़ी चुनौती थी अपनी विषयवस्तु का चुनाव। एक साहित्यकार के रूप में मेरी सहज रुचि कश्मीरी साहित्य में थी जिसका अधिकांश हिस्सा संयोग से अंग्रेज़ी में उपलब्ध है। लेकिन उसे पढ़ते हुए मुझे निरंतर यह एहसास होता रहा है कि कश्मीर की जटिल ऐतिहासिक प्रक्रियाओं को समझे और जाने बिना न तो वहाँ के साहित्य का उचित अनुशीलन किया जा सकता है न ही उन सामाजिक-राजनीतिक प्रक्रियाओं का जिन्होंने कश्मीर की समकालीन जटिलताओं को जन्म दिया है। ऐतिहासिक प्रक्रियाओं को व्यक्तियों की सफलताओं/असफलताओं के रूप में देखना सुविधाजनक हो सकता है लेकिन यह एक एकांगी दृष्टिकोण विकसित करने के लिए अभिशप्त भी है। इसलिए अपनी किताब की योजना बनाते हुए मैंने अपना ध्यान उद्भव से लेकर वर्तमान तक के कश्मीर के इतिहास, ऐतिहासिक प्रक्रियाओं और सामाजिक राजनीतिक आलोड़नों के अध्ययन पर केन्द्रित किया है। तीस का दशक कश्मीरी समाज और राजनीति में दूरगामी परिवर्तनों का दशक है जहाँ से सही अर्थों में वहाँ आधुनिक युग का सूत्रपात होता है। इसीलिए उस दौर और उसके बाद आज़ादी तथा कश्मीर में भारत के विलय की विडम्बनाओं पर विशेष ध्यान दिया गया है, आख़िर यह वह मोड़ है जहाँ से व्याख्याएँ पूर्वाग्रहों का शिक़ार होने लगती हैं और किसी एक इतिहासकार पर भरोसा करना मुश्किल हो जाता है। इस शक़ की अपील मैं अपने पाठकों से भी करूँगा।

कश्मीर की बहुसंख्यक मुस्लिम आबादी और 1947 से पहले हिन्दू शासकों के चलते सामान्य तौर पर वहाँ के समकालीन ही नहीं पूरे इतिहास को हिन्दू–मुस्लिम द्वंद्व की तरह देखे जाने की प्रवृत्ति आम है, एक तरफ़ जहाँ इसकी परिणति ललद्यद और शेख़ नूरूद्दीन के प्रतीक लेकर दोनों समुदायों के अंतर्विरोधों पर पर्दा डाल कश्मीरियत का आभासी संसार प्रदर्शित करने की कोशिशों में होती है तो दूसरी तरफ़ बलराज मधोक और सुल्तान अहमद पाम्पोरी जैसों के यहाँ इसे हिन्दू–मुस्लिम संघर्ष के इकलौते रंग में देखने की। आख़िर हटिंगटन के *क्लैश ऑफ़ सिविलाइज़ेशन* में जो छह बार कश्मीर का ज़िक्र आया है वह सिर्फ़ हिन्दू–मुस्लिम संघर्ष के संदर्भ में है! असल में इसके ये दोनों अतिरेकी आयाम घातक हैं। बौद्ध, शैव और सूफ़ी इस्लाम के संघनित मिश्रण से जो एक विशिष्ट कश्मीरी संस्कृति बनी है उसे समझने के लिए बहुत उदार और गहन दृष्टि की आवश्यकता है। मेरी कोशिश उसी रौशनी में वहाँ के इतिहास को अतिरेक से परे उसके आवश्यक अवयवों के साथ देखने की रही है।

इस किताब के लिए मैंने अपनी सीमाओं में अधिकतर द्वितीयक स्रोतों का इस्तेमाल किया है जिनकी एक सूची अंत में दी गई है, लेकिन जहाँ ज़रूरी हुआ है प्राथमिक स्रोतों की तलाश भी की गई है। पुस्तकों के अलावा विभिन्न दस्तावेज़ों, संस्कृत और फ़ारसी में उपलब्ध पुराने राजकीय आदेशों और रिपोर्टों, संधिपत्रों और खासतौर पर 1846 के बाद कश्मीर में विभिन्न आयोगों की रिपोर्टों तथा अन्य आवश्यक क़ानूनी दस्तावेज़ों का उपयोग किया गया है जिनकी सूची किताब के अंत में दी गई है और कुछ ज़रूरी दस्तावेज़ परिशिष्ट के रूप में दिये गए हैं। इसके अलावा इन्टरनेट पर उपलब्ध प्रामाणिक सामग्रियों, शोध प्रबंधों, शोध पत्रों, लेखों आदि का भी उपयोग किया गया है। अपनी सीमाओं में मेरी कोशिश तथ्यों के अधिकाधिक संभव शोधन की रही है और मुझे उम्मीद है कि पाठक स्रोतों के सहारे और गहरे सच तक पहुँचेंगे तथा भविष्य में हमें हिन्दी में कश्मीर के इतिहास पर और किताबें पढ़ने को मिलेंगी।

लगभग ढाई साल की इस प्रक्रिया में मुझे अनेक मित्रों का सहयोग मिला है। सबका नाम ले पाना भी यहाँ संभव नहीं होगा। लेकिन जिस तरह प्रोफ़ेसर पुरुषोत्तम अग्रवाल ने शुरुआती अध्याय पढ़कर न केवल कुछ ज़रूरी सुझाव दिये बल्कि लगातार प्रोत्साहित किया, उसके लिए मैं उनका हृदय से आभारी हूँ। अक्षत, शशि, आदित्य, शालिनी, आकांक्षा, कुमार अनुपम, अभिनव, देवेश और सौम्या जैसे दोस्तों ने बीच–बीच में इसे पढ़ा और कई ज़रूरी सुझाव दिये। मित्र निदा नवाज़ ने कश्मीर से कई ज़रूरी किताबें उपलब्ध कराईं और कश्मीरी शब्दों के अनुवाद के लिए मैंने उन्हें लगातार परेशान किया। और अंग्रेज़ी में जिसे कहते हैं, लास्ट बट नॉट द लीस्ट, सुजाता ने जिस तरह लगातार इसे पढ़ा, बहस कीं और जब–जब निराश होकर बैठा तो हिम्मत बँधाई उसके लिए आभार एक छोटा शब्द होगा। यह किताब जितनी मेरी है, उतनी ही उसकी भी।

—अशोक कुमार पाण्डेय

1

कश्यपमार, कश्मार, कश्मीर : मिथक से इतिहास तक

'ऐसा है कश्मीर, वह देश जो आध्यात्मिक शक्ति से तो जीता जा सकता है लेकिन सैन्य शक्ति से नहीं; जहाँ के निवासी दूसरी दुनिया के परिणामों से अधिक डरते हैं ; जहाँ जाड़ों में गर्म स्नान हैं, नदी के किनारों पर आरामदायक विश्राम स्थल हैं, जहाँ नदियाँ पानी के जीवों से मुक्त हैं और इसलिए कभी उनमें सड़न नहीं होती, जहाँ इस एहसास के साथ कि उसके पिता द्वारा बनाई गई धरती गर्मी बर्दाश्त नहीं कर सकती, सूरज गर्मियों में भी उसके सम्मान में नर्म रहता है। अध्ययन, ऊँचे घर, केसर, बर्फ़ीला पानी, अंगूर जैसी चीज़ें जिनको स्वर्ग में पाना भी मुश्किल है, यहाँ हर जगह सहज उपलब्ध हैं।'[1]

कश्मीर भारतीय उपमहाद्वीप का वह इकलौता क्षेत्र है जिसका इतिहास लिखित रूप में अबाध, श्रेणीबद्ध और उपलब्ध है।[2] कल्हण द्वारा लिखी गई *राजतरंगिणी* कश्मीर के राजवंशों और राजाओं का प्रामाणिक दस्तावेज़ है। उन्होंने अपने पहले उपलब्ध अनेक दस्तावेज़ों का अध्ययन कर 1184 ईसा पूर्व के राजा गोनंद से लेकर अपने समकालीन राजा विजयसिम्हा (1129 ईस्वी) तक का कालानुक्रमिक वर्णन आठ खण्डों में दर्ज किया है। इन खण्डों को उन्होंने तरंग कहा है। हालाँकि इसे सिर्फ़ एक कालानुक्रमिक वर्णन कहना भी सही नहीं होगा। यह सामाजिक, राजनीतिक और एक हद तक आर्थिक सूचनाओं का एक समृद्ध कोष है।[3] कल्हण मूलत: कवि थे और संस्कृत के श्लोकों में लिखे इस इतिहास में उन्होंने अपने कवि को बखूबी साधा भी है। इसमें कश्मीर के सौन्दर्य का मनोहारी वर्णन तो है ही साथ में उपलब्ध इतिहास में कई अंतरालों को पाटने के लिए उन्होंने अपनी कल्पनाशीलता का भी प्रयोग किया है।[4] ज़ाहिर है, इतने लम्बे इतिहास में कुछ चूकें भी हुई हैं।[5]

आधुनिक काल में इस किताब के प्रकाशन की कहानी भी मज़ेदार है। चौदहवीं शताब्दी के प्रसिद्ध कश्मीरी शासक ज़ैन-उल-आब्दीन ने इसके एक हिस्से का फ़ारसी में *बहर-उल-अस्मर* के नाम से अनुवाद कराया फिर अकबर ने अल बदाऊंनी से इसका अनुवाद कराया और अबुल फज़ल ने *आईन-ए-अकबरी* में इसका एक हिस्सा शामिल

किया। जहाँगीर के शासनकाल में कश्मीरी कुलीन परिवार से ताल्लुक रखने वाले हैदर मलिक ने इसका एक संक्षिप्त रूप फ़ारसी में प्रकाशित करवाया। इसी का फ्रेंच अनुवाद सत्रहवीं सदी में प्रकाशित हुआ। अंग्रेज़ी में इसका पहला अनुवाद एशियाटिक सोसायटी ऑफ़ बंगाल ने 1835 में प्रकाशित करवाया। इसका पहला सम्पूर्ण अनुवाद हुआ 1852 में फ्रेंच में और इसी से योगेश चन्द्र दत्त ने अंग्रेज़ी में अनुवाद किया, जो 1879–1887 के बीच प्रकाश में आया। बाद में पंडित जवाहर लाल नेहरू के प्रयास से 1935 में उनके मित्र और रिश्ते में जीजा आर.एस. पंडित का यह अंग्रेज़ी अनुवाद प्रकाशित हुआ।[6] कश्मीर में इतिहास लेखन की परम्परा कल्हण के बाद भी फली–फूली। पंद्रहवीं सदी में जोनराज ने *द्वितीय राजतरंगिणी* लिखी जिसे उन्होंने वहाँ से शुरू किया जहाँ कल्हण ने अपनी पुस्तक समाप्त की थी और इसे अपने सरपरस्त राजा जैन–उल–आब्दीन तक लेकर आये। हालाँकि जैन–उल–आब्दीन के जीवनकाल में ही जोनराज गुज़र गए तो उनका पूरा इतिहास *द्वितीय राजतरंगिणी* में शामिल नहीं हो पाया। उनके काम को उनके शिष्य पंडित श्रीवर ने 1486 में फतह शाह के गद्दीनशीन होने तक बढ़ाया। इसके बाद प्राज्ञ भट्ट ने *राजावलीपतक* लिखी, जो 1588 में अकबर के आधिपत्य तक का इतिहास है।[7] जोनराज, पंडित श्रीवर तथा प्राज्ञ भट्ट की किताबों का अनुवाद योगेश चन्द्र दत्त* ने अपनी किताब *किंग्स ऑफ़ कश्मीर* के तीसरे खण्ड में किया है, जबकि पहले दो खण्डों में कल्हण की *राजतरंगिणी* का अनुवाद है। वह बताते हैं कि प्राज्ञ भट्ट का काम भी अधूरा रह गया था जिसे उनके शिष्य शुक ने पूरा किया।[8] मैंने अन्य उपलब्ध स्रोतों के अलावा कल्हण की किताब के लिए आर.एस. पंडित के साहित्य अकादमी से प्रकाशित अनुवाद का उपयोग किया है, जबकि उसके बाद से अकबर के समय तक के इतिहास के लिए 1898 में ई.एल.एम. प्रेस, कलकत्ता से प्रकाशित योगेश चन्द्र दत्त की किताब (*किंग्स ऑफ़ कश्मीर*, खण्ड–iii) का।

उद्भव कथा : मिथक से विज्ञान तक

राजतरंगिणी के एकदम आरम्भ में कल्हण कश्मीर के उद्भव का *नीलमत पुराण* से उद्धृत एक मज़ेदार क़िस्सा सुनाते हैं। कल्प के आरम्भ में घाटी कई सौ फीट गहरी सतीसर नामक झील थी। इस झील में जलोद्भव नामक एक राक्षस रहता था जिसने झील के रक्षक नागों को आतंकित किया हुआ था। सातवें मनु के समय नागकुल के गुरु कश्यप मुनि जब हिमालय की तीर्थयात्रा पर आये तो उन्हें जलोद्भव के अत्याचारों के बारे में पता चला। उन्होंने ब्रह्म से इसकी शिकायत की। ब्रह्म के आदेश पर देवताओं ने झील को घेर लिया। लेकिन जलोद्भव को यह वरदान प्राप्त था कि जब तक वह जल में रहेगा उसे कोई मार नहीं सकेगा। जलोद्भव को जल से बाहर करने के लिए विष्णु ने अपने बड़े भाई बलभद्र को बुलाया और उन्होंने अपने हल से झील के चारों तरफ़ स्थित बारामूला (वाराह मूल) की पहाड़ियों में एक गोल छेद बना दिया, जिससे झील का सारा पानी बह गया। इसके बाद विष्णु ने अपने चक्र से जलोद्भव की गर्दन काट दी और कश्यप मुनि इस सूखी घाटी में बस गए। कश्मीर का नाम

*आर.एस. पंडित ने लेखक का नाम योगेश चन्द्र दत्त लिखा है, जबकि मूल किताब में उनका नाम जोगेश चन्द्र दत्त है।

(पहले कश्यपमार, फिर कश्मार और अंततः कश्मीर)[9] इन्हीं कश्यप ऋषि के नाम पर पड़ा। वैसे एक क़िस्सा बेदिन-उद-दीन का भी है जिसमें कश्यप काशेफ़ हैं और झील का पानी बारामूला के पास के दर्रे से निकाले जाने के बाद सुलेमान को राज्य सौंपा गया है। इस क़िस्से के तहत वहाँ इस्लामी राज्य की स्थापना हुई, जिस पर बाद में गोनंद ने कब्ज़ा कर लिया।[10] इस नामकरण की ऐतिहासिकता के स्रोत भी हैं। ग्रीक इतिहासकार हेरोडोटस (555 ईसा पूर्व से 476 ईसा पूर्व) के अनुसार घाटी की प्रमुख बस्ती को कस्पात्रोस कहा जाता था। इसकी पहचान कश्यपपुर के रूप में हुई है।[11] बाबर ने इस नाम को पहाड़ पर रहने वाले 'खस' लोगों के साथ जोड़कर देखा है जिसे स्टेन ने निचली झेलम घाटी में रहने वाले खस क़बीले से जोड़ा है।[12] हालाँकि एक मान्यता के अनुसार कश्मीर, का (जल) और शिमीर (अवशोषित) के जोड़ से बना है, अर्थात् अवशोषित जल का प्रदेश।[13†]

आगे यह कथा कहती है कि जब देवताओं ने घाटी के सौन्दर्य को देखा तो उन्होंने स्वर्ग लौटने से इंकार कर दिया और वे कश्मीर के पहाड़ों में बस गए, जबकि देवियों ने नदियों का रूप धारण कर लिया। आश्चर्यजनक है कि भू विज्ञानियों ने अपने शोध में पाया कि वास्तव में यहाँ एक बड़ी झील थी, जो बर्फ़ युग के बाद के एक बड़े भूकंप में पहाड़ों के धँसने से हुए छिद्र से बह गई और यह हरी-भरी घाटी अस्तित्व में आई।[14] श्रीनगर के पास हुई एक खुदाई में यहाँ पर 2000 वर्ष पहले मनुष्यों के निवास के अपुष्ट प्रमाण मिले हैं। नाग, पिशाच और यक्ष यहाँ के सबसे पहले निवासी माने जाते हैं, जिसके बाद खस, डार, भट्ट, डामर, निषाद, तान्त्रिन आदि क़बीलों ने प्रवेश किया। *नीलमत पुराण* की इस कहानी का आधार 800 ईसा पूर्व आये आर्यों और स्थानीय निवासियों के बीच का संघर्ष भी हो सकता है। संभव है कि लोहे का उपयोग सीख चुके आर्यों ने पत्थरों में छेद कर झील को सुखा दिया हो और नागों का वहाँ रहना मुश्किल कर इलाक़े पर अपना कब्ज़ा कर लिया हो।[15] नाग क़बीले के लोग सांस्कृतिक रूप से बेहद समृद्ध थे। सांख्य दर्शन के प्रणेता कपिल इसी वंश के थे। प्रसिद्ध बौद्ध विद्वान नागार्जुन और नागबुधि भी नाग वंश से ही ताल्लुक रखते थे। कश्मीर के इन मूल निवासियों ने आर्यों के आने के बाद वैदिक धर्म अपना लिया और बाद में जब बौद्ध धर्म आया तो इनमें से अधिकांश ने बौद्ध धर्म अपनाया।[16]

आमतौर पर मान्यता है कि आर्यों की एक शाखा ओक्जस (वर्तमान में तज़ाकिस्तान, अफ़गानिस्तान, तुर्कमेनिस्तान और उज्बेकिस्तान से बहने वाली अमू दरिया) और जैक्सेरेट्स (वर्तमान में किर्गिस्तान के त्यान शान पर्वत से निकल कर दक्षिण कज़ाकिस्तान से होकर अराल नदी में मिलने वाली सिर दरिया) की ओर जाते हुए अपने-अपने साथियों से अलग होकर कश्मीर में बस गई थी।[17] हालाँकि कल्हण अपना इतिहास महाभारत काल के राजा गोनंद से शुरू करते हैं। गोनंद कृष्ण का समकालीन था और उनके शत्रु मगध के राजा

[†] *नीलमत पुराण* में ही ये दोनों बातें हैं। जहाँ श्लोक 226 में कहा गया है कि (विष्णु ने कहा) प्रजापति को 'का' कहा जाता है और कश्यप भी प्रजापति हैं इसलिए इस स्थान का नाम कश्मीर होगा वहीं श्लोक 227 में कहा गया है कि (विष्णु ने कहा) 'का' का अर्थ जल है और उसे बलराम द्वारा इस देश से निकाल दिया गया है अतः इसे कश्मीर कहा जाएगा।

जरासंध का रिश्तेदार। कृष्ण के ख़िलाफ़ युद्ध में उसने जरासंध का साथ दिया और मारा गया। उसके बाद कश्मीर का सिंहासन उसके पुत्र दामोदर[18] को मिला। जब उसने सुना कि यादव उसके राज्य के निकट स्वयंवर में भाग लेने गांधार आ रहे हैं तो वह अपने पिता की मृत्यु का बदला लेने निकल पड़ा और अंततः कृष्ण ने सुदर्शन चक्र से उसकी गर्दन उड़ा दी। उस समय उसकी पत्नी यशोवती गर्भवती थी और दरबारियों ने उसे रानी मानने से इंकार कर दिया। तब कृष्ण ने स्वयं हस्तक्षेप कर कहा कि 'कश्मीर की धरती पार्वती है ; इसलिए इसका राजा स्वयं शिव का एक अंश है। उसका अपमान किसी हाल में नहीं होना चाहिए, तब भी नहीं जब वह बुद्धिमान व्यक्तियों के कल्याण में बाधा उत्पन्न करे'[19] फिर समय आने पर रानी ने पुत्र को जन्म दिया और वह गोनंद द्वितीय के नाम से कृष्ण की सरपरस्ती में सिंहासन पर बैठा। जब कौरव पांडव युद्ध हुआ तो अपने अल्पवय के कारण उसे किसी भी पक्ष से लड़ने के लिए आमंत्रित नहीं किया गया।[20] देखा जाए तो महाभारत काल से कश्मीर के इतिहास को जोड़ने के पीछे ऐतिहासिकता कम और इसे एक पौराणिक वैधता दिलाना अधिक लगता है। कल्हण ने यह कथा सीधे *नीलमत पुराण* से ही ली है। कृष्ण का उल्लिखित श्लोक राजा मध्यकालीन योरप के प्रचलित लैटिन मुहावरे a deorex a rage lex (From God, the king; from the king, the law) के समकक्ष राजा को ईश्वर का प्रतिनिधि बताना ही है। ख़ुद कल्हण ने इसके बाद के 52 राजाओं में से सिर्फ़ 17 के नाम बताये और कहा कि बाक़ी राजाओं का नाम भी अब भूला जा चुका है। एम.जे. अकबर अपनी किताब में अर्जुन के एक पुत्र द्वारा गोनंद द्वितीय के दरबार में प्रवेश कर छल से राज्य पर कब्ज़े की बात लिखते हैं,[21] लेकिन उसका कोई स्रोत नहीं देते। इन राजाओं में एक उल्लेखनीय नाम सुरेन्द्र का है, जिसके बारे में कल्हण का कहना है कि उसने दारद देश में सौरक नामक नगर में एक विहार बनवाया था, जिसका नाम नरेंद्र भवन था। इसके साथ ही उसने कश्मीर में सौरस में भी एक बुद्ध विहार बनावाया था जिसकी दीवारों पर गौतम बुद्ध के चित्र उकेरे गए थे। इस आधार पर कई विद्वान उसे कश्मीर का पहला बौद्ध राजा मानते हैं और वहाँ बौद्ध धर्म का आरम्भ करने का श्रेय देते हैं।[22]

कश्मीर में बौद्ध धर्म का आगमन : अशोक से कनिष्क तक

कश्मीर का प्रामाणिक इतिहास मौर्य वंश के प्रसिद्ध सम्राट अशोक (273 से 232 ईसा पूर्व) के कश्मीर पर अधिकार से आरम्भ होता है। कल्हण बताते हैं कि उसने ही 96 लाख घरों वाले भव्य श्रीनगरी (वर्तमान श्रीनगर से कोई पाँच किलोमीटर दूर) को बसाया और वितस्त तथा सुस्क्लेत्र में बौद्ध विहारों का निर्माण कराया। पाटलिपुत्र में हुए महासंगीति (महासभा) ने मझ्झंतिका के नेतृत्व में पाँच सौ बौद्ध भिक्षुओं को कश्मीर घाटी और गांधार में बौद्ध धर्म के प्रचार के लिए भेजा था। कहते हैं उसी ने कश्मीर में केसर की खेती की शुरुआत की थी। लेकिन अशोक की मृत्यु के बाद मौर्य वंश बिखर गया और उसका एक पुत्र जालुक कश्मीर का स्वतंत्र राजा बन गया। लोक मान्यता के अनुसार उसका जन्म शिव की कृपा से हुआ था और अशोक के विपरीत जालुक की आस्था शैव धर्म में थी। कल्हण ने उसे शूरवीर और न्यायप्रिय राजा बताया है जिसने कान्यकुब्ज तक अपने शासन का विस्तार

किया। जालुक ने श्रीनगरी और नंदीक्षेत्र में क्रमशः ज्येष्ठरुद्र और भूतेश मंदिरों का निर्माण कराया तथा कश्मीर में शैव धर्म की पुनर्स्थापना की। बौद्धों के प्रति उसका रवैया आरम्भ में शत्रुतापूर्ण था बाद में वह बौद्ध धर्म के प्रति सहिष्णु हो गया था। इस सम्बन्ध में *राजतरंगिणी* के प्रथम तरंग के 131 से 147वें श्लोक में एक रोचक कथा आती है। एक बार जब जालुक विजयेश्वर मंदिर में आराधना करने जा रहा था तो रास्ते में कृत्यादेवी नामक एक कमज़ोर सी महिला ने उससे भोजन माँगा। उसने उसे मनचाहा भोजन देने का आश्वासन दिया। इस पर उस महिला ने मनुष्य के मांस की इच्छा ज़ाहिर की। राजा खुद अपनी देह से मांस देने को उद्धत हुआ तो महिला ने उसे बोधिसत्त्व का एक रूप बता कर प्रशंसा की और बौद्ध मठों के तोड़े जाने तथा बौद्धों पर हुए अत्याचार की शिकायत की। उससे प्रभावित होकर राजा ने बौद्ध विहारों के पुनर्निर्माण का वायदा किया और उसके ही नाम पर विहार का नाम कृत्याश्रम रखा तथा विहार में उस महिला की मूर्ति भी स्थापित की।

लेकिन कश्मीर में राज्याश्रित बौद्ध धर्म की वापसी कोई दो सदी बाद कुषाण वंश के शासक कनिष्क के शासनकाल में हुई। हूणों से पराजित हो चीन की सीमाओं पर स्थित अपने मूल निवास स्थान से विस्थापित होकर यह घुमंतू जाति (यू ची) ईसा पूर्व पंद्रहवीं शताब्दी में काबुल की घाटी में बस गई थी। कुषाण इसी के एक क़बीले से थे जिन्होंने बाद में अफ़गानिस्तान से उत्तर भारत के एक बड़े भूभाग पर कब्ज़ा कर लिया था। राबाटक शिलालेख[23] के अनुसार कनिष्क इस वंश का चौथा शासक था जिसका शासन बंगाल से ओक्जस नदी तक विस्तार था। वह इस वंश का सबसे प्रसिद्ध शासक था जिसने न केवल एक विस्तृत भूभाग में अपना राज्य स्थापित किया बल्कि कई महत्त्वपूर्ण निर्माण भी कराये। कश्मीर में उसने कनिष्कपुर नामक नगर बसाया था जिसे अब कनिसपुर कहा जाता है और वह बारामूला ज़िले में झेलम और बारामूला से श्रीनगर जाने वाली सड़क पर बारामूला से दस मील दक्षिण की ओर स्थित है। बौद्ध अनुश्रुति के अनुसार संस्कृत विद्वान अश्वघोष को इसी नगर में ठहराया गया था।

कनिष्क ने सर्वस्तिवाद की विभिन्न पुस्तकों और यत्र-तत्र फैले विचारों को एक साथ रखकर उसका व्यापक आधार निर्मित करने के उद्देश्य से श्रीनगर के कुंडल वन विहार में प्रसिद्ध बौद्ध विद्वान वसुमित्र की अध्यक्षता में सर्वस्तिवाद परम्परा की चौथी बौद्ध महासंगीति का आयोजन किया जिसमें सर्वस्तिवाद के तीन प्रमुख ग्रन्थ लिखे गए। इनमें से एक *महाविभास शास्त्र* अब भी चीनी भाषा में उपलब्ध है।[24] इसी दौरान पहली बार बौद्ध ग्रन्थ की भाषा प्राकृत की जगह संस्कृत का उपयोग किया गया और इसके बाद सर्वस्तिवाद और महायान परम्परा के अधिकतर ग्रन्थ संस्कृत में ही लिखे जाने लगे।[25] सर्वस्तिवाद बौद्ध धर्म के सबसे पुराने सिद्धांतों में से है। सब्बम अत्थि (सब कुछ अस्तित्वमान है) पर आधारित यह विचार सभी वस्तुओं की निरंतर अस्तित्वमानता पर विश्वास करता है। प्रसिद्ध तिब्बती विद्वान राहुल भद्र को इस विचार का प्रणेता माना जाता है। जबकि इसकी सैद्धांतिकी को सबसे पहले मथुरा के विद्वान उपगुप्त ने प्रस्तुत किया। लेकिन *महाविभास शास्त्र* इस परम्परा का सबसे वृहत और प्रमाणिक ग्रन्थ है। कहा जाता है कि इसे संस्कृत

सूत्रों में लिखने के लिए ही अश्वघोष को इस महासंगीति में आमंत्रित किया गया था। वह कश्मीर में बारह वर्ष रहे और दस लाख श्लोकों में इसे पूर्ण किया। उनके ग्रन्थ का नाम *अभिधर्म महावतभाषाशास्त्र* है। इस महासंगीति के बाद कनिष्क ने पूरे उत्साह से कश्मीर में बौद्ध धर्म का प्रचार-प्रसार किया जहाँ से यह मध्य पूर्व, चीन, कोरिया और जापान में फैला। बौद्ध धर्म को राज्य धर्म घोषित कर दिया गया और अनेक विहारों तथा स्तूपों का निर्माण कराया गया। ह्वेनसांग ने उसके शासनकाल में कश्मीर में पाँच सौ बौद्ध विद्वानों के होने का ज़िक्र किया है जिसमें वसुमित्र भी शामिल थे। कल्हण कनिष्क के शासनकाल में प्रसिद्ध बौद्ध विद्वान नागार्जुन के कश्मीर में निवास की भी पुष्टि करते हैं।[26] इस तरह कनिष्क के शासनकाल में बौद्ध धर्म ने कश्मीर में अपनी जड़ें जमाईं जिसका असर कश्मीर के पूरे इतिहास में दिखाई देता है। बाद में देश के बाक़ी हिस्सों की तरह कश्मीर में भी एक धर्म के रूप में बौद्ध धर्म का पतन हो गया लेकिन कश्मीरी मानस और समाज में बौद्ध धर्म की शिक्षाओं का प्रभाव हमेशा बना रहा। कश्मीर में विकसित हुए शैव धर्म और इस्लाम के सूफ़ी मत पर इसका गहरा प्रभाव है। बुद्ध के जन्मदिन वैशाख पूर्णिमा को (जिस दिन उन्होंने 'बोधि' और 'महापरिनिर्वाण' भी प्राप्त किया था) पवित्र दिन की तरह मनाये जाने की परम्परा ग्यारहवीं सदी तक चली। कश्मीरी के प्रसिद्ध संस्कृत कवि क्षेमेन्द्र ने अपनी पुस्तक *अवधानकलाप्लतावन* इसी दिन आरम्भ की थी, जिसका ज़िक्र उनके समकालीन कवि सोमदेव ने अपने इस श्लोक में किया है—'सम्वत्सरे सप्तविंशे/वैशाखस्य शितोदये/क्रितेयम कलप्लातिकी/जिनजन्मोतस्वे।'[27] प्रसिद्ध बौद्ध भिक्षु कुमारजीव, यश, विमलाक्ष और संघभूति ईसा पूर्व 381 में उत्तरी चीन में बौद्ध धर्म के प्रचार-प्रसार के लिए गए इसके अलावा गौतमसंघ, धर्मयास, बुद्धयास, बुद्धजीव जैसे अनेक बौद्ध भिक्षुओं ने चीन में बौद्ध धर्म के प्रचार-प्रसार में जीवन लगाया। गुणवर्मन जावा जाकर धर्म प्रचार करने वाले पहले बौद्ध भिक्षु थे जो बाद में राजा के अनुरोध पर नानकिंग गए। उनके शिष्यों ने तिब्बत और केन्द्रीय एशिया के तमाम क्षेत्रों में बौद्ध धर्म का प्रचार किया।[28]

कनिष्क के इतिहास का एक बड़ा स्रोत विभिन्न स्थानों से मिले उसके सिक्के हैं जो उसके साम्राज्य की सीमाओं के साथ-साथ उन पर उत्कीर्ण ईरान के अग्नि (आतश), चन्द्र (माह) और सूर्य (मिहिर), ग्रीक देवता हेलिय, प्राचीन एलम की देवी नाना, शिव, स्कन्द वायु और बुद्ध के चित्रों के माध्यम से सभी धर्मों के प्रति उसके सम्मान की सूचना भी देते हैं।[29] कनिष्क के बाद और बौद्ध शासकों हुष्क और जुजुस्क का ज़िक्र मिलता है जिन्होंने अपने-अपने नाम पर दो नगरों का निर्माण किया। इसके बाद से वहाँ स्थानीय शैव राजाओं का शासन हुआ।

कश्मीर में शैव दर्शन : प्रत्यभिज्ञा-त्रिक-स्पंद*

कश्मीर में आठवीं-नौवीं शताब्दी में अपनी तरह का शैव दर्शन विकसित हुआ। मान्यता है कि वैदिककाल में शैव सम्प्रदाय के केवल दो मत थे—पाशुपात और आगमिक।

---

*कश्मीर के शैव धर्म पर विस्तार से जानकारी के लिए जे.सी. चटर्जी की पुस्तक— *कश्मीर-शैविज़्म* पढ़ी जा सकती है। प्रकाशक-इंडोलॉजिकल बुक कॉर्पोरेशन, पटना

महाभारत काल में इसके चार स्वरूप हो गए—शैव ,पाशुपात, कालदमन या कालमुख और कापालिक। कालांतर में वैदिक कालीन पाशुपात के छह सम्प्रदाय पाशुपात, लघुलीश पाशुपात, कापालिक, नाथ, गोरक्षनाथ सम्प्रदाय और रंगेश्वर विकसित हुए और आगमिक के चार शैव सिद्धांत, तमिल शैव, कश्मीर शैव और वीर शैव। आगमिक सम्प्रदाय के तहत विकसित कश्मीर शैव ही प्रत्यभिज्ञा या त्रिक या स्पंद दर्शन कहलाता है।

कश्मीरी शैववाद वस्तुत: नौवीं और बारहवीं शताब्दी के बीच विकसित हुई विभिन्न अद्वैत और तांत्रिक धार्मिक परम्पराओं का एक समुच्चय है। बहुत विस्तार से इसकी व्याख्या तो इस किताब के विषय क्षेत्र से बाहर की चीज़ होगी, लेकिन इसके स्वरूप तथा उद्भव को समझना कश्मीरी मानस को समझने के लिए उतना ही ज़रूरी है जितना कि सूफ़ीवाद को। कश्मीर मानस का निर्माण बौद्ध, कश्मीर शैव तथा इस्लाम की सूफ़ी परम्पराओं के समन्वय से निर्मित हुआ है और इसके प्रभाव वहाँ के सामाजिक-राजनीतिक जीवन पर स्पष्ट हैं। तंत्र वैसे तो बेहद जटिल प्रक्रिया है लेकिन एक प्रत्यय जो अनिवार्य रूप से उसकी हर परम्परा में उपस्थित है, वह है शक्ति का संधान। आध्यात्मिक अर्थ में शक्ति देवी है, पुरुष देव की अर्धांगिनी। शैव सम्प्रदाय के लिए वह पार्वती हैं। तांत्रिक परम्परा में शक्ति का यह संधान जाति, लिंग, भोजन आदि के सामाजिक नियमों के पार जाता है। अनेक तांत्रिक प्रक्रियाएँ श्मशानों में पूर्ण की जाती हैं। बौद्ध धर्म के वज्रयान सम्प्रदाय में भी पंचमकारों (मद्य, मांस, मत्स्य, मुद्रा और मैथुन) की बात है। पंचमकार का फल महानिर्वाणतंत्र के ग्यारहवें पटल में इस तरह वर्णित है—'मद्यपान करने से अष्टैश्वर्य और परामुक्ति तथा मांस के भक्षण से साक्षात् नारायणत्व का लाभ होता है। मत्स्य भक्षण करते ही काली का दर्शन होता है। मुद्रा के सेवन से विष्णु रूप प्राप्त होता है। मैथुन द्वारा साधक शिव के तुल्य होता है, इसमें संशय नहीं।'

शाक्त परम्परा में जहाँ देवी एक स्वतंत्र अधिष्ठात्री हैं, कश्मीर की अद्वैत परम्परा में वह शिव के पराभौतिक आत्म में समाहित हैं। शिव 'शक्तिमान' हैं जिनके उभयलिंगी महाव्यक्तित्व में पार्वती उनकी अर्धांगिनी के रूप में उपस्थित हैं। शैव दर्शन में शक्ति का मार्ग शिव से होकर जाता है। तंत्र परम्परा में मैथुन द्वारा साधक स्वयं को शिव के तुल्य और अपनी सहभागिनी को शक्ति के तुल्य समझता है और इस तरह शक्ति की प्राप्ति होती है। लेकिन शिव को उभयलिंगी मान लेने पर तांत्रिक परम्परा की मैथुन की यह आवश्यकता समाप्त हो जाती है। यहाँ यह देखना महत्त्वपूर्ण होगा कि कश्मीर में भिन्न अद्वैत शैव परम्परा विकसित होने के सामाजिक कारण क्या थे?

उच्च जाति के ब्राह्मणों के बीच पंचमकार वाली तांत्रिक प्रक्रिया का स्वीकृत हो पाना असंभव था जहाँ जाति, लिंग और भोजन के तमाम कुलीन बंधनों को त्यागना होता था, अत: इसे उनकी परम्पराओं और मान्यताओं के अनुरूप ढाला गया। एकेश्वरवादी कश्मीरी पंडितों के लिए पारम्परिक शैव दर्शनों के सामंजस्य से निकला यह कश्मीरी शैव सर्वथा अनुकूल था। इसे सभी शैव दर्शनों में सबसे अधिक मानवीय और युक्तिसंगत[30] कहा गया है, तो इसीलिए कि यह शैव धर्म को कुलीन आचरणों के अनुरूप ढाल देता है। साथ ही

अब तक कश्मीर में अलग-अलग सम्प्रदायों में बँटे कुलीन ब्राह्मणों को एक सम्प्रदाय के तहत लाकर इसने उनके बीच एक दीर्घकालीन एकता भी स्थापित की। साथ ही बौद्ध धर्म के समक्ष एक अधिक मानवीय, अहिंसक तथा तार्किक रूप से आना भी शैव धर्म के लिए अत्यंत आवश्यक था। लिखित बौद्ध सिद्धांतों को चुनौती दार्शनिक प्रस्थापनाओं से ही दी जा सकती थी। हालाँकि इसके बाद भी तांत्रिक साधनाएँ चलती रहीं।

वसुगुप्त की सूक्तियों का संकलन *स्पन्दकारिका* इसका पहला प्रामाणिक ग्रन्थ माना जाता है। इस सम्बन्ध में आचार्य क्षेमराज ने *शिवसूत्र* में एक दिलचस्प घटना का हवाला दिया है। उन्होंने लिखा है कि भगवान श्रीकंठ ने वसुगुप्त को स्वप्न में स्वयं प्रकट होकर आदेश दिया कि कश्मीर में महादेवगिरि के एक शिलाखण्ड पर शिवसूत्र उत्कीर्ण है, जाओ उसे समझो और उसका प्रचार करो। यह स्वप्न सच साबित हुआ जब वसुगुप्त ने महादेवगिरि का सर्वेक्षण किया तो उन्हें एक शिला पर सतहत्तर शिवसूत्र उत्कीर्ण मिले तब से इस शिला को कश्मीर में लोग शिवपल (शिवशिला) कहते हैं। ज़ाहिर है ऐसे 'स्वप्नों' के बिना वह ईश्वरीय प्राधिकार कैसे स्थापित किया जा सकता था जिसके सहारे तमाम मत मतान्तरों को एक साथ कर नया मत प्रस्तावित किया जाए। स्वप्नों की यह कथा शंकराचार्य से लेकर अनेकों दार्शनिकों और राजाओं तक के यहाँ ऐसे ही चली आती है। वसुगुप्त के बाद उनके दो शिष्यों, कल्लट तथा सोमानंद ने इस दर्शन को मज़बूत वैचारिक आधार दिया। कल्लट ने *स्पन्दासर्वस्व* की रचना की और सोमानन्द ने *शिवदृष्टि* एवं *परातर्ति* लिखी। यहीं से इस दर्शन का नाम प्रत्यभिज्ञा दर्शन पड़ा। प्रत्यभिज्ञा (प्रति अभिज्ञान) अर्थात् शिव जो परम शक्ति हैं उनसे साक्षात्कार कर अहं शिवोस्मि की स्थिति प्राप्त करना। कल्लट शक्ति को ब्राह्मंडिक स्पन्दन के रूप में परिभाषित करते हैं। इसलिए इस दर्शन का एक नाम 'स्पंद दर्शन' भी है। त्रिक् दर्शन कहे जाने के मूल में पशु (जीव), पाश (बंधन) और पति (ईश्वर) को इस दर्शन में विशेष महत्त्व दिया जाना है।

सोमानंद के शिष्य उत्पलदेव ने प्रत्यभिज्ञा दर्शन को ठोस अकादमिक आधार देने की दिशा में बेहद महत्त्वपूर्ण कार्य किया। उनकी कृतियाँ प्रत्यभिज्ञा दर्शन की आधारभूत रचनाएँ मानी जाती हैं। *शिवदृष्टि* पर लिखी अपनी टिप्पणी 'शिवदृष्टिवृत्ति' के अलावा उन्होंने सोमानंद के कार्य को अधिक साफ़गोई से व्याख्यायित करने वाली कई रचनाएँ लिखीं। उनके ग्रंथों में सबसे विस्तृत ग्रन्थ है *ईश्वर प्रत्याभिज्ञानकारिका*। उन्होंने दार्शनिक अध्ययन की एक त्रयी भी लिखी जिसे *सिद्धित्रयी* कहा जाता है, इसमें शामिल हैं—*ईश्वरसिद्धि, अजादप्रमात्रिसिद्धि* और *सम्बन्धसिद्धि*।[31]

प्रत्यभिज्ञ सम्प्रदाय के सबसे उद्भट विद्वान अभिनव गुप्त का जन्म 950-960 ईस्वी के बीच हुआ था। उनकी पुस्तक *तन्त्रालोक* एकेश्वरवादी दर्शन की इनसाइक्लोपीडिया मानी जाती है। माना जाता है उन्होंने कुल 50 पुस्तकें लिखी थीं लेकिन आज उनकी कुल 44 पुस्तकें उपलब्ध हैं जिनमें *तन्त्रालोक* के अलावा *तंत्रसार* और *परमार्थ सार* उल्लेखनीय हैं। वह शैव दर्शन में आभासवाद के प्रणेता माने जाते हैं जिसमें उन्होंने 'कुल' और 'कर्म' की व्यवस्थाएँ दीं।[32] अपने मूल निवास और परिवार आदि के विषय में *तन्त्रालोक* नामक

ग्रंथ में थोड़ा विवरण दिया है। इसके अनुसार इनके पूर्वज गंगा-यमुना के मध्यवर्ती प्रदेश कन्नौज के रहने वाले थे। ललितादित्य कन्नौज विजय के बाद अभिनव गुप्त को कश्मीर ले आये थे।* अभिनव गुप्त इन्हीं के वंशज नरसिंह गुप्त के पुत्र थे। उनका सबसे बड़ा योगदान है, ग़ैर-दार्शनिक तांत्रिक धर्मशास्त्र की एक सुगठित दार्शनिक संरचना प्रस्तुत करना। उन्होंने प्रत्यभिज्ञा की श्रेणियों का उपयोग करके इस तांत्रिक सिद्धांत के विभिन्न पहलुओं तथा व्यवहारों एवं त्रिक परम्परा से शैव प्रतीकों के सहारे से त्रिक दर्शन को एक मज़बूत तार्किक आधार प्रदान किया।[33] विलक्षण प्रतिभा के धनी अभिनव गुप्त ने दर्शन के अलावा व्याकरण, नाट्यशास्त्र और काव्यशास्त्र का विशेष अध्ययन किया था और भरतमुनि के *नाट्यशास्त्र* पर एक टीका भी लिखी थी। अभिनव गुप्त को रस सिद्धांत का प्रणेता माना जाता है। वह प्रखर कवि भी थे। परन्तु कश्मीरी परम्परा के इस महान आचार्य का नाम आश्चर्यजनक रूप से कल्हण की *राजतरंगिणी* में अनुपस्थित है, इसका एक कारण इनका किसी राजदरबार से सम्बद्ध न होना हो सकता है।[34] इस श्रृंखला में अंतिम महत्त्वपूर्ण नाम अभिनव गुप्त के शिष्य क्षेमेन्द्र का है। संस्कृत के अत्यंत प्रतिष्ठित कवि क्षेमेन्द्र ने अपने गुरु का काम आगे बढ़ाते हुए अपनी पुस्तक *प्रत्याभिज्ञान हृदय* में अद्वैत शैव परम्परा के ग्रंथों का सहज विश्लेषण प्रस्तुत किया तथा तांत्रिक परम्परा पर कई सुदीर्घ भाष्य भी लिखे। कश्मीर में विकसित इस दर्शन ने कश्मीर जनजीवन पर ही नहीं अपितु पूरे दक्षिण एशिया की शैव परम्परा पर गहरा प्रभाव डाला। नौवीं से बारहवीं सदी के बीच बौद्ध धर्म का प्रभाव क्षीण होता गया और शैव दर्शन कश्मीर का सबसे प्रभावी दर्शन बन गया।

शैव राजाओं का युग : मिहिरकुल से अवन्तिवर्मन तक

कश्मीर के इतिहास में कनिष्क के बाद जिस सबसे प्रभावी राजा का ज़िक्र हुआ है वह है मिहिरकुल। मिहिरकुल साकल (आज का सियालकोट) का हूण राजा था जिसने सेना के बल पर अपने राज्य का ख़ूब विस्तार किया था लेकिन मालवा के राजा यशोवर्मन और मगध के राजा बालादित्य से मिली पराजय के बाद उसने कश्मीर में शरण ली। कश्मीर के इतिहास में उसे सबसे क्रूर शासकों में शुमार किया जाता है जिसने सैकड़ों परिवारों की हत्या सिर्फ़ इसलिए करा दी कि एक स्वप्न कथा के आधार पर उसे भान हुआ कि उनमें कोई पवित्र स्त्री नहीं है। कल्हण ने उसे हिंसक म्लेच्छ, यमराज के समतुल्य और ज़िंदा बेताल कहा है जिसके आने का पता उसके आगे-आगे चलते कौओं और गिद्धों से चलता था। उसके एक क़िस्से का ज़िक्र उसकी क्रूरता को समझने के लिए काफ़ी होगा। एक युद्ध से लौटते हुए पीर पंजाल दर्रे के पास उसकी सेना का एक हाथी खाई में गिर गया। हाथी की करुण पुकार सुनकर मिहिरकुल को इतना रोमांच हुआ कि उसने एक के बाद एक सौ हाथियों को खाई में गिरवा दिया। उस जगह का नाम हस्तिवंज पड़ गया।

मिहिरकुल युद्ध ही नहीं सामाजिक जीवन में भी सही अवसर को पहचानने में माहिर था। कश्मीर के तत्कालीन सामाजिक माहौल को देखते हुए उसने खुद को शैव घोषित

---

*इसका विस्तार पृष्ठ 24 पर दिया है।

किया और शिव भक्ति का भरपूर प्रदर्शन किया। शैव धर्म की उसकी आस्था से कश्मीर के पुजारियों, पंडितों को खूब लाभ हुआ। उसने उन्हें ख़ूब ईनाम-इक़राम दिए। नतीजतन ऐसे अत्याचारी राजा के नाम से श्रीनगरी में मिहिरेश्वर नाम से शिव का भव्य मंदिर बनवाया गया और एक शहर का नाम मिहिरपुर रखा गया। कल्हण ने लिखा है कि इसके बावजूद यह नीच राजा अगर जनता के विद्रोह से नहीं मारा गया तो वह इसलिए कि उस पर देवों की कृपा थी (श्लोक 324), ज़ाहिर है, धर्म अत्याचारियों का मुखौटा आज नहीं बना, सदा से रहा है।

मिहिरकुल के बाद हूण वंश का शासन कुछ समय तक और चला। कल्हण ने नौ हूण राजाओं का ज़िक्र किया है। इस वंश का अंतिम शासक युधिष्ठिर प्रथम था, जिसके कुशासन के चलते आस-पास के राजाओं ने उसे अपदस्थ कर दिया। इसके बाद जिन राजाओं का ज़िक्र कल्हण ने किया है उनमें प्रमुख है द्वितीय गोनंद वंश का राजा मेघवादन, जिसका झुकाव बौद्ध धर्म की ओर था। उसने पशु हत्या पर रोक लगवा दी और इसकी वजह से बेरोज़गार हुए कसाइयों को राजकोष से भरण-पोषण दिया। उसने कई मंदिरों और विहारों का निर्माण भी करवाया। कल्हण द्वारा उद्धृत कुछ कथाओं से ऐसा प्रतीत होता है कि उस समय तक कश्मीर में तांत्रिक पूजाओं में मनुष्य की बलि देने की प्रथा बहुत प्रचलित हो गई थी जिस पर मेघवादन ने रोक लगाई।

द्वितीय गोनंद वंश के अंतिम राजा बालादित्य का कोई पुत्र नहीं था। एक अंधविश्वास के चलते उसने अपनी पुत्री अनंगलेखा का विवाह घुड़साल में चारे के प्रभारी कार्कोटा नाग वंश के दुर्लभवर्धन से किया जिसने कश्मीर में कार्कोटा वंश की नींव डाली। इस वंश का सबसे प्रतापी राजा ललितादित्य मुक्तपीड़ था जिसने 724 ईस्वी से 761 ईस्वी तक राज्य किया। ललितादित्य के राज्य को कश्मीर में स्वर्ण युग की तरह याद किया जाता है। उसकी महत्त्वाकांक्षा का अंदाज़ा उसके इस कथन से लगाया जा सकता है कि 'नदियों के लिए सीमा समुद्र है लेकिन विजेताओं के लिए कोई सीमा नहीं है।' गुप्त साम्राज्य के पतन के बाद अस्त-व्यस्त पड़े उत्तर भारत, दक्कन के रजवाड़ों में आंतरिक संघर्ष और कश्मीर के पश्चिम में पसरे राजनीतिक शून्य ने उसे अपनी महत्त्वाकांक्षा को पूरा करने के लिए उचित अवसर भी दिलाया। पूर्व में तिब्बत, पश्चिम में बादाखाँ और दक्षिण में पंजाब तथा कन्नौज तक उसने अपना राज्य विस्तारित किया। वह बेहद कुशल और सहिष्णु प्रशासक था जिसने बौद्ध धर्म को पूरा सम्मान दिया। उसका राज्यकाल 'कश्मीरी बौद्ध युग का स्वर्ण काल' भी कहा जाता है।[35] उसकी सेना के सेनापति और कई प्रमुख मंत्री बौद्ध थे। ललितादित्य ने अनेक मंदिरों के अलावा मातन नामक स्थान पर मार्तंड नामक विशाल सूर्य मंदिर का निर्माण कराया जो अपनी भव्यता में विश्व स्तर की इमारतों में शामिल था तो उसने कई बौद्ध विहारों का भी निर्माण कराया। इस मंदिर का निर्माण एक छोटे से शहर अनंतनाग के पास एक पठार के ऊपर किया था। इसमें 84 स्तंभ हैं जो नियमित अंतराल पर रखे गए हैं, इस मंदिर को बनाने के लिए चूने के पत्थर की चौकोर ईंटों का उपयोग किया गया था। उसके राज्य में साहित्य और संस्कृति को भी खूब महत्त्व मिला। कन्नौज विजय के बाद वह वहाँ से महान विद्वानों भवभूति, वाक्पतिराज तथा अभिनव गुप्त को कश्मीर ले आया था और उन्हें बहुत आदर-सत्कार के साथ अपने दरबार में जगह दी थी। इन विद्वानों ने कश्मीर में दर्शन तथा साहित्य के विकास

में बेहद महत्त्वपूर्ण योगदान किये। स्वयं वैष्णव होने के बावजूद उसने शैव मंदिरों की स्थापना में पूर्ण सहयोग किया। इसके साथ ही उसने प्रशासनिक व्यवस्था में भी व्यापक बदलाव और सुधार किये। कल्हण ने चौथे तरंग में उससे जुड़े जिन क़िस्सों और चमत्कारों का वर्णन किया है वे ललितादित्य की वीरता, उदारता, सहिष्णुता और दानशीलता को स्पष्ट रूप से बताते हैं।

अफ़ग़ानिस्तान पर एक हमले के दौरान ललितादित्य की मृत्यु के बाद कार्कोट वंश का पतन शुरू हो गया। आठवीं सदी के अंत तक यह पूरी तरह श्रीहीन हो चुका था। ललितापीड के समय तक स्थिति ऐसी आ पहुँची थी कि राज्य में अराजकता और अनैतिकता का बोलबाला हो गया। कल्हण के अनुसार वह जयादेवी नामक एक स्त्री के वश में था जिसका पुश्तैनी पेशा शराब बनाना था। लेकिन अपनी प्रशासनिक कुशलता और वीरता से उसने इन चीज़ों का सीधा असर जनता तक नहीं पहुँचने दिया। उसके मरने के बाद उसका भतीजा संग्रामपीड गद्दी पर बैठा लेकिन जल्द ही जयादेवी ने अपने पाँच भाइयों की मदद से अपने पुत्र सिप्पत-जयपीड को गद्दी पर बिठा दिया, जो अभी शिशु ही था और वास्तविक शासन जयादेवी और उसके भाइयों के हाथ में आ गया। राजा जब थोड़ा बड़ा हुआ तो इन भाइयों ने सत्ता के लालच में अपने सगे भांजे की हत्या करवा दी और इसके बाद ऐसे कमज़ोर राजाओं का राज्याभिषेक कराया गया जिनसे उनके अधिकार को कोई क्षति न पहुँचे। जयादेवी के दो भाइयों मम्म और उत्पल के बीच सत्ता संघर्ष भी चलता रहा। इस वंश का अंतिम शासक उत्पलपीड़ था, जिसे हटाकर दरबारियों ने 855 ईस्वी में जयादेवी के भाइयों में से एक उत्पल के पौत्र अवन्तिवर्मन को कश्मीर का राजा बना दिया। अवन्तिवर्मन को कश्मीर के बेहद लोकप्रिय और योग्य शासक के रूप में याद किया जाता है। उसके 28 साल के शासनकाल में बड़े पैमाने पर मंदिरों आदि का निर्माण हुआ। अपनी ऊर्जा युद्धों में लगाने के बजाय उसने चौपट हो चुकी राज्यव्यवस्था तथा अर्थव्यवस्था को पटरी पर लाने के लिए अपने विश्वस्त मंत्री सूय्या की सहायता से अथक प्रयास किये। फलस्वरूप राज्य में अनाज का उत्पादन बढ़ गया और क़ीमतों में भारी कमी आई।[36] उसने बलिप्रथा तथा जीव हत्या पर रोक लगा दी। यह समय आते-आते कश्मीर में हिन्दू धर्म पूरी तरह से प्रभावी हो चुका था और बौद्ध धर्म की चमक खो गई थी। अवन्तिवर्मन ने अनेक मठ और मंदिर बनवाये। उसके द्वारा बसाए गए नगर अवन्तिपुर के दो मंदिरों, अवन्तीश्वर और अवंतिस्वामि, के भग्नावशेष अब भी श्रीनगर से पहलगाम जाते हुए रास्ते में देखे जा सकते हैं। उसके राज्य में कवियों, लेखकों और विद्वानों को भी ख़ूब प्रोत्साहन मिला। प्रसिद्ध वैयाकरणिक रम्मत, मुक्तकण, शिवस्वामिन और कवि आनंदवर्धन तथा रत्नाकर उसकी राजसभा के सदस्य थे।

कश्मीर के इस दौर में संस्कृत साहित्य के सृजन का उत्कर्ष देखा जा सकता है। सातवीं सदी में भीम भट्ट, दामोदर गुप्त, आठवीं सदी में क्षीर स्वामी, रत्नाकर, वल्लभ देव (जिन्होंने कालिदास की *अभिज्ञान शाकुन्तलम* का भाष्य लिखा), नौवीं सदी में मम्मट, क्षेमेन्द्र, सोमदेव से लेकर दसवीं सदी के मिल्हण, जयद्रथ और ग्यारहवीं सदी के कल्हण जैसे संस्कृत के विद्वान कवियों-भाष्यकारों की एक लम्बी परम्परा है, लेकिन स्थानीय जनभाषा के ग्रंथों का कहीं कोई ज़िक्र नहीं मिलता। इस सम्बन्ध में सोमदेव के *कथासरित्सागर* पर थोड़ी बात की जा सकती है।

मान्यता है कि *कथासरित्सागर* का आधार गुणाढ्य की जातक कथा *बड्डकहा* है। मूल *बड्डकहा* अथवा *बृहत्कथा* वररुचि(350 ईस्वी पूर्व) ने काणभूति से कही थी। गुणाढ्य ने उसे काणभूति से सुना तथा उनका पैशाची में पुनर्लेखन किया। आगे चलकर यह कृति *कथासरित्सागर, बृहत्कथामंजरी, हितोपदेश, बृहत्कथाश्लोक संग्रह, वैताल पचीसी, सिंहासन बत्तीसी* जैसी महान कृतियों का आधार बनी। इन सभी में भारत की कहानी कला का उत्कृष्टतम रूप मौजूद है। *बड्डकहा* का मूल स्वरूप अनुपलब्ध है। मूल ग्रंथ सात खण्डों में था। उनमें से अब एक भी प्राप्य नहीं है। हिन्दी *बड्डकथा* का संस्कृत साहित्य के तीन मूर्धन्य कथाकारों दंडी, सुबाहू और बाणभट्ट की रचनाओं पर गहरा प्रभाव है। 850 ईस्वी में कंबोडिया की एक संस्कृत प्रशस्ति में गुणाढ्य और *बृहत्कथा* का उल्लेख हुआ है। इससे स्पष्ट है कि उस समय तक यह कृति न केवल प्राप्त थी, बल्कि इसकी ख्याति दूसरे देशों तक भी पहुँच चुकी थी। *अरेबियन नाइट्स* की कहानियाँ भी *कथासरित्सागर* के प्रभाव से अछूती नहीं हैं। *बड्डकहा* के लिखे जाने की कहानी भी अपने आप में रोचक दृष्टांत है।

भारतीय इतिहास में सातवाहन वंश बहुत चर्चित रहा है। ईसा से पाँच सौ वर्ष पहले लिखे गए ग्रंथ *ऐतरेय ब्राह्मण* में दक्षिण की एक पराक्रमी जनजाति 'आंध्र' को 'दस्यु' तथा अनार्य माना गया है। इसी वंश के सम्राट सिमुक (शासनकाल 235 ईसा पूर्व—195 ईस्वी पूर्व) ने सातवाहन साम्राज्य की नींव डाली थी। सिमुक के वंश में होल का जन्म हुआ। बीसवीं शताब्दी में दक्षिण में पुरातात्विक खोज के दौरान उस कालखण्ड के कुछ सिक्के प्राप्त हुए हैं, जिन पर 'साड़' अथवा 'सात' खुदा मिला है। विशेषज्ञों के अनुसार वह 'होल'(शासनकाल 20 ईस्वी पूर्व से 24 ईस्वी पूर्व) का ही प्राकृत नाम है। होल बहुत पराक्रमी सम्राट था। उसकी साहित्य में भी पर्याप्त रुचि थी। होल ने *सतसई* की रचना की है, जिसमें उसने गुणाढ्य द्वारा *बड्डकहा* अथवा *बृहत्कथा* के लेखन के दौरान उठाए गए कष्टों का उल्लेख किया है। अधिकांश विद्वानों का यह भी मानना है कि *बड्डकहा* का लेखन होल के शासनकाल में ही हुआ था। वह संस्कृत का विद्वान था, जबकि *बड्डकहा* की रचना उस समय की लोकभाषा पैशाची में की गई थी। इसके पीछे स्वयं एक बृहत्कथा है। कहानी कुछ इस प्रकार है—

> 'सम्राट होल एक बार जलक्रीड़ा कर रहे थे। अचानक उन्हें संस्कृत का ज्ञान न होने का क्षोभ उपजा। उन्होंने तत्क्षण प्रतिज्ञा की कि जब तक धाराप्रवाह रूप से संस्कृत बोलने-लिखने नहीं लगेंगे, तब तक प्रजा को मुँह नहीं दिखाएँगे। जिन दिनों राजा के आदेश के बिना राज्य में पत्ता तक नहीं हिलता था, प्रजा अपने राजा को ईश्वर तुल्य मानती थी, उन दिनों राजा इस तरह का कठिन व्रत साध ले...। बड़ी समस्या थी। पर राजा तो राजा। प्रतिज्ञा कर तो ली। लेकिन पूरी कैसे हो? राजा के प्रजा से कट जाने का असर राज-काज पर पड़ा। राज-काज बंद हो गया। राजा को संस्कृत सिखाने के लिए बड़े-बड़े पंडित बुलवाए गए। उनमें गुणाढ्य पंडित भी सम्मिलित थे। उन्होंने राजा को छह वर्ष में संस्कृत-निष्णात बना देने का आश्वासन दिया। राजा ने शर्त मान ली। राजा की पढ़ाई

शुरू हो उससे पहले ही एक और पंडित ने दरबार में प्रवेश किया। उसने केवल छह महीने में ही संस्कृत सिखा देने का आश्वासन दिया। गुणाढ्य के लिए यह असंभव बात थी। अपने रोष को दबाए बिना उन्होंने प्रतिज्ञा की, 'यदि कोई व्यक्ति छह महीने में संस्कृत सिखा देगा तो मैं इस भाषा में लिखना ही छोड़ दूँगा।' अब राजा बस इतना चाहता था कि संस्कृत में बोल-समझ सके। उसे उस भाषा में ग्रंथ तो रचने नहीं थे। तो हुआ यह कि छह महीने में राजा संस्कृत पढ़ने-लिखने और बोलने में प्रवीण हो गया। दरबारियों ने भी मान लिया कि राजा संस्कृत-ज्ञान से संपन्न है। अब गुणाढ्य के लिए बड़ी मुश्किल हुई। जिन दिनों पंडित की योग्यता भाषा ज्ञान से आँकी जाती हो, केवल भाषा ज्ञान के आधार पर किसी को पंडित की उपाधि से अलंकृत कर दिया जाता हो, ऐसे में बग़ैर किसी अभिजन भाषा के जीना बड़ा कठिन था। सम्राट गुणाढ्य जैसे विद्वान को खोना नहीं चाहता था। मगर बाज़ी हारने के बाद गुणाढ्य भी दरबार में नहीं रहना चाहते थे। अतएव वचन के अनुसार गुणाढ्य ने राजधानी छोड़ दी। वहाँ एक नया अवसर उनकी प्रतीक्षा में था। गुणाढ्य मौन होकर पिशाचों की बस्ती में रहने लगे। वहाँ एक गंधर्व रहता था। उसे सैंकड़ों कहानियाँ याद थीं। गंधर्व के मुँह से सुनी कहानियों को गुणाढ्य ने पैशाची भाषा में लिखना आरम्भ किया। पिशाचों की बस्ती में लेखन सामग्री तो थी नहीं, इसलिए कागज़ के स्थान पर पशु-चर्म और स्याही की जगह पशु-रक्त प्रयोग किया गया। वर्षों बाद पुस्तक पूरी हुई। पिशाचों की बस्ती में तो लिखित पुस्तक का कोई उपयोग था नहीं। सो गुणाढ्य ने उसको राजा तक पहुँचाने का निर्णय लिया। अपने दो शिष्यों के साथ जो आरम्भ से ही उनके साथ लगे थे, गुणाढ्य ने राजधानी की ओर कूच कर दिया। राजधानी पहुँचकर ग्रंथ को शिष्यों के हाथ राजा के पास भिजवा दिया और स्वयं नगर के उपकंठ में विश्राम करने लगे।

ग्रंथ को देखकर राजा को घिन आने लगी। उसने शिष्यों से ग्रंथ के रचनाकार के बारे में जानना चाहा। शिष्यों ने बताया कि उनके गुरु मौन और अपने आप में मग्न रहने वाले हैं। वे किसी से नहीं मिलते। ऐसा ग्रंथ जो सूखे चमड़े पर पशु-रक्त से लिखा गया हो, जिसका लेखक मौन और मत्त रहनेवाला हो—उसमें भला क्या विचारणीय हो सकता है। यह कहते हुए राजा ने ग्रंथ वापस लौटा दिया। यह भाषा के आधार पर, वर्ण के आधार पर कृति का मूल्यांकन करने की प्राचीन परिपाटी थी, जिसमें किसी कृति की श्रेष्ठता का आकलन उसकी भाषा अथवा रचनाकार के वर्ण से किया जाता था। बहरहाल, गुणाढ्य को शिष्यों ने जब सारी बात बताई तो वह अत्यंत मर्माहत हुए। उन्होंने हताश होकर पुस्तक को जला देने का निर्णय लिया। शुभचिंतकों ने सलाह दी कि वे एक बार राजा के समक्ष स्वयं उपस्थित होकर उसे पुस्तक में वर्णित कथाओं का श्रवण कराएँ। मगर गुणाढ्य राजा के समक्ष अपना मौन तोड़ने को तैयार न थे।

अंततः गुरु के आदेश पर अग्नि प्रज्वलित की गई। कोई उपाय न देख शिष्यों ने ग्रंथ को अग्नि-समर्पित करने से पूर्व उसकी कहानियाँ अंतिम बार सुनाने का आग्रह किया। गुणाढ्य ने अनुरोध स्वीकार कर लिया। शिष्य आसन जमाकर बैठ गए। गुणाढ्य पुस्तक के एक-एक पृष्ठ को पढ़कर अग्नि को समर्पित करने लगे। पुस्तक की कहानियाँ इतनी मधुर थीं कि पशु-पक्षी मग्न होकर सुनने लगे। जंगल में जो जहाँ था वहीं ठहर गया। मृग और बाघ अपने आपे को बिसरा, पाँव पसारकर कथा सुनने लगे। सुबह से शाम हुई, शाम से सुबह। गुणाढ्य पुस्तक को जलाए बिना उठने को तैयार न थे। कहानी सुन रहे जीव-जंतुओं के पाँव भी अकड़ने लगे। एक ही स्थान पर पड़े रहने से उनकी देह का मांस सूखने लगा। पाकशाला में सूखे मांस से बना भोजन सम्राट के पास पहुँचा। उसे खाते ही राजा के पेट में दर्द हो गया। तत्काल राजवैद्य को बुलाया गया। नाड़ी देखकर उन्होंने रोग का कारण बताया। तदनन्तर वधिकों और शिकारियों को बुलवाया गया। इस पड़ताल के दौरान जंगल में कथा कह रहे अघोरी के बारे में राजा को बताया गया। राजा ने सब कुछ छोड़कर जंगल की ओर प्रस्थान कर दिया। जंगल में पशु-पक्षियों को दत्तचित्त कथा सुनते और अघोरी को एक-एक पृष्ठ पढ़कर जलाते देख राजा दंग रह गया। राजा ने आगे बढ़कर अघोरी से पुस्तक न जलाने का आग्रह किया। अघोरी रुक गया। मगर उस समय तक गुणाढ्य पुस्तक के छह खण्ड जला चुके थे। सातवें खण्ड की कहानियाँ ही क्षेमेन्द्रकृत *बृहत्कथामंजरी,* सोमदेव कृत *कथासरित्सागर* आदि रूपों में हमारे बीच उपलब्ध हैं।'

बृहत्कथामंजरी में दी गई इस कहानी में कितनी सचाई है, कहना कठिन है। इससे यह निष्कर्ष अवश्य निकलता है कि प्राचीन ग्रंथों को, विशेषरूप से जिनमें कहानी अथवा लोक-मनोरंजन से जुड़ी सामग्री हो, लिखने के कारण स्वरूप एक कहानी जुड़ी होती थी। यह होती थी कहानी की कहानी। यह परिपाटी तत्कालीन कहानी को लेकर उस समय की शास्त्रीय परम्परा के अनुरूप थी। रुद्रट ने कथा अथवा महाकथा के लक्षण बताते हुए लिखा है कि कथा के आरम्भ में देवता या गुरु की वंदना होनी चाहिए। फिर ग्रंथकार का अपना और कुल का परिचय दिया जाना चाहिए और उसके बाद कथा लिखने का उद्देश्य वर्णित होना चाहिए। एक कथानक होना चाहिए जो प्रधान कहानी का प्रस्ताव रख सके।' चूँकि प्राचीन लेखन धर्मोन्मुखी था, धर्म-दर्शन की व्याख्या-विश्लेषण में लिखे हुए को महत्त्वपूर्ण माना जाता था और केवल मनोरंजन के लिए क़िस्से-कहानियाँ लिखने की कोई परिपाटी न थी।[37] यहाँ यह भी निष्कर्ष सहज है कि लोकभाषा में लिखे साहित्य को मान्यता नहीं दी जाती थी, पिशाच जाति के कश्मीर के मूल निवासी होने की बात हम पहले देख चुके हैं, ज़ाहिर है उनकी पैशाचिक भाषा में रचित रचनाएँ उपेक्षित हुई होंगी। संसाधनहीन मूल निवासियों के लिए उन्हें सुरक्षित रख पाना भी आसान न होगा। इसलिए वही साहित्य हमें मिलता है जो कुलीन वर्ग द्वारा संस्कृत में रचा गया।

यहाँ एक और तथ्य रख देना समीचीन होगा। *राजतरंगिणी* में कश्मीरी बोली का जो पहला और इकलौता ज़िक्र आता है, वह चक्रवर्मन के समय उसके श्वसुर डोम जाति के रंगा द्वारा एक शासकीय कर्मचारी से ज़मीन के अपने अधिकार पत्र की माँग के समय आया है। ज़ाहिर है, तब तक कश्मीरी वहाँ की जनभाषा बन चुकी होगी जिसका व्यवहार अकुलीन वर्ग करता होगा। लेकिन कश्मीरी में भी कोई साहित्य ललद्यद से पहले उपलब्ध नहीं है।[38]

पतन का दौर

883 ईस्वी में अवन्तिवर्मन की मृत्यु के बाद ही उत्पल वंश में समस्याएँ आनी शुरू हो गईं। दरबार के मंत्रियों के बीच के संघर्ष में उसके पुत्र शंकरवर्मन को राजा तो बनाया गया लेकिन साथ में उसके सौतेले भाई सुरवर्मन के पुत्र सुखवर्मन को युवराज घोषित कर दिया गया। इन दोनों के बीच लगातार उठा-पटक चलती रही। अपने पिता के विपरीत शंकरवर्मन ने सेना को मज़बूत करने तथा युद्धों के लिए कर बढ़ा दिए। उसकी नीतियों और प्रजाविरोधी हरक़तों से राज्य की सुख-शान्ति नष्ट हो गई। उसके मरने के बाद रानी सुगंधा की देखरेख में उसका अल्पवयस्क पुत्र गोपालवर्मन गद्दी पर बैठा। सुगंधा के प्रेमी प्रभाकर देव ने कोषाध्यक्ष का पद हथिया लिया और जम कर कमाई की। जब गोपालवर्मन ने कोष की मालूमात करनी चाही तो उसकी हत्या करवा दी गई और इस तरह उसका शासनकाल केवल दो साल का रहा। इसके बाद की कहानी किसी सस्ते थ्रिलर जैसी है। गलियों से उठाकर एक बालक संकटा को राजा बना दिया जो संभवतः सुगंधा और प्रभाकर देव की संतान थी। दसवें दिन ही उसकी हत्या कर दी गई और सुगंधा ख़ुद साम्राज्ञी बन बैठी। सो साल भर के अन्दर ही प्रभावशाली तान्त्रिन क़बीले ने उसे गद्दी से उतार दिया और सुरवर्मन के प्रपौत्र पार्थ को गद्दी पर बिठाया। पंद्रह साल तक कश्मीर उनकी लूट-खसोट बर्दाश्त करता रहा। 917-18 ईस्वी में कश्मीर में भयानक बाढ़ आई। वितस्ता नदी लाशों से भर गई। जनता में त्राहि-त्राहि मच गई। चावलों की कीमतें आसमान पर पहुँच गईं। लोग गलियों में मरने लगे लेकिन तान्त्रिन उनकी सहायता की जगह गोदाम में रखे चावलों को ऊँचे दामों में बेचकर लाभ कमाने में ही लगे रहे। असल में, आगे हम देखेंगे कि बाढ़ ने कश्मीर की राजनीति में पार्थ से लेकर उमर अब्दुल्ला तक महत्त्वपूर्ण भूमिका निभाई है। 921 ईस्वी में पार्थ को हटाकर उसका पिता निर्जितवर्मन गद्दी पर बैठा। यह वही निर्जितवर्मन था जिसे सुगंधा द्वारा राज्य दिए जाने के प्रस्ताव पर मंत्रियों ने कहा था कि 'इस आदमी की गद्दी पर बैठने की क्या योग्यता हो सकती है जो रात भर कामक्रीड़ा करने के लिए जागता है और दिन भर सोता रहता है। अपनी अयोग्यता के कारण ही इसे पंगु कहा जाता है।' ज़ाहिर है पार्थ के अलोकप्रिय हो जाने के बाद उसे सिर्फ़ इसलिए राजा बनाया गया कि लूट-खसोट बदस्तूर जारी रहे। पतन की सीमा आप इससे समझ सकते हैं कि अपने-अपने पुत्रों को राजा बनवाने के लिए निर्जितवर्मन की रानियाँ बप्पता देवी और मृगावती एक मंत्री सुगंधादित्य के साथ दैहिक सम्बन्धों में संलग्न थीं। राजपद जिस तरह से लूट और अय्याशी का ज़रिया बन गया था, पुरुषों की दुनिया में स्त्रियों के पास देह के अलावा और था भी क्या अपने भविष्य की सुरक्षा के लिए? ऐसे कामुक, स्वार्थी और पतित राजाओं की पत्नियों से किसी वफ़ादारी

की उम्मीद करना अहमक होना ही होगा। षड्यंत्रों के उस युग में जिसके पास जो हथियार था, उसने उपयोग किया। निर्जितवर्मन की मृत्यु के बाद बप्पता देवी का अल्पवयस्क पुत्र चक्रवर्मन राजा बना, जब मृगावती प्रभावशाली हुई तो उसने अपने पुत्र सुरवर्मन को गद्दी पर बिठा दिया जो बमुश्किल एक साल गद्दी पर रहा। फिर एक राजनर्तकी शम्बादेवी का प्रभाव बढ़ा और उसकी सहायता से पार्थ एक बार फिर राजा बन गया। इस बीच चक्रवर्मन ने अधिक धन की व्यवस्था कर ली और तान्त्रिकों को रिश्वत देकर राजा बन बैठा। लेकिन उसके सगे भाई शम्भूवर्धन ने उसे धोखा देकर राज्य पर कब्ज़ा कर लिया तो 936 ईस्वी में चक्रवर्मन ने ग़ैर कश्मीरी डामर राजा संग्राम की मदद से शम्भूवर्मन और तान्त्रिनों को अपदस्थ कर तीसरी बार राजा का पद हासिल किया और अब कश्मीरी जनता तान्त्रिनों की जगह डामरों का अत्याचार झेलने पर विवश हुई।

राजा अपने पूर्ववर्तियों की तरह ही निरंकुश था। लेकिन उसके समय की एक घटना का यहाँ ज़िक्र कर लेना ज़रूरी है। हमने देखा है कि कश्मीर के राजाओं के लिए एक से अधिक रानियाँ रखना ही नहीं, व्यभिचार भी कोई नई चीज़ नहीं था, लेकिन चक्रवर्मन एक डोम जाति के गायक रंगा की बेटियों हाम्सी और नागलता के प्रेम में पड़ गया और उसे अपने रनिवास में जगह दी। ज़ाहिर है, कथित निम्न जाति की महिला से यौन सम्बन्ध तक भले कोई दिक्क़त न हो किसी को लेकिन उसे सम्मान देने, मंदिरों में प्रवेश की अनुमति देने या उसके पिता को एक गाँव देने जैसी बातें तत्कालीन दरबारियों ही नहीं बल्कि कल्हण को भी बेहद नागवार गुज़री है। इस राजा का विवरण लिखते हुए कल्हण का ब्राह्मण अपने क्रोध को कहीं छिपा नहीं पाया है। ऐसा नहीं था कि राजा कोई दलित अधिकारों का समर्थक था, लेकिन एक दलित महिला के साथ उसका सम्बन्ध वर्ण व्यवस्था पर अनजाने में किया गया प्रहार था। डामर सामंतों ने रानी का बहिष्कार किया और अंतत: चक्रवर्मन की हत्या तब कर दी गई जब वह हाम्सी के कक्ष के शौचालय में था। कल्हण ने लिखा है कि उसके शव के साथ दुर्व्यवहार किया गया और उसकी रानियों ने मरने से पहले उसके घुटने तोड़ देने के लिए उकसाया। सोचा जा सकता है कि हाम्सी, नागलता और उनके परिवार के साथ राजा की मृत्यु के बाद क्या व्यवहार हुआ होगा। उसके बाद सत्ता पार्थ के दुराचारी और मूर्ख पुत्र उन्मत्तवन्ति के हाथों में गई जिसे कश्मीर के इतिहास में पागल राजा के रूप में जाना जाता है। उसने अपने पिता, माँ और अल्पवयस्क भाइयों की हत्या करवा दी तथा चचेरे भाइयों को कारागार में भूख से तड़पा-तड़पा के मार डाला। जब वह तपेदिक से मरने वाला था तो उसके सेनापति कमलवर्धन ने, जिसकी डामरों से शत्रुता थी, सड़क से किसी लड़के को उठाकर, जो संभवत: राजा की किसी प्रेमिका की संतान था, सुरवर्मन नाम से शासक घोषित कर दिया। इसके कुछ दिन बाद ही कमलवर्धन ने बाक़ी सभी प्रतिद्वन्द्वियों को एक युद्ध में हरा दिया और वह बेखटके राजमहल में प्रवेश कर गया। शिशु राजा और उसकी माँ को महल छोड़ना पड़ा। लेकिन तुरंत गद्दी पर बैठने की जगह कमलवर्धन ने खुद के शासन को वैधता दिलाने के लिए ब्राह्मणों की सभा बुलाकर उनके सामने किसी योग्य व्यक्ति को राजा बनाने की विनती की। यह बड़ी कूटनीतिक भूल साबित हुई और ब्राह्मणों की सभा ने एक ब्राह्मण यशस्कर को राजपद दे दिया, जो बाहर से शिक्षा प्राप्त कर कश्मीर लौटा था।

यहाँ यह ध्यान दिला दूँ कि यशस्कर राजा शंकरवर्मन के कोषाध्यक्ष और उनकी पत्नी सुगंधा के प्रेमी उसी प्रभाकर देव का पुत्र था जिसने राजा के पुत्र गोपालवर्मन की हत्या करवा दी थी! इस तरह 939 ईस्वी में इस ब्लैक कॉमेडी जैसे नाटक का एक अंक समाप्त हुआ और कश्मीर में पहली बार ब्राह्मण वंश सत्ता में आया।

अपने नौ वर्ष के शासनकाल में यशस्कर ने ब्राह्मणों को राज्य में हस्तक्षेप करने से रोका, शासन व्यवस्था ठीक करने का प्रयास किया और न्याय व्यवस्था को सुधारने के प्रयास किये। लेकिन कश्मीर के राजभवन में जो रोग लग चुका था उससे वह भी मुक्त नहीं रह सका। उसके राज्य में सबसे प्रभावशाली महिला रानी नहीं, एक वेश्या लल्ल थी जिसके राजा के साथ-साथ अन्य लोगों से भी सम्बन्ध थे। राज्य के एक मंत्री वेलवित्ता के सम्बन्ध रानी से थे। अकर्मण्य राजघरानों में विलासिताएँ स्वाभाविक थीं। जब जलोदर से राजा मृत्युशैया पर था तो उसने रानी के पुत्र संग्रामदेव को इसलिए युवराज घोषित नहीं किया कि उसकी नज़र में वह एक अवैध संतान था। अपने मंत्री पर्वगुप्त की सलाह पर जिस भतीजे वर्णत को अपना वारिस घोषित किया वह अपने बीमार चाचा का हाल पूछने भी उसके पास नहीं गया तो राजा ने क्रोधित होकर उसे बंदी बनाने का आदेश दिया और संग्रामदेव को राज्य सौंप कर किसी मठ में चला गया। हालत यह कि उसकी निजी संपत्ति ढाई सौ किलो सोने को उसके पर्वगुप्त और अन्य मंत्रियों ने लूट लिया और आपस में बँटवारा कर लिया। मठ में जब तीन दिन तक उसकी स्वाभाविक मृत्यु नहीं हुई तो रिश्तेदारों, नौकरों और वेलवित्ता ने ज़हर देकर उसकी हत्या कर दी और महल लौट आये। संग्रामदेव का राज्य भी बमुश्किल एक साल चला। पर्वगुप्त ने पहले संग्रामदेव की दादी और अन्य की हत्या करवाई और राज्य पर पूरा नियंत्रण कर लिया। प्रभावशाली एकांगों के और जनता के विद्रोह के भय से उसने एक वर्ष प्रतीक्षा की और एक रात जब भारी बर्फ़बारी से रास्ते अवरुद्ध थे तो महल में सेना सहित प्रवेश कर संग्रामदेव और उसके शुभचिंतकों की हत्या कर दी। संग्रामदेव का शव उसने पत्थर से बाँध कर वितस्ता में फेंक दिया और ख़ुद राजा बन बैठा। पर्वगुप्त का लगभग डेढ़ साल का राज्य उसके चारित्रिक पतन और लूट के लिए ही जाना जाता है। उसकी मृत्यु भी यशस्कर की तरह जलोदर से ही हुई।[**]

प्राचीन कश्मीर में स्त्रियाँ : दिद्दा और उसके आगे

उसके पुत्र क्षेमेन्द्र गुप्त का राज्यकाल पतन की पराकाष्ठा का काल था। क्षेमेन्द्र शराब और कामक्रीड़ा से जब मुक्त होता था तो विद्वानों के अपमान और किसानों के उत्पीड़न के नए-नए तरीक़े ढूँढ़ता था। पतनशीलता का अंदाज़ा आप इसी से लगा सकते हैं कि उसके मंत्री उसे अपने घर पर आमंत्रित कर अपनी पत्नियाँ प्रस्तुत करते थे और इसके बदले वह उन्हें ईनाम-इक़राम दिया करता था। उसने एक डामर योद्धा को मारने के लिए उस बौद्ध विहार में आग लगवा दी जिसमें उसने शरण ली थी और विहार की सारी संपत्ति लूट कर

[**]एम.जे. अकबर ने पूर्वोद्धृत पुस्तक में पर्वगुप्त की मृत्यु का कारण कुष्ठरोग (Leprosy) बताया है जबकि छठे तरंग के 145वें श्लोक में कल्हण ने इसे जलोदर (Dropsy) बताया है ।

उससे अपने नाम का मंदिर बनवा दिया। इतिहासकार और कश्मीर पर टिप्पणी करने वाले अक्सर उसकी रानी दिद्दा के चरित्र पर कटाक्ष करते हैं, लेकिन वे इस तथ्य को भूल जाते हैं कि ऐसे चरित्रहीन और विलासी राजा की विरासत में मिली गद्दी को वह कैसे संभाल सकती थी? क्या ऐसे राजा कोई वफ़ादारी डिज़र्व करते हैं? पुरुषों के उस सामंती समाज में एक स्त्री के लिए सती हो जाने या फिर किसी भी छल-प्रपंच से सत्ता में बने रहने के अलावा कोई चारा था? इस महिला ने सती हो जाने का रास्ता चुना तो लेकिन अंतिम समय पर वह विकल्प त्याग दिया। लोहार वंश की इस सुन्दर राजकन्या ने तेज़ दिमाग भी पाया था। राजा उस पर इस क़दर निर्भर था कि उसे दिद्दाक्षेम कहा जाने लगा था। राजा की मृत्यु के बाद 958 ईस्वी में उसने अपने अल्पवयस्क पुत्र अभिमन्यु को गद्दी पर बिठाया और ख़ुद अभिभावक की भूमिका निभाई। वह अपने समय के किसी भी अन्य राजा की तरह ही चालाक और क्रूर थी। किसी भी अन्य राजा की तरह ही उसने अनेक प्रेम सम्बन्ध बनाए और उसका उपयोग अपने शासन को सुरक्षित रखने में किया। ज़ाहिर है उसके प्रेमी भी उसके क़रीब सत्ता में भागीदारी के लिए ही आते थे और अपना हिस्सा वसूलते थे। जब वे उसके लिए ख़तरा बने या अनुपयोगी हुए तो दिद्दा ने उन्हें रास्ते से हटा दिया। जैसा कश्मीर का इतिहास है उसमें अगर उन प्रेमियों का वश चलता तो बहुत संभव था कि वे दिद्दा को रास्ते से हटा देते। इसलिए उसने छल-बल का कुशल प्रयोग किया और सत्ता में बने रहने की कला बख़ूबी सीखी और निभाई। विद्रोहों का पूरी सख़्ती से दमन किया। राजदरबार में गोपालवर्मन के समय से ही कब्ज़ा जमाए और षड्यंत्रों के सूत्रधार मंत्रियों की उसने एक-एक करके हत्या करवा दी और उसका प्रिय मंत्री नरवाहन सत्ता का दूसरा सबसे बड़ा केन्द्र बनकर उभरा। कल्हण ने रानी से उसका जो प्रेम सम्बन्ध बताया है वह पति-पत्नी जैसा है। दिद्दा के शासनकाल में कश्मीर में स्थिरता आई। उसने कई मंदिरों और मठों का निर्माण कराया। लेकिन उसकी सबसे क्रूर कार्यवाही अभिमन्यु की मृत्यु के बाद एक के बाद एक अभिमन्यु के तीन पुत्रों की हत्या करवाना थी। जहाँ पहले दो, नंदी गुप्ता और त्रिभुवन को उनके शासन के पहले और दूसरे साल में ही जादू-टोने से मार दिया गया वहीं भीमगुप्त ने पाँच साल शासन किया और जब उसने अपनी दादी और उसके नए प्रेमी तुंग के अनाचारों के ख़िलाफ़ क़दम उठाये तो उसे पहले गिरफ़्तार किया गया और फिर ख़ुलेआम हत्या कर 981 ईस्वी में दिद्दा ख़ुद गद्दीनशीन हुई। तुंग खस कबीले का था और अपने भाइयों के साथ बैल चराने आया था। उसने दरबार में चिट्ठियाँ पहुँचाने का काम हासिल कर लिया था। दिद्दा की उस पर नज़र पड़ी और जल्द ही वह उसका प्रिय बन गया। अब तक क़रीबी रहा भूय्या मार दिया गया और तुंग सत्ता समीकरणों में ऊपर की सीढ़ियाँ चढ़ते दिद्दा के शासक बनने पर सबसे शक्तिशाली मंत्री बन गया। अपने सभी उत्तराधिकारियों की हत्या कर चुकी दिद्दा ने अपने भाई उदयराज के पुत्र संग्रामराजा को अपना उत्तराधिकारी घोषित किया और 1003 ईस्वी में दिद्दा की मृत्यु के साथ लोहार वंश का शासन आरम्भ हुआ।

यहाँ रुककर उस दौर में महिलाओं की स्थिति पर ग़ौर कर लेना बेहतर होगा। कई विद्वानों ने इंगित किया है कि कश्मीर में महिलाओं की स्थिति शेष भारत की महिलाओं से बेहतर थी। कश्मीर की रानियों का अलग कोष होता था, अपने सलाहकार तथा कोषपाल

होते थे और राज्य के मामलों में उनकी राय ली जाती थी। कुछ महिलाएँ स्वतंत्र शासक से लेकर सेना के महत्त्वपूर्ण पदों तक भी पहुँची।[39] संभव है बाक़ी देश की तुलना में उनकी स्थिति कुछ बेहतर हो लेकिन हमने देखा है कि सती परम्परा कश्मीर में प्रचलन में थी। यही नहीं दिद्दा हो या अन्य रानियाँ वे संयोग से ही शासक के उच्च पद पर पहुँची थीं, पतियों की मृत्यु के बाद अल्पवयस्क पुत्रों के संरक्षक के रूप में। दरबार के षड्यंत्रों के बीच उन्हीं मर्दाना षड्यंत्रों का हिस्सा बनकर, कभी देह को हथियार बनाने पर विवश तो कभी क्रूरता की राह पर चलकर। जिस राज्य में मंत्री राजा को अपनी पत्नियाँ प्रस्तुत करते हों, राजाओं के हरम भरे पड़े हों, भोग-विलास चरम पर हो, वहाँ कुछेक स्त्रियों के सफल हो जाने को समाज में स्त्रियों की दशा का प्रतिबिम्ब मानना भ्रामक होगा। दुर्भाग्य से इतिहास का उतना ही हिस्सा उपलब्ध है जो राजाओं के इर्द-गिर्द था, इसलिए उस काल के आम समाज में स्त्रियों की दशा पर कुछ कहने के लिए स्रोत नहीं हैं। लेकिन कश्मीरी साहित्य और दर्शन के क्षेत्र में चाहे वह बौद्ध धर्म हो या शैव धर्म, स्त्रियों का नाम उल्लिखित स्रोतों में नहीं मिलता, जो उनकी शिक्षा-दीक्षा के बारे में एक इशारा तो करता ही है। ब्रिटिश काल में लिखी अपनी महत्त्वपूर्ण किताब में वॉल्टर लॉरेन्स ने टिप्पणी की है कि 'जब जयसिम्हा का शासन समाप्त हुआ तो कश्मीर शराबियों और जुआरियों का अड्डा था तथा स्त्रियों की दशा वैसी ही थी जैसी ऐसे में हो सकती थी।'[40]

अंत का आरम्भ : लुटेरों का अत्याचार, पहाड़ पहरेदार

संग्राम राजा के राज्यकाल में महमूद ग़ज़नवी ने 1015 और 1021 में कश्मीर पर आक्रमण करने की कोशिश की लेकिन मौसम का ग़लत चुनाव करने के कारण लोहारकोट के क़िले से आगे बढ़ने में सफल नहीं हुआ।[41] हालाँकि ग़ज़नवी के इतिहासकार अबु फद्ल बाय्हाक़ी के अनुसार अपने आक्रमण के समय उसने कश्मीर घाटी के दक्षिण में लूटपाट की थी और बहुत से लोगों का धर्म परिवर्तन कराया था।[42] यह सुरक्षित माहौल ही था जिसने कश्मीरी राजाओं को भोग-विलास के लिए भरपूर मौक़ा दिया तो राजवंशों के बदलने के बावजूद सब हस्बमामूल चलता रहा। 1028 में संग्राम की मृत्यु के बाद गद्दी पर बैठे हरिराजा को उसकी माँ श्रीलेखा ने बारहवें दिन ही मरवा दिया। ज़ाहिर है उसने प्रेरणा दिद्दा से ली थी। लेकिन इस बार दरबारियों ने इसे सफल नहीं होने दिया और संग्राम के छोटे बेटे अनन्त को ताज सौंप दिया। वह एक कमज़ोर राजा साबित हुआ और उसने महमूद ग़ज़नवी के डर से पंजाब छोड़कर कश्मीर में बसे शाही राजाओं का सहारा लिया, जिनका चारित्रिक पतन हर हाल में कश्मीरी राजाओं से बढ़कर ही था। इस परिवार पर उसने अकूत धन ख़र्च किया। वैसे अनन्त की एक कुख्याति उसके खर्चीले स्वभाव और उधार लेने की आदत की है। यह इस हद तक गई कि उसने राजदंड और अपना मुकुट भी एक विदेशी व्यापारी के यहाँ गिरवी रख दिया था।[43] उसी परिवार की सूर्यमती उसकी रानी बनीं। सूर्यमती भी अपनी पूर्ववर्ती रानियों की तरह महत्त्वाकांक्षी और उन महत्त्वाकांक्षाओं की पूर्ति के लिए बेहिचक लोगों का उपयोग करने वालों में से थी। राजा के कोषाध्यक्ष से प्रेम और राजा की कृपाओं से उसने बहुत सी धन संपत्ति एकत्र की। लेकिन इस संपत्ति से उसने राजा के क़र्ज़ भी चुकाए और

शासन व्यवस्था को दुरुस्त करने में भी मदद की। उसके दबाव में संग्राम राजा ने अपने जीवनकाल में ही राजकाज पुत्र को सौंप दिया था।

उसके बाद जो राजा सत्ता में आये उनमें सबसे प्रमुख नाम हर्ष का है। हर्ष को मंदिरों को तोड़ने और लूटने के संदर्भ में विशेष रूप से याद किया जाता है। कल्हण ने, जिनके पिता उसके दरबार में थे, उसका वर्णन करते हुए भयानक घृणा का प्रदर्शन किया है। हर्ष का व्यक्तित्व विद्वत्ता और दुराचार जैसे विरुद्धों का अजीब समन्वय था। एक तरफ़ वह सुन्दर गीतों का रचनाकार था, संगीत और कला का ज्ञाता था, न्यायप्रिय था, समन्वयवादी था तो दूसरी तरफ़ स्वेच्छाचारी, क्रूर और चरित्रहीन था। आरम्भ में उसका शासन बहुत लोकप्रिय हुआ लेकिन बाद में वह लगातार पतन के गर्त में जाता गया। वह खुले दिमाग का था। तुर्क तब तक कश्मीर में आ चुके थे और उसने न केवल उनकी संस्कृति से बहुत कुछ अपनाया बल्कि उनकी सैन्य रणनीतियों को भी अपने दरबार में शामिल किया और ग़ुलाम तुर्की स्त्रियों को अपने हरम में। हर्ष ने तमाम युद्ध किये और इनमें से अधिकतर में हार का सामना किया। इन सबके साथ अय्याशी उसे परम्परा में मिली थी। कामपिपासा में उसने अपने परिवार की स्त्रियों तक को नहीं बख़्शा और वेश्याएँ तो ख़ैर थी हीं। ज़ाहिर है इन बढ़ते ख़र्चों को पूरा करने के लिए अकूत धन की ज़रूरत पड़ती। यह धन अन्धाधुंध करारोपण से हासिल किया गया। यहाँ तक कि मल त्याग पर भी कर लगा दिया गया था![44] जनता में त्राहि-त्राहि मच गई। उसने मंदिरों और देवालयों को भी लूटा। बहुत संभव है ऐसा धन के लिए ही किया गया हो।[45] मंदिर उस समय धन सम्पत्ति का केन्द्र थे और राजाओं की गरिमा तथा शक्ति के प्रतीक। उन्होंने कभी खुद को अमर करने के लिए तो कभी अपनी हिंसा और अनाचार को छिपाने के लिए एक तरफ़ पंडितों को दान दिए थे तो दूसरी तरफ़ मंदिर बनवाये थे जिनमें सोना-चाँदी और दूसरी कीमती धातुएँ लगी थीं। मंदिरों की उसकी लूट को कुछ लोगों ने तुर्कों के प्रभाव से जोड़ा है, लेकिन न केवल कश्मीर बल्कि देश के अन्य कई भागों में मंदिरों की लूट के कारण केवल साम्प्रदायिक नहीं थे।[46] इन सबके बीच उसका अंत बनकर आई बाढ़ और वह उस भयानक बाढ़ में तथा उसके बाद भी संकट में फँसी अपनी जनता की सहायता की जगह अय्याशी में लगा रहा। अपनी हरक़तों से पहले ही बेहद अलोकप्रिय हो चुका हर्ष एक जनविद्रोह में मारा गया और वर्ष 1101 में उक्कल सत्ता में आया जो हर्ष के समय में चौपट हो चुकी राज्यव्यवस्था को फिर से सुधारने, मंदिरों आदि का पुनर्निर्माण कराने के साथ-साथ अपने उस अनियंत्रित गुस्से के लिए भी जाना जाता है जिसकी वजह से उसे 'पागल राजा' कहा जाता था। उक्कल के बाद 1128 ईस्वी में गद्दीनशीन हुए जयसिम्हा का लगभग 28 वर्षों का राज्य ललितादित्य और अवन्तिवर्मन की कड़ी में कश्मीर के बेहतर वक़्तों की तरह याद किया जाता है। कल्हण इन्हीं के दरबार में थे। लेकिन इस छोटे से अंतराल के बावजूद कश्मीर में जो पतन जारी था वह बदस्तूर चलता रहा। 1171-1286 तक चले बोपादेव वंश के राज्य में या फिर उसके बाद स्थापित हुए डामर वंश में कुछ भी ऐसा नहीं बदला जो सड़ चुकी राज व्यवस्था में कोई बड़ा परिवर्तन लाता। नैतिक, आर्थिक, सामाजिक और राजनैतिक पतन कश्मीर के इतिहास का हिस्सा बन चुके थे।

अब तक कश्मीर दिल्ली के सुल्तानों ही नहीं मध्यपूर्व के आक्रमणकारियों की नज़र से बचा रहा था, कुछेक आक्रमण हुए भी तो मौसम और पहाड़ उसके सबसे बड़े रक्षक थे जिन्होंने एकाधिक बार आक्रान्ताओं से रक्षा की। लेकिन यह सदा-सर्वदा नहीं चल सकता था। जर्जर हो चुके कश्मीरी राज्य पर जब मंगोल आक्रान्ता दुलचा (ज़ुल्जू) ने बारामूला दर्रे की ओर से शुरुआती गर्मियों में सत्रह हज़ार घुड़सवारों और पैदल सेना के साथ आक्रमण किया तो डामर वंश के राजा सहदेव ने उसका सामना करने की जगह उसे रिश्वत देने की कोशिश की। लेकिन उसकी निगाह अब पूरे कश्मीर पर थी। सहदेव ने प्रतिरोध की कोशिश भी की, परन्तु करों और अत्याचारों के बोझ से दबी जनता तथा स्वार्थी सामंतों ने उसका कोई साथ नहीं दिया।[47] नाक़ामयाब होने पर सहदेव जनता को उसका अत्याचार सहने के लिए छोड़ किश्तवार भाग गया। मंगोलों ने जी भर के लूटपाट की और आठ महीनों तक सोना-चाँदी, अनाज लूटने के बाद कश्मीर की अरक्षित महिलाओं को अपना शिकार बनाया। खेत जला दिए गए, घर लूट लिए गए, जवान पुरुष और बच्चे या तो मार दिए गए या ग़ुलाम बना लिए गए। जोनराज ने इस आक्रमण और लूट का जो वर्णन किया है वह हृदयविदारक है। कश्मीर घाटी पूरी तरह से तहस-नहस हो गई। उसकी हैवानियत के किस्से आज भी कश्मीर घाटी में सुनाये जाते हैं। इकलौती जो जगह कश्मीर में थोड़ी सुरक्षित बची थी वह थी लार, जहाँ सेनापति रामचंद्र ने ख़ुद और अपने परिवार सहित विश्वस्त सैनिकों तथा अनुचरों को क़िले के भीतर क़ैद कर लिया था। आठ महीने बाद जब वहाँ सब नष्ट हो चुका था और लूटने के लिए कुछ नहीं बचा था। सर्दियाँ आ चुकी थीं और खेत उजाड़ पड़े थे। ऐसे में दुलचा ने वापस जाने का निर्णय लिया। उसके सहयोगियों ने बारामूला और पाखली के उसी रास्ते से लौटने की सलाह दी जिससे वे आये थे, पर दुलचा ने स्थानीय क़ैदियों से सबसे छोटे रास्ते के बारे में पूछा। कहते हैं कि दुलचा से उसकी ज़्यादतियों का बदला लेने के लिए उन्होंने जानबूझकर सबसे ख़तरनाक रास्ते, बनिहाल दर्रे से जाने का सुझाव दिया और लौटते हुए दुलचा दिवासर परगना की चोटी के पास अपने सैनिकों, क़ैदियों और लूट के सामान के साथ बर्फ़ में दफ़न हो गया।[48]

इस पूरी विपत्ति में घाटी के निवासियों के मददगार बनकर आये शाहमीर और रिंचन। रामदेव की पुत्री कोटा के साथ मिलकर उन्होंने जितना थोड़ा बहुत संभव हो सका प्रतिरोध भी किया और सहायता भी। रिंचन कोटा से प्रेम में पड़ गया और कोटा ने भी उसे स्वीकृति दी।

रिंचन (ला चेन रिग्याल बू रिन चेन) बौद्ध था जो कुबलाई ख़ान की मौत के बाद लद्दाख में मची अफ़रातफ़री में अपने पिता और वहाँ कुबलाई ख़ान के प्रतिनिधि लाचेन की हत्या के बाद अपनी छोटी सी सेना के साथ जो-ज़िला दर्रे से सोनमर्ग घाटी पार कर गंगागीर में सेनापति रामचंद्र के महल में शरणागत हुआ था। शाहमीर स्वात घाटी का निवासी था और कहा जाता है कि एक रात उसे ख़्वाब आया कि वह कश्मीर का राजा बनेगा तो इस बिना पर वह सपरिवार श्रीनगर पहुँच गया और राजा के दरबार में उसने रामचंद्र से निकटता

बनाई। राजा सहदेव ने उसे बारामूला के पास एक गाँव दावर कुनैल की जागीर दे दी थी।[49] कालान्तर में रिंचन और शाहमीर अच्छे मित्र बन गए।[50] हालाँकि उसे लेकर *महाभारत* के अर्जुन के वंश[51] से लेकर स्वात के शासक परिवार तक के होने की मान्यतायें हैं।

दुलचा के जाने के बाद सहदेव लौटा तो उसने किश्तवार के गद्दी क़बीले के साथ श्रीनगर पर कब्ज़े की कोशिश की लेकिन रामचन्द्र ने ख़ुद को राजा घोषित कर दिया। उसने लार के अपने क़िले से उतर अंदरकोट पर कब्ज़ा कर लिया और सहदेव की सेना को हरा कर सत्ता छीन ली। भय से पहाड़ों में जा छिपी जनता जब वापस लौटी तो राजा के लिए उसके मन में कोई सम्मान शेष न था। चारों ओर त्राहि-त्राहि सी मची थी। हालत यह कि पहाड़ी क़बीलों ने इसी बीच हमला कर दिया और बचा-खुचा लूटने के साथ कई लोगों को दास बनाकर ले गए। इन सबके परिणामस्वरूप अकाल की स्थिति पैदा हो गई। जनता की रक्षा के लिए वहाँ कोई नहीं था। उन्होंने खुद अपनी सेनायें बनाकर इन क़बीलों का सामना किया। रिंचन ने इसका पूरा फ़ायदा उठाया। पहले तो उसने जनता का साथ दिया और फिर शाहमीर तथा अपनी लद्दाखी सेना की सहायता से सैनिकों को वस्त्र व्यापारी के रूप में धीरे-धीरे महल के अन्दर भेज कर उचित समय पर महल पर हमला कर रामचन्द्र की हत्या कर दी। मौक़े की नज़ाकत को देखते हुए कोटा ने पिता की हत्या को महत्त्व देने की जगह कश्मीर की महारानी के पद को महत्त्व दिया और 6 अक्टूबर 1320 को रिंचन जब कश्मीर की गद्दी पर बैठा तो कोटा उसकी महारानी के रूप में उसके बगल में बैठी। रिंचन ने रामचन्द्र के पुत्र रावणचन्द्र को रैना की उपाधि देकर लार परगना और लद्दाख की जागीर दे दी और इस तरह उसे अपना मित्र बना लिया।

यहाँ से कश्मीर के इतिहास ने एक नई करवट ली।

संदर्भ सूची

1. कल्हण, *राजतरंगिणी* में, साहित्य अकादमी द्वारा मुद्रित आर.एस. पंडित का अनुवाद, पृष्ठ संख्या 12
2. देखें, पृष्ठ 179, *द वैली ऑफ़ कश्मीर,* वॉल्टर लॉरेन्स, ऑक्सफ़ोर्ड यूनिवर्सिटी प्रेस,लन्दन, 1895
3. जवाहर लाल नेहरू, *राजतरंगिणी* के अंग्रेज़ी संस्करण की भूमिका में, पृष्ठ संख्या x
4. देखें, http://www.peacekashmir.org/jammu-kashmir/history.htm
5. देखें, पृष्ठ 697–98, कल्हण, *राजतरंगिणी* में, साहित्य अकादमी, दिल्ली द्वारा मुद्रित आर.एस. पंडित का अनुवाद
6. विस्तार के लिए देखें, पृष्ठ xii-xvii कल्हण, *राजतरंगिणी* में, साहित्य अकादमी, दिल्ली द्वारा मुद्रित आर.एस. पंडित का अनुवाद
7. देखें, http://www.peacekashmir.org/jammu-kashmir/history.htm
8. देखें, पृष्ठ 9, *किंग्स ऑफ़ कश्मीर,* जोगेश चन्द्र दत्त, पहला संस्करण 1898, ई.एल.एम. प्रेस, कलकत्ता
9. देखें, http://www.peacekashmir.org/jammu-kashmir/geography.htm
10. देखें, पृष्ठ 8, *हिन्दू हिस्ट्री ऑफ़ कश्मीर,* एच.एच.विल्सन, सुशील गुप्ता प्राइवेट लिमिटेड, 1960
11. देखें, वही, पृष्ठ 113, पृष्ठ 38, *ए हिस्ट्री ऑफ़ मुस्लिम रूल इन कश्मीर,* आर.के. परिमू, पीपुल्स पब्लिशिंग हाउस, दिल्ली, 1969
12. देखें, पृष्ठ 38, वही
13. http://www.peacekashmir.org/jammu-kashmir/history.htm
14. पृष्ठ 10, *कश्मीर बिहाइंड द वेल,* एम.जे.अकबर, छठा संस्करण, 2011, रोली बुक्स प्राइवेट लिमिटेड, दिल्ली
15. देखें, *माई फ्रोज़ेन टर्बुलेंस इन कश्मीर,* जगमोहन, दूसरा संस्करण, 1991, अलाइड पब्लिशर्स लिमिटेड, नई दिल्ली
16. देखें, *बुद्धिज़्म इन कश्मीर,* डॉ.आर.एल. आइमा, जून, 1984, कश्मीरी ओवरसीज़ एसोसिएशन की वेबसाईट
17. देखें, http://koausa.org/vitasta/w®®v/v.x.html, पृष्ठ 9, *कश्मीर बिहाइंड द वेल,* एम.जे. अकबर, छठा संस्करण, 2011, रोली बुक्स प्राइवेट लिमिटेड, दिल्ली
18. उल्लिखित पुस्तक *माई फ्रोज़ेन टर्बुलेंस इन कश्मीर* में जगमोहन ने दामोदर को जरासंध का पुत्र बताया है. लेकिन *राजतरंगिणी* में उसे गोनंद का पुत्र बताया गया है। (पृष्ठ 16)
19. देखें, पृष्ठ 17, तरंग 1, श्लोक 72, कल्हण, *राजतरंगिणी* में, साहित्य अकादमी, दिल्ली द्वारा मुद्रित आर. एस. पंडित का अनुवाद
20. *नीलमत पुराण,* श्लोक 10
21. पृष्ठ 19, *कश्मीर बिहाइंड द वेल,* एम.जे. अकबर, छठा संस्करण, 2011, रोली बुक्स प्राइवेट लिमिटेड, दिल्ली
22. देखें, http://fidahassnain.myasa.net/2010/12/buddhist-heritage-of kashmir/
23. देखें, http://bharatdiscovery.org/india/%E0%A4%95%E0%A4%A8%E0%A4%BF%E0%A4%B7%E0%A5%8D%E0%A4%95#cite_note-1
24. देखें, *बुद्धिज़्म इन कश्मीर,* डॉ. आर.एल. आइमा, जून, 1984, कश्मीरी ओवरसीज़ एसोसिएशन की वेबसाईट
25. https://en.wikipedia.org/wiki/Fourth_Buddhist_council
26. देखें, पृष्ठ 28, तरंग 1, श्लोक 173, कल्हण, *राजतरंगिणी* में, साहित्य अकादमी, दिल्ली द्वारा मुद्रित आर. एस. पंडित का अनुवाद
27. देखें, *बुद्धिज़्म इन कश्मीर,* डॉ. आर.एल. आइमा, जून, 1984, कश्मीरी ओवरसीज़ एसोसिएशन की वेबसाईट
28. पृष्ठ 12, *कश्मीर बिहाइंड द वेल,* एम.जे. अकबर, छठा संस्करण, 2011, रोली बुक्स प्राइवेट लिमिटेड,
29. देखें, वही

30. देखें, पृष्ठ 109, *प्राचीन भारतीय धर्म और दर्शन,* शिवस्वरूप सहाय, मोतीलाल बनारसीदास, दिल्ली–2001
31. देखें, डेविड पीटर लॉरेन्स का शोधपत्र–'कश्मीरी शैव फ़िलॉसफ़ी', http://www.iep.utm.edu/kashmiri/
32. देखें, पृष्ठ 10–11, *कश्मीर इन क्रूसिबल,* प्रेमनाथ बज़ाज़, दूसरा संस्करण, 1967, पाम्पोश पब्लिकेशन, नई दिल्ली
33. देखें, डेविड पीटर लॉरेन्स का शोधपत्र–'कश्मीरी शैव फ़िलॉसफ़ी', http://www.iep.utm.edu/kashmiri/
34. देखें, *अभिनवगुप्त : द फ़िलॉसफ़र,* प्रोफ़ेसर के.एल. भान, http://www.koausa.org/Glimpses/abhinava.html
35. देखें, पृष्ठ 43, *माई फ्रोज़ेन टर्बुलेंस इन कश्मीर,* जगमोहन, दूसरा संस्करण, 1991, अलाइड पब्लिशर्स लिमिटेड, नई दिल्ली
36. देखें, पृष्ठ 191, तरंग 15, श्लोक 71–72, कल्हण, *राजतरंगिणी* में, साहित्य अकादमी, दिल्ली द्वारा मुद्रित आर.एस. पंडित का अनुवाद
37. देखें, ओम प्रकाश कश्यप का ब्लॉग, https://omprakashkashyap.wordpress.com/
38. देखें, पृष्ठ 15, कश्मीरी लिटरेचर, ब्रज बी. काचरू, *ए हिस्ट्री ऑफ़ इण्डियन लिटरेचर,* सम्पादक जान गोंडा, खण्ड 8, ऑटो हैर्सिवत्ज़ विस्बाडेन, 1981
39. विस्तार के लिए देखें *डाटर्स ऑफ़ वितस्ता,* प्रेमनाथ बज़ाज़, पाम्पोश पब्लिकेशन, दिल्ली, 1959
40. देखें, पृष्ठ 189, *द वैली ऑफ़ कश्मीर,* वॉल्टर लॉरेन्स, ऑक्सफ़ोर्ड यूनिवर्सिटी प्रेस, लन्दन, 1895
41. देखें, पृष्ठ 31, *कश्मीर अंडर सुल्तान्स,* प्रोफ़ेसर मोहिबुल हसन, आकार पब्लिकेशन, दिल्ली, 1994
42. देखें, पृष्ठ 311, कश्मीर अंडर द सुल्तान्स ऑफ़ शाह मीर डायनस्टी (1339–1561), *हिस्ट्री ऑफ़ सिविलाइज़ेशन ऑफ़ सेन्ट्रल एशिया,* सम्पादक : एम.एस. आसिमोव तथा सी.ई. बोज्वर्थ, खण्ड 4, भाग 1, मोतीलाल बनारसीदास पब्लिशर्स प्राइवेट लिमिटेड, दिल्ली, 1997
43. देखें, वही, पृष्ठ 32
44. देखें, वही, पृष्ठ 33
45. देखें, पृष्ठ 5, *कश्मीर इन क्रूसिबल,* प्रेमनाथ बज़ाज़, पाम्पोश पब्लिकेशंस, नई दिल्ली, दूसरा संस्करण, 1967
46. देखें, Temple desecration in pre-modern India-Richard M Eaton, फ्रंटलाइन, 9–22 दिसंबर, वर्ष–2000
47. देखें, पृष्ठ 35, *कश्मीर अंडर सुल्तान्स,* मोहिबुल हसन, प्रकाशक: ईरान सोसायटी,159–बी, धर्मतल्ला स्ट्रीट, कलकत्ता, 1959
48. देखें, वही, पृष्ठ 36
49. देखें, *इकॉनमी ऑफ़ कश्मीर अंडर सुल्तान्स,* डॉ. मंज़ूर अहमद, इंटरनेशनल जर्नल ऑफ़ हिस्ट्री एंड कल्चरल स्टडीज़, वाल्यूम 1, अंक 1, अक्टूबर–दिसम्बर, 2015, पृष्ठ 39
50. देखें, *किंग्स ऑफ़ कश्मीर* (अनुवाद : जोगेश चन्द्र दत्त), पृष्ठ 15, पुस्तक 1, खण्ड 3, जोनराज , ई.एल.एम. प्रेस, कलकत्ता, 1898
51. देखें, *हिस्ट्री ऑफ़ सिविलाइज़ेशन ऑफ़ सेन्ट्रल एशिया,* सम्पादक : एम.एस. आसिमोव तथा सी.ई. बोज्वर्थ, पृष्ठ 311, खण्ड 4, भाग 1, मोतीलाल बनारसीदास पब्लिशर्स प्राइवेट लिमिटेड, दिल्ली, 1997

2

रिंचन, पंडित सभा, धर्म परिवर्तन : इस्लाम का आगमन

रिंचन ने इस्लाम धर्म अपना लिया और वह सुल्तान सदर-अल-दीन* के नाम से जाना गया।

रिंचन के इस्लाम अपनाने को लेकर कई मत हैं। जोनराज के अनुसार वह हिन्दू धर्म अपनाना चाहता था लेकिन उसके तिब्बती बौद्ध होने के कारण ब्राह्मण देवस्वामी ने उसे शैव धर्म में दीक्षित करने से इंकार कर दिया।[1] एम.जे. अकबर ने इस कहानी को यहाँ तक बढ़ाया है कि देवस्वामी ने ब्राह्मणों की सभा बुलाई और उस सभा ने कई दिनों के विचार विमर्श के बाद यह तय किया कि रिंचन को इसलिए हिन्दू नहीं बनाया जा सकता कि ऐसा करने पर उसे उच्च जाति में शामिल करना पड़ेगा, जो संभव नहीं है।[2] ऐसा प्रतीत होता है कि उन्होंने पी.एन.के. बम्ज़ाई द्वारा उद्धृत प्रसंग को ज्यों का त्यों ले लिया है।[3] लेकिन यूनेस्को द्वारा कराए गए शोध में एन.ए. बलूच और ए.क्यू. रफ़ीक़ी इसे जोनराज के दिमाग की उपज मानते हैं। उनके अनुसार एक राजा के रूप में यह उसके लिए कोई समस्या थी ही नहीं। वे उन इस्लामी विद्वानों† के तर्कों को भी ख़ारिज करते हैं जिनके अनुसार रिंचन ने तीनों धर्मों के विद्वानों से शास्त्रार्थ के बाद इस्लाम को अपनाया या वह बुलबुल शाह‡ के यहाँ आध्यात्मिक शान्ति से प्रभावित हो मुसलमान बन गया था। उनकी मान्यता है कि रिंचन का इस्लाम अपनाना किसी नैतिक नहीं बल्कि उस राजनीतिक यथार्थ के चलते था जिसमें उसकी स्वीकृति सिर्फ़ इस्लाम मानने वालों में संभव थी जो अब अच्छी संख्या में कश्मीर में आ चुके थे।[4] बौद्ध धर्म तब तक तमाम विकृतियों का शिकार हो हाशिये पर जा चुका था और हिन्दू राजाओं के वंशज अब भी कश्मीर में थे। ऐसे में शाहमीर की सलाह और प्रोत्साहन पर उसने इस्लाम अपनाया। कश्मीरी इतिहास के एक अध्येता अबू-फद्ल-

---

*सदर-अल-दीन का अर्थ है इस्लाम का नायक, यह नाम उसे बुलबुल शाह ने दिया था।

†बहारिस्तान ए शाही-हसन बिन अली, तारीख़-ए-कश्मीर-हैदर मलिक, मजमुआदार अंसब माशिखी कश्मीर बाबा नसीब आदि।

‡बुलबुल शाह का असली नाम सैयद शरफ़ अल दीन था। वह सुहरावर्दी सम्प्रदाय के सूफ़ी संत थे जो सहदेव के समय तुर्किस्तान से कश्मीर आ गए थे।

अल्लामी भी रिंचन के इस्लाम स्वीकारने के पीछे शाहमीर की ही भूमिका मानते हैं। रिंचन के इस क़दम को दुनिया के अन्य देशों में इस्लाम के प्रभावी होने से जोड़कर भी देखा जाना चाहिए।[5] रिंचन के बाद कश्मीर में सबसे पहले इस्लाम अपनाने वाला व्यक्ति था उसका साला रावणचन्द्र।[6]

वजह जो भी हो लेकिन रिंचन का सदर-अल-दीन हो जाना कश्मीर के इतिहास में एक बड़ी घटना थी। शासक के रूप में वह एक योग्य और क्षमतावान शासक साबित हुआ। जहाँ लावण्य क़बीले (अब लोन) जैसे शत्रुओं का उसने बलपूर्वक दमन किया वहीं रामचन्द्र के बेटे को राजदरबार में पिता समान अधिकार देकर उसने उनके असंतोष का शमन किया। जोनराज ने उसके शासनकाल को 'स्वर्ण युग' कहा है, हालाँकि प्रोफ़ेसर के.एल. भान उस युग को जबरिया धर्म परिवर्तन का युग बताते हैं।[7] बहुत संभव है कि सच्चाई इन दोनों के बीच कहीं हो। तथ्य बताते हैं कि सबसे पहले उसके उन बौद्ध अनुयायियों ने इस्लाम अपनाया जो लद्दाख से ही उसके साथ आये थे। ज़ाहिर है, कश्मीर में इस्लाम तलवार के दम पर नहीं आया। हिन्दू राजाओं के शासनकाल में जिस तरह का पतन हुआ था जनता उससे त्रस्त थी। अंधाधुंध कर, महँगाई, मंत्रियों और सामंती प्रभुओं का भ्रष्टाचार, कृषि क्षेत्र तथा व्यापार में भारी गिरावट और भयावह अस्थिरता ने राजाओं पर से जनता का विश्वास उठा दिया था[8], इसलिए जब रिंचन और उसके बाद के सुल्तानों के समय शान्ति और सुव्यवस्था क़ायम हुई तो जनता की ओर से धर्म के आधार पर कोई प्रतिरोध नहीं हुआ। इन राजाओं ने भी धार्मिक सहिष्णुता का परिचय दिया और सभी धर्मों का सम्मान किया। धर्म परिवर्तन का दौर चौदहवीं-पंद्रहवीं सदी में शुरू हुआ, जिसके बारे में आगे हम विस्तार से बात करेंगे। उसने कश्मीरी राजाओं की परम्परा में रिंचनपुरा नामक एक शहर भी बसाया था जो अब श्रीनगर का हिस्सा है। कश्मीर की पहली मस्जिद बोदरो मस्जिद भी उसी ने बनवाई थी। जो बाद में मुसलमानों और लद्दाखियों, दोनों के लिए पवित्र स्थल बन गई। बाद में इसे तोड़कर एक छोटी मस्जिद बनाई गई।[9] इसके अलावा अपने गुरु बुलबुल शाह के नाम पर उसने श्रीनगर के अली कदल में एक लंगरखाना खुलवाया था, जिसके ख़र्च के लिए उसे कुछ गाँवों से लगान वसूलने का अधिकार दिया गया। लेकिन रिंचन सिर्फ़ तीन वर्ष तक राज कर पाया।

शाहमीर वंश का उदय

विद्रोहियों से युद्ध में घायल होकर जब रिंचन की मृत्यु हुई तो उसका पुत्र हैदर अभी शिशु ही था। पहले हैदर को तख़्त पर बिठा कर रानी को उसका संरक्षक बनाया गया लेकिन दरबार के बहुमत का मानना था कि ऐसे में फिर से अराजकता फैलने का डर है। शाहमीर और अन्य दरबारियों की सलाह से रानी ने डोल्चा के आक्रमण के बाद से ही स्वात घाटी में रह रहे राजा सहदेव के छोटे भाई उदयनदेव को राजा नियुक्त कराया तथा उससे विवाह कर रानी पद बरक़रार रखा। शाहमीर को भी उचित सम्मान मिला और उसके दोनों पुत्रों,अली शेर और जमशेद को कुछ ज़िलों पर शासन का अधिकार दे दिया गया। उदयनदेव एक कमज़ोर राजा था और राज्य का नियंत्रण कोटा देवी के हाथों में आ गया। इसी समय इतिहास ने ख़ुद

को दुहराया। अब विदेशी आक्रान्ताओं ने कश्मीर की राह देख ली थी। पिछली बार मंगोल डोल्चा था इस बार तुर्क अचल। जब अचल ने घाटी में प्रवेश किया तो राजा लद्दाख भाग गया। कमान पूरी तरह से रानी और शाहमीर के हाथों में आ गई। उन्होंने चतुराई से चाल चली और अचल को समर्पण का सन्देश भेज दिया। इससे जब वह निश्चिन्त हो गया और उसने सेना का एक हिस्सा वापस भेज दिया तो रानी, उसके भाई रावणचन्द्र, भट्ट भीक्ष्ण और शाहमीर ने सेना एकत्र कर उस पर हमला किया और बुरी तरह परास्त कर गिरफ़्तार कर लिया। बीच चौराहे पर शाहमीर ने अचल का सिर धड़ से अलग कर दिया। अब वे जनता की नज़र में नायक थे। लौटने पर उदयनदेव को अपने भाई की नियति तो नहीं मिली लेकिन वह नाममात्र का राजा रह गया। सत्ता का पूरा नियंत्रण रानी कोटा के हाथों में आ गया। 1338 में राजा की मृत्यु के बाद दोनों के बीच सत्ता को लेकर खींचतान शुरू हुई। रानी कोटा ने ख़ुद को साम्राज्ञी घोषित कर दिया और भट्ट भीक्ष्ण को अपना मंत्री घोषित कर राजधानी अंदरकोट में ले गई।

लेकिन शाहमीर के लिए अपने सपने को सच साबित करने का यही मौक़ा था। उसने गंभीर रूप से बीमार होने का बहाना किया और जब रानी ने भट्ट भीक्ष्ण, अवत्र और अन्य मंत्रियों को उसे देखने भेजा तो उनकी हत्या कर दी। इसके बाद शाहमीर ने मानसबल झील के पास राजमहल को घेर लिया और रानी ने आत्मसमर्पण कर दिया। शाहमीर ने विवाह का प्रस्ताव दिया और रानी ने स्वीकार कर लिया। लोक में एक मान्यता है कि रानी ने उसी रात अपनी कटार पेट में भोंक कर आत्महत्या कर ली।[§] लेकिन जोनराज ने बताया है कि एक रात रानी के साथ सोने के बाद शाहमीर ने उसे और उसके दोनों पुत्रों को गिरफ़्तार कर अपनी संभावित प्रतिद्वंद्वी को हमेशा के लिए राह से हटा दिया।[10] रानी की मृत्यु 1339 में हुई और उसके बेटों का इतिहास में फिर कोई ज़िक्र नहीं आता।[11]

यही नैतिकता थी उन दिनों। सत्ता के सामने कोई रिश्ता, कोई भावना महत्त्वपूर्ण न थी। पिता ने पुत्र को रास्ते से हटाया, माँ ने बेटे को, प्रेमिका ने प्रेमी को, मित्रता और बाक़ी रिश्तों की तो ख़ैर बिसात ही क्या थी। जोनराज ने एक मंत्री के मुख से कहलवाया है कि 'भाई पाले हुए साँप की तरह होते हैं राजा के लिए।'[12] सत्ता अंतिम लक्ष्य थी और उसके लिए सब जायज़ था। रानी की आत्महत्या के क़िस्से को शायद एक मुस्लिम के हाथ जाने से बचने के लिए एक हिन्दू रानी के बलिदान के रूप में प्रस्तुत करना कुछ लोगों के लिए मुफ़ीद हो सकता है लेकिन अपने पिता के हत्यारे बौद्ध से विवाह करने वाली जिस कोटा रानी ने रिंचन को इस्लाम अपनाने के बाद भी नहीं छोड़ा था और उसकी मृत्यु के बाद अपना रानी पद सुरक्षित रखने के लिए हिन्दू राजा से पुनः विवाह किया था, उसके लिए कम से कम शाहमीर का मुस्लिम होना तो आत्महत्या का कोई कारण हो ही नहीं सकता था।

---

§जगमोहन ने अपनी पूर्व उद्धृत पुस्तक में इसी कथा को शामिल किया है। जबकि वह लगातार जोनराज को उद्धृत करते हैं, पर इस कथा के बारे में उन्होंने जोनराज के मत का ज़िक्र भी नहीं किया है ।

इस तरह 1339 में शाहमीर सुल्तान शम्मसुद्दीन के नाम से कश्मीर में गद्दीनशीन हुआ और मस्ज़िदों से उसके नाम का ख़ुत्बा पढ़ा गया। इस वंश को अगले 222 वर्षों तक कश्मीर पर राज करना था। इस दौरान इस्लाम कश्मीर का वर्चस्वशाली धर्म बन गया। लेकिन शाहमीर और इस वंश के अधिकांश शासकों ने धर्म को साम्प्रदायिक हथियार बनाने की जगह कश्मीर के सभी लोगों के बीच भाईचारे और बराबरी को तरजीह दी। पुराने सामंतों पर नियंत्रण कर उसने दो नए घरानों को सामंतशाही में महत्त्व दिया—मागरे, जो कि स्थानीय थे और चक, जो सहदेव के समय में लंकर चक के नेतृत्व में दार्दिस्तान से पलायन करके कश्मीर में बस गए थे। इसी चक वंश ने बाद में शाहमीर वंश को सत्ता से अपदस्थ किया था। उसके शासनकाल का एक और महत्त्वपूर्ण काम पुराने 'लौकिक' कैलेण्डर की जगह नया कश्मीरी कैलेण्डर चलन में लाना था जिसका आरम्भ रिंचन के इस्लाम स्वीकार करने के दिन से होता था। यह कैलेण्डर आधिकारिक रूप से मुगलों के कश्मीर पर कब्ज़े तक चलन में रहा जबकि कश्मीर के कुछ ग्रामीण इलाक़ों में यह 1940 के दशक तक प्रयोग में लाया जाता रहा है। अपने तीन वर्ष के शासनकाल में उसने हिन्दुओं और मुसलमानों पर बराबर कर लगाये और पुराने करों की दरों को कम कर दिया। बिगड़ी हुई शासन व्यवस्था पटरी पर लाई गई जो लगातार अस्थिरता झेल रहे कश्मीरियों के लिए दुखती रग पर मरहम की तरह था।[13]

लेकिन राजदरबार के भीतर के षड्यंत्र पहले की भाँति ही चलते रहे। 1342 में उसकी मृत्यु के बाद उसका बड़ा पुत्र जमशेद गद्दी पर बैठा लेकिन साल भर के भीतर ही उसके छोटे भाई अली शेर ने दरबार के प्रभावी लोगों को अपने पक्ष में कर उसे अपदस्थ कर दिया और सुल्तान अलाउद्दीन के नाम से उसने अगले सत्रह साल (1355–1372) कश्मीर पर शासन किया। अलाउद्दीन का पुत्र शहाबुद्दीन शाहमीर वंश के सबसे योग्य राजाओं में गिना जाता है। जोनराज ने लिखा है कि 'उसके शासनकाल में लोग ललितादित्य के समय के वैभव और सुख भूल गए। जैसे तमाम मौसमों के बीतने के बाद गर्मियों में आसमान को सूर्य की चमक मिलती है वैसे ही तमाम राजाओं के शासनकाल के बीतने के बाद जनता को यह सम्राट मिला था।' हालाँकि जोनराज ने उसके द्वारा विजित राज्यों का जो वर्णन किया है वह अतिरेकपूर्ण लगता है, लेकिन यह तो है ही कि ललितादित्य के बाद वह पहला कश्मीरी शासक था जिसने अपने राज्य का विस्तार कश्मीर के बाहर तक किया। ज़्यादा यथार्थपरक यही लगता है कि उसने उत्तर में गिलगित और बाल्टिस्तान, पूर्व में लद्दाख और किश्तवार तथा दक्षिण में जम्मू और दूसरे पहाड़ी इलाक़ों पर जीत हासिल की थी।[14] लेकिन उसका सबसे महत्त्वपूर्ण और यादगार युद्ध दिल्ली के शासक फ़िरोज़शाह तुगलक़ की सेनाओं से सतलुज के किनारों पर हुआ था, जिसमें किसी पक्ष को निर्णायक जीत नहीं मिली। इस युद्ध के बाद हुए समझौते में सरहिंद से कश्मीर तक के इलाक़े पर शहाबुद्दीन और उसके पूरब के इलाक़े फ़िरोज़शाह तुगलक़ के आधिपत्य में आ गए। जोनराज बताते हैं कि उसके राज्यकाल के दौरान 1360 ईस्वी में कश्मीर में भयानक बाढ़ आई। लेकिन अपने पूर्ववर्ती राजाओं की तरह भागने की जगह शहाबुद्दीन ने मुश्किल के इस दौर में जनता की रक्षा के लिए हर संभव प्रयास किये। भविष्य में आने वाली ऐसी किसी विपत्ति से बचने के लिए उसने कोह-ए-

मारान के पास ऊँची जगह पर एक नया शहर बसाया और उसका नाम अपनी पत्नी के नाम पर 'लक्ष्मीनगर' रखा।** उपज बढ़ाने और कृषि में सुधार लाने की कोशिशों के साथ उसने जागीरदारों का प्रभाव कम करने की भी कोशिशें कीं।[15] इस तरह जनता के मन में उसके लिए सम्मान लगातार बढ़ता गया। अपने पुरखों की परम्परा में उसने अपने नाम पर भी एक शहर, शहाबुद्दीनपुर बसाया था। इसकी ख़ूबसूरती का ज़िक्र जहाँगीर ने *तुज़ुक-ए-जहाँगीरी* में किया है और यह आज भी शादीपुर नामक गाँव के रूप में आबाद है।[16]

सुल्तान के धार्मिक आचरण को समझने के लिए हम जोनराज द्वारा उद्धृत एक क़िस्सा याद कर सकते हैं। उसका प्रेम रानी की सगी बहन की लड़की लास्या से हो गया। वह रानी की शिक़ायत करती रहती थी। एक बार उसने कहा कि मंत्री उदयश्री को अपने पक्ष में करके रानी उस पर जादू-टोना करवा रही है। सुल्तान ने कहा कि उदयश्री तो ईश्वर को मानता ही नहीं है, इसलिए यह संभव नहीं कि वह जादू टोना करे। लास्या के न मानने पर राजा ने उदयश्री को बुलाया और उससे कहा कि ख़ज़ाना ख़ाली हो चुका है इसलिए पीतल की बनी श्री जयेश्वरी की मूर्ति को पिघला कर सिक्के ढलवा दे। इस पर कोई एतराज़ न करते हुए मंत्री ने कहा कि 'लेकिन मूर्ति बड़ी हलकी है, बेहतर होता कि बुद्ध की मूर्ति को पिघलाया जाता उससे अधिक सिक्के ढल जाते। अगले दिन जब मंत्री बुद्ध की मूर्ति तोड़ने के लिए तत्पर हुआ तो सुल्तान ने कहा कि 'हमारे पुरखों ने प्रसिद्धि और पुण्य कमाने के लिए मूर्तियाँ बनवाईं और तुम उन्हें तोड़ने की बात कर रहे हो। कुछ ने ईश्वर की मूर्तियाँ बनवा कर यश प्राप्त किया, कुछ ने उनकी नियमित पूजा करके तो कुछ ने उनकी देख-रेख करके। उन्हें तोड़ना कितना नृशंस कार्य होगा। सगर, नदियाँ और समुद्र बनाकर प्रसिद्ध हुए, भागीरथ गंगा को ज़मीन पर लाकर, इन्द्र की प्रतिद्वंद्विता में दुष्यंत विश्वविजय करके प्रसिद्ध हुआ, और राजा राम रावण को मार कर। अब यह कहा जाएगा कि शहाबुद्दीन ने भगवान की मूर्तियाँ तुड़वाईं और यम से भयावह यह तथ्य सुनकर लोग भविष्य में काँपेंगे।[17]' हालाँकि कुछ फ़ारसी स्रोतों में उसे मूर्तिभंजक और हिन्दुओं पर अत्याचार करने वाला कहा गया है लेकिन अबुल फज़ल या निज़ामुद्दीन के ब्यौरों में इसका कोई ज़िक्र नहीं मिलता, बल्कि इसके उलट सुल्तान द्वारा जीर्ण मंदिरों के पुनरुद्धार और प्रशासन में बराबरी की घोषणा का ज़िक्र मिलता है।[18] जोनराज का उल्लिखित विवरण भी इस बात की गवाही नहीं देता। जोनराज ने ही आगे बताया है कि सुल्तान ने उन विद्रोही हिन्दुओं को माफ़ कर दिया जिन्होंने माफ़ी माँग कर उसकी सरपरस्ती स्वीकार कर ली लेकिन उन मुसलमानों को मरवा दिया जिन्होंने ऐसा नहीं किया।[19]

**शाहमीर और उसके बाद के शासकों पर इस्लाम के बर्बर प्रचार का आरोप लगाने वाले प्रोफ़ेसर भान का यह दावा इन तथ्यों के बरक्स सही नहीं लगता कि शहाबुद्दीन की रानी का नाम लक्ष्मी था जो एक ब्राह्मण अवतार भट्ट की पुत्री थी, दो प्रमुख मंत्री कोटभट्ट और उदयश्री थे तथा सेना प्रमुख चन्द्र डामर तथा लौला थे। कोटभट्ट प्रसिद्ध कश्मीर विद्वान देव शर्मा के वंशज थे। इसके पहले शाहमीर ने भी हिन्दू परिवारों से वैवाहिक सम्बन्ध स्थापित किये थे। हालाँकि यह विशुद्ध रूप से तत्कालीन कुलीन वर्ग से नज़दीकी सम्बन्ध बनाने का ज़रिया हो सकता है, लेकिन मंत्रियों तक के धर्म परिवर्तन न करने से यह तो स्पष्ट है कि धर्म परिवर्तन के लिए ज़ोर-ज़बरदस्ती जैसी कोई चीज़ इस समय तक नहीं थी ।

क़ुतुबुद्दीन, हमदानी-ललद्यद और इस्लाम का विस्तार

लास्या का प्रभाव सुल्तान के लिए परेशानियाँ पैदा करने वाला रहा। रानी से तो उसके सम्बन्ध ख़राब हुए ही, उसने अपने दोनों पुत्रों को देश निकाला दे दिया। उसके अंतिम दिन विद्रोहों को दबाने में गुज़रे। मृत्यु से ठीक पहले उसने अपने पुत्रों को पत्र लिखकर बुलाया और उनमें से एक-हसन लौटा भी। लेकिन वह जब रास्ते में था तभी सुल्तान की मृत्यु (मई-जून 1374) हो गई और उसका भाई हिंडाल क़ुतुबुद्दीन के नाम से नया सुल्तान बना। हसन ने पुंछ के विद्रोहियों के साथ मिलकर बग़ावत कर दी। सुल्तान ने रणनीतिक कौशल दिखाते हुए हसन को अभयदान और युवराज के पद का प्रस्ताव दिया। हसन इसे स्वीकार करके लौट आया। इस बीच सुल्तान ने विद्रोहियों का दमन करने के लिए लोला डामर को भेजा, जो विद्रोह दबाने में तो सफल रहा लेकिन ख़ुद मारा गया। इधर अपने पिता के विश्वस्त मंत्री उदयश्री के कहे में आकर हसन ने अपने चाचा की हत्या का षड्यंत्र रचा जिसके तहत उसे लोला डामर की श्रद्धांजलि के लिए उसके घर बुलाकर वहाँ घेरने की योजना थी। लेकिन लोला की पत्नी अपने पति की तरह ही वफ़ादार निकली। षड्यंत्र का पर्दाफ़ाश होने पर उदयश्री और हसन भागने में क़ामयाब हुए। विडंबना यह कि उन्हें अपने ही रक्षकों से धोखा मिला। सुल्तान ने उन्हें गिरफ़्तार कर सज़ा-ए-मौत दे दी।[20]

क़ुतुबुद्दीन के शासनकाल की सबसे प्रमुख घटना फ़ारसी संत और विद्वान सैयद अली हमदानी का अपने शिष्यों के साथ कश्मीर आगमन था जिन्हें कश्मीर में शाह-ए-हमदान के नाम से जाना जाता है। 22 अक्टूबर 1314 को हमादान के प्रतिष्ठित अल्वी सैयदों के घराने में जन्मे हमदानी के पिता सैयद शहाबुद्दीन हमादान के गवर्नर थे। लेकिन राजनीति की जगह सैयद अली का मन धर्मशास्त्र में लगा और अपने मामा तथा प्रतिष्ठित सूफ़ी विद्वान सैयद अलाउद्दीन से उन्होंने *क़ुरान* पढ़ी तथा तसव्वुफ़ (रहस्यवाद) सीखा और फिर उनके पीर शेख़ शराफ़ुद्दीन महमूद बिन अब्दुल्लाह मज़्दकानी के शिष्य हुए। इसके अलावा भी उस वक़्त के कई सूफ़ी विद्वानों से उन्होंने तालीम हासिल की। तालीम ख़त्म होने के बाद अपने गुरु शेख़ मज़्दक़ानी की सलाह पर उन्होंने दुनिया भर में इक्कीस यात्राएँ कीं[21], कई बार मक्का गए, लेकिन उनकी सबसे महत्त्वपूर्ण यात्राएँ कश्मीर की तीन यात्राएँ थीं।[22††] उनके शिया या सुन्नी होने को लेकर विद्वानों के बीच अलग-अलग मत हैं।[23] उनकी दो पुस्तकें, *जखीरत-उल-मुल्क* और *ग़यात-उल-मकान* क्रमशः इस्लामी राजनीतिक नीतिशास्त्र और सूफ़ीवाद की शिक्षाओं की हैं, जिनमें न ही वह धर्मांध कट्टरपंथी लगता है न धार्मिक क्रांतिकारी।[24]

प्रसिद्ध सूफ़ी विद्वानों सैयद जलालुद्दीन बुख़ारी और बहाउद्दीन नक़्शबंद के समकालीन सैयद अली हमदानी पर नक़्शबंदी सिलसिले का प्रभाव था। हालाँकि वह क़ुबरावी सिलसिले में दीक्षित थे। 1370 तक तैमूर समरकंद और बुखारा पर अपना नियंत्रण स्थापित कर चुका था और अगले एक दशक में उसने हेरात, बाल्ख और ख़ुरासान पर भी आधिपत्य कर लिया।

[††]मोहिबुल हसन और सूफ़ी दोनों ही इस तथ्य की पुष्टि करते हैं। लेकिन ए.क्यू. रफ़ीकी इससे सहमत नहीं हैं। वह हमदानी के कश्मीर आने की वज़ह तैमूर से उनकी अनबन भी नहीं मानते।

तैमूर चाहता था कि सैयद अपना धार्मिक नेतृत्व उसे सौंप दें, लेकिन हमादान और सब्ज़वार के सैयदों ने इसे नामंज़ूर कर दिया, नतीजतन उनके प्रति उसका रुख़ शत्रुतापूर्ण था। इन्हीं हालात में हमदानी ने 1379 में अपने 600 सौ शागिर्दों के साथ कश्मीर का रुख किया। सुल्तान ने उनका खुले दिल से स्वागत किया। श्रीनगर में झेलम के दक्षिणी किनारे पर उन्हें अपना ख़ानक़ाह बनाने के लिए ज़मीन दी गई और इस तरह ख़ानक़ाह-ए-मौला के नाम से कश्मीर में पहली ख़ानक़ाह का निर्माण हुआ। इसके पहले वह कश्मीर की दो यात्राएँ कर चुके थे जिनमें पहली 1372 ईस्वी में हुई थी। उस समय सुल्तान शहाबुद्दीन एक युद्ध के लिए कश्मीर से बाहर गया हुआ था और उनकी मुलाक़ात उसके छोटे भाई हिंडाल (क़ुतुबुद्दीन) से ही हुई थी।

क़ुतुबुद्दीन के शासनकाल तक कश्मीर में मुसलमानों की संख्या काफ़ी कम थी, चंद मस्जिदों और लंगरखानों के अलावा इस्लामी प्रतीकों का कश्मीर में कोई ख़ास प्रचार न हुआ था। हिन्दुओं तथा मुसलमानों की वेशभूषा तक में कोई ख़ास अंतर नहीं था और दरबार में सुल्तान तक वैसे ही कपड़े पहनते थे। स्थानीय मुसलमान रीति-रिवाज़ों के मामले में भी हिन्दुओं जैसे ही थे। उदाहरण के लिए शरिया के विपरीत सुल्तान ने दो सगी बहनों से शादी की थी। अलाउद्दीनपुर के एक मंदिर में वह रोज़ अपने साथी मुसलमानों के साथ जाया करता था और अकाल पड़ने पर उसने एक यज्ञ किया तथा ब्राह्मणों को काफ़ी मात्रा में दान-दक्षिणा भी दी। ज़बरदस्ती धर्म परिवर्तन या मंदिरों को तोड़ने की कोई घटना तब तक नहीं हुई थी। आधिकारिक रूप से अरबी और शारदा (स्थानीय कश्मीरी भाषा की लिपि) दोनों का प्रयोग होता था। दोनों धर्म इस तरह से घुल-मिल गए थे और एक-दूसरे के रीति-रिवाज़ों को भी अपना लिया गया था।[25] ऐसे माहौल में इस्लाम का प्रचार-प्रसार करने के लिए हमदानी ने अपने शागिर्दों को पूरे कश्मीर में धर्म प्रचार के लिए भेजा। साथ ही उसने सुल्तान को शरिया की शिक्षा दी। सुल्तान पर उसके प्रभाव को इससे ही समझा जा सकता है कि उसने दोनों बहनों में से एक को तलाक़ देकर बड़ी बहन सूरा से फिर से निक़ाह किया। उसके ही प्रभाव में उसने मुस्लिम देशों में पहनी जाने वाली वेशभूषा अपनाई और अपने मुकुट के नीचे उसकी दी हुई एक टोपी, क़ुल्लाह-ए-मुबारक़, पहनने लगा। यह परम्परा तब तक चली जब तक फतह शाह की आख़िरी इच्छा के अनुसार इस टोपी को उनके साथ दफ़ना नहीं दिया गया। शाह हमादान के समय तक बलपूर्वक धर्म परिवर्तन के प्रमाण नहीं मिलते। उनका तरीक़ा आध्यात्मिक बहसों और चमत्कारों वाला था। जातिगत ऊँच-नीच में बंटे हिन्दू समाज में तन्त्र-मन्त्र का एक बार फिर बोलबाला हो गया था। एम.डी. सूफ़ी के अनुसार हमदानी ने चमत्कारी शक्तियों के मामले में उस समय के हिन्दू योगियों को परास्त कर उनके सम्प्रदायों को इस्लाम में शामिल किया और फिर उन सम्प्रदायों ने अपने मंदिरों को मस्जिद में बदल दिया।[26] हालाँकि रिज़वी चमत्कार की इन कथाओं को तवज़्ज़ो नहीं देते।[27] वह बताते हैं कि सुल्तान के प्रभाव का इस्तेमाल करके उन्होंने काली मंदिर को तुड़वा कर अपनी ख़ानक़ाह[‡‡] का निर्माण करवाया था और उनके शिष्यों ने अन्य कई मंदिरों को ध्वस्त करने तथा बलपूर्वक धर्म परिवर्तन कराने के काम

[‡‡]ग्यारहवीं सदी तक सूफ़ी सम्प्रदाय ने ख़ुद को बौद्ध और ईसाई भिक्षुओं के ही ढाँचे में ढाल लिया था और उनके मठों की तरह खानकाह बनवाने लगे थे। (ए.क्यू. रफीकी-xivii)

किये थे। उन्होंने एक सुलहनामा भी लिखा था जिसमें सुल्तान के राज्य में रह रहे हिन्दुओं के लिए नए मंदिरों के निर्माण पर रोक, क्षतिग्रस्त मंदिरों के पुनर्निर्माण पर रोक, मुस्लिम व्यापारियों को रुकने के लिए अपने घर उपलब्ध कराना, मंदिरों में सूफ़ी संतों को रुकने की इजाज़त देना, घोड़े पर जीन-काठी सहित सवारी न करने, तलवार-तीर रखने पर पाबंदी, अपने धार्मिक रीति-रिवाज़ सार्वजनिक रूप से न करना, यहाँ तक कि मृतक का शोक भी ऊँचे स्वर में न मनाना और मुसलमान दास न ख़रीदने जैसी बातें थीं।[28] एम.आई. ख़ान, रिज़वी की बातों को खारिज़ तो करते हैं लेकिन सिवाय इस आरोप के कि उन्होंने उस समय के क्रोनिकल्स को जस का तस स्वीकार कर लिया, कोई और तर्क नहीं देते।[29] परिमू यह तो बताते हैं कि हमदानी ने अपनी ख़ानक़ाह बनाने के लिए झेलम के दक्षिणी किनारे की वह जगह चुनी जहाँ काली मंदिर था, लेकिन मंदिर के ध्वंस का कोई ज़िक्र नहीं करते।[30] कश्मीर और भारत में सूफ़ीवाद के आगमन और इस्लाम के वर्चस्व की कहानी सीधी नहीं पेचीदा है और इस पर हम अगले खण्ड में विस्तार से बात करेंगे।

सुल्तान हमदानी के प्रभाव के बावजूद शाहमीर की हिन्दुओं को सम्मान देने और मिल-जुल कर रहने की नीति से अभी च्युत नहीं हुआ था। ग़ैर इस्लामी लोगों के ख़िलाफ़ उसके द्वेषपूर्ण रवैये के चलते दरबार और बाहर के हिन्दू, विशेषकर पंडितों के बीच असंतोष फैल गया, जो अब भी सत्ता के प्रमुख पदों पर बहुतायत में थे। सुल्तान ने राज्य में इस असंतोष के चलते उसकी सारी बातें नहीं मानी जो उसे नागवार गुज़रा और अंततः उसे कश्मीर छोड़ कर जाना पड़ा।[31] लेकिन कुछ अन्य विद्वानों के अनुसार वह अपनी इच्छा से गया था और सुल्तान को शरिया सम्बन्धित निर्देश और परामर्श देने के लिए अपने एक शिष्य मीर हाज़ी मुहम्मद को छोड़ गया था।[32] इसी दौर में कश्मीर के इतिहास में एक और बेहद महत्त्वपूर्ण शख़्सियत का पदार्पण हुआ—ललद्यद। हमदानी की समकालीन ललद्यद के जीवन और काम को समझे बिना उस काल को समझना संभव नहीं है। एक तरफ़ यह उस समय की सामाजिक स्थिति को जानने में सहायक होगा, दूसरी तरफ़ उस पृष्ठभूमि को भी समझने में मदद मिलेगी जिसमें कश्मीर में ऋषि सम्प्रदाय फूला-फला और एक ऐसे इस्लाम ने आकार लिया जिसके बारे में अठारहवीं सदी के उत्तरार्द्ध में लॉरेन्स ने लिखा कि 'कश्मीर मुसलमान हृदय से हिन्दू हैं।'[33] हालाँकि सीधी लगने वाली यह बात, इतनी सीधी है नहीं। आगे हम इस पर विस्तार से बात करेंगे।

जयालाल कौल ने साहित्य अकादमी से प्रकाशित मोनोग्राफ़ में ललद्यद के जन्म सम्बन्धी विभिन्न मान्यताओं का अध्ययन कर जन्म का समय 1317 से 1320 के बीच माना है। प्रेमनाथ बज़ाज़ इसे 1335 बताते हैं।[34] उनके जन्मस्थान को लेकर दो मत हैं, पहला पाम्पोर के निकट सिम्पोर और दूसरा श्रीनगर से 3 मील दूर पान्द्रेठन, जो अब श्रीनगर का ही हिस्सा है। एक ब्राह्मण परिवार में जन्मीं ललद्यद की शादी 12 साल की कम उम्र में ही द्रंगबल महल (पाम्पोर) के निक्क भट्ट से हो गई थी। शादी के बाद कश्मीर की तत्कालीन परम्परा के अनुसार उनका नाम बदलकर पद्मावती कर दिया गया। जनश्रुति के अनुसार उनकी सास बहुत क्रूर थी और पति भी उनके साथ मिलकर ललद्यद पर जुल्म करता था। सास थाली में पत्थर रख उसे चावलों से ढँक कर देती और पद्मावती उन थोड़े से चावलों को खाकर दिन भर काम में लगी रहती। एक बार जब उनके यहाँ ग्रहशांति का अनुष्ठान था तो पानी भरते समय सखियों ने छेड़ा कि आज तो तुझे पकवान मिलेंगे खाने को, इस पर

उन्होंने कहा—हौंड मांरितन किन लठ, ललि नीलवठ चलि न जांह' (घर में चाहे भेड़ कटे या बकरा, लला के भाग्य में तो पत्थर ही लिखा है)।[§§] गुमसुम रहने वाली लल पर हज़ार आरोप लगाए जाते, चरित्र लांछित किया जाता। वह सुबह पानी भरने जल्दी निकलतीं और कहीं एकांत में बैठकर साधना करतीं, लौटने पर सास ताने देती कि वह प्रेमी से मिलकर आई हैं। ऐसे में ही एक दिन सास के उकसाने पर जब पति ने उनके घड़े पर लट्ठ से प्रहार किया तो मिट्टी का घड़ा तो टूट गया लेकिन पानी ज्यों का त्यों रहा। उपयोग का पानी लेकर बाक़ी जो उन्होंने फेंक दिया उससे एक जल-कुंड बन गया जो ललत्राग के नाम से जाना गया। इस घटना का प्रचार दूर-दूर तक हो गया और लोग उनके दर्शन के लिए आने लगे। इसी समय उन्होंने गृह त्याग का निर्णय लिया। वह संन्यासिनी बन गईं और विवस्त्र होकर आनंदातिरेक में सड़कों पर फिरने लगीं।[35] प्रेमनाथ बज़ाज़ मानते हैं कि बाद में उनकी तोंद (कश्मीरी में लल) ऐसे लटक गई कि उससे उनकी गुप्तेंद्रियाँ ढँकी रहतीं जो उनके नामकरण का आधार है, लेकिन जयालाल कौल भाषिक विश्लेषण कर इस तथ्य पर पहुँचते हैं कि संन्यासिनी होने पर उन्होंने ससुराल से मिला नाम छोड़ दिया और नैहर का दिया नाम अपना लिया। उनके गुरु का नाम श्री कंठ है जो स्वयं एक मूर्तिपूजक शैव थे। ललद्यद को लेकर तमाम क़िस्से हैं जिसमें चमत्कार तो हैं लेकिन उनके सहारे ललद्यद की मान्यताओं के बारे में अंदाज़ा लगाया जा सकता है। लल की कवितायें 'वाख' कही जाती हैं। ये 'वाख' कश्मीर के जनजीवन में ऐसे घुलमिल गए हैं कि लोकोक्तियों की तरह व्यवहृत होते हैं।

इन वाखों और कथाओं में हम तत्कालीन कश्मीरी हिन्दू समाज की विकृतियों और विसंगतियों का गहरा परिचय पा सकते हैं। पहला तो उस समाज में स्त्री की स्थिति को लेकर ही है। लल का जीवन अपने आप में एक उदाहरण है। बेहद कम उम्र में शादी और परिवार के भीतर उत्पीड़न की यह कथा लल की अकेली तो नहीं रही होगी। वह संन्यासिनी हुईं, एक राह चुनी, निःसंग हुईं और सड़कों पर फिरती रहीं। दैवी स्त्री-सा सम्मान मिला उन्हें, पर उस दौर की हज़ारों दूसरी औरतें तो उत्पीड़न और अपमान की उसी नियति के लिए अभिशप्त होंगी। मीरा की तरह उनके पास भी मुक्ति की राह ईश्वर ही था, एक प्रेमहीन जीवन, जहाँ भक्त तो थे लेकिन अपना निजी कोई स्पेस नहीं, कामनाहीन होने की कोशिश में ही व्यतीत हो सकता था। जब वह लिखती हैं, 'न ज़ायस त न प्यायास, न खेयम हंद त न शोंठ' (न गर्भिणी हुई, न प्रसूता और न प्रसूता का आहार ही किया) तो यह सिर्फ़ विरक्ति नहीं, एक टीस भी है जिसे देखने के लिए उनके दैवी रूप से पार जाना होगा और अगर यह लोकोक्ति बन गई कश्मीर में तो वहाँ की महिलाओं का एक सामूहिक दुःख ही होगा जिसने इसे ऐसा बनाया। अकादमिक शोध उनकी शिक्षाओं और योगदानों पर तो बहुत विस्तार से बात करते हैं, लेकिन स्त्री के रूप में वह सिर्फ़ 'वितस्ता की महान बेटियों' में से एक बनकर रह जाती हैं, वही क्यों तमाम दूसरी स्त्रियाँ भी। स्त्री पूजक इस देश में स्त्रियों को देवी और दासी की अतियों में ही देखने की परम्परा रही है।

[§§]यह इस बात की भी पुष्टि करता है कि इस्लाम का प्रभाव स्थापित होने के पहले ही कश्मीरी ब्राह्मणों के यहाँ मांसाहार का प्रचलन था ।

बारह साल की लड़की जिसकी शादी कर दी जाती है एक अपेक्षाकृत अधिक उम्र के पुरुष से। जियालाल कौल से लेकर प्रेमनाथ बज़ाज़ तक उसके पति की नाराज़गी की वजह सेक्स सम्बन्धों में उसकी अरुचि को तो मानते हैं, लेकिन इस अरुचि की वजह उनकी धार्मिक आस्थाओं को बताकर इतिश्री कर लेते हैं। एक बार ठहर कर सोचा जाए तो उस अमानवीय माहौल में एक बारह साल की बच्ची के साथ पति का दैहिक सम्बन्ध भी बलात्कार से कम क्या होगा। हमने अपने समय में ऐसे बेमेल विवाहों में लड़कियों के उत्पीड़न देखे हैं। फूलन देवी पर बनी फ़िल्म का वह दृश्य याद कीजिए जिसमें उससे दुगनी उम्र का पति उसके साथ दैहिक सम्बन्ध बनाता है। एक पितृसत्तात्मक समाज में देह पर स्त्री का अधिकार तो बहुत दूर की बात है, प्रेम भी अत्याचार-सा आता है और उससे पैदा अरुचि जब बाक़ी उत्पीड़नों के साथ जुड़ती है तो लल से लेकर फूलन तक को घर छोड़ना ही मुक्ति लगता है, भले उन्होंने राह अलग-अलग चुनी हो। वह योगिनी हैं, चमत्कारी हैं, समाज सुधारक हैं पर सबके साथ एक स्त्री हैं। उस उम्र में साज-शृंगार और वस्त्रों के त्याग को सिर्फ़ धार्मिक आस्था से जोड़कर देखना एकांगी होगा। एक-दूसरे वाख में वह कहती हैं—'(भाग्य ने मेरे साथ खिलवाड़ किया) काठ के धनुष के लिए बाण मिला तो वह घास का। राजमहल के (निर्माण के) लिए बढ़ई मिला तो वह निपट मूर्ख। मेरी स्थिति बीच बाज़ार में ताला रहित दुकान-सी हो गई है। देह मेरी तीर्थ विहीन ही रही। मेरी यह विवशता भला कौन जान सकता है!' ज़ाहिर है 'देहरूपी मकान की खिड़कियाँ बंद करने' से पहले और बाद का दर्द सिर्फ़ संन्यास के प्रति समर्पण से व्याख्यायित नहीं हो सकता। उन्हें पढ़ते कभी मीरा याद आती हैं तो कभी थेरी गाथाएँ। घरों और संसार के मोह को छोड़ कर निकली स्त्री की अपनी व्यथाएँ होती हैं जिसके लिए इतिहास में अमूमन कोई जगह नहीं होती और कविताओं में अपार जगह। इन स्त्रियों की रचनाएँ पढ़ते समझ आता है कि कैसे उन्होंने अपने नितांत निजी दु:ख उनमें संजो कर रख दिए हैं आने वाली पीढ़ियों के लिए। लल एक वाख में जब कहती हैं—'एक से हैं मेरे लिए ज़िन्दगी और मौत/ज़िन्दगी में भी खुश और मौत में भी/न मुझे किसी का शोक न मेरे लिए कोई शोकग्रस्त' तो यह नि:संगता दु:ख की कड़वी चाशनी में घुली है।

ग़ौर से पढ़ने पर लल से सम्बन्धित कथाओं में जो दूसरी चीज़ स्पष्ट होती है वह है उस समय मूर्ति पूजा और पाखण्डों का प्रचलन। एक क़िस्से में वह अपने गुरु की मूर्तिपूजा पर प्रश्न करती दीखती हैं, दूसरी में पाखण्ड पर। पहले क़िस्से के अनुसार एक बार जब वह मंदिर में गईं और पूजारत गुरु ने उन्हें एक मूर्ति के सामने एकांत में प्रभु स्मरण करने को कहा तो उन्होंने वहीं ज़मीन खोदकर कुछ मूर्तियाँ निकाल दीं। इसी तरह कुछ और स्थानों से भी मूर्तियाँ निकालीं। आश्चर्यचकित गुरु समझ गए कि देव तो सर्वव्याप्त है, मूर्तियाँ बनाने का क्या लाभ? मूर्तिपूजा का विरोध उनके अनेक वाखों में आता है-देव भी पत्थर, देवल भी पत्थर/ऊपर-नीचे सब एक समान/रे पंडित! तू किसे पूजता/एकीकृत कर मन और प्राण।

बाह्य अवलम्बों की जगह भीतर ज्ञान और मुक्ति की तलाश लल के दर्शन के मूल में था। दूसरी कथा में प्रात:काल नदी किनारे लल को बर्तन बाहर से माँजते गुरु के फटकारे

जाने पर वह कहती हैं कि आप भी तो आत्मा को छोड़कर देह को माँज रहे हैं, उससे क्या लाभ? अभिप्राय मन की शुद्धि का है। ऐसी तमाम कथाएँ हैं, किंवदंतियाँ हैं और वाख हैं जो तत्कालीन समाज में व्याप्त कुरीतियों का पता देती हैं और उनसे ललद्यद की टकराहट का भी। लल की एक बड़ी ख़ूबी यह थी कि उन्होंने अपनी रचनाएँ संस्कृत की जगह लोकभाषा कश्मीरी में लिखीं, जिनकी वजह से आम जन में उसे अपार लोकप्रियता मिली।

शैव योगिनी लल का मूर्तिपूजा, आडम्बर और जाति प्रथा का विरोध और तमाम ब्राह्मणवादी कुरीतियों पर यह हमला वहाँ के हमदानी के साथ आये सूफ़ी आन्दोलन और इस्लामीकरण के लिए पूर्वपीठिका बना। इसे समझने के लिए उस दौर के धर्म परिवर्तनों को हमें एक भिन्न परिप्रेक्ष्य में देखना होगा। धर्म का परिवर्तन वस्तुतः सांस्कृतिक श्रेष्ठता की स्थापना और वर्चस्व का सवाल था। एक नए धर्म के रूप में इस्लाम को माननेवालों में एक मिशनरी जज़्बा तो था ही अधिक से अधिक लोगों को मुसलमान बना लेने का, साथ ही अपने तांत्रिक तरीक़ों और ब्राह्मणवादी आचारों से हिन्दू धर्म उस समय ऐसी स्थिति में पहुँच चुका था कि 'हिन्दू समाज भ्रष्ट हो गया था। पुरुष असहिष्णु, अय्याश और पतित थे और स्त्रियाँ उनसे बेहतर नहीं थीं, जैसा उन्होंने उन्हें बनाया था। जादू-टोने और चमत्कारों की भरमार थी।[36] हमने पिछले अध्यायों में राजाओं के किस्सों में समाज के पतन की इंतेहा देखी हैं। उस दौर में स्त्रियों की दशा बेहद ख़राब थी और वेश्यावृत्ति, नैतिक भ्रष्टाचार, देवदासी प्रथा और सती प्रथा जैसी व्यवस्थाएँ उनके जीवन को नर्क बना रही थीं। कल्हण ने ऐसे तमाम हृदयविदारक क़िस्से *राजतरंगिणी* में बयान किये हैं। ऐसे में जब ललद्यद मूर्तिपूजा के खण्डन, एकेश्वरवाद और योग के तीन सरल आधारों पर धर्म की स्थापना करती हैं तो यह सूफ़ी संतों के लिए बहुत सुविधाजनक हो जाता है। पहली दो चीज़ें तो थीं ही इस्लाम में, योग के समकक्ष था सूफ़ी समाज में प्रचलित 'ज़िक्र' जो श्वास नियन्त्रण का अभ्यास है। इस तरह लल की शिक्षाएँ परोक्ष रूप से इस्लाम के लिए अनुकूल माहौल बनाने में सहायक हुईं। आम भाषा में मूर्तिपूजा और ब्राह्मणवादी श्रेष्ठता का उनका विरोध भ्रष्ट ब्राह्मण समाज को सुधारने की जगह इस्लाम के प्रसार में सहायक सिद्ध हुआ।[37] यही वजह है कि आज भी उनकी रचनाएँ कश्मीर के मुसलमानों की ज़ुबान पर हैं और वे उन्हें उसी आदर और श्रद्धा के साथ लल आरिफ़ा और राबिया सानी*** के नाम से याद करते हैं। ब्राह्मणवादी प्रपंचों से त्रस्त ग़ैर-सवर्ण हिन्दू समाज के लिए जाति-पांति का भेद न करने वाला इस्लाम मुक्तिदाता की तरह भी था। उसने धीरे-धीरे लोगों को नैतिक और सामाजिक बल दिया। उनमें एक नए धर्म के साथ शक्ति का संचार हुआ, जो साधारण था, बोधगम्य था और व्यवहारिक था। इसने सदियों पुराने विभाजनकारी सामाजिक ढाँचों को ध्वस्त कर दिया।[38] जैसा कि रतन लाल हंगलू कहते हैं कि ऐसे माहौल में ब्राह्मणवादी व्यवस्था के पीड़ितों ने किसी सीधे विरोध की जगह इस्लाम अपनाने को मूक अहिंसक विद्रोह की तरह लिया।[39]

ज़ाहिर है आरंभिक दौर में इस्लाम का प्रभाव बढ़ने के पीछे कश्मीर में तत्कालीन हिन्दू समाज में व्याप्त विकृतियाँ ज़िम्मेदार थीं। हमदानी का मिशन इसके बिना कामयाब

***राबिया बसरा की अत्यंत प्रतिष्ठित सूफ़ी संत थीं। राबिया सानी का अर्थ हुआ दूसरी राबिया

होना संभव नहीं था। लेकिन सिर्फ़ इतना मान लेना भी एक ख़ास तरह का सरलीकरण होगा। हमदानी का मिशन स्पष्ट था—कश्मीर में इस्लाम का वर्चस्व स्थापित करना। शासक अगर पूरी तरह समर्थक नहीं था तो कम से कम उनका विरोधी तो नहीं ही था। उसका सहयोग आवश्यक था और वह मिला। हालाँकि इस दौर में जबरन धर्म परिवर्तन नहीं कराया गया लेकिन शासन का सहयोग महत्त्वपूर्ण था। हरबंस मुखिया इसे सबसे उचित तरीक़े से बताते हैं। 'हालाँकि ब्राह्मणवाद से इस्लाम में इन धर्मांतरणों ने प्राथमिक रूप से राज्य की मदद की लेकिन यह कहना ग़लत होगा कि इसके लिए पूरी तरह से राज्य ज़िम्मेदार थे।'[40] राज्य की भूमिका बढ़ी सुल्तान सिकंदर के काल में जब सैयद हमदानी के पुत्र मीर हमदानी की अगुवाई में कश्मीर को पूरी तरह से इस्लामिक राज्य में बदल दिया गया और शासन इसका संरक्षक बना।

सिकंदर बुतशिक्रन, मीर हमदानी और इस्लाम का दूसरा दौर

1389 में क़ुतुबुद्दीन की मृत्यु के समय उसका अल्पवयस्क पुत्र सिकंदर अपनी माँ रानी सूरा के संरक्षण में गद्दी पर बैठा। रानी सूरा को कश्मीर के इतिहास में एक योग्य, साहसी और महत्त्वाकांक्षी महिला के रूप में जाना जाता है जिसने सिकंदर के युवा होने तक दो शक्तिशाली मंत्रियों राय मागरे और साहक की सहायता से कश्मीर का शासन बखूबी चलाया। उसने सिकंदर के ख़िलाफ़ साजिश करने वाली अपनी बेटी और उसके पति शाह मुहम्मद की हत्या करवा दी थी।[41] रानी की अपनी महत्त्वाकांक्षा स्वतंत्र रूप से राज्य संभालने की थी लेकिन इसी काल में राय मागरे बहुत शक्तिशाली बन कर उभरा और उसने सुल्तान के छोटे भाई हैबत तथा एक प्रमुख मंत्री साहक की हत्या करवा दी। वह सिकंदर की भी हत्या करने की फ़िराक में था लेकिन तब तक सिकंदर सत्ता की चालें समझने योग्य हो चुका था और उसने सत्ता संभाल कर अपने नाम का ख़ुतबा पढ़वा लिया और सिक्के चलवा दिए। सत्ता संभालने के बाद उसने राय मागरे पर नियंत्रण के लिए उसे लद्दाख पर आक्रमण के लिए भेजा। सुल्तान का विचार था कि राय मागरे वहाँ मारा जाएगा लेकिन वह विजेता होकर श्रीनगर लौटा। बाद में सुल्तान से उसके रिश्ते और ख़राब हो गए तथा उसने विद्रोह कर दिया। सिकंदर ने पहले तो समझाने की कोशिश की फिर न मानने पर लद्दाराजा को सामने से हमला करने के लिए भेजकर खुद पीछे से हमला करने के लिए निकल पड़ा। अपनी हार सुनिश्चित जान राय मागरे बनिहाल की तरफ़ से भाग निकला परन्तु बनिहाल के सरदार ने उसे गिरफ़्तार कर सिकंदर को सौंप दिया। सिकंदर ने उसकी जान बख़्श कर कारावास में डाल दिया जहाँ कुछ ही समय बाद उसने ख़ुदकुशी कर ली।

सिकंदर के दरबार में आरम्भ में बिहाक़ी सैयदों का बोलबाला था, ये मूलतः सब्ज़वार के थे और तैमूर से पराजय के बाद सैयद मुहम्मद बिहाक़ी के नेतृत्व में कश्मीर आ गए थे। इनके पीछे-पीछे तैमूर से हारे आस-पास के दूसरे राज्यों के इनके भाई-बंधु भी कश्मीर में आते गए। इसी समय (1393) सैयद अली हमदानी के साहबज़ादे मीर सैयद मुहम्मद हमदानी (1372-1450) की सरपरस्ती में सूफ़ी संतों और उलेमाओं की दूसरी खेप कश्मीर आई। मीर हमदानी अपने पिता की मृत्यु के बाद मात्र 12 साल की उम्र में ख़िलाफ़त

हासिल कर धर्मगुरु बन गए थे। उनका कश्मीर में आना और सुल्तान के यहाँ उनके असर का बढ़ते जाना कश्मीर के इतिहास में एक मील का पत्थर है। सुल्तान ने मीर हमदानी का शानदार स्वागत किया, जागीरें दीं और उनके लिए ख़ानक़ाह बनवाई जो अब 'ख़ानक़ाह मौला' के नाम से जानी जाती है। मीर हमदानी पहले से मौजूद बिहाक़ी सैयदों के लिए भी आसानी से स्वीकार्य थे। मीर हमदानी ने सुल्तान को इस्लाम की शिक्षाओं की एक किताब लिखकर भेंट की। अपने पिता के विपरीत मीर हमदानी इस्लाम की स्थापना के लिए हर तरह की ज़ोर-ज़बरदस्ती का हामी था या यों कहें कि तब तक इसके लिए अनुकूल माहौल बन चुका था। कश्मीर में उसी समय सक्रिय सैयद हिसारी जैसे सहिष्णु सूफ़ियों के विपरीत उसने इस्लामीकरण के लिए मिशनरी जज़्बे से काम किये और सिकंदर पर अपने प्रभाव का पूरा इस्तेमाल करते हुए 12 सालों के कश्मीर प्रवास में सत्ता और धर्म के चरित्र को इस कदर बदल कर रख दिया कि मंदिर तोड़ने को बदनामी का सबब मानने वाले अलाउद्दीन के इस वंशज को इतिहास में 'सिकंदर बुतशिक़न' के नाम से जाना गया।[42] इसे विडंबना ही कहा जाएगा कि एक हिन्दू माँ की कोख से सिकंदर का जन्म एक हिन्दू योगी ब्रह्मनाथ के आशीर्वाद से हुआ माना जाता है।[43] हमदानी के प्रभाव में सबसे पहले जो लोग आये उनमें सुल्तान का ताक़तवर मंत्री सुहा भट्ट था। हमदानी ने उसका धर्म परिवर्तन कर मलिक सैफुद्दीन का नाम दिया और उसकी बेटी से विवाह किया। सुहा भट्ट ने कालान्तर में अपनी क्रूरता से सबको पीछे छोड़ दिया और सिकंदर के नेतृत्व में कश्मीर में मंदिरों के ध्वंस और धर्म परिवर्तन का संचालक बना।

1398 में तैमूर के भारत पर आक्रमण से पहले सिकंदर ने हमदानी के प्रभाव के बावजूद जबरन धर्म परिवर्तन या मंदिरों के ध्वंस से परहेज़ ही किया था। तैमूर ने अपने पोते रुस्तम को फ़ौलाद बहादुर और जैन-उद-दीन के साथ सुल्तान को अपनी अधीनता स्वीकारने के प्रस्ताव के साथ दिल्ली से कश्मीर भेजा। तैमूर की ताक़त से आक्रान्त सुल्तान ने उनका शाही स्वागत किया और तैमूर की बादशाहत को स्वीकार किया। अपनी तरफ़ से उसने मौलाना नूरूद्दीन बद्ख़ाशानी को वक़ील के रूप में तैमूर के पास भेजा और भिम्बेर में उसके स्वागत के लिए उपस्थित रहने का प्रस्ताव दिया। लेकिन जब 24 मार्च 1399 को कश्मीर के ये दूत जम्मू के पास पहुँचे तो तैमूर के लालची मंत्री ने उन्हें तीस हज़ार घोड़े और एक लाख सोने के सिक्के पेश करने के लिए कहा। यह ख़बर जब भिम्बेर में प्रतीक्षारत सुल्तान के पास पहुँची तो वह घबरा गया और कश्मीर पहुँच कर किसी भी तरह इन्तज़ाम की कोशिश में लग गया। हालाँकि तैमूर को जब यह पता चला तो उसने मंत्री को सज़ा दी और सुल्तान को 28 दिन बाद किसी भी उपहार के बिना सिन्धु नदी के किनारे मिलने की ताईद करने के लिए जैन-उद-दीन और सैयद मुहम्मद मदनी से सन्देश भिजवाया। असल में तैमूर अपने राज्य में किसी गड़बड़ी का सन्देश मिलने के कारण तुरंत लौट रहा था। लेकिन यह सन्देश सुल्तान तक नहीं पहुँचा और वह किसी भी तरह उस धनराशि के प्रबंध के लिए परेशान था।

इस परेशानी ने सैयदों को कश्मीर में जिहाद का मौक़ा दे दिया। कश्मीर में हर्ष के समय से ही आर्थिक संकट हल करने के लिए मंदिरों और प्रतिमाओं को ध्वस्त करने की

परम्परा थी। सुहा भट्ट और सैयदों ने सुल्तान को इसके लिए राज़ी किया और आर्थिक संकट की आड़ में मंदिर ध्वंस और धर्म परिवर्तन के लिए ज़ोर-ज़बरदस्ती का खुल कर प्रयोग किया गया। इस दौर को कश्मीर में ताक़त के ज़ोर से इस्लामीकरण का दौर कहा जा सकता है जिसके बारे में जोनराज ने कहा है कि 'जनता का सौभाग्य उनका साथ छोड़ गया, सुल्तान राजधर्म भूल गया और दिन-रात मूर्तियाँ तोड़ने में आनंद लेने लगा।' फ़रिश्ता ने लिखा है कि सुहा भट्ट के प्रभाव में सुल्तान ने शराब, संगीत, नृत्य और जुए पर पाबंदी लगा दी, कश्मीर के इतिहास में पहली बार हिन्दुओं पर जज़िया लगा दिया गया और माथे पर कश्का (तिलक) लगाना प्रतिबंधित कर दिया गया, सोने और चाँदी की सभी मूर्तियों को पिघला कर सिक्कों में तब्दील कर दिया गया और सभी हिन्दुओं को मुसलमान बन जाने के आदेश दिए गए।[44] हालाँकि इसी धार्मिक पागलपन के चलते सती प्रथा पर जो बंदिश लगी उसने उस दौर में कश्मीर से इस कुप्रथा का लगभग अंत ही कर दिया।[45] पूरे कश्मीर में अफ़रातफ़री मच गई, मार्तंड, अवन्तीश्वर, चक्रधर, त्रिपुरेश्वर, सुरेश्वर और पारसपुर के प्राचीन मंदिरों को ध्वस्त कर दिया गया। हिन्दुओं के सामने इस्लाम अपनाने, देश छोड़ देने या आत्महत्या करने के ही विकल्प बचे थे। बड़ी संख्या में लोगों ने धर्म परिवर्तन स्वीकार कर लिया। केवल कुछ ब्राह्मणों ने ऐसा करने से इंकार कर दिया। उनमें से अधिकांश ने देश छोड़ दिया और बाक़ी ने आत्महत्या कर ली। कुछ विद्वानों ने तो माना है कि उस दौर में बस 11 कश्मीरी पंडित परिवार बचे थे।[46] जोनराज की मानें तो कोई मंदिर साबुत नहीं बचा था।

लेकिन मोहम्मद इशाक ख़ान इसे पूरी तरह सच नहीं मानते। उनका मानना है कि सिकंदर के राज्य में मंदिरों का ध्वंस तो हुआ था लेकिन मार्तंड और अवन्तिपुर के मंदिरों को बारूद से तोड़े जाने की बात इसलिए सच नहीं हो सकती कि उस दौर में कश्मीर तक बारूद पहुँचा ही नहीं था, ये मंदिर भूकंप में नष्ट हुए थे।[47] ख़ान की तरह सूफ़ी भी सिकंदर ही नहीं मीर हमदानी को भी लगभग सभी आरोपों से बरी करके सारी ज़िम्मेदारी सुहा भट्ट पर डाल देते हैं। उनका कहना है कि सिकंदर की उम्र कम थी और सुहा भट्ट ने ऐसे आदेश उसके नाम पर निकलवाये।[48] आश्चर्य है कि एक तरफ़ सूफ़ी उसे महान विजेता और जनता के हित में क़दम उठाने वाला सुल्तान कहते हैं और दूसरी तरफ़ इतना असहाय कि उसका मंत्री बिना उसकी सहमति के इतने बड़े क़दम उठा ले! परिमू भी सभी मंदिरों के नष्ट होने की बात को अतिशयोक्ति कहते हैं।[49] परिमू दो और महत्त्वपूर्ण बातें करते हैं। पहली तो यह कि कम उम्र में जब सिकंदर ने शासन संभाला तो उसकी हिन्दू माँ और उसके विश्वस्त मंत्री उसके पूरे परिवार को ख़त्म कर चुके थे। ज़ाहिर था कि वह राय-मशविरे के लिए दरबार में सैयदों के पास जाता जो अपने राज्य से पलायित थे और राजनीति को बख़ूबी समझते थे। उन्हें अपनी प्रतिष्ठा पुनः हासिल करनी थी और राज्य पर वर्चस्व क़ायम करना था, जिसकी राह में सबसे बड़ा रोड़ा पंडित थे। उन्होंने इस युवा सुल्तान को अपने प्रभाव में लिया और अपने इस्लामी जिहाद को अंजाम दिया, दूसरी बात यह कि कश्मीरी हिन्दुओं की कायरता उस स्तर पर पहुँच गई थी कि जान देने के अलावा कश्मीरी ब्राह्मणों ने भी इसका कोई प्रतिरोध नहीं किया और बाक़ी जातियों ने तो पहले ही समर्पण कर दिया था। देखा जाना चाहिए कि बाक़ी जातियों के लिए किसी प्रतिरोध

का क्या अर्थ था? परिमू ख़ुद इसी किताब में आगे बता चुके हैं कि इस्लाम किस तरह ग़ैर-ब्राह्मण जातियों का मुक्तिदाता बना। धर्म परिवर्तन उनके लिए आतंक के बावजूद कोई बड़ी समस्या नहीं थी। हाँ, विशेषाधिकार प्राप्त ब्राह्मणों के लिए यह एक त्रासदी थी। इतिहास एक क्रूर शिक्षक है। धर्म राजनीति का जब भी हिस्सा बना उसने ऐसी अमानवीय त्रासदियों को जन्म दिया है। सिकंदर के नेतृत्व में सुहा भट्ट या हमदानी की साम्प्रदायिक नीतियों को इसी रूप में समझा जाना चाहिए और कश्मीरी पंडितों की उस समय की त्रासदी को भी। अपने विशेषाधिकार को सुरक्षित रखने के लिए समाज को जिस तरह उन्होंने खाँचों में बाँटकर शेष जातियों को हाशिये पर डाल दिया था, स्वाभाविक था कि इस त्रासदी में उन्हें कोई सहयोद्धा या सहभोक्ता नहीं मिला।

इसका दीर्घकालीन प्रभाव यह पड़ा कि अब तक सत्ता में मुस्लिम सुल्तानों के अधीन उच्चतर पदों पर ब्राह्मणों का एकाधिकार समाप्त हो गया और वह जगह ईरान से विस्थापित सैयदों ने ले ली। फलस्वरूप संस्कृत का भी ह्रास हुआ और फ़ारसी प्रमुख भाषा के रूप में स्थापित हुई। दरबार में बिहाक़ी सैयदों का प्रभाव भी कम हुआ और महत्त्वपूर्ण पदों पर मीर हमदानी के समर्थक क़ुबरावी सैयदों ने कब्ज़ा कर लिया। हालाँकि सैयद हिसारी को सुल्तान बहुत लम्बे समय तक नज़रअंदाज़ नहीं कर सका। मीर हमदानी शाह-ए-हमादान के साहबज़ादे होने के बावजूद हिसारी से कनिष्ठ थे और सैयद हमदानी ने उन्हें ख़िलाफ़तनामा भी दिया था। उनका प्रभाव दरबार में कम न था और आख़िरकार सुल्तान को इस्लामीकरण की सीमा तय करनी पड़ी। इन क़दमों से मीर हमदानी इतना आहत हुआ कि 12 सालों के प्रवास के बाद अपने पिता की ही तरह अपने कई महत्त्वपूर्ण शिष्यों को इस्लाम का प्रचार जारी रखने के लिए छोड़कर वह भी कश्मीर से चला गया। वर्तमान मीरवायज़ हमदानी के उन शिष्यों में से एक सिद्दी कुल्लाह त्राली के ख़ानदान से हैं जो उस समय त्राल में बसे लेकिन बाद में श्रीनगर आ गए थे। इसी दौरान कश्मीर में नुंद ऋषि के नेतृत्व में ऋषि आन्दोलन ने ज़ोर पकड़ा और बाद के दौर में यही सहिष्णु इस्लाम प्रभावी हुआ।[50][†††] इन सबके साथ सिकंदर को कश्मीर के इतिहास में एक विजेता और निर्माता के तौर पर भी जाना जाता है। उसने उत्तर पश्चिम भारत में कई राज्यों को अपने अधीन किया, कश्मीर में शिक्षण संस्थान खोले, जिनमें ईरान और पश्चिम एशिया से आये विद्वानों को सम्मानपूर्वक जगह दी और प्रसिद्ध जामी मस्ज़िद सहित कई महत्त्वपूर्ण निर्माण कराये। उसके समय में भारत आये विद्वानों में सबसे प्रमुख बुखारा से आये मोहम्मद अफ़ज़ल हैं जिन्हें जामी मस्ज़िद के सामने बनवाये कॉलेज में प्रमुख पद दिया गया।[51]

1413 में सिकंदर की मृत्यु के बाद उसका बेटा अली शाह जब गद्दी पर बैठा तो सत्ता पूरी तरह सुहा भट्ट के हाथ में थी और उसने अपना साम्प्रदायिक अभियान और क्रूरता से चलाया। जोनराजा बताते हैं कि सिकंदर का नियंत्रण समाप्त होने के बाद उसकी क्रूरताएँ और बढ़ गईं। अपने पूर्व समुदाय को उसने तलवार की नोक पर मुस्लिम बनाया। मौलानाओं ने सुल्तान से मनमुताबिक नीतियाँ बनवाईं। लेकिन यह आज़ादी केवल चार साल चल पाई। 1417 में जब सुहा भट्ट की मौत तपेदिक से हुई तो क्रूरताओं से कराहते कश्मीर की एक स्वर्णयुग प्रतीक्षा कर रहा था।

[†††]इस आन्दोलन के बारे में अध्याय चार में विस्तार से।

संदर्भ सूची

1. देखें, *किंग्स ऑफ़ कश्मीर* (अनुवादक : जोगेश चन्द्र दत्त), पृष्ठ 20–21, पुस्तक 1, खण्ड 3, जोनराज, ई.एल.एम. प्रेस, कलकत्ता, 1898
2. देखें, पृष्ठ 21, *कश्मीर बिहाइंड द वेल,* एम.जे. अकबर, छठा संस्करण, 2011, रोली बुक्स प्राइवेट लिमिटेड
3. देखें, पृष्ठ 317, *कल्चरल एंड पोलिटिकल हिस्ट्री ऑफ़ कश्मीर,* खण्ड 2, पी.एन.के. बम्ज़ाई, एम.डी. पब्लिकेशन प्राइवेट लिमिटेड, दिल्ली–1994
4. i. इस संदर्भ में कल्हण ने हर्ष के समय तुर्की लोगों की कश्मीर में उपस्थिति का ज़िक्र किया है। ये मुस्लिम व्यापारी मुख्यतः व्यापारियों और भाड़े के सैनिकों के रूप में कश्मीर में आये और यहाँ बस गए।

   ii. ए.क्यू. रफ़ीकी का पूर्वोद्धृत पुस्तक में यह मानना है कि बहुत संभावना है कि गज़नी के कुछ सैनिक लौटने की जगह कश्मीर में ही बस गए हों।

   iii. तेरहवीं सदी के अंत तक कश्मीर में मुस्लिम बस्तियों के होने के प्रमाण मार्को पोलो के यात्रा वृत्तांत में मिलते हैं, जहाँ वह लिखता है कि कश्मीर के लोग न जानवरों को मारते थे न ही खून फैलाते थे। जब उन्हें मांसाहार का मन होता था तो वे वहाँ रहने वाले साराकेन लोगों को बुला लेते थे। (यूल एंड कार्डियर, ए.क्यू. साराकेन उस समय तक मुसलमानों के संदर्भ में ही प्रयोग किया जाता था। रफ़ीकी द्वारा *हिस्ट्री ऑफ़ सिविलाइज़ेशन ऑफ़ सेन्ट्रल एशिया,* सम्पादक : एम.एस. आसिमोव तथा सी.ई. बोज्वर्थ, पृष्ठ 311, खण्ड 4, भाग 1, मोतीलाल बनारसीदास पब्लिशर्स प्राइवेट लिमिटेड, दिल्ली, 1997 पर उद्धृत)
5. देखें, *हिस्ट्री ऑफ़ सिविलाइज़ेशन ऑफ़ सेन्ट्रल एशिया,* सम्पादक : एम.एस. आसिमोव तथा सी.ई. बोज्वर्थ, पृष्ठ 308, खण्ड 4, भाग 1, मोतीलाल बनारसीदास पब्लिशर्स प्राइवेट लिमिटेड, दिल्ली, 1997
6. देखें, पृष्ठ 40, *कश्मीर अंडर सुल्तान्स,* मोहिबुल हसन, प्रकाशक : ईरान सोसायटी,159–बी, धर्मतल्ला स्ट्रीट, कलकत्ता, 1959
7. देखें, पृष्ठ 5, *सेवेन एक्जोड्स ऑफ़ कश्मीरी पंडित्स,* प्रोफ़ेसर के.एल. भान (ऑनलाइन संस्करण)
8. देखें, पृष्ठ 41, *कश्मीर अंडर सुल्तान्स, मोहिबुल हसन,* प्रकाशक : ईरान सोसायटी,159–बी, धर्मतल्ला स्ट्रीट, कलकत्ता, 1959
9. देखें, पृष्ठ 40, वही
10. देखें, *किंग्स ऑफ़ कश्मीर* (अनुवादक : जोगेश चन्द्र दत्त), पृष्ठ 31–32, पुस्तक 1, खण्ड 3, जोनराज, ई.एल.एम. प्रेस, कलकत्ता, 1898
11. देखें, पृष्ठ 45, *कश्मीर अंडर सुल्तान्स,* मोहिबुल हसन, प्रकाशक : ईरान सोसायटी,159–बी, धर्मतल्ला स्ट्रीट, कलकत्ता, 1959
12. देखें, *किंग्स ऑफ़ कश्मीर* (अनुवादक : जोगेश चन्द्र दत्त), पृष्ठ 52, पुस्तक 1, खण्ड 3, जोनराज, ई.एल. एम. प्रेस, कलकत्ता, 1898
13. देखें,पृष्ठ 50, *माय फ्रोज़ेन टर्बुलेंस इन कश्मीर,* जगमोहन, दूसरा संस्करण, 1991, अलाइड पब्लिशर्स लिमिटेड, नई दिल्ली
14. देखें, *हिस्ट्री ऑफ़ सिविलाइज़ेशन ऑफ़ सेन्ट्रल एशिया,* सम्पादक : एम.एस. आसिमोव तथा सी.ई. बोज्वर्थ, पृष्ठ 310, खण्ड 4, भाग 1, मोतीलाल बनारसीदास पब्लिशर्स प्राइवेट लिमिटेड, दिल्ली, 1997
15. देखें, पृष्ठ 96, *ए हिस्ट्री ऑफ़ मुस्लिम रूल इन कश्मीर,* आर.के. परिमू, पीपुल्स पब्लिशिंग हाउस, दिल्ली, 1969
16. देखें, वही, पृष्ठ 97
17. देखें, *किंग्स ऑफ़ कश्मीर,* (अनुवादक : जोगेश चन्द्र दत्त), पृष्ठ 44, पुस्तक 1, खण्ड 3, जोनराज, ई.एल.एम. प्रेस, कलकत्ता, 1898

18. देखें, पृष्ठ 97, *ए हिस्ट्री ऑफ़ मुस्लिम रूल इन कश्मीर,* आर.के. परिमू, पीपुल्स पब्लिशिंग हाउस, दिल्ली, 1969
19. देखें, *किंग्स ऑफ़ कश्मीर,* (अनुवादक : जोगेश चन्द्र दत्त), पृष्ठ 47, पुस्तक 1, खण्ड 3, जोनराज, ई.एल.एम. प्रेस, कलकत्ता, 1898
20. देखें, पृष्ठ 98, *ए हिस्ट्री ऑफ़ मुस्लिम रूल इन कश्मीर,* आर.के. परिमू, पीपुल्स पब्लिशिंग हाउस, दिल्ली, 1969
21. देखें,पृष्ठ 84, *अ हिस्ट्री ऑफ़ कश्मीर,* डॉ. जी.एम.डी. सूफ़ी, खण्ड 1, लाईट एंड लाइफ़ पब्लिकेशन, नई दिल्ली, 1974
22. देखें, पृष्ठ 45, *कश्मीर अंडर सुल्तान्स,* मोहिबुल हसन, प्रकाशक : ईरान सोसायटी, 159-बी, धर्मतल्ला स्ट्रीट, कलकत्ता, 1959
23. देखें, पृष्ठ 57, *कश्मीर अंडर सुल्तान्स,* मोहिबुल हसन, प्रकाशक : ईरान सोसायटी, 159-बी, धर्मतल्ला स्ट्रीट, कलकत्ता, 1959
24. देखें, पृष्ठ 104, *ए हिस्ट्री ऑफ़ मुस्लिम रूल इन कश्मीर,* आर.के. परिमू, पीपुल्स पब्लिशिंग हाउस, दिल्ली, 1969
25. देखें, वही, पृष्ठ 104-105
26. देखें, पृष्ठ 89, *अ हिस्ट्री ऑफ़ कश्मीर,* डॉ. जी.एम.डी. सूफ़ी, खण्ड 1, लाईट एंड लाइफ़ पब्लिकेशन, नई दिल्ली, 1974
27. देखें, पृष्ठ 291-294, *अ हिस्ट्री ऑफ़ सूफ़ीज़्म इन इंडिया,* खण्ड 1, सैयद अतहर अब्बास रिज़वी, मुंशीलाल मनोहर लाल पब्लिशर्स प्राइवेट लिमिटेड,1978
28. देखें, वही, पृष्ठ 305
29. देखें, पृष्ठ 26, *कश्मीर्स ट्रांजीशन टू इस्लाम,* प्रोफ़ेसर इशाक़ खान, मनोहर पब्लिशर्स, दिल्ली, 1994
30. देखें, पृष्ठ 103, *ए हिस्ट्री ऑफ़ मुस्लिम रूल इन कश्मीर,* आर.के. परिमू, पीपुल्स पब्लिशिंग हाउस, दिल्ली, 1969
31. देखें, *हिस्ट्री ऑफ़ सिविलाइज़ेशन ऑफ़ सेन्ट्रल एशिया,* सम्पादक : एम.एस. आसिमोव तथा सी.ई. बोज्वर्थ, पृष्ठ 310, खण्ड 4, भाग 1, मोतीलाल बनारसीदास पब्लिशर्स प्राइवेट लिमिटेड, दिल्ली, 1997
32. देखें, मोहिबुल हसन-57, सूफ़ी-88, परिमू-106
33. देखें, पृष्ठ 286, *द वैली ऑफ़ कश्मीर,* वॉल्टर लॉरेन्स, ऑक्सफ़ोर्ड यूनिवर्सिटी प्रेस, लन्दन, 1895
34. देखें, पृष्ठ 126, *डॉटर ऑफ़ वितस्ता,* प्रेमनाथ बज़ाज़,पाम्पोश पब्लिकेशन,दिल्ली-1959
35. देखें, पृष्ठ 10, *ललद्यद,* जयालाल कौल, साहित्य अकादमी, दिल्ली-2012 (दूसरा अनुदित संस्करण)
36. देखें, पृष्ठ 108, *ए हिस्ट्री ऑफ़ मुस्लिम रूल इन कश्मीर,* आर.के. परिमू, पीपुल्स पब्लिशिंग हाउस, दिल्ली, 1969
37. देखें, पृष्ठ 12, *पर्सपेक्टिव ऑन कश्मीर,* मोहम्मद इशाक खान, गुलशन पब्लिशर्स, श्रीनगर, कश्मीर, 1983
38. देखें, पृष्ठ 432, *ए हिस्ट्री ऑफ़ मुस्लिम रूल इन कश्मीर,* आर.के. परिमू, पीपुल्स पब्लिशिंग हाउस, दिल्ली, 1969
39. देखें, पृष्ठ 60, रतनलाल हंगलू, *द स्टेट इन मेडिवेल कश्मीर,* मनोहर लाल पब्लिकेशन, दिल्ली-2000
40. देखें,पृष्ठ 49, हरबंस मुखिया, *कम्युनलिज़्म : अ स्टडी इन इट्स सोशियो हिस्टारिकल पर्सपेक्टिव,* सोशल साइंटिस्ट,अगस्त 1972
41. देखें, पृष्ठ 115, *ए हिस्ट्री ऑफ़ मुस्लिम रूल इन कश्मीर,* आर.के. परिमू, पीपुल्स पब्लिशिंग हाउस, दिल्ली, 1969
42. देखें, पृष्ठ 124, वही।
43. देखें, पृष्ठ 53, *किंग्स ऑफ़ कश्मीर,* (अनुवादक : जोगेश चन्द्र दत्त), पृष्ठ 20-21, पुस्तक 1, खण्ड 3, जोनराज, ई.एल.एम. प्रेस, कलकत्ता, 1898

44. देखें, पृष्ठ 122, वही
45. देखें, *हिस्ट्री ऑफ़ सिविलाइज़ेशन ऑफ़ सेन्ट्रल एशिया,* सम्पादक : एम.एस. आसिमोव तथा सी.ई. बोज्वर्थ, पृष्ठ 316, खण्ड 4, भाग 1, मोतीलाल बनारसीदास पब्लिशर्स प्राइवेट लिमिटेड, दिल्ली, 1997
46. आनंद कौल बम्ज़ाई, द *कश्मीरी पंडित,* कलकत्ता 1924 ; आर.सी. काक, *एंसियेंट मान्यूमेंट ऑफ़ कश्मीर,* 1933, लन्दन; लॉरेन्स, (पूर्वोद्धृत पुस्तक) 1895
47. देखें, पृष्ठ 40, *पर्सपेक्टिव ऑन कश्मीर,* मोहम्मद इशाक खान, गुलशन पब्लिशर्स, श्रीनगर, कश्मीर, 1983
48. देखें, पृष्ठ 145–147, *अ हिस्ट्री ऑफ़ कश्मीर,* डॉ. जी.एम.डी. सूफ़ी, खण्ड 1, लाईट एंड लाइफ़ पब्लिकेशन, नई दिल्ली, 1974
49. देखें, पृष्ठ 129, *ए हिस्ट्री ऑफ़ मुस्लिम रूल इन कश्मीर,* आर.के. परिमू, पीपुल्स पब्लिशिंग हाउस, दिल्ली, 1969
50. देखें, पृष्ठ 296–297, *अ हिस्ट्री ऑफ़ सूफ़ीज्म इन इंडिया,* खण्ड 1, सैयद अतहर अब्बास रिज़वी, मुंशीलाल मनोहर लाल पब्लिशर्स प्राइवेट लिमिटेड,1978
51. देखें, पृष्ठ 145–147, *अ हिस्ट्री ऑफ़ कश्मीर,* डॉ. जी.एम.डी. सूफ़ी, खण्ड 1, लाईट एंड लाइफ़ पब्लिकेशन, नई दिल्ली, 1974

3

ज़ैन-उल-आब्दीन : शाहमीरी का उरूज़

इतिहास अच्छे राजाओं और बुरे राजाओं से भरा पड़ा है। कश्मीर के इतिहास में भी इस पड़ाव तक और इसके पहले भी हमने तमाम अच्छे-बुरे राजाओं के क़िस्से देखे। अपनी सामाजिक-आर्थिक-सामरिक सीमाओं में सत्ताशीन शासकों के निर्णय जितने स्वतंत्र होते हैं, उतने उन सीमाओं के ग़ुलाम भी। रिंचन का इस्लाम स्वीकार करना उसका निजी निर्णय भले हो लेकिन वह तत्कालीन परिस्थितियों का भी उतना ही परिणाम था, शाहमीर का सत्ता में आना और हिन्दू मंत्रियों को महत्त्वपूर्ण पद देना सिर्फ़ सहिष्णुता नहीं थी, हालात के मद्देनज़र मजबूरी भी थी। सिकंदर का बुतशिकन हो जाना उस समय तक बदल चुके हालात में ही संभव था, कोई शाहमीर यह नहीं कर सकता था। लेकिन अच्छे-बुरे से परे जिसे जनता महान शासक कहती है वह इन सीमाओं का अतिक्रमण कर अपने समय से आगे की सोच रखने वाला शासक होता है, इतिहास की गति से चलने वाला नहीं बल्कि इतिहास की गति को गुणोत्तर छलाँग देने वाला शासक। उसकी प्रशस्ति दरबारी भांड और कवियों तक ही सीमित नहीं होती, वह अपनी जनता और उसकी लोक परम्परा में स्थापित होता है और अनन्त काल तक स्मृत किया जाता है। कश्मीर के इतिहास में ज़ैन उल आब्दीन ऐसा ही शासक है। उस दौर पर लिखी बीसियों किताबें पढ़ते, तमाम मुद्दों पर असहमत लेखकों और इतिहासकारों को ज़ैन उल आब्दीन के शासनकाल की मुक्तकंठ से प्रशंसा लगभग एक स्वर में करते पाया है, और उसकी सबसे बड़ी वजह है ज़ैन उल आब्दीन का जनता के प्रति अथाह स्नेह और समर्पण। उसके पचास साल के शासनकाल में कश्मीर के सामाजिक-आर्थिक-सांस्कृतिक जीवन का कोई ऐसा क्षेत्र नहीं था जो अनछुआ छूटा हो।[1] पंडित आनंद कौल के शब्दों में, 'उसने व्यापक और सहिष्णु दृष्टिकोण पाया था और मानवता के कल्याण के भाव से संचालित होकर उसने समदर्शिता और न्याय से इस प्रकार राज्य किया और जनता की भौतिक समृद्धि को बढ़ाने के लिए ऐसे प्रयास किये कि कोई उसकी तारीफ़ किये बिना नहीं रह सकता।[2] धार्मिक सहिष्णुता, आर्थिक स्वावलंबन, राजनैतिक स्थिरता, सांस्कृतिक उत्थान और ज्ञान-विज्ञान का आम जन तक प्रसार ऐसे क़दम थे जिन्होंने कश्मीर को पूरी तरह बदल दिया। उसके बनवाये तमाम भवन भले समय की मार से नष्ट हो गए

हैं, लेकिन उसके दौर में विकसित हुए जीवन मूल्य कश्मीर के सामाजिक जीवन में आज भी मौजूद हैं और इन अँधेरे वक़्तों में भी उम्मीद की लौ की तरह टिमटिमाते हैं। इसीलिए मुझे उसके शासनकाल पर अलग से एक अध्याय लिखना ज़रूरी लगा।

सत्ता-संघर्ष

सुहा भट्ट उर्फ़ सैफ़-उद-दीन की मृत्यु के बाद अली शाह ने अपने छोटे भाई शाही ख़ान को मंत्री पद सौंपा। शाही ख़ान हालाँकि अपने पिता के ख़िलाफ़ विद्रोह कर चुका था लेकिन जनता में अपनी उदार छवि के कारण बेहद लोकप्रिय था।[3] इसके थोड़े दिन बाद ही अली शाह ने हज के लिए मक्का जाने का निर्णय लिया और राज्य की बागडोर अपने भाई शाही ख़ान के हाथों सौंप दी। परिमू का कहना है कि वह हज यात्रा को लेकर गंभीर नहीं था न ही उसका अपने भाई को शासन सौंपने का कोई इरादा था, बल्कि वह अपने इस लोकप्रिय भाई से छुटकारा पाना चाहता था[4], जबकि मोहिबुल हसन का मानना है कि उसने न केवल शासन का परित्याग किया था बल्कि उसका इरादा शेष जीवन मक्का में ही गुज़ारने का था। उनका यह भी कहना है कि शाही ख़ान ने उसको रोकने की कोशिश की लेकिन वह बज़िद रहा और शाही ख़ान को ज़ैन-उल-आब्दीन की पदवी देकर राज्य की निगहबानी सौंप ख़ुद हज पर चला गया।[5] सूफ़ी आइन-ए-अकबरी और जोनराज के हवाले से उसके हज जाने की बात की पुष्टि करते हुए कहते हैं कि उसने जाने से पहले बहुमूल्य रत्नों और घोड़ों का दान किया था।[6] ख़ैर, उस समय के शासन षड्यंत्रों को देखते हुए यह अनुमान लगाना मुश्किल है कि वास्तव में अली शाह का इरादा क्या था। आगे के वाक़यात रोचक हैं।

मक्का जाने से पहले अली शाह अपने श्वसुर और जम्मू के राजा भीमदेव से मिलने गया जिसने तैमूर के समय इस्लाम स्वीकार कर लिया था। भीमदेव ने उसके निर्णय का विरोध किया और श्रीनगर लौटने के लिए ज़ोर दिया। उसकी सलाह पर अली शाह ने मक्का जाने की योजना रद्द करके वापस श्रीनगर लौटने का निर्णय लिया। अपनी सत्ता वापस पाने के लिए उसने जम्मू के साथ राजौरी के राजा और वहाँ की सेनाओं को साथ लिया। शाही ख़ान ने प्रतिकार की जगह श्रीनगर छोड़ दिया और सियालकोट में खोकर क़बीले के मुखिया जशरथ की शरण ली। जशरथ की कहानी भी मज़ेदार है। 1394 में उसने लाहौर के पास गड़बड़ी की थी जिसकी वजह से वहाँ से उसे निष्कासित कर दिया गया था। चार साल तक भटकने के बाद उसने तैमूर की शरण ली और भेदिया बनकर उसकी सहायता की। वहाँ भी उसने गड़बड़ियाँ की जिसकी वजह से तैमूर ने उसे गिरफ़्तार कर लिया और संभवत: उसे समरकंद ले गया जहाँ से 1405 में तैमूर की मृत्यु के बाद वह रिहा हुआ और लौटकर उसने जालंधर के आस-पास कुछ इलाक़े जीत कर उत्तरी पंजाब में अपना दबदबा क़ायम किया।[7]

ज़ाहिर है कि अब दोनों भाइयों के बीच युद्ध अवश्यंभावी था। यहाँ भी युद्ध कैसे शुरू हुआ इस बात को लेकर मतभेद हैं। हसन जोनराज और याह्या सरहिन्दी के हवाले से बताते हैं कि शाही ख़ान के जशरथ की शरण लेने से अली शाह क्रुद्ध हुआ और उसने भीमदेव की

सलाह के बावजूद मौसम की फ़िक्र न करते हुए आक्रमण कर दिया जिसके परिणामस्वरूप थाना नामक जगह पर वह पराजित हुआ (हसन-69) जबकि परिमू का कहना है कि मई-जून 1420 में शाही ख़ान ने जशरथ के साथ भिम्बेर-राजौरी मार्ग से हमला किया। राजौरी से 14 मील दूर एक घने बसे गाँव में पहुँचकर उन्होंने पड़ाव डाला और तब तक अली शाह के ख़िलाफ़ हो चुका राजौरी का राजा सेना सहित वहाँ उसके साथ हो गया। अपनी ज़िद और अकड़ में अली शाह ने एक के बाद एक रणनीतिक भूलें कीं और अपने श्वसुर की सलाह को दरकिनार कर घाटी के सुरक्षित स्थान को छोड़कर पीर पंजाल के लम्बे रास्ते से मैदानों में पहुँचा। इस थकी हुई सेना को जशरथ की सेना ने गाजर मूली की तरह काट डाला, अली शाह गिरफ़्तार हुआ और जशरथ के आदमियों ने उसकी हत्या कर दी। (परिमू-135-136) अली शाह की क़ब्र श्रीनगर-चरार रोड पर चादुर नाम की जगह पर है।[8]

इस तरह 1420 के मई-जून के महीने में 19 साल की उम्र में शाही ख़ान ज़ैन-उल-आब्दीन के नाम से कश्मीर का सुल्तान बना। अपने बड़े भाई और पिता के विपरीत ज़ैन-उल-आब्दीन अपने धार्मिक विचारों में सहिष्णु था। उसकी माँ ओहिन्द (सिंधु नदी के बाएँ तट पर अटक के पास)[9] के राजा की बेटी थी। सिकंदर से हारने के बाद ओहिन्द के राजा ने अपनी इस पुत्री का विवाह उससे कर दिया था। मध्यकाल में सामंती घरों और राजाओं के विवाह सम्बन्ध अक्सर तत्कालीन राजनीतिक स्थितियों की पैदाइश होते थे। सिकंदर की इस दूसरी पत्नी को न्याय, दया और धार्मिक सहिष्णुता का संस्कार अपने परिवार से मिला था जिसे उसने अपने बेटे को बचपन से ही दिया। बचपन में शाही ख़ान के गुरु मौलाना कबीर थे, जो एक प्रतिष्ठित विद्वान होने के साथ-साथ धार्मिक सहिष्णुता और सेक्युलर राज व्यवस्था के हामी थे। बड़े होने पर ज़ैन-उल-आब्दीन शेख नूरूद्दीन के भी सम्पर्क में आये, जिन्हें नुन्द ऋषि के नाम से जाना जाता है। असल में उस समय तक ऋषि परम्परा के सूफ़ी संतों का कश्मीर में प्रभाव बहुत तेज़ी से बढ़ रहा था, जिनका दर्शन मानवीय था और धार्मिक सहिष्णुता उसके मूल में थी। अगले अध्याय में हम इस परम्परा और उसके प्रभाव को विस्तार से देखेंगे। यही कारण था कि ज़ैन-उल-आब्दीन बचपन से ही अपने पिता और उसके कट्टरपंथी मंत्री सुहा भट्ट की नीतियों का विरोधी था। जोनराज ने लिखा है कि जब उसके भाई के शासनकाल में सारी शक्तियाँ सुहा भट्ट के हाथों में केन्द्रित हो गईं तो जनता से अपने असीम प्रेम के कारण वह बेहद उद्विग्न हो गया और उससे मुक्ति के उपाय सोचने लगा।[10] ज़ैन-उल-आब्दीन का आधी सदी का शासनकाल कश्मीर के इतिहास का सबसे ग़ौरवशाली काल माना जाता है। जनता के हित में किये उसके कार्यों के कारण ही कश्मीरी इतिहास में उसे बड शाह यानी महान शासक कहा जाता है।

अपने पूर्व शासकों के विपरीत ज़ैन-उल-आब्दीन ने साम्राज्य विस्तार की जगह अपने साम्राज्य का हिस्सा रहे और उससे विद्रोह करके स्वतंत्र हो गए राज्यों को ही फिर से हासिल करने में रुचि ली। सुल्तान शहाबुद्दीन के समय शाहमीरी राज्य का हिस्सा रहा लद्दाख अली शाह के ज़माने में आज़ाद हो गया था। ज़ैन-उल-आब्दीन ने अपने सिपहसालारों हिल्मत रैना, अहमद रैना और मुहम्मद मागरे के साथ लद्दाख के लिए कूच

किया और वहाँ के शासक को जोजीला दर्रे के पास घुटने टेकने को मजबूर किया। इसके बाद उसने बाल्टिक शासक को अधीनता स्वीकार करने पर मजबूर किया। इसी अभियान में उसने शेल नामक एक गाँव में एक क़बीले के हाथों से बुद्ध की प्राचीन स्वर्ण प्रतिमा बचाई। उसने लद्दाखियों के कब्ज़े से कुल्लू को भी स्वाधीन कराया। लद्दाखी शाहमीर वंश के लिए लगातार सरदर्द बने रहे और ज़ैन-उल-आब्दीन को भी इस क्षेत्र पर कब्ज़ा बरक़रार रखने के लिए और दो बार सेना भेजनी पड़ी। इसके अलावा उसने ओहिन्द पर चढ़ाई की जहाँ के शासक ने अली शाह के समय ख़ुद को स्वतंत्र घोषित कर दिया था। उसे सिंध के सुल्तान का समर्थन हासिल था, लेकिन ज़ैन-उल-आब्दीन ने इस युद्ध में भी जीत हासिल की और ओहिन्द को फिर से अपने राज्य की सीमा में शामिल करने में सफल रहा।[11] उसने पांडु चक के नेतृत्व में हुए विद्रोह को कड़ाई से कुचला। पांडु ने कामराज में उस महल को दो बार जला दिया था जिसे सुल्तान बनवा रहा था, इससे क्रुद्ध होकर सुल्तान ने उस पर आक्रमण कर दिया और पूरे परिवार को गिरफ़्तार कर लिया। महिलाओं और बच्चों को छोड़कर सबको मौत के घाट उतार दिया गया। पांडु की पत्नी ने उसकी मृत्योपरांत हुसैन चक को जन्म दिया जिसने आगे चलकर कश्मीर के इतिहास में बेहद महत्त्वपूर्ण भूमिका निभाई।[12]

युद्धों की जगह सुल्तान ने अपने पड़ोसियों ही नहीं बल्कि दूर-दूर के शासकों से भी मित्रतापूर्ण सम्बन्ध रखने की नीति अपनाई। उसके समय में ख़ुरासान के बादशाह से लेकर मक्का के शासकों और बंगाल से लेकर मिस्र तक के शासकों से उसके सौहार्दपूर्ण सम्बन्ध स्थापित हुए। ग्वालियर के राजा ने संगीत में उसकी रुचि के मद्देनज़र संगीत से सम्बन्धी कई महत्त्वपूर्ण चीज़ें भेजीं तो गुजरात और मालवा के शासकों ने अपने दूत भेजकर उससे दोस्ताना रिश्ते कायम किये।[13] राजनीति में भी महानता विजेता का पर्यायवाची नहीं होती। साम्राज्य विस्तार की अंधी दौड़ की जगह अपनी जनता के कल्याण और विकास में सन्नद्ध शासक ही इतिहास में जनता का प्यार पाता है। हाँ, एक शक्तिहीन शासक के लिए यह संभव नहीं होता, इसीलिए ज़ैन-उल-आब्दीन के पास भी एक लाख पैदल और तीस हज़ार घुड़सवारों की एक समर्थ और शक्तिशाली सेना थी[14], उसके समय में ही पहली बार कश्मीर में बारूद का निर्माण शुरू हुआ[15]

शासन तथा न्याय व्यवस्था में सुधार : घाव नहीं मरहम

जिस समय ज़ैन-उल-आब्दीन ने शासन संभाला, कश्मीर की सामाजिक-राजनीतिक-आर्थिक स्थिति बेहद गंभीर थी। पहले सिकंदर और फिर अली शाह के शासनकाल में कुबरावी सैयदों के प्रभाव में जबरन धर्म परिवर्तन और मूर्ति भंजन का जो तांडव चला उसने कश्मीरी समाज की बुनियादी संरचना को ही छिन्न-भिन्न कर दिया था। जैसा कि पहले भी लिखा है, बताते हैं कि मात्र 11 कश्मीरी ब्राह्मण परिवार बच गए थे। हिन्दुओं की आत्महत्या से जनसंख्या भी कम हो गई थी। इस अफ़रातफ़री और युद्धों की वजह से अर्थव्यवस्था बुरे हाल में थी। पारम्परिक रोज़गार चौपट हो गये थे। थाना में हुए अंतिम युद्ध में भी जान-माल की भारी क्षति हुई थी। इन सबके कारण जनता में एक भारी असंतोष था। ऐसे में उनकी

उम्मीदों पर खरा उतरना 19 साल के इस युवा शासक के लिए बेहद अहम चुनौती थी और इससे उसने पूरी सफलता से पार पाया।[16]

ज़ैन-उल-आब्दीन ने सबसे पहले ध्वस्त शासन व्यवस्था को सुधारा। इसके लिए उसने दरबार के कब्ज़ा जमाये बैठे पुराने अमीर-उमराओं की जगह नए और भरोसेमंद लोगों को जगह दी। अपने भाई मुहम्मद ख़ान को उसने प्रधानमंत्री की वह कुर्सी दी जिस पर चालीस साल तक बैठकर सुहा भट्ट ने जनता पर बेशुमार ज़ुल्म किये थे। उसकी सेनाओं की ज़िम्मेदारी हिल्मत रैना और अहमद रैना को दी गई। आंतरिक सुरक्षा का कार्यभार मलिक मसूद को और कोषागार मिर्ज़ा हसन को सौंपा गया। मुहम्मद ख़ान की मृत्यु जल्दी हो जाने पर उसके बेटे हैदर ख़ान को प्रधानमंत्री का पद दिया गया।[17] मुहम्मद मागरे को सेना में महत्त्वपूर्ण ज़िम्मेदारी दी गई। इन नामों को पढ़ते यह अंदाज़ा लगाया जा सकता है कि रैना और मागरे सिकंदर के समय इस्लाम में शामिल तो हो गए थे लेकिन उन्होंने अपने पुराने उपनाम नहीं छोड़े। कश्मीर में यह आज भी देखा जा सकता है कि कश्मीरी पंडितों और मुसलमानों के उपनाम एक जैसे हैं। ज़ाहिर है, धर्म परिवर्तन के बावजूद अपनी कुलीनता को इस तरह सुरक्षित रखा गया। साथ ही अपने पूर्व शासकों के विपरीत उसने हिन्दुओं और बौद्धों को भी अपने दरबार में जगह दी, शर्त बस यह थी कि उन्हें फ़ारसी सीखनी होगी, जो अब राजभाषा थी।[18] शिव भट्ट उसका निजी चिकित्सक और विश्वासपात्र था जिससे अहम् मुद्दों पर वह अक्सर सलाह लिया करता था। इसके अलावा कर्पूर भट्ट भी उसके क़रीबी चिकित्सकों में शामिल थे। श्रिया भट्ट उसकी न्याय सभा का अधीक्षक था, जिसकी सलाह पर उसने अपने पिता के समय हिन्दुओं पर लगाया हुआ जज़िया कर प्रभावी रूप से समाप्त कर दिया था।[19] जोनराज ने लिखा है कि श्रिया भट्ट की जब मृत्यु हुई तो सुल्तान ने बहुत सा धन दान कर इसका शोक मनाया। इसके अलावा उसके दरबार में बौद्ध तिलकाचार्य और ब्राह्मण सिंहा तथा रूप्य भट्ट सहित अनेक ग़ैर-मुस्लिम थे।[20]

सुयोग्य व्यक्ति मिलने तक मुख्य न्यायाधीश का पद सुल्तान ने अपने पास ही रखा। सुल्तान की न्यायप्रियता के बारे में सूफ़ी तबाक़त-ए-अकबरी और तारीख़-ए-फ़रिश्ता के हवाले से एक क़िस्सा सुनाते हैं। एक बार दो महिलायें उसके दरबार में आईं और एक ने दूसरी पर आरोप लगाया कि उसने उसके बेटे की हत्या कर दी है। दूसरी महिला ने इस आरोप से सीधे-सीधे इंकार कर दिया। मामला लंबा चला और कोई हल निकलता न देख सुल्तान ने एक युक्ति लगाई। वह दोनों महिलाओं को अलग-अलग कमरे में ले गया। पहली महिला से उसने कहा कि अगर वह सारे कपड़े उतार कर मर्दों की उपस्थिति में अपने घर तक जाए तो वह उसे निर्दोष मान लेगा। महिला ने कहा, 'इससे बेहतर मेरे लिए जान देना होगा।' इसी प्रस्ताव पर दूसरी महिला ने हामी भर दी। सुल्तान ने पहली महिला को दोषमुक्त कर दूसरी महिला को सज़ा तजवीज़ की। (सूफ़ी-157-158) पहली नज़र में सुल्तान की बुद्धिमत्ता का प्रतीक लगने वाला यह फ़ैसला ज़रा अलग तरीक़े से देखा जाए तो सामंती समाज में स्त्री के प्रति पुरुष रवैये का और पितृसत्तात्मक नैतिकता का एक नंगा उदाहरण दिखता है। एक और अपुष्ट क़िस्सा मोहिबुल हसन सुनाते हैं जिसमें जम्मू के राजा सुन्दर सेन ने उस समय

की परम्परा के अनुसार अपनी बड़ी पुत्री को सुल्तान के पास भेजा। जब उनका डोला आया तो सुल्तान वुलर झील में मित्रों के साथ कोई खेल खेल रहे थे, इस डोले को देखकर बोले कि 'यह किस माँ का डोला आ रहा है?' जब उन्हें पूरी बात बताई गई तो उन्होंने कहा कि जिसे माँ कह दिया उससे शादी कैसे कर सकते हैं? लेकिन एक बार भेजी गई बेटी वापस तो जा नहीं सकती थी। इसलिए उन्हें महल में रहने की इजाज़त दे दी गई। बाद में उन्होंने इस्लाम अपना लिया और जीवनपर्यन्त महल में रहीं। हद तो यह कि इसके बाद जम्मू के राजा ने अपनी दूसरी बेटी भी भेजी और उसका भी यही हश्र हुआ। एक ओर तो यह सुल्तान के चरित्रगत गुणों का उदाहरण है लेकिन दूसरी तरफ़ उस समाज में स्त्री की स्थिति का भी। (हसन-82) लेकिन यहीं एक क़िस्सा यह भी है कि जब सुल्तान के क़रीबी मीर याह्या शाह ने अपनी पत्नी की हत्या कर दी तो उसे माफ़ी देने की जगह सज़ा ए मौत दी गई। ऐसे ही जब उसके दो सौतेले भाइयों में से एक शेर ख़ान ने दूसरे मसउद की हत्या कर दी तो प्रिय होने के बावजूद सुल्तान ने शेर ख़ान को मौत की सज़ा दी। एक अन्य मामले में जब एक विद्वान संत सैदुल्लाह ने ईर्ष्यावश एक हिन्दू योगी की हत्या कर दी तो इस बिना पर कि ऐसा नशे की हालत में हुआ, मौत की सज़ा तो माफ़ कर दी गई लेकिन जो सज़ा दी गई वह मौत से बदतर थी। उसे गधे की पीठ पर उलटा बैठा कर, उसकी दाढ़ी को पेशाब में भिगो कर, सिर मुड़ा कर, हाथों को मृतक की अंतड़ियों से बाँध कर पूरे बाज़ार में घुमाया गया और लोगों को उस पर थूकने के लिए कहा गया। (हसन-83) सैदुल्लाह मुहम्मद साहब के खानदान से थे और उनका बेहद सम्मान था, हिन्दू योगी से उनकी जलन इसलिए थी कि वह सुल्तान के क़रीबी थे, यह निर्णय लेना आसान नहीं था लेकिन सुल्तान ने न्याय को सबसे ऊपर रखते हुए उन्हें मौत की सज़ा की जगह यह फ़ैसला किया।[21]

न्याय को लेकर उसका रुख काफ़ी सहिष्णु और आधुनिक था। अपराधियों को कड़ी से कड़ी सज़ा देने की जगह उसका ज़ोर अपराध के सामाजिक-आर्थिक स्रोतों को समाप्त करने पर था। अब तक आम हो चले मृत्यु दंड की सज़ा को उसने केवल गंभीर अपराधों तक सीमित कर दिया। चोर-डकैतों को फाँसी देने की जगह ज़ंज़ीरों में बाँध कर रखा जाता था और उनसे खेतों तथा निर्माण कार्यों में मज़दूरी करवाई जाती थी। ग़रीबी के कारण छोटी-मोटी चोरी करने वालों के लिए भोजन की व्यवस्था की गई। गाँव में चोरी होने पर दंड ग्राम प्रमुख पर लगाए जाने की व्यवस्था की गई और चोरी करके अपनी आजीविका चलाने वाले चांडाल जाति के लोगों को किसानी करने के लिए प्रोत्साहित किया गया। ग़रीब और बीमार लोगों के लिए मुफ़्त भोजनालयों और दवाखानों की व्यवस्था की गई। इन उपायों से उसके राज्य में अपराधों में भारी कमी आई।[22] ज़ाहिर है मध्यकाल में कड़ी से कड़ी सज़ा की जगह सुधार के कार्यक्रम अपने समय से काफ़ी आगे की चीज़ थे।

बाद में मुख्य न्यायाधीश का पद क़ाज़ी जमाल-उद-दीन को सौंपा गया। क़ाज़ी मूलतः कश्मीरी नहीं थे बल्कि हिन्दुस्तान के मैदानी इलाक़े से आये थे और सैयद हमदानी की ख़ानक़ाह पर एकाकी जीवन बिता रहे थे। लोग उनके पास अदालती दरख्वास्तें लिखवाने के लिए जाया करते थे। सुल्तान इन दरख्वास्तों से बहुत प्रभावित हुआ। एक बार ऐसी ही

किसी दरख़्वास्त में उसने सुल्तान सिकंदर की मौत का अफ़सोस करते हुए एक शेर लिखा जिससे ज़ैन-उल-आब्दीन इतना प्रभावित हुआ कि पूरे एहतराम से उन्हें दरबार में बुलवाकर जगह दी और बाद में मुख्य न्यायाधीश का पद सौंप दिया।[23] इस रवैये के चलते उसका दरबार अपने समय के श्रेष्ठ विद्वानों से भरा हुआ था। इसकी एक और नज़ीर हम तैमूर के पुत्र शाहरुख के साथ उसके सम्बन्धों में पाते हैं। यह एक संयोग ही था कि कश्मीर में मूर्तिभंजक सिकंदर के बाद ज़ैन-उल-आब्दीन गद्दीनशीन हुआ और तैमूर के बाद उसका पुत्र शाहरुख जो एक न्याय और शान्ति के हामी शासक के रूप में याद किया जाता है। शाहरुख ने ज़ैन-उल-आब्दीन को अच्छे सम्बन्धों के प्रतीक के रूप में अपने दूतों के साथ हीरे जवाहरात के तोहफ़े भिजवाये, इसका शुक्रिया अदा करते हुए सुल्तान ने उसे पत्र लिखा कि कितना अच्छा होता कि हीरे-जवाहरातों की जगह आप अपने देश से कुछ विद्वानों को हमारे यहाँ भेजते। इस इच्छा का सम्मान करते हुए शाहरुख ने अपने देश के 6 प्रमुख विद्वानों को अनेक महत्त्वपूर्ण पांडुलिपियों के साथ सुल्तान की सेवा में भेजा।[24] ये और ऐसे तमाम क़िस्से ज़ैन-उल-आब्दीन के गुणीजनों के प्रति सम्मान और देश के सांस्कृतिक उन्नयन में रुचि को बयान करते हैं। आगे हम देखेंगे कि उसके राज्य में साहित्य और संस्कृति ही नहीं शिक्षा-दीक्षा और उद्योग-व्यापार का भी ख़ूब प्रसार हुआ।

धार्मिक नीति : कट्टरता नहीं धार्मिक सहिष्णुता

ज़ैनु-उल-आब्दीन का सबसे बड़ा क़दम धार्मिक भेदभाव की नीति का ख़ात्मा करना था। अपने पिता और भाई के विपरीत उसने हिन्दुओं के प्रति दोस्ताना रुख अपनाया और उन्हें धार्मिक स्वतंत्रता दी। सूफ़ी तबाक़त ए अक़बरी के हवाले से बताते हैं कि सुल्तान ने हिन्दुओं से अपने धर्म ग्रन्थों में लिखी बातों का उल्लंघन न करने का राज़ीनामा लेकर सिकंदर के समय में बने उन तमाम क़ानूनों को रद्द कर दिया जो धार्मिक असमानता पर आधारित थे।[25] जज़िया की दर चाँदी के दो पल (सिक्कों) से घटाकर एक माशा चाँदी कर दी और इसे भी कभी वसूला नहीं गया।[26] इसी तरह हिन्दुओं की अंत्येष्टि पर लगा कर भी समाप्त कर दिया गया। तिलक लगाने आदि पर लगी रोक को हटाकर धार्मिक मामलों में पूरी आज़ादी दी गई। सौहार्द बढ़ाने का एक बड़ा क़दम उठाते हुए गो हत्या पर पाबंदी लगा दी गई। जो हिन्दू कश्मीर छोड़कर जम्मू सहित दूसरी जगहों पर जा बसे थे उन्हें वापस बुलाया गया और जिन्होंने भय से धर्म परिवर्तन कर लिया था उन्हें फिर से अपने धर्म में लौटने की सहूलियत दी गई। टूटे हुए मंदिरों का पुनर्निर्माण कराया गया और कई नए मंदिर बनवाये भी गए। श्रीवर के हवाले से सूफ़ी बताते हैं कि महल के भीतर के कई मंदिरों का सुल्तान ने जीर्णोद्धार कराया और नए मंदिर भी बनवाये। श्रीनगर में रैनावारी में हिन्दू राजाओं द्वारा तीर्थयात्रियों के भोजन आदि की व्यवस्था के लिए बनाए गए स्थान को उसने और विस्तृत कराकर उनके रुकने की व्यवस्था भी की।[27] हिन्दू बच्चों के लिए पाठशालाएँ खोली गईं तथा संस्कृत सीखने के लिए छात्रों को छात्रवृत्ति देकर दकन और बनारस भेजा गया। मंदिरों और पाठशालाओं की देखरेख के लिए उन्हें जागीरें दी गईं। जैसा कि मैंने पहले ही लिखा है कई हिन्दुओं और बौद्धों को शासन के उच्च पदों पर नियुक्ति दी गई। साथ में

राज्य सेवाओं में निचले स्तरों पर भी उन्हें अवसर दिए गए। इसी काल में कश्मीरी हिन्दुओं के बीच 'कारकून' और 'पुजारी (बछ भट्ट)' जैसी दो श्रेणियों का विकास हुआ, जिनमें आपस में शादी-ब्याह नहीं होता। कारकून श्रेणी के पंडितों ने फ़ारसी सीखी और शासन व्यवस्था में शामिल हुए। एक तीसरी श्रेणी ज्योतिषियों की विकसित हुई जिनका कारकूनों के साथ रोटी-बेटी का सम्बन्ध होता है। ज़ाहिर है पुजारी वर्ग स्वयं को सबसे उच्च मानता है। संस्कृत के अलावा इस दौर में हिन्दुओं ने फ़ारसी का भी अध्ययन किया। मुंशी मुहम्मद-उद-दीन की किताब *तारीख-ए-अक्वान-ए-कश्मीर* के हवाले से सूफ़ी बताते हैं कि जिन हिन्दुओं ने सबसे पहले फ़ारसी और इस्लामी साहित्य की तालीम हासिल की वे सप्रू थे।[28]

सुल्तान स्वयं पाँच वक़्त नमाज़ पढ़ने और रोज़े रखने वाला धार्मिक व्यक्ति था और शासन के मामलात में भी उलेमा की सलाह को महत्त्व देता था। उसने अपने गुरु मौलाना कबीर को शेख़-उल-इस्लाम नियुक्त किया था और महत्त्वपूर्ण विषयों पर उनसे सलाह-मशविरा करता था और ख़ुद सुल्तान ने नायब-ए-आमिर-उल-अमीन की पदवी धारण की।[29] लेकिन अपनी ग़ैर-मुस्लिम प्रजा के लिए भी उसके मन में मुहब्बत और इज़्ज़त की भावना थी। प्रजा का भरोसा जीतने के लिए वह जैन, बौद्ध और हिन्दू त्यौहारों में ख़ुद शामिल होता था।[30] कश्मीर में चैत्र के महीने में फूलों का त्यौहार मनाये जाने की परम्परा थी। बसंत का यह समय बर्फ़ के पिघलने का होता है जब घाटी फूलों की ख़ूबसूरत चादर से ढँक जाती है। धर्मान्धिता सौन्दर्य को कहाँ पहचानती है? सिकंदर के समय में इस त्यौहार पर भी पाबन्दी लगा दी गई थी। ज़ैन-उल-आब्दीन ने इसे दुबारा शुरू करवाया। मान्यता है कि भाद्रपद की त्रयोदशी का दिन वितस्ता (झेलम) का जन्मदिन है और इस दिन कश्मीरी इस नदी में दूध और मिठाई चढ़ाते हैं और दीप प्रवाहित करते हैं, सिकंदर के समय इस पर भी रोक लगा दी गई थी जिसे ज़ैन-उल-आब्दीन ने न केवल ख़त्म किया बल्कि इन दोनों त्यौहारों पर जनता के साथ ख़ुद शामिल होकर इसे शाही मान्यता भी दी थी। इसी तरह जैनों के उत्सवों में और नागयात्रा तथा गणयात्रा जैसे त्यौहारों में भी वह निजी रूप में हिस्सेदारी करता था। ऐसे क़दमों ने कश्मीर की जनता के बीच धार्मिक सौहार्द्र की वह परम्परा क़ायम की जिसे हम कश्मीरियत कहते हैं। सहिष्णुता, पारस्परिक सम्मान और सहअस्तित्व की वह भावना जो किसी भी बहु-धार्मिक देश की उन्नति और शान्ति के लिए सबसे मूल आवश्यकता है। कश्मीर के ऋषि आन्दोलन ने इस भावना को और मज़बूत किया। इस तरह अपने शासनकाल में ज़ैन-उल-आब्दीन ने सर्व-धर्म समभाव और धार्मिक मामलों में अहस्तक्षेप की नीति अपनाई। हाँ, इसका एक दुष्परिणाम यह हुआ कि सती प्रथा पर लगी रोक हट गई और इस कुप्रथा ने फिर से जड़ें जमा लीं।

राजस्व और कृषि व्यवस्था : सुधार और समृद्धि

कृषि उस समय कश्मीर का सबसे प्रमुख व्यवसाय था। खरीफ़ की फ़सलों में चावल, दाल, मक्का, कपास और बाजरा शामिल थे और रबी फ़सलों में गेहूँ, जौ, सरसों, अफ़ीम, मटर, पोस्त और पटसन की खेती होती थी। इसके अलावा पाम्पोर क्षेत्र में केसर की खेती भी शुरू हो चुकी थी। इसके अलावा सेब, अंगूर, खुबानी, आड़ू, आलूबुखारा और बादाम जैसे फलों

के बागीचे आमतौर पर शाही और अमीर परिवारों के पास थे तो डल झील के आस-पास सब्जियों और कुछ फलों की खेती भी होती थी। नदियों से घिरी घाटी में प्राकृतिक सिंचाई के साधन भरपूर मात्रा में थे जिससे कृषि योग्य भूमि के बड़े हिस्से की सिंचाई हो जाती थी। ललितादित्य और अवन्तिवर्मन के समय शेष भूमि की सिंचाई के लिए कुछ कृत्रिम साधन भी विकसित किये गए थे। ज़ैन-उल-आब्दीन ने इस ओर विशेष ध्यान देते हुए अनेक नहरों का निर्माण करवाया और कुछ पुरानी नहरों का जीर्णोद्धार करवाया। ज़कूरा और मार्तंड को साल भर पानी से भरी रहने वाली सिंध और लिद्दर नदियों से नहरों द्वारा जोड़ा गया तो जैनागिर, हंदवाड़ा और अनंतनाग ज़िलों में खेतों को पूरा साल पानी मिलने लगा। लच्छम कुल और मार नहरें एक तरफ़ श्रीनगर के भीतर यातायात का साधन बनीं तो दूसरी तरफ़ डल झील का अतिरिक्त पानी शादीपुर तक पहुँचा कर वहाँ के किसानों के लिए लाभकारी सिद्ध हुईं। इसके अलावा कारला, चकदार, साफ़ापुर और पोहरू जैसी नहरों का एक जाल बिछाकर उन्होंने घाटी में कृषि अर्थव्यवस्था में एक आमूलचूल परिवर्तन ला दिया।[31] न केवल खेती के लिए भरपूर मात्रा में पानी उपलब्ध हुआ बल्कि निचले और दलदली इलाक़ों से अतिरिक्त पानी निकाल दिए जाने से कृषि योग्य भूमि में भी बढ़ोतरी हुई। परिणामस्वरूप कश्मीर अनाज के मामले में आत्मनिर्भर हो गया और अनाजों की कीमतें काफ़ी घट गईं। मूरक्राफ्ट बताते हैं कि कश्मीर में चावल का वार्षिक उत्पादन 1822-23 के 20 लाख खरवार से बढ़कर ज़ैन-उल-आब्दीन के समय 77 लाख खरवार* हो गया।[32]

राजस्व और भू-प्रबंधन की दिशा में सुधार करने के लिए अब तक की लचर व्यवस्था की जगह उसने जोतों की पक्की माप की व्यवस्था की। इसके तहत सबसे पहले पूरे देश को परगनों में विभाजित किया गया। इस तरह देशभर के गाँव अलग-अलग परगनों के अंतर्गत आ गए। गाँवों के भीतर ज़मीन की पक्की पैमाइश के लिए ज़रीब† का प्रयोग शुरू किया गया। इन दस्तावेज़ों को भोजपत्र पर लिखा गया ताकि भविष्य में उनका प्रयोग किया जा सके। ज़रूरी दस्तावेज़ों को ताम्रपत्र पर लिखा गया। यह व्यवस्था सम्राट अशोक की याद दिलाती है। इन दस्तावेज़ों को सुरक्षित रखने के लिए सोपोर में केन्द्रीय दस्तावेज़ कार्यालय बनाया गया। लगान की दरों की सही जानकारी तो नहीं उपलब्ध है लेकिन बाढ़ के समय इसे कम करके उपज का सातवाँ या चौथा हिस्सा किये जाने से हम यह अंदाज़ा लगा सकते हैं कि लगान की दर आधी या एक तिहाई फसल रही होगी।[33] लगान उपज के रूप में ही ली जाती थी और पैमाइश से लेकर लगान वसूली तक के काम में लगे कर्मचारियों को अपना काम पूरी ईमानदारी से करने की सख्त ताक़ीद की गई थी। लगान के रूप में प्राप्त अनाज को रखने के लिए गोदाम बनवाये गए और जब कभी बाज़ार में कम आवक के कारण अनाज का भाव बढ़ जाता था, इन गोदामों से अनाज बाज़ार में पहुँचा दिया जाता था जिससे मूल्य नियंत्रित रहें।[34] इस तरह ज़ैन-उल-आब्दीन ने राजस्व व्यवस्था को एक सुगठित रूप दिया जो मामूली परिवर्तनों के साथ सल्तनत के अंत तक जारी रहा। किसानों

---

*कश्मीरी में खर का अर्थ है गधा, खरवार यानी जितना अनाज गधे की पीठ पर लादा जा सके। यह उस समय तक एक निश्चित इकाई बन चुकी थी।

†ज़रीब निश्चित आकार की ज़ंजीर होती है जिसके सहारे खूँटे गाड़ कर पैमाइश की जाती है।

को लेकर सुल्तान के रवैये का अंदाज़ा 1460 में कश्मीर में आई भयानक बाढ़ के समय लिए गए निर्णयों से लगाया जा सकता है। बाढ़ से तबाही जैसे हालात पैदा हो गए थे। बाढ़ के दिनों में चावल के दाम 300 दीनार प्रति खरवार से बढ़कर 1500 दीनार प्रति खरवार हो गए और इस दाम पर भी चावल मिलना मुश्किल था। ऐसे में सुल्तान ने अपने निजी कोष से लोगों को चावल बँटवाया[35] और उस साल न केवल लगान की दरों को बेहद कम कर दिया बल्कि बाढ़ के दौरान शासन और महाजनों द्वारा दिए गए सभी कर्ज़े भी माफ़ कर दिए।[36] यही नहीं, उसके समय में प्राकृतिक आपदा के समय में तक़वा (अग्रिम) क़र्ज़ की भी व्यवस्था की गई थी। पंद्रहवीं सदी में यह इस महादेश में एक नवोन्मेष ही था जो शेरशाह सूरी के ज़माने में फिर दुहराया गया।[37]

ज़ाहिर है कि इन क़दमों से कश्मीर में किसानों के अच्छे दिन आये और वे अपनी मेहनत का फल निश्चिंत होकर चखने की स्थिति में पहुँच सके। भूमि बंदोबस्त की इस पक्की व्यवस्था के चलते ज़मींदारों, कर्मचारियों और साहूकारों की मनमानियों से उन्हें मुक्ति मिली तो अनाजों की उपलब्धता और सस्ती क़ीमतों ने जनता के बड़े हिस्से को राहत दी। मूरक्राफ्ट ने सिंचाई व्यवस्था के मामले में सुल्तान की तुलना दिल्ली के शासक फीरोज़ शाह तुग़लक़ से की है तो सूफ़ी ने उसे कई मामलों में अकबर से भी बेहतर शासक बताया है।

उद्योग और व्यापार : नए आयामों की तलाश

कश्मीर में कुटीर उद्योग बहुत प्राचीन काल से रहे हैं। शॉल बनाने का काम वहाँ पर हिन्दू राजाओं के समय से ही होता रहा है लेकिन बाद के राजाओं की अव्यवस्था के कारण यह व्यवसाय छिन्न-भिन्न हो गया था। ज़ैन-उल-आब्दीन के समय न केवल शॉल उद्योग बल्कि कई नए-पुराने उद्योग स्थापित हुए। कच्चे ऊन से शॉल बनने तक पंद्रह अलग-अलग चरण होते हैं, इस तरह यह उद्योग न केवल बुनकरों बल्कि अन्य प्रक्रियाओं में जुड़े लोगों को भी रोज़गार प्रदान करता है।[38] इसे बढ़ावा देकर सुल्तान ने कश्मीर की अर्थव्यवस्था को प्रगति की राह दिखाई। कश्मीर का दूसरा महत्त्वपूर्ण उद्योग था रेशम का। ज़ैन-उल-आब्दीन ने बेहतर तकनीक, आकर्षक डिजाइन और आयातित बीजों के प्रयोग को प्रोत्साहित किया। उसने रेशम के कीड़ों के पालन पर ज़ोर दिया और बड़ी संख्या में शहतूत के पेड़ लगवाये। इसका ज़िक्र करते हुए *तारीख़ ए रशीदी* में इसे कश्मीर का एक चमत्कार बताया गया है।[39]

इसके अलावा जिस क्षेत्र में सबसे अधिक प्रगति हुई वह था हस्तशिल्प। तहस नहस हो चुके हस्तशिल्प के काम को उसने न केवल पुनर्जीवित किया अपितु कश्मीर से प्रशिक्षण के लिए शिल्पकारों को पेपर मैशे, काग़ज़ बनाने और ज़िल्दसाज़ी का काम सीखने के लिए समरकंद भेजा। उनके प्रवास के दौरान सुल्तान ने उनके परिवारों का भरण-पोषण राजकोष से करने की व्यवस्था की और लौटने के बाद उन्हें अपने काम को सुचारू रूप से करने के लिए गाँवों की जागीरें तथा अन्य सहायता उपलब्ध कराई। इन उस्तादों ने कश्मीरी के और लोगों को ये कलाएँ सिखाईं और इस तरह इनसे जुड़े कुटीर उद्योग कश्मीर भर में प्रचलित हुए। यही नहीं, उसने समरकंद और अन्य देशों से शिल्पकारों और कलाकारों को ससम्मान

कश्मीर में आमंत्रित किया और कश्मीरियों को ये हुनर सिखाने की व्यवस्था की। उसके समय में कश्मीर में पहली बार रेशमी कपड़ों की कताई में ब्रश और करघे का प्रयोग शुरू हुआ। शिल्पकला के विकास में सुल्तान की रुचि को रेखांकित करते हुए मोहिबुल हसन एक घटना का ज़िक्र करते हैं जिसमें ईरान के ख़ुरासान से आये एक शिल्पकार के बारे में पता चलने पर सुल्तान ने उसे अपने हुनर कश्मीरी शिल्पकारों को सिखाने का आग्रह किया और उसे तब तक कश्मीर से जाने नहीं दिया जब तक उसने ऐसा कर नहीं दिया।

यह ज़िक्र पहले ही किया जा चुका है कि इसी दौर में कश्मीर में बारूद बनाने का काम शुरू हुआ। अब तक बाहर से आयात किये जाने वाले बारूद को बनाने की कला सुल्तान ने ख़ुद भी सीखी थी और हबीबा नामक एक व्यक्ति को इसे सिखाने और संभालने की जिम्मेवारी सौंपी थी। इस समय कुछ नए हथियारों के निर्माण और प्रचलन का भी ज़िक्र मिलता है।[40] जोनराज के हवाले से सूफ़ी ने उस समय एक तोप के होने की जानकारी दी है जो चालू अवस्था में थी।[41]

संगतराशी, लकड़ी की शिल्पकारी, शीशे की कटाई और उससे अलग-अलग वस्तुएँ बनाने की कला, ताबदान तराशी, सोने और चाँदी की ज़रीसाज़ी और दरी बनाने की कलाएँ भी उसके समय में ख़ूब विकसित हुईं। उसकी सरपरस्ती में हुई कला और शिल्प के क्षेत्र में इन पहलकदमियों ने कश्मीर को इस मामले में सारी दुनिया में प्रसिद्ध कर दिया और आज भी कश्मीर की पहचान इन सबके बिना अधूरी है। ज़ैन-उल-आब्दीन की मृत्यु के 75 साल बाद कश्मीर आये मिर्ज़ा हैदर दुग़लत ने लिखा है—'समरकंद और बुखारा को छोड़कर पूरे इस्लामिक मध्य एशिया (Transoxiana)[‡] में कला और शिल्प की जो चीज़ें नहीं मिलतीं वे कश्मीर में बिखरी पड़ी हैं। यह सब सुल्तान ज़ैन-उल-आब्दीन की वजह से है।'[42] विलास और विलासिता की चीज़ों का उपभोग तो सुल्तानों की आदत हमेशा से रहा है, लेकिन ज़ैन-उल-आब्दीन उन सबसे इस मामले में इस तथ्य के चलते आगे निकल जाते हैं कि जनता की गाढ़ी कमाई से इन सामानों को बाहर से मँगवा कर निजी उपभोग में लाने की जगह उन्होंने लोगों को इन्हें बनाने का हुनर सिखाया, रोज़गार के नए अवसर दिए और इस तरह ये चीज़ें सुल्तान की नहीं बल्कि जनता की ख़ुशहाली का सबब बनीं। कश्मीर 'उद्योग का मुस्कुराता हुआ बागीचा' बन गया।[43]

इन उत्पादित वस्तुओं का सही लाभ उत्पादकों और जनता तक पहुँचाने के लिए यह बेहद ज़रूरी था कि कश्मीर में बाज़ारों की व्यवस्था में आमूलचूल परिवर्तन किया जाता। ज़ैन-उल-आब्दीन के समय कश्मीर में आमतौर पर नक़द लेन-देन की व्यवस्था नहीं थी। विनिमय का माध्यम आमतौर पर कश्मीर का प्रचलित भोज्य पदार्थ 'शाली' था, इसके अलावा मक्के और सिंघाड़े का प्रयोग भी होता था। सोने, चाँदी और कौड़ियों का प्रयोग

[‡] आज के उज़्बेकिस्तान, तज़ाकिस्तान, दक्षिण-पश्चिम कज़ाकिस्तान और दक्षिणी किर्गिस्तान से मिलकर बना मध्य एशिया का वह क्षेत्र जिसे अरबों ने जीता था। अमू दरिया (ओक्जस) और सिर दरिया के बीच के इस इलाक़े को अरबी में 'मा वारा'अन-नहर' (नदी के आगे का इलाक़ा) कहा गया जबकि शाहनामा में इसे फ़ारसी में तूरान कहा गया है ।

व्यापार में बहुत सीमित स्तर पर हुआ करता था। इसके अलावा मूल्यों को लेकर राज्य की कोई नीति नहीं थी जिससे साहूकार और ज़मींदार अपने हिसाब से वस्तुओं की क़ीमतें तय करते थे और मनमाना लाभ कमाते थे। ख़ासतौर पर बाढ़ जैसे संकट के समय कालाबाज़ारी और मुनाफ़ाखोरी आम थी। सुल्तान ने इस अव्यवस्था को दूर करने के लिए मूल्य निर्धारण की नीति बनाई। उसने सभी ज़रूरी वस्तुओं के दाम तय करके जस्ते की पट्टिकाओं पर उन्हें लिखवाकर राज्य के सभी प्रमुख स्थानों पर लगवा दिया।

सुल्तान सिकंदर के समय अंधाधुंध सिक्के जारी किये जाने से कश्मीर की आधिकारिक मुद्रा का मूल्य बहुत गिर गया था। ज़ैन-उल-आब्दीन ने अच्छे किस्म के जस्ते और चाँदी के नए सिक्के जारी किये। इन सिक्कों को 'पुन्त्सु' या 'कसेरा' कहा जाता था।[44] इस काम के लिए सर्राफ़ कदल में खासतौर पर शाही टकसाल बनवाई गई। इसे तब टांकी सराय कहा जाता था। यह जगह मुद्रा विनिमय करने वालों, साहूकारों और अन्य लोगों के लिए अभी भी एक प्रमुख व्यापारिक केन्द्र है। इस तरह राजकीय मुद्रा की प्रतिष्ठा फिर से कायम हुई और उसकी ढलाई के लिए एक निश्चित व्यवस्था भी हुई। सर्राफ़ कदल के अलावा ज़ैन कदल के पास शॉल के व्यापारियों ने लकड़ी का एक शानदार घर बनवाया था जहाँ श्रीनगर में आने वाले पश्मीना ऊन की ख़रीदारी होती थी। सर्राफ़ कदल के आगे एक यारखण्ड सराय थी जहाँ शरद ऋतु में पश्चिमी एशिया के यारखण्ड से आने वाले तातार व्यापारी अपने सामान के साथ रुकते थे।[45] विदेशों से आने वाले सामानों के संदर्भ में सुल्तान ने एक आदेश जारी किया था जिसके तहत बाहर से आने वाले व्यापारी धोखाधड़ी और जमाखोरी न कर सकें तथा उचित मूल्य पर ही लोगों को सामान उपलब्ध करा सकें।[46] माप-तौल के लिए सही मानक स्थापित किये गए[47] और इस तरह सुदृढ़ मौद्रिक तथा व्यापार नीति और राज्य के कल्याणकारी हस्तक्षेप से राज्य में एक तरफ़ उद्योग और वाणिज्य को प्रोत्साहन मिला तो दूसरी तरफ़ इस विकास को व्यापारियों और धनिकों के लिए मुनाफ़ाखोरी का अवसर बनने से रोका भी गया।

तीसरा महत्त्वपूर्ण सुधार था वस्तुओं की ख़रीद-बिक्री खुले बाज़ार में कराने की व्यवस्था। उस समय कश्मीर में आमतौर पर व्यापारी और कारीगर अपना सामान अपने घरों से ही बेचते थे। इससे कालाबाज़ारी और जमाखोरी को बढ़ावा मिलता था। शासनादेश जारी कर सुल्तान ने सभी वस्तुएँ खुले बाज़ार में तय क़ीमत पर बेचना सुनिश्चित कराया जिससे इस तरह के कारनामों पर रोक लगी।[48] इसके अलावा सुल्तान ने कश्मीर में नमक की नियमित और उचित मूल्य पर उपलब्धता के लिए तीरापुर में नमक व्यापारियों की एक नियमित बसाहट बसाई। इन सुधारों से कश्मीर में कृषि और उद्योग के क्षेत्र में हुई प्रगति का लाभ जनता तक पहुँचाने का उद्देश्य भली-भाँति पूरा हुआ। इनमें से कई नियम-क़ानून बहुत बाद के वर्षों तक ज्यों के त्यों लागू रहे।

निर्माण कार्य और कश्मीर का शहरीकरण

कश्मीर में शहरीकरण की प्रक्रिया का आरम्भ अशोक द्वारा श्रीनगर के निर्माण से ही होता है, जिसका ज़िक्र हम पहले भी कर चुके हैं। पिछले अध्यायों में हमने देखा ही है कि बाद के राजाओं और सुल्तानों ने भी अनेक नगरों का निर्माण किया, जिनमें से कुछ अभी भी देखे जा सकते हैं। अपने पचास सालों के शासन में ज़ैन-उल-आब्दीन ने इस परम्परा को

जारी ही नहीं रखा बल्कि नई ऊँचाइयाँ भी दीं। उसने न केवल शहर बसवाये और आलीशान इमारतें बनवाईं बल्कि अपनी अवाम की ज़रूरियात के मुताबिक़ सड़कों, पुलों, नहरों, द्वीपों का भी निर्माण करवाया। कुशल शासन व्यवस्था, शान्ति और सद्भाव तथा आर्थिक प्रगति के उस दौर में यह बेहद स्वाभाविक था कि जनता इन नए निर्माण कार्यों में बढ़-चढ़ कर हिस्सेदारी करती और शासक अपनी कल्पनाओं को मूर्त रूप दे सकने के लिए आवश्यक संसाधन और अवकाश पा सकता।

ज़ैन-उल-आब्दीन ने कश्मीर में निर्माण कला का नया युग शुरू किया। दुलचा के आक्रमण के समय बर्बाद हो चुके अनेक गाँवों को फिर से बसाया गया। उसने नौशेरा नाम का एक शहर बसाया और उसे अपनी राजधानी बनाया। यहाँ उसने अपने दरबारियों, सामंतों और विद्वानों के लिए शानदार घर बनवाये थे। मिर्ज़ा हैदर दुग़लत ने यहाँ लकड़ी के एक शानदार महल का ज़िक्र किया है जिसमें 12 मंज़िलें थीं, हर मंज़िल पर पचास कमरे थे, बड़ा बरामदा था और कॉरिडोर। इसका गुम्बद सुनहला था और बरामदों में शीशे लगे थे।[49] इस महल को 'ज़ैना डब' कहा जाता था तथा शहर का स्थानीय नाम 'राजदान' (राजधानी) था। यह शहर अब श्रीनगर का हिस्सा है। इसके अलावा उसने ज़ैनापुर, ज़ैनाकोट और ज़ैनागिर नाम के शहर भी बसाए थे जिसमें कश्मीरी ब्राह्मणों के पुनर्वास के लिए उन्हें लगान मुक्त गाँव और व्यापार केन्द्र उपलब्ध कराये गए। इसके अलावा बर्बाद हो चुके इन्दर्कोट को भी फिर से बसाया गया।[50] ज़ैनागिर में भी एक भव्य महल का निर्माण कराया जो चारों तरफ़ से बागीचे से घिरा हुआ था।[51] ज़ैननगर नामक एक और शहर का ज़िक्र मिलता है जिसमें उसने लकड़ी और पत्थर का एक महल बनवाया था। अपने अंतिम समय में वह इसी महल में रहा था।[52] मानस झील का सुन्दरीकरण कराकर सुल्तान ने उसके किनारे एक शहर बसाया जिसका प्रतिबिम्ब ऐसा दिखता था मानो झील में एक दूसरा शहर बसता हो।[53] दो और शहरों स्नानगिरी और कर्मराज्य का ज़िक्र भी मिलता है। श्रीनगर में उसने अपने पिता द्वारा शुरू कराया गया ज़ामी मस्ज़िद का निर्माण पूरा कराया। श्रीनगर में उसने ज़ैना कदल नाम से एक पुल भी बनवाया। सुल्तान की एक बड़ी उपलब्धि डल झील से फाग परगना तक बनवाया गया बाँध था। ऐसा ही एक पक्का बाँध अंदरकोट से सोपोर तक बनवाया गया और उसकी देखभाल के लिए एक गाँव का लगान सुरक्षित कर दिया गया था।[54] उसने सैयद मोहम्मद मदनी की एक ख़ानक़ाह भी बनवाई थी। सुल्तान के समय के भवनों में जीर्ण अवस्था में यह ख़ानक़ाह और उसके द्वारा निर्मित अपनी माँ का मक़बरा ही अब बचे हुए हैं।

ज़ैन-उल-आब्दीन के नवोन्मेषकारी निर्माण का सबसे बड़ा उदाहरण है ज़ैना-लंक।[§] वूलर झील के उत्तर पूर्वी कोने में प्राचीन समय में एक द्वीप हुआ करता था जो उस समय तक पानी में डूब गया था। सुल्तान ने उसे फिर से बसाने का निर्णय किया। इसके लिए उस स्थान पर पत्थर डलवाए गए और हज़ारों नावों के पत्थर गिराने के बाद वह द्वीप फिर से उभर आया। उसका नाम ज़ैना-लंक रखा गया। 1443-44 में उस स्थान पर सुल्तान ने

[§]जोनराज ने इसे 'ज़ैन लंका' कहा है। लेकिन उस समय और बाद के अधिकांश ग्रन्थों में इसे ज़ैन-लंक ही कहा गया है। कश्मीरी में लंक का अर्थ द्वीप होता है। (सूफ़ी-161)

एक चार मंज़िला महल, एक मस्ज़िद और एक बागीचे का निर्माण करवाया। इस महल की पहली दो मंज़िलें पत्थर की, तीसरी ईंट की और चौथी लकड़ी की थी। मस्जिद पूरी तरह पत्थर की बनवाई गई थी। इन निर्माण कार्यों में लगे मज़दूरों और कारीगरों को खूयाहोम परगने की आय से नियमित रूप से आजीवन मज़दूरी का भुगतान किया गया। ऐसे ही दो और कृत्रिम द्वीपों, सोना लंक और रूपा लंक का ज़िक्र भी मिलता है। इन द्वीपों के निर्माण के पीछे मुख्य उद्देश्य बाढ़ के समय लोगों को सुरक्षित ठिकाने उपलब्ध कराना और जहाज़ों को तूफ़ान के समय सहारा उपलब्ध कराना था। बाढ़ से बचाने के लिए ही उसने झेलम के ऊपरी किनारे पर जयपीड़पुर के पास एक ऊँचे स्थान पर जैनतिलक नामक शहर भी बसाया था।[55] ज़ैन-उल-आब्दीन का एक और बड़ा योगदान डल झील पर तैरते खेतों का निर्माण है। उसकी यह परिकल्पना अपने जीवंत रूप में आज भी देखी जा सकती है।

इसके अलावा सुल्तान ने न सिर्फ़ अपने लिए अनेक गाँवों और क़स्बों में विश्राम गृहों का निर्माण कराया बल्कि यात्रियों के लिए मुसाफ़िरखानों का भी निर्माण करवाया जिसकी देखरेख के लिए सरकारी ख़ज़ाने से व्यवस्था की गई। इन विश्राम गृहों में वह राज्य के विभिन्न इलाक़ों का दौरा करते समय रुकता था और जनता से सीधे संवाद कर उनकी मुश्किलात से रू-ब-रू हो उन्हें हल करने की कोशिश करता था।[56]

ये निर्माण भव्यता से अधिक ज़ैन-उल-आब्दीन की दूरदर्शिता, कल्पनाशीलता और अपनी जनता के प्रति स्नेह तथा चिंता को दर्शाते हैं। कश्मीर में, जहाँ जंगलात में लकड़ी बहुतायत में मिल जाती थी, लकड़ी के भवनों के निर्माण को प्रोत्साहन देकर उसने फिज़ूलखर्ची रोकने के साथ-साथ भूकंप या आग लगने जैसे समय में क्षति को न्यूनतम करने को भी सुनिश्चित किया। इसका उदाहरण उसके जीवन काल में ही दिखता है जब आग लगने से ज़ैनागिर नामक शहर पूरी तरह नष्ट हो गया तो उसने अविलम्ब लकड़ी के सुन्दर घर बनवा कर उसका पुनर्निमाण कराया। पुलों और बाँधों का निर्माण करवाकर उसने राज्य के अन्दर यातायात को आसान किया तो द्वीपों का निर्माण बाढ़ और तूफ़ान जैसी मुसीबतों में जनता को सहारा देने की दिशा में अपने समय से आगे बढ़ा हुआ क़दम था।

कला-संस्कृति-शिक्षा-चिकित्सा : नवोन्मेष का दौर

भौतिक वस्तुओं के नवनिर्माण के साथ ज़ैन-उल-आब्दीन ने कश्मीर में ज्ञान-विज्ञान-कला-संस्कृति-शिक्षा-चिकित्सा आदि के विकास के लिए भी अभूतपूर्व कार्य किये। कश्मीर की जनता के आर्थिक विकास के साथ उनका बौद्धिक विकास भी उसकी प्राथमिकता में था। सुल्तान ख़ुद पढ़ने-लिखने में बेहद रुचि लेता था। उसका बचपन समरकंद में गुज़रा था जहाँ सुल्तान सिकंदर ने उसे तैमूर के दरबार में सद्भावना स्वरूप भेजा था। उसने वहाँ के विद्वानों की संगत में कला, संस्कृति, शिल्प की अद्भुत संगति पाई थी। कश्मीर का शासन संभालने के बाद उसने वहाँ भी विद्वानों को खूब मान-सम्मान दिया और साहित्य-संस्कृति अपने उरूज़ पर पहुँची। उसकी भाषा नीति भी उसकी धार्मिक सहिष्णुता के अनुरूप ही है। उसने फ़ारसी, संस्कृत और कश्मीरी को बराबर तवज्जो दी।

सुल्तान ने संस्कृत के अध्ययन को संरक्षण दिया और देश के विभिन्न हिस्सों से पुराण, मीमांसा तथा अन्य पुस्तकें मँगा कर विद्वानों को उपलब्ध कराईं और उनमें से अनेक का फ़ारसी में अनुवाद भी कराया।[57] वह ख़ुद फ़ारसी के साथ-साथ संस्कृत का भी विद्वान था और उसने *योग वशिष्ठ* सहित हिन्दू दर्शन का गहन अध्ययन किया था।[58] उसके दरबार में जोनराज (ज्योत्सनाकर) और श्रीवर थे जिन्होंने कल्हण की परम्परा को आगे बढ़ाते हुए कश्मीर के राजाओं का इतिहास लिखा। जोनराज ने इसके अलावा भारवि के किरातार्जुनीयम, मनखा के श्रीकांतचरित्र और राजनक की ऐतिहासिक कविता पृथ्वीराज विजय की टीकाएँ भी लिखीं थीं। जोनराज के शिष्य श्रीवर संस्कृत और फ़ारसी पर समान अधिकार रखते थे। उन्होंने न केवल अपने गुरु की परम्परा का निर्वाह किया अपितु सुल्तान के आदेश पर मुल्ला जमी के विश्व प्रसिद्ध *युसुफ़ ओ जुलेखा* का संस्कृत अनुवाद *कथा-कौतुक* के नाम से किया।[59] इनके अलावा ज़ैन-उल-आब्दीन के दरबार में योधा भट्ट नामक कवि थे जिन्होंने कश्मीरी में सुल्तान के जीवन पर आधारित एक नाटक *जैना प्रकाश* लिखा।[60] वह *अथर्ववेद* का अध्ययन करने हेतु महाराष्ट्र भी गए थे।[61] अवतार भट्ट ने, जिन्हें फिरदौसी की *शाहनामा* जुबानी याद थी, ज़ैन-उल-आब्दीन के कथनों को एकत्र कर *जैना विलास* नामक ग्रन्थ लिखा। पंडित नाथसोम कश्मीरी और संस्कृत दोनों पर एक जैसा अधिकार रखते थे।[62] संस्कृत और फ़ारसी के इस सहअस्तित्व का एक प्रमाण पंद्रहवीं और सोलहवीं सदी की कुछ क़ब्रों पर दोनों भाषाओं में लिखे अभिलेख हैं।[63]

उसके दरबार में कश्मीर ही नहीं बाहर के देशों के विद्वान भी बेहद सम्मान के साथ उपस्थित रहते थे और उनके रहने आदि की व्यवस्था उसने नौशेरा में की थी। इनमें प्रमुख थे मौलाना कबीर, जिनका ज़िक्र पहले आया है। वह मूलतः कश्मीर के निवासी थे और बाद में धर्मशास्त्र के अध्ययन के लिए हेरात चले गए थे। ज़ैन-उल-आब्दीन ने उन्हें वापस बुलाया और 'शेख उल इस्लाम' के ख़िताब से नवाज़ा। उन्हें श्रीनगर में बनवाये गए विश्वविद्यालय का प्रमुख भी बनाया गया और इसके रखरखाव के लिए कई गाँवों की जागीर दी गई, मुल्ला अहमद कश्मीरी बुखारा के मौलाना मुहम्मद फ़ज़ल के शिष्य थे जो सुल्तान सिकंदर के समय कश्मीर आ गए थे। वह एक प्रतिष्ठित शायर और इतिहासकार थे। उनके कामों में प्रमुख है *महाभारत* का फ़ारसी में अनुवाद। उन्होंने सुल्तान के निर्देश पर कल्हण की *राजतरंगिणी* का भी फ़ारसी में *बहर-उल-अस्मार* के नाम से अनुवाद किया था। उन्हें सुल्तान ने राजकवि का दर्जा दिया था। हाफ़िज़ बग़दादी और मुल्ला पारसा क्रमशः बग़दाद और बुखारा से कश्मीर आये थे और शाही विश्वविद्यालय में आजीवन शिक्षक रहे। क़ाज़ी जमालुद्दीन का ज़िक्र पहले ही किया जा चुका है, जो कि कश्मीर के मुख्य न्यायाधीश बनाए गए थे। उनके अलावा क़ाज़ी मीर अली बुख़ारी भी न्यायालय से सम्बद्ध थे जो मूलतः बुखारा से कश्मीर आये थे। मलिक हैदर चादुर के अनुसार मुल्ला अहमद के बाद राजकवि का दर्जा मुल्ला नादरी को हासिल हुआ जो एक प्रतिष्ठित शायर और इतिहासकार थे। उन्होंने कश्मीर का इतिहास भी लिखा था लेकिन अब उनका दीवान और इतिहास दोनों ही अप्राप्य हैं। इसी तरह उसके दरबार के एक और विद्वान क़ाज़ी हमीद का लिखा इतिहास भी अब उपलब्ध नहीं।[64] इसके अलावा सैयद मुहम्मद रूमी, सैयद अहमद रूमी, क़ाज़ी

सैयद अली शिराज़ी, सैयद मुहम्मद लुरीस्तानी और सैयद मुहम्मद सिस्तानी जैसे विद्वान भी सुल्तान ज़ैन–उल–आब्दीन के समय पश्चिम–मध्य एशिया के अलग–अलग मुल्कों से कश्मीर आये और सुल्तान के दरबार को प्रतिष्ठा प्रदान की।

ज़ैन–उल–आब्दीन की शायरी में विशेष रुचि थी और वह ख़ुद 'कुतुब' तख़ल्लुस के साथ शे'र कहा करते थे। हबीब के साथ प्रश्नोत्तरी शैली में उसने बारूद बनाने की विधि पर एक किताब लिखी थी, यह शैली बाद में कश्मीर में ख़ूब मक़बूल हुई। साथ ही उसका एक दीवान भी था।[65] *बहारिस्तान ए शाही* में उसका लिखा एक शे'र उद्धृत है—'ऐ बेगिर्द–ए–शाम–ए–वज़ लब–ए–शीरीं तिर शोरिस्त दर हर खानेह–ए' (तुम शमा के चारों तरफ़ घूमती रहती हो और तुम्हारे शीरीं लबों से हर घर रौशन होता है।)** अपने जीवन के अंतिम वर्षों में अपने लड़कों के आपसी युद्धों, विद्रोहों और कुछ विश्वस्तों के धोखे से संतप्त होकर उसने *शिक़ायत* नाम से भी एक पुस्तक लिखी थी।[66] दुर्भाग्य से उनकी कोई भी रचना अब उपलब्ध नहीं है।

इस दौर में संस्कृत और फ़ारसी के साथ स्थानीय कश्मीरी भाषा का भी ख़ूब विकास हुआ। सुल्तान के प्रोत्साहन से संस्कृत और फ़ारसी के अनेक महत्त्वपूर्ण ग्रन्थ कश्मीरी में अनूदित किये गए।[67] हालाँकि इस समय तक कश्मीरी भाषा का स्वरूप काफ़ी हद तक बदल चुका था और उसमें फ़ारसी शब्दों का प्रयोग आम हो चुका था। नुन्द ऋषि या शेख नूरूद्दीन ने अपने छंद इसी भाषा में लिखे हैं। उनकी शिष्या बीबी भट्ट भी कश्मीरी में ही लिखती थीं। ललद्यद के बारे में हम पहले ही पढ़ चुके हैं।

शिक्षा को लेकर ज़ैन–उल–आब्दीन ने कश्मीर में एकदम नई पहल की। उसके द्वारा स्थापित मदरसों और पाठशालाओं का ज़िक्र पहले भी हुआ है। श्रीनगर में उसने कश्मीर के पहले विश्वविद्यालय (दार–उल–उलूम) की स्थापना की जिसका प्रमुख मुल्ला कबीर को बनाया गया। इस विश्वविद्यालय में उसने मध्य एशिया से अनेक विद्वानों को बुलाकर शिक्षण की ज़िम्मेदारी सौंपी। इस्लामाबाद के पास एक बड़ा मदरसा बनवाया गया जिसका प्रमुख मुल्ला ग़ाज़ी को बनाया गया। सियालकोट में भी एक बड़ा मदरसा खोला गया जिसके लिए सुल्तान ने अपने निजी कोष से 6 लाख रुपये दिए और उसकी बेग़म ने अपना कंठहार।[68] यहाँ यह ज़िक्र कर देना मौजू होगा कि सुल्तान अपने ख़र्च के लिए राजकोष से पैसे नहीं लेता था। उसका ख़र्च जस्ते की उसकी खदानों से आता था।[69] सुल्तान ने देश–विदेश से पढ़ने आने वाले छात्रों के लिए छात्रावास भी बनवाये थे जिनमें ग़रीब छात्रों के लिए मुफ़्त आवास और भोजन की व्यवस्था की जाती थी।[70] उसने दुनिया भर से किताबें मँगा कर एक पुस्तकालय की भी स्थापना की थी जिसमें फ़ारसी और संस्कृत की बहुमूल्य पांडुलिपियाँ थीं। यह पुस्तकालय उसकी मृत्यु के सौ साल बाद तक सुरक्षित था लेकिन शाहमीर वंश के अंतिम शासकों के समय हुए आक्रमणों में नष्ट हो गया।[71]

**अनुवाद के लिए लब्ध–प्रतिष्ठ लेखिका शीबा असलम फ़हमी का आभार

सिकंदर के समय में कश्मीर में संगीत को ग़ैर इस्लामिक बताकर पूरी तरह प्रतिबंधित कर दिया गया था। लेकिन ज़ैन-उल-आब्दीन ने न सिर्फ़ इस प्रतिबंध को हटाया बल्कि नृत्य और संगीत को ख़ूब प्रोत्साहन और संरक्षण भी दिया। उसकी शामें अक्सर गायकों और नृत्यांगनाओं की संगत में कटती थीं। इन कलाकारों को उसने दिल खोलकर ईनाम-ओ-इक़राम दिए और उसके समय में कश्मीर अपने संगीत के लिए दुनिया भर में प्रसिद्ध हो गया था। योधा भट्ट और श्रीवर संगीत के भी अच्छे जानकार थे। योधा भट्ट ने संगीत पर एक पुस्तक भी लिखी थी जिसे सुल्तान को समर्पित किया था। ख़ुरासान से आये मुल्ला उदी और मुल्ला ज़ादा सिद्धहस्त संगीतकार थे। मुल्ला ज़ादा कछुए की खोल से बनी सारंगी वादन में प्रवीण थे तो श्रीवर भी सारंगी बेहतरीन बजाते थे। जमील शायर और चित्रकार होने के साथ-साथ बहुत अच्छे गायक भी थे।[72]

जैन-उल-आब्दीन के समय कश्मीर में चिकित्सा विज्ञान को भी प्रोत्साहन मिला। शाही संरक्षण में कई वैद्यों और हक़ीमों ने चिकित्सा शास्त्र का गहन अध्ययन किया और इसका प्रयोग आम जनता को चिकित्सा सुविधाएँ पहुँचाने में किया गया। सुल्तान ने समरकंद से ख़ास तौर पर कई क़ाबिल हकीमों और दाइयों (Midwives) को कश्मीर बुलवाया था। इसके अलावा पारम्परिक पद्धति (आयुर्वेद) से इलाज करने वाले वैद्यों को भी पूरी सुविधा उपलब्ध कराई गई। जनता तक इसका लाभ पहुँचाने के लिए अनेक सार्वजनिक चिकित्सालय खोले गए थे। श्रिया भट्ट का ज़िक्र हम पहले ही कर चुके हैं। सुल्तान की एक चिकित्सकीय समस्या दूर करने के बाद जब उनसे मुँहमाँगा ईनाम माँगने को कहा गया तो अपने लिए कुछ माँगने की जगह उन्होंने अपने भाई-बंधु कश्मीरी पंडितों के लिए सम्मानपूर्ण जीवन उपलब्ध कराने की गुहार लगाई। सुल्तान ने न केवल उनकी यह प्रार्थना स्वीकार की बल्कि उन्हें राज्य में चिकित्सा विज्ञान के अध्ययन और प्रोत्साहन विभाग का प्राधिकारी (अफ़सर-उल-अतिबा) भी नियुक्त किया। श्रीनगर में जिस जगह उनका दवाखाना था उसे 'श्री भट्टन वान' के नाम से जाना जाता है। उस समय के एक और अत्यंत प्रतिष्ठित वैद्य कर्पूर भट्ट थे जिनका सानी पूरे कश्मीर में कोई और न था। इसके अलावा शिव भट्ट और रामानंद का भी ज़िक्र आता है लेकिन उनके बारे में कोई विस्तृत जानकारी नहीं मिलती।

मध्य एशिया से आये प्रसिद्ध हकीमों में मंसूर बिन मुहम्मद प्रमुख थे जो फ़ारस से आये थे। उन्होंने दवाओं के सामान्य प्रयोगों और इलाज के विषय में एक पुस्तक *किफ़ाया-ए-मनसरी* लिखी थी जिसे सुल्तान को समर्पित किया था। इसके अलावा यूनानी चिकित्सकों के शरीर रचना विज्ञान पर आधारित एक पुस्तक *तसरीह-ए-मंसूरी* भी उन्होंने लिखी थी।[73]

इस तरह हम देखते हैं कि बौद्धिक और भौतिक जीवन का कोई ऐसा क्षेत्र नहीं है जिसमें सुल्तान ज़ैन-उल-आब्दीन ने सकारात्मक हस्तक्षेप न किया हो। उन पचास स्वर्णिम वर्षों में कश्मीर ने सुख-शान्ति-समृद्धि के जो मंज़र देखे दुर्भाग्य से उसके बाद के इतिहास में उसे फिर कभी नहीं मिले। अफ़ग़ानों से मुगलों और फिर सिखों से डोगरा राज तक में ज़ुल्म और अन्याय की जो दास्तानें बनीं वे दुर्भाग्य से 1947 के बाद भी अलग-अलग रूपों में जारी रहीं। शाहमीरी भी ज़ैन-उल-आब्दीन के आख़िरी वक़्तों में ही जैसे बूढ़ी होने लगी

थी। इस महान शासक के अंतिम वर्ष अपने वारिसों के विद्रोहों से टूटे हुए बाप के दुःख के वर्ष थे। इसको विस्तार से हम पाँचवें अध्याय में देखेंगे, लेकिन उसके पहले अगले अध्याय में कश्मीर की वह ऋषि परम्परा जिसने वहाँ इस्लाम का एक ऐसा रूप विकसित किया जो भारतीय उपमहाद्वीप में अनूठा था, पर चर्चा करेंगे। जैसा कि साठ के दशक में अहले हदीस जैसे आन्दोलनों तथा उसके बाद आतंकवाद के दौर में सऊदी तरीक़े के इस्लाम पर ज़ोर से पहले कश्मीर में ऐसा फलता-फूलता रहा कि अठारहवीं सदी के अंतिम वर्षों में वहाँ सर्वे के लिए गए एक अँगरेज़ अफ़सर वॉल्टर लॉरेन्स को कश्मीरी मुसलमान और कश्मीरी हिन्दुओं में फ़र्क करना मुश्किल हो गया।

सुल्तान के दरबारी कवि और इतिहासकार श्रीवर कहते हैं, 'सुल्तान के राज्य में शिक्षा का ऐसा प्रसार हुआ है कि सभी कवि हो गए हैं, यहाँ तक की स्त्रियाँ भी!'

ज़ाहिर है स्त्रियों का कवि हो जाना हमेशा से विद्वानों के लिए आश्चर्य का सबब रहा है। यह अलग बात है कि तमाम किताबों में सर खपाने के बाद मुझे इस दौर में संस्कृत या फ़ारसी की न तो किसी स्त्री कवि का ज़िक्र मिला न किसी ग़ैर ब्राह्मण हिन्दू कवि का!

विडम्बनाएँ भी अपनी जगह बनाती चलती हैं इतिहास के साथ।

संदर्भ सूची

1. देखें, पृष्ठ 139, स्टेट, *नेशन एंड एथनिसिटी इन कंटेम्पररी साउथ एशिया,* इश्तियाक़ अहमद, पिंटर, लन्दन-98
2. पी एन के बम्ज़ाई द्वारा उद्धृत (पृष्ठ-329)
3. देखें, पृष्ठ 132, *ए हिस्ट्री ऑफ़ मुस्लिम रूल इन कश्मीर,* आर.के. परिमू, पीपुल्स पब्लिशिंग हाउस, दिल्ली, 1969
4. देखें, वही
5. देखें, देखें, पृष्ठ 69, *कश्मीर अंडर सुल्तान्स,* मोहिबुल हसन, प्रकाशक : ईरान सोसायटी,159-बी, धर्मतल्ला स्ट्रीट, कलकत्ता, 1959
6. देखें,पृष्ठ 155, *अ हिस्ट्री ऑफ़ कश्मीर,* डॉ. जी.एम.डी. सूफ़ी, खण्ड 1, लाईट एंड लाइफ़ पब्लिकेशन, नई दिल्ली, 1974
7. देखें, पृष्ठ 134, *ए हिस्ट्री ऑफ़ मुस्लिम रूल इन कश्मीर,* आर.के. परिमू, पीपुल्स पब्लिशिंग हाउस, दिल्ली, 1969
8. देखें,पृष्ठ 156, *अ हिस्ट्री ऑफ़ कश्मीर,* डॉ. जी.एम.डी. सूफ़ी, खण्ड 1, लाईट एंड लाइफ़ पब्लिकेशन, नई दिल्ली, 1974
9. देखें, पृष्ठ 388, विन्सेंट ए स्मिथ, द *अर्ली हिस्ट्री ऑफ़ इंडिया,* तीसरा संस्करण, अटलांटिक पब्लिशर्स एंड डिस्ट्रीब्यूटर्स, दिल्ली, 1999
10. देखें, पृष्ठ 137, *ए हिस्ट्री ऑफ़ मुस्लिम रूल इन कश्मीर,* आर.के. परिमू, पीपुल्स पब्लिशिंग हाउस, दिल्ली, 1969
11. देखें, देखें, पृष्ठ 72, *कश्मीर अंडर सुल्तान्स,* मोहिबुल हसन, प्रकाशक : ईरान सोसायटी,159-बी, धर्मतल्ला स्ट्रीट, कलकत्ता, 1959
12. देखें, वही, पृष्ठ 74
13. देखें, पृष्ठ 73, *कश्मीर अंडर सुल्तान्स,* मोहिबुल हसन, प्रकाशक : ईरान सोसायटी,159-बी, धर्मतल्ला स्ट्रीट, कलकत्ता, 1959
14. देखें,पृष्ठ 170, *अ हिस्ट्री ऑफ़ कश्मीर,* डॉ. जी.एम.डी. सूफ़ी, खण्ड 1, लाईट एंड लाइफ़ पब्लिकेशन, नई दिल्ली, 1974
15. देखें, पृष्ठ 160, *ए हिस्ट्री ऑफ़ मुस्लिम रूल इन कश्मीर,* आर.के. परिमू, पीपुल्स पब्लिशिंग हाउस, दिल्ली, 1969
16. देखें, पृष्ठ 137-38, वही
17. देखें,पृष्ठ 157, *अ हिस्ट्री ऑफ़ कश्मीर,* डॉ. जी.एम.डी. सूफ़ी, खण्ड 1, लाईट एंड लाइफ़ पब्लिकेशन, नई दिल्ली, 1974
18. देखें, पृष्ठ 28, *कश्मीर बिहाइंड द वेल,* एम.जे. अकबर, रोली बुक्स, दिल्ली, 2002
19. देखें, पृष्ठ 103, *कश्मीर अंडर सुल्तान्स,* मोहिबुल हसन, प्रकाशक : ईरान सोसायटी,159-बी, धर्मतल्ला स्ट्रीट, कलकत्ता, 1959
20. देखें, वही, पृष्ठ 104
21. देखें, पृष्ठ 29, *कश्मीर बिहाइंड द वेल,* एम.जे. अकबर, रोली बुक्स, दिल्ली, 2002
22. देखें, वही, पृष्ठ 84
23. मलिक हैदर चादुर की *तारीख़-ए-कश्मीर* में यहाँ जी.एम.डी. सूफ़ी की पूर्वोद्धरित पुस्तक के पृष्ठ 164 से उद्धृत
24. देखें, पृष्ठ 73, *कश्मीर अंडर सुल्तान्स,* मोहिबुल हसन, प्रकाशक : ईरान सोसायटी,159-बी, धर्मतल्ला स्ट्रीट, कलकत्ता, 1959
25. देखें,पृष्ठ 173, *अ हिस्ट्री ऑफ़ कश्मीर,* डॉ. जी.एम.डी. सूफ़ी, खण्ड 1, लाईट एंड लाइफ़ पब्लिकेशन, नई दिल्ली, 1974

26. देखें, पृष्ठ 87, *कश्मीर अंडर सुल्तान्स,* मोहिबुल हसन, प्रकाशक : ईरान सोसायटी,159–बी, धर्मतल्ला स्ट्रीट, कलकत्ता, 1959
27. देखें, वही, पृष्ठ 103
28. देखें, पृष्ठ 173, *अ हिस्ट्री ऑफ़ कश्मीर,* डॉ. जी.एम.डी. सूफ़ी, खण्ड 1, लाईट एंड लाइफ़ पब्लिकेशन, नई दिल्ली, 1974
29. देखें, पृष्ठ 29, *कश्मीर बिहाइंड द वेल,* एम.जे. अकबर, रोली बुक्स, दिल्ली, 2002
30. देखें, पृष्ठ 103, *कश्मीर अंडर सुल्तान्स,* मोहिबुल हसन, प्रकाशक : ईरान सोसायटी,159–बी, धर्मतल्ला स्ट्रीट, कलकत्ता, 1959
31. देखें, पृष्ठ 40, इकॉनोमी ऑफ़ कश्मीर अंडर सुल्तान्स (सल्तनत पीरियड), डॉ. मंज़ूर अहमद, इंटरनेशनल जर्नल ऑफ़ हिस्ट्री एंड कल्चरल स्टडीज़, वाल्यूम–1, इश्यू–3, अक्टूबर–दिसम्बर 2015
32. देखें, पृष्ठ 53, *माई फ्रोज़ेन टर्बुलेंस इन कश्मीर,* जगमोहन, दूसरा संस्करण, 1991, अलाइड पब्लिशर्स लिमिटेड, नई दिल्ली
33. देखें, पृष्ठ 86, *कश्मीर अंडर सुल्तान्स,* मोहिबुल हसन, प्रकाशक : ईरान सोसायटी,159–बी, धर्मतल्ला स्ट्रीट, कलकत्ता, 1959
34. देखें, वही
35. देखें, पृष्ठ 76, *कश्मीर अंडर सुल्तान्स,* मोहिबुल हसन, प्रकाशक : ईरान सोसायटी,159–बी, धर्मतल्ला स्ट्रीट, कलकत्ता, 1959
36. देखें, पृष्ठ 150, *ए हिस्ट्री ऑफ़ मुस्लिम रूल इन कश्मीर,* आर.के. परिमू, पीपुल्स पब्लिशिंग हाउस, दिल्ली, 1969
37. देखें, पृष्ठ 40, इकॉनोमी ऑफ़ कश्मीर अंडर सुल्तान्स (सल्तनत पीरियड), डॉ. मंज़ूर अहमद, इंटरनेशनल जर्नल ऑफ़ हिस्ट्री एंड कल्चरल स्टडीज़, वाल्यूम–1, इश्यू–3, अक्टूबर–दिसम्बर 2015
38. देखें, वही, पृष्ठ 41
39. देखें, पृष्ठ 469, एन. एलीज़ और डेनिशन रोज़, तारीख़ ए रशीदी ऑफ़ मिर्ज़ा हैदर दुग़लत, लन्दन–1895 (https://depts.washington.edu/silkroad/texts/rashv.html)
40. देखें, पृष्ठ 93, *कश्मीर अंडर सुल्तान्स, मोहिबुल हसन,* प्रकाशक : ईरान सोसायटी,159–बी, धर्मतल्ला स्ट्रीट, कलकत्ता, 1959
41. देखें, पृष्ठ 161, *अ हिस्ट्री ऑफ़ कश्मीर,* डॉ. जी.एम.डी. सूफ़ी, खण्ड 1, लाईट एंड लाइफ़ पब्लिकेशन, नई दिल्ली, 1974
42. देखें, वही
43. देखें, पृष्ठ 318, ए क्यू रफ़ीकी, *हिस्ट्री ऑफ़ सिविलाइज़ेशन ऑफ़ सेन्ट्रल एशिया,* सम्पादक : एम.एस. आसिमोव तथा सी ई बोज्वर्थ, पृष्ठ 311, खण्ड 4, भाग 1, मोतीलाल बनारसीदास पब्लिशर्स प्राइवेट लिमिटेड, दिल्ली, 1997
44. देखें, पृष्ठ 498, *ए हिस्ट्री ऑफ़ कश्मीर,* पी.एन.के. बम्ज़ाई, तीसरा संस्करण, गुलशन पब्लिशर्स, श्रीनगर, 2002
45. देखें, वही, पृष्ठ 22
46. देखें, पृष्ठ 654, *तबाक़त ए अकबरी,* ख्वाज़ा निज़ामुद्दीन अहमद, खण्ड 2, अनुवाद : ब्रजेन्द्रनाथ डे, सम्पादन: बैनी प्रसाद, जे के बुक हाउस, जम्मू, 1994
47. देखें, पृष्ठ, 327, *अ हिस्ट्री ऑफ़ कश्मीर,* पी एन के बम्ज़ाई, तीसरा संस्करण, गुलशन पब्लिशर्स, श्रीनगर, 2002
48. देखें, पृष्ठ 155, *अ हिस्ट्री ऑफ़ मुस्लिम रूल इन कश्मीर,* आर.के. परिमू, पीपुल्स पब्लिशिंग हाउस, दिल्ली, 1969
49. देखें, पृष्ठ 94, *कश्मीर अंडर सुल्तान्स,* मोहिबुल हसन, प्रकाशक : ईरान सोसायटी,159–बी, धर्मतल्ला स्ट्रीट, कलकत्ता, 1959

50. देखें, *किंग्स ऑफ़ कश्मीर,* जोगेश चन्द्र दत्त, पृष्ठ 87, पुस्तक 1, खण्ड 3, जोनराज, ई.एल.एम. प्रेस, कलकत्ता, 1898
51. देखें, पृष्ठ 94, *कश्मीर अंडर सुल्तान्स,* मोहिबुल हसन, प्रकाशक : ईरान सोसायटी,159–बी, धर्मतल्ला स्ट्रीट, कलकत्ता, 1959
52. देखें, *किंग्स ऑफ़ कश्मीर,* जोगेश चन्द्र दत्त, पृष्ठ 138–39, पुस्तक 1, खण्ड 4, श्रीवर, ई.एल.एम. प्रेस, कलकत्ता, 1898
53. देखें, वही, पृष्ठ 87, पुस्तक 1, खण्ड 3, जोनराज , ई.एल.एम. प्रेस, कलकत्ता, 1898
54. देखें, पृष्ठ 94, *कश्मीर अंडर सुल्तान्स,* मोहिबुल हसन, प्रकाशक : ईरान सोसायटी,159–बी, धर्मतल्ला स्ट्रीट, कलकत्ता, 1959
55. देखें, *किंग्स ऑफ़ कश्मीर,* जोगेश चन्द्र दत्त, पृष्ठ 87, पुस्तक 1, खण्ड 3, जोनराज, ई.एल.एम. प्रेस, कलकत्ता, 1898
56. देखें, पृष्ठ 95, *कश्मीर अंडर सुल्तान्स,* मोहिबुल हसन, प्रकाशक : ईरान सोसायटी,159–बी, धर्मतल्ला स्ट्रीट, कलकत्ता, 1959
57. देखें, पृष्ठ 189, एन के जुत्शी, *सुल्तान ज़ैन–उल–आब्दीन ऑफ़ कश्मीर,* लखनऊ, 1976
58. देखें,पृष्ठ 167, *अ हिस्ट्री ऑफ़ कश्मीर,* डॉ. जी.एम.डी. सूफ़ी, खण्ड 1, लाईट एंड लाइफ़ पब्लिकेशन, नई दिल्ली, 1974
59. देखें, पृष्ठ 179, एन के जुत्शी, सुल्तान ज़ैन–उल–आब्दीन ऑफ़ कश्मीर, लखनऊ, 1976
60. देखें, *किंग्स ऑफ़ कश्मीर,* जोगेश चन्द्र दत्त, पृष्ठ 138–39, पुस्तक 1, खण्ड 3, श्रीवर, ई.एल.एम. प्रेस, कलकत्ता, 1898
61. देखें, पृष्ठ 167, *अ हिस्ट्री ऑफ़ कश्मीर,* डॉ. जी.एम.डी. सूफ़ी, खण्ड 1, लाईट एंड लाइफ़ पब्लिकेशन, नई दिल्ली, 1974
62. देखें, वही
63. देखें, पृष्ठ 190–91, एन के जुत्शी, *सुल्तान ज़ैन–उल–आब्दीन ऑफ़ कश्मीर,* लखनऊ, 1976
64. देखें, पृष्ठ 165–66, *अ हिस्ट्री ऑफ़ कश्मीर,* डॉ. जी.एम.डी. सूफ़ी, खण्ड 1, लाईट एंड लाइफ़ पब्लिकेशन, नई दिल्ली, 1974
65. देखें, पृष्ठ 73, *बहारिस्तान ए शाही,* अनुवाद के.एन. पंडित, फर्मा के.एल.एम. प्राइवेट लिमिटेड, कोलकाता, 1991
66. देखें, पृष्ठ 91, *कश्मीर अंडर सुल्तान्स,* मोहिबुल हसन, प्रकाशक : ईरान सोसायटी,159–बी, धर्मतल्ला स्ट्रीट, कलकत्ता, 1959
67. देखें, पृष्ठ 188, एन के जुत्शी, *सुल्तान ज़ैन–उल–आब्दीन ऑफ़ कश्मीर,* लखनऊ, 1976
68. देखें, पृष्ठ 90, *कश्मीर अंडर सुल्तान्स,* मोहिबुल हसन, प्रकाशक : ईरान सोसायटी,159–बी, धर्मतल्ला स्ट्रीट, कलकत्ता, 1959
69. देखें, पृष्ठ 176, *अ हिस्ट्री ऑफ़ कश्मीर,* डॉ. जी.एम.डी. सूफ़ी, खण्ड 1, लाईट एंड लाइफ़ पब्लिकेशन, नई दिल्ली, 1974
70. देखें, पृष्ठ 90, *कश्मीर अंडर सुल्तान्स,* मोहिबुल हसन, प्रकाशक : ईरान सोसायटी,159–बी, धर्मतल्ला स्ट्रीट, कलकत्ता, 1959
71. देखें, वही
72. देखें वही, पृष्ठ 93
73. देखें, 'मेडिकल ट्रेंड्स इन कश्मीर ड्यूरिंग ज़ैन-उल-आब्दिन्स रेन', इण्डियन जर्नल ऑफ़ हिस्ट्री ऑफ़ साइंस, 15(1); 71–78, मई, 1980

4

ऋषि आन्दोलन और कश्मीर : शेख़ नूरूद्दीन उर्फ़ नुन्द ऋषि

ज़ैन उल आब्दीन के बाद शाहमीर वंश की प्रगति के पहले सुल्तान सिकंदर के समय जन्मे और ज़ैन-उल-आब्दीन के समय विकसित हुए कश्मीर के उस ऋषि आन्दोलन को जान-समझ लेना ज़रूरी होगा जिसने वहाँ भविष्य के इस्लाम को आकार दिया। यह न केवल बाद के इतिहास की तमाम उथल-पुथल को समझने में मददगार होगा बल्कि कश्मीर के इस्लामीकरण की प्रक्रिया में अन्तर्निहित सामाजिक-सांस्कृतिक-राजनीतिक कारकों की भूमिकाओं को भी रेखांकित करेगा।

कश्मीर की विशिष्टता इस बात में भी है कि वहाँ जो भी धर्म प्रभावी हुआ उसने एक अलग रूप ले लिया। बौद्ध और शैव धर्मों को हम देख ही चुके हैं। इस्लाम भी अपने जिस सूफ़ी रूप में वहाँ आया उसी रूप में न रह सका। पश्चिम-मध्य एशिया के अलग-अलग देशों से आये सूफ़ी संतों और विद्वानों के प्रभाव में आरम्भ हुआ कश्मीर का इस्लामीकरण अंततः कश्मीर की धरती पर जन्मी ऋषि परम्परा में ही फला-फूला। जिस नुन्द ऋषि को कश्मीर की इस्लामी ऋषि परम्परा का संस्थापक माना जाता है, मान्यता है कि उसे शैव योगिनी ललद्यद ने अपना उत्तराधिकारी घोषित किया था। धर्मों की कट्टर और पाठ्यपुस्तकीय समझ कश्मीर में धर्म और समाज की अंत:क्रिया को समझने में बस एक हद तक मददगार हो सकती है। इसे सही परिप्रेक्ष्य में समझने के लिए वहाँ के सामाजिक परिवेश को समझना होगा जिसमें ललद्यद पैदा होती हैं और उनका उत्तराधिकार नुन्द ऋषि को मिलता है। जिसमें एलीट वर्ग शाह हमादान या सिमनानी जैसे इस्लामी विद्वानों से प्रभावित होता है तो आम जन में वह इस्लाम स्थापित होता है जिसके प्रणेता नुन्द ऋषि का जीवन हिन्दू योगियों और बौद्ध भिक्षुओं की जीवन शैली के ज़्यादा क़रीब है। सीधे-सीधे तो नहीं लेकिन बाहर से आये सूफ़ीवाद और ऋषि परम्परा को हम ज्ञान मार्ग और प्रेम मार्ग की भक्ति परम्परा के द्वैत तथा अंतर्द्वंद्व के सदृश रखकर देख सकते हैं। मज़ेदार बात यह कि ख़ुद सूफ़ीवाद का पारम्परिक इस्लाम से रिश्ता भी ऐसा ही है। इसे समझना और जानना इसलिए भी ज़रूरी है कि हमारे क़रीबी इतिहास में कश्मीर में जिस तरह की उथल-पुथल हुई है वह वहाँ के बहुसंख्यक धर्म के बाहरी और भीतरी ताने-बाने के छिन्न-भिन्न होते

जाने और उसकी जगह जमात या अहले हदीस के बढ़ते प्रभाव से अभिन्न रूप से जुड़ी हुई है। चरार-ए-शरीफ़ (या च्रारे शरीफ़) स्थित नुन्द ऋषि की ख़ानक़ाह पाठकों की स्मृति में होगी। उसका जलाया जाना कश्मीर के समकालीन इतिहास पर एक बदनुमा धब्बा तो है ही, साथ ही स्थानीय श्रद्धा केन्द्र और बाहरी वहाबी-सलाफ़ी इस्लाम के साथ उनके जटिल रिश्ते का भी एक उदाहरण है।

ऋषि परम्परा के उद्भव होने के कारणों और स्रोतों पर विस्तार से बात करने से पहले इस्लाम की सूफ़ी परम्परा और भारत में उसकी सक्रियता के विभिन्न आयामों के बारे में संक्षेप में जान लेना ज़रूरी है।

सूफ़ीवाद, एक परिचय : मिथकों से परे

सूफ़ीवाद इस्लाम के आंतरिक या गुह्य पक्ष का प्रतिनिधित्व करता है।[1] बम्ज़ाई इसे पश्चिमी एशिया और फ़ारस के कुछ हिस्सों में बौद्ध धर्म के महायान सम्प्रदाय के दार्शनिक विचार के संश्लेषण से उपजे इस्लामी रहस्यवाद की तरह देखते हैं। वह लिखते हैं—

> नौवीं सदी के अंत तक इस्लाम सूत्रों और संस्कारों की व्यवस्था में ख़ुद को रूढ़ बनाने लगा था और सूफ़ीवाद शब्दों (ज्ञान) के ख़िलाफ़ भाव (भक्ति) की प्रतिक्रिया के रूप में प्रकट हुआ। एक दयालु धर्म की ज़रूरत महसूस की गई और प्रत्यक्ष विश्व की अवास्तविकता की शिक्षा देने वाले ब्राह्मणवादी सर्वेश्वरवाद तथा बौद्ध शून्यवाद ने इसे आकर्षित किया, हालाँकि इसका रहस्यवाद इनकी तुलना में कम गहन और व्यवहारिक था लेकिन यह अपने स्वभाव में अधिक वायवीय तथा साहित्यिक था।[2]

सूफ़ीवाद निश्चित रूप से इस्लामी रहस्यवाद है, लेकिन बम्ज़ाई की परिभाषा काफ़ी हद तक सरलीकरण है। सूफ़ीवाद के उद्भव की जड़ें तत्कालीन इस्लामी जगत की सामाजिक-राजनीतिक हकीक़तों से अविभाज्य रूप से जुड़ी हुई हैं। रफ़ीकी* सूफ़ीवाद के उद्भव के कारणों को चार व्यापक श्रेणियों में बाँटते हैं—राजनीतिक, आर्थिक, सामाजिक और निजी।[3] धर्मशास्त्रों के रूढ़ होते जाने के साथ ईश्वर से प्रत्यक्ष साक्षात्कार के सरल रूप के उद्भव के साथ ही वह उम्मैयद वंश के ख़िलाफ़त पर कब्ज़े के बाद सामाजिक उथल-पुथल और सत्ता संघर्षों के बरक्स जन की अन्तश्चेतना के प्रतिकार और कुफ़ा तथा बसरा के, जहाँ इस्लामी रहस्यवाद की शुरुआत मानी जाती है, तनाव और संघर्ष की परिस्थितियों को जन्म देने वाले कारकों को भी सूफ़ीवाद के उद्भव का कारण मानते हैं।

जून 632 में मुहम्मद साहब की मृत्यु के बाद का दशक अरब के क़स्बों के उन निवासियों और ख़ानाबदोश लोगों (बेडोविन) के सीरिया, इराक़, ईरान, मिस्र, ट्रिपोली और अफ्रीकी प्रायद्वीप के कुछ हिस्सों के शासक बन जाने का था जिन्हें उन्होंने एक समुदाय (उम्मा) में संगठित किया था। ये लोग ख़ूब शक्तिशाली हो गए थे और सम्पत्तिशाली भी।

---

*अब्दुल क़यूम रफ़ीकी के सभी उद्धरण ऑस्ट्रेलियन नेशनल यूनिवर्सिटी की वेबसाईट पर उपलब्ध उनके शोध कार्य *सूफ़ीज़्म इन कश्मीर फ़्रॉम द फोर्टीन्थ टू सिक्सटीन्थ सेंचुरी* से लिए गए हैं।

फिर इससे जुड़ी बुराइयाँ भी धीरे-धीरे फैलने लगी थीं। लेकिन अब भी अहल-अल-सूफ़ा नाम से जाना जाने वाला समूह ग़रीबी और वैराग्य का जीवन जीने का हिमायती था। इनमें सबसे प्रखर थे अबु ज़र अल गिफ़ारी। बानु किन्नाह क़बीले (मुहम्मद साहब भी इसी क़बीले के क़ुरैश कुल के थे) के अबु ज़र को इस्लाम अपनाने वाले चौथे या पाँचवें व्यक्ति के रूप में जाना जाता है जो मुहम्मद साहब के अत्यंत प्रिय थे। शिया परम्परा में उन्हें अली इब्न अबी तालिब के चार साथियों में से एक माना जाता है। अरब विद्वान अहमद रिदा उन्हें पहला इस्लामी समाजवादी घोषित करते हैं। तीसरे ख़लीफ़ा उस्मान ने 647 ईस्वी में इफ़रिकिया से लूटा हुआ धन अपने भतीजे मारवान और दूसरे लोगों में ख़ुलेआम बाँटा तो अबु ज़र ने इसकी निंदा की जिसके फ़लस्वरूप उस्मान ने उन्हें देशनिकाला देकर दमिश्क भेज दिया।

ऐसी तमाम घटनाओं के चलते उस्मान के समय से ही तनाव शुरू हो गए थे और उनकी हत्या के बाद जब अली (अली इब्न अबी तालिब) चौथे ख़लीफ़ा बने तो भी मुस्लिम जगत में सत्ता (ख़िलाफ़त) को लेकर तनाव जारी रहे। उन्होंने मदीना की जगह कूफा को अपनी राजधानी बनाया। बहुत विस्तार से उस पर बात करना तो यहाँ संभव नहीं होगा लेकिन यह जान लेना प्रासंगिक होगा कि अली मुहम्मद साहब के दामाद थे और उनकी मृत्यु के बाद मुहम्मद साहब के अनुयाइयों का एक खेमा उन्हें ही ख़लीफ़ा बनाना चाहता था लेकिन जब वे लोग मुहम्मद साहब का कफ़न-दफ़न कर रहे थे उसी समय दूसरे खेमे ने अबू बक्र को पहला ख़लीफ़ा चुन लिया था। अली और उनके अनुयायी अल्पमत में थे और तीसरे ख़लीफ़ा उस्मान के मरने के बाद भी जब वह ख़लीफ़ा चुने गए तो उस्मान के भतीजे मुवैया प्रथम ने उन्हें नेता मानने से इंकार कर दिया। अली की ख़िलाफ़त के 6 साल (656-61) लगातार सत्ता संघर्ष में बीते और 27 जनवरी 661 को कूफा की बड़ी मस्जिद में फज्र की नमाज़ पढ़ते समय एक खरीजी[†] ने उनकी हत्या कर दी। हालाँकि कूफा के अधिकांश मुसलमान उस समय अली के बड़े साहबज़ादे हसन को ख़िलाफ़त सौंपना चाहते थे लेकिन अपनी ताक़त और दौलत के बल पर मुवैय्या प्रथम ने हसन को अपनी ख़िलाफ़त स्वीकार करने पर मजबूर किया तथा उम्मैयद वंश की नींव रखी। सन 680 में मुवैय्या प्रथम की मृत्यु के बाद जब उसका बेटा यज़ीद गद्दी पर बैठा तो अली के छोटे बेटे हुसैन ने उसे ख़लीफ़ा मानने से इंकार कर दिया। नतीजतन इराक़ में कर्बला के मैदान में हुसैन की सौ से भी कम सेना का कर्बला के अमीर की विशाल सेना से मुक़ाबला हुआ और हुसैन तथा उनके अनुयायी गाजर-मूली की तरह काट दिए गए। हुसैन की मौत के बाद उनके वंशजों पर उम्मैयद ख़लीफ़ाओं के अत्याचार ने अली और उनके बेटों के समर्थकों को उनके और अधिक ख़िलाफ़ कर दिया। इस समूह को शिया कहा गया जिसका अर्थ है अली के परिवार के अनुयायी। शिया पहले तीन ख़लीफ़ाओं को मान्यता नहीं देते, जबकि सुन्नी उन्हें मान्यता

[†]ये अली की सेना का ही हिस्सा थे लेकिन जब सिफिन के युद्ध में फैसलाकुन जंग की जगह अली ने मुवैय्या प्रथम से बातचीत का रास्ता अपनाया तो ये उनका साथ छोड़ गए। इनका मानना था कि बातचीत से ख़लीफ़ा चुनना इंसानी तरीक़ा है जबकि युद्ध में जीतकर ख़लीफ़ा का पद हासिल करना ख़ुदाई तरीका है। नाह्‌वान के युद्ध में अली ने इन्हें परास्त किया था

देते हैं। शियाओं और सुन्नियों के बीच की अदावत धर्मशास्त्र से लेकर जंग के मैदान तक चली और एक हद तक अब भी जारी है, अभी बहुत हाल में सऊदी अरब के एक प्रतिष्ठित मुफ़्ती शेख़ अब्दुल अजीज़ अल शेख़ ने ईरानी मुसलमानों को (जिनका 95% हिस्सा शिया है) ग़ैर मुस्लिम घोषित किया है।[4]

सुन्नी न्यायशास्त्र और धर्मशास्त्र (*फ़िक्ह*) में चार प्रमुख सम्प्रदाय हैं, अबू हनीफ़ा के अनुयायी जिन्हें हनफ़ी कहा जाता है, मलिक बिन अनस के अनुयायी जिन्हें मलिकी कहते हैं, अल शफ़ी के अनुयायी शफावी और अहमद बिन हनाबल के मानने वाले हनाबली। नौवीं सदी में मुहम्मद साहब के अनुयायियों की विभिन्न परम्पराओं को एकत्र कर छह धर्म वैधानिक पुस्तकें, हदीस तैयार की गईं जो सुन्नी सम्प्रदाय का आधार हैं। शिया इन्हें मान्यता नहीं देते और अपने इमामों के बताये नियमों और परम्पराओं का पालन करते हैं।[5] अली की परम्परा के इमामों में सबसे प्रमुख नाम जफ़र अल सादिक़ का है, शिया उन्हीं अहदीस को प्रामाणिक मानते हैं जिन्हें जफ़र स्वीकृति देते हैं। हालाँकि उनका सम्मान सुन्नी भी करते हैं और *फ़िक्ह* के मामलात में उनके कहे को प्रामाणिक मानते हैं। सूफ़ी भी जफ़र की शिक्षाओं का बेहद सम्मान करते हैं। उनकी एक प्रसिद्ध उक्ति है कि जो ख़ुदा को जान जाता है वह बाक़ी सब चीज़ों से पीठ फेर लेता है।[6] सूफ़ी त्याग और वैराग्य की अपनी शिक्षाओं को इससे जोड़ते हैं।

शिया-सुन्नी धर्मशास्त्रों के अलावा भी कई दार्शनिक आन्दोलन इस बीच जन्मे जिनमें क़ादरिया और जब्बारिया स्कूल प्रमुख थे। मुत्ज़िला कादरिया स्कूल के ही अनुयायी थे जिनका मानना था कि ईश्वर ज्ञान नहीं सत्व में सर्वव्यापी है। सूफ़ी अपनी परम्परा वहीं से जोड़ते हैं। उनका मानना है कि हसन के भाई हुसैन ने अपनी जान ख़ुदा के लिए दी और हुसैन के पुत्र ज़ैन-उल-आब्दीन (अबू बक्र) की तरह वे भी दिन का बड़ा हिस्सा ख़ुदा की इबादत में व्यतीत करते हैं और उनकी प्रार्थना की किताबों को भक्ति के साहित्य का सर्वोच्च रूप मानते हैं।[7] लेकिन यहाँ एक बात स्पष्ट करना ज़रूरी है। शियाओं की तरह सूफ़ी अली के यहाँ अपना स्रोत तलाश ज़रूर करते हैं लेकिन वे शियाओं की तरह पहले तीन इमामों को खारिज़ नहीं करते न ही जाफ़रिया स्कूल की शिक्षाओं को अंतिम मानते हैं। अपनी इबादत और धार्मिक नियमावली के लिए वे सुन्नी न्यायशास्त्र पर ही आधारित हैं, यह दीगर बात है कि व्यवहारिक रूप से वे इन सभी के पार चले जाते हैं।[8]

असल में, मुहम्मद साहब की मृत्यु के बाद मुस्लिम जगत में ख़िलाफ़त को लेकर जो मार-काट मची, उन उथल-पुथल के हालात में मुहम्मद साहब के कई अनुयायियों ने सत्ता और संपत्ति के इस संघर्ष को स्वीकृति नहीं दी और सादगी, त्याग तथा वैराग्य को ख़ुदा तक पहुँचने की राह बताई। उनमें से एक अबू ज़र अल गिफ़ारी का ज़िक्र पहले आया है। दूसरा और सबसे महत्त्वपूर्ण नाम है हसन अल-बासरी का। बासरी मदीना में पैदा हुए थे और अली की सेना में थे लेकिन सिफिन के युद्ध के बाद उन्होंने सार्वजनिक जीवन से संन्यास ले लिया। सूफ़ी मान्यता यह है कि उन्हें ख़ुद अली ने सूफ़ीवाद में दीक्षित किया था, हालाँकि अली की मृत्यु के समय बासरी की जो उम्र थी उसे देखते हुए ज़्यादातर विद्वानों

ने इसे सही नहीं माना है।[9] बासरी *कुरान* के उद्‌भट विद्वान और प्रखर वक्ता थे जिन्होंने उम्मैयद शासन के धार्मिक-राजनीतिक दमन का खुल के विरोध किया जिसके चलते उनको दस साल से अधिक भूमिगत होकर रहना पड़ा। हसन के समय तक ऊन के कपड़े पहनना मुस्लिम संन्यासियों के बीच आम हो चुका था। आम मान्यता यह है कि ऊन (सूफ़) के कपड़े पहनने के कारण ही मुस्लिम संन्यासियों के लिए सूफ़ी शब्द का प्रयोग शुरू हुआ, हालाँकि इसे लेकर और भी कई मान्यताएँ हैं।[10]

इस क्रम में एक और महत्त्वपूर्ण नाम सातवीं सदी के आरम्भ में जन्मीं राबिया बिन्त इस्माइल अल-अदाविया का है। राबिया ग़रीब परिवार से थीं और एक आदमी ने इन्हें सड़क से उठाकर छह दिरहम में बेच दिया था। आगे चलकर उन्होंने सारा जीवन इबादत में बिताया। वह संन्यासी का जीवन व्यतीत करते हुए जंगलों में हिरणों, भेड़ों-बकरियों आदि के बीच अपनी एकाकी झोपड़ी में एक पुरानी दरी, टूटी सुराही और एक ईंट जिसका उपयोग वह तकिये की तरह करती थीं, के साथ रहती थीं। राबिया सूफ़ी भक्ति में प्रेम का प्रवेश कराती हैं। यहाँ ख़ुदा की इबादत किसी दूसरी दुनिया के सुखों के लिए नहीं बल्कि सिर्फ़ उसके प्रेम के लिए है। एक जगह वह कहती हैं,

> 'ख़ुदा अगर मैंने तेरी इबादत जहन्नुम के डर से की है, मुझे जहन्नुम की आग में जला, अगर बहिश्त के लिए मैंने तेरी इबादत की है तो बंद कर दे मेरे लिए उसके दरवाज़े। लेकिन अगर मैंने सिर्फ़ तेरे लिए तेरी इबादत की है तो मुझे अपने वजूद की लाफ़ानी ख़ूबसूरती से कभी दूर मत करना।'

बारहवीं सदी के सूफ़ी शायर फरीउद्दीन अत्तार ने उनकी जीवनी लिखी है और उनकी शिक्षाओं का संकलन *मुसीबतनामा* तथा *इलाहीनामा* के नाम से किया है। (रफ़ीक़ी-xiv, रिज़वी-31) ललद्यद को सम्मान से इन्हीं के नाम पर राबिया सानी नाम से भी पुकारा जाता था।

इसके अलावा अबू तालिब मक्की, हसन बसरा के शिष्य वासिल बिल अता, हबीब इब्न मुहम्मद अज़्मी, मलिक बिन दीन, कूफ़ा के निवासी अबू हाशिम, सूफ़्यान सावरी, अल बरूनी आदि आरंभिक सूफ़ियों में प्रमुख हैं। मक्का, मदीना, कूफ़ा, बसरा के साथ-साथ ईरान और ख़ुरासान दसवीं शताब्दी तक सूफ़ीवाद के प्रमुख केन्द्र बन चुके थे (रिज़वी-33)। सूफ़्यान सावरी पशुओं के प्रति अपने प्रेम के लिए प्रख्यात हैं। कहते हैं उन्होंने एक चिड़िया को बहेलिये से ख़रीद कर पिंजड़े से मुक्त कर दिया था लेकिन वह चिड़िया उन्हें छोड़कर कहीं नहीं गई। जब सावरी की मृत्यु हुई तो उस चिड़िया ने उनकी क़ब्र पर सर पटक-पटक कर जान दे दी। उसी वक़्त कब्र के भीतर से आवाज़ आई कि ख़ुदा ने इस सूफ़ी के सभी गुनाह बख्श दिए हैं। लेकिन पशुओं से इस अगाध प्रेम के बरक्स उनका यह कथन भी है कि—

> एक कुत्ते को अगर मैं रोटी दूँगा तो वह रात भर मेरी रखवाली करेगा ताकि मैं शान्ति से इबादत कर सकूँगा लेकिन अगर मैं अपनी बीवी और बच्चे को रोटी दूँगा तो वे मुझे भक्ति के पथ से दूर करने की कोशिश करेंगे!

राबिया उनके लिए सम्माननीय थीं, एक आम स्त्री कुत्ते से बदतर। बुद्ध से सूफ़्यान और कबीर तक के वैराग्य में स्त्रियों के लिए बस यही भूमिका है।

सूफ़ियों को शुरू से ही उलेमा के हमले झेलने पड़े। उनकी पूजा पद्धतियों को *हदीस* और *क़ुरान* के क़ायदों के ख़िलाफ़ बताया गया। सूफ़ियों ने इसका अपने तरीक़े से जवाब दिया, जहाँ अबू हाशिम ने कहा— ख़ुदा लोगों को ज्ञान से बचाए क्योंकि ज्ञान ज्ञानी के सिवा किसी का भला नहीं करता, वहीं मुहासिबी (781-857), कुशाईरी, अबू हामिद मुहम्मद इब मुहम्मद अल-ग़ज़ाली (1058-1111), इब्न अल-अरबी जैसे सूफ़ियों ने *क़ुरान* की व्याख्याएँ कर उलेमा को तार्किक उत्तर दिए और सूफ़ीवाद का सैद्धांतिक आधार प्रदान किया। अल-ग़ज़ाली ख़ुद एक आलिम थे और अरबी में लिखी उनकी किताब *इह्या अल-दीन* सूफ़ीवाद की सैद्धांतिकी मानी जाती है। एक और किताब उन्होंने फ़ारसी में लिखी— *कीमिया ए स'आदत*। इस्लामी जगत में अल-ग़ज़ाली बेहद प्रतिष्ठित हैं और उन्हें कुछ इतिहासकारों द्वारा मुहम्मद साहब के बाद का सबसे प्रभावशाली मुस्लिम विद्वान माना गया है। उन्होंने रूढ़िवादी इस्लामी सिद्धांतों (कलाम) और सूफ़ीवाद को जोड़ने में महत्त्वपूर्ण भूमिका निभाई और इस तरह दोनों के बीच चले संघर्ष को समाप्त करने के लिए सैद्धांतिक आधार दिया।[11] मलिकी न्यायशास्त्र के विद्वान इब्न अरबी (1165-1240) ने *फ़सूर अल हिकम* लिखी जिसने सूफ़ी तरीक़े को व्यावहारिक रूप दिया।[12]

इस तरह ग्यारहवीं सदी आते-आते सूफ़ीवाद ने अपना सैद्धांतिक आधार हासिल कर लिया था और ईसाई रहस्यवादियों तथा बौद्धों के तर्ज़ पर ख़ानक़ाह व्यवस्था अपना ली थी। ख़ानक़ाह का सबसे पहला ज़िक्र रिज़वी की किताब में आठवीं सदी के अंत में अबू हाशिम के समय में आता है, जब एक ईसाई पादरी ने जेरूसलम के पास रमला में उनके लिए ख़ानक़ाह का निर्माण किया था। रफ़ीक़ी ग्यारहवीं सदी के प्रसिद्ध सूफ़ी संत शेख़ अबू सईद बिन अबुल-ख़ैर द्वारा ख़ानक़ाह के निवासियों के लिए नियमन का ज़िक्र करते हैं जिससे यह निष्कर्ष निकलता है कि उस समय तक ख़ानक़ाह पद्धति ख़ासी प्रचलित हो चुकी थी। (पृष्ठ-xviii)

सूफ़ी परम्परा के विकास का अगला स्तर था—सिलसिला। सैद्धांतिक नियमनों और मठों के विकास के बाद बड़े सूफ़ी संतों ने अपने सिलसिले विकसित किये, जो उनके नाम से ही जाने जाते थे। दूसरे अध्याय में हमने सुहरावर्दी और कुबरावी सिलसिलों का ज़िक्र किया है। संस्थापकों द्वारा विकसित साहित्य और धर्मशास्त्र ही इनके अनुयायियों के लिए अंतिम सत्य होता था। वे अपने जीवन काल में ही अपने किसी योग्य शिष्य को ख़िलाफ़त सौंपते थे और फिर यह परम्परा चलती रहती थी। इस तरह एकाकीपन और वैराग्य की जीवनपद्धति से निकलकर सूफ़ीवाद एक व्यवस्थित पद्धति में बदल गया। ज़ाहिर है कि ईरान, ख़ुरासान तथा ट्रांसोजेकन्सोनिया के जिन इलाक़ों में सूफ़ीवाद विकसित हुआ वहाँ उससे पहले उपस्थित धर्मों, जैसे ईसाईयत और बौद्ध धर्म की पद्धतियों और जीवनशैलियों का भी इस पर पर्याप्त प्रभाव पड़ा। कालान्तर में शायरी इसकी अभिव्यक्ति का सबसे सशक्त माध्यम बनी और रूमी (1207-1273) और अत्तार (1119-1130) जैसे शायर

सूफ़ियों का लिखा आम जन तक सबसे सहज तरीक़े से पहुँचा। तेरहवीं–चौदहवीं सदी में जब यह हिन्दुस्तान के तमाम इलाक़ों सहित कश्मीर में पहुँचा तो सिमनानी–हमदानी जैसे सूफ़ी संतों की सैद्धांतिकी के साथ–साथ रूमी–अत्तार जैसे शायरों के क़लाम भी इसके तरकश में थे और हिन्दुस्तान की सरज़मीं पर पहले से मौजूद नाथ–योगी–संत–ऋषि परम्पराओं के रहस्यवाद के साथ इसका मुक़ाबला भी हुआ तथा संगत भी बनी।‡

> *इस संक्षिप्त इतिहास के बाद आगे बढ़ने से पहले कुछ और सवाल हैं जिन पर बात किये बिना सूफ़ीवाद को, ख़ासतौर पर भारत और कश्मीर में उसकी भूमिका को पूरी तरह समझ पाना संभव नहीं। ये असहज करने वाले सवाल हैं, स्टीरियोटाइप्स से उलझने वाले और कम से कम हिन्दी के बौद्धिक–सामाजिक जगत में स्थापित कई मिथकों को चुनौती देने वाले भी।*

सूफ़ीवाद को लेकर जो आम समझ है वह है एक सेक्युलर मलंग परम्परा जो हिन्दू–मुस्लिम में भेद नहीं करती थी, दुनियावी लोभ–लालच से दूर थी और प्रेम की शिक्षा देती थी। सूफ़ी मज़ारों पर हिन्दू–मुस्लिम दोनों धर्मों के लोगों का जाना आज भी धर्मनिरपेक्षता के उदाहरण की तरह उपयोग किया जाता है। लेकिन भारत में सूफ़ीवाद का इतिहास पढ़ते हुए यह धारणा अगर ध्वस्त नहीं होती तो भी इस पर गंभीर सवाल तो उठते ही हैं। कश्मीर के विशेष संदर्भ में हमदानी पिता–पुत्र की भूमिका हमने देखी है। भारत और दुनिया के अन्य हिस्सों में भी सूफ़ी संतों की भूमिका इससे बहुत अलग नहीं है, और वह है— इस्लामी धर्म प्रचारक की। जवाहर लाल नेहरू विश्वविद्यालय के सेंटर फ़ॉर हिस्टॉरिकल स्टडीज़ के प्रोफ़ेसर एजाज़ हसन मलिक कश्मीर के इस्लामीकरण में सूफ़ी मिशनरियों की भूमिका पर अपने एक शोध पत्र की शुरुआत 'ईसाईयत की तरह इस्लाम भी निश्चित रूप से एक मिशनरी धर्म है और हर इस्लामी मिशनरी उस देश में इस्लाम का सन्देश लेकर जाता है जहाँ वह प्रवास करता है,' से करते हैं और इसके लिए *क़ुरान* की पाँच आयतों का उद्धरण देते हैं।[13] उद्धरणों के ढेर लगाए बिना यह बात कही जा सकती है कि सूफ़ी संत अपनी तरह के इस्लाम के प्रचारक ही थे या कम से कम प्रचारक भी थे। मोहम्मद इशाक ख़ान की चर्चित किताब *कश्मीर्स ट्रांजीशन टू इस्लाम : द रोल ऑफ़ मुस्लिम ऋषीज़* असल में अहले हदीस और जमात जैसे संगठनों के ऋषि परम्परा और उससे जुड़ी रवायतों को ग़ैर इस्लामी बताकर साठ के दशक के बाद से तेज़ हुए हमलों के बरक्स ऋषि परम्परा के बचाव की कोशिश है और इस कोशिश में वह बार–बार यह स्पष्ट करते हैं कि सूफ़ियों और ऋषियों ने असल में उलेमा की ही तरह इस्लामी क़ानूनों का पूरी तरह पालन करते हुए इस्लाम का प्रचार किया और कश्मीर में इस्लाम के वर्चस्व की स्थापना की सफल कोशिश की, हाँ कश्मीर में आकर इसका स्वरूप अंततः बदल गया और जिस तरह का ऋषि सिलसिले का सूफ़ीवाद यहाँ स्थापित हुआ उसमें बौद्ध और हिन्दू योगी परम्पराओं का स्पष्ट असर भी था और आदर भी। आगे शेख़ नूरूद्दीन तथा ऋषि परम्परा पर बात करते हुए इस पर विस्तार से बात की जाएगी।

---

‡सूफ़ीवाद और इस्लामी धर्मशास्त्रों के बारे में विस्तार से जानने के लिए पाठक रिज़वी और रफ़ीक़ी की पूर्वोद्धृत किताबों के अलावा क्रमशः मार्टिन लिंग्स की *व्हाट इज़ सूफ़ीज़्म* और डी.बी. मैकडोनाल्ड की *डेवेलपमेंट ऑफ़ मुस्लिम थियाल्जी, ज्यूरिसप्रूडेंस एंड कांस्टीट्यूशनल थियरी* पढ़ सकते हैं।

अरब में जन्मा इस्लाम दुनिया के जिस हिस्से में गया उसने वहाँ की रवायतों को अपनाया और ख़ुद को उस साँचे में ढाला। वे ईरान गए और वहाँ पारसी धर्म से अनेक रवायतें सीखीं, वे भारत आये और हिन्दुत्व तथा वेदान्त से तमाम चीज़ें लीं, बग़दाद के मॉमून उर राशिद ने ग्रीक दर्शन की तमाम किताबों का अनुवाद किया और वे दर्शन इस्लाम का हिस्सा बन गए।[14] यह स्वाभाविक भी था और इस्लामीकरण के लिए आवश्यक भी। सैकड़ों वर्षों से जो लोग एक ख़ास तरह की जीवन शैली में जी रहे थे उन्हें प्रभावित करने के लिए इस्लाम को ख़ुद को उस जीवनशैली में ढालना ही होता और उस जीवन शैली के लोग जब इस्लाम में आते तो अपने साथ उन प्रभावों को भी ले ही आते। मध्यकाल में यह सामान्य सी बात थी। ईसाई मिशनरियों ने अफ़्रीका से लेकर भारत तक ये हथकंडे अपनाए ही थे। जातिप्रथा और शुद्धतावाद के चलते हिन्दू धर्म अपने मूल में मिशनरी हो ही नहीं सकता था, हालाँकि जावा-सुमात्रा से लेकर तमाम जगहों पर ये कोशिशें की गई थीं, शंकराचार्य ने अपने तरीक़े से बौद्धों से संघर्ष किया ही था लेकिन जहाँ ब्राह्मणों को समुद्र पार करने पर प्रतिबन्ध लगा दिया गया हो वहाँ यह संभावना अपने आप ख़त्म हो जाती है।

सूफ़ी मत की जो लोच और ग्रहणशीलता थी, मानव मात्र की समानता और कल्याण का जो सत्व था उसने इस्लाम को अन्य धर्मावलम्बियों के लिए स्वीकार्य बनाने में मदद की। मूर्तिपूजा जिस धर्म में पूरी तरह प्रतिबंधित थी, वहाँ मज़ारें बनीं, जहाँ अल्लाह के अलावा किसी की पूजा कुफ्र थी, वहाँ सूफ़ी संत ख़ुद पूज्य हो गए, संगीत जहाँ स्वीकार्य नहीं था, वहाँ भजन और पूजा के तर्ज़ पर मज़ारों और ख़ानक़ाहों में गीत-संगीत बजा[15] और इस तरह इस्लाम अपने बाहरी रूप-रंग में स्थानीय धर्म जैसा दिखने लगा। हिन्दू धर्म के भीतर गहरे बसा जातिवादी भेदभाव यहाँ नहीं था और इस बराबरी ने लोगों को आकर्षित किया, कई बार चमत्कार अपनाए गए, इस्लामी शासकों की मदद ली गई और इस तरह हर संभव तरीक़े से इस्लामीकरण का प्रयास किया गया। एक नए धर्म के लिए जनता से बराबरी, सम्मान और ऐसी तमाम चीज़ों का वादा करना आसान था और ग़ैर बराबरी तथा कुरीतियों से जूझ रहे लोगों के लिए इनके प्रति आकर्षित होना सहज, लेकिन यह मान लेना कि सिर्फ़ इसी एक नुक़्ते की वजह से इस्लामीकरण मुमकिन हुआ, इतिहास से आँखें मूँद लेना होगा।

और इस प्रक्रिया में सूफ़ीवाद ने भी अपने मूल सिद्धांतों से बार-बार समझौते किये। बाक़ी उदाहरणों से पहले एक मज़ेदार क़िस्सा सुन लेना बेहतर होगा। चौदहवीं सदी के चिश्ती परम्परा के नाग़ौर के प्रसिद्ध सूफ़ी संत शेख़ फ़रीद के शिष्य ख़्वाज़ा ज़िया नक्शाबी जाने-माने दरवेश थे। उनके अनेक कामों से सबसे प्रसिद्ध काम है—तूतीनामा (एक तोते की कहानी)। यह मूलत: चिंतामणि भट्ट के संस्कृत में लिखे *शुक-सप्तति* का फ़ारसी अनुवाद है। हालाँकि इसका अनुवाद पहले भी फ़ारसी में हुआ था, लेकिन वह लंबा और बोझिल है। मूल कथा में एक तोता अपनी मालकिन रानी को 72 रातों तक 72 कथाएँ सुनाता है। ऐसा वह रानी को अपने पति की अनुपस्थिति में अपने प्रेमी से मिलने से रोकने के लिए करता है। कथा के अंत में जब राजा लौटता है तो पत्नी को अपनी ग़लती का

एहसास हो चुका होता है, राजा उसे माफ़ करता है। तोता असल में एक शापित गन्धर्व है जो इसके बाद मुक्त होकर इन्द्र के दरबार में चला जाता है। लेकिन नक्शाबी कुछ कथाएँ ही नहीं बदलते बल्कि मूल कहानी भी बदल देते हैं। उनकी कहानी में तोता 52 कहानियाँ सुनाकर महिला को रोकता है और पति के आने पर उससे हक़ीक़त बयान कर देता है, पति पत्नी की हत्या कर देता है, तोते को मुक्त करता है और सूफ़ी बन जाता है![16]

टूटी सुराही, पुरानी दरी और एक ईंट लेकर जंगल में एकांतवास करने वाली राबिया की परम्परा का दम भरने वाले सूफ़ी संत ख़ानक़ाह ही नहीं बनवाते बल्कि सत्ता के साथ हर संभव साँठ-गाँठ करते भी नज़र आते हैं। रिज़वी, मिन्हाज़ शिराज़ की 'तबाक़त ए नासिरी' के हवाले से बारहवीं सदी के एक तुर्की दरवेश अयूब का क़िस्सा सुनाते हैं जो क़ाज़ी शमसुद्दीन द्वारा किये गए अपमान का बदला लेने के लिए सुल्तान बहराम शाह का क़रीबी बन जाता है और क़ाज़ी को हाथी के पैरों तले कुचलवाने की चाल चलता है। यह चाल उलेमा द्वारा नाकाम की जाती है और अंततः सुल्तान का ही तख़्तापलट हो जाता है।[17] ऐसा ही एक उदाहरण शेख़ बहा'उद्दीन का है जो मुल्तान में नसीरुद्दीन कुबचा के शासनकाल में थे। वहाँ के मौलाना क़ुतुबुद्दीन काशानी सूफ़ियों को नापसंद करते थे। सुल्तान मौलाना की बेहद इज़्ज़त करता था और अंततः वहाँ शेख़ अपना प्रभाव जमाने में असफल रहे तो उन्होंने दिल्ली के सुल्तान इल्तुतमिश को मुल्तान पर आक्रमण कर कब्ज़ा करने के लिए ख़त लिखा। उल्लेखनीय है कि इल्तुतमिश सूफ़ियों की बहुत इज़्ज़त करता था और कुछ विद्वानों ने तो उसे एक सूफ़ी साबित करने की कोशिश की है।[18] बेहद प्रतिष्ठित सूफ़ी संत शेख़ मोईनुद्दीन चिश्ती जब पृथ्वीराज चौहान पर प्रभाव जमाने में असफल रहे तो उन्होंने श्राप दिया 'हमने पृथ्वीराज को ज़िन्दा गिरफ़्तार कर इस्लाम की सेना को सौंप दिया।[19] अब इसके पीछे उसका चमत्कार था या जाने कुछ और लेकिन इसके कुछ ही समय बाद चौहान मुहम्मद गौरी के हाथों क़ैद हुए।

सत्ता से साँठ-गाँठ के अलावा व्यापारियों से नज़राने लेने के भी तमाम उदाहरण मिलते हैं। रिज़वी बताते हैं कि शेख़ बहाउद्दीन ज़कारिया और शेख़ निज़ामुद्दीन औलिया जैसे अनेक सूफ़ियों की ख़ानक़ाहों की समृद्धि का स्रोत व्यापारियों और उनके संगठनों से मिलने वाला धन था। यही नहीं वे ऐसे किसी भी दान से परहेज़ नहीं करते थे जो नक़द में मिला हो![20]

जहाँ तक साम्प्रदायिक समदर्शिता की बात है, दो छोटे-छोटे उदाहरण काफ़ी होंगे इसे समझने के लिए। सुहरावर्दी सिलसिले के सूफ़ी नूरूद्दीन मुबारक ग़ज़नवी की मान्यता थी कि राज्य को केवल कुलीन सुन्नियों की समृद्धि का ख्याल करना चाहिए। हिन्दू और दीगर धर्म तो छोड़िये ग़ैर-कट्टर सुन्नियों और शियाओं के लिए भी उनकी तजवीज़ थी कि उन्हें ज़िन्दा रहने की इजाज़त तो देनी चाहिए लेकिन बस ऐसे कि किसी तरह जी सकें।[21] अत्यंत प्रतिष्ठित सूफ़ी संत निज़ामुद्दीन औलिया अपने ख़ुतबे में लिखते हैं कि अल्लाह ने अपने मानने वालों के लिए जन्नत बनाई है और काफ़िरों के लिए दोज़ख़। कश्मीर के संदर्भ में आगे का इतिहास खंगालते हम देखेंगे कि शियाओं के साथ किस तरह का भेदभाव किया गया और हिन्दुओं के लिए सुझाई गई हमदानी की आचारसंहिता तो हम देख ही चुके हैं। एक आख़िरी उदाहरण शेख़ अब्दुल कुद्दूस गंगोही का है। हिन्दी में 'अलख' उपनाम से

नाथ परम्परा की कविताएँ लिखने वाले शेख़ 1456 में रुदौली क़सबे में जन्मे थे और बाद में शाहाबाद चले गए। सिकंदर लोदी से उनकी काफ़ी नज़दीकी थी और उन्हें वह लगातार ख़त लिखते रहते थे। शेख़ साहब वैसे भी ख़ूब ख़त लिखा करते। फिर बाबर ने सत्ता पर कब्ज़ा कर लिया और उलेमा तथा सूफ़ियों के ऊपर एक कर, 'उश्र' लगा दिया तो शेख़ साहब ने उसे भी ख़त लिखा। ख़त में लिखा—

> उलेमा और सूफ़ियों पर ऐसे कर लगाना कुफ्र माना जाना चाहिए। दरवेशों से धन की माँग करना एकदम सही क़दम नहीं है। यह कर हटा दिया जाना चाहिए ताकि दरवेश शान्ति से **बादशाह और मुस्लिम समुदाय** (ज़ोर हमारा) की समृद्धि के लिए प्रार्थना कर सकें। क़स्बों और बाज़ारों में मुहातसिब तैनात किये जाने चाहिए ताकि शरिया मज़बूती से लागू किया जा सके...एक मुस्लिम राजधानी में किसी काफ़िर को किसी दीवानी पद पर नियुक्त नहीं किया जाना चाहिए न ही उन्हें आमिर या आमिल जैसे किसी पद पर बिठाना चाहिए। उन्हें शासन से कोई मदद नहीं मिलनी चाहिए और ग़रीबी में रहने पर मजबूर किया जाना चाहिए। काफिरों को अनाज और बाक़ी चीज़ों पर टैक्स देने के लिए मजबूर किया जाना चाहिए...इस्लाम के हित में काफ़िरों को कभी बराबरी का हक़ नहीं देना चाहिए।[22]

और यह इकलौता उदाहरण नहीं है। मोहम्मद इशाक़ ख़ान जैसे विद्वान सूफ़ी संतों के बारे में लम्बी चौड़ी सैद्धांतिक बातें तो करते हैं और रिज़वी के काम को 'इस्लाम विरोधी' होने के उत्साह में किया काम बताते हैं[23], लेकिन उन्हीं सिद्धांतों से विचलन के इन तमाम क़िस्सों पर चुप्पी साध जाते हैं।

इतिहास में धर्मनिरपेक्ष परम्पराएँ तलाशते कई बार हम ग़लत ठौर पर रुकते हैं। तुलसीदास में प्रगतिशीलता ढूँढ़ लेने से लेकर सूफ़ियों में धर्मनिरपेक्षता ढूँढ़ लेने तक की ऐसी ग़लतियाँ अक्सर इतिहास को सुन्दर बनाने के फेर में वर्तमान को बदनुमा बनाती हैं। तमाम किताबें, ढेरों शोध तलाशते मुझे सूफ़ी इतिहास में कोई कबीर नहीं मिला जो 'वेश्या के पायनतर' सोने वाले हिन्दुओं और मस्ज़िद पर बांग देने वाले मुल्लाओं को एक स्वर में खारिज़ कर सके। वहाँ प्रेम का सन्देश है, इंसान की बराबरी की बात है, दुनियावी लोभ-लालच से दूर होने की शिक्षाएँ हैं, आवारगी है, इश्क़ है, फक्कड़पना है, लेकिन यह सब इस्लाम की सीमाओं के भीतर। तलवार की धार पर बैठ कर आये धर्मों की तुलना में यह निश्चित रूप से एक अधिक मानवीय तरीक़ा था धर्म प्रचार का और मध्यकाल के राजनीतिक वर्चस्व के युद्ध में धर्म-प्रचार या धर्म-परिवर्तन सहज घटनाएँ भी थीं ही। सूफ़ीवाद को इसी रौशनी में और इसी संदर्भ में देखा जाना चाहिए न कि किसी से सेक्यूलर-क्रांतिकारी अवधारणा की तरह। निश्चित रूप से अनेक सूफ़ियों ने अध्यात्म के शिखर छुए थे, लेकिन अध्यात्म और नैतिकता का सहअस्तित्व कोई आवश्यक नहीं। यह एकदम संभव है कि अध्यात्म के शिखर पर बैठा योगी/सूफ़ी नैतिकता के मानदंडों पर बहुत पीछे रह गया हो।[§]

[§]कबीर के गंभीर अध्येता प्रो. पुरुषोत्तम अग्रवाल ने सूफ़ी परम्परा के बारे में एक निजी बातचीत के दौरान मुझसे कहा था।

कश्मीर में सूफ़ीवाद और ऋषि परम्परा

दूसरे अध्याय में हमने कश्मीर में चौदहवीं शताब्दी में क़ुबरावी सिलसिले के सैयद हमदानी के साथ आये सूफ़ीवाद के बारे में विस्तार से देखा है। असल में कश्मीर में सूफ़ीवाद का प्रवेश वहाँ इस्लामी शासन की स्थापना के समय से पहले का है। रिंचन को इस्लाम में दीक्षित करने वाले सैयद सरफुद्दीन अब्दुर्रहमान (बुलबुल शाह) सुहरावर्दी सिलसिले के सूफ़ी थे।[24] बुलबुल शाह के समय, ख़ासतौर से रिंचन के इस्लाम स्वीकार करने के बाद धर्मांतरण भी हुए थे लेकिन धर्मांतरण का असल सिलसिला सैयद हमदानी के समय ही शुरू हुआ जिसने सुल्तान सिकंदर और मीर हमदानी के समय गति पकड़ ली। इसी दौरान कश्मीर में शेख़ नूरूद्दीन उर्फ़ नुन्द ऋषि के नेतृत्व में एक स्थानीय ऋषि सिलसिला आरम्भ हुआ जिसने कश्मीर में भविष्य के इस्लाम की रूपरेखा तैयार की।

शेख़ के पुरखे किश्तवाड़ के रहने वाले राजपूत थे जिनकी एक स्वतंत्र जागीर थी। उनके पितामह ओगरा टेग एक स्थानीय युद्ध में पराजित हुए और अपने परिवार तथा भाइयों के साथ रामदेव के समय कश्मीर चले आये। यहाँ उन्होंने बडगाम के तिल्स्त्र के ताल्लुक़दार ख़ुमनी वानो के दरबार में शरण ली जबकि उसके भाई ने अनंतनाग की दुदरकोट रियासत में शरण ली। दोनों भाइयों ने अपनी योग्यता से सुरक्षा सेना के कमांडर का पद हासिल किया लेकिन ख़ुमनी वानो के उत्तराधिकारी की पराजय के बाद वह अपने परिवार के साथ एक छोटी सी रियासत गुड सथू प्रवास कर गए, जो अब तहसील चाडूरा का एक गाँव है। वहाँ कुछ ख़ास इंतज़ाम नहीं हो पाया और शेख़ के पिता सालारसंज़ को इधर-उधर भटकना पड़ा। उधर दुदरकोट में एक स्थानीय युद्ध में ओगरा टेग के भाई का पूरा परिवार मारा गया, सिवाय एक दूधमुँही बच्ची के जो उस समय स्थानीय चौकीदार की पत्नी के पास थी। लड़की का नाम सदरा था जो चौकीदार के परिवार के साथ ही खेईजोगीपुरा गाँव पलायित हो गई जहाँ कम उम्र में उसकी सगाई एक ऐसे विधुर से हो गई जिसके दो बच्चे पहले से थे। यह शादी न हो सकी क्योंकि इसके पहले ही वर की मृत्यु हो गई और चौकीदार उसके बच्चों को भी लालन-पालन के लिए घर ले आया। चौकीदार ख़ुद सूफ़ी संत सैयद हुसैन सिमनानी का मुरीद था और सदरा को भी वह उनके पास ले गया। सिमनानी ने उसे बालिका के उज्ज्वल भविष्य का यक़ीन दिलाया और ताक़ीद की कि उसकी शादी बिना उन्हें सूचना दिए न करे। उधर सालारसंज़ यहाँ-वहाँ भटकते एक स्थानीय संत यासमन ऋषि के शिष्य हो गये और उनके प्रभाव में इस्लाम अपना कर सालारदीन नाम रख लिया। कालांतर में चौकीदार की मृत्यु के बाद वह बालिका भी यासमन ऋषि के पास पहुँची जहाँ उसका परिचय सालारदीन से हुआ और दोनों को अपने वंश के बारे में पता चला। यासमन ऋषि ने उनका विवाह करवाया और उसके बाद दोनों खेईजोगीपुरा में ही चौकीदार के घर में रहने लगे। शेख़ नूरूद्दीन इन्हीं सालारसंज़ और सदरा की इकलौती संतान थे।[25]

हर मध्यकालीन या प्राचीन संत की ही तरह शेख़ नूरूद्दीन के जन्मस्थान, जन्मतिथि और वंशावली को लेकर तमाम मत हैं[26], लेकिन सुविधा और संक्षेप के लिए मैंने यहाँ साहित्य अकादमी द्वारा प्रकाशित उनके मोनोग्राफ़ के निष्कर्षों को ही स्वीकार किया है

जिसके अनुसार उनका जन्म खेईजोगीपुरा गाँव में 1377 को हुआ था। ज़ाहिर है इससे तमाम क़िस्से जोड़े गए। चमत्कार के, दैवी आशीर्वाद के। इनमें सबसे व्यंजनात्मक क़िस्सा है ललद्यद का। कहा जाता है कि नूरूद्दीन, जिनका घर का नाम माँ-बाप ने नुन्द (सुन्दर और योग्य)[27] रखा था, जन्म के तीन दिनों बाद भी अपनी माँ का दूध नहीं पी रहे थे, तब ललद्यद आईं और बालक को गोद में उठाकर कहा—तुम जन्म लेने से नहीं शर्माए तो संसार के सुख आनंद लेने से क्यों शर्माते हो? उसके बाद बालक नुन्द ने ललद्यद के स्तनों से दूध की पहली बूँदों के साथ संसार के पहले सुख का आनंद लिया। नवजात शिशु जब तृप्त हुआ तो ललद्यद ने उसकी माँ को यह कहते हुए लौटाया—'लो! मेरे उत्तराधिकारी का पालन-पोषण करो।' यह क़िस्सा लगभग हर किताब में तकरीबन इसी रूप में दर्ज है। इस क़िस्से की प्रमाणिकता पर संदेह के पर्याप्त कारण हैं लेकिन इसकी व्यंजना को समझे जाने की ज़रूरत है। जैसा कि पिछले अध्याय में हमने देखा शैव योगिनी ललद्यद ब्राह्मणवादी कर्मकाण्डों पर तीख़े सवाल खड़े कर इस्लाम की भावी सफलता के लिए माहौल बना चुकी थीं। कश्मीर में बेहद मक़बूल लल की परम्परा को नुन्द ऋषि से जोड़ना सहज ही था। दोनों के बीच एक और बड़ी समानता सरल और प्रचलित कश्मीरी भाषा में काव्य रचना थी जिन्होंने कश्मीरी जन को गहरे प्रभावित किया। वैसे, भारत में ऐसी परम्पराएँ अगर सामान्य नहीं थीं तो एकदम से अनुपस्थित भी नहीं। शहाबुद्दीन इराक़ी ने 2009 में प्रकाशित अपनी किताब *भक्ति मूवमेंट इन मेडिवल इंडिया : सोशल एंड पोलिटिकल पर्सपेक्टिव* में पूर्वोत्तर भारत में सूफ़ी संतों और बाउल परम्परा के वैष्णवों के अंतर्सबंध को रेखांकित किया है जहाँ वैष्णव मानते हैं कि उनके पहले गुरु को ज्ञान एक मुस्लिम महिला माधवा बीबी से मिला था।[28]

नुन्द के जन्म के कुछ ही महीनों बाद सालारदीन की मृत्यु हो गई। उनके लालन-पालन की पूरी ज़िम्मेदारी उनकी माँ और दो सौतेले भाइयों, शश और गुन्दरो पर आ गई। चार साल चार माह की उम्र में उन्हें शिक्षा-दीक्षा के लिए गाँव के मौलाना के पास ले जाया गया। कहते हैं जब उसने पढ़ाना शुरू किया तो नुन्द ने अलिफ़ के बाद का अक्षर बोलने से इंकार कर दिया। अलिफ़ दुहराने को वह तैयार थे लेकिन इसके आगे कुछ नहीं क्योंकि अल्लाह तो एक है। अलिफ़ से वह कह दिया गया। उसके अलावा कुछ और कहने की क्या ज़रूरत? ऐसे तमाम क़िस्से उनके बचपन के हैं। उनके पद पढ़ते लगता है कि इनमें से अधिकतर बाद में गढ़े गए हैं। जैसे इस कथा का स्रोत उनका वह पद लगता है जिसमें वह कहते हैं कि—*अगर तुमने एक का एहसास किया है, तुम्हारी पहचान एकदम सुरक्षित रहेगी/ देखो वह एक कैसे अद्‌भुत तरीक़े से चमकता है/उसे कभी नहीं समझ सकते तुम/अक्ल से या कि ज्ञान से*।[29] महापुरुषों के बचपन में चमत्कार के क़िस्से आरोपित करना लगभग सभी संस्कृतियों में समान रूप से उपस्थित है। नुन्द ऋषि के जन्म को चमत्कारी साबित करने के लिए भी एक क़िस्सा है जो कई किताबों में लगभग समान रूप से मिलता है। इस क़िस्से के अनुसार चौकीदारी करते समय उनके पिता ने किसी साधु को अपनी पत्नी से यह कहते सुना—भोर के ठीक पहले गाँव की झील के पास गुलाबों का एक गुच्छा खिलेगा और जो औरत उसे सूँघ लेगी उसको एक चमत्कारी पुत्र की प्राप्ति होगी। सालारसंज़ ने अपनी पत्नी

को वह फूल सुँघाया और उसके फलस्वरूप नुन्द ऋषि का जन्म हुआ।[30] शेख़ नूरूद्दीन के जीवन और मिशन के बारे में उपलब्ध सबसे प्रमुख स्रोत 1630 में लिखी बाबा नसीब ग़ाज़ी की पुस्तक *नूरनामा* है जिसमें ऐसे तमाम क़िस्से हैं। उन्होंने जो कुछ लिखा उसमें तथ्यों के साथ उस समय तक प्रचलित हो चुकी किंवदंतियाँ भी शामिल हैं। इसीलिए उसे पढ़ते हुए एक सावधान नीर-क्षीर विवेक आवश्यक है। मुल्ला अब्दुल वह्हाब शाइक़ ने जब पठानों के शासनकाल में ऋषियों का इतिहास लिखा तो इसी पुस्तक को आधार बनाया। इसके अलावा भी उस दौर की कई महत्त्वपूर्ण पुस्तकों में शेख़ नूरूद्दीन का जीवन वृत्त और उनकी शिक्षाएँ सम्मिलित हैं।[31] इन क़िस्सों पर बहुत विस्तार से बात करने की जगह मेरी कोशिश उनके जीवन की सिर्फ़ उन्हीं घटनाओं के उल्लेख की है जिससे ऋषि सम्प्रदाय के संस्थापक के केन्द्रीय विचारों और उनके प्रभाव को समझा जा सके।

इन क़िस्सों से एक निष्कर्ष तो यह निकलता है कि उन्होंने बचपन में कोई औपचारिक शिक्षा नहीं हासिल की थी। शुश और गुन्दरो के साथ उन्होंने चौकीदारी का अपना पुश्तैनी काम सीखने की कोशिश की, लेकिन वे दोनों भाई चोरी करने लगे थे और अपने दयालु और धर्मभीरू स्वभाव के कारण नुन्द उनका साथ नहीं दे पाए। इस घटना से भी जुड़ा एक क़िस्सा है जिसके अनुसार चोरी के दौरान कुत्ते की भौं-भौं सुनकर वह अपराधबोध से भर गए और उन्होंने एक कविता लिखी—'भाई, ध्यान दो मेरी बात पर/ यहाँ जो बोता है कोई वही काटता है/ कुत्ता कह रहा है—बो-बो। (भौं-भौं)।' यह क़िस्सा भी लगभग सभी किताबों में इसी रूप में उपस्थित है। हालाँकि गौहर इसे उसी प्रक्रिया का हिस्सा बताते हैं जिसमें उनकी हर कविता के लिए कोई संदर्भ गढ़ लिया गया है और उन्हें बदनाम करने की साजिश भी लेकिन नूरनामा में उद्धृत शेख़ नूरूद्दीन की यह कविता इस घटना के प्रमाणिक होने की ओर संकेत करती है—एक लहर धारा में गुम हो गई थी/एक संत चोरों में गुम हो गया था/ एक विद्वान मूर्खों के घर में खो गया था/एक हंस कौवों में गुम हो गया था।[32] भाइयों द्वारा उन्हें साथ ले जाने पर मना करने पर सदरा उन्हें बुनाई का काम सीखने के लिए गाँव के बुनकर के पास ले गईं। लेकिन वहाँ भी बस वह एक दिन ही टिक पाए। दिन भर के उनके धार्मिक-रहस्यवादी सवालों से तंग आकर बुनकर ने उन्हें सिखाने से हाथ जोड़ लिए।[33] ग़ुलाम नबी गौहर का मानना है कि शेख़ साहब अपनी युवावस्था में खेइ के नम्बरदार के खेतों पर खेती करते थे और अपनी मेहनत से उन्होंने अपने परिवार की आर्थिक दशा में काफ़ी सुधार किया। 15 वर्ष की उम्र में उनकी सगाई अनंतनाग के त्राल में डाडसर गाँव के ज़मींदार अकबरदीन की बेटी जय से हुई थी।** इसी आधार पर वह कहते हैं कि अगर शेख़ साहब संपन्न और ख़ुशहाल न होते तो इतने प्रतिष्ठित परिवार में उनका रिश्ता नहीं होता। चार वर्ष बाद उनकी शादी हुई और कालान्तर में तीन बच्चे हुए, दो बेटे और एक बेटी। लेकिन शेख़ इन सांसारिक बंधनों में बँध नहीं सके और 32 साल की उम्र में संन्यास लेकर कैमूह की एक गुफ़ा में चले गए।[34] उनकी माँ उन्हें वापस लाने वहाँ पहुँची तो दोनों के बीच एक दीर्घ संवाद हुआ जो 'गुफ़ाबल' नामक उनकी लम्बी कविता में संकलित है। माँ के नाकाम रहने पर उनकी पत्नी अपने बच्चों के साथ वहाँ पहुँची और दोनों जीवित बच्चों, बेटी ज़ून और बेटे हैदर को उनके कम्बल में छोड़कर लौट आईं। दोनों

**परिमू ने यह उम्र 13 वर्ष बताई है और जय के गाँव का नाम ब्रांग परगना का सागम बताया है। (परिमू -22)

बच्चों की मृत्यु वहीं हुई। उनके सालों ने उन पर क़त्ल का मुक़दमा दायर किया और ताज़ी भट्ट नामक दरोगा उन्हें गिरफ्तार करने पहुँचा लेकिन वहाँ उनके प्रभाव में वह उनका शिष्य बन गया और इस तरह शेख़ साहब का पारिवारिक जीवन समाप्त हुआ और वह पूरी तरह धार्मिक-आध्यात्मिक जीवन जीने लगे।

ऋषि परम्परा : शिक्षाएँ, सूफ़ीवाद से अंतर्संबंध और कश्मीर के इस्लामीकरण में इसकी भूमिका

शेख़ नूरूद्दीन निर्विवाद तौर पर कश्मीर के इतिहास के सबसे सम्मानित और प्रभावी संत हैं। उनके द्वारा स्थापित की गई ऋषि परम्परा उनके बाद भी फलती-फूलती रही और कश्मीर के इस्लामीकरण में उसने बेहद महत्त्वपूर्ण भूमिका निभाई। उनकी शिक्षाओं पर बात करने से पहले उनकी अपनी शिक्षा के बारे में जान लेना बेहतर होगा। जैसा कि हमने पहले ही देखा उन्होंने किसी तरह की औपचारिक शिक्षा नहीं प्राप्त की थी, जिसका जिक्र उनकी अपनी कविताओं में भी मिलता है। हमने यह भी देखा है कि उनका परिवार सूफ़ी संत सिमनानी के प्रभाव में था, लेकिन जब सैयद हुसैन सिमनानी की मृत्यु हुई तो शेख़ की उम्र 13 साल थी। ज़ाहिर है उनके सम्पर्क में तो शेख़ रहे होंगे लेकिन उनसे कोई विधिवत शिक्षा मिली हो या शेख़ साहब ने उनका शिष्यत्व ग्रहण किया हो, इसका ज़िक्र नहीं मिलता। वहाब के इस दावे को, कि शेख़ साहब की दीक्षा सिमनानी के हाथों हुई थी, रफीकी, वहाब (जो ख़ुद क़ुबरावी सिलसिले के थे) द्वारा शेख़ को क़ुबरावी सिलसिले से जोड़ने की कोशिश के रूप में देखते हैं।[35] मोहम्मद इशाक़ ख़ान सिमनानी से उनकी पारिवारिक निकटता के कारण उनके प्रभाव से तो इनकार नहीं करते लेकिन किसी औपचारिक दीक्षा का ज़िक्र भी नहीं करते हैं।[36]

ललद्यद के उन पर प्रभाव का ज़िक्र हमने पहले ही किया है। इसके साथ *नूरनामा* और अन्य किताबों में उनकी अपने समय के महत्त्वपूर्ण सूफ़ी संतों से मुलाक़ात और उनके प्रभाव का ज़िक्र है। परिमू अपनी किताब में मीर हक़ीर मीर अब्दुल्लाह मुतवानी के हवाले से सात वर्ष की आयु में उनकी चार बेहद प्रतिष्ठित मुस्लिम आध्यात्मिक गुरुओं से मुलाक़ात का ज़िक्र करते हैं। ये हैं—हज़रत बहाउद्दीन ज़कारिया, शेख़ फरीदुद्दीन शाकरगंज, शाह लालबाज़ कलंदर और सैयद जलालुद्दीन बुख़ारी। उनके अनुसार इन सभी ने उन्हें सूफ़ी परम्परा की मूलभूत शिक्षाओं से परिचित कराया जिनका उन पर गहरा प्रभाव पड़ा। इसके अलावा उन्होंने बाबा हाज़ी उधम और शेख़ सुल्तान पाकली से भी उनके राबिते का ज़िक्र किया है। गौहर सहित अनेक विद्वानों ने उनके मीर मुहम्मद हमदानी से मिलने का भी ज़िक्र किया है।[37] बहुत विस्तार में न जाते हुए इस सम्बन्ध में मोहम्मद इशाक ख़ान को संदर्भित कर लेना काफ़ी होगा। ख़ान लिखते हैं।

> यह मानीखेज़ है कि अपने कुछ शिष्यों द्वारा शेख़ नूरूद्दीन की आलोचना के बावजूद उनके नेता मुहम्मद हमदानी ने नूरूद्दीन की आध्यात्मिक अवस्थिति उन्हें सच्चा वली बताकर उचित इज्ज़त दी। हालाँकि नूरूद्दीन ने ख़ुद को उनके ज़ाहिरी शिष्य की तरह दर्ज किया लेकिन जो अधिक महत्त्वपूर्ण है वह यह कि

> उन्हें घाटी में ऋषि सिलसिले को लोकप्रिय बनाने की ज़िम्मेदारी ख़ुद सैयद ने सौंपी।[38]

शेख़ द्वारा मीर हमदानी के ज़ाहिरी शिष्यत्व अपनाने की बात को रफ़ीक़ी स्वीकार नहीं करते[39], दरअसल यह बात मानीखेज़ है और इस पर आगे हम विस्तार से बात करेंगे लेकिन अभी के लिए इन सभी बातों से जो सिद्ध होता है वह यह कि शेख़ नूरूद्दीन ने अपने किसी समकालीन से सीधी शिक्षा-दीक्षा नहीं हासिल की। आमतौर पर उन्हें उवैश सूफ़ी परम्परा का माना जाता है।

सूफ़ी परम्परा में उवैश परम्परा मुहम्मद साहब के समकालीन यमन के उवैश-अल-क़रनी से जुड़ी है। इस परम्परा के सूफ़ियों के बारे में विश्वास है कि दो व्यक्तियों के बीच बिना भौतिक मुलाक़ात के आध्यात्मिक ज्ञान का आदान-प्रदान हो जाता है। उवैश-अल-क़रनी की मुहम्मद साहब से कभी मुलाक़ात नहीं हुई थी लेकिन यह माना जाता है कि दोनों के बीच आध्यात्मिक ज्ञान का आदान-प्रदान हुआ था तथा मुहम्मद साहब ने अली को उनके बारे में बताया था और मुहम्मद साहब की मृत्यु के बाद अली उनसे मिले थे। बाद में वह अली के विश्वस्त साथी हुए तथा उनकी तरफ़ से लड़ते हुए सिफिन के युद्ध में शहीद हुए।‡‡ बाबा दाउद खाक़ी ने भी उन्हें उवैश ही कहा है।[40] रफ़ीक़ी सहित लगभग सभी विद्वान इस नुक़ते पर सहमत नज़र आते हैं। शेख़ नूरूद्दीन ने भी अपनी जो परम्परा चुनी है वह इसे स्पष्ट करती है। ऋषि परम्परा को स्थापित करती अपनी एक कविता में वह कहते हैं—

> अव्वल ऋषि अहमद (मुहम्मद) ऋषि
> दूसरे उवैश क़रनी हैं
> तीसरे ऋषि जुलकार ऋषि
> चौथे हज़रत पलास हैं
> पाँचवें ऋषि मीरां ऋषि
> छठे रूम ऋषि हैं
> मुझ सातवें को ग़लती से ऋषि कहा गया
> क्या मैं ऋषि कहलाने योग्य हूँ? मेरा नाम क्या है?[41]

यह कविता बेहद मानीखेज़ है। शेख़ नूरूद्दीन इसमें न केवल ख़ुद को उवैश परम्परा का घोषित करते हैं, बल्कि सीधे-सीधे इस्लाम की परम्परा में ख़ुद को शामिल करते हैं। इस पूरी परम्परा में ललद्यद नहीं हैं, अपनी स्थानीयता के बावजूद यह परम्परा इस्लाम की व्यापक परम्परा का हिस्सा है जिसका आरम्भ वह इस्लाम-पूर्व के किसी स्थानीय ऋषि से नहीं बल्कि मुहम्मद साहब से करते हैं। यह ऋषि शब्द भले वेदों से आया हो लेकिन शेख़ द्वारा शुरू की गई ऋषि परम्परा पूरी तरह से इस्लामी है। इस पर ठहर कर थोड़ा विस्तार से

---

‡‡विस्तार के लिए पाठक शेख़ मुहम्मद सईद अल-जमाल अर-रिफाई की पुस्तक *द चिल्ड्रेन अराउंड द टेबल ऑफ़ अल्लाह* देख सकते हैं।

बात करने की आवश्यकता है। ऋषि परम्परा को तत्कालीन सामाजिक-राजनीतिक संदर्भों में ही समझा जा सकता है।

वह दौर कश्मीर के सामाजिक-सांस्कृतिक संक्रमण का दौर था। हिन्दू धर्म अपनी ही कुप्रथाओं का शिक़ार हो कर बिखर रहा था और ललद्यद के उद्भव के साथ जातिवाद और पाखण्ड को लेकर उसके भीतर एक भारी उथल-पुथल थी। विकल्प के रूप में ईरान और दीगर जगहों से आये सूफ़ीवाद के प्रणेता हमदानी और उनके शिष्यों को न तो कश्मीरी समाज की कोई गहरी समझ थी न ही उनके फ़ारसी भाषा के प्रवचन आम कश्मीर जन तक पहुँच सकते थे। उन्होंने मूलतः सत्ता को प्रभावित करने और उसके इस्लामीकरण के साथ-साथ दरबार में प्रभावी स्थिति बनाने की कोशिशें कीं। हम आगे देखेंगे कि किस तरह बिहाक़ी सैयदों ने सत्ताधारी वर्ग के साथ वैवाहिक सम्बन्ध स्थापित कर दरबार के भीतर पैठ बनाई और भविष्य के सत्ता संघर्षों के हिस्सेदार बने। मूलतः मिशनरी प्रवृत्ति के बावजूद इनका प्रभाव सीमित ही रह सकता था या फिर तलवार के ज़ोर पर इस्लामीकरण की कोशिश हो सकती थी जैसी सिकंदर के समय में हुई। इसके विपरीत, शेख़ नूरूद्दीन की जड़ें एकदम स्थानीय थीं। कश्मीर के एक गाँव में पले-बढ़े शेख़ के माता-पिता उम्र के एक बड़े हिस्से में हिन्दू रहे थे। ज़ाहिर है उस संस्कृति और धार्मिक व्यवहार का ही प्रभाव उन पर नहीं होगा अपितु स्थानीय परम्परा में उपस्थित तमाम चीज़ों से उन्होंने सीखा होगा। कश्मीर में शैव ऋषि-योगी इस्लाम के पहले से रहे हैं और उनका समाज में बेहद सम्मान रहा है। हालाँकि ऋषि सिलसिले के सम्बन्ध में ऋषि शब्द की उत्पति को इस्लाम से जोड़ने की कई कोशिशें हुई हैं लेकिन अब यह आमतौर पर सहमति है कि नुन्द ऋषि ने ऋषि विशेषण हिन्दू परम्परा के वेदों से उद्भूत शब्द से ही लिया है जो उस दौर तक कश्मीरी भाषा में घुल-मिल गया था।[42] यह सिलसिला ज़ाहिर तौर पर सूफ़ी परम्परा का ही हिस्सा था, लेकिन सत्ताधारी वर्ग की जगह इसका मुख्य आधार आम जन थे और इसके व्यवहार कश्मीर में प्रचलित हिन्दू शैव ऋषि-योगी परम्परा तथा बौद्ध मान्यताओं के बेहद क़रीब थे। इस्लाम के प्रचारक होने के बावजूद शेख़ या उनके शिष्यों ने कभी दूसरे धर्मों से भेदभाव की बात नहीं की। ललद्यद की ही तरह उन्होंने बराबरी और सहिष्णुता की शिक्षाएँ दीं और हिन्दुओं तथा मुसलमानों दोनों का सम्मान हासिल किया। ऋषि परम्परा के चलते ही कश्मीर में एक ख़ास तरह की साझा संस्कृति पैदा हुई जिसमें दोनों धर्मों ने पारस्परिक सम्मान पर आधारित सहजीवन विकसित किया जहाँ दोनों एक-दूसरे के उत्सवों में शामिल होते थे और मछली तथा मटन तो खाते थे लेकिन गाय या सुअर का मांस नहीं खाया जाता था। 1980 के दशक में इसी साझा संस्कृति के लिए 'कश्मीरियत' शब्द का प्रचलन हुआ।'[43] डॉ. करण सिंह ऋषि सिलसिले को 'कश्मीर घाटी में एक अद्वितीय आध्यात्मिक एवं धार्मिक संश्लेषण' का जनक बताते हैं।[44] हालाँकि इसका अर्थ यह मान लेना कि दोनों धर्मों के बीच तनाव जैसी स्थितियाँ पैदा ही नहीं हुईं, अतिरेक होगा। लेकिन हम देखेंगे कि जब और जितनी वे पैदा हुईं उनके कारण धार्मिक से अधिक राजनीतिक थे, यही नहीं जैसे-जैसे बाहरी धार्मिक विचार कश्मीर घाटी में वर्चस्व की लड़ाई में मज़बूत हुए और ऋषि परम्परा का प्रभाव कम हुआ, यह ताना-बाना बिखरा। सत्ताओं की हिंसाएँ तो ज़ैन-उल-आब्दीन के बाद से ही

अलग-अलग रूपों में प्रभावी रहीं, लेकिन एक ख़ास तरह की सामाजिक संरचना भी कश्मीर के अन्दर बनती चली गई जो पिछली सदी के छठवें-सातवें दशक तक किसी न किसी रूप में मज़बूत रही और तमाम हमलों के बावजूद आज भी पूरी तरह से ख़त्म नहीं हुई है। कश्मीर समाज और चेतना पर शेख़ नूरूद्दीन का प्रभाव इस बात से समझा जा सकता है कि 2002 में प्रकाशित *द पार्चमेंट ऑफ़ कश्मीर* में मोहम्मद इशाक ख़ान कश्मीरी अस्मिता से सम्बन्धित अपने अध्याय की समाप्ति उनकी इस कविता से करते हैं—एक पिता की संतानों के बीच/क्यों पैदा करते हो तुम अवरोध/एक हैं हिन्दू और मुसलमान।[45]

मोहम्मद इशाक ख़ान बाबा दाउद मिश्काती के हवाले से कहते हैं कि शेख़ नूरूद्दीन के पहले ऋषि मूलतः हिन्दू योगी थे। शेख़ ने उनके आचरण से वैराग्य को निकालकर ऋषि परम्परा को सुहरावर्दी रहस्यवाद के अनुसार पुनर्जीवित किया।[46] हमने देखा है कि शेख़ नूरूद्दीन को सुहरावर्दी परम्परा से जोड़ने की कोशिशें लगातार हुई हैं, और बाबा मिश्काती का यह कथन भी उसी का हिस्सा लगता है। यह भी सच है कि अपनी कई कविताओं में शेख़ नूरूद्दीन ने शेख़ हमदानी के लिए सम्मान प्रकट किया है, लेकिन न तो अपनी परम्परा का ज़िक्र करते हुए वे शेख़ हमदानी का नाम लेते हैं न ही उनकी शिक्षाओं और उनके आचरण से कहीं सुहरावर्दी परम्परा का वैसा प्रभाव दीखता है। रफ़ीक़ी ने भी उन्हें उद्धृत किया है लेकिन उसमें सुहरावर्दी सिलसिले का ज़िक्र नहीं है। (रफ़ीकी-181) उनका निष्कर्ष है कि 'उन्होंने (शेख़ ने) हिन्दू योगी परम्परा को ही लिया और उनका इस्लामीकरण कर दिया।' (रफ़ीकी-181) बाबा दाउद मिश्काती ने ही एक स्थान पर उनकी जीवनशैली की तुलना हसन अल-बसरा से की है।[47] शेख़ के त्याग और तपस्या से संचालित जीवन की यह तुलना और सुहरावर्दी सिलसिले के ज़िक्र के बिना बाबा मिश्काती के पहले कथन का बाक़ी हिस्सा अधिक न्यायोचित लगता है।

असल में देखें तो हिन्दू योगियों और बौद्ध धर्म का सूफ़ीवाद पर प्रभाव पहली बार शेख़ नूरूद्दीन के यहाँ नहीं है बल्कि ग्यारहवीं सदी और उसके पहले से ही यह प्रभाव अलग-अलग रूपों में दीखता है। बायज़िद बस्तामी के यहाँ फ़ना और बक़ा की जो अवधारणा है, वह निर्वाण की अवधारणा से ही प्रभावित है। फ़ना और निर्वाण की तुलना करते हुए निकोलसन ने जहाँ निर्वाण को पूरी तरह नकारात्मक बताया है वहीं फ़ना में बक़ा अर्थात् आत्म के विलीनीकरण के बाद ख़ुदा को समर्पित अनंत जीवन अन्तर्निहित है।[48] हालाँकि निर्वाण को पूरी तरह नकारात्मक बताना एक ग़लत समझ पर आधारित है। हिन्दू दर्शन में निर्वाण की स्थिति अस्तित्व और अनस्तित्व से परे है। इस पर विस्तार से चर्चा यहाँ विषयांतर होगी लेकिन उत्सुक पाठक योगी-सूफ़ी अंतर्संबधों पर गहराई से जानने के लिए रिज़वी की इस पुस्तक के अलावा ऑनलाइन उपलब्ध *जर्नल ऑफ़ रॉयल एशियाटिक सोसायटी ऑफ़ ग्रेट ब्रिटेन एंड आयरलैंड* के वॉल्यूम 15 अंक 1 में छपा कार्ल डब्ल्यू. अर्नस्ट का लेख 'सिचुएटिंग सूफ़ी एंड योग' भी पढ़ सकते हैं। शेख़ नूरूद्दीन ने इसी परम्परा को कश्मीर घाटी की स्थानीय परम्पराओं के संदर्भ में अपनाया और ऋषि सिलसिले की स्थापना की।

ऋषि सिलसिले की शिक्षाएँ, व्यवहार और उसका दर्शन कई मामलों में उस दौर के दूसरे कश्मीरी सूफ़ियों से अलग था। यही वजह है कि उस दौर के तमाम इतिहास लेखकों ने उनके बारे में अलग से लिखा है जिससे उनकी विशिष्टताओं का पता चलता है। अबुल फ़ज़ल *तुज़ुक ए जहाँगीरी* में लिखते हैं कि 'इस देश (कश्मीर) में सबसे सम्मानित लोगों का वर्ग ऋषियों का है। हालाँकि उन्होंने इबादत के पारम्परिक तरीक़े (तक़लीद) नहीं छोड़े हैं लेकिन वे अपनी इबादत में सच्चे हैं। वे दूसरे धर्मों के लोगों की भर्त्सना नहीं करते। वे कामनाओं से मुक्त हैं और दुनियावी चीज़ों की फ़िक्र नहीं करते। वे सबकी भलाई के लिए आमतौर पर फलदार वृक्ष लगाते हैं। वे मांस नहीं खाते और शादी नहीं करते।'[49] जहाँगीर ने भी अबुल फ़ज़ल की बातों का समर्थन किया है।[50] दोनों ने ही अपने समय में (सोलहवीं सदी के पहले चतुर्थांश में) कश्मीर में दो हज़ार ऋषियों के होने का ज़िक्र किया है। बाबा दाउद खाकी, बाबा नसीब और ऐसे ही अनेक विद्वानों के लिखे से जो स्पष्ट निष्कर्ष निकलता है वह यह कि शेख़ नूरूद्दीन के ऋषि सिलसिले का ज़ोर त्याग, प्रेम, सहिष्णुता और इबादत पर था। मीट न खाना, ब्रह्मचारी रहना, दुनियावी सुख-सुविधाओं का पूर्ण त्याग, दूसरे धर्मों की भर्त्सना न करना, सुल्तान या उनके दरबारियों की जगह आम जन के बीच रहना, सरल कश्मीरी भाषा में प्रवचन देना और ज्ञान की जगह भक्ति और प्रेम को तरजीह देना ये कुछ ऐसे गुण थे जो एक तरफ़ कश्मीरी जनता के लिए सदियों से सम्मान के बायस थे तो दूसरी तरफ़ तत्कालीन इस्लामी धर्मगुरुओं के लिए असुविधाजनक भी। शेख़ की इन बातों के लिए बार-बार आलोचना हुई।[51] शरिया न तो मांस खाने से रोकता है न ही शादी करने से, लेकिन शेख़ ने ये दोनों चीज़ें परम्परा में हिन्दू योगियों से ली थीं और इन व्यवहारों ने उन्हें हिन्दू जनता के बीच स्वीकार्य बनाया। ऐसे में अनेक हिन्दू योगी और संत शेख़ नूरूद्दीन के प्रति आकर्षित हुए क्योंकि उनकी दृष्टि में उनके और शेख़ के लक्ष्य में कोई फ़र्क नहीं था।[52]

ऋषि सिलसिले के लिए साधना का सबसे प्रमुख तरीक़ा 'पस-ए-अनफ़ास' या साँसों पर नियंत्रण का है। यह योगी साधना की विधि प्राणायाम के क़रीब है और बायज़िद के समय से ही सूफ़ियों द्वारा अपनाया जाता रहा है। इसमें किसी धार्मिक ज्ञान की नहीं अपितु अभ्यास और तकनीक की आवश्यकता होती है। ऋषियों ने बस योगियों के अभ्यास में अल्लाह का नाम जोड़ दिया था। साँसों पर नियंत्रण के सहारे सांसारिक कामनाओं पर नियंत्रण और इस प्रक्रिया में हर तरह के भौतिक कष्टों का प्रसन्नता से अपनाया जाना ऋषि व्यवहार के मूल में था। इस सम्बन्ध में रफ़ीक़ी एक क़िस्सा उद्धृत करते हैं जिसमें शेख़ नूरूद्दीन एक ऐसे व्यक्ति से मिलने जाते हैं जिसने अपने शत्रु का क़त्ल कर दिया है और उसे अपने दुश्मन की हत्या पर बधाई देते हुए कहते हैं कि मेरी सहायता करो क्योंकि मैं अपने शत्रु का क़त्ल नहीं कर पा रहा। उस व्यक्ति के यह बताने पर कि उसने अपने एक रिश्तेदार की हत्या की है, शेख़ एक गहरी साँस लेकर कहते हैं—मुझे लगा तुमने अपने सच्चे शत्रु, सांसारिक कामनाओं की हत्या की है।[53] गर्व, क्रोध और लालच उनके लिए त्याज्य थे। अपनी एक कविता में वह कहते हैं कि 'गर्व को नरक में भेज देना चाहिए/ जहाँ वह ऐसे कोमल हो जाएगा/ जैसे आग में लोहा।' एक और जगह वह कहते हैं—'गर्व, क्रोध और लालच को त्यागे बिना सत्य की प्राप्ति नहीं हो सकती।' (रफ़ीक़ी-208) ऋषि सिलसिले की एक और विशिष्टता जो तत्कालीन सूफ़ियों

से उन्हें अलग करती है वह है विवाह को लेकर उनका दृष्टिकोण। स्त्री उनके लिए मोक्ष या बक़ा की राह में बड़ी बाधा थी और इसलिए वे ब्रह्मचर्य का पालन करते थे। एक क़िस्सा एक नर्तकी के साथ नुन्द ऋषि के व्यवहार का है जिसमें उन्होंने उसे कुरूप बना दिया क्योंकि वह उनकी साधना में बाधा पहुँचा रही थी, बाद में वह नर्तकी सूफ़ी बन गई। दूसरा क़िस्सा यह कि जब एक क़ुबरावी सूफ़ी सैयद हाज़ी मुराद ने अपने एक ऋषि मित्र से शादी की योजना के बारे में बताया तो उसने उनसे अपने सब ताल्लुकात ख़त्म कर लिए। ज़ाहिर है, स्त्री को लेकर किसी बराबरी का कोई विचार मध्यकाल की किसी अन्य महान परम्परा की तरह यहाँ भी अनुपस्थित था। वह तभी स्वीकार थी जब राबिया या ललद्यद हो जाए, पुरुषों की महानता में पुरुषों की नियमावली मानते हुए ही शामिल हुआ जा सकता था। यह मान्यता भी हिन्दू-बौद्ध संतों से ली गई है। लेकिन यह मान लेना कि वह एक मुस्लिम ऋषि के वेश में हिन्दू योगी थे, ग़लत होगा। उनके कथन इस बात के गवाह हैं कि इस्लाम की मूल शिक्षाओं में उनका विश्वास अक्षुण्ण था। एक ख़ुदा, क़यामत के दिन और बहिश्त-ओ-दोजख़ में उनका पूरा भरोसा था। अपनी एक कविता में वह कहते हैं—पहले मैं मुतमईन हुआ कि कोई और ईश्वर नहीं बस ख़ुदा है/फिर मैंने जानी ख़ुदाई हकीक़तें/पहले मैं भूला ख़ुद को और भटका ख़ुदा के पीछे/फिर मैं पहुँचा ला-मकान (जिसका कोई घर न हो, जो सर्वव्यापी हो यानी अल्लाह)। (रफ़ीक़ी-204) हाँ, वह इस्लाम के नाम पर पाखण्डों के ख़िलाफ़ थे। *क़ुरान* का प्रवचन कर बदले में धन लेने वाले मुल्लाओं की कटु आलोचना करते हैं—ओ मुल्ला तुम्हारी तस्बीह साँप की तरह है/ जब शागिर्द तुम्हारे आते हैं क़रीब/तुम गिनने लगते हो मनके/ एक के बाद एक छह बार करते हो भोजन दिन में /अगर तुम मुल्ला हो तो चोर कौन है? (रफ़ीक़ी-210)। अंधविश्वासी पंडितों और ढोंगी मुल्लाओं की उनकी यह आलोचना कबीर की याद दिलाती है। लेकिन कबीर से जो चीज़ उन्हें अलग करती है वह है धर्म का प्रचार और धर्म परिवर्तन में संलग्नता। ख़ान जब भक्ति और ऋषि आन्दोलन की तुलना करते हुए कहते हैं कि भक्ति सुधारक नानक और कबीर के विपरीत ऋषि इस्लाम के मूल सिद्धांतों को नहीं छोड़ते, वे मूर्ति की आलोचना करते हैं पर काबा की नहीं, वे ब्राह्मणवादी अनुष्ठानों की आलोचना करते हैं पर इस्लामी अनुष्ठानों की नहीं, वे ख़ुदा को फ़ना की हदों तक प्यार करते हैं लेकिन मानवता के कल्याण के लिए सक्रिय जीवन जीते हैं[54] तो कई सारे अर्ध सत्य कह रहे होते हैं। पहला तो यह कि नानक के सामने इस्लामी प्रतीकों की आलोचना का कोई एजेंडा था ही नहीं। दूसरे नुन्द ऋषि ख़ुद मुल्लाओं के अंधविश्वासों और पंडितों के पाखण्ड पर बराबर हमला कर रहे थे और तीसरा यह कि नानक और कबीर दोनों ने सक्रिय सामाजिक जीवन जिया था। नानक के सामने उद्देश्य सिख धर्म की स्थापना था जिसे मिशनरी उत्साह से उन्होंने पूरा किया और एक नए धर्म की स्थापना की। कबीर ऐसा कोई उद्देश्य लेकर नहीं चले थे। उन्हें सामाजिक रूप से निष्क्रिय कहना सिर्फ़ तभी संभव है जब यह मान लिया जाए कि उस दौर में सामाजिक सक्रियता का अर्थ केवल धर्म प्रचार था।

इस बात में कोई दो राय नहीं हो सकती कि शेख़ नूरूद्दीन और उनके बाद उनके शिष्यों ने इस्लाम के प्रचार और धर्म परिवर्तन के लिए हर संभव कोशिश की, भले यह उनका प्राथमिक उद्देश्य न रहा हो। रफ़ीक़ी और अन्य विद्वानों के यहाँ तमाम ऐसे क़िस्से मिलते हैं

जिससे इसकी पुष्टि होती है। उनके प्रमुख शिष्य बामुद्दीन से सम्बन्धित क़िस्सा इसे समझने के लिए काफ़ी होगा। बामुद्दीन बामजु में रहने वाले एक प्रसिद्ध ब्राह्मण सिद्ध थे जिनका नाम भूमा सिद्ध था। उनकी ख्याति थी कि वह अध्यात्मिक शक्ति के ज़ोर से एक साथ कई मंदिरों में पूजा करते थे। कहते हैं कि जब नूरूद्दीन ने उनके बारे में सुना तो उनसे मिलने और उन्हें इस्लाम स्वीकार कराने का तय किया। जब वह भूमा सिद्ध से मिलने गए तो ताज़ा ज़िबह की गई एक गाय का चमड़ा उन्होंने अपने कंधे पर डाला हुआ था जिसे देखकर भूमा सिद्ध नाराज़ हुए और उन्हें चले जाने को कहा। शेख़ ने जाने से इनकार किया तो भूमा ने उनसे उनका उद्देश्य पूछा। शेख़ ने कहा कि इन मनुष्य निर्मित मूर्तियों की पूजा करना छोड़कर इस्लाम अपना लो। दोनों में लम्बी बहस चली और अंत में भूमा ने उनसे इस्लाम की महानता सिद्ध करने के लिए जब कहा तो शेख़ ने मूर्तियों से बात की और मूर्तियाँ बोलने लगीं। इसके बाद भूमा ने इस्लाम अपना लिया और उनका नया नाम बामुद्दीन हुआ। (रफ़ीक़ी–215) ऐसे ही उनके चार प्रमुख शिष्यों में से तीन का उन्होंने धर्म परिवर्तन करवाया था। इसके अलावा भी शेख़ और उनके शिष्यों द्वारा धर्म परिवर्तन के तमाम क़िस्से मिलते हैं।

इस तरह ऋषि सिलसिले के व्यवहार और उनकी जीवन शैली ही उनकी शिक्षाएँ थीं। न तो उन्होंने अलग से कोई धर्मशास्त्र लिखा और न ही उनके किसी शिष्य ने, सीधी सादी कविताओं और अपने आचरण से उन्होंने इस परम्परा की स्थापना की जो उनकी मृत्यु के कई दशकों बाद भी कश्मीर में प्रभावी रही और आज भी कश्मीरी जन की अस्मिता के निर्माण में इसकी प्रभावी भूमिका है। रफ़ीक़ी ने उनके चार शिष्यों बामुद्दीन, ज़ैनुद्दीन, लतीफुद्दीन और नसरुद्दीन के ज़िक्र के अलावा उनके बाद के ऋषियों पर विस्तार से लिखा है। उनकी गतिविधियों के मुख्य केन्द्र बामजु, ऐश मक़दम, पुष्कर और चरार थे। इन जगहों से ही ऋषि परम्परा पूरे कश्मीर में फैली और फली–फूली। जहाँ पहले चरण में ऋषियों ने एकाकी और साधना को समर्पित जीवन बिताया वहीं अपने दूसरे चरण में नन्दी ऋषि जैसे कुछ ऋषियों ने अपने भविष्य के अनुयायियों के लिए बेहतर जीवन सुनिश्चित करने हेतु ज़मीन के रूप में उपहार स्वीकार किये और उन पर फलदार वृक्षों को लगाने में निःस्वार्थ भाव से लगे रहे। ज़ाहिर है कि यह सिलसिला स्थानीय परम्पराओं के समावेशन से इस्लाम का एक मानवीय और सहिष्णु रूप लेकर आया था जिसने कश्मीर के इस्लामीकरण में ही महत्त्वपूर्ण भूमिका नहीं निभाई बल्कि कश्मीर मानस के निर्माण में भी एक बड़ी भूमिका का निर्वहन किया। तत्कालीन कश्मीर समाज में शेख़ नूरूद्दीन के सम्मान का अंदाज़ा इस बात से लगाया जा सकता है कि जब नूरूद्दीन की मृत्यु हुई तो उनके जनाज़े में ख़ुद सुल्तान ज़ैन–उल–आब्दीन शामिल हुआ था।

संदर्भ सूची

1. देखें, पृष्ठ 18, *अ हिस्ट्री ऑफ़ सूफ़ीज़्म इन इण्डिया,* खण्ड 1, सैयद अतहर अब्बास रिज़वी, मुंशीलाल मनोहर लाल पब्लिशर्स प्राइवेट लिमिटेड, 1978
2. देखें, पृष्ठ 534, *अ हिस्ट्री ऑफ़ कश्मीर,* पी एन के बम्ज़ाई, तीसरा संस्करण, गुलशन पब्लिशर्स, श्रीनगर, 2002
3. देखें, पृष्ठ xliii, रफ़ीक़ी, *सूफ़ीज़्म इन कश्मीर फ्रॉम द फोर्टीन्थ टू सिक्सटीन्थ सेंचुरी*
4. देखें बीबीसी की वेबसाईट, http://www.bbc.com/news/world-middle-east-37287434
5. देखें, पृष्ठ 23, *अ हिस्ट्री ऑफ़ सूफ़ीज़्म इन इण्डिया,* खण्ड 1, सैयद अतहर अब्बास रिज़वी, मुंशीलाल मनोहर लाल पब्लिशर्स प्राइवेट लिमिटेड, 1978
6. देखें, वही, पृष्ठ 26
7. देखें, वही, पृष्ठ 23–24
8. देखें, वही, पृष्ठ–24
9. वही, पृष्ठ 25
10. देखें, पृष्ठ xlii, रफ़ीक़ी, *सूफ़ीज़्म इन कश्मीर फ्रॉम द फोर्टीन्थ टू सिक्सटीन्थ सेंचुरी*
11. विस्तार के लिए देखें, *द फेथ एंड प्रैक्टिस ऑफ़ अल-ग़ज़ाली,* डब्ल्यू मोंटगोमरी वाट, जार्ज एलेन एंड उन्विन लिमिटेड, लन्दन–1953
12. देखें, वही, xlvi
13. देखें, *ट्रेसिंग द जेनेसिस ऑफ़ कन्वर्ज़न : रोल ऑफ़ सूफ़ी मिशनरीज़ इन द इस्लामाइजेशन ऑफ़ कश्मीर,* एजाज़ हुसैन मलिक, इंटरनेशनल जर्नल ऑफ़ साइंटिफिक एंड रिसर्च पब्लिकेशन्स,खण्ड 3, अंक 6, जून–2013
14. देखें, *सूफ़ीज्म इन कश्मीर,* डॉ. जी.एच.मीर, सूफ़ी स्टडीज़ (ऑनलाइन संस्करण)
15. देखें, वही
16. देखें, पृष्ठ 132–33, *अ हिस्ट्री ऑफ़ सूफ़ीज़्म इन इण्डिया,* खण्ड 1, सैयद अतहर अब्बास रिज़वी, मुंशीलाल मनोहर लाल पब्लिशर्स प्राइवेट लिमिटेड, 1978
17. वही, पृष्ठ 15–16
18. वही, पृष्ठ 191–192
19. वही, पृष्ठ–116
20. वही, पृष्ठ–222
21. वही, पृष्ठ–225
22. वही, पृष्ठ–346
23. देखें, पृष्ठ 20, *कश्मीर : ट्रांजिशन टू इस्लाम : द रोल ऑफ़ मुस्लिम रिषीज,* मोहम्मद इशाक़ खान, मनोहर पब्लिशर्स, दिल्ली–1994
24. देखें,पृष्ठ–9, *औलिया-ए-कश्मीर,* मोहम्मद अहमद अंदराबी, खण्ड 1 (संपा.), मोहम्मद युसुफ टैंग, श्रीनगर–89
25. देखें, 17–19, *शेख़ नूरूद्दीन वली,* जी एन गौहर, साहित्य अकादमी, 1988
26. विस्तार के लिए देखें, पृष्ठ 9–12, *नुन्द ऋषि : यूनिटी इन डायवर्सिटी,* प्रोफ़ेसर बी एन परिमू, जम्मू एंड कश्मीर एकेडमी ऑफ़ आर्ट, कल्चर एंड लेंग्वेज, श्रीनगर 2007
27. देखें, वही, पृष्ठ 7,
28. देखें, पृष्ठ 94, *अ स्टॉर्म ऑफ़ सांग्स : इण्डिया एंड द आइडिया ऑफ़ भक्ति मूवमेंट,* जॉन स्टार्टन हाली, हावर्ड यूनिवर्सिटी प्रेस,लन्दन–2015
29. देखें, वही, पृष्ठ 18

30. देखें, पृष्ठ 9, *द लैंड आई ड्रीम ऑफ़-द स्टोरी ऑफ़ कश्मीर्स वुमन,* मनीषा शोभराजानी,हैचेट इंडिया, 2014, परिमू-10
31. देखें, पृष्ठ iv, *रफ़ीक़ी, सूफ़ीज़्म इन कश्मीर फ्रॉम द फोर्टीन्थ टू सिक्सटीन्थ सेंचुरी,* पृष्ठ 14, कश्मीर : *ट्रांजिशन टू इस्लाम : द रोल ऑफ़ मुस्लिम रिषीज,* मोहम्मद इशाक़ खान, मनोहर पब्लिशर्स, दिल्ली-1994
32. देखें, पृष्ठ 172, *नूरनामा,* संपादक : मोहम्मद अमीन क़ामिल. (यहाँ रफ़ीक़ी के शोध कार्य के पृष्ठ 184 से उद्धृत)
33. देखें, रफ़ीक़ी, 185
34. नूरनामा से परिमू द्वारा उद्धृत (पृष्ठ-46)
35. रफ़ीकी-190
36. देखें, पृष्ठ-64, *कश्मीर ट्रांजीशन टू इस्लाम : द रोल ऑफ़ मुस्लिम रिषीज़,* मोहम्मद इशाक खान, मनोहर पब्लिशर्स, दिल्ली
37. देखें, पृष्ठ-21, *नुन्द ऋषि : यूनिट इन डायवर्सिटी,* प्रो. बी.एन. परिमू, जम्मू एण्ड कश्मीर एकेडमी ऑफ़ आर्ट, कल्चर एण्ड लेग्वेज, श्रीनगर, 2007
38. पृष्ठ 83, *कश्मीर : ट्रांजिशन टू इस्लाम : द रोल ऑफ़ मुस्लिम रिषीज,* मोहम्मद इशाक़ खान, मनोहर पब्लिशर्स, दिल्ली-1994
39. रफ़ीकी— 191
40. वही, पृष्ठ 40
41. पृष्ठ 45, *कश्मीर : ट्रांजिशन टू इस्लाम : द रोल ऑफ़ मुस्लिम रिषीज,* मोहम्मद इशाक़ खान, मनोहर पब्लिशर्स, दिल्ली-1994
42. देखें, पृष्ठ 178-179, रफ़ीकी
43. देखें, अन्डरस्टैंडिंग कश्मीर एंड कश्मीरीज़, क्रिस्टोफर स्नोडेन, सी हर्स्ट एंड कंपनी (पब्लिशर्स) लिमिटेड, लन्दन-2015 (ऑनलाइन संस्करण)
44. देखें, पृष्ठ-43, *आई बिलीव : अ फिलॉसफी फॉर द ग्लोबल सोसायटी,* डॉ. कर्ण सिंह, राजपाल एंड संज़-2008, दिल्ली
45. देखें, पृष्ठ-9, *द पार्चमेंट ऑफ़ कश्मीर : हिस्ट्री, सोसायटी एंड पालिटी,* संपा : नायला अली खान, पाल्ग्रेव मैकमिलन, न्यूयार्क-2012
46. देखें, पृष्ठ-43, *कश्मीर : ट्रांजिशन टू इस्लाम : द रोल ऑफ़ मुस्लिम रिषीज,* मोहम्मद इशाक़ खान, मनोहर पब्लिशर्स, दिल्ली-1994
47. रफ़ीकी-272
48. देखें, रिज़वी-322, *अ हिस्ट्री ऑफ़ सूफीज़्म इन इण्डिया,* खंड 1, सैयद अतहर अब्बास रिज़वी, मुंशीलाल मनोहर लाल पब्लिशर्स लिमिटेड, 1978
49. देखें, पृष्ठ-191, रफ़ीकी, *सूफीज़्म इन कश्मीर फ्रॉम द फोर्टीन्थ टू सिक्सटीन्थ सेंचुरी*
50. देखें, वही, पृष्ठ-191
51. देखें, पृष्ठ-276, रफ़ीकी, *सूफीज़्म इन कश्मीर फ्रॉम द फोर्टीन्थ टू सिक्सटीन्थ सेंचुरी*
52. नूरनामा, बाबा नसीब (यहाँ एम.आई. खान की किताब *कश्मीर : ट्रांजिशन टू इस्लाम : द रोल ऑफ़ मुस्लिम रिषीज* से, पृष्ठ 38)
53. रफ़ीकी— 275
54. देखें, पृष्ठ-50, *कश्मीर ट्रांजीशन टू इस्लाम : द रोल ऑफ़ मुस्लिम रिषीज़,* मोहम्मद इशाक ख़ान, मनोहर पब्लिशर्स, दिल्ली-1994

5

शाहमीरी का अस्त और चक राजवंश (शिया-सुन्नी विवादों की शुरुआत)

नानी एक कहावत कहती थीं—जे केहू से न हारे, अपने जनमले से हारे।*

ज़ैन-उल-आब्दीन के अंतिम दिन अपने बेटों के विद्रोहों से जूझते गुज़रे। सुल्तान ने अपनी ख़ानदानी रवायत के मुताबिक अपने छोटे भाई महमूद को उत्तराधिकारी घोषित किया था, लेकिन उसकी मौत के बाद उसने अपने बड़े बेटे आदम की जगह मझले बेटे हाज़ी ख़ान को अपना जानशीन बनाने का फ़ैसला लिया। इस बाबत सूफ़ी मलिक हैदर चादुरा और जहाँगीर के हवाले से एक क़िस्सा सुनाते हैं। एक बार सुल्तान अपने बड़े बेटे के साथ वुलर झील में नौकायन के लिए गया। आदम उसे झील में डुबो कर मार देना चाहता था। लेकिन आधे रास्ते में सुल्तान ने उसे लौटकर तस्बीह लाने के लिए कहा। जब वह लौटा तो उसने देखा कि सुल्तान वहाँ तस्बीह हाथ में लिए आराधना में लीन है। उसे ग़लती का एहसास हुआ और वह लौटकर माफ़ी माँगने लगा। सुल्तान ने माफ़ तो कर दिया लेकिन एक शे'र कहा जिसका मानी है—बाप की हत्या करने वाला ताज का हक़दार नहीं है। अगर वह पा भी जाए तो छह महीने से ज़्यादा नहीं बैठ पाता गद्दी पर।[1] लेकिन इससे पैदा होने वाले असंतोष से वह ख़ूब परिचित था। इसीलिए दोनों को अलग-अलग रखने के लिए उसने 1451 में आदम को लद्दाख पर कब्ज़े के लिए भेज दिया और हाज़ी ख़ान को लोहारा का सूबेदार बना दिया। आदम फ़तेह हासिल करके लौटा और लूटा हुआ माल अपने बाप के क़दमों में रख दिया। हाज़ी ख़ान इससे सशंकित हुआ और अपने पुराने साथियों की सलाह को दरकिनार कर उसने श्रीनगर पर कब्ज़े के लिए खसों की सहायता से हीरापुर के रास्ते कश्मीर में प्रवेश किया। ख़बर मिलने पर सुल्तान ने सेना तो तैयार की लेकिन जंग टालने का सन्देश देकर पहले एक ब्राह्मण को दूत की तरह भेजा। हाज़ी के सिपहसालारों ने उसके कान काट कर वापस भेज दिया। हाज़ी को ख़बर मिली तो वह शर्मिन्दा हुआ और बाप से माफ़ी माँग कर जंग का इरादा छोड़ने का तय किया। लेकिन उसके सिपहसालार इसके लिए राज़ी नहीं थे। उधर अपने दूत

*भोजपुरी कहावत : जो किसी से नहीं हारता है अपने बच्चों से हार जाता है।

का यह हाल सुनकर सुल्तान गुस्से से पागल हो गया और हाज़ी की सेना पर आक्रमण कर दिया। पल्लशिला[†] में युद्ध हुआ। सुल्तान की सेना के सामने हाज़ी टिक नहीं पाया और बची-खुची सेना लेकर वहाँ से भागा। आदम ने अपनी सेना के साथ उसका पीछा किया और उसके अनेक क़रीबियों को मार डाला, वह हाज़ी को भी गिरफ़्तार करना चाहता था लेकिन सुल्तान के कहने से लौट आया। हाज़ी भागकर पहले हीरापुर और फिर भिम्बेर चला गया। इस जंग के बाद सुल्तान ने हाज़ी के तमाम सलाहकारों और साथियों की संपत्ति ज़ब्त कराके सज़ा ए मौत दे दी और आदम को अपना उत्तराधिकारी घोषित कर कामराज का सूबेदार बना दिया।

लेकिन सुल्तान की मुसीबतें यहाँ भी ख़त्म नहीं हुईं। आदम एक क्रूर और व्यभिचारी शासक सिद्ध हुआ जो दिन रात शिकार और महिलाओं में व्यस्त रहता। उसने पिता की दी हुई ज़मीनें छीन लीं और तरह-तरह से जनता को लूटने में लगा रहा। त्राहि माम् मच गई और जब यह सब ख़बर सुल्तान तक पहुँची तो उसने कड़ी हिदायत दी। लेकिन इन हिदायतों पर ध्यान देने की जगह उसने विद्रोह कर दिया और कश्मीर पर आक्रमण की योजना बनाने लगा। सेनायें लेकर वह क़ुतुबुद्दीनपुर पहुँचा और फ़िर ज़ैनागिर में अपने पिता पर आक्रमण के लिए आगे बढ़ा। आश्चर्यचकित सुल्तान ने सेनाओं को तैयार किया लेकिन अपनी सुनिश्चित हार सामने देख आदम कामराज लौट गया। आदम के इस व्यवहार से व्यथित ज़ैन उल आब्दीन ने सहायता के लिए हाज़ी ख़ान को बुलाया। लेकिन हाज़ी के लौटने के पहले ही 1459 में आदम ने सोपोर पर हमला कर वहाँ के सूबेदार की हत्या कर कब्ज़ा कर लिया। यह सुनकर सुल्तान ने एक बड़ी सेना सोपोर में भेजी, भयानक जंग हुई और आदम बुरी तरह पराजित हुआ। जब उसके सैनिक भागने के लिए झेलम नदी पार कर रहे थे तभी पुल टूट गया और तीन सौ सैनिक नदी में डूब गए। यह सुनकर बादशाह ख़ुद वहाँ पहुँचा और राहत के काम करवाए। इसी बीच उसे हाज़ी के बारामूला के पास पहुँचने की ख़बर मिली तो उसने बहराम ख़ान को भाई का एहतराम करने के लिए भेजा। सुल्तान ने हाज़ी ख़ान को एक बार फिर अपना जानशीन बनाने का एलान किया और उसके साथियों को जागीरें तथा खिलत अता कीं। हाज़ी ख़ान उसे हमेशा से बहुत पसंद था लेकिन वह शराबखोरी की उसकी आदत से परेशान था। लाख कोशिशों के बाद भी हाज़ी की यह आदत नहीं छूटी। इसी बीच आदम ख़ान के कुछ समर्थकों ने सुल्तान को उसे माफ़ करने पर राज़ी किया। आदम ख़ान को सूचना भेजी गई और वह लौटा। रास्ते में राजौरी के पास हाज़ी के बेटे हसन ख़ान ने उसे रोकने की कोशिश की लेकिन असफल रहा और एक बार फिर तीनों भाई श्रीनगर में एक साथ इकठ्ठा हुए। ऊपर-ऊपर गले मिलने के बावजूद उनमें किसी एकता की कल्पना बेमानी थी। लेकिन दरबारियों की कोशिश के बावजूद सुल्तान ने आदम को माफ़ नहीं किया।[2] आदम और हाज़ी की ओर से निराश सुल्तान ने बहराम को इस बात के लिए राज़ी करने की कोशिश की कि हाज़ी का साथ छोड़कर उत्तराधिकार स्वीकार करे लेकिन जब बहराम राज़ी नहीं हुआ तो सुल्तान चिढ़ गया और उसने किसी को भी अपना उत्तराधिकारी घोषित न करने का फ़ैसला किया।[‡] कश्मीर के इतिहास के सबसे महान शासक के तीन पुत्र उसी के शब्दों में क्रमशः लालची, शराबी और लम्पट थे।[3]

[†]परिमू ने इस जगह का नाम मरहिल्ला बताया है।

[‡]सूफ़ी के अनुसार उसने मरने से पहले हाजी खान को उत्तराधिकारी घोषित किया था।

लम्बी उम्र उसके लिए अभिशाप बन गई। पत्नी और कई प्रिय साथियों की मृत्यु के बाद वह विरक्त सा हो गया और अपना ध्यान पूजा-पाठ आदि में लगाने लगा। उसकी स्मृति खोने लगी और 12 मई 1470 को जब उसने अपनी अंतिम साँसें लीं तो बहराम की सलाह दरकिनार करते हुए हाज़ी ख़ान उस रात महल पर कब्ज़ा करने की जगह सुल्तान के पास चुपचाप बैठा रहा।[4] श्रीवर ने लिखा—'उस दिन किसी घर में नहीं पका भोजन/किसी घर से नहीं उठा धुआँ उस रात/सब जड़ हो गए थे आँसूओं से/कहा सबने विलाप करते हुए—बडशाह था वह।'

इसके बाद का दौर शाहमीरी के सूरज के डूबते जाने का है।

सुल्तान की मृत्यु के बाद आदम को सत्ता संघर्ष में हराकर हाज़ी ख़ान सुल्तान हैदर शाह के नाम से गद्दी पर बैठा, बहराम ख़ान को नागम की जागीर दी गई और हसन ख़ान को कामराज का सूबेदार बनाकर जानशीन घोषित किया गया। इसके साथ ही सुल्तान ने हसन की शादी सैयद मीराक हसन बिहाक़ी की बेटी से करवा दी तथा उसे बीरू और बांगिल जैसे मालदार ज़िलों की बागडोर सौंप दी।[5] यह दरबार में सैयदों की ताक़त बढ़ने की शुरुआत थी और स्थानीय सामंतों से उनके लागातार टकराव की स्थिति से शाहमीरी के पतन की भी। साथ ही हैदर शाह अपनी राजधानी नौशेरा से नौहट्टा ले गया। यह इतिहास में जाने-अनजाने एक अजीब सा संयोग बना। नौशेरा ज़ैन उल आब्दीन के सहिष्णु शासन का प्रतीक था तो नौहट्टा सिकंदर के कट्टर शासन का। उधर आदम ख़ान ने भी कोशिशें नहीं छोड़ीं। दरबार में उसके समर्थक अब भी थे और उनकी सहायता से वह कश्मीर पर कब्ज़े की योजनायें बना रहा था। लेकिन इसकी ख़बर सुल्तान तक पहुँच गई और उसने अपने विश्वस्त नाई पूर्णा के कहने पर आदम ख़ान के सहायक होने के शक़ में उस हसन काछी की हत्या करवा दी जिसने ज़ैन उल आब्दीन की आसन्न मृत्यु के समय ख़ज़ाने की चाभी उसे सौंप दी थी। यही नहीं, ज़ैन उल आब्दीन के समय आदम का समर्थन करने वाले सभी मंत्रियों की भी हत्या करवा दी गई। मज़ेदार है कि जैसे सिकंदर के सभी पापों का ठीकरा सुहा भट्ट पर थोप दिया जाता है वैसे ही हसन शाह के अपराधों के ठीकरे इतिहासकारों ने पूर्णा नाई (लूली) पर फोड़े हैं। ख़ैर, इस ख़बर से आदम डर गया और उसने अपनी योजना मुल्तवी कर दी। उसी दौरान जम्मू के राजा और अपने मामा मानिक देव के साथ तुर्कों से लड़ता हुआ आदम मारा गया। हाज़ी ख़ान ने पूरे सम्मान से उसका कफ़न-दफ़न किया और पिता की क़ब्र के पास ही उसकी क़ब्र बनवाई।[6]

हैदर शाह एक शराबी और लम्पट सुल्तान सिद्ध हुआ जिसने अपने महान पिता की नीतियों को सर के बल खड़ा कर दिया। मंत्री स्वेच्छाचारी हो गए और राज्य में अराजकता फैल गई। बिहाकी सैयदों ने धार्मिक कट्टरपंथ की नीतियाँ लागू करनी शुरू कर दीं। धर्म परिवर्तन और मंदिरों के ध्वंस का दौर फिर शुरू हुआ। हसन ख़ान ने इसका विरोध किया तो उसे पुंछ और राजौरी में शान्ति स्थापित करने के लिए भेज दिया गया। शराब और औरतखोरी में डूबे हैदर शाह, लूली तथा बिहाक़ी सैयदों के अत्याचार से परेशान प्रजा और आदम ख़ान की मृत्यु ने हमेशा सुल्तान का दाहिना हाथ रहे बहराम ख़ान को सत्ता अपने हाथ

में लेने का अवसर दिया। वह सफल भी हो जाता लेकिन उसी समय हसन शाह लौट आया। इसी बीच सत्ता पाने के दो साल से कम समय के अन्दर ही सुल्तान शराब के नशे में सीढ़ियों से गिरकर मर गया और उसका शहज़ादा सुल्तान हसन शाह के नाम से गद्दीनशीन हुआ। हसन शाह अपनी राजधानी फिर से नौशेरा ले गया और पिता की नीतियों से उलट अपने दादा की तरह ही धार्मिक सहिष्णुता की नीतियाँ अपनाईं। उसने मुल्ला अहमद यातू को मलिक की पदवी देकर वज़ीर ए आज़म बनाया और नागम की जागीर दी, पिता के समय गिरफ़्तार किये गए लोगों को आम माफ़ी दी तथा जनता पर अत्याचार करने वालों को जेल भेजा। जनता ने राहत महसूस की लेकिन कई दरबारियों को यह सब नागवार गुज़रा। आत्मनिर्वासन में चल रहे बहराम ख़ान को न्यौता भेजा गया और मौके का इंतज़ार कर रहे बहराम ने कामराज पर कब्ज़ा कर लिया। इस मौके पर हसन शाह ने बेहद परिपक्वता दिखाते हुए जनता का आह्वान किया और अंततः दुलीपुरा में हुए युद्ध में बहराम और उसके पुत्र को गिरफ़्तार कर लिया गया। उसकी आँखें निकाल कर पुत्र सहित जेल में डाल दिया गया और तीन साल बाद बहराम ख़ान की मृत्यु के साथ हसन शाह के समक्ष प्रतिद्वंद्विता का यह संकट हमेशा के लिए ख़त्म हो गया।

हसन शाह के समय की एक बड़ी घटना पंजाब के सूबेदार और सुल्तान बहलोल लोदी के चाचा तातार खाँ लोदी का आक्रमण थी। तातार ने आदम ख़ान के पुत्र फ़तह ख़ान को शरण दी हुई थी। उसने दक्षिणी कश्मीर के सीमावर्ती इलाक़ों पर कब्ज़ा कर लिया। जम्मू के राजा अजबदेव को इससे ख़तरा महसूस होना स्वाभाविक था, बावजूद इसके कि फ़तह शाह रिश्ते में उनका भांजा था। उन्होंने पुंछ और राजौरी के राजाओं के साथ फ़तह शाह से सम्पर्क किया और साथ का भरोसा दिया। फ़तह शाह ने अपने विश्वस्त सेनापति मलिक ताज़ी भट्ट के नेतृत्व में सेनायें रवाना कीं और जम्मू, पुंछ तथा राजौरी की राजपूत सेनाओं के साथ मिलकर ताज़ी भट्ट ने तातार ख़ान की सेना को धूल चटा दी लेकिन फ़तह ख़ान भागने में क़ामयाब रहा। सियालकोट हसन शाह के कब्ज़े में आ गया और इस तरह आंतरिक के साथ-साथ बाहरी ख़तरों से भी वह आज़ाद हो गया।[7]

हसन शाह के समय में एक और महत्त्वपूर्ण घटना हुई। ज़ैन-उल-आब्दीन के बाद बिहाक़ी सैयद दरबार में काफ़ी मज़बूत हो चुके थे। अब वह एक धार्मिक समूह की जगह शक्तिशाली राजनैतिक समूह के रूप में उपस्थित थे। सुल्तान के ससुर सैयद मीराक हसन बिहाक़ी के नेतृत्व में वे दरबार के अन्दर के षड्यंत्रों में निरंतर शामिल रहते और स्थानीय सामंतों से उनकी प्रतिस्पर्धा राज्य में अशांति पैदा कर रही थी। धर्म को लेकर भी उनका रवैया असहिष्णु था जो कश्मीरी समाज के अनुकूल नहीं था। आगे हम देखेंगे कि शिया-सुन्नी विवाद में उन्होंने किस तरह की भूमिका निभाई। सुल्तान ने कड़ा निर्णय लेते हुए मीराक़ हसन सहित बिहाक़ी सैयदों को राज्य से निष्कासित कर दिया। (परिमू-181)

इन सबसे मुक्त होकर हसन शाह ने अपना ध्यान राज्य के प्रबंधन पर लगाया। हालाँकि संगीत, साहित्य, कला और निर्माण में उसकी रुचि अपने दादा की तरह ही थी और उसने दर्शन, संगीत और साहित्य का गहरा ज्ञान प्राप्त किया था लेकिन 1200 संगीतकारों

और इतनी ही नृत्यांगनाओं से भरी सभा का ख़र्च राज्य के ऊपर बोझ ही बना, ऊपर से तातार लोधी से युद्ध में भारी ख़र्च और पिता से विरासत में मिली शराब की आदत के चलते उसे न केवल मुद्रा को अवमूल्यित करना पड़ा बल्कि राज्य के कल्याण पर भी असर पड़ा। उसके जीवन का उत्तरकाल किसी त्रासदी सा है। हालाँकि परिमू, मोहिबुल हसन और एम.डी. सूफ़ी ने निज़ामुद्दीन की तबाक़त ए कश्मीर और श्रीवर सहित अनेक स्रोतों से अलग-अलग घटनाक्रम दिए हैं लेकिन उन सबसे निकल कर जो क़िस्सा सामने आता है वह यह कि हसन शाह के शहज़ादे मुहम्मद शाह के अभिभावकत्व को लेकर ताज़ी भट्ट और अहमद यातू के बीच प्रतिद्वंद्विता शुरू हो गई। सुल्तान ने ताज़ी भट्ट को मुहम्मद शाह का अभिभावक बनाया था जबकि अहमद यातू के पुत्र नौरोज़ को अपने छोटे शहज़ादे हुसैन ख़ान का। तातार लोधी को हराने से बढ़ा ताज़ी का महत्त्व अहमद यातू को खटकने लगा। षड्यंत्र रचे जाने लगे, सुल्तान को उसके ख़िलाफ़ भड़काया गया और अंततः सैयदों को वापस बुलाया गया। नतीजा यह कि ताज़ी और यातू दोनों ही ठिकाने लगा दिए गए और बिल्लियों की लड़ाई में बन्दर ने दरबार के अन्दर न केवल ताक़त फिर से हासिल कर ली बल्कि वज़ीर-ए-आज़म का रुतबा भी। सुल्तान शराब, संगीत और नृत्य में मसरूफ़ था और सत्ता की बागडोर पूरी तरह से बिहाक़ी सैयदों के हाथ में आ गई। राज्य में लूट, रिश्वत, अय्याशी और धार्मिक असहिष्णुता बेतहाशा बढ़ने लगी तो दरबार के भीतर षड्यंत्रों का खेल अपने उरूज़ पर पहुँचने लगा। शाहमीरी का अंत अब दीवारों पर लिखा देखा जा सकता था। 1484 के अप्रैल-मई में जब हसन शाह को अपनी आसन्न मृत्यु स्पष्ट दिखने लगी तो उसने अपने वज़ीर ए आज़म से आदम ख़ान के पुत्र फ़तह ख़ान को बुलाकर राज्य की कमान सौंपने के लिए कहा क्योंकि उसके दोनों बेटे अभी कमसिन थे। लेकिन सैयदों को यह समय अपनी सत्ता स्थापित करने के लिए सबसे माकूल लगा और अपनी बेटी हयात ख़ातून को समझा-बुझा कर हसन शाह की मृत्यु के बाद उसने सात साल के मुहम्मद ख़ान को सुल्तान मुहम्मद शाह की पदवी के साथ गद्दी पर बिठाया और इस तरह राज्य की कमान अपने हाथ में ले ली। इस्लाम की दुहाई देने वाले सैयद मीराक़ हसन बिहाक़ी के लिए सुल्तान की आख़िरी इच्छा का सम्मान अपनी महत्त्वाकांक्षाओं के आगे बौना पड़ गया।

यहाँ से शुरू होती है उठा-पठक और षड्यंत्रों की वह कहानी जो कश्मीर के इतिहास में अपनी तरह की अनूठी है। नौवीं सदी में पार्थ और उसके पुत्रों का सत्ता संघर्ष हमने देखा था। दरबारियों का वैसा ही खेल फिर शुरू हुआ। मुहम्मद शाह और फ़तह शाह के बीच अगले 32 सालों तक चला चूहे-बिल्ली जैसा खेल असल में दरबार के भीतर मागरे, चक और सैयदों के वर्चस्व का खेल था, जिसमें चार बार मुहम्मद शाह (1484-86, 1493-1505, 1514-15 और 1516-28) और तीन बार फ़तह शाह (1486-93, 1505-14 और 1515-16) गद्दी पर बैठे, हालाँकि फ़तह शाह की मृत्यु के बाद दो सुल्तानों के अंतराल पर मुहम्मद शाह एक और बार गद्दी पर बैठा (1530-37) इस षड्यंत्र और घटनाक्रम पर बहुत विस्तार से लिखना यहाँ ज़रूरी नहीं है, लेकिन इस दौर में इस्लाम के भीतर हुई उथल-पुथल महत्त्वपूर्ण है।

शाहमीरी के अंतिम वर्ष और शिया-सुन्नी टकराव : शमसुद्दीन इराक़ी का आगमन

शेख़ शमसुद्दीन मोहम्मद अल-इस्फ़हानी ने हसन शाह के शासन के अंतिम वर्षों (1477) में खुरासान के शासक सुल्तान हुसैन मिर्ज़ा के दूत के रूप में प्रवेश किया। मूलतः इराक़ का होने की वजह से उसे आमतौर पर शमसुद्दीन इराक़ी के नाम से जाना जाता है। वह सैयद मुहम्मद नूरबख़्श खिस्तानी द्वारा पंद्रहवीं शताब्दी में इरान में स्थापित किये गए नूरबख़्शिया सिलसिले से थे और उनके पुत्र तथा आध्यात्मिक उत्तराधिकारी शाह क़ासिम फैज़बख़्श के शिष्य थे। नूरबख़्शिया सिलसिला शिया परम्परा का सूफ़ी सिलसिला था। हालाँकि यह सिलसिला कश्मीर और बाल्टिस्तान में पहले ही आ चुका था लेकिन उस समय तक कश्मीर में जो प्रभावी सूफ़ी सिलसिले थे वे मुख्यतः सुन्नी परम्परा के ही थे।[8] शमसुद्दीन इराक़ी का मुख्य उद्देश्य कश्मीर में शिया सम्प्रदाय का प्रचार-प्रसार करना था। हालाँकि कश्मीर में शिया पहले से भी थे लेकिन एच.ए. आल्टर ने इराक़ी को प्रभावी रूप से कश्मीर में शिया सम्प्रदाय को लाने का श्रेय दिया है।[9] यहाँ यह बता देना उचित होगा कि रिंचन का धर्म परिवर्तन कराने वाले सैयद बुलबुल शाह और कश्मीर के इस्लामीकरण के लिए ज़िम्मेदार माने जाने वाले सैयद अली हमदानी को भी शिया ही माना जाता है लेकिन इसे लेकर सर्वसम्मति का अभाव है।[10]

शमसुद्दीन इराक़ी जब पहली बार कश्मीर में आया तो अफ़रा-तफ़री का माहौल था और सत्ता पूरी तरह से बिहाक़ी सैयदों के हाथ में थी। हसन शाह की मृत्यु के बाद बालक मुहम्मद शाह के समय तो सत्ता सीधे सैयद मीराक़ हसन बिहाक़ी के नियंत्रण में थी। सैयद सुन्नी सम्प्रदाय के मानने वाले थे और इसलिए एक राजदूत के रूप में खुला धर्म प्रचार करना शमसुद्दीन इराक़ी के लिए संभव नहीं था लेकिन उसने इसे नूरबख़्शिया सूफ़ी परम्परा के तहत अनौपचारिक रूप से प्रचारित करना जारी रखा और बाबा इस्माइल क़ुबरावी तथा बाबा अली नज़र को शिया सम्प्रदाय में लाने में सफल रहा।[11] बाबा इस्माइल क़ुबरावी कश्मीर में उस समय काफ़ी प्रतिष्ठित संत थे और इसका लाभ शमसुद्दीन इराक़ी को मिला। वह उनके शिष्यों को विभाजित करने में सफल रहा तथा बहुत से लोगों को अपने प्रभाव में ले लिया। उसके प्रभाव में आने वाला एक प्रमुख सामंत था मूसा रैना जो दरबार में प्रभावी डांगर समूह से था और समकालीन राजनीति में गहरा असर रखता था। यह ख़बर जब सैयदों के कान में पड़ी तो उसे आठ सालों के लिए कश्मीर से निकाल दिया गया।

इधर कश्मीर में घटनाचक्र तेज़ी से बदल रहा था। स्थानीय सामंतों और सैयदों के बीच तनाव बढ़ता ही जा रहा था। स्थानीय जनता और सामंतों के प्रति अपने उच्चताबोध और उद्दंड व्यवहार, जाति प्रथा के विरोध और संस्कृत तथा कश्मीरी के प्रति अवहेलनात्मक रवैये के कारण उनके प्रति कश्मीर में क्षोभ बहुत बढ़ गया था। फलस्वरूप स्थानीय कश्मीरी सामंतों ने जम्मू के राजा परशुराम की सहायता से, जो तातार ख़ान के आक्रमण के डर से उन दिनों श्रीनगर में था, सैयदों के ख़िलाफ़ षड्यंत्र रचा। सौ से अधिक सैनिक रात में नौशेरा के क़िले में घुस गए और जब सैयद मीराक़ी अगले दिन सुबह दरबार में था तब उन्होंने उसकी हत्या कर दी। हालाँकि, उसके बेटे सैयद हसन को यह सूचना पहुँची

तो उसने अपने भाई के साथ मिलकर क़िले पर कब्ज़ा कर लिया। इसके बाद इदी रैना ने बहराम ख़ान के पुत्र युसुफ़ ख़ान को रिहा कर गद्दी पर बैठने की योजना बनाई लेकिन सैयद अली बैहाक़ी को इस योजना का पता चल गया और उसने युसुफ़ ख़ान की हत्या करवा दी। सैयदों और स्थानीय सामंतों के बीच का यह संघर्ष बद से बदतर होता चला गया और अंततः स्थानीय सामंतों ने सैयदों को हराने में सफलता पाई और उन्हें कश्मीर से एक बार फिर निष्कासित कर दिया गया। जहाँगीर मागरे को प्रधानमंत्री बनाया गया और इस अभियान में प्रमुख भूमिका निभाने वाले राजा परशुराम को उपहार देकर जम्मू भेज दिया गया।

लेकिन स्थानीय सामंतों की एकता भी सैयदों के जाते ही बिखरने लगी। जहाँगीर मागरे के बढ़ते प्रभाव से उपजी ईर्ष्या में उन्होंने उन दिनों जालंधर में रह रहे फ़तह ख़ान को कश्मीर आमंत्रित किया और सहायता का वचन दिया। फ़तह ख़ान 1485 के मध्य में कश्मीर की ओर बढ़ा और कलामपुर में शाही सेनाओं के साथ उसका सामना हुआ जिसमें अंततः शाही सेना विजयी रही, फ़तह ख़ान के अनेक महत्त्वपूर्ण साथियों को गिरफ़्तार कर लिया गया और उसे वापस पंजाब भागना पड़ा। लेकिन अगले साल ही फ़तह ख़ान ने फिर से सेना एकत्र की और कश्मीर पर आक्रमण कर दिया। उसके विश्वस्त सैफ़दर ने श्रीनगर पहुँच कर फ़तह ख़ान के साथियों को रिहा कर दिया। नागम परगना के करेवा नामक स्थान पर युद्ध हुआ और इस बार भी फ़तह ख़ान जहाँगीर मागरे की रणनीति के चलते भागने पर मजबूर हुआ। लेकिन इस बार पंजाब लौटने की जगह उसने जम्मू पर कब्ज़ा कर लिया। अपने पक्ष को मज़बूत करने के लिए मागरे ने सैयदों को वापस बुलाकर उनसे समझौता कर लिया और फ़तह ख़ान पर आक्रमण कर दिया। गस उदर में हुए इस युद्ध में भी फ़तह ख़ान को हार का सामना करना पड़ा लेकिन फ़तह ख़ान ने कुछ ही महीनों बाद एक बार फिर कोशिश की। दामोदर घाटी में शाही सेनाओं से हुए इस युद्ध में फ़तह ख़ान फ़तहयाब हुआ, मागरे घायल होकर भाग गया और सैयदों ने मागरे का साथ छोड़कर फ़तह ख़ान का दामन थाम लिया और वह फ़तह शाह के नाम से गद्दीनशीन हुआ। मुहम्मद शाह को उसी के महल में नज़रबंद कर लिया गया और सुख सुविधाएँ बदस्तूर मिलती रहीं। सैफ़दर को वज़ीर ए आज़म बनाया गया।[12] फ़तह शाह एक धार्मिक और नैतिक शासक था जो शराब या अन्य व्यसनों से दूर था।[13] जिसने शासन व्यवस्था को पटरी पर लाने के लिए सामंतों पर नियन्त्रण की भरपूर कोशिश की लेकिन दरबारियों की बदलती निष्ठाएँ और षड्यंत्र बदस्तूर जारी रहे। उसे पहली चुनौती सैफ़दर से ही मिली तो उसने नुसरत रैना, शाहरंग रैना, मूसा रैना और शम्स चक के साथ मिलकर सैफ़दर को रास्ते से हटा दिया और शम्स चक नया वज़ीर ए आज़म बना। कालान्तर में सैयदों ने जहाँगीर मागरे के पुत्र इब्राहीम मागरे और ईदी रैना की सहायता से शम्स चक को हराकर फ़तह शाह को गद्दी से हटाकर 1493 में एक बार फिर मुहम्मद शाह को गद्दी पर बिठा दिया। षड्यंत्र बदस्तूर जारी रहे, सुल्तान ने सैयद मुहम्मद शाह, इब्राहिम मागरे और मूसा रैना ने शम्स चक को गिरफ़्तार करने के लिए उस पर आक्रमण कर दिया, मूसा रैना ने विपरीत स्थितियों में असाधारण वीरता का प्रदर्शन किया तो उसे एक जागीर दी गई। लेकिन मूसा रैना उससे संतुष्ट नहीं था। इसी दौरान शमसुद्दीन

इराक़ी दुबारा कश्मीर में आया। बाबा अली नज़र तब तक प्रभावी संत हो चुका था और मूसा रैना का साथ मिलने से शमसुद्दीन इराक़ी के लिए कश्मीर में शिया सम्प्रदाय का प्रचार करना आसान हो गया। लेकिन इसकी वजह सैयद मुहम्मद से उसके सम्बन्ध ख़राब हो गए। सैयद ने वज़ीर ए आज़म की अपनी स्थिति का फ़ायदा उठाकर शमसुद्दीन इराक़ी को एक बार फिर कश्मीर से निष्कासित कर दिया। पहले से खार खाए बैठे मूसा रैना ने हाज़ी पादर और इब्राहिम मागरे के साथ मिलकर फ़तह शाह को फिर से कश्मीर आने का न्यौता दिया। ज़ैनाकोट के पास मुक़ाबला हुआ और शाही फौज विजयी रही। लेकिन अगली ही सुबह फ़तह शाह ने अपनी सेनाओं को फिर से एकत्र किया और भारी मुक़ाबला हुआ, सैयद मुहम्मद मारा गया तथा मुहम्मद शाह भागकर नौशेरा में शरणागत हुआ।[14]

फ़तह शाह ने निर्वासन के समय साथ रहे शम्स चक को वज़ीर ए आज़म का ओहदा दिया। उसके इस क़दम ने मागरे, रैना तथा बाक़ी स्थानीय सामंतों को नाराज़ कर दिया। विडम्बना देखिये कि शम्स चक की नीतियों और शत्रुओं के अति–उत्साही सफ़ाए के चलते सुल्तान भी उसके ख़िलाफ़ हो गया और शम्स चक को गिरफ़्तार कर कारागार में ही उसकी हत्या करवा दी गई और मूसा रैना नया वज़ीर–ए–आज़म बना। अगले नौ साल मूसा रैना के साथ–साथ शमसुद्दीन इराक़ी का प्रभाव बढ़ते जाने के साल थे। मूसा ने उसके लिए ज़ादीबल में एक ख़ानक़ाह का निर्माण कराया और जागीर अता की। शम्स चक के समर्थक क़ाज़ी चक, सारंग चक और मीर चक भी शमसुद्दीन इराक़ी के प्रभाव में आ गए और शिया सम्प्रदाय अपना लिया।[15] मूसा रैना की सरपरस्ती में चले धर्मांतरण अभियान में शमसुद्दीन ने शिया सम्प्रदाय के मिशनरी प्रचार के लिए हर जायज़–नाजायज़ रास्ता अपनाया, ज़ैन–उल–आब्दीन के समय के सारे सहिष्णु आदर्शों को ताक पर रख दिया गया, कश्मीरी पंडितों का तलवार की नोक पर धर्म परिवर्तन कराया गया, अनेक मंदिरों को ध्वस्त कर दिया गया जिनमें श्रीनगर और आस–पास के 18 बड़े मंदिर शामिल थे।[16] ज़हीन ने सुल्तान हसन मिर्ज़ा शाह ने अपनी किताब *तारीख़ ए हसन* के हवाले से बताया है कि इस दौर में चौबीस हज़ार हिन्दुओं को शिया इस्लाम अपनाने पर मजबूर किया गया। यही तथ्य बहारिस्तान ए शाही में भी दर्ज है। शुक ने भी इस तथ्य की पुष्टि की है—मेराशेष (मीराक़ी) की सलाह पर सोमचंद्र (मूसा) ने मंदिरों से जुड़े लोगों को गिरफ़्तार कर लिया, ब्राह्मणों की ज़मीनें हड़प ली गईं और उसे मीराक़ी के सेवकों में बाँट दिया गया...भगवान मूर्तियों से पलायन कर गए क्योंकि बिना ऐसा हुए मंदिरों को कैसे लूटा जा सकता था ?[17] मूसा रैना का नौ साल का यह शासन जहाँ शिया सम्प्रदाय के विस्तार का स्वर्ण काल था वहीं कश्मीरी हिन्दुओं के लिए सिकंदर बुतशिक़न के बर्बर शासन की वापसी जैसा था, जिससे जनता में भारी असंतोष फैल गया। इसका फ़ायदा उठाया दरबार के अन्य सामंतों ने। उसकी हिन्दू विरोधी नीतियों का फ़ायदा उठाकर उन्होंने उसे जनता के बीच बदनाम कर दिया और फिर इब्राहिम मागरे, जहाँगीर पादर, उस्मान डार और काछी चक ने साथ मिलकर 1513 में उस पर हमला कर दिया। जंग में हारकर भागते हुए मूसा रैना घोड़े से गिरकर मर गया और काछी चक नया वज़ीर ए आज़म बना।

यहाँ एक उपकथा यह है कि मूसा रैना के मरने के बाद कांता भट्ट (निर्मल कांत)

नामक एक कश्मीरी पंडित ने उसके समय में हुए धर्मांतरण को पलटने के लिए शुद्धि अभियान चलाया। अधिकतर धर्मान्तरित लोगों को पुनः हिन्दू बना लिया गया।

इसी बीच मुहम्मद शाह दिल्ली के सुल्तान सिकंदर लोदी की सहायता से एक बार फिर सत्ता पर कब्ज़ा करने में सफल रहा, इस बार काछी चक उसके साथ था और बदले में उसे वज़ीर ए आज़म का ओहदा मिला। लोग मूसा रैना के आतंक के राज से परेशान थे तो काछी चक ने वह भुला दिया, आतंक की लक़ीर को और लंबा करके। शमसुद्दीन इराक़ी के कहने पर उसने शुद्धि से हिन्दू बने लोगों को सबक सिखाने का फ़ैसला लिया और 1518 में 800 से अधिक हिन्दू नेताओं को बेरहमी से क़त्ल कर दिया गया और भय तथा आतंक के इस माहौल में बचे हुए हिन्दुओं ने चुपचाप वापस इस्लाम अपना लिया।[18] शुक लिखते हैं— मुसलमानों का जो दमन सैयदों के समय शुरू हुआ था वह मूसा रैना और क़ाज़ी चक के समय अपने अंजाम पर पहुँचा दिया गया।

1519 में नौशेरा में सुल्तान फ़तह शाह की मृत्यु हो गई। मुहम्मद शाह ने उसे पूरे सम्मान से उसके पिता की क़ब्र के पास दफ़न किया। अब्दाल मागरे, लोहार मागरे, इदी मागरे और जहाँगीर पादरू ने 1521 में नागम क़िले पर कब्ज़ा करके फ़तह शाह के बेटे सिकंदर शाह को सुल्तान घोषित कर दिया। लेकिन काछी चक ने उनका षड्यंत्र विफल कर दिया और उन्हें कश्मीर से भागना पड़ा। इस घटना के बाद काछी चक ने मागरे सामंतों को साथ मिलाने की कोशिश की और वैवाहिक सम्बन्ध स्थापित किये, लेकिन मुहम्मद शाह इनकी एकता से सशंकित हो गया और उसने दोनों के बीच दरार बढ़ाने की लगातार कोशिशें कीं। हालात यहाँ तक पहुँचे कि उम्र भर वफ़ादार रहे अपने श्वसुर काछी चक के ख़िलाफ़ उसने मागरे सामंतों से एकता कर ली और काछी को कश्मीर छोड़ कर जाना पड़ा। इसके बावजूद जब सिकंदर ख़ान 1525 में मुगलों की एक टुकड़ी की सहायता से कश्मीर पर कब्ज़े के लिए जा रहा था तो काछी चक ने अपनी सेनाओं के साथ उसका मुक़ाबला किया और अंततः उसे गिरफ़्तार कर लिया। इसके बाद मुहम्मद शाह ने उसे फिर न्यौता भेजा और सिकंदर शाह की आँखें निकलवा कर उस ख़तरे को हमेशा के लिए ख़त्म कर दिया। इस तरह 1526 में जब शमसुद्दीन इराक़ी की मृत्यु हुई तो उसका प्रिय काछी चक एक बार फिर सत्ता में था।

षड्यंत्रों के खेल चलते रहे। ज़ाहिर है कि काछी अब मुहम्मद शाह पर भरोसा नहीं करता था तो 1528 में उसने अचानक एक दिन उसे गिरफ़्तार कर लोहाकोट में डाल दिया और उसके बेटे इब्राहिम ख़ान को इब्राहिम शाह के नाम से गद्दी पर बिठा दिया। उधर अब्दाल मागरे मुग़ल बादशाह बाबर की मदद पाने में सफल रहा और उसने फ़तह शाह के छोटे बेटे नाज़ुक ख़ान को आगे कर कश्मीर पर हमला बोल दिया। इस युद्ध में काछी चक पराजित हुआ और 1529 में नाज़ुक ख़ान को नाज़ुक शाह के नाम से गद्दी पर बिठाकर अब्दाल मागरे ने सत्ता संभाल ली। लेकिन यह व्यवस्था भी बहुत दिन नहीं चली तो अगले ही साल फिर मुहम्मद शाह को गद्दी पर बिठाया गया और नाज़ुक शाह को उत्तराधिकारी घोषित कर दिया गया।

मिर्ज़ा मुहम्मद हैदर दुग़लत : सुन्नी कट्टरता का युग

इसी दौरान कश्मीर में मुग़ल सरदार मिर्ज़ा मुहम्मद हैदर दुग़लत का प्रवेश हुआ। मिर्ज़ा का जन्म 1499 या 1500 ईस्वी में ताशकंद में हुआ था और वह चुगताई क़बीले का मंगोल था। मुग़ल वंश का पहला बादशाह बाबर उसकी मौसी का लड़का था। बचपन में ही एक युद्ध के दौरान पिता की मृत्यु के बाद उसका जीवन उतार-चढ़ाव से भरा रहा। 1532 की जुलाई में मुग़लिस्तान के बादशाह सईद ख़ान के शहज़ादे सिकंदर सुल्तान के नेतृत्व में लद्दाख पर अपने अभियान के दौरान वह पहली बार कश्मीर आया। उसकी सेनाओं ने कश्मीरी सेना को पराजित किया और आम कश्मीरियों का भयानक क़त्लेआम किया। जनवरी से मार्च 1933 के बीच मिर्ज़ा की फौजों ने कश्मीर पर अपने अत्याचार जारी रखे। लेकिन कश्मीरी सामंतों ने पुराने मतभेद भुलाकर उसका मुक़ाबला किया और कई हारों के बावजूद छापामार लड़ाई जारी रखी तथा अंततः मई 1533 में एक समझौता हुआ जिसके तहत काशग़र (मुग़लिस्तान) के सुल्तान सईद ख़ान के नाम का ख़ुत्बा पढ़ा गया, मुहम्मद शाह ने अपनी भतीजी की शादी सिकंदर सुल्तान से की और कश्मीर के सुल्तान मुहम्मद शाह को मुग़लों द्वारा ऊनी कपड़े तथा अन्य चीज़ें उपहार में दी गईं और इस संधि के बाद मिर्ज़ा वापस लौट गया।[19] कश्मीर एक बार फिर आज़ाद तो हो गया लेकिन अब लद्दाख-ज़ोजिला दर्रे की राह खुल गई थी आक्रमणकारियों के लिए और यह कश्मीर के लिए ख़तरे का सबब था।

उसके जाने के बाद कश्मीर में भयानक अकाल पड़ा, लेकिन कश्मीरियों ने उसका बहादुरी से मुक़ाबला किया। इस बीच 1537 में सुल्तान मुहम्मद शाह की मृत्यु हो गई और उसका दूसरा पुत्र सुल्तान शमसुद्दीन द्वितीय के नाम से गद्दी पर बैठा तथा कश्मीर में गृहयुद्ध शुरू हो गया। मुग़लों के ख़िलाफ़ बनी सामंतों की एकता उनके जाने के बाद नष्ट हो गई। मागरे और चक सामंतों के संघर्ष में क़ाज़ी चक विजेता बन कर उभरा। इसके कुछ दिनों बाद ही सुल्तान शमसुद्दीन की मृत्यु हो गई और क़ाज़ी चक ने मुहम्मद शाह के एक-दूसरे पुत्र इस्माइल को कश्मीर की गद्दी पर बिठा दिया जो उसका दामाद भी था। क़ाज़ी चक के प्रभुत्व का यह काल अपेक्षाकृत शान्तिपूर्ण भी था और शिया सम्प्रदाय के लिए तो ज़ाहिर तौर पर अपने विस्तार का सबसे अनुकूल काल, जिसमें सुन्नियों और हिन्दुओं को ही नहीं, शेख़ नूरूद्दीन के अनुयायी ऋषियों को भी भेदभाव का सामना करना पड़ा। तारीख़-ए-कश्मीर में ज़िक्र आता है कि उस दौर में ऋषि सम्प्रदाय के प्रमुख बाबा लुस्ती को भी परेशानियों का सामना करना पड़ा था। कई दूसरे ऋषियों ने शिया सम्प्रदाय अपना लिया था।[20] इस असंतोष के चलते कई विद्रोह भी हुए लेकिन क़ाज़ी चक ने उनका सफलतापूर्वक सामना किया।[21] हालाँकि क़ाज़ी चक का यह प्रभुत्व लम्बे समय तक नहीं चल पाया।

मिर्ज़ा हैदर दुग़लत जब कश्मीर से लौटा तो सुल्तान सैयद अली की मृत्यु हो चुकी थी और उसके दूसरे बेटे राशिद ख़ान ने सत्ता पर कब्ज़ा कर लिया था। राशिद ख़ान ने सिकंदर सुल्तान के सभी समर्थकों की हत्या करवा दी जो मिर्ज़ा के लिए ख़तरे की घंटी थी। वह वहाँ से निकला और यहाँ वहाँ भटकते हुए अंततः बादशाह हुमायूँ की सेवा में आ गया जहाँ उसे उचित मान-सम्मान मिला। कश्मीर अभी उसके ज़ेहन से नहीं निकला था। क़ाज़ी

चक के विरोधी रेगी चक और अब्दुल मागरे ने उससे मदद की अपील की और हुमायूँ से कश्मीर पर आक्रमण की इजाज़त हासिल कर 22 नवम्बर, 1940 को तमाम उतार-चढ़ावों के बाद पुंछ दर्रे से कश्मीर पहुँच गया। मुक़ाबला करने की जगह क़ाज़ी चक इस्माइल शाह के साथ कश्मीर छोड़ कर भाग गया और उसने शेरशाह सूरी से मदद की गुहार लगाई और इधर मिर्ज़ा मुहम्मद हैदर दुग़लत ने बिना कोई हथियार चलाए कश्मीर पर कब्ज़ा कर लिया। उसने नाज़ुक शाह को गद्दी पर बिठाया और राज्य को तीन हिस्सों में बाँटकर एक हिस्सा अपने पास रखा तथा बाक़ी दो अब्दुल मागरे और रेगी चक को दे दिए।[22] क़ाज़ी चक को शेरशाह से मदद मिली तो उसने कश्मीर पर आक्रमण किया, लेकिन 13 अगस्त,1541 को मिर्ज़ा की सेनाओं ने उस पर निर्णायक जीत हासिल की और इस तरह पहली बार कोई मुग़ल कश्मीर का शासक बना, हालाँकि मिर्ज़ा ने बादशाह हुमायूँ के नाम ख़ुत्बा पढ़वाने की जगह नाज़ुक शाह को सुल्तान का दर्जा दिया तो यह कब्ज़ा अप्रत्यक्ष ही था। आरम्भिक दौर में उसने न केवल नाज़ुक शाह को पूरा सम्मान दिया बल्कि कश्मीरी सामंतों के साथ भी बहुत सद्भावनापूर्ण व्यवहार किया, ख़ुद के आस्थावान सुन्नी होने के बावजूद उसने नूरबख़्शिया सम्प्रदाय और शिया सम्प्रदाय के साथ भी सम्मानजनक व्यवहार किया और वह ज़ादीबल में शम्स इराक़ी की क़ब्र पर भी जाया करता था।[23] लेकिन इतिहास की भी अपनी गति होती है। उसका यही अच्छा व्यवहार उसके ख़िलाफ़ रेगी चक के विद्रोह का कारण बन गया। हुआ यह कि एक बार वह इसी क्रम में रेगी चक के साथ प्रतिष्ठित नूरबख़्शिया संत शाह अहमद नूरबख़्श से मिलने गया और वहाँ उसने उन्हें बहुत आदर-सम्मान दिया। कट्टर सुन्नी रेगी चक को यह व्यवहार बेहद आपत्तिजनक लगा और विडंबना देखिये कि मिर्ज़ा के ख़िलाफ़ विद्रोह के लिए साथ चुना उसने क़ाज़ी चक का[24] जो कट्टर शिया ही नहीं था बल्कि जिसके शासनकाल की सुन्नी विरोधी नीतियाँ कश्मीर के इतिहास में अद्वितीय थीं! सत्ता की इन रस्साकशी में धार्मिक विश्वासों की कितनी भूमिका थी और कितना इन्हें शतरंज के मोहरों की तरह इस्तेमाल किया गया यह अंदाज़ा न तब के कश्मीर में लगाना आसान था न अब के। ख़ैर, यह विद्रोह तो सफल नहीं हुआ लेकिन कश्मीरी सामन्तों के प्रति मिर्ज़ा का रवैया अब बदलने लगा और उसने अपने साथ आये लोगों को अधिक महत्त्व देना शुरू कर दिया। कश्मीर से भागने को मजबूर हुए क़ाज़ी चक और रेगी चक ने क्रमश: 1546 और 1547 में अलग-अलग जगहों पर अंतिम साँसें लीं और मिर्ज़ा ने कश्मीर पर अपना नियंत्रण मज़बूत कर लिया।

1545 में हुमायूँ ने काबुल पर कब्ज़ा कर लिया और इसी समय मिर्ज़ा ने मुग़ल बादशाह के नाम ख़ुत्बा पढ़वा कर शाहमीर वंश का शासन ख़त्म कर दिया, हालाँकि अभी उसे एक और बार कश्मीर के इतिहास पटल पर आना था, एक और बार कठपुतली की भूमिका निभानी थी। अब कश्मीर मुग़ल सल्तनत का हिस्सा था और मिर्ज़ा वहाँ का सर्वाधिकारी सूबेदार। इसी दौरान उसने अपनी किताब *तारीख़ ए रशीदी* पूरी की, जो पश्चिम एशिया और कश्मीर के तत्कालीन इतिहास का एक महत्त्वपूर्ण स्रोत है। यह दौर कश्मीर में मुग़ल संस्कृति, स्थापत्य और कला के प्रभाव के बढ़ते जाने का भी था जिसने कश्मीर की मिली-जुली संस्कृति में एक और आयाम जोड़ा।[25] यही दौर उसके सहिष्णुता

का लबादा उतार फेंक एक कट्टर सुन्नी में तब्दील होने का था। 1548 में उसने शमसुद्दीन इराक़ी का ज़ादीबल स्थित मक़बरा ज़मीदोज़ कर दिया और अगले दो सालों में उसके बेटे तथा आध्यात्मिक उत्तराधिकारी शेख़ दानियाल तथा नूरबख्शिया सम्प्रदाय के कई प्रमुख संतों की बेरहमी से हत्या करवा दी। परिमू ने *तारीख़ ए रशीदी* के हवाले से मिर्ज़ा को उद्धृत करते हुए लिखा है—इराक़ी के किसी अनुयायी की हिम्मत नहीं थी कि वह अपने धार्मिक विश्वास के बारे में खुलकर बोल सके। सब इससे इंकार करते थे क्योंकि उन्हें पता था कि ऐसा करने पर वे मेरे हाथ से नहीं बचेंगे।[26] शम्स इराक़ी ने क़ाज़ी चक और अब्दुल मागरे की मदद से साम्प्रदायिक वैमनस्य की जो विषबेल बोई थी वह अब ज़हरीला पेड़ बन चुकी थी। इस दौर में शिया-सुन्नियों के बीच जो संघर्ष शुरू हुआ वह लम्बे समय तक चला और कश्मीर की देह पर कई घिनौने घाव दे गया।

नफ़रत की इन नीतियों का असर यह हुआ कि न केवल आम कश्मीरी जन में मिर्ज़ा के लिए नफ़रत और असंतोष बढ़ता गया बल्कि वहाँ के सामंतों ने भी उसके ख़िलाफ़ विद्रोह कर दिया। चक, जो शिया सम्प्रदाय के सबसे प्रमुख संरक्षक थे, इस मुहिम में सबसे आगे थे। उन्होंने शेरशाह सूरी के पुत्र इस्लाम शाह सूर की मदद माँगी, हालाँकि वह प्रयास सफल नहीं हुआ लेकिन मिर्ज़ा का नियंत्रण लगातार कमज़ोर होता गया। शियाओं और हिन्दुओं का ही नहीं आम कश्मीरी जन का समर्थन भी उसने खो दिया जिसके फलस्वरूप उसे कई सैन्य अभियानों में हार का सामना करना पड़ा। 25 अक्टूबर 1550 को यह स्थिति अपने चरम पर पहुँच गई जब उसने अपने भतीजे क़ारा बहादुर के नेतृत्व में मानकोट भेजी गई उसकी सेना के कश्मीरी सैनिकों ने बारामूला पार करने के बाद विद्रोह कर दिया और सेना के अनेक मुग़ल सैनिकों की हत्या कर दी, यह विद्रोह धीरे-धीरे पूरे कश्मीर में फैल गया। अनेकों महत्त्वपूर्ण मुग़ल सिपहसालार मौत के घाट उतार दिए गए। आनन-फानन में उसने एक नई सेना तैयार की और अपना नियंत्रण कायम रखने के लिए पुरज़ोर कोशिश की लेकिन 19 नवम्बर 1550 को मिर्ज़ा मारा गया और कश्मीर को बाहरी शासन से मुक्ति मिल गई। परिमू मिर्ज़ा हैदर के पतन के दो कारण बताते हैं, पहला, उसने एक क्रूर साम्प्रदायिक नीति अपनाई और दूसरा यह कि उसने कश्मीरियों की जगह मुग़ल सिपहसालारों को तवज्ज़ो दी जिसने कश्मीरी अस्मिता को चोट पहुँचाई। (परिमू-239)

मिर्ज़ा दुग़लत के पतन के बाद कश्मीर में सबसे प्रभावी सामंत था दौलत चक। इदी रैना के साथ मिलकर उसने मिर्ज़ा के ख़िलाफ़ विद्रोह का नेतृत्व किया था। मागरे अब तक कश्मीर की राजनीति में अप्रासंगिक हो चुके थे। नाज़ुक शाह को तीसरी बार गद्दी पर बिठाकर दौलत चक ने इदी रैना को प्रधानमंत्री बनाया तथा राज्य को इदी रैना, हुसैन मागरे, क़ाज़ी चक के पुत्र ग़ाज़ी ख़ान चक तथा अपने बीच बराबर-बराबर बाँट लिया। बावजूद इसके चक सत्ता समीकरण में सबसे प्रभावशाली बनकर उभरे। इदी रैना ने यह समीकरण पलटने की कोशिश की लेकिन असफल रहा, दौलत चक को पहले ही इसकी भनक मिल गई और उसने इदी के सहयोगी हुसैन मागरे और सैयद इब्राहिम को गिरफ़्तार कर लिया। इदी को कश्मीर छोड़कर भागना पड़ा और अंततः वह भगोड़े की मौत मरा। अब दौलत चक ने

कश्मीर की सत्ता पर पूरी तरह से नियंत्रण कर लिया। 1551 में उसने नाज़ुक शाह को गद्दी से हटाकर मुहम्मद शाह के पोते इस्माइल शाह द्वितीय को गद्दी पर बिठाया। दौलत शाह का शासन शियाओं और नूरबख्शिया सम्प्रदाय के लिए राहत का समय था। उसने शम्स इराक़ी के मक़बरे का पुनर्निर्माण कराया और शेख़ दानियाल तथा बाबा अली नज़र के मक़बरे बनवाये। उसने बारह इमामों के नाम ख़ुत्बा पढ़वाया और शिया सम्प्रदाय एक बार फिर शासकीय धर्म बन गया। इस दौर में अनेकों सुन्नियों को जबरन शिया बनाया गया।[27] वैसे तो कश्मीरी हिन्दुओं के साथ उसका व्यवहार शत्रुतापूर्ण नहीं था लेकिन उसने उन पर जज़िया लगा दिया। उस समय के हिसाब से देखा जाए तो कुल मिलाकर दौलत चक का व्यवहार संयत था और दूसरे सम्प्रदायों के साथ उसने उदार रवैया ही अपनाया।[28] अपने सफल युद्ध अभियानों में उसने लद्दाख और बाल्टिस्तान पर विजय हासिल की। लेकिन 1554 में आये भयानक भूकंप के समय उसके प्रबंधन ने कश्मीरियों को निराश किया। उसी साल इस्माइल शाह द्वितीय की मृत्यु हो गई और कश्मीर की गद्दी पर आख़िरी शाहमीरी सुल्तान हबीब शाह गद्दीनशीन हुआ।

लेकिन सत्ता के मद ने दौलत चक का अंत क़रीब ला दिया। उसने ग़ाज़ी ख़ान चक की माँ और अपने मरहूम चाचा क़ाज़ी चक की बेवा से शादी कर ली जिसने ग़ाज़ी ख़ान को बेहद नाराज़ कर दिया। षड्यंत्र रचे गए और एक दिन जब वह डल झील के किनारे मछलियाँ पकड़ रहा था, ग़ाज़ी ख़ान चक के लोगों ने उस पर हमला कर दिया, वह पहाड़ों की तरफ़ भागा जहाँ एक गड़रिये ने उसे पकड़ कर ग़ाज़ी के हवाले कर दिया। 17 अक्टूबर 1555 को ग़ाज़ी ने उसकी आँखें निकलवा लीं और कश्मीर की राजनीति से हमेशा के लिए बेदख़ल कर दिया। अब कश्मीर की सत्ता उसकी थी। अब तक शाहमीर ख़ानदान के लोगों को गद्दी पर बिठाते रहने की परम्परा को ख़त्म कर उसने 1561 में हबीब शाह को, जो रिश्ते में उसका भतीजा भी था, सुल्तान के पद के अयोग्य घोषित कर अपदस्थ कर दिया§ और ख़ुद सुल्तान नसीरुद्दीन मुहम्मद ग़ाज़ी शाह के नाम से कश्मीर का शासक बना। हालाँकि इस तिथि को लेकर आम सहमति नहीं है। लेकिन हबीब शाह के समय तक शाहमीरी सुल्तान संस्था की हालत इतनी बुरी हो चुकी थी कि उनका होना न होना एक बराबर था। यहाँ हम महान मुग़ल सल्तनत के आख़िरी बादशाह बहादुर शाह ज़फ़र की बेबसी याद कर सकते हैं, हबीब शाह को इतिहास ने 1857 जैसा कोई मौक़ा भी नहीं दिया कि इतिहास में कहीं उसका नाम दर्ज हो सके। आज तक कश्मीर में कहीं हबीब शाह के सिक्के भी नहीं मिले हैं जिससे प्रतीत होता है कि ग़ाज़ी चक ने उसके नाम से सिक्के ढलवाने की भी ज़रूरत महसूस नहीं की थी। ऐसे में वह नौ महीने सत्ता में रहा या नौ साल, यह बेमानी ही है। अबुल फ़ज़ल ने *आइन-ए-अकबरी* में तो उसका ज़िक्र भी नहीं किया है। मैंने यहाँ आमतौर पर स्वीकृत तिथि ही ली है। उसके जीवन की जो इकलौती घटना यहाँ-वहाँ मिलती है वह उसकी क़ब्र पर लिखे शे'र से जुड़ी है जिसके अनुसार एक बार जब वह अपनी ख़ानदानी क़ब्रगाह मज़ार-ए-सलातीन देखने गया तो दुखी होकर उसने कहा कि जल्द ही यह जगह बहुत सँकरी हो जाएगी और उसके विस्तार का आदेश दिया। लेकिन इतिहास में अब शाहमीर वंश के विस्तार के लिए कोई ज़मीन नहीं बची थी। और इस तरह कश्मीर में चक वंश का आरम्भ हुआ।

---

§(सूफ़ी-खंड-1-213, परिमू-244-245, हसन-151)

चक राजवंश : उत्थान और पतन (1561-1586)

चकों के मूल निवास और उत्पति को लेकर इतिहासकारों के बीच पर्याप्त मतभेद है लेकिन लगभग सभी की यह मान्यता है कि चक राजा सहदेव के समय में लांगर चक के नेतृत्व में दार्दिस्तान से आये थे और त्रेहगाम में बस गए तथा सुल्तान शमसुद्दीन के समय में उन्हें सेना में ऊँचे ओहदों पर भर्ती किया गया जिसके बाद हमने देखा है कि वे कैसे लगातार कश्मीर की राजनीति में महत्त्व हासिल करते चले गए। चक बेहद उज्जड्ड और बर्बर सैनिकों के रूप में जाने जाते हैं जिन्हें सुधारने की कोशिशों के बाद सुल्तान ज़ैन-उल-आब्दीन ने उनके तत्कालीन नेता पांडु चक सहित तमाम महत्त्वपूर्ण चकों को मृत्युदंड दिया था। उसके बाद कश्मीर की राजनीति में चकों की भूमिका हमने पिछले खण्ड में देखी है जहाँ शाहमीरी के अस्त के साथ-साथ उन्होंने अपनी स्थिति मज़बूत की और मिर्ज़ा हैदर दुग़लत को हराने के बाद कश्मीर के सबसे प्रभावी सामंत बन कर उभरे।

तबाक़त ए कश्मीरी और फ़रिश्ता के हवाले से परिमू बताते हैं कि सुल्तान नसीरुद्दीन मुहम्मद ग़ाज़ी शाह क़ाज़ी चक के भाई हसन चक का पुत्र था। हसन चक की मृत्यु के बाद उसकी माँ ने क़ाज़ी चक से शादी कर ली थी और उसके तीन महीने बाद ग़ाज़ी का जन्म हुआ। इसीलिए अक्सर उसे क़ाज़ी चक के बेटे के रूप में ही उद्धृत किया जाता है।[29] ग़ाज़ी एक तरफ़ ज्ञान-विज्ञान का गुणग्राहक था तो दूसरी तरफ़ बेहद क्रूर और गुस्सैल शासक, जिसने न केवल अपने विद्रोहियों को कड़ी सज़ाएँ दीं, उनकी आँखें निकलवा लीं बल्कि जनता को भी मामूली अपराधों के लिए हाथ कटवाने से लेकर मृत्युदंड तक की बेहद कड़ी सज़ाएँ तजवीज़ कीं। क्रूरता का आलम यह था कि एक सात साल के बच्चे के हाथ उसने इस जुर्म में कटवा दिए कि उसने फल चुराए थे।[30] आँखें निकलवा लेने और अंग कटवा देने की जो परम्पराएँ उसने शुरू कीं वह कश्मीर के इतिहास में लगभग अभूतपूर्व थीं।

यह समय शिया अनुयायियों के लिए तो बेहतर वक़्त था ही, साथ में सुन्नियों या अन्य धर्मावलम्बियों के ख़िलाफ़ भी किसी भेदभाव का कोई ज़िक्र नहीं मिलता। शिया मतावलंबी होने के बावजूद ग़ाज़ी शाह धार्मिक मामलों में सहिष्णु था।[31]

उसके शासनकाल की सबसे महत्त्वपूर्ण घटना मुग़लों से उसका मुक़ाबला था। ज़ाहिर है कि कश्मीर के सामंत ख़ामोशी से ग़ाज़ी की अधीनता स्वीकार नहीं कर सकते थे। 1556 में उसकी क्रूरता की शिकायतें मुग़ल बादशाह अकबर के पास पहुँची और उसने मिर्ज़ा हैदर दुगलत के भतीजे क़ारा बहादुर को एक बड़ी सेना के साथ कश्मीर पर आक्रमण के लिए भेजा जिसमें बाद में ग़ाज़ी शाह से असंतुष्ट कश्मीरी सामंतों को शामिल हो जाना था। लेकिन क़ारा बहादुर अकबर की उम्मीदों के उलट एक अयोग्य सेनानायक साबित हुआ और उसने काफ़ी समय गँवा दिया। अंत में जब वह वहाँ पहुँचा तो बारिश का मौसम आ चुका था और इस देरी का फ़ायदा उठाकर ग़ाज़ी शाह ने पर्याप्त तैयारियाँ कर ली थीं फलतः राजौरी में हुए मुक़ाबले में मुग़ल सेना को मुँह की खानी पड़ी।[32] इस जीत ने उसके विरोधियों के हौसले भी पस्त कर दिए और छिटपुट विद्रोहों को छोड़कर उसका बाक़ी का शासनकाल शान्तिपूर्वक

बीता। लेकिन बुढ़ापा उसके लिए कुष्ठ रोग की बुरी ख़बर लेकर आया और उसने अपने विश्वस्त भाई हुसैन ख़ान को राजकाज सौंप कर अपना उत्तराधिकारी घोषित कर दिया। साथ ही उसने अपनी निजी संपत्ति के दो हिस्से कर एक हिस्सा अपने बेटे को दे दिया और दूसरा व्यापारियों को बेचने के लिए। लेकिन जो मूल्य ग़ाज़ी ने तय किया था वह बाज़ार मूल्य से बहुत ऊँचा था तो व्यापारी यह समस्या लेकर हुसैन ख़ान के पास पहुँचे। हुसैन ख़ान ने उन्हें वह मूल्य न देने को कहा और यह ख़बर ग़ाज़ी शाह तक जब पहुँची तो वह आग बबूला हो गया तथा राजकाज अपने हाथ में लेकर अपने बेटे अहमद ख़ान को उत्तराधिकारी बनाने का निश्चय किया। लेकिन अब देर हो चुकी थी। जीवन भर अपने भाई की छत्रछाया में रहकर सत्ता पर कब्ज़े के लिए क्रूरता के जो पाठ हुसैन ने पढ़े थे उन्हें उसने ग़ाज़ी पर भी आजमाया और 1563 के अंत में उसे गिरफ़्तार करने के साथ-साथ अहमद ख़ान की आँखें निकलवा कर अपनी गद्दी सुरक्षित करने का निर्णय लिया। कभी का बादशाह अब कुष्ठ से गलता बूढ़ा था जिसने अपने छोटे भाई से बेटे को बख्श देने की नाकाम मिन्नतें कीं और फिर अगले चार बरस क़ैद में गलते हुए गुज़ार कर गुज़र गया। इस तरह हुसैन ख़ान सुल्तान हुसैन शाह के नाम से चक राजवंश के दूसरे शासक के रूप में गद्दीनशीन हुआ।

सत्ता हासिल करने के बाद हुसैन शाह को भी अनेक षड्यंत्रों का सामना करना पड़ा। उसके गद्दी पर बैठने के तुरंत बाद ग़ाज़ी शाह के बेटे अहमद ख़ान, मुहम्मद मागरे और नुसरत चक ने पहला षड्यंत्र किया तो 1565 में उसके अपने छोटे भाई शंकर चक ने। लेकिन इन और ऐसे कई दूसरे षड्यंत्रों को विफल कर हुसैन शाह ने एक तरफ़ सत्ता पर अपनी पकड़ मज़बूत की तो दूसरी तरफ़ अपनी सहिष्णु और जनप्रिय नीतियों से कश्मीरी जनता को सुशासन देने की भी कोशिश की। उसे चक राजवंश का सबसे बेहतर शासक माना जाता है जिसने जनता की भलाई के लिए अनेक क़दम उठाये, धार्मिक सहिष्णुता का पालन किया और न्यायप्रियता का परिचय दिया। सुन्नियों ही नहीं हिन्दू जनता को भी उसने पूरी धार्मिक आज़ादी दी और उनके त्यौहारों में शामिल हुआ। वह ख़ुद काफ़ी पढ़ा-लिखा था और फ़ारसी में शे'र कहा करता था। सूफ़ी ऋषियों और संतों को भी उसके राज्य में पूरा सम्मान मिला।

उसके समय की सबसे महत्त्वपूर्ण घटना एक कट्टर सुन्नी क़ाज़ी हबीब और दूसरे कट्टर शिया युसुफ़ आइन्दर के बीच हुआ विवाद था जिसने कश्मीर को अकबर की नज़र में ला दिया। 1568-69 का वाकया है कि क़ाज़ी हबीब और युसुफ़ आइन्दर के बीच कुछ विवाद हो गया। दोनों ने एक-दूसरे के मतों के बारे में गाली-गलौज की और मामला यहाँ तक पहुँचा कि क़ाज़ी हबीब ने कोड़ा चला दिया तो युसुफ़ ने अपनी तलवार से हमला कर दिया जिसमें क़ाज़ी हबीब घायल हो गए। मामला जब वज़ीर अली कोका की जानकारी में आया तो उसने बादशाह की इजाज़त से इसे महत्त्वपूर्ण उलेमाओं की परिषद् के सामने रखने का फ़ैसला किया। यहाँ यह बता देना बेहतर होगा कि जबकि हुसैन शाह शिया मत को मानता था अली कोका एक कट्टर सुन्नी मुसलमान था। इस परिषद् में क़ाज़ी मूसा, मुल्ला युसुफ़ अल्मास, मुल्ला फ़िरोज़ गनी शामिल थे और विचार-विमर्श के बाद युसुफ़ आइन्दर को सज़ा-ए-मौत की तजवीज़ की गई। ज़ाहिर है कि इस फ़ैसले से शियाओं के बीच हड़कंप मच गया। यहाँ तक कि सुन्नियों को भी इस फ़ैसले से अचरज हुआ क्योंकि ऐसे मामले में इस्लाम का कोई भी स्कूल मौत की सज़ा तजवीज़ नहीं करता जहाँ अपराधी ने हत्या न की हो। ख़ुद क़ाज़ी हबीब इस फ़ैसले से सहमत नहीं थे।

संयोग से इसी वक़्त अकबर ने मिर्ज़ा मुक़ीम को अपने दूत के रूप में कश्मीर भेजा। हुसैन शाह ने हीरापुर में उसकी ख़ैर मक़दम के लिए अपने आला अफ़सरों को भेजा और श्रीनगर में ख़ुद उसका इस्तकबाल किया। युसुफ़ शाह मामले में परेशान हुसैन शाह ने यह मामला मिर्ज़ा मुक़ीम को सौंप दिया। मिर्ज़ा ने उन सभी उलेमाओं को बुला भेजा जो इस परिषद् के सदस्य थे। बाक़ी सब तो हाज़िर हुए लेकिन क़ाज़ी मूसा फ़रार हो गए और कहीं जाकर छिप गए। मुल्ला युसुफ़ अल्मास और मुल्ला फ़िरोज़ ने बताया कि अली कोका ने बादशाह के हवाले से युसुफ़ को सज़ा–ए–मौत देने की बात कही थी। बादशाह ने इस बात से साफ़ इनकार किया। लगता यह है कि कट्टर सुन्नी अली कोका ने बादशाह के नाम का ग़लत इस्तेमाल कर युसुफ़ आइन्दर को रास्ते से हटाने की चाल चली थी। ग़लत फ़ैसले के चलते मुल्ला युसुफ़ अल्मास और फ़िरोज़ को सज़ा–ए–मौत दी गई।

अली कोका ने इसकी शिक़ायत अकबर के दरबार में पहुँचा दी। इस बात से अनजान हुसैन शाह ने मिर्ज़ा मुक़ीम के जाने के बाद बाबा अली के बेटे याक़ूब मिर्ज़ा को अपने वक़ील के रूप में और उनके साथ अपनी एक बेटी को शहज़ादे सलीम से शादी के लिए अकबर के दरबार में भेजा। लेकिन अली कोका के लोग बादशाह को भड़काने में सफल रहे। नतीजतन उसने वापस लौटते ही मिर्ज़ा मुक़ीम को मौत के घाट उतार दिया और हुसैन शाह की बेटी को वापस भेज दिया, यही नहीं अकबर ने उस ज़माने की रवायत के ख़िलाफ़ याक़ूब की भी हत्या करा दी।[33] इस तरह अकबर से मधुर सम्बन्ध क़ायम करने में नाकामी से हुसैन शाह बहुत व्यथित हुआ। कश्मीर की आज़ादी बरक़रार रखने के लिए मुग़लिया सल्तनत से दोस्ताना रिश्ता क़ायम करने की यह कोशिश बाद में जारी रही लेकिन अकबर कश्मीर को अपने कब्जे में करने का इरादा कर चुका था और अंततः कामयाब भी हुआ।

बादशाहों की इस दोस्ती और दुश्मनी में उनके बेटे तलवार की धार पर जीते रहे तो बेटियाँ उनके खज़ानों की ही तरह मूक दी और ली जाती रहीं। अकबर द्वारा वापस भेज दी गई हुसैन शाह की उस बेटी का नाम तक नहीं है इतिहास में कहीं। नाम तो ख़ैर तब भी नहीं हुआ जब वह अंततः सलीम की अनगिनत पत्नियों में से एक हो गई।

आगे चलकर जब हुसैन शाह को गले का कैंसर हो गया तो अली कोका और नाज़ी मलिक ने उसे अपने भाई अली शाह को गिरफ़्तार करने और अपने किसी बेटे को उत्तराधिकारी बनाने की सलाह दी। लेकिन अली शाह पहले ही सावधान हो चुका था। वह सोपोर चला गया और वहाँ सैयद मुबारक सहित कुछ अन्य सामंतों के साथ मिलकर उसने श्रीनगर की ओर कूच किया तथा एक रात शाही महल पर हमला करके कब्ज़ा कर लिया। हुसैन शाह ने उसका मुक़ाबला करने की जगह उसे शान्ति से सत्ता सौंपने का फ़ैसला किया और बदले में अली शाह ने भी अपने भाई के साथ कोई अत्याचार करने की जगह उसे शान्ति से रहने तथा अपने कोष का इस्तेमाल करने की आज़ादी दी।

सुल्तान अली शाह (ज़हीरूद्दीन मोहम्मद अली बादशाह) के दौर में वर्षों से कश्मीर की राजनीति के हाशिये पर चले गए बिहाक़ी सैय्यदों को एक बार फिर महत्त्व मिला तथा सैयद

मुबारक़ बिहाक़ी वज़ीर बनाये गए। यही नहीं इस दोस्ती को मज़बूत बनाने के लिए अली शाह ने अपनी एक बेटी की शादी सैयद मुबारक़ के बेटे सैयद अब्दुल मआली से की। इस दौर में एक बड़ी बात यह हुई कि सैयद मुबारक़ की सलाह से अली शाह ने आँखें निकलवाने तथा हाथ-पाँव काटने जैसी सज़ाएँ ख़त्म करवा दीं। उसने अपने शासन की शुरुआत जामा मस्जिद के खुले मैदान में जनता के बीच की जहाँ उसने एक देशभक्त बादशाह की तरह काम करने का वचन देते हुए घोषणा की कि वह किसी धार्मिक पूर्वाग्रह के तहत काम नहीं करेगा।[34]

अपने पूर्ववर्ती शासकों की ही तरह उसका दौर भी षड्यंत्रों से ख़ाली नहीं था। इनमें सबसे महत्त्वपूर्ण षड्यंत्र था नाज़ुक शाह के पंजाब में निर्वासित बेटों हाज़ी हैदर ख़ान और सलीम ख़ान का आक्रमण। 1575-76 में कुछ कश्मीरी सामंतों के सहयोग के आश्वासन पर उन्होंने सत्ता पर कब्ज़े के लिए घाटी की ओर कूच किया। सुल्तान ने अपने भाई लोहार चक और मुहम्मद चक के नेतृत्व में एक सेना मुक़ाबले के लिए भेजी। जब सेनायें थाना के पास पहुँची तो मुहम्मद चक ने लोहार चक को बंदी बनाकर हाज़ी हैदर ख़ान को सौंप दिया। यह ख़बर जब सुल्तान तक पहुँची तो वह भयभीत हो गया, हालाँकि नाज़ी मलिक ने उसे आश्वासन दिया कि मुहम्मद ऐसा नहीं कर सकता। अंततः नाज़ी का भरोसा सही साबित हुआ। मुहम्मद ने यह सिर्फ़ दुश्मन को भरोसे में लेकर गुमराह करने के लिए किया था। मौक़ा मिलते ही उसने हमला किया, सलीम ख़ान मारा गया और हाज़ी हैदर भारत की तरफ़ भाग गया। लोहार चक को आज़ाद कराकर मुहम्मद चक विजेता की तरह राजधानी लौटा। इस तरह शाहमीर वंश की अपनी सत्ता पर काबिज़ होने की आख़िरी कोशिश भी नाकाम हुई।[35]

1573 में अकबर ने कश्मीर में दूसरी बार अपने दूत भेजे। ज़ाहिर तौर पर यह शहजादा सलीम और हुसैन शाह की बेटी की शादी के प्रस्ताव के लिए था लेकिन असल में उसका इरादा कश्मीर के हालात का जायज़ा लेना था। अली शाह ने न केवल अकबर का प्रस्ताव मंजूर किया बल्कि केसर, शॉल और तमाम बेशक़ीमती तोहफ़ों के साथ अकबर के नाम के सिक्के ढलवा कर और उसके नाम का ख़ुत्बा पढ़वाकर उसके प्रति असीम सम्मान का भी प्रदर्शन किया।

1576 में कश्मीर में भयानक बर्फ़बारी के कारण रबी की फ़सल बर्बाद हो गई और अकाल की स्थिति उत्पन्न हो गई तो अली शाह ने रियाया की मदद के लिए हरचंद कोशिश की। उसने ग़रीबों और मजबूरों के लिए अपना ख़ज़ाना खोल दिया। लेकिन यह आपदा इतनी बड़ी थी कि अली शाह की सारी कोशिशों के बावजूद अकाल की स्थिति अगले तीन साल तक बनी रही। इसी दौरान उत्तरी कश्मीर में आग लग गई और हालात बद से बदतर होते चले गए। शुक पंडित ने इन हालात का वर्णन करते हुए लिखा है कि एक बार बादशाह के दरवाज़े पर भूख से एक हाथी मर गया तो अनेक भूखे लोग वहाँ पहुँच गए और उसकी लाश से मांस काट के ले गए। एक लुहार ने भूख के मारे एक नाई के बच्चे की हत्या कर दी और उसका मांस पकाकर खा गया। अनेक लोग अपनी ज़िन्दगी बचाने के लिए दूसरे देशों में चले गए।[36] इसी दौरान एक दिन पोलो खेलते हुए अली शाह बुरी तरह से घायल हो गया और नौ वर्षों के शासन के बाद 1579 में उसने अंतिम साँसें लीं।

युसुफ़ शाह चक-हब्बा ख़ातून और अंत की ओर चक राजवंश

अली शाह की मृत्यु के बाद उसका सबसे बड़ा बेटा युसुफ़ ख़ान सुल्तान युसुफ़ शाह चक के नाम से गद्दीनशीन हुआ। युसुफ़ शाह कश्मीर के इतिहास के सबसे रूमानी पात्रों में से एक है। सुन्दर सजीला बाँका युसुफ़। जंगलों और पहाड़ों में भटकने वाला युसुफ़। हब्बा ख़ातून का प्रेमी युसुफ़ शाह जिसने गुलमर्ग की ख़ूबसूरत वादियों की तलाश की। हब्बा ख़ातून के क़िस्से के बिना तो यह कहानी अधूरी ही रह जाएगी।

उन्नीसवीं सदी के पहले के किसी इतिहास ग्रन्थ में हब्बा ख़ातून का कोई ज़िक्र नहीं आता। ललद्यद के कोई दो सौ साल बाद पैदा हुई हब्बा का यह हश्र लल जैसा ही है। लेकिन वह कश्मीर की लोक कथाओं में सदा ज़िन्दा रही और उसके दर्द भरे गीत कश्मीरी महिलाओं की जुबान पर रहे। एम. मुज़ीब कहते हैं—हब्बा ख़ातून को खोजा नहीं गया था। वह अपने गीतों की तरह ही अपने जीवनकाल से कश्मीर में हर जगह उपस्थित थीं। लेकिन यह महजूर की उनके काव्य की तारीफ़ थी कि लोग उनकी उपस्थिति के प्रति सजग हुए।'[37] एक किसान परिवार में जन्म पाकर वह इतिहास में कोई जगह पा ही नहीं सकती थीं। इन क़िस्सों और गीतों के सहारे उनकी ज़िन्दगी का क़िस्सा गढ़ने की कोशिश की है। आमतौर पर यह माना जाता है कि उनका जन्म श्रीनगर के दक्षिण में पाम्पोर इलाक़े के चंदाहर गाँव में एक ग़रीब किसान परिवार में हुआ था जहाँ उनका नाम रखा गया था ज़ून। ज़ून का अर्थ होता है चाँद। कहा जाता है कि हब्बा ख़ातून (प्रेम की देवी) नाम उन्हें सूफ़ी संत ख़्वाज़ा मसूद ने तब दिया था जब वह उनके पास अपनी शादीशुदा ज़िन्दगी की मुसीबतों का हल ढूँढ़ने गई थीं।[38] हब्बा बचपन से ही बेहद आकर्षक और प्रतिभाशाली थीं। बचपन से ही वह कश्मीरी भाषा में कविताएँ लिखने लगी थीं। ग़रीब माता-पिता ने उन्हें गाँव के मौलवी के पास अक्षर ज्ञान के लिए भेजा जहाँ उन्हें *कुरान* के साथ-साथ शेख़ सादी सहित फ़ारसी के कई शायरों को भी पढ़ने का अवसर मिला। लेकिन इस बीच उनकी वह उम्र हो चली थी कि उस दौर की रवायत के मुताबिक़ उनकी शादी कर दी जाती। ग़रीब माँ-बाप ने अपनी हैसियत के अनुसार उनकी शादी गाँव के ही एक अनपढ़ युवक से कर दी जिसके लिए यह बात शर्म का बायस थी कि उसकी पत्नी गीत लिखे और गाये। ससुराल वालों ने उसके गीत लिखने और गाने पर पाबंदी लगा दी। प्रतिभा को हर दौर में क़ीमत देनी पड़ती है। कलाकार के लिए उन कसौटियों पर खरा उतरना अक्सर संभव नहीं होता जिन्हें समाज में अच्छे पुरुष या औरत होने का सबब माना जाता है। ललद्यद हों, हब्बा हों, सत्रहवीं शताब्दी की रूपा भवानी हों या अठारहवीं सदी की अर्नीमल** हों, सबको परिवारों में यही ज़लालत बर्दाश्त करनी पड़ी। कश्मीर के बाहर भी मीरा से महादेवी तक ऐसे क़िस्सों की कमी कहाँ है?

**एक प्रतिष्ठित कश्मीरी पंडित परिवार में जन्मीं अर्नीमल उस समय के फ़ारसी के जाने-माने विद्वान मुंशी भवानी दास की पत्नी थीं। मुंशी ने उनका परित्याग कर दिया और इस आघात को उन्होंने गीतों में ढाल दिया । कश्मीर में लोल परम्परा की वह आख़िरी कवि मानी जाती हैं । उनके गीतों में रहस्यवाद और धार्मिक अनुभवों का सम्मिश्रण है। पति से अलग होने के बाद उन्होंने करघे को जीने का सहारा बनाया और यह करघा एक प्रतीक की तरह लगातार उनके काव्य में उपस्थित है। (बम्ज़ाई-522)

हब्बा उस विपरीत माहौल में तमाम मुश्किलात झेलतीं, घर के काम करतीं, रोतीं और किसी एकांत में अपने गानों में डूब जातीं। ऐसे ही किसी रोज़ जब वह केसर चुनतीं अपनी ही धुन में कोई दर्द भरा गीत गा रही थीं, शहज़ादा युसुफ़ ख़ान उधर से गुज़रा और उसके रूप और आवाज़ के जादू में बँध गया। शहज़ादे ने जब उससे शादी करने का तय कर लिया तो कहाँ मुश्किल था ग़रीब किसान से तलाक़ दिलवा कर हब्बा को आज़ाद करवा लेना। हब्बा शाहज़ादे की बेग़म बनकर श्रीनगर आ गई।[39] हब्बा कश्मीरी परम्परा में 'लोल' लिखती थीं।

युसुफ़ शाह ख़ुद भी संगीत, शायरी और प्रकृति का आशिक़ था। उसने कश्मीरी और फ़ारसी में अनेक बेहतरीन ग़ज़लें कही हैं। लेकिन उसका वक़्त इतना आसान नहीं था कि वह संगीत और साहित्य में डूबकर शान्तिपूर्ण जीवन जी पाता। एक राजा के रूप में ज़रूरी बुद्धिमानी का उसमें अभाव था। पिता की मृत्यु के बाद उसे पहली चुनौती अपने चाचा अब्दाल चक से मिली जिससे पार पाने में वह सफल रहा लेकिन सत्ता में अभी उसे दो महीने भी नहीं हुए थे कि अब्दाल बट ने युसुफ़ शाह के ख़िलाफ़ लोगों को भड़काना शुरू किया कि युसुफ़ शाह औरतों और संगीतकारों की संगत में वक़्त बिता रहा है तथा राजकाज पर ध्यान नहीं दे रहा। सैयद मुबारक बिहाक़ी के नेतृत्व में विद्रोह हुआ और युसुफ़ को गद्दी छोड़नी पड़ी।

सैयद मुबारक बिहाक़ी संत आदमी था। उसने शाही मुकुट और छत्र बेच दिए जिसमें बेशक़ीमती हीरे-जवाहरात जड़े थे और उससे हासिल धन ग़रीबों में बाँट दिया। एक शानदार योद्धा होने के बावजूद उसे ख़ून-खराबे से नफ़रत थी। षड्यंत्रों से भरे कश्मीरी इतिहास में उसे देखकर ब्रूटस की याद आती है। ख़ैर, कश्मीरी सामंतों ने तो उसे इसलिए गद्दी पर बिठाया था कि उसके नाम पर अपनी लूटमार जारी रख सकें लेकिन यह मंसूबा पूरा न होते देख उन्होंने युसुफ़ शाह को फिर आमंत्रित किया, युसुफ़ जब श्रीनगर की तरफ़ बढ़ा तब भी मुबारक बिहाक़ी ने सुलह की ही कोशिश की लेकिन अपना खेल बिगड़ते देख अब्दाल बट ने युसुफ़ को उसके ख़िलाफ़ भड़का दिया और अंततः जब युद्ध हुआ तो युसुफ़ को एक बार फिर हार का सामना करना पड़ा। लेकिन दरबार में षड्यंत्रों के खेल चलते रहे और अब्दाल बट ने जब शंकर चक के बेटे लोहार चक को गद्दी पर बिठा दिया तो तंग आकर युसुफ़ शाह ने मुग़ल बादशाह अकबर से मदद माँगने का निश्चय किया। वह राजा मान सिंह तथा मिर्ज़ा युसुफ़ से मिलने लाहौर पहुँचा जो उसे जनवरी, 1580 में अकबर से मिलवाने आगरा ले गए। अकबर ने उसका स्वागत किया और उसकी सहायता के लिए राजा मान सिंह और मिर्ज़ा युसुफ़ ख़ान को नियुक्त किया। जुलाई, 1580 में वह अपनी गद्दी हासिल करने उनके साथ लाहौर की तरफ़ बढ़ा जहाँ उसका पुराना वज़ीर मुहम्मद बट्ट उससे आ मिला। वहाँ राय-मशविरे में यह बात सामने आई कि कश्मीर में मुग़ल सैनिकों के साथ जाने पर एक ख़तरा तो यह है कि स्थानीय लोग ख़िलाफ़ हो जाएँगे और दूसरा यह कि मुग़ल ख़ुद सत्ता पर कब्ज़ा कर लेंगे। मिर्ज़ा हैदर दुगलत की क्रूरता अब भी कश्मीर की सामूहिक स्मृति में थी। युसुफ़ ने मुग़लों को अँधेरे में रख मुहम्मद बट्ट की सहायता से आगे बढ़ने का निश्चय किया। यह निर्णय कश्मीर के इतिहास में एक बड़ा मोड़ बनने वाला था। लाहौर से कुछ व्यापारियों से क़र्ज़ लेकर 800 की सेना एकत्र कर बहावलपुर पहुँचकर वहाँ पहले से उपस्थित बट्ट की एक हज़ार की सेना के अलावा युसुफ़ शाह ने 3000 की

सेना और इकट्ठा की तथा भिम्बेर की ओर बढ़ा और लोहार चक द्वारा नियुक्त युसुफ़ दार को पराजित किया। कुछ युद्धों, कुछ ग़द्दारियों और कुछ क़िस्मत के सहारे अंततः युसुफ़ शाह श्रीनगर का तख़्त एक और बार हासिल करने में सफल रहा और उसने अपने विश्वस्त मुहम्मद बट्ट को वज़ीर का ओहदा दिया। अब तक की परम्परा के अनुसार ही तमाम लोगों की हत्या करवा दी गईं या आँखें निकलवा ली गईं। उस दौर की विडम्बनाओं में यह एक और विडम्बना जुड़ी कि जिस मुहम्मद बट ने युसुफ़ शाह को गद्दी दिलवाने में सबसे ज़्यादा मदद की थी उसी ने उसके ख़िलाफ़ षड्यंत्र रचा, पकड़ा गया और गिरफ़्तार हुआ।[40] तमाम षड्यंत्रों के बीच युसुफ़ शाह ने कश्मीर में जज़िया सहित कई कठोर करों को समाप्त कर दिया और उसके शासन में अपेक्षाकृत अधिक शान्ति और स्थिरता रही।[41]

लेकिन यह आंतरिक शान्ति कश्मीर की सुरक्षा की गारंटी नहीं हो सकती थी। युसुफ़ शाह ने अकबर द्वारा नियुक्त राजा मान सिंह और मिर्ज़ा युसुफ़ ख़ान को अँधेरे में रखकर जिस तरह से कश्मीर पर कब्ज़ा किया था उसकी ख़बर जब अकबर को मिली तो वह बेहद नाराज़ हुआ। यह न केवल उसके लिए अपमानजनक था बल्कि युसुफ़ शाह को मोहरे की तरह इस्तेमाल कर कश्मीर को नियंत्रण में रखने के उसके साम्राज्यवादी मंसूबों पर भी कुठाराघात था। 1581 के अंत में काबुल से लौटने के बाद उसने मिर्ज़ा ताहिर और सालिह अक़ील[††] को दूत बनाकर कश्मीर भेजा जिन्होंने उस पर बादशाह की हुक्मउदूली का आरोप लगाया और ख़ुद उसे उनके दरबार में हाज़िर होने का फ़रमान सुनाया। युसुफ़ ने इन दोनों दूतों का हर संभव एहतराम किया, शाही ख़त को चूमकर अपने ताज से छुलाया। अपने मंत्रिमंडल की राय के मुखालिफ़ जाकर बादशाह की सर्वोच्चता स्वीकार की और अपने छोटे बेटे हैदर को शेख़ याक़ूब सर्फी कश्मीरी के साथ ढेर सारे तोहफ़े देकर अकबर के दरबार में भेजा। लेकिन अकबर इससे संतुष्ट नहीं हुआ और कुछ ही महीनों बाद उसने हैदर शाह को शाही सेनाओं में सेवा के लिए अयोग्य बताते हुए इस सन्देश के साथ वापस भेज दिया कि युसुफ़ शाह ख़ुद दरबार में हाज़िर हो। इसी बीच हैदर चक और शम्स चक ने फिर से विद्रोह कर दिया जिससे निपटकर 1584 में युसुफ़ ने अपने बड़े शहजादे याक़ूब को अकबर के दरबार में भेजा। लेकिन स्थितियाँ लगातार बिगड़ती जा रही थीं। 1585 में अकबर ने एक बार फिर अपने दो दूत, हाकिम अली जीलानी और बहाउद्दीन कम्बू को श्रीनगर भेजकर अपने दरबार में हाज़िर होने का सन्देश भिजवाया। इसी बीच दरबार में उचित व्यवहार न मिलने की शिक़ायत के साथ याक़ूब अकबर को सूचित किये बिना कश्मीर लौट आया।

अकबर अब तक कश्मीर पर कब्ज़े का मन बना चुका था। उसने 20 दिसम्बर, 1585 को राजा भगवानदास के नेतृत्व में 5,000 सैनिकों को कश्मीर विजय के लिए रवाना किया। उन्हें राह दिखाने के लिए मिर्ज़ा शाहरुख़, शाह क़ुली महराम, शेख़ याक़ूब सरफी कश्मीरी और हैदर चक पथप्रदर्शक के रूप में थे। मौसम की मार के कारण मुग़ल सेना कोई अच्छी स्थिति में नहीं थी लेकिन जब राजा भगवान दास ने उसे समझौता कर अकबर के दरबार में हाज़िर होने का प्रस्ताव दिया तो युसुफ़ शाह ने कश्मीर को तबाही से बचाने के लिए यह प्रस्ताव मान लिया। 14 फरवरी 1586 को वह शाही कैम्प में हाज़िर हो गया लेकिन उसकी

[††]परिमू ने दूसरे दूत का नाम सालेह दीवाना बताया है (परिमू –267)

उम्मीदों के ख़िलाफ़ उसे बंदी बना लिया गया।[42] लेकिन कश्मीरी इतनी आसानी से हार नहीं मानने वाले थे उन्होंने याक़ूब शाह के नेतृत्व में लड़ाई जारी रखी। मौसम की मार और कश्मीरियों के उत्साह के आगे मुग़ल सेना को तमाम मुश्किलात झेलनी पड़ीं। मुग़ल सेना की तबाही देखते हुए राजा भगवान दास ने याक़ूब के पास मिर्ज़ा अकबर शाही के हाथों संधि प्रस्ताव भेजा। याक़ूब ने संधि का प्रस्ताव मान लिया लेकिन समझौता युसुफ़ शाह और राजा भगवान दास के बीच हुआ जिसमें तय हुआ कि युसुफ़ शाह कश्मीर का शासक बना रहेगा था लेकिन सिक्के अकबर के नाम से ढलेंगे तथा उसी के नाम का ख़ुत्बा भी पढ़ा जाएगा। शॉल उद्योग, केसर की खेती जैसे कुछ विभागों का नियंत्रण मुग़ल अधिकारियों को सौंपने के अलावा इसका सबसे प्रमुख प्रस्ताव यह था कि शहज़ादे याक़ूब ख़ान को अकबर के सामने पेश करने के लिए युसुफ़ शाह निजी तौर पर ज़िम्मेदार होगा। समझौते को पक्की मुहर लगाने के लिए मुबारक ख़ान गख्खर की बेटी की शादी याक़ूब ख़ान से करवाई गई। अकबर इससे सहमत तो नहीं था लेकिन हालात के मद्देनज़र उसने इसे स्वीकृति दी।

इस शान्ति समझौते के बाद मुग़ल सेना ने कश्मीर छोड़ दिया और 28 मार्च 158 6 को युसुफ़ शाह पंजाब के अटक में अकबर के सामने पेश हुआ। अकबर ने उस समय तो उसका सम्मान सहित स्वागत किया लेकिन फिर उसे गिरफ़्तार करके राजा रामदास कछवाह के हवाले कर दिया गया। यह संधि का स्पष्ट उल्लंघन था लेकिन अकबर की साम्राज्यवादी महत्त्वाकांक्षा के आगे इस संधि की कोई क़ीमत न थी। राजा भगवान दास इस घटना से इतना दुखी हुए कि उन्होंने आत्महत्या की कोशिश की। लेकिन इन सबसे अप्रभावित अकबर ने लाहौर जाकर उसे राजा टोडरमल के हवाले कर दिया जिसकी क़ैद में वह अगले डेढ़ साल तक रहा।[43] बाद में राजा मान सिंह के कहने पर उसे रिहा कर के उसे पाँच सौ घोड़ों का मनसब देकर, ढाई हज़ार रुपयों की मासिक तनख्वाह बाँधकर बिहार भेज दिया गया जहाँ कश्मीर की ख़ूबसूरत वादियों, संगीतकारों और कवियों की संगत और हब्बा ख़ातून के लिए तरसता तमाम दुश्वारियों के बीच छह दिनों की बीमारी के बाद 22 सितम्बर 1592 को इस दुनिया ए फ़ानी से विदा हो गया। उसकी क़ब्र आज भी पटना के इस्माइलपुर से तीन मील उत्तर-पूर्व में बिस्वाक परगना में उपेक्षित हालत में है। इस क़ब्र से थोड़ी ही दूर पर एक गाँव कश्मीरचक के विध्वंस हैं।[44] युसुफ़ की विरह में हब्बा ख़ातून जोगन बन गई। जाने मुग़लों ने उसे युसुफ़ के पास भेजने से मना कर दिया या वह ख़ुद ही अपना मादरे वतन छोड़ने को तैयार न हुई। इतिहास ऐसे सवालों को कहाँ तवज्जो देता है। युसुफ़ के जाने के बाद कश्मीर के राजमहल में हब्बा के लिए कोई जगह नहीं थी। नंगे पाँव यहाँ-वहाँ भटकती वह युसुफ़ के विरह में गीत लिखती, गाती दीवानी सी हो गई थी। कश्मीर में उसके गीत आज भी लोकजीवन का हिस्सा हैं। वहाँ दूरदर्शन पर उसके जीवन पर बना धारावाहिक बेहद लोकप्रिय रहा था, हिन्दी में भी कई फ़िल्मकारों ने उस पर फिल्म बनाने की कोशिश की। आख़िरी बार मुजफ़्फ़र अली द्वारा ज़ूनी नाम से फ़िल्म बनाने की कोशिश हुई थी, जो किन्हीं कारणों से पूरी न हो सकी। इतिहास जिन्हें भुला देता है, लोक उसे अपनी स्मृतियों में अमर कर लेता है। शेख़ अब्दुल्ला ने उनकी क़ब्र को एक स्मारक घोषित करने के साथ उनके सम्मान में 1952 में एक दिन का आयोजन

किया था और बाद में साहित्य अकादमी ने 'भारतीय साहित्य के निर्माता' शृंखला के तहत उन पर एक मोनोलॉग छापा है।[45]

समझौते के इस उल्लंघन की ख़बर कश्मीर पहुँचने पर ख़ुद को सुल्तान घोषित कर अपने नाम से सिक्के ढलवा कर तथा ख़ुत्बा पढ़वाकर याक़ूब ने भी अपनी तरफ़ से यह संधि तोड़ दी। कश्मीरी अपनी आज़ादी की रक्षा के लिए मुतमईन थे लेकिन मुग़लों के मुक़ाबले के लिए जिस तरह का सहिष्णु और समझदार शासक उन्हें चाहिए था, याक़ूब उन कसौटियों पर खरा नहीं उतरता था। उसकी नीतियों से शिया सुन्नी विवाद एक बार फिर से भड़क गया और सुन्नी उसके ख़िलाफ़ हो गए तो दूसरी तरफ़ उसकी बददिमागी और क्रोध के कारण दरबार के अन्दर भी तनाव तथा अस्थिरता का माहौल बन गया। अकबर का कश्मीर पर कब्ज़ा अब औपचारिकता भर रह गई थी और तमाम उतार-चढ़ावों के बाद अन्ततः 16 अक्टूबर 1556 को कश्मीर मुग़ल शासन का हिस्सा बन गया। याक़ूब शाह को पटना में अपने पिता के पास भेज दिया गया जहाँ अक्टूबर 1593 को चक वंश का यह आख़िरी चश्म-ओ-चिराग़ अपने पिता की क़ब्र के बगल में हमेशा के लिए सो गया।

संदर्भ सूची

1. देखें,पृष्ठ 183, *अ हिस्ट्री ऑफ़ कश्मीर,* डॉ. जी.एम.डी. सूफ़ी, खण्ड 1, लाईट एंड लाइफ़ पब्लिकेशन, नई दिल्ली, 1974
2. देखें, वही, पृष्ठ 181
3. देखें, पृष्ठ 74-78, *कश्मीर अंडर सुल्तान्स,* मोहिबुल हसन, प्रकाशक : ईरान सोसायटी,159-बी, धर्मतल्ला स्ट्रीट, कलकत्ता, 1959
4. वही, पृष्ठ 80
5. देखें, पृष्ठ 175, *ए हिस्ट्री ऑफ़ मुस्लिम रूल इन कश्मीर,* आर.के. परिमू, पीपुल्स पब्लिशिंग हाउस, दिल्ली, 1969
6. देखें, पृष्ठ 97, *कश्मीर अंडर सुल्तान्स,* मोहिबुल हसन, प्रकाशक : ईरान सोसायटी,159-बी, धर्मतल्ला स्ट्रीट, कलकत्ता, 1959
7. देखें, पृष्ठ 179-81, *ए हिस्ट्री ऑफ़ मुस्लिम रूल इन कश्मीर,* आर.के. परिमू, पीपुल्स पब्लिशिंग हाउस, दिल्ली, 1969
8. देखें, पृष्ठ 75, शियाइज़्म इन कश्मीर, 1477-1885, ज़हीन, इंटरनेशनल रिसर्च जरनल ऑफ़ सोशल साइंसेज, खण्ड 4(4), 74-80, अप्रैल (2015)
9. देखें, पृष्ठ 348, एच ए वॉल्टर, *इस्लाम इन कश्मीर,* खण्ड चार, मुस्लिम वर्ल्ड, 1914
10. देखें, परवेज़ आलम, द स्प्रेड ऑफ़ शियाइज्म ड्यूरिंग चक डायनस्टी 1554-1586 एडी), इस्लाम एंड मुस्लिम सोसायटीज : अ सोशल साइंस जरनल, खण्ड 8, आवृत्ति-2 (2015)
11. देखें, वही
12. देखें, पृष्ठ 110, *कश्मीर अंडर सुल्तान्स,* मोहिबुल हसन, प्रकाशक : ईरान सोसायटी,159-बी, धर्मतल्ला स्ट्रीट, कलकत्ता, 1959
13. देखें, *किंग्स ऑफ़ कश्मीर,* जोगेश चन्द्र दत्त, पृष्ठ 338, खण्ड 3, शुक, ई.एल.एम. प्रेस, कलकत्ता, 1898
14. देखें, वही, पृष्ठ 113
15. देखें तुहफुतुल अहबाब (यहाँ परवेज़ आलम के शोधपत्र से)
16. देखें, पृष्ठ 77, *शियाइज़्म इन कश्मीर,* 1477-1885, ज़हीन, इंटरनेशनल रिसर्च जरनल ऑफ़ सोशल साइंसेज, खण्ड 4(4), 74-80, अप्रैल (2015)
17. देखें, *किंग्स ऑफ़ कश्मीर,* जोगेश चन्द्र दत्त, पृष्ठ 339, खण्ड 3, शुक, ई.एल.एम. प्रेस, कलकत्ता, 1898
18. देखें, पृष्ठ 175, *ए हिस्ट्री ऑफ़ मुस्लिम रूल इन कश्मीर,* आर.के. परिमू, पीपुल्स पब्लिशिंग हाउस, दिल्ली, 1969
19. देखें, पृष्ठ 125-127, *कश्मीर अंडर सुल्तान्स,* मोहिबुल हसन, प्रकाशक : ईरान सोसायटी,159-बी, धर्मतल्ला स्ट्रीट, कलकत्ता, 1959
20. देखें, *चक सुल्तांस ऑफ़ कश्मीर,* डॉ. एजाज़ हुसैन मालिक, जवाहर लाल नेहरु विश्वविद्यालय, www.imamreza.net
21. देखें, पृष्ठ 217, *ए हिस्ट्री ऑफ़ मुस्लिम रूल इन कश्मीर,* आर.के. परिमू, पीपुल्स पब्लिशिंग हाउस, दिल्ली, 1969
22. देखें, पृष्ठ 133, *कश्मीर अंडर सुल्तांस,* मोहिबुल हसन, प्रकाशक : ईरान सोसायटी,159-बी, धर्मतल्ला स्ट्रीट, कलकत्ता, 1959
23. देखें *बहारिस्तान ए शाही,* पृष्ठ 161 (ऑनलाइन संस्करण, अंग्रेज़ी में)
24. देखें, पृष्ठ 224, *ए हिस्ट्री ऑफ़ मुस्लिम रूल इन कश्मीर,* आर.के. परिमू, पीपुल्स पब्लिशिंग हाउस, दिल्ली, 1969
25. देखें, वही, पृष्ठ 225
26. देखें, वही, पृष्ठ 229

27. देखें, पृष्ठ 77, *शियाइज़्म इन कश्मीर,* 1477–1885, ज़हीन, इंटरनेशनल रिसर्च जरनल ऑफ़ सोशल साइंसेज, खण्ड 4(4), 74–80, अप्रैल (2015)
28. देखें, *हैदर मलिक की बहारिस्तान ए शाही,* पृष्ठ 122
29. देखें, पृष्ठ 250, *कश्मीर अंडर सुल्तान्स,* मोहिबुल हसन, प्रकाशक : ईरान सोसायटी,159–बी, धर्मतल्ला स्ट्रीट, कलकत्ता, 1959
30. देखें, वही
31. देखें, पृष्ठ 154, *कश्मीर अंडर सुल्तान्स,* मोहिबुल हसन, प्रकाशक : ईरान सोसायटी,159–बी, धर्मतल्ला स्ट्रीट, कलकत्ता, 1959
32. देखें, वही, पृष्ठ 253
33. देखें, वही, पृष्ठ 157
34. देखें,परिमू–258, *ए हिस्ट्री ऑफ़ मुस्लिम रूल इन कश्मीर,* आर.के. परिमू, पीपुल्स पब्लिशिंग हाउस, दिल्ली, 1969
35. देखें, पृष्ठ–161, *कश्मीर अंडर सुल्तान्स,* मोहिबुल हसन, प्रकाशक : ईरान सोसायटी,159–बी, धर्मतल्ला स्ट्रीट, कलकत्ता, 1959
36. शुक–394–95, *किंग्स ऑफ़ कश्मीर,* जोगेश चन्द्र दत्त, पृष्ठ 338, खण्ड 3, शुक, ई.एल.एम. प्रेस, कलकत्ता, 1898
37. देखें, कम्पेयरिंग मीरा बाई विथ ललद्यद एंड हब्बा ख़ातून—आरिफ़ हुसैन ऋषि, द क्राईटेरियन, खण्ड 5, अंक 1, अक्टूबर–2014
38. देखें, द लेडी ऑफ़ लव–द लाइफ़ एंड वर्क ऑफ़ हब्बा ख़ातून, मानुषी, अंक 32, पृष्ठ 25
39. देखें, पृष्ठ–154, *डॉटर्स ऑफ़ वितस्ता,* प्रेम नाथ बज़ाज़, पाम्पोश पब्लिकेशन, नई दिल्ली—1959
40. देखें, पृष्ठ 166, *कश्मीर अंडर सुल्तान्स,* मोहिबुल हसन, प्रकाशक : ईरान सोसायटी,159–बी, धर्मतल्ला स्ट्रीट, कलकत्ता, 1959
41. देखें, पृष्ठ 267, *ए हिस्ट्री ऑफ़ मुस्लिम रूल इन कश्मीर,* आर.के. परिमू, पीपुल्स पब्लिशिंग हाउस, दिल्ली, 1969
42. देखें, वही
43. देखें, पृष्ठ 178, *कश्मीर अंडर सुल्तान्स,* मोहिबुल हसन, प्रकाशक : ईरान सोसायटी,159–बी, धर्मतल्ला स्ट्रीट, कलकत्ता, 1959
44. देखें, वही
45. देखें, पृष्ठ–156–57, *डॉटर्स ऑफ़ वितस्ता,* प्रेमनाथ बज़ाज़, पाम्पोश पब्लिकेशन, नई दिल्ली—1959

6

ग़ुलामी की शुरुआत : मुग़लों का शासन

19 नवम्बर, 1586 की रात मुग़लों को एक युद्ध में हराने के बाद याक़ूब शाह चक ने अपने उत्साहित सैनिकों से कहा था—'आज़ादी सिर्फ़ एक दिन दूर है। जल्द ही हम मुग़लों को कश्मीर से ख़त्म कर देंगे।'[1]

लेकिन वह रात बहुत लम्बी हो गई और अक्टूबर, 1947 में शेख़ अब्दुल्ला के कश्मीर के प्रधानमंत्री के रूप सत्ता सँभालने के पहले 361 साल कश्मीर पर बाहरी लोगों का राज रहा—पहले मुग़ल फिर अफ़ग़ान, सिख और अंततः डोगरा। बाहरी शासन के इस दौर में कश्मीर अपने पार्थक्य से बाहर होकर वृहत्तर दुनिया के साथ सीधे जुड़ा तो लेकिन अगर मुग़लों और सिखों के समय इसकी अवस्था एक उत्पादक उपनिवेश जैसी रही तो अफ़ग़ानों के लिए यह लूट का एक उपजाऊ मैदान भर था। डोगरा शासक ने इसे एक बड़ी राशि के बदले अंग्रेज़ों से एक समझौते के तहत हासिल किया था और इस तरह उस दौर में कश्मीर एक तरफ़ डोगरा शासकों की लूट का चारागाह बना तो दूसरी तरफ़ औपनिवेशिक भारत का एक ऐसा हिस्सा जिसका शासक अपने वादे के अनुसार सदा अंग्रेज़ों का स्वामिभक्त बना रहा। इसके साथ ही कश्मीर मैदान की भीषण गर्मी से परेशान गोरे साहबों को मौज़-मस्ती के लिए योरप जैसे ठण्डे मौसम में सारी विलासिता और सुविधायें उपलब्ध कराता रहा। इस पूरे दौर में अनेक नए विकास होने के बावजूद कश्मीरियों का आत्मसम्मान और स्वायत्त विकास की सारी संभावनाएँ आहत हुईं। ज़ाहिर है कश्मीरियों के लिए आज़ादी एक बेहद संवेदनशील शय है। स्वायत्तता की कश्मीरियों की आकांक्षा महाराजा हरि सिंह की भारत और पाकिस्तान से अलग स्वतंत्रता की चाह से अलग थी, इसीलिए उस दौर में अपने नेता शेख़ अब्दुल्ला के नेतृत्व में उन्होंने लोकतांत्रिक-सेक्युलर भारत के साथ अपनी स्वायत्त पहचान के साथ रहना चुना था। दुर्भाग्य है कि उनकी यह आकांक्षा भी बार-बार चोटिल हुई और दिल्ली ने अक्सर श्रीनगर को एक उपनिवेश की तरह ही रखना चाहा। पाकिस्तान की नीयत भी उसे अपने इस्लामिक स्टेट का हिस्सा बना वहाँ की ज़मीन पर फले-फूले लिबरल और सर्व समावेशी इस्लाम को ख़त्म करना ही

रही, आगे हम पाकिस्तान अधिकृत कश्मीर पर बात करते हुए इस पर विस्तार से चर्चा करेंगे। डोगरा राज्य पर भी अलग से और विस्तार से बात होगी।

कश्मीर में मुग़ल शासन

मुग़ल शासकों की कश्मीर में शुरू से ही विशेष रुचि थी। बाबर ने दिल्ली विजय से पहले ही कश्मीर को जीतने की योजना बनाई थी। दिल्ली पर कब्ज़े के तुरंत बाद उसने 1527 में कश्मीर पर कब्ज़े की असफल कोशिश की थी।[2] कमज़ोर होते शाहमीर वंश के सुल्तानों और स्थानीय सामंतों की आपसी लड़ाइयों तथा षड्यंत्रों ने भारत में लगातार मज़बूत होते जा रहे मुग़ल शासकों को कश्मीर में हस्तक्षेप का पूरा मौक़ा दिया। मिर्ज़ा हैदर दुग़लत का कश्मीर पर नियंत्रण होने के बाद से तो वहाँ दिल्ली का हस्तक्षेप लगातार बढ़ता ही गया और कश्मीरी सामंत भी अपने षड्यंत्रों को सफल बनाने के लिए भाग-भाग कर हूमायूँ, शेरशाह और अकबर के पास जाते ही रहे।

अपने साम्राज्यवादी मंसूबों के अलावा कश्मीर पर नियंत्रण अकबर के लिए दो वजहों से महत्त्वपूर्ण था। पहला तो यह कि अकबर मुग़ल साम्राज्य का विस्तार दक्षिण में करना चाहता था जिसके लिए यह ज़रूरी था कि उत्तर से किसी भी ख़तरे की संभावना को समाप्त किया जाए। उज़बेकों की बढ़ती ताक़त और काबुल के हालात इसमें बड़ी बाधा बन सकते थे और ऐसे में असुरक्षित कश्मीर आक्रमणकारियों को आसान रास्ता उपलब्ध करा सकता था। इसलिए कश्मीर पर नियंत्रण इस तरफ़ से उसे चिंतामुक्त करने के लिए ज़रूरी था। और दूसरी वजह थी कश्मीर का सुहाना मौसम। समरकंद और बुखारा के जिस ठण्डे और बागीचों से भरे हरे-भरे माहौल से मुग़ल आये थे उस जैसा हिन्दुस्तान में कश्मीर के अलावा कोई हिस्सा नहीं था।[3] बताते हैं कि मुग़लों ने आगरा में भी यमुना किनारे एक सीढ़ीदार बाग़ बनाने की कोशिश की थी जिसमें वे सारे फल-फूल उगाने की कोशिश की गई थी जो समरकंद के बागीचे में थे। उसे आरामबाग़ का नाम दिया गया। लेकिन आगरा के मौसम में वे फूल-फल कैसे उगते? बाद में जब भाजपा ने आगरा की म्यूनिस्पालिटी पर कब्ज़ा किया तो साठ के दशक में बस 'आ' हटाकर उसका नाम 'रामबाग़' कर दिया।[4] लेकिन कश्मीर वह स्वर्ग था जहाँ समरकंद को फिर से जिया जा सकता था। साथ ही वह व्यापार और कृषि लगान के नज़रिए से भी एक उपयोगी क्षेत्र था। मुगलों की सबसे बड़ी रुचि किसानों और कश्मीर के संसाधनों के शोषण में ही थी। इस पूरे दौर में सिंचाई आदि सुविधाओं के विकास, कश्मीर के शहरीकरण तथा मेहनतकश को उसकी मेहनत का सही मूल्य उपलब्ध कराने की दिशा में कोई बड़ा क़दम नहीं उठाया गया।[5]

लेकिन मुग़ल शासन कश्मीर के लिए स्थिरता लेकर भी आया। अकबर ने अपनी सेना को कुछ स्पष्ट निर्देश दिए थे—'न्याय और प्रबोधन का व्यवहार करना, क्रूरता न करना और क्षमायें स्वीकार करना तथा दुष्टों को दण्डित करना।[6] ऐसा भी नहीं कि मुग़ल साम्राज्य कश्मीर में किसी दैवी राज्य की तरह था, जिस तरह युसुफ़ शाह के साथ अकबर ने वादाख़िलाफ़ी की थी, कश्मीर पर कब्ज़े की उसकी ज़िद बहुत स्पष्ट थी और उस कब्ज़े

के बाद भी क़ासिम ख़ान ने हर विद्रोह को पूरी ताक़त के साथ दबाया तथा विद्रोहियों को कड़े दंड दिए गए।[7]

अकबर ने कश्मीर में फिरन (यह शब्द फ़ारसी के पैरहन से आया है, फिरन-एक ढीला-ढाला लम्बे कुरते जैसा लिबास) व काँगड़ (काँगड़ी के लिए कश्मीरी शब्द, अंगीठी) लेकर आया और फिरन पहनना तथा इसके भीतर जाड़ों में काँगड़ रखना अनिवार्य कर दिया और हथियार रखने पर पाबंदी लगा दी। इसका असर यह हुआ कि एक योद्धा कौम धीरे-धीरे युद्ध करना भूल गई। असर यह कि एक वक़्त में गज़नवी को हराने वाली इस कौम को कायर घोषित कर दिया गया और ब्रिटिश आर्मी में इसके लिए कोई जगह नहीं बनी।[8] हालाँकि सूफ़ी इसे सही नहीं मानते[9] लेकिन यह अकबर की नीतियों की एक व्यंजना तो रचता ही है। एक कश्मीरी मुहावरा है जिसे अक्सर श्राप की तरह उपयोग किया जाता है—अछ वचे गशि रूसे—यानी आँखें खुली रहें तुम्हारी लेकिन रौशनी न हो। पराये शासन की समृद्धियाँ कश्मीरी जनता के लिए ऐसी ही रहीं।

1587 में मिर्ज़ा युसुफ़ ख़ान रिज़वी को कश्मीर का सूबेदार बनाया गया। मूलतः माशेद के रहने वाले मिर्ज़ा अकबर के अत्यंत प्रिय थे और कश्मीर भेजे जाने के पहले बिहार में 2500 की मनसब के मनसबदार थे। मिर्ज़ा ने कश्मीर में सबसे पहले तो याक़ूब शाह और शम्स चक को निर्णायक तरीक़े से शिकस्त देकर मुग़ल सल्तनत की नींव मज़बूत की और उसके बाद टकराव की जगह मेलजोल और समझौते की नीतियाँ अपनाईं। इसके लिए माफियाँ दी गईं, वैवाहिक रिश्ते क़ायम किये गए और इस तरह विद्रोह की संभावनाएँ समाप्त कर शान्ति की स्थापना की गई। शम्स चक की बेटी अकबर के हरम में शामिल हुई और शम्स चक को माफ़ी दी गई[10] तो 1592 में तिब्बत के अली राय की बेटी का विवाह शहज़ादे सलीम के साथ करा दिया गया ताकि तिब्बत एक तरफ़ उज़्बेकों के साथ न जाए और दूसरी तरफ़ चकों को उनके विद्रोह में कोई सहयोग न दे।[11]

मिर्ज़ा के समय की सबसे बड़ी घटना है अकबर की पहली कश्मीर यात्रा। 5 जून 1589 में अकबर भिम्बेर के रास्ते पहली बार कश्मीर आया। पंडित शुक ने लिखा है कि अपनी पहली यात्रा में ब्राह्मणों को स्वर्ण मुद्राएँ दान कीं। वह मार्तंड भी गया और मोतियों से सजी गायें ब्राह्मणों को दान कीं। अकबर अखरोट के पेड़ों से सजे कश्मीर को देखकर बहुत प्रसन्न हुआ।[12] ज़ाहिर है, जून की झुलसती दिल्ली से गए बादशाह को कश्मीर स्वर्ग ही लगा होगा। इस यात्रा में वह लगभग दो महीने कश्मीर में रहा। अकबर ने कश्मीर में प्रशासनिक सुधार के लिए कई क़दम उठाये। उसने सेनाओं को अपने कैम्प में रहने का हुक्म दिया जिससे वे जनता को तंग न कर सकें। साथ ही धार्मिक सहिष्णुता की नीति अपनाते हुए उसने जज़िया को ख़त्म कर दिया और बेग़ार की प्रथा पर पाबंदी लगा दी।[13] इसी यात्रा में अकबर को कश्मीर में हाउसबोट शुरू करवाने का श्रेय भी दिया जाता है।[14]

अकबर का सबसे बड़ा योगदान था कश्मीर में भू-राजस्व की व्यवस्था को पटरी पर लाना। अपनी इस यात्रा में वह टोडरमल को साथ ले गया था जिन्होंने पाटन के अपने कैम्प से कश्मीर में भू-राजस्व तय किया।[15] शेख़ फैजी, मीर शरीफ़ आमुली, ख़्वाज़ा मुहम्मद हुसैन

को मराज़* भेजा गया तो ख़्वाज़ा शमसुद्दीन और कुँवर मान सिंह को कामराज़† भेजा गया। लेकिन लगान की वसूली में गड़बड़ की गई और इसे सूबेदार के पेशकार पंडित तोताराम ने बेपर्दा किया तो उन्हें प्रताड़ित किया गया। लेकिन तोताराम किसी तरह अकबर के दरबार में पहुँचा और बादशाह ने 27 जुलाई 1591 को क़ाज़ी अली और नूर उल्लाह को जाँच के लिए रवाना किया। मिर्ज़ा युसुफ़ ने उनसे कोई सहयोग न किया। क़ाज़ी नूर उल्लाह लौटकर अकबर के पास पहुँचे तो क़ाज़ी अली की सहायता के लिए हुसैन बेग़ शेख़ उमरी को भेजा गया। क़ाज़ी अली ने कश्मीर को 41 परगनों में बाँट दिया और हर परगने के लिए भू-राजस्व तय करने के साथ-साथ हर परगने में रखे जाने वाले सैनिकों की संख्या तय करके उनके द्वारा रखी गई ज़मीन‡‡ मुक्त कर वेतन नक़द में देने की व्यवस्था कर दी।[16] लेकिन बहारिस्तान ए शाही के अनुसार इस व्यवस्था से न तो जनता खुश थी, न रैयत और न सामंत। इस व्यवस्था का एक और अर्थ था कश्मीर में ज़मीन का मालिकाना जनता के हाथ से छीन कर शासन के हाथ में चला जाना। 1931 तक यही व्यवस्था चलती रही और कश्मीरी किसान अपनी ज़मीन के मालिकाना अधिकार से महरूम रहा। उस समय मिर्ज़ा कश्मीर से अपने भतीजे मिर्ज़ा यादगार को सारे अधिकार सौंप कर दरबार में पेश होने गए हुए थे। इसी दौरान एक घटना ने आग में घी का काम किया जब हुसैन बेग़ के एक नौकर ने रिज़वी के नौकर की बीवी के साथ बलात्कार किया। उस समय तो हालात संभाल लिए गए लेकिन हुसैन बेग़ ने उसके बाद जब कई लोगों की हत्या करवा दी तो हालात काबू से बाहर हो गये और विद्रोहियों ने मिर्ज़ा यादगार को सत्ता संभालने का न्यौता दिया जिसे मिर्ज़ा यादगार ने तुरंत स्वीकार कर लिया। क़ाज़ी अली की हत्या कर दी गई और हुसैन बेग़ राजौरी भाग गया। मिर्ज़ा यादगार के नाम के सिक्के ढलवाये गए तथा ख़ुतबा पढ़वाकर मिर्ज़ा यादगार को कश्मीर का बादशाह घोषित कर दिया गया। हालाँकि अकबर ने इस मुश्किल पर जल्द ही काबू पा लिया और मोहम्मद कुली बेग़ ने मिर्ज़ा का कटा हुआ सर अकबर को पेश किया।[17]

7 अक्टूबर 1592 को अकबर दूसरी बार कश्मीर गया। उस समय दीपावली थी और अकबर ने जनता के साथ दीपावली समारोह में शिरक़त की। हालिया विद्रोह के बाद अकबर ने स्थानीय ज़मीदारों के साथ अच्छे ताल्लुकात बनाने के लिए शम्स चक की बेटी से शादी की और मुबारक ख़ान तथा हुसैन चक की बेटियों की शादी शहज़ादे सलीम से कर दी। इसके साथ ही उसने अन्य मुग़ल सिपहसालारों को कश्मीरी सामंतों से वैवाहिक सम्बन्धों के लिए प्रोत्साहित किया। हालाँकि इसके बाद भी विद्रोहों का सिलसिला थमा नहीं।[18]

1593 में आसफ़ ख़ान को कश्मीर का सूबेदार बनाया गया। उसने परगनों की संख्या घटाकर 38 कर दिया और कर कम कर दिए गए। इस नई भू-राजस्व व्यवस्था के बाद आसफ़ ख़ान लाहौर लौट गया और मुहम्मद क़ुली ख़ान को कश्मीर का सूबेदार बनाया गया। 1597 में अकबर तीसरी और आख़िरी बार जब कश्मीर आया तो वहाँ भयानक अकाल पड़ा हुआ था। इस अकाल के कारणों में एक तरफ़ मुग़ल सेना की दमनकारी

---

*कश्मीर का दक्षिणी हिस्सा। *राजतरंगिणी* में उद्धृत मद्रराज्य से ही इसकी उत्पति हुई लगती है।

†कश्मीर का उत्तरी हिस्सा, *राजतरंगिणी* में कामराज्य

‡‡ऐसी ज़मीनों को 'ख़लीसा' कहा जाता था जिनका उपयोग सैनिकों को वेतन देने के लिए किया जाता था।

भूमिका थी तो दूसरी तरफ़ लगातार चलते विद्रोहों के कारण अनेक कश्मीरी देश छोड़कर चले गए थे। शाही कैम्प में कोई पचीस हज़ार लोगों के होने के कारण मांगें बढ़ीं और क़ीमतें आसमान छूने लगीं तो हालात और बिगड़ गए। हज़ारों लोग मारे गए और उससे कहीं अधिक लोग कश्मीर छोड़ कर चले गए।[19] अकबर के साथ गए फादर जेरोम जेवियर ने लिखा है कि हालात इतने ख़राब हो गए थे कि खाने के लिए औरतों ने बच्चे तक बेच दिए थे। अकबर ने उस समय हरि पर्बत (कोह-ए-मारान) पर मीर मुहम्मद हुसैन की निगरानी में विशाल नागर नगर क़िला बनवाया जिसमें लाखों लोगों को रोज़गार मिला। इसके लिए शाही ख़ज़ाने से एक करोड़ दस लाख रुपये दिए गए थे और दिल्ली से दो सौ मिस्त्री भी भेजे गए थे। पुरुषों को 6 आना और स्त्रियों को 4 आना प्रतिदिन के हिसाब से प्रचलित मज़दूरी से अधिक मज़दूरी दी गई और किले के बाहर लगे पत्थर पर यह लिखवाया गया कि इस क़िले के निर्माण में कोई बेग़ार नहीं करवाया गया है।[20] इस क़िले के निर्माण के उद्देश्य को लेकर जहाँ वॉल्टर लॉरेन्स का मत है कि कश्मीर छोड़कर चले गए लोगों को फिर से कश्मीर बुलाने के लिए उसने यह काम करवाया था[21] वहीं शुक मानते हैं कि असल में यह क़िला इसलिए बनवाया गया था कि सैनिकों को इसके भीतर रखा जा सके और जनता को उनके अत्याचार से बचाया जा सके।[22] परिमू लॉरेन्स की बात से सहमत नहीं हैं, लेकिन कारण जो भी हो, इस निर्माण कार्य ने अकाल से जूझती जनता को राहत दी और पराधीनता के बावजूद अकबर का समय निश्चित रूप से कश्मीर के इतिहास में तुलनात्मक रूप से शान्ति और समृद्धि का दौर था।

कश्मीर का आशिक़ जहाँगीर (1605-28)

जहाँगीर कश्मीर की ख़ूबसूरती का दीवाना था। उस समय के तमाम योरोपीय यात्रियों के संस्मरणों और यात्रा वृत्तांतों में कश्मीर से उसकी मुहब्बत और वहाँ के क़िस्से बयान किये गए हैं। थॉमस मूर की कश्मीर पर लिखी एक कविता में जहाँगीर और नूरजहाँ का ज़िक्र है।[23§] *तुज़ुक ए जहाँगीरी* में भी कश्मीर और वहाँ की तत्कालीन घटनाओं के बारे में ख़ूब लिखा गया है। अपने जीवन काल में वह छह बार कश्मीर गया था, दो बार अपने पिता के साथ और चार बार अपने शासनकाल में। गुलमर्ग के पास की एक जगह के बारे में वह लिखता है— यह एक पन्ना है जिसे कुदरत ने सर्जना के क़लम से लिखा है।[24] जहाँगीर को कश्मीर में बागों के निर्माण के लिए याद किया जाता है। कुछ लोगों का मानना है कि कश्मीर में चिनार के पेड़ उसके समय में ही लगाए गए थे, हालाँकि इस बात के पर्याप्त सबूत हैं कि चिनार के पेड़ उसके कश्मीर आने से बहुत पहले से कश्मीर में मौजूद थे। लेकिन यह बात तो निर्विवाद है कि श्रीनगर और कश्मीर के दूसरे हिस्सों के सौन्दर्यीकरण में उसकी और नूरजहाँ की महती भूमिका है। अपनी आख़िरी कश्मीर यात्रा के समय वह बीमार था और स्वास्थ्यलाभ के लिए उसने कश्मीर की वादियाँ चुनी थीं। लेकिन वह पूरी तरह से ठीक नहीं हो पाया और वहाँ से लाहौर लौटते हुए रास्ते में राजौरी के मनोहर-गल्ला में उसकी मृत्यु हो गई।[25] कहते हैं जब

[§]थॉमस मूर ने कश्मीर के सौन्दर्य पर एक कविता 'लल्ला रुख' लिखी जिसने योरप में कश्मीर की लोकप्रियता में बेइंतिहा बढ़ोतरी की । मज़ेदार बात है कि थामस मूर ख़ुद कभी कश्मीर नहीं गया। (मृदु राय-पेज 1)

आख़िरी ख़्वाहिश पूछी गई तो उसने कहा—सिर्फ़ कश्मीर!**[26] अब तक काबुल का हिस्सा रहा कश्मीर जहाँगीर के समय एक अलग सूबा बना दिया गया।[27]

लेकिन जहाँगीर का काल सिर्फ़ भोग-विलास और मसर्रतों का नहीं था। मुहम्मद क़ुली ख़ान के शिया और नूरबख़्शिया सम्प्रदाय विरोधी रवैये के कारण कश्मीर में असंतोष का माहौल बन गया था। अकबर की मौत और खुसरो के विद्रोह के कारण विद्रोहियों को मुगल सत्ता को उखाड़ फेंकने का अवसर लगा। अब्दाल चक के बेटे अम्बा ख़ान चक के नेतृत्व में विद्रोही संगठित हुए और इसमें लद्दाख तथा बाल्टिस्तान के लोगों का भी सहयोग मिला। लेकिन इसे दबाने के लिए तत्कालीन सूबेदार मिर्ज़ा अली अकबर ख़ान ने ताक़त की जगह बुद्धि का इस्तेमाल किया और उसके साथियों से हमदर्दी जता कर अम्बा ख़ान चक को अकेला कर दिया। इस तरह विद्रोह के ज़मीन पर आने से पहले ही असफल होने के बाद मिर्ज़ा ने किसी भी चक को देखते ही मार देने का हुक्म दिया और कश्मीर में चकों की लाशों का ढेर लग गया। फिर 1622 में कश्मीर के सूबेदार बने इत्तिहाद ख़ान ने चकों को कश्मीर के राजनीतिक-सामाजिक पटल से सदा के लिए ख़त्म कर दिया। उसके समय हबीब ख़ान चक और अहमद ख़ान चक कश्मीर में विद्रोह का केन्द्र बने तो बाल्टिस्तान के शासक अब्दाल ने, जहाँ की अधिकतर जनसंख्या नूरबख़्शिया सम्प्रदाय को मानने वाली थी, इस विद्रोह में साथ देने का तय किया। इस ख़तरे को टालने के लिए इत्तिहाद ख़ान ने घाटी में चकों का खुला नरसंहार किया और कभी कश्मीर के इतिहास में बेहद ताक़तवर रही तथा सत्ता तक पहुँची चक कौम पूरी तरह से ख़त्म हो गई और इस तरह कश्मीर में आज़ादी का संघर्ष भी।[28]

जहाँगीर के शासनकाल में ही कश्मीर की प्रतिष्ठित जामा मस्जिद आग से पूरी तरह भस्म हो गई थी। आरोप मलिक हैदर चादुरा और उनके पिता मलिक मुहम्मद नाज़ी पर लगा जो कि एक शिया थे। कहा गया कि शम्स इराक़ी की ख़ानक़ाह जलाये जाने का बदला लेने के लिए शियाओं ने मस्जिद जला दी है। मलिक हैदर जहाँगीर के बेहद प्रिय थे, शेर अफ़गन मामले में उन्होंने सक्रिय भूमिका निभाई थी और उसकी बेवा मेहरुन्निसा के नूरजहाँ बनकर बादशाह के हरम में आने से पहले सुरक्षा भी दी थी। जहाँगीर ने उन्हें 'रईस-उल-मुल्क' का ख़िताब दिया था। इस मामले में उन्हें मस्जिद को अपने ख़र्च से बनवाने को कहा गया जो उन्होंने किया भी। मस्जिद के बाहर लगी पट्टिका में यह बात स्पष्ट रूप से दर्ज है।[29]

मस्जिद की बात चली है तो इस दौर का एक रोचक क़िस्सा है। नूरजहाँ ने 1623 में श्रीनगर में शाह हमादान की ख़ानक़ाह के सामने एक आलीशान मस्जिद, पत्थर मस्जिद बनवाई थी, मुग़ल शैली में बनी यह मस्जिद आगरा और दिल्ली में उस दौर में बनी मस्जिदों से बस इसी मामले में अलग है कि इसे संगमरमर की जगह कश्मीर में उपलब्ध चूना

**कश्मीरी कवि तुग़रा ने अपने बेहद मक़बूल शे'र में इसका ज़िक्र किया है 'अज़ शाही जहाँगीर दमे नज़ह चू जुस्तंद/बा ख्वाहिश-ए-दिल गुफ़्त कि कश्मीर दिगर हेच' यानी मरते हुए जब बादशाह जहाँगीर से उनकी आख़िरी ख्वाहिश पूछी गई तो उन्होंने कहा कश्मीर के अलावा कुछ नहीं।

पत्थर से बनाया गया है। कहते हैं कि किसी ने मलिका से जब यह पूछा कि इसे बनाने में कितना ख़र्च हुआ है तो उसने अपनी हीरे-जवाहरातों से बनी जूती की ओर इशारा करते हुए कहा- इसके बराबर। यह ख़बर जब कश्मीरी मौलवियों और जनता तक पहुँची तो लोग बेहद नाराज़ हो गए और फिर उस मस्जिद में कभी नमाज नहीं अता की गई।[30] तो जनता की अपनी शहंशाहियाँ होती हैं। लेकिन हम देखेंगे कि बीसवीं सदी के दूसरे और तीसरे दशक में अचानक यह मस्जिद महत्त्वपूर्ण होकर उभरी और इस पर कब्ज़े की माँग को लेकर आंदोलन हुए।

जहाँगीर के समय की एक और महत्त्वपूर्ण घटना कश्मीर में प्लेग का प्रकोप है। 1617 में जब अहमद बेग़ ख़ान वहाँ का सूबेदार था तो उत्तर भारत में फैला प्लेग कश्मीर तक पहुँच गया। कश्मीर के इतिहास में प्लेग की यह पहली घटना थी और प्रकोप ऐसा कि लोग लाशों का अंतिम संस्कार करने की जगह उन्हें सीधे पानी में फेंक देते थे। जहाँगीर ने इसका वर्णन करते हुए लिखा है कि 'एक बार एक लाश को मैदान में फेंक दिया गया तो वहाँ चर रही गाय उस घास को खाकर मर गई, फिर जब एक कुत्ते ने उस गाय का मांस खाया तो वह भी मर गया।' हालात ऐसे कि बाप बेटे की लाश के पास नहीं जाता था और बेटा बाप को यों ही मरता छोड़ देता था। अभी प्लेग पूरी तरह ख़त्म भी नहीं हुआ था कि उसी इलाक़े में आग लगी और तीन हज़ार घर जल गए। इसी आग में जामा मस्जिद भी जल गई थी जिसका ज़िक्र पहले किया गया है।[31]

जहाँगीर के शासनकाल के किश्तवार को कश्मीर में शामिल कर लिया गया। मुग़ल साम्राज्य के दौरान पुंछ, लद्दाख, बाल्टिस्तान, सरशॉल , दाम्याल, पाखली, नौशेरा जैसे तमाम छोटे-छोटे स्वतन्त्र रजवाड़ों को कश्मीर सूबे में शामिल कर लिया गया था।[32]

उसके समय प्रशासनिक और सामाजिक सुधार के भी अनेक क़दम उठाये गए। उसने 1621 में रस्म-ए-फौज़दारी नामक कर समाप्त कर दिया जिसे लेकर लोगों में नाराज़गी थी। साथ ही उसने सती प्रथा पर रोक लगा दी। उस दौर में यह प्रथा मुसलमानों में भी फैल गई थी। फ्रांसिस ग्लैडविन ने लिखा है कि 1619 में जहाँगीर के कश्मीर आगमन के ठीक पहले बारह साल की एक लड़की अपने पति के साथ ज़िन्दा दफ़न हो गई थी। जहाँगीर ने सख़्ती से इस प्रथा पर रोक लगा दी। इसके अलावा कश्मीर में लड़कियों को जन्म के समय ही गला घोंट कर मार देने की कुप्रथा जड़ें जमा चुकी थी, जहाँगीर ने इस पर भी रोक लगा दी। इसके अलावा जब सूबेदार क़ालीच ख़ान के समय हिन्दुओं ने जहाँगीर से अपने उत्पीड़न की शिक़ायत की तो उसने क़ालीच ख़ान को चेताया कि 'तुम्हारी शिक़ायतें बहुत हैं और तुम्हें चाहने वाले बहुत कम। बादल का पानी प्यासे लोगों तक पहुँचाओ या फिर अपना पद छोड़ दो।' इसके अलावा उसने पंडित श्रीकांत को हिन्दू मामलों का न्यायाधीश भी नियुक्त किया था जिससे हिन्दुओं को अपने धार्मिक मामलों में पूरी आज़ादी मिल सके। उसके समय में राज्य का राजस्व भी काफ़ी बढ़ गया था।

लेकिन जैसे नूरजहाँ से उसके प्रेम की सीमाएँ थीं और उसने अनेक अन्य रानियों

के अलावा एक कश्मीरी लड़की से भी शादी की थी वैसे ही इस धार्मिक सहिष्णुता की भी एक सीमा थी—उसने मुस्लिम लड़कियों के हिन्दू लड़कों से शादी करने पर भी पाबंदी लगा दी।[33]

शाहजहाँ : मुग़ल सत्ता का स्वर्ण काल (1628-58)

जहाँगीर के शासन के आख़िरी दौर में वहाँ का सूबेदार इत्तिक़ाद ख़ान था। उसने न केवल फलों के बागीचे और खेत ज़ब्त कर लिए थे बल्कि केसर चुनने जैसी चीज़ों में अकबर द्वारा बंद करा दी गई बेग़ार की व्यवस्था फिर से शुरू कर दी थी। शाहजहाँ को जब इसकी ख़बर मिली तो उसने एक फ़रमान जारी करके इन सब पर रोक लगा दी और इत्तिक़ाद ख़ान की जगह पहले कश्मीर के सूबेदार रहे और वहाँ के लोगों में लोकप्रिय जफ़र ख़ान को कश्मीर का सूबेदार नियुक्त किया। इस फ़रमान में एक न्यायपूर्ण व्यवस्था के लिए अनेक अनुदेश दिए गए थे और यह शाही फ़रमान जामा मस्जिद के पास एक पत्थर पर उत्कीर्ण करवाया गया ताकि आम जन और कर्मचारी उसे आसानी से पढ़ सकें। जहाँगीर के विपरीत शाहजहाँ ने इस मामले में कोई ढिलाई नहीं बरती और भ्रष्टाचार या अत्याचार की शिकायतें मिलने पर उसने तुरंत कार्यवाही की और सूबेदार बदल दिए। जफ़र ख़ान के समय ही लद्दाख और बाल्टिस्तान को कश्मीर सूबे में मिलाकर मुग़ल शासन के अधीन लाया गया।[34] कश्मीर की ख़ूबसूरती से अपने पिता की ही तरह बेइंतिहा मुहब्बत करने वाले शाहजहाँ ने 1634, 1640, 1645 और 1651 में कश्मीर की चार यात्राएँ की थीं।[35]

शाहजहाँ के काल की एक महत्त्वपूर्ण घटना 1635 का शिया-सुन्नी दंगा था। गर्मियों के एक दिन जब श्रीनगर के मायसुमा बाग़ में लोग आनन्द कर रहे थे तभी शियाओं में से कुछ ने पहले तीन ख़लीफ़ाओं के बारे में बुरा-भला कहना शुरू किया जिससे सुन्नी भड़क गए। सुन्नियों ने इसके लिए कड़ी सज़ा की माँग की लेकिन शियाओं के प्रति सहृदय जफ़र ख़ान के ऐसा न करने पर नक़्शबंदी सिलसिले के प्रमुख ख़्वाज़ा खावाद महमूद के नेतृत्व में सुन्नी मुसलमान हिंसा पर उतर आये और कई शियाओं के घर जला दिए गए। लेकिन जफ़र ख़ान ने बात बहुत ज़्यादा बढ़ने से पहले ख़्वाज़ा को कश्मीर से बाहर निकाल दिया और तनाव पर काबू पा लिया गया।

1641 में तरबियत ख़ान की सूबेदारी के समय कश्मीर में भयानक बाढ़ आई। तेज़ और लगातार बारिश से फ़सल नष्ट हो गई और हालात इस क़दर बिगड़े कि तीस हज़ार लोगों ने लाहौर में शरण ली। जब ये लोग शाहजहाँ के सामने पहुँचे तो उसने एक लाख रुपये नक़द दिए और आदेश दिया कि जब तक वे लाहौर में हैं उन्हें मुफ़्त भोजन उपलब्ध कराया जाए। उसने तरबियत ख़ान को भी शाही ख़ज़ाने से तीस हज़ार रुपये भेजे और निर्देश दिया कि लोगों को भोजन उपलब्ध कराने के लिए पाँच जगहों पर व्यवस्था की जाए। लेकिन तरबियत ख़ान अपनी ज़िम्मेदारी ठीक से निभाने में असफल रहा। शाहजहाँ ने उसे बर्ख़ास्त कर जफ़र ख़ान को फिर से कश्मीर का सूबेदार नियुक्त किया और इस स्थिति को सँभालने के लिए और बीस हज़ार रुपये दिए।[36]

दारा शिकोह की अपनी सूफ़ी तबियत के कारण कश्मीर में स्वाभाविक रुचि थी। उसने कश्मीर में अपने आध्यात्मिक गुरु मुल्ला शाह बादाख़शी के लिए नागर नगर क़िले के परकोटे के अन्दर एक मस्जिद और एक हमाम बनवाया था।[37] इसके अलावा दारा शिकोह के एक सूफ़ी कॉलेज सहित कुछ और निर्माण कराये जाने का ज़िक्र भी मिलता है।[38] क़ादिरी सिलसिले के मुल्ला शाह का शाहजहाँ भी बहुत सम्मान करता था और नूरजहाँ भी उन्हें अपना गुरु मानती थीं। उनके अनुयायियों में वज़ीर सैदुल्लाह का भी नाम शामिल है। लेकिन दिल्ली के सत्ता संघर्ष में विजयी होने के बाद औरंगज़ेब ने उन्हें अपने शत्रु पक्ष का समझा और उन्हें कश्मीर से बहिष्कृत कर दिया गया।[39]

औरंगज़ेब का दौर : अंत की शुरुआत (1658–1707)

औरंगज़ेब के समय कश्मीर में हुए बदलावों का अंदाज़ा एक तो इस बात से लगाया जा सकता है कि अपने पूर्ववर्ती बादशाहों से उलट इन 48 वर्षों में वह सिर्फ़ एक बार 1663 में कश्मीर गया।[40] वैसे उसकी यह यात्रा जिसमें उसकी प्रिय बहन रौशन आरा भी साथ थी, बेहद कठिन रही। बर्नियर ने इस यात्रा की दुश्वारियों का विस्तृत वर्णन किया है। औरतों को ले जा रहा एक हाथी पीर पंजाल दर्रे में लड़खड़ा गया और 3–4 महिलाओं की मृत्यु हो गई। कुछ और हाथी खड्ड में गिर गए और कई लोग गंभीर रूप से घायल हो गए। शायर जॉन मुहम्मद क़ुदसी ने इन रास्तों के बारे में लिखा है कि, 'रास्ते हब्शी के बालों की तरह घुमावदार हैं और फिरंगी की शमशीर की तरह पैने।[41]

दूसरा अंदाज़ा उस यात्रा के दौरान उसके द्वारा उठाये गए क़दमों से लगाया जा सकता है। लम्बी बीमारी के बाद कश्मीर के ख़ुशनुमा मौसम में स्वास्थ्य लाभ के लिए गए औरंगज़ेब को सबसे पहले जो बातें खलीं वे थीं, पहली, कश्मीरी औरतें नीचे के अन्तःवस्त्र नहीं पहनती थीं, दूसरी, कश्मीर में न केवल अफ़ीम की खेती होती थी बल्कि उसका उपयोग भी आम था और तीसरी यह कि कश्मीर में वहाँ भांड रंगमंच तथा मूक अभिनय किया करते थे। उसे ये तीनों बातें इस्लाम विरोधी लगीं और उसने इन पर प्रतिबन्ध लगा दिया। यह अलग बात है कि ये चीज़ें न तब रुकीं और न बाद में ही। इसके अलावा उसने कश्मीर के तत्कालीन सूबेदार सैफ़ ख़ान को फ़ारसी के महानतम कश्मीरी कवि मुल्ला ताहिर गनी और उस समय के बेहद प्रतिष्ठित ब्राह्मण योगी पीर पंडित को शाही दरबार में भेजने के लिए कहा। स्थानीय हक़ीक़त से अनजान औरंगज़ेब की इस ज़िद का परिणाम अत्यंत दुर्भाग्यपूर्ण रहा। जहाँ ग़नी कश्मीरी के नाम से प्रसिद्ध मुल्ला ताहिर ग़नी इस प्रस्ताव को मानने का दबाव पड़ने पर पागल हो गए, उन्होंने अपने सारे कपड़े फाड़ डाले और अपने प्राण त्याग दिए। वहीं पीर पंडित बादशाह के बारे में कहा जाता है कि उन्होंने अपनी आध्यात्मिक ताक़त का उपयोग करके औरंगज़ेब को इतना आतंकित किया कि उसने उन्हें बुलाने की ज़िद छोड़ दी। इसमें एक और तथ्य जोड़ देने पर तस्वीर और साफ़ हो जाती है। 1673 में एक बार फिर से श्रीनगर में भयावह आग लगी और जामा मस्जिद के साथ-साथ बारह हज़ार घर तबाह हो गए, यह ख़बर मिलने पर औरंगज़ेब ने जामा मस्जिद का तो शानदार पुनर्निर्माण करवाया लेकिन जनता को उसके हाल पर छोड़ दिया।[42]

कश्मीर में सैकड़ों साल के लम्बे इतिहास में अपनी तरह की एक संस्कृति विकसित हुई है। धार्मिक पहचानें अक्सर संस्कृति के साथ घुला-मिला दी जाती हैं और इस तरह इतिहास को काले और सफ़ेद में पेश करना बेहद सुविधाजनक होता है। कश्मीर में धर्म परिवर्तन और इस्लाम का वर्चस्व एक सच्चाई है तो धार्मिक सहिष्णुता और सहअस्तित्व की उसकी सांस्कृतिक विशिष्टता उतनी ही बड़ी, बल्कि उससे भी ज़्यादा गहरी हक़ीक़त जिसे जब जब झुठलाने की कोशिश हुई, वहाँ का इतिहास ख़ून और भूख के धब्बों से बदनुमा हो गया। देखें तो बाक़ी मामलों में औरंगज़ेब का समय अपने पूर्ववर्ती शासकों जैसा ही था। अच्छे-बुरे सूबेदार रहे। बाढ़ आई, भूकंप आया, शिया-सुन्नी झगड़े हुए[††], राजस्व व्यवस्था में परिवर्तन हुए लेकिन धार्मिक असहिष्णुता की जो विषबेल उस दौर में बोई गई उसने बाक़ी भारत की तरह कश्मीर में भी मुग़ल शासन के पतन की इबारत लिख दी।

औरंगज़ेब के शासनकाल की एक बड़ी घटना कश्मीर में 1699 में मो-ए-मुबारक (हज़रत मुहम्मद साहब का बाल) का आना था। ख़्वाज़ानूरूद्दीन इशबारी नामक रईस कश्मीरी व्यापारी इसे बीजापुर से ख़रीद कर ले आये थे। यह बाल हज़रत बल में रखा गया और वह कश्मीर की जनता के लिए श्रद्धा का एक बड़ा केन्द्र बन गया। (परिमू-328)

मुग़लों का पतन और कश्मीर में अराजकता का दौर (1707-52)

अपने लगभग आधी सदी के शासन के बाद जब 3 मार्च, 1707 को सुदूर दक्षिण के अहमदनगर की अपनी छावनी में औरंगज़ेब की मृत्यु हुई तो उसे आने वाले भविष्य का कुछ एहसास हो गया था। उसने अपनी एक वसीयत तैयार की थी जो उसके तकिये के नीचे पाई गई थी। इस वसीयत में मुग़ल साम्राज्य को तीनों उत्तराधिकारियों के बीच बाँटने का निर्देश दिया था जिसमें उस समय जिन सूबों पर उनका अधिकार था वे उनके पास रहने थे। लेकिन शाहजहाँ के जीते जी उत्तराधिकार का जो संघर्ष उसने किया था वह अब रवायत बनती जानी थी। उसकी वसीयत उसके सिरहाने पड़ी रही और दिल्ली में उसके तीन जीवित लड़कों, मुअज़्ज़म, आज़म और काम बख़्श के बीच सत्ता का ख़ूनी खेल शुरू हो गया जिसमें अंततः मुअज़्ज़म सफल हुआ और बहादुर शाह की पदवी के साथ गद्दीनशीन हुआ। पाँच साल का उसका शासन शान्तिपूर्ण ही रहा और वह राजपूत राजाओं को काबू में रखने तथा बन्दा बैरागी के नेतृत्व में हुए सिख विद्रोह को दबाने में सफल रहा।[43] लेकिन इसके बाद मुग़ल सल्तनत के लगातार विघटन की प्रक्रिया शुरू हो गई। 1712 में जहाँदार शाह के सत्ता में आने के साथ ही सैयद भाइयों का प्रभाव मुग़ल दरबार में बढ़ने लगा और लगभग वैसी ही अराजकता यहाँ

[††]सैफ़ खान की सूबेदारी के समय ऐसी ही एक घटना घटी जब सुन्नियों के प्रतिष्ठित नेता शेख़ अब्दुल राशिद चरार-ए-शरीफ़ जा रहे थे और रास्ते में चादुर में मलिक हैदर चादुरा के बेटे हसन मलिक ने उनका अपमान किया और पहले तीन खलीफ़ाओं के बारे में बुरी बातें कही। उन्होंने सैफ़ खान से शिक़ायत की लेकिन ख़ुद कार्यवाही न करते हुए उसने इस घटना की एक रिपोर्ट औरंगज़ेब को भेज दी। औरंगज़ेब ने हसन मलिक को सज़ा-ए-मौत तजवीज़ की। (परिमू -324) एक और बड़ा शिया सुन्नी विवाद इब्राहिम खान की सूबेदारी में 1685 में हसनाबाद में घटा जब गृहयुद्ध जैसी स्थिति बन गई और अंततः औरंगज़ेब को हस्तक्षेप कर इब्राहिम खान को बर्ख़ास्त करना पड़ा। (परिमू-326)

दिखाई देती है जैसी ज़ैन-उल-आब्दीन की मौत के बाद कश्मीर में दिखाई देती है।

मुग़ल दरबार में तूरानी (मुग़लों के साथ ट्रांस-ओक्जियाना से आये सामंत जो मुग़ल बादशाहों की तरह ही सुन्नी थे), ईरानी (ये हुमायूँ के साथ मूलत: ईरान से आये शिया थे और इनमें सूफ़ी संत, विद्वान और सैनिक शामिल थे) और हिन्दुस्तानी (भारतीय मूल के लोग जिनमें ज़्यादातर सुन्नी थे) ग्रुप्स बन गए थे और सत्ता संघर्ष में इनकी भूमिका वैसी ही थी जैसी कश्मीर के उस दौर में विभिन्न सामंतों की। ख़ैर, जहाँदार शाह को ग्यारह महीनों के अन्दर मौत के घाट उतार कर दिल्ली की सत्ता पर फर्रुख-सियार काबिज़ हुआ और 1719 में ही सैयद बन्धु उसे हटाकर अपनी कठपुतली रफ़ी-उद-दाराजात और फिर रफ़ी-उद-दौला को उस गद्दी पर बैठाने में क़ामयाब हुए जिस पर कभी अकबर बैठा करता था। मुहम्मद शाह के समय थोड़ी स्थिरता तो आई लेकिन 29 सालों का उसका शासन अगर याद किया जाता है तो बस इसलिए कि उसमें नादिरशाह का वह भयानक आक्रमण हुआ जिसने दिल्ली की सड़कों पर अभूतपूर्व तबाही मचाई। उसके बाद का मुग़ल इतिहास बस एक महान राजवंश की धुंधली छाया के धीरे-धीरे इतिहास के रंगमंच से विदाई का है।‡

ज़ाहिर है कि ख़ुद अपने अस्तित्व को जूझते और अराजकता के नए नए रूप से रू-ब-रू होते मुग़ल शासन कश्मीर में कोई सुशासन नहीं दे सकता था। इन 45 सालों में 22 सूबेदार नियुक्त हुए। लेकिन इस दौर में एक नई परम्परा शुरू हुई—नायब सूबेदारी की। सूबेदार कश्मीर में ख़ुद रहने की जगह एब्सेंटी शासक की तरह शासन करते थे और अपने प्रतिनिधि को नायब सूबेदार के रूप में शासन चलाने के लिए अधिकृत करते थे। इस दौर में वहाँ कुल 45 नायब सूबेदार नियुक्त किये गए थे। इन सूबेदारों और नायबों में एक-एक स्थानीय कश्मीरी कुलीन भी शामिल थे—1738 में सूबेदार नियुक्त हुए इनायत उल्लाह ख़ान द्वितीय और 1751 में नायब सूबेदार बने मीर मुक़ीम ख़ान। यों देखें तो इनमें कुछ अच्छे सूबेदार हुए कुछ बुरे। इनमें से सबसे क्रूर दौर अफरसियाब ख़ान (1746-51) का माना जाता है लेकिन केन्द्रीय सत्ता के विघटन के साथ-साथ कश्मीर में अराजकता के नए-नए मंज़र सामने आये। एक तरफ़ पुंछ और मुज़फ़्फ़राबाद के गूजर, बोम्बा और खाखा क़बीलों ने स्वतंत्र होने की आकांक्षा के साथ लगातार लूटमार शुरू कर दी तो दूसरी तरफ़ खाने की वस्तुओं के दाम इस क़दर बढ़ गए कि चारों तरफ़ त्राहि-त्राहि मच गई। कुप्रबंधन के चलते बाढ़, अकाल और भूकंप के दौर में जनता को कोई राहत न मिल सकी और निरंतर आक्रमणों के चलते ख़ासतौर से पंजाब सूबे से व्यापार ठप हो गया और हज़ारों लोग मारे गए तथा बड़ी संख्या में लोग कश्मीर से पलायन कर गए।[44]

शिया-सुन्नी विवाद इस दौर में भी जारी रहे। ऐसी ही एक घटना फ़र्रुख-सियार के शासनकाल में सूबेदार नियुक्त हुए इनायत उल्लाह ख़ान के समय हुई। मुहम्मद शाह के

‡औरंगज़ेब के बाद के मुग़ल शासन के बारे में विस्तार से जानने के लिए पाठक विलियम इरविन की पूर्वोद्धृत किताब द *लैटर मुग़ल्स* पढ़ सकते हैं। हालाँकि यह किताब रफ़ी उद दौला के काल तक ही जाती है। इस सन्दर्भ में एक रोचक किताब मुबारक अली की *टेल्स फ्रॉम लेटर मुग़ल्स* है। प्रकाशक : तारीख़ पब्लिकेशन्स, बुक स्ट्रीट, 68-मोज़ांग रोड, लाहौर)

समय अपनी सूबेदारी बचाने के लिए वह दिल्ली नहीं छोड़ सकता था इसलिए उसने मीर अहमद ख़ान को नायब सूबेदार नियुक्त किया जिसने लम्बे समय तक शान्तिपूर्ण शासन चलाया। लेकिन बहादुर शाह के समय कश्मीर का धर्म प्रमुख, शेख़-उल-इस्लाम नियुक्त हुआ माहतवी ख़ान साम्प्रदायिक मानसिकता का था जिसने पंडितों के ऊपर तमाम प्रतिबन्ध लगा दिए, यहाँ तक कि उनके तिलक लगाने को भी प्रतिबंधित कर दिया गया और इसकी अवमानना करने पर भारी ज़ुर्माने का प्रावधान किया। मुग़ल शासनकाल में कश्मीरी पंडित अपनी अल्पसंख्या के बावजूद घाटी में काफ़ी प्रभावी समूह बन चुके थे। ख़ासतौर पर राजस्व विभाग में उनकी भूमिका उसी समय से महत्त्वपूर्ण होने लगी थी। सूफ़ी ने इस घटना के पीछे भी एक पंडित राजस्वकर्मी द्वारा माहतवी ख़ान से, जो एक बड़ा ज़मीदार भी था, किसी सिलसिले में घूस की माँग बताई है। लेकिन वह इस विद्रोह के कारण के रूप में प्रतिबंधों का कोई ज़िक्र नहीं करते जबकि उनका और परिमू का स्रोत एक ही है— 1874 में कोलकाता से प्रकाशित ख़फी ख़ान की किताब *मुन्तख़ाब उल लुबाब*। ख़ैर, उन्होंने विद्रोह कर दिया और इसमें उन्हें शियाओं का भी साथ मिला। फलस्वरूप माहतवी ख़ान और उसके दो बेटों को गिरफ़्तार कर 12 सितम्बर 1720 को हत्या कर दी गई। ज़िन्दा बचे उसके तीसरे पुत्र शरफुद्दीन ने सुन्नी आबादी को साथ लेकर बदले की कार्यवाही शुरू की जिसमें शियाओं को ख़ासतौर पर बड़ा नुकसान उठाना पड़ा। स्थिति बेहद ख़तरनाक हो गई। मीर अहमद ख़ान इसे संभाल नहीं पाया और अंततः इनायतुल्लाह ख़ान को पद छोड़ना पड़ा। उसकी जगह नियुक्त हुए सूबेदार अब्दुस समद ख़ान ने अपने नायब अब्दुल्लाह ख़ान देहबेदी के साथ मिलकर स्थिति पर नियंत्रण पाया। शरफुद्दीन की हत्या कर दी गई तथा उसके 50 से अधिक समर्थकों को फाँसी दे दी गई। शान्ति स्थापित करने के बाद उसने पंडितों के ऊपर लगे सारे प्रतिबन्ध हटा दिए और उनके साथ अत्यंत सौहार्दपूर्ण व्यवहार किया।[45] साठ के दशक में कश्मीरी पंडितों द्वारा स्थापित पत्रिका *मिलचर* में महाराज कृष्ण रैना माहतवी ख़ान के प्रतिबंधों और उसके द्वारा आगजनी की घटना का ज़िक्र तो करते हैं लेकिन अब्दुस समद ख़ान द्वारा शरफुद्दीन की हत्या और सभी प्रतिबंधों को हटाने की बात नहीं करते।[46]

नादिर शाह के आक्रमण के समय से ही कश्मीर से मुग़ल नियंत्रण ढीला पड़ने लगा था और अफ़ग़ानिस्तान के पठान शासक अहमद शाह दुर्रानी (जिसे अहमद शाह अब्दाली के नाम से जाना जाता है) का समय आते-आते कश्मीर का पठानों के नियंत्रण में जाना बस औपचारिकता रह गई थी।

मुग़ल शासन के सामाजिक-आर्थिक प्रभाव : एक मूल्यांकन

परिमू हालाँकि मुग़ल काल में कृषि, व्यापार और अन्य क्षेत्रों में हुए विकास को स्वीकार करते हैं लेकिन कश्मीर में 167 साल के मुग़ल शासन को 'चुके हुए अवसरों' का दौर बताते हैं। (परिमू-346)

मुग़ल शासन ने कश्मीर की राजनीति, अर्थव्यवस्था, संस्कृति, समाज और उसके भूगोल को गहरे प्रभावित किया। किश्तवार, तिब्बत, लद्दाख, पुंछ आदि स्वतंत्र राज्यों का

कश्मीर में विलय कर उन्होंने जो नक्शा बनाया वह आज के कश्मीर की पूर्वपीठिका है। ज़ाहिर है कि सारे प्रभाव सकारात्मक ही नहीं थे, लेकिन वृहत्तर भारतीय उपमहाद्वीप का हिस्सा बनने और अपनी आय को बढ़ाने तथा उत्तरी सीमा को सुरक्षित करने के लिए जो उपाय मुग़ल शासकों ने अपनाए, उसके कई सकारात्मक और दूरगामी प्रभाव कश्मीर पर पड़े।

सबसे पहला असर तो चकों के पतन के समय छिन्न-भिन्न हो गई प्रशासनिक तथा क़ानून व्यवस्था पर पड़ा। अकबर के समय से वहाँ प्रशासनिक व्यवस्था में आमूलचूल परिवर्तन हुए, राजस्व विभाग को चुस्त-दुरुस्त किया गया तथा उसे मुग़ल शासन व्यवस्था के अनुरूप बनाया गया जिसका ज़िक्र पहले किया गया है। 'बरामदी' के नाम से ऑडिटिंग की व्यवस्था लागू की गई। साथ ही न्याय, पुलिस तथा सामान्य प्रशासन की व्यवस्था को मज़बूत कर आम लोगों के लिए न्याय को सुलभ बनाने का प्रयास किया गया। इस दौर में आम लोगों की क़ाज़ी तक पहुँच आसान हुई।

शेष भारत से जुड़ने का एक बड़ा फ़ायदा कश्मीर में व्यापार के विकास का हुआ। जहाँगीर और शाहजहाँ ने कश्मीर को पंजाब और उत्तरी भारत से जोड़ने के लिए कई रास्तों का निर्माण कराया, व्यापारियों के रुकने के लिए सरायों का निर्माण कराया, महसूल ख़त्म किया और इन सबके फलस्वरूप ख़ासतौर पर देश-दुनिया में कश्मीर से शॉल, दरी और केसर का निर्यात बहुत तेज़ी से बढ़ा। इसके अलावा एक महत्त्वपूर्ण उद्योग काग़ज़ का था। 1783 में लिखते हुए फ़ॉस्टर ने कश्मीरी काग़ज़ को पूरब का सर्वश्रेष्ठ काग़ज़ कहा था। उसने उस काल में शॉल बुनने वाले करघों की संख्या 40,000 बताई है।[47] कश्मीरी शॉलों की चर्चा बौद्ध काल से ही सुनी जाती है और हमने देखा है कि ज़ैन-उल-आब्दीन के समय शॉल उद्योग को बहुत प्रोत्साहन मिला था। लेकिन उसके बाद राज्य में जिस तरह की अस्थिरता रही वह व्यापार के लिए घातक ही थी। अकबर के समय एक बार फिर इस उद्योग को बढ़ावा मिला। कश्मीर में बनने वाली पश्मीना शॉल कैप्रा हिर्कस नामक भेड़ के बालों से बनती है जो लद्दाख में पाई जाती है। एक पुराने क़रार के कारण लद्दाखी यह धागा सिर्फ़ कश्मीरियों को ही बेचते थे।[48] मुग़ल बादशाहों ने इस उद्योग का अंतर्राष्ट्रीय स्तर पर व्यवसायीकरण किया। अब यह उत्पादन बेहद संगठित तरीक़े से और बड़े पैमाने पर होने लगा तथा कश्मीरी शॉल एक स्टेट्स सिम्बल की तरह हो गई। मुग़ल बादशाहों में इसे ईनाम और तोहफ़े की तरह देना एक परम्परा बन गई तो शाही हरम में प्रवेश कर यह उस समय के फैशन का हिस्सा हो गई। अकबर ने न केवल इसके पहनने के तरीक़े निश्चित किये बल्कि लाहौर, पटना और आगरा में कश्मीरी शॉल निर्माण के नए केन्द्र भी शुरू किये। शालों के लिए नए-नए डिज़ाइन विकसित किए गए और उसे शेष भारत से व्यापार के अनुकूल बनाया गया। माँग बढ़ने के साथ-साथ शॉल की क़ीमतें भी बढ़ीं। बाद के मुग़ल शासकों ने भी इसे ख़ूब बढ़ावा दिया और बर्नियर बताते हैं कि औरंगज़ेब के समय तक कश्मीर की आय का बड़ा हिस्सा शालों से आने लगा था। ज़ाहिर है, आय का यह स्रोत किसी भी हाल में बनाए रखा जाता। उदाहरण के लिए 1682-83 में जब तिब्बत ने लद्दाख पर आक्रमण

कर दिया और कश्मीर को ऊन की आपूर्ति में समस्या आई तो मुग़लों ने हस्तक्षेप किया और 1683 में एक संधि की जिसकी सबसे अहम बात यह थी कि पश्म की ख़रीद पर कश्मीरियों का एकाधिकार बना रहेगा।

लेकिन एक साम्राज्यवादी शासन में उद्योगों के इस विकास का लाभ कारीगरों तक कैसे पहुँचता। उस दौर में अगर फ़ॉस्टर के कहे अनुसार यह मान लें कि कुल 40,000 करघे थे तो एक करघे पर काम करने वाले औसतन 3 मज़दूरों के हिसाब से कोई 1,20,000 लोग शॉल उद्योग में प्रत्यक्ष रूप से लगे हुए थे। इनमें बड़ी संख्या औरतों और बच्चों की थी जिन्हें बहुत कम मज़दूरी दी जाती थी। यही नहीं, जहाँ कश्मीरी शॉल पहनने वालों को उनके समाजों में अलग से प्रतिष्ठा मिलती थी, इन शॉलों के कारखानेदार रईसों में गिने जाते थे, वहीं इनका निर्माण करने वाले मज़दूरों को समाजिक विभाजन में निचली पांत में रखा जाता था। इस तरह शॉल उद्योग के पूँजीवादी विकास और उसमें श्रम के शोषण के आधार मुग़ल काल में पुख्ता रूप से तैयार हो चुके थे।[49]

मुग़लों का एक बेहद महत्त्वपूर्ण क़दम घाटी में नक़दी लेन-देन की व्यवस्था की शुरुआत थी। हमने अकबर द्वारा नगर नागर क़िले के निर्माण में नक़द मज़दूरी दिए जाने का ज़िक्र देखा है। आगे चलकर इस नक़द लेन-देन की व्यवस्था में ख़ासा विस्तार हुआ जो बाहरी व्यापार के लिए एक आवश्यक शर्त थी। इसी दौर में हुंडी व्यवस्था की भी शुरुआत हुई। इन सबके चलते कश्मीर में पहली बार मध्य वर्ग का उदय हुआ जिसका पहले शॉल उद्योग पर कब्ज़ा हुआ और आगे चलकर कृषि पर भी। ख़ासतौर पर जहाँगीर और शाहजहाँ के समय शानदार भवनों और बागीचों के निर्माण, व्यापार के चलन, मध्य वर्ग के उदय तथा मुग़ल सामंतों के आने के चलते स्वाभाविक रूप से कश्मीर में शहरीकरण की प्रक्रिया आरम्भ हुई और श्रीनगर एक महत्त्वपूर्ण प्रशासनिक तथा व्यापारिक केन्द्र के साथ-साथ पर्यटन स्थल के रूप में भी विकसित हुआ।[50] इन शासकों के साथ गए बर्नियर जैसे पश्चिमी विद्वानों और थॉमस मूर की पूर्वोद्धृत कविता (लल्ला रुख) ने योरोपीय लोगों में कश्मीर के लिए एक आकर्षण पैदा किया जो अब भी बदस्तूर जारी है।

लेकिन कश्मीर की ख़ूबसूरती से बेइंतिहा मुहब्बत करने वाले मुग़ल शासक और उनके सामंत कश्मीरी जनता के प्रति उतने उदार नहीं थे। अबुल फज़ल कश्मीरियों को 'दुश्चरित्र और चालबाज़' बताते हैं तो मुग़लों से संघर्ष करने वाले याक़ूब शाह और शम्स चक को 'बदमाश।' कश्मीर को स्वर्ग बताने वाला जहाँगीर अपनी आत्मकथा में कश्मीरियों को 'जानवर' जैसा बताता है और इस बात का अफ़सोस करता है कि मुसलमानों और हिन्दुओं में कोई फ़र्क ही नज़र नहीं आता तो औरंगज़ेब उन्हें 'बे पीर' और 'बे तमीज़' कहता है। मुग़ल काल में कश्मीरियों को 'बदजात' कहने की जो परम्परा विकसित हुई वह दूर तक गई।[51] कश्मीर की आब-ओ-हवा से मुहब्बत और कश्मीरियों से नफ़रत की यह रवायत जैसे आज भी जारी है। कश्मीरियों के आत्मसम्मान को बुरी तरह घायल किया गया, हालाँकि शम्सी चक, मलिक अली, मलिक हैदर, युसुफ़ ख़ान, मुल्ला मोहसिन फ़ानी जैसे कुछ कश्मीरियों को मुग़ल साम्राज्य के दूसरे हिस्सों में महत्त्वपूर्ण पद दिए गए लेकिन

आमतौर पर सेना और प्रशासन में कश्मीरियों को जगह नहीं दी गई।[52] परिणामस्वरूप एक युद्धक कौम के रूप में कश्मीर की छवि धूमिल होती चली गई। हालाँकि, इस दौर में कश्मीरी पंडितों का प्रभाव बढ़ा और प्रशासन में उन्हें बेहतर पद मिले। उदाहरण के लिए अकबर के शासनकाल में पंडित तोताराम पेशकार के पद तक पहुँचे तो पंडित चन्द्र भान दारा शिकोह के निजी सचिव हुए। ख़ासतौर से राजस्व विभाग में पंडितों की जो भर्ती इस समय शुरू हुई वह डोगरा काल आते-आते इस विभाग पर सम्पूर्ण कब्ज़े में तब्दील हो गई। लेकिन मुग़ल काल में उच्च पद ईरानी, तूरानी और हिन्दुस्तानी सामंतों के लिए ही आरक्षित रहे।[53]

मुग़ल काल में एक और महत्त्वपूर्ण परिवर्तन कश्मीर में इस्लाम के स्वरूप में हुआ। अकबर और जहाँगीर के समय स्थानीय ऋषि परम्परा काफ़ी समृद्ध थी और लगभग दो हज़ार ऋषि कश्मीर में थे।[54] लेकिन मुग़लों के आने के साथ उलेमा के बढ़ते प्रभाव और चिश्तिया, नक़्शबंदी, क़ादरी तथा सुहरावर्दी सिलसिले के असर के बढ़ते जाने के कारण कश्मीर की स्थानीय ऋषि परम्परा और नूरबख़्शिया सिलसिला धीरे-धीरे बिखर गये। जैसा कि हमने देखा इस दौर में शिया-सुन्नी दंगे बार-बार होते रहे और दोनों समुदायों के बीच एक तनाव की स्थिति बनी रही। इसी खींचतान के बीच कश्मीर में स्वतंत्र चिंतकों के एक समूह का उदय हुआ जो इस्लाम के भीतर के सभी सिलसिलों और मतों के साथ-साथ हिन्दुओं के साथ भी समन्वय की नीति के पक्षधर थे। मुल्ला शाह बादखशी, मुल्ला हुसैन सब्ज़वारी, शाह सादिक़ कलंदर, मुल्ला ताहिर गनी, रूपा भवानी, ऋषि पंडित और युसूफ़ दीवाना जैसे संतों और विद्वानों ने हर सम्प्रदाय के लोगों को अपना शिष्य बनाया तथा प्रेम और बंधुत्व की शिक्षा दी। हालाँकि धर्म परिवर्तन बदस्तूर जारी रहे लेकिन कुल मिलाकर यह दौर कुछ वक़्ती उठापठक के अलावा कश्मीर के हिन्दू समुदाय के लिए शान्ति का दौर ही रहा। हिन्दुओं में ऋषि पीर पंडित, रूपा भवानी और अदित दास जैसे प्रतिष्ठित संत हुए।

भाषा के क्षेत्र में एक बड़ा परिवर्तन यह हुआ कि संस्कृत और कश्मीरी अब साहित्य तथा ज्ञान-विज्ञान के क्षेत्र से पूरी तरह ग़ायब हो गईं और इनका स्थान फ़ारसी ने ले लिया। कश्मीरी बोलचाल की भाषा बनकर रह गई और हब्बा ख़ातून, हबीबुल्लाह नौशहरी, रूपा भवानी और साहिब कौल के बाद इस दौर में कश्मीरी का कोई कवि नज़र नहीं आता। हालाँकि मुग़ल शासकों द्वारा प्रोत्साहित फ़ारसी साहित्य के क्षेत्र में काफ़ी विकास हुआ। इसी दौर में *राजतरंगिणी* का बदायूँनी द्वारा फ़ारसी में अनुवाद किया गया। तालिब इफ़ाहानी, ख़्वाज़ा मोइनुद्दीन नक़्शबंदी, मुल्ला तुगरा, मुहम्मद क़ुली सालिम, मीर इलाही और इनायत ख़ान जैसे प्रतिष्ठित फ़ारसी शायर इसी काल में कश्मीर में आये और यहीं बस गए। शेख़ याक़ूब शर्फ़ी, ख़्वाज़ा हबीबुल्लाह हूबी, मलिक हैदर, अख्वांद मुल्ला कमाल, मुल्ला मज़हरी, बाबा नासीबुद्दीन जैसे स्थानीय कश्मीरी विद्वानों ने भी फ़ारसी में शानदार काम किये तो कश्मीरी पंडितों ने भी इस दौर में फ़ारसी सीख कर दरबार में नौकरियाँ हासिल कीं। इतिहास, कैलियोग्राफी, चिकित्सा और दूसरे क्षेत्रों में फ़ारसी के कई महत्त्वपूर्ण ग्रन्थ इस दौर में लिखे गए।

इस दौर में महिलाओं की स्थिति में कुछ ख़ास बदलाव नहीं आया। राजनीति के क्षेत्र से तो महिलायें पूरी तरह बेदख़ल हो चुकी थीं, उच्च वर्ग में इस दौर में परदे का प्रचलन बढ़ा जबकि निम्न वर्ग की महिलायें अब भी परदे का प्रयोग नहीं करती थीं। वे खेतों तथा फलों के बागीचे में अपने पतियों के साथ काम करती थीं और मेलों-त्यौहारों में खुल के हिस्सेदारी करती थीं। उच्च वर्ग की महिलायें आमतौर पर घर पर ही मौलवियों से प्राथमिक शिक्षा प्राप्त करती थीं लेकिन निम्न वर्ग की महिलाओं में शिक्षा का कोई प्रचलन नहीं था। हालाँकि ख़्वाज़ा मोईनुद्दीन की पत्नी जैसी कुछ महिलाओं द्वारा अपने पति की मृत्यु के बाद ख़ानकाहें संभालने का ज़िक्र मिलता है लेकिन कुल मिलाकर उनकी जगह चूल्हे और शयनकक्ष में ही थी। हालाँकि इस्लाम बहुविवाह की इजाज़त देता था लेकिन कश्मीर में बहु विवाह का कोई प्रचलन नहीं था जबकि बौद्ध बहुल लद्दाख और तिब्बत में बहुविवाह ख़ासा प्रचलित था। ज़ाहिर है संस्कृतियाँ और परम्पराएँ अक्सर धर्म की सीमाओं को लाँघ जाती हैं। जैसा कि पहले ही बताया गया है कि हिन्दुओं में तो सती प्रथा का प्रचलन था ही, मुसलमान औरतों में भी पति की क़ब्र में ज़िंदा दफ़न होने की प्रथा उस दौर में बेहद प्रचलित हो गई थी। जहाँगीर और शाहजहाँ दोनों ने सती प्रथा पर प्रतिबन्ध लगाने की कोशिश की लेकिन यह प्रथा औरंगज़ेब द्वारा कड़े क़दम उठाये जाने तक जारी रही। बाल विवाह दोनों धर्मों में आम था और विधवाओं को पुनर्विवाह तथा संपत्ति का अधिकार भी।

लेकिन शेष दुनिया से जुड़ने के नुक्सान कश्मीरी औरतों को अपनी तरह से उठाने पड़े। अपने अप्रतिम सौन्दर्य के कारण वे मुग़ल सामंतों के हरमों में शामिल हुईं, दासी के रूप में घर में ले जाई गईं और धीरे-धीरे कश्मीर से बाहर के बाज़ारों में भी पहुँची।[55] योरप तक पहुँच चुकी उनके सौन्दर्य की चर्चा कविताओं में तो सिर्फ़ तारीफ़ लेकर आई लेकिन कालान्तर में मैदान की धूप और संघर्ष से थके गोरे साहबों की हवस की पूर्व पीठिकाएँ इस दौर में शुरू हुईं तो यह प्रक्रिया काले साहबों के दौर तक नहीं थमीं।

अंत करने से पहले दो और घटनाओं का ज़िक्र ज़रूरी है जिन्होंने कालान्तर में भारतीय उपमहाद्वीप के इतिहास में महत्त्वपूर्ण भूमिका निभाई। फ़र्रुखसियार की नज़र अपनी कश्मीर यात्रा के दौरान संस्कृत और फ़ारसी के विद्वान तथा प्रतिष्ठित कश्मीरी पंडित राज कौल पर पड़ी और उसने उन्हें दिल्ली आने का न्यौता दिया। 1716 में पंडित राज कौल सपरिवार दिल्ली आ गए और बाद में इलाहाबाद चले गए। बाद में इसी वंश में मोतीलाल और जवाहरलाल नेहरू हुए।[56]

संदर्भ सूची

1. देखें, https://www.kashmirnewz.com/a0008.html
2. देखें, पृष्ठ 31, *क्रिस्टोफ़र स्नोडेन, अंडरस्टैंडिंग कश्मीर एंड कश्मीरीज़,* हर्स्ट एंड कंपनी, लन्दन, 2015
3. देखें, पृष्ठ ×iv, *कश्मीर अंडर द मुग़ल्स* (1586–1752), अब्दुल माज़िद मट्टू, शालीमार आर्ट प्रेस, श्रीनगर, 1988
4. जैसा इतिहासकार सोहैल हाशमी ने निजी बातचीत में बताया.
5. देखें, पृष्ठ ×1, *कश्मीर अंडर द मुग़ल्स* (1586–1752), अब्दुल माज़िद मट्टू, शालीमार आर्ट प्रेस, श्रीनगर, 1988
6. देखें, पृष्ठ 40, *कश्मीर बिहाइंड द वेल,* एम.जे. अकबर, छठवां संस्करण, 2011, रोली बुक्स प्राइवेट लिमिटेड, दिल्ली
7. देखें,पृष्ठ 283, *ए हिस्ट्री ऑफ़ मुस्लिम रूल इन कश्मीर,* आर.के. परिमू, पीपुल्स पब्लिशिंग हाउस, दिल्ली, 1969
8. देखें, पृष्ठ 31, *क्रिस्टोफ़र स्नोडेन, अंडरस्टैंडिंग कश्मीर एंड कश्मीरीज़,* हर्स्ट एंड कंपनी, लन्दन, 2015
9. देखें, पृष्ठ 244, *अ हिस्ट्री ऑफ़ कश्मीर,* डॉ. जी.एम.डी. सूफ़ी, खण्ड 1, लाईट एंड लाइफ़ पब्लिकेशन, नई दिल्ली, 1974
10. देखें,पृष्ठ 283–84, *ए हिस्ट्री ऑफ़ मुस्लिम रूल इन कश्मीर,* आर.के. परिमू, पीपुल्स पब्लिशिंग हाउस, दिल्ली, 1969
11. देखें, पृष्ठ 19, *कश्मीर अंडर द मुग़ल्स* (1586–1752), अब्दुल माज़िद मट्टू, शालीमार आर्ट प्रेस, श्रीनगर, 1988
12. देखें, *किंग्स ऑफ़ कश्मीर,* जोगेश चन्द्र दत्त, पृष्ठ 417, खण्ड 3, शुक, ई.एल.एम. प्रेस, कलकत्ता, 1898
13. देखें,पृष्ठ 289, ए हिस्ट्री ऑफ़ मुस्लिम रूल इन *कश्मीर,* आर.के. परिमू, पीपुल्स पब्लिशिंग हाउस, दिल्ली, 1969
14. देखें, पृष्ठ 31, *क्रिस्टोफ़र स्नोडेन, अंडरस्टैंडिंग कश्मीर एंड कश्मीरीज़,* हर्स्ट एंड कंपनी, लन्दन, 2015
15. देखें, पृष्ठ 194, द *वैली ऑफ़ कश्मीर, वॉल्टर लॉरेन्स,* ऑक्सफ़ोर्ड यूनिवर्सिटी प्रेस,लन्दन, 1895
16. देखें, पृष्ठ 289, *ए हिस्ट्री ऑफ़ मुस्लिम रूल इन कश्मीर,* आर.के. परिमू, पीपुल्स पब्लिशिंग हाउस, दिल्ली, 1969
17. देखें, पृष्ठ 11, *कश्मीर अंडर द मुग़ल्स (1586–1752),* अब्दुल माज़िद मट्टू, शालीमार आर्ट प्रेस, श्रीनगर, 1988
18. देखें, वही
19. देखें, पृष्ठ 51, *कश्मीर अंडर द मुग़ल्स (1586–1752),* अब्दुल माज़िद मट्टू, शालीमार आर्ट प्रेस, श्रीनगर, 1988
20. देखें, पृष्ठ 194, द *वैली ऑफ़ कश्मीर,* वॉल्टर लॉरेन्स, ऑक्सफ़ोर्ड यूनिवर्सिटी प्रेस,लन्दन, 1895
21. देखें, वही
22. देखें, *किंग्स ऑफ़ कश्मीर,* जोगेश चन्द्र दत्त, पृष्ठ 426, खण्ड 3, शुक, ई.एल.एम. प्रेस, कलकत्ता, 1898
23. देखें, पृष्ठ 256–57, *अ हिस्ट्री ऑफ़ कश्मीर,* डॉ. जी.एम.डी. सूफ़ी, खण्ड 1, लाईट एंड लाइफ़ पब्लिकेशन, नई दिल्ली, 1974
24. देखें, पृष्ठ–58, *माई फ्रोज़ेन टर्बुलेंस इन कश्मीर,* जगमोहन, दूसरा संस्करण, 1991, अलाइड पब्लिशर्स लिमिटेड, नई दिल्ली
25. देखें, पृष्ठ 380, *मेमोरीज़ ऑफ़ जहाँगीर, इम्पर ऑफ़ इण्डिया, द जहाँगीरनामा,* व्हीलर एम थैकटन, न्यूयॉर्क, 1999
26. देखें, पृष्ठ 213, *कश्मीर : द हिस्ट्री ऑफ़ हिमालयन वैली,* फ़िदा मोहम्मद खान हसनैन, गुलशन बुक्स, श्रीनगर, 2002

27. देखें, पृष्ठ 6, एन एटलस ऑफ़ द मुग़ल एम्पायर, इरफ़ान हबीब, ऑक्सफ़ोर्ड यूनिवर्सिटी प्रेस, 1982
28. देखें, पृष्ठ 289, *ए हिस्ट्री ऑफ़ मुस्लिम रूल इन कश्मीर,* आर.के. परिमू, पीपुल्स पब्लिशिंग हाउस, दिल्ली, 1969
29. देखें, पृष्ठ 258–59, *अ हिस्ट्री ऑफ़ कश्मीर,* डॉ. जी.एम.डी. सूफ़ी, खण्ड 1, लाईट एंड लाइफ़ पब्लिकेशन, नई दिल्ली, 1974
30. देखें, 4–22–23, *मान्यूमेंट्स ऑफ़ कश्मीर,* रामचंद्र काक, उत्पल पब्लिकेशन दिल्ली, 2002
31. देखें, पृष्ठ 307, *ए हिस्ट्री ऑफ़ मुस्लिम रूल इन कश्मीर,* आर.के. परिमू, पीपुल्स पब्लिशिंग हाउस, दिल्ली, 1969
32. देखें, पृष्ठ 60, *कश्मीर अंडर द मुग़ल्स (1586–1752),* अब्दुल माज़िद मट्टू, शालीमार आर्ट प्रेस, श्रीनगर, 1988
33. देखें, पृष्ठ 262–65, *अ हिस्ट्री ऑफ़ कश्मीर,* डॉ. जी.एम.डी. सूफ़ी, खण्ड 1, लाईट एंड लाइफ़ पब्लिकेशन, नई दिल्ली, 1974
34. देखें, पृष्ठ 312–15, *ए हिस्ट्री ऑफ़ मुस्लिम रूल इन कश्मीर,* आर.के. परिमू, पीपुल्स पब्लिशिंग हाउस, दिल्ली, 1969, सूफ़ी–288–89
35. देखें, पृष्ठ 266, *अ हिस्ट्री ऑफ़ कश्मीर,* डॉ. जी.एम.डी. सूफ़ी, खण्ड 1, लाईट एंड लाइफ़ पब्लिकेशन, नई दिल्ली, 1974
36. देखें, पृष्ठ 319, *ए हिस्ट्री ऑफ़ मुस्लिम रूल इन कश्मीर,* आर.के. परिमू, पीपुल्स पब्लिशिंग हाउस, दिल्ली, 1969, सूफ़ी–288–89
37. देखें, पृष्ठ 161, *कश्मीर अंडर द मुग़ल्स (1586–1752),* अब्दुल माज़िद मट्टू, शालीमार आर्ट प्रेस, श्रीनगर, 1988
38. देखें, पृष्ठ 32, *क्रिस्टोफ़र स्नोडेन, अंडरस्टैंडिंग कश्मीर एंड कश्मीरीज़,* हर्स्ट एंड कंपनी, लन्दन, 2015
39. देखें, पृष्ठ 161, *कश्मीर अंडर द मुग़ल्स (1586–1752),* अब्दुल माज़िद मट्टू, शालीमार आर्ट प्रेस, श्रीनगर, 1988
40. देखें, पृष्ठ 216, *कश्मीर : द हिस्ट्री ऑफ़ हिमालयन वैली,* फ़िदा मोहम्मद खान हसनैन, गुलशन बुक्स, श्रीनगर, 2002
41. देखें, पृष्ठ 273, *अ हिस्ट्री ऑफ़ कश्मीर,* डॉ. जी.एम.डी. सूफ़ी, खण्ड 1, लाईट एंड लाइफ़ पब्लिकेशन, नई दिल्ली, 1974
42. देखें, पृष्ठ 315–22, *ए हिस्ट्री ऑफ़ मुस्लिम रूल इन कश्मीर,* आर.के. परिमू, पीपुल्स पब्लिशिंग हाउस, दिल्ली, 1969, सूफ़ी–288–89
43. देखें, पहला अध्याय, *द लैटर मुग़ल्स,* विलियम इरविन, सम्पादक : जदुनाथ सरकार, खण्ड–1, एम सी सरकार एंड संस, 1923
44. देखें, पृष्ठ 339–40, *ए हिस्ट्री ऑफ़ मुस्लिम रूल इन कश्मीर,* आर.के. परिमू, पीपुल्स पब्लिशिंग हाउस, दिल्ली, 1969
45. देखें, पृष्ठ 342, वही
46. http://ikashmir.net/mkraina/6.html
47. देखें, पृष्ठ 18–20, जार्ज फोरस्टर, *लेटर्स ऑन अ जर्नी फ़्रॉम बंगाल टू इंग्लैण्ड थ्रू नॉर्दर्न पार्ट ऑफ़ कश्मीर,* खण्ड–ii, लन्दन 1808
48. देखें, पृष्ठ 55, *शाल इंडस्ट्री इन कश्मीर अंडर मुग़ल्स* (1586–1752)—अ क्रिटिकल नोट, सुलखान सिंह और शौकत अहमद डार, अंक 5(4), जर्नल ऑफ़ लेंग्वेज एंड कृचर, नवम्बर–2014
49. विस्तार और संदर्भों के लिए देखें उल्लिखित शोध पत्र

50. देखें, पृष्ठ 231, *कश्मीर अंडर द मुग़ल्स (1586-1752)*, अब्दुल माजिद मट्टू, शालीमार आर्ट प्रेस, श्रीनगर, 1988
51. देखें, पृष्ठ 48, *पर्सपेक्टिव ऑन कश्मीर*, मोहम्मद इशाक खान, गुलशन पब्लिशर्स, श्रीनगर, 1983
52. देखें, पृष्ठ 232, *कश्मीर अंडर द मुग़ल्स (1586-1752)*, अब्दुल माजिद मट्टू, शालीमार आर्ट प्रेस, श्रीनगर, 1988
53. देखें, पृष्ठ 3, *पर्सपेक्टिव ऑन कश्मीर*, मोहम्मद इशाक खान, गुलशन पब्लिशर्स, श्रीनगर, 1983
54. देखें, वही, पृष्ठ 13
55. देखें, *कश्मीर अंडर द मुग़ल्स (1586-1752)*, अब्दुल माजिद मट्टू, शालीमार आर्ट प्रेस, श्रीनगर, 1988
56. देखें, पृष्ठ 288-89, *अ हिस्ट्री ऑफ़ कश्मीर*, डॉ. जी.एम.डी. सूफ़ी, खण्ड 1, लाईट एंड लाइफ़ पब्लिकेशन, नई दिल्ली, 1974

7

कश्मीर पर अफ़ग़ानों का कब्ज़ा : लूट, अराजकता और अस्थिरता का दौर

सर बुरीदां पेश इन संगीन दिलां गुलचिदान अस[1]
(पत्थर दिल अफ़ग़ानों के लिए सिर काट देना वैसे ही है जैसे बागीचे से फूल तोड़ लेना।)

29 जुलाई 2008 को जम्मू विश्वविद्यालय के तत्कालीन कुलपति अमिताभ मट्टू से एक साक्षात्कार में अफ़ग़ानिस्तान के राष्ट्रपति हामिद करज़ई ने कहा—

कश्मीर में अफ़ग़ानों के शासन का दौर बेहद बुरा था।

ज़ाल्मे रसूल कहाँ हैं? उन्हें ले आओ। उसका अपमान करते हैं। ज़ाल्मे रसूल यहाँ मेरे राष्ट्रीय सुरक्षा सलाहकार हैं। उनके दादा के दादा कश्मीर में अफ़ग़ान सूबेदार थे। एक भयावह सूबेदार। वह कश्मीर के आख़िरी सूबेदार थे। जब वह वहाँ गए, लोग उनका स्वागत करने के लिए आये। जैसी कि उस इलाक़े में रवायत थी, लोगों ने उनसे पूछा, 'हम आपके लिए क्या कर सकते हैं सूबेदार हुज़ूर? तो उन्होंने कहा, मैं आपकी हवा आपसे ख़रीद कर आपकी मदद करना चाहूँगा, तो कश्मीरी बुज़ुर्गों ने बाहर जाकर आपस में बातचीत की। लौटकर वे बोले—ठीक है। उन्होंने उन्हें कुछ हज़ार या लाख रुपये दिए और हवा ख़रीद ली। वक़्त बीता। जब वे अपने गेहूँ की दँवाई कर रहे थे तो सूबेदार साहब आये और बोले, 'हवा तो मेरी है' और फिर उन्होंने उनकी सालाना उपज का एक चौथाई वसूल लिया! कल्पना कीजिए।

वह अफ़ग़ानिस्तान के सबसे रईस आदमी बन गए। उनका नाम आज़िम था। उनके पहले अता नाम के सूबेदार थे। अता बहुत भला आदमी था। आज़िम आख़िरी सूबेदार थे। तो, कश्मीर के लोगों ने अफ़ग़ानिस्तान के शाह अमीर दोस्त मोहम्मद ख़ान को फ़ारसी में एक शे'र लिख कर भेजा। इस शे'र में उन्होंने यह लिखा कि कैसे यह सही आदमी नहीं था सूबेदार के पद के

लिए—अताई मोहम्मद में बुराई, बला-ए-आज़िम हर मा फिरस्ताने— अता का मतलब है उपहार इस शे'र में उन्होंने कहा कि आपने हज़रत मोहम्मद का उपहार हमसे छीन लिया और उसकी जगह पर यह भयानक अभिशाप भेज दिया। जब शाह ने इसे पढ़ा तो उसने आज़िम को वापस बुला लिया और इसी के साथ कश्मीर में अफ़ग़ान शासन समाप्त हो गया।[2]

हालाँकि इस कथन में कुछ तथ्यात्मक भूलें हैं, जैसे तकनीकी रूप से सरदार आज़िम ख़ान कश्मीर का आख़िरी अफ़ग़ान सूबेदार नहीं था बल्कि उसके बाद जब्बार ख़ान सूबेदार बना था और उस वक़्त अफ़ग़ानिस्तान के शाह अमीर दोस्त नहीं बल्कि शाह शूज़ा थे। साथ ही आज़िम ख़ान को वापस नहीं बुलाया गया था बल्कि सिखों के हमले और आसन्न डर के चलते वह काबुल चला गया था।[3] मेरे पास इस क़िस्से की प्रमाणिकता का कोई सबूत नहीं है, लेकिन अफ़ग़ानिस्तान में प्रचलित जो क़िस्सा हामिद करज़ई सुना रहे हैं वह अफ़ग़ान शासन के दौरान कश्मीर में विभिन्न सूबेदारों द्वारा लूट और उत्पीड़न के लिए अपनाए गए तरीक़ों की एक बानगी है। आमतौर पर कश्मीर के सभी इतिहासकार इस दौर को कश्मीर के इतिहास के सबसे काले पन्नों में से एक मानते हैं, हालाँकि नज़रिए में फ़र्क बहुत साफ़ है। जहाँ महाराज कृष्ण रैना इस दौर को 'ख़ासतौर पर कश्मीरी पंडितों के लिए' एक दुःस्वप्न की तरह देखते हैं[4] वहीं मोहम्मद इशाक ख़ान कहते हैं कि, 'हालाँकि कश्मीरी के हिन्दू और मुसलमान दोनों ही अफ़ग़ान सूबेदारों के अत्याचार के शिक़ार हुए, लेकिन यह देखना रोचक है कि कश्मीर में अफ़ग़ान शासन के दौरान कुछ पंडित प्रशासन के सबसे ऊँचे पदों तक गए।[5]' सच इन दोनों के बीच है जिस पर आगे हम विस्तार से बात करेंगे।

अफ़ग़ानों का आगमन

कश्मीर पर अफ़ग़ानों के कब्ज़े की पूर्वपीठिका हिन्दुस्तान पर नादिर शाह के हमले (1738-39) के समय ही लिख दी गई थी। करनाल के युद्ध के बाद भारी क़ीमत वसूल कर उसने मुहम्मद शाह को हिन्दुस्तान का ताज तो वापस कर दिया लेकिन काबुल और पेशावर को उसने अपने साम्राज्य का हिस्सा बना लिया। उस दौरान कश्मीर में गृहयुद्ध जैसी स्थितियाँ बन गई थीं। जब स्थिति काफ़ी बिगड़ी और मुग़ल सूबेदार फख़रुद्दौला उसे सँभालने में नाकाम रहा तो उसकी जगह इनायतुल्ला ख़ान कश्मीरी को सूबेदार बनाया गया। फख़रुद्दौला भाग कर लाहौर चला गया और उसने पठान सेनाओं के सहयोग से कश्मीर पर कब्ज़ा करने का निश्चय किया। नादिर शाह ने सहायता भेजने में हिचक नहीं की और उसने गूजरों और पठानों की सहायता से कश्मीर पर कब्ज़ा कर उसे नादिरशाही का हिस्सा घोषित करते हुए नादिर शाह के नाम से ख़ुतबा पढ़वाकर तथा सिक्के ढलवा कर ख़ुद को कश्मीर का सूबेदार घोषित कर दिया। हालाँकि कश्मीरियों ने इसके ख़िलाफ़ बग़ावत का झंडा बुलंद किया लेकिन उसने इस विद्रोह को दबा दिया। अंततः जब नादिरशाह से मुग़ल बादशाह की संधि हुई तब इनायतुल्लाह ख़ान को फिर से कश्मीर का सूबेदार नियुक्त किया गया।[6] सूफ़ी ने पीर हसन शाह की *तारीख़ ए कश्मीर* के हवाले से इस वाकये की पुष्टि की है और कहा है कि 1739 में फ़ख़रुद्दीन 40 दिनों के लिए अफ़ग़ान नादिर शाह के प्रतिनिधि

के रूप में कश्मीर का सूबेदार रहा और फिर समझौते के बाद उसने गद्दी छोड़ दी।[7] फ़ौरी तौर पर अफ़ग़ान संकट टल गया लेकिन दिन ब दिन कमज़ोर होते मुग़ल शासन और उधर लगातार बढ़ती जा रही अफ़ग़ान महत्त्वाकांक्षाओं के चलते कश्मीर पर अफ़ग़ानों का कब्ज़ा दीवार पर लिखी इबारत सा स्पष्ट था।

केन्द्रीय शासन कमज़ोर होने के साथ-साथ कश्मीर के सूबेदार स्वतंत्र प्रभुसत्ता की तरह व्यवहार करने लगे थे। हालत यह कि इनायतुल्लाह ख़ान के नायब सूबेदार अबू बरक़त ख़ान ने गूजरों की सहायता से उसके ख़िलाफ़ विद्रोह कर दिया। जामा मस्जिद के पास का मैदान लाशों से पट गया। अंततः इनायतुल्लाह ख़ान मारा गया और अबू बरक़त ने सूबेदारी पर कब्ज़ा कर लिया। फिर बारामूला के थानेदार बाबर उल्लाह ख़ान ने बरक़त के ख़िलाफ़ विद्रोह कर दिया। इस बार खाखा, बोम्बा, गूजर और किश्तवारी सैनिक उसके साथ थे। चारों तरफ़ अराजकता का माहौल बन गया। हालाँकि दिल्ली से नियुक्त सूबेदार अबू मंसूर ख़ान ने हालात पर काबू पाया, बाबर उल्लाह ख़ान मारा गया और अबू बरक़त को गिरफ़्तार कर दिल्ली भेज दिया गया लेकिन यह शान्ति भी लम्बे समय तक नहीं चली और 1748 में नियुक्त किये गए सूबेदार अफरसियाब ख़ान के समय लूटमार तथा अराजकता अपने चरम पर पहुँच गई।[8] उसी दौर में कश्मीर के कुछ सामंतों ने नादिर शाह की मृत्यु के बाद अफ़ग़ान सत्ता के प्रमुख बने अहमद शाह दुर्रानी* को कश्मीर को अफ़ग़ान शासन में मिलाने का न्यौता देते हुए ख़त लिखा। यह ख़त अफरसियाब ख़ान के हाथ में पड़ गया तो इन सामंतों ने विद्रोह कर दिया और मुग़ल शासक को नया सूबेदार नियुक्त करने को कहा। नतीजतन, मीर मुक़ीम कांठ को नया सूबेदार नियुक्त किया गया। लेकिन अफ़रा-तफ़री के इस माहौल में अबु बरक़त के साहबज़ादे अब्दुल क़ासिम ने सूबेदारी पर कब्ज़ा कर लिया। मीर मुक़ीम ने ख़्वाज़ा ज़ाहिर दीदमारी के साथ अहमद शाह दुर्रानी से कश्मीर पर कब्ज़े की अपील की। उस वक़्त अहमद शाह लाहौर में था और हिन्दुस्तान पर आक्रमण की तैयारी कर रहा था। उसने अब्दुल्लाह ख़ाँ इशाक़ अक़ासी के नेतृत्व में एक बड़ी सेना कश्मीर पर आक्रमण के लिए भेजी। पहले तो अब्दुल क़ासिम ने उसे एक लाख रुपये देकर समझौता करना चाहा लेकिन जब बात नहीं बनी तो शोपियाँ में दोनों सेनाओं के बीच पंद्रह दिनों

---

*अहमद शाह दुर्रानी हेरात के अब्दाली क़बीले के पोपलाजाई वंश के सदोज़ाई शाखा के अब्दुल ज़मान खान का बेटा था। अब्दुल ज़मान खान मुल्तान में आकर बस गए थे जहाँ 1722 या 1724 में अहमद शाह का जन्म हुआ। अब्दाली (आब्द ए अली यानी ख़लीफ़ा अली के नौकर) के उपनाम से जाने जाने वाले सदोज़ाई पहले शिया थे लेकिन बाद में कट्टर सुन्नी हो गये । इन्होंने नादिर शाह के ख़िलाफ़ बग़ावत की थी और अहमद शाह को उसके बड़े भाई ज़ुल्फ़िकार के साथ गिरफ़्तार कर लिया गया था। बाद में नादिर शाह ने इन दोनों भाइयों को रिहा कर अपने साथ ले लिया। ज़ुल्फ़िकार हेरात के सूबेदार के ओहदे तक पहुँचा जहाँ एक युद्ध में वह मारा गया और अहमद शाह नादिर शाह के निजी स्टाफ में शामिल हुआ। 9 जून 1747 में जब नादिर शाह की हत्या हुई तो अहमद शाह ने कोहिनूर सहित उसकी संपत्ति के बड़े हिस्से पर कब्ज़ा कर लिया और अफ़गान सामंतों ने उसे नया बादशाह चुना और कांधार की एक मस्जिद में उसकी ताजपोशी हुई। दुर्रानी नाम उसे उसके पीर साबिर शाह ने दिया था, जिसका अर्थ होता है, दुर्र-ए-दौराँ, जमाने का नगीना। लेकिन अहमद शाह ने दुर्र-ए-दुर्रां को वरीयता दी जिसका मानी है नगीनों का नगीना। इस तरह अहमद शाह अब्दाली इतिहास में अहमद शाह दुर्रानी के नाम से जाना गया और शाहानी दुर्रानी या दुर्रानी वंश का आरम्भ हुआ। (सूफ़ी-298-99)

तक मुक़ाबला चला। अंततः अब्दुल क़ासिम का प्रमुख सिपहसलार गुल ख़ान खैबरी ग़द्दारी कर गया और अक्सी की सेना से जा मिला। क़ासिम को गिरफ़्तार कर काबुल भेज दिया गया और इस तरह 1753 में कश्मीर मुग़लों के हाथ से निकल कर अफ़ग़ानों के कब्ज़े में चला गया।[9]

अगले 67 साल तक कश्मीर अफ़ग़ानों के कब्ज़े में रहा। इस वक्फ़े में पाँच अफ़ग़ान शासक, अहमद शाह दुर्रानी (1753-72), तैमूर शाह(1772-93), ज़मान शाह (1793-1800) और शाह शूजा तथा महमूद शाह हुए तथा कश्मीर में 29 सूबेदार और 14 नायब सूबेदार (अफ़ग़ान दौर में इन्हें 'साहिबकार' कहा गया) हुए। इनमें सबसे लंबा शासनकाल (लगभग साढ़े आठ साल) 1753 में सूबेदार बने राजा सुख जीवन लाल का रहा जिन्होंने ख़ुद को स्वतन्त्र राजा घोषित कर दिया था, जबकि सबसे कम समय (3 महीनों) के लिए नूरूद्दीन बम्ज़ाई और किफ़ायत ख़ान सूबेदार रहे।[10] अफ़ग़ान शासन में सूबेदारों की नियुक्ति को लेकर लॉरेन्स कहते हैं—

> स्वार्थी लोगों को सूबेदार बनाया गया, जिन्होंने कश्मीर के ग़रीब लोगों से जितना धन कमा सकते थे, कमाया। जल्दी से जल्दी उन्हें धन कमाना था क्योंकि वे नहीं जानते थे कि कब काबुल में कोई और ज़रूरतमंद शासकों का क़रीबी हो जाएगा और उसे सूबेदार नियुक्त कर दिया जाएगा।[11]

अफ़ग़ानों ने किसी नई शासन व्यवस्था की जगह मुग़लों द्वारा स्थापित शासन व्यवस्था को ही कुछेक फेरबदल के साथ जारी रखा। नायब सूबेदार, जिसके लिए मुग़ल शासन में आधिकारिक नाम 'कारगुज़ार' था, उसे अब 'साहिबकार' कहा गया। अफ़ग़ान शासकों की सबसे अधिक रुचि अधिकतम कमाई में थी तो कुछ महत्त्वपूर्ण बदलाव राजस्व विभाग में किये गए। उस दौर में साहिबकार के बाद सबसे महत्त्वपूर्ण पद 'पेशकार' का था जिसकी भूमिका आर्थिक प्रबंधन की थी, हालाँकि अक्सर ये दोनों ही पद आमतौर पर एक ही व्यक्ति के पास हुआ करते थे। इसके अलावा अफ़ग़ान शासनकाल में शिक़दार और सज़वाल के पद महत्त्वपूर्ण हो गए। ये अधिकारी फ़सल कटाई के समय क़ारदारों की नियुक्ति के लिए ज़िम्मेदार थे। शिक़दार की ज़िम्मेदारी फ़सल कटाई के समय यह निगरानी करनी होती थी कि किसान कहीं नाप-तोल के पहले अपनी फ़सल का कुछ हिस्सा चुरा न लें तो सज़वाल शिक़दार के काम-काज पर नज़र रखते थे। इसके अलावा तहसीलदार का ओहदा था जो नक़द और अनाज के रूप में लगान जमा करता था।[12] सूफ़ी कश्मीर में अफ़ग़ान शासन की शुरुआत को 'एक ख़राब शुरुआत' कहते हैं। अब्दुल्लाह खाँ इशाक़ अक़ासी वहाँ का सूबेदार बना तो उसका इकलौता उद्देश्य अधिक से अधिक धन कमाना था। उसने कश्मीर पर केवल छह महीने शासन किया लेकिन उसकी वसूली के चलते अस्सी से अधिक बड़े व्यापारी कश्मीर छोड़कर भारत के अपने पैतृक इलाक़ों में लौट गए जिसका व्यापार पर बुरा असर पड़ा।[13] मुग़ल बादशाहों द्वारा एकत्र बहुमूल्य कलाकृतियाँ ही नहीं बल्कि मुग़लों द्वारा बनवाये गए ख़ूबसूरत बागीचों में लगे बेशक़ीमती पत्थर भी उखाड़ लिए गए। तलवार की नोक पर वसूलियाँ की गईं और इस तरह कहा जाता है कि

इन छह महीनों में उसने एक करोड़ रुपयों की संपत्ति एकत्र की और उच्च वर्ग को बहुत कष्ट उठाने पड़े।[14] मध्यकाल के उस दौर को सिर्फ़ धर्म के आधार पर समझने की कोशिश असल में वर्गीय समझ को धुंधला करने की कोशिश ही हो सकती है। इतिहास के किसी भी दौर में सत्ता धर्म का सहारा ले या राष्ट्रभक्ति का, असल उद्देश्य हमेशा ही आर्थिक स्रोतों पर कब्ज़ा और उसकी लूट रहा है। मुग़ल शासन में केन्द्रीय सत्ता का नियंत्रण मज़बूत होने के कारण यह लगान और उद्योग की नई व्यवस्थाओं के रूप में हुआ तो अफ़ग़ान शासन के पूरे दौर में अराजकता के कारण यह किसी नवोन्मेष की जगह जनता की बर्बर लूट के रूप में हुआ। धर्म और मत इसमें हथियार बने और कुशासन के नए-नए रूप देखने को मिले। लेकिन धर्म को इकलौता आधार मान लेना इस तथ्य को कभी व्याख्यायित नहीं कर पायेगा कि अक़ासी कश्मीर की ज़िम्मेदारी ख़्वाज़ा अब्दुल्ला ख़ान और एक पंजाबी खत्री लाला सुखजीवन मल को सौंप कर गया था।[†] ख़्वाज़ा केवल चार महीने और सात दिन सूबेदार रह पाया और एक प्रतिष्ठित कश्मीरी सामंत अब्दुल हसन खाँ बांदे के सहयोग से सुखजीवन मल ने उसकी और उसके दो बेटों की हत्या करवा दी। इस तरह अफ़ग़ान शासन में कश्मीर की सूबेदारी एक हिन्दू के हाथ में आ गई।

लाला सुखजीवन मल1753 में कश्मीर के सूबेदार बने। देखें तो कश्मीर का शासन कोई चार सौ साल बाद किसी हिन्दू के हाथ में आया था। अब्दुल हसन खाँ बांदे को वज़ीर-ए-आज़म का ओहदा मिला और राजस्व तथा क़ानून की ज़िम्मेवारी। अब्दाली ईरान और पंजाब में निर्णायक युद्धों में फँसे होने के कारण तुरन्त कुछ कर पाने की स्थिति में नहीं था और उसने इस शासन को मान्यता देने का निर्णय लिया। लेकिन साथ ही सुखजीवन मल पर नज़र रखने के लिए अपने ख़ास सिपहसलार ख़्वाज़ा किजक को वहाँ भेजा और राज्य की कुल सालाना आय से दस गुना धन की माँग नज़राने के रूप में की। अक़ासी की लूट के बाद पहले से ही बदहाली झेल रहे हालात में सुखजीवन मल के लिए यह राशि दे पाना असंभव था। बांदे ने विद्रोह की सलाह दी तो ख़्वाज़ा किज़क के साथ मलिक हसन इरानी और आज़म ख़ान ने सुखजीवन मल के ख़िलाफ़ बारामूला में विद्रोह का झंडा उठा लिया। सुखजीवन मल के पास अब कोई रास्ता नहीं बचा था तो उसने कश्मीरियों की सहायता से उनका मुक़ाबला किया, उन्हें परास्त किया और तीनों की हत्या के बाद अनेक लोगों को देशनिकाला दे दिया। श्रीनगर लौटकर उसने तत्कालीन मुग़ल बादशाह आलमगीर द्वितीय को कश्मीर का बादशाह और ख़ुद को सूबेदार घोषित कर दिया। आलमगीर ने उसे 'राजा' की उपाधि दी।

अहमद शाह अब्दाली के लिए यह नाक़ाबिल-ए-बर्दाश्त स्थिति थी। उसने अक़ासी को तीस हज़ार की सेना के साथ कश्मीर पर आक्रमण के लिए भेजा। राजा इस बार पहले से तैयार था और उसने खाखा क़बीले के सरदार भेराख़ान का सहयोग भी हासिल कर लिया था। पुंछ में मुक़ाबला हुआ और अफ़गानी सेना बुरी तरह से हारी। सैकड़ों लोगों को

[†] मुग़ल काल में जहाँ सभी महत्त्वपूर्ण पदों पर नियुक्ति सीधे बादशाह करता था, अफ़गान काल में नाज़िम, साहिबकार।

युद्धबंदी बनाकर काग़ज़ की टोपी पहनाकर श्रीनगर ले जाया गया और भविष्य की सावधानी के लिए उन सभी लोगों को सेना और प्रशासन के सभी पदों से हटा दिया गया और सेना में सिखों और साँसियों की भर्ती की गई। राजा सुखजीवन मल और अब्दुल हसन खाँ बांदे का समय कश्मीर में अपेक्षाकृत शान्ति और समृद्धि का समय था। इसका एक उदाहरण 1755 के समय से पहले हुई बर्फ़बारी के कारण नष्ट हो गई फ़सल के समय मिलता है जब अब्दुल हसन खाँ बांदे ने अपने निजी कोष से जनता को छह महीने के लिए राशन ही नहीं उपलब्ध कराया बल्कि तक़वी ऋण भी दिए जिससे कश्मीर इस मुश्किल समय से आसानी से बाहर निकल सका। जनता में लोकप्रिय होते जा रहे इस शासन को अस्थिर करने के लिए अब्दाली ने षड्यंत्र का सहारा लिया और मीर मुक़ीम काँठ को रिहा करके कश्मीर भेज दिया। उसने षड्यंत्र कर बांदे और राजा के बीच सम्बन्ध ख़राब करवा दिए और राजा ने कश्मीर में प्रतिष्ठित होते जा रहे धर परिवार के पंडित महानंद धर को प्रधानमंत्री नियुक्त किया। यही नहीं, उसके प्रभाव में राजा ने अपनी धर्मनिरपेक्ष नीतियाँ बदल दीं। शुक्रवार को जामा मस्जिद में नमाज़ पढ़ने और ईद–नौरोज़ मनाने वाले उस शायर राजा ने अजान और गोक़शी पर पाबंदी लगवा दी। इसका सीधा परिणाम यह हुआ कि मुस्लिम सैनिकों ने विद्रोह कर दिया, हालाँकि सिख और साँसी सैनिकों के दम पर राजा विद्रोह दबाने में सफल रहा लेकिन सबको साथ लेकर चलने से जो मज़बूती उसने हासिल की थी वह अब बिखर चुकी थी। उधर पानीपत में मराठों पर निर्णायक जीत हासिल कर चुके अब्दाली ने अगले ही साल (1762) में नूरूद्दीन बम्ज़ाई के नेतृत्व में सेना भेजी और सुखजीवन मल को भारी हार का सामना करना पड़ा। जम्मू के शासक ध्रुव देव ने भी इस युद्ध में अब्दाली की सेनाओं की सहायता की थी जिसके बदले उसे पंजाब में एक जागीर मिली थी।[15] सुखजीवन मल को गिरफ़्तार कर आँखें निकाल कर काबुल ले जाया गया और वहाँ हाथी के पैरों तले कुचलवा दिया गया।[16] सभी को साथ लेकर जब तक सुखजीवन लाल ने कश्मीर में शासन किया, तब तक न केवल वह कश्मीर में सुख–शान्ति–समृद्धि बनाये रखने में सफल रहा बल्कि अहमद शाह अब्दाली जैसे मज़बूत शासक और प्राकृतिक आपदाओं के सामने भी टिका रहा, लेकिन ज्योंही उसकी राजनीति में धर्म का प्रवेश हुआ और धार्मिक भेदभाव की नीतियाँ शासन का हिस्सा बनीं, अहमद शाह अब्दाली के लिए उसके शासन का अंत करना आसान हो गया।

सुखजीवन मल के बाद कश्मीर की कमान स्वाभाविक रूप से नूरूद्दीन ख़ान बम्ज़ाई के हाथों में आ गई। अगले तीन महीनों में कश्मीर की क़ानून व्यवस्था सामान्य करने के बाद वह बुलन्द ख़ान बम्ज़ाई के हाथों शासन सौंप कर अफ़गानिस्तान लौट गया। बुलंद ख़ान अपनी ऐयाशी में मसरूफ़ रहा और कश्मीरियों के ऊपर तमाम कर लगा दिए।[17] कश्मीर में इस दौर में शिया सुन्नी दंगे भड़क गए और हालात बिगड़ता देख नूरूद्दीन ख़ान को फिर कश्मीर भेजा गया। उसने मीर मुक़ीम कांठ और पंडित कैलाश धर को वज़ीर बनाया, हालात कुछ ऐसे बने कि दोनों वज़ीरों के बीच में सत्ता संघर्ष शुरू हो गया जिसमें कैलाश धर मीर मुक़ीम की हत्या करवाने में सफल रहा। यह हत्या कश्मीर के इतिहास के उस दौर में भीषण ख़ून–ख़राबे का सबब बनी। सब जानते हुए भी सूबेदार ने कोई हस्तक्षेप नहीं किया और

1765 में अपने भतीजे जान मुहम्मद ख़ान और गुरुमुख दास को कश्मीर की ज़िम्मेदारी सौंप कर भाग गया।[18] लेकिन कश्मीर में अराजकता अपना घर बना चुकी थी। कभी नूरूद्दीन के विश्वस्त रहे लाल ख़ान खटक ने सत्ता पर कब्ज़ा कर लिया। उसके शासन का साल भर से कम का वक्फा भयानक लूट, अत्याचार और शोषण का काल था। उसने ख़ास तौर पर कश्मीरी पंडितों पर अत्याचार किये। लाल ख़ान के इस विद्रोह की ख़बर सुनकर अब्दाली ने खुर्रम ख़ान को भेजा और लाल ख़ान हारकर भाग गया। ख़ुर्रम ख़ान सेक्युलर सोच वाला व्यक्ति था जिसने बीरबल धर को अपना साहिबकार बनाया और कश्मीर में अमन चैन का राज क़ायम करने की कोशिश की लेकिन उस दौर में सत्ता बनाये रखने के लिए षड्यंत्रों का सामना करने वाली जिस चालाकी की आवश्यकता थी वह उसमें नहीं थी। तो जब अपने पिता मीर मुक़ीम की हत्या के बदले की आग में सुलगते मीर फ़क़ीर उल्लाह कांठ ने लाल ख़ान तथा बोम्बा क़बीले के सरदार महमूद ख़ान के साथ मिलकर सोपोर में विद्रोह कर दिया तो वह इसका सामना करने में असफल रहा और बीरबल धर तथा ख़ुर्रम ख़ान की हत्या करके मीर फ़क़ीर उल्लाह ख़ान ने सत्ता पर कब्ज़ा कर लिया। अगले सात महीने उसके प्रतिशोध के भयावह महीने थे। पंडित बीरबल धर के अपराध का बदला उसने कश्मीरी पंडितों से लिया। उसने उन पर तमाम कर लाद दिए, बुरी तरह से दुर्व्यवहार किया और दो हज़ार से अधिक कश्मीरी पंडितों को तलवार की नोक पर मुसलमान बनने पर मजबूर किया। सत्ता के इस नशे के साथ-साथ वह सुरा-सुंदरी के नशे में भी डूबा और जब अब्दाली ने नूरूद्दीन बम्ज़ाई को कश्मीर पर फिर से कब्ज़ा करने के लिए भेजा तो मामूली प्रतिरोध के बाद वह भाग कर खाखा क़बीले के सरदार की शरण में चला गया जहाँ जल्दी ही उसकी मौत हो गई।[19]

इस तरह कश्मीर में सत्ता इस हाथ से उस हाथ जाती रही। इस अराजकता और अनिश्चितता के माहौल में किसी विकास या स्थिरता की कल्पना ही नहीं की जा सकती। षड्यंत्र, प्रतिशोध और लूट-खसोट बेरोक-टोक चलते रहे। नूरूद्दीन बम्ज़ाई सत्ता में आया तो वहाँ अब्दाली के दरबार में बैठे पंडित कैलाश धर ने षड्यंत्र रच कर उसे बम्ज़ाई के ख़िलाफ़ भड़का दिया और ख़ुर्रम ख़ान दूसरी बार कश्मीर का सूबेदार बना तो कैलाश धर को साहिबकारी मिली। लेकिन छह महीने बाद ही उसको सत्ता छोड़नी पड़ी और 1770 में आमिर ख़ान जवांशेर क़ज़लबाश कश्मीर का सूबेदार बना।[20]

आमिर खाँ छह साल और चार महीने कश्मीर का सूबेदार रहा। उसने मीर मुक़ीम ख़ान के दूसरे बेटे मीर फ़ाज़िल ख़ान को अपना साहिबकार नियुक्त किया।[‡] उसने भी अपने पिता का अपने हिस्से का प्रतिशोध लिया और पंडित कैलाश धर की भरे दरबार में हत्या कर दी। अपने भाई की तरह उसने पंडित समुदाय पर दमन चक्र चलाया और हिंसा तथा अन्यायपूर्ण करारोपण का वही दुश्चक्र फिर से चला। आमिर ख़ान इन सबसे आँखें मूँदे रहा। हालाँकि उसे गिने-चुने ऐसे अफ़ग़ान सूबेदार के रूप में जाना जाता है जिसने कश्मीर

[‡]सूफ़ी ने मीर फ़ाज़िल को पेशकार बताया है।

के कई निर्माण कराये। इनमें डल झील के सोना लंक नामक टापू पर सात मंज़िली इमारत और दारा बाग़ का शेरगढ़ी क़िला प्रमुख हैं। इसके अलावा उसने श्रीनगर में आमिर कदल नामक पुल और आमिराबाद नामक बागीचा बनवाया था जिसके लिए मुग़ल बागीचों से पॉलिश्ड काले पत्थरों का उपयोग किया गया।[21]

1772 में अहमद शाह अब्दाली की मृत्यु के बाद उसका बेटा तैमूर शाह गद्दीनशीन हुआ तो समीकरण बदले। सिखों से युद्ध में तैमूर शाह की पराजय के बाद आमिर खाँ की महत्त्वाकांक्षाओं ने ज़ोर मारा और उसने ख़ुद को कश्मीर का स्वतंत्र शासक घोषित कर दिया। इस दौर में वह एकदम स्वेच्छाचारी हो गया और ख़ासतौर से सुन्नियों के ख़िलाफ़ उसने भयानक अत्याचार किये। उधर तैमूर शाह ने इस विद्रोह को कुचलने के लिए हाज़ी क़रीम दाद ख़ान को भेजा। इस लड़ाई में आमिर ख़ान को कश्मीरियों का साथ नहीं मिला और हाज़ी ने उसे ज़ंजीरों में जकड़ कर अफ़गानिस्तान भेज दिया। उस दौर में कश्मीर की यात्रा पर आये जोर्ज फोर्स्टर ने लिखा है कि कश्मीरियों ने उसका इसलिए साथ नहीं दिया कि उन्हें डर था कि अगर वह सत्ता में रह गया तो उन सबको शिया बना देगा![22]

यहाँ आगे के शासकों की हार-जीतों और नीतियों के बारे में बात करने से पहले थोड़ा रुककर अक्सर सामान्यीकरण की भेंट चढ़ जाने वाली कुछ गुत्थियों को सुलझाने की कोशिश कर लेना बेहतर होगा। पहला सामान्यीकरण तो धर्म के नाम पर ही होता है जिसके शिक़ार हम अक्सर होते हैं। जैसे कि इस अध्याय की शुरुआत में ही हमने देखा कि जहाँ इशाक ख़ान मानते हैं कि दोनों धर्मों के लोगों पर अत्याचार हुए वहीं संतोषी मानते हैं कि यह काल कश्मीरी पंडितों के लिए घातक था। पठानों की क्रूरता के अनेक क़िस्से यहाँ वहाँ बिखरे पुष्ट-अपुष्ट लेखों में मिल जाते हैं तो दूसरी तरफ़ ऐसे लेख भी मिल जाते हैं जिनमें अफ़ग़ान युग को महान बताने और दोषमुक्त करने की कोशिशें की गई हैं।[23] इतिहास तलाशें तो सबको अपने-अपने काम के तथ्य मिल ही जाते हैं, आख़िर अफ़ग़ान शासन में भी अच्छे बुरे सूबेदार आये गए और यह भी कि राजा सुखजीवन मल सहित अनेक हिन्दू और कश्मीरी पंडित अफ़ग़ान शासन के दौरान ऊँचे पदों पर बैठे मिल जाते हैं तो उसे सेक्युलर भी सिद्ध किया जा सकता है। इशाक़ ख़ान सहित कई लोगों ने यही तर्क इस्तेमाल किया है। यहाँ यह देखना होगा कि न तो कश्मीरी मुसलमान एक मोनोलिथ है, न ही कश्मीरी पंडित। वर्ग वहाँ भी एक सच्चाई है। एक तरफ़ आम कश्मीरी मुसलमान है जिसके जिम्मे शॉल बुनाई, दरी बनाने, खेती और मेहनत के काम हैं, जिसके लिए दो जून की रोटी जुटाना आसान नहीं है और जो शोषण की चक्की में पिस रहा है तो दूसरी तरफ़ सत्ता वर्ग से सम्बद्ध लोग। राजवंशों के बदलने के साथ ही कश्मीर में ऐसे सामंत परिवारों की क़िस्मत भी बनती-बिगड़ती रही। शाहमीरी के दिनों में सक्रिय और प्रभावी रहे चक, मागरे, भट्ट, रैना, दार आदि परिवार मुग़ल शासन में अप्रभावी होते चले गए और मलिक, दार, कांठ, बेग़ और बांदे जैसे परिवार सूबे में प्रभावी बनकर उभरे। इसी दौर में शासन में, ख़ासतौर पर राजस्व विभाग में कश्मीरी पंडितों का प्रवेश शुरू होता है और कालान्तर में कुछ कश्मीरी पंडित परिवार श्रीनगर की राजनीति में प्रभावी होकर उभरते हैं। अफ़ग़ान शासन के आने तक इन कश्मीरी पंडित परिवारों ने शासन

व्यवस्था और राजस्व व्यवस्था में गहरी जड़ें जमा लीं थीं। फ़ारसी में प्रावीण्य हासिल कर पारम्परिक रूप से शिक्षित इन परिवारों के वर्चस्व को सारे कश्मीरी पंडितों के हालात का प्रतिनिधि मानना उतना ही ग़लत होगा, जितना कि चंद मुस्लिम सामंत परिवारों के वर्चस्व को मुसलमानों का वर्चस्व मान लेना। धर्म और राजनीति के चोली दामन के साथ के बीच आम हिन्दू और मुसलमान दोनों ही अफ़ग़ानों की लूट के शिक़ार होते रहे और अपनी स्थिति मज़बूत करने के लिए षड्यंत्रों में हिस्सा लेने के साथ-साथ इन सामंतों ने शोषण की प्रक्रिया में उनकी पूरी मदद की। इसका एक उदाहरण सबसे बर्बर माने जाने वाले सूबेदारों में से एक ख़्वाजा करीम दाद ख़ान का शासनकाल (1776-83) है।

ख़्वाजा करीम दाद ने सबसे पहले पंडितों और सुन्नियों पर भयावह अत्याचार करने वाले मीर फ़ाज़िल कांठ को कश्मीर के राजनैतिक परिदृश्य से हमेशा के लिए ख़त्म किया तो उसके बाद सीमावर्ती इलाक़ों के मुस्लिम शासकों और जम्मू के हिन्दू शासक को हरा कर अपना शासन सुरक्षित किया।[24] इसके बाद शुरू हुई उसकी लूट। इस लूट में उसके औज़ार बने असलम हरकारा और पंडित दिलाराम क़ुली। और ज़रा लूट के लिए लगाए गए इन करों पर ग़ौर कीजिये—ज़र-ए-नियाज़, जो मनसबदारों पर और ज़र-ए-हुबूबत जो जागीरदारों पर लगाया गया, ज़र-ए-गलत जो फलदार पेड़ों पर लगा, इन करों को वसूलने वाले कर्मचारियों को उसने ख़ुद छुपाया और उनकी हत्या का आरोप पंडित समुदाय पर लगा कर एक नया कर थोपा गया ज़र-ए-दोज़ार। इसके साथ पचास हज़ार का जुर्माना भी लगाया गया। लेकिन इसका कोई विरोध करने की जगह दीवान पंडित दिलाराम क़ुली ने उसे शॉल बुनकरों पर एक नया कर, दाग़-पश्मीना, लगाने की सलाह दी। हांजियो (नाविकों) को भी नहीं बख्शा गया और उम्र या जेंडर को नज़रअंदाज़ करते हुए सब पर 75 दाम का कर लगाया गया जबकि मुग़ल काल में वृद्ध, युवा और बच्चों को क्रमश: 12,60 और 36 दाम ही देने पड़ते थे। इस तरह किसानों से लेकर जागीरदारों तक कोई ऐसा न बचा जिस पर कर न लगा हो। इस लूट का सीधा असर आम लोगों पर ही पड़ना था, शॉल उद्योग तबाही की तरफ़ बढ़ा, फलदार पेड़ों की कटाई हुई कि लकड़ी बेचकर कर दिया जा सके, हांजी बर्बाद होने लगे। ज़र-ए-नियाज़ और ज़र-ए-हुबूबत का बोझ भी अंतत: आम किसानों पर ही पड़ा। मनसबदारों और जागीरदारों ने इसकी वसूली जनता से ही की। कश्मीरी जनता की मेहनत की इस लूट के ख़िलाफ़ कोई आवाज़ उठाने की जगह स्थानीय मुस्लिम और पंडित सामंत इस लूट में सहयोगी बनकर अपनी स्थिति मज़बूत करते रहे।[25]

पंडित दिलाराम क़ुली के राजनैतिक जीवन को देखना हमारी बात को समझने में और मददगार होगा। करीम दाद के अत्याचारी शासन में पेशकार जैसे महत्त्वपूर्ण पद पर रहे पंडित दिलाराम उसके बेटे और अत्याचार के मामले में करीम को भी पीछे छोड़ देने वाले आज़ाद ख़ान के समय (1783-85) मुख्यमंत्री बने। तैमूर शाह ने उससे जब इस लूट के बदले तीन लाख रुपये हर्जाना माँगा तो उसने विद्रोह कर दिया। तैमूर ने उसके ही भाइयों को उसे हराने के लिए भेजा लेकिन आज़ाद ख़ान उन्हें हराने में सफल रहा। इसके बाद उसने अपने तीन दरबारियों, दीवान सिंह, शेख़ अब्दुल नबी और इनायतुल्लाह ख़ान बांदे की हत्या करवा दी

लेकिन दिलाराम उसकी गुडबुक में बने रहे। आज़ाद ख़ान के समय 3000 सिखों को सेना में शामिल किया गया।[26] इस बार तैमूर ने सैफुद्दौला मदद ख़ान दुर्रानी को उसे हराने के लिए भेजा। मदद ख़ान ने उसे हराया और मीरदाद ख़ान (1786–88) को सत्ता सौंप कर चला गया। लेकिन इस बदले हुए माहौल में भी पंडित दिलाराम क़ुली अपनी स्थिति बनाये रखने में सफल रहे और दीवान और मुख्य सलाहकार बनाये गए। तैमूर शाह को पैसा भेजने के लिए मीरदाद ख़ान ने हर तरह का अत्याचार किया। आम आदमी के भोजन (धान) की क़ीमतें बेतहाशा बढ़ गईं, नए-नए कर लगे, ज़रा-ज़रा सी बात पर हिन्दू और मुसलमान दोनों को ही मृत्युदंड दिए गए। जनता त्राहि-त्राहि करती रही लेकिन पंडित दिलाराम क़ुली अपनी कश्मीरी जनता का कोई सहयोग करने की जगह मीरदाद की इस लूट में सहयोगी बने रहे। सत्ता में बने रहने के लिए उन्होंने शिया सुन्नी मामलों को ख़ूब बढ़ावा दिया और इसमें सहयोग मिला हाफ़िज़ क़माल का। कभी श्रीनगर के मुख्य उपदेशक रहे हाफ़िज़ क़माल को पहले तीन खलीफ़ाओं के ख़िलाफ़ बोलने (तबर्रा) के इलज़ाम में पद से हटा दिया गया था। पंडित दिलाराम के सहयोग से उन्होंने फिर उपदेश देने शुरू किये और वही हरक़त दुहराई। सुन्नियों में असंतोष फैल गया और अंतत: उन्हें पकड़ कर, बाल मुड़ा कर गधे पर बिठा कर श्रीनगर में घुमाया गया और फिर हफ्त-चिनार (अब हुज़ूरी बाग़) के पास उसका सिर धड़ से अलग कर दिया गया। फिर ख़ानक़ाह मुल्ला और जामा मस्ज़िद के दरवाज़े बंद कर मुफ्तियों ने नमाज़ रोककर विरोध व्यक्त किया और पंडित दिलाराम पर हमला किया। लेकिन मीरदाद ने अपने इस सहयोगी की रक्षा की और दंगा भड़काने के लिए मीर जाफ़र कांठ को जेल में बंद कर दिया। इसके कुछ दिन बाद ही मीरदाद की स्वाभाविक मृत्यु हो गई और जुमा ख़ान (1788) कश्मीर का सूबेदार बना, जुमा ने मीर जाफ़र कांठ को रिहा कर दिया लेकिन पंडित दिलाराम क़ुली इस बदलाव के बावजूद सूबेदार के प्रिय बने रहे। जुमा ख़ान के ज़माने में राज्य का हिसाब-किताब देने के लिए पंडित दिलाराम को क़ाबुल भेजा गया। वहाँ दरबार में उसके और तैमूर शाह के बीच की बातचीत का एक रोचक क़िस्सा है।

> तैमूर ने पूछा कि ये तिलक क्यों लगाया है आपने? उसने कहा यह अलिफ़ है जो बताता है कि ख़ुदा एक है। फिर तैमूर ने पूछा, तो कानों पर तिलक क्यों लगाया है? उसने कहा इस्लाम में दो लोगों की गवाही ज़रूरी होती है तो ये दो तिलक उन दो गवाहों का प्रतीक हैं। फिर तैमूर ने गले पर किये तिलक के बारे में पूछा तो उसने कहा कि यह बताता है कि जो ख़ुदा के एक होने की बात उन दो गवाहियों के बावजूद नहीं मानता उसे फाँसी पर लटका दिए जाने का प्रतीक है यह।

अपनी हाज़िरजवाबी से तैमूर को प्रभावित करके दिलाराम ढेरों ईनाम-ओ-इक़राम लेकर वापस लौटे। चीज़ें बदस्तूर चलती रहीं। शिया-सुन्नी दंगे होते रहे, जनता करों के भार से दबी रही और सूबेदार बदलते रहे लेकिन पंडित दिलाराम क़ुली का असर तब तक बना रहा जब तक 1793 में कश्मीर के सूबेदार बने मीर हज़ार ख़ान ने तैमूर शाह के बाद नए अफ़ग़ान शासक ज़मान शाह से विद्रोह कर सुन्नियों को साथ लेने के लिए शिया और पंडित विरोधी नीतियाँ नहीं अपनाई। पासे पलटे और अब तक काफ़ी दुश्मन बना चुके पंडित दिलाराम क़ुली का सिर धड़ से अलग कर दिया गया।[27] सत्ता में रहकर सूबेदारों द्वारा आम जनता की लूट का औजार बने पंडित दिलाराम क़ुली की हत्या के बाद उनके विरोधियों का क़हर आम कश्मीरी

पंडितों पर टूटा, अत्याचार किये गए, जज़िया लगाया गया और एक तरफ़ लूट का माल एकत्र हुआ तो दूसरी तरफ़ मीर हज़ार ख़ान सुन्नियों को संतुष्ट करने में सफल रहा। जिया लाल किलाम जब कश्मीरी पंडितों का इतिहास लिखते हैं तो एक तरफ़ पंडित दिलाराम क़ुली को नायक बताते हैं और दूसरी तरफ़ जनता के ऊपर हुए इस अत्याचार को सिर्फ़ धर्म के आधार पर व्याख्यायित करके अपने एजेंडे के पक्ष में तर्क जुटाते हैं। इतिहास के तथ्यों के सेलेक्टिव उपयोग का भयावह उदाहरण प्रस्तुत करते हुए किलाम पंडित दिलाराम की हाज़िरजवाबी का तो विस्तार से ज़िक्र करते हैं लेकिन हाफ़िज़ क़माल और दिलाराम के रिश्तों पर कुछ न कहते हुए उन पर हुए हमले को बस अफ़वाह का परिणाम बताते हैं। वर्गीय समझ और सामाजिक अंतर्विरोधों को उनके आदमक़द में देखे जाने की जगह पूरे विमर्श को हिन्दू बनाम मुसलमान बनाकर देखे जाने के लिए ऐसे ही फर्जीवाड़े की ज़रूरत पड़ती है।

ख़ैर, अपनी सारी कोशिशों के बावजूद मीर हज़ार ख़ान कश्मीर पर कब्ज़ा बनाये रखने में सफल नहीं हुआ। उसका अंत भी बड़ी व्यंजना रचता है। उसने ख़ुद को ख़ानक़ाह मुल्ला में छिपा लिया कि कोई मुसलमान उसके भीतर आकर उसे मारकर मस्जिद को अपवित्र नहीं करेगा। लेकिन रहमतुल्लाह ख़ान के सैनिकों ने उसे मस्जिद से घसीटते हुए निकाला और गिरफ़्तार कर लिया।[28]

पंडित दिलाराम क़ुली के बाद कश्मीर की राजनीति में प्रभावी हुए पंडित नन्द राम टीकू जो काबुल में पहले वज़ीर वफ़ादार ख़ान के दीवान और फिर जामन शाह के समय में मंत्री बने। उसके प्रभाव का अंदाज़ा इस बात से लगाया जा सकता है कि जब सन 1800 में तत्कालीन सूबेदार अब्दुल्ला ख़ान अल्कोज़ाई का नन्द राम टीकू के भाई हर दास टीकू के साथ, जिनकी ज़िम्मेदारी कश्मीर से मालगुज़ारी वसूल कर नज़राना सीधे काबुल भेजना था, विवाद हुआ तो ज़ामन शाह और वफ़ादार ख़ान ने अपने सूबेदार की जगह हर दास टीकू का साथ दिया और अब्दुल्ला ख़ान को काबुल बुलाकर गिरफ़्तार कर लिया गया! वफ़ादारियों का आलम यह कि अब्दुल्ला ख़ान के भाई अता मुहम्मद ख़ान अल्कोज़ाई ने, जिसे अब्दुल्ला ने अपनी अनुपस्थिति में कश्मीर की सूबेदारी सौंपी थी, वफ़ादार ख़ान द्वारा कश्मीर का सूबेदार बना कर भेजे गए अपने तीसरे भाई वकील ख़ान की युद्ध में हराकर हत्या कर दी!

सत्ता और सम्पत्ति की अंधी लूट के उस दौर में धर्म, रिश्ते और ऐसी तमाम चीज़ें हथियार ज़रूर बनीं लेकिन सत्ता और सम्पत्ति इन सब पर हर हाल में भारी रहे। क़ाबुल में भी सत्ता का तीख़ा संघर्ष चल रहा था और इसका फ़ायदा उठाकर अता मुहम्मद ख़ान ने ख़ुद को स्वतंत्र घोषित कर दिया और ऐसे में ज़ाहिर था कि हरदास टीकू की जगह जेल में होती। जिस सत्ता के लिये उसने जामन शाह से विद्रोह कर दिया, अपने सगे भाई की हत्या कर दी उस पर वह हरदास टीकू जैसे ख़तरे को आज़ादी से कैसे मंडराने देता? सत्ता के नशे में वह पागल हो गया और उसकी अय्याशी का शिक़ार हुईं कश्मीरी लड़कियाँ। हज़ारों लड़कियों का बलात्कार किया गया और हालात यहाँ तक पहुँचे कि पिताओं ने अपनी बेटियों के सिर मुड़ा कर उनके चेहरों पर कालिख मल दी कि सूबेदार की नज़र-ए-बद से उनको बचा सकें।[29]

उधर काबुल में भी षड्यंत्रों का बोलबाला था। 1801 में ज़ामन शाह को उसके भाई

महमूद शाह ने गिरफ़्तार कर आँखें निकलवा लीं। 1805 में तीसरे भाई शाह शूजा ने महमूद शाह को अपदस्थ कर दिया। इधर रणजीत सिंह पंजाब में लगातार मज़बूत हो रहे थे। इन सबसे कश्मीर अप्रभावित नहीं रह सकता था। महमूद शाह के सत्ता में आने के साथ लौट आया अब्दुल्ला ख़ान अल्कोज़ाई शाह शूजा के सत्ता में आने के बाद अपदस्थ किया गया और अता मुहम्मद ख़ान बर्कज़ाई (1806–13) कश्मीर का सूबेदार बना। उसने शाह शूजा द्वारा भेजे गए मुहम्मद अकरम ख़ान और मीर अफ़ज़ल ख़ान की सेना को हराकर लगभग आज़ाद शासक की तरह कश्मीर पर राज किया। आतंरिक संघर्षों में पराजित होकर शाह शूजा मुल्तान में रणजीत सिंह की शरण लेने को मजबूर हुआ तो अता मुहम्मद ख़ान ने पंडित नन्दराम टीकू की अगुवाई में एक प्रतिनिधिमंडल मुल्तान भेजा जिसने शाह शूजा को यक़ीन दिलाया कि कश्मीर में उन्हें बादशाहों वाली इज्ज़त मिलेगी। शाह शूजा राज़ी होकर 27 सितम्बर 1813 में कश्मीर आया तो उसे शाही क़ैदी का ओहदा दे हरि पर्बत के क़िले में नज़रबंद कर दिया गया! अगले ही दिन अता मुहम्मद ख़ान ने ख़ुद को कश्मीर का आज़ाद शासक घोषित कर दिया और पंडित सहज राम सप्रू को अपना दीवान नियुक्त किया।[30] उसका शासन कश्मीर में शान्ति और समृद्धि के काल की तरह माना जाता है। उसने नुन्द ऋषि के नाम से सिक्के ढलवाये,[31] हरि पर्बत के अलावा सोपोर और बारामूला में क़िले बनवाये, बारामूला में पुल बनवाया और कश्मीर को सुरक्षित करने के लिए सेना को मज़बूत किया। उधर महमूद शाह को सत्ता तक पहुँचाने वाले फतह मुहम्मद ख़ान ने कश्मीर पर कब्ज़े की कोशिशें जारी रहीं और उसने रणजीत सिंह से आठ लाख रुपये[§] प्रतिवर्ष के नज़राने के बदले मदद हासिल की जिन्होंने फतह मुहम्मद ख़ान के साथ दीवान मुहकम चंद के नेतृत्व में सेना कश्मीर भेजी। अता मुहम्मद ख़ान पराजित हुआ तो उसने शाह शूजा को रिहा कर कश्मीर का शासक घोषित कर दिया लेकिन इसका सेनाओं पर कोई उत्साहवर्द्धक असर नहीं हुआ। अंततः कोहिनूर की क़ीमत पर समझौता हुआ। रणजीत सिंह को शाह की पत्नी से कोहिनूर[**] मिला, फ़तह मुहम्मद ख़ान से आठ लाख रुपये मिले और शाह शूजा पर नियंत्रण भी।[††] तीन महीने तक कश्मीर की सूबेदारी संभाल कर फ़तह मुहम्मद ख़ान दीवान नन्द राम के साथ काबुल लौट गया।

[§]खुशवंत सिंह ने यह राशि 9 लाख रुपये बताई है (*अ हिस्ट्री ऑफ़ सिख रूल,* खंड एक, पेज 229)

[**]कोहिनूर का किस्सा भी रोचक है । मूलतः यह गोलकुंडा राज्य में कोल्लूर के पास 1665 के आस-पास खान से निकला था जिसे मलिक जुमला ने शाहजहाँ को भेंट किया था। उस समय यह साढ़े 787 कैरेट का था। शाहजहाँ ने इसे अपने मोर मुकुट पर लगवाया था। बाद में औरंगज़ेब के समय ग़लत तरीक़े से सफ़ाई के कारण इसका वज़न साढ़े 319 कैरेट का रह गया। ऐसा लगता है कि यह उस केन्द्रीय सत्ता का प्रतीक बन गया जिसके हाथ में कश्मीर हो। नादिर शाह ने जब दिल्ली पर हमला किया तो उसकी नज़र कोहिनूर को तलाश रही थी। हरम की एक नौकरानी से उसे यह राज पता चला कि मुहम्मद शाह ने उसे अपनी पगड़ी में छिपा लिया है तो जब समझौता होने के बाद उसने मुहम्मद शाह से पगड़ी बदल के दोस्ती पक्की करने का प्रस्ताव दिया जिसे अस्वीकार कर पाना मुहम्मद शाह के लिए संभव नहीं था। इस तरह 1739 में यह अफ़गानों के हाथ चला गया और थोड़े दिनों बाद कश्मीर भी मुगलों के हाथ से अफ़गानों के हाथ चला गया। वहाँ से यह रणजीत सिंह के हाथ गया और उसके बाद कश्मीर पर सिखों का कब्ज़ा हुआ। अंततः 1849 में यह अंग्रेज़ों के हाथ चला गया। (सूफ़ी-326)

[††]शाह शूजा से कालान्तर में रणजीत सिंह ने उसका सारा धन, हीरे-ज़वाहरात छीन लिए और गिरफ़्तार कर लिया। लेकिन वह एक रात सुरंग बनाकर भाग निकलने में सफल रहा और भटकता हुआ ब्रिटिश सीमा तक जा पहुँचा। वहाँ जब उसने अपना परिचय दिया तो उन्होंने उसे दयापूर्वक शेष जीवन गुज़ारने के लिए सम्माननीय शरण दी। (सूफ़ी-328)

उसके बाद कश्मीर की सत्ता 1813 में सरदार आज़िम ख़ान के हाथों में आ गई जिसने सहजराम सप्रू[‡‡] को दीवान और हरदास टीकू को साहिबकार नियुक्त किया।[32] ज़ाहिर है इस समय तक कश्मीरी पंडितों का एक हिस्सा कश्मीर की राजनीति में इतना महत्त्वपूर्ण हो चुका था कि उसे नज़रअंदाज़ कर पाना संभव न था। वरना आम कश्मीरी पंडितों और मुसलमानों के प्रति बेहद कड़ा और शोषक रवैया रखने वाले आज़िम ख़ान के शासन के उच्चतम पदों पर कश्मीरी पंडितों के वर्चस्व को कैसे समझा जा सकता है?

उधर फ़तह मुहम्मद ख़ान के अटक पर कब्ज़े की कोशिश और उसके द्वारा नज़राने की दूसरी क़िस्त न भेजे जाने से नाराज़ रणजीत सिंह ने 1814 में जनरल दाल सिंह के नेतृत्व में एक बड़ी सेना कश्मीर पर कब्ज़े के लिए भेजी लेकिन मौसम की मार के चलते यह सेना पराजित हुई और आज़िम ख़ान विजेता की तरह श्रीनगर में लौटा। इस युद्ध और काबुल में दीवान नन्द राम टीकू के उसे हटाने के षड्यंत्रों की सूचना मिलने के बाद आज़िम ख़ान चौकन्ना हो गया और उसने हरदास टीकू को पद से हटाया ही नहीं बल्कि ज़िन्दा जला दिया। इसके अलावा भी उन्हें जिस-जिस पर ग़द्दारी का शक़ था उसका कड़ाई से दमन किया जिनमें हिन्दू और मुसलमान दोनों ही शामिल थे।[33] एक तरफ़ लगातार ख़राब मौसम और दूसरी तरफ़ अफ़ग़ानों के कमज़ोर होने तथा रणजीत सिंह के एक केन्द्रीय सत्ता के रूप में लगातार मज़बूत होते जाने के साथ कश्मीर का सिखों के हाथ जाना अब समय की बात रह गई थी। रणजीत सिंह की नज़र भी कश्मीर पर लगी ही हुई थी।

अफ़ग़ान शासन का पतन

रणजीत सिंह को मौक़ा मिला जब आज़िम ख़ान के शासन के अंतिम दौर में राजस्व विभाग के तीन प्रमुख अधिकारियों में से एक बीरबल धर (अन्य दो थे मिर्ज़ा पंडित धर और सुखराम सुफाया) से आज़िम ख़ान का विवाद हुआ। बीरबल धर को पिछले साल के राजस्व के एक लाख रुपये सरकारी खजाने में जमा कराने थे।[§§] जब उन्होंने ऐसा करने में आनाकानी की तो आज़िम ख़ान ने कड़ाई करनी शुरू की। बीरबल धर ने कोई चारा

[‡‡]परिमू ने सहज राम सप्रू के बारे में एक रोचक किस्से का उल्लेख किया है। पंडित सहज राम एक घोटाले में पकड़े गए तो सूबेदार नाज़िम खान के यहाँ हाज़िरी लगी। तर्क-वितर्क की जगह साफ़-साफ़ ग़लती मान ली। सूबेदार ईमानदारी से प्रभावित हुआ पर सज़ा तो देनी ही थी। तो ऑप्शन दिया, या तो मुसलमान बन जाओ या फिर सूली पर चढ़ो। सहज राम ने इस्लाम अपनाने का ऑप्शन चुना पर कहा, मुसलमान बन के घाटी में नहीं रह पाऊँगा। उन्हें सियालकोट में एक बड़ा ओहदा दे दिया गया। बाद में उसी खानदान में सर इक़बाल पैदा हुए। शेख़ अब्दुल्ला ने अपनी जीवनी में ज़िक्र किया है कि अल्लामा इक़बाल को अपनी 'सप्रू' परम्परा पर बहुत अभिमान था। (*फ़्लेम्स ऑफ़ चिनार* पेज 52,)

[§§]इस घटना को लेकर अलग-अलग इतिहासकारों ने अलग-अलग निष्कर्ष दिए हैं, परिमू, सूफ़ी और पी.एन.के. बम्ज़ाई का कहना है कि छह साल से फ़सल ख़राब होने के कारण बीरबल धर के लिए यह राशि एकत्र करना संभव नहीं था तो मोहम्मद इशाक खान (*पर्सपेक्टिव ऑन कश्मीर*) ने इसे सरकारी धन का गबन बताया है और मोहम्मद सुलतान पाम्पोरी (*कश्मीर इन चेन्स,* पेज़ 5) इस सारी घटना को मुस्लिम अफ़गानों के ख़िलाफ़ हिन्दू षड्यंत्र बताते हैं।

न देखकर महाराजा रणजीत सिंह की मदद लेने की ठानी। अपना परिवार एक दूध के व्यापारी कुद्दुस गोज़री के यहाँ छोड़कर वह कुलगाम के देवसर पहुँचे जहाँ उनके पुत्र पंडित राजाकाक धर तहसीलदार थे, यहाँ पर उन्हें मलिक सामंतों, मलिक कामदार और मलिक नामदार का साथ मिला और उन दोनों*** तथा अपने बेटे के साथ वह रणजीत सिंह से मिलने के अभियान पर निकले जिसमें उन्हें जम्मू के राजा गुलाब सिंह का साथ मिला। गुलाब सिंह के भाई राजा ध्यान सिंह महाराजा रणजीत सिंह के दरबार में प्रधानमंत्री थे। एम.जे. अकबर ने बीरबल धर की इस कार्यवाही को 'बर्बर अफ़ग़ानों के विरुद्ध हिन्दुओं का नहीं कश्मीरियों का विद्रोह बताया है।'[34]

इधर बीरबल धर के दामाद पंडित त्रिलोक चंद ने सूचनाएँ आज़िम ख़ान तक पहुँचाई। अब बीरबल धर के परिवार पर क़हर टूटा। उनकी पत्नी ने आत्महत्या कर ली और बहू को गिरफ़्तार कर काबुल भेज दिया गया जहाँ उसका धर्म परिवर्तन करा दिया गया। कुद्दुस गोज़री सहित बीरबल धर के सभी सहयोगियों की हत्या कर दी गई। मलिकों के घर जला दिए गए और मिर्ज़ा पंडित धर को उनके पद से हटा दिया गया। लेकिन जब आज़िम ख़ान को यह ख़बर मिली कि बीरबल धर रणजीत सिंह से मिलने में क़ामयाब हो गए हैं तो उसे आसन्न ख़तरे का आभास हो गया और वह अपने भाई जब्बार ख़ान को कश्मीर की ज़िम्मेदारी सौंप कर क़ाबुल चला गया।†††

रणजीत सिंह ने इस बार कोई क़सर नहीं छोड़ी। दीवान मिसर चंद, सरदार हरि सिंह नलवा, सरदार ज्वाला सिंह और राजा गुलाब सिंह के साथ उन्होंने अपने राजकुमार खड़क सिंह के नेतृत्व में तीस हज़ार सैनिकों की एक सेना कश्मीर पर विजय के लिए भेजी। उधर नेपाल युद्ध में पराजय के बाद वहाँ से पलायित हुए गोरखा सैनिकों और जम्मू के राजा गुलाब सिंह का सहयोग भी सिख सेना को मिला।[35] लेकिन एक अंतर्कथा के बिना उस दौर को समझना मुश्किल होगा। रणजीत सिंह ने बीरबल धर पर कोई अंधा भरोसा नहीं किया था बल्कि बीरबल धर के बेटे राजाकाक धर को ज़मानत के तौर पर अपने पास रख लिया था। ख़ैर, दरेल दर्रे के पास हुए युद्ध में पठान सेना बुरी तरह पराजित हुई और जब्बार ख़ान के श्रीनगर से पलायन के साथ ही 15 जून 1819 को कश्मीर अफ़ग़ानों के हाथ से सिखों के हाथ चला गया।[36]

अब बीरबल धर को आप एक ग़द्दार की तरह देखें या देशभक्त की तरह यह इस बात पर निर्भर है कि आप दक्षिण के किस ध्रुव पर हैं, इतिहास में उसकी भूमिका ग़द्दार और देशभक्त से परे मध्यकाल के सत्ता संघर्ष में अपनी स्थिति मज़बूत करने के लिए पक्ष चुनने वाले किसी दूसरे की तरह ही है।

***एम.जे. अकबर और बमजाई ने इनका नाम जुल्फ़िकार बताया है।

†††खुशवंत सिंह ने आज़िम खान के काबुल लौटने की वजह फ़तह मुहम्मद खान की मदद बताई है जो सही नहीं लगती। इसी क्रम में उन्होंने बीरबल धर को जब्बार खान के अत्याचारों से विस्थापित बताया है, जो तथ्यों पर आधारित नहीं है। (*अ हिस्ट्री ऑफ़ सिख्स,* खंड 1, पेज 248)

संदर्भ सूची

1. वॉल्टर लॉरैन्स द्वारा द *वैली ऑफ़ कश्मीर* से उद्धृत (पृष्ठ 197)
2. देखें, ग्रेटर कश्मीर का 29 जुलाई, 2008 का अंक
3. देखें, पृष्ठ 352, *ए हिस्ट्री ऑफ़ मुस्लिम रूल इन कश्मीर,* आर.के. परिमू, पीपुल्स पब्लिशिंग हाउस, दिल्ली, 1969
4. देखें, कश्मीरी पंडितों की पत्रिका *मिलचर* में प्रकाशित और कश्मीरी पंडित नेटवर्क की वेबसाईट पर लेख 'अफ़गान रूल इन कश्मीर—http://koausa.org/gljalali/docs/A%20Page%20from%20Kashmir%20History.pdf
5. देखें, पृष्ठ 50, *पर्सपेक्टिव ऑन कश्मीर,* मोहम्मद इशाक खान, गुलशन पब्लिशर्स, श्रीनगर, 1983
6. देखें, पृष्ठ 344, *ए हिस्ट्री ऑफ़ मुस्लिम रूल इन कश्मीर,* आर.के. परिमू, पीपुल्स पब्लिशिंग हाउस, दिल्ली, 1969
7. देखें, पृष्ठ 293, *अ हिस्ट्री ऑफ़ कश्मीर,* डॉ. जी.एम.डी. सूफ़ी, खण्ड 1, लाईट एंड लाइफ़ पब्लिकेशन, नई दिल्ली, 1974
8. देखें, पृष्ठ 345, *ए हिस्ट्री ऑफ़ मुस्लिम रूल इन कश्मीर,* आर.के. परिमू, पीपुल्स पब्लिशिंग हाउस, दिल्ली, 1969
9. देखें, पृष्ठ 294, *अ हिस्ट्री ऑफ़ कश्मीर,* डॉ. जी.एम.डी. सूफ़ी, खण्ड 1, लाईट एंड लाइफ़ पब्लिकेशन, नई दिल्ली, 1974 ; आर.के. परिमू–349
10. देखें, द इंटरनेशनल जर्नल ऑफ़ ह्यूमेनिटीज़ एंड सोशल जस्टिस के खण्ड 4 अंक 1, जनवरी 2016 में प्रकाशित ज़हीन के लेख 'कश्मीर अंडर द अफ़गांस (1752–1819' में दी हुई तालिका
11. देखें, पृष्ठ 197, वॉल्टर लॉरैन्स, द *वैली ऑफ़ कश्मीर,* ऑक्सफ़ोर्ड यूनिवर्सिटी प्रेस,लन्दन, 1895
12. देखें, द *इंटरनेशनल जर्नल ऑफ़ ह्यूमेनिटीज़ एंड सोशल जस्टिस* के खण्ड 4 अंक 1, जनवरी 2016 में प्रकाशित ज़हीन के लेख 'कश्मीर अंडर द अफ़गांस (1752–1819)' में तारीख़ ए हसन, मज़मुआत तवारीख़ और द अग्रेगेरियन सिस्टम ऑफ़ कश्मीर के उद्धरण
13. एम.डी. सूफ़ी और परिमू दोनों ने तारीख़ ए हसन के हवाले से यह सूचना दी है. सूफ़ी–308–309, परिमू–354
14. देखें, पृष्ठ 309, *अ हिस्ट्री ऑफ़ कश्मीर,* डॉ. जी.एम.डी. सूफ़ी, खण्ड 1, लाईट एंड लाइफ़ पब्लिकेशन, नई दिल्ली, 1974
15. देखें, पृष्ठ 10, द *फाउन्डिंग ऑफ़ द कश्मीर स्टेट : अ बायोग्राफी ऑफ़ महाराजा गुलाब सिंह,* जार्ज एलन एंड उन्विन लिमिटेड, लन्दन, 1953
16. देखें, पृष्ठ 354–55, *ए हिस्ट्री ऑफ़ मुस्लिम रूल इन कश्मीर,* आर.के. परिमू, पीपुल्स पब्लिशिंग हाउस, दिल्ली, 1969
17. देखें, पृष्ठ 313, *अ हिस्ट्री ऑफ़ कश्मीर,* डॉ. जी.एम.डी. सूफ़ी, खण्ड 1, लाईट एंड लाइफ़ पब्लिकेशन, नई दिल्ली, 1974
18. देखें, पृष्ठ 356, *ए हिस्ट्री ऑफ़ मुस्लिम रूल इन कश्मीर,* आर.के. परिमू, पीपुल्स पब्लिशिंग हाउस, दिल्ली, 1969
19. देखें, वही, पृष्ठ 361
20. देखें, वही, पृष्ठ 361–62
21. देखें, वही, पृष्ठ–362, सूफ़ी–314
22. देखें, पृष्ठ 15–16, जार्ज फोरस्टर, *लेटर्स ऑन अ जर्नी फ्रॉम बंगाल टू इंग्लैण्ड थ्रू नॉर्दर्न पार्ट ऑफ़ कश्मीर,* खण्ड (ii), लन्दन 1808
23. देखें, डॉ शेख़ शौक़त का लेख, http://resurgentkashmir.blogspot.in/209/05/afghan-era-revisited.html
24. देखें, पृष्ठ 363, *ए हिस्ट्री ऑफ़ मुस्लिम रूल इन कश्मीर,* आर.के. परिमू, पीपुल्स पब्लिशिंग हाउस, दिल्ली, 1969

25. तारीख़ ए हसन के ये हवाले द इंटरनेशनल जर्नल ऑफ़ ह्यूमेनिटीज़ एंड सोशल जस्टिस के खण्ड 4 अंक 1, जनवरी 2016 में प्रकाशित ज़हीन के लेख 'कश्मीर अंडर द अफ़गांस (1752–1819)' से
26. देखें, पृष्ठ 317, *अ हिस्ट्री ऑफ़ कश्मीर,* डॉ. जी.एम.डी. सूफ़ी, खण्ड 1, लाईट एंड लाइफ़ पब्लिकेशन, नई दिल्ली, 1974
27. देखें, पृष्ठ 363–369, *ए हिस्ट्री ऑफ़ मुस्लिम रूल इन कश्मीर,* आर.के. परिमू, पीपुल्स पब्लिशिंग हाउस, दिल्ली, 1969 और जिया लाल किलाम की किताब अ हिस्ट्री ऑफ़ कश्मीरी पंडित्स का अध्याय 18 (ऑनलाइन संस्करण http://w.ikashmir.net/COPYRIGHTED/historykp/chapter18.html)
28. देखें, पृष्ठ 370, *ए हिस्ट्री ऑफ़ मुस्लिम रूल इन कश्मीर,* आर.के. परिमू, पीपुल्स पब्लिशिंग हाउस, दिल्ली, 1969
29. वही, पृष्ठ 373
30. वही, पृष्ठ 376
31. देखें, पृष्ठ 323, *अ हिस्ट्री ऑफ़ कश्मीर,* डॉ. जी.एम.डी. सूफ़ी, खण्ड 1, लाईट एंड लाइफ़ पब्लिकेशन, नई दिल्ली, 1974
32. देखें, वही, पृष्ठ–328
33. देखें, वही, पृष्ठ–332
34. देखें, पृष्ठ 53, *कश्मीर बिहाइंड द वेल,* एम.जे. अकबर, रोली बुक्स, दिल्ली, 2002
35. देखें, रणजीत सिंह कश्मीर एक्स्टेंशनिज्म एंड ब्रिटेंस रोल, डॉ ख्वाज़ा जाहिद अजीज़ (http://pu.edu.pk/images/journal/uoc/PDF-FILES/(16)%20Dr.%20Khawaja%20Zahid%20Aziz.pdf)
36. देखें, पृष्ठ 381–85, *ए हिस्ट्री ऑफ़ मुस्लिम रूल इन कश्मीर,* आर.के. परिमू, पीपुल्स पब्लिशिंग हाउस, दिल्ली, 1969

8

अराजकता का एक और दौर : सिख साम्राज्य का आगमन (1819-1846)

अफ़ग़ानों का बर्बर शासन ख़त्म होने के बाद सत्ता में आये सिखों से आम कश्मीरियों को और ख़ासतौर पर कश्मीरी पंडितों को बड़ी उम्मीदें थीं। लॉरेन्स लिखते हैं—पठानों के शैतानी शासन का ख़ात्मा कश्मीरियों के सभी वर्गों के लिए बड़ी राहत का सबब रहा होगा और किसानों से अधिक यह राहत किसी के लिए नहीं हो सकती जो अफ़ग़ान सरदारों के क़हर से घाटी छोड़ कर चले गए थे।[1] कश्मीरी पंडितों की स्मृति में शायद वह क़िस्सा हो जब कश्मीरी पंडितों ने मुग़ल सूबेदार इफ़्तिखार ख़ान की धर्म परिवर्तन की नीतियों से पीड़ित होकर सिखों के नौवें गुरु तेगबहादुर के यहाँ गुहार लगाई थी और उन्होंने उनकी रक्षा के लिए अपना सिर कटवाना मंज़ूर किया था।[*2] लेकिन सिखों का शासन धार्मिक समीकरणों में भले कुछ बदलाव लाने वाला रहा हो पर आर्थिक शोषण और अत्याचार के मामले में कहीं से अफ़ग़ानों से बेहतर नहीं था। अफ़ग़ानों की ही तरह उनका उद्देश्य भी कश्मीर को अधिक से अधिक लूटना था जिसकी हर संभव कोशिश की गई। जब सिख शासन स्थापित हुआ तो कश्मीर से होने वाली सालाना आय थी 62 लाख रुपये जो सिख शासन के अंतिम वर्षों में घटकर 10 लाख रह गई।[3] सोने का अंडा देने वाली मुर्गी की गर्दन मरोड़ दी गई थी। राहत की जो उम्मीदें कश्मीरी जनता ने पाली थीं वे बहुत जल्द बिखर गईं। सिख शासन के समय कश्मीरी जनता के हालात की एक बानगी विलियम मूरक्राफ्ट के यात्रा संस्मरणों में मिलती है। वह लिखता है—

> जिस गाँव में हम रुके वह आधा ख़ाली हो चुका था और जो थोड़े से लोग वहाँ बचे थे वे दरिद्रता की मूरत लग रहे थे : अगर कुछ राहत नहीं मिली या व्यवस्था में कोई बदलाव नहीं हुआ तो यह बहुत मुमकिन है कि इस इलाक़े में

[*]क़िस्सा यह है कि गुरु तेगबहादुर ने पंडितों से कहा कि सूबेदार से कह दो कि अगर तेगबहादुर अपना धर्म परिवर्तन कर देते हैं तो सभी पंडित धर्म परिवर्तन कर लेंगे। जब यह ख़बर औरंगज़ेब तक पहुँची तो उसने तेगबहादुर को बुलवा भेजा और धर्म बदलने की जगह गुरु ने अपना शीश कटवाना मंज़ूर किया।

> कोई भी न बचे। फिर भी ज़मीन चावल की खेती के लिए बिलकुल मुफ़ीद लग रही थी और जो फ़सल लगी थी वह अच्छी थी। लेकिन इन ग़रीब लोगों को अपनी मेहनत का बहुत कम फल मिलने वाला था क्योंकि कर वसूलने वालों की एक टुकड़ी गाँव में थी जो अपने मालिक जवाहिर मल के लिए उपज का 9/10 वाँ हिस्सा वसूलने वाले थे।[4]

कश्मीर रणजीत सिंह के लिए कितना महत्त्वपूर्ण था इसका अंदाज़ा इस बात से लगाया जा सकता है कि जब पिछली दो पराजयों के बाद 1819 में उन्होंने कश्मीर पर कब्ज़ा किया तो लाहौर और अमृतसर में तीन दिनों तक रौशनी करने के आदेश दिए। कश्मीर जाने की उनकी इच्छा कितनी प्रबल थी यह कश्मीर के तत्कालीन सूबेदार कर्नल मियाँ सिंह को लिखे एक पत्र से जाना जा सकता है जिसमें वह लिखते हैं—'काश मैं ज़िन्दगी में एक बार बादाम और सुगन्धित फूलों से लदे कश्मीर के बागीचों में घूम पाता और वहाँ की हरी ज़मीन पर बैठ पाता।'[5] हालाँकि उनकी यह इच्छा पूरी नहीं हो पाई लेकिन कश्मीर पर कब्ज़े की वजह सिर्फ़ उसका सौन्दर्य नहीं था। उसके सामरिक और आर्थिक महत्त्व थे। रणजीत सिंह अंग्रेज़ों से कोई युद्ध नहीं ठानना चाहते थे क्योंकि बंगाल से लेकर हैदराबाद तक अंग्रेज़ों से सीधे टकराने के परिणाम वह देख चुके थे। उत्तर की तरफ़ वह पेशावर तक पर कब्ज़ा कर चुके थे और उसके आगे बढ़ने की कोशिश में ख़तरे अधिक थे। तो साम्राज्य विस्तार के लिए कश्मीर सबसे मुफ़ीद था। साथ ही उनके इस अभियान को अंग्रेज़ों का समर्थन भी हासिल था क्योंकि रूस से किसी हमले के ख़तरे के समय रणजीत सिंह की बफ़र ज़ोन की तरह उपस्थिति उनके लिए एक बेहतर स्थिति थी। इसीलिए अपने पुत्र खड़क सिंह की शादी के समय जब रणजीत सिंह ने कश्मीर विजय के लिए अपनी पहली योजना बनाई तो उसे अंग्रेज़ों ने सहर्ष सहमति दी थी।[6] इसके साथ ही कश्मीर से सम्भावित भारी लगान उस समय रणजीत सिंह के लिए एक बड़ा आकर्षण था जिसने उस शाह सूजा से कोहिनूर ही नहीं उसका सारा माल-असबाब छीन लिया था जिसके पिता शाह ज़मान ने कभी उसका राज्याभिषेक किया था।

पंजाब में सिख साम्राज्य का उदय और रणजीत सिंह

कश्मीर पर सिख शासन पर विस्तार में जाने से पहले महाराजा रणजीत सिंह और उनके द्वारा स्थापित सिख साम्राज्य के बारे में थोड़ा जान लेना बेहतर होगा। गुरु गोविन्द सिंह के नेतृत्व में सिख एक योद्धा कौम के रूप में विकसित हो चुके थे। उनकी मृत्यु के बाद उनकी सेना की कमान सँभालने वाले बन्दा वैरागी के समय तक दिल्ली का मुग़ल शासन कमज़ोर होकर बिखरने लगा था। सिखों और मुग़लों के बीच कई छोटी-बड़ी लड़ाइयाँ हुईं और उनमें से कई में बन्दा वैरागी शाही सेना को परास्त करने में सफल रहा। असल में यह किसानों और शाही शासन के बीच के अंतर्विरोध का फल था। लगान और दीगर मामलों में मुग़ल शासन पंजाब या किसी और जगह वैसी ही लूट मचाता था जैसी कश्मीर में हमने देखी है इसलिए यह स्वाभाविक था कि किसानों से उसका टकराव होता। शासक और जनता का धर्म अलग होने के कारण उसमें एक कोण धर्म का भी शामिल हो ही जाता था। 1716 में बन्दा वैरागी पराजित हुआ और 700 अन्य साथियों के साथ उसकी हत्या

कर दी गई[7] तो इसके बाद सिखों का भारी दमन शुरू हुआ। पंजाब के सूबेदार अब्दुल समद ख़ान ने उन्हें ग़ुलामी स्वीकार करने और ऐसा न करने पर देखते ही मार देने का हुक्म जारी किया। इस आतंक से अनेकों सिखों ने दाढ़ी मूँछ कटवा दी जिन्हें सहजाधारी कहा गया और बाक़ी अपना घर-बार छोड़ कर जंगलों और पहाड़ों में चले गए और खेतीबाड़ी छूट जाने के बाद उनके पास राज्य के ख़ज़ाने तथा अमीर जागीरदारों के यहाँ लूटमार के अलावा आजीविका का कोई साधन नहीं था। किसी नेतृत्व के अभाव में सामूहिक निर्णयों के लिए उन्होंने अमृतसर में बैसाख की पहली तारीख़ और दीपावली को मिलना शुरू किया। इन बैठकों को 'सरबत खालसा' और इनमें लिए गए निर्णयों को 'गुरमत' कहा जाता था और इस बैठक में जत्थेदार नियुक्त किये जाते थे। लेकिन आरम्भिक वर्षों में बन्दा वैरागी के समर्थकों तथा विरोधियों के बीच के टकराव के कारण सरबत खालसा कोई ठोस क़दम नहीं उठा पाया और उनके बीच अमृतसर के हरमिंदर साहब पर कब्ज़े को लेकर टकराहट बढ़ती गई। ऐसे में दिल्ली में रह रहीं गुरु गोविन्द सिंह की पत्नी माता सुंदरी ने हस्तक्षेप करके सुलह करवाई और इसी बीच शासन द्वारा थोड़ी ढील दिए जाने के बाद सरबत खालसा का प्रभाव बढ़ा। जत्थेदारों ने अब अपने ठिकानों के आस-पास के गाँवों पर कब्ज़ा करना शुरू किया और अंततः लाहौर के तत्कालीन सूबेदार ज़कारया ख़ान के साथ हुए एक समझौते के तहत 1733 में एक लाख की लगान वाली एक जागीर सौंपी गई जिसके जागीरदार कपूर सिंह को नवाब की उपाधि दी गई। इस तरह नवाब कपूर सिंह सिखों के सरबत खालसा तथा मुग़ल शासन दोनों द्वारा मान्यता प्राप्त नेता बने। कपूर सिंह के एक महत्त्वपूर्ण साथी थे—जस्सा सिंह अहलूवालिया।

लेकिन यह व्यवस्था लम्बे समय तक नहीं चल सकी। सिखों ने सेना (दल खालसा) को दो भागों में बाँटा था, पहला बुड्ढा दल जिसमें वरिष्ठ लोग थे और दूसरा तरुण दल जिसमें युवा थे। तरुण दल ने अति उत्साह में संधि की शर्तों का उल्लंघन किया तो शाही सेना ने भारी दमन किया और एक बार फिर सिखों पर प्रतिबन्ध लगा दिए गए। जागीर छीन ली गई और उस पर ज़कारया ख़ान ने कब्ज़ा कर लिया। 1738 में हरमिंदर साहब के मुख्य पुजारी मणि सिंह ने पाँच हज़ार के मुचलके पर दीवाली मेला लगाने की अनुमति तो हासिल की लेकिन सेना की भारी उपस्थिति के कारण श्रद्धालु नहीं आये और धनराशि न चुका पाने पर मणि सिंह की हत्या कर दी गई तथा अफ़रा-तफ़री का माहौल बन गया। इसी बीच नादिर शाह का आक्रमण हुआ और जहाँ नादिर शाह की सेना ने दिल्ली और पंजाब में भारी लूट-पाट मचाई वहीं सिख सैनिकों ने छापामार तरीक़े से हमले करके लौटते हुए सैनिकों से रास्ते भर माल-असबाब लूटा। तमाम विपरीत परिस्थितियों में अपनी बहादुरी और किसान जनता के समर्थन से लड़ते हुए खालसा सेना ने अनेक बलिदान दिए, मुश्किलात झेलीं लेकिन लड़ना नहीं छोड़ा। 1745 आते-आते उन्होंने अपनी ताक़त काफ़ी मज़बूत कर ली और दीवाली को हुई बैठक में उन्होंने नवाब कपूर सिंह को अपना नेता घोषित कर किसानों से शासन को लगान देना बंद करने की अपील की। शाही सेना और सिखों के बीच भारी युद्ध हुआ जिसमें तत्कालीन सूबेदार याह्या ख़ान के मंत्री लखपत राय का भाई मारा गया। लखपत राय ने इसका बदला लेने के लिए पूरा ज़ोर लगा दिया और लाहौर में सिखों का

क़त्लेआम शुरू हो गया। हरमिंदर साहब की पवित्र झील में कचरा भर दिया गया और दस हज़ार से अधिक सिखों की हत्या कर दी गई।

लेकिन इस घटना के बाद बुरी तरह से टूट चुके खालसा मनोबल को ताक़त मिली याह्या ख़ान के भाई शाह नवाज़ के विद्रोह से। उसने पंजाब पर कब्ज़ा कर लिया और सिखों का विश्वास जीतने के लिए न केवल एक सहजाधारी सिख को मंत्री बनाया बल्कि याह्या ख़ान और लखपत राय को जेल में भी डाल दिया। इधर याह्या ख़ान जेल से भागने में सफल रहा और पंजाब में गृहयुद्ध शुरू हो गया तो सिखों ने चुपचाप अपनी बची हुई ताक़त समेट कर अमृतसर के बाहर शहर के संस्थापक गुरु राम दास के नाम पर एक मिट्टी के क़िले 'रामरौनी' का निर्माण कर संगठित होना शुरू किया।

इसी बीच शाहनवाज़ ने अदीना बेग़ की सलाह पर अहमद शाह अब्दाली को हिन्दुस्तान पर आक्रमण का न्यौता दिया। हालाँकि आख़िरी समय पर उसकी 'देशभक्ति' जाग गई लेकिन तब तक अब्दाली मन बना चुका था। 1747-48 का यह अफ़ग़ान आक्रमण सिखों के लिए एक अवसर बन कर आया। लाहौर से भारी लूट के बाद अब्दाली जब दिल्ली में मीर मनु की सेना से हारकर लौट रहा था तो न केवल सिखों ने सिंध के किनारे पूरे रास्ते अफ़ग़ान सेना पर गुरिल्ला हमले कर उसे लूटा बल्कि अफ़ग़ान-मुग़ल संघर्ष का फ़ायदा उठाकर संगठित सेना के साथ जस्सा सिंह अहलूवालिया ने अदीना बेग़ ख़ान की सेना को होशियारपुर में हराकर अमृतसर में बैसाखी मनाने के लिए प्रवेश किया। सरबत खालसा की बैठक हुई और जस्सा सिंह अहलूवालिया के नेतृत्व में सभी जत्थों का एक दल खालसा में विलय किया गया। दल को ग्यारह मिस्लों में बाँटा गया। इन्हीं में से एक सुकरचकिया मिस्ल के प्रमुख नौध सिंह रणजीत सिंह के प्रपितामह थे।[8] रणजीत सिंह के पिता महान सिंह एक बहादुर योद्धा थे जिनके समय में यह मिस्ल मज़बूत होकर उभरी, लेकिन 1792 में एक लड़ाई में महान सिंह मारे गए और मिस्ल का नेतृत्व रणजीत सिंह के हाथों में आ गया जो तब केवल 12 साल के थे। 17 साल की उम्र में उन्होंने बाक़ायदा सुकरचकिया मिस्ल की कमान सम्भाली और अपनी सूझ-बूझ और वीरता से जल्द ही सिखों के सर्वमान्य नेता बन गए। इसमें उनकी सास सादा कौर की बेहद महत्त्वपूर्ण भूमिका थी जिनकी कन्हैया मिस्ल ने रणजीत सिंह की ताक़त में मानीखेज़ बढ़ोत्तरी की। 1799 में ज़मान शाह ने उन्हें लाहौर का शासक घोषित किया[†] (तब पंजाब अफ़ग़ानों के कब्ज़े में था) और उसके बाद उन्होंने कभी पीछे मुड़कर नहीं देखा। 1802 में उन्होंने अमृतसर पर कब्ज़ा कर लिया और चालीस वर्षों के शासन के बाद 27 जून 1839 को उनकी मृत्यु हुई तो सिख साम्राज्य मुल्तान, पेशावर और कश्मीर तक फैल चुका था।[9]

[†]क़िस्सा यह है कि 1798-99 में ज़मान शाह ने लाहौर पर कब्ज़ा तो कर लिया लेकिन सिखों ने अपनी पुरानी रणनीति की तरह छापामार हमले कर उसे परेशान कर दिया। पहले ही घरेलू परेशानियों से जूझ रहा ज़मान शाह लाहौर छोड़कर क़ाबुल लौट गया। उन दिनों झेलम में बाढ़ आई हुई थी और उन हालात में नदी पार करते हुए उसकी 12 बंदूकें ग़ायब हो गईं। उस वक़्त उसने रणजीत सिंह से वादा किया कि अगर वह उसकी बंदूकें ढूंढ के वापस कर देंगे तो वह उन्हें लाहौर सौंप देगा। रणजीत सिंह ने बंदूकें भिजवा दीं और ज़मान शाह ने वादे के मुताबिक़ उन्हें राजा का ख़िताब अता किया और लाहौर का शासन सौंप दिया। (*अ हिस्ट्री ऑफ़ कश्मीर*-558 पृथ्वी नाथ कौल बम्ज़ाई)।

कश्मीर और सिख शासन : लूट, अव्यवस्था और अत्याचार

कश्मीर विजय के बाद विजयी सेना का प्रधान मिश्र दीवान चंद थोड़े समय के लिए कश्मीर का सूबेदार बना। वहाँ हालात सामान्य करने के बाद वह लौट गया और दीवान मोती राम को सूबेदार नियुक्त किया गया। मोती राम रणजीत सिंह के एक प्रमुख सिपहसालार और सहयोगी दीवान मोकम चंद का पुत्र था। पंडित बीरबल धर को राजस्व विभाग का प्रमुख बनाया गया। अफ़गानों के समय राजस्व पर कश्मीरी पंडितों का जो वर्चस्व स्थापित हुआ था वह सिख शासन में भी जारी रहा और साथ ही जनता की लूट की नीतियाँ भी जारी रहीं। राजस्व मामलों पर कश्मीरी पंडितों के कब्ज़े का अंदाज़ा इस बात से लगाया जा सकता है कि रणजीत सिंह ने पंजाब के वित्त और राजस्व विभाग की ज़िम्मेदारी भी एक कश्मीरी पंडित दीनानाथ को ही सौंपी थी।[10] हाँ, सिखों के आने से यह बदलाव हुआ कि अब धर्म के आधार पर बहुसंख्यक मुसलमानों के साथ भेदभाव शुरू हो गया। दीवान मोती राम ने जो सबसे पहले क़दम उठाये उनमें से एक था श्रीनगर की प्रतिष्ठित जामा मस्जिद में अज़ान और नमाज़ पर पाबंदी ताकि मुस्लिम जनता कहीं एक जगह इकट्ठा न हो सके। उसके एक सिपहसालार फूला सिंह ने शाह हमादान के ख़ानक़ाह को उड़ा देने के लिए झेलम नदी के दूसरी तरफ़ पत्थर मस्ज़िद के घाट पर तोपें लगवा दी थीं, लेकिन कश्मीर में शाह हमादान के महत्त्व से परिचित और उस मिली-जुली संस्कृति में पले-बढ़े बीरबल धर ने हस्तक्षेप करके इस निर्णय पर रोक लगवाई। पत्थर मस्जिद सहित अनेक मस्जिदों को सरकारी संपत्ति घोषित कर दिया गया और गोक़शी को प्रतिबंधित ही नहीं किया गया बल्कि इसके लिए सज़ा-ए-मौत की तजवीज़ की गई और सैकड़ों लोगों को गोक़शी के शक़ में क़त्ल कर दिया गया। ऐसे तमाम कारणों से सैकड़ों मुस्लिम परिवार पलायन करके पंजाब, उत्तर प्रदेश सहित हिन्दुस्तान के अलग-अलग हिस्सों में चले गए।[11] इन्हीं दिनों कश्मीर के एक प्रतिष्ठित परिवार के दो भाई मुग़ल शासक से सिख अत्याचारों की शिक़ायत करने दिल्ली गए लेकिन वहाँ के हालात देखकर ढाका चले गए और भविष्य में वहाँ के शासक हुए। इसी परिवार के अल हाज़ी ख़्वाज़ा नाज़िमुद्दीन जिन्ना के बाद पाकिस्तान के गवर्नर जनरल भी बने।[12]

सिखों के अत्याचार का अंदाज़ा इस बात से लगाया जा सकता है कि किसी सिख द्वारा किसी कश्मीरी की हत्या कर देने पर उस पर केवल 16 से 20 रुपये का जुर्माना लगता था। इस जुर्माने से अगर मृतक हिन्दू हुए तो उसे चार रुपये और मुसलमान हुआ तो दो रुपये दिए जाते थे।[13]

मुसलमानों के ख़िलाफ़ सिखों के इस व्यवहार की जड़ें पंजाब की तत्कालीन और ऐतिहासिक हक़ीक़तों का परिणाम थीं। पंजाब पर पहले मुग़लों और फिर अफ़ग़ानों का कब्ज़ा रहा, उस दौर की शासन व्यवस्था सीधे-सीधे किसानों से लगान की लूट पर आधारित थी। ज़ाहिर था सिखों से उनका टकराव होता ही। इस टकराव में एक धार्मिक कोण पैदा होना ही था। विजेता शासकों ने अपने धर्मों का प्रचार कई स्तरों पर किया। गुरु नानक द्वारा स्थापित सिख धर्म से जुड़े कई महत्त्वपूर्ण लोग इन नीतियों का शिक़ार हुए जब युद्ध की हार जीत के बाद मनोबल तोड़ने के लिए धर्म परिवर्तन की कोशिशें की गईं और इंकार करने पर पाँचवें गुरु अर्जुन सिंह, नौवें गुरु तेगबहादुर और उनके साथी मतिदास तथा भाई दयाल सहित अनेक लोगों की हत्या करवा दी गई। इस्लाम, जिसमें ज़बरदस्ती किसी

को मुसलमान बनाना प्रतिबंधित था, जब राजनीति का हथियार बना तो जीत के उन्माद में उसने विरोधियों के धर्मों को निशाना बनाया और बलात धर्म परिवर्तन की राह अपनाई जिसने मध्यकाल में धार्मिक वैमनस्य के जो बीज बोये उसका खामियाज़ा कश्मीर के मुसलमानों को सिख सूबेदारों की नफ़रत से चुकाना पड़ा। अफ़ग़ान शासन के अत्याचारों के शिक़ार कश्मीर के मज़लूम किसान, बुनकर और मज़दूर सिख सूबेदारों के लिए सिर्फ़ मुसलमान थे उन शासकों के समानधर्मा जिन्होंने उनके समानधर्माओं पर अत्याचार किये थे।

लेकिन धन सबसे ऊपर था। पहले दीवान मोतीराम‡ और फिर सरदार हरि सिंह नलवा के समय में जनता से आख़िरी पाई भी वसूल लेने का जो अभियान चला उससे त्राहि–त्राहि मच गई। मुगलों के ज़माने से ही चली आ रही जागीरें और ख़ानदानी वज़ीफे बंद कर दिए गए। बेगारी अब आम हो गई थी और हर क्षेत्र में नए–नए कर लगा दिए गए। हर शॉल पर 26 फ़ीसदी कर लगा दिया। खेती पर बढ़े हुए कर का परिणाम यह हुआ कि कुल कृषि भूमि के केवल सोलहवें हिस्से पर खेती किसानी बची रही। सूफ़ी ने *टी वाईन* के हवाले से लिखा है कि पंडित भी सिखों की क्रूरता की शिक़ायत करते थे।[14] बीरबल धर राजस्व विभाग के प्रमुख के रूप में शासकों का काम पूरी वफ़ादारी से करते रहे और पहले ही साल में जब चालीस लाख रुपये रणजीत सिंह के ख़ज़ाने में जमा कराये गए तो रणजीत सिंह का उनसे खुश होना लाज़िमी था। लेकिन वफ़ादारियों की तरह शासकों की कृपा भी किसी दौर में स्थाई नहीं रही। उसके चचेरे भाई गणेश धर की हरि सिंह नलवा से नज़दीकियाँ बढ़ीं और हालात ऐसे हुए कि बीरबल धर से राजस्व विभाग छीन लिया गया और उनकी सम्पत्ति ज़ब्त कर ली गई।[15]

हरि सिंह नलवा ने अपने नाम के सिक्के भी चलवाए थे लेकिन उसके कुशासन की ख़बरें जब लाहौर पहुँचीं तो उसे वापस बुला लिया गया और दीवान मोती चंद से 1824 में फिर से कश्मीर की सूबेदारी सँभालने के लिए कहा गया। उसने बीरबल धर को फिर से राजस्व विभाग सौंप दिया और जनता को सीमित राहतें देने की कोशिश की। लेकिन कुछ ही समय में बीरबल धर से फिर विवाद हुआ और यह विडम्बना ही कही जाएगी कि कश्मीर में सिख शासन की राह बनाने वाले बीरबल धर की न केवल संपत्ति ज़ब्त कर ली गई बल्कि उन्हें जेल में भी डाल दिया गया जहाँ उन्होंने अंतिम साँसें लीं। मूरक्राफ्ट इसी दौर में कश्मीर आया था। उसके संस्मरणों से पता चलता है कि कश्मीर के हालात उस समय तक कितने बुरे हो चुके थे। किसानों, बुनकरों, बेकरीवालों, नाविकों, फेरीवालों, मांस विक्रेताओं सहित अर्थव्यवस्था का कोई ऐसा हिस्सा नहीं था जिस पर कर न लगाये गए हों। बम्ज़ाई ने मूरक्राफ्ट की राजनीतिक गतिविधियों का भी विस्तार से वर्णन किया है जिससे पता चलता है कि वह ब्रिटिश एजेंट के रूप में काम कर रहा था। ज़ाहिर है ब्रिटिश शासन रणजीत सिंह से सीधे युद्ध में नहीं उलझना चाहता था लेकिन उनका शासन विस्तार उसके लिए चिंता का विषय था।

---

‡दीवान मोतीराम हज़ारा की लड़ाई में अपने बड़े बेटे राम दयाल की मौत के बाद संसार से विरक्त हो गए और केवल 14 महीनों तक सूबेदार रहने के बाद बनारस चले गए थे। उनके बाद सूबेदारी हरि सिंह नलवा को मिली।

सिख शासन के लिए अरक्षित कश्मीर एक शानदार चारागाह था और उसके प्रमुख सिपहसालारों और मंत्रियों के लिए वहाँ की सूबेदारी एक लाभदायक पोस्टिंग थी। तो ज़ाहिर है इसके लिए हर संभव जोड़-तोड़ की जाती। ऐसी ही एक साजिश चुन्नी लाल ने डोगरा राजा गुलाब सिंह के भाई ध्यान सिंह (जो रणजीत सिंह का प्रधानमंत्री था) के साथ मिलकर दीवान मोती चंद के ख़िलाफ़ रची और कश्मीर की सूबेदारी हासिल करने में सफल रहा। लेकिन उसकी बेईमानी और लूट जल्द ही सामने आ गई। लगातार शोषण के कारण कश्मीर से वसूले लगान में भारी कमी आई और जब रणजीत सिंह ने उसे वापस बुलाया तो सज़ा के डर से उसने रास्ते में ही आत्महत्या कर ली।[16]

चुन्नी लाल के बाद 1827 में कश्मीर के सूबेदार बने दीवान मोती राम के पुत्र दीवान कृपा राम, जिन्हें सिख सूबेदारों में सबसे अच्छे और दयालु सूबेदारों में शामिल किया जाता है। हालाँकि ब्यौरे बताते हैं कि वह अय्याशी में डूबे रहने वाला अलमस्त सूबेदार था जिसके समय में अत्याचार कम हुए और लोगों की आर्थिक स्थिति बेहतर हुई। डल झील में दिन रात औरतों से घिरे रहने वाले उस सूबेदार का नाम जनता ने चप्पू की आवाज़ के नाम पर 'कृपा श्रोयिन' रख दिया था। अपने इस विलासी स्वभाव और राम बाग़ सहित अनेक बागों के निर्माण के कारण कई बार उसकी तुलना जहाँगीर से की जाती है।

उसके वक़्त में एक भारी भूकंप आया था और इससे पहले कि उसका असर ख़त्म होता घाटी में कॉलरा फ़ैल गया। लेकिन दीवान कृपा राम ने इसका सामना करने में जनता की मदद की। इसके अलावा उसने मुज़फ़्फ़राबाद के राजा ज़बरदस्त ख़ान के विद्रोह को दबाने में भी सफलता हासिल की। उसके मुख्य सलाहकार ग़ुलाम मोइउद्दीन ने एक नया भू-बंदोबस्त लागू किया और हर परगने में सबसे ऊँची बोली लगाने वाले को खेती का अधिकार दिए जाने की व्यवस्था लागू की। उसके समय में लाहौर दरबार को प्रतिवर्ष 40 लाख राजस्व भेजा जाता रहा। लेकिन कृपा राम अपने बेहतर प्रशासन के बावजूद उनकी नज़र से गिर गया। हुआ यह कि उसने भिम्बेर के राजा फैज़ तालाब ख़ान को शरण दी थी जिसकी डोगरा शासकों से अदावत थी।[17] इस वजह से राजा ध्यान सिंह ने षड्यंत्र रचा और रणजीत सिंह ने दीवान कृपा राम को लाहौर बुला कर उन पर लगान जमा करने में घपले का आरोप लगाकर हिसाब माँगा। जब हिसाब किया गया तो मालूम चला कि कृपा राम ने कम नहीं बल्कि 12 लाख रुपये अधिक जमा कराये थे। इसके बावजूद रणजीत सिंह ने कृपा राम से और तीन लाख रुपयों की माँग की। कृपा राम के इंकार करने पर न केवल उसकी संपत्ति लूट ली गई बल्कि उसके साथ दुर्व्यवहार भी किया गया। आश्चर्यजनक है कि इसके बाद भी रणजीत सिंह ने उसे कश्मीर जाकर सूबेदारी सँभालने के लिए कहा लेकिन कृपा राम ने इससे इंकार कर दिया और बची-खुची संपत्ति धर्मार्थ दान करके हरिद्वार[§] चला गया।[18] तीन पीढ़ियों से रणजीत सिंह का वफ़ादार रहे परिवार के प्रति रणजीत सिंह का यह व्यवहार बताता है कि वफ़ादारी जैसे आदर्श उस दौर की राजनीति में सत्ता और धन के लालच के आगे बहुत छोटी शै रह गए थे। इन शासकों के धर्म के आधार पर देशभक्ति

[§]बम्ज़ाई ने बनारस बताया है जो कि इस लिहाज़ से सही लगता है कि उसके पिता पहले ही बनारस में थे।

जैसे मिथक खड़े करने वाले भूल जाते हैं कि अपनी सत्ता और संपत्ति का लालच और स्वार्थ इन राजाओं के लिए किसी धार्मिक या निजी निष्ठा से बड़ा था। दीवान कृपा राम के बाद 1831 में भीमा सिंह अर्दाली को सूबेदार नियुक्त किया गया। एक साल से कम समय के उसके कार्यकाल की एक प्रमुख घटना 1832 के मुहर्रम में शिया सुन्नी विवाद रही जिसमें ज़ादीबल के आस-पास का सारा इलाक़ा आगजनी का शिक़ार हो गया। इस दौरान एक फ्रांसीसी यात्री विक्टर जैकमांट कश्मीर की यात्रा पर आया था जिसके संस्मरणों से तत्कालीन कश्मीर के सामाजिक राजनीतिक हालात की जानकारी मिलती है। उसने अपने संस्मरणों में भीमा सिंह के लिए लिखा है, कि वह देखने में मूर्ख लगता था लेकिन उसके अंदर एक बेहद महत्त्वपूर्ण गुण था—आज्ञाकारिता और वफ़ादारी।[19] इन्हीं संस्मरणों में वह सैयद अहमद 'शहीद' का भी ज़िक्र करता है।

सैयद अहमद उन्नीसवीं सदी के पहले तीन दशकों में उत्तर भारत की राजनीति में एक महत्त्वपूर्ण नाम बनकर सामने आता है। मुग़लों की सत्ता के लगातार कमज़ोर होते जाने तथा अंग्रेज़, मराठा और सिख जैसी ग़ैर मुस्लिम ताक़तों के उभार के बरक्स सैयद अहमद की कोशिशें एक इस्लामिक शासन की पुनर्स्थापना की लगती हैं। 1786 में रायबरेली में जन्मे सैयद ने दिल्ली के शाह अब्दुल अज़ीज़ से शिक्षा ली थी और फिर 1809 से 1818 तक टोंक के शासक आमिर ख़ान के साथ जुड़कर सैन्य प्रशिक्षण लिया। इस दौरान उसने ख़ासतौर से तोप चलाने में महारत हासिल की। लेकिन जब 1819 में आमिर ख़ान ने अंग्रेज़ों से समझौता कर लिया तो सैयद अहमद ने उसका साथ छोड़ दिया। मुस्लिम पुनरुत्थान के लिए कटिबद्ध सैयद ने उत्तर पश्चिमी सीमा से अपनी कार्यवाहियाँ शुरू करने का निर्णय लिया और अपनी टुकड़ी के साथ ग्वालियर, कालपी, मारवाड़, सिंध, क्वेटा और क़ाबुल होते हुए पेशावर पहुँचा जहाँ 'मुज़ाहिदों' की इस फ़ौज ने अफ़ग़ानों की सहायता से सरदार बुध सिंह की फ़ौज को हराकर पेशावर पर कब्ज़ा कर लिया। उसने पेशावर में इस्लामी ढब का शासन क़ायम करने की कोशिश की जिसके चलते शासन व्यवस्था में अफ़रा-तफ़री मच गई। धर्म के आधार पर जिस एकता की कल्पना सैयद अहमद की थी वह उस समय की राजनीतिक परिस्थितियों के आगे चल न सकी और कुछ अफ़ग़ान सरदारों के सिखों से साँठ-गाँठ कर लेने के कारण कुछ ही समय बाद उसे सिख सेनाओं से हार का सामना करना पड़ा। इसके बाद उसने कश्मीर पर हमला करने की योजना बनाई और मुज़फ़्फ़राबाद जागीर के राजा ज़बरदस्त ख़ान के साथ मिलकर हमला किया। बाल्काट में शेर सिंह के नेतृत्व वाली सिख सेना से उसका मुक़ाबला हुआ जिसमें न केवल इस मुज़ाहिद सेना की हार हुई बल्कि अपने सेनानायकों सहित सैयद अहमद वीरगति को प्राप्त हुआ। इस तरह हिन्दुस्तान में इस्लामी शासन के पुनरुत्थान की यह कोशिश असफल हुई।[20**]

उस समय के कश्मीर की सामजिक-आर्थिक स्थिति पर जैकमांट की एक टिप्पणी बेहद मानीखेज़ है। लल्ला रुख ने योरप में कश्मीरी स्त्रियों की सुन्दरता प्रसिद्ध कर दी थी,

---

**मज़ेदार तथ्य यह है कि जब 1948 में क़बायली सेनाओं ने कश्मीर पर हमला किया तो पाकिस्तानी अखबारों ने उस हमले की तुलना सैयद अहमद 'शहीद' की मुज़ाहिद सेनाओं के हमले से की थी ।

लेकिन जैकमांट का अनुभव अलग रहा। वह कहता है कि पूरे कश्मीर में एक भी चेहरा ऐसा नहीं मिला जो उसे सुन्दर लगे। जब वह कारणों की तलाश करता है तो एक भयावह तथ्य सामने आता है। वह कहता है कि हर सुन्दर लड़की कश्मीर से बाहर पंजाब और दूसरी जगहों पर भेज दी जाती थी और ग़ैर-कश्मीरी हिन्दुओं, सिखों तथा मुसलमानों के हरम का हिस्सा बन जाती थी। हर लड़की जिसे देखकर लगे कि बड़ी होकर सुन्दर स्त्री में तब्दील होगी, आठ साल की उम्र में पंजाब और हिन्दुस्तान के दीगर हिस्सों में 30 से 300 फ्रैंक्स में बेच दी जाती थी।[21] यह एक अतिकथन हो सकता है लेकिन कश्मीर की ग़ुलामी की क़ीमत वहाँ की औरतों ने चुकाई और यह प्रक्रिया लगातार जारी रही। सामरिक रूप से कमज़ोर और आर्थिक रूप से नष्ट कर दिए गए कश्मीरियों का आत्मसम्मान और जातीय ग़ौरव इस प्रक्रिया में किस तरह और किस हद तक नष्ट हुआ होगा इसका सहज अनुमान लगाया जा सकता है। राज्य-विस्तार के लिए रणजीत सिंह को लगातार सैनिकों और धन की आवश्यकता बनी रहती थी और उस ज़रूरत की पूर्ति के लिए कश्मीर एक खुला चारागाह बना।

सैयद अहमद पर विजय के बाद रणजीत सिंह के पुत्र शेर सिंह[††] को कश्मीर का सूबेदार नियुक्त किया गया। शेर सिंह अपने नायब बैसाख सिंह को राजकाज सौंप कर अय्याशी में डूब गया। 1832 में जब रणजीत सिंह ने कश्मीर आने की योजना बनाई तो उनके लाव-लश्कर की व्यवस्था के लिए धन और रसद जुटाने के लिए कश्मीर में जनता से इस क़दर उगाही शुरू हुई कि त्राहि-त्राहि मच गई। ख़बर रणजीत सिंह तक पहुँची तो वह पुंछ से ही वापस लौट गया। इधर खेतों से चावल कटने के पहले ही अक्टूबर में भारी बर्फ़बारी से फ़सल नष्ट हुई तो घाटी में अकाल जैसी स्थिति बन गई। हज़ारों लोग घाटी से पलायन कर गए और इससे अधिक संख्या में लोग भुखमरी से मारे गए और घाटी की जनसंख्या आठ लाख से घट कर दो लाख रह गई। लेकिन जनता को कोई राहत पहुँचाने के लिए किसी कोशिश की जगह शेर सिंह अपनी अय्याशियों में डूबा रहा। शासन की संवेदना की हालत यह थी कि शेर सिंह के एक नायब खुशहाल सिंह ने ऐसे हालात में भी सात लाख से अधिक धन बनाया। रणजीत सिंह के पास शिक़ायत पहुँचने पर उसने शेर सिंह की जगह मियाँ सिंह को कश्मीर का सूबेदार बनाकर भेजा।

कई महत्त्वपूर्ण युद्धों में रणजीत सिंह के साथ रह चुके और 27 घावों के निशानात को मेडल की तरह दिखाने वाले कर्नल मियाँ सिंह[‡‡] को कश्मीर के सिख सूबेदारों में सबसे

[††]सूफ़ी ने शेर सिंह के पितृत्व के संदर्भ में भारत के तत्कालीन गवर्नर जनरल के सैन्य सचिव ऑसबर्न की किताब *द कोर्ट एंड कैम्प ऑफ़ रणजीत सिंह* का हवाला दिया है। उनके अनुसार वह रणजीत सिंह की एक पत्नी मेहताब कुँवर के जुड़वा बेटों में से एक था, एक बार जब रणजीत सिंह एक लम्बे युद्ध के बाद लौटे तो मेहताब कुँवर ने उन्हें दो जुड़वा बच्चे सौंपे। रणजीत सिंह ने उन्हें अपना पुत्र मानने से इंकार कर दिया। बाद में शेर सिंह को तो दरबार में शहज़ादे का मान-सम्मान मिला और ध्यान सिंह के पुत्र हीरा सिंह के अलावा वह ही थे जिन्हें दरबार में रणजीत सिंह की उपस्थिति में कुर्सी दी जाती थी, लेकिन दूसरे पुत्र तारा सिंह को रणजीत सिंह के पुत्र के रूप में कभी मान्यता नहीं मिली। (सूफ़ी-737) खुशवंत सिंह ने रणजीत सिंह के 7 पुत्रों में खड़क सिंह को छोड़कर बाक़ी सबके पितृत्व पर शंका ज़ाहिर की है। (*हिस्ट्री ऑफ़ सिख्स,* खंड 2, पेज 5)

[‡‡]बम्ज़ाई Mian Singh लिखते हैं जबकि सूफ़ी Mehan Singh।

अच्छे प्रशासक के रूप में याद किया जाता है।[§§] अकाल के उन भयावह हालात में श्रीनगर पहुँचकर उन्होंने पंजाब से अनाज और दूसरी चीज़ें मंगवाईं और बदहाल जनता ने राहत की साँस ली। प्रशासन में सुधार के लिए उन्होंने नाप-तोल को नियमित किया, लगान की व्यवस्था पटरी पर लाई गई, बिचौलियों पर सख्ती से कार्यवाही की और खेती के लिए तक़वी ऋण दिए गए। इन सब प्रयासों से कश्मीर में एक हद तक सामान्य स्थितियाँ लौटीं। मियाँ सिंह ने सिख सैनिकों की स्वेच्छाचारिता पर लगाम लगाने के लिए के लिए भी क़दम उठाये। उसने कश्मीर में एक ख़ूबसूरत बाग़ 'बसंत बाग़' का भी निर्माण करवाया था।

लेकिन यह समय सिख साम्राज्य और रणजीत सिंह के अवसान का था। अंग्रेज़ अब तक पंजाब के अलावा पूरे हिन्दुस्तान पर कब्ज़ा कर चुके थे और अफ़गानिस्तान पर अपना नियन्त्रण स्थापित कर रूस से सम्भावित किसी ख़तरे की सम्भावना खत्म करना चाहते थे जहाँ दोस्त मोहम्मद ख़ान अफ़ग़ान सत्ता को पुनर्स्थापित करने के लिए रूस के ज़ार के सम्पर्क में था। 1835 में उसने पेशावर पर कब्ज़ा करने की असफल कोशिश की लेकिन उस हमले में न केवल सरदार हरि सिंह नलवा मारा गया बल्कि धन और संपत्ति की भी भारी क्षति हुई। इधर रणजीत सिंह का स्वास्थ्य भी लगातार गिरता जा रहा था। इन सब की वजह से पंजाब के ख़ज़ाने पर भारी दबाव पड़ रहा था। सैनिकों को तनख्वाहें देना भी मुश्किल हो रहा था। ये हालात भी एक मिया सिंह के सात साल तक निर्बाध सूबेदारी की एक वजह रहे जिससे उन्हें कश्मीर में अपनी नीतियाँ लागू करने के लिए पर्याप्त समय मिला। ऐसे में कश्मीर में तैनात सिख सैनिकों को अनुशासित करने का मियाँ सिंह का क़दम उनके लिए असुविधाजनक साबित हो रहा था। 1839 में रणजीत सिंह की मृत्यु के बाद सिख शासन में आती दरारें साफ़ दिख रही थीं। अफ़रा-तफ़री का फ़ायदा उठाकर 17 अप्रैल 1841 को सैनिकों ने विद्रोह कर दिया और मियाँ सिंह की हत्या कर दी गई।

रणजीत सिंह की मृत्यु और पंजाब में अराजकता का माहौल

उधर रणजीत सिंह की मृत्यु के बाद सिख शासन में जिस तरह का षड्यंत्र का ख़ूनी खेल खेला गया वह उस लहूलुहान दौर के बरक्स भी रोंगटे खड़े करने वाला है। महाराजा की मृत्यु के बाद दरबार में डोगराओं, जम्मू के राजा गुलाब सिंह के भाई सुचेत सिंह तथा वज़ीर ध्यान सिंह, उसके बेटे और रणजीत सिंह के अत्यंत कृपापात्र हीरा सिंह तथा सिख सामंतों के बीच सत्ता पर वर्चस्व का तीखा संघर्ष चला। रानी राज कौर के पुत्र खड़क सिंह को गद्दी पर बिठाया गया जिसमें वज़ीर ध्यान सिंह ने सहयोग किया और उनकी वज़ारत क़ायम रही। खड़क सिंह को न केवल अपने पिता की तरह अफ़ीम की लत थी बल्कि वह शासन चलाने के लिए हर तरह से अयोग्य था। उसने सत्ता की बागडोर अपनी पत्नी के एक रिश्तेदार चेत सिंह के हाथों सौंप दी थी। उस वक़्त पेशावर में नियुक्त अपने पिता की अक्षमता से परिचित

[§§]हालाँकि जनता के प्रति दयालु रवैया रखने वाले मियाँ सिंह का निजी जीवन में एक क्रूर रूप भी सामने आता है जब उसने अपनी एक पत्नी को बेवफ़ाई के आरोप में ज़िन्दा आग में भून दिया था। (सूफ़ी-742)

नौनिहाल सिंह ने तुरंत लाहौर की तरफ़ कूच किया और चेत सिंह की हत्या कर सत्ता पर अनौपचारिक कब्ज़ा कर लिया। उसके कुछ महीनों बाद खड़क सिंह की संदिग्ध हालात में मृत्यु हो गई और नौनिहाल सिंह के शासक बनने का रास्ता साफ़ हो गया। लेकिन जिस दिन खड़क सिंह का अंतिम संस्कार हुआ उसी दिन सिर पर एक मेहराब गिरने के कारण नौनिहाल सिंह की मौत हो गई और अब शेर सिंह को गद्दी मिली। उधर खड़क सिंह की विधवा चाँद कौर सत्ता छोड़ने को तैयार नहीं थीं तो उन्हें महारानी घोषित किया गया तथा शेर सिंह को मुख्य सलाहकार–अफ़सर कलाँ। लेकिन दोनों के बीच विवाद बढ़ा और गुलाब सिंह डोगरा की मदद से चाँद कौर ने सत्ता पर कब्ज़ा कर लिया। पंजाब की गद्दी पर एक महिला को सिख सामंतों के लिए स्वीकार करना मुश्किल था। जल्द ही सेना और सामंतों के सहयोग से शेर सिंह सार्वभौम राजा बन गया और चाँद कौर को एक जागीर सौंप दी गई। बाद में चाँद कौर की एक सेविका ने ईंट से सिर कुचलकर उसकी हत्या कर दी जिसकी साजिश का आरोप शेर सिंह और ध्यान सिंह पर लगता है। शराब, इत्र और अय्याशियों के शौक़ीन शेर सिंह का भी सत्ता पर कब्ज़ा बहुत दिनों तक नहीं रह सका और चाँद कौर के रिश्तेदार अजित सिंह ने 15 सितम्बर 1843 को सेना की सलामी लेते समय शेर सिंह और उसके बेटे प्रताप सिंह की हत्या कर दी। ध्यान सिंह को भी मार दिया गया और अजित सिंह तथा अत्तर सिंह ने क़िले को घेर लिया। लेकिन हीरा सिंह के नेतृत्व में सेना ने उनका मुक़ाबला किया, अजित सिंह मारा गया तथा अत्तर सिंह सतलज पार भागने में सफल रहा जहाँ अंग्रेज़ों ने उसे शरण दी। अब रणजीत सिंह के सबसे छोटे बेटे दलीप सिंह को गद्दी पर बैठाया गया। उस वक़्त उसकी उम्र केवल 7 साल की थी। हीरा सिंह को वज़ीर नियुक्त किया गया लेकिन सत्ता का असली नियन्त्रण दलीप सिंह की माँ ज़िन्दान कौर और सेना के हाथों में आ गया। इस समय तक अंग्रेज़ों का दख़ल काफ़ी बढ़ चुका था। वे लगातार ऐसे मौक़े की तलाश में थे जिसका फ़ायदा उठाकर पंजाब पर कब्ज़ा किया जा सके। हीरा सिंह ने सिख साम्राज्य को सँभालने की भरसक कोशिश की लेकिन सिखों के धार्मिक गुरु का दर्जा पा चुके भाई बीर सिंह, अत्तर सिंह, रणजीत सिंह के दो पुत्रों कश्मीरा सिंह और पेशौरा सिंह के अलावा उसे अपने सगे चाचा सुचेत सिंह डोगरा के विद्रोहों और षड्यंत्रों का लगातार सामना करना पड़ा। रानी ज़िन्दान, जिनके कई दरबारियों से रिश्ते होने की कहानियाँ कही जाती हैं, एक दरबारी लाल सिंह के बेहद क़रीब थीं और जब वह उससे गर्भवती हुईं तथा गर्भपात के दौरान बुरी तरह से बीमार पड़ीं तो हीरा सिंह के क़रीबी जल्ला पंडित की दरबार में की गई बदतमीज़ी हीरा सिंह को भारी पड़ी। रानी और उसके भाई जवाहर सिंह ने सेना को उसके ख़िलाफ़ भड़का दिया और गुलाब सिंह द्वारा सहायता भेजे जाने के बावजूद हीरा सिंह और जल्ला सिख सेना के हाथों मौत के घाट उतार दिए गए। षड्यंत्र उसके बाद भी जारी रहे। पेशौरा सिंह की हत्या जवाहर सिंह ने करवा दी तो जवाहर सिंह की हत्या सेना ने और लाहौर की सत्ता का नियन्त्रण खालसा सेना और सिख पंचायत के हाथ में आ गया। दीवान दीनानाथ को प्रवक्ता नियुक्त किया गया। इस बीच गुलाब सिंह लगभग स्वतंत्र शासक की तरह न केवल जम्मू का शासन कर रहे थे बल्कि आस–पास के इलाक़ों पर कब्ज़े की कोशिश के साथ–साथ अंग्रेज़ों और अफ़ग़ानों के भी सम्पर्क में थे।[22]

सिख शासन का आख़िरी दौर

मियाँ सिंह की हत्या के बाद पंजाब के तत्कालीन महाराजा शेर सिंह ने विद्रोह को दबाने की ज़िम्मेदारी राजा गुलाब सिंह को सौंपी। गुलाब सिंह शेर सिंह के पुत्र प्रताप सिंह के साथ एक मज़बूत सेना लेकर श्रीनगर पहुँचा और विद्रोह को दबाने में सफल रहा जिसके बाद कश्मीर की सूबेदारी शेख़ ग़ुलाम मोहिनुद्दीन को मिली। सूबेदार बनने के बाद जनता का विश्वास जीतने के लिए उसने 25 साल से बंद पड़ी कश्मीर की जामा मस्जिद के ताले खुलवाये तथा साथ ही उसने शंकराचार्य पहाड़ी के पास एक मंदिर की मरम्मत करवाई और एक नए शिवलिंग की स्थापना करवाई। साथ ही उसने हरि सिंह नलवा द्वारा ज़ब्त की गई जागीरें फिर से मुक्त कर दीं और शासन का अनाज उचित मूल्य पर बाज़ार में बेचने की व्यवस्था की जिससे अनाजों की क़ीमतें कम हो गईं।[23]

इस समय तक गुलाब सिंह का प्रभाव और दख़ल दोनों काफ़ी बढ़ चुके थे। कश्मीर में विद्रोहियों के दमन और अपनी पसंद का सूबेदार बनवा कर उसने अपने रास्ते साफ़ कर लिए थे। लाहौर दरबार में मची अफ़रा-तफ़री के बीच कश्मीर पर ध्यान दे पाने का न तो समय था किसी के पास और न ही नियंत्रण कर पाने की क्षमता। इसका फ़ायदा उठाकर गुलाब सिंह ने अपने उस्ताद रणजीत सिंह के नक़्शेक़दम पर चलते हुए राज्य विस्तार की योजनाओं को अमलीजामा पहनाना शुरू किया। मियाँ सिंह के समय ही उसके प्रमुख सेनानायक ज़ोरावर सिंह ने लद्दाख, गारो और स्कार्दू को जीत लिया था। उसने ल्हासा पर हमला करके पूरे तिब्बत पर कब्ज़े की योजना बनाई थी लेकिन ठण्ड और दुर्गम रास्तों के कारण पहले ही परेशान डोगरा सेना समय से पहले हुई बर्फ़बारी में पस्त हो गई और ज़ोरावर सिंह सहित पूरी सेना का सफ़ाया हो गया। लेकिन यह सब होने से पहले ही ज़ोरावर सिंह चीन और तिब्बत के शासकों से पूरे लद्दाख के जम्मू में विलय के दस्तावेज़ों पर हस्ताक्षर करवा चुका था। लद्दाख कश्मीर का तो हिस्सा कई बार रह चुका था लेकिन यह पहली बार हुआ था कि वह जम्मू राज्य का हिस्सा बना था। गुलाब सिंह के लिए यह बड़ी सफलता थी। ज़ोरावर सिंह की मृत्यु के बाद जब लद्दाख में विद्रोहियों ने सिर उठाया तो उनका मुक़ाबला करने के लिए गुलाब सिंह ने सेना भेजी और मोहिनुद्दीन को उसके लिए रसद तथा अन्य व्यवस्थाएँ करने के लिए कहा। मोहिनुद्दीन ने डोगरा सेना के लिए 15 दिनों की रसद और माल ढुलाई के लिए दस हज़ार कुलियों की व्यवस्था की। गुलाब सिंह ने वहाँ नसीम बाग़ में कैम्प बना कर ख़ुद सेना को हथियार, रसद आदि की उपलब्धता का निरीक्षण किया और अंततः हरि चंद के नेतृत्व में डोगरा सेना लद्दाख पर फिर से कब्ज़ा करने में सफल रही और वहाँ के राजा को बंदी बना लिया गया।[24]

1845 में जब मोहिनुद्दीन की मृत्यु हुई तो गुलाब सिंह बेहद शक्तिशाली बन चुका था और जम्मू, कश्मीर तथा लद्दाख पर एक साथ शासन करने का उसका स्वप्न बस कुछ क़दम की दूरी पर रह गया था। मोहिनुद्दीन की निष्ठा को ध्यान में रखते हुए उसके पुत्र शेख़ इमामुद्दीन को कश्मीर का सूबेदार बनाया गया। बेहद ज़हीन, फ़ारसी का विद्वान और उस वक़्त पंजाब में सबसे ख़ूबसूरत कपड़े पहनने वाला इमामुद्दीन कश्मीर का आख़िरी सिख-सूबेदार साबित हुआ।

प्रथम आंग्ल-सिख युद्ध और कश्मीर में सिख शासन का अवसान

1845 के दिसम्बर में सिखों और अंग्रेज़ों के बीच युद्ध की शुरुआत हो गई।*** इस युद्ध में रानी ज़िन्दान ने जब गुलाब सिंह से सिख सेना की कमान सँभालने की अपील की तो गुलाब सिंह ने अपने पत्र में लिखा कि 'अंग्रेज़ों ने संधि का उल्लंघन नहीं किया है' सिख दरबार के प्रति अपनी निष्ठा दुहराने के साथ-साथ वह अपने भाइयों और भतीजों की हत्या का ज़िक्र भी नहीं भूला और दरबार को अंग्रेज़ों के मामले में हस्तक्षेप न करने की सलाह दी। लेकिन युद्ध तो अब अवश्यंभावी था। जब दरबार ने गुलाब सिंह को आकर प्रधानमंत्री का पद सँभालने के लिए कहा तो गुलाब सिंह यह बहाना करके कि यह बुलावा रानी की तरफ़ से नहीं आया, तीर्थयात्रा को चला गया।[25] लेकिन गुलाब सिंह के इस क़दम को आज किसी निष्ठा या देशभक्ति से जोड़कर देखना उस दौर की हक़ीक़त को नज़रअंदाज़ करना होगा। अवसर का फ़ायदा उठाना उसने महाराजा रणजीत सिंह से ही सीखा था। लाहौर दरबार ने सिर्फ़ उसके भाई-भतीजों की ही जान नहीं ली थी, 1846 के पहले लाहौर और जम्मू के बीच भी बहुत कुछ हुआ था। फरवरी 1845 में गुलाब सिंह के स्वतंत्र राजा की तरह अफ़ग़ानों और अंग्रेज़ों से बातचीत की सूचना पाकर खालसा सेना ने जम्मू पर धावा बोला। गुलाब सिंह ने समर्पण करके ढेर सारे तोहफ़ों और चार लाख रुपये के नज़राने के साथ खालसा सेना को विदा तो किया लेकिन रास्ते में ही डोगरा सेना ने हमला करके सिख सेना से सब वापस छीन लिया। सिख सेना वापस लौटी। गुलाब सिंह पराजित हुआ और गिरफ़्तार भी। उसने तलवार और ढाल ज़मीन पर रखकर हाथ जोड़कर माफ़ी माँगी। इस बार बात 35 लाख रुपयों में तय हुई जिसमें से 5 लाख तुरंत देना था। गुलाब सिंह को गिरफ़्तार करके लाहौर ले जाया गया। वहाँ अपमान और गिरफ़्तारी, फिर भाग निकलने में क़ामयाबी[26] के बीच गुलाब सिंह लगातार अंग्रेज़ों से भी संपर्क में रहा। अंग्रेज़ों के लिए पंजाब पर कब्ज़ा उतना महत्त्वपूर्ण नहीं था जितना इस आख़िरी बचे हिन्दुस्तानी शासन को कमज़ोर कर देना।

> 1846 में ईस्ट इंडिया कंपनी अपने प्राधिकार को बढ़ाने के बारे में कतई नहीं सोच रही थी। वे बस यही चाहते थे कि मज़बूत और आक्रामक पड़ोसियों की शक्ति कम कर दें और वे सोचते थे कि अगर वे ऐसा कर सके तो यह सबसे अच्छा होगा कि सिखों को पहाड़ी प्रदेश से महरूम कर एक-दूसरे राजवंश को वहाँ की सत्ता दे दी जाए और इसी के साथ उस व्यक्ति को ईनाम भी दिया जाए जिसने ऐसे समय में उनका साथ दिया।[27]

18 फरवरी, 1846 को महारानी विक्टोरिया को लिखे पत्र में भी तत्कालीन गवर्नर जनरल ने पंजाब पर आक्रमण का मुख्य उद्देश्य सिख साम्राज्य को कमज़ोर करना ही बताया है और स्पष्ट कहा है कि पंजाब को अपने क्षेत्र में मिलाना उसका उद्देश्य नहीं था। इस प्रक्रिया में कश्मीर और पहाड़ी प्रदेश को पंजाब से अलग कर अपने स्वामिभक्त गुलाब सिंह को सौंप

***इस युद्ध के कारणों पर विस्तार से जानने के लिए पाठक खुशवंत सिंह की *हिस्ट्री ऑफ़ कश्मीर* का दूसरा खंड पढ़ सकते हैं।

देना सामरिक तौर पर भी अंग्रेज़ों के लिए बेहतर था। एक तरफ़ सीमा पर एक विश्वस्त राज्य का होना और दूसरी तरफ़ उस सीमा की सुरक्षा में अपने सैनिकों की तैनाती के सिरदर्द से मुक्ति।[28] इस तरह कश्मीर का सिख साम्राज्य से अलग होना अंग्रेज़ों और गुलाब सिंह दोनों के लिए फ़ायदे का सौदा था। गुलाब सिंह यह मौक़ा हाथ से कैसे जाने देता?

फरवरी 1846 में जब अंग्रेज़ अंतत: सिख सेना को पराजित करने में सफल रहे तो 9 मार्च 1846 को गुलाब सिंह के माध्यम से लाहौर संधि हुई जिसमें राजा गुलाब सिंह के 'अच्छे व्यवहार' के चलते उनके स्वतंत्र राजा बनने की राह खोलने के प्रबंध शामिल थे। साथ ही सिखों पर डेढ़ करोड़ नानकशाही रुपयों का जुर्माना लगाया गया और सेना की संख्या सीमित करने के साथ ही पंजाब की सत्ता का नियन्त्रण कर्नल हेनरी लॉरेन्स को सौंप दिया गया। लॉरेन्स की गुलाब सिंह से नज़दीकी युद्ध के दौरान उसके द्वारा राजा गुलाब सिंह को लिखे पत्रों से समझी जा सकती है जिसमें उसने गुलाब सिंह को परोक्ष रूप से कश्मीर की सत्ता सौंपने के प्रस्ताव भेजे हैं।[29] इसके एक हफ़्ते बाद 16 मार्च, 1846 को अंग्रेज़ों की संधि गुलाब सिंह के साथ हुई जिसे 'अमृतसर संधि' के रूप में जाना जाता है। इस संधि का पहला आर्टिकल कहता है—

> ब्रिटिश सरकार 9 मार्च 1846 को हुई लाहौर संधि के आर्टिकल IV के अनुसार महाराजा गुलाब सिंह और उनके पुरुष उत्तराधिकारियों को हमेशा के लिए पूरा पहाड़ी या पर्वतीय क्षेत्र स्थानांतरित या नामित करती है जिसमें सिन्धु नदी के पूर्व और रावी नदी के पश्चिम में स्थित चम्बा को शामिल करते हुए तथा लाहौल को न शामिल करते हुए लाहौर राज्य से ब्रिटिश सरकार द्वारा कब्ज़ा किया गया इलाक़ा शामिल है।[30]

इसी संधि के आर्टिकल III के अनुसार गुलाब सिंह को इस संधि के लिए 14 मार्च, 1850 तक 75 लाख नानकशाही रुपयों का भुगतान करना था।[†††] यही कारण है कि लगभग सभी इतिहासकारों ने अमृतसर संधि को कश्मीर के विक्रय पत्र पर हस्ताक्षर की संज्ञा दी है। हालाँकि गुलाब सिंह के प्रशंसक और जीवनी लेखक के.एम. पणिक्कर ने उसके पक्ष में अनेक तर्क दिए हैं लेकिन उन्हें पढ़ते हुए भी स्पष्ट होता है कि आंग्ल-सिख युद्ध के पहले ही गुलाब सिंह और उसके मित्र लॉरेन्स के बीच इस बात पर सहमति बन चुकी थी।

इस तरह कश्मीर डोगरा राजाओं के कब्ज़े में आ गया।

[†††]पूरी अमृतसर संधि देखें परिशिष्ट 1 में

संदर्भ सूची

1. देखें, पृष्ठ 197, द *वैली ऑफ़ कश्मीर,* वॉल्टर लॉरेन्स, ऑक्सफ़ोर्ड यूनिवर्सिटी प्रेस, लन्दन, 1895
2. देखें, पृष्ठ 155, *अ हिस्ट्री ऑफ़ कश्मीर,* पृथ्वी नाथ कौल बम्ज़ाई, मेट्रोपॉलिटन बुक कंपनी प्राइवेट लिमिटेड, दिल्ली, 1962
3. देखें, पृष्ठ 66, *माई फ्रोज़ेन टर्बुलेंस इन कश्मीर,* जगमोहन, दूसरा संस्करण, 1991, अलाइड पब्लिशर्स लिमिटेड, नई दिल्ली
4. देखें, पृष्ठ 199, द *वैली ऑफ़ कश्मीर,* वॉल्टर लॉरेन्स, ऑक्सफ़ोर्ड यूनिवर्सिटी प्रेस,लन्दन, 1895
5. देखें, पृष्ठ 582, *अ हिस्ट्री ऑफ़ कश्मीर,* पृथ्वी नाथ कौल बम्ज़ाई, मेट्रोपॉलिटन बुक कंपनी प्राइवेट लिमिटेड, दिल्ली, 1962
6. देखें, रणजीत सिंह कश्मीर एक्स्टेंशनिज़्म एंड ब्रिटेंस रोल, डॉ. ख्वाज़ा जाहिद अज़ीज़ (http://pu.edu.pk/images/journal/uoc/PDF-FILES/(16)%20Dr.%20Khawaja%20Zahid%20Aziz.pdf)
7. देखें, पृष्ठ 557, *अ हिस्ट्री ऑफ़ कश्मीर,* पृथ्वी नाथ कौल बम्ज़ाई, मेट्रोपॉलिटन बुक कंपनी प्राइवेट लिमिटेड, दिल्ली, 1962
8. देखें, पृष्ठ 118, *अ हिस्ट्री ऑफ़ सिख्स,* खण्ड 1, खुशवंत सिंह, ऑक्सफ़ोर्ड यूनिवर्सिटी प्रेस (दूसरा संस्करण), 1999
9. देखें, पृष्ठ 710, *अ हिस्ट्री ऑफ़ कश्मीर,* डॉ. जी.एम.डी. सूफ़ी, खण्ड 2, लाईट एंड लाइफ़ पब्लिकेशन, नई दिल्ली, 1974
10. देखें, पृष्ठ 5, *अ हिस्ट्री ऑफ़ सिख्स,* खण्ड 2, खुशवंत सिंह, ऑक्सफ़ोर्ड यूनिवर्सिटी प्रेस (दूसरा संस्करण), 1999
11. देखें, पृष्ठ 562, *अ हिस्ट्री ऑफ़ कश्मीर,* पृथ्वी नाथ कौल बम्ज़ाई, मेट्रोपॉलिटन बुक कंपनी प्राइवेट लिमिटेड, दिल्ली, 1962, सूफ़ी-726
12. देखें, पृष्ठ 727, *अ हिस्ट्री ऑफ़ कश्मीर,* डॉ. जी.एम.डी. सूफ़ी, खण्ड 1, लाईट एंड लाइफ़ पब्लिकेशन, नई दिल्ली, 1974
13. देखें, पृष्ठ 54, *कश्मीर बिहाइंड द वेल,* एम.जे. अकबर, रोली बुक्स, दिल्ली, 2002 (मूरक्राफ्ट के हवाले से)
14. देखें, पृष्ठ 722, *अ हिस्ट्री ऑफ़ कश्मीर,* डॉ. जी.एम.डी. सूफ़ी, खण्ड 2, लाईट एंड लाइफ़ पब्लिकेशन, नई दिल्ली, 1974
15. देखें, पृष्ठ 563, *अ हिस्ट्री ऑफ़ कश्मीर,* पृथ्वी नाथ कौल बम्ज़ाई, मेट्रोपॉलिटन बुक कंपनी प्राइवेट लिमिटेड, दिल्ली, 1962
16. वही, 565
17. वही, 567
18. देखें, पृष्ठ 732, *अ हिस्ट्री ऑफ़ कश्मीर,* डॉ. जी.एम.डी. सूफ़ी, खण्ड 1, लाईट एंड लाइफ़ पब्लिकेशन, नई दिल्ली, 1974 (फ्रेंच यात्री वाइने के हवाले से)
19. वही,पृष्ठ 733
20. वही, पृष्ठ 736
21. वही, पृष्ठ 736
22. विस्तार के लिए देखें, पृष्ठ 7-38, *अ हिस्ट्री ऑफ़ सिख्स,* खण्ड 2, खुशवंत सिंह, ऑक्सफ़ोर्ड यूनिवर्सिटी प्रेस (दूसरा संस्करण), 1999
23. देखें, पृष्ठ 569, *अ हिस्ट्री ऑफ़ कश्मीर,* पृथ्वी नाथ कौल बम्ज़ाई, मेट्रोपॉलिटन बुक कंपनी प्राइवेट लिमिटेड, दिल्ली, 1962
24. वही, 570
25. देखें, पृष्ठ 91, *गुलाब सिंह : फ़ाउंडर ऑफ़ कश्मीर,* के.एम. पणिक्कर, मार्टिन हॉपकिन्सन लिमिटेड, लन्दन, 1930
26. देखें, पृष्ठ 36-37, *अ हिस्ट्री ऑफ़ सिख्स,* खण्ड 2, खुशवंत सिंह, ऑक्सफ़ोर्ड यूनिवर्सिटी प्रेस (दूसरा संस्करण), 1999
27. देखें, पृष्ठ 171-72, *कश्मीर,* सर फ्रेंसिस एडवर्ड यंगहसबेंड, आर्म्स एंड चार्ल्स ब्लैक, लन्दन 1911
28. देखें, पृष्ठ 11, *कश्मीर सोल्ड एंड स्नैच्ड,* एम.एल. कपूर, जम्मू, 1968
29. देखें, पृष्ठ 94-95, *गुलाब सिंह : फ़ाउंडर ऑफ़ कश्मीर,* के.एम. पणिक्कर, मार्टिन हॉपकिन्सन लिमिटेड, लन्दन, 1930
30. देखें, पृष्ठ 5, *कश्मीर सोल्ड एंड स्नैच्ड,* एम.एल. कपूर, जम्मू, 1968

बाद-ए-सबा अगर बे जेनेवा गुज़र कुनी
हर्फ़-ए-ज़े-मा-ब-ए-मज़लिस-ए-अक़वान बाज़ गोय
देहक़ान-ओ-किश्त-ओ-बाग़-ओ-ख्याबां फ़रोखतंद
कौम-ए-फ़रोख्तंद-ओ-चे अर्ज़न फ़रोखतंद

—इक़बाल

(ऐ सुबह की हवा अगर कभी जेनेवा से गुज़रो तो हमारा ये संदेशा लीग ऑफ़ नेशंस को पहुंचा देना। उन्होंने हमारी ज़मीन बेच दी है, हमारे किसान बेच दिए हैं, हमारे बागीचे, हमारे फलों के खेत बेच दिए हैं, उन्होंने सारी जनता को बेच दिया है और कितनी कम क़ीमत पर!)

9

आधुनिक जम्मू और कश्मीर राज्य का उदय : डोगरा राज का पहला चरण (1846-1924)

9 नवम्बर 1846 को डोगरा शासकों के अधीन जो राज्य स्थापित हुआ वह अपने पूर्ववर्तियों से इस मानी में अलग था कि पहली बार जम्मू, कश्मीर घाटी, लद्दाख, बाल्टिस्तान और गिलगिट एक साम्राज्य का हिस्सा बने थे और इस तरह आधुनिक जम्मू और कश्मीर राज्य की नींव रखी गई।[1] कुछ छोटे-मोटे विवादों के बाद 80,000 वर्ग मील से अधिक क्षेत्रफल का यह राज्य अस्तित्व में आया जिसमें आज के जम्मू और कश्मीर राज्य के साथ-साथ तिब्बत और पामीर के भी हिस्से शामिल थे।[*2] इस तरह जम्मू और कश्मीर तत्कालीन भारत का सबसे बड़ा राजशाही राज्य बन गया। अंग्रेज़ों से महाराजा की उपाधि पाया गुलाब सिंह अब औपनिवेशिक भारत के सबसे प्रतिष्ठित रजवाड़ों में शामिल हो गया और ख़ुद को अंग्रेज़ों का 'ज़रखरीद'[3] घोषित करने वाले गुलाब सिंह ने ही नहीं बल्कि उसके उत्तराधिकारियों ने भी इस एहसान का बदला ताउम्र चुकाया।

---

*इसमें सबसे प्रमुख विवाद गुलाब सिंह का उनके भतीजे (राजा ध्यान सिंह के पुत्र) जवाहिर सिंह और मोती सिंह से था। पुंछ की जागीर मूलतः राजा ध्यानचंद को दी गई थी लेकिन उनके और उनके बड़े बेटे के मरने के बाद लाहौर दरबार ने उसे ज़ब्त कर लिया और राजौरी के फैज़ तालिब खान को दे दिया। जब रावी और सिन्धु के बीच का क्षेत्र गुलाब सिंह को मिला तो उसमें पुंछ भी शामिल था। महाराजा ने इसे ध्यान सिंह के जीवित ज्येष्ठ पुत्र जवाहिर सिंह को दे दिया। लेकिन जवाहिर सिंह ने इसके अलावा अपने मृत बड़े भाई हीरा सिंह की जागीर जसरौटा की तो माँग की ही साथ में गुलाब सिंह की निजी संपत्ति में यह कहते हुए हिस्सा माँगा कि वह संयुक्त परिवार की सम्पत्ति थी, यही नहीं उसने और उसके छोटे भाई मोती सिंह ने अमृतसर संधि में अपना नाम शामिल करने की भी माँग की जो 1848 में दिए अपने फ़ैसले में ब्रिटिश सरकार ने ठुकरा दी और उन्हें महाराजा के अधीन यह जागीर सम्भालने का हुक्म दिया। लेकिन जवाहिर सिंह उसके बाद भी खुद को स्वतंत्र राजा घोषित करने की माँग करता रहा और उसके लिए सैन्य शक्ति जुटाने की कोशिशों में लगा तो अंततः वह जागीर ज़ब्त कर महाराजा गुलाब सिंह को सौंप दी गई। इस सम्बन्ध में सूफ़ी बताते हैं कि जब अंग्रेज़ अधिकारी के समक्ष जवाहिर सिंह ने अपना दावा पेश किया तो गुलाब सिंह के प्रतिनिधि ज्वाला सहाय ने कहा कि क्या मेरे मालिक ने यह देश ख़रीदा नहीं है? और मामला गुलाब सिंह के पक्ष में हल हो गया। (सूफ़ी-787)

इसके साथ ही अमृतसर संधि इस मामले में एकदम विशिष्ट थी कि अन्य राज्यों से अंग्रेज़ों की संधि से उलट यहाँ अंग्रेज़ों ने गुलाब सिंह और उनके पुरुष उत्तराधिकारियों को यह राज्य सदा-सर्वदा के लिए स्वतंत्र और सार्वभौम अधिकार में दिया था। यही नहीं महाराजा को दूसरी विदेशी शक्तियों से कूटनीतिक सम्बन्ध रखने की भी आज़ादी थी और ब्रिटिश सरकार की तरफ़ से कोई हस्तक्षेप न करने का आश्वासन भी। लॉर्ड हार्डिंग के शब्दों में 'यह संधि ब्रिटिश सरकार को महाराजा के मामलों में न्यूनतम संभव हस्तक्षेप करने की अनुमति देती है।[4] हाँ, चौथी से दसवीं धारा के बीच यह स्पष्ट है कि ब्रिटिश सत्ता ने इस सार्वभौमिकता के साथ-साथ अपनी सर्वोच्चता एकदम साफ़ शब्दों में स्पष्ट की जिससे विदेशी मामलों, रक्षा और संचार पर ब्रिटिश नियन्त्रण स्थापित हो गया और आगे हम देखेंगे कि हालात सामान्य होने पर बाक़ी मामलों में भी हस्तक्षेप की कोशिशें शुरू हुईं और अंततः वहाँ ब्रिटिश रेज़िडेंट की नियुक्ति के साथ प्रत्यक्ष ब्रिटिश शासन भी स्थापित हुआ। अक्सर कश्मीर समस्या का आरम्भ 1947 से माना जाता है। यह जहाँ भारत के बहुसंख्यकवादी विचारकों द्वारा कश्मीर समस्या और पाकिस्तान (असल में मुसलमान) के बीच अविभाज्य रिश्ता बना देने के लिए बेहद सुविधाजनक होता है वहीं उन अकादमिक शोधार्थियों के लिए भी जो कश्मीर समस्या के राजनीतिक पहलुओं पर तो पूरा ज़ोर देते हैं लेकिन वहाँ की सामाजिक संरचना, विशिष्ट ऐतिहासिक सततता और आर्थिक गतिकी को नज़रअंदाज़ कर देते हैं। जम्मू के एक राजपूत राजा को नब्बे प्रतिशत से अधिक मुस्लिम आबादी वाली कश्मीर घाटी बेच देना अंग्रेज़ों के लिए अपनी सुविधा का सबब हो सकता है, जिसे स्नोडेन ने तीन बिन्दुओं में समेटा है—(1) पैसे की आवश्यकता, (2) कश्मीर जैसे बीहड़ और पहाड़ी इलाक़े पर प्रत्यक्ष शासन में आने वाली मुश्किलात और (3) शासन न दिए जाने की स्थिति में भविष्य में गुलाब सिंह द्वारा मुश्किलात पैदा किये जाने की आशंका,[5] लेकिन कश्मीर घाटी की जनता के लिए यह अफ़ग़ान और सिख शासन के ही क्रम में लूट और अत्याचार का जारी रहना था, जिसमें एक तीसरे पक्ष अंग्रेज़ों की उपस्थिति, उनकी साम्राज्यवादी आकांक्षाओं और दुनिया भर में हो रहे बदलावों ने वहाँ की मेहनतकश आबादी के लिए अपनी आवाज़ बुलंद करने के नए अवसर भी उपलब्ध कराये। डोगरा शासकों के लिए घाटी एक प्रत्यक्ष शासक के बावजूद उपनिवेश ही थी जिससे उन्होंने अंग्रेज़ों को दी रक़म की पाई-पाई वापस ली और अपनी साम्प्रदायिक सामाजिक नीतियों के चलते उन्हें बदहाली के उस हाल में पहुँचा दिया कि विद्रोह अवश्यंभावी थे। इन नीतियों की विस्तृत विवेचना से पहले डोगरा वंश के बारे में एक संक्षिप्त जानकारी ले लेना बेहतर होगा।

डोगरा वंश और गुलाब सिंह : फ़र्श से अर्श तक

डोगरा शब्द की उत्पति को लेकर सूफ़ी दो मान्यताओं का ज़िक्र करते हैं, पहली मान्यता के अनुसार यह एक भौगोलिक पद है जो संस्कृत शब्द द्विगर्त से जन्मा है। द्विगर्त यानी दो झीलें। इस मान्यता के अनुसार जम्मू के पूर्व में स्थित मानसर और शिरोनसर झीलों के बीच रहने वाले सभी लोगों को डोगरा कहा गया जिसमें हिन्दू, मुस्लिम, ब्राह्मण, राजपूत आदि

सभी शामिल थे। यही द्विगर्त बाद में अपभ्रंश में डोगरा बन गया। दूसरी मान्यता के अनुसार यह शब्द राजस्थानी डूगर का अपभ्रंश है जिसका अर्थ पहाड़ होता है। इसके अनुसार दक्षिण से आये राजपूतों ने, जिन्होंने जम्मू राज्य की स्थापना की, यह संबोधन चुना।[6] डोगरा वंश के लोग इस मान्यता को ही सही मानते हैं लेकिन ज़्यादातर ऐतिहासिक तथ्य पहली मान्यता को ही सही साबित करते हैं। आरम्भिक दौर में चनाब और रावी के बीच के निवासियों के लिए उपयोग होने वाला यह पद बाद में त्रिगर्त यानी रावी और सतलज के बीच कांगड़ा घाटी में रहने वालों के लिए भी प्रचलित हुआ। मृदु राय डोगरा को एक भाषाई समूह मानती हैं जो डोगरी भाषा का प्रयोग करता था।[7]

डोगरा वंश के लोग अपनी उत्पति राम के पुत्र कुश से मानते हैं।[8] अपने ख़ानदान को सूर्य या चन्द्र वंश से जोड़ने और मिथकीय परम्परा से अपनी वंशावली आरम्भ करने के ये प्रयास भारत में अक्सर दीखते हैं। इसके पीछे शासन की वैधता स्थापित करना ही नहीं अपितु जनता के बीच राज्यसत्ता के दैवीय स्रोतों की मान्यता स्थापित करना भी है। इसलिए हम अनैतिहासिक तथ्यों पर समय बर्बाद करने की जगह सीधे 1398 के तैमूर के आक्रमण के समय पर आ सकते हैं जब पहली बार जम्मू राज्य का ज़िक्र सामने आता है। गुलाब सिंह के आधिकारिक जीवनी लेखक सरदार के.एम. पणिक्कर का मानना है कि बारहवीं सदी में मुहम्मद गौरी के आक्रमण से पंजाब में राजपूत सत्ता बिखरने के बाद राजपूत राजा यहाँ आकर बस गए थे। मुगलों का राज आते-आते इन्होंने जम्मू, किश्तवार और भद्रवाह जैसी जगहों पर अपनी जागीरें स्थापित कर ली थीं और मुग़लों की सर्वोच्चता स्वीकार कर नज़राना आदि देना शुरू कर दिया था।[9] मुग़लों ने उन्हें अपने तरीक़े से शासन चलाने की पूरी छूट दी थी। एक डोगरा शासक संग्राम देव का ज़िक्र कई बार आता है। उन्हें जहाँगीर ने जम्मू के राजा की पदवी, पहले हज़ार सैनिकों और पाँच सौ घोड़ों की मनसबदारी और फिर डेढ़ हज़ार सैनिकों तथा एक हज़ार घोड़ों की मनसबदारी दी थी। बदले में इन राजाओं ने मुग़ल सल्तनत का पूरा साथ दिया और कई मुश्किल लड़ाइयों में उनके साथ शिरक़त की। डोगरा शासकों में अगला प्रमुख नाम ध्रुव देव और उनके पुत्र रणजीत देव का आता है जिसने 1730 में जम्मू की गद्दी हासिल की और आस-पास की जागीरों को अपने अधीनस्थ करने में सफलता पाई। लेकिन पंजाब के मुग़ल सूबेदार ज़कारिया ख़ान को उस पर कुछ शक़ हुआ तो बारह साल क़ैद में भी रहा और जालंधर के सूबेदार अदीना बेग़ ख़ान के हस्तक्षेप से दो लाख रुपयों की घूस के बदले रिहा हो पाया। हमने पहले रणजीत देव का ज़िक्र विद्रोही अफ़ग़ान सूबेदार राजा सुखजीवन मल के दमन के लिए भेजी गई अहमद शाह अब्दाली की सेना के मददगार के रूप में पढ़ा है, जिससे लगता है कि उस समय तक रणजीत देव ने अपनी निष्ठाएँ मुग़ल शासन से अलग कर ली थीं। इस मदद के ईनाम में उन्हें पंजाब में एक जागीर भी मिली थी। रणजीत देव को आमतौर पर एक न्यायप्रिय शासक माना जाता है, लेकिन अपने शासन के अंतिम दौर में उन्हें अपने पुत्र बृजलाल देव के विद्रोह का सामना करना पड़ा।[10] बृजलाल देव ने सुकर्चकिया मिस्ल के चरत सिंह के साथ अपने पिता पर हमला कर दिया जो 1770 में भंगी मिस्ल के प्रमुख के आक्रमण में हारकर उन्हें नज़राना देना स्वीकार कर चुके थे। इस युद्ध में भंगी मिस्ल ने रणजीत देव का साथ दिया

और अंततः सुकर्चकिया मिस्ल का प्रमुख चतर सिंह और भंगी[†] मिस्ल का प्रमुख जन्दा सिंह, दोनों ही मारे गए। 1780 में रणजीत देव की मृत्यु के बाद गद्दी बृजलाल देव को मिली। इस समय सुकर्चकिया मिस्ल का प्रमुख चरत सिंह का पुत्र महान सिंह था, जिसके पुत्र रणजीत सिंह के बारे में हम पहले ही पढ़ चुके हैं। महान सिंह बृजलाल देव का बहुत ख़ास मित्र था, लेकिन सिख मिस्लों की आपस की लड़ाई में जम्मू राज्य बेहद कमज़ोर हो गया और अंततः सिखों ने उस पर कब्ज़ा कर लिया।

गुलाब सिंह इसी वंश में ध्रुव देव के तीसरे बेटे सूरत देव के ख़ानदान के माने जाते हैं। सूरत सिंह के एक पुत्र थे ज़ोरावर सिंह जिनके बेटे किशोर सिंह जम्मू की अन्दरवाह के जागीरदार थे। गुलाब सिंह इन्हीं के सबसे बड़े बेटे थे।[11] हालाँकि इसे लेकर कुछ लोगों ने शंकाएँ जताई हैं, लेकिन इस बात से न तो हमारी विवेचना को कोई फ़र्क पड़ता है न ही कोई नई बात साबित होती है इसलिए गुलाब सिंह के ख़ानदानी शयनगाहों में झाँकने की जगह एक मामूली जागीरदार के यहाँ जन्म लेकर पंजाब की राजनीति में शीर्ष पर पहुँचने और फिर जम्मू तथा कश्मीर राज्य के रूप में ब्रिटिश भारत के सबसे बड़े रजवाड़े का सार्वभौम शासक बनने का इतिहास खंगालना बेहतर होगा।

यहाँ एक और मज़ेदार बात का ज़िक्र ज़रूरी होगा। रणजीत सिंह द्वारा गुलाब सिंह को दी गई राजा की उपाधि के वक़्त की खिलअत, ध्यान सिंह और हीरा सिंह से जुड़े पत्रों और अमृतसर संधि सहित सभी ऐतिहासिक दस्तावेज़ों में सिखों और अंग्रेज़ों ने डोगरा वंश के राजाओं को 'मियाँ' उपाधि के साथ संबोधित किया है। सूफ़ी बताते हैं कि यह उपाधि मुग़ल शासकों ने डोगरा राजाओं को दी थी और इस तरह वे डोगराओं के बीच श्रेष्ठता स्थापित करने में सफल हुए। इस श्रेष्ठता के मानी थे कि एक 'मियाँ' राजपूत कभी हल नहीं चलाएगा, उसके घर की स्त्रियों के विवाह कभी नीचे की श्रेणी के राजपूतों तथा अन्य जातियों में नहीं होंगे और उसकी औरतें पर्दानशीं रहेंगी।[12] ज़ाहिर है कि सामंती समाज में श्रेष्ठता श्रम के निषेध और स्त्रियों की ग़ुलामी सुनिश्चित करके ही हासिल की जा सकती थी। आज के साम्प्रदायिक माहौल में उपहास का प्रतीक बन चुका 'मियाँ' उस दौर में धार्मिक पहचान की जगह सम्मानजनक उपाधि था और हम न केवल रणवीर सिंह बल्कि हरि सिंह तक के साथ इस उपाधि को देखते हैं जबकि करण सिंह के लिए इस संबोधन की जगह महाराज—कुमार या श्री युवराज का प्रयोग किया गया।[13]

गुलाब सिंह का जन्म मियाँ किशोर सिंह की जागीर अन्दरवाह में 1792 में हुआ, ध्यानचंद 1796 और सुचेत सिंह 1801 में जन्मे। बचपन में ही गुलाब सिंह को उनके बाबा ज़ोरावर सिंह की जागीर द्यावागो भेज दिया गया जहाँ उन्होंने घुड़सवारी और हथियार चलाने की कला सीखी। लेकिन उनकी कोई औपचारिक शिक्षा-दीक्षा नहीं हुई। पणिक्कर का मानना है कि वह सामान्य रूप से लिखना-पढ़ना जानते थे (पणिक्कर-15)-जबकि सूफ़ी बताते हैं कि वह बमुश्किल हस्ताक्षर कर पाते थे। (सूफ़ी-758) किशोरावस्था पार करते-

[†]भंगी मिस्ल का नाम इसके नेता के अतिशय भांग के सेवन से पड़ा था।

करते गुलाब सिंह घुड़सवारी और तलवारबाजी में निपुण हो चुके थे और जल्द ही उन्हें इसके प्रदर्शन का अवसर मिला। उन दिनों जम्मू का राज बृजलाल देव के भतीजे जीत सिंह के पास था जो एक अयोग्य शासक था। शासन पर उसकी पत्नी रानी बिन्द्राल ने नियंत्रण कर लिया था और एक तरह की अफ़रा-तफ़री मची हुई थी। इसका फ़ायदा उठाने के लिए रणजीत सिंह ने 1808 में जम्मू पर कब्ज़े के लिए भाई हुकुम सिंह को सेना के साथ भेजा। डोगरों की तरफ़ से कमान मियाँ मोटा ने सम्भाली जो ज़ोरावर सिंह के बड़े भाई थे। गुलाब सिंह ने बिना किसी आमंत्रण की प्रतीक्षा किये इस युद्ध में हिस्सा लिया और 16 साल के इस युवक ने शत्रु पक्ष के नेता हुकुम सिंह को ख़ासा प्रभावित किया। हालाँकि यह युद्ध सिख सेना जीत नहीं पाई लेकिन जल्द ही रणजीत सिंह ने जम्मू पर कब्ज़ा कर लिया।

इधर गुलाब सिंह को एक दिन बिना अनुमति घोड़ा ले जाने और उसे घायल करने के लिए जब ज़ोरावर सिंह ने लताड़ लगाई तो 17 साल से थोड़ी अधिक उम्र के उस युवा को इतना बुरा लगा कि उसी रात उसने माँ से कुछ गहने लिए और थोड़े से साथियों के साथ घर छोड़ कर अपनी किस्मत आज़माने निकल पड़ा। पहले उसका विचार अफ़ग़ानिस्तान से बहिष्कृत शाह शूजा की सेना में शामिल होने का था लेकिन वह संभव न होने पर उसने अटारी के जागीरदार सरदार निहाल सिंह के दीवान ख़ुशवक़्त राय से संपर्क किया जो उस समय असंतुष्ट जनता का सामना करने के लिए सुरक्षा का बंदोबस्त कर रहे थे। इसके कुछ ही दिनों बाद जब अटारी की जनता ने विद्रोह किया और निहाल सिंह की सेना को लगभग अपदस्थ कर ही दिया था तब गुलाब सिंह ने अपने शौर्य और सूझबूझ से हालात को नियंत्रण में लाकर अपना प्रभाव स्थापित कर दिया। ख़बर रणजीत सिंह तक पहुँची और उसने मियाँ मोटा को गुलाब सिंह को अपनी सेवा में भिजवाने का आदेश दिया। इस तरह 1809 में सियालकोट से थोड़ी दूर डास्का नामक गाँव में गुलाब सिंह रणजीत सिंह की सेना में शामिल हुए।[14] बाद में उन्होंने अपने दोनों भाइयों को भी बुला लिया। सूफ़ी 1847 में प्रकाशित *सिख्स एंड अफ़गांस* के लेखक सहमत अली तथा कुछ ब्रिटिश स्रोतों के हवाले से बताते हैं कि गुलाब सिंह ने शुरुआत एक बेहद मामूली पैदल सवार के रूप में की थी और उन्हें बस दो रुपये रोज़ के मिलते थे, लेकिन पणिक्कर का मानना है कि निजी तौर पर रणजीत सिंह गुलाब सिंह के परिवार को जानते थे और इसलिए उनकी शुरुआत सम्माननीय हुई थी। सच्चाई जो भी रही हो लेकिन अपनी योग्यता के दम पर गुलाब सिंह ने सिख दरबार में जल्द ही महत्त्वपूर्ण स्थान हासिल कर लिया, साथ-साथ ध्यान सिंह और सुचेत सिंह ने भी। उनके पिता मियाँ किशोर सिंह को भी सरकारी पद दिया गया। 1816 के कश्मीर पर सिख आक्रमण के समय गुलाब सिंह ने असाधारण वीरता प्रदर्शित की तो रणजीत सिंह ने उन्हें खारोटी और बेयाल की जागीरें अता कीं, इसी समय जम्मू में घटी एक घटना ने गुलाब सिंह के राजनीतिक कैरियर को नई ऊँचाई पर पहुँचा दिया।

1812 में रणजीत सिंह ने राजकुमार खड़क सिंह को जम्मू का जागीरदार बनाकर भेजा। रानी बिन्द्राल ने उसे अपने प्रभाव में ले लिया और जब इसकी ख़बर रणजीत सिंह के पास पहुँची तो उसने यह आदेश जारी किया कि जम्मू का शासन मियाँ मोटा सिंह की सलाह

से चलना चाहिए। साथ ही उन्होंने मियाँ मोटा सिंह को 12,000 रुपये सालाना की आय वाली जागीर की व्यवस्था करने के लिए भी हुक्म दिया। रानी इस बात से बेहद नाराज़ हुई। जब खड़क सिंह लाहौर लौटा तो उसने जम्मू की ज़िम्मेदारी दीवान अजित सिंह को सौंप दी। रानी ने जल्द ही दीवान को भी अपने वश में कर लिया और मियाँ मोटा सिंह की हत्या का षड्यंत्र रचा। अजित सिंह ने दो पहलवानों त्राहो और सुतरो को यह काम सौंपा और सन् 1812 में उन्होंने घात लगाकर मोटा सिंह की हत्या कर दी। इस घटना ने गुलाब सिंह को बेहद चोट पहुँचाई और एक दिन जब ये दोनों लाहौर में दरबार की ओर जा रहे थे तो गुलाब सिंह और ध्यान सिंह ने दिन दहाड़े उनकी हत्या कर दी। एक तरह से यह सीधे-सीधे राज कुमार खड़क सिंह को चुनौती थी लेकिन जब दरबार में प्रवेश करते समय दरबानों ने दोनों भाइयों से अपने हथियार जमा करने के लिए कहा तो उन्होंने मना कर दिया। दरबार में सनसनी मच गई लेकिन रणजीत सिंह ने कोई कार्यवाही न करते हुए दोनों भाइयों से केवल अधिक सावधान रहने को कहा। यह गुलाब सिंह के लाहौर दरबार में लगातार बढ़ते महत्त्व का प्रतीक था। जालन्धर पर कब्ज़े के बाद उन्हें छोहाना और रामगढ़ की जागीरें मिलीं। मियाँ ज़ोरावर सिंह अपने परिवार के साथ रामगढ़ में आकर बस गए।

लेकिन गुलाब सिंह की जम्मू में लगातार रुचि बनी रही। 1815 में जब रणजीत सिंह ने जम्मू के क़रीब की एक महत्त्वपूर्ण जागीर रियासी उनके शत्रु दीवान सिंह को सौंपी तो गुलाब सिंह ने यह संभव नहीं होने दिया। 1819 में मुल्तान पर कब्ज़े के दौरान अपनी वीरता की धाक जमाई तो उसी साल युसुफ़ के क़बीले को हराकर सिख शासन के पेशावर पर कब्ज़े की राह खोली। इधर ध्यानचंद का भी लाहौर दरबार में प्रभाव बढ़ता जा रहा था और इसी वर्ष वह दरबार में ऊँचे पद से नवाज़े गए।

जम्मू में दख़ल का मौक़ा गुलाब सिंह को तब मिला जब जम्मू के अंदरूनी इलाक़े के एक क़बीले के प्रमुख मियाँ डेडो के नेतृत्व में आस-पास के राजपूत राजाओं ने सिख राज्य की मुख़ालिफ़त करनी शुरू की। खुले दरबार में गुलाब सिंह ने उसे हराने की ज़िम्मेदारी माँगी और 1820 आते-आते उसे हराकर जम्मू को अपने नियंत्रण में ले लिया। रणजीत सिंह ने उन्हें जम्मू में मालगुज़ारी वसूलने और सुरक्षा के लिए सेना रखने का अधिकार दिया। 1821 में गुलाब सिंह ने किश्तवार को अपने कब्ज़े में ले लिया और अगले ही साल राजौरी, भिम्बेर, बसोहली और किश्तवार के राजाओं को हराने में सफल रहे। इन सफलताओं के चलते 1822 में रणजीत सिंह ने खुद गुलाब सिंह का राजतिलक कर 'राजा' की उपाधि देकर जम्मू की जागीरदारी पुश्तैनी रूप से सौंपी। उसी दिन मियाँ सुचेत सिंह को भी राजा की उपाधि देकर रामनगर की जागीर सौंप दी। ध्यान सिंह को 'राजा ए राजगाँ' (राजाओं के राजा) की उपाधि दी गई और पुंछ की जागीर। सिख दरबार में ध्यान सिंह के महत्त्व का अंदाज़ उसकी उपाधि से लगाया जा सकता है—'नायब-उस-सल्तनत-ए-पंजाब, वज़ीर-ए-आज़म, दस्तूर-ए-मुअज्ज़म, मुख्तार-उल-मुल्क।'[15]

इस तरह 1931 आते-आते गुलाब सिंह और ध्यान सिंह लाहौर दरबार में रणजीत सिंह के बाद सबसे प्रभावी शख्सियत के रूप में उभर चुके थे।[16] इसके बाद उनके जम्मू

और कश्मीर के महाराजा बनने का क़िस्सा हम पढ़ चुके हैं। इतिहास के उस दौर में अपनी सैन्य योग्यता और सही समय पर सही पक्ष चुनने की अपेक्षित होशियारी के बल पर गुलाब सिंह ने फ़र्श से अर्श तक का यह सफ़र तय किया। उनके व्यक्तित्व का समाहार करते हुए पणिक्कर लिखते हैं—

> यह दावा नहीं किया जा सकता कि महाराजा ने ये उपब्धियाँ ऐसी विधियों से हासिल कीं जो आलोचना से परे हैं। गुलाब सिंह कोई संत नहीं थे, और जहाँ उनकी स्वार्थ सिद्धि होती थी उन्होंने ऐसी चालें और षड्यंत्र अपनाने से परहेज नहीं किया जिन्हें आम ज़िन्दगी में सम्माननीय नहीं माना जाएगा। उनका प्रशिक्षण एक कठिन परम्परा में हुआ था जहाँ झूठ, षड्यंत्र, धोखा सब राजनीति के हिस्से माने जाते थे...वह नि:संदेह एक अवसरवादी थे।[17]

प्रशंसक सरदार पणिक्कर के बरक्स गुलाब सिंह के आलोचकों की कोई कमी नहीं थी। उदाहरण के लिए सर लेपल ग्रिफिन्स ने अपनी किताब *पंजाब चीफ़्स* में लिखा है—

> इतिहास में शायद राजा गुलाब सिंह और ध्यान सिंह से अधिक घृणित चरित्र और नहीं होंगे। उनकी शानदार प्रतिभा और उनकी अप्रश्नेय बहादुरी उनकी नृशंस क्रूरता, उनकी धन लोलुपता, धोखेबाज़ी और निर्लज्ज महत्त्वाकांक्षा के समक्ष कुछ भी नहीं है।[18]

देखा जाए तो तो यही सब कुछ किसी रणजीत सिंह, किसी निज़ाम, किसी सिंधिया, किसी शाह जमाँ के लिए भी कहा जा सकता है। थोड़े फेरबदल के साथ यही किसी डलहौज़ी किसी लॉरेन्स के लिए भी कहा जा सकता है तो अनेक आधुनिक सत्ताधारियों और राजनेताओं के लिए भी। आख़िर जिस सोबरांव की जीत से पंजाब में ब्रिटिश वर्चस्व की और जम्मू तथा कश्मीर पर डोगरा राज की नींव पड़ी उसके बारे में अपनी प्रसिद्ध किताब *द राइज़िंग ऑफ़ क्रिश्चियन पॉवर* में मेजर बी.पी. बासु कहते हैं, 'सोबरांव का युद्ध कुल मिलाकर एक शर्मनाक मामला था, क्योंकि अंग्रेज़ों ने यह जीत सम्मान, ईमानदारी, अंतरात्मा,और मानवता के सभी भावों का बलिदान कर हासिल की थी।[19]

डोगरा राज में कश्मीर : सामाजिक-आर्थिक संरचना

कश्मीर के लम्बे इतिहास में पश्चिमी एशिया, अफ़गानिस्तान, ट्रांसओक्ज़ियाना से लगातार आवागमन और विशेष तौर पर मुग़लों के आगमन के बाद शेष भारत तथा विश्व के साथ उसकी अंत:क्रिया ने सामाजिक संरचना को अपनी तरह से प्रभावित किया। अफ़ग़ानों और सिखों के समय भी यह प्रक्रिया जारी रही और यह कश्मीर के इस्लाम बहुल प्रदेश में तब्दील हो जाने तक ही महदूद नहीं था। हमने देखा ही है कि जो इस्लाम कश्मीर में स्थापित हुआ उस पर यहाँ पहले से उपस्थित धर्मों और सांस्कृतिक इकाइयों का असर हुआ तो कश्मीर का हिन्दुत्व भी इस्लाम से प्रभावित हुए बिना नहीं रहा। डोगरा राज में जम्मू और लद्दाख के साथ मिलकर एक प्रशासनिक इकाई बनने के ठीक पहले वहाँ की सामाजिक संरचना

के बारे में थोड़ा विस्तार से जान लेना न केवल ऐतिहासिक अंत:क्रियाओं को समझने में सहायक होगा बल्कि आगे डोगरा शासन की सामाजिक-आर्थिक नीतियों के समग्र प्रभावों और अन्तर्निहित उद्देश्यों को समझने में भी मदद करेगा। यहाँ हम अपनी विवेचना कश्मीर घाटी तक ही महदूद रख रहे हैं।

चौदहवीं सदी से जारी इस्लामीकरण के चलते इस समय तक घाटी में हिन्दुओं की जनसंख्या कोई पाँच प्रतिशत रह गई थी। आमतौर पर सभी कश्मीरी हिन्दुओं को कश्मीरी पंडित कहा जाता है। पहले हमने देखा है कि शेष जातियों ने धर्म परिवर्तन कर लिया था। इसके कारणों पर विस्तार से पहले चर्चा हो चुकी है। लेकिन यह मान लेना कि कश्मीरी पंडित कोई समरूप संवर्ग था, उचित नहीं होगा। पहले भी हमने देखा है कि फ़ारसी के राजभाषा बन जाने पर कश्मीरी पंडितों के एक वर्ग ने फ़ारसी सीख ली थी और मुगलों के समय से ही राजकीय सेवा में उनकी वापसी हुई थी, ऐसे कश्मीरी ब्राह्मणों को कारकून कहा गया। इस समय तक कश्मीरी ब्राह्मणों के तीन उप समूह बन चुके थे। उनके बीच का सम्बन्ध उच्चानुक्रम में था जिनमें सबसे ऊपर गौर थे, जिनका पेशा पूजा-पाठ का था, उसके बाद कारकून थे जो अक्सर संपन्न, पढ़े-लिखे और तुलनात्मक रूप से समृद्ध शासकीय सेवक थे। तीसरी उपजाति बूहर थी जो आमतौर पर पंसारी तथा हलवाई जैसे काम करते थे। मान्यता यह भी है कि बूहर कश्मीर में बाहर से आकर बसे थे और मूलत: क्षत्रिय या वैश्य जातियों से थे।[20] इन उपजातियों में आपस में शादी-ब्याह नहीं होते थे। कश्मीरी पंडितों के कई जातिनाम उनके द्वारा किये जाने वाले कामों का हवाला देते हैं, जैसे बख्शी नाम उन्हें मिला जो एक बख्शी उपनाम वाले पंजाबी अधिकारी के अधीन काम करते थे, बाद में उनके परिवारजनों को बख्शी नाम से ही पुकारा गया, ऐसे ही अफ़ग़ान सूबेदार जवांशेर के पेशकार कश्मीरी ब्राह्मण को उसके नाम पर जवांशेर कहा जाने लगा और फिर परिवारजनों को भी। मुंशी जातिनाम किसी सिख या अफ़ग़ान सूबेदार के समय मुंशी बनाये गए टिक्कू परिवार ने अपना लिया तो मिश्री और तुर्की जैसे जातिनाम इन देशों से आये व्यापारियों के यहाँ काम करने वालों ने अपनाए ,वज़ीर जातिनाम अफ़ग़ानों और सिखों की सूबेदारी में वज़ीर के ओहदे तक पहुँचे लोगों को मिला, चकबस्त चक (ज़मीन के टुकड़े) से निकला तो अम्बरदार अम्बर (भंडार) के अधिकारियों ने अपनाया। बज़ाज़ कपड़ों का व्यापार करने वाले थे। भान जातिनाम बर्तन बेचने वालों ने अपनाया, फोतेदार कोष से जुड़ा हुआ है, हकीम तो स्पष्ट है ही, वज़ा का अर्थ रसोइये से है और वाटल मंदिर बुहारने जैसे काम करने वालों को कहा गया।[21‡] एक मज़ेदार तथ्य खेर से सम्बद्ध है। यह खर से आया है जिसका अर्थ कश्मीरी में गधे से होता है।[22] इसी तरह परिमू पारिम से बना जिसका अर्थ बाहर से आया हुआ है। यह विवरण स्पष्ट करता है कि कश्मीर में पंडित कोई समरूप जाति नहीं थी। ऐसा प्रतीत होता है कि धर्म परिवर्तन के बाद बचे सभी हिन्दुओं को कालांतर में कश्मीरी पंडित कहा जाने लगा।

वैसे तो मुस्लिम समाज का जातिहीन रूप भारत के किसी भी इलाक़े में एक मिथक बन चुका है और मुसलमानों के बीच भी जन्म आधारित ऊँच-नीच आमतौर पर उपस्थित

---

‡यहाँ प्रसिद्ध जातिनाम नेहरू पर भी बात कर लेना उचित होगा। नेहरू मूलत: कौल ब्राह्मण थे। संभवत: उनके किसी पुरखे को नहरों का मीर मुंशी बनाया गया था जिससे उनके नाम में नारू (नाला से नारू) जुड़ गया, जो कालान्तर में नेहरू हो गया।

है। अजलाफ़ और अशराफ़ के बीच के सम्बन्ध लगभग वैसे ही हैं जैसे कथित सवर्ण और दलित जातियों के बीच। लेकिन कश्मीर में ऐतिहासिक परिवर्तनों ने इसे एक अलग रूप दिया है। आज भी बाहर से आये मुसलमानों को कश्मीर में 'सादात' कहा जाता है और वे ख़ुद को उन स्थानीय मुसलमानों से सामाजिक अनुक्रम में ऊपर मानते हैं जिन्होंने धर्म परिवर्तन द्वारा इस्लाम अपनाया।

उस दौर में पहला विभाजन तो शिया और सुन्नी का ही था। हालाँकि सुन्नी बहुमत में थे और शियाओं की कुल आबादी श्रीनगर में ज़ादीबल के आस-पास ही थी लेकिन शिया-सुन्नी विवादों का जो इतिहास हमने पढ़ा है वह अब भी थमा नहीं था। डोगरा शासन में में भी 1872 में श्रीनगर, बडगाम और माघम में गंभीर शिया सुन्नी विवाद हुआ, जिसमें शिया समुदाय को भारी नुकसान हुए। उस समय रणबीर सिंह ने शियाओं को सहायता स्वरूप 3 लाख रुपये दिए थे।[23] शिया सुन्नी समुदायों के बीच तनाव का एक स्रोत शॉल उद्योग था जिसमें अक्सर बुनकर सुन्नी हुआ करते थे और मालिक शिया। सुन्नियों के बीच आठ प्रमुख उपजातियाँ थीं, शेख़, सैयद, मुग़ल, पठान, गूजर, बकरवाल, डोम और वाटल। अंतिम दो को हिन्दू और मुसलमान दोनों ही अछूत मानते थे जबकि बकरवाल और गूजर क्रमशः भेड़-बकरियाँ तथा भैंस-गाय चराने का काम करते थे और ये लगभग घुमक्कड़ जातियाँ थीं बल्कि आज भी एक हद तक हैं। उनकी भाषा भी आम कश्मीरी से अलग है। शेखों में ज़मींदार (खेतिहर) और नांगर (ग़ैर कृषि या शिल्पकारी करने वाले) शामिल थे।[24] ज़ाहिर है कश्मीरी समाज भी शेष भारतीय समाज की ही तरह जातीय क्रमों में बँटा हुआ था। जहाँ गौर, कारकून और बूहर ब्राह्मण आपस में शादी ब्याह का रिश्ता नहीं करते थे वहीं शेख़ और सैयद भी आपस में शादी-ब्याह नहीं करते थे।

असल में कश्मीर में हिन्दू-मुस्लिम सम्बन्धों को देखना रोचक होगा। जैसा कि हमने देखा, धर्म परिवर्तनों के कारण कश्मीर में हिन्दुओं के बीच एक सम्पूर्ण जातीय संरचना नहीं बची थी। इसलिए कामगार जातियों की अनुपस्थिति के कारण पानी भरने, बाल-दाढ़ी बनाने, सफ़ाई जैसे कामों के लिए वे पूरी तरह से मुसलमानों पर निर्भर थे। कश्मीरी मुसलमानों के लिए पंडित महत्त्वपूर्ण संरक्षक थे। पारम्परिक रूप से पढ़े-लिखे जाति समूह के रूप में और अफ़ग़ान तथा सिख शासन के दौर में सत्ता और ख़ासतौर पर राजस्व विभागों में अपनी पहुँच के कारण कश्मीरी पंडितों के बीच से एक प्रभावशाली वर्ग उभर कर आया था। ख़ान-पान आदि में कश्मीरी ब्राह्मण भारत के दूसरे भाग के ब्राह्मणों से अलग था—मांसाहार उनके बीच सामान्य था। लेकिन यह कहना कि हिन्दू-मुसलमानों के बीच में कश्मीर में भेदभाव एकदम नहीं था तथा उनके बीच सब कुछ अच्छा-अच्छा ही था भी पूरी तरह से सच नहीं। मृदु राय ने इस पर विस्तार से बात की है। यह सच है कि देश के दूसरे हिस्सों की तरह कश्मीर में उस दौर में हिन्दू-मुस्लिम दंगे बिलकुल दिखाई नहीं देते और यह कहना सही नहीं होगा कि इसका कारण हिन्दुओं की अल्प संख्या थी क्योंकि लगभग उतनी ही संख्या होने के बावजूद शियाओं से सुन्नियों के दंगे कश्मीर के इतिहास में लगातार उपस्थित रहे हैं। इतने लम्बे इतिहास में साथ रहते और आक्रान्ताओं का अत्याचार बर्दाश्त

करते दोनों कौमों ने एक विशिष्ट तरीक़े की सहजीविता विकसित की थी जिसे कश्मीरी राष्ट्रवाद के उभार के दौर में अक्सर 'कश्मीरियत' कहा गया, एक ऐसी स्थिति जहाँ कश्मीरी अस्मिता प्रमुख हो जाती है और धार्मिक अस्मिता गौण। लेकिन आगे हम देखेंगे कि यह ताना-बाना इतना मज़बूत भी नहीं था जितना लॉरेन्स जैसे औपनिवेशिक द्रष्टा देख रहे थे।[25]

अफ़ग़ान और सिख शासन की बर्बर लूट के कारण एक तरफ़ जहाँ कश्मीर के आर्थिक हालात पूरी तरह से चौपट हो चुके थे वहीं कश्मीरी जनता का आत्मविश्वास और आत्मसम्मान भी बुरी तरह क्षतिग्रस्त हुआ था। सत्ताओं का परिवर्तन उसके लिए कोई नई उम्मीद नहीं जगाता था। *कलकत्ता रिव्यू* के जुलाई-दिसंबर के अंक में शेख़ इमामुद्दीन के हाथों से सत्ता के गुलाब सिंह को हस्तांतरण पर टिप्पणी थी[§]—

> तथ्य यह है कि इस हस्तांतरण में एक भी कश्मीरी ने किसी के पक्ष में हथियार नहीं उठाया। कश्मीरियों के लिए दोनों ही सेनाएँ एक जैसी ही घृणास्पद थीं क्योंकि उन्होंने शान्ति नष्ट कर दी थी, व्यापार चौपट कर दिया था उस चीज़ को प्रभावित किया था जो जनता के लिए सबसे महत्त्वपूर्ण थी—उसने चावल की क़ीमत बढ़ा दी थी। वे मुतमइन थे कि चाहे शेख़ जीते या डोगरा उनकी क़िस्मत वही होनी थी-उनका यथासंभव शोषण।[26]

यह उदासीनता शोषण की उस अवस्था में ही जन्म लेती है जब कोई जाति प्रतिरोध की सारी उम्मीदें खो दे। पठानों और सिखों की लूट के चलते जो आर्थिक हालात थे उसका एक उदाहरण उस समय कश्मीर की यात्रा पर आये बैरन स्कान्बर्ग के संस्मरणों में मिलता है। वह लिखता है—

> मैं इसके पहले अनेक जगहों पर गया हूँ लेकिन मनुष्यों की स्थिति उतनी निराशाजनक नहीं है जितना कि कश्मीर में। यह मिस्र के शासन में इज़रायलियों की स्थिति की याद दिलाती है जहाँ वे अपने निर्दयी मालिकों द्वारा रोज़ काम पर हाँके जाते थे।[27]

ज़ाहिर है इस बदहाल प्रदेश की जनता के लिए गुलाब सिंह की नीतियों का पैमाना पिछले शासक ही बनते। इसकी एक बानगी लॉरेन्स के गुलाब सिंह के साथ राज्य स्थापना के लिए घोषित उद्देश्य में मिलती है—'कश्मीर के राजाओं, प्रमुखों और जनता के लिए ऐसी व्यवस्था करना जिसमें कोई भी सिख शासन से बुरी स्थिति में न जाए', इसी क्रम में गुलाब सिंह को लिखे एक पत्र में वह लिखता है—अगर आप ऐसा करेंगे तो लोग इसका प्रसन्नतापूर्वक स्वागत करेंगे और आपके वंश का नाम इतिहास में सम्मान से दर्ज होगा।[28]

ऐसे हालात में सत्ता में आये गुलाब सिंह के सामने दो रास्ते थे, या तो जनता के हालात सुधारने की कोशिशें की जातीं, धार्मिक भेदभाव से परे एक नया समृद्ध कश्मीर बनाने की कोशिश की जाती और दूसरा यह कि अपने उन 75 लाख रुपयों की जल्द से

[§]यह टिप्पणी इसलिए महत्त्वपूर्ण हो जाती है कि एफ़.एम. हसनैन जैसे अनेक इतिहासकारों ने इमामुद्दीन के विद्रोह को कश्मीरियों का विद्रोह बताने की कोशिश की है।

जल्द वसूली के लिए लूट का राज क़ायम रखा जाता और कश्मीर के इतिहास में चले आ रहे साम्प्रदायिकता के पुराने रवैये को जारी रखा जाता। आगे हम डोगरा शासन की सामाजिक-आर्थिक नीतियों की विवेचना करेंगे।

डोगरा शासन (1846-1931) : प्रशासनिक और आर्थिक नीतियाँ

1846 के अंत में गुलाब सिंह डोगरा जिस जम्मू-कश्मीर राज्य के स्वतंत्र शासक बने थे वह अपने आकार में ब्रिटेन से बड़ा था और विविधता में शायद भारतीय उपमहाद्वीप के किसी भी अन्य तत्कालीन राज्य से अधिक विविध। एक तरफ़ हिन्दू बहुल जम्मू था तो दूसरी तरफ़ मुस्लिम बहुल घाटी थी तो साथ में लेह के तिब्बती लोग थे, गिलगिट-बाल्टिस्तान था और दारद भी। सिख भी थे। राजपूत भी। लेकिन जब गुलाब सिंह ने इस राज्य को देखा तो उसे दूसरी विविधता दिखाई दी—एक तिहाई राज्य पहाड़ था, एक तिहाई पानी और बचा हुआ इलाक़ा जागीरों के रूप में अलग-अलग लोगों के पास था।[29] यह एक वणिक़ राजा की दृष्टि थी जो अपने नए हासिल किये गए राज्य से अधिक से अधिक राजस्व वसूल करने के लिहाज़ से उसे देख रहा था।

बाक़ी दोनों का तो कुछ किया नहीं जा सकता था लेकिन तीसरी समस्या वास्तव में बहुत गंभीर थी। उस समय 3115 से अधिक जागीरें कश्मीर में धर्मार्थ के तहत बाँटी गई थीं। ख़ासतौर पर शेख़ ग़ुलाम मोइउद्दीन और इमामुद्दीन के समय जागीरें ख़ैरात की तरह बाँटी गई थीं।[30] गुलाब सिंह ने इसके ख़िलाफ़ सख्त कार्यवाही की। इस सम्बन्ध में एक क़िस्सा उस समय के प्रतिष्ठित धर्मगुरु सतराम राज़दान का है जिनके पास ज़र-ए-नियाज़ के तहत 15 परगनों में 65 से अधिक गाँव थे और धर्मार्थ के रूप में 4500 रुपये सालाना का वज़ीफ़ा। उसके शिष्यों में राजा सुचेत सिंह शामिल थे और गुलाब सिंह ख़ुद भी उसका काफ़ी सम्मान करते थे। महाराजा बनने के बाद उसने इनकी जाँच करवाई और कोई वैध काग़ज़ पेश करने के लिए कहा। सतराम राज़दान ने काग़ज़ पेश करने से इंकार कर दिया। गुलाब सिंह ने कश्मीरी पंडित सतराम राज़दान को उसकी सुविधाओं और आय में मामूली कटौती कर छोड़ दिया लेकिन नक़्शबंदी सिलसिले के प्रतिष्ठित संत शाह अहमद नक़्शबंदी को ऐसी कोई रियायत नहीं दी गई।** पुल्हालुन की ख़ानक़ाह के प्रबंधकों द्वारा महाराजा शेर सिंह द्वारा दिए गए धर्मार्थ काग़ज़ात के बावजूद उनकी धर्मार्थ बंद करवा दी गई। पयामुद्दीन ऋषि को लंगर के लिए मिलने वाली राशि में कटौती कर दी गई। खाका और बोम्बा के मुस्लिम राजाओं को समर्पण पर मजबूर किया। विद्रोहों का सख्ती से दमन किया गया और बड़े पैमाने पर जागीरें जब्त कर ली गईं या उन्हें डोगरा शासन की सर्वोच्चता स्वीकार करने पर मजबूर किया गया। असल में जैसा मृदु राय कहती हैं—

> डोगरा शासकों ने कश्मीरी समाज के अन्दर अपने सहयोगी की तलाश में मुख्यत: पंडितों पर भरोसा किया। इसने प्रशासन और ख़ासतौर पर राजस्व विभाग में प्रभावी कश्मीरी पंडितों की उस ग्रामीण जनता के दमन की ताक़त बढ़ा दी जिसका बहुलांश मुसलमानों का था।[31]

**हालाँकि अंग्रेज़ी हुकूमत से अपनी नज़दीकी के चलते नक्शबंदी सिलसिला अपनी जागीर और अपना प्रभाव बनाये रखने में सफल रहा।

इस नए राजनीतिक और सामाजिक प्रबंधन का कश्मीर के सामाजार्थिक परिवेश पर जो दीर्घकालिक असर पड़ा उसकी विवेचना हम आगे करेंगे।

जागीरों के प्रबंधन और विद्रोहों के दमन के साथ गुलाब सिंह ने कश्मीर की अर्थव्यवस्था में कई आमूलचूल परिवर्तन किये। अमृतसर संधि के मुताबिक़ अब वह इस इलाक़े की सारी ज़मीन के इकलौते मालिक थे तो मुग़लों के समय से शुरू हुई परम्परा जारी रही जिसके अनुसार कश्मीर के किसानों के अपनी ज़मीन पर मालिकाना अधिकार नहीं थे।[32] 1887 में कश्मीर के भू-बंदोबस्त के लिए भेजे गए ब्रिटिश अधिकारी ए. विग्नेट ने इसे 'रैयतवाड़ी व्यवस्था के पतनशील रूप' जैसा कहा था।[33] बेग़ार के नियमों में परिवर्तन किये गए और हर गाँव में निश्चित संख्या में पुरुषों को चिन्हित किया गया जिन्हें राज्य की सेवा में बुलाया जा सकता था। इन्हें एक खरवार चावल प्रतिमाह दिया गया। घाटी में चावल की राशनिंग की गई। चावल पूरी तरह से राज्य का एकाधिकार बन गया। शॉल उद्योग पुनर्संयोजित कर नए नियम बनाये गए। शॉल उद्योग को नियंत्रित करने के लिए दाग़शाली विभाग को पुनर्संगठित किया गया। कामगारों की मज़दूरी तय की गई और कर की नई दर भी। इन नीतियों को गुलाब सिंह के जीवनी लेखक सरदार पणिक्कर 'सुधार' कहते हैं और बताते हैं कि–'इस महान प्रशासनिक सुधार से देश में समृद्धि वापस आ गई'[34] वहीं 1863 में कश्मीर की यात्रा पर आये कर्नल टारेंस का मत था कि 'ग़ैरवाज़िब करों और वसूली के मामले में गुलाब सिंह अपने पूर्ववर्तियों से भी आगे गया। यह सच है कि उन्होंने भारी करारोपण किया था लेकिन गुलाब सिंह ने लोगों के ख़ून की आख़िरी बूँद तक चूस ली; उन्होंने धरती की उपज के बड़े हिस्से को, करघों के लाभांश को और श्रमिकों के श्रम को हिंसक तरीक़े से छीन लिया था, लेकिन इसने तो अपने ख़ज़ाने भरने के लिए उनकी आख़िरी दमड़ी भी वसूल ली।'[35] लद्दाख के गवर्नर रहे फ़्रेडरिक ड्रिउ ने गुलाब सिंह की शासन व्यवस्था का समाहार करते हुए लिखा—उसने जिन राजाओं को भी देखा था उनमें अच्छा उन्हें ही माना गया जिनका प्राधिकार मज़बूत था और राजस्व नियमित आता था। उसने इसी सिद्धांत पर शासन चलाया।[36] फ़्रेडरिक ड्रिउ द्वारा दिए गए गुलाब सिंह के लालच से जुड़े एक तथ्य का जिक्र तो लगभग हर इतिहासकार ने किया है। वह बताता है कि एक रुपये नज़राना देकर कोई भी गुलाब सिंह को अपनी शिक़ायत पहुँचा सकता था। भीड़ में भी अगर किसी ने एक रुपया हाथ में लेकर आवाज़ लगाई 'महाराज अर्ज़ है' तो गुलाब सिंह वह रुपया ले लेता था और शिक़ायत सुनता था। यहाँ तक कि जब एक बार किसी आदमी ने ऐसे ही आवाज़ लगाई और गुलाब सिंह के हाथ बढ़ाने पर मुट्ठी बंद करते हुए कहा कि पहले फ़रियाद सुन लीजिये फिर पैसा दूँगा तो भी उसने धीरजपूर्वक फ़रियाद सुनी, फिर पैसा लिया और तब कार्यवाही का आदेश दिया[37] गुलाब सिंह के इस उत्पीड़न की शिक़ायतें अंग्रेज़ों तक पहुँचीं तो 1847 के जून में लाहौर के रेज़िडेंट के सहायक लेफ़्टिनेंट आर.जी. टेलर को जाँच के लिए कश्मीर भेजा गया जहाँ गुलाब सिंह ने हुत्तू सिंह[††] को उससे मिलने भेजा। उसकी रिपोर्ट से भी कश्मीर के तत्कालीन हालात का अंदाज़ा लगता है, वह लिखता है—

[††]हुत्तू सिंह गुलाब सिंह की अवैध सन्तान थे जो कश्मीर के सूबेदार भी रहे थे। 1859 में हुत्तू सिंह ने कुछ अन्य दरबारियों के साथ मिलकर महाराजा रणबीर सिंह की हत्या की साजिश रची थी जो असफल रही और रणबीर सिंह ने उसे सज़ा-ए मौत दे दी (पाम्पोरी-42)। स्नोडेन ने गुलाब सिंह के दो और अवैध संतानों, जमीयत और चिमन का ज़िक्र किया है, लेकिन उनके बारे में कहीं और जानकारी नहीं मिलती।

'श्रीनगर शहर बेहद दयनीय स्थिति में है। घर टूटे-फूटे हैं। सड़कें गंदगी से भरी हैं क्योंकि जल निकासी की कोई व्यवस्था नहीं थी। कोई भी बाज़ार भरा हुआ नज़र नहीं आता। बेग़ार प्रथा हर तरफ़ उपस्थित है और दस्तकारों की मज़दूरी बेहद कम है...मैंने शॉल बुनकरों के घर बाहर से देखे और वे बेहद दयनीय लगे।'[38]

इसी क्रम में उसने पत्थर मस्जिद के अनाज भण्डार में बदल दिए जाने का ज़िक्र भी किया है। लेकिन इन शिक़ायतों पर अंग्रेज़ हाकिमों ने भी कोई विशेष ध्यान नहीं दिया। एक तरफ़ कश्मीर जैसी ख़ूबसूरत जगह पर गुलाब सिंह से मिलने वाली शानदार मेहमाननवाज़ी और दूसरी तरफ़ अंग्रेज़ी शासन के प्रति उसकी अप्रश्नेय स्वामिभक्ति। लॉरेन्स जैसे ख़ैरख्वाह इसका महत्त्व ख़ूब समझते थे और गुलाब सिंह ने वक़्त आने पर इसका सबूत भी दिया। 1857 में जब दिल्ली में विद्रोह की ख़बरें कश्मीर पहुँचीं तो गुलाब सिंह जलोदर का शिक़ार होकर मृत्युशैया पर था और राजकाज अपने बड़े बेटे रणजीत सिंह को सौंप कर कश्मीर में शांत जीवन बिता रहा था। लेकिन यह ख़बर सुनते ही वह हरक़त में आ गया। उसने दीवान ज्वाला सहाय को तुरंत रावलपिंडी भेज कर ब्रिटिश शासन को हर संभव मदद का प्रस्ताव भिजवाया। उसे उन सभी ब्रिटिश महिलाओं को कश्मीर लाने के लिए विशेष प्रबंध करने का आदेश दिया जो ऐसे माहौल में मैदानों में नहीं रहना चाहती थीं। अंग्रेज़ों ने प्रस्ताव स्वीकार किया और महाराजा रणजीत सिंह को दीवान हरिचंद के साथ एक बड़ी सेना लेकर दिल्ली पर अंग्रेज़ों के कब्ज़े में मदद करने का आदेश दिया गया। गुलाब सिंह की यह आख़िरी सार्वजनिक उपस्थिति थी और अगस्त, 1857 में वह 66 वर्ष की उम्र में जहाँ-ए-फ़ानी से रुखसत हुए।[‡‡39] 1857 के उस विद्रोह के दमन में इस सेना ने बेहद महत्त्वपूर्ण भूमिका निभाई। स्वामिभक्ति का आलम यह कि रणजीत सिंह ने सेना की रसद तक के लिए पैसे लेने से इंकार कर दिया और विद्रोह के दमन के बाद भी अवध में जागीर का प्रस्ताव ठुकराते हुए कहा कि 'यह हमारा फ़र्ज़ था।' लॉर्ड लिटन ने इसके लिए डोगरा राजाओं को वैध सन्तान न होने पर किसी रक्तसम्बन्धी को गोद लेकर राजा बनाने का अधिकार और जी.सी.एस.आई. (नाईट ग्रैंड कमांडर) की पदवी देकर सम्मानित किया।[40] ऐसे स्वामिभक्त सहयोगी के आगे अंग्रेज़ हाकिम मजबूर-महकूम कश्मीरी जनता की बात क्यों सुनती?

इस तस्वीर का एक विश्वसनीय पहलू मिलता है रॉबर्ट थोर्प[§§] की किताब *कश्मीर मिसगवर्नमेंट : एन अकाउंट ऑफ़ द इकॉनामिक एंड पोलिटिकल ऑपरेशन ऑफ़ द पीपल*

[‡‡]हालाँकि स्नोडेन ने रणजीत सिंह द्वारा मई में शुरू हुए विद्रोह के दमन के लिए सेना भेजने में अगस्त तक का समय लेने के रणजीत सिंह के निर्णय को डोगरा ख़ानदान के अवसरवाद से जोड़ कर देखा था जो अस्वाभाविक नहीं, लेकिन जम्मू से दिल्ली की दूरी और रणजीत सिंह के नए-नए पदग्रहण के बरक्स यह देरी इतनी ज़्यादा भी नहीं लगती। साथ ही, अगस्त में किसी के लिए यह अंदाज़ा लगाना आसान नहीं था कि इस विद्रोह में अंततः जीत किसकी होगी।

[§§]रॉबर्ट थोर्प का क़िस्सा किसी परीकथा सा है। उसके पिता कर्नल ई. थोर्प ने बडगाम ज़िले के सुजेन यारिनार गाँव की जाना नामक महिला से शादी की थी। कहते हैं उसने इस शादी के लिए इस्लाम भी स्वीकार किया था लेकिन ऐसा प्रतीत होता है कि धर्म परिवर्तन बस शादी तक महदूद रहा। थोर्प का बचपन इंग्लैंड में ही गुज़रा था और शिक्षा-दीक्षा भी वहीं हुई थी। लेकिन अपनी माँ से उसने कश्मीर के लोगों की व्यथा-कथा सुनी थी। युवा

ऑफ़ कश्मीर बाय द महाराजाज़ गवर्नमेंट में। रॉबर्ट थोर्प ने न केवल विस्तार से कृषि एवं शॉल उद्योग के क्षेत्र में शासकीय नियमों की हक़ीक़त खोली है बल्कि तत्कालीन समाज में कामगार तबकों के दयनीय हालात का भी वर्णन किया है। उसके निष्कर्ष न केवल गुलाब सिंह के प्रशंसक और जीवनीकार पणिक्कर से बल्कि लॉरेन्स जैसे ब्रिटिश अधिकारियों से भी अलग हैं। अपनी किताब के आरम्भ में उसने लिखा है—इस काम के सम्बन्ध में केवल एक सवाल पूछे जाने और उसका जवाब दिए जाने की आवश्यकता है, 'इस किताब में जम्मू सरकार के सम्बन्ध में दिए गए तथ्य सही हैं या नहीं?' और केवल एक ही तरीक़े से इस सवाल का जवाब दिया जा सकता है—जैसे मैंने श्रमसाध्य और कठिन तरीक़े से कश्मीर की पड़ताल की है वैसे ही करके।' इस किताब में थोर्प ने खण्ड दो में भू-राजस्व व्यवस्था, शॉल उद्योग, सेना के लिए रसद और अन्य वस्तुएँ, नैतिक और राजनीतिक कारण तथा समाहार में डोगरा शासन के दौरान आम जन के हालात का विस्तार से वर्णन किया है।

राजस्व व्यवस्था पर नज़र डालें तो अधिकारियों और कर्मचारियों का एक लंबा उच्चानुक्रम था और नौकरशाही का ऐसा मकड़जाल कि जनता उलझ कर रह जाए। इसमें सबसे ऊपर था तहसीलदार, जिसके अधीन दो से पाँच परगने होते थे। उसे पन्द्रह दिन की क़ैद और दस रुपये का ज़ुर्माना लगाने का अधिकार था और इसे दीवान या कश्मीर के सूबेदार को रिपोर्ट करना होता था। हर परगने में एक थानेदार होता था जिसके तहत 40 से 50 सिपाही होते थे और जिसका प्रमुख काम परगने का मुआयना करना और फ़सलों तथा दूसरे मामलों की रिपोर्ट तहसीलदार को भेजना था। इसके बाद कारदार का क्रम था जो सीधे राजस्व वसूल करने वाले कर्मचारियों का प्रमुख होता था। उसका कार्यक्षेत्र कुछ गाँवों का होता था और उसे फ़सलों की उपज आदि का लिखित हिसाब रखना होता था और उपज से सरकारी लगान भिजवाने की व्यवस्था करनी होती थी। कई बार घटिया क़िस्म के अनाज़ के

होकर वह भी अपने पिता की तरह ब्रिटिश सेना में शामिल हुआ। 1865 में वह एक यात्री के रूप में कश्मीर आया और कश्मीर में घूमते हुए वहाँ की जनता की दुर्दशा को क़रीब से देखकर उद्वेलित हुआ । उसने तत्कालीन कश्मीर के हालात से ब्रिटिश जनता को परिचित कराने के लिए ब्रिटिश अखबारों के लिए लेख लिखे जो बाद में *कश्मीर मिसगवर्नमेंट* के नाम से पुस्तकाकार में प्रकाशित हुए। इसके चलते उसे कश्मीर से निष्कासित कर दिया गया। लेकिन वह 21 नवम्बर 1868 को फिर लौटा। अगली सुबह नाश्ते के बाद वह सुलेमान तेंग पहाड़ी पर मृत पाया गया। माना जाता है कि तत्कालीन महाराजा रणजीत सिंह ने विष देकर उसकी हत्या करा दी थी। रॉबर्ट थोर्प को कश्मीर में पहला शहीद कहा जाता है और हर साल 22 मार्च को कश्मीरी मानवाधिकार कार्यकर्ता शेख़ बाग़ क्रिश्चियन सीमेट्री में उसकी क़ब्र पर इकट्ठा होते हैं। (देखें-http://www.kashmirleader Inet/remembering-kashmirs-first-martyr/) हालाँकि कई विद्वानों का मानना है कि थोर्प की सहानुभूति कश्मीरियों के साथ नहीं थी। उसका उद्देश्य बस ब्रिटिश सत्ता पर रेज़िडेंट की नियुक्ति के लिए दबाव बनाना था। साथ ही वह यह भी मानते हैं कि उसकी मृत्यु का कारण स्पष्ट नहीं है। एक मान्यता यह है कि वह हृदय रोग के कारण मरा। इसलिए उसे शहीद कहना अनुचित है और कश्मीर की गुलाम मानसिकता का परिचायक। लेकिन वह भी मानते हैं कि उद्देश्यों से परे थोर्प का काम तत्कालीन कश्मीरी समाज की एक विश्वसनीय तस्वीर दिखाता है और वह सच कहता है जिसे कहने की हिम्मत उस समय के किसी कश्मीरी मे नहीं थी। (देखें-रॉबर्ट थोर्प लॉयलिटीज़ ले विद् ब्रिटिश इंपीरियलिज़्म, शेख शौक़त हुसैन, कश्मीर डिस्पैच, 22 नवंबर, 2013) http://kashmirdispatch Icom/2013/11/22/robert-thorpe-s-loyalties-lay-with-british-imperialism/118818/)

लिए लगान के अनुरूप कारदार धनराशि भेजता था। कारदार इस व्यवस्था को बहुत पसंद करते थे क्योंकि इस व्यवस्था में वे किसान से मनमाना अनाज वसूल कर लाभ वाले दाम पर बेचकर सरकार को उसका हिस्सा भेजने के बाद अपने लिए भी बचा लेते थे। हर गाँव में एक मोकादम होता था जिसका काम ज़मींदारों*** द्वारा किसी तरह की चोरी या अनियमितता की रिपोर्ट कारदार को करना था। फिर पटवारी था जो हर किसान की खेती का पूरा रिकॉर्ड रखता था। पटवारी का ख़र्च गाँव के किसानों को लगान के हिस्से के रूप में देना होता था। पटवारी अमूमन पंडित हुआ करते थे। इसके अलावा हर गाँव में एक से चार शग्दार हुआ करते थे जिनका काम खेत में खड़ी फ़सल पर नज़र रखना था। इनका इंचार्ज सरगोल कहलाता था और इस पद पर भी अमूमन कश्मीरी पंडितों का कब्ज़ा था। फिर फ़सलों का वज़न करने के लिए तारोगदार था, हरकारे थे और सिपाही (डूम) थे। अधिकारियों और कर्मचारियों की इस विशाल फ़ौज का बोझ, ज़ाहिर है आम कश्मीरी किसान पर ही था। सरगोल, शग्दार, तारोगदार, हरकारा, पटवारी और कारदार के सेवकों को भुगतान फ़सलों के लगान के रूप में ही होता था जो सरकार के लिए तय लगान के अतिरिक्त होता था।

रबी फ़सलों के लिए हर 32 त्राक (वज़न की इकाई) में से 20 त्राक सरकारी लगान था तो पौने दो त्राक इन कर्मचारियों के खाते में जाता था। यानी कुल लगान उपज के 65 फ़ीसद के बराबर था तो ख़रीफ़ फ़सलों के लिए लगभग 74 फ़ीसद! और क़िस्सा यहीं ख़त्म नहीं होता। इसके अलावा भी कई कर थे। परिवार में सदस्यों की संख्या के अनुसार रसूदारत था, फलों पर अलग से कर था, पशु कर था, खच्चरों पर अलग से कर था, पुट्टू कर था जिसके तहत आधे मूल्य पर एक कम्बल प्रतिवर्ष देना पड़ता था, गाय रखने पर घी की एक निश्चित मात्रा देनी पड़ती थी, मुर्गियाँ होने पर कर था, शहद पर कर था! पटवारी इन सब का हिसाब रखता था। इस भारी भरकम प्रशासनिक मशीनरी और कर ढाँचे के बाद जो थोड़ा बहुत किसान के पास पहुँचता था उसका एक हिस्सा भ्रष्ट कर्मचारियों के पास चला जाता था और शिक़ायत के लिए उसे इसी मकड़जाल में उलझना पड़ता था। थानेदार कारदार से पूछेगा, कारदार पटवारी से। इनमें से किसी ने अपने ऊपरवाले को घूस दे दी तो क़िस्सा ख़त्म!

उस दौर तक कश्मीर में शॉल उद्योग सबसे महत्त्वपूर्ण उद्योग बन चुका था। 1805 में कश्मीर से शेष ब्रिटिश इण्डिया के साथ कुल व्यापार 1,41,757 रुपयों का था और इसमें शॉल का हिस्सा 90 फ़ीसद से भी अधिक का था।[41] शॉल निर्माण की दो पद्धतियाँ प्रचलित थीं—करघे द्वारा (शॉल बफ़्) और हाथ से (सादा बफ़्)। पशम (या पश्म) तिब्बत से आती थी। करघा व्यवस्था में कारखानादार सबसे ऊपर था जो पुईवूनी (जो कच्चे रेशम से धागे बुनते थे, कश्मीर में यह काम महिलाओं की शिक्षा का एक प्रमुख हिस्सा था) से धागे ख़रीद कर उसे विभिन्न रंगों में रंगवाता था और अपने अधीन काम करने वाले शॉल बफ़ों (बुनकरों) को शॉल बुनने के लिए देता था। एक कारखानेदार के अधीन 20 से लेकर 300

***कश्मीर में किसानों को ज़मींदार कहा जाता था। यहाँ जमींदार का अर्थ भारत के शेष हिस्सों से अलग ज़मीन पर काम करने वाले किसान से था। शेष भारत में प्रयुक्त ज़मींदार का समानार्थी कश्मीर में जागीरदार को समझा जा सकता है।

तक शॉल बफ़ होते थे। कारखानेदार और बुनकर के बीच में उस्ताद हुआ करते थे जो प्रमुख बुनकर होते थे। इनके तहत 20 से 300 शॉल बफ़ हुआ करते थे।[42] कश्मीर में उस समय लगभग 100 छोटे-बड़े कारखानेदार थे जो श्रीनगर या इस्लामाबाद (अनन्तनाग) में रहते थे जबकि शॉल बफ़ अलग-अलग जगहों पर रहते थे जिनमें सबसे अधिक संख्या पाम्पोर और सोपोर में थी। उस्ताद अपने तहत काम करने वाले बुनकरों का काम लेकर कारखानेदार के पास जाता था जो काम के हिसाब से उसे भुगतान करता था। इसमें से चावल के लिए भुगतान सरकार द्वारा काट लिया जाता था। यह राशि काम के अनुसार 3 से 5 चिल्की रुपये हुआ करती थी। शॉल उद्योग में कारखानेदार से लेकर बुनकर तक सभी मुस्लिम थे। लेकिन शॉल उद्योग के नियन्त्रण के लिए बने दाग़शाली महकमे पर दो सौ से अधिक कश्मीरी पंडितों का कब्ज़ा था। इनका प्रमुख दरोग़ा-दाग़शाली होता था। करघे पर शॉल निर्माण के लिए पहले उसके नमूने का एक छोटा टुकड़ा दाग़शाली लाना होता था जहाँ से स्वीकृति की मुहर (दाग़) लगती थी, इस नमूने के अनुसार शॉल की क़ीमत तय होती थी और उस वक़्त उस मूल्य का 18 से 12 प्रतिशत कर के रूप में कारखानेदार को देना होता था। जब शॉल लगभग पूरी होने वाली होती तो उसे दुबारा दाग़शाली लाना पड़ता था जहाँ फिर से मुहर लगती थी, इस मुहर के बिना शॉल किसी को बेची नहीं जा सकती थी। शॉलों की 'अवैध' बिक्री न हो सके यह जाँच करने के लिए दाग़शाली के अधिकारी कारख़ानों का लगातार निरीक्षण करते थे। इन यात्राओं के लिए आने-जाने का ख़र्च वग़ैरह आमतौर पर कारखानेदार से ही वसूला जाता था।

बुनकरों को प्रतिवर्ष 8 खरवार[†††] चावल उनके परिवार के लिए दिया जाता था। यह चावल भी एक बार में नहीं दिया जाता था। खेतों से चावल आने के बाद शॉल बुनकरों के लिए चावल अलग कर दिया जाता था और समय-समय पर दरोगा को उपलब्ध कराया जाता था। आदेश मिलने पर दरोगा द्वारा कारखानेदारों को चावल उपलब्ध कराया जाता था जिनसे यह बुनकरों को मिलता था। चावल का मूल्य कारखानेदार के भुगतान से काट लिया जाता था जो फिर बुनकरों के भुगतान से काटा जाता था। यह 8 खरवार का कोटा बुनकरों के परिवार के लिए पूरा नहीं पड़ता था और यह मात्रा भी बुनकरों को एक बार में नहीं मिल पाती थी। इसे लेकर बुनकरों ने कई बार विरोध किया लेकिन उसे बर्बरता से दबा दिया गया। यही नहीं, बुनकरों को अपना पेशा छोड़ने की भी इजाज़त नहीं थी, जब तक वे अपनी जगह किसी को काम पर नहीं लगाते। मजबूरी में बड़ी संख्या में बुनकर पंजाब और आस-पास के इलाक़ों में भाग जाते थे। भागने के बाद भी उनके परिवारों को बख़्शा नहीं जाता था और न केवल उन पर एक से दो रुपये का जुर्माना लगाया जाता था बल्कि जेल भी भेज दिया जाता था।

हाथ से शॉल बुनने वाले सादा बफ़ के हालात थोड़े बेहतर थे। ये सीधे दाग़शाली के दरोगा के तहत काम करते थे। इनका काम सादा पश्मीना बुनना था जिन पर रफ़ूगर सुइयों से काम करते थे। करघा बुनकरों की तरह ही इन बुनकरों को भी काम छोड़ने की इजाज़त नहीं थी। सादा बफ़ बाज़ार से पश्मीना ख़रीद कर अक्सर अपने घर पर ही शॉल बुनने का काम

[†††]खरवार तौल की एक इकाई थी। यह किसी खर (गधे) द्वारा एक बार में लादे जा सकने वाला वज़न था जो लगभग 80 किलो होता था। यह ज़मीन की नाप के लिए भी उपयोग की जाती थी जहाँ जितनी ज़मीन में एक खरवार बीज बोया जाता था उसे एक खरवार ज़मीन कहा जाता था।

करते थे और कभी कभी उसे बेचने के लिए एजेंट्स की सहायता लेते थे। यहाँ भी दाग़शाली की मुहर के बिना शॉल बेचने की इजाज़त नहीं थी और इस मुहर के लिए प्रति चार गज़ पश्मीना के लिए निर्धारित कर 10 रुपये था। यहाँ भी बुनकरों के घर जाकर निगरानी की जाती थी और वैसी ही वसूली भी। जब सादा बर्फ़ के यहाँ से शॉल रंगाई या डिज़ाइन बनाने के लिए आगे जाती थी तो फिर उसके लिए दाग़शाली की मुहर लगवानी पड़ती थी और 18 रुपए का कर फिर से लगता था। तैयार होने के बाद शॉल एक बार फिर दाग़शाली के पास प्रमाणन के लिए जाती थी और प्रमाणपत्र मिलने के बाद ही बेची जा सकती थी।

इन नीतियों से परेशान कश्मीरी बुनकरों ने 1865 में विद्रोह का झंडा बुलंद किया और 29 अप्रैल 1865 को बुनकरों ने दाग़शाली के दरोगा का पुतला जलाया। कश्मीर के तत्कालीन सूबेदार ने उनसे कड़ाई से निपटने का फ़ैसला किया और श्रीनगर से बजाय सिंह के नेतृत्व में सेना भेजी जिसने निहत्थे बुनकरों को घेर कर बंदूकों और भालों से हमला किया। कई बुनकर मारे गए और बाक़ी ने जब भागने की कोशिश की तो हाज़ी रादर के पास दलदली नाले में डूबकर कई बुनकरों की मौत हो गई। कम से कम 28 शव बाद में लोगों द्वारा निकाले गए, जबकि सैकड़ों बुनकर घायल हुए। जब यह ख़बर महाराजा के पास पहुँची तो उसने इसके और सख्त दमन का फ़ैसला किया, इस प्रदर्शन में भाग लेने वालों पर जुर्माने लगाये गए, जुर्माना न दे पाने की हालत में उन्हें जेल में डाल दिया गया। उनमें से दो शेख़ रसूल और अली बाबा जेल के भीतर के अत्याचारों के चलते मारे गए और बाक़ी को जम्मू की जेलों में डाल दिया गया। आधुनिक भारत के वर्ग संघर्ष के इतिहास में यह श्रमिकों का पहला विद्रोह था और इसने आगे कश्मीर में आज़ादी की लड़ाई में प्रेरणास्रोत का काम किया। इस विद्रोह को इतिहास में 'खाँडवाव[‡‡‡] विद्रोह' के नाम से जाना जाता है।[43] कश्मीर के बुनकरों के हालात पर इक़बाल ने लिखा—सर्मा[§§§] की हवाओं में उरयाँ है बदन उसका/देता है हुनर जिसका अमीरों को दुशाला।[44]

इन वजूहात से पहले ही तबाह हो रहे शॉल उद्योग को 1870 के जर्मनी-फ्रांस युद्ध से बहुत गहरा झटका लगा और शॉलों की माँग एकदम से घट गई। ऐसे में महाराजा रणबीर सिंह ने राज्य के ख़ज़ाने से काफ़ी मात्रा में शॉल खरीदीं लेकिन इसके बाद से आजतक उद्योग अपने पुराने उरूज़ पर नहीं पहुँच सका।[45] रणबीर सिंह ने राज्य में रेशम के उत्पादन को बढ़ाने पर ज़ोर दिया और रेशम कीटों के बीज चीन से मँगवा कर ग्रामीणों में बँटवाये।[46]

इसके अलावा कश्मीर में डोगरा शासन के दौरान बेग़ार व्यवस्था भी और मज़बूत हुई। अपने आरंभिक दिनों में गिलगिट और अन्य इलाक़ों में उभरे विद्रोहों को दबाने के लिए गुलाब सिंह को वहाँ सेनाएँ रखनी पड़ीं और उनके लिए रसद आदि भिजवाने के लिए बड़ी संख्या में मज़दूरों की ज़रूरत पड़ती थी। इसके लिए कारदार अपने तहत आने वाले गाँवों के हर घर से कोटा निर्धारित करता था जिन्हें एक फेरे की, जिसमें 12 से 14 दिन

---

‡‡‡खांडवाव प्रशिक्षु बुनकरों को कहा जाता था जिन्होंने इस आन्दोलन में सबसे बड़ी संख्या में हिस्सा लिया था ।

§§§सर्मा—जाड़ा, उरयाँ-नंगा

लगते थे, मज़दूरी केवल 4 से 7 रुपये मिलती थी। दुर्गम पहाड़ों के ये रास्ते कई बार उनके लिए जानलेवा साबित होते थे। इस पूरे रास्ते के लिए उन्हें कोई रसद नहीं दी जाती थी जिसके चलते उनके पास ले जाए जाने वाली रसद में से ही निकाल कर खाने के अलावा कोई विकल्प नहीं था। यह 'चोरी' गंतव्य पर जाँच में पकड़ी जाती थी और उसके अनुरूप पैसा उनकी मज़दूरी से काट लिया जाता था। थोर्प 1866 की एक घटना का ज़िक्र करते हैं जब गिलगिट में विद्रोहियों के सक्रिय होने पर सेना की एक बड़ी टुकड़ी भेजनी पड़ी और इसके लिए रसद ले जाने वाले मज़दूरों की बड़ी संख्या थकान और भूख का शिकार होकर मर गई। सैनिकों के अलावा अंग्रेज़ अफ़सर और यात्रियों के लिए भी कुली के रूप में इनका उपयोग किया जाता था।

असल में नाइयों और दर्ज़ियों के अलावा कोई क्षेत्र ऐसा नहीं था जिस पर कर न लगाए गए हों। ज़मीन बेचने पर उसके मूल्य का एक चौथाई कर के रूप में देना होता था। शादी करने के लिए एक रुपये का कर था जिससे हिन्दुओं को मुक्त रखा गया था। कोई मुसलमान अगर दूसरी या तीसरी शादी करना चाहे तो उसके लिए भी भुगतान के बाद ही इजाज़त मिलती थी। नाव चलाने वालों को 2 से 8 रुपये प्रतिमाह का कर देना होता था। अंचर झील के किनारे रहने वालों को झील में उगने वाली घास (जिसका प्रयोग दरी बुनने में किया जाता था), मछली आदि के प्रयोग के लिए सालाना कर देना होता था। जिस कश्मीर में चारों तरफ़ जंगलों में प्रचुर मात्रा में लकड़ी उपलब्ध थी वहाँ ईंधन के लिए भी भारी शुल्क लगाया गया था!

थोर्प कश्मीर में लड़कियों की ख़रीद-फ़रोख्त के बारे में एक भयावह तथ्य है कि वेश्यावृत्ति के लिए 100 रुपये लाइसेंस फ़ीस के रूप में लिए जाते थे। ग़रीबी और भुखमरी से जूझते कश्मीरी समाज में उन हालात को समझना मुश्किल नहीं जिसमें कोई मजबूर अपनी बेटी को बेचने जैसा निर्णय ले, लेकिन सरकार यदि इस धंधे को रोकने या जनता को उन हालात से बाहर निकालने की जगह इसे अपने लाभ कमाने का ज़रिया बना ले तो यह उस सरकार की नीयत का पता देता है।[47] हालाँकि थोर्प बताता है कि वेश्यावृत्ति का काम केवल सबसे निचले तबकों के लोग ही करते थे और बाक़ी कश्मीरी मुसलमान ऐसा करने की जगह भूख से मरना पसंद करता। इस बात की पुष्टि मृदु राय द्वारा दिए गए एक उद्धरण से भी होती है जिसमें लन्दन से प्रकाशित मिसज़ हार्वे के संस्मरण में कहा गया है कि उन्होंने एक छोटी लड़की को ख़रीदने की कोशिश की लेकिन उसकी माँ किसी भी क़ीमत पर उसे बेचने को तैयार नहीं थी।[48]

असल में थोर्प शायद इस बाबत गहराई से शोध नहीं कर पाया था। बाद में आए कुछ अध्ययनों में कश्मीर में वेश्यावृत्ति ही नहीं बल्कि महिलाओं की दयनीय स्थिति के बारे में कुछ भयावह तथ्य मिलते हैं। न केवल वहाँ विशेषकर राजपूत क्षत्रियों और फिर अन्य जातियों में भी बच्चियों को जन्मते ही मार देने की कुप्रथा प्रचलित थी बल्कि बाल विवाह, सती प्रथा जैसी परम्पराएँ भी आम थीं। हालत यह कि बच्चियों को मार देने को लेकर लोकोक्तियाँ बन गई थीं। ऐसी ही एक लोकोक्ति उन्हें मार देने की विधि को लेकर

थी—गुर खाइयाँ, पुनी काटिन/आपना भैया घालेन (अपना गुड़ खाओ, अपना सूत कातो/अपनी जगह अपने भाई को भेजो), गुड़ खिलाकर, नमक चटा कर और धागे से गला रेत कर मासूम बच्चियों की हत्या की प्रथाएँ भारतीय महाद्वीप के दूसरे हिस्सों में भी आम थीं। सती प्रथा का प्रचलन भी मुख्यत: राजपूतों और उच्च जातियों में ही था। हमने देखा है कि यह प्रथा कश्मीर में बहुत पहले से ही थी और मुसलमानों के बीच भी प्रचलित हो गई थी जिस पर जहाँगीर ने रोक लगवाई थी। डोगरा राजपूतों में यह प्रथा बहुत आम थी। राजा सूरज देव की मृत्यु के बाद उनकी पत्नी नीला रानी के सती होने का संदर्भ मिलता है तो सुचेत सिंह की हत्या के बाद उनकी 300 के क़रीब पत्नियाँ और उप पत्नियाँ अलग-अलग जगहों पर सती हुईं। राजा ध्यान सिंह की मृत्यु के बाद भी उसकी अनेक विधवाएँ सती हुई थीं। अप्रैल 1859 में गुलाब सिंह ने अंग्रेज़ों के निर्देश पर न केवल इस प्रथा पर रोक लगाई बल्कि इसके मूलभूत कारणों को भी नियंत्रित करने का प्रयास किया जिसका प्रभावी असर भी हुआ है।

लेकिन वेश्यावृत्ति की प्रथा बहुत लम्बे समय तक क़ायम रही और राज्य से इसको संरक्षण भी मिलता रहा। सिख काल में तो कश्मीरी औरतों की ख़रीद-फ़रोख्त काफ़ी बढ़ गई थी और डोगरा शासन के आरम्भिक वर्षों में भी डोगरा शासकों ने इसे बढ़ावा दिया तथा राजकीय आय का साधन बनाया। 1880 में ब्रिटिश पोलिटिकल एजेंट हेनवी के सर्वे में चौंकाने वाले तथ्य सामने आते हैं। इसके अनुसार वेश्यावृत्ति के पेशे में अधिकतर दलित जातियों की लड़कियाँ थीं जिनके माँ-बाप उन्हें कम उम्र में ही डेढ़-दो सौ रुपयों में चकलाघरों के मालिकान को बेच देते थे। यह ख़रीद-फ़रोख्त सरकारी स्टैम्प के ज़रिये होती थी और इस पर कर लिया जाता था। उस समय अकेले श्रीनगर में ढाई सौ से तीन सौ महिलाएँ इस पेशे में संलग्न थीं। घाटी में सेक्स वर्कर्स की संख्या 18,715 थी। उन्हें तीन श्रेणियों में बाँटा गया था, पहली श्रेणी की वेश्याओं से 40 रुपये प्रतिवर्ष, दूसरी श्रेणी से 20 और तीसरी श्रेणी से 10 रुपये प्रतिवर्ष का कर लिया जाता था। इस तरह वेश्यावृत्ति के धंधे से 7,000 रुपये प्रतिवर्ष कर के रूप में और 7,000 रुपये स्टैम्प ड्यूटी के रूप में आय होती थी। इसके अलावा श्रीनगर के तासवाँ और मुइसामा जैसे इलाक़ों में ग़ैरक़ानूनी रूप से धंधा करने वाली हज़ारों महिलायें थीं। असल में अंग्रेज़ शासन को भी इनसे समस्या तब शुरू हुई जब अंग्रेज़ अधिकारी हाउसबोटों**** तथा वेश्यालयों के चक्कर लगाने के बाद सिफलिस और ऐसे अनेक संक्रामक रोगों से ग्रस्त होने लगे। 1897 तक अबाध रूप से चलने वाले इस शर्मनाक व्यापार पर प्रताप सिंह ने और फिर हरि सिंह ने एक हद तक नियंत्रण करने की कोशिश की, लेकिन पूरी तरह से यह व्यापार ख़त्म नहीं किया जा सका। 1916 में कश्मीर की यात्रा पर गए एक मिशनरी ई.जे. सैंडी ने शिक़ायत की कि कश्मीर में सबसे पहली

****हाउसबोट तो लगभग अंग्रेज़ों की अय्याशी का अड्डा बन चुके थे। टिंडल बिस्को ने अपने पूर्वोद्धृत संस्मरण में एक किस्से का ज़िक्र किया है जिसमें एक युवा अंग्रेज़ कर्नल हाउसबोट चालक के अधिक पैसे माँगने की शिक़ायत कर रहा है। पैसे न देने पर हाउसबोट चालक ने धमकी दी है कि वह सबको बता देगा कि वह अधिकारी वहाँ एक महिला के साथ तीन दिन से रह रहा था।

चीज़ जो आपको ऑफ़र की जाती है वह है वेश्या।[49] चर्च मिशन द्वारा 1877-79 में किए गए एक सर्वे के अनुसार रतिज बीमारियों से संक्रमित उन महिलाओं की संख्या 12,977 थी जो मिशन के हस्पताल में भर्ती थीं। ज़ाहिर है कुल संख्या कहीं अधिक रही होगी। इस कुप्रथा के ख़िलाफ़ पहली बार आवाज़ उठाने वाला व्यक्ति था श्रीनगर के माइसुमा इलाक़े का एक सामान्य नागरिक मुहम्मद सुभान हज्जाम। अकेले इस लड़ाई की शुरुआत करके उसने काफ़ी धमकियाँ और प्रलोभन झेले लेकिन धीरे-धीरे उसे जनता का व्यापक समर्थन मिला। वेश्यावृत्ति प्रथा के ख़िलाफ़ उसने कश्मीरी और उर्दू में कवितायें लिखीं और उन्हें *हिदायतनामा* के नाम से संकलित किया। इसके अलावा कई पर्चे निकालकर बँटवाए, धार्मिक नेताओं और प्रभावशाली लोगों से मिला और राजा के ऊपर दबाव बनाने की अपील की जिसके चलते श्रीनगर में इस धंधे के सबसे बड़े माफिया खज़ीर गान[††††] के गुंडों ही नहीं बल्कि उनके द्वारा घूस देकर ख़रीदे गए पुलिसवालों ने भी उसे बहुत परेशान किया लेकिन वह मिशनरी अपने अभियान में लगा रहा और न केवल कश्मीरी समाज के हर हिस्से से बल्कि चर्च मिशन और टिंडेल बिस्को जैसे लोगों का भी उसे समर्थन मिला।[50]

थोर्प ने अपनी पूरी किताब में बार-बार इस बात का ज़िक्र किया है कि अंग्रेज़ों के महाराजा को मनमर्ज़ी से राज करने की छूट देने से ही ऐसे हालात सामने आये हैं और उसकी तजवीज़ है कि एक रेज़िडेंट नियुक्त करके वहाँ हो रहे अन्याय से रियाया को मुक्ति दिलाई जा सकती है। इसी तजवीज़ के चलते कई बार उस पर ब्रिटिश एजेंट होने का आरोप लगाया जाता है। आगे हम देखेंगे कि उस दौर में ब्रिटिश प्रशासन का एक तबका लगातार कश्मीर में रेज़िडेंट नियुक्त करने की माँग कर रहा था। लेकिन एजेंट होने की संभावना से परे थोर्प का ब्रिटिश शासन पर यह भरोसा ब्रिटिश भारत के अन्य हिस्सों में उस दौर के हालात के मद्देनज़र कुछ ज़्यादा ही मासूम नज़र आता है। बहुत विस्तार में न जाते हुए ब्रिटिश रेज़िडेंट की पदस्थापना के बाद 1891 में, जब वहाँ अंग्रेज़ों का लगभग पूरी तरह से नियंत्रण हो गया था, *स्टेट्समैन* में छपी एक रिपोर्ट का हवाला लेना काफ़ी होगा। यह रिपोर्ट बताती है कि—

> कश्मीर के रेज़िडेंट कर्नल निस्बत का सारा सामान (उसका स्थानान्तरण श्रीनगर से मुरी होने पर) महाराजा के निजी रास्ते से राज्य के ख़र्चे से भेजा गया जबकि वह ख़ुद मुरी के रास्ते से आया। जब हम बेग़ार व्यवस्था को इसके सबसे बुरे रूप में कश्मीर में फलते-फूलते हुए देखते हैं और यह देखते हैं कि एक पूरे घर का माल-असबाब ढोने में सैकड़ों गरीबों को एक दिन नहीं हफ़्तों लगे होंगे तो यह समझना मुश्किल है कि कर्नल निस्बत जैसा अधिकारी इस तरह की सहायता कैसे स्वीकार कर सकता है। उसका इस तरह की मदद लेना ब्रिटिश परम्पराओं के एकदम विपरीत है। लेकिन सैकड़ों ग़रीब लोगों की क़ीमत पर यह सहायता लेना तो भ्रष्टाचार है। क्या कर्नल ने उन लोगों को भुगतान किया है जिन्होंने उनके लिए काम किया? यह कश्मीर में कर्नल निस्बत की इकलौती कार्यवाही नहीं है जिस पर सवाल उठाया जा सकता है ऐसा पहले भी हुआ है

[††††]'गान' वेश्यावृत्ति के अड्डों के मालिकों को कहा जाता था।

और इनमें से कोई भी कम अफ़सोसनाक नहीं है। यह अक्सर देखा गया है कि राजाओं की निगरानी के लिए रखे गए ब्रिटिश अधिकारी उनसे एहसान लेते रहते हैं। तो यह सब जानते हैं कि रेज़िडेंट महोदय सियालकोट में रहते हैं, जिसकी सारी साज-सज्जा राज्य के ख़र्चे पर की गई है, क्योंकि रेज़िडेंट साहब श्रीनगर में नहीं रहते। यहाँ तक कि लाहौर में भी उन्हें एक शानदार घर और घोड़ागाड़ी दिया गया है जबकि राजधानी में रेज़िडेंसी पर अकूत धन ख़र्च किया जाता है। उसके पहले के लोग भी इन दोषों में मुब्तिला थे लेकिन इन्हें उच्च मूल्यों वाला बताया गया था इसीलिए इनका बहुत स्वागत हुआ था। वे ऐसी ग़लतियों के प्रति अधिक सावधान हो सकते थे।[51]

थोर्प ने कश्मीर में जिन हालात का ज़िक्र किया है उनका वर्णन हमें उस दौर के अनेक यात्रा संस्मरणों और रिपोर्टों में मिलता है। सबका ज़िक्र करना यहाँ संभव नहीं है लेकिन इन सबको साथ लेने पर जो तस्वीर बनती है वह बेहद भयानक है। 1877–79 में कश्मीर में जो अकाल पड़ा उसकी जड़ में यही नीतियाँ थीं। इस अकाल में लाखों लोग मारे गए। प्रेमनाथ बज़ाज़ कहते हैं कि डोगरा शासन के भ्रष्ट अधिकारियों के लिए हालात का अंदाज़ा लगा पाना संभव नहीं था...वजह चाहे जो भी हो लेकिन मानव जीवन की इस भयावह बर्बादी की ज़िम्मेदारी पूरी तरह से डोगरा प्रशासन और उसके अधिकारियों पर थी। इसके तुरंत बाद 1885 में आये भूकंप में जब भारी तबाही मची तो डोगरा शासन की यह हालत थी कि समय पर मदद करने के लिए न कोई नीति थी न ही धन की उपलब्धता।[52] कश्मीरी जनता के प्रति शासकों का रवैया 1859 में श्रीनगर घूमने आये रिचर्ड टेम्पल के वहाँ की गन्दगी और बदइंतज़ामी के बारे में पूछे गए सवाल के रणबीर सिंह द्वारा दिए गए जवाब में पता चलता है—कश्मीर के लोग सफ़ाई करने की जगह गंदा रहना पसंद करते हैं![53] यह किसी पराये की ही दृष्टि हो सकती है।

ज़ाहिर है, एक तरफ़ ब्रिटिश सरकार के लिए कश्मीर एक उपनिवेश था, एक ऐशगाह वहीं डोगरा शासकों के लिए कम से कम घाटी सिर्फ़ एक हरी-भरी चारागाह थी जिसकी हरियाली लूटकर उसे एक बंजर मैदान में तब्दील कर दिया गया था। 1889 में सर वॉल्टर रोपर लॉरेन्स‡‡‡‡ ने लिखा

'ब्राह्मणों के पास, जिन्हें कश्मीरी पंडित के नाम से जाना जाता था, सत्ता और प्राधिकार थे और मुस्लिम किसान आलसी ब्राह्मणों को सुख से रखने के लिए दिन-रात मेहनत करने को मजबूर थे। 1889 में कश्मीर राज्य कंगाल हो चुका था। वहाँ की उपजाऊ भूमि बंजर पड़ी थी तो सेना को ज़बरदस्ती किसानों से खेती कराने के लिए भेजा गया। इससे भी बुरा यह हुआ कि सैनिक फ़सल

‡‡‡‡सर वॉल्टर रोपर लॉरेन्स की किताब *वैली ऑफ़ कश्मीर* का ज़िक्र पहले भी आया है। उनकी एक और किताब *द इंडिया वी सर्व्ड* भी कश्मीर के बारे में कुछ महत्त्वपूर्ण जानकारी देती है। सिविल सेवा के अधिकारी लॉरेन्स को 1889-94 के बीच महाराजा प्रताप सिंह के समय कश्मीर का लैंड सेटलमेंट कमिश्नर नियुक्त किया गया था। सूफ़ी ने यह उद्धरण उनकी किताब *द इंडिया वी सर्व्ड* से लिया है। इस सेटलमेंट पर इसी अध्याय में पृष्ठ 204-207 पर बात की गई है।

> कटाई के समय फिर लौटे। जब राज्य को दिए जाने वाला कर वसूल लिया गया तो सैनिकों ने अपना हिस्सा वसूला और जब क्रूर जाड़ा आया, तापमान शून्य डिग्री से भी नीचे चला गया तो उस बर्फ़ के बीच उन मजबूर किसानों के पास अपना पेट भरने के लिए अनाज नहीं बचा था।'[54]

हालाँकि, यह भी कश्मीर के तत्कालीन हालात का पूरी तरह से सही चित्र नहीं है। कश्मीर के ऊँचे पदों पर रणवीर सिंह के समय तक आमतौर पर डोगरा राजपूतों का कब्ज़ा रहा और उसके बाद पंजाबी अधिकारियों का। कश्मीरी पंडित निचले स्तर के पदों जैसे, पटवारी, कारदार और शग्दार जैसे पदों पर थे। ज़ाहिर है वसूली जैसे कामों के ज़रिये आम कश्मीरी किसानों/बुनकरों आदि से सीधा सामना इनका ही होता था जिसकी वजह से ये प्रत्यक्ष शत्रु जैसे लगते थे, जबकि वहाँ की राजस्व व्यवस्था से इन्हें उतना भी लाभ नहीं होता था जितना कि ब्रिटिश अधिकारी प्रदर्शित कर रहे थे। यही नहीं गाँवों में अनेक कश्मीरी पंडित परिवार भी किसानी ही कर रहे थे। इसके साथ ही यह तथ्य भी नोट किया जाना चाहिए कि राजस्व विभाग में प्रतिष्ठित पीर और सैयद परिवार के सदस्यों की भी एक प्रभावी उपस्थिति थी।[55] कुलीन पंडित और पीर-सैयद परिवारों के विपरीत आम कश्मीरी पंडित के लिए शिक्षा ही एक ऐसा माध्यम था जिससे वह शासकीय नौकरी हासिल कर एक सम्मानजनक जीवन जी सकता था, जैसा कि प्रेमनाथ बज़ाज़ लिखते हैं, 'पंडितों को बचपन से ही सरकारी नौकरी के लिए प्रशिक्षित किया जाता था। माएँ अपने बच्चों को, पुरोहित अपने यजमानों को और बड़े-बूढ़े जवानों को यह आशीर्वाद दिया करते थे कि उन्हें सरकार में नौकरी मिले, प्रमोशन हों।'[56] आम मुसलमान तो उस दौर में किसान के रूप में, बुनकर के रूप में या बेग़ार मज़दूर के रूप में ऐसे भयावह हालात में फंसा हुआ था कि शिक्षा और सरकारी नौकरी उसके लिए एक असंभव स्वप्न ही थी और उसके लिए प्रशासन और कुलीन मुसलमानों, दोनों ने ही कोई कोशिश शुरू नहीं की। कारकून श्रेणी के पंडितों ने लम्बे समय से शिक्षा और सरकारी नौकरियों के जरिये समाज में जो प्रतिष्ठा हासिल की थी वही उनके लिए जीवन का आधार था, जैसा कि बज़ाज़ कहते हैं—जहाँ और समुदायों के लिए यह राजनीतिक प्रभाव को और बढ़ाने का साधन था, पंडितों के लिए यह उनके अस्तित्व का सवाल था[57] और इसीलिए हम देखेंगे कि जब यह ख़तरे में पड़ा तो वे भी आन्दोलन की राह पर चले और सामाजिक परिवर्तनों के चलते मुस्लिम तबके की बढ़ी हुई आकांक्षाओं के चलते सरकारी नौकरियों में उनके प्रतिनिधित्व का सवाल महत्त्वपूर्ण बनकर उभरा। नौकरियाँ आने वाले समय में कश्मीरी समाज में बड़े आलोड़न की वजह बनीं।

असल में ज़्यादातर लेखकों और इतिहासकारों ने कश्मीरी मुसलमान और कश्मीरी पंडित जैसी दो सामान्यीकृत श्रेणियों की बात करते हुए उस वर्गीय विभाजन को पूरी तरह से नज़रअंदाज़ कर दिया है जो शहरी-ग्रामीण कश्मीर के ही विभाजन में नहीं बल्कि दोनों समुदायों के उच्च कुलीन और सामान्य नागरिकों के विभाजन में स्पष्टत: उपस्थित थी। अगले अध्याय में हम इस पर विस्तार से बात करेंगे। यहाँ जहाँ इन दो पदों का उपयोग हुआ है उसे आम कश्मीरी जन के संदर्भ में ही समझा जाना चाहिए।

डोगरा शासन की साम्प्रदायिक नीतियाँ और विद्रोह का सूत्रपात

> डोगरा शासन एक हिन्दू राज था। मुसलमानों के साथ उचित व्यवहार नहीं हुआ, मेरा मतलब है कि उतना उचित भी नहीं जितना हिन्दुओं के साथ। सबसे पहले तो यह कि सभी वर्गों से साथ एक जैसा व्यवहार करने की जगह इस बात को खुलकर स्वीकार किया जाना चाहिए कि कुछ मामलों में मुसलमानों के साथ क्रूर व्यवहार सिर्फ़ इसलिए हुआ कि वे मुस्लिम थे।[58]

उस दौर में कश्मीर घाटी के सामाजिक ताने-बाने की पड़ताल करते हुए दो बातें एकदम स्पष्ट रूप से सामने आती हैं, पहली तो यह कि लगभग पाँच सदियों तक विदेशी आक्रान्ताओं के अधीन रहे कश्मीर में शासक मुस्लिम ज़रूर थे, लेकिन मुसलमानों की सत्ता नहीं थी। मुग़लों से लेकर अफ़ग़ानों तक जो शासन कश्मीर में चला उसके लिए कश्मीर शोषण का अभयारण्य ही था, वहाँ की धन-संपदा की जिस तरह से लूट हुई उसने आम कश्मीरी को आर्थिक और मनोवैज्ञानिक, दोनों तरह से दीन-हीन बना देने की पूरी कोशिश की। इस दौर में शासकों ने समय-समय पर इस्लाम के प्रचार और धर्म परिवर्तन के जो प्रयास किये उसकी वजह से निचले तबके के ज़्यादातर हिन्दुओं ने इस्लाम अपना लिया लेकिन उनकी सामाजिक-आर्थिक स्थिति पर कोई ख़ास फ़र्क नहीं पड़ा, बस इतना हुआ कि मुस्लिम होने के नाते वे धर्म के आधार पर होने वाले अत्याचारों से बच गए। हाँ, उच्च वर्ग के धनिक मुसलमान ज़मीदारों, कारखानेदारों, व्यापारियों, धर्मगुरुओं तथा सामंतों का एक तबका सत्ता से नज़दीकी और इन आम मुसलमानों के शोषण की सहायता से ख़ूब फला-फूला। दूसरा यह कि अपनी अल्प संख्या के बावजूद अपनी उच्च शिक्षा के कारण कश्मीरी पंडित अफ़ग़ान शासन के अंत तक राज्य प्रशासन मशीनरी का अभिन्न और महत्त्वपूर्ण हिस्सा बन चुके थे। राजस्व और राजकोष ही नहीं अन्य महकमों में भी कश्मीरी पंडितों की पहुँच और वर्चस्व मज़बूत होते चले गए। सत्ता सँभालने के बाद भी डोगरा शासकों को अपने सबसे क़रीब यही समुदाय लगा और उसने उच्च वर्गीय पंडित परिवारों को सत्ता में भागीदारी दी। उदाहरण के लिए बीरबल धर के पुत्र राजा काक धर को कश्मीर का सूबेदार नियुक्त किया गया था।[59] लेकिन बात यहीं ख़त्म नहीं होती है। गुलाब सिंह ने सत्ता में आने के बाद सन् 1850 में मुसलमानों के धर्म परिवर्तन की योजना भी बनाई थी लेकिन बनारस के पंडितों ने हिन्दू धर्म की पवित्रता का हवाला देते हुए इसकी अनुमति नहीं दी।[60] यही नहीं उसने मुसलमानों के लाये पानी और उनके द्वारा बनाये गए पनीर के कश्मीरी पंडितों द्वारा प्रयोग पर भी रोक लगाने की कोशिश की, लेकिन यह भी सफल नहीं हुआ।[61] इस दौर में पत्थर मस्जिद, ख़ानक़ाह सोख्ता, ख़ानक़ाह बुलबुलशाह, ख़ानक़ाह दाराशिकोह और ईदगाह जैसे कई इस्लामी श्रद्धा केन्द्र राज्य संपत्ति घोषित कर दिए गए,[62] कई स्थानों के नाम बदले गए जैसे इस्लामाबाद को अनन्तनाग और तख़्त ए सुलेमानी को शंकराचार्य कहा जाने लगा। हज़रतबल और मकदूम साहिब जैसे केन्द्रों को सिख काल में राजकीय संरक्षण दिया गया था और धर्मार्थ से पर्याप्त धन भी, लेकिन डोगरा शासन में यह राशि बहुत कम कर दी गई,[63] हालत यह कि हज़रत बल और ख़्वाज़ा नक़्शबंदी के मक़बरे की मरम्मत के लिए धनराशि ढाका के नवाब द्वारा उपलब्ध कराई गई।[64]

इसी दौर में ख़ासतौर से रणबीर सिंह ने जम्मू में रघुनाथ मंदिर, महालक्ष्मी मंदिर, बलदेवजी मंदिर, लक्ष्मी नारायण मंदिर, हनुमान मंदिर और रणबीरनाथ मंदिर जैसे आलीशान मंदिरों का निर्माण किया। रघुनाथ मंदिर जिस भगवान रघुनाथ (राम) के नाम पर बनवाया गया था उनसे डोगरा वंश का आरम्भ जोड़ा गया और उस दौर में रघुनाथ मंदिर शासन का प्रमुख केन्द्र बन गया[65] साथ ही धर्म परिवर्तनों पर रोक लगाने के लिए नियम बनाये गए जिसके तहत किसी हिन्दू के मुस्लिम में परिवर्तित होने पर उसे ख़ानदानी संपत्ति से बेदख़ल कर दिया जाता था हालाँकि किसी मुसलमान के धर्म परिवर्तन पर भी यही सज़ा थी। 1866-67 में रणबीर सिंह ने अपने प्रशासन के सदस्य हिन्दुओं को इस शर्त पर चक (ज़मीनें) दीं कि वे अपना धर्म नहीं बदलेंगे, किसी और की सेवा में नहीं जायेंगे और कम दरों पर लगान देंगे।[66] यही नहीं, कश्मीरी पंडितों को मृत्यु दंड से छूट प्राप्त थी। बंदरों की हत्या तक पर प्रतिबन्ध था और शस्त्र रखने के लिए लाइसेंस सिर्फ़ डोगरा राजपूतों को मिलता था।[67] असल में आगे हम देखेंगे कि सत्ता प्रतिष्ठानों पर वास्तविक कब्ज़ा इस दौर में डोगरा राजपूतों का ही था और आगे भी अपने इन सजातीय राजपूतों को उनकी शैक्षणिक योग्यता के बावजूद विशिष्ट नियुक्तियाँ तथा सुविधायें लगातार मिलती रहीं।

ब्रिटिश शासन को यह आशंका थी इसीलिए एच.एम. लॉरेन्स ने गुलाब सिंह से यह अपील की थी कि सभी धर्मों के साथ समान व्यवहार किया जाना चाहिए। लेकिन इसके जवाब में गुलाब सिंह ने अपनी मंशा साफ़ कर दी थी। उसने लिखा—मैं सभी धर्मों के साथ समान व्यवहार करूँगा लेकिन मुसलमानों के बीच कुछ ऐसे तौर-तरीक़े हैं जो हिन्दुओं को अपनी धार्मिक गतिविधियों के संदर्भ में अप्रिय लगते हैं, उनकी इजाज़त नहीं दी जायेगी।[68] यह सामान्य सा लगने वाला वाक्य तब असामान्य बन जाता है जब हम इसे इस तथ्य के साथ जोड़कर देखते हैं कि यह 90 फ़ीसदी से अधिक मुस्लिम आबादी वाली घाटी के लिए बोला जा रहा है और इसमें उन हिन्दू व्यवहारों का कहीं ज़िक्र नहीं जिससे किसी मुसलमान को अपनी धार्मिक गतिविधियों में दिक्क़त हो सकती है। इस पूरी प्रक्रिया में गुलाब सिंह ने इस बात का ध्यान रखा कि मुसलमानों के उच्च वर्ग को एक हद तक संतुष्ट रखा जाए।[69] इस नीति के तहत जो पहला काम किया गया वह अजान पर पाबंदी को हटाना था[70] लेकिन वहीं दूसरी तरफ़ राज्य पीनल कोड की धारा 219 के तहत गो हत्या के लिए मृत्युदंड का प्रावधान था जिसे बाद में घटाकर 10 वर्ष के और फिर 7 वर्ष के कारावास में तब्दील किया गया।[71] गाय को चोट पहुँचाने का शक़ होने तक पर नाक-कान काटने से लेकर अपराधी के बाल या फिर उसका घर जला देने जैसी सज़ाएँ तजवीज़ की गई थीं। कश्मीर में काफ़ी समय रहे बिस्को एक क़िस्सा सुनाते हैं,

> एक बार एक हिन्दू कर्मचारी ने एक ऐसे आदमी की हत्या कर दी जिसने उसकी पत्नी का अपमान किया था। महाराजा ने उसे देश छोड़ देने का आदेश दिया। इस पर उसने कहा कि उस व्यक्ति ने गो हत्या की थी तो महाराजा ने उसे देश में ही रहने दिया। ऐसे ही एक बार एक गाड़ी सवार ने मिशन के एक लड़के को मार दिया। जज ने उसे बिना किसी सज़ा के जाने दिया। निकलते

हुए उसकी गाड़ी एक गाय से टकरा गई तो लोगों ने उसे गो हत्या के अपराध में मार देने की कोशिश की।[72]

राजकुमार रणबीर सिंह गाय को लेकर अपने पिता से अधिक धर्मांध था और जब वह राजकुमार ही था तो उसने एक ऐसी महिला की जीभ कटवा दी थी जिसने अपने सूखने के लिए डाले कपड़े फाड़ देने की वजह से गाय की पिटाई की थी! यही नहीं, जब गो हत्या के अपराध में गुलाब सिंह ने एक व्यक्ति को आजीवन कारावास की सज़ा दी तो इससे नाराज़ रणबीर सिंह ने जेल कर्मचारियों को उसके खाने में अधिक मात्रा में नमक मिलाने को कहा जिससे वह डीहाइड्रेशन से मर जाए। 1853 में राजकुमार के रूप में उसने हिन्दू और सिख जनता से मुसलमानों की मीट की दुकानों के बहिष्कार की अपील की और सिखों को मटन की दुकानें खोलने के लिए प्रोत्साहित किया।[73] कल्पना की जा सकती है कि ऐसा राजकुमार राजा बनने के बाद किस तरह की नीतियाँ अपनाएगा। रणबीर सिंह के बाद प्रताप सिंह ने भी शासन संभालने पर घोषणा तो सभी से एक समान व्यवहार की की, लेकिन न केवल उसके समय में सैन्य व अन्य सार्वजनिक आयोजन पूरी तरह से हिन्दू रंग में रंगे हुए थे बल्कि ऐसा प्रतीत होता है कि अजान की अनुमति भी तब तक उतनी प्रभावी नहीं रह गई थी। मृदु राय 1897 में रणबीर सिंह पुरा तहसील के अरनिया गाँव की एक घटना का ज़िक्र करती हैं जिसमें हिन्दुओं ने अजान देने से मुसलमानों को रोका तो मुसलमानों ने विद्रोह कर दिया, अंत में रेज़िडेंट के हस्तक्षेप से यह अनुमति मिली। वह 1913 में प्रताप सिंह द्वारा अपने वज़ीर दीवान अमरनाथ को लिखे पत्र का भी ज़िक्र करती हैं जिसमें वह गो हत्या की बढ़ती घटनाओं पर चिंता जताते हुए अपराधियों पर कड़ी कार्यवाही करने को कहता है, जबकि जाँच करने पर पाया गया कि ऐसी कोई बढ़ोत्तरी नहीं हुई थी लेकिन अफ़वाहों का बाज़ार गर्म था। यहाँ उस दौर तक मुसलमानों का असंतोष विद्रोह में परिणत होने का संकेत मिलता है।[74] इन सबके बावजूद गो हत्या को लेकर डोगरा शासकों की नीतियाँ बदस्तूर जारी रहीं, 1920 के दशक में कश्मीर में 117 लोग जेल में बंद थे जिसमें से 97 मुस्लिम थे जो गोक़शी के इलज़ाम में जेल में थे।[75] असल में 1889 में रेज़िडेंट की नियुक्ति के बाद कश्मीर का सत्ता समीकरण बदल गया था। अब अपनी शिक़ायत करने के लिए जनता के पास एक जगह थी। महाराजा रणबीर सिंह की मृत्यु के बाद अंग्रेज़ों का कश्मीर में हस्तक्षेप ही नहीं बढ़ा था बल्कि प्रकारांतर से उन्होंने सत्ता सूत्र अपने हाथ में ले लिए थे, यह अब तक की कश्मीरी सत्ता व्यवस्था से अलग था जहाँ दिल्ली, क़ाबुल या लाहौर के बादशाहों और कश्मीरी सूबेदारों का धर्म और उनके स्वार्थ एक जैसे थे। अब डोगरा शासकों और ब्रिटिश हितों के बीच के अपने अंतर्विरोध उभर चुके थे, जिसका एक परोक्ष लाभ एक हद तक कश्मीरी जनता को मिला। आगे हम देखेंगे कि न केवल वहाँ एक व्यापक विद्रोह पनपा बल्कि डोगरा शासकों को अंग्रेज़ सरकार के दबाव में कश्मीर में नियंत्रित लोकतंत्र भी लाना पड़ा। डोगरा शासकों का मुसलमानों के प्रति रवैया रणबीर सिंह के एक प्रसिद्ध प्रधानमंत्री वज़ीर पुन्नू के 1877–79 के भयावह अकाल के दौरान दिए गए बयान से स्पष्ट होता है। अतिवर्षण से अनाज उत्पादन न हो पाने के कारण और फिर शासन की कुव्यवस्था के कारण इस भयानक अकाल में कश्मीर की आधी आबादी नष्ट हो गई थी। लेकिन इस

महाविपदा में एक भी कश्मीरी पंडित, सिख या डोगरा नहीं मारा गया था। वज़ीर पुन्नू ने उस समय घोषणा की थी कि परेशानी की कोई बात नहीं है। अच्छा होता कि श्रीनगर से रामभान (जम्मू में) तक एक भी मुसलमान ज़िन्दा नहीं बचता।[76]

शिक्षा के मामले में कश्मीर उन दिनों पूरे भारतीय उपमहाद्वीप में सबसे पीछे था। 1891–92 में कश्मीर की पूरी जनसंख्या में सिर्फ़ 1585 लड़के शिक्षण संस्थानों में पंजीकृत थे जिसमें 1327 पंडित और 233 मुस्लिम लड़के थे। अगर आंकड़ों की बात करें तो उस समय घाटी की आबादी के 7 प्रतिशत पंडितों का 83 प्रतिशत शिक्षा पर कब्ज़ा था। वॉल्टर लॉरेन्स ने इस स्थिति के लिए दो तरह के कारण दिए हैं। पहला तो यह कि राज्य सरकार शिक्षा को लेकर अपेक्षित रूप से गंभीर नहीं है। उसे लगता है कि जितनी शिक्षा है वह बहुत है और अगर वे अधिक पढ़–लिख गए तो जनता में असंतोष फैलने का ख़तरा है। यही नहीं अगर ज़्यादा कश्मीरी पंडित पढ़–लिख गए तो वे नौकरी के लिए भारत के दूसरे हिस्सों में जा सकते हैं। दूसरा यह कि आमतौर पर कश्मीर के ग्रामीण मुसलमान पारम्परिक शिक्षा लेना चाहते हैं। वे मिशनरी या दूसरे स्कूलों की जगह मदरसों में जाना पसंद करते हैं।[77] बज़ाज़ इस कारण को स्वीकार करते हुए बताते हैं कि वर्षों से सत्ताओं के साथ साँठ–गाँठ करके ग़रीब मुसलमानों को मूर्ख बनाने वाले मुल्ला कभी नहीं चाहते थे कि मुसलमान पढ़–लिख जाएँ और उनके प्रभाव से बाहर आ जाएँ। लेकिन इस पिछड़ेपन की असल ज़िम्मेदारी डोगरा शासकों पर थी।[78] मुस्लिम कुलीन वर्ग की भूमिका पर हम आगे बात करेंगे।

हालाँकि महाराजा रणबीर सिंह के समय कुछ नियमित पाठशालाएँ खोली गई थीं लेकिन 1860 के आरम्भ में पहला राज्य स्कूल कश्मीर नहीं जम्मू में खोला गया था। पंडित गोविन्द कौल को अनुवाद विभाग का प्रमुख बनाया गया। इन पाठशालाओं में मुख्यत: कश्मीरी पंडितों को संस्कृत का ज्ञान दिया जाता था। दर्शन और धर्मशास्त्रों का फ़ारसी और अरबी से संस्कृत में अनुवाद कराया गया और डोगरी को हर संभव प्रोत्साहन दिया गया। इसी समय विद्याविलास प्रेस की स्थापना भी की गई, जहाँ मुख्यत: धार्मिक साहित्य छापा जाता था।[79] ज़ाहिर है शिक्षा के क्षेत्र में यह क़दम राज्य के हिन्दूकरण के उद्देश्य से उठाया गया था। साहित्य–संस्कृति में अपनी रुचि के लिए विख्यात और पश्तो के जानकार रणबीर सिंह के दरबार में पंडित गणेश कौल शास्त्री, बाबू नीलाम्बर मुखर्जी, डॉ. बख्शी राम, मिर्ज़ा अकबर बेग़, हक़ीम वलीउल्लाह शाह लाहौरी, सैयद ग़ुलाम जीलानी, लखनऊ के मौलवी गुलाम हुसैन ताबिब, हकीम नूरूद्दीन कादियान आदि शामिल थे,[80] लेकिन कश्मीर में आधुनिक शिक्षा के प्रसार में रणबीर सिंह ने कोई रुचि नहीं ली। यहाँ एक रोचक तथ्य यह है कि 18 66 में रणबीर सिंह ने लाहौर में साहित्य और विज्ञान को बढ़ावा देने के लिए स्थापित हो रहे यूनिवर्सिटी कॉलेज की स्थापना में 62,500 रुपये का भारी योगदान दिया[§§§§] जो पंजाब के किसी भी राजा द्वारा दिए गए चंदे से बहुत अधिक था, जबकि कश्मीर में बीसवीं सदी के दूसरे दशक में जाकर ही विश्वविद्यालय की स्थापना हो सकी।[81] 1864 कश्मीर में चर्च मिशनरी सोसायटी द्वारा कश्मीर मेडिकल एसोसिएशन की स्थापना की थी लेकिन मिशनरी

[§§§§]सूफ़ी बताते हैं कि 1882 में 30,978 रुपये इस मद में और दिए थे। (सूफ़ी–791)

शैक्षणिक गतिविधियाँ 1880 में जे.एच. नोवेल्स द्वारा शुरू की गई जिसे 1890 के बाद टिंडेल बिस्को द्वारा विकसित किया गया।[82] यह स्कूल आज भी 'टिंडेल बिस्को एंड में लिंसन' (ब्वायज़) स्कूल के नाम से श्रीनगर के प्रतिष्ठित स्कूलों में शामिल है जिसके छात्रों में फ़ारुख अब्दुला से लेकर शाह फ़ैसल और आमिर उल-शफ़ी ख़ान जैसे आई.ए.एस. टॉपर्स शामिल हैं। लेकिन इन स्कूलों में प्रवेश कश्मीर के उच्च वर्ग के पंडितों और सैयदों के लड़कों तक ही सीमित था। 1905 में थियोसेफिकल सोसायटी ने श्रीनगर में हिन्दू कॉलेज (अब श्री प्रताप कॉलेज)**** की स्थापना की।[83] शिक्षा पर सरकारी ख़र्च वैसे भी मामूली था लेकिन इसका भी बड़ा हिस्सा हिन्दू शिक्षण संस्थाओं को ही दिया जाता था।[84]

मुस्लिमों में शिक्षा के प्रति अरुचि का एक कारण प्रशासन में मुस्लिमों की भागीदारी पर लगभग अघोषित प्रतिबन्ध भी था। पढ़े-लिखे नौजवानों को भी डोगरा प्रशासन में नियुक्ति नहीं मिलती थी। सेना के पद राजपूतों के लिए आरक्षित थे तो राजस्व, शिक्षा, लोक निर्माण सहित अन्य विभागों के मध्यम और निचले पदों पर कश्मीरी पंडितों का कब्ज़ा था। ग्लांसी कमीशन†††† की रिपोर्ट में देखा जा सकता है कि जहाँ इन विभागों में निचले स्तरों पर मुसलमानों की संख्या बहुत कम थी वहीं ऊँचे (राजपत्रित) पदों पर तो उनकी उपस्थिति लगभग शून्य थी। 1870 की शुरुआत तक तो महाराजा के प्रशासन में एक भी मुस्लिम नहीं था, जबकि गाँव में रहने वाले अनेक मुसलमानों को फ़ारसी लिखनी पढ़नी आती थी जो तब राज्य के काम-काज की भाषा थी[85] जबकि राजपूतों को अनपढ़ होने के बावजूद प्रशासन में बहुत ऊँचे पद दिए गए थे।[86] इस पर अगले अध्याय में और विस्तार से चर्चा होगी।

इन सब कारणों से कश्मीरी मुसलमानों के भीतर एक आक्रोश का प्रस्फुटन स्वाभाविक ही था। रणबीर सिंह की मृत्यु के बाद सत्ता में आये प्रताप सिंह के समय घटी कुछ ऐतिहासिक घटनाओं ने कश्मीर के सत्ता संतुलन में परिवर्तन किया और 1889 में ब्रिटिश रेज़िडेंट की नियुक्ति के बाद जो हालात बदले उन्होंने कश्मीरी मुसलमानों को अपने लिए अधिकारों की माँग और उनके पक्ष में संघर्ष के लिए प्रेरित किया। उस प्रक्रिया को समझने के पहले इन घटनाओं को थोड़ा विस्तार से जान लेना बेहतर होगा।

रेज़िडेंट की नियुक्ति : प्रत्यक्ष ब्रिटिश नियंत्रण में कश्मीर

महाराजा गुलाब सिंह से अमृतसर संधि के बाद बाक़ी रियासतों की तरह उनके काम-काज पर निगाह रखने के लिए ब्रिटिश रेज़िडेंट नहीं नियुक्त किया गया था, बल्कि एक 'मौसमी'

****इतिहास की उठा-पठक के बीच इस कॉलेज से जुड़ी एक ख़ूबसूरत घटना का ज़िक्र करने का लोभ संवरण नहीं कर पा रहा हूँ। पाकिस्तान में ईश निंदा क़ानून की एक दोषी का समर्थन करने के चलते मार दिए गए सलमान तासीर के पिता इसी कॉलेज में प्रिंसिपल थे। उनकी पत्नी की बहन एलिस जॉर्ज वहाँ उनसे मिलने आईं तो प्रथम विश्वयुद्ध के चलते लौट न सकीं। वहीं उनकी मुलाक़ात फैज़ अहमद 'फैज़' से हुई और वह शादी के रिश्ते में बदली। शादी 1941 में महाराजा हरि सिंह के ग्रीष्मकालीन निवास परी महल में हुई और निक़ाहनामा पढ़ा शेख़ अब्दुल्ला साहब ने।

††††विस्तार से अगले अध्याय में

ऑफ़िसर ऑन स्पेशल ड्यूटी हुआ करता था जो आंतरिक प्रशासन में कोई दख़ल नहीं देता था बल्कि उसका मुख्य काम गर्मी के मौसम में कश्मीर में आने जाने वाले ब्रिटिश नागरिकों के हितों का ख़याल रखना था।[87] लेकिन गुलाब सिंह को दी गई यह सुविधा कालान्तर में ब्रिटिश प्रशासन के एक हिस्से को असुविधा लगने लगी थी। ख़ासतौर पर रूस से बढ़ते ख़तरे के चलते वे कश्मीर पर प्रत्यक्ष नियंत्रण चाहते थे।[‡‡‡‡] महाराजा रणबीर सिंह के समय भी इसकी कई कोशिशें हुईं। कई ब्रिटिश यात्री कश्मीर के प्रशासन के दौरान भेदभाव के आरोपों के सहारे कश्मीर में ब्रिटिश रेज़िडेंट की नियुक्ति के लिए दबाव बना रहे थे। ये आरोप निराधार नहीं थे लेकिन कई बार इन्हें बेहद बढ़ा-चढ़ा कर पेश किया गया। ऐसे ही एक मामले में कहा गया कि अनाज की कमी होने पर रणबीर सिंह ने मदद करने की जगह कुछ लोगों को नाव में भरकर श्रीनगर की झील में डुबो दिया। रणबीर सिंह ने इस आरोप को मानने से इंकार करते हुए एक मिली-जुली जाँच समिति से जाँच कराने की चुनौती दी। कमेटी ने पाया कि ऐसी कोई घटना नहीं हुई थी और ऐसे कई लोग ज़िंदा थे जिन्हें डुबो देने की बात कही जा रही थी।[88] हालाँकि प्रेमनाथ बज़ाज़ का मत है कि भय के कारण लोग सामने नहीं आये और आरोप सिद्ध नहीं हो सके।[89] लेकिन इन सबके बावजूद ब्रिटिश प्रेस, व्यापारियों और अन्य तबकों की ओर से यह माँग लगातार बढ़ती ही जा रही थी। 1870 में डगलस फोर्सीथ द्वारा यह पता लगाये जाने के बाद कि दुनिया की छत पामीर नहीं गिलगिट है और गिलगिट से गुज़रने वाला दर्रा वाखन से चित्राल जाने वाले दर्रे को भी नियंत्रित करता, अंग्रेज़ी प्रशासन इस क्षेत्र में अपनी प्रत्यक्ष उपस्थिति दर्ज करने को लेकर बेहद मुतमइन हो चुका था जिससे कि भारत के इस उत्तरी द्वार को अधिक सुरक्षित किया जा सके। रूस के किसी संभावित हमले के मद्देनज़र यह आवश्यक भी था। इस पर बात करने और दबाव बनाने के लिए लॉर्ड लिटन ने रणबीर सिंह को पहले महाराजाधिराज की उपाधि, एक पहाड़ी बैटरी और एक हज़ार एनफील्ड राइफलें ही नहीं मुहैया कराईं बल्कि कश्मीर के ओएसडी के सभी अधिकार बर्ख़ास्त कर उसे सिर्फ़ ब्रिटिश यात्रियों के मामलों तक सीमित कर दिया और फिर उन्हें 17-18 नवंबर, 1876 को माधोपुर में आमंत्रित किया। रणबीर सिंह गिलगिट में पूर्णकालिक ब्रिटिश पोलिटिकल एजेंट की नियुक्ति को लेकर बहुत उत्साहित नहीं थे, लेकिन अंततः मान गए और इस माधोपुर समझौते के तहत गिलगिट एजेंसी की स्थापना हुई और कैप्टन गिडोल्फ़ 1877 में गिलगिट का पहला ब्रिटिश एजेंट बना। हालाँकि गिडोल्फ़ गिलगिट में स्थानीय क़बीलाई राजनीति में उलझने और रणबीर सिंह के असहयोग के चलते बुरी तरह असफल रहा और 1881 में उसे वहाँ से हटा दिया गया।[90] लेकिन कश्मीर में ब्रिटिश एजेंट की नियुक्ति के लिए कोशिशें और पूर्वपीठिकाएँ रणबीर सिंह के शासन के अंतिम दौर में तेज़ हो चुकी थीं। 1870 में हुई वाणिज्यिक संधि के तहत ब्रिटिश भारत से कश्मीर में वस्तुओं का व्यापार ड्यूटी फ्री कर दिया गया।[91] 1872 में ब्रिटिश यात्रियों के कश्मीर जाने के लिए महाराजा की अनुमति की शर्त ख़त्म कर दी गई तो 1877 में कश्मीर का नियंत्रण पंजाब से लेकर सीधे ब्रिटिश गवर्नर जनरल के अधीन कर

‡‡‡‡रूसी ख़तरे पर ब्रिटेन की तत्कालीन समझ और नीतियों पर विस्तार से जानने के लिए पीटर हॉपकिक की किताब *द ग्रेट गेम* (कोडांसा लिमिटेड, जापान, 1992) पढ़ी जा सकती है।

दिया गया। महाराजा रणबीर सिंह जैसे मज़बूत राजा पर एक तरफ़ अंग्रेज़ ज़रूरत से अधिक दबाव बनाकर उसे नाराज़ नहीं करना चाह रहे थे तो दूसरी तरफ़ 1857 और उसके बाद रणवीर सिंह की सेवाओं का भी कुछ दबाव था ही। लेकिन इस सबके बावजूद महाराजा को न केवल ब्रिटिश ओ.एस.डी. को कश्मीर में 6 की जगह 8 महीने रहने की अनुमति देनी पड़ी बल्कि उनकी कुंठा इस बात से भी समझी जा सकती है कि अपनी स्वामिभक्ति का प्रमाण देने के लिए उसने अपने बेटों में से किसी एक को ब्रिटिश सत्ता के पास दिल्ली में बंधक रखने तक का प्रस्ताव दिया था।[92]

लेकिन 1882 से ही बीमार चल रहे रणबीर सिंह के 12 सितम्बर 1885 में मधुमेह से अंतिम साँसें लेने के पहले ही अंग्रेज़ों ने श्रीनगर में ब्रिटिश रेज़िडेंट की नियुक्ति का फ़ैसला ले लिया था। असल में उनके लिए यह और भी आसान हो गया, रणबीर सिंह के बेटों के बीच उत्तराधिकार के संघर्ष से। 1882 में ही रणबीर सिंह ने ब्रिटिश शासन से अपने बड़े बेटे प्रताप सिंह की जगह अमर सिंह को अपना उत्तराधिकारी बनाने का आग्रह किया था।[93] असल में 14 जुलाई 1850 को जन्मे प्रताप सिंह न केवल छोटी कद काठी के थे बल्कि अक्सर बीमार भी रहते थे। उस समय के हिसाब से ठीक-ठाक शिक्षा और प्रशासनिक अनुभव के बावजूद उनकी प्रशासनिक क्षमता को लेकर अधिकतर लोगों को संदेह था और इन्हीं सब वजूहात से रणबीर सिंह उनकी तुलना में अमर सिंह को अधिक पसंद करते थे।[94] बेहद महत्त्वाकांक्षी राजा अमर सिंह का दरबार में ख़ासा प्रभाव था और वह प्रताप सिंह को एकदम पसंद नहीं करता था।[§§§§] ज़ाहिर है ऐसी परिस्थिति में जब लॉर्ड रिपन ने प्रताप सिंह को कश्मीर का नया महाराजा बनाने का निर्णय लिया तो शायद उसकी कमज़ोरी को ही ध्यान में रखा होगा और ऐसे में प्रताप सिंह के पास अपने पुरखों की तरह वह नैतिक तथा राजनैतिक साहस नहीं था कि आख़िरी क्षणों में लगाई गई कुछ गुहारों-मनुहारों के अतिरिक्त कश्मीर में ओएसडी की जगह ब्रिटिश रेज़िडेंट की नियुक्ति की शर्त से इंकार कर पाता। इस तरह 25 सितम्बर, 1885 को एक तरफ़ प्रताप सिंह कश्मीर का महाराजा हुआ तो दूसरी तरफ़ तत्कालीन ओएसडी कर्नल सर ओ. सेंट जॉन कश्मीर का पहला रेज़िडेंट बना।[95] महाराजा ने अपने राज्याभिषेक के लिए ज्योतिषियों की सलाह से 10 मई का दिन चुना था, अब यह आप पर है कि इसे शुभ मानें या अशुभ—प्रताप सिंह अगले 40 साल तक 'इन्दर महिंदर बहादुर, सिपर ए सल्तनत ए इंगलिशिया, GCSI, GCIE, GBE, LLD' जैसी भारी भरकम उपाधियों के साथ कश्मीर की राजगद्दी पर रहा लेकिन इन चालीस सालों में बमुश्किल दस-बारह साल वह निर्णय लेने की स्थिति में रह पाया!

कश्मीर में ब्रिटिश रेज़िडेंट की नियुक्ति के साथ ही कुछ सुधार लागू करने की शर्त रखी गई थी, जिनमें भू-बंदोबस्त, करों को कम करना, सड़कों के निर्माण, राज्य के

[§§§§]एक मान्यता यह थी कि रणबीर सिंह ने अपनी पहली संतान एक लड़की को किसी कश्मीरी पंडित के सद्यजात लड़के से बदल लिया था, प्रताप सिंह वही बदला हुआ लड़का था। इसीलिए अमर सिंह ने कभी प्रताप सिंह को बड़े भाई का सम्मान नहीं दिया और अक्सर उनसे बेअदबी से बात किया करता था (देखें *कश्मीर : द केस ऑफ़ फ्रीडम* में तारिक़ अली का लेख)

एकाधिकारों की समाप्ति, वित्तीय नियन्त्रण, कश्मीर में आवागमन पर लगी रोक को पूरी तरह से समाप्त करना, सेना का पुनर्गठन और उन्हें नक़द भुगतान की व्यवस्था और न्याय व्यवस्था में सुधार के उपाय शामिल थे। प्रताप सिंह ख़ुद भी प्रशासनिक सुधारों का पक्षधर था[96] और हमने देखा है कि पदग्रहण के बाद उसने सभी नागरिकों का हित बिना किसी धार्मिक, जातीय या क्षेत्रीय भेदभाव के करने की घोषणा की थी।[97] लेकिन इस घोषणा के वास्तविक उद्देश्यों पर इन तथ्यों की रौशनी में भरोसा मुश्किल है कि 1894 में बने प्रताप कोड के तहत डोगरा राजपूतों को ज़मीनों पर स्थाई अधिकार देने के लिए पहले पाँच साल तक लगान मुक्त और फिर आधे लगान पर ज़मीनें उपलब्ध कराई गईं, उनके गाँवों को बेग़ार से मुक्ति, जानवरों को कर से मुक्ति और शिक्षा के लिए सुविधाएँ देते हुए कहा गया कि 'डोगराओं' के साथ आम आदमी की तरह व्यवहार नहीं किया जा सकता, यही नहीं जहाँ कश्मीरी पंडित जागीरदारों को 1910 में नज़राने की व्यवस्था से मुक्ति दी गई वहीं मुस्लिम जागीरदारों को उत्तराधिकार में जागीर मिलने पर नज़राना देना पड़ता था।[98] असल में ऐसे तमाम उदाहरण हैं जिससे साफ़ प्रतीत होता है कि प्रताप सिंह इस मामले में अपने पुरखों से एकदम अलग नहीं था लेकिन तब तक जिस तरह से ब्रिटिश प्राधिकार स्थापित हो चुका था उसमें उन नीतियों को उस तरह से लागू कर पाना संभव नहीं था।[******]

ब्रिटिश रेज़िडेंट न केवल कश्मीर में ब्रिटिश साम्राज्यवाद के हितों का प्रतिनिधित्व कर रहा था बल्कि उसका दावा कश्मीर में बहुसंख्यक मुस्लिम आबादी के हितों के भी प्रतिनिधित्व का था। यह दावा उसे कश्मीर में हस्तक्षेप के लिए नैतिक वैधता देता था अगर यह एक सच है तो दूसरा यह भी कि डोगरा शासकों और उनके कश्मीरी पंडित कर्मचारियों ने कश्मीर में बहुसंख्यक मुसलमान आबादी के लिए ज़िन्दगी बेहद मुश्किल कर दी थी। साथ ही बदलते हुए समय में दुनिया भर में आये लोकतांत्रिक बदलावों की बयार कश्मीर में भी पहुँच ही रही थी तो उन्नीसवीं सदी के आख़िरी वर्षों में कश्मीरी मुसलमानों के बीच हम न केवल डोगरा शासकों, बल्कि अंग्रेज़ों के ख़िलाफ़ भी बग़ावत के आरम्भिक बीज देखते हैं। मृदु राय बताती हैं कि 1897 में इन्हीं आरोपों में कश्मीर से एक मुल्ला को निष्कासित किया गया था। इसलिए ब्रिटिश अधिकारी भी यह समझ रहे थे कि अगर कुछ आधारभूत सुधार न किये गए तो इस बहुसंख्यक आबादी के आक्रोश की आँच उन तक भी पहुँच सकती है। प्रताप सिंह के दरबार की खींचतान, धड़ेबाजी और ख़ासतौर पर उसके दोनों भाइयों, राजा अमर सिंह तथा राजा राम सिंह के असहयोग के चलते ब्रिटिश सरकार को खुलकर हस्तक्षेप करने का मौक़ा ही नहीं मिला बल्कि 1889 में तो उन्होंने महाराजा से सभी अधिकार छीन कर उसे केवल नाम का महाराजा बना दिया। हुआ यह कि 25 फरवरी 1889 में निस्बत ने डोगरी में लिखी और प्रताप सिंह द्वारा हस्ताक्षरित 34 चिट्ठियाँ पकड़ीं जिसके अनुसार वह रूस के ज़ार और पंजाब के महाराजा दलीप सिंह (जो उन दिनों रूस में था) के सम्पर्क में था और अपने दोनों भाइयों, ब्रिटिश रेज़िडेंट तथा अपनी एक महारानी

[******]प्रताप सिंह अपने निजी जीवन में कट्टर हिन्दू तो था ही, कहा जाता है कि वह दोपहर के पहले किसी मुसलमान का मुँह तक देखना पसंद नहीं करता था। (पेज 203, *अल्लामा इक़बाल और तहरीक ए आज़ादी ए कश्मीर*, ग़ुलाम नबी ख़याल)

को मारने का षड्यंत्र कर रहा था। हस्ताक्षर को अमर सिंह और राम सिंह ने प्रमाणित किया और मार्च 1889 में उसे एक इरशाद (त्यागपत्र) पर हस्ताक्षर करने को मजबूर किया गया जिसके तहत सारा प्रशासनिक अधिकार उससे छीन कर एक काउंसिल ऑफ़ रीजेंसी को दे दिया गया जिसका प्रमुख ब्रिटिश रेज़िडेंट था और सदस्यों में अमर सिंह, राम सिंह, पंडित सूरज कौल, पंडित भाग राम तथा एक वैतनिक नियुक्ति पर अनुभवी ब्रिटिश अधिकारी शामिल थे। इस काउंसिल की अध्यक्षता पहले अमर सिंह के विश्वसनीय दीवान लक्ष्मण दास ने की और फिर एक साल बाद अमर सिंह को इसका अध्यक्ष बनाया गया। महाराजा प्रताप सिंह अब बस एक नाममात्र के महाराजा रह गए थे। इस इरशाद को स्वीकार करते हुए वायसराय लॉर्ड डफरिन की टिप्पणी थी—

> आपके राज्य में प्रचुर संसाधन होते हुए भी आपका ख़ज़ाना ख़ाली है; भ्रष्टाचार और अव्यवस्था हर कार्यालय के, हर विभाग में बदस्तूर है; महाराजा घटिया और अयोग्य चाटुकारों से घिरे हैं[††††††], और आपके राज्य में जारी कुशासन रोज़-ब-रोज़ चिंता का कारण बनता जा रहा है।[99]

हालाँकि न तो वायसराय, न ही विदेश सचिव ने इन चिट्ठियों को गंभीरता से लिया लेकिन ऐसा लगता है कि ब्रिटिश प्रशासन कश्मीर पर प्रत्यक्ष शासन के लिए आतुर था और राजा अमर सिंह की कश्मीर की गद्दी पर व्यग्रता तथा प्रताप सिंह की कमज़ोरी ने उन्हें इसका मौक़ा दे दिया था। वे इन पत्रों को अधिक महत्त्व देकर मामले को अधिक तूल नहीं देना चाहते थे क्योंकि वे भी समझ रहे थे कि प्रताप सिंह के इस तर्क में वाकई दम था कि कोई मूर्ख ही ज़ार को डोगरी में ख़त लगेगा और इसके सार्वजनिक होने पर ब्रिटिश रेज़िडेंट के साथ-साथ ब्रिटिश शासन की भी छीछालेदर होगी और वह हुई भी जब *अमृत बाज़ार* पत्रिका, *इंडियन मिरर* सहित कई अख़बारों ने इस मामले पर अनेक लेख छापे और मामला ब्रिटिश संसद तक भी पहुँचा।[100]

वैसे, इन आरोपों की आड़ में प्रताप सिंह से शासन छीन कर अपने हाथ में लेने के बाद ब्रिटिश रेज़िडेंट और इस कमेटी ने कश्मीरी जनता का कितना भला किया वह अपने आप में एक सवाल है। पहली बात तो यही कि मृदु राय जैसे अनेक इतिहासकार जिस मुस्लिम प्रश्न को बार-बार उठाते हैं उसे लेकर अंग्रेज़ों की गंभीरता इसी बात से समझी जा सकती है कि प्रताप सिंह पर उनकी उपेक्षा का आरोप लगाने वाले और बाद में प्रशासनिक

[††††††]यहाँ एक मज़ेदार तथ्य यह है कि सेंट जॉन ने कश्मीर छोड़ने से पहले यह आरोप लगाया था कि महाराजा तीन लोगों के प्रभाव में हैं, मीरां बख्श, एक बदनाम मुस्लिम, सेठ रामानंद, एक ज्योतिषी और सवाल सिंह जिसे दीवाना समझा जाता था। सवाल सिंह का दावा था कि वह स्वर्गीय महाराजा के प्रेत से संवाद कर सकता है। महाराजा उससे मिले निर्देशों का पालन करता था। इसकी शिक़ायत महारानी बिशन देवी ने भी लॉर्ड डफरिन और पंजाब के लेफ़्टिनेंट गवर्नर से की थी। इसके अलावा वज़ीर पुन्नू की मृत्यु के बाद रणबीर सिंह के सबसे विश्वस्त और योग्य मंत्री लक्ष्मण दास की जगह गोविन्द शाह और नीलाम्बर मुखर्जी को सत्ता में महत्त्व देना भी ब्रिटिश शासकों को पसंद नहीं आया था। असल में दरबारी षड्यंत्रों में इनकी भूमिका बेहद महत्त्वपूर्ण थी। (पेज 37-*ब्रिटिश पैरामाउंटेसी इन कश्मीर* (1876-94), माधवी यासीन)

कमेटियों में उन्हें शामिल करने पर ज़ोर देने वाले अंग्रेज़ों द्वारा गठित इस कमेटी में कोई मुस्लिम प्रतिनिधि नहीं था। दूसरे, आर्थिक कुप्रबंधन और निजी ख़र्चों की अय्याशी के आरोप के बरक्स हमने तत्कालीन रेज़िडेंट निस्बत की फ़िज़ूलखर्ची का उदाहरण पहले देखा ही है। इसी दौरान लेडी डफरिन फंड कमेटी ने कश्मीर से 50,000 रुपये हासिल किये और लाहौर के एटकिंसन कॉलेज को 25,000 रुपये का चन्दा दिलवाया गया।[101] यही नहीं, पहले विश्वयुद्ध के दौरान जम्मू क्षेत्र से 51,000 सैनिकों को मोर्चे पर भेजा गया और राज्य के खज़ाने से दस मिलियन रुपये ख़र्च किए गए।[102] एक लाख रुपये लॉर्ड फ्रेडरिक रॉबर्ट के कश्मीर आगमन पर ख़र्च हुए तो 50,000 रुपये कपूरथला के महाराज की आवभगत पर ख़र्च किए गए।[103] सेना के पुनर्गठन के नाम पर कश्मीर की 22,000 की सेना को घटाकर 7,500 कर दिया गया और इसे दो हिस्सों में बाँट दिया गया, नियमित सेना और इम्पीरियल सर्विस सेना। इस इम्पीरियल सर्विस सेना का उपयोग 1890 के दौरान हुंजा, नागर, चिला और चित्राल के अभियानों में ब्रिटिश सेना के रूप में किया गया और इसका ख़र्च कश्मीर के सरकारी ख़ज़ाने से दिया गया। सड़कों के निर्माण में भी ब्रिटिश साम्राज्यवादी हितों का ख़याल रखते हुए रावलपिंडी–श्रीनगर–गिलगिट–लद्दाख जैसी सामरिक महत्त्व की सड़कों और सियालकोट जम्मू रेल लिंक जैसी परियोजनाओं पर कश्मीरी ख़ज़ाने से भारी राशि ख़र्च की गई। साथ ही महाराजा के परिवारजनों पर होने वाली फ़िज़ूलखर्ची पर भी कोई विशेष रोक लगाने की कोशिश नज़र नहीं आती।[104]

इस दौर के जिन सुधारों की सबसे ज़्यादा चर्चा होती है वह है वॉल्टर लॉरेन्स द्वारा किया गया भू–बंदोबस्त। वॉल्टर लॉरेन्स को अक्सर बड़े सम्मान से याद किया जाता है और उनकी प्रसिद्ध किताब *हिस्ट्री ऑफ़ कश्मीर* कश्मीर को जानने–समझने के लिए बेहद ज़रूरी किताब मानी जाती है। असल में कश्मीर में काश्तकारों की जिस लूट का ज़िक्र थोर्प ने किया था उसे दूर करने के लिए सबसे पहले 1887 में ए. विग्नेट को नए भू–बंदोबस्त व्यवस्था के लिए भेजा गया था। विग्नेट ने ज़मीन के मालिकाना अधिकार किसानों को सौंपने की अनुशंसा की थी लेकिन जब जागीरदारों और शहरी लोगों के साथ राज्य अधिकारियों ने इसका विरोध किया तो उसे कश्मीर छोड़कर जाना पड़ा। ब्रिटिश रेज़िडेंट ने उसका समर्थन करने या किसानों को ज़मीन का मालिकाना अधिकार दिलाने के इस प्रस्ताव का कोई समर्थन नहीं किया। उसके बाद वॉल्टर लॉरेन्स को 1889 में भेजा गया और उसने 1893 में अपना काम पूरा किया। इसके मुख्य बिंदु थे, चौदह सालों के लिए राज्य की माँग निश्चित की गई, बेग़ार व्यवस्था समाप्त कर दी गई, राजस्व की वसूली के लिए सेना के उपयोग या हर तरह की ज़बरदस्ती पर रोक लगा दी गई, अनाज के रूप में भुगतान की जगह एक हिस्सा नक़द में तथा बाक़ी का अनाज के रूप में भुगतान की व्यवस्था की गई, ग़ैर विवादित ज़मीनों पर किसानों को कब्ज़ा अधिकार दिए गए, जागीरदारों तथा अन्य भू लाभान्वित लोगों की ज़मीनों का निरीक्षण किया गया और उनके कब्ज़े की अतिरिक्त ज़मीनों पर करारोपण किया गया, बंजर तथा जंगल की ज़मीनों के साथ ग़ैर मालिकाने वाली ज़मीनों को खालिसा (सरकारी) मालिकाना घोषित किया गया आदि।[105] इस अनुसंशा को ब्रिटिश शासन ने स्वीकार किया जिसमें मालिकाना अधिकार लगभग पहले जैसे ही बने रहे

थे। लेकिन जहाँ एक तरफ़ जो राजस्व का एक हिस्सा अनाज के रूप में देने के नियम का ख़ूब दुरुपयोग हुआ और सैनिकों की ज़ोर-ज़बरदस्ती जारी रही।[106] प्रताप सिंह को भी इन सुधारों से कोई एतराज़ नहीं था। न केवल उसने अपने दरबारियों के विरोध के बावजूद इन्हें पूरी तरह स्वीकार किया बल्कि वॉल्टर लॉरेन्स की एक मूर्ति भी सेटलमेंट कार्यालय के मुख्य द्वार पर लगवाई। यही नहीं सामंतों और जागीरदारों के तीख़े विरोध को दरकिनार करते हुए प्रताप सिंह ने भू-राजस्व का 31 लाख का बकाया भी माफ़ कर दिया।[107] हालाँकि ब्रिटिश शासन इन सुधारों के कार्यान्वयन के लिए कितना गंभीर था और यह कितना प्रभावी हुआ, इसका पता एलिएस्टर लैम्ब के आकलन से पता चलता है—

> 1889 के बाद, जब ब्रिटिश कश्मीर की प्रभावी सत्ता में थे, लागू किये गए सुधारों के बावजूद 1925 में हरि सिंह को जागीर मिली। उसमें बहुसंख्यक मुस्लिम आबादी अपनी रोज़-ब-रोज़ की ज़िन्दगी में बेतहाशा मुश्किलात से घिरी हुई थी। उदाहरण के लिए बेग़ार की व्यवस्था जारी थी, भारत सरकार को यह प्रथा ख़ासतौर पर आपत्तिजनक लगती थी लेकिन अनेक ब्रिटिश यात्रियों, सरकारी और ग़ैर सरकारी दोनों को यह व्यवस्था बहुत मुफ़ीद लगती थी और वे इसका लाभ उठाते थे। सिद्धांत तौर पर बेग़ार ख़त्म हो चुका था लेकिन ख़ासतौर से दूर दराज़ के इलाक़ों में वह 1947 तक जारी रहा। वॉल्टर लॉरेन्स के भू-बंदोबस्त के अनुसार किसानों को उपज का 70 प्रतिशत मिलना चाहिए था लेकिन वास्तव में राज्य के अधिकारी और जागीरदार किसानों का हिस्सा हड़प जाते थे। नतीजतन ग्रामीण ऋणग्रस्तता में भारी बढ़ोत्तरी हुई और ग्रामीण साहूकार फले-फूले।[108]

मृदु राय ने विस्तार से इन नीतियों की विवेचना कर यह निष्कर्ष निकाला है कि लॉरेन्स के भू बंदोबस्त के बावजूद राजस्व विभाग के निचले पदों पर भ्रष्ट कश्मीरी पंडितों का कब्ज़ा, ज़मीन की लूट और भू विशेषाधिकार पहले की तरह ही जारी रहे।[109] इस पर थोड़ा विस्तार से हम अगले अध्याय में देखेंगे, लेकिन इन उदाहरणों से यह तो स्पष्ट है कि प्रत्यक्ष ब्रिटिश शासन के बावजूद कश्मीर की आम कामगार जनता को बड़ी राहत नहीं मिली, जबकि कश्मीर में ज़मीन ख़रीदने और मुक्त व्यापार सम्बन्धी ब्रिटिश व्यापारियों की माँग पूरी हुई।[110] यहाँ यह बता देना ज़रूरी है कि लॉर्ड रिपन द्वारा सुझाए गए सुधार के जिन बिन्दुओं पर पहले बात की गई है उसके अलावा भी कुछ 'सुधारों' के लिए भी प्रताप सिंह पर उनके शपथ ग्रहण के तुरंत बाद ज़ोर दिया गया था—(i) कश्मीर में योरोपीय व्यापारियों की स्थिति, (ii) राज्य का डाक प्रबंधन, (iii) मुद्रा, (iv) ग़ैर ब्रिटिश योरोपियों के मामले में न्यायिक प्राधिकार का मामला, (v) अपराधियों का देशनिकाला, (vi) कश्मीर रेलवे का मसला और (vii) कश्मीर में ब्रिटिश कैंटोनमेंट की स्थापना। जब प्रताप सिंह वायसराय से मिलने कोलकाता गये तो उन्होंने कैंटोनमेंट की स्थापना करने का विरोध किया लेकिन इसके बदले उन्हें दूसरी रियायतें देनी पड़ीं।[111] ज़ाहिर है कि ब्रिटिश साम्राज्यवाद के हित रेज़िडेंट और ब्रिटिश शासन के लिए सर्वोपरि थे जिसके लिए कश्मीर के शासन पर अपना प्रत्यक्ष नियंत्रण उसे ज़रूरी लग रहा था।

असल में रूस के ख़तरे और कश्मीर पर ब्रिटिश नियंत्रण की आकांक्षा एक-दूसरे से नाभिनालबद्ध थे और इसका अंदाज़ा अंतर्राष्ट्रीय घटनाओं और प्रताप सिंह के संदर्भ में ब्रिटिश फ़ैसलों के अन्तर्सम्बन्धों के एक अध्ययन से आसानी से समझ आ जाता है। इस बात को ब्रिटिश पार्लियामेंट के उदारवादी सदस्य विलियम डिग्बी ने बहुत स्पष्ट तरीक़े से कहा था—

> जबकि कुशासन और कश्मीर के लोगों के कथित बुरे हालात इस कार्यवाही (कश्मीर की सत्ता पर प्रत्यक्ष ब्रिटिश नियंत्रण) का कारण बताये गए हैं, यह पूरी बात नहीं थी, और यह मानने के पर्याप्त कारण हैं कि ये वास्तविक उद्देश्य नहीं थे। वास्तविक उद्देश्य भारत की तरफ़ रूस के आक्रमण का भय था जिसने उस समय की भारत सरकार को इतने सारे क़दम उठाने की ओर अग्रसर किया जिन पर सवाल उठाये जा सकते हैं, जबकि यह एकदम स्पष्ट लगता है कि अगर कश्मीर के शासन पर पूरे कब्ज़े की नहीं तो नियंत्रण की इच्छा तो थी ही...यह गिलगिट था जिसे सरकार चाहती थी।[112]

ए.पी. निकोल्सन ने *स्क्रैप्स ऑफ़ पेपर* में और स्पष्ट तौर पर कहा—

> जब कश्मीर में हमने वह हासिल कर लिया जो हम चाहते थे तो महाराजा (प्रताप सिंह) को 1905 में गद्दी पर बहाल कर दिया गया लेकिन रेज़िडेंट की वीटो की शर्त पर।[113]

तो 1889 में ही गिलगिट एजेंसी की पुनर्स्थापना कर दी गई, जिसके पास अब राजनीतिक, सिविल और सैन्य सहित सभी मामलों में सम्पूर्ण प्रशासनिक अधिकार थे। गिलगिट के ब्रिटिश पॉलिटिकल एजेंट ए.जी. डूरंड को वहाँ मौजूद सेना संतोषजनक नहीं लगी तो 1894 तक गिलगिट में इम्पीरियल सर्विस सेना स्थापित कर ली गई जिसके लिए उचित और समयबद्ध वेतन के साथ प्रशिक्षण आदि की पर्याप्त व्यवस्था की गई और अंततः इस सेवा में तैनात डोगरा सैनिकों को तत्कालीन ब्रिटिश पॉलिटिकल एजेंट रूस ने 'सुपोषित, अनुशासित, सक्रिय और स्वामिभक्त' होने का प्रमाणपत्र जारी किया। हाँ, उस ऊँचाई पर सेना के रखरखाव और रसद आदि पहुँचाने और सड़कों के निर्माण के लिए डेढ़ हज़ार कश्मीरी श्रमिकों की 'बेग़ार' ज़रूरी थी ही, इस क़दर की उनकी 'हमें गिलगिट से बचाओ' की पुकार 'मानवी(नी)य' ब्रिटिश शासकों तक नहीं पहुँची। 1891 में रूस के सीमावर्ती हुंजा, नागर और मिश्गर के क़बीलों को नियंत्रण में ले लिया गया, ज़ाहिर है इसमें जान-माल की जो क्षति हुई वह कश्मीर के ख़ज़ाने से ही चुकाई गई। इस उद्देश्य की प्राप्ति के बाद प्रताप सिंह को स्टेट काउंसिल का अध्यक्ष बना दिया गया और राजा अमर सिंह को उपाध्यक्ष। 1893 में श्रीनगर में लगे दरबार में रेज़िडेंट ने प्रताप सिंह को हुंजा-नागर पर कब्ज़े में सहयोग के लिए ख़ासतौर पर धन्यवाद देते हुए 'वर्तमान सुशासन' का श्रेय दिया गया और महारानी विक्टोरिया द्वारा 'ग्रैंड कमांडर ऑफ़ द स्टार ऑफ़ इंडिया' (GCSI) की उपाधि से सुशोभित किया गया। अब गिलगिट पर नियंत्रण के अलावा कश्मीर में ऐसा कौन

सा चमत्कार हुआ था कि 1889 का 'मूर्ख (Imbecile)' महाराजा 1891 में ब्रिटिश शासन का 'नगीना' बन गया, यह तो कोई जादूगर ही बता सकता है। हालाँकि महाराजा प्रताप सिंह अब भी नाम का ही शासक था और 1895 में रेज़िडेंसी के वक़ील से गुहार लगा रहा था कि 'मुझे तो रेज़िडेंट को भेजे जाने वाले पत्रों पर हस्ताक्षर भी नहीं करने दिया जाता। मैं एक तहसीलदार भी नियुक्त नहीं कर सकता। सच में मैं बहुत असहाय हूँ, मेरे हाथ में कुछ भी नहीं है' तो उसे हस्ताक्षर करने के अधिकार दे दिए गए। 1905 तक ब्रिटिश सत्ता ने उत्तर-पश्चिमी सीमा पर अपनी स्थिति काफ़ी मज़बूत कर ली थी। अफ़गानिस्तान के साथ रिश्ते बेहतर हो गए थे और एन.डब्ल्यू.एफ़.पी. के निर्माण के साथ सीमा नीति का नियंत्रण कलकत्ता से पेशावर चला गया था। तो अब लाज़िम था कि प्रताप सिंह को कुछ और अधिकार दिए जाते। लॉर्ड कर्ज़न ने स्टेट काउंसिल को भंग कर दिया और प्रताप सिंह को प्रशासनिक अधिकार सौंप दिए गए। हालाँकि बिना रेज़िडेंट से अनुशंसित हुए अब भी कोई निर्णय प्रभावी नहीं हो सकता था। इसी दौरान 1909 में अमर सिंह की लकवे से मृत्यु हुई। राम सिंह की मृत्यु 1899 में ही हृदयाघात से हो चुकी थी। अंग्रेज़ों ने अपने विश्वस्त भितरघाती खोये तो षड्यंत्रकारी भाइयों से मुक्ति के बाद प्रताप सिंह के लिए कश्मीर की राजनीति थोड़ी और सह्य हो गई। प्रथम विश्व युद्ध छिड़ा तो प्रताप सिंह ने अपने ख़ज़ाने और सेना ब्रिटिश सत्ता की सेवा में प्रस्तुत कर दिए और रूस में क्रान्ति होने के साथ रूसी सीमा से ख़तरा भी फ़ौरी तौर पर लगभग पूरी तरह से ख़त्म हो गया। ऐसे में जब 18 सितम्बर 1920 को महाराजा ने एक बार फिर गुहार लगाई तो मार्च 1921 में जम्मू में लगे दरबार में लॉर्ड चेम्सफोर्ड ने सीमावर्ती मामलों और महत्त्वपूर्ण प्रशासनिक सुधारों में ब्रिटिश रेज़िडेंट से सलाह के गोपनीय इक़रारनामे के साथ प्रताप सिंह को सारे प्रशासनिक अधिकार सौंप दिए।[114] ज़ाहिर है, अगर यह एक सच है कि डोगरा शासन की साम्प्रदायिक नीतियों और आर्थिक शोषण ने कश्मीर में बदहाली का वह माहौल बनाया जिसने ब्रिटिश सत्ता को हस्तक्षेप का बहाना दिया तो दूसरी तरफ़ यह भी उतना ही बड़ा सच है कि ब्रिटिश साम्राज्यवाद के लिए कश्मीर की जनता से अधिक चिंता उसकी उन सीमाओं की थी जहाँ से रूसी सेना आक्रमण कर सकती थी, और यथार्थ इन दोनों सच्चाइयों के बीच ही है। कश्मीर का सामरिक महत्त्व मुग़लों से लेकर अंग्रेज़ों तक के लिए उस पर कब्ज़े का वास्तविक मक़सद था, वरना अकाल तो पहले 1769-70 में और फिर 1783 में बंगाल में भी पड़ा था और उसकी जड़ में कोई स्थानीय शासक नहीं ब्रिटिश सत्ता की साम्राज्यवादी लूट ही थी। 1790-92 में बम्बई, हैदराबाद, गुजरात, मद्रास और उड़ीसा में अकाल पड़ा तो 1799-1800 बम्बई प्रांत में अस्सी लाख लोग अकाल का शिक़ार हुए। 1812-13 में काठियावाड़ में अब तक का सबसे भयानक अकाल पड़ा, गुजरात में प्लेग से लाखों लोग मरे तो 1832-33 में शोलापुर और उत्तरी मद्रास में आये दुर्भिक्ष में 22 लाख लोग प्रभावित हुए। 1853-55 में राजस्थान, मद्रास और बम्बई प्रांत में पड़े अकाल में 20 लाख लोग मारे गए थे।[115] दादा भाई नौरोजी ने *पावर्टी एंड अन ब्रिटिश रूल इन इंडिया* में लूट के उस पूरे तंत्र को बहुत स्पष्ट तरीक़े से स्पष्ट कर दिया था जिससे भारत की धन-संपदा ब्रिटेन की समृद्धि के लिए उपयोग की जा रही थी। तो बदले हुए हालात में बदली भूमिकाओं के

बावजूद भारतीय जनता की शोषक ब्रिटिश सत्ता की कश्मीरी जनता के प्रति उमड़ी संवेदना को उसके निहितार्थों के बिना स्वीकार करना नादानी होगी। हाँ, डायलेक्टिक्स की अपनी गति होती है और ब्रिटिश औपनिवेशिक शासन तथा डोगरा सामन्ती शासन के अंतर्विरोधों के बीच से कश्मीर के इतिहास को अपनी गति मिली।

इन राजनीतिक घटनाक्रमों के बीच पश्चिम में ज़ोर पकड़ रहे लोकतांत्रिक आन्दोलनों, भारतीय उपमहाद्वीप में चल रही आज़ादी की लड़ाई और सुदूर रूस में चल रहे क्रांतिकारी संघर्ष की बयारें नए कॉलेजों और अवसरों का लाभ उठाकर शिक्षित हुए कश्मीरी युवाओं के माध्यम से कश्मीर में पहुँच रही थी। साथ में कमज़ोर हुए डोगरा शासन में मुस्लिम आबादी अपनी तकलीफ़ों को लगातार माँग पत्रों और शिकायतों के माध्यम से ब्रिटिश अधिकारियों तक पहुँचा रही थीं। लेकिन डोगरा शासन ने इन आकांक्षाओं के दमन की कोशिशें जारी रखीं और जहाँ अंग्रेज़ों के हित प्रभावित हुए वहाँ उन्होंने भी इस दमन को रोकने की कोशिशें नहीं कीं। इसका सबसे बड़ा उदाहरण कश्मीर में प्रेस पर बंदिश का है। 1903 में मोरावियन मिशन द्वारा निकाले जाने वाले ग़ैर राजनीतिक *लद्दाख* अख़बार पर बंदिश लगा दी तो अनंत राम नामक एक कश्मीरी पंडित को एक सांस्कृतिक तथा धार्मिक अख़बार निकालने की भी इजाज़त नहीं मिली। कश्मीर सरकार की स्पष्ट नीति थी कि शासन से इजाज़त लिए बिना कोई अख़बार नहीं निकल सकता और ब्रिटिश सरकार के ख़िलाफ़ लिखने वाले किसी भी अख़बार को इजाज़त नहीं दी जायेगी, ब्रिटिश शासन की इसमें पूरी सहमति थी।[116] जम्मू और कश्मीर का पहला अख़बार *रणबीर* चार कोशिशों के बाद 1924 में ही निकल सका। इसके सम्पादक और प्रबंधक एक डोगरा लाला मुल्कराज सर्राफ़ थे। लम्बे समय तक डोगरा शासकों का स्वामिभक्त *रणबीर* जम्मू और कश्मीर का इकलौता अख़बार बना रहा।[117]

1924 की गर्मियों में रेशमखाना (सिल्क फैक्ट्री) के 5,000 मज़दूरों ने अपनी ख़राब माली हालत और शोषण के ख़िलाफ़ आवाज़ उठाई और तनख़्वाहें बढ़ाने तथा एक क्लर्क की बर्खास्तगी की माँग की, ये सभी मज़दूर मुसलमान थे जबकि इस सरकारी फैक्ट्री के प्रबंधन में सभी कश्मीरी पंडित थे। 1907 में स्थापित यह फैक्ट्री दुनिया में सबसे अधिक रेशम उत्पादन करने वाली फैक्ट्री थी। यह विद्रोह आधुनिक भारत के इतिहास में सबसे पहले कामगार विद्रोहों में से एक है। प्रबंधन ने तनख्वाहों में तो मामूली वृद्धि कर दी लेकिन आंदोलन के नेताओं को गिरफ्तार कर लिया। इस पर मज़दूरों ने हुजूरीबाग़ में एकत्र होकर विरोध प्रदर्शन शुरू किया तो प्रताप सिंह की सेनाओं ने उसका कड़ाई से दमन किया, हड़ताल के नेताओं को कड़ी सज़ाएँ दी गईं, उत्पीड़न किया गया और कई नेताओं को मौत के घाट उतार दिया गया तो कई मजदूरों को झील में डुबो कर मार दिया गया। इन सब के दौरान ब्रिटिश रेज़िडेंट वहाँ था और उसने मज़दूरों के हित में कोई क़दम उठाने की जगह प्रताप सिंह को परोक्ष समर्थन ही दिया।[118] इस घटना के कुछ दिनों बाद ही 1924 में कश्मीर आये वायसराय लॉर्ड रीडिंग को सौंपे एक ज्ञापन में माँग की गई कि राज्य सेवाओं में मुसलमानों को उचित प्रतिनिधित्व दिया जाए, मुस्लिम किसानों को ज़मीन का मालिकाना अधिकार दिया जाए, मुसलमानों की शिक्षा की स्थिति बेहतर बनाने के लिए उचित क़दम

उठाये जाएँ, बेग़ार प्रथा पूरी तरह से ख़त्म की जाए, सहकारी विभाग के कार्यक्षेत्र को बढ़ाया जाए और सरकार के कब्ज़े की सभी मस्ज़िदों को मुसलमानों को सौंपा जाए।[119] इस ज्ञापन पर कई जागीरदारों और दो मीर वायज़ों सहित कई महत्त्वपूर्ण लोगों के हस्ताक्षर थे। ज़ाहिर है कि अपनी साम्राज्यवादी आकांक्षाओं के बावजूद कश्मीरी मुसलमानों के लिए ब्रिटिश शासन उम्मीद का केन्द्र बना हुआ था और सुधार के दावों के बावजूद हालात शोषक व्यवस्थाएँ बदस्तूर जारी थीं। इस माँगपत्र की जाँच के लिए एक अंग्रेज़, एक हिन्दू और एक मुस्लिम सदस्यों वाली कमेटी बनाई गई जिसने यह रिपोर्ट दी कि ये माँगें निराधार थीं[120] तो इस ज्ञापन पर हस्ताक्षर करने जामा मस्जिद के मीरवायज़ का नाम दरबारियों की सूची से काट दिया गया, उनकी जागीरें ज़ब्त कर ली गईं, 1925 में सादुद्दीन शॉल को कश्मीर से बाहर निकाल दिया गया[121] और उनके साहबज़ादे ख़्वाज़ा नूर शाह नक़्शबंदी को तहसीलदार के पद से इस्तीफ़ा देने पर मजबूर किया गया और आग़ा सैयद हुसैन जलाली को भी उनका सरकारी पद छोड़ना पड़ा और जागीरें ज़ब्त हुईं। शेख़ अब्दुल्ला उस समय लाहौर में थे जहाँ निष्कासित नेताओं से उनकी मुलाक़ात हुई। बाद में शेख़ ने अपनी जीवनी में इस आन्दोलन पर टिप्पणी करते हुए लिखा, 'हालाँकि यह आन्दोलन महत्त्वपूर्ण था लेकिन इसने आम मुसलमानों को अपने साथ नहीं लिया इसलिए उन्हें भरोसे में लेने या उनकी सहानुभूति हासिल करने के लिए कुछ नहीं किया। अत: इसका जनता पर कोई असर नहीं पड़ा। लेकिन असंतोष के बीज शोषित जन के सीने में पलते रहे और 1931 आते-आते एक बड़े विद्रोह में तब्दील हो गए।

यहाँ यह सवाल तो बार-बार पूछा ही जाएगा कि 1889 के बाद ही कश्मीर की सत्ता में प्रभावी ब्रिटिश शासन कश्मीरी जनता पर जारी अत्याचार की ज़िम्मेदारी से मुक्त कैसे हो सकता है? क्या उसकी मूक सहमति के बिना डोगरा शासकों के लिए ऐसा कर पाना संभव था?

संदर्भ सूची

1. देखें, पृष्ठ 8, *कश्मीर सोल्ड एंड स्नैच्ड,* एम.एल. कपूर, जम्मू, 1968
2. देखें, पृष्ठ 91, *गुलाब सिंह : फाउंडर ऑफ़ कश्मीर,* के.एम. पणिक्कर, मार्टिन हॉपकिन्सन लिमिटेड, लन्दन, 1930
3. पृष्ठ 10, *फ्रीडम स्ट्रगल इन कश्मीर,* एफ़.एम. हसनैन, रीमा पब्लिशिंग हाउस, 1988, दिल्ली
4. देखें, पृष्ठ 18, *कश्मीर सोल्ड एंड स्नैच्ड,* एम.एल. कपूर, जम्मू, 1968
5. देखें, पृष्ठ 52, क्रिस्टोफ़र स्नोडेन, *अंडरस्टैंडिंग कश्मीर एंड कश्मीरीज़,* हर्स्ट एंड कंपनी, लन्दन, 2015
6. देखें, पृष्ठ 752, *अ हिस्ट्री ऑफ़ कश्मीर,* डॉ. जी.एम.डी. सूफ़ी, खण्ड 1, लाईट एंड लाइफ़ पब्लिकेशन, नई दिल्ली, 1974
7. देखें, पृष्ठ 21, *हिन्दू रूलर्स एंड मुस्लिम सब्जेक्ट्स,* मृदु राय, परमानेंट ब्लैक, 2007
8. देखें, वही, पृष्ठ 70
9. देखें, पृष्ठ 10, *गुलाब सिंह : फाउंडर ऑफ़ कश्मीर,* के.एम. पणिक्कर, मार्टिन हॉपकिन्सन लिमिटेड, लन्दन, 1930
10. देखें, पृष्ठ 755, *अ हिस्ट्री ऑफ़ कश्मीर,* डॉ. जी.एम.डी. सूफ़ी, खण्ड 1, लाईट एंड लाइफ़ पब्लिकेशन, नई दिल्ली, 1974
11. देखें, पृष्ठ 11–12, *गुलाब सिंह : फाउंडर ऑफ़ कश्मीर, के.एम. पणिक्कर,* मार्टिन हॉपकिन्सन लिमिटेड, लन्दन, 1930
12. देखें, पृष्ठ 752–53, *अ हिस्ट्री ऑफ़ कश्मीर,* डॉ. जी.एम.डी. सूफ़ी, खण्ड 1, लाईट एंड लाइफ़ पब्लिकेशन, नई दिल्ली, 1974
13. देखें, वही, पृष्ठ 831
14. देखें, पृष्ठ 17–18, *गुलाब सिंह : फाउंडर ऑफ़ कश्मीर,* के.एम. पणिक्कर, मार्टिन हॉपकिन्सन लिमिटेड, लन्दन, 1930
15. वही, 24–32, सूफ़ी 757–759
16. देखें, पृष्ठ 24, *हिन्दू रूलर्स एंड मुस्लिम सब्जेक्ट्स,* मृदु राय, परमानेंट ब्लैक, 2007
17. देखें, पृष्ठ 152, *गुलाब सिंह : फाउंडर ऑफ़ कश्मीर,* के.एम. पणिक्कर, मार्टिन हॉपकिन्सन लिमिटेड, लन्दन, 1930
18. देखें, पृष्ठ 85, *कश्मीर मिसगवर्नमेंट,*भाग दो, रॉबर्ट थोर्प, ऑनलाइन संस्करण
19. देखें, पृष्ठ 29, *इनसाइड कश्मीर,* प्रेमनाथ बज़ाज़, द कश्मीर पब्लिशिंग कंपनी, 1941
20. देखें, पृष्ठ 9, पर्सनल नेम्स ऑफ़ कश्मीरीज़, ओंकार नाथ कौल, http://www.koausa.org/iils/pdf/PersonalNames.pdf
    http://thekashmirian.blogspot.in/2009/11/kashmiri-humour-and-surnames.html
21. देखें, *सोश्यॉलोजी ऑफ़ कश्मीरी निकनेम्स,* मोहम्मद अशरफ़, 28 अप्रैल, 2016 का काउंटर करेंट
22. देखें, पृष्ठ 801, *अ हिस्ट्री ऑफ़ कश्मीर,* डॉ. जी.एम.डी. सूफ़ी, खण्ड 1, लाईट एंड लाइफ़ पब्लिकेशन, नई दिल्ली, 1974
23. देखें, पृष्ठ 37–39, *हिन्दू रूलर्स एंड मुस्लिम सब्जेक्ट्स,* मृदु राय, परमानेंट ब्लैक, 2007
24. विस्तार के लिए देखें मृदु राय, पृष्ठ 42–43
25. देखें, पृष्ठ 775, *अ हिस्ट्री ऑफ़ कश्मीर,* डॉ. जी.एम.डी. सूफ़ी, खण्ड 1, लाईट एंड लाइफ़ पब्लिकेशन, नई दिल्ली, 1974
26. उद्धरण देखें, पृष्ठ 73, *माय फ्रोज़ेन टर्बुलेंस इन कश्मीर,* जगमोहन, दूसरा संस्करण, 1991, अलाइड पब्लिशर्स लिमिटेड, नई दिल्ली
27. उद्धरण देखें, पृष्ठ 60, *हिन्दू रूलर्स एंड मुस्लिम सब्जेक्ट्स,* मृदु राय, परमानेंट ब्लैक, 2007

28. देखें, पृष्ठ 60, *हिन्दू रूलर्स एंड मुस्लिम सब्जेक्ट्स,* मृदु राय, परमानेंट ब्लैक, 2007
29. देखें, पृष्ठ 778, *अ हिस्ट्री ऑफ़ कश्मीर,* डॉ. जी.एम.डी. सूफ़ी, खण्ड 1, लाईट एंड लाइफ़ पब्लिकेशन, नई दिल्ली, 1974
30. देखें, पृष्ठ 136, *गुलाब सिंह : फाउंडर ऑफ़ कश्मीर,* के.एम. पणिक्कर, मार्टिन हॉपकिन्सन लिमिटेड, लन्दन, 1930
31. देखें, पृष्ठ 40, *हिन्दू रूलर्स एंड मुस्लिम सब्जेक्ट्स,* मृदु राय, परमानेंट ब्लैक, 2007
32. देखें, पृष्ठ 33, *कश्मीर इन क्रूसिबल,* प्रेमनाथ बज़ाज़, पाम्पोश पब्लिकेशन, दूसरा संस्करण, दिल्ली-1967
33. देखें, *प्रिलिमिनेरी रिपोर्ट ऑफ़ सेटलमेंट ऑपरेशंस इन कश्मीर एंड जम्मू,* ए. विग्रेट, डब्ल्यू वाल एंड कम्पनी, लाहौर-1988
34. देखें, पृष्ठ 139-40, *गुलाब सिंह : फाउंडर ऑफ़ कश्मीर,* के.एम. पणिक्कर, मार्टिन हॉपकिन्सन लिमिटेड, लन्दन, 1930
35. देखें, पृष्ठ 779, *अ हिस्ट्री ऑफ़ कश्मीर,* डॉ. जी.एम.डी. सूफ़ी, खण्ड 1, लाईट एंड लाइफ़ पब्लिकेशन, नई दिल्ली, 1974
36. देखें, पृष्ठ 38, *इनसाइड कश्मीर,* प्रेमनाथ बज़ाज़, द कश्मीर पब्लिशिंग कंमपनी, श्रीनगर, 1941
37. देखें, पृष्ठ 778
38. देखें, पृष्ठ 780, *अ हिस्ट्री ऑफ़ कश्मीर,* डॉ. जी.एम.डी. सूफ़ी, खण्ड 1, लाईट एंड लाइफ़ पब्लिकेशन, नई दिल्ली, 1974
39. देखें, पृष्ठ 149-50, *गुलाब सिंह : फाउंडर ऑफ़ कश्मीर,* के.एम. पणिक्कर, मार्टिन हॉपकिन्सन लिमिटेड, लन्दन, 1930
40. देखें, पृष्ठ 794, *अ हिस्ट्री ऑफ़ कश्मीर,* डॉ. जी.एम.डी. सूफ़ी, खण्ड 1, लाईट एंड लाइफ़ पब्लिकेशन, नई दिल्ली, 1974
41. देखें, पृष्ठ 245, *द कैम्ब्रिज़ इकॉनमिक हिस्ट्री ऑफ़ इंडिया,* सम्पादक : धर्मा कुमार और तपन रायचौधरी, खंड 2 (1757-1970), ऐसा लगता है कि वह कारखानेदार की जगह उस्ताद लिख गए हैं.
42. देखें, पृष्ठ 15, फ्रीडम स्ट्रगल इन कश्मीर, एफ़.एम. हसनैन, रीमा पब्लिशिंग हाउस, 1988, दिल्ली
43. देखें, पृष्ठ 3, *.फ़्लेम्स ऑफ़ चिनार,* शेख़ अब्दुल्ला (अनुवाद—खुशवंत सिंह), पेंग्विन, दिल्ली-93
44. देखें, पृष्ठ 801-2, *अ हिस्ट्री ऑफ़ कश्मीर,* डॉ. जी.एम.डी. सूफ़ी, खण्ड 1, लाईट एंड लाइफ़ पब्लिकेशन, नई दिल्ली, 1974
45. देखें, पृष्ठ 58, *पर्सपेक्टिव्स ऑन कश्मीर,* मोहम्मद इशाक खान, गुलशन पब्लिशर्स, श्रीनगर, 1983
46. देखें, पृष्ठ 49-80, *कश्मीर मिसगवर्नमेंट,* रॉबर्ट थोर्प (ऑनलाइन एडिशन)
47. देखें, पृष्ठ 66, *हिन्दू रूलर्स एंड मुस्लिम सब्जेक्ट्स,* मृदु राय, परमानेंट ब्लैक, 2007
48. देखें, *सोशल इविल्स अमंग विमेन इन जम्मू एंड कश्मीर ड्यूरिंग डोगरा पीरियड एंड कालोनियलिज़्म एंड रिफ़ॉर्म,* श्रीमती दीपिका शर्मा और सुश्री दीपिका राणा, पृष्ठ 08-20, आई.ओ.एस.आर. जर्नल ऑफ़ ह्यूमेनिटीज़ एंड सोशल साइंस पृष्ठ, वाल. 20, अंक 3, मार्च 2015
49. देखें, पृष्ठ 9-11, *कश्मीर एंड शेर-ए-कश्मीर : अ रिवोल्यूशन डीरेल्ड,* पी.एल.डी. परिमू, चिनार पब्लिशिंग, अहमदाबाद, 2012
50. देखें, पृष्ठ 38, *इनसाइड कश्मीर,* प्रेमनाथ बज़ाज़, द कश्मीर पब्लिशिंग कंपनी, श्रीनगर, 1941
51. देखें, वही
52. देखें, पृष्ठ 798, *अ हिस्ट्री ऑफ़ कश्मीर,* डॉ. जी.एम.डी. सूफ़ी, खण्ड 1, लाईट एंड लाइफ़ पब्लिकेशन, नई दिल्ली, 1974
53. देखें, वही, पृष्ठ 809
54. देखें, पृष्ठ 63-64, *लेंग्वेज ऑफ़ बिलॉंगिंग : इस्लाम, रीज़नल आइडेंटिटी एंड द मेकिंग ऑफ़ कश्मीर,* चित्रलेखा ज़ुत्शी, परमानेंट ब्लैक-दूसरा संस्करण-2015

55. देखें, पृष्ठ 283, *इनसाइड कश्मीर,* प्रेमनाथ बज़ाज़, द कश्मीर पब्लिशिंग कंपनी, श्रीनगर, 1941
56. देखें वही, पृष्ठ 284
57. देखें, पृष्ठ 250, *लेंग्वेज ऑफ़ बिलाँगिंग: इस्लाम, रीज़नल आइडेंटिटी एंड द मेकिंग ऑफ़ कश्मीर,* चित्रलेखा ज़ुत्शी, परमानेंट ब्लैक-दूसरा संस्करण-2015
58. देखें, वही, पृष्ठ 783
59. देखें, पृष्ठ 15, *डेंजर इन कश्मीर,* जोसेफ़ कोर्बेल, प्रिंस्टन यूनिवर्सिटी प्रेस, 1954, पृष्ठ 17, फ्रीडम स्ट्रगल इन कश्मीर, एफ़ एम. हसनैन, रीमा पब्लिशिंग हाउस, 1988, दिल्ली
60. देखें, पृष्ठ 15, *कश्मीर इन क्रूसिबल,* प्रेमनाथ बज़ाज़, पोम्पोश पब्लिकेशन, दिल्ली-1967
61. ग्लांसी कमीशन रिपोर्ट, पृष्ठ 3
62. देखें, पृष्ठ 103, *हिन्दू रूलर्स एंड मुस्लिम सब्जेक्ट्स,* मृदु राय, परमानेंट ब्लैक, 2007
63. देखें, वही, पृष्ठ 200
64. देखें, पृष्ठ 41, *कश्मीर इन चेन्स,* मोहम्मद सुल्तान पाम्पोरी, अली मोहम्मद एंड संस, दूसरा संस्करण, 2011
65. देखें, पृष्ठ 71, *लेंग्वेज ऑफ़ बिलाँगिंग: इस्लाम, रीज़नल आइडेंटिटी एंड द मेकिंग ऑफ़ कश्मीर,* चित्रलेखा ज़ुत्शी, परमानेंट ब्लैक-दूसरा संस्करण-2015
66. देखें, पृष्ठ 823, *अ हिस्ट्री ऑफ़ कश्मीर,* डॉ. जी.एम.डी. सूफ़ी, खण्ड 1, लाईट एंड लाइफ़ पब्लिकेशन, नई दिल्ली, 1974
67. देखें, पृष्ठ 86, *हिन्दू रूलर्स एंड मुस्लिम सब्जेक्ट्स,* मृदु राय, परमानेंट ब्लैक, 2007
68. देखें, वही, पृष्ठ 99
69. देखें, वही, पृष्ठ 100
70. देखें, पृष्ठ 15, *डेंजर इन कश्मीर,* जोसेफ़ कोर्बेल, प्रिंस्टन यूनिवर्सिटी प्रेस, 1954
71. देखें, पृष्ठ 190, *टिंडेल बिस्को ऑफ़ कश्मीर : एन ऑटोबायग्राफी,* सीली,सर्विस एंड कंपनी लिमिटेड, लंडन-1954
72. देखें, पृष्ठ 103, *हिन्दू रूलर्स एंड मुस्लिम सब्जेक्ट्स,* मृदु राय, परमानेंट ब्लैक, 2007
73. देखें, वही, 176-77
74. देखें, पृष्ठ 188, *टिंडेल बिस्को ऑफ़ कश्मीर : एन ऑटोबायग्राफी,* सीली, सर्विस एंड कंपनी लिमिटेड, लंडन-1954
75. देखें, पृष्ठ 151, *हिन्दू रूलर्स एंड मुस्लिम सब्जेक्ट्स,* मृदु राय, परमानेंट ब्लैक, 2007 (वॉल्टर लॉरेन्स द्वारा रेज़िडेंट निस्बत को 1889 में लिखे पत्र से उद्धरण)
76. देखें, पृष्ठ 229, *द वैली ऑफ़ कश्मीर, वॉल्टर लॉरेन्स,* ऑक्सफ़ोर्ड यूनिवर्सिटी प्रेस,लन्दन, 1895
77. देखें, पृष्ठ 252, *इनसाइड कश्मीर,* प्रेमनाथ बज़ाज़, द कश्मीर पब्लिशिंग कंपनी, श्रीनगर, 1941
78. देखें, पृष्ठ 790-91, *अ हिस्ट्री ऑफ़ कश्मीर,* डॉ. जी.एम.डी. सूफ़ी, खण्ड 1, लाईट एंड लाइफ़ पब्लिकेशन, नई दिल्ली, 1974
79. देखें, वही, पृष्ठ 802
80. देखें, पृष्ठ 35, *हिन्दू रूलर्स एंड मुस्लिम सब्जेक्ट्स,* मृदु राय, परमानेंट ब्लैक, 2007
81. देखें, पृष्ठ 801, *अ हिस्ट्री ऑफ़ कश्मीर,* डॉ. जी.एम.डी. सूफ़ी, खण्ड 1, लाईट एंड लाइफ़ पब्लिकेशन, नई दिल्ली, 1974
82. देखें, पृष्ठ 28, *कश्मीर इन क्रूसिबल,* पी.एन. बज़ाज़, पाम्पोश पब्लिकेशन, दिल्ली- 1967
83. देखें, पृष्ठ 41, शार्प कमीशन रिपोर्ट
84. देखें, पृष्ठ 96-98, *द वैली ऑफ़ कश्मीर,* वॉल्टर लॉरेन्स, ऑक्सफ़ोर्ड यूनिवर्सिटी प्रेस, लन्दन, 1895
85. देखें, पृष्ठ 298, *इनसाइड कश्मीर,* प्रेमनाथ बज़ाज़, द कश्मीर पब्लिशिंग कंपनी, श्रीनगर, 1941
86. देखें, पृष्ठ 54, *क्रिस्टोफ़र स्नोडेन, अंडरस्टैंडिंग कश्मीर एंड कश्मीरीज़,* हर्स्ट एंड कंपनी, लन्दन, 2015

87. देखें, पृष्ठ 805, *अ हिस्ट्री ऑफ़ कश्मीर,* डॉ. जी.एम.डी. सूफ़ी, खण्ड 1, लाईट एंड लाइफ़ पब्लिकेशन, नई दिल्ली, 1974 (विलियम डिग्बी की पुस्तक *कंडेमंड अन्हर्ड* से उद्धृत)
88. देखें, पृष्ठ 132, *अ हिस्ट्री ऑफ़ द स्ट्रगल ऑफ़ फ्रीडम इन कश्मीर,*
89. देखें, पृष्ठ 17-20, *ब्रिटिश पैरामाउंटेसी इन कश्मीर* (1876-94), माधवी यासीन, अटलांटिक पब्लिशर्स एंड डिस्ट्रिब्यूटर्स, दिल्ली
90. देखें, पृष्ठ-50, *लेंग्वेज ऑफ़ बिलॉन्गिंग : इस्लाम, रीज़नल आइडेंटिटी एंड द मेकिंग ऑफ़ कश्मीर,* चित्रलेखा जुत्शी, परमानेंट ब्लैक, दूसरा संस्करण-2015
91. देखें, वही, पृष्ठ 23
92. देखें, वही, पृष्ठ 25
93. देखें, पृष्ठ 807, *अ हिस्ट्री ऑफ़ कश्मीर,* डॉ. जी.एम.डी. सूफ़ी, खण्ड 1, लाईट एंड लाइफ़ पब्लिकेशन, नई दिल्ली, 1974
94. देखें, पृष्ठ 25-27, *ब्रिटिश पैरामाउंटेसी इन कश्मीर (1876-94),* माधवी यासीन, अटलांटिक पब्लिशर्स एंड डिस्ट्रिब्यूटर्स, दिल्ली
95. देखें, वही, पृष्ठ 34
96. देखें, पृष्ठ 138, *हिन्दू रूलर्स एंड मुस्लिम सब्जेक्ट्स,* मृदु राय, परमानेंट ब्लैक, 2007
97. देखें, वही, पृष्ठ 141
98. देखें, पृष्ठ 809, *अ हिस्ट्री ऑफ़ कश्मीर,* डॉ. जी.एम.डी. सूफ़ी, खण्ड 1, लाईट एंड लाइफ़ पब्लिकेशन, नई दिल्ली, 1974
99. देखें, पृष्ठ 72-76, *ब्रिटिश पैरामाउंटेसी इन कश्मीर (1876-94),* माधवी यासीन, अटलांटिक पब्लिशर्स एंड डिस्ट्रिब्यूटर्स, दिल्ली
100. देखें, पृष्ठ 809, *अ हिस्ट्री ऑफ़ कश्मीर,* डॉ. जी.एम.डी. सूफ़ी, खण्ड 1, लाईट एंड लाइफ़ पब्लिकेशन, नई दिल्ली, 1974
101. देखें,पृष्ठ 40, द *हिस्ट्री ऑफ़ जम्मू एंड कश्मीर,* मोहम्मद सलीम खान, गुलशन पब्लिशर, श्रीनगर-2002
102. देखें, पृष्ठ 80, *ब्रिटिश पैरामाउंटेसी इन कश्मीर (1876-94),* माधवी यासीन, अटलांटिक पब्लिशर्स एंड डिस्ट्रिब्यूटर्स, दिल्ली
103. देखें, *प्रताप सिंह'स ब्रिटिश रूल,* आशिक़ हुसैन भट, कश्मीर लाइफ़, 3 मार्च 2014
104. देखें, पृष्ठ 812, *अ हिस्ट्री ऑफ़ कश्मीर,* डॉ. जी.एम.डी. सूफ़ी, खण्ड 1, लाईट एंड लाइफ़ पब्लिकेशन, नई दिल्ली, 1974
105. देखें, पृष्ठ 72, *इनसाइड कश्मीर,* प्रेमनाथ बज़ाज़, द कश्मीर पब्लिशिंग कंपनी, श्रीनगर, 1941
106. देखें, पृष्ठ 675, *अ हिस्ट्री ऑफ़ कश्मीर,* पृथ्वी नाथ कौल बम्ज़ाई, मेट्रोपॉलिटन बुक कंपनी प्राइवेट लिमिटेड, दिल्ली, 1962
107. देखें, पृष्ठ 84, *कश्मीर : ए डिस्प्यूटेड लीगेसी, (1846-1990),* रॉक्सफोर्ड प्रेस, हार्टफोर्डशायर-1991
108. देखें, पृष्ठ 163-67, *हिन्दू रूलर्स एंड मुस्लिम सब्जेक्ट्स,* मृदु राय, परमानेंट ब्लैक, 2007
109. देखें, पृष्ठ 37, *ब्रिटिश पैरामाउंटेसी इन कश्मीर (1876-94),* माधवी यासीन, अटलांटिक पब्लिशर्स एंड डिस्ट्रिब्यूटर्स, दिल्ली
110. देखें वही, पृष्ठ 38
111. देखें, पृष्ठ 626, *अ हिस्ट्री ऑफ़ कश्मीर,* पृथ्वी नाथ कौल बम्ज़ाई, मेट्रोपॉलिटन बुक कंपनी प्राइवेट लिमिटेड, दिल्ली, 1962 (विलियम डिग्बी की पुस्तक *कंडेमंड अन्हर्ड* से उद्धृत)
112. देखें, पृष्ठ 66, *कश्मीर बिहाइंड द वेल,* एम.जे. अकबर, रोली बुक्स, छठा संस्करण, दिल्ली-2011
113. देखें, वही पृष्ठ 626-631
114. देखें, पृष्ठ 162, *शोषण के अभ्यारण्य,* अशोक कुमार पाण्डेय, शिल्पायन, नई दिल्ली- 2010

115. देखें, पृष्ठ 650–51, *अ हिस्ट्री ऑफ़ कश्मीर,* पृथ्वी नाथ कौल बम्ज़ाई, मेट्रोपॉलिटन बुक कंपनी प्राइवेट लिमिटेड, दिल्ली, 1962
116. देखें, पृष्ठ 818–19, *अ हिस्ट्री ऑफ़ कश्मीर,* डॉ. जी.एम.डी. सूफ़ी, खण्ड 1, लाईट एंड लाइफ़ पब्लिकेशन, नई दिल्ली, 1974
117. देखें, पृष्ठ 8, *द स्टोरी ऑफ़ कश्मीर,* तारिक़ अली, *कश्मीर : द केस फ़ॉर फ्रीडम,* सम्पादक : पंकज मिश्र, वर्सो–लन्दन, न्यूयॉर्क, 2011
118. देखें, पृष्ठ 28, *फ्रीडम स्ट्रगल इन कश्मीर,* एफ़.एम. हसनैन, रीमा पब्लिशिंग हाउस, 1988, दिल्ली
119. देखें, पृष्ठ 84, *इनसाइड कश्मीर,* प्रेमनाथ बज़ाज़, द कश्मीर पब्लिशिंग कंपनी, श्रीनगर, 1941
120. देखें, पृष्ठ 29, *कश्मीर इन क्रूसिबल,* पी.एन. बज़ाज़, पाम्पोश पब्लिकेशन, दिल्ली–1968
121. देखें, पृष्ठ 14, *फ़्लेम्स ऑफ़ चिनार,* शेख़ अब्दुल्ला (अनुवाद—खुशवंत सिंह), पेंगुइन–दिल्ली–1993

10

तीस का दशक विद्रोह का दशक : शेख अब्दुल्ला का उदय

कश्मीर में रेज़िडेंट की नियुक्ति के साथ एक और महत्त्वपूर्ण प्रशासनिक बदलाव हुआ था—1889 में अपने पहले आदेशों में से एक में स्टेट काउंसिल ने फ़ारसी की जगह उर्दू को राजभाषा घोषित कर दिया और सरकारी नौकरी के लिए प्रतियोगी परीक्षाओं का नियम बना दिया[1] सिख शासन के समय से ही कश्मीर में पंजाब से अधिकारियों का जो आना शुरू हुआ था उसे इस निर्णय ने और बल दे दिया। हमने देखा है कि कश्मीर में फ़ारसी न केवल राजभाषा बल्कि शिक्षा की भाषा बन गई थी। कश्मीरी पंडितों ने इस भाषा को अपना लिया था और इसी के सहारे वे शासकीय सेवा में प्रवेश पाने और ख़ासतौर पर लिपिकीय पदों पर जाने में सफल हुए थे। उर्दू को राजभाषा बनाते ही वे एक झटके से इन सेवाओं के लिए अयोग्य हो गए।* उर्दू और अंग्रेज़ी जानने वाले कश्मीरियों की संख्या बहुत कम थी तो स्टेट काउंसिल ने नए विभागों में भर्ती के लिए बड़ी संख्या में पंजाब से पश्चिमी

*भाषा के सवाल पर बहुत विस्तार से बात करना इस किताब के विषय क्षेत्र से बाहर होगा लेकिन यह तथ्य कई मुगालतों से बाहर निकालता है। *मानुषी* में छपे एक लेख में मधु किश्वर कश्मीरी भाषा की दुर्दशा पर सवाल ही नहीं उठातीं बल्कि इसे हिन्दू मुसलमान के सवाल से भी जोड़ती हैं। इतिहास की बारीकियों और गति पर पर्दा डालकर ही ऐसे निष्कर्ष निकाले जा सकते हैं। हमने देखा है कि हिन्दू शासकों के समय में कश्मीरी नहीं संस्कृत राज्य की भाषा थी। कल्हण की *राजतरंगिणी* में कश्मीरी का प्रयोग हमने सिर्फ़ एक दलित के मुँह से सुना है। कश्मीरी कविता की जनक माने जानी वाली ललद्यद जोनाराज के इतिहास से ही अनुपस्थित नहीं हैं बल्कि कश्मीरी बौद्धिक इतिहास में भी प्रतिष्ठा संस्कृत के रचनाकार अभिनव गुप्त की ही है। संस्कृत के बाद इस्लाम के आगमन के साथ ही फ़ारसी ने संस्कृत का स्थान ले लिया और कश्मीरी पहले की ही तरह बोलचाल की भाषा बनी रही। शारदा लिपि धीरे-धीरे प्रयोग से बाहर होती रही। सिखों और डोगरों के आने के साथ-साथ उर्दू और डोगरी कश्मीरी समाज में शामिल हुईं और उर्दू का विरोध उस वक़्त पंडितों और मुसलमानों दोनों ने किया तो किसी धार्मिक आधार पर नहीं बल्कि रोज़गार के सवाल पर। डोगरा शासन के अंतिम दौर में वहाँ धार्मिक आधार पर हिन्दुओं के लिए हिन्दी और मुसलमानों के लिए उर्दू की शिक्षा का प्रावधान किया गया तो कश्मीरी की शिक्षा केवल लड़कियों तक महदूद रखने में रुचि दिखाई गई। कालान्तर में वहाँ अंग्रेज़ी अभिजन की भाषा बनी और आज कश्मीर पर सबसे ज़्यादा अंग्रेज़ी में लिखा जा रहा है तो वहाँ की युवा पीढ़ी कविता से लेकर बाक़ी अभिव्यक्तियों के लिए भी हिन्दी या उर्दू की जगह अंग्रेज़ी को चुन रही है। कश्मीर से पिछले दिनों में आये सबसे

शिक्षा और प्रशिक्षण से लैस कर्मचारी और अधिकारियों को भर्ती किया गया। पहले स्टेट काउंसिल में तीन पंजाबी सदस्य थे तो इस आदेश के पास होते ही पंजाब से भर्तियों की भीड़ लग गई और यह प्रक्रिया 1925 तक अबाध चलती रही।[2] 1909 में कश्मीर के रेज़िडेंट सर फ्रेंसिस यंगहसबेंड ने लिखा—

> 'राज्य के कर्मचारियों में यह विशिष्ट प्रवृत्ति है कि कश्मीर कश्मीरियों के लिए नहीं, ब्रिटिशर्स के लिए तो और भी कम लेकिन पंजाबियों और अन्य भारतीयों के लिए पूरी तरह से आरक्षित कर दिया जाए।[3]

कश्मीर में धन कमाने के उद्देश्य से आये इन पंजाबियों के दुर्व्यवहार और लूट का असर वैसे तो कश्मीरी जनता के हर हिस्से पर पड़ा[4] लेकिन कश्मीरी पंडितों के लिए यह आघात उनके अस्तित्व से जुड़ा हुआ था। अब तक कश्मीरी जनता के सबसे पढ़े-लिखे हिस्से कश्मीरी पंडितों का कारकून तबका शासकीय सेवाओं के लिपिकीय पदों पर लगभग पूरी तरह काबिज़ था। सेना और सुरक्षा में डोगराओं और राजपूतों का एकाधिकार था। हमने देखा ही है कि प्रताप सिंह ने प्रताप कोड बनाकर डोगराओं की आजीविका सुरक्षित कर दी थी। मुसलमान तो पहले से ही सत्ता और प्रशासन में लगभग अनुपस्थित थे। ऐसे में इस नई व्यवस्था से सबसे ज़्यादा परेशानी पंडितों को ही थी तो ज़ाहिर था सबसे पहले विरोध उन्हीं की तरफ़ से हुआ। असल में यह समय उनके लिए चौतरफ़ा हमलों का समय था। एक तरफ़ पंजाब से आ रहे हिन्दुओं ने डोगरा शासकों के समर्थन से उनके पारम्परिक विश्वासों को कटघरे में खड़ा कर 'असली' सनातन तौर तरीक़ों का, जिसमें मुसलमानों का छुआ न खाने, मांसाहार न करने जैसी चीज़ें प्रमुख रूप से शामिल थीं, प्रचार शुरू कर उनकी अस्मिता को ख़तरे में डाल दिया था तो दूसरी तरफ़ उर्दू के आने से सदियों में हासिल की गई उनकी फ़ारसी की दक्षता को बेकार कर दिया था। ऐसा लगता है कि अंग्रेज़ों के लिए कश्मीर के प्रशासन पर कब्ज़े और उसके आधुनिकीकरण की राह में कश्मीरी पंडित रोड़ा थे। कई इतिहासकारों ने इस तथ्य का ज़िक्र किया है कि रणवीर सिंह और प्रताप सिंह के समय में भी विभिन्न प्रशासनिक विभागों में काबिज़ कश्मीरी पंडित अधिकारी सुधारों की राह में मुश्किलात पैदा करते थे, उनके भ्रष्टाचार के भी क़िस्से अमूमन पढ़ने को मिलते हैं। साथ ही अंग्रेज़ों को सत्ता को अपने हिसाब से चलाने के लिए अपने विश्वस्त अधिकारी चाहिए थे। बाहर से आये पंजाबी या अवधी अधिकारियों का एकमेव उद्देश्य नौकरी और पैसा कमाना था तो उनसे किसी राजनीतिक चुनौती का ख़तरा नहीं था।

इन दोनों चुनौतियों ने कश्मीरी पंडित समाज को बुरी तरह से झकझोरा। पहली चुनौती का सामना करने के लिए उनके बीच धार्मिक-सांस्कृतिक सुधारों की शुरुआत हुई तो अपने रोज़गार की रक्षा के लिए उन्होंने 'कश्मीर की नौकरियाँ कश्मीरियों के लिए' का

चर्चित दो संस्मरण, एक कश्मीरी पंडित युवा राहुल पंडिता का *ऑवर मून हैज़ ब्लड क्लाट्स* और बशारत पीर का *कर्फ़्यूड नाइट्स* दोनों ही अंग्रेज़ी में आये हैं। भाषा का धर्म से रिश्ता हो न हो, रोज़गार से सबसे बड़ा रिश्ता होता है। भाषा के सवाल पर विस्तार से पढ़ने के लिए पाठक परमानेंट ब्लैक से प्रकाशित चित्रलेखा ज़ुत्शी *लेंगवेजेज़ ऑफ़ बिलाँगिंग* पढ़ सकते हैं।

आन्दोलन शुरू किया। इस प्रक्रिया में उन्होंने अपने पारम्परिक सांस्कृतिक व्यवहारों को भी एक हद तक बदला। लेकिन इस रिफ़ॉर्म आन्दोलन से बाल विवाह और विधवा विवाह जैसी परम्पराओं पर तो कोई ख़ास फ़र्क नहीं पड़ा लेकिन अधिक शुद्ध ब्राह्मण दिखने के लिए उन्होंने मुस्लिम समाज से दूरी बनानी शुरू की तो कश्मीर का सामाजिक ताना-बाना और अधिक वैमनस्यपूर्ण होना ही था।[5]

दूसरी चुनौती का सामना करने के लिए वे भी अंग्रेज़ों तक ही गए। भारत सरकार से इस सम्बन्ध में आवेदन किया गया कि कश्मीर की नौकरियों में मुल्की लोगों को ग़ैर-मुल्कियों पर वरीयता दी जाए। इसका कोई ख़ास असर नहीं हुआ क्योंकि तत्कालीन नियमों के अनुसार कोई भी ख़ुद को मुल्की साबित कर सकता था। विभिन्न तरीक़ों से यह विरोध जारी रहा और 1912 में पहली बार राज्य के नागरिक की परिभाषा तय की गई। इसके अनुसार राज्य का नागरिक उसे माना जाता था जिसके पास इस आशय का इजाज़तनामा हो। इसका भी कोई ख़ास असर नहीं हुआ और पंजाब, अवध और बंगाल से अधिकारियों की प्रशासनिक महकमों में बड़े पैमाने पर भर्ती जारी रही। उस समय तक लगभग सभी विभागों के सर्वोच्च पदों पर ग़ैर-कश्मीरियों का कब्ज़ा हो गया था। इसी बीच श्रीनगर और जम्मू में नए खुले प्रताप सिंह कॉलेज और गवर्नमेंट कॉलेज जैसे शिक्षण संस्थानों के चलते आधुनिक शिक्षा से लैस कश्मीरी ब्राह्मणों की संख्या में भी लगातार बढ़ोत्तरी हो रही थी और उनकी बेचैनी तथा माँगें भी बढ़ती जा रही थीं। 1922 में जब महाराजा प्रताप सिंह को सत्ता की बागडोर मिली तो उसने एक आदेश जारी करके योग्य उम्मीदवार उपलब्ध होने की स्थिति में सरकारी नौकरी में कश्मीरियों को वरीयता देने का आदेश निकाला लेकिन नागरिकता की परिभाषा अब भी स्पष्ट नहीं थी तो चार अशासकीय और छह शासकीय सदस्यों की एक समिति को नागरिकता की परिभाषा तय करने का ज़िम्मा सौंपा गया। इस कमेटी ने जब अपनी रिपोर्ट सौंपी तो प्रताप सिंह की मृत्यु हो चुकी थी और हरि सिंह कश्मीर की गद्दी पर था। इस रिपोर्ट के आधार पर पैतृक आधार पर राज्य की नागरिकता का एक क़ानून 31 जनवरी, 1927 को नया नागरिकता क़ानून पास हुआ जिसके अनुसार-महाराजा गुलाब सिंह के सत्तारोहण अर्थात् विक्रमी संवत 1942 के पहले से राज्य में रह रहे और उसके बाद से लगातार राज्य में निवास कर रहे लोगों को राज्य का नागरिक घोषित किया गया। बाहरी लोगों को कश्मीर में ज़मीन (कृषि या ग़ैर कृषि दोनों ही) ख़रीदने पर रोक लगा दी गई, उनका नौकरियाँ पाना, वज़ीफा पाना और कुछ मामलों में सरकारी ठेके पाना भी प्रतिबंधित कर दिया गया।[6] इस तरह यह आन्दोलन तो बिना किसी ख़ून-ख़राबे और दमन के सफल हो गया लेकिन राज्य के बहुसंख्यक जन के लिए यह आन्दोलन इतना आसान नहीं था। हालाँकि इस क़ानून के बन जाने के बाद कश्मीरी पंडितों और स्थानीय जन के लिए सब ठीक हो गया, यह कहना भी जल्दबाज़ी होगी।

असल में रेज़िडेंसी स्थापित होने के बाद ब्रिटिश नीति को देखें तो वहाँ कुछ महत्त्वपूर्ण बिंदु दिखाई देते हैं। एक तरफ़ सीमा पार के ख़तरे से मुक्त होने के लिए कश्मीर के संसाधनों का उपयोग किया गया तो दूसरी तरफ़ ख़ुद को बहुसंख्यक मुस्लिम समाज का ख़ैरख्वाह साबित करने की कोशिशें की गईं। ऐसा करने के लिए डोगरा शासकों के

साथ-साथ उनके सहयोगी पंडितों की लानत-मलामत ज़रूरी थी और बिलाशक़ अपनी साम्प्रदायिक नीतियों से डोगरा शासकों ने इसके लिए वस्तुगत स्थितियाँ पैदा की हुई थीं तो उन्हें प्रशासनिक पदों से हटाकर पंजाब और दीगर जगहों[†] से लाये गए अधिकारी प्रशासन में भरे गए। इन अधिकारियों में मुसलमान भी थे, लेकिन कश्मीरी मुसलमानों के लिए शिक्षा या रोज़गार के क्षेत्र में कोई बड़ी पहलक़दमी नहीं ली गई। कुछ ज़ुबानी जमा ख़र्च के अलावा शार्प कमीशन बनने के पहले और एक हद तक बाद में भी ब्रिटिश रेज़िडेंट की मज़लूम मुस्लिम आबादी के पक्ष में कोई महत्त्वपूर्ण कार्यवाही नहीं दिखाई देती।[7] हमने देखा कि सन 24 के सिल्क मज़दूरों के विद्रोह का मामला हो या कि उसी साल लॉर्ड रीडिंग को ज्ञापन सौंपने के लिए मिली सज़ा का, डोगरा शासन उसका दमन करने में सफल रहा और यह रेज़िडेंट की सहमति के बिना संभव नहीं था। नाम के लिए कुछ अमीर और प्रभावशाली मुसलमानों को कमेटियों में शामिल किया जाता रहा लेकिन उसका कोई लाभ आम मुसलमान को नहीं मिला। ब्रिटिश इस साम्प्रदायिक विभाजन का फ़ायदा एक तरफ़ डोगरा शासकों पर दबाव बनाये रखने के लिए कर रहे थे तो दूसरी तरफ़ देश भर में तेज़ हो रहे उपनिवेश विरोधी आन्दोलन की हवा कश्मीर में न पहुँचने देने के लिए। आख़िर कश्मीर घाटी तो दुहरा उपनिवेश थी; एक तरफ़ जम्मू की तो दूसरी तरफ़ दिल्ली की। जम्मू में उन्हें उलझाए रखना दिल्ली की राजनीति को नज़रअंदाज़ किये जाने के लिए ज़रूरी था, एक दृश्य शत्रु—डोगरा और उसके सहयोगी पंडित का लगातार उपस्थित रहना दूसरे अदृश्य शत्रु ब्रिटिश उपनिवेशवाद के हित में था।

रेज़िडेंसी के स्थापित होने के बाद कृषि तथा अन्य क्षेत्रों के हालात हम पिछले अध्याय में देख ही चुके हैं। कोई चार दशकों बाद (1930) में प्रशासन में मुसलमानों की भागीदारी देखें तो राजस्व विभाग में 113 हिन्दू कर्मचारियों के बरक्स 35 मुस्लिम कर्मचारी थे जिनमें से अधिकतर अर्दली थे और शेष पटवारी से नीचे के पदों पर थे। वित्त विभाग में 188 हिन्दू कर्मचारियों के सम्मुख केवल 13 मुस्लिम कर्मचारी थे और इनमें से कोई राजपत्रित नहीं था। सीमा शुल्क विभाग में 150 हिन्दू कर्मचारी थे और केवल 1 मुस्लिम कर्मचारी। न्याय विभाग में केवल 4 मुस्लिम कर्मचारी थे जबकि हिन्दू कर्मचारियों की संख्या 33 थी। स्वास्थ्य विभाग में 188 हिन्दू कर्मचारियों के बरक्स जो 32 मुस्लिम कर्मचारी थे वे मूलतः चपरासी और ख़ानसामे का काम करते थे। शिक्षा विभाग में यह संख्या 56 और 6 की थी तो पुलिस विभाग में मुसलमानों की उपस्थिति केवल 662 कॉन्स्टेबल्स तक सीमित थी। इन सभी विभागों के प्रमुख हिन्दू थे और सब मिलाकर मुस्लिम गज़टेड अधिकारियों की संख्या कभी 4 से अधिक नहीं रही।[8] ज़ाहिर है, मुसलमानों का ख़ैरख़्वाह होने का ब्रिटिश दावा ज़मीन पर कहीं नहीं दीखता।

लेकिन इस आँकड़े में जहाँ-जहाँ हिन्दू लिखा है उसे कश्मीरी पंडित मान लेना एक बड़ी भूल होगा। हसनैन जैसे विद्वान भी इन आँकड़ों को देने के बाद यह कहकर कि

[†]अवध के अलावा बंगाल से भी प्रशासनिक अधिकारी बड़ी मात्रा में लाये गए थे। विस्तार के लिए देखें, *ब्रिटिश पैरामाउंटेसी इन कश्मीर* (1876-94), माधवी यासीन, अटलांटिक पब्लिशर्स एंड डिस्ट्रिब्यूटर्स, दिल्ली

कश्मीरी पंडित मुसलमानों से बेहतर स्थिति में थे, नरो वा कुंजरो जैसा सच ही पेश करते हैं। यहाँ थोड़ा ठहरकर कश्मीर की तत्कालीन गतिकी को समझना होगा।

जिस समय कश्मीरी पंडित मुल्की-ग़ैर मुल्की आन्दोलन में सक्रिय थे उस समय मुस्लिम समाज के भीतर से शिक्षा व्यवस्था को लेकर आवाज़ें उठनी शुरू हो चुकी थीं। हमने देखा है कि शिक्षा का स्तर मुसलमानों के यहाँ बेहद पिछड़ा हुआ था तो मुल्की-ग़ैर मुल्की आन्दोलन में भागीदारी उनके लिए मुख्य सवाल नहीं बनी। जहाँ पंडित कश्मीरी प्रशासन में अपनी स्थिति बरक़रार रखने की लड़ाई लड़ रहे थे वहीं मुस्लिम समाज शिक्षा के अधिकार से अपनी वंचना के सवाल पर परेशान था, उसके लिए मुल्की लोगों के लिए नौकरियों का सवाल कश्मीर की सत्ता पर काबिज़ डोगरा शासकों की हिन्दू प्रजा के बीच नौकरियों की बंदरबाँट का सवाल था। और उसकी यह अवधारणा ग़लत भी नहीं थी : 1927 की घोषणा के बाद भी मुसलमानों को कोई लाभ नहीं मिला। उसका पूरा फ़ायदा डोगरा राजपूतों और कश्मीरी पंडितों को ही मिला।[9] उसे तो अभी शिक्षा और प्रशिक्षण में भागीदारी की लड़ाई लड़नी थी जिससे वह इन सेवाओं में भर्ती का दावा ठोंक सके। 1915 में हुई दूसरी जम्मू और कश्मीर की शिक्षा समिति की बैठक में यह प्रस्ताव पास हुआ कि मुस्लिम अभिजन सदस्यों वाली एक कमेटी बनाई जाए जो मुस्लिम शिक्षा पर एक योजना प्रस्तुत करे। ख़ानक़ाह-ए-मुल्ला के ख़्वाज़ा ग़ुलाम मोहम्मद साहब के अलावा दोनों मीर वायज़ों के साथ ख़्वाज़ा हसन नक़्शबंदी तथा कई प्रमुख हस्तियाँ इस कमेटी में शामिल थीं। लेकिन यह कमेटी कोई प्रस्ताव नहीं पेश कर सकी। इसी बैठक में तत्कालीन शिक्षा मंत्री दीवान बिशन दास ने राज्य में शिक्षा के मामले में भारत सरकार के और अधिक हस्तक्षेप का प्रस्ताव रखा जिसके फलस्वरूप 1916 में प्रताप सिंह ने भारत सरकार के शिक्षा आयुक्त मिस्टर शार्प की अध्यक्षता में एक कमीशन नियुक्त किया।[10] कश्मीर में मुसलमानों की स्थिति पर टिप्पणी करते हुए इस कमीशन ने लिखा—कश्मीर का मुसलमान इतना ग़रीब है कि वह अपने बच्चों को स्कूल नहीं भेज पाता। शार्प ने न केवल मुस्लिम छात्रों और शिक्षण संस्थाओं के लिए वज़ीफ़े और अनुदानों की अनुशंसा की बल्कि मुसलमानों की बहुसंख्या की कृषि में संलग्नता को देखते हुए कृषि अभियांत्रिकी, हार्टीकल्चर जैसी तकनीकी शिक्षा पर विशेष ज़ोर देने का प्रस्ताव किया। लेकिन इन प्रस्तावों को स्वीकार करने के बावजूद कभी लागू नहीं किया गया। रिपोर्ट सरकारी काग़ज़ात के बीच दबी रही और इसको मिली अहमियत का अंदाज़ा हम इस बात से लगा सकते हैं कि इस रिपोर्ट के पेश किये जाने के पंद्रह साल बाद एक आधिकारिक इन्क्वायरी कमेटी ने यह स्वीकार किया कि 'लगता नहीं है कि किसी को भी एक शिक्षा-विशेषज्ञ द्वारा पेश की गई रिपोर्ट की प्रकृति के बारे में कुछ भी पता है।'[11] इसके बाद 1924 में कश्मीरी मुसलमानों द्वारा लॉर्ड रीडिंग को दिए गए माँगपत्र का हश्र हमने देखा ही है। ऐसे में असंतोष का पैदा होना लाज़िमी था।

इस बीच 1925 में प्रताप सिंह की मृत्यु के बाद हरि सिंह कश्मीर का महाराजा बना। हरि सिंह राजा अमर सिंह का पुत्र था और प्रताप सिंह का कोई पुत्र न होने के कारण उसे यह गद्दी मिली थी। असल में प्रताप सिंह उसे उत्तराधिकारी नहीं बनाना चाहता था लेकिन

अंग्रेज़ों ने अमर सिंह की मृत्यु के बाद से ही हरि सिंह की देखरेख अपने ज़िम्मे ले ली थी और एक सैन्य अधिकारी मेजर एच.के. बार को उसका अभिभावक नियुक्त किया था और अंग्रेज़ी ढब की शिक्षा-दीक्षा का प्रबंध किया था। मेयो कॉलेज से आरम्भिक शिक्षा पाने के बाद हरि सिंह को देहरादून के इम्पीरियल कैडेट कॉर्प्स से सैन्य प्रशिक्षण दिलवाया गया। यह प्रशिक्षण पूरा करने के बाद बीस साल की उम्र पूरी होने से पहले ही उसे 1915 में राज्य सेना का कमाण्डर इन चीफ़ नियुक्त किया गया। प्रथम विश्वयुद्ध के समय हरि सिंह को राज्य फ़ौजों के प्रशिक्षण का ज़िम्मा दिया गया और उसने कई मोर्चों पर शानदार प्रदर्शन किया। लेकिन 1921 में ब्रिटेन में एक सेक्स स्कैंडल में फँसने के चलते उनकी काफ़ी बदनामी हुई और इसके चलते न केवल राज्य के ख़ज़ाने से अच्छी-ख़ासी राशि देनी पड़ी बल्कि कुछ समय के लिए राजकाज से दूर भी कर दिया गया। हालाँकि 1922 में जब प्रताप सिंह को प्रशासनिक अधिकार पूरी तरह मिले तो हरि सिंह को इसमें वरिष्ठ पद दिया गया। उसी साल अपनी कुशलता से हरि सिंह ने कश्मीर को एक आसन्न अकाल के ख़तरे से बचाया और अपनी प्रशासनिक क्षमता का प्रदर्शन किया। डोगरा ख़ानदान का पहला आधुनिक शिक्षित हरि सिंह अपने पुरखों की तरह अंध साम्प्रदायिक भी नहीं था और जिस तरह उसने शासन शुरू किया, वह उम्मीदें जगाने वाला था। उसने कृषि राहत अधिनियम बनाया जिसने किसानों को महाजनों के चंगुल से आज़ाद होने में मदद की, अनिवार्य शिक्षा के लिए नियम बनाये जिससे 'ज़बरी स्कूल' खुले और सभी के लिए बच्चों को स्कूल भेजना ज़रूरी बना दिया गया। बालविवाह रोकने के लिए नियम बनाकर लड़कों और लड़कियों की शादी की न्यूनतम उम्र क्रमश: 18 और 14 वर्ष तय की[12] और राज्य नागरिक परिभाषा के बारे में हम पहले ही पढ़ चुके हैं। यही नहीं उसने घोषणा की कि उसका धर्म 'न्याय' है और ईद के मौक़े पर श्रीनगर में नमाज़ में शिरक़त की। तत्कालीन स्थितियों में यह एक आगे बढ़ा हुआ क़दम था।

लेकिन जिस तरह का सामाजिक ढाँचा बन चुका था तब तक उसमें आवश्यकता क्रांतिकारी बदलावों की थी और वे किसी सामंती शासक के लिए संभव नहीं थे। एक व्यक्ति के तौर पर हरि सिंह की बहुत विवेचना की गई है और उसे शाहख़र्च, स्वेच्छाचारी, बम्बई की रेसों में पैसे लुटाने वाला वग़ैरह-वग़ैरह कहा गया है। इसके ढेरों उदाहरण यहाँ दिए जा सकते हैं, लेकिन मुझे तत्कालीन भारतीय राजाओं-राजकुमारों के बारे में गाँधी की टिप्पणी सबसे मानीखेज़ लगती है—हर भारतीय राजा अपने राज्य में हिटलर है। वह अपनी जनता को बिना किसी क़ानून की परवाह किये गोली मार सकता है। हिटलर के पास भी इससे अधिक प्राधिकार नहीं हैं।[13] तो हरि सिंह भी अपने समय से आगे नहीं हो सकता था और समय भी किसी के पीछे नहीं चल सकता था। सड़कों और ट्रेनों से सामान और लोग ही नहीं आते, विचार भी आते हैं। कश्मीर अब कोई दूरस्थ और बाक़ी दुनिया से कटा हुआ प्रदेश नहीं था। भारतीय उपमहाद्वीप के तमाम हिस्सों और दुनिया भर से वहाँ लोग और विचार आ जा रहे थे। जनता की आकांक्षाएँ अब पहले जैसी नहीं थीं और अब उन्हें लम्बे समय तक दफ़नाये नहीं रखा जा सकता था, इसलिए दमन और अन्याय के हथियार अब पहले की तरह कारगर नहीं हो सकते थे और जिस तरह का सामंती प्रशासनिक ढाँचा था उसमें लोकतांत्रिक सुधारों की बहुत संभावना नहीं थी।

उदाहरण के लिए सबसे पहले नागरिकता सम्बन्धी प्रावधानों का असर देखते हैं। क़ानूनी रूप से इस प्रावधान के बाद शासकीय नौकरियों, पुलिस और सेना के दरवाज़े सबके लिए समान रूप से खुल जाने चाहिए थे, लेकिन ज़मीन पर ऐसा नहीं हुआ। डोगरा राजपूत अब भी सबसे अधिक कृपापात्र बने रहे। यहाँ तक कि 1928 में एक डोगरा राजपूत लगभग अनपढ़ होने के बावजूद एक विभाग का प्रमुख बना। कश्मीरी लोगों (हिन्दू और मुसलमान दोनों) और सीमावर्ती इलाक़ों के लोगों के लिए सेना के दरवाज़े पूरी तरह से बंद कर दिए गए थे, जबकि गुलाब सिंह और रणवीर सिंह के समय कम से कम सीमावर्ती क्षेत्र के लोगों के लिए सेना में जगह थी। सीमा को लेकर अपनी अतिशय संवेदनशीलता के चलते ब्रिटिश शासन अब उन पर विश्वास नहीं करता था और सेना के डोगरा प्रभारी कश्मीरी लोगों पर भरोसा नहीं करते थे। लोक प्रशासन के ऊँचे पदों पर पर पूरी तरह से प्रताप सिंह के समय पंजाबियों का बोलबाला था तो हरि सिंह के समय में वहाँ डोगरा राजपूतों का दबदबा हो गया।[14] शिक्षा के क्षेत्र में आगे बढ़े कश्मीरी पंडितों को आमतौर पर निचले पदों पर नियुक्तियाँ मिलीं लेकिन कश्मीरी मुसलमान को इसका कोई लाभ नहीं मिला, जिसके आँकड़े हम पहले ही देख चुके हैं। मुस्लिम समाज में 1924 का आन्दोलन दबा दिए जाने के बाद भी असंतोष समाप्त नहीं हुआ था। तत्कालीन सामाजिक-राजनीतिक और आर्थिक हलचलों से मुस्लिम समुदाय के हालात भी बदले और इसके चलते एक नए तरह का नेतृत्व उभरा। इसे समझने के लिए उस समय के मुस्लिम समाज का एक संक्षिप्त समाजशास्त्रीय अध्ययन कर लेना उचित होगा।

आम मुसलमान खेती-किसानी और शॉल बुनने का काम करता था। 1870 में फ्रांस-प्रशिया के बीच हुए युद्ध के कारण शॉल उद्योग में जो गिरावट आई वह फिर नहीं संभली। फ्रांस से कश्मीरी शॉलों का आयात लगभग पूरी तरह से समाप्त हो गया और अमृतसर से लेकर योरप में नक़ली शॉलें बनाने के केन्द्र खुलने के बाद कश्मीरी शॉल का व्यापार 1883 तक आते-आते आधा रह गया था जिसकी वजह से 800 के क़रीब कारखानेदार और 25,000 बुनकर बेकार हो गए थे। 1890 में राज्य ने शॉल उद्योग से हाथ खींच लिया और दाग़शाली विभाग बंद कर दिया।[15] इससे एक तरफ़ इस उद्योग में लगे कामगार बड़े पैमाने पर बेरोज़गार हुए तो कश्मीरी समाज के कुलीन वर्ग में शामिल बड़े शॉल व्यापारियों का एक वर्ग भी इससे बुरी तरह प्रभावित हुआ। चित्रलेखा जुत्शी ने ऐसे एक बेहद प्रतिष्ठित व्यापारी मुख़्तार शाह अशाई का ज़िक्र किया है जिसका घर श्रीनगर के सबसे ख़ूबसूरत और भव्य घरों में शामिल था और वहाँ विदेशों से आने वाले व्यापारी ठहरा करते थे। शॉल उद्योग बर्बाद होने के बाद लाज़िमी था कि समाज में अपनी स्थिति बनाये रखने के लिए वे आय के वैकल्पिक साधन ढूँढ़ते। इस प्रक्रिया में उनके बीच उन ख़ानक़ाहों और अन्य इस्लामी धर्मस्थलों के नियन्त्रण के लिए ज़द्दोज़हद शुरू हुई, जिनके प्रबंधकों में वे शामिल थे।[16]

साथ ही शॉल अर्थव्यवस्था के चौपट होने से शहरी अर्थव्यवस्था पर जो असर पड़ा उसके चलते लॉरेन्स के भू-बंदोबस्त के समय शहर में सस्ते अनाज की सुनिश्चित आपूर्ति की माँग रखी गई थी। यही वजह थी कि लॉरेन्स ने अनाज के रूप में भुगतान की जगह एक

हिस्सा नक़द में तथा बाक़ी का अनाज के रूप में भुगतान की व्यवस्था दी थी। इसके अलावा जिस ब्रिटिश प्रशासक जिस राजस्व व्यवस्था के निचले पायदानों के भ्रष्टाचार को समाप्त करने का दावा कर रहे थे वह भी बदस्तूर जारी रहा। पटवारी तथा अन्य राजस्व कर्मचारी अपनी आय के लिए किसान पर निर्भर न होकर अब राज्य के निम्न वेतन वाले कर्मचारी बन गए थे लेकिन भू-बंदोबस्त की व्यवस्था मूलतः उनके हाथ में ही रही और राजस्व विभाग में पंडित वर्चस्व कमोबेश पहले ही की तरह बना रहा। नए नियमों के चलते वे अब सिद्धांत में उन गाँवों के 'असामी' बन गए थे जिनमें उनकी ज़मीनें थीं, लेकिन वस्तुतः उन्हें लगान पर मिलने वाली छूट पहले की ही तरह जारी रही। लॉरेन्स ने इन रियायतों को दस साल के लिए निर्धारित किया था लेकिन असल में यह 1948 तक जारी रही। यही नहीं जागीरों पर यह बंदोबस्त लागू ही नहीं हुआ। इन जागीरों के उत्तराधिकार के कारण बहुत छोटे-छोटे हिस्सों में बँटने से रोकने के लिए 1913 में नई नीति बनाई गई जिसका उद्देश्य 'महाराजा के प्रति वफ़ादार, अपने इलाक़े में प्रभावशाली और किसानों पर नियन्त्रण रखने वाले भू-स्वामी वर्ग की स्थापना' था। मृदु राय कहती हैं कि लॉरेन्स ने किसानों को जो अधिकार दिए थे उन्हें कश्मीरी कृषि संरचना में और अधिक अनुदार, अनुवर्ती और कृपापात्र समूहों को बढ़ावा देकर समायोजित कर दिया गया।[17] ज़ाहिर है, कृषि समाज में सबसे नीचे अवस्थित छोटे किसानों को कोई राहत नहीं मिली, यही नहीं कश्मीरी ग्रामीण समाज में एक नई समस्या उत्पन्न हुई।

लॉरेन्स के भू-बंदोबस्त के पहले कश्मीर में ग्रामीण ऋणग्रस्तता की समस्या लगभग अनुपस्थित थी। शेष भारत में प्रभावी भूमिका निभाने वाले साहूकार और बनिये कश्मीर के ग्रामीण समाज में नहीं थे। इसकी जगह सभी बड़े गाँवों में वानी या बाकल थे जो अक्सर रोज़मर्रा का सामान बेचने वाले छोटे दुकानदार थे और 'वाद' व्यवस्था के ज़रिये वक़्त, ज़रूरत पर कृषकों को ऋण दिया करते थे। इस्लामी सिद्धांतों के अनुसार ब्याज नहीं लिया जाता था और किसान इसके बदले अनाज, फल और कम्बल जैसी वस्तुएँ दिया करते थे जिनका मूल्य बाज़ार भाव से कम लगाया जाता था। कुछ गाँवों में पंडित भी इस व्यवसाय में लगे हुए थे लेकिन लॉरेन्स के अनुसार गाँवों में कृषि ऋणग्रस्तता जैसी कोई गंभीर समस्या नहीं थी।[18] लेकिन लॉरेन्स की भू-बंदोबस्त व्यवस्था में लगान का एक हिस्सा नक़द के रूप में देने की व्यवस्था के बाद वहाँ ग्रामीण अर्थव्यवस्था में ऋण की समस्या काफ़ी बढ़ गई। 1926-27 तक 70 फ़ीसदी से अधिक किसान ऋण की समस्या से ग्रस्त हो चुके थे। इस बीच वहाँ हिन्दुओं का एक सूदखोर वर्ग उग आया था जिसने बड़े पैमाने पर इस धंधे पर कब्ज़ा कर लिया था, यह बात इस तथ्य से भी साबित होती है कि जब 1926-27 में हरि सिंह ने ऋण ग्रस्त किसानों की समस्या के मद्देनज़र कृषक सहायता अधिनियम बनाकर यह सुनिश्चित किया कि किसी भी हाल में ब्याज दर 50 फ़ीसदी से अधिक नहीं होनी चाहिए तो इसका सबसे तीख़ा विरोध हिन्दुओं के दबदबे वाली जम्मू और कश्मीर प्रतिरोध समिति और हिन्दू युवक सभा ने यह कहते हुए किया कि 'यह हिन्दू समुदाय के हितों पर कुठाराघात है और न्याय तथा बराबरी के सिद्धांत के प्रतिकूल है क्योंकि यह एक समुदाय की क़ीमत पर दूसरे को लाभ पहुँचाता है।' ज़ाहिर

है क़र्ज़ के इस मकड़जाल में फ़ायदा उठाने वाले थे हिन्दू समुदाय के व्यापारी और क़र्ज़ का जुआ आम मुस्लिम किसानों के कन्धों पर था। लेकिन हरि सिंह ने इन विरोधों को यह कहते हुए खारिज कर दिया कि यह माँग करने वालों का खेती से कोई लेना-देना नहीं है। हालाँकि इस नियम के बावजूद कश्मीरी किसान को क़र्ज़ से मुक्ति नहीं मिली। साहूकारों ने नए रास्ते ढूँढ़ लिए जिसमें मूलधन को दुगना करके लिखा जाता था। नतीजतन 1949 में कश्मीरी किसानों पर कुल 310 लाख रुपयों का ऋण था। 1946 में एच.एम. ब्रेल्स्फोर्ड ने पाया था कि एक आम कश्मीरी गाँव में हर किसान कर्ज़ में डूबा हुआ था और ब्याज की दर 48 फ़ीसदी थी, ऋणदाता साहूकार होता था जो ख़ुद भी किसान हो सकता था। कर्ज़ न चुका पाने के कारण अक्सर ग़रीब किसानों की ज़मीनें कब्ज़ा कर ली जाती थीं।[19] इस दुश्चक्र से किसानों को मुक्ति शेख़ अब्दुल्ला द्वारा किये गए क्रांतिकारी भूमि सुधारों के बाद ही मिल सकी जिसके बारे में हम आगे विस्तार से देखेंगे।

इसी दौर में ज़मीनों पर दबाव भी काफ़ी बढ़ गया। इसका एक कारण तो जनसंख्या में तेज़ वृद्धि थी। 1891 से 1911 के बीच कश्मीर की जनसंख्या में 36.4 फ़ीसदी का इज़ाफ़ा हुआ तो श्रीनगर की आबादी 1911 से 1921 के बीच में 11.5 फ़ीसदी की दर से बढ़ी। 1920 के दशक में जम्मू और कश्मीर राज्य की जनसंख्या में 65.3 प्रतिशत की वृद्धि हुई।[20] शॉल उद्योग की बर्बादी हम पहले ही देख चुके हैं। इधर ब्रिटिश भारत से वस्तुओं के आयात पर कस्टम ड्यूटी ख़त्म कर दिए जाने और 1890 में झेलम घाटी रोड (कश्मीर से पंजाब को जोड़ने वाली) तथा बनिहाल कार्ट रोड (श्रीनगर से जम्मू को सीधे जोड़ने वाली) बनने के बाद मशीन से बनी सस्ती वस्तुओं से बाज़ार भर जाने के कारण पारम्परिक हस्तशिल्प उद्योग भी नष्ट हो गए। ऐसे में शासकीय नौकरियों के अतिरिक्त रोज़गार के साधन कृषि, रेशम उद्योग और हाउसबोट आदि पर्यटन सम्बन्धी उद्योग ही रह गए। ये सब श्रीनगर में केन्द्रित थे तो व्यापार के पुराने अनंतनाग (इस्लामाबाद) जैसे केन्द्र अपना महत्त्व खो बैठे तथा श्रीनगर पहले से भी अधिक केन्द्रीय भूमिका में उभरा। इन उद्योग-धंधों में बर्बाद हुए ग्रामीण कृषि पर निर्भर हुए और दबाव बढ़ने से कृषि क्षेत्र में अनुत्पादकता बढ़ गई।[21] साथ ही गाँवों से शहरों की तरफ़ विस्थापन भी बढ़ा और फलस्वरूप शहरी जनसंख्या में तेज़ी से वृद्धि हुई। 1931 आते-आते जहाँ झेलम घाटी के प्रत्येक शहर की औसत जनसंख्या 15,510 हो गई वहीं हर गाँव की औसत जनसंख्या केवल 377 रह गई।[22] नई अर्थव्यवस्था में मुद्रा का चलन बढ़ा और निर्यात आधारित उद्योगों में बढ़ोत्तरी होने से घाटी में सामाजिक संतुलन भी बदला। औपनिवेशिक शासकों की नज़र में जनसंख्या में वृद्धि कश्मीर में समृद्धि का प्रतीक थी, लेकिन यह समृद्धि कश्मीरी जनता तक नहीं पहुँची। मज़दूरी बढ़ी लेकिन शाली (धान) के दाम उससे कई गुना बढ़ गए। शॉल व्यापारियों और जागीरदारों वाले पुराने कुलीन वर्ग का महत्त्व कम हो गया लेकिन इस नई अर्द्धऔपनिवेशिक व्यवस्था में राजस्व विभाग के कर्मचारियों का महत्त्व कमोबेश पहले जैसा बना रहा, जबकि कश्मीर घाटी के उच्च स्तरीय प्रशासक, जिनमें हिन्दुओं और ख़ास तौर पर डोगराओं का वर्चस्व था, नए भू- कुलीन बन गए। किसानों को, जिनकी बहुसंख्या मुसलमानों की थी, इस नई व्यवस्था से कोई लाभ तो नहीं

हुआ लेकिन किसान अब कश्मीर के विमर्श में महत्त्वपूर्ण रूप से शामिल हुए और उनकी माँगें आने वाले समय के आन्दोलनों में महत्त्वपूर्ण बनकर उभरीं।[23]

बंदोबस्त के कारण राज्य में अनाज पर महाराजा का एकाधिकार समाप्त होने से उनके मूल्य बाज़ार पर आधारित हुए तो ब्रिटिश अधिकारियों की नज़र में यह उदार अर्थव्यवस्था की ओर बढ़ा हुआ क़दम ज़रूर था लेकिन कर्मचारियों के असहयोग और तत्कालीन स्थितियों के साथ मूल्यों में वृद्धि और शहरों में अनाज की अनुपलब्धता से कई बार संकट जैसी स्थिति उत्पन्न हुई और अक्सर राज्य को अनाज की उपलब्धता सुनिश्चित कराने के लिए हस्तक्षेप करना पड़ा। पहले विश्वयुद्ध के चलते आई मुश्किलात के चलते 1921 में तो एक भयावह अनाज-संकट आया। अनाज विक्रय करने वाले 'गल्लादारों' के नए वर्ग ने अनाज की क़ीमतें कई गुना बढ़ा दीं और अकूत लाभ कमाया। इस अवसर पर प्रशासन ने हस्तक्षेप किया तो स्थिति सुधरने के बजाय बिगड़ती चली गई। प्रशासनिक कर्मचारियों और गल्लादारों की लूट ने किसानों की रीढ़ तोड़ दी। 1921 में इस पर नियंत्रण के लिए अनाज नियंत्रण बोर्ड बनाया गया जिसने अनाज के अधिकतम मूल्य निर्धारित करने के साथ-साथ उसके समुचित वितरण के लिए सहकारी स्टोर भी खोले लेकिन जागीरदारों, गल्लादारों और दलालों की मिलीभगत से यह योजना भी अपना लक्ष्य नहीं प्राप्त कर सकी। उद्योग धंधों की बंदी से तबाह शहरी ग़रीब के लिए राशन द्वारा दिया जा रहा आठ त्राक शाली एक बार में ख़रीद पाना संभव नहीं हुआ तो उन्होंने अपने राशन कार्ड बेच दिए और अंततः इसका लाभ धनी लोगों को मिला जिन्होंने अनाज की जमाखोरी कर कालाबाज़ारी करनी शुरू कर दी। कश्मीरी मुसलमानों ने महाराजा से माँग की कि 'राशन कुल जनसंख्या में समुदायों की हिस्सेदारी के अनुसार बाँटा जाए।' साथ ही उन्होंने आरोप लगाया कि 'कश्मीरी पंडित समुदाय अपने मुस्लिम भाइयों की क़ीमत पर इस स्थिति को अपने पक्ष में मोड़ने पर आमादा है।'[24]

बीसवीं सदी के आरंभिक वर्षों में हो रहे इन परिवर्तनों ने कश्मीर को अपनी तरह से प्रभावित किया था। एक अर्द्ध औपनिवेशिक-अर्द्ध सामंती शासन के लिए जनता के गुस्से को वैसे ही दबा पाना संभव नहीं था जैसे कि एक सार्वभौम शासक के रूप में गुलाब सिंह या रणवीर सिंह दबाते आये थे। साथ ही, इस नई व्यवस्था में आर्थिक संकट सिर्फ़ स्थानीय नहीं बल्कि ब्रिटिश भारत के अन्य हिस्सों और विश्व युद्ध जैसे मामलात में पूरी दुनिया के हालात से प्रभावित हो रहे थे। यहाँ रुककर एक बात समझ लेना ज़रूरी है। इन संकटों के समय या सामान्य हालात में भी आम जनता का सामना जिनसे होता था वे थे निचले स्तर के कर्मचारी। गाँवों में लगान वसूलने वाले शकदार, पटवारी और तहसीलदार जैसे कर्मचारी, रेशमखाने में मज़दूरों से काम करवाने के लिए ज़िम्मेदार मझोले और निचले स्तर के इंस्पेक्टर, व्यापार कर वसूलने वाले कर्मचारी, अनाज सहकारी स्टोर पर तैनात कर्मचारी, पुलिस के सिपाही और दरोग़ा, जंगलात के कर्मचारी आदि-आदि। इन सभी लिपिक स्तर के पदों पर बहुसंख्या कश्मीरी पंडितों की थी। इसलिए उसका भ्रष्टाचार, उसका रोबदाब और दुर्व्यवहार एक आम कश्मीरी किसान-मज़दूर-जनता को सबसे प्रत्यक्ष रूप से दिखता

था। डोगरा सत्ता प्रतिष्ठान से सीधे जुड़े थे और ब्रिटिश तो ख़ैर लाट साहब थे तो उन्हें अपना प्रत्यक्ष शोषक अपना पड़ोसी कश्मीरी पंडित नज़र आता था। इसी के साथ, कश्मीरी पंडितों में शासक वर्ग के समानधर्मा होने के कारण विशेषाधिकार की जो आकांक्षा‡ और अपनी बेहद अल्पसंख्या के बावजूद शिक्षा और नौकरियों में दबदबे के चलते जो एक ख़ास तरह का श्रेष्ठता बोध उत्पन्न हुआ था, वह न केवल उस समय के कश्यप बन्धु और ज़िया लाल कौल जैसे लोगों के बयानों में दिखता है, बल्कि आज भी कट्टर दक्षिणपंथी हो चले पंडितों को तो छोड़िये राहुल पंडिता जैसे अच्छे-ख़ासे प्रगतिशील पंडितों की भाषा में भी मिलता है। यह भाषा और यह श्रेष्ठता बोध अपने उत्स में काफ़ी हद तक उत्तर भारत के सवर्णों के दलितों के प्रति व्यवहार के समरूप है। ब्रिटिश हस्तक्षेप के बाद बदली हुई परिस्थितियों में हरि सिंह का समय आते-आते प्रशासन को कम से कम ऊपरी तौर पर एक ग़ैर साम्प्रदायिक नीति अपनानी पड़ी और कई मामलों में बहुसंख्यक जनता की माँगें माननी पड़ीं तो इस समुदाय में खलबली मचनी स्वाभाविक थी ही। नतीजतन, पंडितों और कश्मीरी मुसलमानों के बीच इस दौर में गहरी खाई बननी शुरू हुई और धार्मिक पहचानें मज़बूत होकर उभरने लगीं, जिसके कश्मीरी राजनीति पर दूरगामी प्रभाव पड़े।

ग्रामीण और पारम्परिक अर्थव्यवस्था के विघटन के बाद और अधिक मज़बूत होकर उभरे नगरों के नए सत्ता संस्थानों पर जब कब्ज़े और दबदबे को लेकर जद्दोजहद शुरू हुई तो स्वाभाविक था कि हिन्दुओं और मुसलमानों के बीच इसे लेकर तनातनी बढ़ती। तो महाराजा प्रताप सिंह द्वारा 1913 में श्रीनगर को नगरीय प्रशासन देने के लिए नगरपालिका की स्थापना और इसके प्रशासन के लिए चुने हुए सदस्यों का प्रावधान किया तो दोनों समुदायों के बीच संघर्ष और गहराया, इसके बीज तो साम्प्रदायिक प्रतिनिधित्व उस सिद्धांत में ही थे जिसे पहले प्रताप सिंह और बाद में हरि सिंह ने मुसलमानों को प्रतिनिधित्व देने के नाम पर लगातार अपनाया। 1913 में बने अधिनियम में कुल 8 प्रतिनिधि होने थे जिसमें 3 सुन्नी, एक शिया, 3 हिन्दू और एक शहर के पंजाबी व्यापारी समुदाय से होना था।[25] ज़ाहिर है, जनसंख्या का 90 प्रतिशत से अधिक होने के बावजूद मुसलमानों को भी हिन्दुओं के बराबर ही प्रतिनिधित्व मिला। अध्यक्ष चुनने का हक़ दरबार को था तो पंडित आनंद कौल को अध्यक्ष चुना गया और मुसलमानों ने उपाध्यक्ष अपनी कौम से चुने जाने की माँग की।[26] एक और महत्त्वपूर्ण परिवर्तन क़ानून व्यवस्था में हुआ जहाँ 1904 में न्याय व्यवस्था को पुनर्संयोजित किया गया जिससे पारम्परिक तौर पर न्याय देने वाले मीरवायज़ और मुफ़्तियों का प्रभाव कम हो गया। इनमें से अनेक पहले ही शॉल उद्योग की तबाही और भू-बन्दोबस्त के कारण अपना प्रभाव और समृद्धि खो रहे थे। अनाज व्यापारियों, पीरों, आमतौर पर प्रशासन से जुड़े शहरी भूस्वामियों और ब्रिटिश भारत के लाहौर,अलीगढ़ और दूसरी जगहों से पढ़कर लौट रहे मुसलमानों का एक वर्ग कश्मीरी समाज और राजनीति में

‡कश्मीरी पंडितों के एक महत्त्वपूर्ण नेता कश्यप बन्धु ने प्रधानमंत्री को दिए ज्ञापन में लिखा 'समानधर्मा होने के कारण, समान हितों के कारण और वफ़ादारी के गहरे भाव के कारण कश्मीरी पंडित सत्ता के साथ एकरूप हैं।' (देखें, कश्यप बन्धु द्वारा कश्मीर के प्रधानमंत्री को दिया गया ज्ञापन, नेहरू मेमोरियल दिल्ली में संकलित 'सप्रू पेपर्स' से)

प्रभावी होकर उभर रहा था। परिणामस्वरूप इन धार्मिक नेताओं के बीच अपने प्राधिकार और प्रभाव को बचाए रखने के लिए ख़ानक़ाहों, जियारतों, मस्जिदों और अन्य धार्मिक संस्थानों और संस्थाओं पर कब्ज़े को लेकर संघर्ष शुरू हुआ। ये धार्मिक स्थान वक़्फ़ बोर्ड की तरह लगान मुक्त भू अनुदान प्राप्त थे। इन संस्थाओं से सम्बद्ध ज़मीनों की आय के अलावा आने वाला चढ़ावा और भेंट आदि इन संस्थाओं की आय का साधन थे, सो उन पर नियंत्रण सिर्फ़ आध्यात्मिक सवाल नहीं था।[27] कश्मीर के दो मीरवायज़ों (मुख्य उपदेशकों) का कार्यक्षेत्र क्रमशः ख़ानक़ाह-ए-मुल्ला और जामा मस्जिद थे, लेकिन इस दौर में हम उनके बीच उपदेश के अधिकार क्षेत्र को लेकर तीख़ा संघर्ष देखते हैं, यही नहीं इसी दौर में पारम्परिक सूफ़ी इस्लाम और वहाबी इस्लाम के बीच भी बहस-मुबाहिसे और संघर्ष शुरू होते हैं। जहाँ जामा मस्जिद के मीरवायज़ को मीरवायज़ हमदानी 'वहाबी' कहते थे वहीं मीरवायज़ कश्मीर अपने विरोधी मीरवायज़ कश्मीर को मुशरिक।[§] ख़ुद को हमदानी का वंशज बताने वाले हाज़ी मुख्तार अशाई, जिनका ज़िक्र पहले किया जाता है, और पीर समुदाय जहाँ मीरवायज़ हमदानी के साथ आये वहीं अनाज व्यापारियों, प्रतिष्ठित नक़्शबंदी परिवार[**] और शॉल परिवार सहित अनेक लोगों का समर्थन मीरवायज़ कश्मीर को मिला। जहाँ डोगरा शासकों के पारम्परिक रूप से वहाबी इस्लाम के ख़िलाफ़ होने के कारण एक पक्ष इस आरोप के सहारे अपने विरोधियों को शासकों की निगाह में गिराना चाहता था वहीं अपने विरोधियों को मुशरिक साबित करके आम मुसलमानों की निगाह में गिराना चाहता था। हालाँकि यहाँ यह तथ्य जोड़ देना समीचीन होगा कि ख़ानक़ाह मौला के मीरवायज़ और सूफ़ी धर्मस्थानों की प्रतिष्ठा कश्मीर के आमजन में थी लेकिन डोगरा शासकों ने कश्मीरी कुलीन वर्ग के प्रतिनिधियों द्वारा समर्थित मीरवायज़ कश्मीर[††] को ही मान्यता दी थी और उसे कश्मीरी मुसलमानों का प्रतिनिधि मानते थे, बदले में उन्होंने हमेशा डोगरा शासकों और ब्रिटिश सत्ता के प्रति निष्ठा प्रदर्शित की थी। इसका एक उदाहरण यह है कि ख़िलाफ़त आन्दोलन के समय उन्होंने ब्रिटिश शासन का ही साथ दिया था।[28] ये विवाद न केवल अदालत तक गए बल्कि आने वाले समय में कश्मीर में हुए जन उभारों की प्रवृत्ति और कश्मीरी समाज में इस्लाम के स्वरूप और आतंरिक संघर्षों की दिशा तय करने में भी इनकी महत्त्वपूर्ण भूमिका थी। इसके अलावा एक और महत्त्वपूर्ण माँग जो उस दौर में उभरी वह पत्थर मस्जिद जैसे उन तमाम धार्मिक स्थानों की वापसी की थी जिन्हें सिख और डोगरा राज में राज्य की संपत्ति घोषित कर दिया गया था। इसमें सबसे रोचक मामला पत्थर मस्जिद का है। प्रताप सिंह ने इसे गदाधर जी अनाथालय बनाने का प्रस्ताव रखा था लेकिन मुस्लिम समाज के तीख़े विरोध के कारण 1913 में अनाथालय बनाने का इरादा छोड़कर इसे राज्य के आर्कियोलॉजिकल विभाग को सौंप दिया गया। हमने देखा है कि नूरजहाँ द्वारा

[§]मुशरिक शब्द शिर्क से बना है। शिर्क का मानी है शरीक़ बनाना, यानी जो अल्लाह के साथ किसी और को साझेदार बनाता है। सूफ़ी जियारतों और खानकाहों को श्रद्धा का केंद्र बनाये जाने के कारण उसके विरोधी इस पद्धति के इस्लाम अनुयायियों को मुशरिक कहते थे जिसे मूर्तिपूजा के सामान्य अर्थ में समझा जा सकता है।

[**]इसके बारे में हम पहले भी देख चुके हैं। नक्शबंदी परिवार को सिखों के समय 2500 मूल्य की लगानमुक्त जागीर मिली थी। भू-बंदोबस्त के कारण उनका काफ़ी नुकसान हुआ था।

[††]यह पदवी 1901 के बाद प्रचलन में आई और आनुवांशिक हो गई।

निर्मित इस मस्जिद में धार्मिक गतिविधियाँ इसके निर्माण के समय से ही नहीं होती थीं और न ही उसका कोई धार्मिक महत्त्व था, लेकिन इस दौर में उसकी वापसी की माँग बहुत ज़ोर-शोर से उठी[29] और आगे हम देखेंगे कि मुस्लिम कॉन्फ्रेंस (बाद में नेशनल कॉन्फ्रेंस) के आन्दोलन में उसकी बड़ी भूमिका थी।

नए लोग, नया उभार : असंतोष का प्रस्फुटन

इसी दौर में पंजाब और दीगर जगहों से वहाँ बसे कश्मीरियों और स्थानीय लोगों के माध्यम से मुस्लिम लीग, अहरार, अहमदिया जैसे इस्लामी आन्दोलन ने कश्मीर में गहरी रुचि लेना ही शुरू नहीं किया बल्कि उनका सक्रिय हस्तक्षेप भी बढ़ा।

पंजाब के क़ादियान में मिर्ज़ा ग़ुलाम अहमद द्वारा 1889 में शुरू किया गया अहमदिया आन्दोलन‡‡ 1920 के दशक में कश्मीर आता है। वैसे एक रोचक तथ्य यह है कि मिर्ज़ा की मान्यता थी कि जीसस क्रॉस से जीवित बचकर अपने खोये हुए इज़राइली क़बीलों की तलाश में कश्मीर आये थे और शेष जीवन वहीं गुज़ारा था। मिर्ज़ा दावा करते थे कि जीसस की क़ब्र श्रीनगर के ख़ानयार इलाक़े में है। जीसस और कश्मीर के सम्बन्ध को लेकर और भी कई रोचक किताबें हैं।§§ लाहौर और दीगर जगहों पर पढ़ने गए कश्मीरी छात्रों के माध्यम से जब कश्मीर पहुँचा यह आन्दोलन अपने मूल में ब्रिटिश शासन के प्रति पूरी तरह से राजभक्त था। तीस का दशक आते-आते कश्मीर के नए पढ़े-लिखे मुसलमानों के बीच इसका व्यापक प्रभाव पड़ा और पंजाब में क़ादियानी और लाहौरी,दो भागों में बँट चुके अहमदिया आन्दोलन के लाहौरी हिस्से ने कश्मीर के मामलात में रुचि लेनी शुरू की। जहाँ क़ादियानी राजनीति से दूरी बनाकर रखने के पक्षधर थे वहीं लाहौरी राजनीति में सक्रिय रूप से हिस्सेदारी कर रहे थे। लाहौरी अहमदिया आन्दोलन के नेता ख़्वाज़ा कमालुद्दीन ने 1928 में कश्मीर का दौरा किया था और 1931 आते-आते कश्मीर में इस समुदाय के कोई तीन हज़ार सदस्य हो चुके थे। मौलवी मोहम्मद वक़ील और मौलवी मोहम्मद नूरूद्दीन क़ारी जैसे इसके नेताओं ने घाटी में प्रभावी स्थान बना लिया था और उनका बढ़ता प्रभाव मीरवायज़ कश्मीर से उनके टकराव का कारण बना तो मीरवायज़ हमदानी ने अहमदिया आन्दोलन का समर्थन किया।[30] लाहौर में विस्थापित कश्मीरियों और स्थानीय मुसलमानों ने 'ऑल इंडिया कश्मीर मुस्लिम कॉन्फ्रेंस' स्थापित की थी, जिसका मुख्य उद्देश्य कश्मीर से आने वाले ग़रीब लड़कों को शिक्षा के लिए मदद प्रदान करना था लेकिन इन माध्यमों से यह संगठन कश्मीर की राजनीति में हस्तक्षेप करने का प्रयास करता रहता था। 1926 में ही इस संगठन ने कश्मीरी मुसलमानों की स्थिति

---

‡‡इस आन्दोलन के बारे में विस्तार से जानने के लिए पाठक यूनिवर्सिटी ऑफ़ कैलिफोर्निया, बर्कले से प्रकाशित योहानन फ्रीडमैन की किताब *प्रोफ़ेसी कंटीन्यूज़ : आस्पेक्ट्स ऑफ़ अहमदी रेलिजस थॉट्स एंड इट्स मेडिवल बैकग्राउंड* या मनोहर बुक सर्विसेज, दिल्ली से प्रकाशित स्पेंसर ल्वान की किताब *द अहमदिया मूवमेंट* पढ़ सकते हैं।

§§इस बारे में मारग्रेट बुर्के-व्हाईट बताती हैं कि मुसलमानों का एक छोटा सा सम्प्रदाय गिलगिट को ही बाईबल का गोलगोथा मानते हैं। जीसस क्रॉस पर नहीं मरे थे बल्कि उनके कुछ शिष्य उनको कश्मीर लेकर आये और गॉड उन्हें अपनी शक्ति से एक ऊँचे स्थान—'दुनिया की छत' पर ले गए। यह सम्प्रदाय मानता है कि ईसा की क़ब्र गिलगिट में है। (*हाफवे टू फ्रीडम,* पेज 150) जीसस और कश्मीर के रिश्तों को लेकर विस्तार से जानने के इच्छुक पाठक मिर्ज़ा ग़ुलाम अहमद की *जीसस इन इण्डिया,* होल्गर कर्स्टन की *जीसस लिव्ड इन इंडिया,* सुजेन ओल्सन की *जीसस इन कश्मीर : द लॉस्ट टाम्ब* आदि पढ़ सकते हैं।

को लेकर एक ज्ञापन महाराजा को सौंपना चाहा था लेकिन उसे बाहरी लोगों द्वारा दिया गया बताते हुए ख़ारिज़ कर दिया गया। इसके अलावा पंजाब के साम्प्रदायिक मुसलमानों के लिए कश्मीर एक मुस्लिम बहुल इलाक़ा था और वे अपनी राजनीति वहाँ ले जाना चाहते थे। 1929 में आल इंडिया मुस्लिम लीग की सालाना कॉन्फ्रेंस में इक़बाल ने भारत के उत्तरी और उत्तर पश्चिमी इलाक़ों सिंध, बलूचिस्तान, पंजाब, उत्तर पश्चिम सीमावर्ती प्रदेश और कश्मीर को मिलाकर एक इस्लामिक राज्य बनाने का सार्वजनिक प्रस्ताव रखा था।[31] 1931 आते-आते मज़लिस-ए-अहरार-ए-इस्लाम ने भी कश्मीर में रुचि लेनी शुरू कर दी थी और उनके जत्थे लगातार कश्मीर में आ रहे थे तो लाहौर से छपने वाले *सियासत, मुस्लिम आउटलुक, ज़मींदार, ऑब्ज़र्वर* आदि भारी संख्या में कश्मीर में आने लगे थे और उनमें कश्मीरी मुसलमानों की दुर्दशा पर पर लगातार लिखा जा रहा था।[32]

बीसवीं सदी आते-आते मुसलमानों के बीच शिक्षा के प्रसार की कोशिशें मुस्लिम समाज के भीतर से शुरू हो चुकी थीं। 1899 में मीरवायज़ कश्मीर बने मौलवी रसूल शाह ने शैक्षिक गतिविधियों की शुरुआत की। उनका असल उद्देश्य शैक्षणिक संस्थानों के ज़रिये इस्लाम की अपनी परिभाषा को लोगों में प्रचलित करके अपने प्रभाव की वृद्धि थी। उन्होंने मदरसा अंजुमन नुसरत उल इस्लाम की शुरुआत की, जिसमें पीरों या संतों की पूजा को ग़ैर इस्लामिक बताकर तौहीद*** के सिद्धांत की शिक्षा देता था।[33] शुरुआत एक मक़तब से हुई और 1905 आते-आते इसने इस्लामिया हाई स्कूल का रूप ले लिया। इस हाई स्कूल को अंजुमन नुसरत उल इस्लाम से जुड़े श्रीनगर के कुलीन मुसलमानों जैसे हसन शाह नक़्शबंदी, ख़्वाज़ा सैद-उद-दीन शॉल, अज़ीज़-उद-दीन कावूसा और अब्दुल समद काक़रू ही नहीं बल्कि डोगरा शासकों से भी मदद मिलती थी। शिक्षा के अलावा यह संस्था ग़रीब मुसलमानों के कफ़न-दफ़न की व्यवस्था जैसे समाज सेवा के कार्य भी करती थी जिसके लिए धन डोगरा दरबार से उपलब्ध कराया जाता था।[34] इसके अलावा बीसवीं सदी आरंभिक वर्षों से ही शुरू हुए प्राथमिक तथा उच्च शिक्षा संस्थानों ने राजनीतिक उद्देश्यों के परे मुस्लिम समाज के युवकों में शिक्षा का तेज़ी से प्रचार-प्रसार किया। 1921-31 के बीच शिक्षित युवकों की संख्या में वृद्धि के लिहाज़ से कश्मीरी मुसलमानों ने सभी समुदायों की तुलना में सबसे तीव्र वृद्धि हासिल की। तब तक राजकीय काम-काज की भाषा बन चुकी उर्दू शिक्षित युवाओं की संख्या में 99.2 फ़ीसद की वृद्धि हुई। हालाँकि यह वृद्धि मूलतः श्रीनगर और शहरी इलाक़ों तक ही सीमित थी। लेकिन इसी गति से रोज़गारों में वृद्धि न होने से शिक्षितों में यह वृद्धि बेरोज़गारों की संख्या में वृद्धि में तब्दील हुई। हालात ऐसे थे कि 1931 के सेंसस में अलग-अलग समुदायों के बेरोज़गारों की गणना का ख़याल छोड़ना पड़ा।[35] हालात का अंदाज़ा 1927 में कश्मीर के दीवान नियुक्त किये गए सर अल्बियान बनर्जी††† के 1929 में नैतिक

***अरबी शब्द तौहीद का अर्थ है एकात्मकता। यह इस्लाम का अद्वैतवाद का सिद्धांत है। इसके अनुसार अल्लाह अल-अहद (एक) और अल-वाहिद (केवल एक) है।

†††बंगाल के एक प्रतिष्ठित ब्रह्मसमाजी परिवार में जन्मे सर अल्बियान आई.सी.एस. अधिकारी थे और कश्मीर के पहले मैसूर और कोचीन राज्यों के दीवान रह चुके थे।

आधार पर दिए गए इस्तीफ़े के बाद प्रेस कॉन्फ्रेंस के दौरान दिए गए बयान से लगता है—

> जम्मू और कश्मीर राज्य अनेक प्रतिकूल परिस्थितियों से जूझ रहा है। मुसलमानों की बड़ी जनसंख्या पूरी तरह से अशिक्षित है, ग़रीबी और बेहद ख़राब आर्थिक हालात से जूझ रही है और प्रशासन उनसे मूक जानवरों की तरह व्यवहार करता है। सरकार और जनता के बीच कोई संपर्क नहीं है, जनता की परेशानियों को सुनने के लिए कोई समुचित अवसर नहीं है। ख़ुद प्रशासनिक मशीनरी को नीचे से ऊपर तक पूरी तरह से सुधारे जाने की और आधुनिक तथा दक्ष बनाये जाने की आवश्यकता है। इसे जनता की ज़रूरतों और परेशानियों के प्रति कोई संवेदना नहीं है।
>
> पंडित कश्मीर के बौद्धिक समाज का निर्माण करते हैं लेकिन उनका भी इस रूप में दमन होता था कि न तो सेवाओं में उनको महत्त्व दिया जाता है न ही उनकी ऊर्जा का उपयोग व्यापार या फैक्ट्रियों में किया जाता था। इस उपेक्षा का नतीजा यह हुआ कि वे भी असंतुष्ट थे और यह एक समस्या थी जिसका समाधान आवश्यक था।
>
> राज्य में शायद ही कोई जनमत है। जहाँ तक प्रेस का सवाल है तो उस पर व्यावहारिक रूप से पूरी तरह पाबंदी है और इस वजह से राज्य-प्रशासन अपनी आलोचना से होने वाले लाभों से वंचित है।[36]

ऐसे माहौल में शिक्षित मुस्लिम युवकों में असंतोष पैदा होना स्वाभाविक था। मुखर्जी के इस बयान के ख़िलाफ़ डोगरा शासन के स्वामिभक्त अधिकारियों आग़ा सैयद हुसैन, जनरल समन्दर ख़ान, कर्नल ग़ुलाम अली शाह, मिर्ज़ा ग़ुलाम मुस्तफ़ा और अन्य लोगों ने बयान दिया कि कश्मीर में मुसलमान सुख और समृद्धि से हैं तो शेख़ अब्दुल्ला ने एक विद्यार्थी के रूप में *मुस्लिम आउटलुक* में एक पत्र लिखकर आग़ा आदि के बयान का विरोध किया था जो उनका पहला राजनीतिक प्रतिरोध था। देश के विभिन्न विश्वविद्यालयों में पढ़ते हुए ख़िलाफ़त आन्दोलन, नमक सत्याग्रह और स्वाधीनता संग्राम की हलचलों ने उन्हें अपने तरीक़े से प्रभावित किया ही था और अपने लोगों के उत्पीड़न के ख़िलाफ़ लड़ने के लिए एक हिम्मत भी दी थी। 1929 में जब कांग्रेस का राष्ट्रीय सम्मेलन लाहौर में हुआ तो उसमें न केवल कई कश्मीरी युवकों ने हिस्सा लिया बल्कि कश्मीर से सम्बन्धित कई प्रस्ताव भी पास हुए। ऐसे ही कुछ शिक्षित बेरोज़गार युवकों ने 1930 में श्रीनगर के फ़तेह कदल में मुफ़्ती ज़ियाउद्दीन के घर पर 'रीडिंग रूम पार्टी' शुरू की जिसमें वे साथ बैठकर देश-दुनिया और अपनी समस्याओं पर बहस किया करते थे। कुछ दिनों तक अनौपचारिक रूप से काम करने के बाद मोहम्मद रज़ब को इसका अध्यक्ष और शेख़ अब्दुल्ला को महासचिव चुना गया। ये युवक देश के अंग्रेज़ी और उर्दू अख़बारों में कश्मीर के हालात पर पत्र लिखा करते थे।[37] इन युवाओं में क़ाज़ी सैफुद्दीन, पीरज़ादा ग़ुलाम रसूल, पीरज़ादा अहमद शाह मुफ़्ती जलालुद्दीन, ए. फ़जीली, हकीम ग़ुलाम मुर्तज़ा, और मौलवी बशीर अहमद आदि

शामिल थे।[38] आगे चलकर शेख़ अब्दुल्ला को न केवल इस आन्दोलन बल्कि कश्मीरी जनता के मुक्ति संघर्ष का नेतृत्व करना था और वह कश्मीरी होने का गौरव हासिल करना था जो ग़ुलामी के 391 सालों बाद कश्मीर का सत्ता प्रमुख बना। आगे बढ़ने से पहले शेख़ अब्दुल्ला के आरम्भिक जीवन के बारे में थोड़ी बात कर लेते हैं। वह अपने आप में तत्कालीन कश्मीरी समाज के आम मुस्लिम युवा के जीवन की एक व्यंजना भी है।

शेख़ अब्दुल्ला का जन्म अपने पिता शेख़ मोहम्मद इब्राहिम की मौत के 15 दिन बाद 7 दिसम्बर 1905 को श्रीनगर घाटी की सीमा पर हरि पर्बत से उत्तर सूरा नामक स्थान पर शॉल उद्योग से सम्बद्ध मध्यवर्गीय परिवार में हुआ था। उनके कश्मीरी पंडित पूर्वजों ने अफ़ग़ान शासन के दौरान इस्लाम अपनाया था। पिता की मृत्यु के बाद घर का ज़िम्मा उनके (सौतेले) बड़े भाई शेख़ मोहम्मद ख़लील और माँ खैरुन्निसा पर आ गया। अपनी जीवनी में शेख़ अब्दुल्ला ने अपनी माँ के जीवट और बच्चों की पढ़ाई के लिए किये गए संघर्ष का बहुत भावुक वर्णन किया है। उनके सगे बड़े भाई शेख़ मोहम्मद मक़बूल ने इंटरमीडियेट तक की शिक्षा हासिल की और हमदानिया मिडल स्कूल में प्रिंसिपल हो गए। दूसरे भाई शेख़ ग़ुलाम मोईनुद्दीन पाँचवीं कक्षा से आगे नहीं पढ़ सके और रफ़ूगर बन गए। शेख़ अब्दुल्ला की आरंभिक शिक्षा सूफ़ियाना तबियत के बुजुर्ग अखुन मुबारक शाह के मक़तब में हुई जहाँ उन्होंने *क़ुरान* और फ़ारसी की परम्परागत शिक्षा ली। इस मक़तब में उन्होंने *क़िरत-उल-क़ुरान*‡‡‡ में जो महारत हासिल की वह उम्र भर उनके साथ रही। मक़तब की शिक्षा पूरी करने के बाद उनका दाख़िला अंजुमन नुसरत-उल-इस्लाम द्वारा संचालित एक प्राथमिक विद्यालय में हुआ, शेख़ ने अपनी जीवनी में लिखा है कि वहाँ पढ़ाई का स्तर इतना ख़राब था कि उन्होंने पास के विसरारनाग के स्कूल में अपना तबादला करने की माँग की जिसके लिए मना किये जाने पर किये अपने विरोध को शेख़ विरोध में उठी अपनी पहली आवाज़ बताते हैं, अंततः उनका दाख़िला विसरारनाग के स्कूल में हुआ जहाँ से उन्होंने प्राइमरी की शिक्षा पूरी की। इसके बाद उनकी शिक्षा में व्यवधान आया और घर चलाने में सहयोग के लिए उन्होंने रफ़ूगिरी सीखी तथा अनाज की एक दुकान पर काम किया। लेकिन जल्द ही घरवाले उन्हें फिर से स्कूल भेजने पर राजी हुए और उनका दाख़िला घर से दस मील दूर गवर्नमेंट हाई स्कूल, दिलावरबाग़ में हुआ। बीस मील रोज़ की पैदल यात्रा करते हुए उन्होंने मैट्रिकुलेशन पास किया और प्रताप सिंह कॉलेज में एफ़.एस.सी. में दाख़िला लिया। बड़े भाई चाहते थे कि वह डॉक्टर बनें और एफ़.एस.सी. में काफ़ी अच्छे नंबर लेने के बाद शेख़ अब्दुल्ला ने मेडिकल स्कूल में दाख़िले के लिए राज्य से वजीफ़े के लिए कोशिशें शुरू कीं। लेकिन जिन 22 छात्रों का नाम महाराजा हरि सिंह को सौंपा गया उनमें कोई मुसलमान नहीं था। महाराजा हरि सिंह के शासन का यह आरम्भिक समय था और जैसा कि हमने देखा है उन्होंने अपनी एक सेक्युलर छवि बनाने की कोशिश की तो वह सूची वापस कर दी गई। लेकिन नई सूची में भी शेख़ का नाम नहीं था। शेख़ ने इसकी वजह अपना स्वभाव और उस समय का वह माहौल बताया है जिसमें बिना सिफ़ारिश के राज्य

‡‡‡ *क़ुरान* का पाठ करने की कला

की सहायता हासिल करना संभव नहीं था। मेडिकल में दाख़िले की उम्मीदें ख़त्म होने के बाद शेख़ ने आगे विज्ञान की पढ़ाई जारी रखने का तय किया, चूँकि श्रीनगर में इसकी कोई व्यवस्था नहीं थी तो उन्होंने प्रिंस ऑफ़ वेल्स कॉलेज, जम्मू में दाख़िला लेने की कोशिश की। लेकिन वहाँ भी उन्हें दाख़िला नहीं मिला और अंततः उन्हें लाहौर के इस्लामिया कॉलेज में एक सीट मिली। वहाँ भी वजीफ़े की उनकी कोशिश नाकाम रही। लाहौर में रहते हुए वह न केवल अल्लामा इक़बाल, सरोजिनी नायडू, सिकंदर हयात, लाला लाजपत राय, सर मोहम्मद शफ़ी, मियाँ अमीरुद्दीन सहित कई महत्त्वपूर्ण लोगों से मिले बल्कि उनकी राजनीतिक चेतना भी विकसित हुई। वहाँ रहते हुए प्रतिष्ठित कश्मीरी प्रवासियों के साथ-साथ उनकी मुलाक़ात उन ग़रीब और मज़लूम कश्मीरियों से भी हुई जो घाटी के अमानवीय हालात के कारण पंजाब आ गए थे और बेहद अमानवीय स्थितियों में रहते हुए अपने और घाटी में रह रहे अपने परिवारजनों के लिए दो जून की रोटी का इंतज़ाम कर रहे थे। वहाँ से बी. एससी. करने के बाद शेख़ अलीगढ़ मुस्लिम विश्वविद्यालय गए जहाँ से उन्होंने द्वितीय श्रेणी में रसायन विज्ञान में परास्नातक उत्तीर्ण किया। अलीगढ़ में रहते उन्होंने ख़िलाफ़त आन्दोलन को क़रीब से देखा और उसी दौरान उन्हें गाँधीजी को सुनने का भी मौक़ा मिला जिससे वह काफ़ी प्रभावित हुए। डिग्री हासिल करने के बाद जब कश्मीर लौटे तो उच्च शिक्षा के लिए विदेश जाने हेतु वज़ीफ़ा हासिल करना चाहते थे लेकिन तब तक वह इसके लिए निर्धारित आयुसीमा पार कर चुके थे। यह आयुसीमा सिर्फ़ मुसलमानों के लिए थी। उन्होंने सरकारी नौकरी के लिए कोशिश की लेकिन उस ज़माने के एम.एससी., केमिस्ट्री पास युवक के लिए महाराजा हरि सिंह के दरबार में कोई नौकरी नहीं थी और अंततः वह इस्लामिया हाई स्कूल में मामूली तनख्वाह पर मुदर्रिसी करने को मजबूर हुए।[39]

इसी मोड़ पर वह रीडिंग रूम पार्टी में सक्रिय हुए थे जिसकी पहली पहलक़दमी नौकरी के सवाल पर ही हुई। हुआ यह कि 1929 की गर्मियों में कुछ मॉडरेट मुसलमानों का एक समूह नौकरियों में मुसलमानों के अधिक प्रतिनिधित्व के सवाल पर महाराजा हरि सिंह से मिलने गया जिसमें जनरल समन्दर ख़ान और शेख़ अब्दुल अजीज़ शामिल थे। एक आधिकारिक रिपोर्ट के मुताबिक़ महाराजा इस माँग से सहमत थे और उन्होंने निजी रूप से नौकरियों में 50 प्रतिशत आरक्षण का भरोसा दिया था। हालाँकि इस पर आगे कोई प्रगति नहीं हुई तो कुछ कह पाना संभव नहीं है। इसके बाद हरि सिंह 1930 में गोलमेज़ सम्मेलन में भाग लेने इंग्लैण्ड चले गए और अपनी अनुपस्थिति में प्रशासन चलाने की ज़िम्मेदारी तीन सदस्यों की एक कैबिनेट को दे दी जिसमें तत्कालीन प्रधानमंत्री जी.ई.सी. वेकफील्ड, ग़ैर कश्मीरी हिन्दू पी.के. वाटल और एक डोगरा राजपूत जनरल जनक सिंह थे। इस कैबिनेट का सचिव भी एक डोगरा राजपूत ठाकुर करतार सिंह था : यानी इसमें एक भी कश्मीरी या मुसलमान शामिल नहीं था। इसी कैबिनेट ने सरकारी भर्तियों के लिए लोक सेवा भर्ती बोर्ड की स्थापना की। बोर्ड ने राजपत्रित पदों पर भर्ती के लिए नियम बनाये जिसके तहत उम्मीदवारों को कुछ काग़ज़ात प्रस्तुत करने थे और एक प्रतियोगी परीक्षा देनी थी। यही नहीं, संस्कृत की परीक्षा पास करना आवश्यक बनाया गया जबकि फ़ारसी को शामिल नहीं किया गया। रीडिंग रूम के सदस्यों ने भर्ती की इस प्रक्रिया का असल मक़सद मुसलमानों की भर्ती में रोड़े डालना

बताते हुए एक ज्ञापन दिया। 11 सितम्बर को रीडिंग रूम के दो प्रतिनिधि आमंत्रित किए गए। शेख़ अब्दुल्ला उनमें से एक थे। बैठक में कैबिनेट के तीनों सदस्य उपस्थित थे लेकिन इस पूरी बैठक और बहस के बाद शेख़ अब्दुल्ला के सुझावों को पूरी तरह से अस्वीकार कर दिया गया। युवक राज्य के गृहमंत्री आग़ा सैयद हुसैन से मिले लेकिन उन्होंने अपनी मजबूरी प्रकट करते हुए कहा कि इस मामले में तो शिक्षा मंत्री भी कुछ नहीं कर सकते। आश्चर्य की बात तो यह थी कि उन्हें यह भी नहीं पता था कि इस मामले में कैबिनेट ने युवकों के ज्ञापन का क्या जवाब दिया था! ज़ाहिर है युवाओं को इससे गहरी निराशा हुई।[40] चूँकि कश्मीर में अख़बारों पर पूरी तरह से पाबंदी थी इसलिए अपनी बात लोगों तक पहुँचाने के लिए उन्होंने सभी मुद्दे एक पर्चे में छाप कर श्रीनगर में बँटवाये और नौकरियों में मुसलमानों की स्थिति को लेख के रूप में संकलित कर लाहौर से निकलने वाले अख़बार *इंक़लाब* में प्रकाशित करवाया। यहाँ एक और महत्त्वपूर्ण तथ्य जोड़ दिया जाना ज़रूरी है। श्रीनगर का कुलीन मुस्लिम वर्ग इस ज्ञापन की ख़बर मिलते ही चौकन्ना हो गया था और मुंशी असदुल्लाह वक़ील, ख़्वाज़ा अब्दुल रहीम बांदे, मिर्ज़ा ग़ुलाम मुस्तफ़ा और मुफ़्ती शरीफुद्दीन जैसे रईस कैबिनेट के सदस्यों के समक्ष जाकर कह आये थे कि वे महाराजा के प्रति पूर्ण रूप से निष्ठावान हैं। यही नहीं उन्होंने ज्ञापन पर हस्ताक्षर करने वालों के ख़िलाफ़ कड़ी कार्यवाही की भी माँग की थी।[41]

लगभग इसी समय जम्मू में लगभग इन्हीं उद्देश्यों को लेकर यंग मैन मुस्लिम एसोसिएशन भी सक्रिय था। इसमें क़ाजी गौहर रहमान, सैयद गुलज़ार हुसैन, अल्ला रक्खा सागर, ग़ुलाम अहमद ग़ोरी और मौलवी हैदर शाह शामिल थे। जब एक-दूसरे की कार्यवाहियों की ख़बरें पंजाब के अख़बारों के ज़रिये पहुँची तो इन दोनों संगठनों ने मिलकर काम करने का निश्चय किया। कश्मीर में ग़ुलाम अहमद अशाई ने मुसलमानों की समस्याओं को उठाने के उद्देश्य से कश्मीर मुस्लिम एसोसिएशन बनाई थी। शेख़ इस संगठन का भी हिस्सा बने और उन्हें संगठन का सचिव चुना और अशाई अध्यक्ष बने। इसके सदस्यों में हकीम ग़ुलाम मुर्तज़ा, ख़्वाज़ा अली शाह, हकीम अली, ख़्वाज़ा मोहम्मद रज़ब, पीरज़ादा ग़ुलाम रसूल, हकीम ग़ुलाम सफ़दर, ख़्वाज़ा अहसान उल्लाह आदि शामिल थे।[42]

यहाँ कुछ बातें महत्त्वपूर्ण हैं। पहली बात तो यह कि इस नए उभार की जड़ में मुस्लिम युवकों का आक्रोश था। नौकरियों का जो मुद्दा 'कश्मीर कश्मीरियों के लिए' के नारे और उसके लिए कश्मीरी पंडितों के आन्दोलन में महत्त्वपूर्ण था वही यहाँ भी। दूसरी यह कि इस नए आन्दोलन का नेतृत्व पारम्परिक कुलीनों के हाथ में नहीं बल्कि शेख़ अब्दुल्ला जैसे युवकों के हाथ में था जो उच्च शिक्षित थे और अक्सर सामान्य मध्यवर्गीय पृष्ठभूमि के। ये नवयुवक लाहौर और अलीगढ़ जैसी जगहों से पढ़कर आये थे और आन्दोलन के उन नए तौर-तरीक़ों तथा आदर्शों से परिचित थे जो ब्रिटिश औपनिवेशिक शासकों के ख़िलाफ़ कांग्रेस तथा अन्य संगठन अपना रहे थे। एक और बात जिसका यहाँ ज़िक्र बेहद ज़रूरी है वह यह कि इस समय तक ये युवक किसी क्रान्ति या सीधे कहें तो महाराजा के शासन को सीधी चुनौती देने वाली बात नहीं कर रहे थे बल्कि इसी शासन के भीतर बेहतर और बराबरी वाले व्यवहार की माँग कर रहे थे। उस दौर के गवाह रहे प्रेमनाथ बज़ाज़ कहते हैं कि, 'उनमें से अधिकतर सरकारी नौकरियों में बड़ा हिस्सा चाहते

थे, कुछ की इच्छा किसानों जैसे दमित वर्ग के हालात सुधारने की थी और कुछ अधिक चेतन लोग छोटे संवैधानिक सुधार चाहते थे। लेकिन वे सब अपने भविष्य के कार्यक्रम को लेकर अस्पष्ट थे।'[43] हालाँकि ग़ुलाम नबी गिलकर जैसे लोग भी थे जो इसे पूरी तरह धार्मिक मामला मानते थे और महाराजा को हटाकर कश्मीर में किसी मुस्लिम सुल्तान की ताजपोशी के पक्षधर थे, लेकिन उस समय उनका प्रभाव कुछ ख़ास नहीं था।[44] उस दौर के आन्दोलन को हम अधिक से अधिक सुधारवादी कह सकते हैं। इसका पता उस दौर में *पयाम ए सदाक़त* नामक अख़बार में लिखे उनके शेख़ के एक लेख 'हम क्या चाहते हैं' से भी लगाया जा सकता है। इस लेख में वह कहते हैं—

> हम इस धरती से ग़रीबी, बेरोज़गारी और अन्याय का ख़ात्मा करना चाहते हैं। हम चाहते हैं कि कोई किसी का ग़ुलाम न रहे और देश में शान्ति बनी रहे। हम धर्मों के बीच समस्यायें समाप्त करना चाहते हैं, ताकि राज्य में एक न्यायपूर्ण व्यवस्था चल सके। हम चाहते हैं कि महाराजा बहादुर का शासन मज़बूत रहे जिससे बाहरी और भीतरी ख़तरों का सामना कर सकें । राजा और प्रजा को पिता और पुत्र की तरह होना चाहिए। सभी को भाइयों की तरह रहना चाहिए। यह तभी संभव है जब दमित मुसलमानों को भी उसी स्तर पर पहुँचाया जा सके जो अन्य भाइयों, पंडितों, डोगराओं और राजपूतों ने हासिल किया है। हम चाहते हैं कि राज्य में महाराजा बहादुर का शासन जारी रहे।[45]

इस बयान से दो बातें और निकल कर आती हैं, पहला धार्मिक समूहों के बीच या सीधे कहें तो हिन्दुओं और मुसलमानों के बीच चीज़ें सामान्य नहीं थीं, तनाव स्पष्ट थे और दूसरी यह कि शेख़ अब्दुल्ला के नेतृत्व वाला समूह इस आन्दोलन को धार्मिक रूप न देते हुए प्रशासन में ही सुधार की माँग कर रहा था जिससे मुसलमानों को सही प्रतिनिधित्व मिल सके। जैसा कि हमने देखा है, कश्मीर में शोषण का एक आधार धर्म भी था तो यह स्वाभाविक था कि शोषित धर्म के लोग एक मंच पर आते, इसे साम्प्रदायिक कह देना एक तरह का सरलीकरण है ठीक वैसे ही जैसे 'कश्मीर कश्मीरियों के लिए' के आन्दोलन को क्षेत्रवाद कह देना।

लेकिन यह समय आते-आते इतिहास एक दोराहे पर खड़ा था। ऐतिहासिक प्रक्रियाएँ अपनी गति से चल रही थीं और किसी की सदिच्छाओं से ये संचालित नहीं हो सकती थीं। कश्मीरी मुसलमान जनता के साथ लम्बे समय से हुआ अन्याय अब असंतोष बनकर धधक रहा था[46] और एक तीली जंगल में आग लगाने के लिए काफ़ी थी और वर्षों से अपनी अराजकता, भ्रष्टाचार और साम्प्रदायिक विद्वेष से भरे डोगरा सरकार के कर्मचारियों की स्वेच्छाचारिता ने यह मौक़ा बहुत जल्द दिला दिया।

1931 का जन-विद्रोह : कश्मीरी राष्ट्रवाद का उदय

29 अप्रैल, 1931 को जम्मू में वह घटना हुई जिसने बारूद में तीली लगाने का काम किया। ईद के समारोह के दौरान जब इमाम ख़ुतबा पढ़ने लगे तो खेमचंद नामक एक पुलिस अधिकारी ने उन्हें ऐसा करने से रोका, जबकि ख़ुतबा परम्परा से हमेशा इस मौक़े पर पढ़ा

जाता था। मुसलमानों ने इसे अपने धार्मिक मामलों में हस्तक्षेप क़रार दिया और विरोध प्रदर्शन शुरू हो गए। अभी इस मुद्दे की आग बुझी भी नहीं थी कि जुलाई में जम्मू की पुलिस लाइन में एक और घटना घटी। प्रेमनाथ बज़ाज़ बताते हैं कि एक हिन्दू हेड कॉन्स्टेबल लाभो राम ने अपने अधीनस्थ एक मुस्लिम कॉन्स्टेबल के समय से काम पर न आने के कारण उसका बिस्तर उठा कर फेंका जिसमें उसके बिस्तर में रखा पंजसुरा (*क़ुरान* का एक हिस्सा) भी फिंक गया।[47] लेकिन ख़ुतबा वाली घटना पर सभी लेखक जहाँ एकराय हैं वहीं इस घटना को लेकर उनमें पर्याप्त मतभेद हैं। हसनैन ने बिस्तर फेंकने की घटना का ज़िक्र न करते हुए मुस्लिम कांस्टेबल के नमाज़ पढ़ते समय हिन्दू हेड कॉन्स्टेबल द्वारा *क़ुरान* फेंके जाने की बात कही है।[48] एम.जे. अकबर ने लाहौर के आल-कश्मीर मुस्लिम कॉन्फ्रेंस के सालाना जलसे से लौटते युवाओं के आन्दोलन के दौरान एक कांस्टेबल के *क़ुरान* फेंकने की बात कही है।[49] शेख़ अब्दुल्ला ने अपनी जीवनी में लिखा है कि लाभो राम ने अपने एक साथी के झोले से *क़ुरान* निकाल कर फाड़ दी।[50] मृदु राय पुलिस विभाग की तत्कालीन पाक्षिक रिपोर्ट के हवाले से बताती हैं कि उस समय अफ़वाह थी कि एक हिन्दू पुलिस हेड कांस्टेबल ने अपने अधीनस्थ कांस्टेबल को *नमाज़* पढ़ने से रोका और फिर *क़ुरान* का अपमान किया गया, पाया गया कि घटना को बहुत बढ़ा-चढ़ा के बयान किया गया है।[51]

ऐसा लगता है कि वे अफ़वाहें कभी नहीं थमीं। प्रेस और छापेखाने पर पूरी तरह से पाबंदी के कारण लोगों ने जो जाना वह अफ़वाहों या फिर पंजाब से छपने वाले हिन्दू/मुस्लिम अख़बारों से ही जाना। यह वह जगह है जहाँ से एजेंडे सेट होने शुरू होते हैं। अपने-अपने एजेंडे के अनुसार इस तरह के मतभेद, घटनाओं की चयनित प्रस्तुति और अप्रस्तुति बहुत सामान्य होती चली जाती है। यह वह जगह है जहाँ से कश्मीर का आधुनिक इतिहास शुरू होता है, जहाँ से घटनाएँ बिजली की गति से आकार लेना शुरू करती हैं और उस हाथी की तरह होती जाती हैं जिसके अलग-अलग हिस्सों को छू-छू कर लोग उसके आकार का अनुमान लगाते हैं—फ़र्क बस इतना है कि यहाँ देखने वाले अंधे नहीं हैं, उन्होंने आँखें मूँदना और खोलना चुना है।

यह शायद कोई कभी नहीं जान पायेगा कि उस पुलिस लाइन में उस दिन हुआ क्या था, लेकिन उसकी जिस तरह की प्रक्रिया हुई उसे देखने-समझने के पहले एक और तथ्य को जान लेना आवश्यक है। गोलमेज़ सम्मेलन के दौरान हरि सिंह के भाषणों ने ब्रिटिश शासन को काफ़ी चौंकाया था। उन्होंने ख़ुद को पहले भारतीय ही नहीं बताया था बल्कि कुछ ऐसी बातें कही थीं जो ब्रिटिश शासन के लिए सहनीय नहीं थीं,[52] यही नहीं अपने शासकीय व्यवहार में वह प्रताप सिंह से उलट ब्रिटिश रेज़िडेंसी को वह महत्त्व नहीं देते थे। ज़ाहिर है अंग्रेज़ ऐसे व्यवहार से नाख़ुश थे। इधर सविनय अवज्ञा आन्दोलन से बाहर रहे साम्प्रदायिक मुस्लिम संगठन उन्हें कांग्रेस के ख़िलाफ़ अपने तत्कालीन सहयोगी के रूप में मिले थे। प्रेमनाथ बज़ाज़ सहित कई लेखकों का मानना है कि अपनी इसी नीति के तहत अंग्रेज़ों ने न केवल इस आन्दोलन को नियंत्रित करने में समुचित सहयोग नहीं दिया बल्कि जम्मू-कश्मीर में साम्प्रदायिकता को बढ़ावा भी दिया। यह भी सच है कि देश के अनेक हिस्सों और ख़ासतौर पर पंजाब से विभिन्न संगठनों और अख़बारों ने इस

आन्दोलन को भड़काने में अहम भूमिका निभाई। यह कहना बलराज मधोक या फिर उनके वैचारिक सहयोगियों के लिए बेहद सुविधाजनक भी है। लेकिन क्या यह उन अत्याचारों और साम्प्रदायिक नीतियों की उपस्थिति में संभव था जिसकी वजह से कश्मीरी मुसलमान ख़ुद को लगातार उपेक्षित, पीड़ित और हिन्दू आबादी के सम्मुख भेदभाव से ग्रसित व्यवहार का शिक़ार महसूस कर रहे थे? अगर कश्यप बन्धु जैसे पंडित अपनी बिरादरी को सत्ता के समरूप कह रहे थे तो उस सत्ता के ख़िलाफ़ खड़े कश्मीरी मुसलमान उन्हें अपना साथी कैसे मान सकते थे? आज जब हम कश्मीर में पाकिस्तान के हस्तक्षेप की बात करते हैं, वहाँ साम्प्रदायिकता के बढ़ने की बात करते हैं और बलराज मधोक के वैचारिक उत्तराधिकारी इसके लिए कश्मीरियों को ही दोषी ठहराते हुए कड़ी कार्यवाहियों की वक़ालत करते हैं तो इस घटना का ऐतिहासिक महत्त्व और बढ़ जाता है और यह एहसास भी कि इतिहास का सबसे बड़ा सबक यही है कि हम उससे कोई सबक नहीं सीखते। बम्जई

ख़ैर, 1931 की तरफ़ लौटते हैं। इन घटनाओं के बाद जम्मू में तनाव फ़ैल गया। जुलूस और प्रदर्शन शुरू हो गए। ख़बर आग की तरह कश्मीर पहुँची। कश्मीर में 'इस्लाम ख़तरे में है' के नारे पहली बार गूँजे, पहली बार कश्मीरी दीवारें जम्मू में छपे इन नारों के पोस्टर्स से रंग गईं। हालात की गंभीरता देखते हुए शासन ने तुरंत जाँच के लिए कमेटी बनाई और सम्बन्धित कर्मचारियों को सज़ा भी दी गई।[§§§] लेकिन अब तक देर हो चुकी थी। ऐसे माहौल में ग़ुलाम नबी गिलकर ने पहलक़दमी की और जामा मस्जिद में एक बड़ी विरोध सभा का आयोजन किया। यह अपनी तरह का पहला राजनैतिक जमावड़ा था जिसमें हज़ारों मुसलमानों ने हिस्सेदारी की। मौलाना अहमद उल्लाह की मृत्यु के बाद जामा मस्जिद के मीरवायज़ बने देवबंद से शिक्षित मौलाना युसुफ़ शाह रीडिंग रूम पार्टी के प्रति सहानुभूति रखते थे। माहौल की गंभीरता का अंदाज़ा इसी बात से लगाया जा सकता है कि अपनी पारम्परिक प्रतिद्वंद्विता भुलाकर मीरवायज़ हमदानी और मीरवायज़ कश्मीर दोनों इस सभा में शामिल हुए। शेख़ अब्दुल्ला ने *क़ुरान* की आयतों के साथ अपना भाषण शुरू किया तो लोगों की आँखों में आँसू आ गए। अल्लाह हो अकबर, इस्लाम ज़िन्दाबाद के साथ पहली बार शेख़ अब्दुल्ला ज़िन्दाबाद का जो नारा लगा तो फिर उसके बाद वह हर जुलूस और सभा का नारा बन गया। इस मीटिंग से प्रशासन चौकन्ना हो गया। सूबेदार रायज़ादा त्रिलोक चंद ने शान्ति व्यवस्था बनाये रखने के लिए शहर के कुछ प्रमुख मुसलमानों की बैठक बुलाई जहाँ मिर्ज़ा ग़ुलाम मुस्तफ़ा, मौलवी रहीम शाह, मौलवी शरीफ़-उल-दीन और मुंशी असद उल्लाह जैसे प्रतिक्रियावादी लोगों ने ज़िलाधिकारी को इस आन्दोलन के नेताओं की गिरफ़्तारी और उनके ख़िलाफ़ कड़ी कार्यवाही की सलाह दी, लेकिन बाक़ी लोगों ने इसका विरोध किया। बैठक नाक़ामयाब रही और अंततः सूबेदार ने, जो जामा मस्जिद की निर्माण समिति के अध्यक्ष भी थे, मस्जिद के अन्दर किसी तरह की राजनीतिक कार्यवाही, बैठक आदि पर रोक लगा दी। लेकिन रीडर्स रूम पार्टी के नौजवान इन प्रतिबंधों को मानने के लिए तैयार नहीं थे। शेख़ अब्दुल्ला ने कहा—

[§§§]आश्चर्यजनक है कि प्रेमनाथ बज़ाज़ के अलावा किसी महत्त्वपूर्ण लेखक ने सज़ा का ज़िक्र नहीं किया है।

> चूँकि यह आदेश हमारे धर्म के मामले में अनधिकार हस्तक्षेप है इसलिए हम ऐसे आदेशों की अवहेलना का निर्णय लेते हैं और हम कभी अपने धार्मिक मामलों में हस्तक्षेप की इजाज़त नहीं देंगे। हम इन आदेशों के विरोध में एक और सभा की घोषणा करते हैं।[53]

अगले शुक्रवार को श्रीनगर से चार मील दूर एक दरगाह में एक धार्मिक समारोह था जिसमें लगभग पचास हज़ार लोग एकत्र हुए। किसी तनाव की सम्भावना को देखते हुए ज़िलाधिकारी उन्हीं प्रतिक्रियावादियों के साथ वहाँ पहुँचे लेकिन जनता ने नज़रअंदाज़ किया, परन्तु जब वहाँ जब रीडिंग रूम पार्टी के तीन सदस्य पहुँचे तो ज़ोरदार नारों से उनका स्वागत किया। वहाँ भाषण तो नहीं हुए लेकिन जनता वहाँ से उनके साथ जामा मस्जिद की ओर चली और वहाँ आदेशों का उल्लंघन करके एक बड़ी सभा हुई। इन घटनाओं के बाद शेख़ अब्दुल्ला को पहले मुज़फ्फ़राबाद स्थानांतरित कर दिया गया। इसे स्वीकार करने की जगह ख़ानक़ाह-ए-मौला पर शेख़ ने नौकरी से इस्तीफ़े की घोषणा की। वहाँ मौज़ूद *ज़मींदार* (लाहौर) अख़बार के सम्पादक मौलाना ज़फ़र अली ख़ान ने उसी सभा में उन्हें शेर-ए-कश्मीर कहकर संबोधित किया[54] जो भविष्य में उनका परिचय बन गया। लेकिन सरकार ने इस्तीफ़ा स्वीकार करने की जगह उन्हें नौकरी से बर्ख़ास्त कर दिया।[55]

इस बीच हरि सिंह योरप यात्रा से लौट आये थे और उन्होंने मुस्लिम प्रतिनिधियों से सीधे बात करने का निश्चय किया। जम्मू के यंग मेंस मुस्लिम एसोसिएशन की तरफ़ से मिस्त्री याक़ूब अली, सरदार गौहर रहमान, चौधरी ग़ुलाम अब्बास और शेख़ अब्दुल हमीद को प्रतिनिधि चुना गया जबकि कश्मीर से प्रतिनिधि चुनने के लिए 21 जून 1931 को इस आन्दोलन की सबसे बड़ी सभा ख़ानक़ाह-ए-मौला में बुलाई गई। इस ऐतिहासिक सभा में मीरवायज़ युसुफ़ शाह भी शामिल हुए। किसी मीरवायज़ कश्मीर ने पहली बार ख़ानक़ाह ए मौला में प्रवेश किया था। इसमें मीरज़ाई, शिया, सुन्नी, अहमदिया, हनफ़ी, वहाबी सहित मुस्लिम समाज के सभी तबके शामिल हुए। राष्ट्र के प्रति वफ़ादारी की कसमें खाई गईं और सात प्रतिनिधि चुने गए—मीरवायज़ मौलाना युसुफ़ शाह, मीरवायज़ हमदानी, ख़्वाज़ा सैदुद्दीन शॉल , आग़ा सैयद हुसैन शाह जलाली, ख़्वाज़ा ग़ुलाम अहमद अशाई, मुंशी शहाबुद्दीन और शेख़ मुहम्मद अब्दुल्ला।[56] इस बैठक के बाद प्रतिनिधियों ने सभा को संबोधित किया। मौलाना युसुफ़ शाह ने मुसलमानों के तमाम हक़-ओ-हुकूक के लिए मिलकर काम करने का आह्वान किया तो शेख़ अब्दुल्ला ने अपने इस पहले सार्वजनिक राजनीतिक भाषण में मुसलमानों के साथ-साथ कश्मीर की हिन्दू जनता से भी अन्याय के ख़िलाफ़ इस संघर्ष में साथ आने की अपील की। हम इन दोनों भाषणों की ऐतिहासिक परिणितियाँ आगे देखेंगे। सभा समाप्त होने ही वाली थी कि एक ऐसी घटना घटी जिसने इस आन्दोलन का चेहरा बदल दिया। अब्दुल क़ादिर नामक एक व्यक्ति अचानक मंच पर आया और उसने बेहद भड़काने वाला साम्प्रदायिक भाषण देते हुए 'इस्लाम ख़तरे में है' के नारे के साथ महाराजा के शासन को इस्लाम विरोधी बताते हुए ईंट का जवाब पत्थर से देने की अपील की और ज्ञापनों तथा माँगपत्रों को बेकार की बात बताते हुए कहा कि पवित्र *क़ुरान* के अपमान का मसला ऐसी

चीज़ों से हल नहीं हो सकता। मुसलमानों से अपने पैरों पर खड़े होकर हथियारों का मुक़ाबला लाठियों और पत्थरों से करने की अपील करते हुए उसने महाराजा के महल की ओर इशारा किया और कहा कि 'अन्याय, क्रूरता और ग़ुलामी के इस प्रतीक को नेस्तनाबूद कर दो।'

उस माहौल में जब अभी राज्य के ओर से एक लाठी भी नहीं चली थी, महाराजा ने आन्दोलन से सीधी बातचीत का प्रस्ताव रखा था, इस तरह का भड़काऊ भाषण देने वाला कौन था यह अब्दुल क़ादिर? अक्सर उसे किसी अंग्रेज़ अधिकारी के ख़ानसामे के रूप में कश्मीर आये एक बाहरी की तरह पेश किया जाता है लेकिन हसनैन ने उसकी पृष्ठभूमि के बारे में विस्तार से लिखा है। श्रीनगर दंगा जाँच कमेटी के हवाले से वह बताते हैं कि अब्दुल क़ादिर दरअसल मौलाना अब्दुल क़ादिर ग़ाज़ी था जो पैन-इस्लामिक आन्दोलन के मौलाना जमाल-उद-दीन अस्तारबादी उर्फ़ अफ़गानी से जुड़े पठान परिवार से सम्बद्ध था, अफ़गानी रूस जाने से पहले कश्मीर होते हुए गया था।[57] इसलिए बहुत संभव है कि अंग्रेज़ी, उर्दू, फ़ारसी और अरबी जानने वाले अब्दुल क़ादिर का ब्रिटिश अधिकारी का ख़ानसामा बनकर कश्मीर में प्रवेश वहाँ उसकी योजना का हिस्सा था। और यह योजना उस समय पूरी होती भी नज़र आती है। अब्दुल क़ादिर के भाषण के बाद इस आन्दोलन का स्वरूप पूरी तरह से बदल गया। अब तक बातचीत के लिए प्रस्तुत हरि सिंह की सरकार ने इस भाषण को राष्ट्रद्रोह की श्रेणी में रखते हुए 25 जून 1931 को अब्दुल क़ादिर को गिरफ़्तार कर लिया। जब कोर्ट में सुनवाई शुरू हुई तो हज़ारों लोग एकत्र होने लगे। शान्ति व्यवस्था पर ख़तरे को भाँपते हुए ज़िला मजिस्ट्रेट ने कोर्ट की कार्यवाही जेल के भीतर करने और उसे कैमरे में रिकॉर्ड करने का निर्देश दिया और लोगों को वहाँ जमा होने से रोक दिया गया। महाराजा ने 9 जुलाई को जनता से शान्ति बनाये रखने के लिए राजनीतिक कार्यवाहियों को रोकने की अपील की लेकिन अगले ही दिन जामा मस्जिद में एक विशाल सभा हुई जिसमें शेख़ अब्दुल्ला ने कहा कि अब्दुल क़ादिर इस्लाम की रक्षा के लिए लड़ रहे हैं और उन्हें रिहा किया जाना चाहिए। 13 जुलाई 1931 को श्रीनगर जेल के भीतर अब्दुल क़ादिर के मुक़दमे के दौरान प्रशासन ने बड़ी संख्या में पुलिस तैनात की। जेल के बाहर बड़ी संख्या में लोग एकत्र होकर अब्दुल क़ादिर की जगह ख़ुद को गिरफ़्तार करने के नारे लगा रहे थे। सेशन जज ने जब भीड़ को जाने के लिए कहा तो लोगों ने नमाज़ के बाद जाने की बात कही। ख़्वाज़ा अब्दुल ख़ालिक शोरा ने नमाज़ पढ़नी शुरू की तो उसी समय पुलिस ने पाँच लोगों को गिरफ़्तार कर लिया। अफ़रा-तफ़री मच गई और पुलिस ने फायरिंग शुरू कर दी। सबसे पहले मरने वाले थे ख़्वाज़ा अब्दुल खालिक़ शोरा! नारे तेज़ हो गए और कश्मीर के इतिहास में पहली बार पत्थरबाज़ी की घटना हुई। बदले में पुलिस ने लगातार गोलियाँ चलाईं, 22 लोग मारे गए और सैकड़ों लोग घायल हुए। शेख़ अब्दुल्ला ने इसकी तुलना जलियाँवाला बाग़ काण्ड से की है। लेकिन भीड़ का गुस्सा अब गोलियों से दबने वाला नहीं था। *क्रूसिबल ऑफ़ कश्मीर* में प्रेमनाथ बज़ाज़ ने लिखा है कि मरने वालों में से किसी को भी पीठ पर गोली नहीं लगी थी। भागने की जगह भीड़ जेल में घुस गई और वहाँ रखी चारपाइयों पर शवों को लेकर लोग जामा मस्ज़िद की तरफ़ चले। रास्ते में तोड़-फोड़ और हिन्दू दुकानों की लूट की भी घटनाएँ हुईं। हसनैन ने एक प्रत्यक्षदर्शी के हवाले से बताया है

कि महाराजगंज में ऐसी घटना नहीं हुई, लेकिन शहर के दूसरे हिस्सों में बीस–बाईस दुकानों के लूटे जाने की बात बताते हैं। शेख़ अब्दुल्ला लिखते हैं कि आन्दोलनकारियों ने हिन्दू दुकानदारों से दुकानें बंद करने के लिए कहा और उनके मना करने पर असामाजिक तत्त्वों ने लूटपाट की घटना को अंजाम दिया और बाद में स्थिति सामान्य होने पर लूट का माल बरामद करके दुकानदारों को लौटा दिया गया। रेज़िडेंट की तत्कालीन रिपोर्ट के अनुसार लूटपाट और आगजनी की घटना श्रीनगर के महराजगंज इलाक़े में हुई थी। यह इलाक़ा मूलतः कश्मीरी पंडित और पंजाबी हिन्दू व्यापारियों का था।[58] इसके अलावा विचरनाग जैसे कुछ और इलाक़ों में भी लूटपाट तथा आगजनी की घटनाएँ हुईं। घर जलाए जाने, तोड़फोड़ और मारपीट की इन घटनाओं में तीन हिन्दू मारे गए और बड़ी संख्या में लोग घायल हुए।[59] यहाँ यह तथ्य महत्त्वपूर्ण है कि विचरनाग मूलतः छोटे कर्मचारियों और सूद पर क़र्ज़ देने वाले पंडितों का इलाक़ा था। बाद में दलाल कमीशन को दिए गए बयान में वहाँ के एक निवासी कैलाश बट ने कहा कि 'दंगाइयों में मेरे कई क़र्ज़दार थे। उन्होंने इस बात पर विशेष ध्यान दिया कि क़र्ज़ सम्बन्धी काग़ज़ात पूरी तरह से नष्ट कर दिए जाएँ।[60] यह कश्मीर के इतिहास में इस तरह का पहला साम्प्रदायिक संघर्ष था। इस बात से इंकार किया ही नहीं जा सकता कि उस माहौल में असामाजिक तत्वों या फिर कह लीजिये भड़के हुए आम लोगों ने शासन और पुलिस का गुस्सा उन हिन्दुओं पर निकाला जिन्हें वे प्रत्यक्ष तौर पर अपना प्रतिद्वंद्वी और डोगरा शासन का लाभार्थी मानते थे। इसे जायज़ ठहराना भी उतना ही सरलीकरण होगा जितना इसे सिर्फ़ साम्प्रदायिक आधार पर देखना। और दोनों तरह की अतियाँ ख़ूब हुई हैं। जहाँ एक तरफ़ हम हसनैन जैसे लेखकों को इन घटनाओं को लगभग पूरी तरह से नज़रअंदाज़ करते देखते हैं वहीं राहुल पंडिता अपनी किताब में 1931 का ज़िक्र करते हुए सिर्फ़ लूटपाट और हिंसा की बात करते हैं, इसके आगे–पीछे का कुछ भी उनके लिए महत्त्वपूर्ण नहीं है तो जियालाल किलाम से लेकर बलराज मधोक तक के लिए 1931 सिर्फ़ और सिर्फ़ एक साम्प्रदायिक घटना थी।

ऐसे में प्रेमनाथ बज़ाज़ कुछ ज़रूरी सवाल उठाते हैं। प्रशासन और पुलिस की भूमिका की विवेचना करते हुए वह इस निष्कर्ष पर पहुँचते हैं कि प्रशासन इस मामले में पूरी तरह नाकाम रहा। जहाँ जेल में गोलियाँ चलाने का निर्णय उस माहौल में मूर्खतापूर्ण था वहीं जब ये घटनाएँ हो रही थीं तो सूबेदार रायज़ादा त्रिलोक चंद ने दो बार हरि सिंह को फ़ोन कर निर्देश लेने की कोशिश की, लेकिन महाराजा फ़ोन पर उपलब्ध नहीं थे। जब लूटपाट के दौरान हिन्दुओं ने प्रधानमंत्री वेकफील्ड को फ़ोन करने की कोशिश की तो वह घर पर नहीं थे। पुलिस प्रमुख, जो एक डोगरा राजपूत थे उस पूरे वक़्फ़े में प्रधानमंत्री को तलाश रहे थे कि उनसे मिले निर्देश के बाद आगे निर्णय लें। बाद में इन्क्वायरी के दौरान उसने स्वीकार किया कि वह महाराजगंज की हिंसा के समय अनुपस्थित थे और बाद में जब पहुँचे तो भी उसने किसी दुकान के अन्दर जाकर यह जानने की कोशिश नहीं की कि कोई लूट हुई भी थी या नहीं। उसने इन घटनाओं पर नियंत्रण की कोशिशों की जगह केवल सेना जुटाने और हिंसाग्रस्त इलाक़ों तक भेजने का काम किया। जब अधिकारी इतना 'दक्ष' था तो उसके अधीनस्थों से भी क्या उम्मीद की जा सकती थी! महाराजगंज के पुलिसकर्मियों

ने ख़ुद को थाने के भीतर बंद कर लिया! सेना के आने तक पुलिस आमतौर पर घटनास्थलों से अनुपस्थित रही। इन दो-तीन घंटों में उपद्रवियों का श्रीनगर पर नियंत्रण रहा तो सेना के आने के बाद शहर पर सेना का नियंत्रण हुआ। बिना उकसावे के हुई गोलीबारी में छह लोग और मारे गए तथा सैकड़ो घायल हुए। बाद में ग्लांसी कमीशन की जाँच में पाया गया कि कुल 180 गोलियाँ चली थीं। सेना द्वारा मुस्लिम दुकानदारों और कुलीनों के घर लूटे जाने की भी घटनाएँ हुईं। सारे सरकारी दफ़्तर, थाने और दूसरे सरकारी भवन जेलखानों में बदल दिए गए और हज़ारों मुसलमानों को जेल में ठूँस दिया गया। अगले दिन नेताओं की धर-पकड़ शुरू हुई। सबसे पहले महाराजा के आमंत्रण पर जम्मू से आये तीनों प्रतिनिधियों को गिरफ़्तार कर लिया गया। इसके बाद शेख़ अब्दुल्ला सहित आन्दोलन के 6 नेताओं को गिरफ़्तार कर लिया गया। पहले सभी को बादामी बाग़ स्थित सेना के कैंटोनमेंट में रखा गया लेकिन हालात बेक़ाबू होने की आशंका को देखते हुए 15 जुलाई को सभी को हरि पर्बत की जेल में भेज दिया गया जहाँ शेख़ अब्दुल्ला को क़ैद-ए-तन्हाई में रखा गया। गिरफ़्तारी से बचे नेताओं ने आन्दोलन में मारे गए लोगों की लाशों के दफ़न-कफ़न का इंतज़ाम अपने हाथ में लिया। ख़्वाज़ा नूर नक़्शबंदी की सलाह पर सभी को ख़ानक़ाह ए नक़्शबंदिया में दफ़नाया गया। यह जगह शहीदों के स्मारक के रूप में कश्मीर में आज भी प्रतिष्ठित है और हर साल 13 जुलाई को वहाँ जलसा होता है।

उधर राज्य में मार्शल लॉ लागू कर दिया गया। लोगों को दबाने के हर संभव प्रयास किये गए, गिरफ़्तारियाँ हुईं, लेकिन अपने नेताओं की गिरफ़्तारी से क्षुब्ध जनता ने कश्मीर में आम हड़ताल कर दी। 19 दिनों तक कश्मीर पूरी तरह से बंद रहा। कश्मीर में शहरों से लेकर गाँवों तक सैकड़ों विरोध सभाएँ आयोजित हुईं जिनमें महिलायें और बच्चे भी शामिल हुए। श्रीनगर से 26 मील दूर संगम में झेलम पर बना पुल जला दिया गया। हड़ताल ख़त्म कराने की सरकार की हर कोशिश बेकार हुई तो अंततः मीरवायज़ मोहम्मद युसुफ़ शाह, ख़्वाज़ा नूर शाह नक़्शबंदी, ग़ुलाम अहमद अशाई और मौलवी अब्दुल्ला वक़ील की सहायता ली गई, सरकार ने नेताओं की रिहाई के बदले उनसे भविष्य में राष्ट्रद्रोही कार्यवाहियों में न शामिल होने का लिखित आश्वासन माँगा। नेताओं के हौसले बढ़ चुके थे, उन्होंने लिखा—न्याय की माँग को विद्रोह नहीं कहा जा सकता-सरकार ने इसे भी काफ़ी माना और इक्कीस दिनों बाद शेख़ और अन्य लोगों को रिहा कर दिया गया।

लेकिन अब तक यह ख़बर पूरे देश में फैल चुकी थी। पंजाब में अल्लामा इक़बाल की सदारत में मुसलमानों की एक अखिल भारतीय बैठक बुलाई गई जिसमें कश्मीर कमेटी बनाई गई। अहमदियों के क़ादियानी सम्प्रदाय के नेता मिर्ज़ा बशीरुद्दीन महमूद को इस कमेटी का अध्यक्ष और अब्दुल रहीम दारद को सचिव बनाया गया। कमेटी के तत्वावधान में 14 अगस्त को देश भर में 'कश्मीर दिवस' मनाया गया। इधर वेकफील्ड को हटाकर, जो हिन्दू और मुसलमान दोनों की नज़र में इन घटनाओं के बाद गिर गए थे, राजा हरिकृष्ण कौल को नया प्रधानमंत्री बनाया गया। उन्होंने पंजाब के प्रतिष्ठित पीर नवाब सैयद मेहर शाह के जरिये मुस्लिम प्रतिनिधियों से बातचीत शुरू की और एक समझौता

हुआ जिसके तहत फ़ौरी तौर पर शान्ति की स्थापना हो गई। इस समझौते में जहाँ एक तरफ़ आन्दोलनकारियों को आन्दोलन रोकना था, जामा मस्जिद से राजनीतिक कार्यवाहियाँ बंद होनी थीं वहीं दूसरी तरफ़ राज्य को उस आन्दोलन के दौरान सरकारी नौकरियों से बर्ख़ास्त लोगों की बहाली, गिरफ़्तार लोगों की रिहाई जैसी बातें शामिल थीं। इस समझौते को लेकर लोग संशकित थे तो जामा मस्ज़िद में एक बड़ी सभा हुई जिसमें मौलाना युसुफ़ शाह ने लोगों को इसके बारे में समझाकर शांत किया। कश्मीरी पंडित इस समझौते से आशंकित हुए और तीन सदस्यों की एक समिति ने प्रधानमंत्री से मुलाक़ात की और एक माँगपत्र दिया। उस कमेटी के सदस्यों में से एक प्रेमनाथ बज़ाज़ भी थे, लेकिन प्रधानमंत्री ने उन्हें हिन्दुओं का प्रतिनिधि मानने से इंकार कर दिया। कश्मीरी पंडित सड़कों पर आये तो उनके नेता कश्यप बन्धु को गिरफ़्तार कर लिया गया। हालाँकि जल्द ही स्थिति नियन्त्रण में आ गई और सरकार ने पंडितों की कुछ माँगें मान लीं। मुसलमानों ने इसे अपने प्रति एक और छल माना और आपसी अविश्वास और बढ़ गया।

14 जुलाई को ही इन घटनाओं की जाँच के लिए जस्टिस बरज़ोर दलाल की अध्यक्षता में तीन जजों की एक कमेटी बनाई गई लेकिन शेख़ अब्दुल्ला और उनके साथियों ने इस कमेटी को धोखा बताया। इसी दौरान मौलाना अबुल क़लाम आज़ाद कश्मीर आये और शेख़ अब्दुल्ला से मुलाक़ात भी हुई। तेज़ बहादुर सप्रू ने भी कश्मीर आकर महाराजा से मुलाक़ात की और बड़ा दिल रखकर उदार तरीक़ों से इस आन्दोलन की मांगों पर विचार करने को कहा।

इस अपेक्षाकृत शान्ति काल का लाभ शेख़ अब्दुल्ला ने पूरे कश्मीर में अपने आन्दोलन को मज़बूत करने में किया। वह लगातार सभाएँ कर रहे थे और इनमें सरकार की आलोचना के साथ-साथ समझौते में तय हुई बातें लागू करने की माँग कर रहे थे और तयशुदा समय में ऐसा न होने पर फिर से आन्दोलन शुरू करने की चेतावनी भी दे रहे थे। प्रशासन ने इस पर कड़ाई का निर्णय लिया और 21 सितम्बर 1931 को जब वह हाउसबोट पर बैठक करने के बाद लौट रहे थे तो उन्हें गिरफ़्तार कर बादामी बाग़ कैंटोनमेंट ले जाया गया।**** ख़बर फैलते ही लोग लोग भड़क गए और धरना-प्रदर्शन शुरू हो गए। कौल ने दोहरी नीति अपनाई, एक तरफ़ जनता का कड़ाई से दमन किया गया तो दूसरी तरफ़ आन्दोलन को कमज़ोर करने के लिए मीरवायज़ मौलाना युसुफ़ शाह जैसे लोगों पर डोरे डालने शुरू किये गए। गोलीबारी में चार लोग मारे गए और दर्जनों घायल हुए लेकिन इस बार इस आन्दोलन में हिन्दुओं के ख़िलाफ़ किसी हिंसा की कोई घटना नहीं हुई। यहाँ तक कि कई हिन्दुओं ने इस आन्दोलन से सहानुभूति जताई और साथ दिया। पिछली घटनाओं की स्मृति थी इसलिए काफ़ी संख्या में हिन्दू दुकानदारों ने भी हड़ताल में अपनी दुकानें बंद रखीं। श्रीनगर में कर्फ़्यू लगा दिया गया। सैदुद्दीन शाल, अशाई और ग़ुलाम मोहम्मद की गिरफ़्तारी के वारंट निकाल दिए गए, हज़ारों की संख्या में लोग सैदुद्दीन शाल के घर पर हथियारों के साथ एकत्र हो गए और उस वक़्त गिरफ़्तारी संभव नहीं हो सकी। ज़ाहिर है हालात फिर से बेहद गंभीर

****हसनैन ने यह मीटिंग प्रधानमंत्री कौल के घर पर उनके आमंत्रण पर हुई बताई है जिसमें मौलाना युसुफ़ शाह भी मौजूद थे, शेख अब्दुल्ला ने हाउसबोट प्रसंग का ज़िक्र किया है। प्रेमनाथ बज़ाज़ ने भी यही बताया है।

हो चुके थे लेकिन हरि सिंह, कौल या उनके स्वेच्छाचारी अधिकारियों से इसे समझने और संवेदनशीलता से कार्यवाही करने की उम्मीद बेकार थी। उन्होंने दमन का सहारा लेने की कोशिश की और कश्मीर का इतिहास नई राह पर निकल चुका था।

24 सितम्बर 1931 कश्मीर के इतिहास में एक और महत्त्वपूर्ण दिन बन गया जब हज़ारों की संख्या में आन्दोलनकारी सड़कों पर उतर आये, उनके हाथों में देशी हथियार थे और दिल में भारी असंतोष। लेकिन पिछली ग़लतियाँ नहीं दुहराई गईं। किसी हिन्दू को कोई नुकसान पहुँचाना तो दूर बल्कि ज़रूरत पड़ने पर उन्हें सुरक्षित स्थानों पर पहुँचाया गया। उन घटनाओं के चश्मदीद प्रेमनाथ बज़ाज़ का मानना है कि यह आन्दोलन सुनियोजित नहीं बल्कि स्वत:स्फूर्त था। तो क्या 13 जुलाई के आन्दोलन में हिंसा योजनाबद्ध तरीक़े से फैलाई गई थी ? क्या अब्दुल क़ादिर को इन सबके लिए साम्प्रदायिक ताक़तों ने प्लांट किया था ? क्या अंग्रेज़ भी इसके पीछे थे ? इतिहास भी कुछ सवाल तो अनुत्तरित छोड़ ही देता है।

यह आन्दोलन अब आम जनता के हाथ में था। कुलीन मुस्लिम बुर्ज़ुआज़ी अपना नेतृत्व खो देने से डरी हुई थी और सैदुद्दीन शाल सहित उनका एक प्रतिनिधिमंडल महाराजा से मिलने गया। अब तक जनता को अपनी माँगों के लिए दबाव बनाने के लिए उपयोग करने वाले कुलीन अपना नेतृत्व खो देने के बाद महाराजा की शरण में थे। इसके बाद श्रीनगर में धारा 19-एल लगा दी गई जो बर्मा के एक ऐसे क़ानून की तर्ज़ पर बनी थी जो वहाँ सशस्त्र विद्रोह को दबाने के लिए बनाया गया था। राज्य को सेना को सौंप दिया गया। सिविल प्रशासन को भंग कर दिया गया। 23 सितम्बर को अनन्तनाग में ईदगाह से आते लोगों को पहले रोका गया फिर एक संकरी गली में घेरकर गोलियाँ चलाई गईं जिसमें बच्चों सहित बाईस लोग मारे गए और सैकड़ों घायल हुए। 24 सितम्बर को शोपियाँ में एक फ़क़ीर को राष्ट्रद्रोह के आरोप में गिरफ़्तार किया गया तो मुक़दमे के दौरान सैकड़ों लोग इकट्ठा होकर नारेबाजी करने लगे। गोलियाँ चलीं, झड़पें हुईं और एक हिन्दू पुलिस कर्मचारी मारा गया। बाद में जाँच अधिकारी मिडेल्टन ने लिखा कि 'सबसे दुर्भाग्यपूर्ण यह था कि ज़ख्मी लोगों के इलाज़ की कोई व्यवस्था नहीं की गई।' 25 सितम्बर को जनता को राज्य के झंडे को सैल्यूट करने का निर्देश दिया गया और ज़रा से विरोध पर बिना स्त्री-पुरुष का भेद किये पिटाई की गई। जनता को 9 शपथें दिलाई गईं जिसमें दुकानें खोलने, हथियार जमा करने, पाँच से अधिक लोगों को एक जगह पर इकट्ठा न होने, नारे लगाने पर पाबंदी आदि शामिल हैं। इन्हें लागू करने के लिए सेना ने आतंक ढा दिया- सेना, जिसमें कश्मीरी थे नहीं और डोगरा राजपूतों की बहुतायत थी। मुसलमानों की मार-पिटाई-अत्याचार-बलात्कार कश्मीर की सड़कों पर आम दृश्य हो गए लेकिन विरोधों का सिलसिला थमा नहीं। ख़बरें बाहर पहुँचीं तो देश भर में अख़बारों ने इसके ख़िलाफ़ लिखा। पंजाब से मजलिस-ए-अहरार ने हज़ारों की संख्या में कश्मीर में अपने स्वयंसेवक भेजने शुरू किये। उधर मीरपुर और पुंछ में विद्रोह शुरू हो गए। लोगों ने लगान न देने की घोषणा की। हालात काबू से बाहर हुए तो हरि सिंह ने ब्रिटिश सरकार से सैन्य सहायता की माँग की। 4 नवम्बर को ब्रिटिश सेना ने मीरपुर में पोजीशन ली और अहरारों को कश्मीर में नहीं घुसने दिया। हालात पर काबू करने की

कोशिशें तेज़ हुईं और इधर कौल ने युसुफ़ शाह को अपनी तरफ़ करने के लिए उन्हें भरोसा दिलाया कि महाराजा के बाद राज्य में सबसे महत्त्वपूर्ण वही हैं। उन्हें यह भरोसा दिलाया गया कि मुसलमानों की सारी माँगें उचित समय पर मान ली जायेंगी। कुछ दिनों पहले ही जेहाद की अपील करने वाले मीरवायज़ ने इसके बाद महाराजा के कहने पर वायसराय को एक टेलीग्राम भेजकर बताया कि कश्मीर में सब ठीक-ठाक है, राज्य की मुसलमान जनता राजा के प्रति वफ़ादार है तथा जो भी दिक्क़तें हैं वे शांतिपूर्वक सुलझा ली जायेंगी। बदले में उन्हें सम्मान के साथ 600 रुपये की खिलअत भी दी गई। 4 अक्टूबर को महाराजा के जन्मदिन के अवसर पर धारा 19-एल हटा दी गई और सभी बंदियों को रिहा करने का निश्चय किया गया। शेख़ अब्दुल्ला को रिहा करने के लिए भविष्य में भाषण न देने की शर्त रखी गई। शेख़ ने यह निर्णय संगठन के सामने रखने को कहा। हालाँकि लगता यही है कि प्रशासन और कौल इस बात के लिए मुतमईन थे कि मीरवायज़ शेख़ को नियंत्रित कर लेंगे इसीलिए यह आश्वासन मिले बिना शेख़ को भी रिहा कर दिया गया। लेकिन यह भरोसा अव्यावहारिक था। रिहा होने के बाद शेख़ के साथियों ने वह शर्त सिरे से नकार दी तो युसुफ़ शाह ने शेख़ की तीखी भर्त्सना की, अगले ही जुमे को शेख़ फिर से मंच पर थे और उन्होंने मीरवायज़ के आरोपों का मुँहतोड़ जवाब दिया। मीरवायज़ हमदानी ने शेख़ का साथ दिया।

कश्मीरी जनता का आन्दोलन अब आगे जा चुका था और अब उसे कुलीनों के जरिये नियंत्रित करना संभव नहीं था। अंग्रेज़ों के हस्तक्षेप के बाद स्थितियाँ तेज़ी से बदलीं। महाराजा ने सभी पक्षों को बातचीत के लिए आमंत्रित किया। मुसलमानों की ओर से उन्हें एक ज्ञापन सौंपा गया जिसमें सभी बंदियों को रिहा करने, इन घटनाओं की जाँच के लिए और मुसलमानों के अधिकारों तथा परेशानियों के मुद्दे पर विचार करने के लिए भारतीय हाईकोर्ट के जज की अध्यक्षता वाली समिति बनाने तथा इस समिति में मुसलमानों को समुचित प्रतिनिधित्व दिए जाने की माँग की। साथ ही राज्य में चुनी हुई सरकार बनाने तथा उसमें मुसलमानों का उचित प्रतिनिधित्व तय करने की भी माँग थी। राज्य की नौकरियों में 70 प्रतिशत आरक्षण के साथ मूलभूत अधिकारों की स्थापना कर धार्मिक मामलों में स्वतंत्रता और कश्मीरी लोगों को हथियार रखने के अधिकार जैसी माँगें भी इसमें शामिल थीं। इस ज्ञापन को तैयार करने में ऑल इंडिया कश्मीर कमेटी की सहायता ली गई थी और इस पर दोनों मीर वायज़ों और शेख़ अब्दुल्ला के साथ मुस्लिम समाज के लगभग सभी महत्त्वपूर्ण नेताओं के हस्ताक्षर थे। इसके अलावा सिखों, राजपूतों और कश्मीरी पंडितों ने भी अलग-अलग ज्ञापन प्रस्तुत किये जिसमें अपने-अपने समूहों के लिए शासन में भागीदारी की माँगें थीं।

अंग्रेज़ों ने एक तीर से कई शिक़ार किये। पहले तो उन्होंने गिलगिट पर फिर से आधिपत्य जमा लिया, फिर कौल को हटा कर एक ब्रिटिश अधिकारी काल्विन को कश्मीर का प्रधानमंत्री नियुक्त कराया। यही नहीं राज्य के तीन प्रमुख मंत्रालय, गृह, राजस्व और पुलिस, भी ब्रिटिश आई.सी.एस. अधिकारियों को दे दिए गए। सभी समुदायों की मांगों पर विचार करने के लिए महाराजा ने 12 नवम्बर 1931 को ब्रिटिश जज बी.जे. ग्लांसी की

अध्यक्षता में एक आयोग गठित किया। इस आयोग के चार अशासकीय सदस्य थे, कश्मीर से ग़ुलाम अहमद अशाई और (पंडित) प्रेमनाथ बज़ाज़ तथा जम्मू से ग़ुलाम मोहम्मद अब्बास और लोकनाथ शर्मा। हिन्दू उत्तराधिकार नियमों में हस्तक्षेप का आरोप लगाकर लोकनाथ शर्मा ने दिसम्बर 1931 में आयोग से इस्तीफ़ा दे दिया तो अंततः आयोग ने तीन सदस्यों के साथ ही अपनी जाँच पूरी की। इसके साथ ही शेख़ अब्दुल्ला की गिरफ़्तारी के बाद हुई गोलीबारी तथा अन्य घटनाओं की जाँच के लिए मिडेलटन की अध्यक्षता में एक और आयोग बनाया गया।[61]

ग्लांसी आयोग की रिपोर्ट : एक नई शुरुआत

ग्लांसी आयोग ने नवम्बर के आख़िरी हफ़्ते में अपनी रिपोर्ट सौंपी और काफ़ी विचार-विमर्श के बाद महाराजा हरि सिंह ने 10 अप्रैल 1932 को एक आदेश निकाला जिसमें आयोग की अधिकतर सिफ़ारिशें मान ली गई थीं। इस आदेश के मुख्य बिंदु थे (1) मदीन साहब दरगाह, ईदगाह मैदान, जम्मू की ख़ानक़ाह सूफ़ी साहब और बाबू मस्ज़िद सहित कई धार्मिक स्थान मुसलमानों को सौंप दिए गए और विवादित स्थानों को लेकर सभी पक्षों की आपत्तियों को ध्यान में रखते हुए न्यायपूर्ण फ़ैसले का आश्वासन दिया गया,[††††] हिन्दुओं के मामलों हिन्दू उत्तराधिकार नियमों के पालन (2) किसी कर्मचारी को किसी भी धर्म के अपमान की इजाज़त नहीं, ऐसा करने पर कड़ी सज़ाओं का प्रावधान और जनता से एक-दूसरे के धर्म का सम्मान करने की अपील, (3) मुस्लिम समाज की शिक्षा के लिए ज़िम्मेदार विभागों को प्राथमिक शिक्षा के विस्तार के लिए ठोस योजना और कार्यान्वयन का निर्देश, इनमें नए स्कूलों का निर्माण, अरबी शिक्षकों की भर्ती, प्राथमिक शिक्षा में ऐसी शिक्षाओं को शामिल करना जो रोज़गार में सहायक हों, मुसलमानों के लिए विशेष छात्रवृत्तियों का प्रावधान, लड़कियों के स्कूलों में परदे के लिए इंतज़ाम, शिक्षा विभाग में शिक्षक, इंस्पेक्टर और क्लर्क सभी पदों पर मुसलमानों को उचित प्रतिनिधित्व देने का आश्वासन शामिल था, (4) सरकारी नौकरियों में मुसलमानों के उचित प्रतिनिधित्व के लिए न्यूनतम योग्यता सम्बन्धी आयोग के निर्देशों को मानते हुए निचले स्तर के पदों के लिए बहुत ऊँची न्यूनतम योग्यताएँ न रखने का, पदों के विज्ञापन में पारदर्शिता, भर्ती के अधिकारों की स्पष्टता, स्थानीय नियुक्तियों पर महाराजा की संस्तुति आदि,(5) मुग़लों के समय से ही किसानों से छीन लिए गए मालिकाना अधिकार वापस किये गए, मालिकाना की वसूली रोक दी गई, नज़राने की रक़म कम करने के निर्देश दिए गए और आयोग द्वारा निर्दिष्ट 7 ज़िलों में खचाराई (जानवरों के चरने पर लगा टैक्स) ख़त्म कर दिया गया। मीरपुर तहसील का नातौर माफ़ कर दिया गया। इसके अलावा भी किसानों पर बोझ कम करने के लिए कई उपाय किये गए, (6) बेग़ार परम्परा को पूरी तरह से ख़त्म कर कार-ए-सरकार के तहत लिए गए काम का तयशुदा दरों पर भुगतान सुनिश्चित किया गया,

---

[††††]कश्मीर में कई ऐसे धार्मिक स्थल थे जहाँ सदियों से दोनों धर्मों के लोग पूजा-अभ्यर्थना करते थे लेकिन एक दुर्भाग्यपूर्ण तथ्य यह है कि इस विवाद के बाद ऐसे धर्मस्थलों पर दोनों ओर से दावे प्रतिदावे किये गए। विस्तार के लिए मृदु राय की पूर्वोद्धृत किताब पढ़ी जा सकती है।

(7) भ्रष्टाचार को ख़त्म करने का आश्वासन दिया गया, (8) ब्रिटिश क़ानूनों के तहत प्रेस को अनुमति दी गई। इसके अलावा भी सफ़ाई, चिकित्सा, उद्योग धंधों के प्रोत्साहन आदि मामलों में कई महत्त्वपूर्ण निर्णय लिए गए।[62]

जहाँ मुस्लिम समुदाय इन निर्णयों से एक हद तक संतुष्ट हुए वहीं ख़ासतौर पर नौकरियों के लिए न्यूनतम योग्यता के सम्बन्ध में किये गए प्रावधानों से कश्मीरी पंडितों की नाराज़गी स्वाभाविक थी। इस मामले में मुझे बार-बार वे उत्तर भारतीय सवर्णों की तरह लगते हैं और उस दौर के कश्मीरी मुसलमान दलितों-पिछड़ों-आदिवासियों तथा महिलाओं की तरह जिनके लिए नौकरियों में प्रतिनिधित्व की हर कोशिश को योग्यता का उनका अहंकार बर्दाश्त नहीं कर पाता। फिर एक ऐसे समाज में जहाँ रोज़गार पहले ही बहुत कम हों और उनके बढ़ने की कोई संभावना भी नहीं वहाँ एक ऐसे समुदाय के लिए यह बड़ा आघात तो है ही कि उस क्षेत्र में उसका प्रवेश बाधित कर दिया जाए जिसे वह वह अपना विशेषाधिकार समझता आया हो। पंडितों ने अपने प्रतिनिधि प्रेमनाथ बज़ाज़ का परित्याग कर दिया और एक आन्दोलन खड़ा किया—रोटी आन्दोलन जिसमें एँग्लो इंडियंस की तरह नौकरियों में सुरक्षा की माँग की।[63] कश्मीर में हिन्दू महासभा ने पहली बार हस्तक्षेप किया और हिन्दू महासभा के अध्यक्ष डॉ. मुंजे की अध्यक्षता में महाराजा ने ग्लांसी कमीशन की रिपोर्ट लागू न करने की माँग की गई। लोग सड़कों पर उतरे और इस्लामिया कॉलेज के छात्रों पर पत्थरबाजी जैसी अनेक घटनाएँ हुईं। सैकड़ों की संख्या में गिरफ्तारियाँ हुईं, एक कश्मीरी पंडित और मुस्लिम महिला मारे गए। लेकिन यह आन्दोलन ज़्यादा लंबा नहीं चला और एक पखवाड़े के भीतर ही संवैधानिक तरीक़े से ज्ञापन देने की बात के साथ ख़त्म हो गया। इसका एक असर यह हुआ कि कश्मीरी पंडितों का नेतृत्व उदार पंडितों के हाथ से निकलकर कट्टर और साम्प्रदायिक लोगों के हाथ में चला गया।[64]

अपनी फ़ौरी सफलता के साथ-साथ इस आन्दोलन ने कश्मीर का सामाजिक-राजनीतिक वातावरण हमेशा के लिए बदल दिया था जिसके दूरगामी परिणाम आने वाले समय में देखे जाने थे और इन्हें उन जटिलताओं की निर्मिति में महत्त्वपूर्ण भूमिकाएँ निभानी थीं जिन्होंने कश्मीर समस्या को जन्म दिया।

संदर्भ सूची

1. देखें, पृष्ठ 243, *हिन्दू रूलर्स एंड मुस्लिम सब्जेक्ट्स,* मृदु राय, परमानेंट ब्लैक, 2007
2. देखें, पृष्ठ 644, *अ हिस्ट्री ऑफ़ कश्मीर,* पृथ्वी नाथ कौल बम्ज़ाई, मेट्रोपॉलिटन बुक कंपनी प्राइवेट लिमिटेड, दिल्ली, 1962
3. देखें, पृष्ठ 176, *चित्रलेखा ज़ुत्शी,* लेंगवेज ऑफ़ बिलाँगिंग : इस्लाम, रीज़नल आइडेंटिटी एंड मेकिंग ऑफ़ कश्मीर, परमानेंट ब्लैक, दूसरा संस्करण- 2015
4. देखें, पृष्ठ 80, *इनसाइड कश्मीर,* प्रेमनाथ बज़ाज़, द कश्मीर पब्लिशिंग कंपनी, श्रीनगर, 1941
5. देखें, पृष्ठ 244-51, *हिन्दू रूलर्स एंड मुस्लिम सब्जेक्ट्स,* मृदु राय, परमानेंट ब्लैक, 2007
6. देखें, पृष्ठ 80, *इनसाइड कश्मीर,* प्रेमनाथ बज़ाज़, द कश्मीर पब्लिशिंग कंपनी, श्रीनगर, 1941
7. देखें, वही, पृष्ठ 83
8. देखें, पृष्ठ 27, *फ्रीडम स्ट्रगल इन कश्मीर,* एफ़ एम. हसनैन, रीमा पब्लिशिंग हाउस, 1988, दिल्ली
9. देखें, पृष्ठ 15, *डेंजर इन कश्मीर,* जोसेफ़ कोर्बेल, प्रिंस्टन यूनिवर्सिटी प्रेस, 1954
10. देखें, पृष्ठ 197-98, चित्रलेखा ज़ुत्शी, *लेंगवेज ऑफ़ बिलाँगिंग : इस्लाम,* रीज़नल आइडेंटिटी एंड मेकिंग ऑफ़ कश्मीर, परमानेंट ब्लैक, दूसरा संस्करण-2015
11. देखें, पृष्ठ 83, *इनसाइड कश्मीर,* प्रेमनाथ बज़ाज़, द कश्मीर पब्लिशिंग कंपनी, श्रीनगर, 1941
12. देखें, पृष्ठ 649, *अ हिस्ट्री ऑफ़ कश्मीर,* पृथ्वी नाथ कौल बम्ज़ाई, मेट्रोपॉलिटन बुक कंपनी प्राइवेट लिमिटेड, दिल्ली, 1962
13. देखें, पृष्ठ 436, *नेहरू : द मेकिंग ऑफ़ इण्डिया,* एम.जे. अकबर, रोली बुक्स-2002 (हरिजन के अक्टूबर, 1939 के अंक से)
14. देखें, पृष्ठ 96, *इनसाइड कश्मीर,* प्रेमनाथ बज़ाज़, द कश्मीर पब्लिशिंग कंपनी, श्रीनगर, 1941
15. देखें, पृष्ठ 86, चित्रलेखा ज़ुत्शी, *लेंगवेज ऑफ़ बिलाँगिंग : इस्लाम, रीज़नल आइडेंटिटी एंड मेकिंग ऑफ़ कश्मीर,* परमानेंट ब्लैक, दूसरा संस्करण-2015
16. देखें वही, 84-87
17. देखें, पृष्ठ 168-69, *हिन्दू रूलर्स एंड मुस्लिम सब्जेक्ट्स,* मृदु राय, परमानेंट ब्लैक, 2007
18. देखें, पृष्ठ 5, *द वैली ऑफ़ कश्मीर,* वॉल्टर लॉरेन्स, ऑक्सफ़ोर्ड यूनिवर्सिटी प्रेस,लन्दन, 1895
19. देखें, पृष्ठ 171, *हिन्दू रूलर्स एंड मुस्लिम सब्जेक्ट्स,* मृदु राय, परमानेंट ब्लैक, 2007
20. देखें, पृष्ठ 104, चित्रलेखा ज़ुत्शी, *लेंगवेज ऑफ़ बिलाँगिंग : इस्लाम, रीज़नल आइडेंटिटी एंड मेकिंग ऑफ़ कश्मीर,* परमानेंट ब्लैक, दूसरा संस्करण-2015
21. देखें, पृष्ठ 104, *हिन्दू रूलर्स एंड मुस्लिम सब्जेक्ट्स,* मृदु राय, परमानेंट ब्लैक, 2007
22. देखें, पृष्ठ 114, चित्रलेखा ज़ुत्शी, *लेंगवेज ऑफ़ बिलाँगिंग : इस्लाम, रीज़नल आइडेंटिटी एंड मेकिंग ऑफ़ कश्मीर,* परमानेंट ब्लैक, दूसरा संस्करण- 2015
23. देखें, वही, पृष्ठ 104-05
24. देखें वही, पृष्ठ 112-13
25. देखें, वही, पृष्ठ-115
26. देखें, वही, पृष्ठ-116
27. देखें, वही पृष्ठ-117
28. देखें, पृष्ठ 236-37, *हिन्दू रूलर्स एंड मुस्लिम सब्जेक्ट्स,* मृदु राय, परमानेंट ब्लैक, 2007
29. देखें, वही, पृष्ठ-210
30. देखें, वही, पृष्ठ 166-67
31. देखें, पृष्ठ 109, *इनसाइड कश्मीर,* प्रेमनाथ बज़ाज़, द कश्मीर पब्लिशिंग कंपनी, श्रीनगर, 1941
32. देखें, वही
33. देखें, पृष्ठ 140, चित्रलेखा ज़ुत्शी, *लेंगवेज ऑफ़ बिलाँगिंग : इस्लाम, रीज़नल आइडेंटिटी एंड मेकिंग ऑफ़ कश्मीर,* परमानेंट ब्लैक, दूसरा संस्करण-2015

34. देखें, पृष्ठ 236, *हिन्दू रूलर्स एंड मुस्लिम सब्जेक्ट्स,* मृदु राय, परमानेंट ब्लैक, 2007
35. देखें, सेंसस ऑफ़ इंडिया, 1931 के भाग एक के वॉल्यूम XXIV का पृष्ठ 257, 161 और 224 (यहाँ चित्रलेखा ज़ुत्शी की पूर्वोद्धृत पुस्तक के पृष्ठ 158 से)
36. देखें, पृष्ठ 650, *अ हिस्ट्री ऑफ़ कश्मीर,* पृथ्वी नाथ कौल बम्ज़ाई, मेट्रोपॉलिटन बुक कंपनी प्राइवेट लिमिटेड, दिल्ली, 1962, एम.एफ़ हसनैन, पृष्ठ 35
37. देखें, पृष्ठ 17, *फ़्लेम्स ऑफ़ चिनार,* शेख़ अब्दुल्ला (अनुवाद—खुशवंत सिंह), पेंगुइन–दिल्ली–1993
38. देखें, पृष्ठ 36, *फ्रीडम स्ट्रगल इन कश्मीर,* एफ़ एम. हसनैन, रीमा पब्लिशिंग हाउस, 1988, दिल्ली
39. *फ़्लेम्स ऑफ़ चिनार*-शेख़ अब्दुल्ला, *फ्रीडम स्ट्रगल इन कश्मीर,* एफ़ एम. हसनैन, *अ हिस्ट्री ऑफ़ कश्मीर,* पृथ्वी नाथ कौल बम्ज़ाई के आधार पर
40. देखें, पृष्ठ 102–03, *इनसाइड कश्मीर,* प्रेमनाथ बज़ाज़, द कश्मीर पब्लिशिंग कंपनी, श्रीनगर, 1941
41. देखें, पृष्ठ 37, फ्रीडम स्ट्रगल इन कश्मीर, एफ़ एम. हसनैन, रीमा पब्लिशिंग हाउस, 1988, दिल्ली
42. देखें, वही, पृष्ठ 38
43. देखें, पृष्ठ 105, *इनसाइड कश्मीर,* प्रेमनाथ बज़ाज़, द कश्मीर पब्लिशिंग कंपनी, श्रीनगर, 1941
44. देखें, पृष्ठ 40, *फ्रीडम स्ट्रगल इन कश्मीर,* एफ़ एम. हसनैन, रीमा पब्लिशिंग हाउस, 1988, दिल्ली
45. देखें, वही
46. विस्तार के लिए देखें, पृष्ठ 114–15, *इनसाइड कश्मीर,* प्रेमनाथ बज़ाज़, द कश्मीर पब्लिशिंग कंपनी, श्रीनगर, 1941
47. देखें, पृष्ठ 120–21, *इनसाइड कश्मीर,* प्रेमनाथ बज़ाज़, द कश्मीर पब्लिशिंग कंपनी, श्रीनगर, 1941
48. देखें, पृष्ठ 40, *फ्रीडम स्ट्रगल इन कश्मीर,* एफ़ एम. हसनैन, रीमा पब्लिशिंग हाउस, 1988, दिल्ली
49. देखें, पृष्ठ 70, *कश्मीर बिहाइंड द वेल,* एम.जे. अकबर, रोली बुक्स, दिल्ली–2002
50. देखें, पृष्ठ 21, *फ़्लेम्स ऑफ़ चिनार,* शेख़ अब्दुल्ला (अनुवाद—खुशवंत सिंह), पेंगुइन–दिल्ली–1993
51. देखें, पृष्ठ 258, *हिन्दू रूलर्स एंड मुस्लिम सब्जेक्ट्स,* मृदु राय, परमानेंट ब्लैक, 2007
52. देखें, पृष्ठ 154, *अ हिस्ट्री ऑफ़ कश्मीर,* पी.एन.के. बम्ज़ाई, मेट्रोपॉलिटन बुक कंपनी, दिल्ली, 1962
53. देखें, पृष्ठ 41, *फ्रीडम स्ट्रगल इन कश्मीर,* एफ़ एम. हसनैन, रीमा पब्लिशिंग हाउस, 1988, दिल्ली
54. देखें,शेहजार में डॉ. सतीश गंजू का लेख 'बर्थ ऑफ़ नेशनल कॉन्फ्रेंस इन कश्मीर (http://www.shehjar.com/list/141/1668/1.html)
55. देखें, वही, पृष्ठ 41
56. देखें, पृष्ठ 21, *फ़्लेम्स ऑफ़ चिनार,* शेख़ अब्दुल्ला (अनुवाद—खुशवंत सिंह), पेंगुइन–दिल्ली–1993
57. देखें, वही, पृष्ठ 43
58. देखें, पृष्ठ 259, *हिन्दू रूलर्स एंड मुस्लिम सब्जेक्ट्स,* मृदु राय, परमानेंट ब्लैक, 2007
59. देखें, पृष्ठ 132–33, *इनसाइड कश्मीर,* प्रेमनाथ बज़ाज़, द कश्मीर पब्लिशिंग कंपनी, श्रीनगर, 1941
60. देखें, पृष्ठ 580, चित्रलेखा ज़ुत्शी, *लेंगवेज ऑफ़ बिलॉंगिंग : इस्लाम, रीज़नल आइडेंटिटी एंड मेकिंग ऑफ़ कश्मीर,* परमानेंट ब्लैक, दूसरा संस्करण–2015
61. देखें, आतिश ए चिनार, पृष्ठ 20–28, *इनसाइड कश्मीर,* पृष्ठ 122–158, फ्रीडम स्ट्रगल इन कश्मीर 45–58
62. देखें, पृष्ठ 71, *फ्रीडम स्ट्रगल इन कश्मीर,* एफ़ एम. हसनैन, रीमा पब्लिशिंग हाउस, 1988, दिल्ली
63. देखें, ग्रेटर कश्मीर में 16 अगस्त 2016 को छपा अब्दुल माजिद मट्टू का लेख, http://www.greaterkashmir.com/news/op-ed/kashmiri-pandits-an-incendiary-venomous-narrative/225877.html
64. देखें, पृष्ठ 174–75, *इनसाइड कश्मीर,* प्रेमनाथ बज़ाज़, द कश्मीर पब्लिशिंग कंपनी, श्रीनगर, 1941

11

मुस्लिम कॉन्फ्रेंस, नेशनल कॉन्फ्रेंस, आज़ादी, उलझनें

1932 का आन्दोलन कई मायनों में बेहद सफल आन्दोलन था। न केवल उसने कश्मीर की बहुसंख्यक आबादी का खोया हुआ आत्मविश्वास और आत्मसम्मान लौटाया बल्कि मुस्लिम समाज के नेतृत्व में दमित-शोषित तबकों को स्थान भी दिलवाया। किसानों की समस्यायें पहली बार एक जनान्दोलन का मुख्य मुद्दा बनीं और उस आन्दोलन ने मालिकाना अधिकार दिलवाने के साथ-साथ सिद्धांत स्तर पर कई सफलताएँ भी हासिल कीं। शेख़ अब्दुल्ला इस आन्दोलन के दौरान एक उत्साही नौजवान से आगे निकलकर शेर-ए-कश्मीर और कश्मीर के सबसे प्रतिष्ठित नेता बन गए। लेकिन उनकी इस सफ़लता के साथ ही पुराने नेतृत्व से उनकी दूरियाँ भी बढ़ीं—उन्हें जामा मस्जिद में भाषण के लिए पेश करने वाले मौलाना युसुफ़ उनके कट्टर आलोचक बन गए और ख़ुलेआम उन्हें मीरज़ाई (अहमदिया) कहने लगे। यह आरोप कश्मीरी मुसलमानों के बीच शेख़ को बदनाम करने के लिए था और इसका महत्त्व इसी बात से समझा जा सकता है कि शेख़ ने अपनी जीवनी में एक अध्याय इसी आरोप पर सफ़ाई देते हुए लिखा है जिसमें उनका कहना है कि अहरार के लोगों ने उनके विरोध के कारण यह अफ़वाह फैलाई।[1] चित्रलेखा ज़ुत्शी ने इसका विस्तार से अध्ययन किया है और उनका निष्कर्ष यह है कि जिस तरह अहमदिया ब्रिटिश सत्ता के प्रति स्वामिभक्त थे शेख़ अब्दुल्ला के लिए उनसे किसी भी तरह का संपर्क रखना या उनके हमदर्द की छवि बनने देना घातक था।[2] ज़ाहिर तौर पर मीरवायज़ हमदानी अपने पारम्परिक प्रतिद्वंद्वी के ख़िलाफ़ शेख़ अब्दुल्ला के साथ खड़े हुए। इसमें कितनी भूमिका कौल या राजा की रही, कितनी भूमिका अंग्रेज़ों ने निभाई, इस पर हर इतिहासकार का अपना-अपना मत है और लम्बी बहस हो सकती है, लेकिन जहाँ इस सफ़लता से उत्साहित होकर मुस्लिम नेतृत्व को एक साथ आगे बढ़ना था, वहाँ हम इनके बीच लगातार बढ़ता दुराव देखते हैं जो अंततः हिंसात्मक झड़पों में ही तब्दील नहीं हुआ बल्कि 1947 में कश्मीर की भारत या पाकिस्तान से सम्बद्धता या फिर आज़ादी का सवाल आने पर एक दीर्घकालिक वैमनस्य में तब्दील हुआ। दोनों मीरवायज़ों के बीच तो विवाद इस क़दर बढ़ा कि 16 अप्रैल 1932 को जामा मस्जिद के भीतर दोनों के समर्थक भिड़ गए और अनेक लोग घायल हो

गए तथा मौलवी युसुफ़ शाह को गिरफ़्तार कर लिया गया। इस तरह, 1931 में एक साथ खड़े होकर जिस तरह सभी मुस्लिम फ़िरकों ने एकता दिखाई थी वह साल भर के भीतर ही दरक गई। आगे कांग्रेस और मुस्लिम लीग के हस्तक्षेप के बाद समीकरण और जटिल हुए। इनकी वजूहात की विवेचना हमें न केवल तत्कालीन कश्मीरी राजनीति को व्याख्यायित करने की सहूलियत देगी बल्कि आज के कश्मीर की जटिल विडम्बनाओं के सिरे तलाश करने में भी मदद करेगी।

मुस्लिम कॉन्फ्रेंस का जन्म

सिद्धांत स्तर पर स्वीकार के बावजूद एक तरफ़ ग्लांसी कमीशन की संस्तुतियाँ ज़मीन पर लागू होने में हो रही लगातार देरी और दूसरी तरफ़ मुस्लिम नेतृत्व के बिखराव के चलते मुसलमानों का एक राजनीतिक मंच बनाने की ज़रूरत शिद्दत से महसूस हुई और 4 जून 1932 को इस संगठन का स्वरूप और उद्देश्य तय करने के लिए एक कमेटी बनाई गई। इस कमेटी ने 'ऑल जम्मू एंड कश्मीर मुस्लिम कॉन्फ्रेंस' का संविधान बनाया जिसमें इसके निम्न उद्देश्यों की स्पष्ट घोषणा की गई–

- राज्य के मुसलमानों को संगठित करना
- मुसलमानों के बीच एकता को मज़बूत करना
- मुसलमानों के राजनीतिक अधिकारों की संरक्षा
- मुसलमानों के नैतिक, शैक्षणिक, सामाजिक, सांस्कृतिक और आर्थिक उन्नयन हेतु संघर्ष

इस तरह स्थापित मुस्लिम कॉन्फ्रेंस का पहला सालाना सत्र 15–19 अक्टूबर को पत्थर मस्जिद के प्रांगण में हुआ जिसकी अध्यक्षता शेख़ अब्दुल्ला ने की। इस आयोजन में मौलाना युसुफ़ शाह भी उपस्थित रहे। झंडारोहण वलीउल्लाह ज़ैनुल आब्दीन ने किया।[3] ज़ाहिर तौर पर अपने नाम और घोषित उद्देश्यों के अनुसार यह एक धार्मिक संगठन ही लगता है। लेकिन यहाँ ठहर कर यह समझना होगा कि मुस्लिम कॉन्फ्रेंस के निर्माण को कश्मीरी हिन्दुओं के ख़िलाफ़ मुसलमानों का संगठन मानना एक बड़ी भूल होगी। यह अपने मूल में एक डोगरा राज विरोधी संगठन था लेकिन इसके अनेक महत्त्वपूर्ण नेता तब तक यह बात समझने लगे थे कि (1) सत्ता के ख़िलाफ़ कोई भी फ़ैसलाकुन संघर्ष जनता के सभी धार्मिक समूहों के शोषित जनों को साथ लिए बिना नहीं संभव और (2) बहुसंख्यक मुसलमानों की दुर्दशा के लिए कश्मीरी हिन्दू नहीं बल्कि सामंतशाही शासन व्यवस्था ज़िम्मेदार है। हम देखते हैं कि झंडारोहण के बाद जहाँ वलीउल्लाह ज़ैनुल आब्दीन ने कहा—'कॉन्फ्रेंस का झंडा राज्य में रहने वाले सभी समुदायों के बीच प्रेम, शान्ति और भाईचारे का हरकारा है' तो अपने पहले ही अध्यक्षीय भाषण में शेख़ अब्दुल्ला ने कहा—

> मुस्लिम कॉन्फ्रेंस साम्प्रदायिक संगठन नहीं है और इसका अस्तित्व राज्य में रहने वाले सभी समुदायों के लिए फ़ायदेमंद होगा। हमने आन्दोलन की शुरुआत में ही यह घोषणा की थी कि कश्मीरी आन्दोलन एक साम्प्रदायिक

> आन्दोलन नहीं है, बल्कि सारी जनता की परेशानियों को दूर करने के लिए है। मैं अपने हिन्दू और सिख भाइयों को आश्वस्त करना चाहता हूँ कि हम उनकी मुश्किलात को भी वैसे ही दूर करने के लिए तैयार हैं जैसे हमने मुसलमानों की मुसीबतों को दूर किया है। हमारे देश की प्रगति तब तक संभव नहीं है जब तक हम आपस में सद्भावपूर्वक न रहें। यह तभी संभव है जब हम एक-दूसरे के अधिकारों का सम्मान करें।

इसी सत्र में आज़ादी की लड़ाई में साथ आने के लिए पंडितों और सिखों से बातचीत करने के उद्देश्य से एक कमेटी भी बनाई गई जिसके सदस्य थे, चौधरी ग़ुलाम अब्बास, सैदुद्दीन शॉल, आग़ा सैयद हुसैन जलाली, मौलवी अब्दुल्ला वक़ील और मियाँ अहमद यार। कश्मीरी पंडितों ने इसके प्रति कोई उत्साह नहीं दिखाया लेकिन सरदार बुध सिंह ने इसमें गहरी रुचि दिखाई और मुस्लिम कॉन्फ्रेंस के साथ दोस्ताना ताल्लुक़ात विकसित किये।[4] प्रेमनाथ बज़ाज़ जब मुस्लिम कॉन्फ्रेंस के पूरे आन्दोलन को उच्चवर्गीय मुसलमानों का आन्दोलन घोषित करते हैं या सुल्तान अहमद पाम्पोरी जब शेख़ अब्दुल्ला की सबको साथ लेकर चलने की कोशिशों को मुस्लिम विरोधी और कांग्रेस की दलाली जैसा बताते हैं तो दो ध्रुवों के होने के बावजूद वे दोनों ही शेख़ के प्रति अपनी घृणा के चलते मायोपिया के शिक़ार होते हैं। अपनी विवेचना को वर्गीय विवेचना का जामा पहनाने को आतुर बज़ाज़ यह नहीं बता पाते कि आख़िर उस समय उनके मुस्लिम कॉन्फ्रेंस के इस प्रस्ताव पर कोई ध्यान न देने और बाद में नेशनल कॉन्फ्रेंस में शामिल होने के बीच शेख़ अब्दुल्ला की वर्गीय समझ में क्या मौलिक अंतर आया था? यह भी नहीं कि किसानों के लिए ज़मीन के लिए मालिकाना अधिकार की माँग करने वाला यह आन्दोलन नौकरियों में उचित प्रतिनिधित्व की माँग या सेना में कश्मीरियों की भर्ती की माँग या पुंछ के लोगों के लिए नागरिक अधिकारों की माँग के कारण कैसे सामंती या उच्चवर्गीय हो जाता है? तो पाम्पोरी बड़ी सावधानी से तथ्यों का चुनाव करते हुए ऐसे प्रदर्शित करते हैं जैसे नेशनल कॉन्फ्रेंस की स्थापना के ठीक पहले अपनी घटती लोकप्रियता के चलते शेख़ अब्दुल्ला हिन्दुओं और सिखों को साथ लेने की बात सोचना शुरू करते हैं और कश्मीर का हित सिर्फ़ और सिर्फ़ मुस्लिम लीग के साथ जाने में संभव था। इसीलिए चौधरी अब्बास तो राष्ट्रभक्त थे लेकिन शेख़ ग़द्दार!

मुस्लिम कॉन्फ्रेंस की सबसे प्रमुख और तात्कालिक माँग थी ग्लांसी आयोग की रिपोर्ट को लागू करवाना। मार्च के महीने में इसके लिए तत्कालीन प्रधानमंत्री काल्विन के साथ शेख़ अब्दुल्ला सहित कुछ नेताओं ने बैठक की और उन्हें इसे जल्दी लागू करने का आश्वासन भी मिला। लेकिन दूसरी तरफ़ प्रशासन लगातार बाँटो और राज करो की चिरपरिचित नीति भी अपना रहा था, साथ ही मुसलमानों के विभिन्न फ़िरकों के बीच जो खाई पैदा हुई थी वह सिर्फ़ संगठन बन जाने से दूर नहीं होनी थी। युसुफ़ शाह स्थापना सम्मेलन में तो ज़रूर आये लेकिन उसके बाद मुस्लिम कॉन्फ्रेंस से एक दूरी बना कर रखी। 1933 में एक धार्मिक समारोह के बाद अहल-ए-हदीस और मुस्लिम कॉन्फ्रेंस के लोगों के बीच झड़प हुई और मुस्लिम कॉन्फ्रेंस का एक कार्यकर्ता मारा गया। शेख़ अब्दुल्ला के नेतृत्व

में उसका जनाज़ा शहर भर में घुमाया गया और ख़ानक़ाह-ए-मौला पहुँच कर जब शेख़ ने कॉन्फ्रेंस के लोगों के पुलिसिया दमन की निंदा करते हुए भाषण दिया तो उन्हें गिलकर और कुछ अन्य नेताओं के साथ गिरफ़्तार कर लिया गया। हड़ताल हुई, धरने हुए, गोलियाँ चलीं और आन्दोलन बड़ा हुआ तो सरकार ने शेख़ को रिहा कर दिया। उधर मौलवी युसुफ़ शाह ने अपने एक नए संगठन आज़ाद मुस्लिम कॉन्फ्रेंस की स्थापना कर ली और उसके स्थापना सम्मेलन में खुले तौर पर शेख़ अब्दुल्ला को अहमदिया घोषित करते हुए उनकी लानत-मलामत की गई। इस विरोध के कारण कई थे। पहला तो यह कि शेख़ अब्दुल्ला और मुस्लिम कॉन्फ्रेंस लगातार किसानों और श्रमिक वर्ग की माँगें उठाते हुए सरकार विरोधी संगठन में तब्दील होते जा रहे थे। कश्मीरी जनता के बीच जो एक चेतना विकसित हुई थी अब वह मीरवायज़ या कुलीन मुस्लिम वर्ग के हितों के अनुसार समायोजित नहीं हो रही थी। इसलिए ये कुलीन और मीरवायज़ के धन के मुख्य स्रोत व्यापारी इस आन्दोलन से दूरी बना रहे थे। दूसरे, कौल की कोशिशों से मीरवायज़ दरबार के क़रीब आ चुके थे और सरकार विरोधी तत्त्वों के साथ दिखना उनके लिए घातक हो सकता था। महाराजा को लिखे एक पत्र में 1931 में स्थगित कर दिए धार्मिक प्रवचन के अधिकार को वापस करने की माँग करते हुए मीरवायज़ न केवल ख़ुद को उनके प्रति निष्ठावान घोषित कर चुके थे बल्कि यह भी लिखा था कि 'वह यह महसूस करते हैं कि शेख़ अब्दुल्ला और उसकी पार्टी सरकार के ख़िलाफ़ एक आन्दोलन खड़ा करना चाहती है और इस तरह देश को बर्बादी के गर्त में धकेलना चाहती है। इसलिए इस आन्दोलन को तुरंत रोका जाए और मीरजाइयों तथा ऐसे क्रांतिकारी लोगों को गिरफ़्तार किया जाए। यही नहीं, अब तक शेख़ अब्दुल्ला की राजनीतिक कार्यवाहियों का केन्द्र बन चुकी पत्थर मस्जिद को सिर्फ़ धार्मिक प्रवचनों के लिए आरक्षित करने की भी माँग की।[5] 'आन्दोलन के बीच का बँटवारा केवल निजी नहीं वैचारिक भी था। हालाँकि जामा मस्जिद में हुआ आज़ाद मुस्लिम कॉन्फ्रेंस का यह पहला सत्र ही उसका आख़िरी सत्र भी साबित हुआ।[6]

मीरपुर में हुए दूसरे सत्र में भी शेख़ अब्दुल्ला ने कहा कि 'मुस्लिम कॉन्फ्रेंस ने बिना हिन्दू मुसलमान का भेदभाव किये सारी जनता के अधिकारों के लिए संघर्ष किया है।'[7] मुस्लिम कॉन्फ्रेंस की बढ़ती लोकप्रियता के बीच दमनात्मक कार्यवाहियाँ भी लगातार चल रही थीं। जनवरी 1934 में जम्मू के यंग मैन मुस्लिम एसोसिएशन ने 'माँग दिवस' मनाया तो उसकी आँच श्रीनगर पहुँचनी ही थी। सभा हुई और राष्ट्रविरोधी भाषण देने के आरोप में मीरवायज़ हमदानी और मौलाना मसूदी सहित अनेक लोगों को देश बदर कर दिया गया और बख़्शी ग़ुलाम मोहम्मद सहित अनेक लोगों को गिरफ़्तार। अनेक शहरों में लोगों ने धरने और प्रदर्शन किये, गोलियाँ चलीं और महाराजा ने धारा 19-एल लगाकर लोगों की आवाज़ दबाने की कोशिश की। शेख़ उस समय सियालकोट में थे और वहीं मुस्लिम कॉन्फ्रेंस की कार्यसमिति की बैठक हुई जिसमें चौधरी ग़ुलाम अब्बास को महाराजा के विरोध में बड़ा आन्दोलन खड़ा करने की ज़िम्मेदारी दी गई। जब श्रीनगर आकर उन्होंने प्रतिनिधि सभा स्थापित करने की माँग के साथ लोक अवज्ञा आन्दोलन खड़ा किया तो उन्हें गिरफ़्तार कर लिया गया।[8] पाम्पोरी ने ग़ुलाम अब्बास की गिरफ़्तारी और शेख़ के उस

समय गिरफ़्तार न होने को शेख़ की महाराजा के साथ मिलीभगत बताते हुए इस तथ्य को छोड़ दिया है कि इस आन्दोलन की ज़िम्मेदारी ग़ुलाम अब्बास की थी तो इसमें उनकी गिरफ़्तारी बेहद स्वाभाविक थी और शेख़ अब्दुल्ला उस वक़्त श्रीनगर में नहीं सियालकोट में थे। इस गिरफ़्तारी के बाद एक बार फिर माहौल तनावपूर्ण हो गया और लोग सड़कों पर उतर आये, ऐसे समय में तत्कालीन प्रधानमंत्री कॉल्विन ने आन्दोलन में शामिल कई लोगों को नौकरियाँ और प्रोन्नति देकर अपनी तरफ़ कर लिया। इस कार्यवाही ने आन्दोलन को धक्का पहुँचाया। जनता के गुस्से को भाँपते हुए सरकार ने अप्रैल,1934 में ही विधान सभा गठित करने का भी निर्णय ले लिया। इसे देखते हुए शेख़ अब्दुल्ला श्रीनगर लौट आये जहाँ कार्यसमिति की बैठक में उन्होंने चुनाव की तैयारियों पर ध्यान देने को कहा। हालाँकि जेल में बंद चौधरी ग़ुलाम अब्बास सहित कुछ लोग इस चुनाव में हिस्सेदारी के ख़िलाफ़ थे लेकिन शेख़ अब्दुल्ला ने इसे अपने संगठन को मुसलमानों का प्रतिनिधि साबित करने का मौका माना और हिस्सेदारी का फ़ैसला किया।[9]

महाराजा द्वारा प्रस्तावित यह 'प्रजा सभा' असल में जनप्रतिनिधित्व के नाम पर एक दन्तनख विहीन विधान सभा थी जिसमें सारे कार्यकारी अधिकार महाराजा के पास थे। इसमें 75 सदस्य होने थे जिनमें से केवल 33 सदस्य सीधे जनता द्वारा चुने जाने थे और बाक़ी महाराजा द्वारा मनोनीत होने थे। इन 33 सदस्यों में से 21 मुसलमान, 10 हिन्दू और 2 सिख प्रतिनिधि होने थे। यही नहीं, इन चुनावों में वोट देने का अधिकार भी सिर्फ़ पढ़े लिखे या 400 रुपये प्रतिवर्ष से अधिक की आय वाले पुरुषों तक ही सीमित था। इस तरह 90 प्रतिशत से अधिक कश्मीरी जनता इस प्रजा सभा के परिक्षेत्र से बाहर थी।[10] इन चुनावों में आज़ाद मुस्लिम कॉन्फ्रेंस ने भी 5 सीटों पर अपने उम्मीदवार खड़े किये थे लेकिन प्रमुख नेताओं के जेल में होने के बावजूद मुस्लिम कॉन्फ्रेंस ने मुसलमानों के लिए सुरक्षित सभी 21 सीटें जीतकर जनता पर अपनी पकड़ और अपनी स्वीकार्यता सिद्ध की। 14 अक्टूबर 1934 को हुए इसके पहले सत्र में महाराजा की बड़ी-बड़ी बातों के बावजूद प्रजा सभा एक अधिकार विहीन विधानसभा थी जहाँ से कोई परिवर्तन संभव नहीं था। लेकिन इसका एक बड़ा फ़ायदा यह हुआ कि तीनों समुदायों के नेता आपस में एक संवाद स्थापित करने में सफल रहे। सिख प्रतिनिधि सरदार बुध सिंह के आमन्त्रण पर शेख़ अब्दुल्ला उनके साथ जम्मू गए और वहाँ हिन्दुओं और सिखों के जीवन को क़रीब से देखा। उनकी इस यात्रा पर टिप्पणी करते हुए सरदार बुध सिंह ने अपनी किताब *जागीरशाही का पोस्टमार्टम* में लिखा है कि जब शेख़ साहब ने वहाँ मुस्लिमों और ग़ैर मुस्लिमों की दुर्दशा देखी तो उनकी आँखों में आँसू आ गए और उन्होंने कहा कि वह सभी शोषितों के साथ खड़े होंगे तथा नेशनल कॉन्फ्रेंस की स्थापना करेंगे।[11] पाम्पोरी सहित अनेक लोग ग़ैर मुस्लिमों को साथ लेने के शेख़ अब्दुल्ला के फ़ैसले पर सवाल खड़ा करते हुए उस आन्दोलन को धोखा बताते हैं। वे यह भूल जाते हैं कि उस दौर में चौधरी ग़ुलाम मोहम्मद अब्बास भी मुस्लिम कॉन्फ्रेंस के चौथे सत्र के अध्यक्षीय भाषण में ऐसी ही अपील कर रहे थे। यहीं नहीं, उस दौरान कश्मीर की अपनी पहली यात्रा पर आये मोहम्मद अली जिन्ना ने भी मुस्लिम कॉन्फ्रेंस द्वारा आयोजित स्वागत समारोह में ग़ैर मुसलमानों को भी साथ लेने की सलाह दी थी।[12] यह सब नेहरू से मुलाक़ात या कांग्रेस से

सम्पर्क से पहले की घटनाएँ थीं। सैकड़ों सालों से साथ रहते चले आ रहे और एक सामन्ती शासन के अन्याय के शिक़ार कश्मीरी जन की अपनी मुक्ति के लिए धार्मिक भेदभावों से ऊपर उठने की यह कोशिश स्वत:स्फूर्त और स्वाभाविक ही थी।

उधर प्रजा सभा का जिस तरह से निर्माण किया गया था, इस विधानसभा से कोई संतुष्ट नहीं था। मुस्लिम प्रतिनिधियों और जनता की सारी उम्मीदें जल्दी ही ध्वस्त होने लगी थीं। जनता के बीच में इस मुद्दे को ले जाने के लिए मुस्लिम कॉन्फ्रेंस ने 8 मई 1936 को प्रदेश भर में 'ज़िम्मेदार सरकार दिवस' मनाया। शेख़ अब्दुल्ला ने इसमें सभी से भागीदारी की अपील की और हिन्दुओं तथा सिखों की भागीदारी उनकी आशा से बढ़कर रही।[13] लेकिन प्रजा सभा के भीतर विरोध का पहला स्वर उठा सरदार बुध सिंह की ओर से जिन्होंने नवम्बर 1936 को इसे एक खिलौना विधानसभा बताते हुए इस्तीफ़ा दे दिया, इसके बाद मुस्लिम कॉन्फ्रेंस के सभी सदस्यों ने 28 नवंबर को प्रजा सभा से इस्तीफ़ा दे दिया। सरदार बुध सिंह कश्मीर में सबसे पहले सामाजिक-आर्थिक सुधारों की शुरुआत करने वाले नेता थे। 1925 में ही उन्होंने राज्य सरकार के उपायुक्त पद से इस्तीफ़ा देकर राज्य की पहली राजनीतिक पार्टी, किसान मज़दूर पार्टी का गठन किया था। उन्होंने इसके पहले ही जलसे में बेग़ार प्रथा के ख़िलाफ़ अभियान चलाया था। इस जलसे को चौधरी ग़ुलाम अब्बास ने भी संबोधित किया था और दोनों ही गिरफ़्तार हुए थे।[14]

स्पष्ट तौर पर दिखाई देता है कि शेख़ अब्दुल्ला धीरे-धीरे व्यापक और मूलभूत समस्याओं पर अपना ध्यान ही केन्द्रित नहीं कर रहे थे बल्कि जम्मू और कश्मीर में धार्मिक विभाजनों से ऊपर उठकर वे राष्ट्रीय संगठन बनाने के बारे में गंभीरता से आगे बढ़ रहे थे। अगस्त, 1935 में उन्होंने प्रेमनाथ बज़ाज़ के साथ *हमदर्द* नाम का एक अख़बार निकालना शुरू किया। 1937 में उनकी जवाहरलाल नेहरू से हुई मुलाक़ात और फिर उसके गहरी मित्रता में तब्दील हो जाने का तो सभी ज़िक्र करते हैं लेकिन अपनी जीवनी में उन्होंने कश्मीरी मूल के एक और राष्ट्रवादी नेता सैफ़ुद्दीन किचलू से लाहौर में हुई मुलाक़ात का ज़िक्र किया है। सैफ़ुद्दीन किचलू से बातचीत के बाद उन्हीं के घर पर हुई कॉन्फ्रेंस में शेख़ ने कहा—

> कश्मीर में साम्प्रदायिक तनाव का कारण पंजाब के साम्प्रदायिक नेताओं का प्रोपेगेंडा है। हम चाहते हैं कि पंजाब के लोग हमारे आंतरिक मामलों में हस्तक्षेप न करें। हमारा अगला कार्यक्रम कांग्रेस के सिद्धांतों का पालन करना है और कश्मीर लौटने के बाद मैं एक ऐसा संगठन बनाने का प्रयास करूँगा जो राष्ट्रीय विचारधारा का पालन करता हो।[15]

राष्ट्रीय विचारधारा यानी साम्प्रदायिक सद्भाव की विचारधारा, हिन्दू-मुस्लिम से ऊपर उठकर एक लोकतांत्रिक और समानतावादी व्यवस्था के निर्माण की विचारधारा। अपने समकालीन दूसरे नेताओं के बरक्स शेख़ का दृष्टिकोण अधिक व्यापक और वैश्विक दिखता है, यही वजह थी कि तीस के दशक के बाद उन्होंने लगातार कश्मीरियत की बात की जिसके मूल में धार्मिक भेदभावों से ऊपर उठकर कश्मीर की विशिष्ट सांस्कृतिक सामाजिक

निर्मिति में अन्तर्निहित सहजीविता को इसके भविष्य के निर्माण का आधार बनाना है। एक सामान्य परिवार से आये और जीवन के संघर्षों से गुज़रे शेख़ के लिए आम कश्मीरी जनता और उसके जीवन मूल्यों को समझना कुलीन वर्ग से आये लोगों की बनिस्बत आसान था और ऐसे में कुलीन वर्ग के लोगों की उनके प्रति नफ़रत भी। आख़िर उनकी मृत्यु के कई वर्षों बाद लिखी गई किताब में पाम्पोरी इस राष्ट्रीय विचारधारा अपनाने को उनकी महत्त्वाकांक्षा का फल बताते हैं और टिप्पणी करते हैं कि छोटे घरों से आने वालों में ऐसी महत्त्वाकांक्षा सामान्य है।[16] किसी भी दूसरे राजनीतिक व्यक्ति की तरह शेख़ के जीवन और उनकी राजनीति में भी उतार-चढ़ाव, विडम्बनाएँ और अंतर्विरोधों की कोई कमी नहीं है लेकिन इतना तो पूरे भरोसे के साथ कहा जा सकता है कि उस दौर में शेख़ अब्दुल्ला न केवल कश्मीर के सबसे बड़े नेता थे बल्कि उनकी राजनीतिक विचारधारा धार्मिक सहिष्णुता और उदारवाद की थी। यह भी एक विडम्बना ही है कि वह मुस्लिम और हिन्दू, दोनों तरह के कट्टरपंथियों के लिए हमेशा नफ़रत का सबब रहे।

जैसे-जैसे शेख़ अब्दुल्ला और उनके साथी महाराजा की सरकार के ख़िलाफ़ एक साझा मोर्चा बनाने की कोशिशें कर रहे थे, वैसे-वैसे साम्प्रदायिक और महाराजा के प्रति निष्ठावान तत्त्व कश्मीर में साम्प्रदायिक तनाव बढ़ाने की कोशिशें भी कर रहे थे। असल में इसकी जड़ में राज्य की हाईकोर्ट का वह फ़ैसला था जिसमें गो हत्या के लिए सज़ा 7 साल से घटाकर एक साल कर दी गई थी। इसके ख़िलाफ़ जम्मू के हिन्दुओं ने कविराज विष्णु गुप्ता के नेतृत्व में हड़ताल कर दी। आग में घी डालने पंडित मदन मोहन मालवीय भी पहुँच गए। महाराजा ने हिन्दुओं की माँग स्वीकार करते हुए सज़ा को फिर से 7 साल करने का फ़ैसला किया। इधर श्रीनगर में कश्मीरी पंडित युवक सभा के अध्यक्ष शिव नारायण फ़ोतेदार ने बयान दिया कि 'हिन्दू गाय की वैसे ही पूजा करते हैं जैसे मुसलमान मुहम्मद साहब की।' इसे इस्लाम का अपमान मानते हुए मौलाना युसुफ़ शाह ने 27 जून 1937 को एक मोर्चा निकाला जिस पर पुलिस ने लाठीचार्ज किया। सैकड़ों लोग घायल हुए। बोहरी कदल के पास पुलिस ने गोलियाँ चलाईं जिसमें एक व्यक्ति की मौत हो गई और कई लोग घायल हुए। मीरवायज़ को उनके कई साथियों के साथ गिरफ़्तार कर लिया गया। फ़ोतेदार की माफ़ी के बावजूद जम्मू और पुंछ में दंगे भड़क गए जिन्हें रोकने में शेख़ अब्दुल्ला, प्रेमनाथ बज़ाज़ और सरदार बुध सिंह ने महत्त्वपूर्ण भूमिका निभाई।[17*]

1938 आते-आते कश्मीर में एक ग़ैर साम्प्रदायिक जनपक्षधर राजनीतिक दल के निर्माण के लिए परिस्थितियाँ तैयार हो चुकी थीं। 1936 में जी.एम. सादिक़ और प्रेमनाथ बज़ाज़ ने जम्मू एंड कश्मीर यूथ लीग की स्थापना की थी जिसका उद्देश्य धार्मिक भेदभाव के बिना देश की आज़ादी के लिए काम करना था।[18] 1937 में बख़्शी ग़ुलाम मोहम्मद और जी.एम. सादिक़ के नेतृत्व में मज़दूरों की एक बड़ी रैली हुई जिसमें सभी समुदायों के मज़दूर शामिल हुए। इसे प्रेमनाथ बज़ाज़ ने भी संबोधित किया।[19] इसी साल किसानों

---

*शेख़ अब्दुल्ला ने ज़िक्र किया है कि शिव नारायण फ़ोतेदार ने एक किताब लिखी जिसमें हज़रत मुहम्मद के प्रति घृणास्पद टिप्पणियाँ की गईं।

और मज़दूरों को संगठित करने के लिए अगस्त के महीने में किसान और मज़दूर सभा की स्थापना हुई।[20] 1938 में राज्य में ख़्वाज़ा मोहम्मद उमर बट तथा पंडित आर.एन. वैष्णवी ने कांग्रेस पार्टी की स्थापना की जिसमें कुछ प्रगतिशील युवा शामिल हुए लेकिन यह मूलतः श्रीनगर तक ही सीमित रही।[21] ज़ाहिर है कि कश्मीर में प्रगतिशील विचारधारा अपने अलग-अलग रूपों में प्रवेश कर रही थी और जगह भी बना रही थी और शेख़ अब्दुल्ला इससे अछूते नहीं रह सकते थे।

मार्च, 1938 में जम्मू में हुए मुस्लिम कॉन्फ्रेंस के सालाना जलसे में शेख़ अब्दुल्ला ने अध्यक्षीय भाषण देते हुए कहा—

> हम चाहते हैं कि हमारे घर की व्यवस्था के लिए हम आज़ाद हों और किसी विदेशी या कोई आतंरिक तानाशाह हमारे स्वाभाविक जन्मसिद्ध अधिकारों में हस्तक्षेप न करे। यही 'ज़िम्मेदार सरकार' की माँग है जिसके लिए हमने क़ुर्बानियाँ दी हैं और जिसे हम हर हाल में हासिल करेंगे। इस ज़िम्मेदार सरकार को हासिल करने के लिए पहली शर्त है कि जो लोग राज्य की वर्तमान व्यवस्था द्वारा ग़ुलामों और ग़ुरबत की ज़िन्दगी जीने के लिए मजबूर कर दिए गए हैं, इसमें शामिल हों। ये लोग कौन हैं? ये केवल मुस्लिम या केवल हिन्दू या केवल सिख नहीं हैं, न ही केवल अछूत या केवल बौद्ध हैं बल्कि वे सभी हैं जो इस राज्य में रहते हैं।
>
> कुछ मुसलमान यह ग़लत सोच रखते हैं कि राज्य में रहने वाले सभी 8 लाख ग़ैर मुस्लिम ऐश-ओ-आराम की ज़िन्दगी जीते हैं। असल में, उनमें से कुछ हज़ार ही अमीर हैं बाक़ी सभी आपकी ही तरह एक ग़ैर ज़िम्मेदार सरकार के हाथों भारी करों, ऋणों और भुखमरी के मारे हुए हैं। हम केवल 80 लाख मुसलमानों के लिए ज़िम्मेदार सरकार की माँग नहीं कर रहे, बल्कि प्रदेश की सौ प्रतिशत जनता के लिए हमारी यह माँग है। इस तरह मैं बीस प्रतिशत सिख, हिन्दू, बौद्ध और दलित जातियों को इस संघर्ष में साझेदारी के लिए आमंत्रण देता हूँ।[22]

जिस समय देश भर में मुस्लिम लीग और हिन्दू महासभा/राष्ट्रीय स्वयंसेवक संघ के उभार के साथ साम्प्रदायिक विभाजन मज़बूत होता जा रहा था, उस समय शेख़ अब्दुल्ला मुस्लिम कॉन्फ्रेंस को नेशनल कॉन्फ्रेंस में तब्दील करने के लिए मुतमईन थे। इस कॉन्फ्रेंस में तो वह इस मक़सद में क़ामयाब नहीं हो सके लेकिन कश्मीर की राजनीति में अब इस क्रांतिकारी परिवर्तन को रोक पाना किसी के लिए मुमकिन नहीं था। शेख़ अब्दुल्ला और मुस्लिम कॉन्फ्रेंस की इस पहल के चलते सरदार बुध सिंह और प्रेमनाथ बज़ाज़ ही नहीं, जिया लाल किलाम, कश्यप बन्धु, पंडित आर.एन. वैष्णवी जैसे अनेक हिन्दू और सिख भी सामंती तानाशाही के ख़िलाफ़ संयुक्त संघर्ष की ज़रूरत से मुतमईन होने लगे थे।

जवाहरलाल नेहरू से शेख़ की मुलाक़ात का ज़िक्र किये बिना यह बात पूरी नहीं होगी। शेख़ अपनी जीवनी में लिखते हैं—

1937 में मैं पहली बार पंडित जवाहरलाल नेहरू से मिला। वह लाहौर से उत्तर-पश्चिम सीमांत प्रदेश की यात्रा पर थे। उनके आदेश पर मैं उनके साथ हो लिया और कई दिन सीमांत प्रदेश में बिताये। मुझे बादशाह ख़ान (ख़ान अब्दुल गफ़्फ़ार ख़ान) और अन्य लोगों से मिलवाया गया। पंडित जी ने हमारे आन्दोलन में रुचि दिखाई और यह सलाह दी कि हम अपनी सदस्यता हर समुदाय के लिए खोल दें। मैंने उन्हें और बादशाह ख़ान को कश्मीर आने का न्यौता दिया। थोड़े समय बाद, भारत में 'द स्टेट पीपल्स कॉन्फ्रेंस' की स्थापना हुई जिसके अध्यक्ष जवाहरलाल नेहरू थे। यह स्पष्ट था कि अगर कश्मीरी नेताओं को भारतीय राष्ट्रीय कांग्रेस का समर्थन चाहिए तो उसे अपना नाम बदल कर नेशनल कॉन्फ्रेंस करना होगा। कश्मीर के सपूत डॉ. मोहम्मद इक़बाल ने भी मुझे 1937 में यही सलाह दी थी। उन्होंने कहा था कि केवल एकता ही कश्मीर को वर्तमान कशमकश से बाहर निकाल सकती है।[23]

1937 में इक़बाल की यह सोच ज़रा आश्चर्यजनक लगती है लेकिन नेहरू और शेख़ की इस मुलाक़ात और दोस्ती का कश्मीर और देश की राजनीति पर दूरगामी प्रभाव पड़ा।

नेशनल कॉन्फ्रेंस की स्थापना : नए दौर में नई उलझनें

1938 के छठे सालाना सत्र में ही ऑल जम्मू एंड कश्मीर मुस्लिम कॉन्फ्रेंस का नाम बदल कर ऑल जम्मू एंड कश्मीर नेशनल कॉन्फ्रेंस रखने का प्रस्ताव रखा गया था परन्तु सहमति नहीं बन पाई। लेकिन बहुत तेज़ी से प्रगतिशील हिन्दू और सिख मुस्लिम कॉन्फ्रेंस के साथ आने लगे जिनमें प्रमुख थे सरदार बुध सिंह, प्रेमनाथ बज़ाज़, पंडित जिया जाल किलाम, कश्यप बन्धु और पंडित रघुनाथ वैष्णवी। शेख़ अब्दुल्ला के जीवनीकार सैयद तफ़ज्जुल हुसैन ने बताया है कि 1938 में हुए प्रजा सभा के चुनाव में युवक सभा के भीतर मतभेद पैदा हो गया था। शिव नारायण फ़ोतेदार ने पंडित जिया लाल किलाम और कश्यप बन्धु के संयुक्त उम्मीदवार पंडित रामोदर भट्ट को हरा दिया। इस हार से नाराज़ होकर दोनों नेता शेख़ अब्दुल्ला की ओर चले गए।[24] कश्मीर की कांग्रेस कमेटी, कश्मीर यूथ लीग और मज़दूर सभा जैसे संगठनों का विलय प्रदेश की वंचित-दमित जनता को मुस्लिम कॉन्फ्रेंस के और क़रीब लाया। 28 जून, 1938 कश्मीर के इतिहास में एक युगप्रवर्तक दिन था जब मुस्लिम कॉन्फ्रेंस की कार्यकारिणी की एक बैठक श्रीनगर में हुई और 52 घंटों की गर्मागर्म बहसों के बाद आम सभा को एक प्रस्ताव सौंपा गया जिसमें सभी धर्मावलम्बियों को मुस्लिम कॉन्फ्रेंस का सदस्य बनाने की बात थी।[25]

इसी साल अगस्त के महीने में हिन्दू और मुस्लिम नेताओं द्वारा तय की गई 'राष्ट्रीय माँग' कश्मीर के आधुनिक इतिहास में एक मील का पत्थर साबित हुई।

इस 'राष्ट्रीय माँग' के प्रमुख बिंदु थे।

- राज्य की वर्तमान शासन व्यवस्था की जगह 'ज़िम्मेदार सरकार' स्थापित की जाए जिस पर नियंत्रण और बाक़ी अधिकार महाराजा के पास रहें।

- सेना, राजनीतिक और विदेशी मामलों, पहले महाराजा और उनके प्रशासन द्वारा लिए गए कर्ज़ों और धर्मार्थ ट्रस्ट के अलावा राज्य के बाक़ी ख़र्चों तथा राजस्व पर नियंत्रण विधानसभा का हो।
- सेना, विदेशी मामलों और राजनीतिक मामलों जैसे मुद्दों के अलावा राज्य के सभी प्रशासनिक मामलों में हर विभाग 'ज़िम्मेदार सरकार' के अनुसार चलाए जाएँ।
- विधानसभा में मनोनीत सदस्यों का नियम ख़त्म किया जाए और सभी विधायक सार्वत्रिक मतदान प्रणाली से चुने जाएँ। सीटों के आरक्षण आदि के लिए भारतीय राष्ट्रीय कांग्रेस द्वारा अपनाई गई परम्पराओं और नियमों का पालन हो।
- सेना में भर्ती सभी समुदायों के लिए खुली हो। भर्ती के अधिकार महाराजा के पास हों जिसके लिए एक मंत्री उनकी सहायता करे जो विधानसभा के प्रति ज़िम्मेदार हो।
- महाराजा के हर नागरिक को जीने, संपत्ति हासिल करने, संगठन बनाने और अभिव्यक्ति की स्वतंत्रता हो। धर्म और जाति के नाम पर कोई भेदभाव न हो।[26]

ये माँगें अपने समय के हिसाब से क्रांतिकारी थीं, हालाँकि ग़ौर से देखें तो महिलायें इससे बाहर थीं। इस पूरे दौर में एक भी कश्मीरी पंडित या मुस्लिम महिला का ज़िक्र नहीं पाते हैं। देखा जाए तो आज़ादी के बाद भी शेख़ अब्दुल्ला की पत्नी बेग़म अकबर जहाँ[‡] और मुफ़्ती मोहम्मद सईद की पुत्री महबूबा मुफ़्ती के अलावा घाटी से किसी बड़ी महिला नेता का नाम नहीं मिलता।

अगर 1931 का आन्दोलन कश्मीर में राष्ट्रवाद के उदय की घोषणा थी तो यह माँग कश्मीरी राष्ट्रवाद की ज़मीन के और पुख़्ता हो जाने की गवाह। इस माँग पर हस्ताक्षर करने वालों में शामिल थे—शेख़ मोहम्मद अब्दुल्ला, मौलाना मोहम्मद सईद, ख़्वाज़ा ग़ुलाम मोहम्मद सादिक, मियाँ यार अहमद, मिर्ज़ा अफ़ज़ल बेग़, ग़ुलाम मोहम्मद बख्शी, प्रेमनाथ बज़ाज़, पंडित जियालाल किलाम, पंडित कश्यप बन्धु, पंडित श्याम लाल सर्राफ़, पंडित शंभू नाथ पेशिन और सरदार बुध सिंह। यह कश्मीरियों की संयुक्त माँग थी, लोकतंत्र और समानता की जिजीविषा से भरी राष्ट्रीय माँग। राजा ने इस माँग का दमन किया और 28 अगस्त 1938 को कश्यप बन्धु की अध्यक्षता में हज़रतबल दरगाह में हुई एक सभा के बाद सभाओं पर प्रतिबन्ध लगा दिया गया तो अगले ही दिन अमीरा कदल में सरदार बुध सिंह की अध्यक्षता में सभा की गई। बैठक के बाद शेख़ अब्दुल्ला, सरदार बुध सिंह, कश्यप बन्धु के अलावा 12 साल के अली मोहम्मद तारिक़ को भी गिरफ़्तार कर लिया गया। बारामूला में भाषण देने पर चौधरी ग़ुलाम अब्बास को भी गिरफ़्तार कर लिया गया।

[‡]अक्टूबर 1933 में शेख़ अब्दुल्ला का विवाह श्रीनगर के एक होटल व्यवसायी माइकल हैरी नेडो की पुत्री अकबर जहाँ से हुआ था। हैरी के पिता माइकल एडम नेडो क्रोशिया से भारत आये थे और 1880 में लाहौर में उन्होंने नेडोज़ होटल शुरू किया। बाद में इसकी शाखाएँ गुलमर्ग और श्रीनगर में भी खुलीं। गुलमर्ग के नेडोज़ होटल का ज़िक्र मौली काएज़ के मशहूर थ्रिलर *अ मर्डर इन कश्मीर* में भी आता है। हैरी ने इस्लाम अपना लिया था और अपना नाम शेख़ अहमद हुसैन रख लिया था। उनका विवाह एक गूजर महिला मीर जान से हुआ था, अकबर जहाँ उन्हीं की पुत्री थीं। प्रसिद्ध लेखिका नायला अली खान इसी परिवार से हैं।

तत्कालीन प्रधानमंत्री गोपालस्वामी आयंगर ने दमन का सहारा लिया और सैकड़ों लोगों को जेलों में भर दिया गया। कश्मीरी पंडितों को चेतावनी दी गई कि अगर उनके रिश्तेदारों को इन प्रदर्शनों में शामिल पाया गया तो उनकी नौकरियाँ छीन ली जायेंगी। आयंगर ने बंधक बनाने की प्रथा शुरू की जिसके तहत अगर आन्दोलन में शामिल लोग न मिलते तो उनके रिश्तेदारों को गिरफ़्तार कर लिया जाता। नतीजतन सैकड़ों निर्दोष लोग जेल में ठूँस दिए गए। इसी दौरान श्रीनगर में आल इंडिया स्टेट्स पीपुल्स कॉन्फ्रेंस[§] की शाखा स्थापित हुई। 15-17 फरवरी, 1939 में लुधियाना में जवाहरलाल नेहरू की अध्यक्षता में हुई पीपुल्स कॉन्फ्रेंस के वार्षिक जलसे में कश्मीर से 34 डेलीगेट्स ने हिस्सा लिया, कश्यप बन्धु और शेख़ अब्दुल्ला जेल में होने के कारण इसमें शामिल नहीं हो सके। अध्यक्षीय उद्‌बोधन में नेहरू ने न केवल कश्मीर का ज़िक्र किया बल्कि कहा कि शेख़ अब्दुल्ला को गिरफ़्तार कर कश्मीरी जनता के आन्दोलन का दमन नहीं किया जा सकता। इस कॉन्फ्रेंस ने ज़िम्मेदार सरकार के प्रस्ताव को सभी राज्यों के लिए स्वीकार कर लिया जो कश्मीरी आन्दोलन के लिए एक बड़ी नैतिक विजय थी।[27]

इधर बढ़ते दबाव के चलते हरि सिंह की सरकार ने कुछ और छोटे-मोटे सुधार किये। सात सदस्यों का चयन मनोनयन की जगह चुनाव के ज़रिये कराने का निर्णय लिया गया लेकिन असल में यह निष्ठावान कुलीन वर्ग को जगह देने के लिए किया गया था। दो सदस्य ताज़ामी सरदारों में से चुने जाने थे जिनकी कश्मीर में कुल संख्या 27 थी, दो सदस्य जागीरदारों में से चुने जाने थे जिनकी संख्या मात्र 175 थी, दो सदस्य 250 रुपये सालाना से अधिक लगान देने वाले भू स्वामियों में से चुने जाने थे जिनकी कुल संख्या 700 थी तो एक सदस्य 700 सरकारी पेंशनभोगी लोगों में से चुना जाना था।[28] ज़ाहिर है, ऐसे सुधारों से अब कश्मीरी जनता संतुष्ट नहीं होने वाली थी। संघर्ष को और तेज़ होना था।

24 फरवरी को शेख़ अब्दुल्ला को कठुआ जेल से रिहा किया गया। आन्दोलन अब आगे बढ़ चुका था। वह इसके तुरंत बाद कांग्रेस के त्रिपुरा अधिवेशन में शामिल होने के लिए गए जिसमें उनके साथ प्रेमनाथ बज़ाज़, कश्यप बन्धु, मौलाना मोहम्मद सईद मसूदी और बख्शी ग़ुलाम मोहम्मद भी शामिल थे। यहाँ कश्मीरी नेताओं को नेहरू, मौलाना आज़ाद, सरदार पटेल, डॉ. राजेन्द्र प्रसाद और जयप्रकाश नारायण जैसे नेताओं से मिलने का मौक़ा मिला। अधिवेशन के बाद ये नेता बम्बई तथा दीगर जगहों पर भी गए जहाँ उन्हें कश्मीर में धर्मनिरपेक्ष संघर्ष के विचार को भरपूर समर्थन मिला। इस यात्रा से लौटने के बाद नेशनल कॉन्फ्रेंस के निर्माण की प्रक्रिया तेज़ हो गई। 10-11 जून 1939 को ख़्वाज़ा ग़ुलाम मोहम्मद सादिक़ की अध्यक्षता में मुस्लिम कॉन्फ्रेंस की आम सभा बुलाई गई जहाँ सदस्यता सभी धर्मावलम्बियों के लिए खोलने के प्रस्ताव को पास किया जाना था। अपने अध्यक्षीय वक्तव्य में जी.एम. सादिक़ ने कहा—'यह जम्मू और कश्मीर के तार्किक जागरण के इतिहास में स्वर्णिम अक्षरों से लिखा जाएगा। यह निर्णय जो आप लेने जा रहे हैं इसे लोग कश्मीर में ही

[§]यह संस्था 1927 में सभी राजाओं द्वारा शासित प्रदेशों के राजनीतिक आन्दोलनों को एक साथ लाने के लिए स्थापित हुई थी, बाद में यह कांग्रेस से जुड़ गई और 1939 में जवाहरलाल नेहरू इसके अध्यक्ष बनाये गए।

नहीं बल्कि पूरे देश में उत्सुकता से देख रहे हैं।' शेख़ अब्दुल्ला ने प्रस्ताव पेश किया और बख्शी ग़ुलाम मोहम्मद तथा अफ़ज़ल बेग़ जैसे कुछ सदस्यों के विरोध के बावजूद प्रस्ताव बहुमत से पास हुआ तथा मुस्लिम कॉन्फ्रेंस का नाम बदल कर नेशनल कॉन्फ्रेंस कर दिया गया।[29] शेख़ अब्दुल्ला ने अपनी जीवनी में नेशनल कॉन्फ्रेंस के गठन से सम्बन्धित अध्याय को नाम दिया है—'एक ख़्वाब की ताबीर नेशनल कॉन्फ्रेंस।' शुरू में इस प्रस्ताव पर कांग्रेस के हाथ का खिलौना बन जाने की आशंका प्रकट करने वाले चौधरी गुलाम अब्बास ने प्रेमनाथ बज़ाज़ और शेख़ अब्दुल्ला के साथ बैठक के बाद एक संयुक्त वक्तव्य में कहा 'नेशनल कॉन्फ्रेंस को किसी भी राजनीतिक संगठन, ख़ास तौर पर कांग्रेस या मुस्लिम लीग के प्रभाव में लाना अनुचित होगा।' अब्बास ने घोषणा की—'मुस्लिम कॉन्फ्रेंस की पोशाक पुरानी हो गई है, घिस गई है और तार-तार हो गई है। अब हमें एक राष्ट्रवादी पोशाक की ज़रूरत है।' एक और नेता अल्ला रक्खा सागर ने कहा—'राष्ट्रवाद वक़्त की पुकार है जो आज इस पर ध्यान नहीं देंगे भविष्य में पछताना चुनेंगे।'[30] राजनीति की विडम्बना कि आगे चलकर दोनों ने उसी पुरानी जीर्ण-शीर्ण पोशाक को, उसमें से जो भी उजला था उसे भी मिटाकर पहनना स्वीकार किया और पछतावे के कोई निशान नहीं दीखते।

अक्टूबर 1939 में नेशनल कॉन्फ्रेंस का पहला अधिवेशन मिर्ज़ा अफ़ज़ल बेग़ के आमंत्रण पर अनंतनाग के सर्नाल में आयोजित किया गया। जी.एम. बख्शी को इस अधिवेशन का संयोजक बनाया गया। स्वागत भाषण में मिर्ज़ा अफ़ज़ल बेग़ ने कहा—'सर्नाल से पूरे अनंतनाग जिले के खेतों को पानी मिलता है। यह ख़ुशक़िस्मती है कि अब इस मंच से बहने वाली आज़ादी की गंगा कश्मीर के चालीस लाख लोगों की आज़ादी की प्यास बुझाएगी।' नारे लगे—'शेर-ए-कश्मीर का क्या इरशाद, हिन्दू मुस्लिम सिख इत्तिहाद।' शेख़ अब्दुल्ला ने अपने अध्यक्षीय भाषण में राजा द्वारा किये गए सुधारों को राज्य की जनता से धोखा बताया और जनता की एकता पर ज़ोर देते हुए ज़िम्मेदार प्रशासन की माँग की। इस ऐतिहासिक अधिवेशन में 'राष्ट्रीय माँग' को अपने प्रस्ताव के रूप में स्वीकार कर लिया गया। नेशनल कॉन्फ्रेंस का निशान चुना गया लाल झंडे पर हल का निशान जो राज्य की किसान बहुल जनता के लिए क्रांतिकारी परिवर्तनों का प्रतीक था। अधिवेशन के अंत में शेख़ अब्दुल्ला ने नेशनल कॉन्फ्रेंस के तीन प्रमुख उद्देश्य—राज्य के विभिन्न समुदायों के बीच एकता और सत्यनिष्ठा को मज़बूत करना, नेशनल कॉन्फ्रेंस को राज्य की जनता का संगठन बनाना और यह सुनिश्चित करना कि नेशनल कॉन्फ्रेंस एक ऐसा संगठन हो जिसका संविधान और जिसके कार्यक्रम जनता के कल्याण के लिए हों।[31] इन परिवर्तनों के चलते आगे चलकर हिन्दू समाज से अनेक नेताओं ने नेशनल कॉन्फ्रेंस में भरोसा जताया। पूर्व में उल्लिखित नामों के अलावा घाटी से एस.एल. सर्राफ़, डॉ. एस.एन. पेशिन, डी.पी. धर और जम्मू से आर.पी. सर्राफ़, त्रिलोचन दत्त, गिरधारी लाल डोगरा और बलराज पुरी जैसे नेता नेशनल कॉन्फ्रेंस से जुड़े।[32]

लेकिन शेख़ के इस निर्णय से मुस्लिम साम्प्रदायिक तत्त्वों की नाराज़गी लाज़िमी थी। उन पर हिन्दुओं के हाथों बिक जाने से लेकर कांग्रेस और ब्रिटिश एजेंट तक होने और भ्रष्टाचार का आरोप तो उन पर लगा ही साथ ही नेशनल कॉन्फ्रेंस को चुनौती देने के लिए उनके कई पूर्व सहयोगियों ने अलग-अलग रास्ते चुने। एम.ए. साबिर, ग़ाज़ी अमानुल्लाह

ख़ान, ख़्वाज़ा ग़ुलाम नबी, मिर्ज़ा ग़ुलाम मोइउद्दीन, अब्दुल अजीज़ मीरपुरी जैसे लोगों ने 'इस्लाम ख़तरे में है' का नारा बुलंद किया। सैयद आशिक़ हुसैन के नेतृत्व में कश्मीर में मुस्लिम लीग की शाखा स्थापित की गई। मोहम्मद युसुफ़ क़ुरैशी ने मुस्लिम 'यंगमैन' नाम का संगठन बनाया तो ख़्वाज़ा सदर उद्दीन मुज़ाहिद ने शेख़ विरोधी ताक़तों के मुक़ाबले के लिए 'यंगमैन्स मुस्लिम एसोसिएशन' बनाई। दोनों पक्षों के बीच हिंसक झड़पें तक हुईं[33] जिन्हें आगे और तीख़ा होना था तथा शेख़ अब्दुल्ला को कई ऐसे निर्णय लेने पर मजबूर करना था जिनका गहरा असर कश्मीर की भावी राजनीति पर पड़ा।

इन बदलते हालात में एक तरह का द्वंद्व शेख़ अब्दुल्ला के सामने लगातार उपस्थित था। एक तरफ़ लगातार मुस्लिम साम्प्रदायिक ताक़तों के दुष्प्रचार और दूसरी तरफ़ पार्टी के भीतर कश्मीरी पंडितों के दबाव के चलते शेख़ अब्दुल्ला के लिए राह आसान नहीं थी। प्रेमनाथ बज़ाज़ ने *द हिस्ट्री .फ़ॉर फ़्रीडम इन कश्मीर* में कहा है कि नेशनल कॉन्फ्रेंस में आने के बावजूद कश्मीरी पंडितों का अधिकांश हिस्सा हद से हद हिन्दू राष्ट्रवादी ही बन सका था और नेशनल कॉन्फ्रेंस के ज़रिये जल्द से जल्द अपनी आकांक्षाएँ पूरा करना चाहता था[34] तो 1932 के आन्दोलन और उसके बाद 'इस्लाम ख़तरे में है' का नारा देकर मुसलमानों का समर्थन हासिल कर चुके नेताओं के लिए भी रातोंरात बदल पाना संभव नहीं था। शेख़ अब्दुल्ला निजी तौर पर गाँधी और नेहरू के विचारों से मुतमईन हो सकते थे लेकिन ठीक यही बाक़ी सभी नेताओं के बारे में नहीं कहा जा सकता है। मुस्लिम जागीरदार, मीरवायज़ और अनेक कुलीन मुसलमानों के लिए किसानों और मज़दूरों के वर्ग के प्रति नेशनल कॉन्फ्रेंस का रुझान बर्दाश्त कर पाना भी सहज नहीं था। उधर देश में मुस्लिम लीग के बढ़ते प्रभाव से भी कश्मीर अछूता नहीं था। कश्मीरी नौजवानों के बीच जिन्ना और मुस्लिम लीग की बातों का असर स्पष्ट तौर से दिखना शुरू हो गया था। 1940 आते-आते मीरवायज़ कश्मीर की राजनीति में फिर से सक्रिय हुए तो उनके निर्देशन में क़ुरेशी मुहम्मद युसुफ़ ने मई 1940 में जम्मू और कश्मीर मुस्लिम कॉन्फ्रेंस को फिर से जीवित किया।[35] मुसलमानों के बीच शेख़ के हिन्दुओं के ज़रा से पक्षधर बयानों को भी एक हिन्दू पार्टी, कांग्रेस के प्रभाव में लिया गया बताया जाने लगा और जब दूसरे विश्वयुद्ध के दौरान अनंतनाग में हुई कार्यसमिति की बैठक में कांग्रेस के बयान के समर्थन का प्रस्ताव पास किया गया तो उनके विरोधियों ने ज़ोर-शोर से इसका इस्तेमाल शेख़ को कांग्रेस का पिट्ठू बताने में किया।[36]

इस समय कश्मीर के प्रधानमंत्री गोपाल स्वामी आयंगर थे। कट्टर दक्षिण भारतीय ब्राह्मण आयंगर एक सफल आई.सी.एस. अधिकारी थे और कांग्रेस के क़रीबी। महाराजा से अपनी पहली मुलाक़ात में ही उन्होंने महाराजा के प्रिय कुत्ते को अपनी छड़ी से मारा और दरबार से बाहर निकल गए, वह एक अपवित्र जानवर की उपस्थिति बर्दाश्त नहीं कर सकते थे। आयंगर ने शुरू से ही बाँटों और राज करो की नीति अपनाई। हिन्दुओं और मुसलमानों को आपस में लड़वाने के लिए नए-नए तरीक़े निकाले गए। पहला बड़ा क़दम जम्मू में हिन्दू सिख नौजवान सभा को ग़ौरक्षा आन्दोलन चलाने के लिए भड़काना था जिसका असर जम्मू से बाहर तक हुआ। हिन्दुओं और मुसलमानों के बीच अनेक झड़पें हुईं। हालाँकि कोई बड़ी घटना नहीं हुई लेकिन जम्मू में साम्प्रदायिक माहौल ख़राब तो हुआ ही।[37] उसकी सलाह पर ही महाराजा ने आर्म्स एक्ट प्रस्तावित किया जिसके तहत हिन्दू राजपूतों को शस्त्र रखने की

इजाज़त इस आधार पर दी गई कि वे शस्त्रों की पूजा करते हैं।[38] लेकिन सबसे ज़्यादा प्रभावी हुआ भाषा विवाद। आयंगर की सलाह पर हरि सिंह ने कश्मीर में देवनागरी लिपि शिक्षा के माध्यम के रूप में प्रयोग में लाने के लिए डॉ ज़ाकिर हुसैन की अध्यक्षता में एक शैक्षणिक पुनर्गठन कमेटी बनाई लेकिन कमेटी ने देवनागरी को शिक्षा का माध्यम बनाये जाने के विपरीत अनुशंसा की। महाराजा और आयंगर ने कमेटी की अनुशंसा को दरकिनार करते हुए आदेश निकाला कि (1) सामान्य भाषा आसान उर्दू होगी लेकिन लिखने और पढ़ने के लिए फ़ारसी और देवनागरी दोनों ही लिपियों का प्रयोग होगा। विद्यालयों की किताबें दोनों ही लिपियों में प्रकाशित होंगी, (2) जहाँ 15 प्रतिशत से अधिक छात्र दोनों में से किसी एक लिपि को चुनेंगे वहाँ के शिक्षकों के लिए दोनों ही लिपियाँ जानना ज़रूरी होगा और (3) विद्यालय के शिक्षकों के लिए दोनों लिपियों को जानना ज़रूरी होगा। न जानने वाले शिक्षकों को एक वर्ष के भीतर यह भाषा सीखनी होगी तथा नई भर्तियों के लिए ये दोनों भाषाएँ जानना अनिवार्य होगा।[39]

इस कशमकश में शेख़ अब्दुल्ला अपनी मुस्लिम छवि और राष्ट्रवादी छवि के बीच झूलते नज़र आते हैं। घाटी के मुसलमानों का समर्थन उनके अस्तित्व के लिए बेहद ज़रूरी था तो मीरवायज़ तथा दूसरे विरोधियों के दुष्प्रचार के समक्ष ख़ुद को मुसलमानों का हामी साबित करने के लिए उन्होंने कई बार एक क़दम आगे बढ़ाने के साथ दो क़दम पीछे हटाये। इसका सबसे बड़ा उदाहरण लिपि विवाद में नेशनल कॉन्फ्रेंस का स्टैंड है।

28 दिसम्बर 1939 को मीरपुर में आयोजित कार्यकारिणी में यह प्रस्ताव पास किया गया कि 'हिन्दुस्तानी[**] को फ़ारसी या देवनागरी लिपि में लोक सेवा के गज़टेड अधिकारियों के लिए होने वाली परीक्षा में अनिवार्य विषय की तरह अपनाया जाना चाहिए।' देखा जाए तो यह शासन के आदेश से कुछ ख़ास अलग नहीं है। लेकिन जब मुस्लिम कॉन्फ्रेंस की ओर से मीरवायज़ ने इसे शासन के हिन्दूकरण की कोशिश बताते हुए इस्लाम विरोधी बताया तो नेशनल कॉन्फ्रेंस का स्टैंड बदल गया। अपने भाषणों में शेख़ अब्दुल्ला ने न केवल इसे इस्लाम विरोधी बताते हुए तुरंत वापस लेने की माँग की बल्कि उन्होंने ईद मिलाद के अवसर पर कहा कि इस्लाम सूरज है और बाक़ी धर्म सितारे। जियालाल किलाम और कश्यप बन्धु ने कार्यकारिणी में यह मुद्दा उठाया और शेख़ अब्दुल्ला के इससे पीछे हटने से इंकार करने तथा यह कहने पर कि वह पहले और आख़िर में मुसलमान हैं, नेशनल कॉन्फ्रेंस छोड़ दी,[40††] प्रेमनाथ बज़ाज़ ने भी इसी तथ्य का ज़िक्र किया है।[41] हालाँकि चित्रलेखा ज़ुत्शी के अनुसार जवाहरलाल नेहरू की कश्मीर यात्रा के दौरान स्वागत समिति के गठन के चलते शेख़ अब्दुल्ला से हुई अनबन दोनों के नेशनल कॉन्फ्रेंस छोड़ने की वजह थी।[42]

[**]यह अवधारणा गाँधी की थी जिसमें हिन्दी–उर्दू के आसान और आमफ़हम शब्दों को एक साथ मिलाकर हिन्दुस्तानी भाषा को भारत में प्रचलित किये जाने की बात थी।

[††]शेख़ का यह कथन बाद में जियालाल किलाम के एक अगस्त, 1940 को श्रीनगर के अखबार *अल इस्लाह* में छपे एक बयान के आधार पर अक्सर उद्धृत किया जाता है। यह बयान उन्होंने नेशनल कांफ्रेंस छोड़ने के फ़ैसले को न्यायसंगत बताने के लिए दिया था। हालाँकि तीन साल बाद ही वह कश्यप बन्धु और फ़ोतेदार के साथ नेशनल कांफ्रेंस में लौट आये थे।

वैसे देखा जाये तो सरकार का यह क़दम सभी कश्मीरियों के लिए दिक्क़ततलब था क्योंकि देवनागरी न तो वहाँ के हिन्दुओं की परिचित लिपि थी न मुसलमानों की। दोनों की आम बोलचाल की भाषा कश्मीरी के लिए इसमें कोई जगह नहीं थी। देखा जाए तो कश्मीरी भाषा नेशनल कॉन्फ्रेंस ही नहीं प्रशासन और बाक़ी सभी पक्षों के विमर्श से बाहर थी, हालाँकि मीरवायज़ ने यह ज़रूर कहा था कि अगर जनता की भाषा ही लागू करनी है तो कश्मीरी को लागू करना चाहिए। हमारी आम बोली कश्मीरी है और आम भाषा फ़ारसी।[43] फ़ारसी की जगह उर्दू लागू करने पर विरोध का झंडा उठाने वाले कश्मीरी पंडितों ने भी इस बार ऐसा कोई विरोध नहीं किया और उनमें से कुछ ने तो इसे अपना खोया हुआ प्रभाव स्थापित करने का ज़रिया मानते हुए हिन्दी परिषद् और हिन्दू लीग बनाकर श्रीनगर में हिन्दी पढ़ना सिखाने की कोशिशें शुरू कर दीं।[44‡‡]

इस समय तक कश्मीर घाटी में एक साम्प्रदायिक माहौल बन चुका था और इस माहौल में शेख़ अब्दुल्ला की मुसलमानों के बीच लोकप्रियता तेज़ी से कम हो रही थी। आतिश ए चिनार में वह लिखते हैं, 'मुझे मुसलमानों का विरोध झेलना पड़ा। मज़लिस-ए-अहरार के लोग हमारे संगठन में घुस आये अपने कुछ लोगों के ज़रिये हमारा संगठन नष्ट करने की कोशिश की। जम्मू में लोग नेशनल कॉन्फ्रेंस छोड़ रहे थे। हम हिन्दुओं और मुसलमानों के पुरातनपंथी धड़ों की दो चक्कियों के बीच पिस रहे थे।[45] जम्मू में नेशनल कॉन्फ्रेंस का प्रभाव घटने की वजह यह थी कि इस विवाद के दौरान चौधरी ग़ुलाम अब्बास ने कार्यकारिणी के प्रस्ताव को कांग्रेस से प्रभावित होने का आरोप लगाकर नेशनल कॉन्फ्रेंस छोड़ दी। कश्यप बन्धु और जियालाल किलाम के बाद सरकारी आदेश को राष्ट्रवादी बताते हुए और शेख़ अब्दुल्ला के उसके विरोध को साम्प्रदायिक बताते हुए प्रेमनाथ बज़ाज़ ने पहले कार्यकारिणी और फिर 28 नवम्बर, 1940 को पार्टी से इस्तीफ़ा दे दिया।[46] बाद में बज़ाज़ एम.एन. रॉय के साथ हो गए। अपनी किताब *द हिस्ट्री फ़ॉर फ्रीडम इन कश्मीर* में उन्होंने न केवल नेहरू की भूरि-भूरि आलोचना की है बल्कि कांग्रेस के साथ जाने पर नेशनल कॉन्फ्रेंस पर क्रान्ति की राह छोड़ने का भी आरोप लगाया है। उनकी कश्मीर सोशलिस्ट पार्टी ने कश्मीर के पाकिस्तान में विलय का समर्थन किया,[47] *इनसाइड कश्मीर* में वह अपने प्रवेश के ठीक पहले तक शेख़ को साम्प्रदायिक बता ही चुके हैं तो ऐसा लगता है कि शेख़ अब्दुल्ला कोई डेढ़ साल जो उनकी संगत में रहे बस उसी दौर में खरे क्रांतिकारी रहे! यहाँ पर यह जान लेना ज़रूरी है कि प्रेमनाथ बज़ाज़ ने न तो ईद मिलाद के भाषण, न ही आल इंडिया पीपुल्स कांग्रेस में शेख़ की भागीदारी का विरोध किया था, बल्कि वह ख़ुद उनके साथ गए थे। फिर भाषा विवाद पर राजा के पक्ष में उनका इस हद तक चला जाना और लगातार शेख़ तथा कांग्रेस पर हमले और पाकिस्तान का समर्थन शंका तो पैदा

‡‡मुस्लिम संगठनों और नेशनल कॉन्फ्रेंस के तीख़े विरोध के बावजूद आयंगर और महाराजा ने यह नीति जारी रखी। एम.डी. सूफ़ी ने लिखा है कि करण सिंह का समय आते-आते राज-काज में उर्दू की जगह संस्कृतनिष्ठ हिन्दी प्रभावी हो चुकी थी। शेरगढ़ी को राजगढ़ कहा जाने लगा, वज़ीर आमात्य हो गए, शपथग्रहण, इरशाद और फ़रमान संस्कृतनिष्ठ हिन्दी में होने लगे थे। आर.एस. पंडित के हवाले से सूफ़ी लिखते हैं कि हरि सिंह के समय में जैसे *राजतरंगिणी* की परम्परा जारी थी। (सूफ़ी-831)

करता ही है। यह विरोध इस हद तक था कि शेख़ की अलोकप्रियता कम बताने के लिए वह बारामूला सेशन में लोगों की कम भागीदारी का ज़िक्र तो करते हैं लेकिन यह बताना भूल जाते हैं इसमें एक कारक लगातार तेज़ बारिश भी थी।[48] शीतयुद्ध के उस दौर में जहाँ एक तरफ़ कम्युनिस्टों का नेशनल कॉन्फ्रेंस में बड़े पैमाने पर प्रवेश हुआ वहाँ बज़ाज़ और एम.एन. रॉय की राजनीति को देखते हुए शेख़ अब्दुल्ला का उन पर यह आरोप एकदम हवाई भी नहीं लगता कि विश्वयुद्ध के दौरान ब्रिटिश साम्राज्यवाद ने उन्हें ख़रीद लिया था। शीतयुद्ध की तत्कालीन परिस्थितियों में यह कतई असम्भाव्य स्थिति नहीं थी।

इन सबके बीच शेख़ अब्दुल्ला एक बात को लेकर मुतमइन थे–कांग्रेस के साथ अपने रिश्ते। 22 मार्च, 1940 में मुस्लिम लीग ने अपने लाहौर अधिवेशन के दौरान आल इंडिया पीपुल्स कॉन्फ्रेंस की तर्ज़ पर ही आल इंडिया स्टेट्स मुस्लिम लीग की स्थापना की। शेख़ अब्दुल्ला इस अधिवेशन में अतिथि की हैसियत से शामिल हुए। राशिद तासीर ने तहरीक–ए–हुर्रियत–ए–कश्मीर में यह मज़ेदार तथ्य बताया है कि इस अधिवेशन में अध्यक्ष चुने गए हैदराबाद के नवाब यार जंग ने अपने भाषण में ज़िम्मेदार सरकार की अवधारणा की वक़ालत तो की लेकिन हैदराबाद को इससे दूर रखने के लिए कहा। वहाँ से लौटकर शेख़ ने अलग–अलग जगहों पर आयोजित अनेक सभाओं में लीग और उसकी नीतियों की तीख़ी आलोचना की। इन भाषणों में उन्होंने मध्यमार्गी रुख अपनाते हुए महाराजा को आश्वासन दिया कि वह उनका शासन उखाड़ नहीं फेंकना चाहते हैं बल्कि उनके अधीन एक ज़िम्मेदार सरकार चाहते हैं। इसी दौरान एसोसिएटेड प्रेस को दिए गए बयान में उन्होंने न केवल मुस्लिम लीग के भारत विभाजन के प्रस्ताव का विरोध करते हुए इसे असंभव बताया बल्कि मुसलमानों को कांग्रेस के झंडे तले आने की अपील भी की। उनके इस रुख ने कांग्रेस ने उनकी क़रीबी बढ़ाई तो घाटी में मुस्लिम लीग और उसकी विचारधारा के समर्थक लोगों को और दूर किया, आख़िर अब मुस्लिम कॉन्फ्रेंस के अध्यक्ष बन चुके चौधरी ग़ुलाम अब्बास न केवल ऑल इंडिया स्टेट्स मुस्लिम लीग के उस अधिवेशन में कश्मीर के प्रतिनिधि के तौर पर शामिल हुए थे बल्कि जुलाई 1941 में उसकी कार्यकारिणी के सदस्य भी चुने गए थे।[49]

लाहौर की इसी यात्रा के दौरान शेख़ ने नेहरू को दिल्ली आने का न्यौता दिया[§§] और नेहरू ने उसे स्वीकार कर लिया और 30 मई 1940 को ख़ान अब्दुल गफ़्फ़ार ख़ान, मोहम्मद युनुस आदि के साथ श्रीनगर पहुँचे जहाँ नेशनल कॉन्फ्रेंस ने उनका ज़ोरदार स्वागत किया। छत्ताबल से अमीरा कदल तक नौका जुलूस निकाला गया। लेकिन मुस्लिम कॉन्फ्रेंस ने उनका तीख़ा विरोध किया। न केवल काले झंडे और बैनर दिखाए गए[50] बल्कि नेहरू के विरोध में मुस्लिम कॉन्फ्रेंस के पुरुषों ने अपनी फिरन कमर से उठा कर आगे से दिखाई तो औरतों ने पीछे से—वे अन्तर्वस्त्र अब भी नहीं पहनते थे। विरोध का यह तरीक़ा बेहद घटिया था और नेहरू इससे बहुत दुखी हुए। मीरवायज़ ने इस हरक़त को ग़ैर इस्लामिक बताते हुए इसकी

[§§]सर्राफ़ ने लिखा है कि नेहरू को कोई न्यौता नहीं दिया गया था, लेकिन शेख़ अब्दुल्ला ने अपनी जीवनी में स्पष्ट तौर से इस न्यौते के बारे में लिखा है।

कड़ी निन्दा की।[51] अगले दिन हुजूरी बाग़ में नेहरू तथा अन्य नेताओं के स्वागत में एक बड़ी सभा हुई। स्वागत भाषण देते हुए शेख़ ने नेहरू को 'कश्मीर का शानदार बेटा' बताया और हिन्दुओं तथा मुसलमानों की भारी उपस्थिति वाली भीड़ की ओर इशारा करके कहा कि 'बाहर के अख़बारों में हमारे आन्दोलन को बदनाम किया जा रहा है, हम पर हमले किये जा रहे हैं लेकिन यहाँ आप देख सकते हैं कि हमारा आन्दोलन किनके लिए हैं और हम किनके प्रतिनिधि हैं।' नेहरू ने जनता को अपना संघर्ष जारी रखने की अपील करते हुए कहा कि राज्य भारत से असम्बद्ध नहीं रह सकते, न यहाँ कोई हिन्दू राज्य बन सकता है न मुस्लिम राज्य और जो भी सरकार बनेगी वह भारतीय जनता की सरकार होगी। उन्होंने हिन्दुओं से अपना साम्प्रदायिक दृष्टिकोण छोड़कर नेशनल कॉन्फ्रेंस में शामिल होने को कहा। ख़ान अब्दुल गफ़्फ़ार ख़ान ने ख़ुद को कश्मीर का पड़ोसी बताते हुए संघर्ष में भागीदारी और बलिदान की अपील की।[52] इस सभा में शेख़ ने नेहरू को 'अलजिनाब' कहकर संबोधित किया जो इस्लाम में अत्यंत सम्मानित व्यक्ति को कहा जाता है, चौधरी ग़ुलाम अब्बास ने इसे ग़ैर इस्लामिक बताकर इसकी कड़ी आलोचना की।[53] इस दौर के ढेरों क़िस्से-कहानियाँ सुनाये जा सकते हैं। उदाहरणों के ढेर लगाए जा सकते हैं, लेकिन लब्बोलुआब यही है कि एक तरफ़ शेख़ अपनी कमज़ोरियों और ख़ूबियों के साथ आगे बढ़ते गए, कश्मीर के महात्मा कहे जाने वाले सरदार बुध सिंह की अध्यक्षता में नेशनल कॉन्फ्रेंस कांग्रेस के साथ मिलकर कश्मीरी जनता की मुक्ति का संघर्ष करती गई, दूसरी तरफ़ चौधरी ग़ुलाम अब्बास, मीरवायज़ कश्मीर और दूसरे तमाम लोग मुस्लिम साम्प्रदायिकता तो प्रशासन और कश्मीरी पंडितों तथा हिन्दुओं का एक समूह हिन्दू साम्प्रदायिकता को खाद-पानी देता रहा। शेख़ दोनों के लिए दुश्मन थे। लोग आते रहे, जाते रहे लेकिन तमाम दावों और प्रतिदावों के बावजूद कश्मीर घाटी में उनकी लोकप्रियता उतार-चढ़ाव के साथ उनकी आख़िरी साँसों तक बनी रही।

1942 में जब कांग्रेस ने 'भारत छोड़ो' का नारा दिया तो नेशनल कॉन्फ्रेंस ने उसका समर्थन किया, हालाँकि कांग्रेस की सलाह पर इसमें भागीदारी नहीं की। द्वितीय विश्वयुद्ध के चलते उस समय कश्मीर में अनाज की भयानक कमी आ गई थी और ऐसे समय में एक तरफ़ जागीरदारों से अनाज भण्डार बरामद कर जनता में बाँटने तथा खड़ी फ़सलें ख़रीदने की अपील की तो दूसरी तरफ़ प्रशासन के हिस्से के रूप में महाराजा के साथ मिलकर नेशनल कॉन्फ्रेंस ने अनाज का सुचारू वितरण सुनिश्चित करने की कोशिश की, हालाँकि इस प्रक्रिया में उस पर कई आरोप भी लगे।[54]

इस समय तक भारत और दुनिया में कम्युनिस्ट विचारों की धमक पहुँच चुकी थी। रूस में कम्युनिस्ट शासन की स्थापना के साथ ही एक समतावादी समाज का स्वप्न दुनिया भर के युवाओं को आकर्षित कर रहा था। ब्रिटिश शासकों द्वारा बोल्शेविक साहित्य और विचारों को प्रतिबंधित करने की सारी कोशिशों के बावजूद भारत में कम्युनिस्ट विचार पाँव पसार रहा था।*** हमने देखा है कि कश्मीर में किसानों और मज़दूरों के लिए संघर्ष करने वाले कई संगठन और युवा नेशनल कॉन्फ्रेंस में शामिल हुए थे और अपने झंडे के लिए क्रान्ति का प्रतीक लाल रंग ही चुना गया था। शेख़ ख़ुद न तो मार्क्सवादी थे न ही उन्होंने

***विस्तार के लिए देखें, *मार्क्सवाद के मूलभूत सिद्धांत,* अशोक कुमार पाण्डेय, दख़ल प्रकाशन-दिल्ली, 2012

वामपंथ का कोई गहरा अध्ययन किया था, लेकिन समतावादी नीतियों के प्रति उनका झुकाव स्पष्ट था।[55] प्रख्यात कम्युनिस्ट नेता फ़ैज़ अहमद पारचा 1929 में कश्मीर में बस गए थे। 1931 में पंडित राधे नाथ कौल, 1937 में ख़्वाज़ा मोहम्मद अशरफ़ कश्मीर आ गए थे और 1937 में एम.ए. फारूकी की सहायता से श्रीनगर में युवाओं के बीच गतिविधियाँ शुरू कर दी थीं। जम्मू में कम्युनिस्ट आन्दोलन के नेता थे धनवंतरि। इस समूह में सक्रिय युवाओं में ग़ुलाम मोहम्मद सादिक़, पी एन जलाली, पीर याह्या सिद्दीकी, जे.एन. जुत्शी, डी.पी. धर और हरनाम सिंह थे। 1940 में मोहतरमा महबूबा अहमद अली शाह और पंडित निरंजन नाथ सक्रिय हुए तथा फज़ल इलाही क़ुर्बान की श्रीनगर यात्रा के दौरान एक पार्टी की भी स्थापना की गई जिसका ज़िला सचिव बख़्शी ग़ुलाम मोहम्मद को बनाया गया, हालाँकि बाद में पार्टी विरोधी गतिविधियों के लिए उन्हें निकाल दिया गया। उनके समूह में मोहम्मद युसुफ़ धर, मोतीलाल मिस्त्री और ओंकार नाथ धर शामिल थे। ये सभी नेशनल कॉन्फ्रेंस में शामिल हुए और 1938–50 के बीच उसकी नीतियों को प्रभावित भी किया।[56] आमतौर पर यह मान्यता है कि 'नया कश्मीर' का दस्तावेज़ तैयार कराने में बी.पी.एल. बेदी की बड़ी भूमिका थी। 1943 में मीरपुर में हुई नेशनल कॉन्फ्रेंस के चौथे वार्षिक अधिवेशन में न केवल रूस का समर्थन करते हुए रूसी जनतांत्रिक शक्तियों के साथ एकजुटता प्रदर्शित की गई और ब्रिटिश साम्राज्यवाद के भारत की जनता को धार्मिक आधार पर बाँटने के प्रयास की आलोचना की गई बल्कि शेख़ अब्दुल्ला ने स्पष्ट कहा कि कुछ चालाक लोग 'इस्लाम ख़तरे में है' का नारा लगाकर ध्यान बाँटना चाहते हैं, जबकि भारत की असली समस्या धार्मिक नहीं आर्थिक है।' इसी अवसर पर उन्होंने अपना वह प्रसिद्ध वक्तव्य दिया जो उनके शत्रुओं के लिए हमला करने का बहाना बना तो कश्मीर के साथ भारत के सम्बन्धों का आधार भी। उन्होंने कहा—

> एक मुसलमान की तरह हमें भरोसा होना चाहिए कि हिन्दुस्तान हमारा घर है। हम इस ज़मीन से ही जन्मे हैं और इसी में मरेंगे। हिन्दुस्तान हमारा मादर-ए-वतन है और यही हमारा मादर-ए-वतन रहेगा। यह हमारा फ़र्ज़ है कि अपने मादर-ए-वतन और अपने घर को ग़ैर मुल्कियों से आज़ाद कराएँ।[57]

इस अधिवेशन के थोड़े समय बाद ही जून 1943 में जिया लाल किलाम और शिव नारायण फोतेदार कार्यकारिणी की बैठक में विशेष आमंत्रित सदस्य के रूप में शामिल हुए और फिर पार्टी में शामिल हो गए। बाद में कश्यप बन्धु भी पार्टी में लौट आये और शेख़ के कहने पर पार्टी के आधिकारिक मुखपत्र *ख़िदमत* के सम्पादक की ज़िम्मेदारी संभाल ली।[58]

नया कश्मीर : एक समतामूलक समाज का भव्य स्वप्न

अब यह स्पष्ट होने लगा था कि अंग्रेज़ों को जल्द ही भारत छोड़ना पड़ेगा। रजवाड़ों में अंग्रेज़ों के बाद के शासन को लेकर एक बेचैनी स्वाभाविक थी। मुस्लिम लीग की पाकिस्तान की माँग भी तेज़ होती जा रही थी और धार्मिक आधार पर देश के बँटवारे की स्थिति में रजवाड़ों के लिए हालात और जटिल थे। ऐसे में उन्हें या तो भारत या पाकिस्तान से जुड़ने का फ़ैसला करना ही होता। क्रिप्स मिशन आकर असफल होकर लौट चुका था

और रजवाड़े इन नए हालात में अपने प्राधिकार बचाने के लिए हर संभव प्रयास कर रहे थे। हरि सिंह ने 12 जुलाई 1943 को जम्मू और कश्मीर के मुख्य न्यायधीश गंगानाथ की अध्यक्षता में एक 12 सदस्यीय रॉयल कमीशन गठित किया जिसमें बातें तो जनता के अधिकार की की गई थीं लेकिन मुख्य उद्देश्य ब्रिटिश शासन की समाप्ति के बाद महाराजा के हितों की रक्षा सुनिश्चित करना ही था। इसमें सभी सदस्य मनोनीत थे। हालाँकि नेशनल कॉन्फ्रेंस के तीन लोगों को भी प्रतिनिधित्व दिया गया था, लेकिन वास्तविक उद्देश्य स्पष्ट होने के बाद नेशनल कॉन्फ्रेंस ने इस कमीशन से अपने सदस्य वापस बुला लिए और कश्मीर के भविष्य के लिए 'नया कश्मीर' नाम से एक ऐतिहासिक संविधान प्रस्तुत किया।[59] इसकी भूमिका में शेख़ ने लिखा—

> हम 'नए कश्मीर' में हर आदमी और हर औरत का, जिनका आध्यात्मिक और मानसिक शोषण किया गया है, एक नया व्यक्तित्व निर्मित करना चाहते हैं। हम अनुकरणीय व्यक्तित्व पैदा करना चाहते हैं जो अपने ख़ूबसूरत वतन के योग्य बाशिंदे हों।[60]

यह संविधान दो हिस्सों में है, राज्य का संविधान और राष्ट्रीय आर्थिक योजना। संविधान को 7 हिस्सों में बाँटा गया है, नागरिकता, राष्ट्रीय विधानसभा, मंत्रिमंडल, शासक, न्याय, स्थानीय प्रशासन और राष्ट्रीय भाषा। जनता को प्रेस की बैठक करने तथा संगठन बनाने और धरने प्रदर्शन की आज़ादी सुनिश्चित की गई। क़ानून द्वारा सभी को सैन्य प्रशिक्षण देने तथा क़ानून द्वारा सैन्य बल गठन के साथ सभी नागरिकों को काम का अधिकार सुनिश्चित करने की बात कही गई। धर्म का भेदभाव न करते हुए यह संविधान सभी नागरिकों को शिक्षा, स्वास्थ्य और सुरक्षा के साथ सार्वत्रिक मतदान अधिकार के तहत राज्य की विधासभा का चुनाव सुनिश्चित करने की गारंटी देता है। इस संविधान की एक बड़ी ख़ूबी महिलाओं को वोट देने, चुनाव लड़ने तथा शिक्षा की व्यवस्था है। स्थानीय प्रशासन के लिए इसमें जनता द्वारा चुनी जनपंचायतों की व्यवस्था है। भाषा के सवाल पर जहाँ कश्मीरी, डोगरी, बाल्टी, दादरी, पंजाबी, हिन्दी और उर्दू को राज्य की भाषाएँ बनाया गया वहीं उर्दू को सम्पर्क भाषा का दर्जा दिया गया।

राष्ट्रीय आर्थिक योजना को उत्पादन, परिवहन, वितरण, जन सुविधाओं तथा मुद्रा और वित्त में विभाजित किया गया। इनका उद्देश्य जनता को एक उचित जीवन स्तर सुनिश्चित करना था। कृषि से सम्बन्धित योजना में जागीरदारी प्रथा समाप्त कर ज़मीन जोतने वाले को देना और जंगलों को जनता के नियंत्रण में लाना था। राष्ट्रीय कृषि योजना को लागू करने के लिए राष्ट्रीय कृषि काउंसिल की स्थापना का प्रस्ताव किया गया। राज्य के आर्थिक संसाधनों पर जनता का अधिकार दिया गया तो एक राष्ट्रीय लोक स्वास्थ्य काउंसिल बनाकर जनता के लिए स्वास्थ्य और राष्ट्रीय शिक्षा काउंसिल बनाकर प्राइमरी से उच्च शिक्षा तक और तकनीकी शिक्षा का संजाल स्थापित करने की बात की गई जिसमें बिना किसी धार्मिक, लैंगिक और इलाक़ाई भेदभाव के सबके लिए शिक्षा सुनिश्चित करने की बात की गई। यही नहीं राष्ट्रीय गृहनिर्माण काउंसिल बनाकर लोगों को घर उपलब्ध कराने, रेडियो स्टेशन,

फ़िल्म इंडस्ट्री और कला तथा संस्कृति संस्था बनाने जैसे प्रस्ताव शामिल थे। इस संविधान की प्राथमिकताएँ इसमें संलग्न तीन चार्टरों से समझी जा सकती हैं जो किसानों, मज़दूरों और महिलाओं से सम्बद्ध थे।[61] यह संविधान कश्मीर में ही नहीं दक्षिण एशिया के तत्कालीन माहौल में भी एक आगे बढ़ा हुआ क़दम और इस रूप में निश्चित रूप से क्रांतिकारी था। इसका अनुमान इसी बात से लगाया जा सकता है कि मुस्लिम लीग तो छोड़िये कांग्रेस में भी कई नेता इसके ख़िलाफ़ थे। केवल नेहरू ने इसका समर्थन किया।[62]

1944 कश्मीर और भारत की राजनीति में बेहद उथल-पुथल से भरा हुआ था। गवर्नमेंट ऑफ़ इंडिया एक्ट के तहत 1937 में हुए आम चुनावों में मुस्लिम लीग ने उत्साहवर्धक प्रदर्शन किया था और उसके बाद से मुस्लिम लीग की ताक़त लगातार बढ़ रही थी तथा पाकिस्तान की माँग ज़ोर पकड़ने लगी थी। कश्मीर भी उसके प्रभाव से अछूता नहीं रह सकता था। मुस्लिम राष्ट्रवाद का यह उभार कश्मीरी नौजवानों को अपनी तरह से प्रभावित कर रहा था तो नेशनल कॉन्फ्रेंस ने भी मुस्लिम लीग के साथ दुश्मनाना रुख अपनाने की जगह दोस्ताना सम्बन्ध बनाने की कोशिश की। 1943 के अक्टूबर महीने में मुस्लिम लीग के नवाब मम्दौत, मिया मुमताज़ दौलताना और राजा गज़नफ़र अली ख़ान कश्मीर घूमने आये तो शेख़ अब्दुल्ला, जी.एम. सादिक़ और दूसरे नेशनल कॉन्फ्रेंस के कुछ महत्त्वपूर्ण लोगों ने उनसे मुलाक़ात की जिसमें यह तय किया गया कि कश्मीर में बहुसंख्यक समाज अल्पसंख्यक समाज से ऐसे रिश्ते स्थापित करे कि वे सुरक्षित महसूस करें। नेशनल कॉन्फ्रेंस ने इस प्रस्ताव पर जिन्ना की मुहर लगवाने के लिए जी.एम. सादिक़ और जी.एम. बख़्शी को लाहौर भेजा। लेकिन सादिक़ को किडनी की कुछ समस्या हो गई और मौलाना मसूदी जिन्ना से मिलने दिल्ली गए और लियाक़त अली ख़ान से उनकी तीन घंटे तक बातचीत हुई।[63] जिन्ना से सौहार्दपूर्ण सम्बन्ध बनाने के लिए शेख़ ने उन्हें कश्मीर आने का न्यौता दिया और मई 1944 में जिन्ना कश्मीर आये तो उनकी जेब में दो और न्यौते थे—मुस्लिम कॉन्फ्रेंस और महाराजा हरि सिंह का। नेशनल कॉन्फ्रेंस ने उनके स्वागत में प्रताप सिंह पार्क में एक सभा रखी, जियालाल किलाम ने स्वागत भाषण पढ़ा[64] और शेख़ अब्दुल्ला ने उन्हें 'भारत के मुसलमानों का प्रिय नेता' कहकर संबोधित किया।[65] जिन्ना ने अपने भाषण में नेशनल कॉन्फ्रेंस का शुक्रिया अदा किया और इस बात पर ख़ुशी जताई कि उस सभा में हर समुदाय के लोग उपस्थित थे और कहा कि 'मैं आपकी शुभकामनाओं का संदेशा उन दस करोड़ हिन्दुस्तानी मुसलमानों तक ले जाऊँगा जिनका मैं नेता हूँ,' जियालाल किलाम और अन्य पंडित नेता इस बात से नाराज़ होकर सभा छोड़कर चले गए।[66] इसके तुरंत बाद जिन्ना मुस्लिम कॉन्फ्रेंस की डलगेट पर आयोजित सभा में गए जहाँ उन्होंने कहा—

> कश्मीर एक मुस्लिम बहुल राज्य है जिसमें 35 लाख मुसलमान रहते हैं जिनका अल्लाह एक है, कलमा एक है और काबा एक है। इसलिए अपनी आज़ादी की लड़ाई लड़ने के लिए उन्हें एक संगठन में शामिल हो जाना चाहिए। दस करोड़ भारतीय मुसलमानों की सहानुभूति आपके साथ है। मैं आपकी सफलता के लिए ख़ुदा से दुआ करूँगा।[67]

मुस्लिम कॉन्फ्रेंस के इस समर्थन के बावजूद जिन्ना धर्म और राजनीति के घालमेल के ख़िलाफ़ थे और मीरवायज़ मौलवी युसुफ़ शाह को उन्होंने कहा कि 'अगर आप राजनीति से संन्यास ले लें तो हम आपकी वैसी ही इज़्ज़त करेंगे जैसी इंग्लैण्ड में कैंटरबरी के आर्कबिशप की होती है।' यही नहीं बाद में किसी से बातचीत करते हुए उन्होंने मीरवायज़ को सड़ा हुआ अंडा भी कहा।[68]

इस सभा के बाद शेख़ अब्दुल्ला और जिन्ना के बीच सुलह की कोई उम्मीद नहीं बची। शेख़ साहब ने जवाब में कहा—'यहाँ की मुश्किलात हिन्दुओं, मुसलमानों और सिखों को साथ लेकर ही दूर की जा सकती हैं।' मुस्लिम कॉन्फ्रेंस ने जिन्ना की यात्रा का फ़ायदा उठाकर उसी समय अपना वार्षिक अधिवेशन आयोजित किया और वहाँ बोलते हुए जिन्ना ने नेशनल कॉन्फ्रेंस को 'गुंडों का गैंग' कहा तो 20 जून को आयोजित एक सभा में शेख़ अब्दुल्ला ने कहा—

> अगर ज़िन्ना हमारे मामलों में टाँग अड़ाने की आदत से बाज़ नहीं आयेंगे तो उनके लिए कश्मीर से बाइज़्ज़त लौटना मुश्किल हो जाएगा।[69]

24 जुलाई को जब जिन्ना कश्मीर से लौटे तो न तो वह चौधरी ग़ुलाम अब्बास और शेख़ अब्दुल्ला के बीच कोई समझौता करा पाए थे न ही किसी और तरह की सफलता उनके खाते में थी। मुस्लिम कॉन्फ्रेंस के खुले समर्थन के चलते शेख़ और उनके बीच आगे किसी बातचीत के रास्ते भी बंद हो गए थे। लेकिन इस खुले समर्थन ने कश्मीर में हिन्दू-मुसलमान के विभाजन को और गहरा तथा स्थाई तो कर ही दिया जिसके दूरगामी प्रभाव पड़े। शेख़ अब्दुल्ला ने लिखा है—'कश्मीर समस्या की जटिलताएँ जिन्ना के अड़ियल रुख की उपज हैं। एक व्यक्ति के रूप में वह बेहद प्रतिभाशाली थे लेकिन इतिहास उनकी राजनीतिक दूरंदेशी के दूसरे पक्ष को दर्ज करेगा।'

जिन्ना के लिए कश्मीर प्रतिष्ठा के प्रश्न की तरह बना तो नेहरू के किसी हाल में कश्मीर के मामले में कोई ढील न देने की नीति के बीच यह क्षेत्र दोनों देशों के बीच जिस तरह का राजनीतिक मोहरा बना उसमें अंततः धर्म एक महत्त्वपूर्ण कारक बन कर उभरा। इसी साल हिन्दू महासभा के विनायक दामोदर सावरकर भी हिन्दू राष्ट्र के लिए समर्थन जुटाने पहुँचे थे कश्मीर, लेकिन सनातन युवक सभा के नेता पंडित शिव नारायण फ़ोतेदार ने बहुत स्पष्ट तौर पर उनसे कहा कि कश्मीर के लिए जितना पराया मुस्लिम कट्टरपंथ है उतना ही पराया हिन्दू कट्टरपंथ भी है।[70]

इस यात्रा में एक युवा कश्मीरी नौजवान ख़ुर्शीद हसन ख़ुर्शीद पहली बार जिन्ना से मिले और बेहद प्रभावित हुए। भविष्य में उन्हें जिन्ना का सचिव और निकटस्थ बनना था और फिर पाकिस्तान अधिकृत कश्मीर का पहला चुना हुआ राष्ट्रपति। उस दौर में ख़ुर्शीद हसन ख़ुर्शीद का पाकिस्तान की राजनीति में महत्त्व इस बात से समझा जा सकता है कि जिन्ना अक्सर कहते थे 'पाकिस्तान को मैंने, मेरे टाइपराइटर और मेरे सचिव ने बनाया।'[71]

सैंतालीस की ओर : कश्मीर छोड़ो आन्दोलन और आगे

1944 की इन घटनाओं के बाद कश्मीर की राजनीति में अब दो चीज़ें एकदम साफ़ हो चुकी थीं, पहली तो नेशनल कॉन्फ्रेंस और भारतीय राष्ट्रीय कांग्रेस के बीच एक स्थाई सम्बन्ध का विकास और दूसरा मुस्लिम कॉन्फ्रेंस का मुस्लिम लीग के साथ लगातार बढ़ता दोस्ताना। इसका एक अर्थ जम्मू में साम्प्रदायिक ताक़तों का लगातार मज़बूत होना भी था। चौधरी ग़ुलाम अब्बास का प्रभाव क्षेत्र जम्मू जहाँ एक तरफ़ मुस्लिम कट्टरपंथ का गढ़ बनता जा रहा था वहीं दूसरी तरफ़ वहाँ हिन्दू महासभा का प्रभाव धीरे-धीरे मज़बूत हो रहा था। इसके परिणाम 1947-48 में हम बहुत स्पष्ट रूप से देखते हैं।

इन सबके बीच शेख़ अब्दुल्ला ने भारत के विभाजन के प्रस्ताव का लगातार विरोध किया था और इसके चलते उन्हें कश्मीर और बाहर भी मुस्लिम विरोधी होने के आरोप झेलने पड़े। बड़ौदा में ऑल इंडिया पीपुल्स कॉन्फ्रेंस के अधिवेशन में उन्हें काले झंडे दिखाए गए तो जिन्ना और उनके सहयोगियों ने उन पर हमले लगातार जारी रखे।[72] लेकिन शेख़ अपने इस स्टैंड पर अड़े रहे। 28 से 30 सितम्बर 1944 में नेशनल कॉन्फ्रेंस के दफ़्तर मुजाहिद मंज़िल में हुए नेशनल कॉन्फ्रेंस के पाँचवें वार्षिक अधिवेशन में पार्टी ने 'नया कश्मीर' को अपने राजनीतिक, आर्थिक और सामाजिक प्रोग्राम के रूप में स्वीकार किया। इस अधिवेशन में शेख़ साहब ने कहा—

> अखिल जम्मू और कश्मीर नेशनल कॉन्फ्रेंस ने हमेशा हिन्दू-मुस्लिम एकता का समर्थन किया है और हमेशा इस बात को रेखांकित किया है कि भारत की आज़ादी की राह में सबसे बड़ा रोड़ा इन दो समुदायों के बीच अविश्वास और दूरी है। इसलिए एकता के लिए किये गए हर प्रयास को हम पवित्र मानते हैं। हम अपने दिल की गहराई से हिन्दुस्तान के हिन्दुओं और मुसलमानों की एकता चाहते हैं। अपने विवाद सुलझाना मुस्लिम लीग और कांग्रेस का आपसी मसला है। भारत की आज़ादी रजवाड़ों की आज़ादी के लिए आवश्यक है।[73]

इधर योरप की लम्बी यात्रा के बाद श्रीनगर लौटे महाराजा हरि सिंह ने भी बदलते हालात में अपनी सत्ता बचाए रखने के लिए कोशिशें शुरू कर दीं। आयंगर के बाद कश्मीर के प्रधानमंत्री बने बी.एन. राव। महाराजा ने तेज बहादुर सप्रू की सलाह पर द्विशासन लागू करने का निर्णय लिया और अक्टूबर 1944 में अपने मंत्रिमंडल में प्रजा सभा के दो चुने हुए लोगों को शामिल करने का प्रस्ताव दिया। जम्मू से गंगाराम और कश्मीर से नेशनल कॉन्फ्रेंस के मिर्ज़ा मोहम्मद अफज़ल बेग़ को मंत्रिमंडल में शामिल किया गया। लेकिन जहाँ गंगाराम को गृह और शिक्षा मंत्रालय का कार्यभार दिया गया वहीं उनसे अधिक शिक्षित और प्रतिष्ठित मिर्ज़ा को महत्त्वहीन लोक निर्माण विभाग का कार्यभार सौंपा गया। बी.एन. राव ने विभागों में परिवर्तन की बात की लेकिन हुआ कुछ नहीं। इस विभाग में भी मिर्ज़ा की बातों को कोई तवज़्ज़ो नहीं दी जाती थी और जब उन्होंने कुछ योजनायें लागू करने की बात की तो धन की कमी का बहाना बना कर मना कर दिया गया। नेशनल कॉन्फ्रेंस ने मंत्रिमंडल से

बाहर आने का निर्णय लिया और 17 मार्च को मिर्ज़ा ने इस्तीफ़ा दे दिया। नेशनल कॉन्फ्रेंस ने बयान जारी करके अपनी आपत्ति ही नहीं दर्ज कराई बल्कि पहली बार 1846 की अमृतसर संधि पर भी सवाल उठाये।[74] अब शेख़ सामन्तवाद से लम्बी और फ़ैसलाकुन लड़ाई की तरफ़ आगे बढ़ रहे थे।

1945 के अगस्त महीने के पहले हफ्ते में जब सोपोर में नेशनल कॉन्फ्रेंस का सालाना अधिवेशन आयोजित किया गया तो इसमें नेहरू सहित कांग्रेस के कई बड़े नेताओं को आमंत्रित किया गया। जवाहर लाल नेहरू, ख़ान अब्दुल गफ़्फ़ार ख़ान, मौलाना अबुल कलाम आज़ाद, मियाँ इफ़्तिखारुद्दीन, जयनारायण व्यास, आसफ़ अली और कन्हैया लाल वैद्य इसमें शामिल हुए। इसी अवसर पर ऑल इंडिया पीपुल्स कांग्रेस की स्टैंडिंग कमेटी की बैठक मुजाहिद मंज़िल में रखी गई जहाँ प्रदेशों से कई महत्त्वपूर्ण नेता पहुँचे। एक अगस्त को नेताओं का एक भव्य नौका जुलूस निकाला गया और मौलाना अबुल कलाम आज़ाद के स्वागत में हुज़ूरी बाग़ में एक विशाल सभा हुई जहाँ शेख़ अब्दुल्ला ने 1931 की उनकी यात्रा को याद करते हुए उन्हें एशियाई सभ्यता का प्रतिनिधि और पुनर्जागरण का स्रोत बताया। एक बार फिर से हिन्दू–मुस्लिम एकता के महत्त्व पर ज़ोर देते हुए शेख़ ने कहा कि हमारा भविष्य भारत की आज़ादी की लड़ाई से जुड़ा है। मौलाना आज़ाद ने कहा कि ख़ुदा ने कश्मीर को शेख़ अब्दुल्ला जैसा तोहफ़ा अता किया है और लोगों से नेशनल कॉन्फ्रेंस के साथ खड़े होने की अपील की। नेहरू ने भी शेख़ अब्दुल्ला में पूरा भरोसा व्यक्त करते हुए उम्मीद ज़ाहिर की कि उनके नेतृत्व में कश्मीर अपनी आज़ादी की लड़ाई में क़ामयाब होगा।

3 से 5 अगस्त को आयोजित हुए सोपोर राष्ट्रीय अधिवेशन में मौलाना आज़ाद के अलावा सभी नेता सम्मिलित हुए। अपनी ख़राब तबियत के चलते मौलाना गुलमर्ग में ही रुक गए थे। यह अधिवेशन नेशनल कॉन्फ्रेंस और कांग्रेस के बीच सम्बन्धों के पुख़्ता होते जाने की दिशा में मील का पत्थर साबित हुआ। इसकी धमक दूर तक गई और राष्ट्रीय मीडिया ने बड़े पैमाने पर इसकी रिपोर्टिंग की। इस बेहद सफल अधिवेशन के बाद नेहरू को 7 अगस्त को कश्मीरी पंडितों ने अलग से युवक सभा के आयोजन में आमंत्रित किया जहाँ स्वागत भाषण में जियालाल किलाम ने इतिहास से उदाहरण देते हुए कश्मीरी पंडितों के ग़ौरव का बखान किया तो नेहरू ने पुराने इतिहास में उलझे रहने की जगह पंडितों से उस दौर की हक़ीक़त को समझने और नेशनल कॉन्फ्रेंस के साथ मिलकर आज़ादी की लड़ाई को तेज़ करने की सलाह दी। सरकारी नौकरी के इर्द–गिर्द घूमने वाली पंडितों की राजनीति की उनकी आलोचना बहुतों को नागवार गुज़री और 16 अगस्त के अंक में मार्तण्ड ने उन्हें 'हिन्दू विरोधी' क़रार दिया।[75] यह सिर्फ़ विडंबना ही नहीं है कि हिन्दू–मुस्लिम एकता की बात करने के लिए शेख़ अब्दुल्ला को मुस्लिम कट्टरपंथी मुस्लिम विरोधी कह रहे थे तो नेहरू को आज तक हिन्दू विरोधी साबित करने के लिए हिन्दू कट्टरपंथ सच–झूठ–दुष्प्रचार की सारी हदें पार कर जाता है।

इधर 1946 के चुनावों में मुस्लिम लीग को मिले भारी समर्थन के बाद भारत का विभाजन लगभग तय हो गया था। ब्रिटिश पार्लियामेंट ने कैबिनेट मिशन भारत भेजा जिसे

विभिन्न पक्षों से सलाह मशविरा करना था। बँटवारे के बाद कश्मीर के भारत या पाकिस्तान के साथ जाने या आज़ाद रहने का सवाल कश्मीर के भीतर हर पक्ष के लिए बेहद महत्त्वपूर्ण था। इस वक़्त महाराजा बम्बई में थे और तत्कालीन प्रधानमंत्री रामचन्द्र काक शेख़ अब्दुल्ला को बिलकुल पसंद नहीं करते थे। शेख़ ने बम्बई जाकर महाराजा से मिलने का तय किया लेकिन हरि सिंह ने शेख़ को समय देने से इंकार कर दिया। 19 अप्रैल को जब कैबिनेट मिशन कश्मीर पहुँचा तो शेख़ वहाँ नहीं थे। उन्होंने लाहौर से एक तार भेजकर मिशन से कहा कि,

> आज कश्मीर के लोगों की राष्ट्रीय माँग केवल ज़िम्मेदार सरकार की स्थापना नहीं बल्कि तानाशाह डोगरा राज से मुक्ति भी है। कोई सौ साल पहले कश्मीर ईस्ट इंडिया कंपनी के कुछ लालची एजेंटों की वाणिज्यिक सौदेबाज़ी का शिक़ार हुआ जब 75 लाख नानकशाही रुपयों के बदले कश्मीर की जनता, ज़मीन और संपत्ति सिख दरबार के सामंत गुलाब सिंह को बेच दी गई।
>
> हम इस विक्रय पत्र की नैतिक और राजनीतिक वैधता को चुनौती देते हैं क्योंकि कश्मीरी जनता अपनी दासता के इस दस्तावेज़ का हिस्सा कभी नहीं रही।
>
> ...कश्मीर की जनता अपने भाग्य की ख़ुद निर्माता बनने के लिए मुतमइन है और हम कमीशन से अपील करते हैं कि हमारे संघर्ष की न्यायसंगतता और ताक़त को समझे।[76]

3 जुलाई 1946 को जब शेख़ दिल्ली में ऑल इंडिया स्टेट पीपुल्स कॉन्फ्रेंस की बैठक में शामिल होकर लौटे तो कश्मीरी जनता महाराजा और रामचंद्र काक की नीतियों से परेशान थी और संघर्ष अवश्यम्भावी था। अब लड़ाई फ़ैसलाकुन थी और उसमें समझौते के लिए स्पेस बहुत कम था। नेशनल कॉन्फ्रेंस ने महाराजा के ख़िलाफ़ सभाएँ करके सीधे अमृतसर संधि पर सवाल खड़े करने शुरू कर दिए। 13 मई 1946 को एक विशाल सभा के सामने उन्होंने हरि सिंह को कश्मीर छोड़ने को कहा। कश्मीर छोड़ो आन्दोलन के दौरान उन्होंने जनता से एक-एक रुपया लेकर डोगरा महाराजा को वह राशि लौटाने के लिए कहा जिससे कश्मीर ख़रीदा गया था। यह आन्दोलन कश्मीर के कोने-कोने में फैल गया और कश्मीरी सड़कें डोगरा राज मुर्दाबाद, हरि सिंह बुओल/खुदायान गोल (हरि सिंह का ख़ानदान नष्ट हो), रामचंद्र काक मुर्दाबाद जैसे नारों से गूँजने लगा। 18 मई 1946 को नारेबाज़ी के बीच अमीरा कदल के पास नेशनल कॉन्फ्रेंस के कार्यकर्ताओं और राजा के समर्थकों के बीच हुई तनातनी हिन्दू-मुस्लिम संघर्ष में तब्दील हो गई तो शेख़ अब्दुल्ला ने आन्दोलन वापस ले लिया। वह राज्य को हिन्दू मुस्लिम दंगे भड़काने के मौक़े नहीं देना चाहते थे। अगले दो दिनों में उन्होंने संघर्ष की दिशा तय करने के लिए अपने साथियों से विचार-विमर्श किया और गिरफ़्तारी की आशंका को देखते हुए बख़्शी गुलाम मोहम्मद व ग़ुलाम मोहम्मद सादिक़ लाहौर, मिर्ज़ा मुहम्मद अफ़ज़ल बेग़ अनंतनाग तथा ख़्वाज़ा मोईनुद्दीन कारा श्रीनगर में भूमिगत हो गए। शेख़ अब्दुल्ला नेहरू से सलाह-मशविरा करने कार से

सड़क के रास्ते दिल्ली की ओर चले लेकिन उन्हें रास्ते में ही गिरफ़्तार कर बादामी बाग़ कैंटोनमेंट में जेल में डाल दिया गया। शेख़ की गिरफ़्तारी की ख़बर आग की तरह कश्मीर में फैल गई और स्वत:स्फूर्त तरीक़े से लोग सड़कों पर उतर आये। चौबीस घंटे बीतते-बीतते श्रीनगर में छपे हुए पर्चे और पोस्टर जारी हो गए जिसमें एक बार काउंसिल के गठन और मोईनुद्दीन कारा के उसके प्रमुख बनाये जाने की सूचना थी। श्रीनगर, अनन्तनाग और पाम्पोर सहित अनेक स्थानों पर नेशनल कॉन्फ्रेंस के कार्यकर्ताओं और डोगरा शासन की सेना के बीच हिंसक झड़पें हुईं जिनमें बीस से अधिक लोग मारे गए। श्रीनगर में कर्फ़्यू लगा दिया गया, हज़ारों लोगों को गिरफ़्तार कर लिया गया और आन्दोलन के दमन की हरचंद कोशिश की गई।[77]

यहाँ यह तथ्य महत्त्वपूर्ण है कि कांग्रेस ने ज़िम्मेदार सरकार की माँग तो स्वीकार की थी लेकिन वह रजवाड़ों की समाप्ति की बात नहीं कर रही थी। कांग्रेस का स्टैंड रजवाड़ों की सर्वोच्च सत्ता के भीतर ही ज़िम्मेदार सरकारों की स्थापना थी इसलिए कांग्रेस के लिए 'कश्मीर छोड़ो' जैसा नारा स्वीकार्य नहीं था। लेकिन नेहरू ने कांग्रेस के घोषित स्टैंड से आगे निकलते हुए इस आन्दोलन का समर्थन किया।[78] 27 मई को नेहरू ने ऑल इंडिया स्टेट पीपुल्स कॉन्फ्रेंस की बैठक बुलाकर 'कश्मीर छोड़ो' आन्दोलन के समर्थन और इस आन्दोलन के दौरान सेना की ज़्यादती का शिक़ार हुए लोगों के लिए धन जुटाने के लिए निर्देश दिए। सेना की ज़्यादतियों का हर तरफ़ विरोध हुआ लेकिन महाराजा और काक दोनों पीछे हटने के लिए तैयार नहीं थे। शेख़ अब्दुल्ला के साथ-साथ सरदार बुध सिंह और मौलाना मसूदी को भी देशद्रोह तथा राजा के ख़िलाफ़ विद्रोह के आरोप में गिरफ़्तार कर लिया गया। नेहरू ने शेख़ तथा अन्य आरोपियों का मुक़दमा लड़ने के लिए कश्मीर जाने का फ़ैसला किया तो महाराजा ने 16 जून 1946 को लिखे नेहरू के उस पत्र को नज़रअंदाज़ कर दिया जिसमें उन्होंने 19 जून को कश्मीर पहुँचने की सूचना दी थी। नेहरू ने कश्मीर जाने का फ़ैसला लिया और पूर्वनिर्धारित कार्यक्रम के अनुसार जब वह कोहला पुल के पास पंजाब और कश्मीर की सीमा पर पहुँचे तो उन्हें राज्य में प्रवेश प्रतिबंधित होने का पत्र सौंपने वाले थे जिलाधिकारी किशन धर, जो रिश्ते में नेहरू के समधी लगते थे। अपनी राजभक्ति को पुख़्ता तौर पर साबित करने के लिए वह लॉरी में भरकर मुस्लिम कॉन्फ्रेंस के कार्यकर्ताओं और कुछ कश्मीरी पंडितों को लाये थे। जब इन भाड़े के टट्टुओं ने 'नेहरू वापस जाओ' के नारे लगाने शुरू किये तो पंजाब की ओर से सैकड़ों लोग इकट्ठा होकर नेहरू के पक्ष में नारे लगाने लगे। बाद में नेहरू ने लिखा कि नारे बनाने और लगाने में पंजाबियों का मुक़ाबला कोई नहीं कर सकता। पाँच घंटे यह नाटक चलता रहा और फिर जवाहरलाल ने प्रतिबन्ध के आदेश को दरकिनार करते हुए पैदल ही कश्मीर की ओर चलना शुरू किया। ज़िलाधिकारी से उन्होंने स्पष्ट शब्दों में कहा—'ऐसे आदेश मैंने पहले भी फाड़ कर फेंके हैं और आज भी मेरे लिए इसका कोई मतलब नहीं है। किसी की हिम्मत नहीं हुई अब तक कि मेरे कहीं आने-जाने पर रोक लगाए। चाहे हफ़्तों लग जाएँ लेकिन मैं श्रीनगर जाऊँगा। मैं लौटने वाला नहीं।' नेहरू को गिरफ़्तार करने की हिम्मत आसान नहीं थी। उन्हें कार में बिठा कर डोमेल तक ले जाया गया और वहाँ के डाक बंगले में रात गुज़ारने की गुज़ारिश की

गई। यह सांकेतिक गिरफ़्तारी भी महाराजा को बहुत भारी पड़ी। देश-दुनिया से टेलीग्रामों की भीड़ लग गई। *हिन्दुस्तान स्टैंडर्ड* ने लिखा—

> कश्मीर के बौने फ्यूहरर‡‡‡ ज़रा सी सत्ता और ताक़त के नशे में कुछ ज़्यादा ही डूब गए हैं। उन्होंने अपने भयावह कुकर्मों की पूँछ को पंडित जवाहरलाल के ख़िलाफ़ मूर्खतापूर्ण गुस्से से छिपा लिया है जिसकी परिणति देश के प्रिय नेता की गिरफ़्तारी में हुई है।

अगले दिन मौलाना आज़ाद के हस्तक्षेप पर कांग्रेस कार्यसमिति की एक महत्त्वपूर्ण बैठक में भाग लेने के लिए दिल्ली लौट आये। वायसराय ने हरि सिंह को इस मूर्खतापूर्ण कार्यवाही पर चेतावनी दी तो अपनी ग़लती स्वीकार कर हरि सिंह ने काक को बम्बई भेजा जहाँ पटेल से मिलकर माफ़ी माँगी गई और जवाहर लाल नेहरू के प्रदेश में प्रवेश पर प्रतिबन्ध को समाप्त कर दिया गया। 24 जून को वह शेख़ की पैरवी के लिए श्रीनगर पहुँचे। लेकिन सारी कोशिशों के बावजूद 10 सितम्बर 1946 को शेख़ अब्दुल्ला को देशद्रोह के अपराध में तीन भाषणों के लिए तीन-तीन साल का कारावास और पाँच-पाँच सौ रुपयों का जुर्माना लगाया गया। सरदार बुध सिंह और मौलाना मसूदी सहित सैकड़ों अन्य कार्यकर्ताओं को भी कारावास की सज़ाएँ दी गईं।[79]

इसी साल सितम्बर में चौधरी अब्बास के नेतृत्व में कश्मीर में 'डायरेक्ट एक्शन' का आह्वान किया गया। स्पष्ट तौर पर यह कांग्रेस के भारत छोड़ो आन्दोलन के तर्ज़ पर शेख़ के कश्मीर छोड़ो आन्दोलन के बरक्स मुस्लिम कॉन्फ्रेंस द्वारा मुस्लिम लीग के भारत में डायरेक्ट एक्शन के आह्वान की तर्ज़ पर शुरू किया आन्दोलन था। महाराजा ने अब्बास को भी गिरफ़्तार कर लिया और उसी जेल में रखा। ब्रिटिश सेना में उच्च अधिकारी रहे लॉर्ड क्रिस्टोफ़र बर्डवुड ने शेख़ और ग़ुलाम अब्बास दोनों से हुई अलग-अलग बातचीत का हवाला देकर बताया है कि दोनों के बीच जेल में लम्बी बातचीत हुई थी और दोनों इस बात से दुखी थे कि उनमें एकता नहीं हो पाई। दोनों का ही मानना था कि 1939 में उनका अलग राहें चुनना ही कश्मीर के वर्तमान संकट का सबसे बड़ा कारण था। यही नहीं सितम्बर महीने में ही ग़ुलाम अब्बास ने शेख़ की रिहाई के लिए अपील भी की थी जिसे महाराजा ने ठुकरा दिया था।[80] यह विडम्बना ही थी कि जिस समय देश और कश्मीर ब्रिटिश सत्ता की विदाई के बाद अपने भविष्य का आकार गढ़ने की कोशिश कर रहे थे उस समय कश्मीर के दो सबसे महत्त्वपूर्ण राजनीतिक दलों के नेता जेल में थे। आगे हम देखेंगे कि नेहरू न केवल शेख़ की रिहाई के लिए लगातार दबाव बना रहे थे बल्कि उनका स्पष्ट मानना था कि बिना शेख़ को रिहा किये कश्मीर पर कोई फ़ैसला नहीं हो सकता और अंततः वह शेख़ को रिहा कराने में सफल भी हुए, लेकिन ग़ुलाम अब्बास उस दौर में भी जेल में थे।

किसे पता था कि एक दिन नेहरू के आदेश पर ही शेख़ को गिरफ़्तार कर दिल्ली लाया जाएगा!

---

‡‡‡हिटलर को दिए जाने वाला संबोधन

संदर्भ सूची

1. देखें, पृष्ठ 30-34, *फ़्लेम्स ऑफ़ चिनार,* शेख़ अब्दुल्ला (अनुवाद—खुशवंत सिंह), पेंगुइन-दिल्ली-1993
2. देखें, पृष्ठ 230, चित्रलेखा ज़ुत्शी, *लेंगवेज ऑफ़ बिलाँगिंग : इस्लाम, रीज़नल आइडेंटिटी एंड मेकिंग ऑफ़ कश्मीर,* परमानेंट ब्लैक, दूसरा संस्करण-2015
3. देखें, पृष्ठ-77, *फ्रीडम स्ट्रगल इन कश्मीर,* एफ़ एम. हसनैन, रीमा पब्लिशिंग हाउस, 1988, दिल्ली
4. देखें, वही. पृष्ठ 77-78
5. देखें, पृष्ठ 230-31, चित्रलेखा ज़ुत्शी, *लेंगवेज ऑफ़ बिलाँगिंग : इस्लाम, रीज़नल आइडेंटिटी एंड मेकिंग ऑफ़ कश्मीर,* परमानेंट ब्लैक, दूसरा संस्करण-2015
6. देखें, पृष्ठ 41, *फ़्लेम्स ऑफ़ चिनार,* शेख़ अब्दुल्ला (अनुवाद—खुशवंत सिंह), पेंगुइन-दिल्ली-1993
7. देखें, पृष्ठ-79-80, *फ्रीडम स्ट्रगल इन कश्मीर,* एफ़ एम. हसनैन, रीमा पब्लिशिंग हाउस, 1988, दिल्ली
8. देखें, वही पृष्ठ 81
9. देखें, पृष्ठ 45, *फ़्लेम्स ऑफ़ चिनार,* शेख़ अब्दुल्ला (अनुवाद—खुशवंत सिंह), पेंगुइन-दिल्ली-1993
10. देखें, पृष्ठ 29, पी.आई.डी. परिमू, *कश्मीर एंड शेर-ए-कश्मीर—अ रिवोल्यूशन डीरेल्ड,* चिनार पब्लिशर्स, अहमदाबाद
11. यहाँ *फ्रीडम स्ट्रगल इन कश्मीर,* एफ़ एम. हसनैन के पृष्ठ 83 से
12. देखें, वही, पृष्ठ 83-84
13. देखें, पृष्ठ 16, *शेख़ मोहम्मद अब्दुल्ला,* एस.आर. बख्शी, अनमोल पब्लिकेशन प्राइवेट लिमिटेड, दिल्ली—1998
14. देखें, पृष्ठ 16, *अक्रॉस द लाइन ऑफ़ कंट्रोल,* लव पुरी, कोलंबिया यूनिवर्सिटी प्रेस, न्यूयॉर्क, 2012
15. देखें, पृष्ठ 46, *फ़्लेम्स ऑफ़ चिनार,* शेख़ अब्दुल्ला (अनुवाद—खुशवंत सिंह), पेंगुइन-दिल्ली-1993
16. देखें, पृष्ठ 101, *कश्मीर इन चेन्स,* मोहम्मद सुल्तान पाम्पोरी, दूसरा संस्करण, अली मोहम्मद एंड संस, श्रीनगर 2012
17. देखें, पृष्ठ 87, *फ्रीडम स्ट्रगल इन कश्मीर,* एफ़ एम. हसनैन, रीमा पब्लिशिंग हाउस, 1988, दिल्ली
18. देखें, पृष्ठ 112, *कश्मीर एंड द फ्रीडम मूवमेंट,* परमानंद पाराशर, सरूप एंड संस, नई दिल्ली, 2004
19. देखें, पृष्ठ 16, *शेख़ मोहम्मद अब्दुल्ला,* एस.आर. बख्शी, अनमोल पब्लिकेशन प्राइवेट लिमिटेड, दिल्ली—1998
20. देखें, पृष्ठ 192, *इनसाइड कश्मीर,* प्रेमनाथ बज़ाज़, द कश्मीर पब्लिशिंग कंपनी, श्रीनगर, 1941
21. देखें, पृष्ठ-88, *फ्रीडम स्ट्रगल इन कश्मीर,* एफ़ एम. हसनैन, रीमा पब्लिशिंग हाउस, 1988, दिल्ली
22. देखें, वही, पृष्ठ-88
23. देखें, पृष्ठ 49, *फ़्लेम्स ऑफ़ चिनार,* शेख़ अब्दुल्ला (अनुवाद—खुशवंत सिंह), पेंगुइन-दिल्ली-1993
24. देखें, पृष्ठ 277, *शेख़ अब्दुल्ला अ बायोग्राफ़ी,* सैयद तफज्जुल हुसैन, वर्ल्ड क्ले
25. देखें, पृष्ठ 72 , *कश्मीर एंड पॉवर पॉलिटिक्स : फ्रॉम लेक सक्सेस टू ताशकंद,* पृथ्वी नाथ कौल बम्जाई. मेट्रोपॉलिटन बुक कंपनी प्राइवेट लिमिटेड, दिल्ली 1960
26. देखें, पृष्ठ 90-91, *फ्रीडम स्ट्रगल इन कश्मीर,* एफ़ एम. हसनैन, रीमा पब्लिशिंग हाउस, 1988, दिल्ली
27. देखें, वही, पृष्ठ 95
28. देखें, पृष्ठ 72 , *कश्मीर एंड पॉवर पॉलिटिक्स : फ्रॉम लेक सक्सेस तो ताशकंद,* पृथ्वी नाथ कौल बम्जाई. मेट्रोपॉलिटन बुक कंपनी प्राइवेट लिमिटेड, दिल्ली 1960
29. देखें, वही पृष्ठ 93
30. देखें, पृष्ठ 17, *शेख़ मोहम्मद अब्दुल्ला,* एस.आर. बख्शी, अनमोल पब्लिकेशन प्राइवेट लिमिटेड, दिल्ली—1998
31. देखें, पृष्ठ 199-200, अध्याय 5, *डोगरा राज एंड द स्ट्रगल फ़ॉर फ्रीडम इन कश्मीर,* मोहम्मद युसुफ गनाई, अप्रकाशित शोध प्रबंध, कश्मीर यूनिवर्सिटी

32. देखें, पृष्ठ 17, *शेख़ मोहम्मद अब्दुल्ला,* एस.आर. बख्शी, अनमोल पब्लिकेशन प्राइवेट लिमिटेड, दिल्ली—1998
33. देखें, पृष्ठ 97, *फ्रीडम स्ट्रगल इन कश्मीर,* एफ़ एम. हसनैन, रीमा पब्लिशिंग हाउस, 1988, दिल्ली
34. देखें, पृष्ठ 176, द *हिस्ट्री .फ़ॉर फ्रीडम इन कश्मीर,* प्रेमनाथ बज़ाज़, कश्मीर पब्लिशिंग कंपनी, दिल्ली–1954
35. देखें, पृष्ठ 96, *फ्रीडम स्ट्रगल इन कश्मीर,* एफ़ एम. हसनैन, रीमा पब्लिशिंग हाउस, 1988, दिल्ली
36. देखें, पृष्ठ 21, *शेख़ मोहम्मद अब्दुल्ला,* एस.आर. बख्शी, अनमोल पब्लिकेशन प्राइवेट लिमिटेड, दिल्ली—1998
37. देखें, पृष्ठ 103, *फ्रीडम स्ट्रगल इन कश्मीर,* एफ़ एम. हसनैन, रीमा पब्लिशिंग हाउस, 1988, दिल्ली
38. देखें, पृष्ठ 141, द *हिस्ट्री .फ़ॉर फ्रीडम इन कश्मीर,* प्रेमनाथ बज़ाज़, कश्मीर पब्लिशिंग कंपनी, दिल्ली–1954
39. देखें, पृष्ठ 181–186, *फ्रीडम स्ट्रगल इन कश्मीर,* एफ़ एम. हसनैन, रीमा पब्लिशिंग हाउस, 1988, दिल्ली
40. देखें, पृष्ठ 545–46, खण्ड 1, *कश्मीरीज़ फाईट .फ़ॉर फ्रीडम,* एम.वाय. सर्राफ़, फेरोजूंस लिमिटेड, लाहौर–1977
41. देखें, पृष्ठ 181, द *हिस्ट्री .फ़ॉर फ्रीडम इन कश्मीर,* प्रेमनाथ बज़ाज़, कश्मीर पब्लिशिंग कंपनी, दिल्ली–1954
42. देखें, पृष्ठ 266, चित्रलेखा ज़ुत्शी, *लेंगवेज ऑफ़ बिलॉंगिंग : इस्लाम, रीज़नल आइडेंटिटी एंड मेकिंग ऑफ़ कश्मीर,* परमानेंट ब्लैक, दूसरा संस्करण–2015
43. देखें, वही पृष्ठ 270–72
44. देखें, वही, पृष्ठ 272
45. देखें, पृष्ठ 51, *फ़्लेम्स ऑफ़ चिनार, शेख़ अब्दुल्ला* (अनुवाद—खुशवंत सिंह), पेंगुइन–दिल्ली–1993
46. देखें, पृष्ठ 181, द *हिस्ट्री .फ़ॉर फ्रीडम इन कश्मीर,* प्रेमनाथ बज़ाज़, कश्मीर पब्लिशिंग कंपनी, दिल्ली–1954
47. देखें, पृष्ठ 313, चित्रलेखा ज़ुत्शी, *लेंगवेज ऑफ़ बिलॉंगिंग : इस्लाम, रीज़नल आइडेंटिटी एंड मेकिंग ऑफ़ कश्मीर,* परमानेंट ब्लैक, दूसरा संस्करण–2015
48. देखें, पृष्ठ 546, खण्ड 1, *कश्मीरीज़ .फ़ाईट .फ़ॉर फ्रीडम,* एम.वाय. सर्राफ़, फेरोजूंस लिमिटेड, लाहौर–1977
49. देखें, पृष्ठ 208–09, अध्याय 5, *डोगरा राज एंड द स्ट्रगल .फ़ॉर फ्रीडम इन कश्मीर,* मोहम्मद युसुफ गनाई, अप्रकाशित शोध प्रबंध, कश्मीर यूनिवर्सिटी
50. देखें, पृष्ठ 543, खण्ड 1, *कश्मीरीज़ फाईट फॉर फ्रीडम,* एम.वाय. सर्राफ़, फेरोजूंस लिमिटेड, लाहौर–1977
51. देखें, पृष्ठ 210, अध्याय 5, *डोगरा राज एंड द स्ट्रगल .फ़ॉर फ्रीडम इन कश्मीर,* मोहम्मद युसुफ गनाई, अप्रकाशित शोध प्रबंध, कश्मीर यूनिवर्सिटी
52. देखें, पृष्ठ 107–08, *फ्रीडम स्ट्रगल इन कश्मीर,* एफ़ एम. हसनैन, रीमा पब्लिशिंग हाउस, 1988, दिल्ली
53. देखें, पृष्ठ 208–09, अध्याय 5, *डोगरा राज एंड द स्ट्रगल .फ़ॉर फ्रीडम इन कश्मीर,* मोहम्मद युसुफ गनाई, अप्रकाशित शोध प्रबंध, कश्मीर यूनिवर्सिटी
54. देखें, पृष्ठ 111, *फ्रीडम स्ट्रगल इन कश्मीर,* एफ़ एम. हसनैन, रीमा पब्लिशिंग हाउस, 1988, दिल्ली
55. देखें, पृष्ठ 23, *शेख़ मोहम्मद अब्दुल्ला,* एस.आर. बख्शी, अनमोल पब्लिकेशन प्राइवेट लिमिटेड, दिल्ली—1998
56. देखें, पृष्ठ 111–12, *फ्रीडम स्ट्रगल इन कश्मीर,* एफ़ एम. हसनैन, रीमा पब्लिशिंग हाउस, 1988, दिल्ली
57. देखें, वही, पृष्ठ 116
58. देखें, पृष्ठ 228, अध्याय 5, *डोगरा राज एंड द स्ट्रगल .फ़ॉर फ्रीडम इन कश्मीर,* मोहम्मद युसुफ गनाई, अप्रकाशित शोध प्रबंध, कश्मीर यूनिवर्सिटी
59. वही, पृष्ठ 229

60. देखें, पृष्ठ 57-58, *फ़्लेम्स ऑफ़ चिनार,* शेख़ अब्दुल्ला (अनुवाद—खुशवंत सिंह), पेंगुइन-दिल्ली-1993
61. देखें, पृष्ठ 25-26, *शेख़ मोहम्मद अब्दुल्ला,* एस.आर. बख्शी, अनमोल पब्लिकेशन प्राइवेट लिमिटेड, दिल्ली—1998
62. देखें, पृष्ठ 58, *फ़्लेम्स ऑफ़ चिनार,* शेख़ अब्दुल्ला (अनुवाद—खुशवंत सिंह), पेंगुइन-दिल्ली-1993
63. देखें, पृष्ठ 243, अध्याय 5, *डोगरा राज एंड द स्ट्रगल फ़ॉर फ्रीडम इन कश्मीर,* मोहम्मद युसुफ गनाई, अप्रकाशित शोध प्रबंध, कश्मीर यूनिवर्सिटी
64. देखें, पृष्ठ 60, *फ़्लेम्स ऑफ़ चिनार,* शेख़ अब्दुल्ला (अनुवाद—खुशवंत सिंह), पेंगुइन-दिल्ली-1993
65. देखें, पृष्ठ 85, *कश्मीर बिहाइंड द वेल,* एम.जे. अकबर, रोली बुक्स, छठा संस्करण-2011
66. देखें, पृष्ठ 247, अध्याय 5, *डोगरा राज एंड द स्ट्रगल फ़ॉर फ्रीडम इन कश्मीर, मोहम्मद युसुफ गनाई,* अप्रकाशित शोध प्रबंध, कश्मीर यूनिवर्सिटी
67. देखें, वही, पृष्ठ 248
68. देखें, पृष्ठ 60, *फ़्लेम्स ऑफ़ चिनार,* शेख़ अब्दुल्ला (अनुवाद—खुशवंत सिंह), पेंगुइन-दिल्ली-1993
69. देखें, पृष्ठ 85, *कश्मीर बिहाइंड द वेल,* एम.जे. अकबर, रोली बुक्स, छठा संस्करण-2011
70. देखें, वही, पृष्ठ 86
71. देखें, *अ मैन ऑफ़ मेटल,* डॉ. मिस्फार हसन, ग्रेटर कश्मीर, 3/10/2006
72. देखें, पृष्ठ 61, *फ़्लेम्स ऑफ़ चिनार,* शेख़ अब्दुल्ला (अनुवाद—खुशवंत सिंह), पेंगुइन-दिल्ली-1993
73. देखें, पृष्ठ 253, अध्याय 5, *डोगरा राज एंड द स्ट्रगल फ़ॉर फ्रीडम इन कश्मीर,* मोहम्मद युसुफ गनाई, अप्रकाशित शोध प्रबंध, कश्मीर यूनिवर्सिटी
74. देखें, पृष्ठ 111-12, *फ्रीडम स्ट्रगल इन कश्मीर,* एफ़ एम. हसनैन, रीमा पब्लिशिंग हाउस, 1988, दिल्ली
75. देखें, पृष्ठ 260, अध्याय 5, *डोगरा राज एंड द स्ट्रगल फ़ॉर फ्रीडम इन कश्मीर,* मोहम्मद युसुफ गनाई, अप्रकाशित शोध प्रबंध, कश्मीर यूनिवर्सिटी
76. देखें, पृष्ठ 89, *कश्मीर बिहाइंड द वेल,* एम.जे. अकबर, रोली बुक्स, छठा संस्करण-2011
77. देखें, पृष्ठ 136, *फ्रीडम स्ट्रगल इन कश्मीर,* एफ़ एम. हसनैन, रीमा पब्लिशिंग हाउस, 1988, दिल्ली
78. देखें, पृष्ठ 257-58, *द हिस्ट्री फ़ॉर फ्रीडम इन कश्मीर,* प्रेमनाथ बज़ाज़, कश्मीर पब्लिशिंग कंपनी, दिल्ली-1954
79. देखें, पृष्ठ 139, *फ्रीडम स्ट्रगल इन कश्मीर,* एफ़ एम. हसनैन, रीमा पब्लिशिंग हाउस, 1988, दिल्ली
80. देखें, पृष्ठ 38 और 44, टू नेशंस एंड कश्मीर, लॉर्ड क्रिस्टोफ़र बर्डवुड, रॉबर्ट हेल लिमिटेड, लन्दन-1956

12

भारत, पाकिस्तान और कश्मीर (1947)

क्लीमेंट एटली के ब्रिटेन का प्रधानमंत्री बनने और भारत में कैबिनेट मिशन की गतिविधियों के बाद यह बहुत स्पष्ट था कि भारत की आज़ादी और बँटवारा दोनों ही अवश्यम्भावी हैं। ऐसे में रजवाड़ों के सामने सिद्धांत रूप में दो विकल्प थे, भारत या पाकिस्तान में विलय और स्वतंत्र अस्तित्व। हरि सिंह और काक दूसरे विकल्प को चुन चुके थे। एक हिन्दू राजा के रूप में हरि सिंह के लिए पाकिस्तान कभी बहुत स्वाभाविक विकल्प हो नहीं सकता था और भारत के साथ जुड़ने का अर्थ था कांग्रेस के क़रीबी सहयोगी और अपने सबसे धुर विरोधी शेख़ अब्दुल्ला और नेशनल कॉन्फ्रेंस को तवज़्ज़ो देना। करण सिंह ने अपनी जीवनी में इस विडम्बनापूर्ण स्थिति पर रोचक टिप्पणी की है—

> उस समय भारतीय उपमहाद्वीप में चार प्रमुख ताक़तें थीं और मेरे पिता के सम्बन्ध उन सबसे शत्रुतापूर्ण थे। ब्रिटिश थे, जो अपने साम्राज्य के सबसे चमकदार आभूषण को छोड़ने को तैयार थे। हालाँकि उन्हें कभी यह भरोसा नहीं था कि अंग्रेज़ हिन्दुस्तान छोड़कर जायेंगे लेकिन वह इतने देशभक्त थे कि अंग्रेज़ों से कोई गुप्त सौदेबाज़ी नहीं कर सकते थे। गाँधी की प्रेरणा और जवाहरलाल नेहरू, मौलाना आज़ाद, पटेल आदि आज़ादी के आन्दोलन के प्रमुख भागीदारों के नेतृत्व वाली भारतीय राष्ट्रीय कांग्रेस थी जिससे मेरे पिता के वैर की प्रमुख वजह जवाहरलाल नेहरू से उनके प्रमुख विरोधी शेख़ अब्दुल्ला की क़रीबी थी। फिर मोहम्मद अली जिन्ना के नेतृत्व वाली इण्डियन मुस्लिम लीग थी। हालाँकि इस पार्टी ने रजवाड़ों में राजाओं के निर्णय के अधिकार का समर्थन किया था और जम्मू और कश्मीर में नेशनल कॉन्फ्रेंस की विरोधी थी लेकिन मेरे पिता हिन्दू धर्म के इतने पक्षधर थे कि लीग के आक्रामक मुस्लिम साम्प्रदायिक रुख को बर्दाश्त नहीं कर सकते थे और इस वजह से उन्होंने पाकिस्तान के ललचाने वाले प्रस्तावों को ठुकरा दिया। और अंत में राज्य की प्रमुख राजनीतिक पार्टी शेख़ अब्दुल्ला के नेतृत्व वाली नेशनल कॉन्फ्रेंस थी जिससे मेरे पिता के रिश्ते दशकों से शत्रुतापूर्ण थे क्योंकि

> वह उन्हें अपनी सत्ता और डोगरा शासन के लिए सबसे बड़ा ख़तरा मानते थे। नतीजतन जब फ़ैसले का वक़्त आया तो वे सभी ताक़तें जो मानीखेज़ थीं उनके विरोध में थीं।[1]

एक लाइब्रेरियन के पद से ऊपर उठकर प्रधानमंत्री की गद्दी तक पहुँचे रामचंद्र काक शेख़ को नफ़रत की हद तक नापसंद करते थे। 'कश्मीर छोड़ो' आन्दोलन के क्रूर दमन और शेख़ सहित नेशनल कॉन्फ्रेंस के कई प्रमुख नेताओं की गिरफ़्तारी के बाद शायद हरि सिंह को लगा था कि वह बिना किसी दबाव के मनचाहा निर्णय ले सकते हैं। अफ़रा-तफ़री के उस दौर में लगातार लन्दन, बम्बई और जम्मू में अपने चाटुकारों से घिरे रहने वाले* हरि सिंह न तो अंग्रेज़ों की सर्वोच्च सत्ता की विदाई के बाद बदली हुई वैश्विक परिस्थितियों को समझ पा रहे थे न ही भारत और पाकिस्तान के विभाजन के बाद बदली हुई घरेलू परिस्थितियों को। स्वतंत्र राजा के रूप में जम्मू और कश्मीर पर राज करने के उनके दिवास्वपन का एक और आधार था—राजगुरु संतदेव की भविष्यवाणी! काँगड़ा महाराजा की ससुराल थी और वहाँ के डोगरा राजपूतों और रानी के भाई ठाकुर नचिंत चंद पर संतदेव ने अपना पूरा प्रभाव जमा लिया था। उसने भविष्यवाणी की थी कि हरि सिंह पूरे जम्मू और कश्मीर के चक्रवर्ती सम्राट बनेंगे[2] और जब पूरे देश में राजनीति अपने नए आकार ले रही थी तो हरि सिंह इस भविष्यवाणी के सहारे कुछ न करने की नीति से इस क़दर मुतमईन थे कि जब 18 जून 1947 को माउंटबेटन इस मुद्दे पर बात करने श्रीनगर गए तो चार दिनों की प्रतीक्षा के बाद भी वह उनसे अकेले में नहीं मिले। पूरे वक़्त वह या तो बीमारी का बहाना करते रहे या फिर इधर-उधर की बातें। माउंटबेटन ने दो बातें स्पष्ट तौर पर काक से कहीं, पहली तो यह कि महाराजा के पास असल में स्वतंत्र रहने का विकल्प होते हुए भी नहीं है और दूसरी यह कि अगर वे पाकिस्तान से जुड़ते हैं तो भी भारत को इससे कोई आपत्ति नहीं होगी।[3] महाराजा की इस महत्त्वाकांक्षा की पुष्टि 14 नवम्बर 1946 को कश्मीर के ब्रिटिश रेज़िडेंट द्वारा भेजी गई रिपोर्ट से भी होता है। वह लिखते हैं—

> मैं यह सोचने के लिए बाध्य हूँ कि महाराजा और काक इस संभावना पर बहुत गंभीरता से विचार कर रहे हैं कि यदि भारत सरकार बनती है तो वह इसमें शामिल नहीं होंगे। मुझे आशंका है कि महाराजा का दृष्टिकोण यह है कि एक बार जब ब्रिटिश सर्वोच्च सत्ता समाप्त हो जायेगी तो कश्मीर आज़ाद हो जाएगा और उसे अपने पैरों पर खड़ा होना होगा, और यह कि तब वफ़ादारी का सवाल नहीं रह जाएगा और कश्मीर रूस सहित किसी भी ताक़त के साथ समझौता करने के लिए आज़ाद होगा।[4]

लेकिन रजवाड़ों का आज़ाद रहने का यह विकल्प सैद्धांतिक रूप से सही होने के बावजूद

---

*वैसे तो यह बात लगभग सभी इतिहासकारों ने लिखी है लेकिन यहाँ मैं हरि सिंह के पुत्र करण सिंह की आत्मकथा *हेयर एप्रेन्ट* को उद्धृत कर रहा हूँ जिसमें वह अपने माँ के हवाले से लिखते हैं—तुम्हारे पिता कभी जनता से नहीं मिलते। यही समस्या है। वह हमेशा ही चापलूस दरबारियों और मुँहलगों से घिरे रहते हैं और यह जानने की कोशिश नहीं करते कि वास्तव में बाहर हो क्या रहा है। (देखें पेज 289-290)

व्यावहारिक नहीं था और रजवाड़ों के अलावा कोई भी पक्ष इसे लेकर उत्साहित नहीं था। हाउस ऑफ़ कॉमंस में जुलाई–47 में बोलते हुए ब्रिटिश प्रधानमंत्री क्लीमेंट एटली ने यह उम्मीद ज़ाहिर की कि 'उचित समय में सभी रजवाड़े इन दोनों देशों में से किसी एक में शामिल हो जाएँगे।' आगे वह जोड़ते हैं कि 'यदि कोई शासक आज़ादी पर बज़िद है तो उसे मेरी सलाह यह होगी कि अपना वक़्त लीजिये और फिर से सोचिये। मुझे उम्मीद है कि जल्दी में ऐसा कोई निर्णय नहीं लिया जाएगा जिसे बदला न जा सके।' इसी महीने हाउस ऑफ़ लॉर्ड्स में बोलते हुए भारत के लिए सेक्रेटरी ऑफ़ स्टेट्स लॉर्ड लिस्टोवेल ने कहा कि ब्रिटिश सरकार 'किसी भी राज्य के स्वतंत्र अंतर्राष्ट्रीय अस्तित्व को मान्यता प्रस्तावित नहीं करती है।' भारत में 25 जुलाई 1947 को रजवाड़ों के प्रतिनिधियों की एक बैठक चैम्बर ऑफ़ प्रिन्सेज़ में बोलते हुए लॉर्ड माउंटबेटन ने भौगोलिक बाध्यताओं को नज़रअंदाज़ करने के बरक्स उनको चेताते हुए कहा कि 'आप न तो उस जनता से भाग सकते हैं जिसके कल्याण के लिए आप ज़िम्मेदार हैं न ही उस देश की सरकार से जो आपके पड़ोस में है।'[5] कांग्रेस और मुस्लिम लीग तो ख़ैर अधिक से अधिक राज्यों को अपने झंडे तले लेने के लिए स्वाभाविक रूप से तत्पर थीं ही। ऐसे में कश्मीर के लिए भी स्थितियाँ बस इस रूप में अलग थीं कि उसकी सीमाएँ दोनों देशों से मिलती थीं तो वह दोनों देशों में से किसी एक को चुन सकता था। बहुसंख्यक आबादी मुस्लिम होने के कारण न केवल पाकिस्तानी नेतृत्व कश्मीर के पाकिस्तान में विलय को स्वाभाविक मानता था बल्कि अंग्रेज़ी प्रशासन का भी एक हिस्सा इसका समर्थक था। *ओरिजिंस ऑफ़ अ डिस्प्यूट : कश्मीर, 1947* में प्रेमशंकर झा बताते हैं कि जम्मू और कश्मीर की राज्य सेना के प्रमुख मेजर जनरल स्कॉट ने निजी रूप से महाराजा पर दबाव बनाने की कोशिश की थी कि वह पाकिस्तान के साथ विलय कर लें।[6]

इसके पीछे दो महत्त्वपूर्ण तथ्य थे। पहला तो यह कि एक मुस्लिम बहुल प्रदेश का पाकिस्तान के साथ जाना उन परिस्थितियों में सामान्य सी बात थी। आख़िर हिन्दुस्तान–पाकिस्तान का बँटवारा इसी आधार पर हुआ था। रामचन्द्र काक लगातार पाकिस्तान के सम्पर्क में थे और पाकिस्तानी प्रशासन उन्हें प्रलोभन दे रहा था।[7] भौगोलिक लिहाज़ से भी देखें तो कश्मीर के दो प्रमुख सम्पर्क मार्ग थे, वाया लाहौर, रावलपिंडी और मुरी से होकर मुज़फ़्फ़राबाद तथा श्रीनगर और सियालकोट, जम्मू तथा बनिहाल दर्रे से होकर श्रीनगर। एक तीसरा रास्ता गुरुदासपुर से था जो बेहद टूटा–फूटा था। लाहौर और सियालकोट का पाकिस्तान में जाना तय था। ऐसे में बस गुरुदासपुर से जाने वाला रास्ता ही बचता था। जनसंख्या के लिहाज़ से गुरुदासपुर पर भी पाकिस्तान का हक़ बन सकता था। नेहरू इस बात के महत्त्व को समझते थे और उनकी कोशिशें ही थीं कि अंतत: रावी के सहारे गुरुदासपुर को दो हिस्सों में कुछ इस तरह बाँटा गया कि कश्मीर से सम्पर्क का मार्ग भारत में रहे।[8] लेकिन जहाँ नेहरू कश्मीर को भारत में शामिल कराने के लिए बेहद व्यग्र थे, सरदार पटेल शुरू में इसके ख़िलाफ़ थे या कम से कम बहुत उत्साहित नहीं थे।[9] कश्मीर के मुस्लिम बहुल होने के कारण पटेल मानते थे कि उसे पाकिस्तान को दे दिया जाना चाहिए लेकिन नेहरू का भरोसा जनता पर और इस रूप में कश्मीर के निर्विवाद जननेता

शेख़ अब्दुल्ला पर था। कश्मीर उनके पुरखों की ज़मीन थी और उससे उनका गहरा लगाव तो था ही साथ में एक मुस्लिम बहुल इलाक़े का भारत में शान्ति और बराबरी से रहना उनके सेक्युलरिज़्म के दावे के लिहाज़ से भी महत्त्वपूर्ण था। 17 जून 1947 को लिखे एक लम्बे नोट में उन्होंने यह भरोसा जताया था कि कश्मीरी जनता शेख़ अब्दुल्ला और नेशनल कॉन्फ्रेंस के चलते भारत में विलय के पक्ष में होगी जबकि मुस्लिम लीग और उसकी समर्थक मुस्लिम कॉन्फ्रेंस का घाटी में कोई प्रभाव नहीं है।[10] एम.जे. अकबर ने बहुत विस्तार से तथ्य दिए हैं जिनके अनुसार पटेल और उनके सचिव मेनन ने जहाँ बाक़ी रियासतों को भारत में शामिल करने के लिए अथक परिश्रम किया और हर तरह के दबाव की नीति अपनाई[†] वहीं 15 अगस्त 1947 के बाद भी क़बायली हमले के पहले तक हरि सिंह पर भारत में शामिल होने के लिए कोई दबाव बनाने की कोशिश नहीं की गई जबकि नेहरू ने बार-बार चेताया था। बलराज पुरी ने नेहरू का एक पत्र उद्धृत किया है जो भविष्यवाणी जैसा लगता है। इसमें नेहरू कहते हैं—

> पाकिस्तान की रणनीति अब घुसपैठ की है और जाड़ों के चलते कश्मीर के अलग-थलग पड़ जाने की स्थिति आते ही वह कोई बड़ी कार्यवाही कर सकता है...राजा के पास अब एक ही रास्ता बचा है कि वह नेशनल कॉन्फ्रेंस का सहयोग माँगें और भारत के साथ विलय करें, यह पाकिस्तान के लिए बिना भारत से सीधे टकराव की स्थिति आये आधिकारिक या अनाधिकारिक आक्रमण करना मुश्किल कर देगा।[11]

लेकिन नेहरू की इस व्यग्रता के बरक्स शुरुआती दौर में पटेल की अनिच्छा आश्चर्यजनक थी। एम.जे. अकबर ने माउंटबेटन के हवाले से 'सड़े सेबों' का एक क़िस्सा सुनाया है जिसमें वह माउंटबेटन से कहते हैं कि मुझे सभी 565 (उस समय भारत में रजवाड़ों की संख्या) सेब चाहिए लेकिन माउंटबेटन के यह कहने पर कि अगर मैं कुछ वापस लेना चाहूँ तो, वह कहते हैं कि हम 560 से भी काम चला लेंगे। कश्मीर इन्हीं 5 'सेबों' में से था। शायद इसीलिए 1947 के बाद जवाहरलाल द्वारा बार-बार यह ध्यान दिलाये जाने पर कि पाकिस्तान कश्मीर पर कब्ज़ा करने के लिए कोई चाल चल सकता है, पटेल ने कोई

[†]ऐसा मान लेना भूल होगी कि हिन्दू रजवाड़े भारत में ख़ुशी-ख़ुशी विलय के लिए तैयार हो गए थे। ज़्यादातर रजवाड़ों की पहली चिंता अपने अस्तित्व और प्रभाव को बचा लेने की थी। ज़ाहिर था कि पाकिस्तान ने अपनी ओर से आकर्षक प्रस्ताव दिए ही थे। त्रावणकोर के दीवान सर सी.पी. रामास्वामी अय्यर ने तो पाकिस्तान के साथ एक व्यापारिक समझौता भी कर लिया था। इस संदर्भ में एक क़िस्सा जान लेना रोचक भी होगा और उस समय के हालात का एक बयान भी—जोधपुर के महाराजा हनवंत सिंह को जिन्ना ने बढ़िया ऑफ़र दिया था कि अगर वे पाकिस्तान में विलय का प्रस्ताव मान लेते हैं तो उन्हें पूरी आज़ादी और संपत्ति की सुरक्षा दी जाएगी। इधर भारत ने दबाव बनाया। मेनन गए जोधपुर विलय पत्र पर साइन कराने। महाराजा आये लाव-लश्कर के साथ। एक बड़ा सा शाही पेन। फिर जब साइन करने का वक़्त आया तो खुली पेन निकली बंदूक। मेनन पर तान दी। नहीं माननी तुम्हारी बात। नहीं मिलना भारत से। मेनन हँसे। सेना का पूरा लश्कर था उनके पास। कहा बच्चों वाली हरक़त न कीजिये महाराज। ख़ैर हुए हस्ताक्षर। माउंटबेटन ने सुना तो कहा—भाड़ में जाये। (पेज नंबर 99-100, *काश्मीर बिहाइंड द वेल,* एम.जे. अकबर)

तवज्जो नहीं दी। इस संदर्भ में उनके सचिव वी.पी. मेनन पर्याप्त इशारा करते हैं—

> पाकिस्तान ने एक स्टैंड स्टिल समझौता किया। लेकिन हम इसके प्रभावों को समझने के लिए वक़्त चाहते थे। हमने राज्य को उसके हाल पर छोड़ दिया। हमने महाराजा से विलय के लिए नहीं कहा जबकि उस समय (विभाजन के बाद) रेडक्लिफ अवार्ड के बाद राज्य सड़क मार्ग से हिन्दुस्तान से जुड़ गया था। जनसंख्या के संघटन के चलते वहाँ की अपनी विशिष्ट समस्याएँ थीं। यही नहीं, हमें पहले ही काफ़ी कुछ मिल चुका था और अगर सच कहूँ तो मेरे पास कश्मीर के बारे में सोचने का वक़्त ही नहीं था।[12]

यहाँ तक कि जब महाराजा ने क़बायली हमले के बाद विलय पत्र का प्रस्ताव भेजा तो भी पटेल का कहना था कि 'हमें कश्मीर के मामले में नहीं उलझना चाहिए। पहले ही हमारे पास काफ़ी राज्य हैं।'[13] उस दौर में माउंटबेटन के सहयोगी रहे एलेन कैम्पबेल ने अपनी किताब *मिशन विद माउंटबेटन* में लिखा है कि 'सरदार वल्लभ भाई पटेल के नेतृत्व में राज्यों से सम्बन्धित मंत्रालय ने अपनी सीमा से बाहर जाकर ऐसी कोई कार्यवाही नहीं की जिससे यह लगे कि कश्मीर को भारत से जोड़ने के लिए कोई दबाव बनाया जा रहा है और पाकिस्तान को यह स्पष्ट सन्देश दिया गया कि अगर कश्मीर उसके साथ जाता है तो भारत को कतई बुरा नहीं लगेगा।'[14] विडम्बना ही है कि आज कश्मीर को लेकर नेहरू को बार-बार कठघरे में खड़ा किया जाता है और कहा जाता है कि अगर पटेल की चलती तो कश्मीर में कोई समस्या नहीं होती।

यहाँ एक और तथ्य जान लेना बेहतर होगा कि उस समय तीन रियासतें ऐसी थीं जहाँ जनसंख्या के बहुलांश और शासक का धर्म अलग-अलग था हैदराबाद, जूनागढ़ और कश्मीर। जूनागढ़ और हैदराबाद,[†] दोनों के शासकों ने पाकिस्तान में विलय की कोशिशें की थीं और पाकिस्तान को उनका पूरा समर्थन मिला था। हैदराबाद जैसा भारतीय सीमा के बीच में अवस्थित राज्य अगर पाकिस्तान से मिलता तो यह भारतीय शासन के लिए हमेशा का एक सरदर्द होता। यही बात कमोबेश जूनागढ़ के लिए भी कही जा सकती है जहाँ अंततः जनमतसंग्रह हुआ और जनता ने भारत के पक्ष में वोट दिया। पटेल इन राज्यों को हर हाल में भारत में शामिल करना चाहते थे और इसके बदले कश्मीर को पाकिस्तान को देना उचित लगता था। जूनागढ़ की परिघटना कश्मीर के संदर्भ में बेहद महत्त्वपूर्ण है और इस पर आगे भी बात करेंगे। इसी तर्कप्रणाली को आगे बढ़ाते हुए उस समय के सबसे प्रभावी अंग्रेज़ी अख़बार *द स्टेट्समैन* के सम्पादक इयान स्टीफेंस ने क़बायली हमले के चलते महाराजा के विलयपत्र पर हस्ताक्षर के तुरंत बाद भारतीय सेना के कश्मीर में प्रवेश का विरोध करते हुए 28 अक्टूबर 1947 को लिखे अपने बेहद महत्त्वपूर्ण सम्पादकीय 'ख़तरनाक चालें' में कहा।

> 'इस अस्वाभाविक उलझन का तार्किक निष्कर्ष तो यह होना चाहिए था कि जूनागढ़ के शासक को और उचित समय में हैदराबाद के शासक को भारतीय

[†]इसमें लैम्ब ने कपूरथला को भी जोड़ा है और कहा है कि 47 में मुसलमानों को बड़ी संख्या में पाकिस्तान भेजे जाने से पहले कपूरथला भी मुस्लिम बहुल था।

संघ में शामिल होने के लिए मन बनाना चाहिए था और कश्मीर को पाकिस्तान में शामिल होने के लिए।'[15]

इस सम्पादकीय में शेख़ अब्दुल्ला, कश्मीर के जनान्दोलन और नेशनल कॉन्फ्रेंस के रुख की कहीं कोई चर्चा नहीं है। न ही इस सवाल का जवाब ढूँढ़ने की कोई कोशिश की कि आज़ादी की लड़ाई के दौरान मुस्लिम लीग से दूर और कांग्रेस के क़रीब रहकर लगातार जनपक्षधर और ग़ैर साम्प्रदायिक रुख अपनाते हुए कश्मीर में जनता का सबसे अधिक समर्थन हासिल करने वाले संगठन के इस ऐतिहासिक संघर्ष को दरकिनार कर कश्मीरी जनता में कभी भरोसा न जगा पाए मुस्लिम कॉन्फ्रेंस जैसे साम्प्रदायिक दलों की बात मान लेना किस नैतिक आधार पर सही होगा?

इस पर हम आगे बात करेंगे लेकिन इस बिंदु पर ज़ाहिर है कि साम्प्रदायिक आधार पर हुए विभाजन में जनता की इच्छाएँ नहीं साम्राज्यवादी योजनायें महत्त्वपूर्ण हो गई थीं। नेहरू का दोष यह नहीं था कि वह कश्मीर के भारत में विलय से पहले और बाद में भी जनता की इच्छाओं का आदर करने की बात करते रहे, बल्कि वह वहाँ से शुरू होता है जब वह जनता की इच्छाओं को राष्ट्र की वृहत्तर योजनाओं के सम्मुख पीछे छोड़ देते हैं।

यहाँ रुककर हम नेशनल कॉन्फ्रेंस सहित कश्मीर में सक्रिय अन्य राजनीतिक ताक़तों के रुख को भी देख लेते हैं। शेख़ अब्दुल्ला इस बात को लेकर बहुत स्पष्ट थे कि बड़ी ताक़तों से घिरे एक छोटे से देश के लिए अपनी आज़ादी बरक़रार रख पाना लगभग असंभव था। यह तभी संभव था जब दोनों ताक़तें एक स्वतंत्र कश्मीर के लिए सहमत हों और उसकी स्थिरता की गारंटी दें। यही नहीं, भारत और पाकिस्तान के साथ विलय का सवाल उनके लिए साम्प्रदायिक सवाल नहीं था। उनकी स्पष्ट मान्यता थी कि मुस्लिम लीग पर हमेशा ही सामन्ती ताक़तों का प्रभुत्व रहेगा। ऐसे में 'नया कश्मीर' का दर्शन पाकिस्तान के साथ मिलकर कभी फलीभूत नहीं हो सकता था जबकि एक सेक्युलर और लोकतांत्रिक भारत में इसे लागू करना संभव था।[16] वहीं, भारतीय जनसंघ के पहले अवतार तत्कालीन ऑल जम्मू एंड कश्मीर राज्य हिन्दू सभा ने मई 1947 में महाराजा के प्रति अपनी निष्ठा दुहराते हुए एक प्रस्ताव में कहा—'हम महाराजा के पूरी तरह साथ हैं। वह विलय के मुद्दे पर जो कर रहे हैं या करेंगे, हम पूरी तरह उसके समर्थन में हैं।' इसी महीने में ऑल जम्मू एंड कश्मीर मुस्लिम कॉन्फ्रेंस के कार्यकारी अध्यक्ष चौधरी हमीदुल्ला ख़ान ने भी ऐसा ही रुख अपनाते हुए कहा कि 'महामहिम को तुरंत कश्मीर को आज़ाद घोषित कर देना चाहिए और राज्य का संविधान बनाने के लिए एक नई संविधान सभा का गठन करना चाहिए।' उन्होंने एक आज़ाद और लोकतांत्रिक कश्मीर के पहले संवैधानिक प्रमुख के रूप में महाराजा को मुस्लिम समुदाय के पूर्ण सहयोग और समर्थन का आश्वासन देते हुए कहा कि अगर पाकिस्तान सरकार कोई आक्रमण करती है तो राज्य के मुसलमान पाकिस्तान के ख़िलाफ़ हथियार लेकर खड़े होंगे और अगर ज़रूरत पड़ी तो भारत की मदद भी ली जायेगी।[17] इस बयान से साफ़ लगता है कि पाकिस्तान के आक्रमण की संभावना हवाओं में थी। साथ ही यह भी स्पष्ट है कि नेशनल कॉन्फ्रेंस के अलावा इस समय तक कश्मीरी राजनीति का कोई भी हिस्सा भारत से विलय के

लिए उत्साहित नहीं था। इस समय तक तो मुस्लिम कॉन्फ्रेंस भी पाकिस्तान के साथ विलय को लेकर कतई उत्साहित नहीं थी। बलराज पुरी बताते हैं कि उस दौर में भारत का समर्थन करने वालों को, जिनमें वह ख़ुद भी शामिल थे, हिन्दू कट्टरपंथी धड़ा हिन्दू विरोधी और ग़द्दार कह कर बुलाता था। भारत से विलय और शेख़ अब्दुल्ला की रिहाई की माँग करने वाले मुल्कराज सर्राफ़ द्वारा संपादित अख़बार *रणबीर* पर जून के महीने में पाबंदी लगा दी गई।[18] चित्रलेखा ज़ुत्शी सहित कई लोग न केवल कश्मीर छोड़ो आन्दोलन को असफल बताते हैं बल्कि उनका दावा है कि उस समय शेख़ की लोकप्रियता बहुत कम हो गई थी। मुस्लिम लीग भी लगातार यह दावा कर रही थी। लेकिन वास्तविकता लाहौर से निकलने वाले प्रमुख अंग्रेज़ी अख़बार *द डॉन* की 30 अक्टूबर 1946 को अभिव्यक्त इस कुंठा से ज़ाहिर होती है—शेख़ अब्दुल्ला ने जनता पर अपने प्रभाव का ग़लत इस्तेमाल किया।[19]

गाँधी की कश्मीर यात्रा : निर्णय अनिर्णय का दौर

इसी समय गाँधी 1 अगस्त 1947 को पहली और आख़िरी बार कश्मीर गए। असल में शेख़ अब्दुल्ला की रिहाई में हो रही देरी और कश्मीर की अनिश्चितता को देखकर जवाहरलाल नेहरू ख़ुद कश्मीर जाना चाहते थे। लेकिन हालात की नाज़ुकता देखते हुए माउंटबेटन नहीं चाहते थे कि वह कश्मीर जाएँ और कोई नया तनाव पैदा हो। महाराजा भी नेहरू की यात्रा को लेकर सशंकित थे। ऐसे में माउंटबेटन के आग्रह पर महात्मा गाँधी ने कश्मीर जाने का निर्णय लिया। गाँधी श्रीनगर पहुँचे तो जनता ने उनके स्वागत में शहर को ऐसे सजाया कि जैसे दीपावली हो। महारानी तारा देवी सोने के थाल में दूध का गिलास लिए नंगे पाँव गाँधी का स्वागत करने पहुँची और कहा कि जब कोई महान संत हमारे यहाँ आता है तो यह परम्परा है कि हम दूध पिलाकर उसका स्वागत करते हैं। लेकिन गाँधी ने कहा—गाँधी उस राजा का दूध स्वीकार नहीं कर सकता जिसकी प्रजा दुखी हो। उन्होंने महाराजा की जगह नेशनल कॉन्फ्रेंस का आतिथ्य स्वीकार किया और बेग़म अकबर जहाँ को साहस और धीरज रखने के लिए कहा। अकबर जहाँ भी महात्मा गाँधी की प्रार्थना सभा में शामिल हुईं।[20] गाँधी और महाराजा में क्या बातचीत हुई यह ठीक-ठीक तो कोई नहीं जानता लेकिन इतना तय है कि उन्होंने राजा से जनता की इच्छा का सम्मान करने और शेख़ अब्दुल्ला को रिहा करने की माँग की। जम्मू में हिन्दू प्रतिनिधि मंडल से उन्होंने साफ़ शब्दों में कहा कि केवल जनता के हाथ में यह तय करने की शक्ति होनी चाहिए कि वह किसके साथ जुड़ना चाहती है। कश्मीर से रावलपिंडी रिफ्यूजी कैम्प के लिए निकलते हुए उन्होंने प्रेस से कहा कि कश्मीर का मुद्दा भारत, पाकिस्तान, महाराजा और कश्मीर की जनता को मिलकर शान्ति से सुलझाना चाहिए लेकिन यह कश्मीरी जनता के सबसे बड़े नेता शेख़ अब्दुल्ला को रिहा किये बिना संभव नहीं है।[21] हालाँकि गाँधी ने इसे एक अराजनीतिक यात्रा बताया लेकिन उस माहौल में यह संभव नहीं था कि इसके कोई राजनीतिक प्रभाव नहीं होते। *टाइम्स* ने 25 अक्टूबर को लिखा—

> ऐसे संकेत मिले हैं कि कश्मीर के हिन्दू महाराजा हरि सिंह इन दिनों तीन महीने पहले यहाँ आये गाँधी और अन्य नेताओं से काफ़ी प्रभावित हैं।[22]

इसका सबसे पहला प्रभाव यह हुआ कि जनता के बीच बेहद बदनाम रामचंद्र काक को प्रधानमंत्री पद से बर्ख़ास्त कर दिया गया और अगले ही दिन उन्हें अपने घर में ही नज़रबंद कर दिया गया। लगभग सभी लेखकों ने इस तथ्य का ज़िक्र किया है कि गाँधी ने रामचंद्र काक की तीख़ी आलोचना की थी। इसके बाद पहले जनक सिंह को और फिर सीमा निर्धारण के समय भारत के प्रतिनिधि रहे पूर्वी पंजाब के उच्च न्यायालय के न्यायधीश मेहरचंद महाजन को प्रधानमंत्री नियुक्त किया गया, यह आम मान्यता है कि महाजन के नाम का सुझाव भारत सरकार का था। यही नहीं, इस दौर में भारत के साथ संपर्क बेहतर बनाने के लिए सड़क, टेलीग्राफ़ तथा रेल मार्गों को बेहतर बनाने के लिए काम किया गया। सितम्बर 1947 के अंत में जम्मू और कश्मीर की राज्य सेनाओं के प्रमुख स्कॉट के सेवानिवृत्त होने पर पटेल ने तत्कालीन रक्षामंत्री बलदेव सिंह को यह अनुशंसा की कि उसकी जगह लेने के लिए भारतीय सेना के लेफ़्टिनेंट कर्नल कश्मीर सिंह कटोच को भेजा जाए। स्पष्ट तौर पर यह नियुक्ति भारत के अपने हित में भी थी और इसका स्वीकार महाराजा की ओर से भारत की ओर बढ़ा हुआ क़दम था। इन क़दमों ने शेख़ अब्दुल्ला से मित्रता के कारण कांग्रेस को अपना शत्रु समझने वाले महाराजा के लिए यह स्पष्ट संकेत दिया कि शेख़ को कश्मीर की राजनीति में उचित स्थान देकर भारत के साथ विलय की दशा में उनके हितों का भी पूरा ध्यान रखा जाएगा।[23] गाँधी की यात्रा का महत्त्व इस तथ्य की वजह से भी बढ़ जाता है कि इसी दौरान जिन्ना भी लगातार कश्मीर आने की कोशिश कर रहे थे। उन्होंने महाराजा को कई संदेशे भिजवाये जिनमें स्वास्थ्य लाभ के कारण से श्रीनगर आने की बात थी। लेकिन महाराजा ने बहुत विनम्रता से यह कहते हुए मना कर दिया कि वह अभी इस स्थिति में नहीं हैं कि एक महत्त्वपूर्ण पड़ोसी देश के राज्य प्रमुख के स्वागत के लिए आवश्यक व्यवस्थाएँ कर सकें।[24]

लेकिन इन सबके बावजूद निर्णय के नाम पर लगातार अनिर्णय की स्थिति के शिक़ार हरि सिंह ने शेख़ की रिहाई या अन्य मुद्दों पर ध्यान देने की जगह माउंटबेटन के 3 जून प्लान के तहत विलय के लिए तय की गई आख़िरी तारीख़ से दो दिन पहले तत्कालीन प्रधानमंत्री जनक सिंह के माध्यम से 13 अगस्त 1947 को दोनों देशों को तार से स्टैंडस्टिल समझौते का प्रस्ताव भेजा। यह प्रस्ताव विलय का निर्णय न हो पाने की स्थिति भारत और पाकिस्तान के साथ विभिन्न क्षेत्रों में यथास्थिति बनाये रखने का समझौता था। पाकिस्तान ने 15 अगस्त को यह प्रस्ताव स्वीकार कर लिया जिसके तहत लाहौर सर्किल के तहत आने वाले राज्य के सभी केन्द्रीय विभाग पाकिस्तान के अधिकार क्षेत्र में आने थे। इस तरह राज्य के पोस्ट और टेलीग्राफ़ व्यवस्था पर फ़ौरी तौर पर पाकिस्तान का नियंत्रण हो गया और वहाँ पाकिस्तानी झंडे फहराने लगे, लेकिन भारत सरकार ने अपनी घोषित नीति के चलते यह समझौता करने से पहले संधि की बात की जिस पर राजा ने कोई प्रतिक्रिया नहीं दी तो यह समझौता नहीं हुआ।[25] अपनी इस नीति को दरकिनार करते हुए भारत ने सिर्फ़ हैदराबाद से स्टैंडस्टिल समझौता किया था, वह भी काफ़ी बाद नवम्बर, 47 में, लेकिन उसके पहले कई समझौते हुए थे।[26] लॉर्ड बर्डवुड ने शेख़ अब्दुल्ला के हवाले से बताया है कि भारत बिना शेख़ को शामिल किये और जनता के मत के महाराजा के किसी प्रस्ताव पर हस्ताक्षर नहीं करना

चाहता है।[27] आम मान्यता है कि यह समझौता असल में यथास्थिति को बनाये रखने के लिए ही था और इसमें विलय की पूर्वपीठिका जैसा कुछ ढूँढ़ना उचित नहीं होगा।[28] लेकिन नूरानी ने लन्दन के आर्काइव में उपलब्ध दस्तावेज़ों के आधार पर बताया है कि भारत और पाकिस्तान को भेजे गए स्टैंडस्टिल समझौतों के मसौदे एक जैसे नहीं थे। जहाँ पाकिस्तान को संचार व्यवस्था, आपूर्ति, डाक एवं टेलीग्राफ़ के क्षेत्र में ही यथास्थिति बरक़रार रखने का प्रस्ताव दिया गया था वहीं भारत को इनके अलावा विदेशी मामलों, सेनाओं के नियंत्रण तथा सुरक्षा मामलों में भी यथास्थिति बनाए रखने का प्रस्ताव दिया गया था। भारत सरकार ने इन पर बात करने के लिए किसी ज़िम्मेदार मंत्री को भेजने के लिए कहा था। यह हो पाता इसके पहले ही क़बायली हमला हो गया।[29]

अनिश्चय की यह स्थिति सदा के लिए नहीं बनी रह सकती थी। देश भर में जिस तरह का साम्प्रदायिक तनाव बना हुआ था कश्मीर उससे अलग नहीं रह सकता था। यहाँ यह बात ग़ौर करने वाली है कि कश्मीर घाटी में, जहाँ शेख़ अब्दुल्ला का प्रभाव था और साम्प्रदायिक एकता के लिए नेशनल कॉन्फ्रेंस ने लम्बी लड़ाई लड़ी थी, 1947 के उस भयानक दौर में भी साम्प्रदायिक हिंसा की घटनाएँ नहीं हुईं। न तो वहाँ से मुस्लिम नागरिक पाकिस्तान गए न ही वहाँ के अल्पसंख्यक हिन्दुओं या सिखों को निकाला गया। लेकिन हिन्दू और मुस्लिम साम्प्रदायिकता के गढ़ बनते जा रहे जम्मू और आस-पास के वे इलाक़े जहाँ एक तरफ़ राष्ट्रीय स्वयंसेवक संघ तो दूसरी तरफ़ मुस्लिम कॉन्फ्रेंस प्रभावी थे, साम्प्रदायिक हिंसा की बड़ी घटनाओं का शिक़ार हुए। आश्चर्यजनक है कि न तो एलिएस्टर लैम्ब जैसे शोधकर्ता और न ही लॉर्ड वुडबर्ड या जोसेफ़ कॉर्बेल जैसे राजनायिक लेखक ही इस तथ्य पर कोई ध्यान देते हैं कि डोगरा शासन के पहले जम्मू और कश्मीर दो अलग राज्य थे जिनकी संस्कृतियाँ और परम्पराएँ एक-दूसरे से पूरी तरह भिन्न थीं। यही सांस्कृतिक भिन्नता थी जिसकी वजह से कश्मीर में नेशनल कॉन्फ्रेंस की धार्मिक सहिष्णुता की नीतियाँ प्रभावी हुईं और जम्मू में दोनों तरह की साम्प्रदायिकता। ग़ौर से देखें तो केवल स्टीफेंस ही नहीं, अपने देशों में धर्मनिर्पेक्षता की बातें करने वाले योरोपीय लेखक कश्मीर पर या फिर तत्कालीन भारत के बारे में लिखते हुए हिन्दू-मुस्लिम की बाइनरी से बाहर नहीं निकलते। अगर एडवर्ड सईद की शब्दावली का उपयोग करें तो यह 'यथार्थ को विभिन्न सामूहिकताओं में बाँटकर सामान्यीकृत बाइनरीज़ में बाँट देने वाली ओरिएंटल दृष्टि है।'[30]

क़बीलाई हमले के पहले तक उस झंझावाती समय में भी श्रीनगर और घाटी के दूसरे इलाक़ों में किसी तरह की साम्प्रदायिक घटना नहीं हुई थी लेकिन देश के विभिन्न हिस्सों में हुई भयावह हिंसा की ख़बरें ही नहीं बल्कि भारत से पाकिस्तान जा रहे मुस्लिम शरणार्थियों और पाकिस्तान से भारत आ रहे हिन्दू शरणार्थियों के माध्यम से हिंसा की कहानियाँ और प्रेरणाएँ दोनों कश्मीर पहुँचने लगी थीं। इनके परिणामस्वरूप अब तक महाराजा के नेतृत्व में विश्वास जता कर आज़ादी की बात कर रहे हिन्दू संगठनों का भारत और मुस्लिम संगठनों का पाकिस्तान के प्रति झुकाव बढ़ता चला गया। महाराजा ख़ुद भी इस साम्प्रदायिक ध्रुवीकरण को हवा देने वाले एक कारक के रूप में दोषमुक्त नहीं किये जा सकते।

पुंछ विद्रोह और साम्प्रदायिक हिंसा : काले भविष्य के श्रापित बीज

कश्मीर में घटनाओं ने तेज़ी से मोड़ लेना शुरू किया पुंछ में हुई हिंसा के बाद। पुंछ के बारे में हम पहले ही पढ़ चुके हैं। यह जागीर गुलाब सिंह के भाई ध्यान सिंह के पास थी और उनकी मौत के बाद उनके वंशजों के पास। 1847 के बाद दोनों ख़ानदानों में दुश्मनी बढ़ी और अंततः पुंछ डोगरा राज्य के अधीन एक जागीर बन गया।[31] इसके बावजूद पुंछ के राजा ने 1200 बंदूकधारियों की एक सेना रखी थी। जब हरि सिंह महाराजा बने तो पुंछ के राजा ने फिर से अपना दावा पेश किया और अंग्रेज़ों ने उसे ठुकरा दिया। दुश्मनी और बढ़ी और हरि सिंह ने लगातार उसे दबाकर एक छोटा जागीरदार बना देने की कोशिशें कीं। हरि सिंह की ज़्यादतियों से परेशान होकर राजा ने वहाँ की बहुसंख्यक मुस्लिम जनता को अपने साथ लेने की कोशिश की। इसी क्रम में उसने सुधान क़बीले के एक युवा सरदार मोहम्मद इब्राहिम ख़ान को अपने ख़र्च से इंग्लैण्ड पढ़ने भेजा और तमाम सुविधायें मुहैय्या करवाईं। पुंछ पारम्परिक रूप से ग़रीब इलाक़ा था जहाँ सेना की नौकरी रोज़गार का एक बड़ा या यों कहें लगभग इकलौता साधन था। दूसरे विश्वयुद्ध में कोई 60,000 पुंछी ब्रिटिश सेना में शामिल हुए थे। विश्वयुद्ध के बाद ये सैनिक लौट आये थे। कश्मीर छोड़ो आन्दोलन के समय पुंछ के नागरिकों ने महाराजा के ख़िलाफ़ बग़ावत का झंडा बुलंद कर दिया। कारण था हरि सिंह प्रशासन द्वारा लादे गए उत्पीड़क कर। महाराजा ने इस आन्दोलन को दबाने के लिए सेना को भेजा और राजा को हटाकर पुंछ को सीधे अपनी सत्ता के तहत ले लिया। वहाँ एक सूबेदार नियुक्त कर दिया गया और कई नए-नए कर लगा दिए गए जिसकी वसूली के लिए सेना का उपयोग किया गया। इस उत्पीड़न के ख़िलाफ़ पुंछ की जनता ने सरदार मोहम्मद इब्राहिम ख़ान के नेतृत्व में जून, 1947 में विद्रोह कर दिया और कोई टैक्स न देने का नारा दिया। ब्रिटिश भारतीय सेना के पूर्व सैनिकों ने इसमें महत्त्वपूर्ण भूमिका निभाई।[32] इब्राहिम ख़ान का जुड़ाव मुस्लिम कॉन्फ्रेंस से था। मामला देखते ही देखते साम्प्रदायिक बन गया। कहा गया कि कई ऐसे टैक्स लगाए गए जो केवल मुस्लिमों के लिए थे। हालाँकि नवम्बर 1947 में राहत कार्यों से जुड़े रिचर्ड सिमंस ने वहाँ के लोगों से बातचीत करके बताया है कि ऐसा कोई कर नहीं लगाया गया था जो सिर्फ़ मुसलमानों के लिए हो।[33] लेकिन उस दौर में एक अफ़वाह भी आग लगाने के लिए काफ़ी थी। वैसे भी जम्मू से लगे पुंछ के मुसलमानों के पारम्परिक सम्पर्क कश्मीर घाटी से अधिक पाकिस्तान के तहत आने वाले क्षेत्र से थे। 14 अगस्त को कश्मीर दिवस के दिन वहाँ पाकिस्तान दिवस मनाया गया और पाकिस्तान के झंडे फहराए गए। नतीजतन मार्शल लॉ लगा दिया गया[34] लेकिन अब यह आन्दोलन नियंत्रित कर पाना महाराजा के लिए संभव नहीं रह गया था।

पुंछ के विद्रोह को कश्मीर की ज़मीन बंदोबस्त व्यवस्था को समझे बिना नहीं व्याख्यायित किया जा सकता। हमने देखा है कि 1933 में कश्मीरी किसानों को भू-स्वामित्व के अधिकार दे दिए गए लेकिन पुंछ को इस मूलभूत सुधार से बाहर रखा गया। जिसके चलते किसानों के श्रम का शोषण वहाँ बदस्तूर चलता रहा जिसने इस विद्रोह में अपनी अभिव्यक्ति पाई। लेकिन किसानों के इस विद्रोह को उसके मौलिक रूप से स्वीकार करने तथा उनकी

समस्याओं के निवारण की जगह पाकिस्तान और महाराजा, दोनों ने ही इसका अपनी-अपनी तरह से फ़ायदा उठाया। जहाँ पाकिस्तान ने इसे हिन्दू-मुस्लिम समस्या बताकर 'हिन्दू राजा द्वारा मुसलमानों के क्रूर दमन' का उदाहरण बना दिया और इस तरह उस क्षेत्र पर अपना दावा ठोंका वहीं महाराजा ने इसे 'पाकिस्तान द्वारा विलय के लिए दबाव की तरह इस्तेमाल की गई घटना' बताया। इस तरह पुंछियों की असली समस्या परिप्रेक्ष्य में चली गई और वे दो सत्ताओं के बीच राजनैतिक और कूटनीतिक जोड़-तोड़ तथा संघर्ष के औज़ार बनकर रह गए। दोनों पक्षों के आरोप-प्रत्यारोप के बीच किसानों के असली सवाल दबकर रह गए।[35]

इस परिघटना की थोड़ी और विवेचना ज़रूरी है। वेद भसीन बताते हैं कि अपने शुरुआती दौर में यह आन्दोलन साम्प्रदायिक नहीं था लेकिन हरि सिंह ने जिस तरह इसका दमन किया[§] उसने इसे साम्प्रदायिक रूप लेने में मदद की। डोगरा प्रशासन ने न केवल सभी मुसलमानों से हथियार जमा कराने के लिए कहा बल्कि डोगरा सेना से बड़े पैमाने पर मुसलमानों को बाहर भी कर दिया गया। उनके इन सब क़दमों ने साम्प्रदायिक तत्त्वों को अपनी कार्यवाहियाँ तेज़ करने का पूरा मौक़ा दिया। वह बताते हैं कि महाराजा की भिम्बेर यात्रा के बाद साम्प्रदायिक हिंसा की घटनाएँ बढ़ गईं।[36] भिम्बेर की इस यात्रा का ज़िक्र मेहरचंद महाजन की आत्मकथा में भी आया है जहाँ वह हरि सिंह के बिगड़ते हालात का जायज़ा लेने 18-23 अक्टूबर के बीच जम्मू प्रदेश के दौरे की बात करते हैं। इस यात्रा में महाजन भी हरि सिंह के साथ थे। महाजन बताते हैं कि जम्मू पुलिस प्रमुख तथा चीफ़ ऑफ़ स्टाफ पाकिस्तान के एजेंट हो गये थे तथा उन्होंने महाराजा और महाजन को भिम्बेर डाक बंगले में उड़ाने की योजना बनाई थी। महाराजा के आख़िरी वक़्त तयशुदा कार्यक्रम बदल देने के कारण उनकी साजिश सफल नहीं हुई। महाजन ने डाक बंगले में विस्फोट की घटना का ज़िक्र किया है।[37] इस घटना का ज़िक्र एलिएस्टर लैम्ब या सईद नक़वी या लॉर्ड बर्डवुड या उस दौर के इतिहास पर लिखने वाले अनेक महत्त्वपूर्ण इतिहासकारों के यहाँ नहीं मिलता ठीक वैसे ही जैसे जम्मू की साम्प्रदायिक हिंसा का ज़िक्र मेहरचंद महाजन या बी.एन. मलिक के संस्मरणों में नहीं मिलता।

पुंछ का यह विद्रोह इब्राहिम ख़ान के नेतृत्व में एक संगठित विद्रोह में तब्दील हो गया था।

कभी शेख़ अब्दुल्ला और नेहरू की मुलाक़ात कराने वाले मियाँ इफ़्तिखारुद्दीन[**] 1945 में मुस्लिम लीग में शामिल हो गए थे और सितम्बर में महाराजा से विलय सम्बन्धी

[§]9 सितम्बर को पुंछ में दस हज़ार लोगों ने एक जुलूस निकाला। अनाज की बढ़ी क़ीमतों के ख़िलाफ़ लग रहे नारों में पाकिस्तान से विलय की मांग करते नारे भी शामिल हो गये। बाघ नामक क़स्बे में सेना ने जुलूस पर गोलियाँ चलाईं और बीस प्रदर्शनकारी मारे गए। इस जुलूस के नेता अब्दुल क़यूम खान अपने तीन साथियों के साथ पहाड़ों पर चले गए और महाराजा की सेना के प्रतिकार की तैयारियाँ करने लगे। (देखें पेज 72, वीरेंद्र गुप्ता तथा आलोक बंसल द्वारा संपादित पुस्तक *पाकिस्तान आकुपाईड कश्मीर : द अनटोल्ड स्टोरी*)

[**]मियाँ इफ़्तिखारुद्दीन का ज़िक्र 1947 में पाकिस्तान समर्थित क़बायली हमले के षड्यंत्र के प्रमुख पात्र के रूप में आगे भी आयेगा। लेकिन उस उन्मादी दौर में मुस्लिम लीग में प्रमुख भूमिका निभाने वाले मियाँ बहुत दिनों तक पाकिस्तान सरकार के प्रिय नहीं रह सके। 1949 में शरणार्थी मामलों के मंत्री रहते हुए उन्होंने पंजाब में क्रांतिकारी →

कोई आश्वासन न मिलने पर लाहौर लौटने के बाद वह पुंछ विद्रोह में गहरी रुचि लेने लगे थे। पाकिस्तानी नेतृत्व अनाधिकारिक रूप से इस विद्रोह की सहायता कर रहा था। क़बायली हमलों में महत्त्वपूर्ण भूमिका निभाने वाले सैन्य अधिकारी अकबर ख़ान ने सितम्बर के मध्य में एक बैठक का ज़िक्र किया है जिसमें पाकिस्तान के प्रधानमंत्री लियाक़त अली ख़ान, वित्तमंत्री ग़ुलाम मोहम्मद, पश्चिमी पंजाब के राज्यपाल नवाब मम्दौत और पंजाब सरकार में मंत्री शौक़त हयात शामिल थे। इस बैठक में ही पुंछ विद्रोहियों की सहायता के लिए उठाये जाने वाले क़दमों पर फ़ैसले लिए गए। पाकिस्तान की तरफ़ से इन विद्रोहियों को हथियार और अन्य सहायता उपलब्ध कराई गई।[38]

इस दौरान जम्मू में भी साम्प्रदायिक हिंसा की घटनाएँ होने लगी थीं। जम्मू प्रजा परिषद् वहाँ हिन्दू साम्प्रदायिक ताक़तों का मुख्य केन्द्र था और राष्ट्रीय स्वयंसेवक संघ तथा हिन्दू महासभा के साथ परिषद् लगातार जम्मू में साम्प्रदायिक माहौल को ख़राब करने में लगी थी। अफ़वाहें फैलाने तथा पंजाब और उत्तर पश्चिम सीमा प्रदेश से आ रहे हिन्दू शरणार्थियों के बड़ी संख्या में जम्मू में आने से वहाँ का माहौल लगातार ख़राब हो रहा था। 1941 की जनगणना के अनुसार जम्मू राज्य की कुल जनसंख्या 20 लाख थी जिसमें 12 लाख मुसलमान थे जबकि जम्मू शहर में कुल 50,000 की जनसंख्या में मुसलमानों की संख्या 16,000 थी। सितम्बर के अंत तक बिश्नाह, आर.एस. पुरा, अखनूर जैसे सीमावर्ती इलाक़ों से बड़ी संख्या में मुसलमान पाकिस्तान पलायित हो गए थे। वेद भसीन के अनुसार ऊधमपुर, चेनानी, रामनगर, रेसाई और भदरवाह में राष्ट्रीय स्वयंसेवक संघ ने सिख शरणार्थियों की मदद से बड़ी संख्या में मुसलमानों की बड़े पैमाने पर हत्या की और उनकी महिलाओं के अपहरण तथा बलात्कार जैसी घटनाओं को अंजाम दिया। इन दंगों के पीछे एक जटिल राजनीति भी थी। ऐसा प्रतीत होता है कि हरि सिंह और उनका प्रशासन घाटी में किसी प्रतिकूल परिस्थिति या पाकिस्तान के आक्रमण आदि की स्थिति में जम्मू को अपने लिए सुरक्षित करना चाहते थे। मुसलमानों की बड़े पैमाने पर हत्या और निष्कासन के पीछे असल उद्देश्य जम्मू को मुस्लिम बहुल इलाक़े से हिन्दू बहुल इलाक़े में तब्दील करने का था। कैम्पबेल का मानना है कि अगस्त 47 से अक्टूबर 47 के बीच कोई पाँच लाख मुसलमान जम्मू से निष्कासित कर दिए गए जिनमें से दो लाख 'ग़ायब' हो गए और बाक़ी विस्थापित होकर पंजाब के पाकिस्तान वाले इलाक़े में पहुँचे।[39] वेद भसीन इस योजना के सबूत के रूप में दो घटनाओं का ज़िक्र करते हैं—

→ भूमि सुधारों की वक़ालत की तो मम्दौत के नवाब इफ़्तिखार हुसैन खान मम्दौत ने इसका तीख़ा विरोध किया। मियाँ साहब ने इस्तीफ़ा दे दिया और 1951 में उनको पार्टी से निकाल दिया गया। इसके बाद उन्होंने 'आज़ाद पाकिस्तान' पार्टी बनाई जो उदार धर्मनिरपेक्ष नीतियों की वक़ालत करती थी। इसे ख़ुदाई ख़िदमतगारों के अलावा कुछ प्रमुख लोगों का समर्थन मिला लेकिन यह प्रयोग जल्द ही असफल हो गया। इसके बाद वह अपने अखबार *पाकिस्तान टाइम्स* के ज़रिये पाकिस्तान में सामाजिक न्याय और कृषि सुधारों की वक़ालत करते रहे जिसकी वज़ह से अनेक वामपंथी लोगों का उन्हें सहयोग मिला। इनमें उनके पुराने दोस्त फ़ैज़ अहमद फ़ैज़ भी शामिल थे। लेकिन 1959 में अयूब खान के सत्ता में आने के बाद इस अखबार को उनसे छीन कर सरकार ने अपने कब्ज़े में ले लिया।

मैं जम्मू का जनांकिक चरित्र बदलने की योजना में प्रशासन की मिलीभगत को सिद्ध करने के लिए सिर्फ़ दो घटनाओं का ज़िक्र करूँगा। छात्र यूनियन के महासचिव के रूप में मैंने 'इंसानियत के नाम' शीर्षक से एक अपील जारी की थी जिसमें राज्य के हित में लोगों से साम्प्रदायिक शान्ति और सद्भाव बनाये रखने की और साम्प्रदायिक हिंसा के शिक़ार हुए हिन्दू, सिख और मुस्लिम शरणार्थियों की मदद की अपील की थी। हमने छात्र शान्ति समितियाँ भी बनाई थीं। मुझे जम्मू के तत्कालीन सूबेदार लाला चेत राम चोपड़ा ने अपने आधिकारिक निवास पर छावनी में बुलाया। हालाँकि वह विनम्र थे लेकिन उन्होंने मुझे ख़तरनाक परिणामों के बारे में चेताया। उन्होंने सबसे पहले मुझे यह कहते हुए चेतावनी दी कि 'मैं तुम्हारी दुष्ट गतिविधियों के लिए तुम्हें जेल भेज सकता था। लेकिन चूँकि तुम मेरी ही तरह खत्री हो और मेरे रिश्तेदार भी इसलिए मैं तुम्हें केवल सलाह दे रहा हूँ। यह वक़्त शान्ति समितियाँ बनाने का नहीं बल्कि हिन्दू और सिखों को उन मुस्लिम साम्प्रदायिक तत्त्वों से बचाने का है जो उन्हें मारने तथा हालात को अस्थिर करने की कोशिशें कर रहे हैं। हमने पहले ही हिन्दू-सिख डिफेन्स कमेटी बनाई है। बेहतर होगा तुम और तुम्हारे लोग इसका समर्थन करें।' जब मैंने अपने एक साथी को अगले दिन ट्रेनिंग कैम्प में भेजा तो उसने पाया कि आर.एस.एस. के युवाओं और दूसरे लोगों को सैनिकों द्वारा प्वाईन्ट 303 की राइफलें चलाने का प्रशिक्षण दिलवाया जा रहा था।

एक दूसरी घटना जो मैं याद करता हूँ, वह तत्कालीन प्रधानमंत्री मेहर चंद महाजन के बारे में है जिन्होंने अपने महल में मिलने आये एक हिन्दू प्रतिनिधिमंडल से कहा कि अब जब ताक़त जनता के हाथों में दी जा रही है तो उन्हें बराबरी की माँग करनी चाहिए। उनमें से नेशनल कॉन्फ्रेंस से जुड़े एक आदमी ने जब कहा कि वे बराबरी की माँग कैसे कर सकते हैं जब जनसंख्या अनुपात में इतना फ़र्क है तो नीचे रामनगर की ओर इशारा करते हुए, जहाँ कुछ मुसलमानों की लाशें अब भी पड़ी थीं, उन्होंने कहा कि 'जनसंख्या अनुपात बदला भी जा सकता है।'

और इसके लिए क्रूरता की हदें किस तरह पार की गईं इसका लोमहर्षक वर्णन भी भसीन उपलब्ध कराते हैं—

तालाब खटिकान के मुसलमानों को जब आत्मसमर्पण करने को कहा गया तो भयानक नरसंहार हुआ। उन्हें जोगी गेट ले जाया गया जहाँ अब दिल्ली पब्लिक स्कूल है। सुरक्षा प्रदान करने की जगह प्रशासन उन्हें पाकिस्तान चले जाने के लिए प्रोत्साहित कर रहा था। कई हज़ार मुसलमानों का पहला जत्था साठ लॉरियों में भरा गया और सियालकोट ले जाने की बात की गई। क्या होने वाला है, इस बात से अनजान लोग उनमें बैठ गए। इन गाड़ियों के आगे-आगे

> सेना चली। लेकिन जब वे शहर के बाहर जम्मू-सियालकोट रोड के पास छत्ता पहुँचे तो बड़ी संख्या में हथियारबद्ध आर.एस.एस. के लोग और सिख वहाँ तैनात थे। उन्हें गाड़ियों से खींच कर निकाला गया और निर्दयता से मार डाला गया, सैनिक या तो उनमें शामिल हो गए या मूक दर्शक बने किनारे खड़े रहे। नरसंहार की इस ख़बर को बाहर नहीं आने दिया गया। अगले दिन इन मुसलमान परिवारों का एक और जत्था इसी तरह लॉरियों में भरा गया और उनका भी यही अंज़ाम हुआ। जो किसी तरह हत्यारों से बच कर निकल गए वे अपने दु:ख की कहानी कहने के लिए किसी तरह सियालकोट पहुँचे...[40]

उस दौर में श्रीनगर में होमगार्ड्स के सहारे क़बायली हमले का सामना करने की कोशिश कर रहे ग़ुलाम अहमद बख्शी ने नेहरू को भेजे पत्र में आरोप लगाया कि होमगार्ड्स के लिए भेजे गए हथियार महाजन आर.एस.एस के लोगों को उपलब्ध करा रहे हैं। गाँधी के निजी सचिव प्यारेलाल बताते हैं कि 'जम्मू से बाहर जा रहे मुसलमानों की राष्ट्रीय स्वयंसेवक संघ के निर्देश पर की गई निर्मम हत्या की ख़बर मिलने पर गाँधी ने कहा—एक शासक के रूप में महाराजा इन घटनाओं की ज़िम्मेदारियों से बरी नहीं किये जा सकते। वह सत्ता में रहने के लिए अयोग्य हैं।'[41]

18 जनवरी, 2015 को *टाइम्स ऑफ़ इंडिया* में लिखे एक लेख 'अ टेल ऑफ़ टू एथनिक क्लीन्जिंग्स इन कश्मीर' में एस. अन्क्लेसरिया अय्यर ने जम्मू से मुसलमानों के इस पलायन और नब्बे के दशक में घाटी से कश्मीरी पंडितों के पलायन को साथ रखकर लिखा कि—

> जम्मू और कश्मीर की त्रासदियाँ मौत और अमानवीयता की एक लम्बी और खौफ़नाक कहानी हैं। इसमें कई खलनायक हैं और नायक कोई नहीं। दोनों ही पक्ष साम्प्रदायिक सफ़ाए के दोषी रहे हैं। यह भूलकर कि वे ख़ुद भी इसके अपराधी रहे हैं, दोनों ही ख़ुद को पीड़ित बताते हैं।[42]

कश्मीर में जन्मे पाकिस्तानी पत्रकार और डिप्लोमेट ख़ालिद हसन ने जम्मू से पाकिस्तान पलायित हुए कई लोगों की स्मृतियों, साम्प्रदायिक नफ़रत और हिंसा के उस दौर में दर्द और पीड़ा की कई कहानियों को 2004 में प्रकाशित अपनी किताब *मेमरी लेन टू जम्मू* में संकलित-सम्पादित किया है। इसमें उनकी बहन और ख़ुर्शीद अहमद ख़ुर्शीद की पत्नी सुरैया ख़ुर्शीद का भी क़िस्सा है जिसके अंत में वह कहती हैं कि इस हिंसा के लिए महाराजा ज़िम्मेदार थे। उनका यह कहना बिलकुल सही है, सौ फ़ीसद सही है। बस एक बात वह नहीं बतातीं कि पाकिस्तान में हिन्दुओं के साथ हुए ऐसे ही व्यवहार के ज़िम्मेदार जिन्ना थे। हिन्दुस्तान और पाकिस्तान दोनों ही देश इन नफ़रतों और हिंसाओं की पैदाइश थे और कश्मीर भी।

क़बायली हमला

मेहरचंद महाजन के आने के बाद हरि सिंह का स्पष्ट झुकाव भारत की तरफ़ दिखना शुरू हो जाता है। हालाँकि अभी विलय का कोई फ़ैसला नहीं हुआ था लेकिन भारत से और ख़ासतौर

से पटेल से ख़त-ओ-किताबत के चलते हरि सिंह कांग्रेस को शत्रु की तरह नहीं देख रहे थे। उधर कश्मीर के 'पके फल की तरह' अपनी झोली में गिरने के लिए आश्वस्त जिन्ना और पाकिस्तानी प्रशासन का इन गतिविधियों से परेशान होना स्वाभाविक था। ख़ासतौर पर काक के जाने के बाद महाराजा पर दबाव बनाने का कोई ज़रिया भी नहीं रहा और पुंछ तथा जम्मू की साम्प्रदायिक हिंसा की घटनाओं के बाद यह स्पष्ट हो गया कि उनकी पहली चिंता ख़ुद को तथा अपनी उस डोगरा जनता को बचाने की है जिसके समर्थन के बल पर वह पिछली चार पीढ़ियों से जम्मू और कश्मीर का शासन चला रहे थे। हिंसा और अविश्वास के माहौल में यह भय बहुत स्पष्ट था कि पाकिस्तान से विलय जैसे किसी क़दम से घाटी और जम्मू का माहौल बिगड़ सकता था और सारे आश्वासनों के बावजूद ख़ुद महाराजा के लिए अपने डोगरा तथा हिन्दू बहुमत वाले प्रशासन के लिए यथास्थिति बनाये रख पाने की संभावना नहीं थी।

इस सहकार की प्रक्रिया को और तेज़ करने के लिए शेख़ अब्दुल्ला को रिहा करने की प्रक्रिया शुरू हो गई। मेहरचंद महाजन के कहने पर शेख़ ने 26 सितम्बर को वफ़ादारी का अहद करते हुए एक ख़त लिखा[43] और तीन दिन बाद वह रिहा कर दिए गए। लेकिन सत्ता में भागीदारी जैसी किसी बात पर हरि सिंह सहमत नहीं थे। बदले हुए हालात में शेख़ के सुर भी पूरी तरह से बदले तो नहीं थे लेकिन अब वह जनता की इच्छा की बात कर रहे थे। विलय से अधिक उनके लिए डोगरा शासन से मुक्ति का सवाल महत्त्वपूर्ण था। 2 अक्टूबर 1947 को हुज़ूरी बाग़ में एक जनसभा को संबोधित करते हुए उन्होंने नारा दिया 'विलय से पहले आज़ादी।' इसी भाषण में उन्होंने नेहरू से अपनी दोस्ती, कांग्रेस के सहयोग और गाँधी के प्रति सम्मान का ज़िक्र करने के बाद कहा कि विलय का फ़ैसला इस राज्य की जनता ही करेगी और अगर जनता ने पाकिस्तान से जुड़ने का फ़ैसला किया तो वह उस पर हस्ताक्षर करने वाले पहले व्यक्ति होंगे। लेकिन इसके साथ ही उन्होंने अपने राजनैतिक आदर्श को दुहराते हुए यह भी स्पष्ट किया कि अगर वह पाकिस्तान से भी जुड़े तो भी द्विराष्ट्र के उस सिद्धांत को स्वीकार नहीं करेंगे जिसने हमारे देश में साम्प्रदायिकता का ज़हर भर दिया है।[44] अक्टूबर की शुरुआत में ऑल इंडिया स्टेट पीपुल्स कॉन्फ्रेंस के सचिव द्वारकानाथ काचरू शेख़ अब्दुल्ला को कश्मीर के भारत से विलय के लिए राज़ी कराने गए और वहाँ से लौटकर उन्होंने नेहरू को रिपोर्ट दी कि 'शेख़ अब्दुल्ला और उनके क़रीबी सहयोगियों ने भारत के पक्ष में फ़ैसला किया है।' हालाँकि अभी निर्णय की घोषणा नहीं करनी थी। नेशनल कॉन्फ्रेंस का उद्देश्य था 'जनता की सार्वभौमिकता हासिल करना जिसमें महाराजा एक संवैधानिक पद पर हों।'[45]

पुंछ के विद्रोहियों की अनधिकारिक सहायता के अलावा पाकिस्तान ने हरि सिंह पर दबाव बनाने के लिए आर्थिक नाकेबंदी का सहारा लिया। स्टैंडस्टिल समझौते के बावजूद पाकिस्तान की तरफ़ से सियालकोट और रावलपिंडी दोनों ही रास्तों से कश्मीर में सामानों की आवाजाही पर अघोषित प्रतिबन्ध लगा दिया गया। महाजन बताते हैं कि इसी दौरान पाकिस्तान सरकार के विदेश मंत्रालय के संयुक्त सचिव मेजर ए.एस.बी. शाह श्रीनगर आये और उन्होंने पाकिस्तान के साथ विलय पत्र पर हस्ताक्षर के लिए दबाव बनाने की कोशिश की। वह अपने

साथ एक ख़ाली विलय पत्र लेकर आये थे और चाहते थे कि महाराजा इसमें अपनी शर्तें भर कर हस्ताक्षर कर दें। महाजन ने उनसे कहा कि अगर वह आर्थिक नाकाबंदी बंद कर दें तो वह महाराजा से इस विषय पर चर्चा कर सकते हैं। शाह ने तुरंत जिन्ना को टेलीग्राम किया लेकिन उधर से कोई आश्वासन नहीं मिला। जिन्ना ने महाजन से लाहौर आने और उनसे मिलने को कहा जिसे महाजन ने अस्वीकार कर दिया। इसके गंभीर नतीजों की चेतावनी देते हुए शाह लौट तो गए लेकिन कश्मीर में इसके चलते ज़रूरी सामानों की भयानक कमी हो गई और साथ में कश्मीरी व्यापारियों का फल, मेवे सहित दूसरी चीज़ों का लाखों का सामान कश्मीर में ही फंस गया। 1 अक्टूबर को हरि सिंह ने भारत से हथियार तथा आवश्यक सामान भेजने की अपील की। भारत ने इस मौके पर मानवता के आधार पर मदद करने का फ़ैसला किया और हवाई मार्ग से दैनिक उपभोग की वस्तुएँ श्रीनगर पहुँचाई लेकिन सैन्य सामग्री नहीं भेजी जा सकी।[46] हालाँकि पाकिस्तान इस आरोप को ग़लत बताता है और 30 अक्टूबर 1947 को लियाक़त अली ख़ान ने भारतीय प्रधानमंत्री को लिखे ख़त में कहा कि 'दो अक्टूबर को मैंने सलाह दी थी कि पाकिस्तान और कश्मीर दोनों को वस्तुओं की आपूर्ति सुनिश्चित करने के लिए अपने प्रतिनिधि नियुक्त करने चाहिए...जब इसके बावजूद हमने मेजर शाह को भेजा तो कश्मीर के प्रधानमंत्री ने उनसे मशविरा करने से इंकार कर दिया।' बर्डवुड इसे आधिकारिक क़दम न बता कर कुछ व्यक्तियों द्वारा की गई कार्यवाही होने की आशंका जताते हैं।[47]

ऐसा लगता है कि अपने उदय के साथ ही पाकिस्तान में एक समानांतर सरकार काम कर रही थी। पुंछ विद्रोहियों के समर्थन में हुई जिस बैठक की बात पहले की गई है उसके बारे में भी कहा गया है कि इसे जिन्ना से छिपाकर रखा गया था, आर्थिक नाकेबंदी को भी अनधिकारिक प्रयास बताया गया और फिर क़बायली हमले को भी। नवगठित देश में कश्मीर से जुड़े इन बेहद महत्त्वपूर्ण मसलों को अपने सर्वोच्च नेता क़ायदे आज़म मोहम्मद अली जिन्ना से छिपाकर अंज़ाम दिया जाना एक भयावह विडम्बना की ओर संकेत करता है, ख़ासतौर पर तब जब इनमें जिन्ना के सबसे क़रीबी तत्कालीन पाकिस्तानी प्रधानमंत्री लियाक़त शामिल हों। हालाँकि हम देखेंगे कि इन घटनाओं में प्रशासन के प्रत्यक्ष जुड़ाव के पर्याप्त सबूत मिले हैं। महाराजा ने इस आर्थिक नाकेबंदी को स्टैंडस्टिल समझौते का उल्लंघन बताते हुए कहा कि ऐसे में हम भारत से मदद लेने के लिए विवश होंगे तो लियाक़त अली ने इसे धमकी मानते हुए एक बाहरी ताक़त से मदद लेने को असल में उससे विलय की ओर बढ़ा क़दम और इस रूप में राज्य की 85 प्रतिशत जनता का उत्पीड़न बताया तथा इसके भयानक परिणामों की चेतावनी देते हुए इसके लिए महाराजा को ज़िम्मेदार बताया। यह पत्राचार अक्टूबर के अंत तक चलता रहा और हर पत्र के साथ भाषा और अधिक तीख़ी, और अधिक दुश्मनाना होती चली गई।[48]

अक्टूबर अंत तक क़बायली हमलों की ख़बरें आने लगीं। 28 अक्टूबर को एलन कैम्पबेल जॉनसन ने अपनी डायरी में लिखा—

> मैंने उनसे (माउंटबेटन से) यह जानकारी हासिल की कि पिछले शुक्रवार (24 अक्टूबर) की रात वर्मा के विदेश मंत्री के सम्मान में आयोजित एक रात्रिभोज

में नेहरू ने पहली बार इस बुरी घटना की जानकारी दी और सूचना दी कि क़बायली सेना की गाड़ियों में भरकर रावलपिंडी रोड तक लाये जा रहे हैं। ऐसा लगता है कि राज्य की सेनाएँ अनुपस्थित हैं और एक बेहद परेशानी वाली हालत विकसित हो रही है। माउंटबेटन शनिवार (25 अक्टूबर) की सुरक्षा समिति की बैठक में शामिल हुए जिसमें जनरल लोखार्ट ने पाकिस्तानी सेना के मुख्यालय से आया एक टेलीग्राम पढ़कर सुनाया जिसमें कहा गया था कि कोई पाँच हज़ार क़बायलियों ने हमला करके मुज़फ़्फ़राबाद और डोमेल पर कब्ज़ा कर लिया है और यह कि बड़ी संख्या में और क़बायलियों के आने की संभावना है। रिपोर्ट बताती है कि वे पहले ही श्रीनगर से कोई 35 मील की दूरी पर पहुँच चुके हैं।[49]

यह महाराजा के भारत से सहायता माँगने का भयावह परिणाम था, पाकिस्तान की व्यग्रता थी या कश्मीर के भीतर से उपजे विद्रोह की चरम परिणिति, इसे लेकर इतिहासकारों में पर्याप्त असहमति है। क़बायली हमलों को पाकिस्तान शुरू से ही महाराजा की हिन्दू परस्त नीतियों का स्वाभाविक परिणाम बताते हुए उसमें अपने हाथ होने से इंकार करता रहा है और कश्मीर के भारत से विलय को अनैतिक और ग़ैरक़ानूनी बताता रहा है। कई इतिहासकार इस सैद्धांतिकी को सही मानते हैं। इसे समझने के लिए हम चित्रलेखा ज़ुत्शी को उद्धृत कर सकते हैं—

अक्टूबर के आख़िरी हफ़्ते में पुंछ विद्रोहियों ने आज़ाद कश्मीर के अस्तित्व की घोषणा कर दी जिस पर राज्य की सेना ने पाकिस्तान के साथ लगी अपनी सीमा पर तीन मील लंबा और गहरा 'नो मैन्स लैंड' बना दिया ताकि हिन्दुओं को निकाला जा सके और मुसलमानों की हत्या की जा सके। इन अत्याचारों की प्रतिक्रिया में उत्तर पश्चिम सीमा प्रदेश के क़बायली लोग जिनका पुंछ से नज़दीकी संपर्क था, राज्य की सीमाओं में घुसने लगे। ज़्यादा संभावना इस बात की है कि इन्हें पाकिस्तान से कोई आधिकारिक आदेश नहीं मिला था। इसलिए मानीखेज़ तौर पर यह महाराजा के प्राधिकार के ख़िलाफ़ पुंछ के निवासियों का विद्रोह था जिसने आने वाले महीनों में जम्मू और कश्मीर रजवाड़े का विभाजन करवाया, न कि भारतीय राज्य के ख़िलाफ़ पाकिस्तानी राज्य का आन्दोलन जैसा कि भारत दावा करता है।

कश्मीर संकट में भारत और पाकिस्तान की भूमिका को उपनिवेश की समाप्ति के समय उनकी तुलनात्मक राजनैतिक और आर्थिक स्थितियों के संदर्भ में देखा जाना चाहिए। इस दौर में पाकिस्तान अभी भी ख़ुद को एक व्यवहार्य राजनीतिक अस्तित्व की तरह स्थापित करने की प्रक्रिया में था और कश्मीर में एक योजनाबद्ध सैन्य कार्यवाही की शुरुआत नहीं कर सकता था, हालाँकि नए स्थापित राज्य में हावी जनमत उसे ऐसा करने पर बाध्य कर सकता था।[50]

आमतौर पर बेहद सावधानी से जाँच पड़ताल कर स्रोतों को संदर्भित करने वाली ज़ुत्शी अपनी इस निष्कर्षात्मक टिप्पणी में कोई संदर्भ नहीं देतीं। ग़ौर से देखा जाए तो इसके ठीक

पहले शेख़ का रिहाई के बाद का पूर्वोद्धृत भाषण संदर्भित करते हुए भी द्विराष्ट्रवाद के उनके विरोध का वह कोई ज़िक्र नहीं करतीं। दो देशों के बीच के एक महत्त्वपूर्ण मसले पर उनका यह निष्कर्ष न केवल उस दौर पर उपलब्ध अकूत तथ्यों का निषेध करता है बल्कि सीधे सीधे पाकिस्तानी आधिकारिक रवैये का स्वीकार है।

इस पर विस्तार से बात करने से पहले गिलगिट पर थोड़ी सी बात कर लेते हैं। अंग्रेज़ों द्वारा भारत में अपनी सत्ता के हस्तांतरण के साथ ही तकनीकी रूप से 1935 की लीज़ समाप्त हो गई थी और वह कश्मीर के महाराजा के आधिपत्य में आ गया था। 30 जुलाई 1947 को वहाँ अपनी वज़ारत स्थापित करने के लिए ब्रिगेडियर गनसारा सिंह को गिलगिट भेजा गया, लेकिन वहाँ उपस्थित गिलगिट स्काउट और जनता का अधिकांश हिस्सा उनके साथ सहयोग करने को तैयार नहीं था और पाकिस्तान के पक्ष में था। 1 नवम्बर को गिलगिट स्काउट ने घंसारा सिंह को गिरफ़्तार कर लिया और 3 नवम्बर को गिलगिट स्काउट के कमांडर मेजर ब्राउन और उनके सहायक कैप्टन मैथेसन ने वह क्षेत्र पाकिस्तान को देने का निर्णय लिया। अगले ही दिन पाकिस्तान का झंडा फहरा दिया गया और दो हफ़्ते बाद पाकिस्तान सरकार का पॉलिटिकल एजेंट वहाँ पहुँचा और इस तरह गिलगिट पाकिस्तान का हिस्सा बन गया।[51]

क़बायली हमले में पाकिस्तानी अधिकारियों के शामिल होने के बहुत स्पष्ट सबूत उपलब्ध हैं। मेजर जनरल अकबर ख़ान, जिन्हें इस योजना में हज़ार साल पहले स्पेन की सेनाओं के ख़िलाफ़ लड़ने वाले तारिक़ के नाम पर जनरल तारिक़ का कोड नाम दिया गया था, बताते हैं—

> बँटवारे के कुछ हफ़्तों बाद मुझे लियाक़त अली ख़ान के कहने पर मियाँ इफ़्तिखारुद्दीन ने कश्मीर पर प्लान ऑफ़ एक्शन तैयार करने के लिए बुलाया। मैंने पाया कि सेना के पास पुलिस के लिए 4,000 राइफ़लें पड़ी हैं। अगर ये स्थानीय लोगों को दी जा सकें तो उचित स्थानों पर कश्मीर में एक सैन्य विद्रोह शुरू किया जा सकता है। इस आधार पर मैंने एक योजना तैयार की और मियाँ इफ़्तिखारुद्दीन को सौंप दी। मुझे लियाक़त अली ख़ान द्वारा लाहौर में एक बैठक में बुलाया गया जहाँ योजना को मंजूरी दी गई, ज़िम्मेदारियाँ बाँटी गईं और आदेश दिए गए। यह सारी बात सेना से गोपनीय रखी गई।[52]

ब्रिटिश पत्रकार एच.वी. हड्सन लिखते हैं—

> हमले का समय बहुत योजनाबद्ध तरीक़े से तय किया गया था ताकि जाड़ों में भारत के लिए सुरक्षा का इंतज़ाम मुश्किल हो जाए। महाराजा के ज़्यादातर सैनिक और पुलिसकर्मी पुंछ विद्रोह के चलते उलझे हुए थे तो बर्फ़बारी के पहले ही हमलावरों के केन्द्रीय घाटी पर कब्ज़ा कर लेने की सम्भावना थी। हिन्दुस्तान के लिए पूर्वी पंजाब से होकर आने वाले रास्ते के बर्फ़बारी से बंद हो जाने के पहले सेनाएँ जुटा पाना बेहद मुश्किल होता।[53]

तथ्यों के अम्बार लगाए जा सकते हैं। अकबर ख़ान ने अपनी किताब *रेडर्स इन कश्मीर* में पूरी योजना का तफ़सील से विवरण दिया है जहाँ वह बताते हैं कि लियाक़त अली ख़ान ने कहा था कि किसी भी तरह इसे कम से कम तीन महीने तक खींचा जाए। आर्मी पब्लिशर्स, दिल्ली द्वारा प्रकाशित इस पुस्तक से क़बायली हमले में पाकिस्तान की भूमिका से सम्बन्धित कई राज़ खुलते हैं। पाकिस्तानी सेना के ही एक और अधिकारी मेजर (सेवानिवृत्त) आग़ा हुमायूं अमीन *द 1947–48 कश्मीर वार : द वार ऑफ़ लॉस्ट अपार्चुनिटीज़* में न केवल इन तथ्यों की पुष्टि करते हैं बल्कि पाकिस्तानी सेना के हाथ को स्पष्ट मानते हुए उन ग़लतियों की विवेचना करते हैं जिसकी वजह से इस कार्यवाही में पाकिस्तान सफल नहीं हो पाया। तत्कालीन अविभाजित भारतीय सेना के मेजर ओ. एस. कलकट ने, जो तब पाकिस्तान में सेना की एक ब्रिगेड में उच्च पद पर थे और सेना के विभाजन के बाद पाकिस्तानी सेना को दिए गए थे, लिखा है कि युद्ध में हताहत और गिरफ़्तार हुए क़बायलियों के पास से पाकिस्तानी सेना द्वारा उपलब्ध कराये गए हथियार और अन्य साज़-ओ-सामान मिले। हर लश्कर को नियमित पाकिस्तानी सेना से एक मेजर, एक कैप्टन और दस जूनियर कमीशंड ऑफिसर दिए गए थे। इनका चुनाव अक्सर पठानों में से किया जाता था और वे क़बायलियों जैसे ही कपड़े पहनते थे। क़बायलियों के लश्कर को यातायात के लिए लॉरियों और पेट्रोल की व्यवस्था भी पाकिस्तान ने की थी। उन्होंने यह भी बताया है कि 21 अक्टूबर 1947 को पाकिस्तान की सातवीं इन्फेंट्री डिवीज़न को मुरी एबटाबाद के पास केन्द्रित किया है। उसे जम्मू और कश्मीर पर हमला करने के लिए तैयार रहने को कहा गया था। एक दूसरी डिवीज़न को सियालकोट में सुरक्षित रखा गया था।[54] लन्दन की पत्रिका *न्यू स्टेट्समैन एण्ड नेशन* के संवाददाता किंग्सले मार्टिन ने 20 फ़रवरी 1948 को भेजे गए डिस्पैच में लिखा—'इस बात पर शक़ करने की कोई संभावना नहीं है कि अगर भारत ने हस्तक्षेप नहीं किया होता तो श्रीनगर और कश्मीर की ख़ूबसूरत घाटी अब एक बर्बाद और बदनुमा खण्डहर बन जाती। न ही इस बात पर कोई सवाल उठाया जा सकता है कि क़बायलियों को बढ़ावा और सहायता पाकिस्तान द्वारा उपलब्ध कराई गई थी।' *न्यूयॉर्क टाइम्स* के रॉबर्ट ट्राम्बुल को दिए गए एक साक्षात्कार में उस दौर में आज़ाद कश्मीर की सेना का हिस्सा रहे एक अमेरिकी रसेल के हाईट जूनियर ने बताया-'पाकिस्तान सेना के लोग आज़ाद कश्मीर के रेडियो को संचालित कर रहे थे, अपने पाकिस्तानी सेना के रिसीवर से सन्देश भेज और ग्रहण कर रहे थे, पाकिस्तान में आज़ाद कश्मीर के कैम्प की व्यवस्था कर रहे थे और पेट्रोल, कारतूस, भोजन और कैम्प की प्रशासनिक व्यवस्था के लिए आवश्यक वस्तुओं की आपूर्ति कर रहे थे जो सेना से 'ग़ायब' दिखाकर लश्करों को उपलब्ध कराई जा रही थीं। मम्दौत के नवाब द्वारा 'कश्मीर फंड' के उपयोग को लेकर भी शक़ की स्थितियाँ हैं। जनता को 1950 की गर्मियों तक इस फंड के बारे में कुछ नहीं पता था।'[55] पाकिस्तानी सेना के लेफ़्टिनेंट जनरल गुल हसन ख़ान, जो उस समय पाकिस्तानी सेना के कैप्टन और जिन्ना के एडीसी रहे, 1993 में प्रकाशित अपने संस्मरण में लिखते हैं—'क़ायदे आज़म ने अपनी सूझबूझ से 27 अक्टूबर, 1947 को कराची से लाहौर जाने का निर्णय लिया। जम्मू और कश्मीर से नज़दीकी के अलावा लाहौर से वह प्रधानमंत्री लियाक़त अली के सम्पर्क में रह सकते थे जो उस समय रक्षामंत्री भी थे।

पंजाब के राज्यपाल सर फ्रेंसिस मंडे और प्रधानमंत्री के साथ एक बैठक में क़ायदे आज़म ने नियमित सेना द्वारा कश्मीर पर कब्ज़े की अपनी योजना बताई थी।'[56] और 1997 में जिन्ना पर आयोजित बीबीसी के एक टेलीविजन कार्यक्रम में शौक़त हयात ख़ान के इस दावे के बाद कि 'क़बायलियों के हमले की योजना को ख़ुद क़ायदे आज़म ने संस्तुत किया था',[57] 1947–48 का पाकिस्तान द्वारा पेश किया गया सारा वृत्तांत पलट जाता है।

उत्तर पश्चिमी सीमांत प्रदेश के तत्कालीन प्रमुख सरदार क़यूम ख़ान और सिंध के स्वास्थ्य मंत्री के बयानों[58] के अलावा भी उद्धरणों की भीड़ लगाई जा सकती है। लेकिन यहाँ हम 35 साल बीबीसी के संवाददाता रहे और अब इन्स्टीट्यूट ऑफ़ एशिया पैसिफिक स्टडी के ऑनरेरी प्रोफ़ेसर एंड्रयू व्हाईटहेड द्वारा क़बायली हमले के शिक़ार हुए कैथोलिक मिशन में बच गईं सिस्टर एमिलिया का संस्मरण देख सकते हैं जो न केवल क़बायली हमलों में पाकिस्तानी सेना के अधिकारियों की उपस्थिति का सबूत देता है बल्कि हमलावरों की हिंसक तथा अमानवीय कार्यवाहियों का भी—

> अफ़वाहें थीं कि वे आ रहे हैं। हम सोच रहे थे कि वे हमें कुछ नहीं करेंगे। क्राइस्ट द किंग के भोज के बाद के सोमवार को वे आये। उन्होंने गोलीबारी शुरू कर दी। वे भीतर आये। तब हम अभी काम कर रहे थे। हमारी डिस्पेंसरी चालू थी। हस्पताल में मरीज़ थे। वे हस्पताल के बरामदे में थे। एक वार्ड से दूसरे वार्ड में आ-जा रहे थे। वे चीख़ रहे थे-गोली मारो। मारो। जान से मार दो। उन्होंने एक मरीज़ और एक नर्स को मार दिया था, हस्पताल की एक डॉक्टर के पति को मेरी आँखों के सामने मार दिया गया। एक गोली मदर सुपीरियर को लगी। उन्होंने बची हुई ननों को एक पंक्ति में खड़ा किया और कहा कि हम उन्हें गोली से उड़ा देंगे। लेकिन तभी एक पाकिस्तानी अफ़सर आया जिसे इन ननों ने पढ़ाया था। उसने उनकी भाषा में उनसे कुछ कहा और तब उन्होंने हमें छोड़ दिया...(उनके नेता) हयात ख़ान के आने पर सभी ज़िंदा बचे लोगों-नन, प्रीस्ट, नर्सों, मरीज़ों और स्थानीय ग़ैर मुसलमान नागरिकों को मिशन हास्पीटल के एक छोटे से वार्ड में ठूँस दिया गया था। हम लगभग अस्सी लोग थे जो अगले 11 दिनों तक भूखे-प्यासे पड़े रहे।
>
> इस वार्ड में ब्रिटिश लेफ़्टिनेंट कर्नल डी.ओ. डाइक्स के दो बच्चे भी थे। डाइक्स और उनकी गर्भवती पत्नी की इस हमले में हत्या कर दी गई थी।[59][††]

लेकिन 30 दिसम्बर, 1947 को नेहरू को लिखे पत्र में पाकिस्तानी प्रधानमंत्री लियाक़त अली ख़ान कह रहे थे—

> जहाँ तक पाकिस्तान सरकार द्वारा हमलावरों की सहायता का सवाल है हम इसे पूरी तरह से नकारते हैं। इसके विपरीत...पाकिस्तान सरकार ने अपनी पूरी शक्ति लगाकर युद्ध जैसे इस क़बीलाई आन्दोलन को दबाने की कोशिश की है।[60]

[††]इस घटना का ज़िक्र मार्गरेट बुर्के-व्हाईट ने भी ज़रा अलग तरीके से किया है। (देखें, *हाफ़ वे टू फ्रीडम* पेज 160-161)

और कश्मीर पर अपना दावा ठोंकने के लिए यह झूठ पाकिस्तान लगातार बोलता रहा है। उस समय की घटनाओं का सबसे बेहतर तरीक़े से समाहार बर्डवुड ने किया है—

> कुछ भी हो, मैं कभी नहीं समझ पाया कि इस सवाल (क़बायली आक्रमण में पाकिस्तान की भूमिका) को रहस्य बना देने में क्या बुद्धिमत्ता है...पाकिस्तान में मेरी अपनी जाँच से कुछ निष्कर्ष निकलते हैं। पहली बात यह कि किसी ब्रिटिश अफ़सर को इसकी कोई जानकारी नहीं दी गई थी। असल में यह एक नीति बनाई गई थी कि उनको अँधेरे में रखा जाए ताकि बाद में शर्मिंदगी न हो...दूसरी यह कि कुछ वरिष्ठ अधिकारी इस अभिप्राय को अच्छी तरह जानते थे और उन्होंने इसे नज़रअंदाज़ कर दिया...अंत में यह कि सीमांत प्रदेश के मुख्यमंत्री ने, जिनका कश्मीर से पारिवारिक सम्बन्ध था, इसे अपना आशीर्वाद और अप्रश्नेय समर्थन दिया था, जिसके बिना यह कार्यवाही संभव नहीं होती। ज़ाहिर तौर पर उनका मानना था कि क़बायली हमला कश्मीर को पाकिस्तान में विलय करने पर मजबूर कर देगा।[61]

बर्डवुड सहित लगभग सभी लेखकों के इस आक्रमण में मुस्लिम लीग की स्पष्ट भूमिका के उदाहरण हैं जो उस समय पाकिस्तान की सत्ताधारी पार्टी ही नहीं बल्कि इकलौती राजनीतिक पार्टी भी थी।

विलय पत्र पर हस्ताक्षर और भारतीय सेना की कार्यवाही

सुप्रसिद्ध फोटो-जर्नलिस्ट और भारत विभाजन की गवाह रहीं मार्गरेट बुर्के-व्हाईट ने अपने संस्मरण *हॉफ़ वे टू फ्रीडम* में क़बायली हमलावरों से हुई एक बातचीत का संदर्भ दिया है। वह लिखती हैं—

> मैं पिंडी से कश्मीर जाने वाले हाइवे पर नारा लगाते हुए और चीख़ते हुए कई हज़ार पठानों से मिली। उन्होंने सड़क पर दफ्ती का एक बड़ा मेहराब बनाया था जिसमें जीत की बात लिखी थी। इसे फूल-मालाओं और हरी पत्तियों से सजाया गया था जिस पर मुस्लिम लीग के झंडे लगे थे। वे मोहमंद क़बीले के अपने सरदार बादशा गुल का इंतज़ार कर रहे थे जो हज़ार लोगों, ट्रकों के एक जत्थे और गोले-बारूद के साथ आने वाले थे। जब मैंने सवाल पूछे तो अपने वरिष्ठ अधिकारियों के विपरीत ये क़बायली यह जानते हुए लगते थे कि हो क्या रहा है।
>
> मैंने पूछा—क्या आप लोग कश्मीर जा रहे हैं?
>
> उन्होंने कहा—बिल्कुल? हम सब मुसलमान हैं और कश्मीर में अपने मुस्लिम भाइयों की रक्षा के लिए जा रहे हैं।
>
> कई बार उनकी सहायता इतनी जल्दी पूरी हो जाती थी कि कि बसें और लॉरियाँ एक या दो दिन में ही लूट के माल से भरी हुई लौट आती थीं, और

> फिर और अधिक क़बायलियों के साथ कश्मीर लौटते—हिन्दुओं, मुसलमानों और सिखों को समान रूप से धमकाने तथा 'मुक्त' कराने।[62]

क़बायली हमलावरों के लूट, हत्या और बलात्कार जैसी बर्बर कार्यवाहियों के क़िस्से इतिहास और संस्मरणों की किताबों में बिखरे पड़े हैं। युद्ध और बन्दूक के बीच पले-बढ़े इन अफ़ग़ान क़बीलों का धर्म भले बहुसंख्यक कश्मीरी जनता की ही तरह इस्लाम था लेकिन संस्कृति एकदम अलग थी। उन्हें इस्लाम और जिहाद के नाम पर चार दिनों में कश्मीर पर कब्ज़ा करके श्रीनगर में ईद मनाने भेजा गया था और इस उद्देश्य के लिए कोई और नैतिक आदेश उन्हें नहीं दिए गए थे। नेतृत्व में भले पाकिस्तानी सैन्य अधिकारी थे लेकिन सेना में मौजूद क़बायली न किसी आधुनिक युद्ध पद्धति से परिचित थे न ही किसी अनुशासन से। शिक्षा से महरूम और मध्ययुगीन सामंती संस्कारों वाले अफ़ग़ान सरदारों की लूट और बर्बरता का एक दौर कश्मीर ने पहले भी झेला था और इस बार भी वह पहले से अलग नहीं था। महाराजा की सेना इस हमले को रोकने के लिए कतई पर्याप्त नहीं थी। डोमेल पर जब उनका कब्ज़ा हुआ तो प्रतिरोध लगभग अनुपस्थित था। सेना प्रमुख ब्रिगेडियर राजिंदर सिंह ने किसी तरह डेढ़-दो सौ सैनिकों के साथ धूमेल से आक्रमण करने का निश्चय किया लेकिन उनके पहुँचने से पहले हमलावरों ने वहाँ कब्ज़ा कर लिया। गढ़ी के पास वह हमलावरों से घिर गए। वहाँ से किसी तरह निकलकर उन्होंने श्रीनगर को बचाने की आख़िरी कोशिश के रूप में बारामूला में उनका मुक़ाबला करने का निश्चय किया और उरी से उन पर आक्रमण करने का तय किया। उन्होंने उरी के पुल को उड़ा दिया जिससे हमलावरों के लिए श्रीनगर पहुँचना मुश्किल हो जाए। उनका उद्देश्य किसी भी तरह हमलावरों की राह मुश्किल करना था और जब डोगरा सेना पर तीन तरफ़ से हमला हुआ तो राजिंदर सिंह इस छोटी सी सेना के साथ ग्यारह घंटों तक दुश्मन से लड़ते रहे। अंत नज़दीक पा उन्होंने बाक़ी सेना को लौटने का आदेश दिया तथा ख़ुद दाहिने हाथ और दाहिने पाँव में गोली लगने के बावजूद लगातार कवर फायरिंग करते रहे। लेकिन अंततः वह 24 अक्टूबर को रामनगर में घेर लिए गए और दुश्मनों ने उन्हें छलनी कर दिया। उनकी इस वीरता का सम्मान करते हुए भारत सरकार ने उन्हें मरणोपरांत महावीर चक्र से सम्मानित किया।[63]

राजिंदर सिंह की सूझबूझ और वीरता से हमलावर 26 अक्टूबर को बारामूला तक ही पहुँच सके लेकिन श्रीनगर अब केवल 35 मील दूर था और पूरी तरह से आरक्षित। अगर वह तुरंत निकलते तो अगले ही दिन श्रीनगर क़बायलियों के हाथ आ गया होता। लेकिन जैसा कि हमने मार्गरिट बुर्के-व्हाईट के उद्धरण में देखा कश्मीर को पाकिस्तान के लिए मुक्त कराना उनका इकलौता उद्देश्य नहीं था। लालच उससे भी बड़ा उद्देश्य था। सरदार शौक़त हयात ख़ान ने अपनी किताब *द नेशन हैज़ लॉस्ट इट्स सोल* में लिखा है—

> मुद्दा था कश्मीर के राज्य ख़ज़ाने में मिला तीन लाख रुपया। खुर्शीद अनवर ने मूर्खतापूर्ण तरीक़े से तर्क दिया कि यह पैसा पाकिस्तान सरकार का है जबकि क़बायलियों का यह तर्क सही था कि उस माल पर उनका हक़ था। एक बार जब यह मुद्दा हल हो गया तो क़बायली, जिन्हें समय का कोई बोध नहीं था, इस बात पर बज़िद हो गए कि ईद का त्यौहार ख़त्म हुए बिना आगे

नहीं बढ़ेंगे। अगले तीन दिन वे हिले भी नहीं (बारामूला जैसे महत्त्वपूर्ण शहर पर हमले के बाद)। उन्होंने स्थानीय लोगों को लूटना और बारामूला के एक कान्वेंट की ननों के लॉकेट तथा बालियाँ काटनी शुरू कर दीं। आगे बढ़ने और श्रीनगर एयरपोर्ट पर कब्ज़ा करने की जगह इन पठानों ने बाज़ारों को लूटना शुरू कर दिया और क़ीमती समय नष्ट कर दिया। तब तक भारतीय कुमुक हवाई रास्ते से श्रीनगर आ गई...हमने अपनी ख़ुद की ग़लतियों से कश्मीर खो दिया।[64]

ये तीन-चार दिन श्रीनगर से लेकर दिल्ली तक में हलचल मचाने वाले दिन थे। एक तरफ़ श्रीनगर और दूसरे इलाक़ों में नेशनल कॉन्फ्रेंस की जन-मिलिशिया लोगों की सहायता से क़बायली हमले का प्रतिकार करने की कोशिश कर रही थी तो दूसरी तरफ़ महाराजा, मेहर चंद महाजन, माउंटबेटन और नेहरू इन स्थितियों से जूझने की राहें तलाश रहे थे। जहाँ महाराजा के लिए अपने लोगों के साथ-साथ अपनी सुरक्षा महत्त्वपूर्ण थी वहीं भारत सरकार के लिए कश्मीर की महत्त्वपूर्ण सामरिक स्थिति को देखते हुए उसे हमलावरों के हाथ जाने देना देश की सुरक्षा के लिए एक बड़ा ख़तरा था। 1948 में जारी श्वेतपत्र में कहा गया है—

कश्मीर की उत्तरी सीमाएँ, जैसा कि आप जानते हैं चीन, अफ़ग़ानिस्तान और रूस से मिलती हैं। कश्मीर की सुरक्षा, जिसे निश्चित रूप से उसकी आंतरिक स्थिरता और शान्ति पर ही निर्भर होना चाहिए, भारत की सुरक्षा के लिए महत्त्वपूर्ण है। ख़ासतौर पर तब जब कश्मीर की दक्षिणी सीमा और भारत की सीमा साझा है। इसलिए कश्मीर की सहायता भारत के राष्ट्रीय हितों के अनुरूप है।[65]

उधर अब महाराजा के सामने भारत से सहायता माँगने के अलावा कोई विकल्प नहीं था। शेख़ अब्दुल्ला इन परिस्थितियों का सम्यक़ समाहार करते हैं—

महाराजा एक स्वतंत्र कश्मीर चाहते थे। विलय पत्र पर हस्ताक्षर करने के लिए बाध्य कर दिए जाने से पहले उन्होंने माउंटबेटन को लिखा था कि कश्मीर की अवस्थिति और जनसंख्या के संघटन को देखते हुए वह आज़ादी चाहते हैं। लेकिन कश्मीर पर हमले के पाकिस्तान के अदूरदर्शी क़दम के चलते उनके पास कोई विकल्प नहीं बचा। उनके पास भारत से विलय करने और सैन्य सहायता माँगने के अलावा कोई रास्ता नहीं था।[66]

यहाँ यह ज़िक्र कर देना भी प्रासंगिक होगा कि जब क़बीलाई हमले की ख़बर पाकिस्तान पहुँची तो *पाकिस्तान टाइम्स* के संपादक और सुप्रसिद्ध प्रगतिशील शायर फ़ैज़ अहमद फ़ैज़ ने लिखा 'हम देख सकते थे कि सब खो दिया गया है...यहाँ कश्मीर के पाकिस्तान में विलय की सारी संभावना ख़त्म हो गईं।'[67]

माउंटबेटन इस बात को लेकर मुतमइन थे कि सैन्य सहायता भेजने के पहले महाराजा को विलय पत्र पर हस्ताक्षर करने पड़ेंगे। उनका मानना था कि तटस्थता की स्थिति में भारत के पास सेना भेजने का कोई अधिकार नहीं है और ऐसा करने पर पाकिस्तान भी सेना भेज सकता है जिसका नतीजा केवल युद्ध होगा। नेहरू भी इस बात से सहमत थे।[68] 24 अक्टूबर को डिफेन्स कमेटी की महत्त्वपूर्ण बैठक के बाद वी.पी. मेनन को सैम मानेकशा और विंग कमांडर दीवान के साथ हालात का जायज़ा लेने श्रीनगर भेजा गया। अगले दिन महाराजा को उन्होंने भारत सरकार के रुख के बारे में बताया और लौट कर सूचना दी कि अगर तुरंत सेना न भेजी गई तो श्रीनगर को बचाना संभव नहीं होगा। 26 अक्टूबर को डिफ़ेन्स कमेटी की बैठक में हवाई जहाज़ से सेना और हथियार भेजने का निश्चय किया गया। उसी दिन मेनन को फिर से श्रीनगर भेजा गया जहाँ से वह महाराजा हरि सिंह द्वारा हस्ताक्षरित विलय पत्र तथा सेना और हथियारों के लिए औपचारिक अनुरोध लेकर लौटे। नेहरू ने लिखा—

> मेरी सरकार भारतीय अधिराज्य में कश्मीर राज्य के विलय को स्वीकार करती है। अपनी इस नीति के अनुरूप कि अगर किसी राज्य में विलय के मामले में कोई विवाद हो तो विलय का सवाल राज्य की जनता की इच्छा के अनुरूप हल किया जाएगा। यह मेरी सरकार की इच्छा है कि जैसे ही क़ानून व्यवस्था लागू हो जाती है और कश्मीर से आक्रमणकारी हट जाते हैं राज्य के विलय का सवाल जनमत से सुलझा लिया जाना चाहिए।[69]

नेहरू के इस बयान को उस समय के व्यापक संदर्भों में समझना चाहिए। जूनागढ़ में यही नीति अपनाई गई थी और सफलता भी मिली थी। 'काठियावाड़ राज्यों के समूह' के हिस्से जूनागढ़ के नवाब ने 15 अगस्त, 1947 को पाकिस्तान के साथ विलय पत्र पर हस्ताक्षर किये थे। वी.पी. मेनन ने 21 अगस्त को पाकिस्तान के उच्चायुक्त को पत्र लिखकर कहा कि जूनागढ़ भौगोलिक रूप से पाकिस्तान से नहीं जुड़ा है और वहाँ बहुसंख्यक जनता हिन्दू है इसलिए वहाँ जनमत संग्रह कराया जाए। पाकिस्तान से कोई जवाब न आने की स्थिति में दुबारा पत्र भेजा गया लेकिन पाकिस्तान की तरफ़ से कोई जवाब नहीं आया। 12 सितम्बर को माउंटबेटन के चीफ़ ऑफ़ स्टाफ़ लॉर्ड इस्मे द्वारा नेहरू ने यह सूचना भिजवाई कि भारत जनमतसंग्रह के किसी भी निर्णय को स्वीकार करने के लिए तैयार है। 13 सितम्बर को पाकिस्तान ने इस विलय को स्वीकार कर लिए जाने की सूचना दी। इसमें जनमतसंग्रह की कोई बात नहीं थी। इधर जूनागढ़ में पाकिस्तान से विलय के ख़िलाफ़ जनान्दोलन शुरू हो गया और आस-पास के राज्यों ने भी इसका समर्थन किया तो हालात गंभीर हो गए। भारत के ऊपर कार्यवाही के लिए दबाव बढ़ा लेकिन चूँकि विलय पत्र पूरी तरह से क़ानून सम्मत था तो भारत द्वारा की गई कोई भी सैन्य कार्यवाही युद्ध छेड़ने जैसी ही होती। माउंटबेटन ऐसे किसी भी युद्ध के ख़िलाफ़ थे। नेहरू तथा पटेल भी जानते थे कि इस मौक़े पर अगर युद्ध हुआ तो अंतर्राष्ट्रीय समुदाय इसकी ज़िम्मेदारी भारत पर डालेगा। भारत ने अगल-बगल के राज्यों की सेनाओं को जूनागढ़ की सीमाओं पर तैनात करने तथा जूनागढ़ को आर्थिक आपूर्ति रोकने का फ़ैसला किया। मेनन को जूनागढ़ भेजकर नवाब पर जनमत संग्रह पर राज़ी करने का भी

फ़ैसला किया गया। लेकिन नवाब ने बीमारी का बहाना बनाकर उनसे मिलने से मना कर दिया और दीवान सर शाहनवाज़ भुट्टो‡‡ ने ऐसे किसी प्रस्ताव को मानने से इंकार कर दिया। जब जूनागढ़ ने बाबरियावाड़ और माँगरोल पर भी अपना दावा ठोंका तो वहाँ के प्रशासकों ने भारत से मदद माँगी और अब इससे पीछे हटना भारतीय अधिराज्य में शामिल हुए राज्यों को सुरक्षा न प्रदान करने जैसा होता। इसलिए माउंटबेटन की सलाह को दरकिनार करते हुए पटेल और नेहरू ने हस्तक्षेप का फ़ैसला किया। भारतीय सेनाओं को बाबरियावाड़, माँगरोल और जूनागढ़ की सीमाओं पर तैनात कर अगले आदेश की प्रतीक्षा करने को कहा गया तथा शान्तिपूर्ण समाधान के लिए घोषणा की कि एक तरफ़ जूनागढ़ पर दबाव बनाये रखा जाएगा तो दूसरी तरफ़ युद्ध की सम्भावनाओं को यथासम्भव टालते हुए अन्य राज्यों की पूरी सुरक्षा की जायेगी। 30 सितम्बर को लियाक़त अली के साथ हुई एक बैठक में नेहरू ने घोषणा की कि जिन राज्यों में विलय को लेकर विवाद है वहाँ भारत जनता की इच्छा को पहली वरीयता देगा तथा जनमतसंग्रह, आम चुनाव जैसे माध्यमों से विलय के फ़ैसले करेगा।

इधर एक अक्टूबर को जूनागढ़ के नवाब ने माँगरोल पर कब्ज़ा कर लिया। भारत ने 5 अक्टूबर को लियाक़त अली को पत्र लिखा कि वे नवाब को माँगरोल से कब्ज़ा हटाने के लिए कहें क्योंकि माँगरोल ने भारत के साथ विलय पत्र पर हस्ताक्षर किये हैं। कोई सीधा जवाब देने की जगह पाकिस्तान ने माँगरोल और बाबरियावाड़ के भारत के साथ विलय के क़ानूनी पक्ष की जाँच कराने का प्रस्ताव दिया तो नेहरू ने कहा कि असली मुद्दा तो जूनागढ़ है। शान्तिपूर्ण समाधान के सभी रास्ते बंद होने पर 25 अक्टूबर को माँगरोल पर कब्ज़े की योजना को हरी झंडी दे दी गई और 1 नवम्बर को बाबरियावाड़ तथा माँगरोल का प्रशासन भारतीय सिविल सेवा के हाथ दे दिया गया। साथ ही जूनागढ़ पर आर्थिक प्रतिबन्ध बढ़ा दिए गए जिससे वहाँ प्रशासन पंगु हो गया। खाने-पीने की चीज़ों की भयानक कमी हो गई और राज्य का ख़ज़ाना ख़ाली हो गया। नवाब ख़ुद पहले ही सारा ख़ज़ाना लेकर कराची जा चुका था। यहाँ यह ध्यान देना होगा कि इसकी तुलना पाकिस्तान द्वारा कश्मीर में लगाए गए आर्थिक प्रतिबंधों से नहीं की जा सकती क्योंकि कश्मीर ने पाकिस्तान के साथ स्टैंड स्टिल समझौता किया था। हालात इतने बदतर हो गए कि शाहनवाज़ भुट्टो ने 27 अक्टूबर को जिन्ना को लिखा—'काठियावाड़ के मुसलमानों में पाकिस्तान को लेकर सारा उत्साह ख़त्म हो गया है।' 5 नवम्बर को जूनागढ़ की स्टेट काउंसिल ने स्थिति की पुनर्समीक्षा करते हुए दोनों अधिराज्यों से अपने सम्बन्धों पर पुनर्विचार की बात की और 8 नवम्बर को दीवान ने भारत से जूनागढ़ का प्रशासन अपने हाथ में ले लेने की गुज़ारिश की। भारत ने यह प्रस्ताव स्वीकार कर लिया और उसके बाद हुए जनमतसंग्रह में मात्र 90 लोगों ने पाकिस्तान में विलय के पक्ष में वोट दिया। इस तरह जूनागढ़ भारत का हिस्सा बन गया। हालाँकि पाकिस्तान इस कार्यवाही को अवैध मानता है और अब भी अपने नक़्शे में जूनागढ़ को अपना हिस्सा बताता है।[70]

‡‡सर शाहनवाज़ भुट्टो ने बाद में पाकिस्तान की राजनीति में प्रमुख भूमिका निभाई। उनके बेटे जुल्फ़िकार अली भुट्टो और पोती बेनज़ीर भुट्टो, दोनों ही आगे चलकर पाकिस्तान के प्रधानमंत्री बने।

ज़ाहिर है कश्मीर के मामले में भारत अपनी नीति बदल नहीं सकता था।

मेनन की सलाह पर 26 अक्टूबर को महाराजा हरि सिंह श्रीनगर से जम्मू आ गए।[§§] अपने साथ वह 48 मिलिट्री ट्रकों में अपना सारा क़ीमती सामान ले आये जिसमें हीरे-जवाहरात से लेकर पेंटिंग्स और कालीन-गलीचे सब शामिल थे। यही नहीं, उस समय जब क़बायली हमले का सामना करने के लिए गाड़ियों की लगातार ज़रूरत थी वह अपने साथ कश्मीर का पेट्रोल का सारा कोटा लेते आये थे।[71] इसी दिन उन्होंने विलय पत्र पर हस्ताक्षर कर दिए।[***] इस पत्र में भारत के साथ विलय की बात थी और साथ में हालात सामान्य होने पर इसे जनता की इच्छा के अनुरूप परिणत करने की बात थी। 1846 में गुलाब सिंह के जम्मू से श्रीनगर जाने के साथ हुआ डोगरा वंश का सफ़र इस वापसी के साथ अपने अंतिम पड़ाव पर पहुँच गया। शायद उन्हें एहसास था कि अब लौटकर श्रीनगर में शासक की तरह आना नहीं होगा इसलिए वह अपने साथ परिवार, रिश्तेदारों, धन-संपत्ति और क़ीमती साज-ओ-सामान लेकर चले थे। वह फिर कभी लौटकर श्रीनगर नहीं गए और जब 20 जून 1949 को उन्हें सत्ता से औपचारिक रूप से बेदख़ल कर दिया गया तो वह बम्बई चले गए जहाँ उनके ढेरों यार-दोस्त थे और पसंदीदा रेसकोर्स। श्रीनगर छोड़ने से पहले महाराजा ने एक अंतरिम सरकार बना कर शेख़ अब्दुल्ला को उसकी कमान सौंप दी थी[72] हालाँकि महाजन अब भी कश्मीर के प्रधानमंत्री थे लेकिन शेख़ अब्दुल्ला को प्रशासन का महानिदेशक बनाया गया और इस तरह प्रशासन की पूरी ज़िम्मेदारी उन पर ही थी।[73] बख़्शी ग़ुलाम मोहम्मद के नेतृत्व में नेशनल कॉन्फ्रेंस ने श्रीनगर शहर को बचाने की कोशिशें जारी रखीं। सेना में शामिल होने लायक़ न माने जाने वाली कश्मीरी कौम के पुरुष, महिलाओं, बच्चों और बुजुर्गों ने जिस हिम्मत और बहादुरी से क़बायली हमलावरों को श्रीनगर पहुँचने से रोकने के लिए संघर्ष किया उसे 19 वर्षीय मीर मक़बूल शेरवानी की शहादत की दास्तान से समझा जा सकता है। मार्गरिट बुर्के-व्हाईट लिखती हैं—

> बारामूला में क़स्बे के निवासियों ने मुझे एक युवा दुकानदार के बारे में बताया जिसने धार्मिक सहिष्णुता के अपने विश्वास के लिए क़ुर्बानी दी थी। उसकी शहादत कान्वेंट की दीवारों के साए में हुई और श्रद्धालु कश्मीरियों की नज़र में वह तेज़ी से संत का दर्जा हासिल कर रहे थे।

मीर मक़बूल शेरवानी लोकतांत्रिक आन्दोलन में शेख़ अब्दुल्ला के साथी रहे

[§§]अक्सर हरि सिंह के श्रीनगर से पलायन को लेकर बहुत लानत-मलामत की जाती है। लेकिन विक्टोरिया स्कोफील्ड ने महाराजा के एडीसी दीवान सिंह के हवाले से लिखा है कि उन्हें मेनन ने कहा 'श्रीनगर में आपका रहना मूर्खतापूर्ण होगा जब हमलावर इतने क़रीब हैं। वे कब्ज़ा कर सकते हैं और आपसे कोई भी बयान दिलवा सकते हैं' इसलिए राजा ने श्रीनगर छोड़कर जम्मू जाना तय किया (पेज, 54, *कश्मीर इन कान्फ़्लिक्ट*)

[***]इस तारीख़ को लेकर काफ़ी विवाद है। पाकिस्तान यह कहता रहा है कि विलय पत्र पर हस्ताक्षर 26 अक्टूबर को नहीं हुए थे इसलिए 27 को भारतीय सेना की कार्यवाही अवैधानिक थी जबकि भारत का दावा है कि इसी दिन महाराजा ने मेनन को विलय पत्र हस्ताक्षर करके सौंप दिया था। पाठक स्कोफील्ड या एलिएस्टर लैम्ब की पूर्वोद्धृत पुस्तकें पढ़ सकते हैं।

थे और अब्दुल्ला की तरह उन्होंने भी जनता के अधिकारों के संघर्ष के लिए हिन्दू मुस्लिम एकता की ज़रूरत पर बल दिया था।

क़स्बे के लोगों ने मुझे जो जानकारी दी उसके अनुसार वह निश्चित रूप से रॉबिनहुड जैसे होने चाहिए जिसने करों की ऊँची दर न अदा कर पाने वाले किसानों की लड़ाई लड़ी, किसी ग़रीब को पीटती पुलिस से भिड़ गए और उनके शोषण के ख़िलाफ़ जनता के संघर्ष संगठित किये।

जब हमलावरों ने कश्मीर पर हमला किया और वहाँ के लोगों को आतंकित कर दिया तो शेरवानी ने, जिसे घाटी के हर गली-कूचे के बारे में पता था, परदे के पीछे काम करना शुरू किया और भारतीय सेना तथा नेशनल कॉन्फ्रेंस की मिलिशिया की मदद का भरोसा दिलाकर गाँव के लोगों का मनोबल बढ़ाते हुए उन्हें धर्म से ऊपर उठकर एकताबद्ध तरीक़े से प्रतिकार करने के लिए प्रेरित किया। तीन बार उसने चतुराई से फैलाई गई अफ़वाहों के सहारे प्रलोभन देकर क़बायलियों को भारतीय सेना के हाथ पड़वा दिया लेकिन चौथी बार वह विफल हुए और पकड़े गए।

क़बायली उन्हें क़स्बे के चौराहे पर राइफल की बटों से पीटते हुए एक सेब की दुकान के अहाते में ले गए। लोगों के बीच शेरवानी की लोकप्रियता से परिचित हमलावरों ने उसे सार्वजनिक रूप से यह कहने के लिए कहा कि पाकिस्तान ही मुसलमानों के लिए सर्वश्रेष्ठ विकल्प है। जब उन्होंने ऐसा करने से मना कर दिया तो उन्हें कोड़ों से मारा गया, उनके हाथ दोनों तरफ़ क्रॉस की तरह फैले थे।

क़बायलियों ने इसके बाद जो किया वह आश्चर्यजनक था। मैं नहीं जानती कि इन बर्बर ख़ानाबदोशों ने ऐसा कैसे सोच लिया, संभव है उन्हें यह ठीक ऊपर की पहाड़ी पर स्थित सेंट जोसेफ़ के चैपल में लगी ईसामसीह की प्रतिमा को देखकर सूझा हो। उन्होंने शेरवानी के हाथ के पंजों पर कीलें ठोंक दीं और उसके माथे पर टिन के एक टुकड़े पर यह लिखकर चिपका दिया कि 'एक ग़द्दार की सज़ा मौत है।'

एक बार फिर शेरवानी चीख़े-'हिन्दू-मुस्लिम इत्तिहाद ज़िन्दाबाद' और क़बायलियों ने उसकी देह में चौदह गोलियाँ उतार दीं।[74]

शेरवानी कश्मीर में एक नायक की तरह प्रतिष्ठित हुए। भारतीय सेना हर साल उनकी वीरता को याद करती है। उनके नाम से बारामूला में एक मेमोरियल हॉल बनवाया गया और फ़िल्म्स डिविज़न ने उन पर एक वृत्तचित्र भी बनाया है। मुल्कराज आनंद ने उन पर आधारित एक उपन्यास लिखा है— *डेथ ऑफ़ अ हीरो,* जो 1955 में प्रकाशित हुआ। ऐसा ही एक क़िस्सा बारामूला के मास्टर अब्दुल अजीज़ का है। जब क़बायलियों ने ग़ैर मुस्लिम

औरतों का बलात्कार करने की कोशिश की तो अब्दुल अजीज़ ने *क़ुरान* हाथ में लेकर क़सम खाई कि उनके जीते जी कोई उन औरतों को छू भी नहीं पायेगा। हत्यारों ने अंतत: उन्हें भी मार डाला।[75]

27 अक्टूबर को भारतीय सेना अपनी तरह के अनूठे अभियान में नागरिक हवाई जहाज़ों से जब श्रीनगर पहुँची तो उनके पास आगे बढ़ने के लिए परिवहन के साधन भी नहीं थे।। बख्शी ग़ुलाम मोहम्मद ने बसों की व्यवस्था की और लेफ़्टिनेंट कर्नल दीवान रणजीत राय के नेतृत्व में सेना ने सीधा मुक़ाबला करने का तय किया, शाम होते होते भारतीय सेना ने श्रीनगर से 17 मील दूर पट्टन में अपनी सुरक्षा रेखा बना ली थी लेकिन लेफ़्टिनेंट कर्नल राय को खोकर। अगले दिन तक वायु सेना की बटालियन भी पहुँच गई थी तथा ब्रिगेडियर एल.पी. सेन के नेतृत्व में मेजर जनरल कलावंत सिंह, मेजर जनरल के.एस. थिमैया, मेजर जनरल आत्मा सिंह और एयर वाइस मार्शल एस. मुखर्जी आदि के साथ मिलकर 8 नवम्बर तक बारामूला पर कब्ज़ा करके हमलावरों को पीछे हटने पर मजबूर कर दिया। 14 नवम्बर तक उरी, तन्मार्ग और गुलमर्ग भी भारतीय कब्ज़े में आ गए।

यह हमला और भारतीय सेना की तत्परता पाकिस्तान के लिए अविश्वसनीय थी। एलिएस्टर लैम्ब सहित अनेक विद्वान पाकिस्तानी सत्तातंत्र के इस आरोप को लगातार दुहराते हैं कि भारत ने इस हमले की तैयारी पहले से कर रखी थी। हालाँकि वी.पी. मेनन ने इस कार्यवाही की पूरी डायरी प्रस्तुत की है[76] लेकिन इसे लेकर विवाद और अविश्वास के स्वर बंद नहीं हुए हैं। इस परिदृश्य में भारतीय सेना के शामिल होने के तुरंत बाद जिन्ना ने पाकिस्तानी सेना के तत्कालीन प्रमुख जनरल सर डगलस ग्रेसी को आक्रमण करने के लिए कहा। लेकिन दोनों सेनाओं में उपस्थित अंग्रेज़ अफसरों के बीच किसी भी टकराव को रोकने के लिए सत्ता हस्तांतरण के तुरंत बाद सेना प्रमुख जनरल अचिन्लेक ने 'स्टैंड डाउन' करने के आदेश दिए थे जिसके तहत ऐसी किसी भी स्थिति में ब्रिटिश सेना के अधिकारी एक-दूसरे पर हथियार नहीं उठाएँगे। इसलिए जब ग्रेसी ने भारत और पाकिस्तान की सेना के संयुक्त कमांडर अचिन्लेक को यह सूचना दी तो उन्होंने जिन्ना को कहा कि ऐसी स्थिति में वह दोनों सेनाओं से सभी ब्रिटिश अधिकारियों को हटा लेंगे। नतीजतन जिन्ना पाकिस्तानी सेना को प्रत्यक्ष रूप से इस युद्ध में शामिल नहीं कर पाए[77] जिसने भारतीय सेना के काम को थोड़ा आसान कर दिया।

संदर्भ सूची

1. देखें, पृष्ठ 41-42, *हेयर एप्रेन्ट,* करण सिंह, ऑक्सफ़ोर्ड यूनिवर्सिटी प्रेस, दिल्ली 1984
2. देखें, वही, पृष्ठ 43
3. देखें, पृष्ठ 45, पी.आई.डी. परिमू, *कश्मीर एंड शेर-ए-कश्मीर—अ रिवोल्यूशन डीरेल्ड,* चिनार पब्लिशर्स, अहमदाबाद
4. देखें, पृष्ठ 106, *कश्मीर : अ डिस्प्यूटेड लेगेसी,* एलिएस्टर लैम्ब, 1846-90, रॉक्सफोर्ड बुक्स, हर्टफोर्डशायर-1991
5. देखें, पृष्ठ 65, *पाकिस्तान ऑक्युपाइड कश्मीर : द अनटोल्ड स्टोरी,* (सं) वीरेन्द्र गुप्ता और आलोक बंसल, इंस्टीच्यूट फ़ॉर डिफ़ेन्स स्टडीज़ एंड एनालिसिस, मानस प्रकाशन, दिल्ली—2016
6. देखें, वही पृष्ठ 81
7. देखें, पृष्ठ 46, टू *नेशंस एंड कश्मीर,* लॉर्ड क्रिस्टोफ़र बर्डवुड, रॉबर्ट हेल लिमिटेड, लन्दन-1956
8. देखें, पृष्ठ 98-99, *कश्मीर बिहाइंड द वेल,* एम.जे. अकबर, रोली बुक्स, दिल्ली, छठा संस्करण-2011
9. देखें, पृष्ठ 60, *बियाण्ड हेडलाइंस,* कुलदीप नैयर, रोली बुक्स, दिल्ली-2012
10. देखें, पृष्ठ 109, कश्मीर : *अ डिस्प्यूटेड लेगेसी,* एलिएस्टर लैम्ब, 1846-90, रॉक्सफोर्ड बुक्स, हर्टफोर्डशायर-1991
11. देखें, पृष्ठ 7, *कश्मीर आफ़्टर इंसरजेंसी,* बलराज पुरी, ओरियेंट लॉन्गमैन प्राइवेट लिमिटेड, तीसरा संस्करण-2008, दिल्ली
12. देखें, पृष्ठ 355, *इंटीग्रेशन ऑफ़ द इण्डियन स्टेट्स,* वी.पी. मेनन, ओरियेंट ब्लैक्स्वान, दूसरा संस्करण-2016, दिल्ली
13. देखें, पृष्ठ 60, *बियाण्ड हेडलाइंस,* कुलदीप नैयर, रोली बुक्स, दिल्ली-2012
14. देखें, पृष्ठ 261, *मिशन विद माउंटबेटन,* एलन कैम्पबेल जॉनसन, जैको पब्लिशिंग हाउस, दिल्ली-1951
15. देखें, पृष्ठ 183-84, *बीइंग द अदर : द मुस्लिम्स इन इण्डिया,* सईद नक़वी, अलिफ़ बुक कम्पनी, दिल्ली—2016
16. देखें, पृष्ठ 83, *फ़्लेम्स ऑफ़ चिनार,* शेख़ अब्दुल्ला (अनुवाद—खुशवंत सिंह), पेंगुइन-दिल्ली-1993
17. देखें, पृष्ठ 5, *कश्मीर आफ़्टर इंसरजेंसी,* बलराज पुरी, ओरियेंट लॉन्गमैन प्राइवेट लिमिटेड, तीसरा संस्करण-2008, दिल्ली
18. देखें, वही, पृष्ठ 6
19. देखें, पृष्ठ 16, द *स्ट्रगल फ़ॉर कश्मीर,* माइकल ब्रेखर, ऑक्सफ़ोर्ड यूनिवर्सिटी प्रेस, लन्दन-1953
20. देखें, पृष्ठ 84-85, *फ़्लेम्स ऑफ़ चिनार,* शेख़ अब्दुल्ला (अनुवाद—खुशवंत सिंह), पेंगुइन-दिल्ली-1993
21. देखें, पृष्ठ 145, *फ्रीडम स्ट्रगल इन कश्मीर,* एफ़ एम. हसनैन, रीमा पब्लिशिंग हाउस, 1988, दिल्ली
22. देखें, पृष्ठ 43, टू नेशंस एंड कश्मीर, लॉर्ड वुडबर्ड, रॉबर्ट हेल लिमिटेड, लन्दन-1956
23. देखें, पृष्ठ 69-70, *पाकिस्तान ऑक्युपाइड कश्मीर : द अनटोल्ड स्टोरी,* (सं) वीरेन्द्र गुप्ता और आलोक बंसल, इंस्टीच्यूट फ़ॉर डिफ़ेन्स स्टडीज़ एंड एनालिसिस, मानस प्रकाशन, दिल्ली—2016
24. देखें, वही, पृष्ठ 71
25. देखें, पृष्ठ 7, *कश्मीर आफ़्टर इंसरजेंसी,* बलराज पुरी, ओरियेंट लॉन्गमैन प्राइवेट लिमिटेड, तीसरा संस्करण-2008, दिल्ली
26. देखें, पृष्ठ 109, *कश्मीर : अ डिस्प्यूटेड लेगेसी,* एलिएस्टर लैम्ब, 1846-90, रॉक्सफोर्ड बुक्स, हर्टफोर्डशायर-1991
27. देखें, पृष्ठ 44, टू *नेशंस एंड कश्मीर,* लॉर्ड क्रिस्टोफ़र बर्डवुड, रॉबर्ट हेल लिमिटेड, लन्दन-1956
28. देखें, वही
29. देखें, पृष्ठ 17, द *कश्मीर डिस्प्यूट 1947-2012,* ए.जी. नूरानी, खण्ड 1, तीसरा संस्करण, तूलिका बुक्स, दिल्ली-2015

30. देखें, पृष्ठ 226-228, *ओरियेंटलिज़्म,* एडवर्ड सईद, पेंग्विन-2001
31. देखें, अध्याय 9 के पृष्ठ पर फ़ुटनोट
32. देखें, पृष्ठ 146, *फ्रीडम स्ट्रगल इन कश्मीर,* एफ़ एम. हसनैन, रीमा पब्लिशिंग हाउस, 1988, दिल्ली
33. देखें, पृष्ठ 74-79, *इन द मार्जिन ऑफ़ इंडिपेंडेंस : अ रिलीफ़ वर्कर इन इंडिया एंड पाकिस्तान,* 1942-1949, रिचर्ड सायमंड्स, ऑक्सफ़ोर्ड यूनिवर्सिटी प्रेस, 2001
34. देखें, पृष्ठ 123, *कश्मीर : अ डिस्प्यूटेड लेगेसी,* एलिएस्टर लैम्ब, 1846-90, रॉक्सफोर्ड बुक्स, हर्टफोर्डशायर-1991
35. देखें, पृष्ठ 26, *द स्ट्रगल फ़ॉर कश्मीर,* माइकल ब्रेखर, ऑक्सफ़ोर्ड यूनिवर्सिटी प्रेस, लन्दन-1953
36. देखें, पृष्ठ 183-84, *बीइंग द अदर : द मुस्लिम्स इन इण्डिया,* सईद नक़वी, अलिफ़ बुक कम्पनी, दिल्ली—2016
37. देखें, पृष्ठ 270-73, लुकिंग बैक, मेहर चंद महाजन, एशिया पब्लिशिंग हाउस, दिल्ली-1963
38. देखें, पृष्ठ 125, *कश्मीर : अ डिस्प्यूटेड लेगेसी,* एलिएस्टर लैम्ब, 1846-90, रॉक्सफोर्ड बुक्स, हर्टफोर्डशायर-1991
39. देखें, वही, पृष्ठ 123
40. देखें, पृष्ठ 184-93, *बीइंग द अदर : द मुस्लिम्स इन इण्डिया,* सईद नक़वी, अलिफ़ बुक कम्पनी, दिल्ली—2016
41. देखें, पृष्ठ 159, *कम्युनल रायट्स इन पोस्ट इंडिपेंडेंट इंडिया,* (सं. असग़र अली इंजिनियर), कम्युनल पॉलिटिक्स इन जम्मू एंड कशमीर, रियाज़ पंजाबी, दूसरा संस्करण, यूनिवर्सिटी प्रेस, दिल्ली—1997
42. देखें, पृष्ठ 93, *बीइंग द अदर : द मुस्लिम्स इन इण्डिया,* सईद नक़वी, अलिफ़ बुक कम्पनी, दिल्ली—2016
43. देखें, पृष्ठ 147-48, फ्रीडम स्ट्रगल इन कशमीर, एफ़ एम. हसनैन, रीमा पब्लिशिंग हाउस, 1988, दिल्ली
44. देखें, पृष्ठ 86, *फ़्लेम्स ऑफ़ चिनार,* शेख़ अब्दुल्ला (अनुवाद—खुशवंत सिंह), पेंगुइन-दिल्ली-1993
45. देखें, पृष्ठ 44, *कश्मीर इन कॉन्फ़्लिक्ट : इण्डिया, पाकिस्तान एंड द अनएंडिंग वार,* विक्टोरिया स्कोफील्ड, आई.बी. टॉरिस एंड कम्पनी लिमिटेड, लन्दन-2003
46. देखें, पृष्ठ 269-71, *लुकिंग बैक,* मेहर चंद महाजन, एशिया पब्लिशिंग हाउस, दिल्ली-1963
47. देखें, पृष्ठ 48, *टू नेशंस एंड कश्मीर,* लॉर्ड वुडबर्ड, रॉबर्ट हेल लिमिटेड, लन्दन-1956
48. देखें, पृष्ठ 126-27, *कश्मीर : अ डिस्प्यूटेड लेगेसी,* एलिएस्टर लैम्ब, 1846-90, रॉक्सफोर्ड बुक्स, हर्टफोर्डशायर-1991
49. देखें, पृष्ठ 261-62, *मिशन विद माउंटबेटन,* एलन कैम्पबेल जॉनसन, जैको पब्लिशिंग हाउस, दिल्ली-1951
50. देखें, देखें, पृष्ठ 306, चित्रलेखा ज़ुत्शी, *लेंगवेज ऑफ़ बिलाँगिंग : इस्लाम,* रीज़नल आइडेंटिटी एंड मेकिंग ऑफ़ कशमीर, परमानेंट ब्लैक, दूसरा संस्करण-2015
51. देखें, पृष्ठ 118, *कश्मीर : अ डिस्प्यूटेड लेगेसी,* एलिएस्टर लैम्ब, 1846-90, रॉक्सफोर्ड बुक्स, हर्टफोर्डशायर-1991
52. देखिये कराची से प्रकाशित डिफ़ेन्स जर्नल के जून-जुलाई 1984 के अंक में पृष्ठ 69 पर प्रकाशित 'इंटरव्यू विद मेजर जनरल अकबर खान', ब्रिगेडियर(सेवानिवृत्त) ए.आर. सिद्दीकी
53. देखें, पृष्ठ 446, *द ग्रेट डिवाइड : ब्रिटेन-इण्डिया-पाकिस्तान,* एच वी हडसन, ऑक्सफ़ोर्ड यूनिवर्सिटी प्रेस, कराची-1969
54. देखें, पृष्ठ 40-42, *द फ़ॉर फ्लंग फ्रंटियर्स,* अलाइड पब्लिशर्स, नई दिल्ली—1983
55. देखें, पृष्ठ 54, *टू नेशंस एंड कश्मीर,* लॉर्ड वुडबर्ड, रॉबर्ट हेल लिमिटेड, लन्दन-1956
56. देखें, पृष्ठ 119, *मेमॉयर्स,* लेफ़्टिनेंट जनरल गुल हसन खान, ऑक्सफ़ोर्ड यूनिवर्सिटी प्रेस, कराची-1993
57. देखें, पृष्ठ 39, *वार एंड डिप्लोमेसी इन कश्मीर : 1947-48,* दूसरा संस्करण, पृष्ठ क्लासिक्स-2014
58. देखें, पृष्ठ 108, *कश्मीर बिहाइंड द वेल,* एम.जे. अकबर,रोली बुक्स, छठा संस्करण, दिल्ली—2011
59. देखें, पृष्ठ 3, *अ मिशन इन कश्मीर,* एंड्रयू व्हाईटहेड, वाइकिंग-2007

60. देखें, पृष्ठ 54, *टू नेशंस एंड कश्मीर,* लॉर्ड वुडबर्ड, रॉबर्ट हेल लिमिटेड, लन्दन–1956
61. देखें, वही 54–55
62. देखें, पृष्ठ 161, *हॉफवे टू फ्रीडम,* मार्गरिट बुर्के–व्हाईट, एशिया पब्लिशिंग हाउस, बाम्बे–1949
63. देखें, पृष्ठ 105–07, *कश्मीर : बिहाइंड द वेल,* एम.जे. अकबर, रोली बुक्स, छठा संस्करण, दिल्ली—2011
64. यहाँ पी.एल.डी. परिमू की पूर्वोद्धृत किताब से (पृष्ठ संख्या 55)
65. देखें, पृष्ठ 40, *क्राइसिस इन कश्मीर,* एलिएस्टर लैम्ब, रॉट्लेज़ एंड केगन पाल, लन्दन–1966
66. देखें, पृष्ठ 91–92, *फ़्लेम्स ऑफ़ चिनार,* शेख़ अब्दुल्ला (अनुवाद—खुशवंत सिंह), पेंगुइन–दिल्ली–1993
67. देखें, पृष्ठ 47, *कश्मीर इन कॉन्फ़्लिक्ट : इण्डिया, पाकिस्तान एंड द अनएंडिंग वार,* विक्टोरिया स्कोफील्ड, आई.बी. टारिस एंड कम्पनी लिमिटेड, लन्दन–2003
68. देखें, पृष्ठ 263, *मिशन विद माउंटबेटन,* एलन कैम्पबेल जॉनसन, जैको पब्लिशिंग हाउस, दिल्ली–1951
69. देखें, पृष्ठ 58, *टू नेशंस एंड कश्मीर,* लॉर्ड वुडबर्ड, रॉबर्ट हेल लिमिटेड, लन्दन–1956
70. देखें, पृष्ठ 19–33, *वार एंड डिप्लोमेसी इन कश्मीर :* 1947–48, सी. दासगुप्ता, पृष्ठ पब्लिकेशन, दूसरा संस्करण, दिल्ली–2014
71. देखें, पृष्ठ..., *हाफ़वे टू फ्रीडम,* मार्गरिट बुर्के–व्हाईट, एशिया पब्लिशिंग हाउस, बाम्बे–1949
72. देखें, पृष्ठ 54, *कश्मीर इन कॉन्फ़्लिक्ट : इण्डिया, पाकिस्तान एंड द अनएंडिंग वार,* विक्टोरिया स्कोफील्ड, आई.बी. टारिस एंड कम्पनी लिमिटेड, लन्दन–2003
73. देखें, पृष्ठ 97, *फ़्लेम्स ऑफ़ चिनार,* शेख़ अब्दुल्ला (अनुवाद—खुशवंत सिंह), पेंगुइन–दिल्ली–1993
74. देखें, पृष्ठ 163–64, *हाफ़वे टू फ्रीडम,* मार्गरिट बुर्के–व्हाईट, एशिया पब्लिशिंग हाउस, बाम्बे–1949
75. देखें, पृष्ठ 80, *जम्मू एंड कश्मीर : अ विक्टिम,* दया सागर, ओसेन बुक्स प्राइवेट लिमिटेड, दिल्ली–2015
76. देखें, पृष्ठ 361, *इंटीग्रेशन ऑफ़ द इण्डियन स्टेट्स,* वी.पी. मेनन, ओरियेंट ब्लैक्स्वान, दूसरा संस्करण-2016, दिल्ली
77. देखें, पृष्ठ 97, *कश्मीर इन कॉन्फ़्लिक्ट : इण्डिया, पाकिस्तान एंड द अनएंडिंग वार,* विक्टोरिया स्कोफील्ड, आई.बी. टारिस एंड कम्पनी लिमिटेड, लन्दन–2003

13

संयुक्त राष्ट्र, लोकतंत्र, 370 और विडम्बनाएँ

क़बायली हमले के आसन्न ख़तरे के समक्ष नेशनल कॉन्फ्रेंस और शेख़ अब्दुल्ला की अंतरिम सरकार ने न केवल भारतीय सेना के आने तक श्रीनगर तथा आस–पास के इलाक़े की सुरक्षा का प्रबंध किया बल्कि इन नए हालात में कश्मीर के भविष्य के सवाल को लेकर हो रही ज़द्दोज़हद में भी सक्रिय हुई। अब वह कश्मीरी जनता की मान्यता प्राप्त प्रतिनिधि थी। भारत के प्रति अपने स्पष्ट झुकाव के बावजूद शेख़ अब्दुल्ला यह जानते थे कि पाकिस्तान से तनावपूर्ण सम्बन्ध कभी कश्मीर को शान्त नहीं रहने देंगे। पाकिस्तान के दूत बनकर बात करने आये डॉ. मोहम्मद दीन तासीर* और शेख़ सादिक़ हसन के पाकिस्तान में विलय के समर्थन के प्रस्ताव पर उन्होंने कहा था कि यह समय इस फ़ैसले का नहीं है। लेकिन अगर कश्मीर की जनता का हित पाकिस्तान के साथ विलय में होगा तो वह यह निर्णय लेने से नहीं चूकेंगे। यही नहीं, उन्होंने जी.एम. सादिक़ को पाकिस्तान भेजकर ख़ुद लाहौर आकर बात करने का प्रस्ताव भेजा था। लेकिन पाकिस्तान सरकार ने सादिक़ को कोई महत्त्व नहीं दिया।[1] उस माहौल में पंजाब और जम्मू दोनों से लगातार मुसलमानों की हत्याओं और साम्प्रदायिक तनाव की ख़बरें आ रही थीं। पूरी कश्मीर घाटी में न कोई साम्प्रदायिक तनाव की घटना हुई न ही किसी हिन्दू या सिख को घाटी छोड़नी पड़ी। यह न केवल नेशनल कॉन्फ्रेंस के लिए बड़ी सफलता थी बल्कि शेख़ के उन आलोचकों को माकूल जवाब भी है जो उनके साम्प्रदायिक सद्भाव की नीति पर सवाल उठाते रहे हैं। गाँधी उन दिनों अपनी प्रार्थना सभाओं में लगातार कश्मीर को एक उम्मीद की किरण की तरह बता रहे थे।[2]

इधर जिन्ना द्वारा पाकिस्तानी सेना को युद्ध में शामिल करने के आदेश से इंकार करने के बाद आचिन्लेक ने एक गोलमेज़ कॉन्फ्रेंस का प्रस्ताव दिया जिसमें माउंटबेटन, नेहरू, जिन्ना, लियाक़त, हरि सिंह और शेख़ अब्दुल्ला शामिल हों ताकि बातचीत से कश्मीर के तनाव को दूर करें। विलय के बाद शेख़ और हरि सिंह की भागीदारी को ग़ैर ज़रूरी कहते

*तासीर का ज़िक्र पहले आ चुका है। वह एस.पी. कॉलेज में प्रिंसिपल रह चुके थे।

हुए नेहरू शेष लोगों की बैठक के लिए तैयार थे लेकिन पटेल इसके लिए राज़ी नहीं थे। तय तिथि 1 नवम्बर को बीमारी[†] के बावजूद नेहरू लाहौर जाने को तैयार थे लेकिन 31 अक्टूबर की शाम जब पाकिस्तान ने आधिकारिक रूप से बयान देकर कश्मीर के भारत में विलय को 'धोखे और हिंसा पर आधारित' बताया तथा इसको मान्यता देने से इंकार कर दिया तो नेहरू ने अपनी यात्रा रद्द कर दी और माउंटबेटन अकेले लाहौर गए। जाने से पहले माउंटबेटन गाँधी से भी मिले। गाँधी कश्मीर में पाकिस्तान के रुख को लेकर बेहद नाराज़ थे और उन्होंने कहा कि अगर कश्मीर की रक्षा करते हुए भारतीय सेना स्पार्टा की सेना की तरह शहीद हो जाए या शेख़ अब्दुल्ला अपने सिख, हिन्दू और मुसलमान साथियों के साथ सर कटा दें तो भी वह एक बूँद आँसू नहीं बहायेंगे। यह पूरे भारतीय उपमहाद्वीप के लिए एक उदाहरण होगा और लोग भूल जायेंगे कि हिन्दू, सिख और मुसलमान कभी दुश्मन थे।[3]

जिन्ना और माउंटबेटन के बीच कोई साढ़े तीन घंटे चली इस बैठक में जिन्ना लगातार विलय को ग़ैरक़ानूनी बताते रहे और भारतीय सेना की कार्यवाही को कश्मीर की हिंसा की वजह, वहीं माउंटबेटन ने विलय को पूरी तरह से वैध बताते हुए कश्मीर में हिंसा के लिए क़बायली हमले को ज़िम्मेदार ठहराया। समझौते के प्रयास पर जिन्ना ने कहा कि अगर भारत अपनी सेना वापस बुला ले तो मैं क़बायली हमला बंद करा दूँगा। ज़ाहिर है कि सार्वजनिक रूप से लगातार इस हमले में कोई हाथ न होने का पाकिस्तान का दावा निजी बातचीत में पलट गया।[4] माउंटबेटन ने कश्मीर, जूनागढ़ और हैदराबाद पर मतभेद सुलझाने के लिए जिन्ना को एक समाधान सौंपा था जिसके अनुसार 'जिन राज्यों में बहुसंख्यक जनता और शासक के धर्म अलग-अलग हों और जहाँ शासक ने उस अधिराज्य में विलय का फ़ैसला लिया है जहाँ की बहुसंख्या का धर्म उस राज्य की बहुसंख्या के धर्म से अलग हो, उन राज्यों के विलय का फ़ैसला हर मामले में जनमतसंग्रह द्वारा कराया जाए।'[5] जिन्ना का मानना था कि भारतीय सेना और शेख़ अब्दुल्ला के रहते कश्मीर की मुस्लिम जनता कभी निर्भय होकर मतदान नहीं कर सकेगी। इसलिए जनमतसंग्रह दोनों गवर्नर जनरलों (जिन्ना और माउंटबेटन) की देख रेख में हो। माउंटबेटन ने अपनी संवैधानिक स्थिति स्पष्ट करते हुए कहा कि ऐसा संभव नहीं है और संयुक्त राष्ट्र के तत्त्वावधान में यह जनमतसंग्रह कराने का प्रस्ताव दिया, लेकिन जिन्ना इसके लिए भी राज़ी नहीं हुए।[6]

इस तरह संयुक्त राष्ट्र पहली बार कश्मीर के विमर्श में शामिल हुआ। ठीक इसी दिन (2 नवम्बर) जवाहर लाल नेहरू ने भी पहली बार सार्वजनिक तौर पर जनमतसंग्रह और संयुक्त राष्ट्र का ज़िक्र किया। रेडियो पर दिए गए भाषण में उन्होंने कहा—

> हमले का ख़तरा टल जाने के बाद हमारा अपनी तरफ़ से कश्मीर में सेनाओं के इस्तेमाल का कोई इरादा नहीं है। हमने यह घोषणा की है जनता की तक़दीर का फ़ैसला जनता ही करेगी...हम इस बात के लिए तैयार हैं कि जब शान्ति तथा क़ानून व्यवस्था वहाँ स्थापित हो जायेगी तो संयुक्त राष्ट्र जैसी अंतर्राष्ट्रीय संस्थाओं की देख-रेख में वहाँ एक जनमतसंग्रह (Referendum) कराया जाए।[7]

[†]नेहरू की बीमारी को कई लेखकों ने पाकिस्तान न जाने के बहाने की तरह बताया है। लेकिन एलेन कैम्पबेल जॉनसन के अनुसार वह सचमुच बीमार थे।

लेकिन पाकिस्तान की प्रतिक्रिया उस समय हैरान करने वाली थी। लगातार कश्मीरी जनता के पाकिस्तान के पक्ष में होने का दावा करने वाले पाकिस्तान ने भारतीय प्रस्ताव को सीधे-सीधे ठुकरा दिया। लियाक़त ने जवाब में कहा—

> (यह) भयानक संभावनाओं से भरा हुआ है...भारत सरकार जिसे क़ानून व्यवस्था की स्थापना कहती है वह जम्मू और कश्मीर की मुस्लिम जनसंख्या का दमन करने, हत्या करने और बाहर खदेड़ देने की कोशिश है जब तक पूर्वी पंजाब या भारत के पूर्वी पंजाब के राज्यों की तरह जनसंख्या का संगठन पूरी तरह से बदल न जाए...यहाँ तक कि पंडित नेहरू Plebiscite शब्द के प्रयोग से भी बचे और उन्होंने Referendum शब्द का प्रयोग किया जिसका अर्थ कुछ भी हो सकता है। भारत सरकार द्वारा जम्मू और कश्मीर पर पूरी तरह से नियंत्रण स्थापित कर लिए जाने के बाद कराया गया Plebiscite या Referendum[‡] एक शुद्ध तमाशा होगा।[8]

इसी बयान में लियाक़त ने एक बार फिर दोनों गवर्नर जनरल्स के देख-रेख में कश्मीर में Plebiscite कराने की बात की जिसे माउंटबेटन पहले ही असंभव बता चुके थे। दरअसल पाकिस्तान का यह रवैया कश्मीर के भारत में विलय को ग़ैरक़ानूनी मानने के कारण था, इसीलिए वह कश्मीर को विवादित क्षेत्र मानता था तथा दोनों गवर्नर जनरलों के नियन्त्रण में जनमतसंग्रह कराये जाने के उसके प्रस्ताव में क़बायली हमलावरों को हटाने के साथ-साथ वहाँ पाकिस्तानी सेना को भेजे जाने का इरादा शामिल था। ज़ाहिर तौर पर भारत इसे स्वीकार नहीं कर सकता था।[9]

संयुक्त राष्ट्र संघ और कश्मीर

भारत द्वारा कश्मीर में सैन्य हस्तक्षेप के बाद से ही ब्रिटिश प्रशासन द्वारा लगातार इसे नियंत्रित करने और युद्ध विराम की कोशिशें शुरू हो चुकी थीं। नेहरू और लियाक़त के बीच आरोपों-प्रत्यारोपों के दौर चलते रहे। लियाक़त ने एक पत्र में शेख़ को 'ग़द्दार' कहा तो नेहरू ने उन्हें कश्मीर के सभी वर्गों का नेता।[10] उधर एटली और उनके कॉमनवेल्थ मामलों के प्रमुख नोएल ब्रेकर भी इस मामले में कोई सीधा रुख अपनाने से बच रहे थे। पाकिस्तान इंग्लैण्ड के लिए भविष्य में रूस और मध्य पूर्व के ख़तरे के चलते एक महत्त्वपूर्ण रणनीतिक

[‡]आमतौर से Plebiscite और Referendum समानार्थी की तरह उपयोग किये जाते हैं। सामान्य डिक्शनरियों में दोनों का अर्थ भी एक ही है—जनमतसंग्रह। लेकिन अपने राजनैतिक-राजनायिक अभिप्राय में ये दोनों अलग-अलग हैं। जहाँ Referendum का अर्थ किसी एक प्रश्न पर जनता से हाँ और ना का जवाब लेना होता है और जनता का फ़ैसला सरकार पर बाध्यकारी होता है वहीं Plebiscite सरकार पर बाध्यकारी नहीं होता और इसके तहत सरकारें जनता से किसी मसले पर राय लेती हैं। यहाँ भारत और पाकिस्तान के रवैये में फ़र्क का कारण यह है कि जहाँ भारत कश्मीर के विलय को वैधानिक मानते हुए उसे अपने देश के हिस्से के रूप में स्वीकार कर वहाँ की जनता से विलय के सवाल पर हाँ या ना के रूप में राय देने की बात कर रहा था वहीं पाकिस्तान विलय पत्र को अवैधानिक बताते हुए उसे दोनों देशों के बीच एक विवादित क्षेत्र की तरह व्यवहृत कर रहा था और दोनों देशों के गवर्नर जनरलों की देख-रेख में वहाँ भारत या पाकिस्तान से विलय के सवाल पर राय लेना चाहता था।

स्पेस हो सकता था और पश्चिमी ताक़तों के प्रति उसका रुझान उस समय भी स्पष्ट था। इसलिए हम देखेंगे कि जहाँ नोएल ब्रेकर एकदम स्पष्ट पाकिस्तान समर्थक रुख अपनाते दीखते हैं वहीं आगे चल कर अमेरिका और इंग्लैण्ड में एक मज़बूत पाकिस्तान समर्थक धड़ा तैयार होता है जिसने कूटनीतिक लड़ाइयों को और उलझाने तथा किसी कूटनीतिक निर्णय तक पहुँचने को लगभग असंभव बना दिया। स्वाभाविक रूप से बाद के दौर में सोवियत रूस खुल के भारत के समर्थन में आया और अपने वीटो पॉवर द्वारा संयुक्त राष्ट्र में कई भारत विरोधी प्रस्तावों को पास नहीं होने दिया।[11] दिल्ली की बैठक के बाद दोनों के बीच यह सहमति बनी कि भारत अपनी अधिकांश सेना हटा लेगा, पाकिस्तान क़बायलियों को वापस बुलाने की पूरी कोशिश करेगा ताकि युद्धविराम हो सके और संयुक्त राष्ट्र से कोई निष्पक्ष कमीशन भेजने को कहा जाएगा जो वहाँ जनमत संग्रह (Plebiscite) कराएगा। लेकिन यह सहमति लम्बी नहीं चल पाई और पटेल के कश्मीर दौरे के बाद हमलावरों के पश्चिमी पंजाब में बड़ी संख्या में उपस्थित होने और उनकी कार्यवाहियाँ लगातार बर्बर होते चले जाने की रिपोर्ट के[12] बाद भारत ने अपना रवैया कड़ा कर लिया और नवम्बर 1947 के अंत में लाहौर की बैठक में जब कोई समझौता होता नहीं नज़र आया तो माउंटबेटन ने फिर मामला संयुक्त राष्ट्र में ले जाने के लिए कहा। लियाक़त इस पर तुरंत राज़ी हो गये। नेहरू को कुछ हफ़्तों बाद इस प्रस्ताव पर राज़ी होना था और कार्यवाही भी करनी थी।[13] लेकिन नेहरू संयुक्त राष्ट्र के हस्तक्षेप की सीमाओं को लेकर स्पष्ट थे। 21 नवम्बर को लियाक़त को लिखी चिट्ठी में उन्होंने कहा—

> '...जबकि हम संयुक्त राष्ट्र के पर्यवेक्षकों को यहाँ आने और प्रस्तावित जनमतसंग्रह[§] के बारे में हमें सलाह देने के लिए आमंत्रित करने को तैयार हैं...मैं यह इक़बाल करने को तैयार हूँ कि मैं उसके आगे कुछ सलाह दे पाने में ख़ुद को असमर्थ पा रहा हूँ जो मैंने पहले ही कहा है—यानी कि संयुक्त राष्ट्र को निष्पक्ष पर्यवेक्षक भेजने के लिए कहा जाए जो हमें जनमतसंग्रह के मुताल्लिक सलाह दे सकें।'[14]

द्विपक्षीय वार्ताओं के असफल होने पर एक जनवरी 1948 को भारत यह मुद्दा संयुक्त राष्ट्र संघ की सुरक्षा परिषद् में ले गया। लेकिन किसी विदेशी शक्ति के हमले की शिक़ायत से सम्बद्ध चैप्टर VII की जगह भारत ने यह शिक़ायत चैप्टर VI के तहत दर्ज कराई जिसमें विवाद से जुड़े पक्ष 'समझौतों, जाँच परख, मध्यस्थता, सुलह, क़ानूनी कार्यवाही, क्षेत्रीय संस्थाओं, समझौतों या अपनी पसंद के शान्तिपूर्ण तरीक़ों' से समस्या का समाधान निकालते हैं।[15] यहाँ भी ज़ोर जनमतसंग्रह पर नहीं बल्कि क़बायली हमले में मदद से रोकने के लिए निर्देशित करने पर था। भारत का स्पष्ट आरोप था कि (1) पाकिस्तान हमलावरों को रास्ता दे रहा है, (2) उन्हें पाकिस्तान की ज़मीन को बेस की तरह उपयोग करने की अनुमति दे रहा है, (3) उन्हें सैन्य उपकरण और यातायात के साधन उपलब्ध करा रहा है और (4)

[§]जब तक अलग से न लिखा जाए जनमतसंग्रह का अर्थ Plebiscite ही माना जाए।

पाकिस्तानी नागरिकों को इस हमले में हिस्सा लेने तथा क़बायली हमलावरों को प्रशिक्षित करने की इजाज़त दे रहा है।[16] यह भी कहा गया था कि पाकिस्तान के न मानने की स्थिति में भारत आत्मरक्षा के लिए पाकिस्तान के क्षेत्र में घुस कर हमलावरों के ख़िलाफ़ सैन्य कार्यवाही पर बाध्य होगा। इसलिए यह मामला बेहद आवश्यक है।[17] साथ ही भारत ने जम्मू और कश्मीर के लोगों को उनके जनमतसंग्रह के अधिकार का वादा दुहराया गया और यह भी कहा गया कि इसकी पूरी निष्पक्षता सुनिश्चित कराने के लिए इसे किसी अंतर्राष्ट्रीय संस्था की देख-रेख में करवाया जाए। लेकिन यह तभी संभव था जब उस इलाक़े को हमलावरों से पूरी तरह ख़ाली कराया जाए।[18] 15 जनवरी को सुरक्षा परिषद् ने भारत का पक्ष सुनने की तिथि तय की और अगले दिन पाकिस्तान का। भारत का प्रतिनिधित्व कश्मीर के पूर्व प्रधानमंत्री और भारत सरकार में उस समय बिना विभाग के मंत्री गोपालस्वामी आयंगर, शेख़ अब्दुल्ला और तत्कालीन महाधिवक्ता एम.सी. सीतलवाड़** ने किया जबकि पाकिस्तानी पक्ष के प्रमुख वहाँ के तत्कालीन विदेश मंत्री सर ज़फ़रुल्ला ख़ान थे। आयंगर ने अपने भाषण में भारत का पक्ष रखा लेकिन न जाने क्यों पाकिस्तान को हमलावर बताने से बचते रहे। यही नहीं, न जाने किस कारण से वह पाकिस्तान और क़बायली हमलावरों के बीच का फ़र्क सिद्ध करते रहे और यह उम्मीद जताई कि पाकिस्तान हमलावरों की सहायता बंद करने को एक दोस्ताना सहकार करेगा।[19] 16 जनवरी को ज़फ़रुल्ला ख़ान ने बेहद विस्तार में पाकिस्तान का पक्ष रखा और कश्मीर के मुद्दे को पंजाब और भारत के दूसरे क्षेत्रों में मुसलमानों के क़त्लेआम से जोड़ दिया। उन्होंने जूनागढ़ पर भारत के क़ब्ज़े को भी अवैध बताया। इस मौक़े पर भारत का पक्ष कमज़ोर पड़ता नज़र आ रहा था लेकिन सीतलवाड़ ने मोर्चा सम्भाला और साम्प्रदायिक तनाव के लिए मुस्लिम लीग की नीतियों को ज़िम्मेदार बताते हुए देश में 35 लाख मुसलमानों के सुरक्षित वजूद को पाकिस्तान के नरसंहार के दावे का जवाब बताया। उन्होंने कहा—

> हमारी नज़र में, पूरे भारत में क्या हो रहा है यह भारत और पाकिस्तान के बीच मौज़ूदा मुद्दे जम्मू और कश्मीर के लिहाज़ से पूरी तरह से अप्रासंगिक बात है...हमारा कहना है कि वे घटनाएँ और उनके कारण पूरी तरह से इस संदर्भ से बाहर हैं। हम यह कह रहे हैं कि उन्हें पाकिस्तान सरकार के प्रतिनिधि द्वारा उस मुद्दे से ध्यान भटकाने के लिए अपने भाषण में शामिल किया गया है जिसे हम बेहद स्पष्ट मुद्दा समझते हैं। परिषद् के समक्ष एक और प्रमुख मुद्दा है कश्मीर पर हुए हमले से जुड़ा मुद्दा।

और इसके बाद उन्होंने विस्तार से इस मुद्दे पर बात की।[20] शेख़ अब्दुल्ला ने कश्मीरियों को बर्बर क़बायली हमलावरों से बचाने में भारतीय सेना की भूमिका की बात करते हुए हमलावरों को कश्मीर से हटाने की बात को प्रमुख मुद्दा बताया और साथ ही इस बात पर ज़ोर दिया कि परिस्थितियाँ सामान्य हो जाने पर भारत के साथ विलय या उससे पीछे हटने या आज़ाद रहने का फ़ैसला वहाँ की जनता करेगी।[21] विलय से पीछे हटने या आज़ादी की

**पाठक यहाँ नोट कर सकते हैं कि श्री सीतलवाड़ तीस्ता सीतलवाड़ के पितामह थे।

बात पर भारतीय आधिकारिक रवैये के विपरीत थी लेकिन यहाँ इसे कोई ख़ास तूल नहीं दिया गया।

इस मामले पर कार्यवाही और विचार विमर्श के लिए सुरक्षा परिषद् ने भारत और पाकिस्तान के लिए संयुक्त राष्ट्र आयोग (UNCIP)[††] का गठन प्रस्तावित किया जिसमें एक-एक सदस्य भारत और पाकिस्तान द्वारा मनोनीत होने थे और तीसरा सदस्य दोनों की सहमति से। लेकिन इस समिति की भूमिका को लेकर दोनों की असहमतियाँ तुरंत ही सामने आईं। जहाँ पाकिस्तान चाहता था कि इसे कश्मीर से भारतीय फौजों की विदाई अपनी देख-रेख में करानी चाहिए वहीं भारत इस पर राज़ी नहीं हो सकता था। असल में जिस तरह से यह मामला दोनों देशों के बीच उभरा था उसमें किसी मुद्दे पर सहमति लगभग असंभव सी थी। दोनों देशों के लिए कश्मीर अपनी-अपनी तरह से प्रतिष्ठा का सवाल बन गया था। जहाँ जिन्ना के दो राष्ट्रों के सिद्धांत के अनुसार एक मुस्लिम बहुल राज्य को हर हाल में पाकिस्तान का हिस्सा होना था वहीं नेहरू के लिए मुस्लिम बहुल कश्मीर का भारत के साथ सहअस्तित्व उसके धर्मनिरपेक्ष-लोकतांत्रिक ढाँचे का ग़ौरवशाली प्रतीक था। लेकिन यह सिर्फ़ सिद्धांत का मामला ही नहीं था। सामरिक रूप से कश्मीर का महत्त्व अकबर से लेकर अंग्रेज़ों तक के लिए महत्त्वपूर्ण रहा है और दो देशों में बँट जाने के बाद पाकिस्तान के लिए कश्मीर का अपना हिस्सा होना भारत की तुलना में उसे बेहतर सामरिक स्थिति उपलब्ध करा सकता था तो कश्मीर की नदियाँ, व्यापारिक मार्ग और एल्यूमीनियम सहित अनेक खनिज भी किसी तरह कम महत्त्वपूर्ण नहीं थे।[22]

इसलिए संयुक्त राष्ट्र में दोनों देशों के बीच लम्बी और निष्कर्षहीन बहसें लगातार चलती रहीं।[23] नेहरू संयुक्त राष्ट्र की कार्यवाहियों से संतुष्ट नहीं थे। कश्मीर को ब्रिटेन एक 'विवादित परिक्षेत्र' बता रहा था और शुरू में भारत में कश्मीर के विलय को क़ानूनी रूप से सम्मत बताने वाला अमेरिका भी बाद में ब्रिटेन के सुर में सुर मिला रहा था। वे नहीं चाहते थे कि पाकिस्तान तब तक हमलावरों को रोकने के लिए कोई कार्यवाही करे जब तक कश्मीर समस्या का कोई ऐसा हल न निकल जाए जो पाकिस्तान को स्वीकार हो। नेहरू का क्रोध सबसे ज़्यादा नोएल बेकर पर था जो न केवल खुलकर पाकिस्तान का पक्ष ले रहे थे बल्कि जिन्होंने शेख़ अब्दुल्ला से एक मुलाक़ात में क़बायलियों को पाकिस्तान से सहायता मिलने की बात को भी स्वीकार करने से इंकार कर दिया था। नोएल बेकर द्वारा ब्रिटिश सरकार को ग़लत जानकारी देने की पुष्टि छह दशकों बाद ब्रिटिश प्रधानमंत्री गार्डन ब्राउन ने सार्वजनिक रूप से भी की थी।[24] 18 अप्रैल 1948 को अमेरिका और इंग्लैण्ड सहित सुरक्षा परिषद् के सात सदस्यों ने भारत और पाकिस्तान दोनों के विरोध के बावजूद कश्मीर आयोग में सदस्यों की संख्या बढ़ाकर 5 करने का निश्चय किया और इसे कश्मीर में शान्ति और क़ानून व्यवस्था स्थापित करने के लिए भारत और पाकिस्तान की सहायता करने तथा शान्ति व्यवस्था स्थापित हो जाने पर जनमतसंग्रह कराने की ज़िम्मेदारी सौंपी। इसके लिए पाकिस्तान को कश्मीर से अपनी

[††]आगे से 'कश्मीर आयोग'

सारी सेना बुलाने तथा क़बायलियों को मदद बंद करने का निर्देश दिया गया और जब आयोग इस बात से संतुष्ट हो जाए कि सेना वापस बुला ली गई है तथा क़बायलियों को मदद बंद की जा चुकी है तो भारत अपनी अधिकतर सेना हटा लेगा और वहाँ उतनी ही सेना रखेगा जितनी क़ानून व्यवस्था क़ायम रखने के लिए ज़रूरी है। जनमतसंग्रह कराने के लिए संयुक्त राष्ट्र महासचिव द्वारा एक जनमतसंग्रह आयुक्त नियुक्त करने का प्रस्ताव था। सुरक्षा परिषद् ने आयोग के लिए बेल्जियम और कोलंबिया को नामित किया और भारत तथा पाकिस्तान ने क्रमशः चेकोस्लोवाकिया तथा अर्जेंटीना को। इस आयोग ने यह प्रस्ताव दिया कि जम्मू और कश्मीर का भविष्य 'जनता की इच्छा के अनुरूप' होगा। आयोग ने पाकिस्तानी सेनाओं, क़बायलियों और अन्य पाकिस्तानियों को कश्मीर से बाहर जाने की ताकीद भी की और भारत से यह उम्मीद की गई कि वह पाकिस्तान द्वारा अपनी नियमित सेनाओं तथा अन्य को हटा लेने के बाद अपनी सेना का बड़ा हिस्सा कश्मीर से हटा ले और इस तरह ख़ाली कराये गए इलाक़े में आयोग की देख-रेख में स्थानीय सरकार स्थापित कराई जाए। आयोग ने कश्मीर में नियमित पाकिस्तानी सेना की उपस्थिति को स्वीकार किया और दोनों देशों से यथाशीघ्र युद्ध विराम की अपील की लेकिन पाकिस्तान 'आज़ाद कश्मीर' को इस प्रस्ताव से बाहर रखना चाहता था, भारत इससे सहमत नहीं था और गतिरोध बना रहा।[25]

कैम्पबेल बताते हैं कि शुरुआती दौर में क़बायलियों के समर्थन में पाकिस्तानी नागरिक वैयक्तिक तौर पर आये थे और कुछ विदेशी स्वयंसेवक शामिल हुए थे लेकिन मई 1948 में जनरल ग्रेसी ने अपना पुराना निर्णय बदल दिया और आज़ाद कश्मीर मोर्चे पर नियमित पाकिस्तानी सेना को लड़ने की इजाज़त दे दी। जुलाई, 48 तक पाकिस्तान ने इस तथ्य को स्वीकार नहीं किया।[26] हालाँकि दोनों सेनाओं की सीधी भिड़ंत से बचने का प्रयास किया गया और पाकिस्तानी सेना को विद्रोहियों को पीछे से समर्थन करने की सलाह दी गई।[27] इस पूरे दौर में दोनों सेनाओं के बीच पाकिस्तान अधिकृत 'आज़ाद कश्मीर' और गिलगिट बाल्टिस्तान में लगातार युद्ध जारी था। इस युद्ध में भारतीय सेना पाकिस्तानी पक्ष को घाटी से दूर रखने तथा गिलगिट बाल्टिस्तान में कारगिल जैसे महत्त्वपूर्ण ठिकानों पर कब्ज़े में क़ामयाब रही जिससे लेह-लद्दाख को सुरक्षित किया जा सका। लेकिन इस युद्ध का दबाव भारत पर भी कम नहीं था। 4 जून 1948 में गोपालस्वामी आयंगर को लिखे एक पत्र में सरदार पटेल ने लिखा, 'मुझे भय है कि हमारे सैन्य संसाधन अंतिम सीमा तक निचोड़े जा चुके हैं। इस दुर्भाग्यपूर्ण मामले को हमें कहाँ तक चलाना है यह देख पाना मुश्किल है।'[28] 13 जुलाई को आयंगर की जगह सर गिरिजा शंकर बाजपेई को भेजा गया जिन्होंने अपने पूर्ववर्ती की तुलना में कहीं अधिक दक्षता से भारतीय पक्ष का प्रतिनिधित्व किया।[29] इधर 11 सितम्बर को भारत ने सेना का उपयोग कर हैदराबाद को अपने अधिकार में ले लिया था और इसी दिन मोहम्मद अली जिन्ना ने आख़िरी साँस ली। सबसे मुश्किल और महत्त्वपूर्ण युद्ध पुंछ मोर्चे पर हो रहा था। पाकिस्तान की योजना मेजर शेर अली ख़ान पटौदी के नेतृत्व में हंदर घाटी से संचार व्यवस्था नष्ट करके जम्मू की तरफ़ बढ़ने की थी।

भारतीय पक्ष का नेतृत्व मेजर आत्मा सिंह‡‡ के हाथ में था। हालाँकि जम्मू पर हमले की योजना कभी कार्यान्वित नहीं हुई और अंततः पुंछ क़स्बे पर कब्ज़ा भारत का रहा जबकि इसका अधिकांश हिस्सा पाकिस्तान के पास चला गया।

दिसम्बर का कश्मीर उन भारतीय सैनिकों के लिए आसान नहीं था जिन्होंने कभी बर्फ़ देखी तक नहीं थी। लेकिन पहले कलावंत सिंह और फिर थिमैया के नेतृत्व में उन्होंने एक असंभव युद्ध को संभव विजय तक पहुँचाया। अंततः 31 दिसम्बर, 1948 को जब युद्धविराम की घोषणा हुई तो जम्मू और कश्मीर राज्य व्यावहारिक रूप से दो हिस्सों में बँट चुका था—भारतीय प्राधिकार वाली कश्मीर घाटी, लेह और जम्मू तथा पाकिस्तानी प्राधिकार में आज़ाद कश्मीर तथा गिलगिट और बाल्टिस्तान।[30] 12 मार्च, 1949 को कश्मीर आयोग ने घोषणा की कि भारत और पाकिस्तान युद्ध विराम रेखा को संधि रेखा मानने के लिए राज़ी हो गए हैं। 21 मार्च को दूसरे विश्व युद्ध के समय अमेरिकी नौसेना के प्रमुख फ्लीट एडमिरल चेस्टर निमिट्ज़ को जनमतसंग्रह प्रशासक नियुक्त किया गया। आयोग एक के बाद एक रिपोर्टें प्रस्तुत करता रहा और अंततः उसने सलाह दी कि पाँच सदस्यों वाला आयोग इस कार्य के लिए, ख़ासतौर से सेनाओं को वापस बुलाने के लिए सही संस्था नहीं है और यह काम किसी एक सदस्यीय संस्था को सौंपना चाहिए। 17 दिसम्बर, 1949 को सुरक्षा परिषद् ने अपने तत्कालीन चेयरमैन कनाडा के जनरल मैकनॉटन को भारत और पाकिस्तान के बीच मध्यस्थता के लिए नियुक्त किया लेकिन दो महीनों के भीतर ही मैकनॉटन ने आयोग को रिपोर्ट भेजी कि उनकी कोशिशें नाक़ामयाब हो गई हैं। 12 अप्रैल 1950 को ऑस्ट्रेलिया के हाई कोर्ट के जज ओवन डिक्सन को संयुक्त राष्ट्र के मध्यस्थ के रूप में नियुक्त किया गया। डिक्सन ने अपनी रिपोर्ट में जम्मू और कश्मीर में क़बायली हमलावरों के सीमा पार से आने और मई 48 के पाकिस्तान द्वारा अपनी नियमित सेनाएँ भेजे जाने को अंतर्राष्ट्रीय क़ानूनों के ख़िलाफ़ पाया।[31] डिक्सन जल्द ही इस बात से मुतमइन हो गए कि कश्मीर से सेनाओं को हटाना लगभग असंभव है। उन्होंने क्षेत्रीय जनमतसंग्रह का सुझाव दिया। इसके अनुसार जम्मू-कश्मीर को चार प्रमुख क्षेत्रों में बाँटा जाना था—जम्मू, लद्दाख, पूरी कश्मीर घाटी जिसमें आज़ाद कश्मीर का मुज़फ़्फ़राबाद इलाक़ा शामिल था और गिलगिट एजेंसी के साथ उससे जुड़े बाल्टिस्तान सहित सारे उत्तरी इलाक़े। उनके अनुसार पुंछ सहित आज़ाद कश्मीर के इलाक़े और गिलगिट बाल्टिस्तान का पाकिस्तान के साथ जाना तय था तथा जम्मू और लद्दाख का भारत के साथ जाना। ऐसे में कश्मीर घाटी में भारत या पाकिस्तान के साथ जाने के सवाल को लेकर जनमतसंग्रह कराया जाना चाहिए। बी.एन. मलिक के अनुसार इस प्रस्ताव का स्रोत श्रीनगर के सी.एम.एस. मिशन स्कूल के आस्ट्रेलियाई प्रिंसिपल डॉ. एडमंड्स थे जो कि शेख़ अब्दुल्ला के क़रीबी थे और इस प्रस्ताव में शेख़ की भी मौन सहमति थी।[32] हालाँकि लैम्ब के अनुसार शेख़ इससे एकदम

‡‡यह एक क़िस्सा विभाजन की भयावह विडम्बना की गहरी व्यंजना रचता है। शेर अली पटौदी ने अपनी किताब में लिखा है कि 'वह और आत्मा सिंह बहुत अच्छे मित्र थे। आत्मा सिंह ने उनसे कहा कि भगवान के लिए अब बंद करो इसे। हम इतने अच्छे दोस्त हैं और आज हमें लड़ना पड़ रहा है। यह एक त्रासदी है।' और यह त्रासदी आज भी जारी है ही। (पेज 67, *विक्टोरिया स्कोफील्ड*)

सहमत नहीं थे और मानते थे कि यह कश्मीर घाटी में साम्प्रदायिक तनाव को जन्म देगा।[33] भारतीय जनसंघ के नेता बलराज मधोक भी इस प्रस्ताव से सहमत थे और उन्होंने घोषणा की—डिक्शन के प्रस्ताव उत्कृष्ट रूप से माकूल और व्यावहारिक हैं।[34] नेहरू इस पर बात करने के लिए तैयार थे लेकिन लियाक़त इससे सहमत नहीं थे। लैम्ब लिखते हैं—डिक्शन की रिपोर्ट से यह स्पष्ट है कि लियाक़त अली ख़ान ऐसी किसी भी योजना को लेकर बेहद शंकालु थे जिसमें नेहरू की रुचि जगे : अगर भारतीय पसंद करते हैं तो इसका मतलब है कि पाकिस्तान के लिए यह नुक़सानदायक होगी। कराची के बाज़ारों में उन दिनों यह कहावत प्रचलित थी कि हिन्दू रुपया 17 आनों का होता है।[35] तो अविश्वास के इस माहौल में कोई हल निकल पाना संभव कैसे हो सकता था। पाकिस्तान और भारत दोनों ही संयुक्त राष्ट्र से असंतुष्ट थे। ग़ौर से देखें तो दोनों देशों की नीति किसी हल की तरफ़ पहुँचने से अधिक एक-दूसरे को कटघरे में खड़ा करने की अधिक दिखती है। 16 जनवरी, 1951 में लन्दन में हुए कॉमनवेल्थ देशों के सम्मेलन में कश्मीर पर तीन प्रमुख सुझाव दिए गए, जनमतसंग्रह के समय भारत और पाकिस्तान की संयुक्त सेना उपस्थित हो, जनमतसंग्रह प्रशासक को यह अधिकार दिए जाएँ कि जनमतसंग्रह की समयावधि में स्थानीय स्तर पर सेना तैयार कर सके और जनमतसंग्रह की समयावधि में अन्य कॉमनवेल्थ देशों की सेनाएँ कश्मीर में रहें। लियाक़त अली ख़ान ने तुरंत प्रेस कॉन्फ्रेंस करके कहा 'पाकिस्तान तो इन प्रस्तावों पर राज़ी है लेकिन नेहरू ने इंकार कर दिया।' अगले ही दिन प्रेस कॉन्फ्रेंस करके नेहरू ने कहा कि 'इनमें से कुछ प्रस्ताव शानदार हैं।'

इस तरह इस पूरे दौर में एक तरफ़ 'युद्ध नहीं' तो दूसरी तरफ़ 'जिहाद' और 'कश्मीर भारत का अभिन्न अंग है' जैसी बातें होती रहीं। कश्मीर मुद्दा दोनों देशों के लिए कितना महत्त्वपूर्ण था और किस क़दर वह प्रतिष्ठा का सवाल बन गया था इसका अंदाज़ा इस बात से लगाया जा सकता है कि 1951 में लियाक़त अली ख़ान और पाकिस्तान के कुछ मंत्रियों के जिहाद तथा कश्मीर को आज़ाद करवाने के आह्वान के बाद भारतीय प्रेस ही नहीं बल्कि राजनीतिक और सामाजिक जनमत भी नेहरू के साथ था। भारतीय मुसलमानों के विभिन्न संगठनों ने जिहाद के शोर की तीख़ी आलोचना की तो आमतौर पर नेहरू के विरोध में खड़े रहने वाले मास्टर तारा सिंह के नेतृत्व में सिख समुदाय भी इस मुद्दे पर उनके साथ खड़ा दिखा। विपक्षी दल भी इस मुद्दे पर नेहरू के साथ थे और अपवाद के रूप में केवल भारतीय जनसंघ के श्यामा प्रसाद मुखर्जी नज़र आते हैं। 29 जुलाई 1951 के *टाइम्स ऑफ़ इंडिया* में छपे बयान में मुखर्जी ने नेहरू को कश्मीर मुद्दा संयुक्त राष्ट्र से बाहर लाने और पाकिस्तान को कड़ी चेतावनी देने के लिए कहा जिसे न मानने पर उसके स्वाभाविक परिणामों के लिए पाकिस्तान ज़िम्मेदार होगा। लेकिन इसके साथ अगली ही लाइन में वह संकट की इस घड़ी में अपने मतभेद भुलाकर सरकार के साथ खड़े रहने की अपील भी करते हैं। बिलकुल इसी तर्ज़ पर पाकिस्तान में भी सभी पार्टियाँ और प्रेस भी सरकार के साथ थे। फ़र्क सिर्फ़ 'लहज़े और तीव्रता' में था। जहाँ कट्टरपंथी तत्त्व जिहाद और सैन्य कार्यवाही की माँग कर रहे थे वहीं वामपंथी तथा प्रगतिशील तत्व संयुक्त राष्ट्र के भीतर और अधिक सतर्कता से कार्यवाही पर ज़ोर दे रहे थे।[36]

ऐसे में कोई आम सहमति बनना तो संभव ही नहीं था फिर भी सुरक्षा परिषद् ने 30 अप्रैल 1951 को डॉ. फ्रैंक पी. ग्राहम को कश्मीर मुद्दे पर भारत और पाकिस्तान के बीच मध्यस्थता करने के लिए संयुक्त राष्ट्र का प्रतिनिधि नियुक्त किया। ग्राहम ने प्रस्ताव स्वीकार करते हुए कहा—'...आज यह मुद्दा उस समय से अधिक जटिल है जब इसका आरम्भ हुआ था क्योंकि इन तीन सालों में भारत और पाकिस्तान ने अपने दृष्टिकोण नियत कर लिए हैं जो युद्धविराम रेखा जितने ही दृढ़ हैं।'[37] दोनों देशों की यात्रा करने के बाद ग्राहम ने 16 अक्टूबर को रिपोर्ट दी कि जहाँ पाकिस्तान दोनों देशों के चार इन्फेंट्री बटालियन (4,000 सैनिक) कश्मीर में रखना चाहता था वहीं भारत का मानना था कि उसकी 16 इन्फेंट्री बटालियन कश्मीर में होनी चाहिए और पाकिस्तान को 4,000 नागरिक रक्षा बल रखने की इजाज़त होनी चाहिए। 10 नवम्बर को सुरक्षा आयोग ने ग्राहम को अपना काम जारी रखने तथा छह हफ़्तों के भीतर रिपोर्ट देने के लिए कहा। ग्राहम ने अपनी दूसरी रिपोर्ट 18 दिसम्बर, 1951 को पेश की जिसमें कहा गया कि अनेक मामलों में सहमति हासिल कर ली गई है लेकिन सेना हटाने और विसैन्यीकरण के बाद वहाँ सेना की मौजूदगी की संख्या को लेकर असहमतियाँ बनी हुई हैं। एक बार फिर सुरक्षा परिषद् ने उन्हें कोशिश जारी रखने और 31 मार्च, 1952 तक अपनी रिपोर्ट देने को कहा। ग्राहम फिर भारत और पाकिस्तान गए और 25 अप्रैल को अपनी तीसरी रिपोर्ट प्रस्तुत की जिसमें कहा कि अब भी विसैन्यीकरण के बाद कितनी सेना कश्मीर में रहनी चाहिए, इसे लेकर कोई सहमति नहीं बन सकी है और सलाह दी कि बातचीत जारी रखनी चाहिए। 24 सितम्बर को उन्होंने चौथी रिपोर्ट पेश की जिसमें विसैन्यीकरण के मुद्दे पर सहमति न बन पाने का ज़िक्र था।

16 नवम्बर 1951 अमेरिका और इंग्लैण्ड ने एक संयुक्त प्रस्ताव में भारत और पाकिस्तान को 'संयुक्त राष्ट्र मुख्यालय में विसैन्यीकरण की प्रक्रिया पूरी होने के बाद युद्धविराम रेखा के दोनों तरफ़ कितने सैनिक रहेंगे, इसे लेकर आपस में बात करने की अपील की। उनका प्रस्ताव था कि यह संख्या पाकिस्तान की तरफ़ 3,000 से 6,000 के बीच और भारत की तरफ़ 12,000 से 18,000 के बीच हो। प्रस्ताव में ग्राहम से अपनी कोशिशें जारी रखने को कहा गया था और भारत और पाकिस्तान से 30 दिनों के बीच सुरक्षा आयोग को रिपोर्ट करने को कहा गया। हालाँकि भारत की प्रतिनिधि विजयलक्ष्मी पंडित ने इस प्रस्ताव को मानने से इंकार करते हुए सेना की न्यूनतम ज़रूरी संख्या 21,000 बताई और आज़ाद कश्मीर की सेनाओं के विशस्त्रीकरण की आवश्यकता पर ज़ोर दिया लेकिन इस पहल का सार्थक असर हुआ और अगस्त 1953 में पाकिस्तान के तत्कालीन प्रधानमंत्री मोहम्मद अली भारत आये और वार्ता के अंत में यह बयान जारी किया गया कि दोनों देश अप्रैल, 1954 के अंत तक एक जनमतसंग्रह प्रशासक नियुक्त करने पर सहमत हैं। नेहरू ने इंगित किया कि प्रशासक को किसी छोटे देश से होना चाहिए। निमिट्ज़ ने इशारा समझ कर 4 सितम्बर, 1953 को इस्तीफ़ा दे दिया। दिसम्बर के अंत में भारत और पाकिस्तान के सिविल तथा सैन्य विशेषज्ञों की एक बैठक दिल्ली में हुई जिसमें जनमतसंग्रह और विसैन्यीकरण को लेकर चर्चा हुई और बैठक के बाद जो बयान जारी हुआ उससे लगा कि दोनों देशों के बीच इन मुद्दों पर संतोषजनक प्रगति हुई है।[38]

इस बिंदु पर जब लगने लगा था कि दोनों देशों के बीच कोई समझौता हो सकता है, पाकिस्तान के अमेरिका से बढ़ते सैन्य सम्बन्धों ने भारतीय नेतृत्व में चिंता और शक़ का माहौल पैदा कर दिया। पाकिस्तान के सेंटो (CENTO) और सीटो (SEATO) में शामिल होने के साथ-साथ अब तक कश्मीर मुद्दे पर वोटिंग में अक्सर हिस्सा न लेने वाले सोवियत रूस ने अमेरिका और इंग्लैण्ड द्वारा समर्थित प्रस्तावों पर वीटो लगाना शुरू कर दिया। शीतयुद्ध के उस दौर में पाकिस्तान अमेरिका तथा योरोपीय ताक़तों के क़रीब गया तो भारत और सोवियत संघ के बीच आर्थिक तथा राजनैतिक सम्बन्ध लगातार विकसित हुए। शेख़ की गिरफ़्तारी के बाद स्थितियाँ और बदलीं जिसके बारे में हम आगे बात करेंगे। ऐसे में दोनों देशों के बीच किसी आपसी सहमति की उम्मीद धुँधली पड़ती गई और 1964 आते-आते सुरक्षा परिषद् ने दोनों देशों को आपसी बातचीत से मामला सुलझाने की सलाह देकर इस मामले में अपनी असहायता स्वीकार कर ली। उसके बाद से जनमतसंग्रह और संयुक्त राष्ट्र की भूमिका को लेकर समय-समय पर बातें ज़रूर होती रहीं लेकिन तीन-तीन युद्धों के बावजूद कश्मीर समस्या के किसी शान्तिपूर्ण हल की उम्मीदें और धुँधलाती ही गई हैं।

यहाँ दो तथ्य रख देने से बात थोड़ी स्पष्ट हो जाएगी। संयुक्त राष्ट्र में लम्बे समय तक भारत के प्रतिनिधि रहे वी.पी. मेनन ने सेवानिवृत्त होने के बाद सितम्बर 1964 में दिए गए एक साक्षात्कार में क़बायली हमले के बाद भारत की नीति को एकदम न्यायसंगत बताते हुए कहा कि 'लेकिन जहाँ तक जनमतसंग्रह की बात है, हम पूरी तरह से बेईमान थे।[39] उधर मार्च 1991 में पाकिस्तान अधिकृत कश्मीर के राष्ट्रपति रहे सरदार इब्राहिम ख़ान ने इस्लामाबाद में आयोजित एक सेमिनार में कहा कि शुरुआती वर्षों में पाकिस्तान सरकार जनमतसंग्रह कराने को टालती रही और इससे बचती रही। पाकिस्तान के प्रबल पक्षधर एलिएस्टर लैम्ब ने भी माना है कि 1948-49 में जब कश्मीर में क़बायली अत्याचार की स्मृतियाँ ताज़ा थीं तो अगर जनमतसंग्रह होता तो इसमें पाकिस्तान के लिए यह ख़तरा था कि न केवल घाटी बल्कि आज़ाद कश्मीर भी शेख़ अब्दुल्ला के झंडे तले चला जाता।[40]

कश्मीर और भारत के रिश्ते : धारा 370 और आगे

इधर 2 मार्च 1948 को महाजन ने शेख़ अब्दुल्ला के साथ तीख़ी असहमतियों के बाद[41] अंततः इस्तीफ़ा दे दिया और शेख़ को जम्मू और कश्मीर का प्रधानमंत्री नियुक्त किया गया। 5 मार्च 1948 को शेख़ ने बख्शी ग़ुलाम मोहम्मद, मिर्ज़ा मोहम्मद अफ़ज़ल बेग़, ग़ुलाम मोहम्मद सादिक़, सरदार बुध सिंह, पंडित शाम लाल सर्राफ़, गिरधारी लाल डोगरा और कर्नल पीर मोहम्मद ख़ान के साथ शपथ ली। ग़ुलाम मोईनुद्दीन कारा ने मंत्रिमंडल में शामिल न किए जाने पर नेशनल कॉन्फ्रेंस से इस्तीफ़ा दे दिया। बाद में उन्होंने पोलिटिकल कॉन्फ्रेंस नाम से एक नया राजनीतिक दल बना लिया जिसने कश्मीर के पाकिस्तान में विलय का समर्थन किया।[42]

ज़ाहिर है कि सत्ता परिवर्तन के इस दौर में हरि सिंह से शेख़ अब्दुल्ला के अंतर्विरोध और गहरे होने ही थे लेकिन नेहरू ने खुले तौर पर शेख़ का समर्थन किया। जम्मू के बाहर

अपने फ़ॉर्म को रिफ़्यूजियों के लिए ख़ाली करने से इंकार करने जैसे क़दमों ने उन्हें और अधिक अलोकप्रिय बना दिया था। अगला विवाद जम्मू और कश्मीर की सेना के नियंत्रण को लेकर हुआ। शेख़ का तर्क था कि प्रधानमंत्री होने के कारण नियंत्रण उनका होना चाहिए। विवाद को सुलझाने के लिए सेना नियन्त्रण भारतीय सेना को सौंप दिया गया। ऐसा लगता है कि हरि सिंह अपने पक्ष के लिए पटेल पर भरोसा कर रहे थे। पटेल को लिखे एक पत्र में उन्होंने कहा कि 'हिन्दू त्यौहारों और जन्मदिन पर 21 तोपों की सलामी देने की परम्परा रही है। इसलिए उनके जन्मदिन 27 सितम्बर को सलामी की व्यवस्था के लिए शीघ्रातिशीघ्र आदेश जारी किये जाएँ।' लेकिन इन स्थितियों में पटेल भी उनकी मदद नहीं कर सकते थे। मई 1949 में नर्म लेकिन दृढ़ शब्दों में पटेल ने महाराजा से अपनी पत्नी सहित राज्य छोड़कर दिल्ली आ जाने को कहा। हरि सिंह अपना भविष्य जान चुके थे। 18 वर्षीय राजकुमार करण सिंह को राज्याधिकारी (रीजेंट) नियुक्त कर वह बम्बई चले गए और फिर 1962 में उनकी राख ही कश्मीर लौटी। 1846 में डोगरा वंश का गुलाब सिंह द्वारा स्थापित साम्राज्य एक सदी तक सत्तानशीन रहने के बाद अब अपने उस आख़िरी दौर में पहुँच चुका था जहाँ उसकी विदाई की बस औपचारिकताएँ शेष रह गई थीं।

प्रधानमंत्री बनने के बाद शेख़ अब्दुल्ला ने एक प्रेस कॉन्फ्रेंस में कहा—हमने भारत के साथ काम करने और जीने-मरने का निश्चय किया है।[43] लेकिन 'भारत के साथ काम करने और जीने-मरने।' के इस इरादे के साथ-साथ कश्मीरियों की अपनी स्वायत्तता और अपनी आकांक्षाओं के अनुरूप शासन का स्वप्न भी उनके लिए उतना ही महत्त्वपूर्ण था। यही वह बिंदु है जहाँ से आज़ादी की लड़ाई में कंधे से कंधा मिलाकर लड़ने वाली नेशनल कॉन्फ्रेंस और कांग्रेस के बीच अंतर्विरोधों का आरम्भ होता है। जहाँ नेहरू और भारत का शासक वर्ग कश्मीर से अधिक से अधिक एकीकरण कर उसे देश के किसी अन्य राज्य की तरह बना देने की कोशिशें कर रहे थे वहीं शेख़ लगातार इसकी अधिक से अधिक स्वायत्तता स्थापित करने के लिए प्रयत्नशील थे। महाराजा ने विलय पत्र में जो शर्तें अपने अधिकारों को बचाए रखने के लिए जोड़ी थीं भारतीय शासक वर्ग उसको ज़्यादा महत्त्व नहीं देना चाह रहा था लेकिन शेख़ उसे कश्मीरी जनता की इच्छा और आकांक्षाओं के सम्मान के लिए उपयोग करना चाह रहे थे। अकबर से लेकर डोगराओं तक कुचली गई कश्मीरी अस्मिता के लिए आज़ादी का मतलब ठीक-ठीक वही नहीं था जो बाक़ी भारत के लिए था। भारत से उसका विलय विशिष्ट परिस्थितियों में हुआ था और अपनी धर्मनिरपेक्ष अस्मिता की रक्षा तथा मुक्ति की समतावादी आकांक्षा के चलते उसने धार्मिक पूर्वाग्रहों को छोड़कर पाकिस्तान की जगह धर्मनिरपेक्ष-लोकतांत्रिक भारत को चुना था। इधर एक नए लोकतांत्रिक भारत के उदय के साथ इसके एकीकरण तथा राष्ट्रीय स्वरूप को आकार देने में लगे भारतीय शासक वर्ग की अपनी आकांक्षाएँ और एक विशाल तथा शक्तिशाली देश के रूप में अपनी प्राथमिकताएँ थीं। नेहरू में प्रगतिशील मूल्यों के साथ-साथ जो राष्ट्रवादी आकांक्षाएँ थीं उन्हें पेरी एंडरसन ने जिस तरह लक्षित किया है[44] उससे आप भले ही असहमत हों लेकिन कांग्रेस में हिन्दुत्ववादी ताक़तों की उपस्थिति कोई छिपा हुआ तथ्य नहीं है, और राष्ट्रीय स्वयंसेवक संघ, अकाली दल तथा हिन्दू महासभा अपने-अपने तरीक़े से जिस तरह देश

में इस्लाम विरोधी प्रोपेगेंडा तथा राजनीतिक कार्यवाहियाँ कर रही थीं उसने अगर शेख़ अब्दुल्ला तथा कश्मीरियों के बीच आशंकाएँ पैदा कीं तो यह अस्वाभाविक नहीं था। जम्मू और पंजाब में इन संगठनों की कार्यवाहियाँ भारत के अकेले मुस्लिम बहुल राज्य में यह सवाल तो खड़ा करती हीं कि अगर कल भारत में हिन्दुत्ववादी दक्षिणपंथी शक्तियाँ प्रभावी हुईं तो कश्मीर पर क्या असर होगा?[45] तो भारत और कश्मीर के अंतर्संबंधों की परिभाषा तथा शर्तों को लेकर एक कशमकश शुरू हुई जिसे समझने के लिए सबसे पहले भारत और कश्मीर के रिश्ते को परिभाषित तथा व्याख्यायित करने वाली धारा 370 के बारे में थोड़ा विस्तार से बात कर लेना ज़रूरी होगा।

दूसरे तमाम रजवाड़ों की तरह कश्मीर का भारत के साथ विलय पत्र शर्तहीन नहीं था। 26 अक्टूबर 1947 को हस्ताक्षरित किये गए विलय पत्र में यह बहुत स्पष्ट उल्लेख था कि 'विलय का अंतिम निर्णय कश्मीरी जनता के प्रत्यक्ष जनमत से होगा।' 1935 के गवर्नमेंट ऑफ़ इंडिया एक्ट (जिसे संशोधित करके इंडिया इंडिपेंडेंस एक्ट, 1947 बनाया गया) की धारा 6 के अनुसार किसी अधिराज्य के साथ किसी राज्य का विलय उस राज्य के शासक द्वारा प्रस्तावित विलय प्रपत्र के गवर्नर जनरल की स्वीकृति से ही कार्यान्वित होगा। ऐसे में विलय पत्र के साथ ही उसी तिथि को दिये गए प्रपत्र में उद्धृत यह शर्त और उसका गवर्नर जनरल द्वारा स्वीकार क़ानून सम्मत है। विलय पत्र के अनुसार जम्मू और कश्मीर राज्य ने रक्षा, संचार और विदेशी मामलों में ही भारतीय अधिराज्य के साथ विलय किया था जबकि बाक़ी मामलों के लिए हरि सिंह ने स्पष्ट किया था–

> 'इस विलय पत्र में ऐसा कुछ भी नहीं है जिसे भारत के किसी भावी संविधान के स्वीकार के लिए मेरी वचनबद्धता माना जाए या जो भारत सरकार के साथ ऐसे किसी भावी संविधान के साथ अपने सम्बन्ध हेतु समझौते करने के मेरे अधिकार को बाधित करे।'[§§]

इसकी स्वीकृति 1948 में भारत सरकार द्वारा जम्मू और कश्मीर पर जारी श्वेत पत्र में भी दी गई थी—

> 'विलय को स्वीकार करते हुए भारत सरकार ने यह स्पष्ट कर दिया था कि वह इसे तब तक पूरी तरह से अस्थाई मानेगी जब तक राज्य के लोगों की इच्छा सुनिश्चित न कर ली जाए।'[46]

यही वजह थी कि जब बाक़ी सारे राज्य भारत के संविधान को स्वीकार कर रहे थे तो करण सिंह ने एक उद्घोषणा की जिसके अनुसार 'भारत का संविधान सिर्फ़ उन विषयों में लागू होगा जो विलय पत्र के परिशिष्ट में निर्दिष्ट किये गए हैं।'[47] इसी संदर्भ में 18 मई 1949 को शेख़ अब्दुल्ला को लिखे एक पत्र में जवाहरलाल नेहरू ने लिखा—जम्मू और कश्मीर विदेशी मामलों, सुरक्षा तथा संचार के क्षेत्र में भारत के साथ जुड़ गया है। यह राज्य की

[§§]इस सम्बन्ध में विस्तार से और बारीक़ क़ानूनी मसलों को समझने के लिए पाठक ए.जी. नूरानी की किताब *आर्टिकल 370* पढ़ सकते हैं।

संविधान सभा, जब वह बुलाई जायेगी, तय करेगी कि और किन मामलों में राज्य भारत से जुड़ सकता है।[48]

भारत की संविधान सभा में जम्मू और कश्मीर राज्य के लिए चार सीटें रखी गई थीं। 16 जून 1949 को शेख़ अब्दुल्ला, मिर्ज़ा मोहम्मद अफ़ज़ल बेग़, मौलाना मोहम्मद सईद मसूदी और मोती राम बागड़ा संविधान सभा में शामिल हुए। अगले तीन महीनों तक कश्मीर के भारत से सम्बन्धों को लेकर धारा 370 (मसौदे में धारा 306 ए) को लेकर गोपालस्वामी आयंगर, पटेल और शेख़ अब्दुल्ला तथा उनके साथियों के बीच तीख़े बहस-मुबाहिसे चले। 12 अक्तूबर को सरदार पटेल ने भी इसकी ज़रूरत को स्वीकार करते हुए संविधान सभा में कहा—

> उन विशेष समस्याओं को ध्यान में रखते हुए जिनका सामना जम्मू और कश्मीर सरकार कर रही है, हमने केन्द्र के साथ राज्य के संवैधानिक सम्बन्धों को लेकर वर्तमान आधारों पर विशिष्ट व्यवस्था की है।[49]

16 अक्टूबर को एक मसौदे पर सहमति बनी लेकिन आयंगर ने बिना शेख़ को विश्वास में लिए इसकी उपधारा 1 के दूसरे बिंदु में परिवर्तन कर दिया और यही परिवर्तित रूप संविधान सभा में पास करा लिया गया। शेख़ अब्दुल्ला ने इस बदलाव पर आपत्ति करते हुए आयंगर को पत्र लिखा और संविधान सभा से इस्तीफ़ा देने की धमकी दी। 18 अक्टूबर को शेख़ को लिखे एक पत्र में आयंगर ने कहा कि यह बदलाव मामूली सा है। 3 नवम्बर को नेहरू के अमेरिका से लौटने पर पटेल ने इसकी सूचना नेहरू को दी। अंतत: आयंगर द्वारा संशोधित 306-ए ही धारा 370 के रूप में संविधान में शामिल हुई।[50] इस तरह इस रिश्ते की शुरुआत ही भरोसे की जगह शक़-सुबहे से हुई। नूरानी बताते हैं कि अगर आयंगर ने यह 'मामूली बदलाव' न किया होता तो 1953 में शेख़ को बर्ख़ास्त करना कभी संभव नहीं होता।[51]

धारा 370 के 6 प्रमुख बिंदु हैं—

1. इस धारा के अनुसार जम्मू और कश्मीर को अपना अलग संविधान बनाने की इजाज़त दी गई।
2. भारतीय संसद के राज्य के सम्बन्ध में वैधानिक अधिकार तीन विषयों तक सीमित होंगे—रक्षा, विदेशी मामले और संचार।
3. उल्लिखित तीन विषयों के अलावा दूसरे मामलों में संवैधानिक परिवर्तनों के लिए उसे राज्य सरकार की सहमति लेना ज़रूरी है।
4. यह सहमति पूरी तरह से 'अस्थाई' होगी और उसे राज्य की संविधान सभा से पुष्ट करना पड़ेगा।
5. सहमति देने का राज्य सरकार का अधिकार केवल तभी तक होगा जब तक राज्य की संविधान सभा की बैठक नहीं बुलाई जाती। न तो संविधान सभा की बैठक बुलाये जाने से पहले सहमति दी जा सकती है न ही उसके भंग हो जाने के बाद। इसका अर्थ यह भी है कि राष्ट्रपति भारतीय संविधान को जम्मू और कश्मीर के संदर्भ में लागू करने

के लिए बार-बार आदेश देने के अपने अधिकार को अनंत काल तक प्रयोग नहीं कर सकते। एक बार संविधान सभा का निर्माण हो जाने और उसके द्वारा राज्य के लिए संविधान बना देने के बाद संविधान सभा भंग कर दी जायेगी और उसके बाद राष्ट्रपति का यह अधिकार भी समाप्त हो जाएगा।

6. राष्ट्रपति को इस धारा को हटाने या संशोधित करने का अधिकार है लेकिन इसके लिए भी 'राष्ट्रपति द्वारा ऐसी अधिसूचना जारी करने से पहले राज्य की संविधान सभा की संस्तुति लेना आवश्यक है।'[52]

धारा 370 के हाशिये पर यह नोट है कि 'जम्मू और कश्मीर राज्य के संदर्भ में अस्थाई विधान'*** इसे लेकर आम समझ यह बनाई जाती है कि मानो यह धारा थोड़े दिनों के लिए बनाई गई है और समय के साथ इसे संविधान से हटा दिया जाना चाहिए था। इस धारणा के निर्माण के स्रोत बेहद आरम्भ में ही मिल जाते हैं। जब आयंगर ने संविधान सभा में धारा 306 ए को पेश किया तो इस पर सवाल उठाने वाले पहले व्यक्ति थे—मौलाना हसरत मोहानी। उनको जवाब देते हुए आयंगर ने कहा—

> 'यह भेदभाव कश्मीर की विशिष्ट परिस्थितियों के कारण है। वह विशेष राज्य अब तक इस तरह के एकीकरण के लिए तैयार नहीं है। यहाँ बैठे हर व्यक्ति को यह उम्मीद है कि समय के साथ-साथ जम्मू और कश्मीर भी उस तरह के एकीकरण के लिए तैयार हो जाएगा जैसा अन्य राज्यों के साथ हुआ है। वर्तमान में उस एकीकरण को हासिल करना संभव नहीं है। इस बात के अनेक कारण हैं कि यह इस वक़्त संभव क्यों नहीं है...भारत सरकार कश्मीर के लोगों के प्रति कुछ मामलों में वचनबद्ध है। उन्होंने इस अवस्थिति के प्रति वचनबद्धता प्रकट की है कि राज्य के लोगों को यह तय करने का मौक़ा दिया जाएगा कि वे गणराज्य के साथ रहना चाहते हैं या इससे बाहर जाना चाहते हैं। हम लोग इस बात के लिए भी वचनबद्ध हैं कि जनता की इच्छा जनमतसंग्रह द्वारा तय की जायेगी बशर्ते शान्तिपूर्ण और सामान्य स्थितियाँ क़ायम हों और जनमतसंग्रह की निष्पक्षता की गारंटी दी जा सके। हम इस बात से भी सहमत हुए हैं कि राज्य की संविधान सभा के माध्यम से लोगों की इच्छा के अनुसार राज्य का संविधान स्थापित किया जाएगा और राज्य पर केन्द्र का प्राधिकार तय किया जाएगा...जब तक राज्य की संविधान सभा निर्मित नहीं होती केवल एक अंतरिम व्यवस्था ही संभव है और ऐसी व्यवस्था नहीं संभव है जैसी अन्य राज्यों के मामलों में है। अब, यदि आपको मेरे द्वारा प्रस्तुत किये गए विचार बिंदु याद हों तो यह एक अवश्यंभावी निष्कर्ष है कि हम केवल एक अंतरिम व्यवस्था लागू कर सकते हैं। धारा 306 ए (370) ऐसी ही व्यवस्था स्थापित करने की एक कोशिश है।'

*** Marginal Note, "Temporary provisions with respect to the State of Jammu and Kashmir"

इसमें दो बिंदु महत्त्वपूर्ण हैं। पहला तो अनुकूल परिस्थितियाँ होने पर जनमतसंग्रह द्वारा कश्मीर राज्य में भारतीय गणराज्य के साथ सम्बन्ध को सुनिश्चित करने का संकल्प और दूसरा यह कि धारा 370 का भविष्य राज्य की संविधान सभा तय करेगी।[53]

इसलिए धारा 370 के अस्थाई होने का मतलब यह था कि इसका भविष्य कश्मीर की जनता के अंतिम निर्णय द्वारा तय होगा। मान लीजिये कि कश्मीर में जनमतसंग्रह हुआ होता और वहाँ की जनता ने भारत के साथ आने का स्पष्ट निर्णय दिया होता तो संभव था कि धारा 370 का स्वरूप बदल जाता या इसकी आवश्यकता ही नहीं रहती। यहाँ यह याद रखना चाहिए कि उस समय कश्मीर में जो हालात थे उनमें किसी संविधान सभा का निर्माण निकट भविष्य में संभव नहीं दिख रहा था। लेकिन इस व्यवस्था में यह अन्तर्निहित था कि ऐसी कोई संविधान सभा इस धारा को ख़त्म भी कर सकती थी, संशोधित भी और अनुसंसित भी। ऐसे में ज़ाहिर तौर पर इसीलिए जनमतसंग्रह या संविधान सभा के निर्माण के बाद धारा 370 का स्वरूप बदल भी सकता था और यह समाप्त भी हो सकती थी। इस धारा के अस्थाई होने का संदर्भ इन्हीं दोनों स्थितियों से था और यह एक ग़लत मान्यता होगी कि संविधान में इसका अस्तित्व थोड़े दिनों के लिए मुकर्रर किया गया था। आयंगर या संविधान सभा के सदस्यों की जम्मू और कश्मीर के बाक़ी राज्यों की तरह भारत के साथ एकीकरण की आकांक्षा और उम्मीद उनकी अपनी उम्मीद थी, भारतीय सत्ता वर्ग की उम्मीद थी लेकिन संवैधानिक स्थिति बिलकुल स्पष्ट थी कि इसका अंतिम फ़ैसला जम्मू और कश्मीर की जनता को करना था।

पहली मई, 1951 को करण सिंह ने बालिग मताधिकार से जनता द्वारा चुने हुए सदस्यों की संविधान सभा के निर्माण के लिए उद्घोषणा की। सितम्बर 1951 में हुए इस चुनाव में नेशनल कॉन्फ्रेंस ने सभी सीटें जीतीं और 5 नवम्बर को इसका पहला सत्र बुलाया गया। पाकिस्तान ने कश्मीर में संविधान सभा के लिए कराये गए चुनाव पर संयुक्त राष्ट्र में आपत्ति की थी।[54] संविधान सभा में करण सिंह सदर-ए-रियासत चुने गए और शेख़ अब्दुल्ला वज़ीर-ए-आज़म। इस संविधान सभा के लिए चार कार्य तय किये गए, पहला—राज्य का शासन चलाने के लिए नया संविधान बनाना, दूसरा—शाही राजवंश का भविष्य तय करना, तीसरा—भूमि सुधार के बाद भू-स्वामियों के लिए मुआवज़ा तय करना[†††] और चौथा—तीनों विकल्पों पर पूरी तरह से विचार-विमर्श करके विलय के सम्बन्ध में अपना तर्कसंगत निष्कर्ष देना।[55] सभा ने इसके लिए तीन कमेटियाँ बनाईं जिनमें राज्य के केन्द्र से सम्बन्ध तय करने के लिए बनी मूलभूत सिद्धांत कमेटी भी थी जिसके अध्यक्ष मिर्ज़ा अफ़ज़ल बेग़ थे और सदस्य थे डी.पी. धर, जी.एल. डोगरा और हरबंश सिंह आज़ाद।[56] नेहरू ने संविधान निर्माण के पहले एक सहमति बनाने के लिए जून में नेशनल कॉन्फ्रेंस को दिल्ली आमंत्रित किया। मिर्ज़ा अफ़ज़ल बेग़ प्रतिनिधि के तौर पर दिल्ली गए और बाद में शेख़ भी। जुलाई में दिल्ली समझौता हुआ जिसमें यह सहमति बनी, (क) जबकि अन्य सभी राज्यों के मामले में विधानसभा की रेजिड्यूएरी शक्तियाँ केन्द्र के पास रहेंगी कश्मीर

[†††]इसी पुस्तक के अध्याय-14 में विस्तार से देखें।

के मामले में यह राज्य के पास ही रहेंगी, (ख) जम्मू और कश्मीर के नागरिक भारत सरकार के नागरिक माने जाएँगे, (ग) राष्ट्रपति शेष भारत की ही तरह कश्मीर में भी सम्माननीय होंगे और इसलिए उनसे सम्बन्धित धारा 52 से 66 जम्मू और कश्मीर राज्य में भी लागू होंगी। (घ) राज्य का अपना झंडा होगा लेकिन यह देश के झंडे का प्रतिद्वंद्वी नहीं होगा। राष्ट्रीय ध्वज का स्थान सर्वोच्च होगा। (ङ) राज्य की विशिष्ट स्थितियों के कारण ख़ासतौर पर शेख़ अब्दुल्ला के भूमि सुधारों के संदर्भ में राज्य में मौलिक अधिकार लागू नहीं होंगे।[‡‡‡] (च) उच्चतम न्यायालय के प्राधिकार के सम्बन्ध में फ़िलहाल के लिए यह सहमति बनी कि राज्य में न्यायिक सलाहकार बोर्ड की उपस्थिति के कारण उच्चतम न्यायालय का केवल अपील सम्बन्धी प्राधिकार होगा। (छ) राज्य में सामान्य आपातस्थिति की परिस्थिति में राष्ट्रपति द्वारा आपातकाल घोषित किये जाने से सम्बन्धित धारा 352 लागू किये जाने के सम्बन्ध में राज्य ने यह तर्क दिया कि सेना का अधिकार क्षेत्र होने के कारण बाहरी कारणों से उत्पन्न आपातस्थिति में आपातकाल लागू करने का अधिकार पहले ही केन्द्र के पास है इसलिए केन्द्र ने जम्मू और कश्मीर के संदर्भ में केवल आंतरिक गड़बड़ियों के हालात में आपातकाल घोषित करने का अधिकार तय किया। (ज) दोनों पक्ष इस बात से सहमत थे कि धारा 356 तथा 360 को राज्य के संदर्भ में लागू करना ज़रूरी नहीं है।[57]

इस समझौते के आधार पर संविधान सभा ने महाराजा के आनुवंशिक शासन की जगह सभा के प्रतिनिधियों द्वारा चुने गए सदर ए रियासत को राज्य प्रमुख मानने के संशोधन के साथ धारा 370 को स्वीकार कर लिया। इस प्रकार संविधान सभा द्वारा संस्तुत करने के बाद धारा 370 कोई 'अस्थाई' धारा नहीं रह गई और भारत के संविधान का स्थाई हिस्सा बन गई। संपत प्रकाश बनाम जम्मू कश्मीर राज्य के मामले में उच्चतम न्यायालय भी यह कह चुका है। धारा 370 की उपधारा 3 के अनुसार इसे हटाने के लिए राष्ट्रपति के किसी आदेश पर संविधान सभा की सम्मति आवश्यक है जो 17 नवम्बर 1956 को संविधान सभा के भंग होने के साथ ही असंभव हो गई।[58]

यह धारा अपने निर्माण के साथ ही विवादों के घेरे में रही है, अगले खण्ड में इसे तफ़सील से देखा जाएगा। केन्द्र सरकारों ने तमाम विरोध के बावजूद इस धारा को संविधान में तो बनाए रखा लेकिन इसकी मूल भावना के साथ संवैधानिक बदलावों के साथ जो व्यवहार हुआ है उसने व्यावहारिक रूप से इसे लगभग निष्प्रभावी कर दिया है। उचित स्थान पर हम इस पर विस्तार से बात करेंगे लेकिन अभी इससे संबन्धित कुछ ग़लतफ़हमियों पर बात कर लेते हैं।

अकसर कश्मीर को दिये गए विशेष श्रेणी के राज्य के दर्जे को धारा 370 से जोड़कर देखा जाता है और कट्टरपंथी तत्त्व इसे तुष्टिकरण की तरह व्याख्यायित और प्रचारित करते हैं। हक़ीक़त यह है कि विशेष श्रेणी के राज्य के दर्जे का धारा 370 से कोई लेना-देना नहीं है। यह दर्जा देने सम्बन्धी निर्णय राष्ट्रीय विकास परिषद् लेती है जिसके सदस्य प्रधानमंत्री, केन्द्रीय मंत्री, राज्यों के मुख्यमंत्री तथा योजना आयोग (अब नीति आयोग) के सदस्य होते

[‡‡‡]इसी पुस्तक के अध्याय-14 में विस्तार से देखें।

हैं। इन राज्यों को वित्त आयोग द्वारा धन का आवंटन करते समय विशेष ध्यान दिया जाता है। शुरुआत में तीन राज्यों, असम, नागालैंड और जम्मू और कश्मीर को विशेष राज्य का दर्जा दिया गया था और बाद में इस सूची में आठ और राज्यों, अरुणाचल प्रदेश, मणिपुर, मेघालय, मिज़ोरम, उत्तराखण्ड, त्रिपुरा, हिमाचल प्रदेश और सिक्किम को जोड़ा गया। किसी राज्य को विशेष दर्जा देने के लिए जो आधार बनाए गए वे हैं—पहाड़ी और दुर्गम इलाक़े, कम जनसंख्या घनत्व या आदिवासी जनसंख्या का बाहुल्य, रणनीतिक महत्त्व वाले पड़ोसी देशों के सीमावर्ती इलाक़े, आर्थिक और आधारभूत ढाँचे का पिछड़ापन और राज्यों की ख़राब वित्तीय स्थिति। ज़ाहिर है इन मानदंडों के अनुसार पाकिस्तान से लंबी सीमा साझा करने वाला पहाड़ी क्षेत्र कश्मीर विशेष श्रेणी के राज्य का दर्जा पाने का हक़दार है।[59] जाने-माने कश्मीरी अर्थशास्त्री डॉ. हसीब द्राबू बताते हैं कि कश्मीर को इस श्रेणी का लाभ 1989 में ही जाकर मिल पाया जब वित्त आयोग से 90 प्रतिशत धन अनुदान और 10 प्रतिशत ऋण के रूप में मिले, उसके पहले अन्य राज्यों की ही तरह 70 प्रतिशत धन अनुदान और 30 प्रतिशत धन ऋण के रूप में मिलता रहा।[60]

दूसरा प्रचार अक्सर कश्मीर में दूसरे प्रदेशों के नागरिकों के ज़मीन न ख़रीद सकने को लेकर होता है। 35 ए को लेकर हाल में चल रहा विवाद इसी से सम्बद्ध है। अध्याय 10 में हमने मुल्की-ग़ैर मुल्की विवाद के समय बाहरी लोगों को रोकने के लिए बनाए गए इस नियम के बारे में देखा है। यह नियम तभी से प्रभाव में है। यह सच है कि धारा 370 के कारण डोगरा काल में बने इस नियम को केन्द्र सरकार बदल नहीं सकती है लेकिन यहाँ हमें यह ध्यान रखना होगा कि यह नियम जम्मू और कश्मीर के अलावा हिमाचल प्रदेश, अरुणाचल प्रदेश तथा अंडमान और निकोबार द्वीप समूह में भी लागू है। दक्षिणपंथी ताक़तें इस नियम को ख़त्म करने की माँग अक्सर करती रहती हैं। ऐसे में हमें लोकसभा में इसे लेकर दिये गए नेहरू के बयान को याद करना चाहिए—

> यह कोई नई चीज़ नहीं है बल्कि एक पुराना नियम है जो चला आ रहा है और मुझे लगता है यह बहुत अच्छी चीज़ है और इसे जारी रहना चाहिए क्योंकि कश्मीर एक बेहद लुभावनी जगह है और (अगर यह नियम रद्द किया गया तो) यहाँ के निवासियों के लिए यह दुर्भाग्यपूर्ण होगा कि अमीर लोग यहाँ की सारी ज़मीन ख़रीद लेंगे। यह वास्तविक कारण है और यह कारण अंग्रेज़ों के ज़माने से, सौ से अधिक वर्षों से लागू है।[61]

एक और प्रचार कश्मीरी संविधान में महिलाओं के साथ होने वाले भेदभाव को लेकर है। यह सच है कि जम्मू और कश्मीर राज्य के संविधान के खण्ड-iii में राज्य नागरिक क़ानून महाराजा हरि सिंह द्वारा 20 अप्रैल 1927 को बनाए गए क़ानूनों के अनुसार थे जिसके तहत जम्मू और कश्मीर की महिलाओं को बाहर के किसी राज्य के पुरुष से विवाह करने पर उनसे राज्य में अचल संपत्ति ख़रीदने तथा नौकरी के अधिकार छिन जाते थे। नया कश्मीर में महिलाओं के पक्ष में बातें तो बहुत थीं लेकिन सरकार बनने के बाद शेख़ अब्दुल्ला ने जो उत्साह भूमि सुधारों के लिए दिखाया वह महिलाओं के हक़ में क़ानून बनाने में नहीं।

इस क़ानून के कुछ दुष्परिणाम हम उदाहरणों के साथ देख सकते हैं। बख़्शी ग़ुलाम मोहम्मद की पौत्री डॉ. रूबीना नसरुल्लाह ने जब पंजाब के पूर्व राज्यपाल सुरेन्द्रनाथ के बेटे रणजीत मल्होत्रा से शादी की तो उन्हें श्रीनगर के मेडिकल कॉलेज से परास्नातक की डिग्री लेने के लिए अयोग्य क़रार कर दिया गया। लेह की सामाजिक कार्यकर्ता एँगमो शानो ने उत्तर प्रदेश के मेजर ढिढ्वाल से शादी की। लेकिन कुछ वर्षों बाद तलाक़ हो जाने के बाद जब वह अपने तीन बच्चों के साथ लेह लौटीं तो उन्हें वहाँ ज़मीन ख़रीदने से रोक दिया गया। कुपवाड़ा ज़िले के चोगाल गाँव की अमरजीत कौर को राज्य से बाहर पंजाब में शादी करने के कारण पैतृक संपत्ति के अधिकार से वंचित कर दिया गया। ऐसा ही एक क़िस्सा सुशीला साहनी का भी है। लेकिन इन महिलाओं ने अपनी लड़ाई कानूनी रूप से लड़ी और 17 अक्टूबर 2002 में जम्मू और कश्मीर हाईकोर्ट ने एक ऐतिहासिक फैसले में कहा कि 'जम्मू और कश्मीर की महिलाओं के राज्य के नागरिक के रूप में मौलिक अधिकार किसी ऐसे व्यक्ति से उनकी शादी के बाद भी सुरक्षित रहेंगे जो जम्मू और कश्मीर राज्य का नागरिक न हो।'[62]

इस तरह जम्मू और कश्मीर के संविधान की अपनी कमियाँ और खूबियाँ हो ही सकती थीं जिसमें सुधार की पर्याप्त संभावनाएँ थीं लेकिन धारा 370 को उस दौर में किसी समस्या की जगह भारतीय एकता की विजय के रूप में देखा जा रहा था। शेख़ अब्दुल्ला ने श्रीनगर से लेकर संयुक्त राष्ट्र तक भारत के साथ जो पक्षधरता दिखाई थी उसके बरक्स यह विशिष्ट संवैधानिक व्यवस्था कश्मीर और भारत के बीच सौहार्दपूर्ण सम्बन्धों की दिशा में एक अग्रवर्ती क़दम था[63] जिसे गुलजारीलाल नंदा एक ऐसी सुरंग के रूप में देख रहे थे जिससे भारतीय संविधान धीमे-धीमे कश्मीर तक पहुँचेगा।[64] कश्मीरियों के लिए यह भारत के साथ एक ऐसा सम्मानजनक सहअस्तित्व था जिसके भीतर आज़ादी की उनकी सदियों पुरानी आकांक्षा भी फलीभूत हो रही थी। बाद में इसका तीखा विरोध करने वाले श्यामा प्रसाद मुखर्जी उस समय नेहरू कैबिनेट के सदस्य के रूप में इसके समर्थन में थे। उन्होंने कैबिनेट से इस्तीफ़ा 370 के खिलाफ़ नहीं बल्कि 8 अप्रैल 1950 को नेहरू-लियाक़त समझौते के खिलाफ़ दिया था।[65] ऐसे में यह देखना महत्त्वपूर्ण होगा कि कैसे आने वाले समय में हिन्दुत्ववादी राष्ट्रवाद द्वारा धारा 370 को कश्मीरियों के ख़िलाफ़ एक घृणास्पद दुष्प्रचार के औज़ार और राष्ट्रवादी बैरोमीटर में तब्दील कर दिया गया।

'वज़ीर-ए-आज़म' शेख़ अब्दुल्ला और नया कश्मीर : भूमि सुधार और आगे

सत्ता में आने के बाद शेख़ अब्दुल्ला ने 'नया कश्मीर' के सपने को अमली जामा पहनाने की कोशिशें शुरू कर दीं। इस दिशा में उठाया गया सबसे महत्त्वपूर्ण क़दम था—भूमि सुधार। कश्मीर के भूमि सुधारों को भारत में हुए भूमि सुधारों में सबसे अधिक क्रांतिकारी माना जाता है। हमने देखा है कि शेख़ के भारत के प्रति झुकाव का एक कारण यह भी था कि पाकिस्तान में जिस तरह का सामंती शासक वर्ग आया था वह कभी भी 'नया कश्मीर' के जनपक्षधर एजेंडे को पूरा नहीं करने देता और यह भविष्य ने सिद्ध भी किया, जहाँ शेख़ जम्मू और कश्मीर में क्रांतिकारी भूमि सुधार लागू करने में सफल रहे वहीं पाकिस्तान में

भूमि सुधार का प्रस्ताव करने के कारण मियाँ इफ़्तिखारुद्दीन मुस्लिम लीग और पाकिस्तान की राजनीति से बाहर कर दिए गए। सत्ता में आने के बाद शेख़ अब्दुल्ला की सरकार ने एक झटके में मुआफ़ीदारों[§§§] और मुक्करीख्वारों को मिलने वाली सुविधायें समाप्त कर दीं।[66] 1950 में लाये गए 'बिग लैंडेड एस्टेट्स अबोलिशन एक्ट' के तहत (1) भूमि की अधिकतम सीमा 182 कैनाल (22.75 हेक्टेयर) तय कर दी गई। इसमें बागानों, चारागाहों, जलाऊ और न जोतने योग्य बेकार भूमि को शामिल नहीं किया गया, (2) बँटाई पर खेती करने वाले किसानों को ज़मीन का मालिकाना दिया गया, (3) जिन किसानों को ज़मीन उपलब्ध कराई गई उनके लिए 160 कैनाल की सीमा निर्धारित की गई जिसमें पहले से मालिकाने की ज़मीन भी शामिल थी, (4) मुआवज़े के सवाल पर यह व्यवस्था दी गई कि राज्य की विधानसभा इसे बाद में तय करेगी। विधानसभा में फ़ैसला लिया गया कि किसी तरह का मुआवज़ा नहीं दिया जाएगा। इस तरह जम्मू और कश्मीर भारत का इकलौता राज्य बन गया जहाँ बड़े ज़मींदारों को ज़मीनों के बदले कोई मुआवज़ा नहीं दिया गया, (5) पुंछ क्षेत्र के सभी ग़ैर मौरूसी काश्तकारों को उनकी ज़मीनों का मालिकाना दे दिया गया, (6) ऊधमपुर में शिक़ार के लिए आरक्षित की गई ज़मीनों का आरक्षण समाप्त कर दिया गया और किसानों को इन ज़मीनों पर खेती करने की अनुमति दी गई, (7) शिक़ार के नियमों में बदलाव करके जंगलों के आस-पास के गाँवों के किसानों को उन जंगली जानवरों पर गोली चलाने के अधिकार दिए गए जो उनकी खेती को नुक़सान पहुँचाते थे और (8) 13 अप्रैल 1947 के बाद ज़मीन के अंतरण के सभी आदेश और डिक्रियों को अमान्य घोषित कर दिया गया ताकि इस क़ानून की मूलभावना से खिलवाड़ न हो सके। इसके अलावा 1953 में राज्य सरकार ने मुजावज़ा की व्यवस्था ख़त्म कर दी और किसानों को अपना अतिरिक्त अनाज सरकार को बेचने की आज़ादी।[67] इसी के साथ लगान की दर आधे से एक तिहाई कर दी गई। ऋणमाफ़ी के लिए ऋण समाधान न्यायालय बनाये गए और एक ही झटके में कुल ऋण 80 प्रतिशत घटाकर 2.4 मिलियन से 1.2 मिलियन रुपये कर दिया गया।[68]

भारत में भूमि सुधारों का गंभीर अध्ययन करने वाले डेनियल थोर्नर ने *इकनॉमिक वीकली* के 12 सितम्बर, 1953 के अंक में कश्मीर के कुछ इलाक़ों में किये सर्वे के आधार पर कुछ ज़रूरी निष्कर्ष दिए हैं। वहाँ मौजूद भ्रष्टाचार की तमाम नज़ीरें देते हुए वह इस निष्कर्ष पर पहुँचते हैं कि कश्मीर की भ्रष्ट नौकरशाही के भरोसे इतनी बड़ी योजना लागू नहीं की जा सकती थी। राजस्व कर्मचारियों, सरपंचों और नेताओं की गठजोड़ से वहाँ एक नया वर्ग पैदा हुआ जिसने इस क़ानून में से पतली गलियाँ निकाल कर तयशुदा सीमा से अधिक ज़मीनें हथियाईं।[69] यहाँ मार्क्स याद आते ही हैं जब वह अठारहवीं ब्रूमेर में पेरिस कम्यून पर टिप्पणी देते हुए कहते हैं कि पुरानी व्यवस्था को आमूल-चूल रूप से बदले बिना क्रांतिकारी परिवर्तन लागू नहीं किये जा सकते। कश्मीर के भूमि सुधार को लेकर बहुत

[§§§]मुआफ़ी धार्मिक और ग़ैर धार्मिक दोनों तरह की होती थी। धार्मिक मुआफ़ियों में भू राजस्व का एक तिहाई मुआफ़ीदार द्वारा नक़द में लिया जाता था और दो तिहाई वस्तु के रूप में। ग़ैर धार्मिक मुआफ़ियों के लिए पूरा भू राजस्व नक़द या वस्तु रूप में लिया जा सकता था। सरकार ने ग़ैर धार्मिक मुआफ़ियों को पूरी तरह ख़त्म कर दी और धार्मिक मुआफ़ियों के लिए वस्तु के रूप में लगान वसूलने पर रोक लगा दी।

सारे अध्ययन हुए हैं। यहाँ बहुत विस्तार से उन पर विचार करना संभव नहीं होगा लेकिन इतना तो तय है कि अपनी कमज़ोरियों के बावजूद भूमि सुधारों ने जागीरदारों, मुआफ़ीदारों और मुक्करींख्वारों के शोषक सामन्ती वर्ग को ख़त्म कर दिया। तीस के दशक में शुरू हुए आन्दोलन से किसानों के शोषण का मुद्दा जो कश्मीर के राजनैतिक विमर्शों में शामिल हुआ था अब वह केन्द्रीय मुद्दा बन गया था। ब्रेखर इसका समाहार करते हुए कहते हैं—

> कश्मीरियों की बहुसंख्या इन सुधारों से लाभान्वित हुई है और उनमें से कई ने जिनका लेखक ने साक्षात्कार किया उन्होंने पाकिस्तान के प्रति अपना भय ज़ाहिर किया जहाँ ऐसा कोई भूमि सुधार नहीं हुआ कि उससे विलय पर हाल में उन्हें मिली ज़मीनें जागीरदारों को वापस दी जा सकती हैं या 'नया कश्मीर' के और प्रावधान लागू करना असंभव हो जाएगा।[70]

इस तरह साढ़े तीन सदियों से अधिक समय के बाद कश्मीर सत्ता एक कश्मीरी के हाथों में आने के बाद आम कश्मीरी किसानों को अपनी सत्ता होने का एहसास ही गहरा नहीं हुआ था बल्कि इस क़दम ने किसानों को भारतीय राज्य से भी जोड़ दिया। नया कश्मीर के इन क्रांतिकारी जनपक्षधर कार्यक्रमों के चलते भविष्य में तमाम उतार चढ़ावों के बावजूद शेख़ की लोकप्रियता उनके आख़िरी दिनों तक क़ायम रही।

लेकिन जिन नीतियों से कश्मीरी किसानों को ज़मीन मिली और कर्ज़ों से मुक्ति उन नीतियों के चलते स्वाभाविक था कि पुराना सामन्ती-साहूकार वर्ग क्रुद्ध भी होता। महाराजा के हाथों से अधिकार जाने से डोगरा और कश्मीरी पंडितों के प्रभावशाली वर्गों में जो असंतोष था वह अपने अधिकारों के छिन जाने से और प्रबल हुआ। इसके कारण स्पष्ट थे। राज्य में जहाँ 233 मुस्लिम जागीरदारों की 3,14,63,214 रुपये मूल्य की जागीरें ज़ब्त हुई थीं वहीं 173 ग़ैर मुस्लिमों की 19,22,313.60 रुपये मूल्य की जागीरें ज़ब्त हुई थीं। मुकर्ररी अधिकारों के मामले में जहाँ सिर्फ़ 467 मुस्लिमों के अधिकार छिने थे वहीं ग़ैर मुस्लिमों की संख्या 1860 थी।[71] राज्य की जनसंख्या में 86% मुसलमानों के तथ्य को साथ रखकर देखें तो स्पष्ट है कि डोगरा राज में ये सुविधाएँ अल्पसंख्यक हिन्दू समुदाय के पक्ष में बाँटी गई थीं। स्वाभाविक है अपनी सत्ता और संपत्ति खोने के बाद यह वर्ग एक प्रतिक्रियावादी वर्ग में बदल गया और शेख़ अब्दुल्ला का सबसे बड़ा शत्रु बन गया। धर्म उसकी एकता का सबसे बड़ा आधार था और इन शक्तियों ने जम्मू में प्रजा परिषद् का दामन थामा। जब पटेल जम्मू और कश्मीर में मौलिक अधिकारों को लागू करने के लिए दबाव बना रहे थे तो असल में वह इस भूस्वामी वर्ग के लिए संपत्ति के अधिकार के तहत वैसा ही मुआवज़ा सुनिश्चित कर रहे थे जैसा भारत के अन्य प्रदेशों में भूमि सुधार के बाद मिला था। पटेल और शेख़ के बीच बहुत अच्छे रिश्ते तो कभी नहीं रहे लेकिन हम देखेंगे कि 1949-50 के बीच धारा 370 और जम्मू और कश्मीर के भारत से एकीकरण के सवाल पर जो तनातनी हुई उसने कश्मीर और भारत के इतिहास में एक बड़ी भूमिका निभाई। नेहरू के निर्णयों की ख़ामियों और ख़ूबियों पर तो अक्सर बात की जाती है लेकिन पटेल की इस भूमिका पर अक्सर बात नहीं होती।

हमने देखा है कि शेख़ अब्दुल्ला कश्मीर घाटी के तो लगभग सर्वमान्य नेता थे लेकिन जम्मू क्षेत्र में उनका वैसा प्रभाव कभी नहीं रहा। वहाँ का मुस्लिम नेतृत्व तो पुंछ विद्रोह के बाद पाकिस्तान अधिकृत कश्मीर चला गया और हिन्दुओं की बहुसंख्या जो डोगरा शासन के साथ ख़ुद को प्रत्यक्ष रूप से जुड़ा हुआ पाती थी डोगरा शासन के अवसान के बाद शेख़ अब्दुल्ला की धुर विरोधी हो गई। साम्प्रदायिक दंगों का दंश झेलकर पंजाब से भारी संख्या में आये शरणार्थियों और जम्मू के इस समुदाय की साम्प्रदायिक भावनाओं को राष्ट्रीय स्वयंसेवक संघ समर्थित प्रजा परिषद् ने अपने राजनीतिक उद्देश्य के लिए उपयोग किया। इसी दौर में बलराज पुरी जैसे कुछ प्रगतिशील तत्त्वों ने जम्मू और लेह के लिए क्षेत्रीय स्वायत्तता की माँग की जिससे इन इलाक़ों की क्षेत्रीय आकांक्षाएँ पूरी की जा सकें। दिल्ली समझौते के दौरान इस पर सहमति भी बनीं लेकिन जनसंघ और हिन्दू महासभा ने दिल्ली समझौते का तीख़ा विरोध किया। प्रजा परिषद् ने 'मुस्लिम कश्मीर' की जगह 'हिन्दू भारत' के साथ ख़ुद को जोड़ा और धारा 370 को हटाने तथा भारत के साथ पूर्ण एकीकरण की माँग की जो उनकी राजनैतिक आकांक्षाओं के लिए अधिक उपयुक्त प्रतीत होता था।[72] 30 जनवरी 1948 को एक हिन्दू कट्टरपंथी नाथूराम गोडसे द्वारा गाँधी की हत्या के बाद लगे प्रतिबन्ध के हटाये जाने के बाद संघ को ख़ुद को पुनर्जीवित करने के लिए जिस मुद्दे की तलाश थी वह एक मुस्लिम बहुल प्रदेश कश्मीर में देशभक्ति के लिटमस टेस्ट से बेहतर क्या हो सकता था। 1951 में स्थापित हुई जनसंघ के संस्थापक अध्यक्ष श्यामा प्रसाद मुखर्जी की अध्यक्षता में 21 अक्टूबर 1951 को हुई पहली राष्ट्रीय समिति की बैठक में जो पहला घोषणापत्र जारी हुआ उसमें चार प्रमुख मुद्दों पर ज़ोर दिया गया, भारतीय संस्कृति पर आधारित शिक्षा पद्धति, स्कूलों में हिन्दी का प्रयोग, अल्पसंख्यकों को किसी भी तरह के विशेषाधिकार का विरोध और जम्मू और कश्मीर का भारतीय संघ में पूर्ण एकीकरण। पार्टी ने इन्हीं मुद्दों पर चुनाव लड़ा और हालाँकि उसे लोकसभा में केवल 3 सीटें मिलीं लेकिन सदन के भीतर वह अकाली दल सहित अन्य दलों के 32 सांसदों का समर्थन हासिल करने में सफल रहे और इसे राष्ट्रीय लोकतांत्रिक मोर्चे का नाम दिया गया। जिन दो मुद्दों पर आन्दोलन शुरू करने का तय किया गया वे थे धारा 370 और पाकिस्तान से आये रिफ्यूजियों के हालात। जनसंघ, हिन्दू महासभा और राष्ट्रीय स्वयंसेवक संघ ने यह आन्दोलन दिल्ली से पंजाब होते हुए जम्मू तक चलाने का फ़ैसला किया था। नारा तय किया गया : 'एक देश में दो विधान/एक देश में दो निशान/एक देश में दो प्रधान/नहीं चलेगा, नहीं चलेगा।'[73] अभी हाल तक महाराजा के पीछे स्वतंत्र जम्मू और कश्मीर राज्य की माँग के लिए खड़ी प्रजा परिषद् की भारत के प्रति देशभक्ति ऐसी जागी कि उससे जुड़े छात्रों ने तिरंगे के साथ लगे राज्य के झंडे को जलाने की कोशिश की। साम्प्रदायिक एजेंडे के तहत शुरू किए गए इस आन्दोलन ने जम्मू में जनजीवन को तहस-नहस कर दिया। सरकारी संपत्ति की तोड़-फोड़ से लेकर हिंसा तक की घटनाएँ हुईं। राष्ट्रभक्ति की इस आग को भड़काने में राष्ट्रीय प्रेस ने भी अपनी भूमिका निभाई। नेहरू इसे लेकर बेहद चिंतित थे। इन पाँच सालों में पहली बार वह कश्मीर के भविष्य को लेकर सशंकित थे। उन्होंने इंटेलीजेंस ब्यूरो के तत्कालीन उप निदेशक बी.एन. मलिक को हालात का अध्ययन करने के लिए जम्मू भेजा। मलिक का दावा है कि नेहरू ने दो कामों के लिए

भेजा था। पहला यह कि प्रजा परिषद् को अपना आन्दोलन ख़त्म करने पर राज़ी करें और यह कि उन्हें समझाएँ कि कश्मीर से भारत का एकीकरण अधूरा नहीं पूरा है लेकिन चूँकि मामला सुरक्षा परिषद् में है इसलिए कश्मीर के लिए ख़ास दर्जा कुछ और सालों तक बनाकर रखना पड़ेगा। कुछ सालों बाद ये विशेष अधिकार अपने आप ख़त्म हो जायेंगे और कश्मीर भी दूसरे किसी राज्य की तरह ही हो जाएगा और दूसरा यह कि शेख़ अब्दुल्ला से बात करके उन्हें साम्प्रदायिक और हिन्दू विरोधी भाषणों से बचने का आग्रह करें।[74]

मलिक के दावे की सच्चाई की जाँच करने के लिए आज हमारे पास कोई तरीक़ा नहीं है लेकिन 1953 में शेख़ की गिरफ़्तारी के बाद जिस तरह कश्मीर के भारत से एकीकरण और धारा 370 को धुंधला करने की जितनी कोशिशें हुईं उसे देखते हुए इस संभावना को पूरी तरह खारिज भी नहीं किया जा सकता। जम्मू में आन्दोलन पर एक हद तक क़ाबू पाने के बाद 5 फ़रवरी 1953 को नेहरू ने श्यामा प्रसाद मुखर्जी को लिखा कि उन्हें इस बात को लेकर ज़रा सी भी आशंका नहीं है कि भारत के साम्प्रदायिक और संकीर्ण मानसिकता वाले तत्त्वों द्वारा समर्थित परिषद् का साम्प्रदायिक आन्दोलन बर्बादी लेकर आयेगा, केवल जम्मू और कश्मीर के लिए ही नहीं बल्कि पूरे देश के लिए। मुखर्जी ने आन्दोलन तो नहीं ख़त्म किया लेकिन शेख़, नेहरू और मुखर्जी के बीच लगातार ख़त-ओ-किताबत चलती रही। मई में अनधिकार प्रवेश के चलते मुखर्जी श्रीनगर में गिरफ़्तार कर लिए गए लेकिन पत्राचार जारी रहा। अंतत: तीनों के बीच में एक सहमति बनी जिसके तहत जम्मू, लद्दाख और कश्मीर की क्षेत्रीय स्वायत्तता और दिल्ली समझौते के तहत धारा 370 पर सहमति बन गई। मुखर्जी तुरंत आन्दोलन वापस नहीं ले सकते थे क्योंकि यह कायरता समझा जाता। इसी बीच जेल में श्यामा प्रसाद मुखर्जी की मृत्यु हो गई। नेहरू ने प्रजा परिषद् से अपना आन्दोलन वापस लेने की अपील करते हुए कहा कि क्षेत्रीय स्वायत्तता की बात मान ली गई है। 2 जुलाई को जम्मू और कश्मीर सरकार ने भी नेहरू की बात से सहमति ज़ाहिर करते हुए प्रजा परिषद् के नेताओं को रिहा कर दिया और 3 तारीख़ को वे दिल्ली जाकर मिले तथा क्षेत्रीय स्वायत्तता तथा दिल्ली समझौते को लेकर सहमति बनी। इसके तहत जम्मू और कश्मीर राज्य को भारत के भीतर स्वायत्तता मिलनी थी तथा जम्मू, कश्मीर घाटी तथा लेह को जम्मू और कश्मीर राज्य के भीतर। अगर यह समझौता लागू हो पाया होता तो शायद कश्मीर समस्या पैदा ही नहीं होती या फिर होती तो भी उसका यह स्वरूप नहीं होता। लेकिन जनसंघ ने इसे मानने से इंकार कर दिया। बलराज मधोक के अनुसार इसके लिए उसे राष्ट्रीय स्वयंसेवक संघ से अनुदेश मिले थे। इसके बाद जनसंघ ने 370 तथा क्षेत्रीय स्वायत्तता के ख़िलाफ़ ज़ोर-शोर से आन्दोलन शुरू कर दिया।[75]

संदर्भ सूची

1. देखें, पृष्ठ 88, *कश्मीर इन कॉन्फ़्लिक्ट : इण्डिया, पाकिस्तान एंड द अनएंडिंग वार,* विक्टोरिया स्कोफील्ड, आई.बी. टारिस एंड कम्पनी लिमिटेड, लन्दन–2003
2. देखें, पृष्ठ 159, *कम्युनल रायट्स इन पोस्ट इंडिपेंडेंट इंडिया,* (सं) असग़र अली इंजिनियर, कम्युनल पॉलिटिक्स इन जम्मू एंड कश्मीर, रियाज़ पंजाबी, दूसरा संस्करण, यूनिवर्सिटी प्रेस, दिल्ली—1997
3. देखें, पृष्ठ 266–68, *मिशन विद माउंटबेटन,* एलन कैम्पबेल जॉनसन, जैको पब्लिशिंग हाउस, दिल्ली–1951
4. देखें, वही, पृष्ठ 269
5. देखें, पृष्ठ 72, *वार एंड डिप्लोमेसी इन कश्मीर (1947–48),* सी. दासगुप्ता, पृष्ठ क्लासिक्स, दिल्ली–2014
6. देखें, पृष्ठ 270, *मिशन विद माउंटबेटन,* एलन कैम्पबेल जॉनसन, जैको पब्लिशिंग हाउस, दिल्ली–1951
7. देखें, पृष्ठ 75, *वार एंड डिप्लोमेसी इन कश्मीर* (1947–48), सी. दासगुप्ता, पृष्ठ क्लासिक्स, दिल्ली–2014
8. देखें, वही, पृष्ठ 76
9. देखें, वही पृष्ठ 77
10. देखें, पृष्ठ 43–44, *द स्ट्रगल फ़ॉर कश्मीर,* माइकल ब्रेखर, ऑक्सफ़ोर्ड यूनिवर्सिटी प्रेस, लन्दन–1953
11. देखें, पृष्ठ 57–61, *वार एंड डिप्लोमेसी इन कश्मीर* (1947–48), सी. दासगुप्ता, पृष्ठ क्लासिक्स, दिल्ली–2014
12. देखें, पृष्ठ 367, *इंटीग्रेशन ऑफ़ द इण्डियन स्टेट्स,* वी.पी. मेनन, ओरियेंट ब्लैक्स्वान, दूसरा संस्करण दिल्ली–2016
13. देखें, वही, पृष्ठ 40
14. देखें, पृष्ठ 85–86, *टू नेशंस एंड कश्मीर,* लॉर्ड वुडबर्ड, रॉबर्ट हेल लिमिटेड, लन्दन–1956
15. देखें, पृष्ठ 16–17, *कश्मीर आफ़्टर इंसरजेंसी,* बलराज पुरी, ओरियेंट लॉन्गमैन प्राइवेट लिमिटेड, तीसरा संस्करण दिल्ली–2008
16. देखें, पृष्ठ 55, *द स्ट्रगल फ़ॉर कश्मीर,* माइकल ब्रेखर, ऑक्सफ़ोर्ड यूनिवर्सिटी प्रेस, लन्दन–1953
17. देखें, पृष्ठ 86, *टू नेशंस एंड कश्मीर,* लॉर्ड वुडबर्ड, रॉबर्ट हेल लिमिटेड, लन्दन–1956
18. देखें, पृष्ठ 17, *कश्मीर आफ़्टर इंसरजेंसी,* बलराज पुरी, ओरियेंट लॉन्गमैन प्राइवेट लिमिटेड, तीसरा संस्करण दिल्ली–2008
19. देखें, पृष्ठ 58, *द स्ट्रगल फ़ॉर कश्मीर,* माइकल ब्रेखर, ऑक्सफ़ोर्ड यूनिवर्सिटी प्रेस, लन्दन–1953
20. देखें, वही पृष्ठ 58–60
21. देखें, पृष्ठ 87, *टू नेशंस एंड कश्मीर,* लॉर्ड वुडवर्ड, रॉबर्ट हेल लिमिटेड, लन्दन–1956
22. देखें, पृष्ठ 51–54, *द स्ट्रगल फ़ॉर कश्मीर,* माइकल ब्रेखर, ऑक्सफ़ोर्ड यूनिवर्सिटी प्रेस, लन्दन–1953
23. विस्तार के लिए देखें, वही, पृष्ठ 56–72
24. देखें, पृष्ठ 64, *बियाण्ड द लाइंस,* कुलदीप नैयर, रोली बुक्स–2012
25. देखें, यू.एस. फेल्योर इन कश्मीर : अ फैक्चुअल सर्वे, पृष्ठ 1506–09 *द इकॉनमिक वीकली,* अक्टूबर 2–1965
26. देखें, पृष्ठ 162, *कश्मीर : अ डिस्प्यूटेड लेगेसी,* एलिएस्टर लैम्ब, 1846–90, रॉक्सफोर्ड बुक्स, हर्टफोर्डशायर–1991
27. देखें, पृष्ठ 65, *कश्मीर इन कॉन्फ़्लिक्ट : इंडिया, पाकिस्तान एंड द अनएंडिंग वार,* विक्टोरिया स्कोफील्ड, आई.बी. टॉरिस–2003
28. देखें, पृष्ठ 66, वही
29. देखें, पृष्ठ 93, *टू नेशंस एंड कश्मीर,* लॉर्ड वुडबर्ड, रॉबर्ट हेल लिमिटेड, लन्दन–1956

30. देखें, पृष्ठ 116-17, *कश्मीर : बिहाइंड द वेल,* एम.जे. अकबर, रोली बुक्स, छठा संस्करण, दिल्ली—2011
31. देखें, पृष्ठ 19, *कश्मीर आफ़्टर इंसरजेंसी,* बलराज पुरी, ओरियेंट लॉन्गमैन प्राइवेट लिमिटेड, तीसरा संस्करण-2008, दिल्ली
32. देखें, पृष्ठ 24, *माई ईयर्स विद नेहरू : कश्मीर,* बी.एन. मलिक, अलाइड पब्लिशर्स, नई दिल्ली-1971
33. देखें, पृष्ठ 172, *कश्मीर : अ डिस्प्यूटेड लेगेसी,* एलिएस्टर लैम्ब, 1846-90, रॉक्सफोर्ड बुक्स, हर्टफोर्डशायर-1991
34. बलराज मधोक की किताब *'कश्मीर : सेंटर .फ़ॉर न्यू एलाइनमेंट्स* से बलराज पुरी द्वारा उद्धृत
35. देखें, पृष्ठ 175, *कश्मीर : अ डिस्प्यूटेड लेगेसी,* एलिएस्टर लैम्ब, 1846-90, रॉक्सफोर्ड बुक्स, हर्टफोर्डशायर-1991
36. देखें, पृष्ठ 125, द *स्ट्रगल. .फ़ॉर कश्मीर,* माइकल ब्रेखर, ऑक्सफ़ोर्ड यूनिवर्सिटी प्रेस, लन्दन-1953
37. देखें, पृष्ठ 118-119, द *स्ट्रगल फ़ॉर कश्मीर,* माइकल ब्रेखर, ऑक्सफ़ोर्ड यूनिवर्सिटी प्रेस, लन्दन-1953
38. देखें, यू.एस. फ़ेल्योर इन कश्मीर : अ फैक्चुअल सर्वे, पृष्ठ 1506-09, द *इकॉनमिक वीकली,* अक्टूबर 2-1965
39. देखें, पृष्ठ 27, द *कश्मीर डिस्प्यूट 1947-2012,* खण्ड 1, ए.जी. नूरानी, तूलिका बुक्स, तीसरा संस्करण, दिल्ली-2015 (वहीद अहमद द्वारा सम्पादित किताब द *नेशंस वायस* से उद्धृत)
40. देखें, पृष्ठ 20, *कश्मीर आफ़्टर इंसरजेंसी,* बलराज पुरी, ओरियेंट लॉन्गमैन प्राइवेट लिमिटेड, तीसरा संस्करण-2008, दिल्ली
41. देखें, पृष्ठ 75, *कश्मीर इन कॉन्फ़्लिक्ट : इण्डिया, पाकिस्तान एंड द अनएंडिंग वार,* विक्टोरिया स्कोफील्ड, आई.बी. टॉरिस एंड कम्पनी लिमिटेड, लन्दन-2003
42. देखें, पृष्ठ 18-19, *माई ईयर्स विद नेहरू : कश्मीर,* बी.एन. मलिक, अलाइड पब्लिशर्स, नई दिल्ली-1971
43. देखें, पृष्ठ 76-77, *कश्मीर इन कॉन्फ़्लिक्ट : इंडिया,* पाकिस्तान एंड द अनएंडिंग वार, विक्टोरिया स्कोफील्ड, आई.बी. टॉरिस-2003
44. कांग्रेस की राजनीति को लेकर पेरी एंडरसन ने अपनी किताब *'द इंडियन आयडियालजी'* में बहुत विस्तार से बात कार्ट हुए उसे हिन्दूवादी सिद्ध करने की कोशिश की है।
45. देखें, पृष्ठ, *कश्मीर बिहाइंड द वेल,* एम.जे. अकबर, रोली बुक्स, छठा संस्करण, दिल्ली-2011
46. देखें, पृष्ठ 3, *आर्टिकल 370,* ए.जी. नूरानी, ऑक्सफ़ोर्ड यूनिवर्सिटी प्रेस, पेपरबैक संस्करण, दिल्ली-2014
47. देखें, पृष्ठ 40-42, *स्पेशल स्टेट्स ऑफ़ जम्मू एंड कश्मीर,* ख़ुर्शीद अहमद भट्ट, एडूक्रियेशन पब्लिशिंग, दिल्ली-2015
48. देखें, पृष्ठ 51, *आर्टिकल 370,* ए.जी. नूरानी, ऑक्सफ़ोर्ड यूनिवर्सिटी प्रेस, पेपरबैक संस्करण, दिल्ली-2014
49. देखें, पृष्ठ 137, *कश्मीर : बिहाइंड द वेल,* एम.जे. अकबर, रोली बुक्स, छठा संस्करण, दिल्ली—2011
50. देखें, पृष्ठ 43, *आर्टिकल 370,* ए.जी. नूरानी, ऑक्सफ़ोर्ड यूनिवर्सिटी प्रेस, पेपरबैक संस्करण, दिल्ली-2014
51. देखें, वही, पृष्ठ 5
52. देखें, वही, पृष्ठ 5-6
53. देखें, पृष्ठ 47-49, *स्पेशल स्टेट्स ऑफ़ जम्मू एंड कश्मीर,* ख़ुर्शीद अहमद भट्ट, एडूक्रियेशन पब्लिशिंग, दिल्ली
54. देखें, पृष्ठ 119, द *स्ट्रगल फ़ॉर कश्मीर,* माइकल ब्रेखर, ऑक्सफ़ोर्ड यूनिवर्सिटी प्रेस, लन्दन-1953
55. देखें, पृष्ठ 50, *स्पेशल स्टेट्स ऑफ़ जम्मू एंड कश्मीर,* ख़ुर्शीद अहमद भट्ट, एडूक्रियेशन पब्लिशिंग, दिल्ली-2015
56. देखें, पृष्ठ 102-105, *कश्मीर एंड शेर ए कश्मीर : अ रिवोल्यूशन डीरेल्ड,* पी.एल.डी. परिमू, चिनार पब्लिशिंग, अहमदाबाद-2012

57. देखें, फ्रंटलाइन, 8 जुलाई से 21 जुलाई, 2000 (http://www.frontline.in/static/html/fl1714/1714/71.htm)
58. देखें, पृष्ठ 51–52, *स्पेशल स्टेट्स ऑफ़ जम्मू एंड कश्मीर,* ख़ुर्शीद अहमद भट्ट, एडूक्रियेशन पब्लिशिंग, दिल्ली
59. देखें, गुजरात राष्ट्रीय विधि विश्वविद्यालय के शोध अधिकारी वीरेंद्र सिंह ठाकुर का आलेख http://gnlu.ac.in/bc/States20®with%20Special%20Category%20Status%20in%20India%20Concept%20and%20Benefits%20VT.pdf
60. देखें, ग्रेटर कश्मीर के 21 नवंबर 2013 अंक मे हसीब ए. द्राबू का आलेख http://www.greaterkashmir.com/news/opinion/special-status-v-s-special-category/159028.html
61. देखें, स्क्रॉल डॉट इन में 21 अगस्त, 2017 को प्रकाशित परवेज़ बुख़ारी का लेख https://scroll.in/article/665862/myth-no-1-about-article-370-it-prevents-indians-from-buying-land-in-kashmir
62. देखें, (State of Jammu & Kashmir Vs. Dr.Susheela Sawhney and others) (V.Jhanji, T.Doabia and M.Jan, JJ) (AIR 2003 J&K 83 : 2003 (1) JKJ 35)
63. देखें, पृष्ठ 137, *कश्मीर: बिहाइंड द वेल,* एम.जे. अकबर, रोली बुक्स, छठा संस्करण, दिल्ली—2011
64. देखें, पृष्ठ 5, *आर्टिकल 370,* ए.जी. नूरानी, ऑक्सफ़ोर्ड यूनिवर्सिटी प्रेस, पेपरबैक संस्करण, दिल्ली–2014
65. देखें, पृष्ठ 137, *कश्मीर: बिहाइंड द वेल,* एम.जे. अकबर, रोली बुक्स, छठा संस्करण, दिल्ली—2011
66. देखें, *लैंड रिफ़ॉर्म इन जम्मू एंड कश्मीर,* नासिर अहमद गनाई, साउथ एशियन जर्नल ऑफ़ मल्टी डिसिप्लिनरी स्टडीज़, खण्ड दो, अंक दो
67. देखें, पृष्ठ 230, *एग्रेगेरियन रिलेशंस इन जम्मू एंड कश्मीर : अ केस स्टडी ऑफ़ टू डिस्ट्रिक्ट्स,* मीनाक्षी मोज़ा का अप्रकाशित शोध प्रबंध, जवाहर लाल नेहरू विश्वविद्यालय–2014
68. देखें, पृष्ठ 139, *कश्मीर: बिहाइंड द वेल,* एम.जे. अकबर, रोली बुक्स, छठा संस्करण, दिल्ली—2011
69. देखें, पृष्ठ 999–1002, द कश्मीर लैंड रिफ़ॉर्म : सम पर्सनल इम्प्रेशंस, डेनियल थोर्नर, *द इकॉनमिक वीकली*
70. देखें, *द स्ट्रगल फ़ॉर कश्मीर,* माइकल ब्रेखर, ऑक्सफ़ोर्ड यूनिवर्सिटी प्रेस, लन्दन–1953
71. देखें, पृष्ठ 236, *एग्रेगेरियन रिलेशंस इन जम्मू एंड कश्मीर : अ केस स्टडी ऑफ़ टू डिस्ट्रिक्ट्स,* मीनाक्षी मोज़ा का अप्रकाशित शोध प्रबंध, जवाहर लाल नेहरू विश्वविद्यालय–2014
72. देखें, पृष्ठ 30, *कश्मीर आफ़्टर इंसरजेंसी,* बलराज पुरी, ओरियेंट लॉन्गमैन प्राइवेट लिमिटेड, तीसरा संस्करण–2008, दिल्ली
73. देखें, पृष्ठ 999–1002, द कश्मीर लैंड रिफ़ॉर्म : सम पर्सनल इम्प्रेशंस, डेनियल थोर्नर, द *इकॉनमिक वीकली*
74. देखें, पृष्ठ 30, *माई ईयर्स विद नेहरू : कश्मीर, बी.एन. मलिक,* अलाइड पब्लिशर्स, नई दिल्ली–1971
75. देखें, ग्रेटर कश्मीर में बलराज पुरी का लेख (https://web.archive.org/web/2014008000012/http://www.greaterkashmir.com/news/20/10/aug/8/leaf-from-the-past-4.asp)

14

पाकिस्तान अधिकृत कश्मीर : आज़ाद या अज़ाब*

कश्मीर पर बात करते समय अक्सर पाकिस्तान अधिकृत कश्मीर को छोड़ दिया जाता है। कश्मीर घाटी की तुलना में इस इलाक़े पर अकादमिक काम भी बहुत कम हुआ है और आमतौर पर इससे जुड़ी ख़बरें भारत में तो कम पहुँचती ही हैं, पाकिस्तान के अख़बारों में भी बहुत कम जगह बना पाती हैं। पाकिस्तान अधिकृत कश्मीर या पाकिस्तान प्रशासित कश्मीर के नाम से जाने जाने वाले कश्मीर के दो प्रमुख हिस्से हैं, पहला मीरपुर, पुंछ जागीर के बड़े हिस्से और उत्तर पश्चिमी कश्मीर के एक हिस्से से मिलकर बना इलाक़ा जिसे आज़ाद जम्मू और कश्मीर या आज़ाद कश्मीर कहा जाता है। आमतौर से इसी इलाक़े को पाकिस्तान अधिकृत कश्मीर समझा जाता है लेकिन यह पाकिस्तान के कब्ज़े वाले कश्मीर के कुल क्षेत्रफल के 15 प्रतिशत से भी कम है। दूसरा 85 प्रतिशत से अधिक क्षेत्रफल लेकिन बेहद कम जनसंख्या घनत्व वाला इलाक़ा गिलगिट-बाल्टिस्तान का है[1] जिसे 2009 तक उत्तरी क्षेत्र के नाम से जाना जाता था।[2] पाकिस्तान ने यह ध्यान रखा है कि दोनों इलाक़े राजनीतिक रूप से एकदम अलग हों।[3] जहाँ उसने एक इलाक़े को कथित रूप से आज़ादी दी है वहीं दूसरे इलाक़े की संवैधानिक स्थिति अस्पष्ट रखते हुए इस पर अपना पूरा नियंत्रण रखा है।[4] भारतीय कश्मीर पर विस्तार से बात करने से पहले हम यहाँ इन दोनों इलाक़ों पर अलग-अलग बात कर लेते हैं।

आज़ाद जम्मू और कश्मीर

'आज़ाद जम्मू और कश्मीर' जिसे आमतौर पर आज़ाद कश्मीर के नाम से जाना जाता है मूलतः पूर्व जम्मू राज्य के मीरपुर ज़िले, पुंछ जागीर के बड़े हिस्से और उत्तर पश्चिमी कश्मीर के एक हिस्से से मिलकर बना है। 13,297 वर्ग किलोमीटर के क्षेत्रफल वाला यह क्षेत्र 73 से 75 डिग्री के अक्षांश और 33 से 36 डिग्री के देशांतर के बीच बसा समृद्ध प्राकृतिक संसाधनों वाला इलाक़ा गहरी खाइयों, ऊँचे-नीचे रास्तों और घाटियों वाला पहाड़ी इलाक़ा है। झेलम, नीलम और पुंछ नदियों के साथ इस इलाक़े में जल संसाधन प्रचुर मात्रा में है।

*यातना

आज़ाद कश्मीर तीन मंडलों में बँटा है, मुज़फ़्फ़राबाद, मीरपुर और पुंछ। मुज़फ़्फ़राबाद में तीन ज़िले हैं मुज़फ़्फ़राबाद, हट्टीयाँ और नीलम। मीरपुर डिवीज़न में भी तीन ज़िले मीरपुर, कोटली और भिम्बर हैं जबकि पुंछ में चार ज़िले हैं बाग़, हवेली, पुंछ और सुधनोती। ये ज़िले उप मंडलों और यूनियन काउंसिलों में बँटे हैं और इसके अलावा इस क्षेत्र में 1771 राजस्व ग्राम भी हैं। 2015 में आज़ाद कश्मीर की कुल जनसंख्या 44.7 लाख थी और इसमें शहरी और ग्रामीण जनसंख्या का अनुपात था 12:88।[5] इस इलाक़े की लगभग सौ फ़ीसद आबादी मुसलमान है लेकिन धार्मिक अस्मिता के समानांतर यहाँ बिरादरी की अस्मिता है। सबसे बड़ी बिरादरी गुज्जरों की है लेकिन ऐतिहासिक रूप से प्रभावी बिरादारियाँ दक्षिणपूर्व में बाघ और रावलकोट के आस-पास रहने वाली सुधान और पूरे इलाक़े में फैली हुई राजपूत बिरादारियाँ हैं। इसके अलावा दक्षिण में मीरपुर के जाट हैं। मीरपुर के इतिहास में विस्थापन का बहुत महत्त्व है। बीसवीं सदी के आरम्भ में यहाँ के निवासी बम्बई में नाविक के रूप में काम करने गए और इस प्रक्रिया में पहले पहल इंग्लैण्ड जाकर बसने वाले दक्षिण एशियाई समुदाय बने। औद्योगीकरण के दौर में यह विस्थापन और तेज़ी से बढ़ा। आज मीरपुरी न केवल ब्रिटेन में अपनी प्रभावी उपस्थिति दर्ज कराते हैं बल्कि कश्मीरी मामलों को लेकर बेहद सक्रिय भी हैं। वैसे तो आज़ाद कश्मीर की राजनीति पर सुधानों और राजपूतों का ही क़ब्ज़ा रहा है लेकिन बाद के वर्षों में मीरपुरियों का प्रभाव भी बढ़ा है।

इस इलाक़े का संवैधानिक और राजनैतिक इतिहास पुंछ विद्रोह के साथ ही शुरू होता है। 3 अक्टूबर 1947 को मुस्लिम कॉन्फ्रेंस के कुछ नेता रावलपिंडी के पेरिस होटल में कश्मीर की अस्थाई सरकार के गठन के लिए इकट्ठे हुए। मुज़फ़्फ़राबाद को मुख्यालय घोषित किया गया और ग़ुलाम नबी गिलकर को अनवर* के गोपनीय नाम से इस अस्थाई सरकार का राष्ट्रपति बनाया गया और सरदार मोहम्मद इब्राहिम को प्रधानमंत्री। ग़ुलाम हैदर जन्दालवी को रक्षामंत्री बनाया गया तथा नाज़िर हुसैन शाह को वित्त मंत्रालय दिया गया। गिलकर ने इस अवसर पर एक भाषण दिया जिसमें कहा गया कि 15 अगस्त को अंग्रेज़ों का शासन ख़त्म होते ही हरि सिंह का शासन ग़ैरक़ानूनी हो गया और अब उनकी सरकार ही कश्मीर की असली सरकार है इसलिए नागरिकों को अब इसके क़ायदे-क़ानून मानने चाहिए। इसका प्रसारण 4 अक्टूबर को रेडियो पाकिस्तान से किया गया और 5 तारीख़ को पाकिस्तान के सारे अख़बारों ने यह भाषण प्रकाशित किया। इसके तीसरे ही दिन गिलकर हरि सिंह को गिरफ़्तार करने और शेख़ अब्दुल्ला से बातचीत करने श्रीनगर चले गए। लगता है आज़ाद कश्मीर के इस राष्ट्रपति को क़बायली हमलों की योजना का कुछ नहीं पता था। शेख़ से मिलने में तो वह क़ामयाब हुए और उन्होंने तीन घंटे बात की तथा जिन्ना से मिलने की सहमति भी दी लेकिन क़बायली हमला होते ही हालात बदल गए।[6] शेख़ अब कश्मीर के प्रशासनिक प्रमुख के रूप में क़बायलियों तथा पाकिस्तानी सेना के मुख़ालिफ़ खड़े थे और गिलकर पाकिस्तान समर्थक। नवम्बर में वह गिरफ़्तार कर लिए गए। अगले 13 महीने गिलकर जेल में रहे और फिर उन्हें जनवरी, 1949 में भारत और पाकिस्तान के

---

*शब्बीर चौधरी बताते हैं कि तीन और लोगों ने दावा किया था कि असली 'अनवर' वे हैं। लेकिन प्रेमनाथ बज़ाज़ सहित कई लोगों ने बताया है कि गिलकर ही अनवर के नाम से इस अस्थाई सरकार के पहले राष्ट्रपति बने थे।

बीच हुए युद्धविराम के बाद ब्रिगेडियर घंसारा सिंह के बदले छोड़ा गया। गिलकर का त्रासद क़िस्सा हम आगे देखेंगे जो कश्मीर की 'आज़ादी' की एक विचित्र विडम्बना और भयावह व्यंजना भी रचता है। कश्मीर की आज़ादी के प्रबल समर्थक तथा जम्मू कश्मीर लिबरेशन फ्रंट के महासचिव रहे और अब कश्मीर नेशनल पार्टी की डिप्लोमेटिक कमेटी के निदेशक तथा प्रवक्ता डॉ. शब्बीर चौधरी के अनुसार न ही यह अस्थाई सरकार क़ानूनी थी न ही यह कश्मीरियों का प्रतिनिधित्व करती थी। उनके अनुसार यह प्रक्रिया जूनागढ़ के नवाब को निष्कासित करने के बाद भारत में सोमल दास गांधी की अध्यक्षता में बनी अस्थाई सरकार की प्रतिक्रिया में क़ादियानी सम्प्रदाय के प्रमुख मिर्ज़ा बशीर उल अहमद की पहल से बनी थी और इसमें मुस्लिम कॉन्फ्रेंस का भी उचित प्रतिनिधित्व नहीं था। बशीर उल अहमद की ही वजह से ही यह ख़बर 8 अक्टूबर को पाकिस्तान के प्रतिष्ठित *सिविल एंड मिलेट्री गजट* में छप पाई।[7] यहाँ यह बता देना भी मौज़ू होगा कि गिलकर का ज़िक्र न तो आज़ाद कश्मीर की आधिकारिक वेबसाईट पर राष्ट्रपतियों की सूची में है न ही आज़ाद कश्मीर पर इधर की किताबों में। पाकिस्तान और आज़ाद कश्मीर दोनों जगह इस 'अस्थाई सरकार' के बारे में अक्सर कुछ नहीं कहा जाता है, यही नहीं इसे क़ादियानों (अहमदियों) का षड्यंत्र भी बताया जाता है।[8] ज्ञातव्य है कि गिलकर अहमदिया थे।

आज़ाद कश्मीर का आधिकारिक इतिहास 24 अक्टूबर 1947 से शुरू होता है जब सरदार मोहम्मद इब्राहिम को राष्ट्रपति बनाया गया तथा त्रार खैल इसकी राजधानी घोषित की गई। सरदार इब्राहिम ने 1948 में संयुक्त राष्ट्र में पाकिस्तान की तरफ़ से हिस्सा भी लिया था।[9] संयुक्त राष्ट्र में बोलते हुए इब्राहिम ने कहा—

> मैं यह ज़ोर देकर कहना चाहता हूँ कि आज़ाद कश्मीर सरकार ऐसा कोई समझौता स्वीकार नहीं करेगी जिसमें वह एक पक्ष न हो और यह कि जम्मू और कश्मीर के भविष्य में अपनी गहरी रुचि के बावजूद पाकिस्तान आज़ाद कश्मीर सरकार को इस बात के लिए बाध्य नहीं कर सकता या उसकी सहमति के बिना उसकी ओर से कोई वचन नहीं दे सकता।[10]

इस सरकार को भी अस्थाई सरकार ही कहा गया था। इस सरकार द्वारा उस समय की गई घोषणा ग़ौर से पढ़ी जानी चाहिए जिसमें न केवल तीस के आन्दोलन बल्कि नेहरू की शेख़ अब्दुल्ला के समर्थन में की गई कश्मीर यात्रा की कोशिश और उनकी गिरफ़्तारी का भी ज़िक्र है। आश्चर्यजनक बात यह है कि इसमें उस कश्मीर छोड़ो आन्दोलन का भी कश्मीर के मुक्ति आन्दोलन के हिस्से के रूप में ज़िक्र है जिसका मुस्लिम कॉन्फ्रेंस ने विरोध किया था। आगे की घोषणा शब्दशः पढ़ी जानी चाहिए—

> यह अस्थाई सरकार जो राज्य का प्रशासन सँभालने जा रही है वह कतई एक साम्प्रदायिक सरकार नहीं है। यह अस्थाई मंत्रिमंडल में मुसलमानों के साथ ग़ैर मुसलमानों को भी शामिल करेगी जो जनता की सेवा करेंगे, अल्पकालिक उद्देश्य-राज्य में क़ानून और व्यवस्था की स्थापना करना और लोगों को एक

लोकप्रिय विधान मंडल तथा लोकप्रिय सरकार को चुनने में सक्षम बनाना है।

यह अस्थाई सरकार पड़ोस के भारतीय तथा पाकिस्तानी अधिराज्य के प्रति बेहद दोस्ताना और सद्भावपूर्ण भावना रखती है और उम्मीद करती है कि दोनों अधिराज्य जम्मू और कश्मीर के राजनीतिक सत्ता के जन्मसिद्ध अधिकार के प्रति सहानुभूति रखेंगे।

किसी एक अधिराज्य से जम्मू और कश्मीर के विलय का सवाल केवल जनमतसंग्रह (Referendum) के रूप में लोगों के एक स्वतन्त्र मतदान से सुलझाया जा सकता है। अस्थाई सरकार इसके लिए शीघ्र ही प्रबंध करेगी और यह उम्मीद करती है कि इस बात की देख-रेख करने के लिए कि यह सवाल लोगों की स्वतंत्र इच्छा से निपटाया गया है, स्वतन्त्र पर्यवेक्षकों को आमंत्रित किया जायेगा।[11]

ग़ौर से देखें तो स्पष्ट है कि यह पूरे जम्मू और कश्मीर की सरकार के रूप में दिया गया ऐसा वक्तव्य है जिसकी भाषा मुस्लिम कॉन्फ्रेंस की अपनी ऐतिहासिक भूमिका के विपरीत है। अगर इस सरकार को एक धर्मनिरपेक्ष सरकार होना था तो फिर आज़ादी की पूरी लड़ाई के दौरान नेशनल कॉन्फ्रेंस के साथ इसका संघर्ष ही बेमानी हो जाता है। वैसे तो इब्राहिम की इस सरकार या आगे की सरकारों में भी किसी ग़ैर मुस्लिम का कोई प्रतिनिधित्व नहीं दीखता लेकिन सिद्धांत तौर पर यह अंतर्विरोध समझना मुश्किल है कि शेख़ अब्दुल्ला जब अन्य धर्मावलम्बियों को साथ लाकर मुस्लिम कॉन्फ्रेंस को नेशनल कॉन्फ्रेंस में तब्दील कर रहे थे तब उसका विरोध करने वाली मुस्लिम कॉन्फ्रेंस अब किस तरह सभी धर्मों को सरकार में प्रतिनिधित्व देने की बात कर रही थी? यहाँ यह भी देखना रोचक है कि जिस Referendum शब्द के उपयोग के चलते लियाक़त नेहरू पर हमले कर रहे थे यह प्रस्ताव Plebiscite की जगह उसी का उपयोग कर रहा है। बार एट लॉ सरदार इब्राहिम स्पष्ट तौर पर न केवल इस सरकार को जम्मू और कश्मीर के इकलौते प्रतिनिधि के रूप में प्रस्तुत कर रहे थे बल्कि इस रूप में अपने प्राधिकार में जनमतसंग्रह कराने की बात कर रहे थे जिसका नतीजा सभी पक्षों के लिए बाध्यकारी होता। यह घोषणा भारत, पाकिस्तान या कश्मीर से अधिक संयुक्त राष्ट्र संघ तथा अंतर्राष्ट्रीय समुदाय को संबोधित थी जिसे भारत ने कोई महत्त्व नहीं दिया और जिस पर पाकिस्तान ने कोई आपत्ति नहीं की।

वस्तुत: पाकिस्तान के लिए इस 'आज़ाद कश्मीर सरकार' का अस्तित्व उस दौर में मुफ़ीद था। इब्राहिम से सहमति व्यक्त करते हुए पाकिस्तान ने कश्मीर आयोग से कहा था कि वह आज़ाद कश्मीर सरकार की ओर से कोई वचन नहीं दे सकती। जहाँ भारत शेख़ अब्दुल्ला की सरकार को पूरे कश्मीर का प्रतिनिधि मान रही थी वहीं पाकिस्तान सरदार इब्राहिम की इस सरकार को पूरे कश्मीर के प्रतिनिधि के रूप में प्रस्तुत कर रहा था। न भारत ने आज़ाद कश्मीर को मान्यता दी न ही पाकिस्तान ने शेख़ अब्दुल्ला को। हालाँकि इब्राहिम पाकिस्तान के साथ एकीकरण को प्रस्तुत थे लेकिन ऐसा करने का अर्थ यह होता कि बिना जनमतसंग्रह

के पाकिस्तान ने कश्मीर का एक हिस्सा हथिया लिया और यह किसी भविष्य के जनमतसंग्रह द्वारा पूरे कश्मीर के पाकिस्तान से विलय की राह में बाधा होता। इसलिए हम देखते हैं कि 1950 तक यह इलाक़ा एक स्तर की राजनैतिक तथा प्रशासनिक स्वायत्तता हासिल करता है। लेकिन पाकिस्तान द्वारा आज़ाद कश्मीर को दी गई मान्यता का कोई असर कश्मीर आयोग पर नहीं पड़ा। 13 अगस्त 1948 को उसने आज़ाद कश्मीर सरकार को एक तीसरे पक्ष की तरह मान्यता देने की जगह केवल एक स्थानीय प्रशासन की तरह मान्यता दी और इसके बाद अपनी कथित आज़ादी के बावजूद यह अंतर्राष्ट्रीय संस्थाओं की दृष्टि में किसी स्वतंत्र राष्ट्र की जगह एक नगरपालिका या ज़िला प्रशासन की तरह ही व्यवहृत किया गया।[12]

कराची समझौता और कश्मीर मामलों का मंत्रालय : पाकिस्तान के प्रत्यक्ष नियंत्रण की शुरुआत

1 जनवरी 1949 को भारत और पाक के बीच युद्ध विराम फ़रवरी, 1949 में शेख़ अब्दुल्ला ने चौधरी ग़ुलाम अब्बास को रिहा कर दिया तथा पाकिस्तान जाने दिया। पाकिस्तान के कब्ज़े वाला यह इलाक़ा मुख्यतः ग़ैर कश्मीरी भाषी था और इस इलाक़े में मुस्लिम कॉन्फ्रेंस का दबदबा था। युद्धविराम के बाद उनके आने के बाद दोनों बड़े नेताओं के बीच सत्ता संघर्ष शुरू हो गया। इब्राहिम खान ने पुंछ विद्रोह में प्रमुख भूमिका निभाई थी इसलिए स्वाभाविक रूप से इस क्षेत्र में उनका प्रभाव अधिक था जबकि ग़ुलाम अब्बास का प्रभाव जम्मू से आये शरणार्थियों के बीच ही सीमित था। लेकिन ग़ुलाम अब्बास मुस्लिम कॉन्फ्रेंस के पुराने नेता थे और अध्यक्ष भी तो पार्टी में उनका काफ़ी प्रभाव था तो 21 मार्च 1949 को पार्टी की कार्यकारिणी ने एक प्रस्ताव पास करके पार्टी का पूरा नियन्त्रण ग़ुलाम अब्बास को सौंप दिया। पाकिस्तान ने आज़ाद कश्मीर से अपने रिश्ते तय करने के लिए 28 अप्रैल 1949 को मुस्लिम कॉन्फ्रेंस के साथ अपनी तत्कालीन राजधानी कराची में एक समझौता किया जिसमें आज़ाद जम्मू और कश्मीर का प्रतिनिधित्व चौधरी ग़ुलाम अब्बास ने किया। इस समझौते में पाकिस्तान, आज़ाद कश्मीर सरकार और मुस्लिम कॉन्फ्रेंस के बीच अधिकारों का बँटवारा किया गया। सुरक्षा, विदेश नीति, कश्मीर आयोग में समझौता वार्ता, विदेशी क्षेत्रों में प्रचार, रिफ्यूजियों की सहायता और पुनर्वास, जनमतसंग्रह के सम्बन्ध में प्रचार का समन्वय, आज़ाद कश्मीर से सम्बंधित पाकिस्तान के भीतर होने वाली सारी कार्यवाहियाँ तथा गिलगिट बाल्टिस्तान के मामले पाकिस्तान सरकार के अधिकार क्षेत्र में गए। आज़ाद कश्मीर सरकार के ज़िम्मे अपने इलाक़े के आर्थिक विकास के साथ-साथ उसके रोज़मर्रा के प्रशासनिक काम-काज की ज़िम्मेदारी तय हुई और मुस्लिम कॉन्फ्रेंस को क्षेत्र की इकलौती राजनैतिक पार्टी के तौर पर पाकिस्तान अधिकृत कश्मीर के साथ-साथ भारतीय कश्मीर में भी जनमतसंग्रह के मतदान की तैयारी, प्रचार-प्रसार के साथ-साथ पाकिस्तान में आये कश्मीरी रिफ्यूजियों के बीच राजनैतिक कार्यवाही की ज़िम्मेदारी दी गई। इस समझौते द्वारा मुस्लिम कॉन्फ्रेंस को पाकिस्तान अधिकृत जम्मू और कश्मीर के स्थाई प्रतिनिधि की मान्यता दे दी गई तथा उसकी भूमिका संस्थाबद्ध कर दी गई। इस तरह वहाँ बहुदलीय प्रथा की राह को रोक दिया गया और क्षेत्र में मुस्लिम कॉन्फ्रेंस ने सत्ता संरचना पर एकाधिकार

हासिल कर लिया। इसके बाद से 1960 तक यह व्यवस्था चलती रही कि मुस्लिम कॉन्फ्रेंस का प्रमुख ही आज़ाद कश्मीर सरकार के मुखिया का फ़ैसला करता रहा।[13]

यहाँ यह ध्यान दिए जाने की ज़रूरत है इस बैठक में पाकिस्तान की ओर से सरकार के, बिना विभाग के मंत्री एम.ए. गुरमानी थे और आज़ाद जम्मू और कश्मीर सरकार की ओर से सरदार इब्राहिम तथा मुस्लिम कॉन्फ्रेंस की ओर से ग़ुलाम अब्बास ने समझौते पर हस्ताक्षर किये लेकिन गिलगिट-बाल्टिस्तान का कोई प्रतिनिधि इसमें शामिल नहीं था। इस तरह पाकिस्तान ने आज़ाद जम्मू और कश्मीर के मामलों पर तो नियन्त्रण कर ही लिया साथ ही साथ में गिलगिट और बाल्टिस्तान की क़िस्मत का फ़ैसला बिना वहाँ के किसी नागरिक की सहमति के कर दिया गया। यहाँ यह उल्लेख करना भी ज़रूरी होगा कि सरदार इब्राहिम और चौधरी अब्बास ने यह स्पष्ट किया था कि पाकिस्तान से उनका यह एकीकरण फ़िलहाल के लिए ही है अंतिम नहीं।[14] हालाँकि आगे की घटनाएँ स्पष्ट बताती हैं कि पाकिस्तान के लिए यह सवाल महत्त्वपूर्ण नहीं था और वह आज़ाद कश्मीर के एकीकरण को अंतिम मानकर चल रहा था। इस इलाक़े में 'आज़ादी' उसने अंतर्राष्ट्रीय समुदाय को दिखाने के लिए दी लेकिन गिलगिट बाल्टिस्तान (जिन्हें उत्तरी क्षेत्र कहा गया) पर अपना प्रत्यक्ष शासन स्थापित किया।

इस समझौते के बाद ग़ुलाम अब्बास ने वह कुर्सी लेना अपनी शान के ख़िलाफ़ समझा जिस पर उनसे कमतर हैसियत वाले सरदार इब्राहिम बैठ चुके थे और ख़ुद को सुप्रीम हेड घोषित करते हुए 30 मई 1949 को राष्ट्रपति का पद सेना से रिटायर सैयद अली अहमद शाह को सौंप दिया।[15] इब्राहिम ने इसे आसानी से स्वीकार नहीं किया और समानांतर सरकार बनाने की धमकी दी। सुधान क़बीले के लोगों ने विद्रोह कर दिया। पाकिस्तान सरकार ने आज़ाद कश्मीर में मार्शल लॉ लागू कर दिया। असल में सेना तो सरदार इब्राहिम से सत्ता छीने जाने के दो महीने पहले ही भेज दी गई थी जिससे स्पष्ट होता है कि लगातार आज़ादी की बात कर रहे इब्राहिम की मुअत्तली पाकिस्तान सरकार की सहमति से ही हुई थी। इस विद्रोह को दबाने के लिए पाकिस्तानी सेना ने न केवल क्रूर दमन का प्रयोग किया बल्कि उनका मनोबल तोड़ने के लिए ख़्वाबगाहों तक में घुसकर सुधानी लड़ाकों को गिरफ़्तार किया। इस सब के चलते सुधानों ने ख़ुद को आज़ाद जम्मू और कश्मीर से अलग कर स्वतंत्र घोषित कर दिया और समानांतर सरकार बना ली। इस सरकार को 1954 में पुलिस द्वारा अपदस्थ कर दिया गया। इसके बाद मीरवायज़ युसुफ़ शाह और चौधरी ग़ुलाम अब्बास के बीच मुस्लिम कॉन्फ्रेंस पर दबदबे का संघर्ष चलता रहा। 2 नवम्बर 1951 को मीरवायज़ वहाँ के राज्य प्रमुख बने लेकिन छह महीने के भीतर ही एक शक्तिशाली पाकिस्तानी अधिकारी से अनबन हो जाने के कारण उन्हें पद खोना पड़ा। पाकिस्तान की सत्ता से बनते बिगड़ते सम्बन्धों के साथ-साथ आज़ाद कश्मीर में राष्ट्रपति भी बदलते रहे[16] और 1949 से 1968 के बीच वास्तविक सत्ता पाकिस्तान सरकार के संयुक्त सचिव स्तर के पाकिस्तान के मुख्य जनमतसंग्रह अधिकारी के हाथ में रही। यह अधिकारी आज़ाद कश्मीर सरकार के प्रति नहीं बल्कि पाकिस्तान के कश्मीर मामलों के मंत्रालय के प्रति ज़िम्मेदार था।

किसी संविधान की जगह एक रूल्स ऑफ़ बिजनेस नामक नीति निर्देशिका बनाई गई थी जिसकी धारा 5 में यह स्पष्ट था कि 'आज़ाद जम्मू और कश्मीर का राष्ट्रपति ऑल जम्मू एंड कश्मीर मुस्लिम कॉन्फ्रेंस की राज़ी-ख़ुशी से पाकिस्तान सरकार के कश्मीर मामलों के मंत्रालय की सहमति से पदस्थापित रहेगा।'[17] स्वाभाविक है कि मेजर (सेवानिवृत्त) राजा अब्बास खान कहते हैं कि 'अपने आरंभ से ही आज़ाद कश्मीर में जो सरकारें आईं वे पाकिस्तान सरकार द्वारा अवैधानिक तरीक़े से स्थापित की गईं, पहले मुस्लिम कॉन्फ्रेंस के सहयोग से और फिर स्वतंत्र रूप से, जबकि आज़ाद कश्मीर के लोग पूरी तरह से ऐसी सरकारों की स्थापना के ख़िलाफ़ थे।[18] इस बीच मीरवायज़, अब्बास और इब्राहिम खान के बीच सत्ता संघर्ष चलता रहा और एक समय पार्टी तीन हिस्सों में बँट गई। एक और बात यहाँ साफ़ करनी ज़रूरी है कि इन नेताओं ने कश्मीर की आज़ादी के सवाल को लगातार अलग-अलग मंचों से उठाया। एकाधिक बार आज़ाद कश्मीर के नेताओं ने नियंत्रण रेखा पार करके भारतीय कश्मीर की ओर मार्च की कोशिशें कीं लेकिन पाकिस्तान सरकार ने इसकी अनुमति नहीं दी।[19]

यह भी एक विडम्बना ही है कि आज़ाद कश्मीर में सीमित लोकतंत्र लाने वाले थे पाकिस्तान के सैन्य शासक अयूब खान। उनके शासनकाल में वहाँ 1200 लोगों का एक निर्वाचक मंडल बनाया गया जिसे राष्ट्रपति चुनने की ज़िम्मेदारी दी गई। 7 अक्टूबर 1961 में इस व्यवस्था से पहले चुनाव हुए जिसमें ख़ुर्शीद अहमद ख़ुर्शीद को 951 वोट मिले जबकि सरदार क़यूम खान को 923 वोट। इस चुनाव में ग़ुलाम नबी गिलकर ने भी हिस्सा लिया था और उन्हें केवल 29 वोट मिले थे।[20†]

आज़ाद कश्मीर में बड़ा संवैधानिक परिवर्तन 1970 में आज़ाद जम्मू एंड कश्मीर एक्ट,1970 द्वारा आया जब पहली बार विधान सभा के सदस्यों और राष्ट्रपति को सीधे बालिग़ मतदान द्वारा चुने जाने की व्यवस्था हुई। विधान सभा में 24 चुने हुए सदस्य होने थे और एक मनोनीत महिला सदस्य। 1974 तक आज़ाद कश्मीर में राष्ट्रपति प्रणाली रही और उसके बाद 1974 के आज़ाद जम्मू और कश्मीर के अंतरिम संविधान के तहत संसदीय व्यवस्था लागू की गई। यहाँ अंतरिम शब्द बहुत महत्त्वपूर्ण है। इसका होना कश्मीर मुद्दे के

[†]इसके आगे ग़ुलाम नबी गिलकर धीरे-धीरे कश्मीर की राजनीति में अप्रासंगिक होते गए। सियालकोट के एक कमरे के मकान में रहते गिलकर ने 14 अगस्त 1968 को मीरपुर में पाकिस्तान की आज़ादी के एक जलसे में कहा कि 14 और 15 अगस्त पाकिस्तान और हिन्दुस्तान के लिए तो पवित्र दिन हैं लेकिन कश्मीरियों के लिए ये काले दिन हैं। इस तरह भारत और पाकिस्तान से अलग कश्मीर की आज़ादी के समर्थन के स्टैंड के कारण उन्हें काफ़ी समय पाकिस्तान की जेलों में भी रहना पड़ा। किसी से कश्मीरी भाषा में बात करने के लिए तरसते गिलकर ने 18 जुलाई 1973 को आख़िरी साँसें लीं। ख़बर कश्मीर पहुँची तो अगले दिन शेख़ अब्दुल्ला ने अपने पुराने साथी के लिए पत्थर मस्जिद में ग़ायबाना नमाज़ ए जनाज़ा पढ़ी और अगले दिन फ़तेह कदाल के उनके ख़ानदानी निवास पर शोकसभा की गई जिसमें कश्मीरी राजनीति के सभी राजनीतिक दलों के प्रतिनिधि शामिल हुए। (देखें कश्मीर वॉच डॉट कॉम पर 8 अक्टूबर, 2009 को छपा ज़हीर उद दीन का लेख ग़ुलाम नबी गिलकर एंड कश्मीर फ्रीडम मूवमेंट https://sudhan /wordpress/com/2010/02/21/ghulam-nabi-gilkar-and-kashmir-freedom-movement/)

अनसुलझे होने को इंगित करता है। यह संविधान आज़ाद जम्मू और कश्मीर को 'राष्ट्र के भीतर राष्ट्र' का दर्जा देता है। इसीलिए राष्ट्रपति और प्रधानमंत्री के संबोधन को राज्यपाल तथा मुख्यमंत्री से नहीं बदला गया। आज़ाद कश्मीर का अपना उच्चतम न्यायालय, उच्च न्यायालय तथा एक विधान सभा है। इसके विधान सभा में 49 सदस्य हैं जिसमें 41 सीधे चुने जाते हैं और आठ मनोनीत सदस्य होते हैं जिनमें पाँच महिलायें, एक तकनीकी क्षेत्र से, एक इस्लामी विद्वान और एक विदेशों में रह रहे पाकिस्तान अधिकृत कश्मीर के नागरिकों में से होता है।[21] इनमें से 12 सदस्य भारतीय जम्मू और कश्मीर से आये रिफ्यूजियों में से होते हैं। ये 12 सदस्य असल में पाकिस्तान सरकार द्वारा चुने जाते हैं और विधानसभा में उसके हितों के अनुसार काम करते हैं।[22]

जनरल याह्या खान के शासनकाल में आये 1970 के अंतरिम संविधान को आमतौर पर आज़ाद कश्मीर का सबसे सुनहला दौर मानते हैं जब न केवल इस इलाक़े के लोगों को अब तक की सबसे बेहतर स्वायत्तता मिली बल्कि ईमानदारी से हुए चुनावों में जीत हासिल कर सरदार क़यूम ने आज़ाद कश्मीर को एक बेहतर प्रशासन भी दिया।[23] लेकिन बांग्लादेश युद्ध हारने के बाद पाकिस्तान की कश्मीर नीति में जो बदलाव आया उसका प्रतिबिम्बन आज़ाद कश्मीर में भी हुआ।

1974 में ज़ुल्फ़िकार अली भुट्टो की सरकार ने एक नए अंतरिम संविधान के तहत प्रधानमंत्री को प्रत्यक्ष चुनावों से चुने जाने की जगह विधायकों द्वारा चुने जाने की व्यवस्था दी। इस व्यवस्था के तहत प्रधानमंत्री कार्यकारी प्रमुख हो गया तथा राष्ट्रपति एक संवैधानिक प्रमुख। संविधान के सेक्शन 21 के तहत एक 'आज़ाद जम्मू और कश्मीर काउंसिल'[24] का भी गठन किया गया। इस काउंसिल का पदेन अध्यक्ष पाकिस्तान का प्रधानमंत्री होता है और आज़ाद कश्मीर का राष्ट्रपति उपाध्यक्ष। इसके पाँच फेडरल सदस्यों का मनोनयन पाकिस्तान सरकार द्वारा होता है। इनमें जम्मू और कश्मीर मामलों के मंत्री, क़ानून मंत्री तथा विदेशमंत्री पदेन सदस्य होते हैं और बाक़ी तीन का नेशनल असेम्बली का सदस्य होना आवश्यक है।‡ छह सदस्य आज़ाद कश्मीर की विधानसभा से चुने जाते हैं। इसके अलावा आज़ाद कश्मीर का प्रधानमंत्री या तो ख़ुद इसका सदस्य हो सकता है या फिर अपनी जगह किसी को मनोनीत कर सकता है। यह काउंसिल आज़ाद कश्मीर के मामलों में सर्वोच्च संस्था है जिसके निर्णय को अदालत में भी चुनौती नहीं दी जा सकती। 52 मामलों का प्राधिकार इस काउंसिल के पास है जिसमें राजस्व से लेकर सीएजी और ऑडिट के अधिकार शामिल हैं। इसके साथ-साथ इसके पास आज़ाद कश्मीर के उच्च तथा उच्चतम न्यायालय के जजों तथा मुख्य चुनाव आयुक्त के चयन का अधिकार भी काउंसिल के पास ही है। काउंसिल आज़ाद कश्मीर के क्षेत्र से हासिल आयकर का 20 प्रतिशत और इस क्षेत्र में काम कर रही टेलिकॉम कंपनियों का सारा लाइसेंस शुल्क अपने पास रखती है। बचा हुआ 80 प्रतिशत आयकर आज़ाद कश्मीर सरकार को अनुदान के रूप में दिया

‡यहाँ यह तथ्य महत्त्वपूर्ण है कि आज़ाद कश्मीर से नेशनल एसेम्बली में कोई सदस्य नहीं चुना जाता क्योंकि उसे एक राज्य का दर्जा नहीं हासिल है। इसलिए अनिवार्यतः ये छह सदस्य ग़ैर कश्मीरी होते हैं।

जाता है। इस काउंसिल पर भ्रष्टाचार के कई आरोप लगते रहे हैं और जनता के बीच से भारी असंतोष के चलते विरोध दर्ज हुए हैं लेकिन बार–बार आश्वासनों के बावजूद इसमें कोई सुधार नहीं किया गया है। यही नहीं पाकिस्तान पाँच सर्वोच्च पदों पर अपने अधिकारी भेजता है—महासचिव/मुख्य सचिव, वित्त सचिव, महालेखापरीक्षक, पुलिस महानिदेशक और मुख्य अभियंता/मुख्य विकास अधिकारी।[25] आज़ाद कश्मीर मामलों पर नियमित लिखने वाले पत्रकार तारिक़ नक़श कहते हैं कि 'एक्ट 1974 के लागू होने के बाद यह क्षेत्र फिर से 1970 के पहले वाली अधोगति की ओर चला गया है।'[26]

यह संविधान इस कथित 'आज़ादी' को पूरी तरह से नियंत्रित करता है। इस संविधान के खण्ड 2 के सेक्शन 7 के अनुसार 'आज़ाद जम्मू और कश्मीर के किसी व्यक्ति या राजनीतिक दल को पाकिस्तान के साथ इसके विलय की विचारधारा को नुकसान पहुँचाने वाली या उसके विरुद्ध कोई बात करने या कोई कार्यवाही करने की अनुमति नहीं होगी।' खण्ड 5(2) (VII) के अनुसार 'पाकिस्तान की विचारधारा, राज्य के पाकिस्तान के साथ विलय की विचारधारा या पाकिस्तान की संप्रभुता और अखण्डता के विरुद्ध कोई बात करने वाला या कोई कार्यवाही करने वाला चुनावों में भाग लेने से प्रतिबंधित कर दिया जाएगा। इसके तहत चुनाव में भाग लेने के पहले एक शपथ पत्र पर हस्ताक्षर करना होता है। इस शपथ पत्र पर हस्ताक्षर करने से इंकार करने की वजह से जम्मू एंड कश्मीर लिबरेशन फ्रंट तथा ऑल पार्टीज़ नेशनलिस्ट अलायंस जैसे जम्मू और कश्मीर की आज़ादी की बात करने वाले संगठन चुनावों में भाग नहीं ले सके। यही नहीं धारा 56 के तहत केन्द्रीय सरकार को आज़ाद जम्मू और कश्मीर सरकार को भंग करने का अधिकार देता है। 1974 के बाद से यह अधिकार दो बार इस्तेमाल किया जा चुका है। इस तरह यह धारा पाकिस्तान सरकार को आज़ाद कश्मीर पर उसी तरह का अधिकार देती है जैसा अन्य राज्यों पर लेकिन आज़ाद कश्मीर को अन्य राज्यों जैसे अधिकार नहीं हैं। उदाहरण के लिए पाकिस्तान में राज्यों के बीच विवादों को सुलझाने के लिए बनी 'काउंसिल ऑफ़ कॉमन इंटरेस्ट' आज़ाद कश्मीर और पाकिस्तान के किसी प्रांत के बीच के विवाद हल नहीं कर सकती तो ऐसे में किसी भी विवाद के समय पाकिस्तान सरकार की भूमिका महत्त्वपूर्ण हो जाती है।[27]

'आज़ाद' कश्मीर की आज़ादी के मिथ को समझने के लिए बहुत विस्तार में जाने की जगह प्रधानमंत्री और राष्ट्रपति द्वारा पदग्रहण के समय ली जाने वाली शपथ को देख लेना काफ़ी होगा। इसमें पहला पैरा अपने मुस्लिम होने तथा इस्लाम में अप्रश्नेय विश्वास की शपथ है तो दूसरा पैरा कहता है—'आज़ाद जम्मू और कश्मीर के राष्ट्रपति/प्रधानमंत्री के रूप में मैं देश के प्रति तथा जम्मू और कश्मीर राज्य के पाकिस्तान के साथ विलय के उद्देश्य के प्रति निष्ठावान रहूँगा।'[28] ज़ाहिर है 'आज़ाद' कश्मीर का राष्ट्रपति/प्रधानमंत्री न तो कोई ग़ैर मुसलमान बन सकता है, न ही कोई स्त्री[29], न कोई कम्युनिस्ट, न नास्तिक और न ही कोई ऐसा व्यक्ति जो जम्मू और कश्मीर की आज़ादी में भरोसा रखता हो। ऐसे में जनमतसंग्रह की पाकिस्तान की वक़ालत वास्तविक कम और कॉस्मेटिक अधिक लगती है।

और इस नियन्त्रण के बहुत ठोस सबूत उपलब्ध हैं। अगर इस संविधान के लागू होने से पहले ख़ुर्शीद जैसे कद्दावर नेता को अयूब ने कार्यकाल पूरा होने से पहले आज़ाद कश्मीर के पंजाबी मुख्य सचिव की शिक़ायत पर रावलपिंडी में गिरफ़्तार कर जेल में डाल दिया[30§] तो 1977 में सत्ता पर कब्ज़े के बाद जनरल जिया उल हक़ ने चुने हुए राष्ट्रपति सरदार इब्राहिम को गद्दी से उतार दिया। 1991 में पीपीपी के समर्थन से राष्ट्रपति बने राजा मुमताज़ हुसैन राठौर ने चुनावों में धाँधली का आरोप लगाया तो उन्हें धारा 56 के तहत मुअत्तल कर रावलपिंडी जेल में डाल दिया गया। इस कथित आज़ादी पर पाकिस्तानी नियन्त्रण को जुलाई, 2001 में हुए आम चुनावों और उसके बाद के घटनाक्रम से भी समझा जा सकता है। इन चुनावों में मुस्लिम कॉन्फ्रेंस को 48 में से 30 सीटों पर जीत मिली। पार्टी की अध्यक्षता सरदार अब्दुल क़यूम के पुत्र सरदार अतीक़ के हाथों में थी और पिता-पुत्र के साथ 22 विधायकों का समर्थन था। लेकिन क़यूम के जमात-ए-इस्लामी ब्रांड के आतंकवादियों के विरोध और भारत के प्रति सहृदय दृष्टिकोण को पाकिस्तानी सेना पसंद नहीं करती थी। इसलिए सेना ने उनकी जगह सरदार सिकंदर हयात को प्रधानमंत्री के पद पर बिठाया जिनकी पार्टी के भीतर ही कोई ख़ास हैसियत नहीं थी। प्रधानमंत्री का पद गंवाने के बाद सरदार क़यूम ने राष्ट्रपति का चुनाव लड़ने का तय किया लेकिन सेना ने तुरत-फुरत में मेजर जनरल मोहम्मद अनवर खान को इस्तीफ़ा दिलवाकर राष्ट्रपति 'चुनवाया।'[31]

मानवाधिकार संस्था ह्यूमन राईट वाच की आज़ाद कश्मीर पर 2006 की एक रिपोर्ट इस संवैधानिक स्थिति का सार-संक्षेप करते हुए कहती है—

> इस तरह आज़ाद कश्मीर सभी अभिप्रायों और उद्देश्यों में पाकिस्तान के कठोर नियन्त्रण में है और उसकी अपनी कोई सार्वभौमिकता नहीं है। शुरुआत से ही इस क्षेत्र का संस्थागत ढाँचा ऐसे बनाया गया कि इस क्षेत्र के मामलों पर पाकिस्तान का नियंत्रण रहे। संयुक्त आयोग के कश्मीर आयोग के प्रस्तावों के अनुसार आज़ाद कश्मीर न तो एक सार्वभौमिक राज्य है न ही पाकिस्तान का एक प्रांत है बल्कि युद्धविराम समझौते के तहत इसे दिए गए क्षेत्र का एक 'स्थानीय प्राधिकार' है। अक्टूबर, 1947 में आज़ाद कश्मीर के 'स्थानीय प्राधिकार' या अस्थाई सरकार ने 28 अप्रैल 1949 के कराची समझौते के तहत सुरक्षा, विदेशी मामलों, कश्मीर आयोग से बातचीत और गिलगिट तथा बाल्टिस्तान (रणनीतिक रूप से बेहद महत्त्वपूर्ण ये इलाक़े पाकिस्तान का उत्तरी क्षेत्र बनाते हैं लेकिन भारत इन पर जम्मू और कश्मीर राज्य के हिस्से के रूप में दावा करता है) के मामले पाकिस्तान को सौंप दिए।[32]

[§]ख़ुर्शीद ने 1962 में जम्मू कश्मीर लिबरेशन लीग नाम से एक पार्टी बनाई थी जो ख़ुद को अपदस्थ डोगरा शासन की क्रांतिकारी अस्थाई उत्तराधिकारी सरकार' मानती थी और इसने कश्मीर की आज़ादी की लड़ाई को उसकी तार्किक परिणिति तक पहुँचाने को अपना उद्देश्य घोषित किया। इस स्टैंड के चलते उनके विरोधियों ने उन्हें पाकिस्तान विरोधी कहकर प्रचार करना शुरू किया और अंततः उन्हें इस्तीफ़ा देना पड़ा। यही नहीं, एक समय जिन्ना के बेहद क़रीबी रहे ख़ुर्शीद को पालंदारी और दलाई की बदनाम जेलों में भी रहना पड़ा। रिहा होने के बाद उन्हें जनसमर्थन के बावजूद कभी आज़ाद कश्मीर की राजनीति में सक्रिय भूमिका नहीं निभाने दी गई। 11 मार्च 1988 को जब एक बस दुर्घटना में उनकी मृत्यु हुई तो उनकी जेब में सिर्फ़ 37 रुपये थे।

इसी रिपोर्ट में अपना नाम न बताने की शर्त पर आज़ाद कश्मीर के एक पूर्व राष्ट्रपति कहते हैं, हालात ये हैं कि आज़ाद कश्मीर की सरकार पाकिस्तानियों द्वारा पाकिस्तानियों के लिए है तो इसके आगे बढ़कर मुज़फ़्फ़राबाद आधारित वक़ील करमदाद खान कहते हैं—

> पाकिस्तान की नौकरशाही वास्तविक प्रशासनिक ताक़त है। आई.एस.आई. और पाकिस्तानी सेना ताक़त के बल पर नियंत्रण का काम करते हैं। और संविधान के तहत चुने हुए प्रतिनिधि पाकिस्तान द्वारा नियंत्रित कश्मीर काउंसिल के अधीन हैं। उच्च न्यायालय तथा उच्चतम न्यायालयों के जजों की नियुक्ति केवल इस्लामाबाद स्थित कश्मीर मामलों के मंत्रालय की संस्तुति के बाद ही हो सकती है। कश्मीरी मामलों का मंत्री कभी भी प्रधानमंत्री को बर्ख़ास्त कर सकता है, मुख्य सचिव भी उसे बर्ख़ास्त कर सकता है जो इस्लामाबाद द्वारा ही नियुक्त किया जाता है। आर्टिकल 56 के तहत पाकिस्तान का राष्ट्रपति कभी भी विधानसभा को भंग कर सकता है। निश्चित रूप से यह स्वशासन का सच में एक अद्वितीय रूप है।

पाकिस्तान समर्थित आतंकवाद और आज़ाद कश्मीर

नब्बे के दशक में कश्मीर में आतंकवाद पर पिछले अध्यायों में विस्तार से पढ़ चुके हैं। उस दौर से ही भारत लगातार आरोप लगाता रहा है कि पाकिस्तान में कश्मीरी आतंकवादियों के ट्रेनिंग कैम्प हैं और पाकिस्तान उन्हें नैतिक तथा आर्थिक सहायता उपलब्ध करा रहा है। पाकिस्तान कश्मीरी अलगाववादियों के नैतिक समर्थन को तो स्वीकार करता रहा है लेकिन हथियार या ट्रेनिंग उपलब्ध कराने के आरोप से इंकार करता रहा है। लेकिन भारतीय और पश्चिमी, दोनों स्त्रोतों से इस बात के पुख्ता सबूत हैं कि पाकिस्तान कश्मीर में अपना छद्म युद्ध चला रहा है और न केवल आतंकवादियों को हथियार मुहैया करा रहा है बल्कि उन्हें अपने इलाक़े में ट्रेनिंग लेने की अनुमति भी दे रहा है।[33]

1991 में द *इकोनॉमिस्ट* ने लिखा

> भारतीय कश्मीर से बड़ी संख्या में रिफ्यूजी पाकिस्तान की मिलेट्री इंटेलीजेंस यूनिट *आई.एस.आई* द्वारा चलाए जा रहे कैम्पों में रखे गए हैं। पाकिस्तान इस बात से इंकार करता है कि वह विद्रोहियों को ट्रेनिंग या हथियार देता है–यह विश्वास करने योग्य नहीं है क्योंकि गुरिल्ला एकदम नई यूनीफ़ॉर्म में खिंचाई फोटो में देखे गए हैं तथा सब जानते हैं कि उनके पास आधुनिक हथियार हैं।[34]

विक्टोरिया स्कोफील्ड जून 1990 में आज़ाद कश्मीर गए *फाइनेंशियल टाइम्स* के पत्रकार डेविड ह्यूगो की एक रिपोर्ट उद्धृत करती हैं जिसमें वह कहते हैं कि 'आज़ाद कश्मीर सरकार के उन स्थानीय रिफ्यूजी कैम्पों से अलग, जिनमें आप रिफ्यूजी जीवन के सारे कष्ट देख सकते हैं, जमात के कैम्पों में न औरतें थीं न बच्चे और न बूढ़े लोग। वे सभी युवा लोग थे जो घाटी के शहरों और गाँवों से आये थे। उनके हौसले बुलंद थे। उनका कहना था कि

उनका ठीक से ख़याल रखा जा रहा है...वे ख़ुद को रिफ्यूजी कहते थे लेकिन कैम्पों की दीवारों पर लगे पोस्टर बताते थे कि वे हिज़्ब-उल-मुज़ाहिदीन के सदस्य हैं। वह आगे लिखती हैं कि पाकिस्तान और आज़ाद कश्मीर सरकार ने हमेशा मना किया है कि वहाँ कोई ट्रेनिंग कैम्प नहीं हैं लेकिन जमात-ए-इस्लामी और उसके शुभचिंतकों की कार्यवाहियों पर कोई पाबंदी नहीं थी। वह उस दौर के प्रमुख आतंकवादी नेता आज़म इन्क़लाबी का बयान उद्धृत करती हैं जिसमें वह कहता है कि 'पाकिस्तान में कोई ट्रेनिंग कैम्प नहीं है लेकिन आज़ाद कश्मीर तो जम्मू और कश्मीर राज्य का हिस्सा है और वहाँ हम अपनी गतिविधियाँ चला सकते हैं।[35]

1993 में अमेरिकी संसद की 'आतंकवाद और ग़ैर पारम्परिक युद्धों' पर बनी एक टास्क फ़ोर्स ने आई.एस.आई. के कश्मीर के आतंकवाद में शामिल होने की ख़बरों को पुष्ट किया। रिपोर्ट आगे कहती है—आई.एस.आई. अफ़गान प्रतिरोध आन्दोलन के लिए एक विशाल प्रशिक्षण ढाँचा बना रहा था जो साथ-साथ दूसरे क्षेत्रीय समूहों के प्रशिक्षण और समर्थन के लिए भी उपयोग में लाया जा सकता था...पाकिस्तान ने प्राथमिक रूप से कश्मीर में अलगाववाद और आतंकवाद को एक दीर्घकालीन रणनीतिक कार्यक्रम की तरह समर्थित और प्रायोजित करना शुरू कर दिया।' सितम्बर 1994 में ह्यूमन राईट वाच की एक रिपोर्ट ने ख़ुलासा किया कि सोवियत संघ के ख़िलाफ़ लड़ रहे अफ़गानों के लिए अमेरिका द्वारा दिए गए हथियार सिख और कश्मीरी आतंकवादियों के हाथ में पहुँच चुके हैं। 16 मई 1994 को वाशिंगटन पोस्ट ने भी पाकिस्तान द्वारा कश्मीरी आतंकवादियों को हथियार और प्रशिक्षण देने की बात की है।[36]

पाकिस्तान सेना के भारत विरोधी आतंकवादियों के समर्थन में आज़ाद कश्मीर के ट्रेनिंग कैम्पों में आतंकवादियों को प्रशिक्षण देना (जिनमें केवल 15 प्रतिशत प्रशिक्षु आज़ाद कश्मीर से होते हैं), आज़ाद कश्मीर के सैन्य हस्पतालों में आतंकवादियों का इलाज़, उन्हें भारी मात्रा में आई.एस.आई. के माध्यम से सैन्य सहायता उपलब्ध कराना, हथियारों की आपूर्ति, सीमा पार करते समय आँखें मूँद लेना और कई बार इसके लिए कवर फायर आदि उपलब्ध कराना शामिल है। स्नेडेन इस परिघटना पर बहुत विस्तार से बात करते हुए सवाल करते हैं कि वाद विवाद का बिंदु यह नहीं है कि पाकिस्तान और आज़ाद कश्मीर में भारत विरोधी आतंकवादियों के लिए ट्रेनिंग कैम्प हैं या नहीं बल्कि यह है कि वे कितने हैं... 9 सितम्बर 2011 के बाद निश्चित रूप से इन कैम्पों की संख्या कम हुई है। इसका एक सबूत यह कि 2005 के विनाशकारी भूकंप के दौरान इन्हीं शिविरों में रह रहे आतंकवादियों ने सबसे पहले मदद उपलब्ध कराई थी।[37]

मंगला डैम : विस्थापन और पारिस्थितिक असंतुलन की क़ीमत पर 'आज़ादी'

बँटवारे के बाद जल संसाधनों के उपयोग को लेकर भारत और पाकिस्तान के बीच के विवाद को सुलझाने के लिए विश्व बैंक के हस्तक्षेप से सिन्धु घाटी समझौता हुआ था जिसके तहत सिन्धु, झेलम और चिनाब के जल पर अधिकार दिया गया और भारत को

रावी, ब्यास और सतलुज पर। इससे दोनों देशों को अपनी जल–विद्युत योजनाओं को अमली जामा पहुँचाने में मदद मिली।[38] पाकिस्तान ने इसी समझौते के तहत 1967 में मीरपुर में झेलम नदी पर दुनिया का बारहवाँ सबसे बड़ा बाँध 'मंगला बाँध' बनवाया।

1967 के पहले पाकिस्तान सिंचाई के लिए सिन्धु और उसकी सहायक नदियों के बहावों पर ही निर्भर था जिसका असर कृषि उत्पादकता पर होता था। इस बाँध का प्राथमिक उद्देश्य सिंचाई के लिए जल उपलब्ध कराना था और द्वितीयक उद्देश्य था बिज़ली का उत्पादन। मुख्य बाँध 10,300 फीट लंबा और 454 फीट ऊँचा है तथा जलाशय का आयतन 97.7 वर्ग मील है।[39] इक्कीसवीं सदी के आरंभ में प्रस्तुत विज़न 2025 में पाकिस्तान ने इसकी ऊँचाई बढ़ाने की योजना बनाई। इस पूरी प्रक्रिया में आज़ाद कश्मीर की सरकार से कोई सलाह–मशविरा नहीं किया गया। बाँध की ऊँचाई बढ़ाने की ख़बर मिलते ही मीरपुर में विरोध तेज़ हो गया। ऊँचाई बढ़ाने के ख़िलाफ़ एक कमेटी बनाई गई जिसमें सभी वर्गों के लोग शामिल हुए और इसे जनविरोधी तथा विनाशकारी बताया। यही नहीं, ऐसी ही एक कमेटी ब्रिटेन में बनाई गई जहाँ 1967 में बाँध बनने पर विस्थापित हुए एक लाख से अधिक लोग बसे हैं। जून 2003 में पाकिस्तान के जल विद्युत मंत्रालय, जल एवं विद्युत विकास प्राधिकरण और आज़ाद कश्मीर सरकार के बीच मंगला बाँध की ऊँचाई बढ़ाने को लेकर एक समझौता हुआ जिसमें मुआवज़े, आज़ाद कश्मीर सरकार को रॉयल्टी एवं मछली पकड़ने के अधिकार तथा आज़ाद कश्मीर में बिजली की दरों में अस्थाई कमी जैसे मामले शामिल थे।[40] इस समझौते के बाद भी मीरपुर से लेकर लन्दन तक विरोध जारी रहा। लेकिन इन विरोधों के बावजूद 2013 में इसकी ऊँचाई बढ़ाकर 1213 फीट कर दी गई।[41]

मंगला बाँध पाकिस्तान के लिए सिंचाई और विद्युत का सबसे बड़ा स्रोत तो है लेकिन मीरपुर के निवासियों के लिए यह एक श्राप जैसा है। 1967 में जब इसका निर्माण हुआ तो लगभग 250 गाँव डूब गए और हज़ारों एकड़ कृषि योग्य भूमि नष्ट हो गई। तमाम वादों के बावजूद न तो मीरपुर में मुफ़्त बिजली मिली और न ही विस्थापितों को उचित मुआवज़ा। नतीजतन एक लाख से अधिक मीरपुरी इस दौर में ब्रिटेन चले गए। यही नहीं बाँध से पैदा होने वाली बिजली पर रॉयल्टी न देने के लिए बहाना बनाया गया कि यह केवल पाकिस्तान के प्रान्तों को दी जा सकती है! आश्चर्यजनक है कि पाकिस्तान 'आज़ाद' कश्मीर पर बाँध तो बना सकता है लेकिन उससे पैदा होने वाली बिजली पर 'आज़ादी' के कारण रॉयल्टी नहीं दे सकता![42] स्वाभाविक था कि मीरपुर में इसका तीख़ा विरोध होता, लेकिन आज़ाद कश्मीर तथा पाकिस्तानी सरकार ने इसका भारी दमन किया। इसी विरोध से 1965 में वहाँ आज़ादी समर्थक जम्मू एंड कश्मीर प्लेबिसाईट फ्रंट** की स्थापना हुई। यह 1977 में बने जम्मू कश्मीर लिबरेशन फ्रंट की पूर्वपीठिका थी।[43]

1947 के बाद आज़ाद कश्मीर की अर्थव्यवस्था पर टिप्पणी करते हुए स्नेडेन बताते हैं कि 1971 तक पाकिस्तान ने इस इलाक़े के विकास पर कोई ध्यान नहीं दिया। 1971 के बाद स्थिति बेहतर हुई लेकिन जिस तरह की नीतियाँ बनाई गईं उसमें इस इलाक़े की अर्थव्यवस्था पूरी तरह से पाकिस्तानी सहायता पर निर्भर है। उसके अपने आर्थिक स्रोतों,

---

**इसका भारतीय कश्मीर में बने प्लेबिसाईट फ्रंट से कोई लेना–देना नहीं है।

जलसंसाधन और क्षमताओं का उपयोग अगर उसे करने दिया गया होता तो शायद यह पाकिस्तान का सबसे समृद्ध और आत्मनिर्भर इलाक़ा बन सकता था। लेकिन ऐसा नहीं हुआ और नतीजतन यह इलाक़ा आर्थिक रूप से पिछड़ा हुआ है। बेरोज़गारी की दर बहुत ऊँची है, सिंचाई सुविधाओं की कमी के कारण कृषि उत्पादकता निम्न स्तर की है, उद्योग धंधे नहीं हैं तथा अपनी ज़रूरतों के लिए यह पूरी तरह से पाकिस्तानी सहायता पर निर्भर है।[44]

इस तरह कश्मीर का यह हिस्सा, जिसने डोगरा शासन के ख़िलाफ़ सशस्त्र विद्रोह का बिगुल बजाया था, 1947 में 'आज़ाद' घोषित होने के बावजूद पूरी तरह से पाकिस्तान के नियंत्रण में है। पाकिस्तान अधिकृत कश्मीर पर क्रिस्टोफ़र स्नेडेन के बेहद महत्त्वपूर्ण शोधकार्य *कश्मीर : द अनरिटेन हिस्ट्री* की समीक्षा की शुरुआत जैकब स्टेनर ने भारतीय कश्मीर से आये एक रिफ्यूजी की टिप्पणी से की है जो हालात की मानीखेज़ व्यंजना रचता है। वह कहता है 'यह आज़ाद कश्मीर नहीं है, हमारे लिए यह अज़ाब कश्मीर है।'[45]

गिलगिट बाल्टिस्तान

हमने देखा है कि गिलगिट स्काउट के प्रमुख ब्राउन ने गिलगिट बाल्टिस्तान को पाकिस्तान के साथ विलय में सहयोग ही नहीं किया बल्कि निर्णायक भूमिका भी निभाई। उसकी भूमिका का महत्त्व हम इसी तथ्य से समझ सकते हैं कि पाकिस्तान ने उन्हें मरणोपरांत 'सितारा ए पाकिस्तान' का सम्मान दिया।[46] ब्राउन ने अपनी किताब *द गिलगिट रिबेलियन* में बहुत विस्तार से यह साबित करने की कोशिश की है गिलगिट-बाल्टिस्तान की जनता, हुंज़ा और नागर के मीर, स्थानीय राजा और गिलगिट स्काउट सभी पाकिस्तान से विलय के पक्ष में थे। अपने एक सहायक मुज़फ़्फ़र के हवाले से ब्राउन ने लिखा है—

> पूरी गिलगिट एजेंसी पाकिस्तान के पक्ष में है। इसमें शक़ की कोई गुंजाइश नहीं। हम सब मुस्लिम हैं : आप कहिये क्या मैं ग़लत कह रहा हूँ? हम कभी भारत के प्रति निष्ठा की शपथ नहीं खा सकते। धर्म को छोड़ भी दें तो गिलगिट एजेंसी वास्तव में उत्तर पश्चिम सीमा प्रदेश का हिस्सा है और इस तरह पाकिस्तान का। अगर कश्मीर आज़ाद रहता है तो बहुत अच्छा। हम यहाँ आज़ाद हो जायेंगे और पाकिस्तान के अपने मुसलमान भाइयों से दोस्ताना रिश्ते रख सकेंगे। अगर कश्मीर का विलय पाकिस्तान में हो जाता है तो यह बहुत ही अच्छा है। लेकिन अगर महाराजा अपनी मूर्खता, ग़लत सलाह, राजनीतिक दबाव या आकर्षक ईनाम के चलते भारत से विलय करता है तो यहाँ बहुत गड़बड़ होगी।[47]

लेकिन इस्लामाबाद के नेशनल इन्स्टीट्यूट ऑफ़ हिस्टॉरिकल एंड कल्चरल रिसर्च के प्रोफ़ेसर एमेरिटस डॉ. अहमद हसन दानी बताते हैं कि हुंज़ा के मीर सहित कश्मीरी सेना के अधिकतर अधिकारियों और प्रभावी लोगों के पाकिस्तान के पक्ष में होने के बावजूद 'गिलगिट का भविष्य मेजर विलियम ब्राउन के हाथों में ही था[48] और उस समय महाराजा से तनख्वाह लेने वाले ब्राउन का पाकिस्तान के प्रति समर्थन बहुत स्पष्ट दिखाई देता है।

अमानुल्ला खान का मानना है कि ब्राउन का यह समर्थन उनकी किसी निजी पसंदगी का परिणाम नहीं था बल्कि बड़े ब्रिटिश षड्यंत्र का हिस्सा था। ब्रिगेडियर घंसारा सिंह के हवाले से वह बताते हैं कि श्रीनगर में महाराजा से मिलने आये हुंज़ा के मीर, चित्राल के राजा और गिलगिट बाल्टिस्तान के दीगर इलाक़ों के प्रमुखों की एक बैठक सरदार इब्राहिम से हुई थी। अमानुल्ला पाकिस्तानी कर्नल मिर्ज़ा हसन खान के हवाले से यह भी बताते हैं कि यह बैठक ब्रिटिश अधिकारियों ने कराई थी। गिलगिट-बाल्टिस्तान के इस पूरे घटनाक्रम में उत्तर पश्चिम सीमा प्रांत के ब्रिटिश गवर्नर सीधी रुचि ले रहे थे। उनका यह कहना है कि पाकिस्तान से विलय का फ़ैसला असल में भारत से उनके विलय के काफ़ी पहले ही ले लिया गया था।[49] इस घटनाक्रम को बहुत विस्तार से लिखना तो विषयांतर होगा लेकिन ब्राउन की इस कार्यवाही के बाद जिस तरह उन्हें लन्दन की ब्रिटिश सरकार ने सम्मानित किया वह अपने आप में ब्रिटिश मंशा की गवाही तो है ही।[50]

डोगरा शासन से अपनी आज़ादी घोषित करने के बाद शाह रईस खान गिलगिट के राष्ट्रपति बने। यह सरकार 16 दिन चली और उसके बाद पाकिस्तान ने सरदार आलम खान को अपना पोलिटिकल एजेंट बनाकर भेजा जो उस समय उत्तर पश्चिम सीमा प्रांत में तहसीलदार के पद पर थे और प्रशासनिक काम-काज चलाने के लिए औपनिवेशिक शासन का बदनाम क़ानून 'फ्रंटियर क्राइम रेगुलेशन' लागू किया गया। यह क़ानून गिलगिट-बाल्टिस्तान के लोगों को बर्बर अपराधी मानने की मान्यता पर आधारित था। हुंज़ा नागर, स्कार्दू, चित्राल जैसे रजवाड़ों को बने रहने दिया गया लेकिन प्रशासनिक नियंत्रण पाकिस्तान के पास आ गया। पोलिटिकल एजेंट की व्यवस्था तथा फ्रंटियर क्राइम रेगुलेशन जैसे क़ानून के सहारे प्रशासन चलाने की मंशा से यह स्पष्ट है कि पाकिस्तान ने इस क्षेत्र को किसी उपनिवेश की तरह ही शासित करना तय किया था। इस क़ानून के तहत वहाँ राजनैतिक गतिविधियों पर बंदिश भी जारी रही। कराची समझौते के तहत पाकिस्तान को वहाँ के शासन का अधिकार देने वाली मुस्लिम कॉन्फ्रेंस को गिलगिट में अपना पार्टी दफ़्तर बंद करने का निर्देश दिया गया और आज तक वहाँ केवल पाकिस्तान की राजनीतिक पार्टियों को चुनावों में भागीदारी का अधिकार है जबकि कथित आज़ाद कश्मीर की पार्टियाँ वहाँ चुनावों में भाग नहीं ले सकतीं। दरअसल इस बात का हमेशा से विशेष ध्यान रखा गया कि इस क्षेत्र के लोग आज़ाद कश्मीर के लोगों से किसी तरह का संपर्क न रख पायें।

लेकिन विलय की इतनी स्पष्ट सहमति के बावजूद पाकिस्तान ने गिलगिट-बाल्टिस्तान को अपना हिस्सा नहीं बनाया। कूटनीतिक हलकों में उसे हमेशा एक विवादित क्षेत्र की तरह ही पेश किया गया। कारण साफ़ था। पाकिस्तान किसी भावी जनमतसंग्रह तक कश्मीर के तीनों हिस्सों को विवादित बनाये रखना चाहता था। अगर वह गिलगिट-बाल्टिस्तान को अपना हिस्सा बना लेता तो जम्मू और कश्मीर को 'विवादित क्षेत्र' कहना संभव न होता और वह स्वाभाविक रूप से भारत का हिस्सा बन जाता और इस तरह पूरे कश्मीर को अपने नक्शे में शामिल करने की पाकिस्तान की योजना असफल हो जाती। यही नहीं, पाकिस्तान की मान्यता है कि केवल गिलगिट पूर्व जम्मू और कश्मीर राज्य का

हिस्सा था जबकि हुंज़ा, बुंजी, चित्राल और इस्तवर (Astore) स्वतंत्र राज्य थे और इस तरह 15 अगस्त 1947 से पहले ब्रिटिश शासन का हिस्सा जिनका गिलगिट लीज़ से कोई लेना-देना नहीं था।[51]

सैमुएल बैद कहते हैं—

> पिछले साठ सालों में गिलगिट-बाल्टिस्तान पर पाकिस्तान का रुख बेहद अस्थिर रहा है। इसके नेता अपनी जनता को यह विश्वास दिलाते हैं कि यह इलाक़ा पाकिस्तान का है। लेकिन अपनी ही अदालतों और पाक अधिकृत कश्मीर या आज़ाद कश्मीर की अदालतों में पाकिस्तान सरकार ने यह रुख अपनाया है कि चूँकि गिलगिट और बाल्टिस्तान उसका हिस्सा नहीं हैं इसलिए वहाँ के लोगों को कोई संवैधानिक अधिकार नहीं दिए जा सकते। 1986 में पाकिस्तान के सर्वेयर जनरल द्वारा प्रकाशित *एटलस* में गिलगिट-बाल्टिस्तान के क्षेत्र को अपरिभाषित छोड़ दिया गया था जबकि बाक़ी पूरे जम्मू-कश्मीर इलाक़े को 'विवादित' क्षेत्र बताया गया था।[52]

प्रशासनिक व्यवस्था : संक्षिप्त इतिहास

हमने देखा है कि कराची समझौते के बाद गिलगिट-बाल्टिस्तान (जिसे पाकिस्तान ने 'उत्तरी क्षेत्र' का नाम दिया) का प्रशासन आज़ाद कश्मीर की जगह पाकिस्तान के हाथों में आ गया। 1970 तक पाकिस्तान सरकार का कश्मीर मामलों तथा उत्तरी क्षेत्र मंत्रालय यहाँ का प्रशासन चलाता रहा और उसके बाद गिलगिट एजेंसी, बाल्टिस्तान क्षेत्र तथा हुंज़ा और नागर के पूर्व रजवाड़े के लिए एक प्रशासनिक इकाई बनाई गई। 1974 में तत्कालीन पाकिस्तानी प्रधानमंत्री जुल्फिकार अली भुट्टो इस इलाक़े के दौरे पर आये और आनन-फानन में गिलगिट स्काउट तथा रजवाड़ों के उन्मूलन की घोषणा की। हुंज़ा के तत्कालीन मीर मोहम्मद जमाल ने विरोध किया तो उन्हें गिरफ़्तार कर लिया गया। उन्होंने फ्रंटियर क्राइम रेगुलेशन को भी ख़त्म कर दिया। क्षेत्र के प्रशासन के लिए 'नॉर्दर्न एरिया एडवाइज़री काउंसिल' नामक प्रातिनिधिक संस्था बनाई गई। इसका प्रमुख आयुक्त होता था और सदस्यों की संख्या 18 थी जो प्रत्यक्ष मतदान से चुने जाते थे। लेकिन पाकिस्तान की संसद मज़लिस ए शूरा में इस क्षेत्र का कोई प्रतिनिधित्व नहीं तय किया गया। जनरल ज़िया ने सत्ता में आने पर उत्तरी क्षेत्रों से दो सदस्यों को संसद में भेजने की व्यवस्था तो दी गई लेकिन प्रतिनिधि के रूप में नहीं बल्कि पर्यवेक्षक/पदेन सदस्यों के रूप में। यहाँ यह बता देना समीचीन होगा कि डोगरा शासन के दौरान गिलगिट और बाल्टिस्तान के लोगों का प्रजा सभा में प्रतिनिधित्व था। एक बड़ा परिवर्तन 1988 में आया जब बेनज़ीर भुट्टो ने इस क्षेत्र के प्रशासनिक ढाँचे में बदलाव कर 'नॉर्दर्न एरियाज़ काउंसिल' का गठन किया। दूसरी बार सत्ता सँभालने पर उन्होंने 'लीगल फ्रेमवर्क ऑर्डर (एल.एफ़.ओ.)-1994' जारी किया जिसके बाद काउंसिल 'नॉर्दर्न एरियाज़ लेजिस्लेटिव काउंसिल' में तब्दील हो गई। इस संसद का नेता काउंसिल का उप मुख्य कार्यकारी बनाया गया जबकि मुख्य कार्यकारी का पद कश्मीर मामलों तथा उत्तरी

क्षेत्र के मंत्री को दिया गया। इस लेजिस्लेटिव काउंसिल के पास प्रशासन के पास स्थानीय करों, सिंचाई, कोर्ट के बाहर मामलों का निपटान जैसे बेहद सीमित अधिकार थे। विडंबना ही है कि काउंसिल को अधिक अधिकार मिले 1999 में फौजी तानाशाह परवेज़ मुशर्रफ़ के ज़माने में। काउंसिल को ज़्यादा राजकोषीय अधिकार दिए गए और मुख्य लेखाधिकारी का पद सृजित किया गया। नॉर्दर्न एरिया लेजिस्लेटिव काउंसिल का नाम बदल कर नॉर्दर्न एरिया लेजिस्लेटिव असेम्बली किया गया और सदस्यों की संख्या बढ़ा कर 61 कर दी गई। विधानसभा के नेता को मुख्य कार्यकारी तथा कश्मीर मामलों तथा उत्तरी क्षेत्र के मंत्री को इस विधानसभा का अध्यक्ष बनाया गया। साथ ही इस विधानसभा को एल.एफ़.ओ. में संशोधन के अधिकार भी दिए गए। लेकिन 2009 में पाकिस्तान के लोकतांत्रिक प्रधानमंत्री युसुफ़ रज़ा गीलानी ने 'गिलगिट-बाल्टिस्तान इम्पावरमेंट एंड सेल्फ़-गवर्नमेंट ऑर्डर' में यह अधिकार छीन लिया। इसी 'सुधार पैकेज' में पाकिस्तान ने इस क्षेत्र का नाम 'उत्तरी क्षेत्र' से बदलकर 'गिलगिट-बाल्टिस्तान' कर दिया। नए नियमों में मुख्य कार्यकारी की जगह मुख्यमंत्री का पद दिया गया और केन्द्र द्वारा राज्यपाल नियुक्त करने का नियम बनाया गया। आज़ाद कश्मीर की तरह ही यहाँ भी गिलगिट-बाल्टिस्तान काउंसिल नामक सर्वोच्च प्रशासनिक संस्था बनाई गई जिसके 15 सदस्यों में से 9 सदस्य पाकिस्तान की संसद से होने थे। लेकिन 'स्वायत्तता' की घोषणाओं के बावजूद न तो इस क्षेत्र के लोगों को किसी तरह की कोई आज़ादी मिली है न ही पाकिस्तान ने अपने राज्यों के नागरिकों के समान अधिकार दिए हैं और गिलगिट-बाल्टिस्तान की क़ानूनी स्थिति पाकिस्तान की ज़रूरतों के मुताबिक़ 'अभिन्न अंग' से 'विवादित क्षेत्र' के बीच झूलती रही है।[53] इस 'स्थिति' की वास्तविकता का अंदाज़ा इस तथ्य से लगाया जा सकता है कि 1963 में पाकिस्तान ने हुंज़ा के मीर के विरोध के बावजूद वहाँ के शक्सगाम क्षेत्र का लगभग 2700 वर्ग मील का इलाक़ा चीन को उपहार में दे दिया![54]

'क़बायली हमले' : शिया सुन्नी टकराव और बलवारिस्तान की माँग

गिलगिट-बाल्टिस्तान का यह इलाक़ा पारम्परिक रूप से शिया बहुल इलाक़ा रहा है और इस्माइलियों की भी यहाँ अच्छी ख़ासी संख्या रही है। जनरल ज़िया के समय प्रशासनिक सुधार तो हुए लेकिन साथ में इस इलाक़े में अब तक के इतिहास का सबसे भयावह शिया-सुन्नी संघर्ष भी हुआ। 1988 के मई महीने में उत्तर पश्चिमी सीमा प्रांत से हज़ारों की संख्या में सुन्नी क़बायलियों ने जिस तरह गिलगिट बाल्टिस्तान पर हमला कर ख़ूनी तांडव किया वह 1947 में कश्मीर में हुए क़बायली हमले की याद दिलाता है। उन्हें किसी ने रोका नहीं। गाँवों पर हमला कर उनके खेत और घर नष्ट कर दिए गए तथा उन्हें ज़िंदा जला दिया गया। कराची के *हेराल्ड* ने लिखा कि मरने वालों की संख्या सैकड़ों में थी लेकिन सिर्फ़ यह संख्या हमलावरों की उस बर्बरता को बयान नहीं कर सकती और न ही उस आतंक को जो इस शान्तिपूर्ण घाटी पर बरपा। 1992 में एक बार फिर चित्राल और कोहिस्तान के सुन्नियों ने गिलगिट पर हमला कर ऐसा ही ख़ूनी खेल खेला। सेना ने आठ दिनों तक चुप्पी साधे रखी। असल में जब भी गिलगिट बाल्टिस्तान के लोगों ने अपने लिए संवैधानिक अधिकारों की

माँग की उन्हें ख़ूनी साम्प्रदायिक दंगे झेलने पड़े। नतीजतन उन्हें ख़ुद को सुन्नी हमलों से बचाने के लिए हथियारबद्ध करना पड़ा।[55] शिया विरोधी सिपह-ए-सहबा की प्रतिक्रिया में शियाओं ने तहरीक-ए-नफ़ज़-ए-फ़िक़्ह-ए-जाफ़रिया नामक संगठन बनाया तो नब्बे के दशक में और दोनों ने क्रमशः लश्कर-ए-झांगवी और सिपह-ए-मोहम्मद के नाम से सशस्त्र संगठन बनाये। जिया के शासनकाल में शरिया आधारित नीतियों के लागू होने से भी शियाओं को काफ़ी भेदभाव का सामना करना पड़ा। जिया ने अफ़गान युद्ध में रूस के ख़िलाफ़ लड़ने के लिए इस्लामी कट्टरपंथी ग्रुपों को पूरी सहायता पहुँचाई थी और गुलुबुद्दीन हिक़्मतयार के हिज्ब-ए-इस्लामी जैसे संगठनों को बढ़ावा दिया था जिसका सीधा असर शिया आबादी पर पड़ा और वह इनकी हिंसा की शिक़ार हुई।[56]

इसी दौर में स्कूलों के पाठ्यक्रम सुन्नी मान्यताओं के अनुसार बदल दिए गए। जब इसका विरोध करने वाले एक प्रमुख शिया नेता आग़ा ज़िया-उद-दीन रिज़वी की 2005 में गोली मारकर हत्या कर दी गई और हत्यारों में से एक की पहचान लश्कर-ए-झांगवी के सदस्य के रूप में की गई तो पाँच साल से चल रहा पाठ्यक्रम विवाद एक बार फिर भड़क गया और इसने हिंसक शिया-सुन्नी संघर्ष का रूप ले लिया। अपने एक सम्पादकीय में *डेली टाइम्स* ने पाकिस्तान द्वारा वर्षों से गिलगिट-बाल्टिस्तान की उपेक्षा को इसका ज़िम्मेदार बताया।[57] इंटरनेशनल क्राइसिस ग्रुप की 2 अप्रैल 2007 की रिपोर्ट कहती है-

> 1986 में काराकोरम हाइवे के निर्माण और चीनी सीमा पर व्यापार बढ़ने के साथ साम्प्रदायिक हिंसा की घटनाएँ बढ़ीं। व्यापार बढ़ने के कारण उत्तर पश्चिमी सीमा प्रांत और पंजाब से सुन्नी व्यापारियों ने बड़ी संख्या में गिलगिट में फलते-फूलते व्यापार के लिए आना शुरू किया जिससे वहाँ का जनांकिक संतुलन गड़बड़ा गया और इससे शियाओं का असंतोष बढ़ा। 1988 के पहले साम्प्रदायिक हिंसा दुर्लभ थी और किसी तरह की हिंसात्मक कार्यवाही नहीं हुई थी तथा शिया और सुन्नी शांतिपूर्वक सह अस्तित्व में रह रहे थे। क़बीलों के बीच आपस में शादियाँ सामान्य थीं और इससे जो पारिवारिक रिश्ते बनते थे वे साम्प्रदायिक भेदभावों पर भारी पड़ते थे। ऐतिहासिक रूप से भी नस्ली सम्बन्ध और क़बीलाई निष्ठाएँ साम्प्रदायिक पहचानों से अधिक महत्त्वपूर्ण रही हैं। हालाँकि 1988 के बाद गिलगिट एक शान्तिपूर्ण टूरिस्ट स्थान से शिया-सुन्नी आतंकवादियों का युद्धक्षेत्र बन गया।[58]

एक अन्य अध्ययन के अनुसार 'काराकोरम हाइवे ख़ूनी युद्धक्षेत्र में बदल गया है। कोई भी छोटी से छोटी बात हिंसक झड़प का रूप ले सकती है। कोहिस्तान, चिलास, बबूसर जैसी जगहों पर लगातार यात्रियों पर हुए हमलों के चलते इस इलाक़े में भय का जो माहौल बना उसने जनता को अपने-अपने खोलों में समेट दिया।'[59] पाकिस्तान सरकार के सौतेले व्यवहार और सेना तथा आई.एस.आई. के रुख से यहाँ के निवासियों का लगातार मोहभंग होता चला गया है। क्राइसिस ग्रुप की पूर्वोद्धृत रिपोर्ट में अंजुमन ए इस्लामी के मिर्ज़ा अली कहते हैं कि 'सरकार ने जानबूझकर और चेतन तौर पर साम्प्रदायिक हिंसा को बढ़ावा दिया जिससे हम

बँटे रहें और अपने हक़ की माँग न कर सकें।[60] 30 जुलाई, 1992 को बलवारिस्तान नेशनल फ्रंट[61] की स्थापना के रूप में सामने आया। बलवारिस्तान इस इलाक़े का स्थानीय नाम है जो पटोला शाही शासकों के नाम से निकला है। पटोला से इस्लामी और चीनी लेखकों के यहाँ बलोल या बोलोर बन गया। संभव है यह पहले किसी एक क़बीले का नाम हो और बाद में पूरे इलाक़े को इसके नाम से बलवारिस्तान कहा जाने लगा।[62] इस फ्रंट ने गिलगिट, दार्दिस्तान और बाल्टिस्तान को मिलाकर 'बलवारिस्तान' नाम से स्वतंत्र देश बनाने की माँग की है।[63]

आर्थिक लूट

गिलगिट-बाल्टिस्तान दक्षिण एशिया का सबसे पिछड़ा हुआ इलाक़ा है। यहाँ साक्षरता दर 14 प्रतिशत है जबकि महिलाओं के संदर्भ में यह केवल 3.15 प्रतिशत है। 6000 की आबादी पर एक डॉक्टर है तो 1500 लोगों के लिए हस्पताल का एक बिस्तर। बिज़ली, पीने के पानी और प्राथमिक सेवाओं जैसी मूलभूत सुविधायें लगभग अनुपस्थित हैं। शिक्षा का यह हाल है कि पूरे इलाक़े में लगभग 15 लाख की जनसंख्या के लिए सिर्फ़ दो कॉलेज हैं जिनमें परास्नातक की शिक्षा की व्यवस्था नहीं है और कोई पोलिटेक्निक स्तर का भी प्रोफेशनल संस्थान नहीं है। इलाक़े में केवल 12 हाईस्कूल हैं। उद्योग के नाम पर कुछ ईंट भट्ठों के अलावा कुछ नहीं है।[64] परिणाम यह कि इस इलाक़े की 85 प्रतिशत से अधिक जनता ग़रीबी रेखा के नीचे है। रोज़गार और शिक्षा के अभाव में यहाँ के युवाओं के पास सम्मानजनक नौकरी का सबसे बड़ा ज़रिया सेना है जहाँ वह निचले स्तर की नौकरियाँ पाते हैं। कारगिल युद्ध के दौरान मारे गए पाकिस्तानी सैनिकों में से सबसे बड़ा हिस्सा इसी इलाक़े के सैनिकों का था।[65] अपनी ग़रीबी के कारण यह इलाक़ा पाकिस्तान के बड़े शहरों के घरों, होटलों और व्यापारिक संस्थानों में नौकरों की आपूर्ति करता है, जहाँ इनको 'मुंडू' के अपमानजनक नाम से पुकारा जाता है।[66]

प्राकृतिक संपदा और खनिज पदार्थों से समृद्ध गिलगिट-बाल्टिस्तान की इस आर्थिक हालत की ज़िम्मेदार पाकिस्तान सरकार की नीतियाँ हैं। उदाहरण के लिए पूरे इलाक़े में लगभग डेढ़ हज़ार सोने की खानें बिखरी हुई हैं जिनकी गुणवत्ता दक्षिण अफ्रीका की खानों से भी बेहतर है। इनके शोधन के लिए पाकिस्तान मिनरल डेवलपमेंट कॉर्पोरेशन ने आस्ट्रेलियन एजेंसी फॉर इंटरनेशनल डेवेलपमेंट के साथ एक दीर्घकालिक समझौता किया जिसमें 54 प्रतिशत शेयर आस्ट्रेलियाई एजेंसी को, 23 प्रतिशत कॉर्पोरेशन को और बाक़ी 23 प्रतिशत पाकिस्तान सरकार को (कश्मीर मामलों तथा गिलगिट बाल्टिस्तान मंत्रालय के माध्यम से) देने का समझौता हुआ है। इसमें गिलगिट-बाल्टिस्तान की जनता को पूरी तरह से नकार दिया गया। ज़ाहिर है यूरेनियम, माणिक, पन्ना, पुखराज, स्फटिक, लौह अयस्क, संगमरमर, सल्फर जैसे खनिज पदार्थों के बाहुल्य के बावजूद पूरा इलाक़ा ग़ुरबत के गहरे अँधेरे में डूबा हुआ है।

ऐसे ही बर्फ़ीले पहाड़ों की उपस्थिति से जल बाहुल्य इलाक़ा होने के बावजूद यह इलाक़ा बिज़ली के उत्पादन या जल संसाधन के दूसरे उपयोगों से वंचित है। स्कार्दू और

भाषा बाँधों से जो बिजली उत्पादित होती है वह भी पाकिस्तान की आपूर्ति करती है। भाषा बाँध में गाँव तो इस इलाक़े के डूबे लेकिन उसकी योजना ऐसे बनाई गई कि रॉयल्टी उत्तर पश्चिम सीमा प्रदेश को जाती है।[67] बहुत विस्तार में गए बिना भी ये तथ्य गिलगिट-बाल्टिस्तान के प्रति पाकिस्तान की औपनिवेशिक दृष्टि को बहुत स्पष्ट करते हैं जिसकी परिणिति वहाँ के नागरिकों के बढ़ते हुए विरोध और पाकिस्तानी शासन द्वारा उनके दमन में हुई है।

क्राइसिस ग्रुप की रिपोर्ट का निष्कर्ष है—

> उत्तरी क्षेत्रों को एक संवैधानिक पहचान न देकर इसे एक पूरी तरह से केन्द्रीयकृत नौकरशाही द्वारा प्रशासित किया जाना और इसके नागरिकों को राजनीतिक अधिकारों तथा न्याय के अधिकारों से वंचित रख कर पाकिस्तान ने एक ऐसा माहौल बना दिया है जिसमें ख़ासकर नौजवानों के पास साम्प्रदायिक हिंसा के अलावा अपने गुस्से को व्यक्त करने का कोई और तरीक़ा नहीं है।
>
> जब तक पाकिस्तान केन्द्र द्वारा प्रशासित उत्तरी क्षेत्रों को मानीखेज़ स्वायत्तता नहीं देता और यहाँ के लोगों को नागरिक तथा लोकतांत्रिक अधिकार नहीं देता असंतोष बढ़ेगा।[68]

अल जज़ीरा से बातचीत में 2014 में चले 'प्रतिनिधित्व नहीं तो कर नहीं' आन्दोलन के एक युवा कार्यकर्ता साज़िद राणा कहते हैं—एक मुसलमान के रूप में हमें कश्मीर की चिंता है, लेकिन हमें हमारे अधिकार दो, हमें कश्मीर की तरह बनाओ या फिर हमें मुक्त करो, और इसी रिपोर्ट में एक शिया धर्मगुरु हब्बीर हाकिमी का कथन तो जैसे कश्मीर के तीनों हिस्सों के लिए सच है—इस क्षेत्र के बारे में बहुत से लोगों को चिंता है लेकिन यहाँ के लोगों के बारे में कोई चिंता नहीं करता।[69]

संदर्भ सूची

1. देखें, पृष्ठ 6, *पाकिस्तान ऑक्युपाइड कश्मीर: द अन्टोल्ड स्टोरी,* वीरेंद्र गुप्ता और आलोक बंसल (सं), मानस पब्लिकेशन, दिल्ली–2016
2. देखें, पृष्ठ 130, *अंडरस्टैंडिंग कश्मीर एंड कश्मीरीज़,* क्रिस्टोफ़र स्नेडेन, हर्स्ट एंड कंपनी, लंदन–2015
3. देखें, वही पृष्ठ 130
4. देखें, पृष्ठ 39, *कश्मीर अक्रॉस एल.ओ.सी.,* देबीदत्ता अरोबिन्दा महापात्रा और सीमा शेखावत, ज्ञान पब्लिशिंग हाउस, दिल्ली–2008
5. देखें, आज़ाद जम्मू और कश्मीर सरकार की आधिकारिक वेबसाईट पर 'एज़ेडके एट अ ग्लांस–2015'
6. देखें, पृष्ठ 233, *जम्मू एंड कश्मीर,* ज्योति भूषण दास गुप्ता, मार्टिनस जिझाफ़, हेग़–1968
7. देखें, पृष्ठ 30–35, *कश्मीर डिस्प्यूट : अ कश्मीरी पर्सपेक्टिव,* डॉ. शब्बीर चौधरी, ऑथर्सहाउस, न्यूयॉर्क–2013
8. देखें, डॉ. शब्बीर चौधरी का आलेख
9. देखें, पृष्ठ 107, *पाकिस्तान ऑक्युपाइड कश्मीर: द अन्टोल्ड स्टोरी,* वीरेंद्र गुप्ता और आलोक बंसल (सं), मानस पब्लिकेशन, दिल्ली–2016
10. देखें, पृष्ठ 88, *कश्मीर : द अनरिटेन हिस्ट्री,* क्रिस्टोफ़र स्नेडेन, हार्पर कॉलिन्स, दिल्ली–2013
11. देखें, पृष्ठ 30, *कश्मीर अक्रॉस एल.ओ.सी,* देबीदत्ता अरोबिन्दा महापात्रा और सीमा शेखावत, ज्ञान पब्लिशिंग हाउस, दिल्ली–2008
12. देखें, वही, पृष्ठ 88–89
13. देखें, पृष्ठ 40, *अक्रॉस द लाइन ऑफ़ कंट्रोल : इनसाइड पाकिस्तान–एडमिनिस्टर्ड कश्मीर,* लव पुरी, कोलंबिया यूनिवर्सिटी प्रेस, न्यूयॉर्क–2012
14. देखें, परवेज़ दीवान का लेख 'अ हिस्ट्री ऑफ़ पीओके'— *पाकिस्तान ऑक्युपाइड कश्मीर,* पृष्ठ 108–109, *कश्मीर अक्रॉस एल.ओ.सी.,* देबीदत्ता अरोबिन्दा महापात्रा और सीमा शेखावत, पृष्ठ 30–31, *पाकिस्तान ऑक्युपाइड कश्मीर* (सं) वीरेन्द्र गुप्ता में
15. देखें, पृष्ठ 110, *पाकिस्तान ऑक्युपाइड कश्मीर : द अन्टोल्ड स्टोरी,* वीरेंद्र गुप्ता और आलोक बंसल (सं), मानस पब्लिकेशन, दिल्ली–2016
16. देखें, वही, पृष्ठ 110–111
17. देखें, पृष्ठ 659–660, *द हिस्ट्री ऑफ़ स्ट्रगल ऑफ़ फ्रीडम इन कश्मीर,* प्रेमनाथ बज़ाज़, गुलशन पब्लिशर्स, श्रीनगर–1974
18. देखें, पृष्ठ 41, *कश्मीर अक्रॉस एल.ओ.सी.,* देबीदत्ता अरोबिन्दा महापात्रा और सीमा शेखावत, (ज्ञान पब्लिशिंग हाउस, दिल्ली–2008)
19. देखें, पृष्ठ 240–44, *जम्मू एंड कश्मीर,* ज्योति भूषण दास गुप्ता, मार्टिनस जिझाफ़, हेग़–1968
20. देखें, वही, पृष्ठ 246
21. देखें, पृष्ठ 42, *अक्रॉस द लाइन ऑफ़ कंट्रोल : इनसाइड पाकिस्तान–एडमिनिस्टर्ड कश्मीर,* लव पुरी, कोलंबिया यूनिवर्सिटी प्रेस, न्यूयॉर्क–2012
22. देखें, पृष्ठ 6, जम्मू एंड कश्मीर ह्यूमन राईट काउंसिल की रिपोर्ट, http://www.jkchr.com/Report%20for%2021st%20Session%20of%20UNHRC.pdf
23. देखें, पृष्ठ 86, *कश्मीर अक्रॉस एल.ओ.सी.,* देबीदत्ता अरोबिन्दा महापात्रा और सीमा शेखावत, ज्ञान पब्लिशिंग हाउस, दिल्ली–2008
24. विस्तार के लिए देखें आज़ाद जम्मू और कश्मीर काउंसिल की आधिकारिक वेबसाईट http://ajkcs.gov.pk/AJKCouncilintroduction.asp
25. देखें, पृष्ठ 130, *अंडरस्टैंडिंग कश्मीर एंड कश्मीरीज़,* क्रिस्टोफ़र स्नेडेन, हर्स्ट एंड कंपनी, लंदन–2015

26. देखें, 9 अगस्त 2015 को द *डॉन* में छपा तारिक़ नक़श का आलेख 'एजेके : आस्किंग फ़ॉर द मून'
27. देखें, वही, पृष्ठ 46
28. देखें, आज़ाद जम्मू और कश्मीर का अंतरिम संविधान, http://www.ajkassembly.gok.pk/AJK_Interim_Constitution_Act_1974.pdf
29. देखें, पृष्ठ 101, *कश्मीर : द अनरिटेन हिस्ट्री,* क्रिस्टोफ़र स्नेडेन, हार्पर कॉलिन्स, दिल्ली–2013
30. देखें, वही, पृष्ठ 98
31. देखें, पृष्ठ 116, *पाकिस्तान ऑकुपाइड कश्मीरः द अन्टोल्ड स्टोरी,* वीरेंद्र गुप्ता और आलोक बंसल (सं), मानस पब्लिकेशन, दिल्ली–2016
32. देखें, https://www.hrw.org/reports/2006/pakistan0906/4.htm
33. देखें द *न्यूयॉर्क टाइम्स इंटरनेशनल* में 27 जनवरी 1990 को छपा बारबरा क्रोसेट का आलेख 'प्रोटेस्टर्स इन पाकिस्तान वे टू फ्री कश्मीरीज़ इन इण्डिया'
34. देखें, 13 जुलाई 1991 को द *इकॉनोमिस्ट* में छपा आलेख 'द कांस्पीरेसी थियरी'
35. देखें, पृष्ठ 155, *कश्मीर इन कॉन्फ़्लिक्ट : इण्डिया, पाकिस्तान एंड द अनएंडिंग वार,* विक्टोरिया स्कोफील्ड, आई.बी. टॉरिस एंड कम्पनी लिमिटेड, लन्दन–2003
36. देखें, पृष्ठ 86, *मिलेट्री इंटरवेंशंस एंड सेक्सेशन इन साउथ एशिया : द केसेज ऑफ़ बांग्लादेश, श्रीलंका, कश्मीर एंड पंजाब,* एन्ने नोरोना डॉस सैंटोशा, प्रेगर सिक्योरिटी इंटरनेशनल, लन्दन–2007
37. देखें, पृष्ठ 194–96, *कश्मीर : द अनरिटेन हिस्ट्री,* क्रिस्टोफ़र स्नेडेन, हार्पर कॉलिन्स, दिल्ली–2013
38. विस्तार के लिए देखें बी.जी. वर्गीस का लेख 'द इंडस, पीओके एंड द पीस', पृष्ठ 195–97, *पाकिस्तान ऑकुपाइड कश्मीरः द अन्टोल्ड स्टोरी,* वीरेंद्र गुप्ता और आलोक बंसल (सं), मानस पब्लिकेशन, दिल्ली–2016
39. देखें, पृष्ठ 297–98, *डैम्स एंड रिज़र्वायर्स, सोसायटीज़ एंड इन्वायर्न्मेंट इन द ट्वेंटी फर्स्ट सेंचुरी,* लुई बर्गा, टेलर एंड फ्रांसिस–2006
40. देखें, पृष्ठ 183–85 , *कश्मीर अक्रॉस एल.ओ.सी.,* देबीदत्ता अरोबिन्दा महापात्रा और सीमा शेखावत, ज्ञान पब्लिशिंग हाउस, दिल्ली–2008
41. देखें, 7 अगस्त, 2013 का द *ट्रिब्यून,* https://tribune.com.pk/story/587315/water-storage-in-mangla-dam-reaches-historic-high/
42. देखें, पृष्ठ 189–88, *कश्मीर अक्रॉस एल.ओ.सी.,* देबीदत्ता अरोबिन्दा महापात्रा और सीमा शेखावत, ज्ञान पब्लिशिंग हाउस, दिल्ली–2008
43. देखें, पृष्ठ 29, द *कश्मीरी डायस्पोरा इन ब्रिटेन एंड द लिमिट्स ऑफ़ पॉलिटिकल मोबिलाइज़ेशन,* मार्टिन सोकेफील्ड, एस्त्रिड वानेबर्गर, मिजाल गेंडेल्समैन–ट्रायर, हॉक डोर्स्क द्वारा सम्पादित पुस्तक *'माइग्रेशन–नेटवर्क्स–स्किल्सः एन्थ्रोपोलाजिकल पर्सपेक्टिव्स ऑन मोबिलिटी एंड ट्रांसफोर्मेशन,* ट्रांसक्रिप्ट वर्लाग–2016
44. देखें, पृष्ठ 184–88, *कश्मीर : द अनरिटेन हिस्ट्री,* क्रिस्टोफ़र स्नेडेन, हार्पर कॉलिन्स, दिल्ली–2013
45. देखें, 1 अगस्त 2013 का द *डॉन* https://www.dawn.com/news/1033395
46. देखें, पृष्ठ 113, *अनरेवेलिंग द कश्मीरी नॉट,* अमन एम. हिंगोरानी, पृष्ठ पब्लिकेशन इंडिया लिमिटेड, दिल्ली–2016
47. देखें, पृष्ठ 85–86, द *गिलगिट रिबेलियन 1947,* विलियम ए. ब्राउन, आइबेक्स–1998
48. देखें, पृष्ठ, *हिस्ट्री ऑफ़ नॉर्दर्न एरियाज़ ऑफ़ पाकिस्तान,* डॉ. ए.एच. दानी, नेशनल इन्स्टीट्यूट ऑफ़ हिस्टॉरिकल एंड कल्चरल रिसर्च, दूसरा संस्करण, 1991
49. देखें, पृष्ठ 118–122, *गिलगिट–बाल्टिस्तान : ए डिस्प्यूटेड टेरिटरी ऑर 'अ फ़ॉसिल ऑफ़ इंट्रीग्यूज़',* अमानुल्ला खान, जावेद (प्रा) प्रिंटर्स, गिलगिट–1999
50. देखें, पृष्ठ 113, *अनरैवेलिंग द कश्मीर नॉट,* अरमान एम. हिंगोरानी, पृष्ठ इण्डिया पब्लिकेशन, दिल्ली–2016

51. देखें, पृष्ठ 148–49, *अ हिस्ट्री ऑफ़ लद्दाख गिलगिट बाल्टिस्तान,* परवेज़ दीवान, दूसरा संस्करण, मानस पब्लिकेशन, दिल्ली–2008
52. देखें, सैमुएल बैद का लेख 'सप्रेशन ऑफ़ गिलगिट–बाल्टिस्तान', पृष्ठ 142, *पाकिस्तान ऑक्युपाइड कश्मीर: द अन्टोल्ड स्टोरी,* वीरेंद्र गुप्ता और आलोक बंसल (सं), मानस पब्लिकेशन, दिल्ली–2016
53. देखें, 9 अगस्त 2015 को *द डॉन* में छपा जमील नागरी का लेख, 'आलमोस्ट पाकिस्तान : गिलगिट–बाल्टिस्तान इन अ कांस्टीच्यूश्नल लिम्बो'
54. देखें, पृष्ठ 148, *अ हिस्ट्री ऑफ़ लद्दाख गिलगिट बाल्टिस्तान,* परवेज़ दीवान, दूसरा संस्करण, मानस पब्लिकेशन, दिल्ली–2008
55. देखें, सैमुएल बैद का लेख 'सप्रेशन ऑफ़ गिलगिट–बाल्टिस्तान', पृष्ठ 145, *पाकिस्तान ऑक्युपाइड कश्मीर: द अन्टोल्ड स्टोरी,* वीरेंद्र गुप्ता और आलोक बंसल (सं), मानस पब्लिकेशन, दिल्ली–2016
56. देखें, पृष्ठ 119, *कश्मीर अक्रॉस एल.ओ.सी.,* देबीदत्ता अरोबिन्दा महापात्रा और सीमा शेखावत, ज्ञान पब्लिशिंग हाउस, दिल्ली–2008
57. देखें, वही, पृष्ठ 129
58. देखें, पृष्ठ 16, डिस्कॉर्ड इन पाकिस्तांस नॉर्दर्न एरिया, क्राइसिस ग्रुप एशिया रिपोर्ट, नम्बर 131, 2 अप्रैल 2007
59. देखें, पृष्ठ 96–101, इंटरसेक्शन ऑफ़ सेक्टेरियन डायनामिक्स एंड स्पाटियल मोबिलिटी इन गिलगिट–बाल्टिस्तान, ऐना ग्रीज़र और मार्टिन सोक्फील्ड, *मोब्लाइजिंग रिलीज़न : नेटवर्क्स एंड मोबिलिटी,* स्टीफन कोनरमैन और एलेना स्मोलार्ज़ (सं), ईबी–वर्लाग, बर्लिन–2015
60. देखें, पृष्ठ 19, डिस्कॉर्ड इन पाकिस्तांस नॉर्दर्न एरिया, क्राइसिस ग्रुप एशिया रिपोर्ट, नम्बर 131, 2 अप्रैल 2007
61. विस्तार के लिए देखें, फ्रंट की आधिकारिक वेबसाईट http://balawaristan.com/beta/
62. देखें, पृष्ठ 5, *तारीख़ ए गिलगिट* (शाह रईस खान) का प्रोफ़ेसर ए.एच. दानी द्वारा संपादित और अनूदित रूप *'हिस्ट्री ऑफ़ बाल्टिस्तान', सेंटर फ़ॉर द स्टडी ऑफ़ सिविलाइजेशन ऑफ़ सेंट्रल एशिया,* क़ायदे आज़म विश्वविद्यालय, इस्लामाबाद–1987
63. देखें, आलोक बंसल का लेख 'द ग्रोविंग एलियनेशन इन गिलगिट–बाल्टिस्तान', पृष्ठ 216, *पाकिस्तान ऑक्युपाइड कश्मीर: द अन्टोल्ड स्टोरी,* वीरेंद्र गुप्ता और आलोक बंसल (सं), मानस पब्लिकेशन, दिल्ली–2016
64. देखें, पृष्ठ 150, *अ हिस्ट्री ऑफ़ लद्दाख गिलगिट बाल्टिस्तान,* परवेज़ दीवान, दूसरा संस्करण, मानस पब्लिकेशन, दिल्ली–2008
65. देखें, शफाक़त इन्क़लाबी का लेख 'इकॉनमिक एक्सप्लायटेशन ऑफ़ गिलगिट–बाल्टिस्तान', पृष्ठ 216, *पाकिस्तान ऑक्युपाइड कश्मीर: द अन्टोल्ड स्टोरी,* वीरेंद्र गुप्ता और आलोक बंसल (सं), मानस पब्लिकेशन, दिल्ली–2016
66. देखें, पृष्ठ 151, *अ हिस्ट्री ऑफ़ लद्दाख गिलगिट बाल्टिस्तान,* परवेज़ दीवान, दूसरा संस्करण, मानस पब्लिकेशन, दिल्ली–2008
67. देखें, शफाक़त इन्क़लाबी का लेख 'इकॉनमिक एक्सप्लायटेशन ऑफ़ गिलगिट–बाल्टिस्तान', पृष्ठ 217–19, *पाकिस्तान ऑक्युपाइड कश्मीर: द अन्टोल्ड स्टोरी,* वीरेंद्र गुप्ता और आलोक बंसल (सं), मानस पब्लिकेशन, दिल्ली–2016
68. देखें, पृष्ठ 21, डिस्कॉर्ड इन पाकिस्तांस नॉर्दर्न एरिया, क्राइसिस ग्रुप एशिया रिपोर्ट, नम्बर 131, 2 अप्रैल 2007
69. देखें, अल जज़ीरा की वेबसाईट पर उमर फ़ारुक का लेख 'रूफ ऑफ़ द वर्ल्ड रिबेल्स अगेंस्ट पाकिस्तान' http://www.aljazeera.com/indepth/features/2014/06/gilgit-baltistan-rebels-against-pakistan-201462984334940614.html

15

शेख़ की गिरफ़्तारी, रिहाई और आगे

बी. एन. मलिक अपनी आत्मकथा *माय ईयर्स विद नेहरू* में लिखते हैं।

शेख़ अब्दुल्ला के निजी बातचीत में दुश्मनाना रुख अपनाने की रिपोर्टें लगातार दिल्ली पहुँच रही थीं। कुछ इंटेलीजेंस ब्यूरो को, कुछ सीधे प्रधानमंत्री और गृहमंत्री को और हालात बेहद पेचीदा बने हुए थे। प्रधानमंत्री और गृहमंत्री ने कश्मीर के हालात का स्वतंत्र जायज़ा लेने के लिए अलग-अलग लोगों को भेजा लेकिन उनकी रिपोर्टें अकसर मनोगत होती थीं। प्रधानमंत्री द्वारा भेजे गए लोग आमतौर पर शेख़ के पक्ष में रिपोर्ट देते थे और गृहमंत्री के भेजे गए लोग उनके विरोध में। इसके अलावा बड़ी संख्या में कश्मीरी पंडित और जम्मू के डोगरा, जिनकी सीधी पहुँच प्रधानमंत्री और गृहमंत्री तक थी, अपने विचार पहुँचा रहे थे जो आमतौर पर शेख़ के ख़िलाफ़ होते थे...गृहमंत्री और प्रधानमंत्री दोनों इस बात को लेकर उत्सुक थे कि कश्मीर की वास्तविक स्थिति का एक आकलन होना चाहिए। मुझे यह अध्ययन करके अपनी रिपोर्ट पेश करने को कहा गया।

मैं अगस्त,1949 के अंत में कश्मीर गया और लगभग 10 दिन वहाँ रुका...मैं तीन-चार बार शेख़ अब्दुल्ला से मिला और बख्शी ग़ुलाम मोहम्मद, जी.एम. सादिक़, शामलाल सर्राफ़ और डी.पी. धर सहित अन्य नेताओं से भी मिला। मैं बड़ी संख्या में आधिकारिक और अनाधिकारिक दोनों तरह के दूसरे हिन्दू और मुस्लिम लोगों से भी मिला। मैं मेजर जनरल थिमैया से मिला और हम उरी सेक्टर के कई मिलेट्री पोस्ट्स पर गए...दो बार शेख़ अब्दुल्ला ने अपने घर खाने के लिए बुलाया जहाँ मैं उनकी बेग़म और बेटियों से मिला तथा दूसरे लोगों से भी। हमने ख़ूब बातें कीं और मुझे कहना पड़ेगा कि शेख़ अब्दुल्ला ने इस यात्रा में मुझ पर बहुत अच्छा प्रभाव डाला।

मुझे यह एहसास हुआ कि जम्मू और कश्मीर के भारत में विलय का निर्णय किसी जल्दबाज़ी में नहीं लिया गया था और परिस्थितियों के दबाव में नहीं

था ; लोग जितना समझते थे उससे कहीं अधिक उनकी गहरी विचारधारात्मक एकता भारत और भारत के नेताओं से थी...शेख़ अब्दुल्ला पंडित नेहरू की मित्रता और विचारों की एकता के लिए ईमानदार भाव रखते थे जबकि एम.ए. जिन्ना के प्रति उनके भाव केवल भय, अविश्वास और घृणा का था।

...मैंने भारत-कश्मीर रिश्ते के बारे में दूसरे नेताओं से बात की, ख़ास तौर पर बख्शी ग़ुलाम मोहम्मद और डी.पी. धर से बात की। उस समय उन्हें इस बात पर कोई शक़ नहीं था कि शेख़ के विचार भारत के प्रति ईमानदार थे और भारत के पक्ष में उनके अपने विचार भी उतने ही सुदृढ़ थे, हालाँकि वे वैसे मज़बूत विचारधारात्मक आधार पर नहीं थे...उस समय युवराज को भी, जिनसे मैंने उस समय विस्तृत बातचीत की, शेख़ अब्दुल्ला पर कोई शक़ नहीं था हालाँकि वह अपने पिता के साथ हुए व्यवहार को लेकर ख़ुश नहीं थे।

...दिल्ली लौटकर मैंने इन्हीं आधारों पर एक रिपोर्ट बनाई और अपने निदेशक को भेजी जिन्होंने इसे गृह सचिव एच.वी. आयंगर को भेज दिया...गृह सचिव ने इसे प्रधानमंत्री और गृहमंत्री को। मैं इस बात से अवगत नहीं था, न ही इस तथ्य से कि प्रधानमंत्री ने इस रिपोर्ट को कश्मीर की वर्तमान स्थिति का एक निष्पक्ष आकलन माना था और इसकी प्रतियाँ विदेश में सभी भारतीय दूतावासों तथा संयुक्त राष्ट्र में भारत के प्रतिनिधि को भेज दी थीं।

सरदार वल्लभ भाई पटेल ख़ुश नहीं थे। मेरी यह रिपोर्ट स्पष्टतः उनके कश्मीर के संदर्भ में और ख़ासतौर पर शेख़ के बारे में विचारों के विपरीत थी। उन्हें शक़ था कि शेख़ ईमानदार नहीं थे और नेहरू को बहका रहे थे तथा इस बात से ख़ुश नहीं थे कि इस रिपोर्ट को इतने बड़े पैमाने पर प्रसारित किया गया।

...अगले दिन मुझे सरदार से मिलने के लिए समन किया गया। वह बीमार थे और बिस्तर पर लेटे हुए थे। काफ़ी देर तक वह मुझे देखते रहे। फिर उन्होंने मुझसे पूछा कि क्या ये रिपोर्ट मैंने लिखी है? मैंने हाँ में जवाब दिया। उन्होंने मुझसे पूछा कि मैंने उनसे बात किये बिना जवाहरलाल को क्यों भेज दी? मैंने उन्हें बताया कि मैंने यह रिपोर्ट निदेशक को दी थी...सरदार ने फिर कहा कि वह आमतौर पर कश्मीर के हालात के और ख़ासतौर पर शेख़ अब्दुल्ला के मेरे आकलन से सहमत नहीं थे...फिर सरदार ने मुझे शेख़ अब्दुल्ला के बारे में अपने विचार बताये। उनको लगता था कि शेख़ अब्दुल्ला अंततः जवाहरलाल नेहरू और भारत को नीचा दिखाएँगे और अपने असली रंग में आयेंगे, हरी सिंह के प्रति उनकी निष्ठुरता उनके महाराजा होने के कारण नहीं बल्कि डोगरा होने के कारण है और वे डोगराओं को भारत के बहुसंख्यक समाज के साथ जोड़कर देखते हैं...उन्होंने कहा कि मुझे जल्द ही अपनी ग़लती का एहसास होगा और इसके साथ ही मुझे इस रिपोर्ट लिखने के लिए किये गए श्रम के

लिए बधाई भी दी। यह सरदार की महानता थी। मेरे विचारों से असहमत होते हुए भी उन्होंने इसे व्यक्त करने के मेरे अधिकार का सम्मान किया। यहाँ हमारी मुलाक़ात समाप्त हुई। मुझे आई.बी. से निकाला नहीं गया और जल्द ही मुझे लगभग 30 वरिष्ठों पर वरीयता देकर प्रोन्नत कर निदेशक बना दिया गया।

> उस दिन मैं यह सोचता हुआ अपने दफ़्तर लौटा कि क्या मैंने वाकई कश्मीर के आकलन में ग़लती की और क्या सरदार ने जो कहा वह सचमुच सही था।[1]

यह लंबा उद्धरण बहुत ग़ौर से पढ़े जाने की ज़रूरत है। मलिक ने कश्मीर में शेख़ अब्दुल्ला, युवराज करण सिंह, थिमैया और कश्मीर के लगभग सभी वर्गों के बारे में बात करके शेख़ के बारे में जो राय बनाई थी वह पटेल के पूर्वाग्रहों के आगे महत्त्वपूर्ण नहीं रह गई। पटेल डोगरा शासन को एक सामंती ढाँचे की तरह नहीं बल्कि एक हिन्दू राजा की तरह देख रहे थे और शेख़ को उसके एक मुस्लिम प्रतिद्वंद्वी की तरह। मलिक अपने इस आकलन में शेख़ और नेहरू के बीच जिस विचारधारात्मक एकता की बात कर रहे थे पटेल उसके बाहर थे। जो रिपोर्ट नेहरू के लिए पूरी दुनिया में प्रसारित करने योग्य थी पटेल के लिए वह अपनी योजनाओं के प्रतिकूल थी और बावजूद इसके रिपोर्ट बनाने वाले मलिक को 30 से अधिक वरिष्ठों पर वरीयता देकर प्रोन्नति दे दी। पटेल की 'महानता' का जो प्रभाव मलिक पर पड़ा था वह अल्पजीवी नहीं था। इस घटना के बाद शेख़ को लेकर उनके आकलन और उनके निदेशक बनने के बाद आई.बी. का रवैया, दोनों पूरी तरह बदले हुए नज़र आते हैं।

आगे बढ़ने से पहले 1 दिसम्बर 1947 को शेख़ अब्दुल्ला के दिल्ली में ब्रिटिश प्रेस को दिए गए बयान को एक बार देख लेना ज़रूरी होगा—

> कश्मीर में जो हुआ संभव है उसने भारत में साम्प्रदायिक सद्‌भाव के लिए राह बनाई हो। कश्मीर का, जहाँ 80 प्रतिशत जनता मुसलमान है, भारत में विलय भारत के बहुसंख्यकों द्वारा मुसलमानों के प्रति प्रदर्शित सद्‌भाव से तय होगा। भारत के साथ हमारा वर्तमान विलय केवल प्रयोगात्मक है और जनमतसंग्रह (Referendum) द्वारा निश्चित किया जाएगा। अगर भारत चाहता है कि कश्मीर भारत के साथ विलय करे तो भारत में निश्चित रूप से साम्प्रदायिक शान्ति स्थापित होनी होगी।[2]

गाँधी और नेहरू भी लगातार भावी भारत को एक सेक्यूलर तथा लोकतांत्रिक देश बनाने की बात कर रहे थे और यही वह विचारधारात्मक एकता है जिसकी बात मलिक अपने बयान में कर रहे थे। हमने देखा है कि उस दौर में कश्मीरी जनता के अपने भविष्य को तय करने के अधिकार की बात नेहरू और गाँधी लगातार कर रहे थे। इसीलिए जब अंग्रेज़ी शासन का बड़ा हिस्सा, पाकिस्तान और ब्रिटिश प्रेस कश्मीर के मुस्लिम बहुल होने के कारण उसके पाकिस्तान में विलय को स्वाभाविक बता रहा था तो पटेल तो उसे सड़े सेब की तरह व्यवहृत करने को तैयार थे लेकिन नेहरू और शेख़ इस साम्प्रदायिक तर्क से सहमत नहीं थे। क़बायली हमले के समय शेख़ और कश्मीरी जनता का रुख इस बात का स्पष्ट परिचायक

था कि वे मुस्लिम लीग के दो राष्ट्रों के सिद्धांत को अस्वीकार कर रहे थे। लेकिन इसके बाद जिस तरह देश में और ख़ासतौर पर जम्मू में साम्प्रदायिक घटनाएँ हुईं उसने अगर कश्मीर के भविष्य को लेकर शेख़ अब्दुल्ला के मन में आशंकाओं को जन्म दिया तो यह अस्वाभाविक नहीं था। धारा 370 को लेकर हुई उठापठक और जम्मू में प्रजा परिषद् की कार्यवाहियों के साथ-साथ कांग्रेस के भीतर साम्प्रदायिक तत्त्वों के बढ़ते प्रभाव ने एक तरफ़ शेख़ अब्दुल्ला को शंकालु बनाया तो दूसरी तरफ़ कश्मीर के भीतर और बाहर के शेख़ विरोधी तत्त्वों के लगातार कान भरने के कारण नेहरू के मन में आशंकाओं के पैदा होने की बात अक्सर की जाती है लेकिन यहाँ यह बात भी महत्त्वपूर्ण हो जाती है कि जहाँ ब्रिटिश साम्राज्यवाद और सामंती डोगरा शासन के ख़िलाफ़ संघर्ष करते हुए नेशनल कॉन्फ्रेंस और कांग्रेस के लक्ष्य और हित समान थे वहीं अब कश्मीर और भारत के नेताओं के रूप में उनके हित आपस में टकराते थे। शेख़ जहाँ कश्मीर के लिए अधिकतम संभव स्वायत्तता चाहते थे वहीं भारत सरकार, ख़ासतौर पर पटेल के नेतृत्व वाला धड़ा, कश्मीर को भारत से अधिकतम संभव सीमा तक सम्बद्ध करना चाहती थी।

1949-50 के बीच कांग्रेस के भीतर की साम्प्रदायिक लॉबी ने अपना प्रभाव काफ़ी बढ़ा लिया। प्रधानमंत्री पद उसकी पहुँच से बाहर था लेकिन उनके इर्द-गिर्द घेरा बनाया जा सकता था। 21 जून 1948 को माउंटबेटन की विदाई के बाद नेहरू ने सी. राजगोपालाचारी को गवर्नर जनरल बनाया, वह उन्हें पहला राष्ट्रपति भी बनाना चाहते थे। लेकिन पटेल के नेतृत्व में कांग्रेस संसदीय दल ने राजेन्द्र प्रसाद को राष्ट्रपति बनवा दिया। नतीजतन जब हिन्दू कोड बिल* लाया गया तो सरदार पटेल और साम्प्रदायिक ताक़तों के साथ राजेन्द्र प्रसाद ने भी उसकी राह में रोड़े अटकाए।[3] इसके बाद पटेल के ही समर्थन से पुरुषोत्तम दास टंडन कांग्रेस के अध्यक्ष चुने गए जिन्हें नेहरू ने खुले तौर पर साम्प्रदायिक कहा था। टंडन के अध्यक्ष चुने जाने पर नेहरू ने बयान देकर कहा था कि 'इस निर्णय से साम्प्रदायिक और प्रतिक्रियावादी ताक़तें ख़ुलेआम ख़ुशियाँ मना रही हैं।'[4]

ऐसे पटेल को लेकर शेख़ की आशंका और उसके कारण बेहद स्पष्ट थे। विभाजन के समय रजवाड़ों के भारत में विलय में उनकी महत्त्वपूर्ण भूमिका पर कोई सवाल नहीं खड़ा किया जा सकता लेकिन इस प्रक्रिया में उनकी साम्प्रदायिक भूमिका का ज़िक्र अक्सर नज़रअंदाज़ कर दिया जाता है। ज्ञानेंद्र पाण्डेय ने अपनी किताब *रिमेम्बरिंग पार्टीशन* में ऐसी एक घटना का ज़िक्र किया है। वह अलवर स्टेट के एक पूर्व कैप्टन को उद्धृत करते हैं—'मैं तब अलवर के महाराज तेज़ सिंह का एडीसी था। यह तय किया गया था कि अलवर को मुसलमानों से ख़ाली कर दिया जाए। आदेश सरदार पटेल के यहाँ से आये थे। हमने सबको मार डाला। एक-एक मुसलमान को।'[5] शेख़ अब्दुल्ला ने भी अपनी जीवनी में 5 नवम्बर 1947 को जम्मू में हुए मुसलमानों के हत्याकांड के ठीक एक दिन पहले सरदार पटेल के

---

*हिन्दू कोड बिल और उस पर चले विवाद को गहराई से समझने के लिए पाठक चित्रा सिन्हा की किताब *डिबेटिंग पैट्रियार्की : द हिन्दू कोड बिल कंट्रोवर्सी इन इंडिया* (1941-56), प्रकाशक : ओ.यू.पी. इंडिया-2012 पढ़ सकते हैं।

जम्मू में होने और महाराजा, महाजन तथा रक्षामंत्री बलदेव सिंह की बैठक का ज़िक्र किया है। सच जो भी हो लेकिन पटेल और शेख़ के बीच का यह अविश्वास लगातार बढ़ता गया और अंततः वे स्थितियाँ बनीं जिनमें शेख़ गिरफ़्तार हुए। शेख़ लिखते हैं—'सरदार पटेल ने केन्द्रीय गुप्तचर एजेंसियों और सेना की गुप्तचर एजेंसियों का उपयोग जवाहरलाल के मन में संदेह पैदा करने के लिए किया। बख्शी ग़ुलाम मोहम्मद, करण सिंह और डी.पी. धर ने उनका हर तरह से सहयोग किया। वे इंदिरा गाँधी, फ़ीरोज़ गाँधी, विजयलक्ष्मी पंडित और एम.ओ. मथाई का भरोसा जीतने में सफल रहे।'[6] इसके पहले वह नेहरू के निजी सचिव पंडित द्वारकानाथ खाचरू, काशीनाथ बम्ज़ाई और ब्रिगेडियर बी.एच. कौल (तीनों कश्मीरी पंडित) पर नेहरू को उनके ख़िलाफ़ भड़काने का आरोप लगाते हैं।[7] द्वारकानाथ खाचरू की संदिग्ध भूमिका की बात प्रतिष्ठित कश्मीरी विद्वान आग़ा अशरफ़ अली भी करते हैं।[8]

लेकिन इन सबके बावजूद जिस समय नेहरू अपने सबसे मुश्किल दौर से गुज़र रहे थे, शेख़ अब्दुल्ला उनसे संवाद स्थापित करने, साथ मिलकर देश और कश्मीर के भीतर सेक्यूलर ताक़तों को मज़बूत करने की जगह लगातार आक्रामक मुद्रा में आते चले गए। उनका व्यवहार किसी परिपक्व राजनेता की जगह एक गुस्सैल और अड़ियल स्ट्रीट फाइटर जैसा होता चला गया। वह इस तथ्य को समझने की कोई कोशिश नहीं करते कि साम्प्रदायिक ताक़तें सिर्फ़ जम्मू में उनके ख़िलाफ़ नहीं लड़ रही थीं बल्कि देश भर में उनका प्रमुख निशाना नेहरू और कांग्रेस थे। जिस आज़ादी को वह ख़ुद 1951 में अव्यावहारिक बता चुके थे अब वह लगातार उसके पक्ष में भाषण दे रहे थे। गुप्तचर एजेंसियों से ख़बरें आने पर पटेल सहित भारत सरकार के भीतर के तत्त्व उसे बढ़ा-चढ़ा कर अपने शक़-शुबहों को सही साबित कर रहे थे। शेख़ इसका जवाब परिपक्वता से देने की जगह और उत्तेजित हो रहे थे तथा यह प्रक्रिया और तेज़ होती जा रही थी। 10 अप्रैल 1952 को रणबीर सिंह पुरा में दिए गए शेख़ के भाषण को अक्सर उद्धृत किया जाता है। शेख़ अब्दुल्ला ने कहा—

> भारत के साथ विलय हम बिना किसी शक़-शुबहे के चाहते हैं। लेकिन यह हम तब तक कैसे कर सकते हैं जब तक हम इस बात से मुतमईन न हो जाएँ कि भारत में साम्प्रदायिकता का पूरी तरह से ख़ात्मा हो गया है? एक बार इस बात से पूरी तरह संतुष्ट हो जाएँ कि भारत में साम्प्रदायिकता की क़ब्र पूरी तरह से खुद चुकी है तो हम कश्मीर में भारत के संविधान को पूरी तरह से स्वीकार करने के लिए तैयार हैं, लेकिन इसे लेकर हम (अभी) स्पष्ट नहीं हैं।
>
> भारत के लोगों के लिए यह पूरी तरह से ठीक है कि वे यह मान लें कि देश से साम्प्रदायिकता पूरी तरह से ख़त्म हो चुकी है। लेकिन इस बात से कोई इंकार नहीं कर सकता कि साम्प्रदायिक भाव अब भी भारत में है। बहुत सारे कश्मीरी इस बात को लेकर संशय में हैं कि उनका भविष्य क्या होगा अगर, मान लीजिये पंडित नेहरू जी को कुछ हो जाए। हम नहीं जानते।
>
> ...अगर भारत में साम्प्रदायिकता का पुनरुत्थान हुआ है तो हम कश्मीरी मुसलमानों को यह कैसे समझा पायेंगे कि भारत कश्मीर को हड़पना नहीं चाहता।[9]

अगर शेख़ नेहरू को भारत में सेकुलर ताक़तों का प्रतिनिधि मानते थे और अपना मित्र भी तो उनके न होने पर कश्मीर का क्या होगा की चिंता से अधिक महत्त्वपूर्ण उनके साथ मिलकर साम्प्रदायिक ताक़तों के ख़िलाफ़ संघर्ष होता। इस बात में कोई दो राय हो ही नहीं सकती कि भारत में साम्प्रदायिक ताक़तों का ख़ात्मा नहीं हुआ था और वे सर उठा रही थीं लेकिन ऐसा दावा तो शेख़ कश्मीर के लिए भी नहीं कर सकते थे कि वहाँ पाकिस्तान परस्त और साम्प्रदायिक ताक़तों को उन्होंने क़ब्र में गाड़ दिया था। नेहरू के लिए उनका यह बयान नाक़ाबिले बर्दाश्त था। उन्होंने अपना एतराज़ दर्ज कराया तो शेख़ ने उसके कुछ ही दिन बाद हज़रतबल में एक सभा को संबोधित करते हुए अपने बयान को ग़लत तरीक़े से पेश किया गया कहा। 18 अप्रैल 1952 को श्रीनगर में उन्होंने कहा कि 'पाकिस्तान को पिछले हफ़्ते के मेरे बयान से बेकार में बहुत ख़ुश होने की ज़रूरत नहीं है क्योंकि अंततः उन्हें निराश होना पड़ेगा।' 23 जुलाई 1952 को दिल्ली में कांग्रेस के संसदीय दल को एक घंटे से भी अधिक देर तक उन्होंने कश्मीर की स्थितियों पर बोलते हुए कहा कि कश्मीर की आज़ादी का कोई सवाल ही नहीं है क्योंकि छोटे देश आज की दुनिया में अस्तित्वमान नहीं रह सकते थे। लेकिन अगले ही दिन श्रीनगर में नेशनल कांफ्रेंस की एक बैठक में उन्होंने मुसलमानों को सेवाओं में उचित प्रतिनिधित्व का सवाल उठाते हुए कहा कि पढ़े-लिखे मुसलमान पाकिस्तान की ओर देख रहे हैं क्योंकि भारत में उनके लिए नौकरियाँ नहीं मिल रही हैं। दिसम्बर में *क्रिश्चियन साइंस मॉनीटर* को दिए गए एक साक्षात्कार में उन्होंने 'किसी तरह की आज़ादी' की बात करते हुए कश्मीर को 'पूर्व का स्विट्ज़रलैंड' बनाने की बात की। 1953 आते-आते शेख़ लगातार आज़ादी की बात सार्वजनिक मंचों से उठाने लगे थे।[10] एम.जे. अकबर कहते हैं—

> ऐसा लगता है कि शेख़ अब मंच देखकर बात करने लगे थे। नेहरू ने 1 मार्च 1953 को मौलाना आज़ाद को लिखे पत्र में लिखा कि 'मुझे डर है कि शेख़ साहब का दिमाग इतना भ्रमित है कि वह यह नहीं समझ पा रहे कि उन्हें क्या करना है। उन पर हर तरह का दबाव बनाया जा रहा है और वह इसमें फँसते चले जा रहे हैं। उनके साथ एक भी ऐसा आदमी नहीं है जो उनकी मदद कर सके क्योंकि वह किसी पर पूरी तरह भरोसा नहीं करते और इसके बावजूद हर आदमी उन को प्रभावित कर लेता है...मेरा डर यह है कि अपने वर्तमान दिमागी हालात में वह कोई ऐसा क़दम न उठा बैठें जो हालात को और ख़राब कर दे।[11]

शेख़ के इरादे जो भी हों लेकिन उनके इस रवैये ने शेख़ विरोधियों को यह दुष्प्रचार करने में मदद की कि शेख़ पश्चिमी ताक़तों, विशेषकर अमेरिका की मदद से कश्मीर को आज़ाद कराने का षड्यंत्र कर रहे हैं। कहा गया कि 1949 में अमेरिकी राजदूत लॉय एंडरसन से हुई मुलाक़ात में शेख़ अब्दुल्ला से कहा गया कि अमेरिका कश्मीर की आज़ादी में मदद करेगा। मई 1953 में अमेरिका के डेमोक्रेटिक नेता अडलाई स्टीवेंशन से उनकी तीन दिनों तक चली मुलाक़ात ने, जिसमें आख़िरी दिन दोनों ने अकेले सात घंटे लगातार बात की, इन आरोपों को और बल दिया। आख़िर स्टीवेंशन *मैनचेस्टर गार्ज़ियन* में यह बयान दे चुके थे कि 'कश्मीर के लिए सबसे बेहतर यही है कि वह भारत और पाकिस्तान दोनों से आज़ाद

रहे।'[12] इसी दौरान *न्यूयॉर्क टाइम्स* ने कश्मीर का नक्शा छापा तो क्लीमेंट एटली ने लंदन में बयान दिया कि 'कश्मीर को न तो पाकिस्तान का हिस्सा होना चाहिए न भारत का, उसे आज़ाद होना चाहिए।'[13] शीतयुद्ध के उस दौर में जब पाकिस्तान सीटो और सेंटो से जुड़ गया था, अमेरिकी तथा पश्चिमी ताक़तों का यह रवैया और शेख़ से उनकी क़रीबी भारतीय शासन के लिए निश्चित तौर पर चिंता का विषय थी। अब तक शेख़ के प्रति सहानुभूतिपूर्ण रवैया अपनाने वाली कम्युनिस्ट पार्टी भी उनके ख़िलाफ़ हो गई और 9 अगस्त 1953 को जारी एक बयान में पार्टी ने शेख़ अब्दुल्ला पर अमेरिका और उसके द्वारा नियंत्रित संयुक्त राष्ट्र के हाथों में खेलने का आरोप लगाया।[14]

स्वाभाविक है नेहरू शेख़ के इस रुख को लेकर बेहद नाराज़ और दुखी थे। लेकिन कोई क़दम उठाने से पहले वह अपने पुराने मित्र को मौक़े देना चाहते थे। उन्होंने शेख़ को कई बार दिल्ली आने का निमंत्रण दिया लेकिन वह नहीं आये। अंत में वह ख़ुद श्रीनगर गए लेकिन शेख़ अब्दुल्ला से बातचीत के बाद वह निराश होकर दिल्ली लौट आये।

इसी बीच एक और महत्त्वपूर्ण घटना घटी। श्यामा प्रसाद मुखर्जी कश्मीर की संवैधानिक स्थिति, पाकिस्तान से आये रिफ्यूजियों की स्थिति और गौ रक्षा के लिए आन्दोलन चला रहे थे। लेकिन उनका असली निशाना थे नेहरू। दुर्भाग्य से जयप्रकाश जैसे समाजवादी नेता भी अपने अंध नेहरू विरोध में उनके साथ हो गए थे। देश में हिन्दू-मुस्लिम दंगों के एक और दौर की संभावना स्पष्ट नज़र आ रही थी। ऐसे में तत्कालीन गृह मंत्री कैलाशनाथ काटजू एकदम निष्प्रभावी साबित हुए। नेहरू ने जनसंघ के लोगों की बड़े पैमाने पर गिरफ़्तारी का आदेश दिया लेकिन मुखर्जी तकनीकी आधार पर सुप्रीम कोर्ट से ज़मानत पाने में क़ामयाब रहे। इसके बाद उन्होंने कश्मीर जाने का निश्चय किया जबकि उस समय कश्मीर में प्रवेश के लिए परमिट की आवश्यकता थी। 8 मई 1953 को जम्मू सीमा पर माधोपुर पुल पार करने की कोशिश में उन्हें गिरफ़्तार कर चश्माशाही महल में नज़रबंद कर दिया गया जहाँ 22 जून को उनकी मृत्यु हो गई। शेख़ अब्दुल्ला ने उनकी मृत्यु का कारण बीमारी बताया लेकिन देश भर में अफ़वाहों का बाज़ार गर्म हो गया। पश्चिम बंगाल के मुख्यमंत्री और मुखर्जी के पारिवारिक चिकित्सक डॉ. बी.सी. रॉय ने गुस्से में दिल्ली पत्र लिखा और पूछा कि ऐसे में उन्हें क्यों नहीं सूचित किया गया? नेहरू उस समय लन्दन में कॉमनवेल्थ की बैठक में भाग ले रहे थे। देश भर में और ख़ासतौर से जम्मू में हिंसक प्रदर्शन शुरू हो गए।[15] हालात की गंभीरता को देखते हुए नेहरू ने मौलाना आज़ाद को शेख़ अब्दुल्ला से बातचीत करने के लिए कश्मीर भेजा लेकिन शेख़ साहब ने उन्हें भी कोई तवज्जो नहीं दी और वह नाराज़ होकर दिल्ली लौट आये। रफ़ी अहमद किदवई ने शेख़ से बातचीत करने के लिए श्रीनगर जाने का निश्चय किया तो शेख़ ने उसमें कोई रुचि नहीं दिखाई।[16]

शेख़ के इस अड़ियल रवैये से नेशनल कॉन्फ्रेंस के भीतर भी असंतोष बढ़ने लगा था। पार्टी के भीतर साफ़तौर पर दो धड़े बन गए थे। पार्टी के 8 बड़े नेताओं में बख्शी ग़ुलाम मोहम्मद, मौलाना मसूदी, गिरधारी लाल डोगरा और श्यामलाल सर्राफ़ जहाँ भारत से और

अधिक जुड़ाव के पक्ष में थे वहीं मिर्ज़ा अफ़ज़ल बेग़, मुबारक शाह तथा ग़ुलाम मोइउद्दीन हमदानी अधिक स्वायत्तता के शेख़ के विचार के साथ थे। हालात विस्फ़ोटक होते जा रहे थे और किसी बीच के रास्ते या समझौते की जगह शेख़ ने नेहरू को लिखे एक पत्र में कहा, 'हमारी मित्रता के बावजूद अब वह समय आ गया है कि जब निजी रिश्ते और आपसी दोस्ती को देश के भले के लिए क़ुर्बान करना पड़ेगा।'

दरअसल लगता है कि दक्षिण एशिया और विश्व राजनीति की उठापठक में उलझे शेख़ अब्दुल्ला न तो कश्मीर के रोज़-ब-रोज़ के प्रशासन पर ध्यान दे पा रहे थे और न ही पार्टी पर। महाराजा से विरसे में मिली प्रशासनिक मशीनरी के भ्रष्टाचार और अकर्मण्यता ने उनकी महत्त्वाकांक्षी योजनाओं को जनता तक पहुँचने की राह में हर संभव रोड़े अटकाए। जब भारत सरकार ने अपने अनुभवी अधिकारियों को भेजने का प्रस्ताव दिया तो मना कर दिया गया। आय के संसाधन विकसित करने पर कोई ज़ोर नहीं दिया गया। शक़-शुबहे के माहौल और अनिश्चितता ने प्रशासनिक तंत्र को और पंगु बना दिया। शेख़ अब्दुल्ला के शासन के पहले छह साल कश्मीर के आर्थिक विकास के लिहाज़ से असफल रहे जिसकी वजह से जनता का उनके प्रति उत्साह निश्चित तौर पर कम हुआ। शेख़ की उदासीनता के चलते शासन और पार्टी में बख्शी ग़ुलाम मोहम्मद का प्रभाव काफ़ी बढ़ गया। इन सबसे उपजी कुंठा के साथ ही शेख़ अपने भाषणों में लगातार और कटु होते चले गए।

इधर मलिक लगातार बख्शी ग़ुलाम मोहम्मद के संपर्क में थे और धीरे-धीरे कश्मीर में शेख़ की सत्ता से विदाई का माहौल बनता चला जा रहा था। जुलाई आते-आते मलिक को कश्मीर में सेना और आई.बी. की उपस्थिति बढ़ाने को कह दिया गया था। रफ़ी अहमद किदवई को दिल्ली में कश्मीर मामलों की ज़िम्मेदारी दी गई तो ए.पी. जैन को हालात पर नज़र रखने के लिए श्रीनगर भेजा गया।

6 अगस्त को शेख़ अब्दुल्ला ने श्यामलाल सर्राफ़ से इस्तीफ़े की माँग की लेकिन सर्राफ़ ने इस्तीफ़ा देने से मना कर दिया। नेशनल कॉन्फ्रेंस के महासचिव मौलाना मसूदी ने शेख़ का विरोध किया। इस मुद्दे पर मंत्रिमंडल दो धड़ों में बँट गया। बख्शी ग़ुलाम मोहम्मद, ग़ुलाम मोहम्मद सादिक़, गिरधारीलाल डोगरा और श्यामलाल सर्राफ़ ने एक संयुक्त मेमोरेंडम में शेख़ अब्दुल्ला पर उन सिद्धांतों को त्यागने का आरोप लगाया जिनके आधार पर सरकार का गठन हुआ था। इस मेमो में ख़ासतौर पर जम्मू और लद्दाख के लोगों के मन में शुबहे पैदा करने का जो आरोप लगाया गया था वह पूरी तरह से आधारहीन नहीं था। शेख़ शायद करण सिंह को सदर-ए-रियासत बनाकर जम्मू के लोगों के प्रति अपनी ज़िम्मेवारी पूरी मान रहे थे। बलराज पुरी ने बहुत विस्तार से इस विसंगति के बारे में लिखा है। लद्दाख में भी अपनी उपेक्षा को लेकर शेख़ के प्रति नाराज़गी स्पष्ट थी। इसके अंत में कहा गया था कि कैबिनेट जनता का विश्वास खो चुकी है। असल में इस असुविधाजनक तथ्य से अक्सर आँख मूँद ली जाती है कि जिस चुनाव से यह मंत्रिमंडल बना था वह अपने आप में तमाम सवाल खड़े करता है। न केवल जम्मू में सभी सीटों पर प्रजा परिषद् के उम्मीदवारों के पर्चे खारिज कर दिए गए थे बल्कि कश्मीर के भीतर भी यह किया गया

था जिससे नेशनल कॉन्फ्रेंस सभी 75 सीटों पर विजयी रही थी और अधिकतर पर इसके उम्मीदवार निर्विरोध चुने गए थे, सर्राफ़ भी उनमें से एक थे। चुनावों पर इस तरह का अप्रत्यक्ष नियन्त्रण कश्मीर की राजनीति में लम्बे समय तक महत्त्वपूर्ण भूमिका निभाता रहा है तो कश्मीरी जनता के गुस्से को भारत विरोधी बनाने में भी उसने अपनी भूमिका निभाई है। अगर उस समय भी कश्मीरी संसद में एक मज़बूत विपक्ष होता तो शायद न केवल संसद के भीतर बल्कि बाहर भी सड़क पर होने वाली हिंसा और विरोधों पर एक हद तक नियन्त्रण आसान होता।

8 अगस्त को शेख़ अचानक गुलमर्ग चले गए। आई.बी. ने दिल्ली को ख़बर भेजी कि वह वहाँ किसी पाकिस्तानी एजेंट से मिलने गए हैं। यह तथ्य कभी साबित नहीं हो पाया लेकिन उस समय यह उनकी गिरफ़्तारी का आधार बना। सदर-ए-रियासत ने उसी शाम शेख़ को बर्ख़ास्त कर बख्शी ग़ुलाम मोहम्मद को सरकार बनाने के लिए आमंत्रित किया और आधी रात को शेख़ को गिरफ़्तार करने के लिए आदेश जारी किये। डी.आई.जी. एल. डी. ठाकुर के नेतृत्व में पुलिस बल गुलमर्ग भेजा गया। जब तक शेख़ की गिरफ़्तारी की ख़बर नहीं आई बख्शी शपथग्रहण के लिए तैयार नहीं हुए। आख़िरकार शेख़ की गिरफ़्तारी की ख़बर आने पर 9 तारीख़ को तड़के बख्शी ग़ुलाम मोहम्मद ने कश्मीर के दूसरे प्रधानमंत्री पद की शपथ ली और सूरज निकलते-निकलते कश्मीर की सड़कों पर विरोध प्रदर्शन शुरू हो गए।[17] बख्शी मुर्दाबाद के नारे लगाती भीड़ कश्मीर की सड़कों पर उतरी तो बख्शी सरकार ने उसका क्रूर दमन किया। श्रीनगर और किश्तवार में पुलिस फायरिंग हुई जिसमें सरकार की ओर से 60 लोगों के मरने का दावा किया गया जबकि शेख़ ने यह संख्या हज़ार से अधिक बताई। बड़े पैमाने पर गिरफ़्तारियाँ हुईं जिनमें कश्यप बन्धु, ग़ुलाम मोहम्मद शाह, जम्मू और कश्मीर विश्वविद्यालय के कुलसचिव ग़ुलाम मोहम्मद अशाई, सूचना निदेशक जानकीनाथ जुत्शी, श्यामलाल कौल सहित अनेक महत्त्वपूर्ण लोग शामिल थे। मिर्ज़ा अफ़ज़ल बेग़ और सूफ़ी मोहम्मद अकबर को शेख़ के साथ ही गिरफ़्तार किया गया था।[18]

शेख़ की गिरफ़्तारी कश्मीर के आधुनिक इतिहास में एक बेहद अहम मोड़ है। आमतौर पर इसे नेहरू की एक ग़लती की तरह बताया जाता है। आग़ा अशरफ़ अली इसे शेख़ अब्दुल्ला और नेहरू के बीच किसी विवाद की तरह देखते हुए इसे उन पढ़े-लिखे और नौकरशाही तथा पत्रकारिता के शीर्ष पर बैठे कश्मीरी पंडितों की चाल बताते हैं जो नेहरू के क़रीब थे तो कुलदीप नैयर का मानना है कि नेहरू ने शेख़ को गिरफ़्तार करके कश्मीरी मसले को बहुत उलझा दिया।[19] लेकिन इसे दो व्यक्तियों के बीच विवाद की तरह देखना या उनमें से किसी एक पर आरोप तय कर देना एक तरह का सरलीकरण है। संयुक्त राष्ट्र, पाकिस्तान और भारत के साम्प्रदायिक तत्त्वों के बीच की तनातनी और आपसी हितों के संघर्ष से एक जटिल स्थिति पैदा हो गई थी जिसमें शीतयुद्ध से उपजे वैश्विक समीकरणों ने भी अपने-अपने हितों के अनुसार हस्तक्षेप किया। अमेरिका के साथ पाकिस्तान के बढ़ते सम्पर्क और सहयोग के चलते सोवियत संघ ने ख़ुले तौर पर

सुरक्षा परिषद् के बाहर और भीतर कश्मीर मुद्दे पर भारत का पक्ष लेना शुरू कर दिया था और ऐसे में अमेरिकी नेताओं से शेख़ का लगातार मिलना, संविधान सभा में भारत के साथ कश्मीर के विलय के प्रस्ताव को संस्तुति देने वाले प्रस्ताव को लटकाना तथा लगातार आज़ादी की माँग पर अड़े रहना नेहरू के लिए असुविधाजनक था और अंततः उन्होंने भी शेख़ की ही तरह दोस्ती की जगह भारत के प्रधानमंत्री के रूप में अपना पक्ष चुना। भारत और पाकिस्तान दोनों ही कश्मीर को आज़ादी देने के पक्ष में नहीं थे। शेख़ जो कल तक पाकिस्तान के लिए गद्दार थे रातोरात हीरो बन गए। पाकिस्तान सरकार और प्रेस शेख़ की गिरफ़्तारी को मुसलमानों के दमन के रूप में पेश करने लगा और भारतीय प्रेस के लिए शेर-ए-कश्मीर राष्ट्रद्रोही हो गए।[20]

लेकिन शेख़ पर पाकिस्तानपरस्त होने का आरोप लगाना पूरी तरह से बेमानी है। शेख़ अब्दुल्ला कश्मीर के लिए आज़ादी ज़रूर माँग रहे थे लेकिन उनके लिए इस आज़ादी का मतलब पाकिस्तान में विलय नहीं था और इसके स्पष्ट उदाहरण हैं। 1952 में उन्होंने कश्मीर के पाकिस्तान में विलय के समर्थक प्रेमनाथ बज़ाज़ को कश्मीर से बाहर भेज दिया[21] तो 1953 में अपनी गिरफ़्तारी के कुछ ही महीनों पहले उन्होंने पाकिस्तान के समर्थन में भाषण देने के लिए मोइउद्दीन कारा तथा पंडित रघुनाथ वैष्णवी को गिरफ़्तार किया था।[22] जहाँ तक अमेरिकी षड्यंत्र का हिस्सा होने की बात है तो यह संभव है कि कुछ अमेरिकी सांसद और पाकिस्तान समर्थक लॉबी उनसे सम्पर्क करने की कोशिश में हो लेकिन अब सार्वजनिक हो चुके सी.आई.ए. के दस्तावेज़ों से यह स्पष्ट है कि वह ऐसे किसी षड्यंत्र का हिस्सा नहीं थे।[23] गाँधी की मृत्यु के बाद कांग्रेस के भीतर साम्प्रदायिक तत्त्वों के लगातार बढ़ते प्रभाव और उन्हें रोक पाने में नेहरू की असफलता ने शेख़ की इस मानसिकता के निर्माण में बड़ी भूमिका निभाई। अपनी जीवनी में एक जगह वह कहते हैं कि अगर साबरमती के संत ज़िंदा होते तो यह सब नहीं होता।[24] इस गिरफ़्तारी का अंतर्राष्ट्रीय समुदाय में भारत की छवि पर भी बुरा असर पड़ा।[25] शायद यही वजह रही होगी कि अगस्त के आख़िरी हफ़्ते में पाकिस्तानी प्रधानमंत्री मुहम्मद अली से अपनी मुलाक़ात में नेहरू ने जनमतसंग्रह का प्रस्ताव रखा जिससे वह सहमत भी हो गए। हमने देखा है कि पाकिस्तान ने इस मौके पर निमिट्ज़ को मुद्दा बनाकर प्रस्ताव ठुकरा दिया। इसके बाद दोनों देश जनमतसंग्रह के मुद्दे पर इतने क़रीब कभी नहीं आये।

विडम्बना ही है कि अगर आख़िरी मौक़े पर आयंगर ने 370 के प्रारूप में परिवर्तन न किया होता तो शेख़ गिरफ़्तार नहीं किये जा सकते थे और अगर शेख़ कश्मीर को उच्चतम न्यायालय के अधिकार क्षेत्र में लाने को तैयार हुए होते तो वह अपील कर पाते और शायद ज़मानत भी ले पाते।

शेख़ अब्दुल्ला की गिरफ़्तारी के बाद कश्मीर

ग़ुलाम मोहम्मद बख़्शी के शासन में कश्मीर का अगला दशक किसी भी दूसरे भारतीय राज्य जैसा ही रहा। बख़्शी ने अंतर्राष्ट्रीय मुद्दों में उलझने की जगह भारतीय शासन से अच्छे सम्बन्ध

बनाये और राज्य का आर्थिक विकास करने पर ज़ोर दिया। न तो वह चमत्कारी व्यक्तित्व के धनी थे और न ही शेख़ की तरह लोकप्रिय, लेकिन रोज़-ब-रोज़ के काम-काज पर ध्यान देने के कारण यह दशक भ्रष्टाचार, भाई-भतीजावाद[†], लोकप्रिय आर्थिक नीतियों के कारण बढ़ते राजकोषीय घाटे और केन्द्र पर निर्भरता तथा राजनीतिक उठा-पठक के साथ-साथ अपना आधार विकसित करने के लिए कोटा-परमिट-लाइसेंस राज के नियमों के उपयोग जैसे भारतीय राज्य शासन के परिचित (अव)गुणों वाला ही रहा[26] लेकिन कश्मीर की विशिष्ट स्थितियाँ ही हैं कि वहाँ सामान्य चीज़ों के मायने बदल जाते हैं। कश्मीरी प्रशासन में उच्च पदों पर रहे भारतीय प्रशासनिक सेवा के अधिकारी वज़ाहत हबीबुल्लाह कहते हैं—

> सत्ता में आने के बाद बख्शी ने जंगलात के ठेके, ट्रांसपोर्ट और पर्यटन के लाइसेंस और आवश्यक वस्तुओं के वितरण के लिए एजेंटों की नियुक्ति द्वारा अब्दुल्ला के समर्थन आधार को कमज़ोर किया। इन सब में भ्रष्टाचार होता था। चूँकि अब्दुल्ला की अपमानजनक बर्खास्तगी के बाद हुए आक्रामक प्रदर्शनों को नियंत्रित करने में वह सफल रहे थे इसलिए राष्ट्रीय नेतृत्व सहित राजनीतिक नेतृत्व उन्हें सफल मानता था। इस अवधारणा ने संरक्षण की व्यापक इच्छा को जन्म दिया, जिसे मैंने साठ और सत्तर के दशक के स्वार्थी राजनैतिक नेतृत्व की असंतुष्ट जनता पर इकलौती पकड़ पाया...लेकिन प्रहसन की दुःखद विडम्बना यह है कि इससे सबसे अधिक लाभ कश्मीर के उस मध्यवर्ग का हुआ जो आरम्भ से ही पाकिस्तान के विचार का सबसे बड़ा समर्थक रहा है। इस तरह उनके बीच अपने आत्मसम्मान के बलिदान का भाव उपजा।[27]

बख्शी साहब के शासनकाल की सबसे महत्त्वपूर्ण बात भारत के साथ कश्मीर के एकीकरण की प्रक्रिया में आई तेज़ी थी। पार्टी पर मज़बूत नियंत्रण स्थापित करने तथा विधानसभा में बहुमत हासिल करने के बाद 20 अक्टूबर 1953 को बेसिक प्रिंसिपल कमेटी तथा मूलभूत अधिकारों तथा नागरिकता पर एक सलाहकार समिति बनाई। 6 फरवरी 1954 को जम्मू और कश्मीर संविधान सभा ने दिल्ली समझौते के आधार पर की गई इनकी सिफ़ारिशें स्वीकार कर लीं। 15 फरवरी 1954 को भारत से कश्मीर का विलय संविधान सभा द्वारा संस्तुत कर दिया गया। 1953 में पाकिस्तान द्वारा जनमतसंग्रह का प्रस्ताव ठुकराने के बाद भारत द्वारा इस संस्तुति को विलय का अंतिम फ़ैसला मान लेना स्वाभाविक था। 13 अप्रैल 1954 को कश्मीर और शेष भारत के बीच का व्यापार सीमा शुल्क से मुक्त कर दिया गया, उसी महीने राष्ट्रपति राजेन्द्र प्रसाद अपनी पहली कश्मीर यात्रा पर गए और विलय सम्बन्धी काग़ज़ात पर हस्ताक्षर किये। 26 जनवरी 1957 को संविधान सभा ने कश्मीर का संविधान संस्तुत किया और विधानसभा चुनावों का मार्ग प्रशस्त किया। मार्च 1957 में कश्मीर विधानसभा के पहले चुनाव हुए और इस तरह बख्शी पहले निर्वाचित प्रधानमंत्री बने।[28]

[†]जल्द ही पार्टी के महासचिव मौलाना मसूदी और बख्शी के बीच विवाद उपजा और मसूदी को अपना पद छोड़ना पड़ा। उनकी जगह बख्शी के भाई अब्दुल राशिद ने ली। दोनों भाइयों का कश्मीर की सत्ता पर पूरी तरह से कब्ज़ा हो गया। इस दौर में लोग सरकार को बख्शी ब्रदर्स कॉर्पोरेशन (बीबीसी) कहा करते थे।

मिर्ज़ा अफ़ज़ल बेग़ को ख़राब स्वास्थ्य के कारण 1954 में ही रिहाई मिल गई। नेशनल कॉन्फ्रेंस अब बख्शी के कब्ज़े में थी तो उन्होंने 1955 में कश्मीर में 'प्लेबिसाईट फ्रंट' की स्थापना की जो जल्द ही काफ़ी लोकप्रिय हो गया। फ्रंट की कार्यवाहियाँ तेज़ हुईं तो 1956 में बेग़ को फिर गिरफ़्तार कर लिया गया। शेख़ अब भी जेल में थे और कई मामलों में तो मुक़दमे भी शुरू नहीं हुए थे। नेहरू इसे लेकर ख़ुश नहीं थे और अनिच्छा के बावजूद बख्शी को 8 जनवरी 1958 में शेख़ को रिहा करना पड़ा। चार साल की गिरफ़्तारी के बाद शेख़ का कश्मीरी जनता ने जो अभूतपूर्व स्वागत किया वह उनकी लोकप्रियता के अक्षुण्ण रहने का सबूत था। लेकिन जेल के इन चार सालों ने शायद शेख़ को और कटु बना दिया था। रिहा होने के तुरंत बाद से वह प्लेबिसाईट फ्रंट को सक्रिय करने तथा लगातार जनसभाओं को संबोधित करने में लग गए जिनमें एक ओर संविधान सभा द्वारा लिए गए विलय के निर्णय को वह ग़लत बता रहे थे तो दूसरी तरफ़ कश्मीर की आज़ादी की माँग और ज़ोर-शोर से उठाने लगे। 7 अप्रैल 1958 को जब प्लेबिसाईट फ्रंट के एक प्रस्ताव में शेख़ ने अपने पुराने रुख से एकदम उलट यह कहा कि चूँकि कश्मीर का किसी अधिराज्य से विलय नहीं हुआ है इसलिए भारत द्वारा पाकिस्तान के आक्रमणकारियों का भय दिखाकर अपनी सेना रखना अनुचित है तो दिल्ली की शेख़ विरोधी लॉबी तथा बख्शी दोनों को ही मौक़ा मिल गया तथा पाकिस्तान के साथ मिलकर षड्यंत्र करने के आरोप में शेख़ 30 अप्रैल 1958 को एक बार फिर गिरफ़्तार कर लिए गए।[29]

बख्शी साहब की कश्मीर की सत्ता से विदाई एक प्रहसन में हुई। 1963 में जब के. कामराज ने 'कामराज योजना' प्रस्तुत की तो शायद नेहरू से अपनी क़ुरबत और निष्ठा प्रदर्शित करने के लिए उन्होंने कांग्रेस के 6 मुख्यमंत्रियों के साथ इस्तीफ़ा दे दिया जबकि वह प्लान कांग्रेस के मुख्यमंत्रियों के लिए ही था। शायद उन्हें लगा था कि उनका इस्तीफ़ा स्वीकार नहीं किया जाएगा। लेकिन सदर ए रियासत ने उनका इस्तीफ़ा स्वीकार कर लिया। जाते-जाते वह बस सदर ए रियासत की पसंद ग़ुलाम मोहम्मद सादिक़ की जगह अपने एक विश्वासपात्र ख़्वाज़ा शमसुद्दीन को उत्तराधिकारी बनवाने में सफल हो सके।[30] सत्ता में रहते हुए सदा अपने भाइयों के चलते आरोपों के घेरे में रहे बख्शी साहब ने जब शासकीय महिला कॉलेज की प्रधानाचार्य ख़ुर्शीद जलाउद्दीन से दूसरी शादी की तो न केवल उनके भाइयों ने उनसे किनारा कर लिया और संपत्ति से भी बेदख़ल कर दिया बल्कि उनके ख़िलाफ़ जाँच भी बैठी। हालाँकि यह किसी मकाम तक नहीं पहुँची। 1967 में उन्होंने श्रीनगर लोकसभा से नेशनल कॉन्फ्रेंस के टिकट पर चुनाव लड़ा और कांग्रेस के उम्मीदवार को हराकर विजयी रहे। 1971 में जब उन्होंने आख़िरी साँस ली तो संपत्ति के नाम पर उनके पास साढ़े आठ लाख में ख़रीदा एक मक़ान था जिसका क़र्ज़ बाद में उनकी बेग़म ने चुकाया।[31]

मो-ए-मुक़द्दस की गुमशुदगी और शेख़ की रिहाई

27 दिसम्बर 1963 को हज़रतबल मस्जिद में रखा मोहम्मद साहब की दाढ़ी का पवित्र बाल अचानक ग़ायब हो गया। सुबह जब यह ख़बर आम हुई तो कश्मीर में जैसे भूचाल आ गया। स्वत:स्फूर्त तरीक़े से हज़ारों लोग सड़कों पर आ गए और आम हड़ताल हो गई।

अफ़वाहों का बाज़ार गर्म हो गया और उनमें से एक अफ़वाह यह थी कि बख्शी साहब वह बाल अपनी बीमार माँ के लिए ले गए हैं। तत्कालीन प्रधानमंत्री शमसुद्दीन का न तो जनता में कोई प्रभाव था और न ही कोई प्रशासनिक अनुभव। जनता के गुस्से को देखते हुए कोई कार्यवाही करने की जगह उन्होंने ख़ुद को घर में क़ैद कर लिया। पाकिस्तान रेडियो और वहाँ के नेताओं ने इस माहौल का फ़ायदा उठाने और उसे भड़काने में कोई क़सर नहीं छोड़ी। बाल की बरामदगी के लिए आन्दोलन चलाने हेतु मौलवी मोहम्मद सईद मसूदी की अध्यक्षता में एक एक्शन कमेटी बनाई गई जिसमें मीरवायज़ मौलवी फ़ारुक और फ़ारुक अब्दुल्ला सदस्य थे। राज्य सरकार की अकर्मण्यता और हालात की गंभीरता को देखते हुए नेहरू ने बी.एन. मलिक को श्रीनगर भेजा जहाँ बख्शी की गिरफ़्तारी के साथ-साथ शेख़ की रिहाई की भी माँग उठने लगी थी। हिंसा की आग बांग्लादेश (तत्कालीन पूर्वी पाकिस्तान) और कोलकाता तक पहुँच गई। 4 जनवरी को बख्शी श्रीनगर से जम्मू चले आये और करण सिंह जम्मू से श्रीनगर। करण सिंह हजरतबल पहुँचे तो जनता ने उनका ज़ोरदार स्वागत किया। करण सिंह ने सभी मंदिरों में मो-ए-मुक़द्दस की बरामदगी के लिए प्रार्थनाएँ आयोजित करवाई। दिल्ली शमसुद्दीन को हटाकर मीर क़ासिम को गद्दी पर बिठाना चाहती थी लेकिन मीर इसके लिए तैयार नहीं थे। चार जनवरी की रात में मलिक और आई. जी. पुलिस एल.डी. ठाकुर ने मो-ए-मुक़द्दस ढूँढ़ निकाला, हालाँकि चुराने वाले का नाम सार्वजनिक नहीं किया गया। लेकिन हालात सामान्य 3 फरवरी को ही हो सके जब लाल बहादुर शास्त्री, शमसुद्दीन और मलिक की उपस्थिति में एक्शन कमेटी की ओर से फ़क़ीर मीराक़ शाह ने इसका निरीक्षण करके 'अल हक़' (यह सही है) की घोषणा की।[32]

इस घटना के बाद शमसुद्दीन की विदाई तय थी। साथ ही अब बख्शी की लोकप्रियता ख़त्म होने के कारण उनके किसी दबाव का सवाल भी नहीं रह गया था। भारत के दूसरे हिस्सों में भी शेख़ की रिहाई की माँग उठ रही थी। उनके पक्ष में आवाज़ उठाने वालों में जयप्रकाश नारायण और मृदुला साराभाई प्रमुख थीं। साराभाई को तो पहले तिहाड़ और फिर अहमदाबाद में अपने घर में नज़रबंद भी किया गया था।[33] नेहरु अब तक शेख़ को रिहा करने का मन बना चुके थे। कैबिनेट कमेटी की एक बैठक में उन्होंने कहा कि अगर 15 साल की आज़ादी के बाद भी लोग सरकार के ख़िलाफ़ इस तरह उठ खड़े हो सकते हैं तो निश्चित रूप में हमारी कश्मीर नीति में कोई मूलभूत ग़लती है। कुछ दिनों पहले पड़े दिल के दौरे और चीन युद्ध में हार के बाद शायद नेहरू कश्मीर समस्या को अपने जीते जी हल कर देना चाहते थे। ग़ुलाम मोहम्मद सादिक़ को कश्मीर के चौथे प्रधानमंत्री की शपथ दिलाई गई। मज़दूर किसान आन्दोलनों से जुड़े रहे सादिक़ की पहचान नेशनल कॉन्फ्रेंस के भीतर एक वामपंथी नेता की थी। 5 अप्रैल, 1964 को सादिक़ ने शेख़ अब्दुल्ला पर लगा षड्यंत्र का आरोप वापस लेने की घोषणा कर दी और 8 तारीख़ को शेख़ अपने चौदह साथियों के साथ रिहा कर दिए गए। नेहरू उन्हें तुरंत दिल्ली बुलाना चाहते थे लेकिन शेख़ पहले कश्मीर की जनता के बीच जाना चाहते थे। मिर्ज़ा अफ़ज़ल बेग़ और फ़ारुक अब्दुल्ला के साथ वह 29 अप्रैल को दिल्ली पहुँचे तो एक बार फिर नेहरू के घर पर ही रुके। नेहरू ने शेख़ से बात करने के लिए अपने निजी सचिव गुंडेविया, बदरुद्दीन तैयबजी और जी. पार्थसारथी को नियुक्त किया। अब्दुल्ला के स्वर अब पहले जितने तल्ख़ नहीं थे। 23 मई को शेख़ पाकिस्तान पहुँचे तो माना जाता है कि नेहरू ने कश्मीर में स्थाई शान्ति का कोई

प्रस्ताव भेजा था। एम.जे. अकबर का मानना है कि यह भारत, पाकिस्तान और कश्मीर के किसी फेडरेशन का प्रस्ताव था। अयूब खान ने भी अपनी किताब *फ्रेंड्स एंड नॉट मास्टर्स* में इसका ज़िक्र किया है लेकिन शेख़ ने नेहरू द्वारा भेजे गए ऐसे किसी प्रस्ताव से इंकार किया है।[34] पाकिस्तान ने पहले तो शेख़ की यात्रा को लेकर बहुत उत्साह दिखाया लेकिन जब उन्होंने अपने सार्वजनिक वक्तव्यों में भारत की सेक्यूलर परम्परा का ज़िक्र किया तो सुर बदल गए। 26 मई को शेख़ कश्मीर को लेकर नेहरू और अयूब की बातचीत की योजना पर अयूब की सहमति लेने में सफल हुए। 27 की सुबह नेहरू की सहमति और उनकी मृत्यु की ख़बर एक साथ कराची पहुँची।[35]

आँसुओं में डूबे शेख़ जब अपने मित्र को आख़िरी विदाई देने लौटे तो शायद कश्मीरी समस्या के किसी फ़ौरी समाधान की उनकी उम्मीदें भी ख़त्म हो चुकी थीं। दुश्मनियों और नफ़रत से भरी राजनैतिक दुनिया में शेख़ अब्दुल्ला और नेहरू का सम्बन्ध एक अजीब सी विडम्बना है। इतना सब हो जाने के बावजूद शेख़ की जीवनी पढ़ते हुए नेहरू के लिए एक विषैला संबोधन नहीं मिलता। वह जब नेहरू को याद करते हैं तो इज्ज़त और मोहब्बत से। जहाँ नाराज़गी है वहाँ भी शाइस्तगी से शिक़ायत है और जहाँ मौक़ा मिला है तारीफ़ के लम्बे-लम्बे पैराग्राफ़ों के साथ ख़ूबसूरत महिलाओं के प्रति नेहरू के अनुराग पर भी एक चुहल भरी टिप्पणी है, जिसमें कोई अपमान नहीं बल्कि गर्व तथा नेह का भाव झलकता है।

नेहरू के बाद सत्ता में आये लालबहादुर शास्त्री ने कश्मीर समस्या के किसी समाधान की जगह अपना ध्यान एकीकरण की प्रक्रिया को तेज़ करने में लगाया और सादिक़ ने इसमें भरपूर साथ दिया। भारी जनविरोध के बावजूद एक के बाद एक परिवर्तन लाकर प्रदेश की स्वायत्तता को लगातार कम किया गया जिसमें जनसंघ और कम्युनिस्ट पार्टी, दोनों की सहमति थी। भारतीय संविधान की धारा 356 और 357 अब कश्मीर के संदर्भ में भी लागू होनी थी यानी केन्द्र राज्य सरकार को अपदस्थ कर सकता था। भविष्य में इसका जमकर प्रयोग होना था। राज्य की विधानसभा द्वारा अपना सदर-ए-रियासत चुनने की आज़ादी ख़त्म कर बाक़ी राज्यों की तरह केन्द्र द्वारा नामित व्यक्ति की नियुक्ति का नियम बनाया गया और प्रधानमंत्री तथा सदर-ए-रियासत की जगह बाक़ी राज्यों जैसे मुख्यमंत्री और राज्यपाल के संबोधन तय किये गए। सादिक़ अपने इस उत्साह में थोड़ा अधिक ही आगे निकल गए और अब नेशनल कॉन्फ्रेंस जम्मू और कश्मीर प्रदेश कांग्रेस कमेटी में तब्दील कर दी गई। इस तरह कश्मीर में पहली 'कांग्रेस सरकार' बनी! बख़्शी अब विरोध के नेता थे और उन्होंने सादिक़ की सरकार के ख़िलाफ़ अविश्वास प्रस्ताव लाने का निर्णय लिया तो उन्हें गिरफ़्तार कर उसी जेल में डाल दिया गया जहाँ 11 साल पहले उन्होंने शेख़ को बंद किया था। वहाँ उन्हें दिल का दौरा पड़ा और जल्द ही रिहा कर दिया गया।[36]

घाटी ही नहीं इस परिघटना के विरोध में पाकिस्तान अधिकृत कश्मीर में भी विरोध प्रदर्शन हुए। शेख़ अब्दुल्ला और उनके प्लेबिसाईट फ्रंट ने इसका तीख़ा विरोध किया। नेहरू के न होने पर अब शेख़ के लिए बहुत उम्मीदें थीं भी नहीं तो आज़ादी की अपनी माँग को और तेज़ कर दिया। कांग्रेस के मुस्लिम सदस्यों के बायकाट की अपील की गई और लोगों ने उनके यहाँ शादी-ब्याह, धार्मिक आयोजनों और दफ़न-कफ़न में जाना बंद कर दिया। इस दौर में शेख़ अब्दुल्ला ने हज यात्रा पर जाने का तय किया। भारत सरकार

ने इसके लिए अनुमति दे दी। शेख़ अपनी बेग़म और मिर्ज़ा अफ़ज़ल के साथ हज के साथ योरप और पश्चिम एशिया के दौरे पर निकल गए। इस यात्रा के दौरान उन्होंने अल्जीयर्स में चाऊ एन लाइ से मुलाक़ात की।[37] अकबर बताते हैं कि इस मुलाक़ात की व्यवस्था तत्कालीन पाकिस्तान के विदेश मंत्री जुल्फ़िकार अली भुट्टो ने कराई थी। इस मुलाक़ात के बाद चाऊ एन लाई ने कश्मीर की आज़ादी के समर्थन में बयान दिया और शेख़ अब्दुल्ला ने उसका स्वागत किया। शेख़ ने पश्चिमी मीडिया में कुछ लेख भी लिखे। यह सब भारत सरकार के नाराज़ होने के लिए काफ़ी था और लालबहादुर शास्त्री ने सख्त क़दम उठाने का निर्णय लिया। शेख़ को तुरंत लौटने के निर्देश जारी किये गए और उनका पालन न करने पर पासपोर्ट ज़ब्त करने की धमकी। आम चर्चा थी कि शेख़ लौटेंगे नहीं लेकिन वह लौटे और 8 मई 1965 को वह मिर्ज़ा अफ़ज़ल बेग़ के साथ गिरफ़्तार कर लिए गए। शेख़ ने हमेशा यही कहा कि चाऊ एन लाई से उनकी मुलाक़ात महज़ एक इत्तेफ़ाक थी।[38]

अपनी सतत प्रतिद्वंद्विता में भारत की मुसीबत पाकिस्तान के लिए अवसर था। शेख़ की गिरफ़्तारी के बाद एक बार फिर कश्मीर में आन्दोलनों और जुलूसों का दौर शुरू हो चुका था। भारत में घुसपैठियों को भेजकर कश्मीर को 'मुक्त' कराने की योजना को ऑपरेशन जिब्राल्टर का नाम दिया गया। लेकिन कश्मीरी जनता भले शेख़ की गिरफ़्तारी से नाराज़ हो, वह पाकिस्तान के साथ नहीं थी। घुसपैठियों को कश्मीरी जनता से कोई मदद नहीं मिली। ऐसे में भारतीय सेना के लिए घुसपैठियों की पहचान बहुत आसान हो गई। जब 3 सितम्बर को पाकिस्तानी सेना ने छम्ब के पास अंतर्राष्ट्रीय सीमा पार की तो भारत ने 5 सितम्बर को पंजाब में दूसरा मोर्चा खोल दिया और 23 सितम्बर को संयुक्त राष्ट्र सुरक्षा परिषद् के हस्तक्षेप से युद्धविराम हुआ और पाकिस्तान को कश्मीर से अपनी सेनाएँ वापस बुलानी पड़ीं। इस युद्ध का समाहार करते हुए अमेरिका की लाइब्रेरी ऑफ़ कांग्रेस ने लिखा है—

> 'यह युद्ध सैन्य दृष्टिकोण से अनिर्णित था ; दोनों पक्षों के पास एक-दूसरे के क्षेत्र थे और दोनों ने एक-दूसरे के सैनिकों को बंदी बनाया था। ज़ाहिर तौर पर पाकिस्तान को नुकसान ज़्यादा हुआ था-20 एयरक्राफ्ट, 200 टैंक्स और 3800 सैनिक। पाकिस्तान की सेना भारतीय दबाव झेलने में सफल रही थी लेकिन युद्ध अगर जारी रहता तो उसे और नुकसान होता और अंततः पाकिस्तान की हार होती। ज़्यादातर पाकिस्तानी अपनी युद्धक क्षमता के अति आत्मविश्वास की शिक्षा पाकर बड़े हुए होते हैं और 'हिन्दू भारत' से अपने देश की सैन्य पराजय की संभावना स्वीकार नहीं कर सकते थे इसलिए अपनी हार के लिए उन्होंने अयूब खान और उनकी सरकार को दोष दिया।'[39]

इस युद्ध के बाद ताशकंद समझौता हुआ जिसमें दोनों देशों ने एक-दूसरे की कब्ज़ा की हुई ज़मीन लौटा दी। कश्मीर के असंतोष का फ़ायदा उठाकर भारत को दो टुकड़ों में बाँटने के अपने इरादे में पाकिस्तान बुरी तरह नाक़ामयाब हुआ। समझौते के तुरंत बाद लालबहादुर शास्त्री की तबियत ख़राब हुई और एक विजेता की तरह रूस गए शास्त्री तिरंगे में लिपटे लौटे। विजय की ख़ुशी में उन्मत्त देश अपने प्रधानमंत्री के शोक में डूब गया।

संदर्भ सूची

1. देखें, पृष्ठ 14-16, *माई डेज़ विद नेहरू,* बी.एन. मलिक, अलाइड पब्लिशर्स, दूसरा संस्करण, दिल्ली-जुलाई, 1971
2. देखें, पृष्ठ 162, *टू नेशंस एंड कश्मीर,* लॉर्ड वुडबर्ड, रॉबर्ट हेल लिमिटेड, लन्दन-1956
3. देखें,पृष्ठ 426, *डॉ. अम्बेडकर : लाइफ़ एंड मिशन,* धनंजय कीर, पॉपुलर प्रकाशन, पुनर्मुद्रित संस्करण, मुंबई-1990
4. देखें, पृष्ठ 145, *कश्मीर : बिहाइंड द वेल,* एम.जे. अकबर, रोली बुक्स, छठा संस्करण, दिल्ली—2011
5. देखें, पृष्ठ 196, *रिमेम्बरिंग पार्टीशन,* ज्ञानेन्द्र पाण्डेय, कैम्ब्रिज़ यूनिवर्सिटी प्रेस, नई दिल्ली-2012
6. देखें, पृष्ठ 112, *फ़्लेम्स ऑफ़ चिनार,* शेख़ अब्दुल्ला, (अनुवाद—खुशवंत सिंह), पेंगुइन-दिल्ली-1993
7. देखें, पृष्ठ 111, वही
8. देखें, पृष्ठ 30, *कश्मीर : द अनटोल्ड स्टोरी,* हुमरा क़ुरैशी, पेंग्विन, दिल्ली-2004
9. देखें, पृष्ठ 99, *शेख़ मोहम्मद अब्दुल्ला,* एस.आर. बख्शी, अनमोल पब्लिकेशन प्राइवेट लिमिटेड, दिल्ली-1998
10. देखें, वही, पृष्ठ 103-105
11. देखें, पृष्ठ 149, *कश्मीर : बिहाइंड द वेल,* एम.जे. अकबर, रोली बुक्स, छठा संस्करण, दिल्ली—2011
12. देखें, पृष्ठ 92, *कश्मीर इन कॉन्फ़्लिक्ट : इण्डिया, पाकिस्तान एंड द अनएंडिंग वार,* विक्टोरिया स्कोफील्ड, आई.बी. टॉरिस एंड कम्पनी लिमिटेड, लन्दन-2003
13. देखें, पृष्ठ 112, *कश्मीर एंड शेर-ए-कश्मीर : अ रिवोल्यूशन डीरेल्ड,* पी.एल.डी. परिमू, चिनार पब्लिशिंग, अहमदाबाद—2012
14. देखें, पृष्ठ 105, *शेख़ मोहम्मद अब्दुल्ला,* एस.आर. बख्शी, अनमोल पब्लिकेशन प्राइवेट लिमिटेड, दिल्ली-1998
15. देखें, पृष्ठ 150-51, *कश्मीर : बिहाइंड द वेल,* एम.जे. अकबर, रोली बुक्स, छठा संस्करण, दिल्ली—2011
16. देखें, पृष्ठ 112, *कश्मीर एंड शेर-ए-कश्मीर : अ रिवोल्यूशन डीरेल्ड,* पी.एल.डी. परिमू, चिनार पब्लिशिंग, अहमदाबाद—2012
17. देखें, पृष्ठ 152-53, *कश्मीर : बिहाइंड द वेल,* एम.जे. अकबर, रोली बुक्स, छठा संस्करण, दिल्ली—2011
18. देखें, पृष्ठ 123-24, *कश्मीर एंड शेर-ए-कश्मीर : अ रिवोल्यूशन डीरेल्ड,* पी.एल.डी. परिमू, चिनार पब्लिशिंग, अहमदाबाद—2012
19. देखें, पृष्ठ 30-31, *कश्मीर : द अनटोल्ड स्टोरी,* हुमरा क़ुरैशी, पेंग्विन, दिल्ली-2004
20. देखें, पृष्ठ 123-24, *कश्मीर एंड शेर-ए-कश्मीर : अ रिवोल्यूशन डीरेल्ड,* पी.एल.डी. परिमू, चिनार पब्लिशिंग, अहमदाबाद, 2012
21. देखें, पृष्ठ 162, *टू नेशंस एंड कश्मीर,* लॉर्ड वुडबर्ड, रॉबर्ट हेल लिमिटेड, लन्दन-1956
22. देखें, पृष्ठ 150-51, *कश्मीर : बिहाइंड द वेल,* एम.जे. अकबर, रोली बुक्स, छठा संस्करण, दिल्ली—2011
23. देखें, 11 अगस्त 1953 तथा 22 अप्रैल 1964 के.सी.आई.ए. के डिक्लासिफाइड दस्तावेज़ संख्या ओसीआई नम्बर 8441 तथा एस.सी. नम्बर 00616/64 बी
24. देखें, पृष्ठ 112, *फ़्लेम्स ऑफ़ चिनार,* शेख़ अब्दुल्ला, (अनुवाद—खुशवंत सिंह), पेंगुइन-दिल्ली-1993
25. देखें, पृष्ठ 32, *कश्मीर: इंसरजेंसी एंड आफ़्टर,* बलराज पुरी, ओरियेंट लॉन्गमैन प्राइवेट लिमिटेड, तीसरा संस्करण, दिल्ली-2008
26. देखें, पृष्ठ 136-37 *कश्मीर एंड शेर-ए-कश्मीर : अ रिवोल्यूशन डीरेल्ड,* पी.एल.डी. परिमू, चिनार पब्लिशिंग, अहमदाबाद—2012

27. देखें, पृष्ठ 55, *माई कश्मीर : द डाइंग ऑफ़ द लाईट,* पेंगुइन, दिल्ली-2014
28. देखें, पृष्ठ 158-59, *कश्मीर : बिहाइंड द वेल,* एम.जे. अकबर, रोली बुक्स, छठा संस्करण, दिल्ली—2011
29. देखें, वही, 153-54
30. देखें, पृष्ठ 136-37 *कश्मीर एंड शेर-ए-कश्मीर : अ रिवोल्यूशन डीरेल्ड,* पी.एल.डी. परिमू, चिनार पब्लिशिंग, अहमदाबाद—2012
31. देखें, *कश्मीर लाइफ़* में 21 जुलाई 2014 में छपा लेख 'लॉस्ट प्राइम मिनिस्टर' http:/kashmirlife.net/lost-prime-minister-issue20-vol06-62396/
32. देखें, पृष्ठ 162--65, *कश्मीर : बिहाइंड द वेल,* एम.जे. अकबर, रोली बुक्स, छठा संस्करण, दिल्ली—2011
33. देखें, पृष्ठ 143-45 *कश्मीर एंड शेर-ए-कश्मीर : अ रिवोल्यूशन डीरेल्ड,* पी.एल.डी. परिमू, चिनार पब्लिशिंग, अहमदाबाद, 2012
34. देखें, पृष्ठ 154, *फ़्लेम्स ऑफ़ चिनार,* शेख़ अब्दुल्ला, (अनुवाद—खुशवंत सिंह), पेंगुइन-दिल्ली-1993
35. देखें, *कश्मीर : बिहाइंड द वेल,* एम.जे. अकबर, 197-69, पृष्ठ 153-54 *कश्मीर एंड शेर-ए-कश्मीर : अ रिवोल्यूशन डीरेल्ड,* पी.एल.डी. परिमू,
36. देखें, पृष्ठ 156, *फ़्लेम्स ऑफ़ चिनार,* शेख़ अब्दुल्ला, (अनुवाद—खुशवंत सिंह), पेंगुइन-दिल्ली-1993
37. देखें, पृष्ठ 32, *कश्मीर: इंसरजेंसी एंड आफ़्टर,* बलराज पुरी, ओरियेंट लॉन्गमैन प्राइवेट लिमिटेड, तीसरा संस्करण, दिल्ली-2008
38. इस मामले में विस्तार के लिए प्रवीण स्वामी की किताब *इंडिया पाकिस्तान एंड सीक्रेट जिहाद* पढ़ सकते हैं, रूट्लेज़, लन्दन-2007
39. देखें, पृष्ठ 160, *कश्मीर एंड शेर-ए-कश्मीर : अ रिवोल्यूशन डीरेल्ड,* पी.एल.डी. परिमू, चिनार पब्लिशिंग, अहमदाबाद, 2012

16

कश्मीर में चुनाव : नियंत्रित लोकतंत्र, अनियंत्रित असंतोष

4, मार्च 1962 को नेहरू ने बख्शी ग़ुलाम मोहम्मद को भेजे एक सन्देश में कहा, दरअसल अगर आप कुछ सीटें प्रामाणिक विपक्षी उम्मीदवारों से हार जाते तो यह आपकी स्थिति को और अधिक मज़बूत कर देता।[1]

जम्मू और कश्मीर में चुनाव और लोकतांत्रिक प्रक्रिया हमेशा से सवालों के घेरे में रहे हैं। 1951 में संविधान सभा के लिए हुए पहले चुनावों में नेशनल कॉन्फ्रेंस ने सभी 75 सीटों पर जीत हासिल की। इनमें केवल दो सीटों पर चुनाव हुए और बाक़ी सभी पर नेशनल कॉन्फ्रेंस के उम्मीदवार निर्विरोध चुने गए। असल में बाक़ी जगहों पर विपक्षी उम्मीदवारों के पर्चे खारिज कर दिए गए।[2] तत्कालीन परिस्थितियों में संयुक्त राष्ट्र और अंतर्राष्ट्रीय समुदाय में कश्मीर की जनता के अपने प्रति समर्थन को दर्शाने के लिए भारत के पास शेख़ अब्दुल्ला सबसे बड़े प्रतीक थे और इसलिए नेहरू को भी इस चुनाव से कोई एतराज़ नहीं था। दरअसल, आज़ादी की लड़ाई में शेख़ कश्मीर की राजनीतिक अस्मिता के साथ-साथ धार्मिक और सांस्कृतिक अस्मिता के भी प्रतीक और नायक बन कर उभरे थे। मुस्लिम कॉन्फ्रेंस के पूरे नेतृत्व के पाकिस्तान अधिकृत कश्मीर में चले जाने से वह राज्य की सबसे बड़ी पार्टी के अप्रश्नेय नेता थे, औक़ाफ़ ट्रस्ट के आजीवन अध्यक्ष होने के कारण कश्मीर की सभी प्रमुख मस्जिदों और जियारतों का नियंत्रण उनके हाथ में था और नेहरू के क़रीबी होने के कारण भारत सरकार का समर्थन भी। इस तरह कश्मीर का जो राजनीतिक ढाँचा बना वह एक सर्वोच्च नेता, एक पार्टी और एक दिशा (नया कश्मीर) पर आधारित था। पाकिस्तान अधिकृत 'आज़ाद' कश्मीर की तरह ऐसा संवैधानिक स्तर पर तो नहीं हुआ* लेकिन व्यवहारिक स्तर पर यही था। विपक्ष के नाम पर प्रजा परिषद् थी लेकिन उसका प्रभाव जम्मू की कुछेक सीटों पर ही था। विपक्ष के रूप में प्रजा परिषद् जैसी दक्षिणपंथी हिन्दू पार्टी का रहना असल में नेशनल कॉन्फ्रेंस के लिए मुस्लिम वोटों के ध्रुवीकरण के रूप में एक ख़ास तरह की सुविधा भी थी। विधानसभा की अधिकतर सीटें घाटी में होने के कारण जम्मू और लद्दाख पर ध्यान देना शेख़ अब्दुल्ला को ज़रूरी नहीं लगा।

---

*विस्तार के लिए देखें अध्याय 17

सत्ता का केन्द्र जम्मू से दिल्ली चले जाने, भूमि सुधार के चलते डोगरा राजपूतों की ज़मीनें और जागीरें छिन जाने और नई सत्ता व्यवस्था में अपनी बेहद कम भागीदारी के चलते जो असंतोष जम्मू में उपजा उसे केवल हिन्दू साम्प्रदायिकता का उभार कह देना राजनैतिक रूप से फ़ायदेमंद होने के बावजूद सरलीकरण भी है। एक सच यह भी है कि शेख़ अब्दुल्ला या नेशनल कॉन्फ्रेंस ने कभी अपनी तरफ़ से आगे बढ़कर जम्मू के लोगों को अपने साथ जोड़ने के लिए उनका प्रतिनिधित्व बढ़ाने की कोशिश भी नहीं की। नतीजतन हिन्दू साम्प्रदायिकता को जम्मू में अपनी ज़मीन बनाने और विस्तारित करने के लिए अबाध अवसर हासिल हुआ। पुरी बताते हैं कि 1952 में नेशनल कॉन्फ्रेंस के अध्यक्ष, उपाध्यक्ष और कोषाध्यक्ष सभी घाटी से थे जबकि जम्मू की आबादी घाटी से थोड़ी ही कम थी।[3]

लेकिन नेशनल कॉन्फ्रेंस का जम्मू और कश्मीर के संदर्भ में यह एकल प्राधिकार भी बिला शर्त नहीं था। हमने देखा कि शेख़ का यह प्राधिकार छीन कर बख्शी ग़ुलाम मोहम्मद को दे दिया गया। नेहरू जब तक रहे उन्होंने कश्मीर की राजनीति में कांग्रेस के लिए कोई भूमिका नहीं तलाशी। लेकिन नेहरू की मृत्यु के बाद ग़ुलाम मोहम्मद सादिक़ के नेतृत्व में नेशनल कॉन्फ्रेंस की पूरी राज्य इकाई कांग्रेस की राज्य इकाई में बदल गई। 1967 के आम चुनाव में सादिक़ के नेतृत्व वाली कांग्रेस के सम्मुख बख्शी साहब द्वारा पुनर्संयोजित नेशनल कॉन्फ्रेंस थी। इस चुनाव में भी 22 सीटों पर कांग्रेस के उम्मीदवार निर्विरोध चुने गए। कांग्रेस को 61 सीटों पर जीत मिली जबकि नेशनल कॉन्फ्रेंस को 8 और जनसंघ (प्रजा परिषद् अब जनसंघ बन चुकी थी) को 3 सीटें मिलीं। बाक़ी 3 सीटें निर्दलियों के खाते में गईं। इस चुनाव में सीपीआई और प्रजा सोशलिस्ट पार्टी ने भी 3-3 सीटों पर उम्मीदवार खड़े किये थे लेकिन उन्हें कोई सफलता नहीं मिली। इन चुनावों में कुल 58.8 प्रतिशत वोट पड़े थे, जबकि 1962 के चुनावों में 72.8 प्रतिशत मतदान हुआ था। कश्मीर के एक प्रतिष्ठित वक़ील ग़ुलाम नबी हागरू बताते हैं कि उन दिनों इन चुने हुए विधायकों को रिटर्निंग ऑफिसर अब्दुल ख़ालिक़ मलिक के नाम पर 'मेड बाय खालिक़' कहा जाता था। खालिक़ किसी भी तिकड़म से विपक्षी उम्मीदवारों के पर्चे खारिज़ करा देने में माहिर था।[4]

1971 भारतीय उपमहाद्वीप के साथ-साथ कश्मीर के इतिहास में भी बहुत महत्त्वपूर्ण वर्ष था। अपने दूसरे कार्यकाल में ग़ुलाम मोहम्मद सादिक़ ने शेख़ अब्दुल्ला से सम्बन्ध सुधारने की कोशिशें शुरू कीं और प्लेबिसाईट फ्रंट को स्थानीय निकायों और पंचायतों के चुनावों में हिस्सा लेने के लिए आमंत्रित किया। प्लेबिसाईट फ्रंट ने इन चुनावों में हिस्सा लिया और दावा किया कि उसने 99 फ़ीसद सीटों पर विजय हासिल की है, लेकिन चुनाव अधिकारियों ने अपनी कलाकारी से नतीजे पलट दिए। यह इतने सालों सत्ता और चुनावी राजनीति से बाहर रहने के बावजूद शेख़ अब्दुल्ला की लोकप्रियता का स्पष्ट सबूत था जिसने न केवल कांग्रेस बल्कि बख्शी साहब के नेतृत्व वाली नेशनल कॉन्फ्रेंस के लिए भी ख़तरे की घंटी बजा दी। इसी साल सादिक़ की मृत्यु हो गई और सैयद मीर क़ासिम कश्मीर के नए मुख्यमंत्री बने।[5]

कश्मीर में 1972 का चुनाव होने से पहले पाकिस्तान में एक बड़ा राजनीतिक संकट

पैदा हुआ। 1970 में वहाँ हुए चुनाव में पूर्वी पाकिस्तान में शेख़ मुजीबुर्रहमान की पार्टी अवामी लीग ने पूर्वी पाकिस्तान की 169 में से 167 सीटें जीतीं और इस तरह पाकिस्तान की 313 सीटों वाली नेशनल असेम्बली में बहुमत हासिल किया। लेकिन पाकिस्तान पीपुल्स पार्टी ज़ुल्फ़िकार अली भुट्टो सहित पश्चिमी पाकिस्तान के नेताओं ने उन्हें सत्ता सौंपने से इंकार कर दिया और इसकी जगह दो प्रधानमंत्रियों की व्यवस्था का प्रस्ताव दिया। इसके पहले भी ख्वाज़ा नज़ीमुद्दीन, मुहम्मद अली बोगरा और हुसैन शहीद सुहरावर्दी जैसे पूर्वी बंगाल के प्रधानमंत्रियों को पश्चिमी पाकिस्तान के राजनेताओं ने बर्ख़ास्त कर दिया था। जनरल याहया खान ने बंगालियों का दमन शुरू किया और भुट्टो ने इसमें साथ दिया। बांग्लादेश की निर्वासित सरकार कलकत्ता में बनी। लाखों रिफ़्यूजी पश्चिम बंगाल में आ गए और अंततः निर्वासित बंगाली नेताओं के इसरार पर भारतीय सेना ने मुक्तिदाता के रूप में उसका स्वागत किया। पाकिस्तानी सेना ने समर्पण कर दिया और दिसम्बर, 1971 में बांग्लादेश का निर्माण हुआ।[6] भारत और पाकिस्तान के बीच यह पहला निर्णायक युद्ध था जिसके परिणामस्वरूप पाकिस्तान दो हिस्सों में बँट गया। हालाँकि इस युद्ध में कश्मीर कोई मुद्दा नहीं था लेकिन इस पराजय ने न केवल पाकिस्तानी सत्ता प्रतिष्ठान का मनोबल तोड़ने का काम किया बल्कि शेख़ सहित कश्मीर के नेताओं पर भी गहरा असर डाला। जून 1972 में भारत और पाकिस्तान के बीच शिमला समझौता हुआ जिसमें कश्मीर मामले को द्विपक्षीय बातचीत से सुलझाने और संधि रेखा को नियंत्रण रेखा के रूप में स्वीकार करने पर सहमति हुई। हालाँकि अकबर मानते हैं कि भारत के पास उस समय 94,000 पाकिस्तानी युद्धबंदियों और पंजाब, कच्छ और सिंध के लगभग 5,139 वर्ग मील का कब्ज़ा था जिससे वह और अधिक दबाव बना सकता था।[7]

शेख़ अब्दुल्ला ने मार्च 1972 में होने वाले विधानसभा चुनावों में हिस्सा लेने का निश्चय किया। उम्मीदवारों का नाम घोषित करने से पहले वह दिल्ली गए लेकिन वहाँ से लौटते हुए शेख़ साहब को जम्मू हवाई अड्डे से और बेग़ साहब को जम्मू श्रीनगर हाइवे से गिरफ़्तार कर लिया गया। देश विरोधी कार्यवाहियों में लिप्त होने का आरोप लगाकर प्लेबिसाईट फ्रंट को प्रतिबंधित कर दिया गया और शेख़ की अनुपस्थिति में हुए चुनाव में मीर क़ासिम के नेतृत्व वाली कांग्रेस ने 58 और जनसंघ ने 3 सीटें जीतीं। इन चुनावों में जमात ए इस्लामी को 7.2 प्रतिशत वोट और 5 सीटें मिलीं और निर्दलीय उम्मीदवारों को 26.8 प्रतिशत वोटों के साथ 9 सीटें।

कश्मीर समझौता और शेख़ अब्दुल्ला की वापसी

बांग्लादेश युद्ध और शिमला समझौते के बाद कश्मीर में न तो जनमतसंग्रह या आज़ादी की माँग प्रभावी रह गई थी और न ही दिल्ली को भरोसे में लिए बिना कश्मीर में राजनीति कर पाना। बलराज पुरी बताते हैं कि बांग्लादेश युद्ध के पहले उन्होंने अब्दुल्ला से कहा था कि एक तरफ़ भारत सरकार को मुसलमानों के समर्थन की ज़रूरत है और वह भारतीय उपमहाद्वीप में मुसलमानों के सबसे बड़े नेता हैं तो दूसरी तरफ़ भारत की बांग्लादेश नीति का समर्थन करके वह कश्मीर के लिए भी बांग्लादेश जैसी उदार नीति की माँग कर सकते

हैं।[8] लेकिन उस समय शेख़ अब्दुल्ला इसके लिए तैयार नहीं हुए। इस युद्ध में भारत की निर्णायक विजय ने न केवल पाकिस्तान की तुलना में भारत की सैन्य ताक़त की श्रेष्ठता स्थापित की बल्कि द्विराष्ट्रवाद के उस सिद्धांत को भी ग़लत साबित किया जिसके अनुसार राष्ट्र सांस्कृतिक नहीं एक धार्मिक इकाई था।

एक तरफ़ भारत सरकार के ऊपर शेख़ को रिहा करने के लिए लगातार दबाव बन रहा था (जयप्रकाश नारायण के अलावा 163 संसद सदस्यों ने शेख़ को रिहा करने तथा बातचीत करने की माँग की थी) तो दूसरी तरफ़ अब शेख़ भी बातचीत से कोई राह निकालने के लिए उत्सुक थे। अपनी आत्मकथा में वह कहते हैं—

> मैंने केन्द्र सरकार को आश्वस्त किया कि विलय को लेकर हमारा आपसे कोई मतभेद नहीं है। हम केवल यह चाहते हैं कि धारा 370 अपने मूल रूप में लागू की जाए। मैंने कहा कि मैं इंदिरा गाँधी से बातचीत करने को तैयार हूँ। उनके मुख्य सचिव पी.एन. हक्सर मुझसे मिलने आये और एक तिथि तय की गई। हमारी बातचीत बहुत उपयोगी रही। प्लेबिसाईट फ्रंट से प्रतिबन्ध हटा दिए गए और मुझे, मेरी पत्नी तथा मिर्ज़ा मोहम्मद अफ़ज़ल बेग़ को कश्मीर में प्रवेश करने की अनुमति दी गई। 5 जून 1972 को मुझे रिहा कर दिया गया।[9]

दो सालों की लगातार बातचीत के बाद दोनों पक्षों के बीच सहमति बनी और 13 नवम्बर 1974 को शेख़ अब्दुल्ला के प्रतिनिधि मिर्ज़ा मोहम्मद अफ़ज़ल बेग़ तथा भारत सरकार के प्रतिनिधि जी. पार्थसारथी ने 'कश्मीर समझौते' पर हस्ताक्षर किये। इस समझौते के अनुसार जम्मू और कश्मीर राज्य को भारत का हिस्सा माना गया और यह तय पाया गया कि कश्मीर का शासन धारा 370 के अनुसार ही चलता रहेगा। भारत सरकार ने इस धारा में किये गए कुछ संशोधनों को वापस लेने पर सहानुभूतिपूर्वक विचार करने का आश्वासन भी दिया।[10] शेख़ इसे अपने राजनैतिक आन्दोलन का नया दौर बताते हैं[11] तो इंदिरा गाँधी ने लोकसभा में कहा—'समझौते में अन्तर्निहित क़ानूनी दाँवपेंच से अधिक बड़ा हासिल वह है जिसे शेख़ अब्दुल्ला ने दायित्व और भरोसे की पुनर्स्थापना कहा है। हमें विश्वास है कि हमने आपसी सहकार के लिए एक मज़बूत नींव रखी है।[12] इसके अगले क़दम के रूप कांग्रेस ने शेख़ अब्दुल्ला को कांग्रेस-नेशनल कॉन्फ्रेंस की संयुक्त सरकार के नेतृत्व का प्रस्ताव दिया गया जिसे शेख़ ने स्वीकार कर लिया। मीर कासिम तथा मुफ़्ती मोहम्मद सईद ने अपनी-अपनी निजी वजहों से इसका विरोध किया लेकिन इन सबके बावजूद 25 फ़रवरी, 1975 को शेख़ 22 साल बाद कश्मीर के मुख्यमंत्री बने।[13] इस मंत्रिमंडल में केवल तीन सदस्य थे—मिर्ज़ा अफ़ज़ल बेग़, देवी दास ठाकुर और सोनाम नाब्रू। मिर्ज़ा के अलावा बाक़ी दोनों मंत्री निर्दलीय थे। कांग्रेस ने अपने लिए मंत्री पदों की माँग की लेकिन शेख़ ने जल्दी विधानसभा चुनाव कराने की बात कही।

इसी बीच देश में आपातकाल की घोषणा हो गई। यहाँ यह बता देना समीचीन होगा कि जम्मू और कश्मीर को आपातकाल से बाहर रखा गया था। इस अजीब सी व्यवस्था में जहाँ मुख्यमंत्री एक ऐसी पार्टी से था जिसका विधानसभा में कोई सदस्य नहीं था और

वह पूरी तरह से कांग्रेस के समर्थन के भरोसे था सरकार के चलते रहने के लिए कांग्रेस के स्थानीय नेताओं और शेख़ अब्दुल्ला के बीच जिस तरह के भरोसे की ज़रूरत थी वह शुरू से ही नहीं था। कांग्रेस ने उन्हें अपनी पार्टी में शामिल होने को कहा लेकिन शेख़ अब्दुल्ला सादिक़ नहीं थे। उन्होंने इसके लिए साफ़ मना कर दिया। इसकी जगह उन्होंने नेशनल कॉन्फ्रेंस को ज़िंदा किया और 13 अप्रैल 1975 को इसके अध्यक्ष चुने गए। इसके अगले क़दम के रूप में प्लेबिसाईट फ्रंट को भंग कर दिया गया और इसका नेशनल कॉन्फ्रेंस में विलय कर दिया गया। शेख़ ने कांग्रेस को नेशनल कॉन्फ्रेंस में विलय का प्रस्ताव दिया जिसे कांग्रेस हाईकमान की सलाह से मीर क़ासिम ने ठुकरा दिया। इसके बावजूद शेख़ अब्दुल्ला ने समान विचार की पार्टियों को एक साथ लाने की कोशिश जारी रखी। अक्टूबर 1975 में इंदिरा गाँधी कश्मीर आईं और कश्मीर समझौते से पैदा हुआ उत्साह सही राह पर जाते हुए दिख रहा था। लेकिन दुर्भाग्य से यह लंबा नहीं चल सका। देश भर में अपने ख़िलाफ़ चल रही हवा के बीच श्रीमती गाँधी ने कश्मीर में जब कांग्रेस को मज़बूत करने की कोशिशें शुरू कीं तो नेशनल कॉन्फ्रेंस से उनका टकराव स्वाभाविक था। सत्ता में रहते हुए शेख़ द्वारा लिए गए निर्णयों का कांग्रेस ने विरोध शुरू किया। शेख़ अब्दुल्ला लगातार जल्दी चुनाव कराने की माँग कर रहे थे लेकिन प्रदेश में सत्ता और विपक्ष की जुड़वाँ भूमिका निभा रही कांग्रेस शायद राज्य की बिगड़ी हुई आर्थिक स्थितियों में शेख़ द्वारा उठाये जा रहे क़दमों की वजह से उनके अलोकप्रिय होते जाने की प्रतीक्षा कर रही थी। दोनों संगठनों के बीच दूरी लगातार बढ़ती जा रही थी।[14] 1977 के लोकसभा चुनावों में नेशनल कॉन्फ्रेंस और कांग्रेस के बीच समझौता हुआ। नेशनल कॉन्फ्रेंस को श्रीनगर, बारामूला और जम्मू की सीटें मिलीं जिनसे क्रमश: बेग़म अब्दुल्ला, अब्दुल अहद वक़ील और बलराज पुरी उम्मीदवार हुए जबकि कांग्रेस को लद्दाख, अनन्तनाग और उधमपुर की सीट दी गई। इस चुनाव से ही जमात ए इस्लामी से लेकर बख़्शी ग़ुलाम मोहम्मद के पूर्व सहयोगियों और पीपुल्स लीग से नई बनी अवामी एक्शन कमेटी तक ने शेख़ हटाओ का नारा दिया। उन पर भ्रष्टाचार से लेकर निजी आरोप तक लगाए गए लेकिन न केवल बेग़म अब्दुल्ला श्रीनगर से चुनाव जीतीं अपितु नेशनल कॉन्फ्रेंस बाक़ी सीटों पर भी विजयी रही। कांग्रेस के करण सिंह भी उधमपुर सीट से विजयी रहे।[15]

1977 के चुनावों में देश भर में मिली अभूतपूर्व पराजय के बाद शेख़ अब्दुल्ला ने इंदिरा गाँधी को बेग़म अब्दुल्ला द्वारा जीती गई श्रीनगर सीट ख़ाली कराकर चुनाव लड़ने का प्रस्ताव दिया लेकिन अपनी हार और कांग्रेस के भीतर मची आपाधापी के कारण हतोत्साहित इंदिरा ने मुफ़्ती मोहम्मद सईद जैसे लोगों की सलाह मान ली। मुफ़्ती की नज़र कश्मीर के मुख्यमंत्री पद पर थी। मंत्रीपरिषद् के सवाल पर कांग्रेस अध्यक्ष के रूप में शेख़ पर भ्रष्टाचार और नाकामी का आरोप लगाकर समर्थन वापस ले लिया तथा सरकार बनाने का दावा पेश कर दिया। लेकिन शेख़ ने जम्मू और कश्मीर के संविधान की धारा 53 के तहत मिले अधिकार का उपयोग करते हुए तुरंत विधानसभा भंग करने तथा नए चुनाव कराने की माँग की। दिल्ली की सत्ता बदलने के साथ केन्द्र का रवैया भी बदल गया और मुफ़्ती की उम्मीदों पर पानी फेरते हुए राज्यपाल एल.के. झा ने विधानसभा भंग कराकर नए चुनाव कराने की घोषणा कर दी।[16]

1977 के चुनाव कई मामलों में कश्मीर में अद्वितीय थे। सबसे पहली बात तो यही कि न केवल नेशनल कॉन्फ्रेंस और जनसंघ बल्कि कांग्रेस और जनता पार्टी ने भी इसमें पूरी ताक़त से हिस्सेदारी की। केन्द्र की सत्ता पर काबिज़ जनता पार्टी का जम्मू और कश्मीर के इस चुनाव में हिस्सेदारी का क़िस्सा अपने आप में बेहद रोचक है। इन चुनावों के पहले न तो जनता पार्टी की वहाँ कोई इकाई थी और न ही कोई नेता। लगभग निष्क्रिय पड़े मोहिउद्दीन कारा ने कश्मीर में जनता पार्टी की स्थापना की। पार्टी के स्थापना समारोह में घाटी में जनसंघ के नेता पंडित टीका लाल टिपलू, प्लेबिसाईट फ्रंट में रहे ग़ुलाम रसूल कोचक और प्रभावशाली मोटर ड्राइवर्स असोसिएशन के अध्यक्ष भी मौजूद थे। यह 'वैविध्य' जम्मू और कश्मीर की जनता पार्टी की संरचना की बड़ी व्यंजना इंगित करता है। लोकसभा चुनावों की जीत से उत्साहित जनता पार्टी शेख़ विरोधी सभी प्रकार के तत्त्वों को एक मंच पर लाकर कश्मीर में सफलता पाना चाहती थी। मौलाना मसूदी, मीरवायज़ मौलाना फ़ारुक, मौलाना अब्बास अंसारी, अब्दुल गनी लोन, गुलाम अहमद मीर ही नहीं बल्कि दिल्ली और बम्बई में बसे प्रेमनाथ बज़ाज़ तथा अली मोहम्मद तारक भी शेख़ के ख़िलाफ़ मोर्चा खोलने कश्मीर आ गए। मौलाना मसूदी को जनता पार्टी की कमान सौंपी गई।[17]

शेख़ के ख़िलाफ़ हर तरह के आरोप लगाये गए और जनता को हर तरह के प्रलोभन देने की कोशिश की गई। हालात यह थे कि पूर्व जनसंघी ही नहीं तत्कालीन गृहमंत्री चरण सिंह भी धारा 370 हटाने का आश्वासन दे रहे थे[18], तो दूसरे कई महत्त्वपूर्ण नेता 370 को जारी रखने की क़समें खा रहे थे।[19] दोनों दलों के बीच चुनाव प्रचार के बीच जिस तरह की कटुता थी उसका उदाहरण इस घटना से ही देखा जा सकता है कि चुनावों के बीच जब शेख़ अब्दुल्ला को दिल का दौरा पड़ा तो तत्कालीन रक्षामंत्री जगजीवन राम ने कहा कि, 'जिनको दिल के दौरे पड़ रहे हों उन्हें आराम करना चाहिए।' दोनों दलों के बीच हिंसक झड़पें भी हुईं, व्यंग्यबाण चलाए गए, शेख़ साहब ने अपनी भाषण क्षमता का शानदार उपयोग किया तो अशोक मेहता जैसे समाजवादी नेताओं ने उनका जवाब देने में कोई हील-हुज्जत नहीं की।

यह पढ़ते हुए किसी को असुविधा हो सकती है और लग सकता है कि कश्मीर में अराजकता जैसी स्थितियाँ पनप रही थीं। लेकिन इन हालात को बहुत ग़ौर से देखे जाने की ज़रूरत है। जिस कश्मीर में बड़ी संख्या में सीटों पर चुनाव ही नहीं होता था (1977 से पहले गान्देरबल, अनंतनाग, कंगन, करनाह, पुलवामा और लोलाब जैसी कई सीटों पर कोई चुनाव हुआ ही नहीं था)[20], चुनावों से पहले ही जनता परिणाम जानती थी उसके लिए लोकतंत्र का यह हल्ला-गुल्ला, यह प्रतिद्वंद्विता केवल कौतूहल मात्र नहीं थी बल्कि लोकतांत्रिक प्रक्रिया में भागीदारी का अवसर भी थी। नेशनल कॉन्फ्रेंस, जमात-ए-इस्लामी, जनता पार्टी, जनसंघ, वामपंथी सभी रंग इस चुनाव में उनके सामने अपने-अपने सपने लेकर उपस्थित थे और लोकतंत्र के महापर्व में वे उनमें से किसी एक को चुनने के लिए आज़ाद थे। इससे आगे बढ़कर इन चुनावों में केन्द्र सरकार द्वारा मतदान, गिनती और निर्णय की प्रक्रिया में कोई हस्तक्षेप न करने के निर्णय ने कश्मीर में पहली बार एक ऐसा चुनाव संपन्न होने का अवसर

दिया जिसमें जनता अपने वोट की ताक़त का एहसास कर सकती थी। उस दौर में श्रीनगर के उपायुक्त और इन चुनावों के रिटर्निंग ऑफिसर रहे वज़ाहत हबीबुल्ला बताते हैं—

> जब प्रधानमंत्री देसाई 25 जून 1977 को श्रीनगर आये तो राज्य के पुलिस और प्रशासन के सभी वरिष्ठ अधिकारियों की बैठक बुलाई गई। जब हम बैठक की तैयारी कर रहे थे तो राज्य पुलिस के इंस्पेक्टर जनरल पी. ग़ुलाम हसन शाह मुझे एक तरफ़ ले गए। उन्होंने कहा कि प्रधानमंत्री हमसे अपनी पार्टी की जीत सुनिश्चित करने के लिए कहेंगे और हमें उनकी बात माननी ही चाहिए क्योंकि यह राष्ट्र के प्रति कर्तव्य है। मैंने उनसे कहा कि चुनावों में गड़बड़ कराने के मामले में मैं पूरी तरह अनुभवहीन और यहाँ तक कि अप्रशिक्षित हूँ। अगर यह सरकार की नीति है तो मैं यह करने में असमर्थ हूँ और मुझे अपने पद से हटा दिया जाए। लेकिन प्रधानमंत्री से हमारी बैठक सौहार्दपूर्ण रही जिसमें उन्होंने बम्बई राज्य की राज्य सेवाओं के अपने अनुभव साझा किये और पुलिस द्वारा उनके लिए पैदा की परेशानियों का ज़िक्र किया। जब मुख्य सचिव ने उनसे सीधे यह पूछा कि चुनावों में राज्य प्रशासन के लिए उनकी क्या सलाह है? प्रधानमंत्री का जवाब साधारण सा था—यह कोई नहीं जानता कि कश्मीर में किस पर भरोसा किया जाए...30 जून 1977 के जम्मू और कश्मीर विधानसभा चुनाव राज्य के राजनीतिक विकास में मील के पत्थर की तरह हैं। जनता की बढ़-चढ़ के हिस्सेदारी और राज्य के राजनैतिक नेतृत्व के हर हिस्से से उम्मीदवारों की भागीदारी के कारण कुछ लोग मानते हैं कि राज्य में हुए सबसे साफ़-सुथरे चुनाव थे।[21]

इन चुनावों ने कश्मीर में शेख़ अब्दुल्ला की लोकप्रियता को अप्रश्नेय रूप से साबित कर दिया। 76 सीटों में से नेशनल कॉन्फ्रेंस को 47 सीटों पर जीत मिली। जनता पार्टी को 16 सीटों पर जीत मिली जिनमें 13 जम्मू की थीं और कांग्रेस को केवल 11 सीटें मिलीं। चुनावों के बाद अपने पहले सार्वजनिक भाषण में श्रीनगर के पोलोग्राउण्ड में एकत्र हुई तीन लाख से अधिक जनता को सम्बोधित करते हुए उन्होंने इक़बाल का शेर पढ़ा—जब इश्क़ सिखाता है आदाब ख़ुद आगाही/ खुलते हैं ग़ुलामों पर असरार-ए-शहंशाही। 9 जुलाई 1977 को शेख़ ने कश्मीर के मुख्यमंत्री पद की शपथ ली।[22]

यह कश्मीर के आधुनिक इतिहास का एक ख़ूबसूरत दौर था। कश्मीरी जनता ने लोकतांत्रिक प्रक्रिया में भरोसा जताया था और भारतीय लोकतंत्र ने अपनी पूरी गरिमा के साथ उसकी जनतांत्रिक आकांक्षाओं को फलीभूत होने के लिए अवसर प्रदान कराया था। कश्मीरियत की जीत हुई थी और साम्प्रदायिक तत्त्वों ने मुँह की खाई थी। चुनावी उठा-पठक ख़त्म होने के बाद मनोमालिन्य के निशान भी नहीं दिखे और मोरार जी देसाई तथा इंदिरा गाँधी ने शेख़ अब्दुल्ला को खुले दिल से बधाई भेजी। कांग्रेस ने विधानसभा में नेशनल कॉन्फ्रेंस के साथ काम करने का निर्णय लिया और शेख़ ने बदले में इंदिरा जी को श्रीनगर आने का निमन्त्रण। नेहरू परिवार के प्रति शेख़ का स्नेह और अपनापन सारे उतार-चढ़ावों

के बावजूद बना रहा। ऐसे वक़्त में जब इंदिरा गाँधी अपने सबसे मुश्किल समय से गुज़र रही थीं शेख़ ने विधानसभा में कहा—

> नेहरू परिवार से हमारा रिश्ता निजी है। ये रिश्ते तब भी बने रहे जब मैं जेल में था। श्रीमती इंदिरा गाँधी से वैचारिक मतभेद होने के बावजूद हमें उनकी भूमिका के सकारात्मक पक्ष को देखना होगा, एक ऐसी भूमिका जिसे हम अपने कुछ सबसे महत्त्वपूर्ण मामलों में अनदेखा नहीं कर सकते। केन्द्रीय मंत्रिमंडल में भी हमारे दोस्त हैं जिनमें प्रधानमंत्री, गृहमंत्री और सूचनामंत्री शामिल हैं। दरअसल हम हर उस पार्टी से दोस्ताना रिश्ते रखेंगे जो केन्द्र में सत्ता में होगी।[23]

कम्युनिस्ट पार्टी के महासचिव ई.एम.एस. नम्बूदरीपाद ने कांग्रेस और जनता पार्टी के चुनावों के दौरान अपनाए गए रवैये की आलोचना करते हुए कहा कि कश्मीर मुद्दे का पूरी तरह से पुनरीक्षण करने की आवश्यकता है।[24]

अपने अंतिम दिनों में शेख़ अब्दुल्ला उन्हीं कमज़ोरियों के शिक़ार हुए जो भारतीय उपमहाद्वीप में सामान्य हैं। उत्तराधिकारी चयन उनके लिए भी लोकतांत्रिक नहीं, पारिवारिक मामला बन गया। जीवन भर शेख़ के साथ हर संघर्ष में साथ रहे और 1977 की ऐतिहासिक जीत में प्रमुख भूमिका निभाने वाले मिर्ज़ा मोहम्मद अफ़ज़ल बेग़ को 1978 में उप मुख्यमंत्री पद से इस्तीफ़ा देने के लिए कहा गया और फिर पार्टी से निकाल दिया गया। आरोप था—ग़द्दारी! पार्टी पर उनके दामाद जी.एम. शाह और बेटे फ़ारुक का प्रभुत्व बढ़ता चला गया। फ़क्र ए कश्मीर के नाम से जाने जाने वाले मिर्ज़ा ने 11 जून 1982 को आख़िरी साँस ली। उनके बेटे मिर्ज़ा महबूब बेग़ 2014 में पीपुल्स डेमोक्रेटिक पार्टी में शामिल हो गए और इन दिनों उसके मुख्य प्रवक्ता और प्रमुख नेता हैं।

शेख़ परिवार के भीतर भी फ़ारुक के नाम पर आम सहमति नहीं थी। कश्मीर की राजनीति में पहले से सक्रिय रहे उनके दामाद ग़ुलाम मोहम्मद शाह ख़ुद को शेख़ साहब का स्वाभाविक उत्तराधिकारी मानते थे। लेकिन शेख़ साहब ने बेटे के पक्ष में फ़ैसला लिया और 21 अगस्त 1981 को इक़बाल पार्क की सार्वजनिक सभा में उन्होंने फ़ारुक को 'काँटो का ताज' पहनाने की घोषणा कर दी और मेडिकल की शिक्षा हासिल करके लौटे फ़ारुक को अपने मंत्रिमंडल में स्वास्थ्य मंत्री के रूप में शामिल किया।

1982 की गर्मियों में शेख़ की तबियत काफ़ी बिगड़ रही थी। अपना अंत वह शायद स्पष्ट देख पा रहे थे। ऐसे में डॉक्टरों की सलाह को नज़रअंदाज़ करते हुए उन्होंने 15 अगस्त 1982 के आयोजन में हिस्सा लिया था। वह भारतीय तिरंगे को आख़िरी बार सलाम करना चाहते थे। 8 सितम्बर 1982 को शेख़ अब्दुल्ला इस दुनिया ए फ़ानी से विदा हुए। एम.जे. अकबर कहते हैं, 'तमाम उतार-चढ़ावों के बीच वह एक हिन्दुस्तानी की तरह जिए और हिन्दुस्तानी की तरह ही मरे।'[25] अपनी कमज़ोरियों और ख़ूबियों के साथ वह कश्मीर के ही

नहीं भारतीय उपमहाद्वीप के एक बेहद महत्त्वपूर्ण नेता थे। आलोचना हो या तारीफ़, लेकिन उनके बिना इस उपमहाद्वीप का कोई इतिहास नहीं लिखा जा सकता।

शेख़ अब्दुल्ला के बाद कश्मीर

इंदिरा गाँधी ने शेख़ की मृत्यु की ख़बर मिलते ही सबसे पहले फ़ारुक के मुख्यमंत्री पद को सुनिश्चित किया। कश्मीरियों तक यह ख़बर पहुँचने से पहले ही कैबिनेट की आपात बैठक बुलाई गई जिसमें जी.एम. शाह ने फ़ारुक के नाम का प्रस्ताव किया और डी.डी. ठाकुर ने समर्थन। रात के दस बजे फ़ारुक ने राज्य के मुख्यमंत्री पद की शपथ ली। 1980 के आम चुनावों में शेख़ के निर्देश पर फ़ारुक अब्दुल्ला ने देश भर में इंदिरा गाँधी के पक्ष में चुनाव प्रचार किया था और इंदिरा का यह क़दम कश्मीर और भारत के बीच भरोसा मज़बूत करने की दिशा में एक ठोस पहल लग रहा था। लेकिन जैसा कि बलराज पुरी कहते हैं, 'कश्मीर समस्या को दुबारा ज़िंदा करने के लिए असाधारण प्रतिभा की आवश्यकता थी।'[26] 1983 से 1987 का इतिहास पहले इंदिरा गाँधी और फिर राजीव गाँधी की अभूतपूर्व राजनैतिक ग़लतियों और फ़ारुक अब्दुल्ला की अपरिपक्वता से कश्मीर समस्या को पुनर्जीवित करने का इतिहास है। तारिक़ अली लिखते हैं—

> इस्लामाबाद का ध्यान कहीं और था और भारत 1980 के दशक में कश्मीर समस्या का एक सौहार्दपूर्ण हल कर सकता था। लेकिन इस दशक के दौरान भारत ने कश्मीर में बढ़ी हुई आक्रामकता के साथ हस्तक्षेप किया, चुनी हुई सरकारों को बर्ख़ास्त किया, आपात स्थिति लागू की, नर्म और कठोर राज्यपाल भेजे।[27]

अपने पिता की गिरफ़्तारी का लगभग पूरा वक्फा इंग्लैण्ड में गुज़ारने वाले युवा और उत्साही फ़ारुक अब्दुल्ला को कुछ समस्याएँ विरसे में मिली थीं और कुछ अपने अनुभवहीन अतिउत्साह में उन्होंने पैदा कर लीं। सत्ताओं के परिवर्तन के बावजूद भ्रष्टाचार कश्मीरी प्रशासन का अभिन्न हिस्सा बन चुका था। फ़ारुक ने उसके ख़िलाफ़ जंग छेड़ना तय किया तो साथ ही इस बहाने पार्टी में अपने प्रतिद्वंद्वियों को निपटाना भी–जी.एम.शाह और डी.डी. ठाकुर जैसे बड़े नेताओं को सार्वजनिक रूप से भ्रष्ट बताते हुए कैबिनेट में शामिल नहीं किया गया। भ्रष्टाचार के आरोपों की जाँच करने के लिए न्यायिक आयोग बनाये गए तो जाँच की आँच जिन पर आई उन्हें फ़ारुक के ख़िलाफ़ होना ही था। सैद्धांतिक किताबों में भले इसे एक युवा के सकारात्मक उत्साह और पवित्र लक्ष्य की तरह देखा जाए लेकिन व्यावहारिक राजनीति में यह पहले क़दम फूँक-फूँक कर रखने की जगह आत्महंता जल्दबाज़ी है। राजनीति में पगे पके अनुभवी लोग मौक़ा मिलते ही पीठ में छुरा भोंकने को तैयार रहते हैं तो आपका एक अपरिपक्व क़दम उनको पर्याप्त मौक़े दे सकता है, और फ़ारुक ने ऐसे कई क़दम उठाये।

सबसे पहली जिस समस्या से उन्हें रू-ब-रू होना पड़ा वह थी 'जम्मू एंड कश्मीर ग्रांट ऑफ़ परमिट फॉर रिसेटलमेंट इन (ऑर परमानेंट रिटर्न टू) द स्टेट बिल' (संक्षेप में

'पुनर्वास बिल')।[28] शेख़ अब्दुल्ला द्वारा प्रस्तुत और जम्मू और कश्मीर विधानसभा द्वारा पारित इस बिल का उद्देश्य 14 मई 1954 के पहले कश्मीर से बाहर गए किसी कश्मीरी नागरिक या उसके वारिसों (पत्नी या विधवा) को भारतीय तथा जम्मू और कश्मीर के संविधान के प्रति निष्ठा की शपथ लेने पर कश्मीर लौटने का अधिकार देता था। इस बिल को लेकर विवाद पहले भी हुआ था। विधानसभा के भीतर कांग्रेस और अवामी एक्शन कमेटी के अलावा सभी दलों के सदस्यों ने इस पर असहमति ज़ाहिर की थी। भारतीय जनता पार्टी इसे 'उपद्रवी क़ानून' कह रही थी तो जनता पार्टी के तत्कालीन महासचिव सैयद शहाबुद्दीन ने कहा कि, 'यह क़ानून केन्द्र सरकार के नागरिकता प्रदान करने के एकल अधिकार का उल्लंघन है।' कांग्रेस के डॉ. करण सिंह ने इस बिल को 'भयानक संभावनाओं से भरा हुआ' बताया था।[29] असल में इस क़ानून के बाद सबसे बड़ा ख़तरा पाकिस्तान अधिकृत कश्मीर से भारत विरोधी तत्त्वों के आने का था तो एक भय 1947 के बाद जम्मू में बसे विस्थापितों का भी था कि वहाँ से पलायित मुसलमानों की जो सम्पत्तियाँ उन्हें दी गई हैं वे उनके लौटने पर छिन जायेंगी।[30] इस बिल को विधानसभा में पास हो जाने के बावजूद अभी राज्य के तत्कालीन राज्यपाल बी.के. नेहरू की सहमति नहीं मिली थी और एक तरह से यह ठंडे बस्ते में ही पड़ा था। लेकिन फ़ारुक के शपथग्रहण के नौवें दिन ही राज्यपाल ने इसे वापस कर दिया और फ़ारुक ने इसे निजी अपमान की तरह लिया। वैसे भी जिस पिता की विरासत के रूप में उन्हें सत्ता मिली थी उसके आख़िरी बिल से वह किनारा नहीं कर सकते थे। बिल को दोबारा पेश किया गया। टकराव एकदम सुनिश्चित था कि विधानसभा में कांग्रेस के वरिष्ठ नेता मंगत राम ने 'शान्ति और धीरज' से इस पर विचार करने की अपील की और फ़ारुक ने इसे 4 अक्टूबर तक के लिए टाल दिया। इस बीच फ़ारुक दिल्ली गए और इंदिरा गाँधी से मुलाक़ात के दौरान एक फार्मूला निकला जिसके तहत 4 अक्टूबर को यह बिल विधानसभा में पास किया गया लेकिन साथ ही फ़ारुक ने घोषणा की कि जब तक सुप्रीम कोर्ट इस सम्बन्ध में फ़ैसला नहीं सुना देता तब तक यह बिल वैध नहीं माना जाएगा।[31†]

लेकिन अभी विवादों को और बढ़ना था। फ़ारुक पार्टी के भीतर और बाहर अपना प्राधिकार स्थापित करने के लिए जल्द से जल्द चुनाव चाहते थे। श्रीमती गाँधी ने उनके सामने नेशनल कॉन्फ्रेंस और कांग्रेस के गठबंधन का प्रस्ताव रखा। फ़ारुक राज़ी नहीं हुए। फ़ारुक चाहते थे कि दोनों पार्टियाँ चुनाव अलग-अलग लड़ें और अगर ज़रूरी हो तो बाद में उनके बीच गठबंधन हो। इंदिरा गाँधी ने इसे प्रतिष्ठा का सवाल बना लिया। पूरे दस दिन उन्होंने जम्मू और कश्मीर में चुनाव प्रचार किया। 'पुनर्वास बिल' को मुद्दा बनाया गया और जम्मू में साम्प्रदायिक ध्रुवीकरण जैसी स्थिति पैदा हुई। परिणामस्वरूप भाजपा की परम्परागत सीटों पर कांग्रेस ने कब्ज़ा किया और 26 सीटें तथा 30.1 फ़ीसदी वोट हासिल किये लेकिन घाटी में उसे कोई उल्लेखनीय सफलता नहीं मिली। वहीं नेशनल कॉन्फ्रेंस न केवल घाटी में अपनी पकड़ बनाये रखने में सफल हुई बल्कि जम्मू में भी उसने पिछली

[†]यह बिल आज तक सुप्रीम कोर्ट में विचाराधीन है। (http://www/thehindu/com/news/national/JampK-resettlement-law-SC-hints-referring-it-to-larger-Bench/article14572823.ece)

बार से एक सीट अधिक जीती और 46 सीटों के साथ बहुमत हासिल किया। भीम सिंह की पैंथर्स पार्टी और अब्दुल गनी लोन की पीपुल्स कॉन्फ्रेंस को एक-एक सीट पर सफलता मिली और बाक़ी दो सीटें निर्दलियों के खाते में गईं। नेशनल कॉन्फ्रेंस और कांग्रेस के बीच हिन्दू और मुस्लिम वोटों के ध्रुवीकरण का असर यह हुआ कि न तो भाजपा जम्मू क्षेत्र में कोई सीट जीत सकी न जमात-ए-इस्लामी घाटी में। जीत के लिए न केवल इन चुनावों में अनैतिक तरीक़ों का इस्तेमाल हुआ बल्कि फ़ारुक ने तीस के दशक से ही शेख़ के धुर विरोधी रहे मीर वायज़ से भी हाथ मिला लिया।[32]

कांग्रेस और नेशनल कॉन्फ्रेंस के बीच जो तिक्तता इन चुनावों में पैदा हुई उसका असर चुनावों के बाद भी ख़त्म नहीं हुआ। चुनावों में भारी जीत से उत्साहित फ़ारुक ने अपने पिता की कश्मीर में केन्द्रित रहने की नीति को त्याग कर श्रीनगर की जामा मस्ज़िद में घोषणा की कि 'मैं उनसे (कांग्रेस से) देश की हर गली, हर नुक्कड़ पर लड़ूँ। मेरी परीक्षा पूरी हुई। लेकिन उन्हें जल्दी ही देश भर में मतदाताओं का सामना करना है और देखते हैं कि वे कैसे उनका सामना करते हैं।' 1984 के लोकसभा चुनाव नज़दीक थे और फ़ारुक विपक्षी दलों के साथ हो लिए। 1983 में हुए चुनावों में कांग्रेस ने दक्षिण में आंध्र प्रदेश और कर्नाटक में मुँह की खाई। एन.टी. रामाराव ने विपक्षी एकता मज़बूत करने के लिए 28 मई 1983 को विजयवाड़ा में 14 प्रमुख विपक्षी नेताओं की रैली बुलाई जिसमें फ़ारुक भी शामिल हुए। यही नहीं, 5-7 अक्टूबर को उन्होंने श्रीनगर में केन्द्र-राज्य रिश्तों को लेकर 17 ग़ैर-कांग्रेसी पार्टियों का एक सम्मेलन भी किया। इंदिरा गाँधी के लिए यह एक आघात जैसा था।[33]

इधर राष्ट्रीय पहचान बनाने को व्याकुल फ़ारुक के अपने प्रदेश, पार्टी और परिवार में सब ठीक-ठाक नहीं चल रहा था। 15 अगस्त को राज्य में बम विस्फ़ोट हुए थे तो कांग्रेस की एक रैली के दौरान पुलिस फायरिंग में चार लोगों के मारे जाने के बाद फ़ारुक पर देशविरोधी तत्त्वों के साथ तालमेल का आरोप लगाया गया। ऐसे में जी.एम. शाह और डी.डी. ठाकुर को अपना बदला लेने का अवसर स्पष्ट दिखने लगा। शाह के एक समर्थक शेख़ अब्दुल जब्बार ने फ़ारुक को बर्ख़ास्त करने की याचिका राष्ट्रपति को भेजी[34] तो यह स्पष्ट था कि फ़ारुक को हटाने की तैयारियाँ शुरू हो गई हैं और इंदिरा गाँधी को उनकी शह हासिल है। इसका अवसर उन्हें जल्द मिला जब 13 अक्टूबर 1983 के दौरान श्रीनगर में हो रहे भारत और वेस्ट इंडीज़ के बीच चल रहे एक दिवसीय क्रिकेट मैच के दौरान उपद्रवी तत्त्वों ने न केवल मैच में बाधा पहुँचाने की कोशिश की बल्कि भारतीय खिलाड़ियों को हूट भी किया और ख़ुलेआम जमात-ए-इस्लामी के झंडे लहराए। चूँकि जमात का झंडा पाकिस्तानी झंडे से मिलता-जुलता है तो राष्ट्रीय प्रेस में पाकिस्तानी झंडे फहराए जाने की ख़बर फ़ैल गई। दूरदर्शन और ऑल इंडिया रेडियो पर भी श्रीनगर में क़ानून व्यवस्था की स्थिति के बिगड़ने की ख़बरें नमक-मिर्च लगाकर परोसी गईं। दिल्ली से श्रीनगर तक पसरे षड्यंत्रों के बीच फ़ारुक फरवरी, 84 में विधानसभा में विश्वास प्रस्ताव लाये और सफल भी रहे। लेकिन षड्यंत्र रुकने वाले नहीं थे। राज्यपाल बी.के. नेहरू इस खेल में शामिल

होने के लिए सहमत नहीं थे। उनका मानना था कि फ़ारुक की बर्खास्तगी का कश्मीर के हालात पर बुरा असर पड़ेगा। लेकिन इंदिरा जैसे यह तय कर चुकी थीं। बी.के. नेहरू को गुजरात स्थानांतरित कर दिया गया और अप्रैल 1984 में जगमोहन को राज्यपाल बनाकर श्रीनगर भेजा गया। जगमोहन को भविष्य में कश्मीर के इतिहास में एक महत्त्वपूर्ण भूमिका निभाते हुए कश्मीरियों के लिए खलनायक और हिन्दू राष्ट्रवादियों के लिए नायक की तरह दर्ज होना था। लेकिन इस तैनाती में उनकी भूमिका सीमित थी।

आगे का क़िस्सा मुख्तसर–सा है। जी.एम. शाह के नेतृत्व में 1 जुलाई को नेशनल कॉन्फ्रेंस के 13 विधायकों ने राज्यपाल से संपर्क किया और समर्थन वापस लेने की बात कही। जगमोहन ने उनका पूरा सहयोग किया और फ़ारुक की जल्दबाज़ी तथा भावुकता ने उनका काम आसान कर दिया। वह अपने पिता की तरह जम्मू और कश्मीर के संविधान की धारा 92 के तहत विधानसभा भंग कराकर चुनाव कराने की माँग कर सकते थे लेकिन उन्होंने इसी धारा के तहत विधानसभा भंग करके राष्ट्रपति शासन लगाने की माँग की। दिल्ली इस पर राज़ी नहीं थी और अंततः उसी शाम जी.एम. शाह को मुख्यमंत्री पद की शपथ दिलाई गई। शाह ने सभी 13 विधायकों को कैबिनेट मंत्री बना दिया। 31 जुलाई को हंगामाखेज़ माहौल में शाह ने बहुमत साबित कर दिया और कश्मीर के इतिहास में शायद सबसे भ्रष्ट सरकार का दौर अगले ढाई साल सत्ता में रहा। शाह को कश्मीरी जनता का तीख़ा विरोध झेलना पड़ा। सत्ता के पहले 90 दिनों में 72 दिनों तक कर्फ़्यू लगा रहा और जनता ने इसे 'कर्फ़्यू सरकार' का नाम दिया। कश्मीर में मुस्लिम कट्टरपंथियों और जम्मू में हिन्दू कट्टरपंथियों को साधने की कोशिश की गई और 1986 में बाबरी का ताला खोलने के निर्णय के बाद पहली बार अनंतनाग में कश्मीरी पंडितों के घर और मंदिर जलाने की घटनाएँ हुईं।[35] अनंतनाग मुफ़्ती मोहम्मद सईद का क्षेत्र था और उन पर ये दंगे भड़काने का आरोप लगाया। जी.एम. शाह के साथ पार्टी छोड़ने वाले ग़ुलाम मोहम्मद मीर के मुताबिक़, 'कश्मीरी पंडितों के ख़िलाफ़ असुरक्षा का माहौल बनाया गया था। मुफ़्ती साहब इसके पीछे थे।' विस्थापित कश्मीरी पंडितों के संगठन पनुन कश्मीर के अध्यक्ष अजय कुमार चंग्रू का भी मानना है कि इन दंगों के पीछे मुफ़्ती थे। उनका कहना है कि कांग्रेस ने इसकी जाँच के लिए एक समिति भी बनाई थी लेकिन उसकी रिपोर्ट सार्वजनिक नहीं की गई। इन सबके पीछे मुफ़्ती की मुख्यमंत्री बनने की महत्त्वाकांक्षा थी।[36]

इस बीच 31 अक्टूबर 1984 को इंदिरा गाँधी अपने ही अंगरक्षकों की गोलियों की शिक़ार हुईं, देश ने सिखों के ख़िलाफ़ साम्प्रदायिक हत्याओं का एक भयानक दौर देखा और इसी साल हुए चुनावों में राजीव गाँधी अभूतपूर्व बहुमत से देश के प्रधानमंत्री बने। इन चुनावों में श्रीनगर लोकसभा से जी.एम. शाह ने अपने बेटे मुजफ्फर शाह को टिकट दिया और उनके मुक़ाबिल थे फ़ारुक अब्दुल्ला। चुनावों में मुजफ़्फ़र शाह को जिताने के लिए पूरी राज्य मशीनरी लगा दी लेकिन अंततः फ़ारुक जीते। जनवरी, 85 में राजीव और फ़ारुक की मुलाक़ात हुई। मुफ़्ती ख़ुद मुख्यमंत्री बनना चाहते थे लेकिन राजीव ने फ़ारुक से समझौता करना उचित समझा। 7 मार्च 1986 को जी.एम. शाह की सरकार बर्ख़ास्त कर दी गई और

आज़ादी के बाद पहली बार कश्मीर में राष्ट्रपति शासन लगा। जगमोहन अगले छह महीने कश्मीर के प्रशासक रहे। राजीव गाँधी ने कांग्रेस-नेशनल कॉन्फ्रेंस गठबंधन का प्रस्ताव रखा और इस बार फ़ारुक अंततः इसके लिए राज़ी हो गए।[37] बलराज पुरी लिखते हैं—फ़ारुक की देशभक्ति पर से संदेह जल्द ही दूर हो गए और ज्यों ही उन्होंने विपक्ष से सम्बन्ध तोड़कर कांग्रेस से सम्बन्ध सुधार लिए उन्हें देशभक्ति का प्रमाणपत्र जारी कर दिया गया।[38]

1987 में एक और महत्त्वपूर्ण घटना हुई थी। सैयद अली शाह गीलानी की जमात-ए-इस्लामी, जमात-ए-तुलबा, उम्मत-ए-इस्लामी, जमीयत-ए-अहल-ए-हदीस, अंजुमन-तहफ़ुज़-उल-इस्लाम इत्तिहाद-उल-मुसलमीन, मुस्लिम इम्प्लाइज़ एसोसिएशन जैसे प्लेबिसाईट समर्थक और इस्लामी कट्टरपंथ की प्रतिनिधि पार्टियों ने मिलकर मुस्लिम यूनाइटेड फ्रंट बनाया।[39] इस संगठन को आगे जाकर हुर्रियत कॉन्फ्रेंस में बदल जाना था।

23 मार्च 1987 को हुए कश्मीर विधानसभा चुनाव कश्मीर के चुनावी इतिहास में एक बदनुमा दाग़ की तरह है। ये चुनाव अपने आप में विडम्बनाओं से भरे हुए थे। फ़ारुक को बर्खास्तगी के षड्यंत्रकारी मुफ़्ती मोहम्मद सईद से बदला लेना था। मुफ़्ती को मुख्यमंत्री पद अपने हाथ से निकल जाने का अफ़सोस था तो दिल से फ़ारुक को कभी अपना नेता न मान पाने के बावजूद उन्हें प्रचार करना था। इस प्रचार की एक बानगी प्रवीण डोंथी देते हैं। उस समय कांग्रेस की वरिष्ठ नेता नज़मा हेपतुल्ला की उपस्थिति में अनंतनाग के खानबल में चुनाव प्रचार के दौरान कांग्रेस के लिए वोट माँगते हुए मुफ़्ती ने अपनी जेब से क़लम निकाली और लगातार उसे एक हाथ से दूसरे हाथ में फिराते रहे और अपना ख़ाली हाथ काल्पनिक दाढ़ी पर फिराते रहे—क़लम दवात मुस्लिम यूनाइटेड फ्रंट का चुनाव चिह्न था और इसके उम्मीदवार की लम्बी दाढ़ी थी।[40] चुनाव के पहले जनता में एक तरह का उत्साह भी था। मुस्लिम यूनाइटेड फ्रंट की कोई एक विचारधारा नहीं थी लेकिन इसने अब्दुल्ला परिवार, भ्रष्टाचार और विकास से महरूमियत के ख़िलाफ़ नाराज़ शिक्षित बेरोज़गारों, ग्रामीणों तथा किसानों को एक मंच दे दिया था। हज़ारों लोग पहली बार राजनीति में शामिल हुए थे। कश्मीरी क्षेत्रीय अस्मिता की एम.यू.एफ़. की अपील ने लोगों को गहरे प्रभावित किया था और बड़ी संख्या में युवा इसके स्वयंसेवक बनकर सक्रिय हुए थे। उन दिनों नेशनल कॉन्फ्रेंस की एक प्रमुख सदस्य रही खेमलता वाख्लू कहती हैं—'लोगों की ज़बान पर बस एक ही बात थी कि लोकतंत्र में हम अपनी पसंद की पार्टी को चुनेंगे। एक ऐसी पार्टी को जो लोगों की उम्मीदों पर खरी उतरेगी और हमारी समस्याएँ सुलझाएगी।' इन उम्मीदों के साथ जनता ने इस चुनाव में बढ़-चढ़ कर हिस्सा लिया।[41]

लेकिन इन चुनावों में धाँधली की हर सीमा पार हो गई। विस्तार में जाने की जगह एक उदाहरण ले लेते हैं जिसकी व्यंजना इस चुनाव और इसके परिणामों को समझने के लिए काफ़ी होगी। श्रीनगर के अमीराकदल से मोहम्मद युसुफ़ शाह मुस्लिम युनाइटेड फ्रंट के उम्मीदवार थे। बेमिना डिग्री कॉलेज में मतगणना शुरू हुई। इसके पहले दो चुनावों में हार चुके मोहम्मद युसुफ़ शाह लगातार आगे चल रहे थे। रुझानों से स्पष्ट था कि युसुफ़ शाह इन चुनावों में बड़े अंतर से जीत रहे थे। नेशनल कॉन्फ्रेंस के मोइउद्दीन शाह इस क़दर निराश

हुए कि मतगणना के बीच से ही उठकर घर चले गए। लेकिन थोड़ी देर बाद मतगणना अधिकारी ने उन्हें वापस बुलवाया और विजयी घोषित कर दिया! जनता सड़कों पर आ गई और विरोध शुरू हो गया तो पुलिस ने युसुफ़ शाह और उनके एजेंट को गिरफ़्तार कर लिया। अगले 20 महीने दोनों बिना किसी केस के जेल में रहे—मोहम्मद युसुफ़ शाह जेल से निकलने के बाद सैयद सलाहुद्दीन के नाम से जाना गया और उसके एजेंट का नाम था यासीन मलिक।[42]

नेशनल कॉन्फ्रेंस और कांग्रेस का गठबंधन चुनावों में सफल रहा और उसे 63 सीटें मिलीं। एम.यू.एफ़ को 4 सीटें मिलीं जिनमें से एक सैयद अली शाह गीलानी भी थे। भाजपा को दो सीटें मिलीं और 4 सीटें आज़ाद उम्मीदवारों को। भदरवाह, लेह और कारगिल में चुनाव जून में हुए और उनमें भी गठबंधन विजयी रहा। विशेषज्ञों के अनुसार अपने पर्याप्त असर के बावजूद मुस्लिम यूनाइटेड फ्रंट इन चुनावों में हद से हद 15–20 सीटें जीत सकती थी।[43] नेशनल कॉन्फ्रेंस और कांग्रेस की सरकार शायद बिना धाँधली के भी बन सकती थी, लेकिन इस धाँधली से कश्मीरी जनता का चुनावों से जो मोहभंग हुआ उसने 1977 में पैदा हुई उम्मीदों को ध्वस्त कर दिया। बड़ी संख्या में कश्मीरी नौजवानों का यह असंतोष अगले दशक के आतंकवादी आन्दोलन में परिणत हुआ। यह दशक कश्मीर के इतिहास का सबसे ख़ूनी दशक होना था जिसके निशान अब तक धोये नहीं जा सके हैं।

1993 में *इंडिया टुडे* के पत्रकार हरिंदर बावेजा ने जब फ़ारुक से पूछा कि क्या यह समस्या इसलिए नहीं पैदा हुई कि आपने चुनावों में धाँधली की तो फ़ारुक का जवाब था—मैं यह नहीं कह रहा कि धाँधली नहीं हुई थी। लेकिन मैंने नहीं करवाई थी।[44]

इसके बाद से अलगाववादियों ने हर चुनाव में बहिष्कार की अपील की और दुर्भाग्य से वह काफ़ी हद तक सफल भी रही।

संदर्भ सूची

1. देखें, पृष्ठ 159, *कश्मीर : बिहाइंड द वेल,* एम.जे. अकबर, रोली बुक्स, छठा संस्करण, दिल्ली—2011
2. देखें, *अ शॉर्ट हिस्ट्री ऑफ़ इलेक्शंस इन कश्मीर,* संजय काक, *कारवाँ,* 25 नवम्बर 2014
3. देखें, पृष्ठ 29, *कश्मीर आफ़्टर इंसरजेंसी,* बलराज पुरी, ओरियेंट लॉन्गमैन प्राइवेट लिमिटेड, तीसरा संस्करण, दिल्ली-2008
4. देखें, बीबीसी की वेबसाईट पर अल्ताफ हुसैन का लेख, http://news.bbc.co.uk/1/hi/world/south_asia/2223364.stm
5. देखें, पृष्ठ 162-63, *कश्मीर एंड शेर-ए-कश्मीर : अ रिवोल्यूशन डीरेल्ड,* पी.एल.डी. परिमू, चिनार पब्लिशिंग, अहमदाबाद—2012
6. देखें, पृष्ठ 20, *कश्मीर : द केस फ़ॉर फ्रीडम* (सं) पंकज मिश्रा में तारिक़ अली का लेख 'द स्टोरी ऑफ़ कश्मीर,' वर्सो, लन्दन-2011
7. देखें, पृष्ठ 171-72, *कश्मीर : बिहाइंड द वेल,* एम.जे. अकबर, रोली बुक्स, छठा संस्करण, दिल्ली—2011
8. देखें, पृष्ठ 29, *कश्मीर आफ़्टर इंसरजेंसी,* बलराज पुरी, ओरियेंट लॉन्गमैन प्राइवेट लिमिटेड, तीसरा संस्करण,दिल्ली-2008
9. देखें, पृष्ठ 164, *फ़्लेम्स ऑफ़ चिनार,* शेख़ अब्दुल्ला, (अनुवाद—खुशवंत सिंह), पेंगुइन-दिल्ली-1993
10. देखें, पृष्ठ 37, *कश्मीर आफ़्टर इंसरजेंसी,* बलराज पुरी, ओरियेंट लॉन्गमैन प्राइवेट लिमिटेड, तीसरा संस्करण,दिल्ली-2008
11. देखें, पृष्ठ 164, *फ़्लेम्स ऑफ़ चिनार,* शेख़ अब्दुल्ला, (अनुवाद—खुशवंत सिंह), पेंगुइन-दिल्ली-1993
12. देखें, पृष्ठ 189, *कश्मीर : बिहाइंड द वेल,* एम.जे. अकबर, रोली बुक्स, छठा संस्करण, दिल्ली—2011
13. देखें, वही, पृष्ठ-190
14. देखें, पृष्ठ 188-89, *कश्मीर एंड शेर-ए-कश्मीर : अ रिवोल्यूशन डीरेल्ड,* पी.एल.डी. परिमू, चिनार पब्लिशिंग, अहमदाबाद, 2012
15. देखें, वही, पृष्ठ 1998-200
16. देखें, पृष्ठ 189, *कश्मीर : बिहाइंड द वेल,* एम.जे. अकबर, रोली बुक्स, छठा संस्करण, दिल्ली—2011
17. देखें, पृष्ठ 201-202, *कश्मीर एंड शेर-ए-कश्मीर : अ रिवोल्यूशन डीरेल्ड,* पी.एल.डी. परिमू, चिनार पब्लिशिंग, अहमदाबाद, 2012
18. देखें, पृष्ठ 191, *कश्मीर : बिहाइंड द वेल,* एम.जे. अकबर, रोली बुक्स, छठा संस्करण, दिल्ली—2011
19. देखें, पृष्ठ 207, *कश्मीर एंड शेर-ए-कश्मीर : अ रिवोल्यूशन डीरेल्ड,* पी.एल.डी. परिमू, चिनार पब्लिशिंग—अहमदाबाद, 2012
20. देखें, *अ शॉर्ट हिस्ट्री ऑफ़ इलेक्शंस इन कश्मीर,* संजय काक, *कारवाँ,* 25 नवम्बर 1914
21. देखें, पृष्ठ 48-49, *माय कश्मीर : डाइंग ऑफ़ द लाईट,* वजाहत हबीबुल्लाह, पेंगुइन बुक्स, दिल्ली-2014
22. देखें, पृष्ठ 213, *कश्मीर एंड शेर-ए-कश्मीर : अ रिवोल्यूशन डीरेल्ड,* पी.एल.डी. परिमू, चिनार पब्लिशिंग, अहमदाबाद, 2012
23. देखें, वही, पृष्ठ 216
24. देखें, वही, पृष्ठ-214
25. देखें, पृष्ठ 194, *कश्मीर : बिहाइंड द वेल,* एम.जे. अकबर, रोली बुक्स, छठा संस्करण, दिल्ली—2011
26. देखें, पृष्ठ 37, *कश्मीर आफ़्टर इंसरजेंसी,* बलराज पुरी, ओरियेंट लॉन्गमैन प्राइवेट लिमिटेड, तीसरा संस्करण, दिल्ली-2008
27. देखें, पृष्ठ 22, *कश्मीर : द केस फ़ॉर फ्रीडम* (सं) पंकज मिश्रा में तारिक़ अली का लेख 'द स्टोरी ऑफ़ कश्मीर,' वर्सो, लन्दन-2011

28. विस्तार के लिए देखें http://www.lawsofindia.org/statelaw/6400/TheJammuandKashmirGrantofPermitforResettlementinorPermanentreturntotheStateAct1982.html
29. देखें, *इंडिया टुडे* के 15 जून 1982 के अंक में गुलाम नबी ख़याल का लेख 'जम्मू एंड कश्मीर : द रिसेटलमेंट रो'
30. देखें, पृष्ठ 198, *कश्मीर : बिहाइंड द वेल,* एम.जे. अकबर, रोली बुक्स, छठा संस्करण, दिल्ली—2011
31. देखें, वही, 198-199
32. देखें, एम.जे. अकबर, पृष्ठ 202-203, परिमू 228-229
33. देखें, वही पृष्ठ 204
34. देखें, पृष्ठ 230, *कश्मीर एंड शेर-ए-कश्मीर : अ रिवोल्यूशन डीरेल्ड,* पी.एल.डी. परिमू, चिनार पब्लिशिंग, अहमदाबाद, 2012
35. देखें, पृष्ठ 37, *कश्मीर आफ़्टर इंसरजेंसी,* बलराज पुरी, ओरियेंट लॉन्गमैन प्राइवेट लिमिटेड, तीसरा संस्करण,दिल्ली-2008
36. देखें, *कारवाँ* के 23 मार्च 2016 में प्रकाशित प्रवीण डोंथी का आलेख 'हाउ मुफ़्ती मोहम्मद सईद शेप्ड द 1987 इलेक्शंस'
37. देखें, पृष्ठ 211-12, *कश्मीर : बिहाइंड द वेल,* एम.जे. अकबर, रोली बुक्स, छठा संस्करण, दिल्ली—2011
38. देखें, पृष्ठ 37, *कश्मीर आफ़्टर इंसरजेंसी,* बलराज पुरी, ओरियेंट लॉन्गमैन प्राइवेट लिमिटेड, तीसरा संस्करण, दिल्ली-2008
39. देखें, 2 अगस्त 2011 को अल जज़ीरा में छपा वजाहत अहमद का लेख 'रिप्रेशन एंड रेसिस्टेंस इन कश्मीर' http://www.aljazeera.com/indepth/spotlight/kashmirtheforgottenconflict /2011/07/2011726122116677591.html
40. देखें, वही
41. देखें, पृष्ठ 48, *कश्मीर : रूट्स ऑफ़ कॉन्फ़्लिक्ट पाथ टू पीस,* सुमांत्रा बोस, हावर्ड यूनिवर्सिटी प्रेस, लन्दन-2003
42. देखें, वही पृष्ठ 49
43. देखें, *कारवाँ* के 23 मार्च 2016 में प्रकाशित प्रवीण डोंथी का आलेख 'हाउ मुफ़्ती मोहम्मद सईद शेप्ड द 1987 इलेक्शंस'
44. देखें, वही

17

नब्बे का तबाही भरा दशक : विद्रोह, पलायन और दमन

कश्मीर की आज़ादी के उद्देश्य से 1965 में पाकिस्तान अधिकृत कश्मीर में अमानुल्ला खान, मक़बूल बट्ट और दूसरे कई लोगों ने मिलकर 'प्लेबिसाईट फ्रंट' नाम की पार्टी बनाई। यह पार्टी भारत और पाकिस्तान दोनों से कश्मीर के विलय के ख़िलाफ़ थी तथा भारतीय और पाकिस्तान अधिकृत कश्मीर की आज़ादी की माँग करती थी। इस पार्टी ने अपना एक सशस्त्र विंग भी बनाया जिसका नाम 'जम्मू एंड कश्मीर नेशनल लिबरेशन फ्रंट' रखा गया। इस संगठन का मानना था कि अल्जीरिया की तरह सशस्त्र संघर्ष से ही भारतीय कश्मीर को आज़ाद कराया जा सकता है। अमानुल्ला खान मूलत: गिलगिट का रहने वाला था और उर्दू साहित्य में परास्नातक मक़बूल बट्ट कुपवाड़ा का। 1958 में बट्ट पहली बार नियन्त्रण रेखा पार करके पाक अधिकृत कश्मीर में गया और जून 1966 में लौटकर घाटी आया। अगले चार महीने उसने स्थानीय युवकों को ट्रेनिंग देने और संगठन को विस्तार देने में लगाये। 14 सितम्बर 1966 को अपने कुछ साथियों के साथ हंदवारा के कुनियाल में उसकी पुलिस बल से मुठभेड़ हुई जिसमें उसका एक साथी औरंगज़ेब मारा गया। इस मुठभेड़ में स्थानीय क्राइम ब्रांच के इंस्पेक्टर अमर चंद भी मारे गए। बट्ट तथा उसके एक साथी काला खान को गिरफ़्तार कर लिया गया, मुक़दमा चला और उसे सज़ा-ए-मौत दी गई। लेकिन अगले ही साल वह एक सुरंग बनाकर जेल से बाहर निकलने और फिर सीमा पार करके पाकिस्तान पहुँच जाने में सफल रहा।[1]

यहाँ ज़रा रुककर इस घटना के समयकाल को देख लेना महत्त्वपूर्ण होगा। यह वह दौर था जब कश्मीर में शेख़ को गिरफ़्तार किया जा चुका था, 65 के युद्ध में पाकिस्तान की हार के बाद बड़ी तेज़ी से भारत से कश्मीर के एकीकरण की प्रक्रिया चल रही थी जिसके तहत धारा 370 को लगातार अप्रभावी बनाया जा रहा था। इस सब ने ही कश्मीर में वह माहौल बनाया था जिसमें बट्ट को न केवल जेल से भागने में मदद मिली बल्कि पाकिस्तान भागने से पहले भारतीय एजेंसियों को कोई महीने भर चकमा देने में सहायता भी मिली। बट्ट ने अदालत में दिए अपने भाषण में भी शेख़ की गिरफ़्तारी की चर्चा की थी। लेकिन अभी भी कश्मीरी जनता का गुस्सा इतना नहीं था कि बट्ट का आन्दोलन कोई

बड़ा रूप ले पाता। इस किस्से का अगला हिस्सा यह है कि 1971 में एक कश्मीरी युवक हाशिम क़ुरैशी की सहायता से एक यात्री विमान का अपहरण करवाया गया। हाशिम क़ुरैशी के पिता ख़लील क़ुरैशी मोइउद्दीन कारा के पोलिटिकल कॉन्फ्रेंस के सदस्य थे। 1969 में 15 साल के हाशिम की मुलाक़ात पेशावर में बट्ट से हुई और वह भारत तथा पाकिस्तान से अलग कश्मीर की आज़ादी के उसके विचार से प्रभावित हुआ और उसके संगठन में शामिल हो गया। बट्ट ने उसे भारत में गोपनीय सेल्स बनाने की ज़िम्मेदारी दी। 1970 की किसी रात खाना खाते हुए बट्ट ने विमान अपहरण की कोई ख़बर सुनी और उसे यह अंतर्राष्ट्रीय समुदाय का ध्यान खींचने के लिए मुफ़ीद तरीक़ा लगा। चार महीने हाशिम क़ुरैशी का प्रशिक्षण 1947 में जम्मू से पलायित हुए और बट्ट के सहयोगी डॉ फ़ारुक हैदर के साले और पाकिस्तानी एयरफोर्स के पूर्व पायलट जावेद मिन्टो के साथ हुआ। अगस्त, 1970 में वह जम्मू के दक्षिण सियालकोट–शकरगढ़ सेक्टर से भारत लौटा तो उसके पास एक पिस्तौल और एक ग्रेनेड था तथा विमान अपहरण की योजना। वह बी.एस.एफ़. द्वारा पकड़ा गया। जाँच पड़ताल हुई लेकिन संदेह का लाभ देते हुए न केवल उसे छोड़ दिया गया बल्कि उसकी सुनाई कहानी पर भरोसा करते हुए उसके 'कल्पित' दो साथियों को पकड़ने में कवर की तरह काम करने के लिए श्रीनगर एयरपोर्ट पर एक सब इंस्पेक्टर के तौर पर काम करने की ज़िम्मेवारी भी दे दी। हाशिम ने अपने चचेरे भाई अशराफ़ को भी तैयार किया तथा एक नक़ली प्वाइंट टू टू की पिस्तौल और लकड़ी के ग्रेनेड के सहारे वे 30 जनवरी 1971 को श्रीनगर–जम्मू–दिल्ली मार्ग के गंगा नामक फ़ोकर एफ़–27 विमान का अपहरण करने में सफल रहे। विमान लाहौर ले जाया गया जहाँ पाकिस्तान के तत्कालीन विदेश मंत्री भुट्टो दोनों अपहरणकर्ताओं का स्वागत करने पहुँचे, यात्रियों को विमान से उतार कर भुट्टो ने अपने साथ लंच कराया। पाकिस्तान से राजनैतिक शरण तथा भारत से लगभग दो दर्जन जे.के.एन.एल.एफ़. कार्यकर्ताओं को रिहा करने की माँग की गई। अंततः सभी यात्री रिहा कर भारत भेज दिए गए और विमान को जला दिया गया। भारत ने अपने वायु क्षेत्र को पाकिस्तानी विमानों के लिए प्रतिबंधित कर दिया। इसका एक फ़ायदा यह हुआ कि बांग्लादेश युद्ध के समय पाकिस्तानी विमान बांग्लादेश नहीं पहुँच सके। पाकिस्तान द्वारा इस घटना को भारतीय साजिश क़रार देते हुए दोनों अपहरणकर्ताओं सहित मक़बूल बट्ट, डॉक्टर हैदर तथा दो सौ से अधिक जे.के.एन.एल.एफ़. कार्यकर्ताओं को गिरफ़्तार कर लिया गया।[2*] इस घटना के बाद पाकिस्तान ने प्लेबिसाईट फ्रंट और जे.के.एन.एल.एफ़. दोनों को प्रतिबंधित कर दिया। मक़बूल बट्ट 1976 में भारत लौट आया। इसी साल एक बैंक डकैती की कोशिश में उसने एक बैंक क्लर्क की हत्या कर दी और पकड़ा गया। बट्ट

---

*बट्ट दो साल बाद रिहा हो पाया और हाशिम खान ने अगले नौ साल पाकिस्तान की अलग–अलग जेलों में बिताये। रिहा होकर वह हॉलैंड चला गया जहाँ से 1985 में वह पाकिस्तान लौटा। वहाँ उस पर आई.एस.आई. के लिए काम करने का दबाव था जिसके लिए वह तैयार नहीं हुआ और परिवार वहीं छोड़कर फ़र्ज़ी काग़ज़ात के सहारे हॉलैंड पहुँचा और फिर 29 सितम्बर 2000 को भारत आया जहाँ उसे गिरफ़्तार कर लिया गया. नवम्बर 2001 में ज़मानत पर रिहा होने के बाद पहले एक एन.जी.ओ. बनाकर और फिर जम्मू और कश्मीर डेमोक्रेटिक लिबरेशन पार्टी बनाकर सक्रिय है. यह पार्टी शांतिपूर्ण तरीक़ों से कश्मीर की आज़ादी की समर्थक है. (रेडिफ़डॉट कॉम पर हाशिम क़ुरैशी का साक्षात्कार http://inhome.rediff.com/news/2001/feb/14inter.htm और दुलत-107-110)

की गिरफ़्तारी के बाद अमानुल्ला खान इंग्लैण्ड चला गया। 1977 में वहाँ वह पहले से सक्रिय कश्मीर लिबरेशन आर्मी[3] से जुड़ गया। इस संगठन ने अपनी पहली कार्यवाही के रूप में 4 फ़रवरी 1984 को लन्दन के बर्मिंघम इलाक़े से भारतीय राजनायिक रविन्द्र महात्रे को तब अगवा कर लिया जब वह अपनी बेटी के लिए जन्मदिन का केक लेकर लौट रहे थे। अपहरणकर्ताओं ने एक मिलियन डॉलर की फिरौती और मक़बूल बट्ट की रिहाई की माँग की। अभी बातचीत ठीक से शुरू भी नहीं हुई थी कि 6 फ़रवरी को महात्रे की गोलियों से बिंधी लाश बर्मिंघम के पास एलम रॉक नामक जगह पर पाई गई जहाँ मीरपुरी लोग बहुतायत में रहते हैं।[4] यह बट्ट के लिए भी चौंकाने वाली बात थी[†] क्योंकि उसने राष्ट्रपति के यहाँ क्षमा याचिका लगाई हुई थी। 8 फरवरी को राष्ट्रपति ने उसकी क्षमा याचिका खारिज़ कर दी और इसके तुरंत बाद 10 फरवरी को न्यायाधीश नीलकान्त गंजू ने उसे सज़ा-ए-मौत सुनाई। अगले ही दिन उसे फाँसी देकर तिहाड़ जेल में दफ़ना दिया गया।

फाँसी के बाद बट्ट रातोंरात कश्मीर में नायक बन गया। कुपवाड़ा में बाज़ार बंद करा दिए गए। श्रीनगर में उसकी ग़ायबाना नमाज़ में इंदिरा गाँधी और फ़ारुक के ख़िलाफ़ नारे लगे। तत्कालीन विधायक और भारतीय अधिराज्य में ही कश्मीर के लिए अधिक स्वायत्तता के समर्थक अब्दुल गनी लोन ने कहा—

> कश्मीर के विलय के सवाल पर मक़बूल पहला शहीद है। केन्द्र सरकार और राज्य की फ़ारुक सरकार ने उसे शहीद बना दिया।[5]

मक़बूल बट्ट की फाँसी का दिन कश्मीर में हर साल शहीद दिवस के रूप में मनाया जाता है।

यह समय आते-आते कश्मीर की जनता का असंतोष बहुमुखी हो गया था। कश्मीर की राजनीति पर दिल्ली का नियंत्रण, प्रशासन में व्याप्त भ्रष्टाचार और आर्थिक पिछड़ापन कश्मीरी युवाओं के असंतोष को लगातार बढ़ावा दे रहा था और जैसे-जैसे इसकी लोकतांत्रिक अभिव्यक्ति का स्पेस सिकुड़ता गया वैसे-वैसे इसकी अभिव्यक्ति आज़ादी के नारों और फिर सशस्त्र संघर्ष में हुई। 1968 में जी.एम. सादिक़ ने इंदिरा गाँधी से शिक़ायत की थी 'अगर मैं आपसे कहूँ कि सुरक्षा के लिहाज़ से सेना की एक और कंपनी की ज़रूरत है तो आप तुरंत भेज देंगी लेकिन अगर मैं दो फैक्ट्रियों के लिए कहूँ तो आप बीस कारण गिना देंगी कि ऐसा नहीं किया जा सकता। ऐसे में आप बताइए कि हमारे युवा क्या करेंगे?' जम्मू और कश्मीर के उद्योगों के विकास के लिए दी गई ज़्यादातर सुविधाओं का उपयोग जम्मू क्षेत्र में हो जाता था।[6] उद्योगों का विकास न होने से सारी निर्भरता सरकारी नौकरियों पर थी और वे सीमित ही हो सकती थी। अस्सी के दशक तक आते-आते स्थितियाँ और बदतर हो गईं और इसके साथ-साथ असंतोष भी। दूसरे राज्यों में जहाँ एक पार्टी से नाराज़ जनता अगले चुनावों में सत्ता परिवर्तन कर सकती थी, भारतीय जनता ने जहाँ 1977 में इंदिरा गाँधी जैसी मज़बूत नेता को धूल चटाकर लोकतांत्रिक ताक़त का स्वाद चखा था वहीं

[†]दुलत का कहना है कि यह ज़िया उल हक़ की चाल हो सकती है। हाशिम क़ुरैशी ने भी अपने साक्षात्कार में कहा है कि इस कार्यवाही की योजना अमानुल्लाह खान ने बनाई थी।

कश्मीर में जनता की लोकतांत्रिक आकांक्षाओं को लगातार दबाया गया। इसका परिणाम यह हुआ कि सत्ता के प्रति सारा गुस्सा भारत विरोधी गुस्से में तब्दील हो गया या यों कहें कि आज़ादी समर्थक और भारत विरोधी ताक़तों के लिए उसका इस्तेमाल आसान हो गया। 1987 के चुनावों की व्यापक धाँधली ने इस प्रक्रिया को तेज़ करने में उत्प्रेरक भूमिका निभाई।

1988-89 के बीच घाटी में लगातार तनाव की स्थिति बनी रही। 10 जून को बिज़ली की अनियमित आपूर्ति तथा दरों में बढ़ोत्तरी के ख़िलाफ़ श्रीनगर में एक स्वत:स्फूर्त जुलूस सड़कों पर निकल आया, पुलिस ने गोलियाँ चलाईं और तीन लोग मारे गए। घटना की जाँच की माँग ठुकराते हुए सरकार ने इसके पीछे देशविरोधी ताक़तों के होने का आरोप लगाया। 15 जून को पूरी घाटी में बंद का एलान किया गया जो सफल रहा। जुलाई, 1988 में श्रीनगर के टेलीग्राफ़ तथा टीवी स्टेशन पर बम फेंका गया[7] लेकिन निशाना चूक गया। यह कश्मीर में अपने तरह की पहली आतंकवादी घटना थी। इसके बाद से पूरी घाटी भारत विरोधी नारों से पट गई। 14 अगस्त को पाकिस्तान का स्वतंत्रता दिवस मनाया गया जबकि 15 अगस्त को बंद का एलान किया गया और काले झंडे दिखाए गए। 17 अगस्त को ज़िया उल हक़ एक दुर्घटना में मारे गए तो घाटी में शोक सभाएँ की गईं। यह भारत विरोध ही नहीं कश्मीरी जनता के विभ्रम को भी बताता है—घाटी में भुट्टो को फाँसी देने पर ज़िया के ख़िलाफ़ नारे भी लगे थे और भुट्टो की शोकसभा भी हुई थी। सितम्बर के महीने में राज्य पुलिस के डी.आई.जी. के घर पर बम फेंका गया तो तय था कि यह आग आसानी से बुझने वाली नहीं। और ऐसे में फ़ारुक ने परिपक्वता से काम लेने की जगह बचकानी अधीरता दिखाई। उन्होंने घोषणा की—'मैं उन लोगों को ज़िंदा क़ब्र में गाड़ दूँगा जो मज़हबी भावनाएँ भड़काने की कोशिश कर रहे हैं,' 'मैं अपने राजनैतिक दुश्मनों की टाँगें तुड़वा दूँगा', 'भारत सरकार मेरे साथ है। मैं लाखों लोगों को जेल में डाल सकता हूँ,' 'देश विरोधी तत्त्वों को पाकिस्तान फिंकवा दूँगा।' और दूसरी तरफ़ वह कश्मीरी युवाओं की बेरोज़गारी की बात भी कर रहे थे, राजीव के साथ हुए समझौते के समय तय की गई सहायता न मिलने की शिक़ायत कर रहे थे, केन्द्र सरकार में कश्मीरी मुसलमानों के प्रतिनिधित्व न होने का सवाल उठा रहे थे। इसमें एक तरह का विभ्रम था और एक असहायता भी। बलराज पुरी कहते हैं कि फ़ारुक की समस्या यह थी कि वह राज्य की जनता नहीं दिल्ली की चिंता कर रहे थे। *ट्रिब्यून* के सम्पादक वी.एन. नारायण ने लिखा कि 'श्रीनगर में आम मान्यता थी कि वह दिल्ली के आदेश के बिना सरकार नहीं चला सकते और विडम्बना यह कि वह दिल्ली की मदद के बावजूद सरकार नहीं चला पा रहे थे।' आन्दोलनों को दबाने के लिए सी.आर. पी.एफ़. मँगाई गई-फ़ारुक अब जम्मू और कश्मीर पुलिस की जगह केन्द्रीय बलों पर अधिक भरोसा कर रहे थे।[8]

लेकिन स्थितियाँ लगातार बेक़ाबू होती जा रही थीं। 1989 की गर्मियों में जे.के.एल.एफ़ ने 'कश्मीर छोड़ो' का नारा दिया। माहौल सुधारने के लिए सरकार ने जुलाई में पाकिस्तान से लौटते हुए पकड़े गए ऐसे 72 लोगों को रिहा कर दिया जिन पर कोई गंभीर आरोप

नहीं थे। लेकिन इसका भी उलटा असर हुआ और अगले ही दिन सी.आर.पी.एफ़. कैम्प पर हमला हुआ और तीन जवानों को मार दिया गया।[9] 21 अगस्त 1989 को श्रीनगर में पहली राजनैतिक हत्या हुई जिसमें नेशनल कॉन्फ्रेंस के एक ब्लॉक अध्यक्ष मोहम्मद युसुफ हलवाई को गोली मार दी गई। सरकार ने मामले की गंभीरता को समझने और गंभीर क़दम उठाने की जगह प्रेस को नियंत्रित करने वाला जम्मू और कश्मीर स्पेशल पॉवर (प्रेस) बिल जल्दबाज़ी में विधानसभा में पेश कर दिया। नतीजा एक और हड़ताल। फिर 14 सितम्बर को हब्बा कादल में घाटी के एक प्रमुख हिन्दूवादी नेता और वक़ील टीका राम टिपलू तथा 4 नवम्बर को मक़बूल बट्ट को सज़ा देने वाले न्यायाधीश नीलकांत गंजू की भी हत्या कर दी गई। हत्याओं की ज़िम्मेदारी जे.के.एल.एफ़. ने ली और दावा किया कि ये हत्याएँ किसी धार्मिक कारण से नहीं बल्कि राजनैतिक कारण से की गई हैं। लेकिन इन हत्याओं ने पंडितों के बीच असंतोष और भय दोनों पैदा किये।[10]

अस्सी के दशक में आज़ादी समर्थक आन्दोलन की कमान पाकिस्तान अधिकृत कश्मीर में अमानुल्ला खान के हाथ में थी। उसके द्वारा स्थापित जम्मू और कश्मीर लिबरेशन फ्रंट कश्मीर में सबसे प्रभावी संगठन बनकर उभरा और भारत या पाकिस्तान में विलय की जगह एक आज़ाद कश्मीर की माँग तेज़ी से उभरी जिसमें पाकिस्तान अधिकृत कश्मीर के दोनों हिस्से, जम्मू और कश्मीर घाटी को मिलाकर एक स्वतंत्र देश बनाने की बात थी। 1989 तक भारी संख्या में कश्मीरी युवा पाकिस्तान अधिकृत कश्मीर में गए थे जहाँ उन्हें प्रशिक्षण और हथियार मुहैया कराये गए थे। अमानुल्ला खान इन दिनों पाकिस्तान अधिकृत कश्मीर और लंदन तथा दुनिया के दूसरे हिस्सों में रहता था और[11] कश्मीर के अन्दर जे.के.एल.एफ़. की कमान यासीन मलिक के हाथों में थी, हामिद शेख़, अशफाक़ माजिद वानी, जावेद मीर और यासीन मलिक के नाम पर जे.के.एल.एफ़. के नेतृत्वकारी निकाय को एच.ए.जे.वाय. (हाजी) कहा जाता था।[12] उस दौर में इस समूह का असर इसी बात से समझा जा सकता है कि जब 1989 में राजीव गाँधी ने देश के लोकसभा चुनावों के साथ कश्मीर में भी चुनाव कराने के निर्णय लिए तो जे.के.एल.एफ़. के बहिष्कार की घोषणा के चलते बारामूला में एक वोट नहीं पड़ा, सोपोर में पाँच वोट पड़े, श्रीनगर में नेशनल कॉन्फ्रेंस के अलावा किसी और पार्टी से किसी ने पर्चा ही नहीं भरा![13]

दिसम्बर महीना कश्मीर के आतंकवादी आन्दोलन के इतिहास में हमेशा के लिए दर्ज हो जाना था।

रूबिया सईद का अपहरण और आतंकवादी आन्दोलन का दूसरा चरण

2 दिसम्बर 1989 में भारत की राजनीति में एक बड़ा परिवर्तन आया और 84 के चुनावों में विशाल बहुमत से सत्ता में आई राजीव गाँधी सरकार को अपदस्थ कर उनके पूर्व सहयोगी विश्वनाथ प्रताप सिंह प्रधानमंत्री बने जिनकी सरकार को भाजपा और वामपंथी दलों का समर्थन हासिल था। इस सरकार में मुफ़्ती मोहम्मद सईद को गृहमंत्री बनाया गया। मुफ़्ती

अरुण नेहरू तथा दूसरे कई लोगों के साथ पाला बदलकर वी.पी. सिंह के जनमोर्चा का हिस्सा बन गए थे। एक कश्मीरी मुसलमान को गृहमंत्री बनाकर वी.पी. सिंह शायद कश्मीरियों को कोई सकारात्मक सन्देश देना चाह रहे थे। लेकिन इसके चार दिन बाद ही वह घटना घटी जिसने कश्मीर के समकालीन इतिहास में सबसे भयानक दौर को जन्म दिया।

8 दिसम्बर को पौने चार बजे के आस-पास जब मुफ़्ती मोहम्मद सईद की मंझली बेटी डॉ. रूबिया सईद ललद्यद अस्पताल से घर लौट रही थीं तो उन्हें मिनी बस से उतार कर एक मारूति कार में डालकर सोपोर ले जाया गया। सोपोर सीमावर्ती इलाक़े में है और उन दिनों लगभग मुक्ति क्षेत्र जैसा बन गया था।[14] इस अपहरण से हड़कंप मच गया। एक अविवाहित लड़की के अपहरण जैसे ग़ैर इस्लामी कारनामे को लेकर घाटी में लोगों में एक नाराज़गी भी थी। रूबिया की रिहाई के बदले पहले 3 और फिर 5 आतंकवादियों की रिहाई की माँग की गई। उस समय कश्मीर में आई.बी. के प्रमुख रहे दुलत का मानना है कि उस वक़्त रूबिया को बिना किसी सौदेबाज़ी के भी छुड़ाया जा सकता था और इसमें स्थानीय लोग तथा नेतृत्व भी मदद कर रहा था। फ़ारुक अब्दुल्ला किसी सूरत में रिहाई के लिए तैयार नहीं थे। लेकिन 13 दिसम्बर को दिल्ली से दो केन्द्रीय मंत्री इन्दर कुमार गुजराल (जो बाद में थोड़े समय के लिए प्रधानमंत्री बने) और आरिफ़ मोहम्मद खान श्रीनगर पहुँचे। फ़ारुक की इस चेतावनी के बावजूद कि अगर आतंकवादियों को रिहा किया गया तो कश्मीर में इसकी भारी क़ीमत चुकानी पड़ेगी, हामिद शेख़, शेर खान, नूर मोहम्मद, अल्ताफ़ अहमद और जावेद अहमद को रिहा कर दिया गया। इस बार फ़ारुक सही थे।[15] वजाहत हबीबुल्लाह का भी मानना है कि दिल्ली की नई सरकार दबाव में झुक गई और फ़ारुक की सलाह को किनारे कर दिया गया।[16] *डॉन* के कराची संस्करण ने लिखा—यह एक बन्दरघुड़की थी जो काम कर गई।[17]

इस घटना के बाद से आतंकवादियों का मनोबल बढ़ना स्वाभाविक था। इसके बाद अपहरण और बदले में रिहाईयों की कई घटनाएँ हुईं। 6 अप्रैल 1990 को कश्मीर विश्वविद्यालय के उपकुलपति मुशीर उल हक़ तथा उनके निजी सचिव अब्दुल गनी और श्रीनगर के एच.एम.टी. के जनरल मैनेजर एच.एल. खेरा का अपहरण कर लिया, राज्य सरकार ने इस बार बदले में आतंकवादियों को रिहा करने से मना किया तो तीनों की हत्या कर दी गई। अगस्त 1991 में जब श्रीनगर के दौरे पर आये भारतीय तेल निगम के कार्यकारी निदेशक के. दोरईस्वामी का अपहरण हुआ तो सरकार ने फिर पाँच आतंकवादियों को छोड़ दिया।[18] पी.एल.डी. परिमू लिखते हैं—

> हिन्दू, मुस्लिम और सिखों के प्रभावशाली सदस्यों की चयनित हत्याएँ भय फैलाने और वैचारिक मतभेदों का गला घोंटने के लिए की गईं। दूसरा उद्देश्य अर्थव्यवस्था, प्रेस, न्यायपालिका और प्रशासन को बेकार कर देना था। 1989 से आतंकवादियों की यह रणनीति रही है...कोई भी व्यक्ति जो राज्य के प्राधिकार का प्रतिनिधि था, आतंकवादियों के उद्देश्य के प्रति सहमत नहीं था और इस तरह समस्या के शान्तिपूर्ण समाधान की तरफ़ लोगों की सोच को मोड़ सकता

> था और आतंकवाद तथा पाकिस्तान की योजनाओं के ख़िलाफ़ था, निशाना बन गया।[19]

कश्मीर में आतंकवादी आन्दोलन तेज़ होने के साथ-साथ पाकिस्तान की नीतियों में भी परिवर्तन आया। जे.के.एल.एफ़. जैसा संगठन जो भारत और पाकिस्तान दोनों के कब्ज़े को अवैध मानता था, पाकिस्तान के लिए अल्पकाल में कश्मीर में भारत विरोधी भावनाएँ भड़काने में सहायक तो हो सकता था लेकिन उसकी दीर्घकालिक योजनाओं में मददगार नहीं हो सकता था। इसके लिए ज़रूरी था कि कश्मीर में सशस्त्र संघर्ष की कमान ऐसे संगठन के हाथ में हो जो कश्मीर के पाकिस्तान में विलय के समर्थक हों। इस उद्देश्य की पूर्ति के लिए उसने सैयद सलाहुद्दीन के नेतृत्व वाली हिज़बुल मुज़ाहिदीन को चुना। हिज़बुल मुज़ाहिदीन को ज़िया उल हक़ के समय पाकिस्तान की जमात ए इस्लामी के सशस्त्र मोर्चे के रूप में विकसित किया गया था। जमात की स्थापना 1941 में मौलाना सैयद अब्दुल आला मौदूदी ने की थी और विभाजन के बाद यह तीन हिस्सों में बँट गई, भारतीय, पाकिस्तानी तथा भारतीय कश्मीर की जमात। 1974 में इसकी एक शाखा पाकिस्तान अधिकृत कश्मीर में स्थापित की गई। पाकिस्तानी लेखक आरिफ़ जमाल का मानना है कि यह उस क्षेत्र में सेक्युलर विचारों के प्रसार को रोकने के लिए की गई थी। आज़ाद कश्मीर कहे जाने वाले इलाक़े में आज़ादी समर्थक छात्र संगठनों के बीच समाजवादी विचार बहुत तेज़ी से प्रचलित हुए थे। 1980 में ज़िया ने अफ़गानिस्तान में सोवियत संघ के विरुद्ध अमेरिकी प्रायोजित युद्ध में हिस्सेदारी का फ़ैसला किया तो इसके लिए मिलने वाली अंतर्राष्ट्रीय सहायता का बड़ा हिस्सा कश्मीर में आतंकवादी कार्यवाही के लिए युवकों के प्रशिक्षण पर ख़र्च करने का निर्णय लिया। इसी योजना के तहत 10 जून 1980 को जमात-ए-इस्लामी ने अपने एक नेता को हिज़बुल मुजाहिदीन का नेता बनाया। जमात ने हिज़बुल को विचारधारात्मक दिशानिर्देश, आर्थिक संसाधन और कैडर उपलब्ध कराये। नब्बे के दशक में इसने एक पत्रिका *जेहाद ए कश्मीर* का प्रकाशन शुरू किया और मोहम्मद युसुफ़ शाह उर्फ़ सैयद सलाहुद्दीन को इसका आमिर (कमांडर) बनाया। जमात के छात्र संगठन जमात-ए-तुलबा‡ के कई कार्यकर्ता हिज़बुल मुजाहिदीन में शामिल हुए। हिज़बुल की सक्रियता और प्रभाव बढ़ने से पाकिस्तान अधिकृत कश्मीर और भारतीय कश्मीर में भी आज़ादी समर्थक तहरीकों का असर कम हुआ।[20] कश्मीर में उस दौर में हिज्ब का सबसे प्रभावी नेता था—अब्दुल माजिद डार। उसने 1980 के दशक में अपना एक संगठन तहरीक-ए-जेहाद-ए-कश्मीर बनाया था जिसको 1990 के अंत में हिज़बुल मुजाहिदीन में मिला दिया गया।[21] माजिद के बारे में आगे बात करेंगे। हिज्ब और जे.के.एल.एफ़. के बीच वर्चस्व की लड़ाई शुरू हुई और पाकिस्तान द्वारा जे.के.एल.एफ़. को मदद बंद किये जाने के साथ ही यह संगठन कमज़ोर होता गया तथा अपनी नेतृत्वकारी भूमिका खोने लगा।[22]

जगमोहन की वापसी : आतंक का नया दौर और कश्मीरी पंडितों का पलायन

यह समय आते-आते घाटी पूरी तरह से अराजकता की शिक़ार थी। दुलत लिखते हैं—

---

‡तालिब का अर्थ छात्र होता है। तुलबा इसका बहुवचन है।

> 1989–90 के जाड़ों में श्रीनगर एक भयानक भुतहा शहर जैसा था जो युद्ध के तांडव का आरम्भ देख रहा था। रूबिया सईद के अपहरण ने बग़ावत का बाँध खोल दिया। हत्याएँ रोज़मर्रा की चीज़ बन गईं। बमबाज़ी और फायरिंग अब मुख्यमंत्री के आवास के पास के सबसे सुरक्षित इलाक़ों में भी होने लगी थी। ट्रकों में बंदूकें लहराते हुए युवा कैंट क्षेत्र के पास दिखाई देने लगे थे। आतंकवादियों द्वारा शहर के केन्द्रीय इलाक़ों में मिलेट्री परेड होती थी। कश्मीरियों को भरोसा था कि वे अब मुक्ति के मुहाने पर हैं। कईयों ने तो अपनी घड़ियाँ पाकिस्तान के समय से मिला ली थीं। पाकिस्तानी जासूसों के लिए यह शानदार वक़्त था।...इस वक़्त कोई किसी पर भरोसा नहीं करता था।
>
> राज्य सरकार जम्मू में थी; शहर में इंटेलीजेंस संस्थाओं को छोड़कर शायद ही कहीं कोई केन्द्रीय कर्मचारी बचा था।[23]

रूबिया सईद के अपहरण के बाद वी.पी. सिंह सरकार ने कड़ा रुख़ अपनाने का निर्णय लिया। सरकार की प्रमुख सहयोगी भाजपा जगमोहन के पक्ष में थी। इधर मुफ़्ती एक तीर से दो शिक़ार करना चाहते थे। फ़ारुक ने धमकी दी थी कि अगर जगमोहन को भेजा गया तो वह इस्तीफ़ा दे देंगे। शेख़ परिवार से अपनी पुरानी अदावत के चलते मुफ़्ती इसे फ़ारुक की विदाई का मुफ़ीद मौक़ा तो समझ ही रहे थे, साथ ही गृहमंत्री के रूप में राज्य प्रशासन पर अप्रत्यक्ष नियंत्रण कर अपने लिए मुख्यमंत्री पद की राह भी उन्हें आसान लग रही थी। जनवरी, 1990 में कृष्ण राव की जगह जगमोहन को फिर से कश्मीर का राज्यपाल बनाकर भेजा गया और इशारा समझ कर फ़ारुक ने इस्तीफ़ा दे दिया।[24] अकबर लिखते हैं—उनकी मुद्रा कुछ ऐसी थी : उन्हें हर बात का दोष दिया जा रहा है। ठीक है अब वह जा रहे हैं और बाक़ी सब लोग अपने-अपने समाधान आज़मा लें। उन्होंने कहा कि देखता हूँ आज़ादी की यह लड़ाई उन्हें कहाँ ले जाती है। चूंकि वह आज़ादी के समर्थन में नहीं हैं, इसलिये वह जा रहे हैं। किसी ने उनके इस्तीफ़ा देने के बाद उनसे कहा कि कश्मीर के लोग उनसे ख़ुश नहीं हैं, फ़ारुक ने जवाब दिया, 'मैं भी उनसे नाख़ुश हूँ।' फ़ारुक ने लन्दन जाने का निर्णय लिया।[25] उस समय कांग्रेस, नेशनल कॉन्फ्रेंस और वाम दलों ने जगमोहन की तैनाती का विरोध किया था।[26]

जगमोहन की स्मृति अभी कश्मीरियों को ताज़ा थी। घाटी में उनकी छवि हिन्दू समर्थक और मुस्लिम विरोधी की थी। इस तरह एक कश्मीरी मुस्लिम को गृहमंत्री बनाकर कश्मीरी जनता का भरोसा जीतने की क़वायद जगमोहन के राज्यपाल बनाये जाने के साथ ही सर के बल खड़ी हो गई।[27] 18 जनवरी को अर्द्धसैनिक बलों ने घर-घर की तलाशी लेनी शुरू की। 19 जनवरी को जगमोहन ने जम्मू में कार्य ग्रहण किया। उसी दिन सी.आर. पी.एफ़. ने लगभग 300 युवाओं को गिरफ़्तार कर लिया और 20 तारीख़ को जब जगमोहन श्रीनगर पहुँचे तो उसी बड़ी संख्या में लोग सड़कों पर आ गए। इनमें औरतें, बूढ़े, अधेड़ और युवा सब शामिल थे। 21 को फिर से प्रदर्शन हुए। प्रशासन ने फ़ायरिंग के आदेश दिए और गौकादल में 50 से अधिक लोग मारे गए। आधिकारिक आँकड़ा 35 का था।

यह आज़ादी के बाद से किसी घटना में हुई सबसे अधिक मौतें थीं। अकबर कहते हैं, 19 जनवरी के पहले तक आज़ादी के लिए जनता का समर्थन अप्रत्यक्ष था, 19 जनवरी के बाद प्रत्यक्ष हो गया।[28] जगमोहन ने अपनी किताब में सर्च ऑपरेशन में अपना कोई हाथ होने से इंकार करते हुए इसे फ़ारुक का कारनामा बताया है लेकिन यह माना है कि गौकादल में फायरिंग उनके ही आदेश पर हुई थी।[29]

25 जनवरी को बदले की कार्यवाही में जे.के.एल.एफ़. ने रावलपुरा में वायुसेना के बेस पर हमला किया जिसमें स्क्वाड्रन लीडर आर.के. शर्मा सहित चार सैनिक मारे गए।[30] 26 जनवरी को ईदगाह में जनसभा बुलाई गई थी जिसे टालने के लिए 25 की रात से ही घाटी में कर्फ़्यू लगा दिया गया। उस साल गणतंत्र दिवस सजे-धजे सरकारी भवनों और कर्फ़्यू के बीच मना।[31] जनवरी-फरवरी के बीच इंटेलिजेंस ब्यूरो के चार लोगों की हत्या कर दी गई, जिनमें से तीन कश्मीरी पंडित थे।[32] हत्याएँ जैसे रोज़मर्रा की कहानी बन गई थीं। श्रीनगर दूरदर्शन के निदेशक लासा कौल, सूचना अधिकारी पी.एन. हांडू, पूर्व निर्दलीय विधायक मीर मुस्तफ़ा, नेशनल कॉन्फ्रेंस के विधायक नाज़िर अहमद वानी, गूजर समुदाय के सबसे प्रतिष्ठित नेता क़ाज़ी निसार अहमद ही नहीं नब्बे साल की उम्र में लगभग संन्यास का जीवन गुज़ार रहे कश्मीर के स्वतंत्रता संग्राम सेनानी और मो. ए. मुक़द्दस के लिए चले आन्दोलन के नेता रहे मौलाना मसूदी भी शामिल थे।[33]

ऐसी अराजक और गृहयुद्ध जैसी स्थितियों में जगमोहन द्वारा बल के प्रयोग को सीधे अनुचित कहना सही नहीं होगा, जहाँ गोलियाँ चल रही हों वहाँ दो ही विकल्प हो सकते हैं—युद्ध या समर्पण। लेकिन एक लोकतांत्रिक देश के प्रतिनिधि के रूप में युद्ध के भी क़ायदे-क़ानून होते हैं और देश के किसी हिस्से में चल रहे गृहयुद्ध को जीतने के लिए वहाँ की जनता को अपने पक्ष में करने के उपाय सबसे ज़रूरी होते हैं। पंजाब में कुछ समय पहले ही यह सफलतापूर्वक किया गया था। लेकिन जगमोहन की अतिवादी नीतियों में कश्मीर की मुस्लिम जनता आतंकवादी थी। अपनी किताब में अपने कृत्यों को सही ठहराने के लिए उन्होंने लम्बे-लम्बे भाषण दिए हैं, कविताएँ कोट की हैं लेकिन इस एक नुक़्ते का वह कोई जवाब नहीं देते कि क्या किसी भी क्षेत्र में उसकी पूरी आबादी को अपने ख़िलाफ़ कर कोई लड़ाई लड़ी जा सकती है? क्या युद्ध में दुश्मनों की ग़लती का फ़ायदा उठाना एक ज़रूरी रणनीति नहीं होती? दुर्भाग्य से जगमोहन ने अपनी तानाशाही नीतियों से अक्सर दुश्मनों की ग़लतियाँ भी उनके हित में मोड़ दीं। इसका एक उदाहरण मीरवायज़ मौलवी मोहम्मद फ़ारुक की हत्या के बाद उनका रवैया है।

21 मई 1990 को मीरवायज़ की हत्या कर दी गई। जनता का संदेह हिज़बुल मुजाहिदीन पर था और उनके अनुयायियों में इसे लेकर भारी रोष था। उस वक़्त तो किसी ने हिज़बुल का नाम नहीं लिया लेकिन बीस साल बाद हुर्रियत के एक बड़े नेता ने सार्वजनिक रूप से यह बात कही। मीरवायज़ के जनाज़े के जुलूस में हज़ारों लोग शामिल हुए। उन दिनों श्रीनगर के आयुक्त रहे हबीबुल्ला बताते हैं कि मुख्य सचिव आर.के. ठक्कर ने जगमोहन को कश्मीर के इस सबसे बड़े धार्मिक नेता की मृत्यु पर ख़ुद जाने या किसी वरिष्ठ अधिकारी

को भेजकर राज्य सरकार की ओर से क़ब्र पर फूल चढ़ाने की सलाह दी। लेकिन जगमोहन नहीं माने। यही नहीं उन्होंने जुलूस के रास्ते और जुलूस पर प्रतिबंध को लेकर भी कुछ भ्रम पैदा करने वाले निर्देश दिए। इन्हीं भ्रमों के चलते अर्द्धसैनिक बलों की एक टुकड़ी ने जुलूस पर तब गोलीबारी शुरू कर दी जब यह अपने गंतव्य मीरवायज़ मंज़िल पहुँचने ही वाला था। हताहतों का आधिकारिक आँकड़ा 27 था, भारतीय प्रेस ने मरने वालों की संख्या 47 बताई और बीबीसी ने 100। आलम यह कि दो गोलियाँ मीरवायज़ के शव को भी लगीं।

इस तरह एक मौक़ा खो दिया गया। इस तरह जहाँ एक रणनीति के तहत सरकार मीरवायज़ की क़ब्र पर फूल चढ़ाकर हिज़्ब के प्रति जनता के गुस्से को भड़का सकती थी और अपने लिए थोड़ी सहानुभूति पैदा कर आतंकवादी आन्दोलन को कमज़ोर कर सकती थी, वहाँ सारा गुस्सा अपनी तरफ़ मोड़ लिया गया। जहाँ सारी दुनिया हिज्ब पर सवाल उठाकर माहौल बदल सकती थी वहीं अंतर्राष्ट्रीय प्रेस इस बर्बर घटना की तीख़ी आलोचना से भर गया और भारतीय प्रेस जगमोहन की आलोचना से। बुश सरकार ने अपना विशेष दूत भेजकर भारत से सेनाओं के प्रयोग में संयम बरतने का संदेश भिजवाया तो राज्य प्रशासन के 137 कर्मचारियों ने ख़ुलेआम इस घटना की आलोचना की।[34] देशभक्ति के नाम ऐसी मूर्खतापूर्ण कार्यवाही अंततः देश के ख़िलाफ़ जाती ही है।

लोकसभा में हुए भारी हंगामे के बाद 25 मई को जगमोहन को इस्तीफ़ा देना पड़ा लेकिन उसके पहले कश्मीर के समकालीन इतिहास की सबसे भयावह घटनाओं में से एक हो चुकी थी जिस पर बात किये बिना आज के कश्मीर पर बात की ही नहीं जा सकती है—कश्मीरी पंडितों का घाटी से सामूहिक पलायन। अगले खण्ड में हम इस पर विस्तार से बात करेंगे।

जगमोहन की विदाई के बावजूद हालात में बहुत फ़र्क नहीं आया। 90 के दशक में आतंक और उसके बेमरौव्वत दमन के किस्से तमाम किताबों, मानवाधिकार रिपोर्टों और संस्मरणों में बिखरे पड़े हैं। कश्मीर की आबादी का कोई हिस्सा नहीं था जिसने इस उथल-पुथल की पीड़ा नहीं झेली। मौतों के आँकड़े देना अपने आप में एक अमानवीय-सा काम लगता है लेकिन कई बार वे हज़ारों शब्दों से अधिक कहते हैं। 1990 के पहले तीन महीनों में आतंकवादी कार्यवाहियों में 23 हिन्दू मारे गए तो 25 मुसलमान। अगले चार महीनों में 67 हिन्दू मारे गए और 94 मुसलमान और जुलाई तथा अगस्त के बीच 32 हिन्दू मारे गए तथा 49 मुसलमान।[35] हिन्दुओं के पास जाने के लिए जम्मू और दिल्ली थे लेकिन कश्मीरी मुसलमानों के पास जाने के लिए कोई जगह नहीं थी।

भारतीय शासक वर्ग ने इस आन्दोलन का पूरी सख्ती से दमन किया। कश्मीर को सैनिक छावनी में तब्दील कर दिया गया। लेकिन इसका असर उलटा ही हुआ। 28 अप्रैल 1990 को *हिन्दुस्तान टाइम्स* ने लिखा—'जम्मू और कश्मीर के राज्यपाल जगमोहन द्वारा अपनाई गई 'कड़ी नीति' न केवल प्रतिकूल साबित हुई बल्कि इसने कश्मीर के लोगों को और दूर कर दिया।' तो 13 मई 1990 को निखिल चक्रवर्ती ने लिखा, 'यह संभव है कि

भारत की सेना हथियारबंद अलगाववादियों को दबा सकती है जिनकी संख्या किसी हाल में 5000 से अधिक नहीं थी, लेकिन उस ख़ूबसूरत घाटी में रहने वाले 35 लाख लोगों को कैसे जीतेंगे?' हुमरा क़ुरैशी 29 अप्रैल 1990 को *टाइम्स ऑफ़ इंडिया* के संडे रिव्यू में छपी रिपोर्ट का हवाला देती हैं जो उस दौर की हक़ीक़त का बयान है—

> आज सच, भारत से कश्मीर को जोड़ने या अलग करने वाली, यह आपके दृष्टिकोण पर निर्भर करता है, ढाई किलोमीटर लम्बी जवाहर टनेल के बीच में कहीं उलटता-पलटता है। दो अलग-अलग वास्तविकताएँ सुरंग के दोनों तरफ़ उपस्थित हैं, दो एकदम अलग तरह की अवधारणायें। और दो भयानक रूढ़िगत समझ एक-दूसरे का सामना करते हुए। बाक़ी भारत के लिए—जिसे दिन रात आतंकवादियों द्वारा अपहरण, हत्याएँ, बम विस्फ़ोट और पाकिस्तान की हरक़तों की ख़बरों के साथ बीजेपी का उकसावे वाला कश्मीरी पंडितों की समस्या का बखान सुनाया जाता है-कश्मीरी का चेहरा अलगाववादी-आतंकवादी-कट्टरपंथी ग़द्दार का बनता जा रहा है और दूसरी तरफ़ कश्मीर में भारत का चेहरा हथियार लहराते शोषक, दरिन्दे, हैवान का बनता जा रहा है।[36]

जहाँ आतंकवादी गोलियाँ चला रहे हों वहाँ सुरक्षा बलों से शान्ति की उम्मीद नहीं की जा सकती लेकिन जैसा कि तत्कालीन प्रधानमंत्री विश्वनाथ प्रताप सिंह ने सलाह दी थी—आतंकवादियों और जनता में फ़र्क करना चाहिए। दुर्भाग्य से ऐसी घटनाएँ एकाधिक बार हुईं। 11 जून, 1991 को अपने एक साथी की हत्या की ख़बर सुनकर श्रीनगर के छोटा बाज़ार इलाक़े में सी.आर.पी.एफ़. के जवानों ने निहत्थे लोगों पर गोलियाँ चलाईं जिसमें कई लोग मारे गए। ऐसी ही घटना खानयार में भी हुई। 6 जनवरी 1993 को सोपोर में गोलीबारी में 40 निर्दोष लोगों की जान गई तो 22 अक्टूबर 1993 को बिजबेहरा में 40 और लोग मारे गए। 27 जनवरी 1994 को कुपवाड़ा में 18 लोग मारे गए।[37] सरकारी आँकड़ों के मुताबिक़ इन दस सालों में कोई 50,000 लोग मारे गए जिनमें नागरिक, आतंकवादी और सुरक्षा बलों के सदस्य शामिल हैं।[38] एच.एन. वांचू द्वारा हाई कोर्ट में दायर एक याचिका के अनुसार हिरासत में मरने वालों की संख्या जुलाई,1992 में 15 थी और नवम्बर में 30। राज्य सरकार के पूर्व सलाहकार अशोक जेटली ने कहा कि लगभग 81 ग़ायब लोगों की कोई ख़बर नहीं है।[39] यह समस्या आगे और विकराल होती गई। कश्मीर में ऐसे ग़ायब लोगों के परिवारों ने एक संगठन बनाया है—असोसिएशन ऑफ़ डिसएपियर्ड पीपल। इसके अनुसार कश्मीर में कोई आठ से दस हज़ार लोग ऐसे हैं जिनका न तो किसी थाने में कोई रिकॉर्ड है और न ही लाश मिली है।[40] ऐसे लोगों की माँओं को आधी माएँ और पत्नियों को आधी विधवाएँ कहते हैं। युवा कश्मीरी उपन्यासकार शहनाज़ बशीर का उपन्यास *द हाफ मदर* इस विडम्बना का एक मार्मिक चित्रण है। कहाँ गए होंगे ये लोग? इसका एक जवाब कश्मीर के अलग-अलग हिस्सों में मिली बेनाम क़ब्रों में मिलता है। *गार्जियन* में छपी एक रिपोर्ट के मुताबिक एक सरकारी जाँच में यह स्वीकार किया गया कि उत्तरी कश्मीर की 38 जगहों पर 2156 ऐसी क़ब्रें मिली हैं जिनके बारे

में कोई जानकारी नहीं[41] प्रताड़ना और उत्पीड़न के सैकड़ों किस्से विभिन्न मानवाधिकार कमेटियों की रिपोर्टों में दबे पड़े हैं। कुछ का ज़िक्र हम आगे करेंगे। बशारत पीर का संस्मरण द *कर्फ़्यूड नाईट* नब्बे के दशक के कश्मीर का एक ज़िंदा दस्तावेज़ है जिस पर विशाल भारद्वाज ने हैदर नाम से एक फ़िल्म भी बनाई थी।

नब्बे के दशक के मध्य में अपने उरूज़ पर पहुँचने के बाद कश्मीर के आतंकवादी आन्दोलन में गिरावट आनी शुरू हुई। कारण कई थे और सारे महत्त्वपूर्ण। एक कारण तो निश्चित रूप से भारतीय सेना की ताक़त है ही। पाकिस्तान के प्रमुख अख़बार द *नेशन* के 15 फरवरी, 2016 के अंक में अरशद मलिक लिखते हैं, 'इस तथ्य को नज़रअंदाज़ नहीं किया जा सकता कि भारतीय सैन्य बल ने कश्मीर के सशस्त्र विद्रोह को बहुत नुकसान पहुँचाया, ख़ासतौर पर मनोवैज्ञानिक सैन्य कार्यवाहियों ने।' लेकिन अकेले सेना किसी विद्रोह को दबा नहीं सकती। ख़ासतौर पर ऐसे किसी विद्रोह को जिसे व्यापक जनसमर्थन मिला हो। यह निर्विवाद तथ्य है कि 90 के दशक के आरम्भ में कश्मीरी जनता का लगभग पूरा हिस्सा आज़ादी के आन्दोलन के साथ था। उसे लगता था कि बहुत जल्द कश्मीर को आज़ाद करा लिया जायेगा। उसके असंतोष, गुस्से और राष्ट्रवादी स्वप्न तथा इसके बरक्स तत्कालीन हालात के चलते उपजे शून्य को इन आतंकवादी युवकों ने हथियारबंद विद्रोह से भर दिया था। पाकिस्तान की मदद से आज़ाद होने का सपना लिए जनता ने इन युवाओं को शरण दी, इनके लिए रक्षा कवच बनी, जुलूसों और हड़तालों से प्रशासन के नाक में दम कर दिया और दमन के सामने औरतें, बच्चे, बूढ़े सब खड़े रहे।

लेकिन पेंच यहीं है। जैसा हमने पहले भी देखा, बहुत जल्द पाकिस्तान ने 'भारत और पाकिस्तान से अलग आज़ाद जम्मू और कश्मीर' का ख़्वाब देखने वाले जे.के.एल.एफ़. से हाथ खींच लिए और उसकी जगह कश्मीर के पाकिस्तान में विलय की वक़ालत करने वाले हिज़बुल मुजाहिदीन को आर्थिक तथा नैतिक मदद देनी शुरू कर दी। 1992 में जब जे.के.एल.एफ़. ने पाकिस्तान अधिकृत कश्मीर से नियंत्रण रेखा पार कर भारतीय कश्मीर आने की योजना बनाई तो पाकिस्तानी सेना ने उन्हें ऐसा नहीं करने दिया।[42] जे.के.एल.एफ़. के 'कश्मीर बनेगा ख़ुदमुख्तार' के बरक्स हिज़बुल का नारा था 'कश्मीर बनेगा पाकिस्तान।' पाकिस्तान ने जे.के.एल.एफ़. को समर्थन देना ही नहीं बंद किया बल्कि आज़ादी समर्थक कैम्प में तोड़-फोड़ कर युवकों को हिज़बुल की तरफ़ जाने के लिए प्रेरित भी किया। पाक अधिकृत कश्मीर से लेकर आज़ाद कश्मीर तक में हिज्ब के आतंकवादियों ने आज़ादी समर्थक महत्त्वपूर्ण राजनैतिक तथा धार्मिक लोगों की ही नहीं बल्कि जे.के.एल.एफ़. के लोगों की भी हत्याएँ कीं।[43] परिमू बताते हैं कि मीरवायज़ तथा बाद में अब्दुल ग़नी लोन की हत्याओं में हिज़बुल मुजाहिदीन का हाथ होने की बात हुर्रियत के एक बड़े नेता ने ख़ुलेआम स्वीकार की थी। भारतीय सेना को चुनौती देने के लिए जल्द ही पाकिस्तान ने अपने देश के अलावा अफ़गानिस्तान, सूडान, लेबनान, तुर्की और सऊदी अरब से 'दोस्त मुजाहिदों' को कश्मीर भेजना शुरू कर दिया। ये आतंकवादी तीन प्रमुख संगठनों के ज़रिये कश्मीर में काम कर रहे थे—हरकत-उल-मुजाहिदीन, लश्कर ए तैयबा और जैश ए मोहम्मद जिनका

मुख्यालय पाकिस्तान या पाकिस्तान अधिकृत कश्मीर में था। कश्मीरी मुजाहिदों की मदद के उद्देश्य से आये इन आतंकवादियों ने जल्द ही पूरे आन्दोलन को अपने कब्ज़े में ले लिया। इसके असर बहुआयामी थे। इन लड़ाकों के लिए कश्मीर की आज़ादी किसी ऐतिहासिक स्वप्न की पूर्ति नहीं हो सकती थी। उनके लिए यह इस्लामिक विश्व या निज़ाम ए मुस्तफ़ा बनाने की विश्वव्यापी जंग का हिस्सा था। कश्मीर का विशिष्ट सामाजिक-सांस्कृतिक-धार्मिक व्यवहार उनके लिए हिन्दुओं के प्रभाव में आई विकृति थी। कट्टर वहाबी इस्लाम को मानने वाले इन लड़ाकों के लिए कश्मीर की सूफ़ी परम्परा इस्लाम विरोधी थी और मज़ारें बुतपरस्ती।[44] विस्तार में न जाते हुए हम मार्च 1995 में पाकिस्तान के उत्तर पश्चिमी सीमा प्रान्त में दुकानदार रहे आतंकवादी हारून खान उर्फ़ मस्त गुल[§] के च्रारे शरीफ़ पर कब्ज़े को याद कर सकते हैं। नुन्द ऋषि की इस खानकाह को अपवित्र करने की बात कोई कश्मीरी सोच भी नहीं सकता। एक तरफ़ आज़ादी के उद्देश्य को किनारे कर देना और दूसरी तरफ़ कश्मीरी संस्कृति में पनपे इस्लाम की जगह एक कट्टरपंथी इस्लामिक संस्कृति को थोपने के इस प्रयास से कश्मीरी अप्रभावित तो नहीं रह पाए लेकिन इस आन्दोलन के लिए जो एक स्वत:स्फूर्त समर्थन पैदा हुआ था वह धीरे धीरे छीजने लगा। द *नेशन* के पूर्वोद्धृत लेख में अरशद मलिक कहते हैं—'पाकिस्तान ने एक जाल बुना जो दलदल में बदल गया और अंतत: उसने कश्मीर में प्रचलित आज़ादी की भावनाओं को कुचल दिया। यह वह बिंदु था जहाँ कश्मीर का सशस्त्र विद्रोह आज़ादी के राजनैतिक विचार से अभिलाक्षणिक रूप से प्रतिगामी धार्मिक कट्टरपंथी शोर में रूपांतरित हो गया।[45] अराजकता के उस माहौल में बहुत से समाज विरोधी तत्त्व भी उसमें शामिल हुए जिनका उद्देश्य केवल व्यक्तिगत लाभ था। पाकिस्तान से आ रहे हथियारों और पैसों की बंदरबाँट में खूनखराबे हुए और कूका पर्रे जैसे प्रयोग भी, जहाँ आरोप है कि भारतीय सेना ने काउंटर इंसरजेंसी के प्रयोग के रूप में शह दी। इन सबका नतीजा हुआ कि, '1996 आते-आते लोगों का बन्दूक संस्कृति और बग़ावत की संभावनाओं से मोहभ्रम हो गया और अनेक पूर्व आतंकवादियों ने या तो हथियार डाल दिए या फिर हिज़बुल मुजाहिदीन से सुरक्षा या बदला लेने के लिए भारतीय काउंटर इंसरजेंसी कार्यवाहियों का हिस्सा बन गए।'[46]

असल में व्यापक जनसमर्थन और एक हद तक वाज़िब गुस्से के बावजूद इस आन्दोलन की सबसे बड़ी कमज़ोरी थी किसी वैचारिक आधार की अनुपस्थिति। हालाँकि जे.के.एल.एफ़. को सेक्युलर और समाजवादी साबित करने की कोशिश की जाती है लेकिन उस समय जे.के.एल.एफ़. के जिस एच.ए.जे.वाय. या हाजी ग्रुप की बात की जाती है उसके बयानों या कार्यवाहियों से ऐसा कुछ नज़र नहीं आता। हमें याद रखना चाहिए कि यह ग्रुप इस्लामी स्टूडेंट लीग से निकला था और 87 के चुनावों में मुस्लिम कट्टरपंथी ग्रुप के साथ ही खड़ा हुआ था। नंदिता हक्सर विस्तार से बताती हैं कि कैसे वहाँ वामपंथी और समाजवादी

[§]इस किस्से की उपकथा यह है कि 2014 में मस्त गुल का नाम आख़िरी बार पाकिस्तान के पेशावर में फिदाइन हमलों के संदर्भ में सुना गया और इसके बाद हिज़बुल मुजाहिदीन ने घोषणा की कि उसे 2001 में ही संगठन से निकाला जा चुका है (http://www.hindustantimes.com/india/once-a-poster-boy-of-kashmir-militancy-mast-gul-declared-villain-by-hizbul/story-c3OAie2h2mK0F0oHlgNZiM.html)

ताक़तों का सफ़ाया कर दिया गया जिससे आन्दोलन को कोई वैचारिक धार दे पाने वाली ताक़तें नहीं बचीं। आज़ादी के नारे के अलावा भविष्य की कोई योजना, रणनीति और स्वप्न विकसित नहीं किये गए। यहाँ शेख़ अब्दुल्ला का आन्दोलन याद कर लेना ज़रूरी होगा जिसने न केवल जनता के गुस्से को एक सही दिशा दी बल्कि 'नया कश्मीर' जैसा समतावादी सपना भी दिया। जबकि यहाँ सारा गुस्सा बन्दूक की नालों में सिमट कर रह जाने का परिणाम यह हुआ कि बेहतर बंदूकों के सामने इसे दम तोड़ देना पड़ा। इसी उत्साह और संभ्रम में कश्मीरी पंडितों को डराने-धमकाने की कोशिशों ने विश्व जनमत को तो इस आन्दोलन से दूर किया ही साथ ही भारत के भीतर भी ख़ुद से सहानुभूति रखने वाले लोगों को दूर किया।

पाकिस्तान समर्थक आतंकवादियों की इन कार्यवाहियों के बाद ज़्यादातर पूर्व हथियारबंद आज़ादी समर्थक स्थानीय नेताओं ने हथियार छोड़कर मार्च 1993 में ऑल पार्टी हुर्रियत कॉन्फ्रेंस बना ली तो 1994 में रिहा होने के बाद यासीन मलिक ने हथियार छोड़ दिए और जे.के.एल.एफ़. ने शान्तिपूर्ण तरीक़े से आज़ादी के लिए संघर्ष की बात करनी शुरू की। हुर्रियत कश्मीर के प्रतिनिधि होने के दावे के बावजूद घाटी के बाहर ही नहीं बल्कि इस दौर में घाटी के भीतर भी कोई महत्त्वपूर्ण ताक़त की तरह उभर पाने में सफल नहीं रही।[47]

कश्मीरी इतिहास पर एक और काला धब्बा : कश्मीरी पंडितों का सामूहिक पलायन

नब्बे के दशक के इस दौर में जब कश्मीर में आज़ादी के नारे अपने पूरे उरूज़ पर थे, कश्मीरी पंडितों के सामने वही दुविधा थी जो कभी हरि सिंह के सामने आई थी। एक अल्पसंख्यक समाज के रूप में सदियों से कश्मीरी पंडित मुसलमानों के साथ रहता चला आया था। हमने देखा है कि यह कहना तो उचित नहीं होगा कि दोनों के बीच कोई मतभेद नहीं रहा लेकिन साथ रहते-रहते जैसे एक सहकार और सहजीवन विकसित हो जाता है वह तो था ही। दोनों की संस्कृति समान थी, भाषा एक थी और कश्मीरी होने का आत्मसम्मान भी। 1947 में हरि सिंह की विदाई और शेख़ अब्दुल्ला के सत्ता में आने के बाद से पारम्परिक रूप से सरकारी नौकरियों में वर्चस्वशाली कश्मीरी पंडितों के लिए हालात बदले थे क्योंकि बड़ी संख्या में मुस्लिम लड़के स्कूलों/कॉलेजों से शिक्षा लेकर निकले थे और राज्य सरकार की नौकरियों में वह पंडितों को चुनौती दे रहे थे। यही नहीं, पारम्परिक रूप से पंडितों के लिए खेतों और घरों में सहायक की भूमिका निभा रहे कश्मीरी मुसलमान अब पढ़-लिखकर उनके बराबर भी आ रहे थे और बहुसंख्या के कारण घाटी की राजनीति तथा दूसरे क्षेत्रों में प्रभावी भूमिकाएँ निभा रहे थे। इन सबने पारम्परिक संतुलन को अस्त-व्यस्त तो किया था लेकिन यह कल्पना किसी ने नहीं की थी कि एक दिन ऐसे हालात हो जायेंगे कि पंडितों को घाटी छोड़कर जाना पड़ेगा।

नब्बे की उस उथल-पुथल को देखें तो कश्मीरी पंडितों की दुविधा स्पष्ट थी। हमने देखा कि पाकिस्तान समर्थित हिज़्बुल मुजाहिदीन और दूसरे संगठनों के मज़बूत होते जाने के साथ-साथ आज़ादी के नारों में बदलाव आता जा रहा था। इस माहौल में आज़ादी की किसी लड़ाई में बाक़ी कश्मीरी जनता के साथ होना उनके लिए संभव नहीं था। हालाँकि

एक समय में प्रेमनाथ बज़ाज़ जैसे कश्मीरी पंडितों का पाकिस्तान समर्थन हमने देखा है लेकिन बदले हुए हालात में इस्लामी पाकिस्तान कश्मीरी पंडितों के लिए कोई विकल्प नहीं हो सकता था। उनकी निष्ठा भारत तथा इस तरह भारतीय सेना के प्रति होनी स्वाभाविक थी। यह निष्ठा न भी हो तो भी भारतीय राज्य उनसे यह उम्मीद करता ही और ऐसे में एक क़दम आगे बढ़ना भी उन्हें कश्मीर में आज़ादी/पाकिस्तान में विलय के उद्देश्य से लड़ रहे आतंकवादियों की नज़र में ग़द्दार और शत्रु पक्ष बना देता। कई कश्मीरी पंडितों की हत्या मुख़बिर होने के शक़ में की गई। इंदु भूषण ज़ुत्शी ने 20 अप्रैल 1990 को सरला भट्ट नामक एक महिला की आतंकवादियों द्वारा की गई हत्या के बारे में बताया है। एक मेडिकल कॉलेज में नर्स सरला की बलात्कार के बाद हत्या मुख़बिर होने के शक़ में की गई थी। इस हत्या के बाद अनंतनाग के उनके गाँव के सभी पंडित परिवार घाटी से पलायन कर गए। इसी लेख में ज़ुत्शी गाँव के पड़ोसी मुस्लिम परिवारों को आतंकवादियों द्वारा दी गई धमकियों का भी ज़िक्र है जिसके बाद कोई उस परिवार की मदद करने नहीं आया। ज़ाहिर है कि कश्मीरी जनता के बीच के सद्‌भाव को ख़त्म करने की हर संभव कोशिश की जा रही थी।[48] और इस सद्‌भाव के छीजने के कारण हम इतिहास में देख चुके हैं। 1947 में हरि सिंह के सत्ता से जाने और शेख़ के सत्ता में आने से कश्मीर के मुसलमानों और हिन्दुओं के बीच दो तरह के राष्ट्रवाद का विकास हुआ। शेख़ और नेशनल कॉन्फ्रेंस द्वारा विकसित कश्मीरी राष्ट्रीयता की अवधारणा में अनेक कश्मीरी पंडितों की भागीदारी के बावजूद कश्मीरी हिन्दू ख़ुद को व्यापक भारतीय राष्ट्रीयता के हिस्से के रूप में देखता है और इसके मूल में भारत के बहुसंख्यक धार्मिक समुदाय के साथ उसकी एकरूपता है। कश्मीरी समाज में विशेष तौर पर अफ़ग़ान शासन के बाद से सत्ता प्रतिष्ठान का हिस्सा होने और शिक्षित होने के बल पर नौकरियों पर कब्ज़े के चलते जो एक श्रेष्ठताबोध कश्मीरी पंडितों में लगातार उपजा वह तत्कालीन समाज में व्यापक मुस्लिम आबादी के अशिक्षित कृषि मज़दूर और शेष भारत में आमतौर पर कथित दलित जातियों द्वारा किये जाने वाले कामों से सम्बद्ध होने के कारण तो पोषित होता रहा लेकिन नए माहौल में शिक्षा और सम्पत्ति से लैस कश्मीरी मुसलमानों का नया वर्ग न केवल उसे अपनी अल्पसंख्या के कारण असुरक्षित तथा आर्थिक भविष्य के प्रति सशंकित महसूस कराता था बल्कि उसके श्रेष्ठताबोध को भी चुनौती दे रहा था। ऐसे में वह कश्मीरी राष्ट्रवाद को धार्मिक आधार पर देखता था और उससे ख़ुद को जोड़ नहीं पाता था। मुसलमान भी इसके बरक्स पंडितों के शोषक रूप को लेकर शांत नहीं थे। यह तथ्य 1947 के बाद के कश्मीरी हिन्दुओं और मुसलमानों के अंतर्संबंधों को परिभाषित और निर्मित करने में एक महत्त्वपूर्ण भूमिका निभाता है।[49]

दूसरे यह कि चाहे जे.के.एल.एफ़. हो या हिज्ब, दोनों किसी सैद्धांतिक विचारधारा से संचालित नहीं थे। इस्लाम जनता से उन्हें जोड़ने का बड़ा हथियार बना।[50] शेख़ अब्दुल्ला ने इस्लामी प्रतीकों के इस्तेमाल के बावजूद इस्लामी कट्टरपंथ को हमेशा नियन्त्रण में रखा था। उनके इस्लाम की राह कश्मीर की जड़ों से उपजे सूफ़ी–ऋषि परम्परा में थी जिसमें नुन्द ऋषि की शिक्षाएँ हिन्दू और मुसलमान को एक ही पिता की संतानें बताती थीं जबकि जमात कट्टरपंथी वहाबी इस्लाम को मानने वाला था जहाँ हिन्दू काफ़िर था। 1975 में शेख़ ने

जमात के मदरसों को बंद करने के आदेश दिए थे तो 1981 में जमात.ए.तुलबा को श्रीनगर में आयोजित करने की इजाज़त नहीं दी थी।[51] हमने देखा है कि फ़ारुक अब्दुल्ला ने भी कट्टरपंथी इस्लामी ताक़तों को बढ़ावा नहीं दिया। लेकिन नए माहौल में उन्हें खुला खेलने का मौक़ा मिला तो उसका असर घाटी के साम्प्रदायिक माहौल पर पड़ना ही था। पागलपन के इस दौर में घाटी में हिन्दू–मुसलमानों के बीच बढ़ा वैमनस्य जगमोहन के आने के बाद और बढ़ा : यह प्रचारित किया गया कि उन्हें मुसलमानों की हत्या करवाने के लिए भेजा गया है और दुर्भाग्य से अपने कृत्यों से उन्होंने इस प्रचार को और प्रभावी बनाने में मदद की। मीरवायज़ की शवयात्रा पर हुई गोलीबारी और उसके बाद लगातार सर्च ऑपरेशनों के बाद दस हज़ार से अधिक मुस्लिम युवा लड़के आज़ादी की लड़ाई तेज़ करने के लिए प्रशिक्षण लेने सीमापार चले गए। जगमोहन के समय न केवल मानवाधिकार कार्यकर्ताओं को बदनाम किया गया बल्कि उच्च न्यायालय के कामकाज को भी प्रभावित करने की कोशिशें हुईं। कश्मीर दौरा करने गई प्रेस काउंसिल की टीम ने कहा कि प्रशासन ने सभी राष्ट्रीय और अंतर्राष्ट्रीय संवाददाताओं को उनके होटलों तक सीमित कर दिया है और फिर घाटी से बाहर भेज दिया गया। स्थानीय अख़बारों के संवाददाताओं को कर्फ़्यू पास देना इतना मुश्किल कर दिया गया कि उनके लिए नियमित अंक निकालना मुश्किल हो गया। सूचना के लिए प्रेस के पास बस राजभवन की प्रेस विज्ञप्तियाँ रह गईं तो अफ़वाहों के लिए पसरना और विश्वसनीय हो गया। ज़ाहिर तौर पर इसका फ़ायदा आतंकवादियों ने उठाया और घाटी के भीतर शक़–शुब्हे तथा भय का माहौल बना।[52] कश्मीरी पंडित अधिकारियों और नेताओं की हत्याओं ने पंडितों में भय का माहौल पैदा किया। हालाँकि लासा कौल की हत्या को हिन्दू नहीं बल्कि 'भारत की सूचना नीति के प्रतिनिधि' के रूप में की हत्या बताया गया लेकिन इस तथ्य के बावजूद कि उसी समय आतंकवादियों से असहमति रखने वाले मुसलमानों की भी हत्या की थी, इसने और ऐसी अन्य घटनाओं ने कश्मीरी पंडितों के मन में डर भरा। भय, अविश्वास और हिंसा का यह माहौल ही था कि नब्बे के दशक में बड़ी संख्या में कश्मीरी पंडित घाटी छोड़कर जाने के लिए विवश हुए।

एक विवाद इस दौर में पलायित कश्मीरी पंडितों की संख्या को लेकर भी है। कश्मीरी पंडित समूह और कुछ हिन्दू दक्षिणपंथी यह संख्या चार लाख से सात लाख तक बताते हैं।[53] लेकिन यह संख्या वास्तविक संख्या से बहुत अधिक है। असल में कश्मीरी पंडितों की आख़िरी गिनती 1941 में हुई थी और उसी से 1990 का अनुमान लगाया जाता है।[54] इसमें 1990 से पहले रोज़गार तथा अन्य कारणों से कश्मीर छोड़कर चले गए कश्मीरी पंडितों की संख्या घटाई नहीं जाती। पी.एल.डी. परिमू ने 1947–50 के बीच कश्मीर छोड़ कर गए पंडितों की संख्या कुल पंडित आबादी का 20 प्रतिशत बताया है।[55] चित्रलेखा जुत्शी ने इस विस्थापन की वजह नेशनल कॉन्फ्रेंस द्वारा लागू किये गए भूमि सुधार को बताया है[56] इसके बाद भी कश्मीरी पंडितों का नौकरियों आदि के लिए कश्मीर से विस्थापन जारी रहा, इसका एक उदाहरण अनुपम खेर हैं जिनके पिता 60 के दशक में नौकरी के सिलसिले में शिमला आ गए थे। सुमांत्रा बोस ने यह संख्या एक लाख बताई है।[57] राजनीति विज्ञानी अलेक्ज़ेंडर इवांस विस्थापित पंडितों की संख्या डेढ़ लाख से एक लाख साठ हज़ार

बताते हैं[58], परिमू यह संख्या ढाई लाख बताते हैं।[59] सी.आई.ए. ने एक रिपोर्ट में यह संख्या तीन लाख बताई है।[60] एक महत्त्वपूर्ण तथ्य अनंतनाग के तत्कालीन कमिश्नर आई.ए.एस. अधिकारी वजाहत हबीबुल्लाह कश्मीरी पंडित संघर्ष समिति श्रीनगर की 7 अप्रैल, 2010 की प्रेस रिलीज़ के हवाले से बताते हैं कि लगभग 3000 कश्मीरी पंडित परिवार स्थितियों के सामान्य होने के बाद 1998 के आस-पास कश्मीर से पलायित हुए थे।[61]

यहाँ एक और तथ्य का उल्लेख करना समीचीन होगा। परिमू ने बताया है कि उसी समय लगभग पचास हज़ार मुसलमानों ने घाटी छोड़ी।[62] सीमा काज़ी ह्यूमन राईट वाच की एक रपट के हवाले से बताती हैं कि 1989 के बाद से पाकिस्तान में 38,000 शरणार्थी कश्मीर से पहुँचे थे। केप्ले महमूद ने अपनी मुज़फ़्फ़राबाद यात्रा में पाया कि सैकड़ों मुसलमानों को मार कर झेलम में बहा दिया गया था। इन तथ्यों को साथ लेकर वह भी उस दौर में सेना और सुरक्षा बलों के अत्याचार से 48,000 मुसलमानों के विस्थापन की बात कहती हैं। इन रिफ्यूजियों ने सुरक्षा बलों द्वारा, पिटाई, बलात्कार और लूट तक के आरोप लगाए हैं।[63] अफ़सोस कि 1947 के जम्मू नरसंहार की तरह इस विस्थापन पर भी कोई बात नहीं होती।

कश्मीर से पंडितों के पलायन में जगमोहन की भूमिका को लेकर अक्सर बात होती है। जहाँ एक पक्ष कश्मीरी पंडितों के पलायन के लिए जगमोहन को पूरी तरह जिम्मेवार बताता है वहीं जगमोहन अपनी किताब में इस बात से पूरी तरह इंकार करते हैं। *अल जज़ीरा* को दिए एक साक्षात्कार में मृदु राय ने इस संभावना से इंकार किया है कि योजनाबद्ध तरीक़े से इतनी बड़ी संख्या में पलायन संभव है। लेकिन वह कहती हैं कि जगमोहन ने पंडितों को कश्मीर छोड़ने के लिए प्रेरित किया। इसी साक्षात्कार में वह कहती हैं कि कई मामलों में पंडितों को जाने के लिए यातायात के साधन[64] उपलब्ध कराये गये। वजाहत हबीबुल्लाह बताते हैं कि उन्होंने जगमोहन से दूरदर्शन पर कश्मीरी पंडितों से एक अपील करने को कहा था कि वे यहाँ सुरक्षित महसूस करें और सरकार उनको पूरी सुरक्षा उपलब्ध कराएगी। लेकिन जगमोहन ने मना कर दिया, इसकी जगह अपने प्रसारण में उन्होंने कहा कि 'पंडितों की सुरक्षा के लिए रिफ्यूजी कैम्प बनाये जा रहे हैं, जो पंडित डरा हुआ महसूस करें वे इन कैम्पों में जा सकते हैं, जो कर्मचारी घाटी छोड़ कर जायेंगे उन्हें तनख्वाहें मिलती रहेंगी।' ज़ाहिर है इन घोषणाओं ने पंडितों को पलायन के लिए प्रेरित किया।[65] मृदु राय ने भी इस तथ्य का ज़िक्र किया है। बलराज पुरी ने जगमोहन की दमनात्मक कार्यवाहियों और रवैयों को ही कश्मीरी पंडितों के विस्थापन का मुख्य ज़िम्मेदार बताया है। पुरी बताते हैं कि उस दौर में एक संयुक्त समिति बनाई गई थी जिसका उद्देश्य कश्मीरी पंडितों का पलायन रोकना था। इसमें कश्मीर के पूर्व मुख्य न्यायाधीश मुफ़्ती बहाउद्दीन फ़ारुकी, एच.एन. जट्टू और ग़ुलाम नबी हाग्तू थे। कई मुस्लिम नेताओं, राजनीतिक नेताओं और आतंकवादी संगठनों तक ने कश्मीरी पंडितों से पलायन न करने की अपील की। लेकिन जट्टू ख़ुद ही जम्मू चले गए। उन्होंने बाद में बताया कि इस कमेटी के बनने के तुरंत बाद ही राज्यपाल ने एक डी.एस.पी को जम्मू के हवाई टिकट के साथ भेजा और जम्मू में एक घर दिलाने का आश्वासन देते हुए तुरंत जम्मू चले जाने के लिए कहा...सरकार ने ऐसी कोशिशों को कोई महत्त्व नहीं दिया। उसी समय नए-नए आतंकवादी संगठन भी उभर रहे थे

जो साम्प्रदायिक घृणा फैला रहे थे। पंडितों को डराने वाले पोस्टर लगाए गए, धमकियाँ दी गईं और इस समुदाय के कुछ लोगों की बेवजह हत्या की गई। दोनों समुदायों के साम्प्रदायिक तत्त्वों ने इस माहौल का पूरा फ़ायदा उठाया और अंतत: कश्मीरी पंडित घाटी से पलायित होने पर मजबूर हुए।[66] (पृष्ठ 68–73)। ऐसे ही निष्कर्ष एम.जे. अकबर ने अपनी किताब *बिहाइंड द वेल* में भी दिए हैं। (पृष्ठ 218–20) कमेटी फॉर इनिशिएटिव ऑन कश्मीर की जुलाई 1990 की रिपोर्ट *कश्मीर इम्प्रिजंड* में नातीपुरा, श्रीनगर में रह रहे एक कश्मीरी पंडित ने कहा कि 'इस इलाक़े के कुछ लोगों ने दबाव में कश्मीर छोड़ा। एक कश्मीरी पंडित नेता एच.एन. जट्टू लोगों से कह रहे थे कि अप्रैल तक सभी पंडितों को घाटी छोड़ देनी है। मैंने कश्मीर नहीं छोड़ा, डरे तो यहाँ सभी हैं लेकिन हमारी महिलाओं के साथ कोई ऐसी घटना नहीं हुई।' 18 सितम्बर, 1990 को स्थानीय उर्दू अख़बार *अफ़साना* में छपे एक पत्र में के.एल. कौल ने लिखा—'पंडितों से कहा गया था कि सरकार कश्मीर में एक लाख मुसलमानों को मारना चाहती है जिससे आतंकवाद का ख़ात्मा हो सके। पंडितों को कहा गया कि उन्हें मुफ़्त राशन,घर, नौकरियाँ आदि सुविधायें दी जायेंगी। उन्हें यह कहा गया कि नरसंहार ख़त्म हो जाने के बाद उन्हें वापस लाया जाएगा।'[67] हालाँकि ये वादे पूरे नहीं किये गए पर कश्मीरी विस्थापित पंडितों को मिलने वाला प्रतिमाह मुआवज़ा भारत में अब तक किसी विस्थापन के लिए दिए गए मुआवज़े से अधिक है।[68] समय-समय पर इसे बढ़ाया भी गया, आख़िरी बार उमर अब्दुल्ला के शासनकाल में। 2008 में आतंकवाद में मारे गए लोगों को 5 लाख रुपये की सहायता तथा क्षतिपूरक नौकरी देने का आदेश दिया गया।[69] 2015 में नक़द राहत प्रति व्यक्ति 1500 रुपये से बढ़ाकर 2500 रुपये कर दी गई। एक परिवार के लिए अधिकतम राशि 10,000 रुपये तय की गई।[70] 2015 में ही कश्मीरी विस्थापितों के लिए 3000 अतिरिक्त नौकरियाँ और 6000 आवास देने के लिए 2000 करोड़ का पैकेज अनुमोदित किया गया।[71]

अपनी किताब *कश्मीर : अ ट्रेजेडी ऑफ़ एरर्स* में तवलीन सिंह पूछती हैं—कई मुसलमान यह आरोप लगाते हैं कि जगमोहन ने कश्मीरी पंडितों को घाटी छोड़ने के लिए प्रेरित किया। यह सच हो या नहीं लेकिन यह तो सच ही है कि जगमोहन के कश्मीर में आने के कुछ दिनों के भीतर वे समूह में घाटी छोड़ गए और इस बात के पर्याप्त सबूत हैं कि जाने के लिए संसाधन भी उपलब्ध कराये गए। वह आगे कहती हैं, 'अजीब अफ़वाहें थीं और उन पर भरोसा करना मुश्किल था लेकिन उन पर लोग आमतौर पर भरोसा करते थे कि जगमोहन का मामला गड़बड़ है। सोपोर के मुख्य बाज़ार में मेरे गाइड के रूप में चल रहे युवाओं के एक समूह ने मुझे एक हिन्दू दुकानदार जय किशन से मिलवाया जिसने घबराते हुए मुझसे कहा कि ज़्यादातर हिन्दू जगमोहन के आदेश पर रात के अँधेरे में चले गए हैं लेकिन वह नहीं गया क्योंकि उसे नहीं लगता कि उसे अपने मुसलमान पड़ोसियों से कोई ख़तरा है।'[72]

कश्मीर की जटिल राजनीति में किसी सवाल का कोई सीधा जवाब मिलना मुश्किल है। एक तरफ़ राहुल पंडिता या सिद्धार्थ गिगू की किताबों में वर्णित अत्याचारों के किस्से हैं तो दूसरी तरफ़ अब्दुल माजिद मट्टू की किताब *कश्मीर इश्यू अ हिस्टॉरिकल पर्सपेक्टिव* में इस बात को सिद्ध करने के लिए अनेक उदाहरण हैं कि यह पलायन पूरी तरह से सरकार

की योजना थी जिससे घाटी को पंडितों से ख़ाली कराकर मुसलमानों का सफ़ाया किया जा सके। सच्चाई अक्सर ऐसी दो अतियों के बीच ही होती है लेकिन यह सवाल अपनी जगह है कि क़ाबिल अफ़सर माने जाने वाले जगमोहन कश्मीर के राज्यपाल के रूप में लगभग 4,00,000 सैनिकों की घाटी में उपस्थिति के बावजूद इसे रोक क्यों न सके तो यह सवाल भी उतना ही लाज़िम है कि क्या उकसावे मात्र से कश्मीरी पंडित घाटी छोड़कर जम्मू और दिल्ली की पुनर्वास कॉलोनियों में कष्ट और उपेक्षा का जीवन जीने चले जाते?

मृदु राय का निष्कर्ष है कि—

> हालाँकि इस बात के कोई संकेत नहीं हैं कि कश्मीरी पंडितों को वहाँ से निकालने की सरकार की कोई सोची-समझी योजना थी लेकिन इस बात के पूरे संकेत हैं कि सरकार ने पंडितों का पलायन रोकने की पूरी कोशिश नहीं की।
>
> वास्तविकता शायद इन सब तत्त्वों (धमकियाँ, हत्याएँ, सरकार की ओर से सुरक्षा का आश्वासन न होना आदि) के संयोजन से बनती है। जो बातें यथासंभव पक्के तौर पर कही जा सकती है वह यह कि कश्मीरी पंडितों ने निश्चित रूप से अपनी सुरक्षा पर ख़तरा महसूस किया होगा—या तो तुरंत के लिए या फिर भविष्य में अपने परिवार और संपत्ति के सुरक्षित न होने को लेकर।
>
> ये भाव हर परिवार और हर व्यक्ति के लिए अलग-अलग होंगे। लेकिन अगर उन्हें ऐसा ख़तरा नहीं महसूस हुआ होता तो यह विवेचित कर पाना बेहद मुश्किल है कि कैसे इतनी बड़ी संख्या में उन्होंने वह स्थान छोड़ दिया जो सदियों से उनका वतन था।[73]

शेख़ अब्दुल्ला ने 1940 के दशक में ही कहा था कि सारे कश्मीरी पंडित रईसी की ज़िन्दगी नहीं जी रहे। 1990 में भी हालात बहुत बदले नहीं थे। अच्छी नौकरियों और व्यापार वाले कश्मीरी पंडितों ने विदेशों का रुख किया या भारत के विभिन्न शहरों में बस गए लेकिन अपनी आजीविका, घर-बार और जमा-पूँजी लुटाकर आये हज़ारों कश्मीरी पंडितों को जम्मू और दिल्ली के राहत शिविरों की गर्मी और जीवन के संघर्षों से गुज़रना पड़ा। हमारे समकालीन इतिहास का यह एक दुर्भाग्यपूर्ण अध्याय है।

यहाँ एक और तथ्य का ज़िक्र बहुत ज़रूरी है। घाटी के उस झंझावात के बावजूद कश्मीरी पंडितों के एक हिस्से ने वहाँ से पलायन न करने का निर्णय लिया था। ऐसे कश्मीरी पंडितों के संगठन 'कश्मीरी पंडित संघर्ष समिति' के अध्यक्ष संजय टिक्कू के अनुसार कश्मीर में 2011 में रह रहे कश्मीरी पंडितों की संख्या लगभग 3,400 है। टिक्कू बताते हैं कि 'धमकियाँ और हिंसा तो कश्मीर में आम है लेकिन पिछले 20 सालों में कश्मीरी पंडितों के ख़िलाफ़ चार बड़ी घटनायें हुईं, हालाँकि जैसा पलायित कश्मीरी पंडित कहते हैं, सामूहिक हत्या या जेनोसाइड जैसा कुछ नहीं है। उनका मानना है कि पंडित संगठनों द्वारा पिछले बीस सालों में 3,000 या 4,000 हिन्दुओं की हत्या की बात दुष्प्रचार है। वह सरकारी

आँकड़े 319 से भी सहमत नहीं हैं और वास्तविक संख्या 650 बताते हैं। 650 कोई छोटी संख्या नहीं है। हर जान क़ीमती है। लेकिन हमें आँकड़े सही रखने चाहिए। टिक्कू बताते हैं कि उस दौर में दोनों समुदायों के बीच के रिश्ते ख़राब हुए। उसके पहले भी दोनों कोई भाई-भाई की तरह नहीं रह रहे थे लेकिन एक-दूसरे के प्रति सहिष्णुता थी और सम्मान। हिंसा का कोई सवाल ही नहीं था...लेकिन यह कहना सही नहीं होगा कि बलवा शुरू होने पर कुछ बदला ही नहीं। मस्जिदों से नफ़रत फैलाने वाले नारों से लेकर गलियों में किये जाने वाले कमेन्ट तक हिन्दुओं के प्रति रुख में अचानक एक बदलाव आया था।' और ये बदले हुए भाव दोनों तरफ़ के राजनीतिज्ञों द्वारा उपयोग किये गए जिसने पंडितों के दिलों में डर पैदा किया। वहाँ रह रहे पंडितों और मुसलमानों के बीच सद्भाव फिर से निर्मित करने के उद्देश्य से बनी पंडित हिन्दू वेलफेयर सोसायटी के प्रमुख मोतीलाल भट्ट कहते हैं कि 1990 का दशक मिथकों के बनने का समय था। जो घाटी छोड़ कर गए उन्होंने कभी नहीं सोचा था कि वे हमेशा के लिए जा रहे हैं। उन्हें लगा था कि कुछ महीनों में हालात सुधर जायेंगे और वे लौट आयेंगे। किसी ने नहीं सोचा था कि वहाँ वर्षों रहना पड़ेगा। कश्मीर हमेशा एक शान्तिपूर्ण स्थान रहा था। वह बताते हैं कि ज़्यादातर हत्याएँ पंडितों के सामूहिक पलायन के बाद हुईं। अजीब सा माहौल था तब जब कश्मीरी पंडित सोचते थे कि कुछ भी हो भारतीय सेना उनकी रक्षा करेगी और कश्मीरी मुसलमान सोचता था कि उसे कुछ हुआ तो पूरा मुस्लिम विश्व उन्हें बचाने आएगा। भट्ट यह भी बताते हैं कि जो पंडित यहाँ रुक गए उन्हें बाहर चले गए पंडितों ने गद्दार की तरह देखा। वे उनकी लड़कियों से शादी नहीं करते। इन पंडितों के घाटी छोड़ कर न जाने के कारण अलग-अलग हैं—ख़राब आर्थिक हालात, मातृभूमि से प्यार, पड़ोसियों का आश्वासन। हर आम कश्मीरी की तरह कश्मीरी पंडितों की भी अपनी आर्थिक समस्याएं हैं जिस पर अक्सर कोई ध्यान नहीं देता। हाल में ही तीस्ता सीतलवाड़ ने उनकी मदद के लिए अपील जारी की थी।[74]

इन्हीं क़िस्सों के बीच छह साल बाद लौट आने वाले पुष्करनाथ गंजू की कहानी है जिन्होंने फिर से लकड़ी का अपना कारखाना शुरू किया तो 26 साल बाद कश्मीर लौटकर स्कूल खोलने वाले खाचरू परिवार की भी।[75] बीस हज़ार सिख भी हैं जो छत्तीसिंहपुरा** और महजूरनगर की हत्याओं के बावजूद घाटी छोड़कर नहीं गए, वे ख़ुद को कश्मीर का

**मार्च 2000 में जम्मू के छत्तीसिंहपुरा में 36 सिखों की कुछ बंदूकधारियों ने हत्या कर दी थी जिसके तत्काल बाद सुरक्षा बलों ने पाँच नौजवानों को एक मुठभेड़ में मारने का दावा किया था। सुरक्षा बलों ने दावा किया था कि ये पाँचों लोग विदेशी चरमपंथी थे और छत्तीसिंहपुरा हत्याकांड के लिए ज़िम्मेदार थे। स्थानीय लोगों का कहना था कि ये पाँचों नौजवान पास के गाँवों के रहने वाले थे और सुरक्षा बलों ने उन्हें नकली मुठभेड़ में मार डाला था। छत्तीसिंहपुरा और आस-पास के इलाक़ों में भारी विरोध प्रदर्शनों के बाद इन नौजवानों की लाशों को कब्र से निकालकर वैज्ञानिक परीक्षण के लिए नमूने लिए गए थे। उनके रिश्तेदारों के नमूने भी लिए गए थे और परीक्षण के बाद तय होना था कि मारे गए लोग विदेशी चरमपंथी थे या नहीं। (http://www.bbc.com/hindi/news/020308sample_rp.shtml)

इन नौजवानों को लश्कर-ए-तैयबा और हिज़्बुल मुजाहिदीन का सदस्य बताया गया था लेकिन इन दोनों संगठनों ने हत्याकांड में हाथ होने से इनकार कर दिया था। सीबीआई जांच में खुलासा हुआ कि मारे गये लोग आम नागरिक थे और उन्हें अपहरण करके फ़र्ज़ी मुठभेड़ में मारा गया था। (*आउटलुक*, 20 मार्च, 2017)

सबसे उपेक्षित समुदाय मानते हैं।[76]

एक कहानी और भी है। ट्रेड यूनियन नेता और मानवाधिकार कार्यकर्ता हृदयनाथ वांचू की। वांचू जगमोहन के सबसे बड़े आलोचकों में से थे। उनका कहना था, 'यहाँ ख़ुला दमन है। बीजेपी और आरएसएस लॉबी ख़ुलेआम कह रहे हैं कि जगमोहन को उन्होंने भेजा है। कश्मीर पर कोई स्पष्ट सरकारी नीति नहीं है। नेशनल कॉन्फ्रेंस और कांग्रेस के लोग भाग गए हैं। विपक्ष को ख़त्म कर दिया गया है। मध्यमार्गियों के ख़िलाफ़ वारेंट जारी किये गए हैं, राजनैतिक कारवाईयाँ प्रतिबंधित कर दी गई हैं तो सरकार बात किससे करेगी! आज मुफ़्ती, जॉर्ज फर्नांडीज़, वी.पी. सिंह और राज्यपाल अलग-अलग भाषा में बात कर रहे हैं। मुफ़्ती जम्मू में कहते हैं कि कश्मीरी पंडितों को वापस भेजा जाएगा लेकिन जगमोहन वहाँ उनके राशन कॉर्ड की मियाद बढ़ा देते हैं। आज प्रेस नोट राज भवन में तैयार किये जाते हैं और वे सीधे दूरदर्शन और आल इंडिया रेडियो पर जाते हैं। तथ्यों को तोड़ा-मरोड़ा जा रहा है। एक पूरी बारात की हत्या कर दी गई लेकिन आप इसे अख़बारों में नहीं पायेंगे क्योंकि इस ख़बर को फैलने नहीं दिया जाएगा।' कश्मीरी पंडितों के पलायन के धुर विरोधी वांचू को 5 दिसम्बर 1992 को मार दिया गया।[77] सरकार ने इसमें एक कट्टरपंथी संगठन का हाथ बताया। मामला सी.बी.आई. को सौंपा गया लेकिन न तो कभी इस हत्या के बारे में विस्तृत रिपोर्ट आई न ही कोई कार्यवाही हुई। ह्यूमन राइट्स वाच की एक रिपोर्ट में आरोप लगाया गया है कि वांचू की हत्या तत्कालीन राज्यपाल गिरीश सक्सेना के कहने पर एक भारतीय अधिकारी द्वारा करवाई गई थी क्योंकि वह ग़ैरक़ानूनी हत्याओं के अनेक मामलों की पैरवी अंतर्राष्ट्रीय संस्थाओं में कर रहे थे।[78] नंदिता हक्सर का मानना है कि उनकी हत्या आतंकवादियों ने की क्योंकि वे नहीं चाहते थे कि कोई पंडित कश्मीर के प्रतिनिधि के रूप में सामने आये।[79] लेकिन यह क़िस्सा यहीं ख़त्म नहीं होता। उनके पुत्र कुमार वांचू अपने पिता की हत्या के बावजूद जवाहर नगर के अपने घर से नहीं गए। 2002 में हुमरा क़ुरैशी से उन्होंने कहा कि वहाँ जाना उन सिद्धांतों की अवहेलना होती जिनके लिए मेरे पिता ने जान दी। जगमोहन के बारे में उनके विचार अपने पिता जैसे ही थे तो उन्होंने कहा कि जम्मू चले गए कई पंडित अपने निर्णय पर पछताते हैं।[80] 2008 में वांचू परिवार की तीसरी पीढ़ी के अमित उस समय कश्मीर के इकलौते रॉक बैंड इमर्सन के ज़रिये कश्मीरियत का सन्देश फैलाने में लगे थे। उनका एक गीत था : बदल देंगे दुनिया की तस्वीर/वी द यंगस्टर्स ऑफ़ कश्मीर।[81]

इन जटिल तथ्यों के साथ बनी आज की हक़ीक़त है जिसमें एक तरफ़ कश्मीरी पंडितों के हक़ दिलाने का शोर है तो दूसरी तरफ़ यह सवाल कि क्या कश्मीरी पंडित लौटना चाहते हैं? कौन सी परिस्थितियाँ होंगी जिनमें कश्मीरी पंडित लौटेंगे? हिंसा कश्मीरी जीवन का सच बन चुकी है जहाँ कोई सुरक्षित नहीं है। ऐसे में जैसा कि फ़ारुक अब्दुल्ला कहते हैं कि अगर पंडित आख़िरी बंदूकें ख़ामोश होने की प्रतीक्षा कर रहे हैं तो उनके लिए कश्मीर लौटना कभी मुमकिन नहीं होगा।[82] मुफ़्ती सरकार के आने के बाद पंडितों की अलग सुरक्षित कॉलोनियाँ बनाने की बात चली लेकिन एक तरफ़ हुर्रियत और यासीन मलिक

सहित अनेक लोगों ने इसका विरोध किया तो दूसरी तरफ़ कश्मीरी पंडितों ने भी इसके प्रति बहुत उत्साह नहीं दिखाया। अलग सुरक्षित बसाहटों में रहकर न तो कश्मीरी पंडित कश्मीर की मुख्यधारा में घुलमिल सकेंगे और न ही नौकरियों तथा रोज़गार के साधनों के अभाव में वे सिर्फ़ रहने के लिए कश्मीर लौटेंगे।

यह अकेली कथा इतनी बहुरंगी और बहुआयामी है कि इस पर सैकड़ों पन्ने रंगे जा सकते हैं। एक सच यह है कि वजह कुछ भी हो लेकिन विस्थापन किसी भी समुदाय के लिए अपरिमित पीड़ा का सबब होता है और कश्मीरी पंडितों के बिना कश्मीरी समाज अधूरा ही रहेगा, लेकिन इस सच के बरक्स एक और सच है जिसे कश्मीरी उपन्यासकार और समाज शास्त्री निताशा कौल कहती हैं—कश्मीरी पंडितों का एक हिस्सा दक्षिणपंथी राजनीति के हाथों का मोहरा बन गया है।[83] पनुन कश्मीर की वेबसाईट को गौर से पढ़ते हुए इसे देखा जा सकता है और टीवी चैनलों से लेकर अख़बारों तक में कश्मीरी पंडितों के प्रतिनिधि के रूप में आने वाले लोगों की भाषा में। इस मुद्दे पर बहुत विस्तार से बात करना तो यहाँ इस किताब की विषयवस्तु से बाहर है तो फिर कभी किसी अगली किताब में लेकिन यहाँ निताशा कौल के उसी लेख से एक ज़रूरी बात के साथ इसे ख़त्म करना चाहूँगा—

> भारतीय सेना के दशकों के कश्मीर में दमन (विरोध प्रदर्शन करने वालों की हत्याएँ, ज़बरिया गुमशुदगी, आपातकालीन अधिकार, ग़ैरक़ानूनी प्रताड़ना और बलात्कार, युवाओं को पैलेट गनों से अंधा करना) वहाँ के बहुसंख्यक समाज ने झेला है जो मुस्लिम है और अक्सर उन्हें ऐसा मुस्लिम होने के चलते भी झेलना पड़ा है। इसने एक राजनीतिक विवाद का साम्प्रदायिकीकरण कर दिया है।
>
> हालाँकि कश्मीरी हिन्दुओं और मुसलमानों की पुरानी पीढ़ी को याद है कि सहअस्तित्व कैसा था भले यह हिन्दुओं को जाति और धर्म के आधार पर मिले प्राधिकारों के चलते ग़ैर बराबर शर्तों पर था, लेकिन आज का युवा अक्सर माज़ी और इसके इतिहास से अपरिचित है।
>
> अगर आप बाबरी विध्वंस के बाद रिफ़्यूज़ी कैम्पों में पले-बढ़े एक कश्मीरी हिन्दू हैं या एक कश्मीरी मुस्लिम हैं जिसने भारत के ख़िलाफ़ युद्ध में अपने दोस्त और परिवार खोये हैं तो बुरहान वानी के नाम पर आपकी प्रतिक्रिया आमतौर पर एक ऐसा अभिज्ञान होगा जिससे न केवल आपकी राजनीति परिभाषित होती है बल्कि आपकी धार्मिक पहचान भी।
>
> वे युवा कश्मीरी जिन्होंने घाटी में सहअस्तित्व नहीं देखा है वे कश्मीरी हिन्दुओं को हिन्दुत्ववादी ताक़तों के हिस्से के रूप में देखते हैं (ठीक वैसा जैसा भारतीय मीडिया दिखाना चाहता है) या फिर वास्तविक संघर्ष से एक व्यर्थ का विकर्षण (जैसा कि प्रतिरोध के लड़ाकों द्वारा बताया जाता है जो इस लड़ाई को इस्लामी विद्रोह के रूप में दिखा रहे भारतीय बयानों के प्रतिरूप हैं)।[84]

संदर्भ सूची

1. देखें, पृष्ठ 114-15, *कश्मीर इन कॉन्फ़्लिक्ट : इण्डिया, पाकिस्तान एंड द अनएंडिंग वार,* विक्टोरिया स्कोफील्ड, आई.बी. टॉरिस एंड कम्पनी लिमिटेड, लन्दन-2003
2. देखें, पृष्ठ 107-108, *कश्मीर द वाजपेयी ईयर्स,* ए.एस. दुलत, हार्पर कॉलिन्स पब्लिशर्स, नोएडा-2015
3. देखें, पृष्ठ 70, *अक्रॉस द लाइन ऑफ़ कंट्रोल : इनसाइड पाकिस्तान-एडमिनिस्टर्ड कश्मीर,* लव पुरी, कोलंबिया यूनिवर्सिटी प्रेस, न्यूयॉर्क-2012
4. देखें, 6 फरवरी, 1984 का *न्यूयॉर्क टाइम्स,* http://www.nytimes.com1984/02/06/world/british-find-the-body-of-indian-diplomat-who-was-abducted.html
5. देखें, 29 फ़रवरी, 1984 के *इंडिया टुडे* में सुमित मित्रा का लेख
6. देखें, पृष्ठ 114, *कश्मीर इन कॉन्फ़्लिक्ट : इण्डिया, पाकिस्तान एंड द अनएंडिंग वार,* विक्टोरिया स्कोफील्ड, आई.बी. टॉरिस एंड कम्पनी लिमिटेड, लन्दन-2003
7. देखें, पृष्ठ 60-61, *कश्मीर: इंसरजेंसी एंड आफ़्टर,* बलराज पुरी, ओरियेंट लॉन्गमैन प्राइवेट लिमिटेड, तीसरा संस्करण, दिल्ली-2008
8. देखें, वही, पृष्ठ 62
9. देखें, पृष्ठ 80, *माय कश्मीर द डाइंग ऑफ़ द लाईट,* वजाहत हबीबुल्लाह, पेंग्विन बुक्स, दिल्ली-2014
10. देखें, वही, पृष्ठ 64
11. देखें, पृष्ठ 100-101, *अक्रॉस द लाइन ऑफ़ कंट्रोल : इनसाइड पाकिस्तान-एडमिनिस्टर्ड कश्मीर,* लव पुरी, कोलंबिया यूनिवर्सिटी प्रेस, न्यूयॉर्क-2012
12. देखें, पृष्ठ 107-108, *कश्मीर द वाजपेयी ईयर्स,* ए.एस. दुलत, हार्पर कॉलिन्स पब्लिशर्स, नोएडा-2015
13. देखें, पृष्ठ 250, *कश्मीर एंड शेर-ए-कश्मीर : अ रिवोल्यूशन डीरेल्ड,* पी.एल.डी. परिमू, चिनार पब्लिशिंग, अहमदाबाद, 2012
14. देखें, 31 मई 1993 को *इंडिया टुडे* में छपा हरीन्द्र बावेजा का लेख 'लूज़िंग कंट्रोल'
15. देखें, पृष्ठ 51-53, *कश्मीर द वाजपेयी ईयर्स,* ए.एस. दुलत, हार्पर कॉलिन्स पब्लिशर्स, नोएडा-2015
16. देखें, पृष्ठ 80, *माय कश्मीर द डाइंग ऑफ़ द लाईट,* वजाहत हबीबुल्लाह, पेंग्विन बुक्स, दिल्ली-2014
17. देखें, पृष्ठ 65, *कश्मीर: इंसरजेंसी एंड आफ़्टर,* बलराज पुरी, ओरियेंट लॉन्गमैन प्राइवेट लिमिटेड, तीसरा संस्करण, दिल्ली-2008
18. देखें, वही, पृष्ठ 81
19. देखें, पृष्ठ 241-42, *कश्मीर एंड शेर-ए-कश्मीर : अ रिवोल्यूशन डीरेल्ड,* पी.एल.डी. परिमू, चिनार पब्लिशिंग, अहमदाबाद—2012
20. देखें, पृष्ठ 103-105, *अक्रॉस द लाइन ऑफ़ कंट्रोल : इनसाइड पाकिस्तान-एडमिनिस्टर्ड कश्मीर,* लव पुरी, कोलंबिया यूनिवर्सिटी प्रेस, न्यूयॉर्क-2012
21. देखें, पृष्ठ 114, *कश्मीर द वाजपेयी ईयर्स,* ए.एस. दुलत, हार्पर कॉलिन्स पब्लिशर्स, नोएडा-2015
22. देखें, यूरोपियन एकेडमिक रिसर्च के खण्ड ii, अंक 11 (फरवरी, 2015) में प्रकाशित बशारत नज़ीर पीर का लेख 'चेंजिंग नेचर ऑफ़ इंसरजेंसी इन कश्मीर.'
23. देखें, पृष्ठ 60, *कश्मीर द वाजपेयी ईयर्स,* ए.एस. दुलत, हार्पर कॉलिन्स पब्लिशर्स, नोएडा-2015
24. देखें, पृष्ठ 82, *माय कश्मीर द डाइंग ऑफ़ द लाईट,* वजाहत हबीबुल्लाह, पेंग्विन बुक्स, दिल्ली-2014
25. देखें, पृष्ठ 218, *कश्मीर : बिहाइंड द वेल,* एम.जे. अकबर, रोली बुक्स, छठा संस्करण, दिल्ली—2011
26. देखें, पृष्ठ 14, *माई फ्रोज़ेन टर्बुलेंस इन कश्मीर,* जगमोहन, एलाइड पब्लिशर लिमिटेड, दिल्ली-1991
27. देखें, पृष्ठ 82, *माय कश्मीर द डाइंग ऑफ़ द लाईट,* वजाहत हबीबुल्लाह, पेंग्विन बुक्स, दिल्ली-2014
28. देखें, पृष्ठ 218, *कश्मीर : बिहाइंड द वेल,* एम.जे. अकबर, रोली बुक्स, छठा संस्करण, दिल्ली—2011
29. देखें, पृष्ठ 15, *माय फ्रोज़ेन टर्बुलेंस इन कश्मीर,* जगमोहन, एलाइड पब्लिशर लिमिटेड, दिल्ली-1991

30. देखें, पृष्ठ 83, *माय कश्मीर द डाइंग ऑफ़ द लाईट,* वजाहत हबीबुल्लाह, पेंग्विन बुक्स, दिल्ली–2014
31. देखें, पृष्ठ 15, *माई फ्रोज़ेन टर्बुलेंस इन कश्मीर,* जगमोहन, एलाइड पब्लिशर लिमिटेड, दिल्ली–1991
32. देखें, पृष्ठ 60, *कश्मीर द वाजपेयी ईयर्स,* ए.एस. दुलत, हार्पर कॉलिन्स पब्लिशर्स, नोएडा–2015
33. एम.जे. अकबर–220, परिमू–241, पुरी–70
34. एम.जे. अकबर–219, हबीबुल्लाह–88, पुरी–68
35. देखें, पृष्ठ 154, द *मैनी फ़ेसिज़ ऑफ़ कश्मीरी नेशनलिज़्म,* नंदिता हक्सर, स्पीकिंग टाइगर्स, दिल्ली—2015
36. देखें, पृष्ठ 60, *कश्मीर : द अनटोल्ड स्टोरी,* हुमरा क़ुरैशी, पेंग्विन बुक्स–2004
37. देखें, पृष्ठ 80–81, *कश्मीरः इंसरजेंसी एंड आफ़्टर,* बलराज पुरी, ओरियेंट लॉन्गमैन प्राइवेट लिमिटेड, तीसरा संस्करण, दिल्ली–2008
38. देखें, *इकॉनमिक एंड पॉलिटिकल वीकली* के 12 नवम्बर 2016 के अंक में मुदसिर अमीन का लेख 'सिविल सोसायटी एंड स्टेट इन आर्म्ड *कॉन्फ़्लिक्ट* : अ हिस्टोरिकल पर्सपेक्टिव ऑफ़ देयर कंटेस्टेशन इन इण्डियन कंट्रोल्ड कश्मीर
39. देखें, पृष्ठ 65–66, *कश्मीरः इंसरजेंसी एंड आफ़्टर,* बलराज पुरी, ओरियेंट लॉन्गमैन प्राइवेट लिमिटेड, तीसरा संस्करण, दिल्ली–2008
40. https://www.theguardian.com/global-development/2010/oct/11/1
41. https://www.theguardian.com/world/2011/aug/21/kashmir-unmarked-graves-thousands-bodies
42. देखें, पृष्ठ—116 *अक्रॉस द लाईन ऑफ़ कन्ट्रोल : इन साईड पाकिस्तान एडमिनिस्टर्ड कश्मीर,* लव पुरी, कोलंबिया यूनिवर्सिटी प्रेस न्यूयार्क—2012
43. देखें, 2 अगस्त 2011 को *अल जज़ीरा* में छपा सुमात्रा बोस का लेख 'द इवोल्यूशन ऑफ़ कश्मीरी रेसिस्टेंस'
44. देखें, पृष्ठ 68–69, *बिटवीन डेमोक्रेसी : नेशन : जेंडर एंड मिलिटेराईजेशन इन कश्मीर,* सीमा काज़ी, वीमेन अनलिमिटेड, दिल्ली–2009
45. देखें, 15 फरवरी, 2016 को द *नेशन* में छपा अरशद मलिक का लेख 'व्हाई डिड आर्म्ड इंसरजेंसी 'फेल' इन कश्मीर ?
46. देखें, 2 अगस्त 2011 को *अल जज़ीरा* में छपा सुमात्रा बोस का लेख 'द इवोल्यूशन ऑफ़ कश्मीरी रेसिस्टेंस'
47. देखें, पृष्ठ 69, *बिटवीन डेमोक्रेसी : नेशन : जेंडर एंड मिलिटेराईजेशन इन कश्मीर,* सीमा काज़ी, वीमेन अनलिमिटेड, दिल्ली–2009
48. देखें, *अ लॉन्ग ड्रीम ऑफ़ होम,* (सं) सिद्धार्थ गिगू और वरद शर्मा में इन्दू भूषण ज़ुत्शी का लेख 'शी वाज़ किल्ड बिकॉज़ शी वास एन इन्फॉर्मेंट, नो हार्म विल कम टू यू, ब्लूम्स्बर्ग, नई दिल्ली—2015 ; इस किताब में कश्मीर से पलायित अनेक कश्मीरी पंडितों के संस्मरण हैं।
49. विस्तार के लिए देखें WISCOMP द्वारा प्रकाशित अल्पना किशोर की किताब *नेशनैलिटी : आईडेंटिटी शिफ्ट्स इन जम्मू एंड कश्मीर आर्म्ड कॉन्फ़्लिक्ट,* नई दिल्ली—2009
50. देखें, पृष्ठ 142–43, द *मैनी फ़ेसिज़ ऑफ़ कश्मीरी नेशनलिज़्म,* नंदिता हक्सर, स्पीकिंग टाइगर्स, दिल्ली—2015
51. देखें, पृष्ठ 126, *कश्मीर इन कॉन्फ़्लिक्ट : इण्डिया, पाकिस्तान एंड द अनएंडिंग वार,* विक्टोरिया स्कोफील्ड, आई.बी. टॉरिस एंड कम्पनी लिमिटेड, लन्दन–2003
52. देखें, पृष्ठ 70, *कश्मीरः इंसरजेंसी एंड आफ़्टर,* बलराज पुरी, ओरियेंट लॉन्गमैन प्राइवेट लिमिटेड, तीसरा संस्करण, दिल्ली–2008
53. देखें, पनुन कश्मीर की वेबसाईट http://panunkashmir.org/
54. देखें, पृष्ठ 159, द मैनी *फ़ेसिज़ ऑफ़ कश्मीरी नेशनलिज़्म,* नंदिता हक्सर, स्पीकिंग टाइगर्स, दिल्ली—2015

55. देखें, पृष्ठ 244, *कश्मीर एंड शेर-ए-कश्मीर : अ रिवोल्यूशन डीरेल्ड,* पी.एल.डी. परिमू, चिनार पब्लिशिंग, अहमदाबाद—2012
56. देखें, पृष्ठ 318, चित्रलेखा ज़ुत्शी, *लेंगवेज ऑफ़ बिलॉँगिंग : इस्लाम, रीज़नल आइडेंटिटी एंड मेकिंग ऑफ़ कश्मीर,* परमानेंट ब्लैक, दूसरा संस्करण-2015
57. देखें, पृष्ठ 120, *कश्मीर : रूट्स ऑफ़ कॉन्फ़्लिक्ट पाथ टू पीस,* सुमांत्रा बोस, हावर्ड यूनिवर्सिटी प्रेस, लन्दन-2003
58. देखें, कंटेम्परारी साउथ एशिया के अंक 11 में प्रकाशित अलेक्जेंडर इवांस का लेख 'अ डिपार्चर फ्रॉम हिस्ट्री : कश्मीरी पंडित्स, 1990-2001
59. देखें, पृष्ठ 245, *कश्मीर एंड शेर-ए-कश्मीर : अ रिवोल्यूशन डीरेल्ड,* पी.एल.डी. परिमू, चिनार पब्लिशिंग, अहमदाबाद, 2012
60. देखें, पृष्ठ 320, *सी.आई.ए. वर्ल्ड फैक्टबुक 2010,* स्काईहॉर्स पब्लिशिंग, न्यूयॉर्क-2009
61. देखें, पृष्ठ 79, *माय कश्मीर द डाइंग ऑफ़ द लाईट,* वजाहत हबीबुल्लाह, पेंग्विन बुक्स, दिल्ली-2014
62. देखें, पृष्ठ 245, *कश्मीर एंड शेर-ए-कश्मीर : अ रिवोल्यूशन डीरेल्ड, पी.एल.डी. परिमू,* चिनार पब्लिशिंग, अहमदाबाद—2012
63. देखें, पृष्ठ 118, *बिटवीन डेमोक्रेसी : नेशन : जेंडर एंड मिलिटेराईजेशन इन कश्मीर,* सीमा काज़ी, वीमेन अनलिमिटेड, दिल्ली-2009
64. देखें http://www.aljazeera.com/indepth/spotlight/kashmirtheforgottenconflict/2011/07/2011724204546645823.html
65. देखें, पृष्ठ 86, *माय कश्मीर द डाइंग ऑफ़ द लाईट,* वजाहत हबीबुल्लाह, पेंग्विन बुक्स, दिल्ली-2014
66. देखें, पृष्ठ 70-71, *कश्मीर: इंसरजेंसी एंड आफ़्टर,* बलराज पुरी, ओरियेंट लॉन्गमैन प्राइवेट लिमिटेड, तीसरा संस्करण, दिल्ली-2008
67. http://www.greaterkashmir.com/news/op-ed/kashmiri-pandits-an-incendiary-venomous-narrative/225877.html
68. https://factly.in/this-is-what-the-government-claims-it-has-done-for-the-kashmiri-pandits-kashmiri-pandits-rehabilitation/
69. गृह मंत्रालय की आदेश संख्या 15030/14/07-KV
70. गृह मंत्रालय की आदेश संख्या 12013/3/2012-KV
71. गृह मंत्रालय की आदेश संख्या 12013/6/2014-KV
72. http://www.greaterkashmir.com/news/op-ed/kashmiri-pandits-an-incendiary-venomous-narrative/225877.html में अब्दुल माजिद मट्टू द्वारा उद्धृत.
73. http://www.aljazeera.com/indepth/spotlight/kashmirtheforgottenconflict/2011/07/20117242045546645823.html
74. http://www.aljazeera.com/indepth/spotlight/kashmirtheforgottenconflict/2011/07/201176134818984961.html
75. देखें, 7 अगस्त, 2014 के कश्मीर रीडर में छपी रिपोर्ट 'केपी फेमिली रिटर्न्स होम आफ़्टर 26 ईयर्स, ओपेंस प्रेप स्कूल इन श्रीनगर
76. http://www.countercurrents.org/2016/08/04/an-open-letter-to-pm-modi-from-a-sikh-of-kashmir/
77. देखें, पृष्ठ 60, *कश्मीर : द अनटोल्ड स्टोरी,* हुमरा क़ुरैशी, पेंग्विन बुक्स-2004
78. देखें, पृष्ठ 132-34, द *ह्यूमन राइट्स क्राइसिस इन कश्मीर : अ पैटर्न ऑफ़ इम्प्यूनिटी,* एशिया वाच, अ डिविजन ऑफ़ ह्यूमन राइट्स वाच, जून—1993

79. देखें, पृष्ठ 160, द *मैनी फेसिज़ ऑफ़ कश्मीरी नेशनलिज़्म,* नंदिता हक्सर, स्पीकिंग टाइगर्स, दिल्ली—2015

80. देखें, पृष्ठ 78, *कश्मीर : द अनटोल्ड स्टोरी,* हुमरा क़ुरैशी, पेंग्विन बुक्स–2004

81. देखें, 27 जून, 2008 का *टाइम्स ऑफ़ इंडिया,* http://timesofindia.indiatimes.com/home/sunday-times/deep-focus/Doc-who-rocks-for-Kashmiriyat/articleshow/3286000.cms

82. http://www.firstpost.com/india/26-years-in-e&ile-heres-why-the-kashmiri-pandits-are-in-no-hurry-to-return-to-the-valley-2591406.html

83. देखें, द *वायर* में 7/01/2016 को प्रकाशित निताशा कौल का आलेख 'कश्मीरी पंडित्स आर अ पॉन इन द गेम्स ऑफ़ हिंदुत्व फोर्सेज'

84. http://www.aljazeera.com/indepth/opinion/2017/07/kashmir-communalisation-political-dispute-170725082030871.html

18

जितना बदलता है सब उतना ही रह जाता है वैसा ही

आगे की कहानी हमारे अपने समयों की है। उस पर विस्तार से बात करना एक और किताब की माँग करता है। नब्बे के दशक के आख़िरी वर्ष और इस सदी के पहले डेढ़ दशकों में तमाम कोशिशों के बावजूद कश्मीर के हालत बहुत सुधरे नहीं। देश के भीतर साम्प्रदायिक तनाव के उभार और सैन्य विचारधारा के प्रभावी होते जाने के साथ-साथ कश्मीर में भी जो बदलाव आये उन्होंने तमाम सकारात्मक कोशिशों पर पानी फेर दिया। यहाँ मेरी कोशिश संक्षेप में इन ढाई दशकों के किस्से के ज़रूरी हर पहलू बयान कर देने की है।

भारत सरकार की ओर से कश्मीर में लोकतांत्रिक प्रक्रिया फिर से शुरू करने और बातचीत द्वारा मुद्दे को हल करने की पहली कोशिश 4 नवम्बर 1995 को हुई जब पश्चिम अफ्रीकी देश बुर्किना फासो से तत्कालीन प्रधानमंत्री पी.वी. नरसिम्हा राव ने राष्ट्र के नाम एक संबोधन में जम्मू और कश्मीर के नागरिकों को संबोधित करते हुए कहा—

> पिछले छह सालों में कश्मीर के लोगों ने आतंकवाद के चलते अभूतपूर्व कष्ट सहे हैं। लोगों ने अकथनीय हिंसा झेली है जो मौतों और तबाही में तब्दील हुई है। हज़ारों लोग अपने घर-परिवार से उखाड़ दिए गए हैं। यह आभासी छद्म युद्ध सीमा पार से छेड़ा गया है जो पूरी तरह से अंतर्राष्ट्रीय नियमों, अच्छे पड़ोसी सम्बन्धों और मानवीय व्यवहार तथा शिष्टाचार के सभी सिद्धांतों का उल्लंघन है...जम्मू और कश्मीर राज्य और उसके निवासी भारत के वैविध्यपूर्ण अस्तित्व का अभिन्न हिस्सा हैं। इसलिए हम उनके कष्टों के मूकदर्शक नहीं हो सकते। पहले ही उन्होंने बहुत सहा है। हम राज्य में सामान्य स्थिति लाने का और हर आँख से आँसू पोछ देने का अपना संकल्प ज़ाहिर करते हैं।

इसी भाषण में उन्होंने एक योजना प्रस्तुत की जिसमें 370 को जारी रखने, भारतीय संविधान के तहत स्वायत्तता देने और सदर-ए-रियासत तथा वज़ीर ए आज़म का संबोधन फिर से देने, राज्य के लिए राजनैतिक तथा आर्थिक पैकेज के साथ-साथ राज्य का विभाजन न करने

तथा शेख़ अब्दुल्ला और इंदिरा गाँधी के बीच हुए कश्मीर समझौते के तहत आगे बढ़ने की बात थी। हालाँकि इसे लेकर कश्मीर में कोई सकारात्मक माहौल नहीं बना और यह नेशनल कॉन्फ्रेंस तक को प्रभावित करने में असफल रहा लेकिन इसने आगे बढ़ने का रास्ता तो खोला ही। दुलत बताते हैं कि नरसिम्हा राव शब्बीर शाह को कश्मीर चुनावों में हिस्सा लेने के लिए राज़ी करना चाहते थे। यह दिल्ली की किसी अलगाववादी नेता को मुख्यधारा में लाने की पहली कोशिश थी। लेकिन शब्बीर के टाल-मटोल के चलते यह संभव नहीं हुआ। (दुलत-75-77) नरसिम्हा राव के पास बहुत समय था भी नहीं। मई 1996 के लोकसभा चुनावों में कांग्रेस हार गई। जम्मू और कश्मीर में इस चुनाव का व्यापक पैमाने पर बहिष्कार हुआ। लेकिन उसी साल जम्मू और कश्मीर में विधानसभा चुनाव हुए और राष्ट्रपति शासन के लम्बे दौर का अंत हुआ। देश की नई गठबंधन सरकार ने नवम्बर 1996 में राज्य की आतंरिक स्वायत्तता को परिभाषित करने के लिए एक राज्य स्वायत्तता कमेटी बनाई जिसका अध्यक्ष करण सिंह को बनाया गया। कमेटी शुरू से ही विवादों में रही। अब्दुल्ला परिवार और करण सिंह की अनबन जगज़ाहिर थी। मुख्यमंत्री फ़ारुक अब्दुल्ला पर हस्तक्षेप का आरोप लगाकर करण सिंह ने अगस्त, 1997 में इस्तीफ़ा दे दिया तो क्षेत्रीय स्वायत्तता पर बनी एक उप समिति के अध्यक्ष बलराज पुरी को समिति से हटा दिया गया। वर्ष 2000 में जब समिति की रिपोर्ट आई तो केन्द्र में वाजपेयी की सरकार आ चुकी थी। राज्य विधानसभा से पारित इस रिपोर्ट को एन.डी.ए. की सरकार ने खारिज़ कर दिया।[1] असल में सिवाय नेशनल कॉन्फ्रेंस के इस रिपोर्ट से कोई ख़ुश नहीं था, न वाजपेयी, न जम्मू और कश्मीर का विपक्ष और न ही हुर्रियत कॉन्फ्रेंस।

वाजपेयी का दौर कश्मीर के संदर्भ में सबसे बेहतर दौरों में से एक माना जाता है। हिंसा और दमन की जगह इस दौर में मरहम और बातचीत की राह अपनाई गई और उसके सकारात्मक परिणाम भी निकले। इस रिपोर्ट के खारिज़ होने से नाराज़ होने के बावजूद फ़ारुक ने इस बार जल्दबाज़ी से काम नहीं लिया और स्वायत्तता की माँग जारी रखते हुए अपनी पार्टी को एन.डी.ए. का हिस्सा बनाये रखा। जुलाई 2000 में बेग़म अकबर जहाँ की मृत्यु पर जब वाजपेयी और आडवाणी मातमपुर्सी के लिए श्रीनगर पहुँचे तो रिपोर्ट खारिज़ होने से फ़ारुक और दिल्ली के बीच जमी बर्फ़ पिघलना शुरू हुई। कश्मीर समस्या के समाधान तथा पाकिस्तान से सम्बन्ध सुधारने के प्रति अपनी रुचि वाजपेयी पहले ही प्रकट कर चुके थे। 1998 में वह बस से लाहौर गए और 1999 की शुरुआत में ही हुई लाहौर घोषणा में दोनों देशों ने कश्मीर मुद्दे को आपसी बातचीत से सुलझाने की बात की थी। लेकिन 1999 की गर्मियों में कारगिल में पाकिस्तान ने नियंत्रण रेखा पार कर दोनों देशों के बीच एक और युद्ध को जन्म दिया। नवाज़ शरीफ़ इसके लिए मुशर्रफ़ को ज़िम्मेदार ठहराते हैं तो अपनी किताब *इन द लाइन ऑफ़ फायर* में मुशर्रफ़ ने अलग ही क़िस्सा सुनाते हुए नवाज़ शरीफ़ को इसका ज़िम्मेदार बताया है। उस पर विस्तार से बात करना यहाँ विषयांतर होगा। कारगिल में पाकिस्तान को निर्णायक शिक़स्त देने के बाद वाजपेयी सरकार ने सीधे कश्मीर के अलगाववादी नेताओं से बात करने का निश्चय किया जिसका उन्हें उचित प्रतिसाद भी मिला। *पेट्रीयॉट* के पूर्व संपादक आर.के. मिश्रा, एस.के. दुलत

और वजाहत हबीबुल्ला के ज़रिये कश्मीरी अलगाववादियों से बातचीत की यह कोशिश निश्चित रूप से दिल्ली की कश्मीर नीति में एक पैराडाइम शिफ़्ट था जो अब तक हुर्रियत को पाकिस्तानी एजेंट से अधिक महत्त्व देने को तैयार नहीं था। इस बातचीत का सीधा कोई फ़ायदा हुआ हो या नहीं लेकिन यह तथ्य तो निर्विवाद है कि दोनों देशों के परमाणु बम बना लेने की क्षमता हासिल कर लेने, कारगिल युद्ध, संसद पर हमले, आगरा में बातचीत विफल होने और ऐसी तमाम घटनाओं के बावजूद यह दौर कश्मीर के हालिया इतिहास में सबसे शांत दशकों में से एक था। हालाँकि एन.एन. वोहरा को वार्ताकार बनाने के बावजूद हुर्रियत से बातचीत के लिए न भेजने से वाजपेयी द्वारा अप्रैल 2003 में श्रीनगर में 'इंसानियत' के आधार पर कश्मीर समस्या का हल ढूँढ़ने का प्रस्ताव बस प्रस्ताव ही रह गया[2] तो वादे के बावजूद फ़ारुक को उपराष्ट्रपति पद न देने से एक अविश्वास का माहौल भी बना।[3]

ऐसा नहीं है कि इस दौर में आतंकवाद पूरी तरह से ख़त्म हो गया था। लेकिन जो बड़ा परिवर्तन आया था वह था लोगों का आतंकवाद के प्रति मोहभंग। इसीलिए आतंकवादियों ने इस दौर में अपनी रणनीति बदली। कारगिल युद्ध के बाद 1999 से 2003 के बीच उन्होंने फिदाईन या आत्मघाती हमलों की नीति अपनाई। 1999 के मध्य से 2002 के अंत तक ऐसी कम से कम 55 घटनाएँ हुईं जिनमें सुरक्षा बलों के 161 लोग और 90 फिदायीन मारे गए। इन फिदाईनों में अधिकांश लश्कर-ए-तैयबा से जुड़े पाकिस्तान के पंजाब प्रांत से घुसपैठ करके आये आतंकवादी थे। नवम्बर-2008 में मुंबई के ताज होटल पर हुआ हमला इस तरह से किये गए हमलों की आख़िरी कड़ी था। यह 1990-1995 की युद्ध जैसी स्थितियों से अलग स्थिति थी और श्रीनगर पहले की तुलना में काफ़ी सामान्य था। पर्यटक एक बार फिर घाटी का रुख करने लगे थे और व्यापार के लिए बेहतर स्थितियाँ बन रही थीं। 2001 में अमेरिका में हुए 9/11 के हमलों के बाद पाकिस्तान के लिए आतंकवादी संगठनों की मदद मुश्किल होते जाने के साथ ही कश्मीर पर फिदाइन हमलों की घटनाएँ लगभग बंद हो गईं।[4]

लेकिन संघ परिवार वाजपेयी के इन प्रयासों से ख़ुश नहीं था। श्यामा प्रसाद मुखर्जी की जन्मशताब्दी वर्ष में गुजरात के गाँधीनगर में हुई आर.एस.एस. की प्रतिनिधि सभा की बैठक में जम्मू और कश्मीर के लिए स्वायत्तता के किसी प्रस्ताव का पुरज़ोर विरोध किया गया तो बाला साहब ठाकरे ने भी सुर में सुर मिलाया। यही वजह थी कि मंत्रिमंडल ने वह प्रस्ताव खारिज़ कर दिया था।[5] नूरानी आगरा वार्ता की असफलता का आरोप पार्टी में हार्डलाईनर माने जाने वाले तत्कालीन गृहमंत्री अडवाणी पर लगाते हैं[6] तो आर.एस.एस. तथा बजरंग दल जैसे संगठन उस पूरे दौर में कश्मीर को लेकर जो भाषा बोल रहे थे वह सरकार की भाषा से भिन्न थी। यही नहीं, 2005-06 में जब मनमोहन सिंह और परवेज़ मुशर्रफ़ कश्मीर समस्या के समाधान के बहुत क़रीब थे, तब भाजपा ने उनका सहयोग करने की जगह बाधाएँ पहुँचाई। 25 जनवरी, 2004 को एक प्रेस कॉन्फ्रेंस में यशवंत सिन्हा ने मनमोहन सिंह की नीतियों की तीख़ी आलोचना की तो कभी हुर्रियत से बातचीत की पहल

करने वाले वाजपेयी ने मनमोहन सिंह को लिखे पत्र में आश्चर्यजनक रूप से तीन आरोप लगाए, पहला शान्ति प्रक्रिया बहुत ज़्यादा कश्मीर केन्द्रित हो गई है, दूसरा यह आतंकवाद पर ख़ामोश है और तीसरा हुर्रियत को महत्त्व दिया जा रहा है![7] तो कश्मीर को लेकर नीतियों को सर से पैर तक पर खड़ा करने की क़वायदें चलती रहीं। इसी बीच 2002 में जम्मू और कश्मीर में चुनाव हुए। हुर्रियत नेताओं ने इसके बहिष्कार की अपील की लेकिन साथ ही न केवल नेशनल कॉन्फ्रेंस को हराने की अपील भी की बल्कि अपने कुछ लोगों को निर्दलीय चुनाव भी लड़वाया।[8] वैसे तो इन चुनावों में आतंकवादी हमलों में 87 राजनैतिक कार्यकर्ता मार दिए गए जो पिछले चुनावों की तुलना में सबसे बड़ी संख्या थी[9] लेकिन चुनावों की घोषणा से पहले ही कश्मीर के प्रमुख अलगाववादी नेता तथा कश्मीर समस्या के हल के भारत से बातचीत के पक्षधर अब्दुल ग़नी लोन की हत्या कर दी गई। वह 1990 में मीरवायज़ मौलवी फ़ारुक के बाद मारे जाने वाले पहले बड़े अलगाववादी नेता थे। लोन उग्रपंथी रुख के तीख़े आलोचक थे। उनका मानना था कि हिंसा से कश्मीर समस्या नहीं सुलझाई जा सकती। मीडिया में यह अटकलें लगाई जा रही थीं कि लोन चुनाव लड़ने की सोच रहे हैं। ऐसे समय में जब अटल बिहारी वाजपेयी कश्मीर आने वाले थे और बातचीत की उम्मीदें फ़िज़ा में थीं, लोन की हत्या ज़ाहिर तौर पर इन उम्मीदों में ख़लल पहुँचाने की साजिश थी। फ़ारुक ने इसका इलज़ाम पाकिस्तान पर लगाया। अमेरिकी सेक्रेटरी ऑफ़ स्टेट कॉलिन पॉवेल ने स्पष्ट शब्दों में कहा कि 'हालाँकि किसी ने उनकी हत्या का ज़िम्मा नहीं लिया है लेकिन यह स्पष्ट है कि उनके हत्यारे उनमें से ही हैं जो नहीं चाहते कि कश्मीर समस्या का शान्तिपूर्ण समाधान हो। 2 जनवरी 2011 को विभाजित हुर्रियत के नरमपंथी धड़े के मुख्य प्रवक्ता अब्दुल गनी बट्ट ने एक कार्यक्रम में स्वीकार किया, मीरवायज़ मौलवी फ़ारुक, अब्दुल ग़नी लोन और जे.के.एल.एफ़. के विचारक प्रो अब्दुल ग़नी वानी की हत्या भारतीय सेना ने नहीं बल्कि किसी अन्दर के व्यक्ति ने की थी। कश्मीर आन्दोलन में बुद्धिजीवियों की भूमिका पर आयोजित इस सेमीनार में उन्होंने कहा—'हमने अपने बुद्धिजीवियों को मार डाला। जहाँ भी हमें कोई बुद्धिजीवी मिला, हमने उसे मार डाला।'[10] कश्मीरी आत्मनिर्णय के सवाल के बीच पाकिस्तान के हस्तक्षेप ने उस सवाल को कितना 'कश्मीरी' रहने दिया है, यह विचारणीय सवाल है। इस लम्बे संघर्ष में एक-एक करके हर उस आवाज़ को दबा दिया गया जिसने पाकिस्तान में विलय से अलग लाइन ली। भारत ऐसे लोगों को सुरक्षा क्यों नहीं प्रदान कर सका और ऐसी घटनाओं के बाद माहौल को अपने प्रति संवेदनशील क्यों नहीं बना सका, यह एक और बड़ा सवाल है। कश्मीर के हालात ऐसे ही अनुत्तरित सवालों की पैदाइश हैं।

इन चुनावों में लगभग 45 प्रतिशत मतदान हुआ और आश्चर्यजनक रूप से कांग्रेस ने अच्छा प्रदर्शन करते हुए 20 सीटें जीतीं। पी.डी.पी. को 16 सीटें मिलीं। नेशनल कॉन्फ्रेंस अब भी 28 सीटों के साथ सबसे बड़ी पार्टी थी। लेकिन कांग्रेस ने पी.डी.पी. का साथ चुना और इस तरह न केवल मुफ़्ती का कश्मीर का मुख्यमंत्री बनने का स्वप्न अंततः कांग्रेस के सहारे ही पूरा हुआ बल्कि आज़ादी के बाद पहली बार कश्मीर में सत्ता चुनावों से बदली।

कांग्रेस और पी.डी.पी. के बीच 3-3 साल तक सत्ता में रहने का समझौता हुआ था और इसके तहत 2005 में ग़ुलाम नबी आज़ाद कश्मीर के मुख्यमंत्री बने। दोनों दलों के बीच पहली दरार तब पड़ी जब पी.डी.पी. के एक विधायक मुर्तज़ा खान ने एक निजी बिल प्रस्तुत किया जिसमें जम्मू और कश्मीर की लड़कियों को बाहरी व्यक्ति से शादी करने पर संपत्ति के अधिकार तथा नागरिकता से वंचित करने का प्रस्ताव था। यहाँ पाठकों को 2002 में जम्मू और कश्मीर उच्च न्यायालय का वह फ़ैसला याद होगा जिसमें यह व्यवस्था दी गई थी कि राज्य की महिलाओं की नागरिकता किसी भी पुरुष से विवाह करने पर सुरक्षित रहेगी। 6 मार्च 2004 को क़ानून मंत्री मुज़फ़्फ़र बेग़ ने विधानसभा में इस आशय का बिल प्रस्तुत किया। लेकिन कांग्रेस ने इस बिल पर सहमति देने से इंकार कर दिया और अंततः यह बिल पास न हो सका। ग़ुलाम नबी आज़ाद के पदग्रहण के बाद उभरे अमरनाथ श्राइन बोर्ड विवाद ने गठबंधन में दरारें और गहरी कर दीं।

अमरनाथ का ज़िक्र छठी शताब्दी में लिखे *नीलमत पुराण* से लेकर कल्हण द्वारा रचित *राजतरंगिणी* में भी पाया जाता है जहाँ यह कथा नाग शुश्रुवस से जुड़ती है जिसने अपनी विवाहित पुत्री के अपहरण का प्रयास करने वाले राजा नर के राज्य को जला कर खाक कर देने के बाद दूध की नदी जैसे लगने वाली शेषनाग झील में शरण ली और कल्हण के अनुसार अमरेश्वर की तीर्थयात्रा पर जाने वाले श्रद्धालुओं को इसका दर्शन होता है। सोलहवीं सदी मे कश्मीर आए फ्रेंकोइस बर्नियर के यहाँ भी इसका वर्णन मिलता है और संभवतः सत्रहवीं सदी तक यह यात्रा जारी रही थी। आधुनिक काल में कोई डेढ़ सौ साल पहले एक मुस्लिम चरवाहे बूटा मलिक ने इस गुफ़ा को फिर से तलाशा तथा आषाढ़ पूर्णिमा से लेकर श्रावण पूर्णिमा के बीच में बड़ी संख्या में यात्रियों का गुफ़ा में निर्मित हिम शिवलिंग के दर्शन के लिए जाना शुरू हुआ। 1991-95 के बीच कश्मीर में आतंकवाद की चरम स्थितियों के अलावा यह यात्रा लगभग निर्बाध रूप से चलती रही है। अक्तूबर 2000 में राज्य के तत्कालीन पर्यटन मंत्री एस.एस. सलातिया ने यात्रा के प्रबंधन के लिए श्री अमरनाथ श्राइन बोर्ड के निर्माण का विधेयक प्रस्तुत किया और फरवरी 2011 में राज्य सरकार ने बोर्ड का गठन कर दिया। 2004 में बोर्ड ने पहली बार बालटाल और चंदनवाड़ी में जंगलात विभाग के अधीन 3642 कैनाल ज़मीन की माँग की और अगले तीन वर्षों तक मामला जंगलात विभाग, हाईकोर्ट और श्राइन बोर्ड के बीच कानूनी टकरावों में फँसा रहा।

अमरनाथ यात्रा को लेकर विवाद 2008 में शुरू हुआ जब ग़ुलाम नबी आज़ाद ने श्री अमरनाथ श्राइन बोर्ड को लगभग 800 कैनाल (88 एकड़) ज़मीन देने का निर्णय लिया और यात्रा के बीच में ही 17 जुलाई 2008 को राज्यपाल के मुख्य सचिव तथा श्राइन बोर्ड के तत्कालीन सी.ई.ओ. अरुण कुमार ने एक प्रेस कॉन्फ्रेंस में यह घोषणा कर दी कि ज़मीन का यह अंतरण स्थाई है। अगले ही दिन यह मामला राजनीतिक बन गया, हुर्रियत के दोनों धड़ों ने इसका विरोध किया तो पी.डी.पी. भी स्थाई भू अंतरण के खिलाफ़ मैदान में आ गई। नेशनल कॉन्फ्रेंस भी पीछे नहीं रही और शेख़ परिवार की तीसरी पीढ़ी के उमर

अब्दुल्ला ने घोषणा की, अगर हमारी एक इंच ज़मीन भी किसी बाहरी को दी गई तो हम अपनी ज़िन्दगी क़ुर्बान कर देंगे। दूसरी तरफ़ जम्मू में भाजपा ने मोर्चा खोल दिया और यह विवाद एक धार्मिक विवाद में तब्दील हो गया जिसमें हिंसक झड़पों में कई लोग मारे गए। उधर शिवसेना, भाजपा, विश्व हिन्दू परिषद्, बजरंग दल तथा नवगठित श्री अमरनाथ यात्रा संघर्ष समिति ने जम्मू से आवश्यक वस्तुओं की आपूर्ति रोक दी तो घाटी के दूकानदारों ने चलो मुज़फ़्फ़राबाद का नारा दिया और अंततः 28 जून 2008 को पी.डी.पी. ने सरकार से समर्थन वापस ले लिया। लालकृष्ण आडवाणी ने इसे चुनाव में मुद्दा बनाने की घोषणा की तो कश्मीर में पी.डी.पी. ने इसका उपयोग अपनी अलगाववादी और कट्टर छवि बनाने में किया। अलगाववादी नेता शेख़ शौकत अज़ीज़ सहित 21 से अधिक लोगों की जान और ग़ुलाम नबी सरकार की बलि लेने के बाद यह मामला 61 दिनों बाद राज्यपाल द्वारा बनाए गए एक पैनल द्वारा अंतरण को अस्थाई बताने तथा बोर्ड को इस ज़मीन के उपयोग की अनुमति के बाद बंद तो हुआ लेकिन कश्मीर के विषाक्त माहौल में सांप्रदायिकता का थोड़ा और ज़हर भर गया।[11]

अमरनाथ यात्रा आमतौर से कश्मीर में शान्ति से होती रही थी लेकिन 2000–2002 के बीच कुछेक हिंसक घटनाएँ हुई थीं। वर्ष 2000 में हिज़बुल मुजाहिदीन ने यात्रा के समय युद्ध विराम की घोषणा की तो बाहरी आतंकवादियों ने इसका विरोध करते हुए पहलगाम के यात्रा बेस कैंप पर हमला करके 21 से अधिक यात्रियों की जान ले ली थी। इसके बाद 2001 में शेषनाग के पास हमले में 6 लोग मारे गए थे तो 2002 में नुनवान कैंप पर लश्कर ए तय्यबा के आतंकवादियों ने हमला करके 8 लोगों की जान ली थी। लेकिन इसके बाद श्राइन बोर्ड विवाद के बावजूद पिछले 15 सालों से यह यात्रा शान्तिपूर्ण तरीके से सम्पन्न होती रही और कश्मीर में यात्रा और पर्यटकों पर हमला न करने का अलिखित नियम पालन होता रहा। इस साल (2017) में यह नियम एक बार फिर टूटा। 8 जुलाई को बुरहान वानी के इन्काउंटर की बरसी के मद्देनज़र पहले से ही हमले की आशंका जताई जा रही थी जिसकी वजह से सुरक्षा के भारी इंतज़ाम किए गए थे और इस हमले के कुछ घंटों पहले ही राज्य के मुख्यमंत्री डॉ निर्मल सिंह सुरक्षा इंतज़ामों के पुख्ता होने की बात कर रहे थे लेकिन जिस तरह नियम तोड़कर यह बस 7 बजे के बाद यात्रा कर रही थी, समूह के साथ न होने के कारण इसके साथ सुरक्षा के कोई इंतज़ामात नहीं थे, बस टूरिस्ट परमिट पर चल रही थी और यात्रियों का अमरनाथ यात्रा के लिए पंजीकरण नहीं था, ज़ाहिर है कि दावों से उलट सुरक्षा के इंतज़ाम संतोषजनक नहीं थे। वैसे जम्मू और कश्मीर पुलिस द्वारा जारी बयान को मानें तो आतंकवादियों ने पहले बाटेंगू में पुलिस के बंकर पर हमला किया जिसमें कोई हताहत नहीं हुआ उसके बाद खानबल के पुलिस नाके पर हमला किया गया जिसके जवाब में पुलिस ने भी गोलियाँ चलाईं और इसी गोलीबारी में टूरिस्ट परमिट पर चल रही इस बस के 8 यात्री मारे गए तथा कई घायल हुए। इन्हीं अनियमितताओं के कारण जम्मू और कश्मीर पुलिस इसे अमरनाथ यात्रा का हिस्सा नहीं मान रही और उसके अनुसार आतंकवादियों का निशाना यात्री नहीं थे, लेकिन इसके उलट यात्रियों का कहना है कि पाँच

या छह लोगों ने बस पर ताबड़तोड़ गोलियाँ चलाईं और अगर बस ड्राइवर सलीम ने सूझबूझ के साथ लगातार बस न भगाई होती तो और अधिक लोगों की जान जा सकती थी। इस घटना को लेकर देश का माहौल बिगाड़ने की कोशिशें तो हुईं लेकिन कश्मीरी नेतृत्व तथा जनता के तुरंत इस घटना के विरोध में आने से वह सफल नहीं हुई।

श्राइन बोर्ड विवाद के बाद हुए 2008 के चुनावों में हुर्रियत के बहिष्कार की घोषणा के बाद 60.5 प्रतिशत वोट पड़े जो पिछले बीस सालों में सबसे बड़ा मतदान प्रतिशत था। जहाँ एक तरफ़ अप्रासंगिक होती जा रही हुर्रियत में इस आन्दोलन ने नई जान फूँकी तो दूसरी तरफ़ बहिष्कार की उसकी अपील के बावजूद भारी संख्या में लोग वोट डालने बाहर आये। इस चुनाव में केवल तीन राजनैतिक कार्यकर्ताओं की जान गई जो अपने आप में एक बड़ी घटना थी। न तो धाँधली के आरोप लगे और न ही सेना के हस्तक्षेप के। फ़ारुक ने इन चुनावों में हस्तक्षेप न करने के लिए पाकिस्तान का धन्यवाद दिया। साम्प्रदायिक ध्रुवीकरण का असर यह हुआ कि कांग्रेस के मत प्रतिशत में गिरावट आई और भाजपा ने जम्मू क्षेत्र में उल्लेखनीय सफलता हासिल की।[12] हालाँकि पूर्ण बहुमत किसी को नहीं मिला। नेशनल कॉन्फ्रेंस को पिछले चुनावों जितनी 27 सीटें मिलीं तो पी.डी.पी. की सीटें बढ़कर 21 हो गईं। आम मान्यता है कि अलगाववादियों ने अन्दर-अन्दर पी.डी.पी. को समर्थन दिया था। कांग्रेस की 3 सीटें कम हो गईं और उसे 17 सीटें मिलीं। सबसे फ़ायदे में भाजपा रही जिसकी सीटें 1 से बढ़कर 11 हो गईं। कांग्रेस ने इस बार नेशनल कॉन्फ्रेंस से गठजोड़ का फ़ैसला किया और उमर अब्दुल्ला ने कश्मीर के मुख्यमंत्री पद की शपथ ली। पिछले दो चुनावों में कश्मीरी जनता ने वोटों से सरकारें बदलीं थीं और भारी संख्या में वोट डालने बाहर भी आई थी लेकिन क्या इस लोकतांत्रिक प्रक्रिया का यह अर्थ लगाया जा सकता है कि कश्मीर में समस्या समाप्त हो गई थी या कश्मीरी जनता ने भारतीय संविधान और सत्ता को स्वीकार कर लिया था? बलराज पुरी कहते हैं कि यह मान लेना सही नहीं होगा। मतदान के लिए लाइन में लगे लोगों से जब यह पूछा गया कि वे क्या चाहते हैं तो उन्होंने कहा आज़ादी और अच्छी सरकार, दोनों ही।[13]

इसे समझना ज़रूरी है। एक तरफ़ लोग आतंक और हिंसा से ऊब गए थे तो दूसरी तरफ़ उन्हें रोज़-ब-रोज़ की ज़िन्दगी में रोटी, बिजली, पानी जैसी सुविधायें भी चाहिए थीं। वे आत्मसम्मान और बेहतर ज़िन्दगी दोनों चाहते थे। मीरवायज़ उमर फ़ारुक ने इन चुनावों के बाद कहा था—

> यह वक़्त आत्ममंथन और पुनर्विचार का है। अलगाववादियों को लोगों का समर्थन नहीं हासिल है। लोग बिजली, पानी, सड़क जैसी मूलभूत सुविधायें चाहते हैं और हुर्रियत उन्हें यह सब उपलब्ध करा पाने की स्थिति में नहीं है। अगर उमर अब्दुल्ला सरकार समस्या के समाधान में एक सकारात्मक भूमिका निभाती है तो मैं इसका स्वागत करूँगा।[14]

असल में यह समय दिल्ली के आत्ममंथन और पुनर्विचार का भी था। यह वह समय था जब आतंकवादी आन्दोलन अपने सबसे निचले स्तर पर था और कश्मीर में जनता की चुनी हुई सरकार थी जिसका मुखिया एक युवा था। यही नहीं अमेरिका में 9/11 के बाद पाकिस्तान के लिए भी कश्मीर में हस्तक्षेप करना उतना आसान नहीं रह गया था। ऐसे में ज़रूरत थी कि कश्मीरी जनता से संवाद की प्रक्रिया तेज़ कर किसी स्थाई समाधान तक पहुँचा जाता। भारतीय संविधान के भीतर कश्मीरी आकांक्षाओं की पूर्ति के लिए स्वायत्तता और कश्मीर के आर्थिक विकास के लिए पुरज़ोर कोशिश की जाती। सेना की संख्या सावधानी से कम करके जनता के भीतर विश्वास पैदा किया जा सकता था और एक दीर्घकालीन योजना के तहत कश्मीर को भारतीय मुख्यधारा के साथ जोड़ने की रचनात्मक पहल की जा सकती थी।

लेकिन कश्मीर का आधुनिक इतिहास खोये हुए मौक़ों का इतिहास है जैसे। चित्रलेखा ज़ुत्शी लिखती हैं—

> कश्मीरियों ने नब्बे के दशक के आख़िरी वर्षों तथा नई सदी के पहले कुछ सालों में आतंकवादी दलों को समर्थन देना बंद कर दिया था और ऐसा लगने लगा था जैसे कि विद्रोह क्षीण हो गया है। हालाँकि इसका अर्थ यह ज़रूरी नहीं कि वे अब भारतीय शासन का समर्थन करने लगे थे। वस्तुतः, यह एहसास कि भारतीय राज्य न केवल कश्मीरियों के लिए राजनैतिक रूप से नुकसानदेह है बल्कि समाज को नष्ट करने वाली सैन्य मशीन भी है, केवल कम होने लगा था।
>
> इस सदी के पहले दशक की बेकल शान्ति ने पीपुल्स डेमोक्रेटिक पार्टी जैसे राजनैतिक दलों को उभरने का अवसर दिया था और इसके बाद नेशनल कॉफ्रेंस जैसे स्थापित दल की सरकारों ने राज्य में शान्ति बरक़रार रखने के लिए सुशासन, सामजिक सेवायें प्रदान करने और आर्थिक लाभ की आवश्यकता को स्थापित किया था। दुर्भाग्य से ये सरकारें सुशासन और आम कश्मीरी मुसलमान के मन में भरोसा पैदा करने में बुरी तरह से नाक़ामयाब रहीं जो अब भी उन्हें भारतीय राज्य का विस्तार समझते थे। इस दौर में कुछ घटनाओं से प्रतिरोध और विरोध शुरू हुए जो कई बार महीनों चले जिसके बाद तुलनात्मक रूप से शान्ति रही।
>
> उदाहरण के लिए 2009 में भारतीय सुरक्षा बलों पर दो युवा कश्मीरी महिलाओं के बलात्कार का आरोप लगा। नेशनल कॉन्फ्रेंस सरकार ने इस मामले को सही तरीक़े से नहीं सुलझाया और इसे मानने से ही इंकार कर दिया कि बलात्कार हुआ था। इसके बाद कई कश्मीरी नौजवानों को घुसपैठिया बताकर मार दिया गया और एक 17 वर्षीय लड़के की आँसू गैस की मशीन से टक्कर लगने से मौत हो गई। जिसके बाद 2010 की गर्मियों में घाटी में बड़े पैमाने पर विरोध

प्रदर्शन हुए। लोगों के बीच नेशनल कॉन्फ्रेंस की विश्वसनीयता बुरी तरह प्रभावित हुई जब गलियों में पत्थर फेंकते हुए लड़कों ने भारतीय सुरक्षा बलों का सामना किया। भारतीय राज्य की प्रतिक्रिया दमन के अलावा सर्दियों के इंतज़ार की थी जब लड़के अपने घरों में लौट जाएँ।[15]

सितम्बर 2014 में आई भयानक बाढ़ ने टाउन प्लानिंग में दशकों से फैले भ्रष्टाचार की पोल खोल दी। अवैध कब्ज़ों ने पानी निकलने की कोई जगह नहीं छोड़ी थी। राज्य सरकार हालात का सामना करने और लोगों को राहत पहुँचाने में पूरी तरह से नाकाम रही। इस समय तक केन्द्र में नरेंद्र मोदी के नेतृत्व में भाजपा की सरकार आ चुकी थी। दिसम्बर-2014 में राज्य विधानसभा चुनावों में जनता ने उमर अब्दुल्ला को सत्ता से बाहर कर दिया। पी.डी. पी. अब भी पूर्ण बहुमत का आँकड़ा नहीं छू सकी थी और कोई महीने भर चली बातचीत के बाद इस बार उसे सरकार बनाने में सहयोग मिला अमरनाथ आन्दोलन में विरोध में खड़ी भाजपा से। विडम्बनाएँ कश्मीर की राजनीति में जैसे अंतर्विन्यस्त हैं।

सत्ता में आने के बाद मुफ़्ती मोहम्मद सईद ने कश्मीर में वाजपेयी पथ पर चलने की बात कही थी। वाजपेयी का शासनकाल कश्मीरियों की स्मृति में था और वे नई सरकार से वैसी ही नीति की उम्मीद कर रहे थे। सितम्बर की बाढ़ में सेना ने शानदार भूमिका निभाई थी और अलगाववादियों से हमदर्दी रखने वाले मुफ़्ती के राज में लगा यही था कि कश्मीर में बातचीत और शान्ति निर्माण की प्रक्रिया शुरू होगी। मुफ़्ती दो साल तक ही सत्ता में रह सके और 7 जनवरी, 2016 को मल्टी ऑर्गन फेल्योर के चलते अपने 80वें जन्मदिन से 5 दिन पहले उन्होंने आख़िरी साँसें लीं तो कभी शेख़ के परिवारवाद का विरोध करने वाले मुफ़्ती मोहम्मद सईद की पुत्री महबूबा मुफ़्ती ने कश्मीर के मुख्यमंत्री पद की शपथ ली।

यह दौर कश्मीर के इतिहास का एक और भयानक दौर है। लगभग एक दशक की शान्ति के बाद 2015 के आस-पास कश्मीर में अलगाववादी आन्दोलन ने एक नई शक्ल अख्तियार कर ली। बुरहान वानी इसका नया प्रतीक बनकर उभरा। आँकड़े बताते हैं कि जहाँ 2013 में आतंकवादी संगठनों में भर्ती होने वाले स्थानीय युवाओं की संख्या केवल 31 थी तो 2015 में (सितम्बर तक) 66 युवाओं ने आतंकवाद का रास्ता चुना। 1989 के बाद पहली बार स्थानीय आतंकवादियों की संख्या बाहरी आतंकवादियों से अधिक हो गई थी। सरकारी आँकड़ों के अनुसार उत्तर कश्मीर में जहाँ 66 स्थानीय आतंकवादी थे वहीं विदेशी आतंकवादियों की संख्या 44 थी जबकि दक्षिण कश्मीर में स्थानीयों की संख्या 109 और बाहरी आतंकवादियों की संख्या केवल 7 थी। ये अपनी पिछली पीढ़ी से अलग थे। 20 से 30 साल तक के ये नौजवान पढ़े-लिखे थे और सोशल मीडिया पर सक्रिय थे। बुरहान वानी ने 15 साल की उम्र में अपने भाई ख़ालिद की पिटाई के बाद ख़ुद जाकर हिज़बुल मुजाहिदीन के दरवाज़े खटखटाए थे। ख़ालिद को बाद में आतंकवादियों की भरती का आरोप लगाकर मार दिया गया था। इन नए लड़कों में जम्मू कश्मीर पुलिस का कॉन्स्टेबल रहा 29 साल का बशीर अहमद पंडित, 21 साल का ज़ाकिर रशीद बट्ट, जो चंडीगढ़ में

सिविल इंजीनियरिंग की पढ़ाई कर रहा था और ऐसे तमाम युवक थे जो ख़ुलेआम सोशल मीडिया पर बंदूकें लहराते हुए फोटो लगाने में डरते नहीं थे। कश्मीर घाटी में जहाँ युवाओं की आबादी कुल आबादी की 60 प्रतिशत है सोशल मीडिया के ज़रिये दुनिया भर से जुड़े ये युवा सुरक्षा एजेंसियों के लिए बड़े सरदर्द हैं।

इस उभार के कारणों को रेखांकित करते हुए फ़ारुक अब्दुल्ला कहते हैं, 'हर कोई घुटन महसूस कर रहा है क्योंकि राजनैतिक व्यवस्था लोगों की आकांक्षाएँ पूरी करने में असफल रही है। युवा देश की तरफ़ बहुत सावधानी से देख रहे हैं और चूँकि वे पढ़े-लिखे हैं तो सबसे पहले उनके दिमाग में आतंकवादी बनना आता है। देश में बीफ की बहस और गौरक्षा आन्दोलन देश को बाँट रहे हैं और युवा दक्षिणपंथी उभार की प्रतिक्रिया में आतंक की राह अपना रहे हैं।'[16]

बुरहान वानी के इन्काउंटर के बाद जिस तरह कश्मीरी जनता लगातार सड़कों पर उतरी, आतंकवादियों के जनाज़े में शिरकत करने वालों की संख्या में और अलगाववादी घटनाओं में वृद्धि हुई , ख़ून-खराबा बढ़ा तथा पत्थरबाज़ी रोज़मर्रा का नियम बन गई , ऐसा लगता है कि कश्मीर में 90 का दशक फिर से लौट आया है। बल्कि इस मायने में हालात नब्बे से भी अधिक ख़तरनाक लग रहे हैं कि वहाँ नाउम्मीदी और असंतोष का एक ऐसा भयानक माहौल बना है जिसमें लड़कियाँ, बच्चे और बूढ़े भी मौत का भय छोड़कर सड़कों पर दिखाई दिए और यह आग गाँवों तक में पहुँच गई। हुर्रियत कॉन्फ्रेंस के दोनों धड़े विघटन के बाद पहली बार क़रीब आ गए हैं और सेना के कड़े रवैये के बावजूद यह उफ़ान अब तक क़ाबू में नहीं आ सका है। इस प्रक्रिया में पैलेट गनों के प्रयोग ने कश्मीरी जनता के जख्म और गहरे कर दिए। मानवाधिकार कार्यकर्ता मन्नान बुख़ारी की किताब *कश्मीर स्केयर्स ऑफ़ पैलेट गन* की भूमिका में गौतम नवलखा ने कश्मीर के आई.जी. जावेद गीलानी का एक वक्तव्य उद्धृत किया है जिसमें 16 साल के हामिद को पैलेट गन से अंधे किये जाने को सही बताते हुए वह कहते हैं, फिर और कैसे इन्हें हतोत्साहित किया जा सकता है? और कैसे पत्थर फेंकने वालों को रोका जा सकता है?[17] एक रिपोर्ट के अनुसार पैलेट गन के प्रयोग से 94 जानें गईं, पंद्रह हज़ार लोग घायल हुए और 780 लोगों की आँखों में छर्रे लगे जिनमें से कई ने हमेशा के लिए आँखें खो दीं। 9,000 से अधिक लोग गिरफ़्तार हुए हैं जिनमें 500 से अधिक पर पब्लिक सेफ़्टी एक्ट की धारा लगाई गई है। 5500 युवा वांटेड की लिस्ट में हैं और धन संपत्ति का भारी नुकसान हुआ है, लेकिन यह आग अब तक बुझ नहीं सकी है।[18] कश्मीरी जनता का यह साहस या दुस्साहस एक भयावह व्यंजना रचता है।

पाकिस्तान को भी इस माहौल में नए सिरे से अपनी घुसपैठ बढ़ाने और अंतर्राष्ट्रीय मंचों पर यह सवाल ज़ोर-शोर से उठाने का मौक़ा मिला। नतीजा यह कि आज कश्मीर में चल रहे आंदोलन का नेता पाकिस्तानपरस्त गीलानी है, जिसने न केवल हुर्रियत की उदार आवाज़ों को पूरी तरह से दबा दिया है बल्कि कश्मीरी आक्रोश को इस्लामी आंदोलन बनाने में भी सफलता पा ली है। जनता का गुस्सा हाल में हुए श्रीनगर उपचुनावों से समझा जा सकता है। इस उपचुनाव में कश्मीरी राजनीति के दो प्रमुख परिवारों, मुफ़्ती

और शेख़ परिवार के सदस्यों के शामिल होने के बावजूद केवल 7 प्रतिशत जनता की भागीदारी और व्यापक हिंसा के प्रभाव हार-जीत से बहुत आगे जाते हैं। इस बार जिस तरह की हिंसा चुनावी प्रक्रिया के दौरान देखी गई है वह हालात की गम्भीरता के बारे में स्पष्ट संकेत है। चुनावों से पहले ही इंटरनेट पर रोक लगा दी गई थी। फिर भी लगातार बायकाट के आह्वान के साथ हिंसक प्रदर्शन हुए जिसमें भारी संख्या में युवा भारत विरोधी नारे लगाते हुए सड़कों पर आये। पुलिस की गोलियों से 8 लोगों की जानें गईं और सुरक्षा बलों के भी सौ से अधिक लोग घायल हुए। चुनाव के दौरान भी भीड़ पर काबू न पाया जा सका, एक पोलिंग स्टेशन को आग लगा दी गई और दो अन्य को जलाने की असफल कोशिशें हुईं। चुनावी हिंसा के कारण बडगाम के जिन इलाक़ों में फिर से वोट डाले गए वहाँ अर्द्धसैनिक बलों के पुख़्ता इंतज़ाम के कारण हिंसा की घटनाएँ तो नहीं हुईं लेकिन लोग घरों से बाहर नहीं निकले और केवल 2 प्रतिशत मतदान हो सका, हालत यह कि कई पोलिंग बूथों पर एक भी वोट नहीं पड़े और बडगाम जैसी चहल-पहल वाली जगह पर केवल 3 वोट पड़ सके। इन्हीं हालात के मद्देनज़र अनन्तनाग में चुनाव 25 मई तक टाल दिए गए। ऐसे में इन चुनावों में फ़ारुक़ अब्दुल्ला की जीत की चमक धुंधली ही नहीं धब्बेदार भी हो गई।

इस आन्दोलन की एक और भी बड़ी ख़ूबी है। बुरहान वानी और उसके साथी कट्टर वहाबी इस्लाम के अनुयायी हैं और इस संघर्ष को आज़ादी या पाकिस्तान में विलय से आगे शरिया पर आधारित इस्लामिक विश्व बनाने का उद्देश्य घोषित करते हैं। वानी के बाद हिज़बुल मुज़ाहिदीन के कमांडर बने ज़ाकिर मूसा का एक 11 मिनट का वीडियो इंटरनेट पर है जिसमें वह न आज़ादी का नाम लेता है न पाकिस्तान का। वह कहता है कि हम शरिया लागू कराने के लिए लड़ रहे हैं। जब हम बन्दूक उठाते हैं तो यह नहीं समझना चाहिए कि हम कश्मीर के लिए लड़ रहे हैं। हमारा इकलौता उद्देश्य इस्लाम की सर्वोच्चता को स्थापित करना है ताकि यहाँ शरिया लागू की जा सके।[19] हालाँकि *इकॉनामिक एंड पॉलिटिकल वीकली* के 27 अगस्त 2016 के अंक में फ़ारुक़ फ़हीम इस उभार को 'लम्बे समय से लंबित कश्मीरियों के आत्मनिर्णय के अधिकार से उपजी कुंठा' का परिणाम बताते हैं, लेकिन यह परिणाम अपने आप में नए सवाल खड़े करता है।

रास्ता किधर है? रास्ता है?

कश्मीर आज जिस स्थिति में है वह एक भयावह संभ्रम की स्थिति है। शौकत कहते हैं कि पहली पीढ़ी को नेतृत्व में विश्वास था, दूसरी पीढ़ी नेतृत्व की तलाश में थी और यह तीसरी पीढ़ी कोई नेतृत्व चाहती ही नहीं। ऐसे में अपने गुस्से के बावजूद कोई आन्दोलन किसी सकारात्मक परिणिति पर कैसे पहुँच सकता है? ऐसा लगता है कि कश्मीर में भारत विरोध के अलावा कोई ऐसी शै नहीं है जिस पर जनता एकमत हो। 89 के उभार के आरंभिक कुछ वर्षों को छोड़ दें तो आज़ादी का नारा भले रहा हो लेकिन वर्चस्व पाकिस्तान समर्थक तत्त्वों का ही रहा है। यह आश्चर्यजनक है कि ये तत्त्व और कश्मीर पर लिखने वाले अधिकांश लेखक कभी यह सवाल नहीं उठाते कि अपने अधिकार क्षेत्र में शामिल

कश्मीर के हिस्सों को अब तक लोकतंत्र और अधिकार न मुहैया करा पाए, पाकिस्तान से घाटी के लिए लोकतंत्र और आज़ादी की उम्मीद कैसे की जा सकती है? कश्मीरी जनता के आत्मनिर्णय की बात करते हुए यह सवाल कभी क्यों नहीं आता है कि पाकिस्तान अधिकृत कश्मीर में पंजाब और उत्तर पश्चिमी सीमा प्रदेशों से लोगों को वहाँ बसाकर जिस तरह से जनसंख्या का विलीनीकरण किया गया है उसमें कश्मीर में कोई जनमतसंग्रह किस तरह होगा?

पूर्वोद्धृत लेख में चित्रलेखा ज़ुत्शी कहती हैं कि 'ऐसा लगता है भारत ने 1950 के बाद कश्मीर को अंततः खो दिया है। एक समय लगता था कि कश्मीरी और भारतीय राष्ट्रवाद साथ-साथ रह सकते हैं लेकिन अब यह असंभव लगता है।' अगर भारतीय राष्ट्रवाद को हिन्दू राष्ट्रवाद और कश्मीरी राष्ट्रवाद को मुस्लिम राष्ट्रवाद मान लिया जाए तो सहअस्तित्व वाकई असंभव है। भारत में तेज़ी से हिन्दुत्ववादी विचारधारा के प्रभुत्व स्थापित होते जाने के साथ कश्मीर को उसकी ऐतिहासिक विशिष्टता से काट कर जिस तरह एक मुस्लिम पहचान देने की कोशिश हुई है उसकी प्रतिक्रिया कश्मीर में होनी स्वाभाविक है, तो जिस तरह कश्मीर का वहाबी इस्लामीकरण हुआ है उसमें भारत की दक्षिणपंथी ताक़तों को खाद पानी मिलना भी उतना ही स्वाभाविक है। एक राजनैतिक समस्या को पूरी तरह से धार्मिक समस्या में तब्दील कर देने का नतीजा यह हुआ है कि भारत की मीडिया और प्रचारतंत्र एक आम कश्मीरी को आतंकवादी की तरह प्रक्षिप्त कर आज़ादी और स्वायत्तता की माँग का घालमेल कर राष्ट्रविरोधी और राष्ट्रप्रेमी की अश्लील बाइनरी पैदा करते हैं। सैन्यवाद के नशे में सेना की हर कार्यवाही को सही साबित करते हुए वह निखिल चक्रवर्ती की वह बात भूल जाते हैं कि आप हथियार के बल पर कुछ हथियारबंद आतंकवादियों को तो वश में कर सकते हैं लेकिन सारी जनता को कैसे जीत पायेंगे? धारा 370 को हटाने की माँग हो या 35 ए पर हाल में चला विवाद, इतिहास की एकांगी समझ के साथ यहाँ होने वाला शोरगुल कश्मीरी जनता को हमसे लगातार दूर करता जाता है। यह तब है जब 370 लगभग निष्प्रभावी हो चुकी है। 2010 में कश्मीर में गए दिलीप पडगाँवकर, प्रो. एम.एम. अंसारी और प्रो. राधा कुमार की सदस्यता वाले वार्ताकार समूह के अनुसार भारतीय संविधान की जो धाराएँ जम्मू और कश्मीर में लागू कर दी गई थीं वे थीं—

1. धारा 248 : विधान के रेजीड्युएरी अधिकार
2. धारा 249 : राष्ट्रीय हित में राज्य की सूची से संबद्ध किसी मामले पर संसद का क़ानून बनाने का अधिकार
3. धारा 250 : आपातकाल की स्थिति में राज्य की सूची से संबद्ध किसी मामले पर संसद का क़ानून बनाने का अधिकार
4. धारा 251 : धारा 249 तथा धारा 250 के तहत संविधान द्वारा बनाये गए क़ानूनों और राज्य द्वारा बनाये गए क़ानूनों के बीच विसंगति पर निर्णय का अधिकार
5. धारा 254 : संसद तथा राज्य द्वारा बनाये गए क़ानूनों के सम्बन्ध में अधिकार

6. धारा 262 : अन्तर्राज्यीय नदियों तथा नदी घाटियों से जुड़े विवादों पर निर्णय का अधिकार
7. धारा 263 : अन्त:राज्य काउंसिल
8. धारा 355 : बाहरी आक्रमण तथा आतंरिक गड़बड़ियों के मामले में राज्य की सुरक्षा
9. धारा 356, 357 : केन्द्र की संघीय सरकार को राज्य में संवैधानिक तंत्र की विफलता या संविधान के स्पष्ट उल्लंघन की दशा में उस राज्य सरकार को बर्खास्त कर उस राज्य में राष्ट्रपति शासन लागू करने का अधिकार
10. धारा 358 : आपातकाल के समय धारा 19 के प्रावधानों का स्थगन
11. धारा 359 : आपातकाल के समय भाग iii द्वारा दिए गए अधिकारों का स्थगन
12. धारा 360 : आर्थिक आपातकाल के प्रावधान
13. धारा 72 (1) सी : सज़ा ए मौत के मामले में राष्ट्रपति द्वारा क्षमादान के प्रावधान
14. धारा 72 (93) सज़ा ए मौत के सम्बन्ध में राज्यपाल के अधिकार
15. धारा 133–136 : उच्चतम न्यायालय के पुनर्विचार सम्बन्धी, फेडरल कोर्ट और स्पेशल लीव पेटीशन के अधिकार
16. धारा 138 : उच्चतम न्यायालय के क्षेत्राधिकार का विस्तार
17. धारा 145 (1) सी : खण्ड iii में दिए गए अधिकारों के सम्बन्ध में उच्चतम न्यायालय के अधिकार
18. धारा 151 (2) राज्यपाल द्वारा विधानसभा में भारत के नियंत्रक तथा महालेखाकार द्वारा राज्य के ख़र्चों के लेखों की प्रस्तुति
19. धारा 149 : भारत के नियंत्रक एवं महालेखाकार के अधिकार एवं कर्तव्य
20. धारा 150 : केन्द्र तथा राज्य के लेखों से सम्बद्ध
21. धारा 151 : ऑडिट रिपोर्ट
22. धारा 218 : उच्च न्यायालय के न्यायधीशों का महाभियोग
23. धारा 220 : उच्च न्यायालय के स्थाई जज की नियुक्ति के बाद वक़ालत पर प्रतिबन्ध
24. धारा 222 : उच्च न्यायालय के न्यायधीश का एक राज्य से दूसरे राज्य में स्थानान्तरण
25. धारा 226 : उच्च न्यायालयों के कुछ रिट ज़ारी करने के अधिकार से सम्बद्ध
26. धारा 338 : अनुसूचित जातियों के लिए राष्ट्रीय आयोग
27. धारा 339 : अनुसूचित क्षेत्र तथा अनुसूचित जनजातियों के कल्याण के मामलों में प्रशासन पर केन्द्र का नियंत्रण
28. धारा 340 : पिछड़ी जातियों की स्थिति जानने के लिए आयोग की नियुक्ति
29. धारा 341 : अनुसूचित जातियाँ
30. धारा 342 : अनुसूचित जनजातियाँ
31. धारा 368 क्लाज़ (4) : धारा 368 के तहत हुए संशोधन के किसी न्यायालय में चुनौती न दे सकने से सम्बद्ध।

इतने सब के बाद यह धारा केवल एक प्रतीकात्मक महत्त्व की रह गई है और इसे हटाने की लगातार माँग दरअसल उस प्रतीक को नष्ट करने की ही माँग है।[20]

जहाँ मरहम की ज़रूरत हो वहाँ उस्तरा चलाकर न हम मरीज़ का भला करते हैं न अपना। इतना तो तय है कि भारत में धर्मनिरपेक्ष, लोकतांत्रिक समाज की उपस्थिति के बिना कश्मीर के साथ हमारे सम्बन्ध कभी सामान्य नहीं हो सकते।

कश्मीर समस्या के समाधान की अनेक कोशिशें हुई हैं, अकादमिक स्तर पर भी आज़ादी और स्वायत्तता के बीच अनेक समाधान सुझाए गए हैं। बलराज पुरी लगातार क्षेत्रीय स्वायत्तता की बात कर जम्मू, लद्दाख और घाटी को अलग-अलग स्वायत्तता देने की बात करते हैं जिससे उन जगहों की आकांक्षाओं की पूर्ति हो सके। तारिक़ अली भारत, पाकिस्तान, बांग्लादेश, नेपाल, भूटान और श्रीलंका को मिलाकर एक वृहत दक्षिण एशियाई फेडरेशन बनाने का सुझाव देते हैं जिसमें कश्मीर तथा तमिल क्षेत्र को पूर्ण स्वायत्तता भी दी जा सके और किसी भी देश को अपनी सार्वभौमिकता पर कोई ख़तरा भी महसूस न हो।[21] अरुंधती रॉय नैतिकता का सवाल उठाते हुए निष्कर्ष देती हैं कि कश्मीर को भारत से और भारत को कश्मीर से आज़ादी हासिल कर लेना ही आख़िरी समाधान है।[22] मुस्लिम लीग के नेता और 2010 के बाद से भूमिगत होकर 'कश्मीर छोड़ो' आन्दोलन चला रहे मसर्रत आलम बट्ट कहते हैं कि भारत एक दमनकारी देश है और कश्मीर का दमन हो रहा है, इसलिए पहले वह कश्मीर छोड़े फिर हम इतने परिपक्व हैं कि फ़ैसला कर लेंगे कि हमें क्या करना है।[23] वह भारतीय सैनिकों से ख़ाली कश्मीर में पाकिस्तान की भूमिका पर कुछ नहीं कहते, जबकि यह खुला हुआ तथ्य है कि व्यवहारिक रूप से आज कश्मीर में विकल्प यह है कि वह पाकिस्तान के अधिकारक्षेत्र में रहे या भारत के। पाक अधिकृत कश्मीर के बारे में पढ़ते हुए हमने देखा है कि आज़ादी का समर्थन अन्तर्राष्ट्रीय मंचों पर पाकिस्तान जितना कर ले लेकिन ऐसी किसी आवाज़ को वहाँ बिलकुल तवज्जो नहीं दी गई है। वजाहत हबीबुल्ला कहते हैं कि अगर पाकिस्तान और भारत दोनों राज़ी हों तो दोनों की सार्वभौमिकता को सुरक्षित रखते हुए कश्मीर को वह वास्तविक आज़ादी मिल सकती है जिसमें राज्य का हर व्यक्ति यह महसूस कर सके कि वह ख़ुद अपनी क़िस्मत का मालिक है।[24] बद्री रैना एम.ओ.आर.आई. द्वारा 2002 और सिनोवेट द्वारा 2005 में कराये गए एक सर्वेक्षण के आधार पर बताते हैं कि कश्मीरियों का बहुमत पाकिस्तान के ख़िलाफ़ था और हुर्रियत को अपना प्रतिनिधि नहीं मानता, यह भी कि लोग चाहते हैं कि आर्थिक विकास हो, कश्मीरी पंडित वापस आयें तथा भारत सरकार बातचीत करे। वह कश्मीर की आज़ादी के मसले पर बात करते हुए पाकिस्तान अधिकृत कश्मीर का भी मसला उठाते हैं और कहते हैं कि कोई भी समाधान केवल भारतीय कश्मीर में कैसे लागू हो सकता है।[25] ज़ाहिर है रोज़ बदलते हालात में 2005 या 2007 का कोई सर्वे तो आज बिलकुल स्थिर नहीं हो सकता लेकिन यह सवाल तो अपनी जगह होगा ही कि क्या आज़ादी वाकई कोई व्यावहारिक विकल्प है? हुर्रियत या फिर हिज़बुल जैसे संगठनों के एजेंडे पर क्या वाकई आज़ादी का सवाल है या फिर पाकिस्तान में विलय की बात को ही बार-बार आज़ादी की आड़ में कहा जा रहा है। सवाल यह भी है कि अगर कश्मीर की बहुसंख्या वाकई पाकिस्तान के साथ विलय चाहती है तो क्या उसे भारतीय राज्य बनाये रखना नैतिक रूप से सही होगा? इस नैतिकता के बरक्स कूटनीतिक दृष्टि है, सामरिक दृष्टि है और सीधे लगने वाले ये सवाल

अंतत: बेहद उलझे हुए हैं। समस्या न केवल राजनैतिक है बल्कि उसमें धर्म, इतिहास और ऐसे तमाम तत्त्वों ने मिलकर उसे एक ऐसी पहेली में तब्दील कर दिया है जिसे जिस कोण से देखा जाए वैसी नज़र आती है।

लेकिन इन सबके बीच दो बातें एकदम तय हैं। पहली कि सेना या दमन के माध्यम से इसका कोई समाधान नहीं हो सकता और दूसरी यह कि इसका कोई भी समाधान पाकिस्तान और भारत के बीच सौहार्दपूर्ण सम्बन्ध बने बिना संभव नहीं है। भारत और पाकिस्तान की दिक्क़त यह है कि दोनों विभाजन को अब तक भूल नहीं पाये हैं। ऐसा लगता है कि विभाजन हमारे बीच का एक स्थाई सच बन गया है और कश्मीर उस नासूर का सुलगता हुआ हिस्सा। एक सामाजिक समूह की जगह कश्मीर जैसे दोनों देशों के लिए विभाजन के किसी अपूर्ण एजेंडे सा नाक का सवाल बन गया है। लेकिन विभाजन के सात दशकों बाद ज़रूरी है कि दोनों देश इस सच्चाई को स्वीकार कर लें कि अच्छी या बुरी, वह एक ऐतिहासिक घटना है जो घट चुकी है और यह एक यथार्थ है कि दोनों देशों को एक-दूसरे के पड़ोस में ही रहना है। आज जब दोनों के पास परमाणविक हथियार हैं तो किसी मध्यकाल की तरह हमला कर एक-दूसरे की ज़मीन हड़पना संभव नहीं और ऐसी कोई कोशिश दोनों देशों के समूल नाश में परिणत होगी। बांग्लादेश का निर्माण द्विराष्ट्रवाद के सिद्धांत को पलीता लगा चुका है तो कश्मीर, उत्तर पूर्व और ऐसे कई इलाक़े भारत की सेक्युलर लोकतांत्रिक छवि पर दाग़-धब्बे लगा चुके हैं। इन हक़ीक़तों की रौशनी में अपना भविष्य और एक पड़ोसी के रूप में दक्षिण एशियाई क्षेत्र के भविष्य को देखे जाने की ज़रूरत है जिससे आने वाली पीढ़ियों को एक समृद्ध और शान्तिपूर्ण भविष्य दिया जा सके। दोनों देशों के बीच आपसी भरोसा ही वह माहौल बना सकता है जिसमें कश्मीर की जनता के आहत स्वाभिमान पर मरहम लगाया जा सके और आत्मनिर्णय के उसके अधिकार को सही परिप्रेक्ष्य में परिभाषित किया जा सके।

कश्मीर में शान्ति के लिए सबसे ज़रूरी है वहाँ के विभिन्न पक्षों से लगातार बातचीत और धारा 370 को लेकर एक सहमति की स्थिति बनाते हुए देश के दीगर हिस्सों में इसे लेकर लोगों को सही पक्ष बताया जाए और कट्टरपंथी ताक़तों को इसे नफ़रत फैलाने के औज़ार की तरह उपयोग करने से रोका जाए। जितनी ज़रूरत उसके एक स्थाई राजनैतिक हल को ढूँढ़े जाने की है, उतनी ही ज़रूरत वहाँ के आहत स्वाभिमान पर मरहम लगाने की भी है। इसके साथ ही वहाँ रोज़गार के नए और पर्याप्त साधन उपलब्ध कराने के लिए पारम्परिक शिल्पों के विकास से लेकर आधुनिक उद्योग धंधे लगाने की संभावना तलाशी जानी चाहिए, राष्ट्रीय हित और सुरक्षा के साथ-साथ कश्मीर को एक समृद्ध राज्य बनाये जाने की ज़रूरत है। भारत के शेष भागों से कश्मीर का संवाद स्थापित करने के लिए युवाओं/छात्रों को लगातार देश के अलग-अलग हिस्सों के युवाओं से मिलने के मौक़े उपलब्ध कराना दोनों पक्षों की अनेक ग़लतफहमियों को दूर कराने का एक प्रभावी ज़रिया हो सकता है। इसके साथ-साथ देश के स्कूलों और कॉलेजों में कश्मीर के इतिहास, वहाँ की समावेशी परम्परा और 1947 के पहले तथा बाद की ऐतिहासिक परिस्थितियों से परिचित

कराया जाना बेहद आवश्यक है। यह कश्मीरी स्कूलों में भी पढ़ाया जाना उतना ही ज़रूरी है कि कश्मीरी संस्कृति किस तरह हर तरह के कट्टरपंथ के ख़िलाफ़ रही है। वहाँ की ऋषि-सूफ़ी परम्परा को फिर से ज़िंदा करके ही वहाबी इस्लाम के प्रभाव को नियंत्रित किया जा सकता है। एक और बड़ी ज़रूरत विस्थापित कश्मीरी पंडितों और कश्मीरी मुसलमानों के बीच संवाद शुरू कराने की है। कश्मीरी पंडितों को एक मुहरे की तरह इस्तेमाल करने की जगह कम से कम उन कश्मीरी पंडितों को कश्मीर में फिर से बसाने के लिए एक सकारात्मक पहल की ज़रूरत है जो लौटना चाहते हैं।

संक्षेप में रास्ता वही है जो वाजपेयी के दौर में भाजपा के जम्मू और कश्मीर के प्रभारी महासचिव रहे नरेंद्र मोदी ने कश्मीर समस्या के समाधान के लिए तीन डी वाला सूत्र देते हुए प्रस्तावित किया था डेवलपमेंट, डेमोक्रेसी और डायलॉग। और अगर यह न सफल हो तो चौथे डी यानी डिफेन्स का इस्तेमाल।[26]

दुर्भाग्य से अक्सर चौथा विकल्प सबसे पहले उपयोग कर लिया जाता है।

❑❑❑

संदर्भ सूची

1. देखें, पृष्ठ 123–126, *माय कश्मीर द डाइंग ऑफ़ द लाईट,* वजाहत हबीबुल्लाह, पेंग्विन बुक्स, दिल्ली–2014
2. देखें, वही, पृष्ठ 130–31
3. देखें, पृष्ठ 60, वाजपेयीज़ 'बेट्रायल' ऑफ़ फ़ारुक', *कश्मीर द वाजपेयी ईयर्स,* ए.एस. दुलत, हार्पर कॉलिन्स पब्लिशर्स, नोएडा–2015
4. देखें, *अल जज़ीरा* की वेबसाईट पर सुमांत्रा बोस का लेख 'द इवोल्यूशन ऑफ़ कश्मीरी रेसिस्टेंस', 2 अगस्त, 2011
5. देखें, 22 जुलाई से 4 अगस्त के *फ्रंटलाइन* में छपा सुकुमार मुरलीधरन का लेख 'फ्रॉम डिमांड टू डायलाग'
6. देखें, 10 से 23 मई के फ्रंटलाइन में लालकृष्ण आडवाणी की पुस्तक *माय कंट्री माय लाइफ़* की ए.जी. नूरानी द्वारा की गई समीक्षा 'इन हिज़ टू कलर्स'
7. देखें, *फ्रंटलाइन* के 16–29 जुलाई के अंक में ए.जी. नूरानी का लेख 'द ट्रुथ अबाउट आगरा'
8. http://www.rediff.com/election/2002/sep/18jk3.htm
9. http://www.satp.org/satporgtp/e&clusive/j&k_election/political_killed.htm
10. देखें, पृष्ठ 244, *कश्मीर एंड शेर-ए-कश्मीर : अ रिवोल्यूशन डीरेल्ड,* पी.एल.डी. परिमू, चिनार पब्लिशिंग, अहमदाबाद, 2012
11. देखें, *एपिलॉग* के 1 दिसम्बर 2009 के अंक में प्रकाशित लेख 'अंडरस्टैंडिंग द अमरनाथ श्राइन लैंड कंट्रोवर्सी', संदीप सिंह
12. देखें, *मेनस्ट्रीम* के 24 जनवरी 2009 के अंक में प्रकाशित बलराज पुरी का आलेख 'लेशंस फ्रॉम द जम्मू एंड कश्मीर इलेक्शन'
13. देखें, वही
14. देखें, वही
15. देखें, *करेंट हिस्ट्री* के अप्रैल–2017 के अंक में चित्रलेखा ज़ुत्शी का आलेख 'सीजंस ऑफ़ डिसकंटेंट एंड रिवोल्ट इन कश्मीर'
16. देखें, *हिन्दुस्तान टाइम्स* के 9 दिसम्बर 2017 में प्रकाशित हरिंदर बावेज़ा का आलेख 'कश्मीर्स डिस्टर्बिंग न्यू रियलिटी'
17. देखें, पृष्ठ ×, *कश्मीर स्केयर्स ऑफ़ पैलेट गंस,* मन्नान बुख़ारी, पैट्रिज़ इंडिया, दिल्ली–2015 (यह किताब कश्मीर में पैलेट गन के शिकार लोगों की जानकारी ही नहीं देती बल्कि उसके असर पर भी विस्तार से बात करती है)
18. देखें, 5 नवम्बर 2006 के *मेनस्ट्रीम वीकली* के अंक में छपा शौकत अहमद का लेख 'कश्मीर अनरेस्ट 2016: अ स्टोरी ऑफ़ एगोनी एंड एनिमोसिटी
19. https://www.newslaundry.com/2017/04/04/kashmir-violence-pakistan-radicalization
20. जम्मू और कश्मीर के लिए वार्ताकारों के समूह द्वारा जारी रिपोर्ट 'जम्मू और कश्मीर के लोगों से एक नया क़रार' (http://mha.nic.in/sites/upload_files/mha/files/J&K-InterlocatorsRpt-0512.pdf)
21. तारिक़ अली, *कश्मीर : द केस फ़ॉर फ्रीडम,* द स्टोरी ऑफ़ कश्मीर, सम्पादक : पंकज मिश्र, वर्सो–लन्दन, न्यूयॉर्क, 2011

22. अरुंधती रॉय, *आज़ादी : द ओनली थिंग कश्मीरी वांट, कश्मीर : द केस फ़ॉर फ्रीडम, द स्टोरी ऑफ़ कश्मीर,* सम्पादक : पंकज मिश्र, वर्सो–लन्दन, न्यूयॉर्क, 2011

23. देखें, पृष्ठ 87, *अन्टिल माय फ्रीडम हैज़ कम : न्यू इन्तिफ़ादा इन कश्मीर,* (सं) संजय काक, पेंग्विन बुक्स, दिल्ली–2011

24. देखें, पृष्ठ 195, *माय कश्मीर द डाइंग ऑफ़ द लाईट,* वजाहत हबीबुल्लाह, पेंग्विन बुक्स, दिल्ली–2014

25. देखें, पृष्ठ 65–74, *कश्मीर : अ नोबल ट्रायस्ट इन टैटर्स,* बद्री रैना, ऑथर्स अपफ्रंट, दिल्ली–2017

26. देखें, 22 जुलाई से 4 अगस्त के *फ्रंटलाइन* में छपा सुकुमार मुरलीधरन का लेख 'फ्रॉम डिमांड टू डायलाग'

परिशिष्ट-1

अमृतसर संधि (16 मार्च, 1846)

ब्रिटिश सरकार व जम्मू के महाराज गुलाब सिंह के बीच, ब्रिटिश सरकार की ओर से महारानी की सम्मानित प्रिवी कौंसिल के सदस्य, ईस्ट इंडिया कंपनी के सम्पूर्ण अधीनस्थ क्षेत्रों के गवर्नर जनरल एवं ईस्ट इंडीज में होने वाली सभी गतिविधियों के निर्देशक एवं नियंत्रक माननीय सर हेनरी हार्डिंग, जीसीबी के आदेशानुसार जनाब फ्रेडरिक करी, एस्क्वायर व ब्रवेट-मेजर हेनरी मॉन्टगॉमरी लॉरेन्स एवं दूसरी ओर से स्वयं महाराज गुलाब सिंह की उपस्थिति में तय की गयी संधि-1846।

अनुच्छेद 1-ब्रिटिश सरकार महाराज गुलाब सिंह एवं उनके पुरुष वंशजों को सिन्धु नदी के पूर्व व रावी नदी के पश्चिम का सम्पूर्ण पर्वतीय क्षेत्र व उसके अधीनस्थ भाग, जिसमें चंबा शामिल है पर लाहोल नहीं, जो कि 9 मार्च 1846 की लाहौर की संधि के अनुच्छेद चार के तहत लाहौर राज्य द्वारा ब्रिटिश सरकार के सुपुर्द किये गए थे, उनकी स्वतंत्र रियासत के रूप में हमेशा के लिए स्थानांतरित करती है।

अनुच्छेद 2-महाराज गुलाब सिंह को स्थानांतरित किये गए इस भूखण्ड की पूर्वी सीमा का निर्धारण ब्रिटिश सरकार एवं महाराज गुलाब सिंह के इस उद्देश्य के लिए नियुक्त कमिश्नरों द्वारा किया जाएगा और इस सन्दर्भ में सर्वे होने के बाद ही चर्चा की जाएगी।

अनुच्छेद 3-उन्हें व उनके वंशजों को किये गए इस स्थानांतरण के एवज़ में महाराज गुलाब सिंह ब्रिटिश सरकार को पचहत्तर लाख रुपये अदा करेंगे जिसमें से पचास लाख मौजूदा साल 1846 ई. की पहली अक्टूबर तक देने होंगे।

अनछेद 4-महाराज गुलाब सिंह के आधीन इस क्षेत्र की सीमाएँ बिना ब्रिटिश सरकार की सहमति के कभी नहीं बदली जा सकेंगी।

अनुच्छेद 5-महाराज गुलाब सिंह लाहौर या किसी अन्य पड़ोसी राज्य से उपजे किसी भी विवाद या मसले को सुलझाने के लिए ब्रिटिश सरकार की मध्यस्थता में सौपेंगे व इस सन्दर्भ में ब्रिटिश सरकार द्वारा लिए गए निर्णय को स्वीकार करेंगे।

अनुच्छेद 6-महाराज गुलाब सिंह व उनके वंशज अपने सम्पूर्ण सैन्यबल समेत अपने

राज्य से लगे भूभागों व अन्य पर्वतीय क्षेत्रों में तैनात होने पर ब्रिटिश सेनाओं का हिस्सा बनने की आश्वस्ति देते हैं।

अनुच्छेद 7–महाराज गुलाब सिंह बग़ैर ब्रिटिश सरकार की रजामंदी के किसी भी ब्रिटिश या अन्य यूरोपीय व अमेरिकी राज्य के निवासी की सेवायें लेने या विस्तारित करने का काम नहीं करने की आश्वस्ति देते हैं।

अनुच्छेद 8–महाराज गुलाब सिंह खुद को स्थानांतरित किये गए भूखण्ड के सन्दर्भ में, 11 मार्च, 1846 को ब्रिटिश सरकार व लाहौर दरबार के बीच हुई परस्पर संधि के अनुच्छेद पाँच, छह व सात के प्रावधानों का सम्मान करने की आश्वस्ति देते हैं।

अनुच्छेद 9–ब्रिटिश सरकार महाराज गुलाब सिंह को अपने राज्य की बाहरी शत्रुओं से रक्षा करने में हर संभव सहायता देगी।

अनुच्छेद 10–महाराज गुलाब सिंह ब्रिटिश सरकार का प्रभुत्व स्वीकार करते हैं अतः इसके प्रतीक के रूप में वे ब्रिटिश सरकार को हर वर्ष एक घोड़ा, उत्कृष्ट नस्ल की बारह बकरियाँ (छह नर व छह मादा) व तीन जोड़ी कश्मीरी शॉल भेंट करेंगे।

दस अनुच्छेदों की इस संधि को ब्रिटिश सरकार की ओर से गवर्नर जनरल माननीय सर हेनरी हार्डिंग के आदेशानुसार जनाब फ्रेडरिक करी, एस्क्वायर व ब्रवेट-मेजर हेनरी मॉन्टगॉमरी लॉरेन्स एवं स्वयं महाराज गुलाब सिंह की उपस्थिति में आज के दिन तय किया गया है व गवर्नर जनरल माननीय सर हेनरी हार्डिंग की मुहर द्वारा इसकी संपुष्टि की गयी है।

अमृतसर में प्रभु के वर्ष अठारह सौ छियालीस की मार्च के सोलहवें दिन या रबी-उल-अवल के सत्रहवें दिन (हिजरी संवत 1262) को पूर्ण किया गया।

(हस्ताक्षर) एच. हार्डिंग (मुहर)
(हस्ताक्षर) एफ. करी
(हस्ताक्षर) एच. एम. लॉरेन्स

परिशिष्ट–2

नया कश्मीर (संक्षिप्त)

राज्य का संविधान

नागरिकताः मौलिक अधिकार एवं कर्तव्य

जम्मू, कश्मीर, लद्दाख एवं सीमान्त क्षेत्रों के सभी निवासियों के लिए, जिसमें पुंछ व चिनानी इलाके भी शामिल हैं, एकीकृत व समान राज्य नागरिकता कायम की जाती है। सभी नागरिकों के लिए उनकी राष्ट्रीयता, धर्म, नस्ल या जन्म को बिना आधार बनाये, राष्ट्रीय जीवन के आर्थिक, राजनैतिक, सांस्कृतिक व सामाजिक समेत सभी पक्षों में समानता का अधिकार संवैधानिक रूप से अक्षुण रहेगा। इन अधिकारों पर प्रत्यक्ष या अप्रत्यक्ष रूप से लगायी गयी किन्हीं भी बंदिशों अथवा दूसरी ओर किसी भी नागरिक या उनके वर्ग विशेष को जन्म, राष्ट्रीयता, धर्म या नस्ल के आधार पर प्रत्यक्ष या अप्रत्यक्ष रूप से मिलने वाले विशेषाधिकारों के साथ ही साथ धार्मिक, नस्लीय या राष्ट्रीयता के आधार पर किसी भी तरह के अपवाद, दंभ या नफ़रत के प्रचार प्रसार को क़ानूनी रूप से दण्डित किया जाएगा।

जनता के हितों को ध्यान में रखते हुए उनमें राजनैतिक चेतना जागृत करने व राष्ट्रीय पुनर्जागरण को सशक्त बनाने हेतु सभी नागरिकों को निम्न अधिकार सुनिश्चित किये जायेंगेः

अभिव्यक्ति की आज़ादी
प्रेस की आज़ादी
एकत्रित होने व सभा करने की आज़ादी
जुलूस निकालने व प्रदर्शन करने की आज़ादी

जनता के हितों को ध्यान में रखते हुए और उनमें सामूहिक राजनैतिक व सांगठनिक गतिविधियों के ज़रिये आत्म अभिव्यक्ति पैदा करने के लिए सभी नागरिकों को जनसंगठनों, ट्रेड यूनियन, सहकारी समितियों, आन्दोलनों व युवा संगठनों, खेल एवं आत्मरक्षा से जुड़े संगठनों, राजनैतिक पार्टियों एवं सांस्कृतिक, वैज्ञानिक व तकनीकी समितियों में शामिल होने का अधिकार सुनिश्चित किया जाएगा।

निजत्व की अखण्डता का अधिकार हर नागरिक को सुनिश्चित किया जाएगा।

किसी भी नागरिक को अदालती फैसले या राज्य के ऐडवोकेट जनरल के आदेश के बिना गिरफ़्तारी या हिरासत में नहीं लिया जा सकता।

नागरिकों के निवास स्थान की निजता व पत्राचार की गोपनीयता कानून के दायरे से बाहर खण्डित नहीं की जाएगी।

मातृभूमि की सुरक्षा हर नागरिक का सर्वोच्च व पावन कर्तव्य है। देशद्रोह, शपथभंग, मातृभूमि के शत्रुओं से मिल जाना, राज्य की सैन्य क्षमता को नुकसान पहुँचाना या जासूसी करना इस कर्तव्य पालन में गंभीरतम अपराध के रूप में पूरी कानूनी सख़्ती से दण्डित किया जाएगा। हर नागरिक को हथियार चलाने का अभ्यास करना आवश्यक है व सभी को इन्हें रखने का अधिकार दिया जाएगा। सभी के लिए अनिवार्य रूप से सैन्य सेवा क़ानून के दायरे में तय की जाएगी।

सभी नागरिकों को काम का अधिकार है, अर्थात् वैधानिक रूप से तय न्यूनतम व अधिकतम मजदूरी पर मात्रा व समानता के अनुसार दिए गए मेहनताने पर सबके लिए काम उपलब्ध करने की गारंटी सुनिश्चित की गयी है। रोज़गार उपलब्ध न होने की स्थिति में सभी नागरिकों का अपने व अपने परिवार के लिए जीवनयापन के समुचित प्रबंध की सुरक्षा हेतु एक सार्वभौमिक सामाजिक बीमे पर पूरा हक है। काम का अधिकार सुनिश्चित करने हेतु राष्ट्रीय अर्थव्यवस्था का योजनाबद्ध संचालन, देश में उद्योगों का विकास, उत्पादक शक्तियों में निरंतर वृद्धि व साथ ही साथ जनसामान्य के जीवनस्तरों में निरंतर बढ़ोतरी की जाएगी, जिससे आर्थिक संकट व बेरोज़गारी का सफ़ाया हो सके।

सभी नागरिकों को आराम का अधिकार है। इस अधिकार को सुनिश्चित करने हेतु काम के घंटों को अधिकतम आठ तक सीमित करना, मज़दूरों व कर्मचारियों के लिए सवैतनिक वार्षिक अवकाश की सुविधा एवं मेहनतकश लोगों के लिए सेहतगाहों, आरामगाहों व क्लबों के विस्तृत तंत्र का प्रबंध शामिल है।

सभी नागरिकों को वृद्धावस्था के साथ-साथ बीमारी व कार्यक्षमता के ह्रास की स्थिति में आर्थिक सुरक्षा का अधिकार मिलेगा। इस अधिकार की सुनिश्चितता के लिए राज्य के ख़र्च पर कर्मचारियों व मजदूरों के लिए सामाजिक सुरक्षा का विस्तार, काम करने वालों के लिए मुफ़्त चिकित्सा तथा कामकाजी पुरुषों व महिलाओं के लिए आरोग्य आश्रमों का विस्तृत तंत्र स्थापित किया जाएगा।

सभी नागरिकों को शिक्षा का अधिकार सुनिश्चित होगा। इस अधिकार को सुरक्षित करने के लिए सभी को नि:शुल्क प्राथमिक शिक्षा अनिवार्य रूप से मुहैया करायी जाएगी। इसके साथ ही, उच्चतर विद्यालयों एवं यूनिवर्सिटियों में पढ़ने वाले ग़रीब छात्रों के लिए नाना प्रकार के सरकारी वज़ीफ़ों की व्यवस्था की जाएगी। मातृभाषा को पढ़ाई-लिखाई का माध्यम बनाया जाएगा। वयस्क कामगारों के लिए उनकी फैक्ट्रियों व खेतों में व्यावसायिक, तकनीकी व कृषि-आधारित शिक्षा नि:शुल्क मुहैया करायी जाएगी।

महिलाओं को राष्ट्रीय जीवन के हर पहलू: आर्थिक, सांस्कृतिक, राजनैतिक व सरकारी नौकरियों में पुरुषों के समतुल्य अधिकार प्रदान किये जायेंगे। इन अधिकारों को मूर्त रूप देने हेतु हर प्रकार के रोज़गार में महिलाओं को पुरुषों के समान शर्तों व वेतन के साथ काम के अवसर दिए जायेंगे। साथ ही शिक्षा, सामाजिक सुरक्षा व आराम भी उन्हें पुरुषों के समान दिया जाएगा। माँओं व बच्चों का कानून द्वारा विशेष ख़्याल रखा जाएगा। सवैतनिक मातृत्व अवकाश के प्रावधान के साथ ही प्रसूति गृहों, शिशु सदनों व आँगनवाड़ियों के एक विस्तृत तंत्र के प्रबंध के द्वारा भी इन अधिकारों को सुरक्षित किया जाएगा।

राज्य में पैदा हुए सभी बच्चों को जन्म के संयोग या कुल को आधार बनाये बिना समान अवसर सुनिश्चित किये जायेंगे। राज्य अपने बच्चों को विश्व की सर्वोच्च सम्पदा मानते हुए उनकी देखभाल व सुरक्षा करेगा। शासन-प्रशासन व कानून बनाने, चिकित्सकीय, शैक्षिक, घरेलू सार्वजनिक व औद्योगिक समेत तमाम मसलों में बच्चों का हित सर्वोपरि रखा जाएगा।

सभी नागरिकों के लिए क़ानूनी सुरक्षा एवं अदालत का सहारा लेने पर त्वरित, सस्ती व निष्पक्ष प्रक्रिया सुनिश्चित की जाएगी। इस अधिकार को सुनिश्चित करने हेतु न्यायालय की स्वतंत्रता एवं निर्वाचन; ऐडवोकेट जनरल के पद एवं राज्य के अन्य अधिवक्ताओं की स्वायत्तता; ज़्यादातर मुक़दमों के स्थानीय स्तर पर निस्तारण हेतु लोक अदालतों व तहसील न्यायालयों का प्रबंध; अदालती प्रक्रिया में स्थानीय भाषा का इस्तेमाल; कानूनों को संहिताबद्ध एवं स्थिर करना तथा कानून के समक्ष सभी नागरिकों की समानता स्थापित करना शामिल है।

सभी नागरिकों का व्यक्तिगत संपत्ति रखने व विरासत में प्राप्त करने का अधिकार राज्य की योजनाबद्ध अर्थव्यवस्था के दायरे के भीतर कानूनी रूप से अक्षुण्ण है। कोई भी व्यक्ति ऐसी अचल संपत्ति नहीं रख सकता जो राष्ट्रीय अर्थव्यवस्था में सकारात्मक उत्पादन की भूमिका न निभाती हो। हालाँकि ऐसे कानून का इस्तेमाल किसी भी पेंशनभोगी के द्वारा उसके कामकाजी जीवन में कानून के दायरे में अर्जित की गयी संपत्ति छीनने में नहीं किया जा सकता।

जम्मू और कश्मीर राज्य में काम करने योग्य हर नागरिक के लिए यह उसका दायित्व ही नहीं बल्कि गर्व का विषय होना चाहिए।

जम्मू और कश्मीर राज्य जनता के हितों की रक्षा के लिए दमन झेलने वाले, वैज्ञानिक चेतना जगाने वाले व राष्ट्रीय मुक्ति के लिए संघर्ष करने वाले सभी विदेशी नागरिकों को शरण प्रदान करेगा।

राज्य के हर नागरिक का कर्तव्य है कि वह संविधान का सम्मान करे, कानूनों का पालन करे, श्रमिक अनुशासन माने, सामाजिक कर्तव्यों का ईमानदारी से निर्वाह करे एवं समुदाय के नियमों का मान रखे।

राष्ट्रीय असेंबली

राज्य की सर्वोच्च विधायिका यानी राष्ट्रीय असेंबली राज्य के नागरिकों द्वारा पाँच साल के लिए, चालीस-चालीस हज़ार की जनसंख्या में बँटे प्रत्येक निर्वाचन क्षेत्र में एक-एक प्रतिनिधि के अंतर्गत चुनी जाएगी। राष्ट्रीय असेंबली स्वयं अपना अध्यक्ष व पदाधिकारी चुनेगी एवं स्वयं ही अपनी कार्यप्रणाली तय करेगी। कोई भी कानून बहुमत से पास होने व राज्य प्रमुख की स्वीकृति मिल जाने पर लागू किया जा सकेगा। राष्ट्रीय असेंबली द्वारा पारित किये गये कानूनों को उर्दू व साथ ही साथ राज्य के सभी समुदायों की भाषाओं में असेंबली के स्पीकर व राज्यप्रमुख के दस्तख़त के साथ प्रकाशित किया जाएगा। राष्ट्रीय असेंबली एक प्रत्यय समिति का चुनाव करेगी जो सभी प्रतिनिधियों के परिचय पत्रों को सत्यापित करेगी।

राष्ट्रीय असेंबली का कोई भी प्रतिनिधि बिना असेंबली की मंजूरी और असेंबली के सत्र में न होने की स्थिति में असेंबली के स्पीकर की इजाज़त के बिना गिरफ्तार नहीं किया जा सकता। कारावास या किसी अन्य तरह की रुकावट के इस्तेमाल द्वारा बग़ैर असेंबली के निर्णय लिए, जिसमें प्रतिनिधि को अपने बचाव का पूरा मौका दिया गया हो, उसे असेंबली की बहसों या फैसलों में भाग लेने से रोका नहीं जा सकता। असेंबली के अध्यक्ष के पास किसी प्रतिनिधि को निगरानी या हिरासत में रखने वाले प्राधिकारी को असेंबली की चर्चा में भाग लेने हेतु उसे पेश करने का आदेश देने का अधिकार होगा।

राष्ट्रीय असेंबली अपनी समझ के अनुसार किसी भी मुद्दे पर जाँच या लेखा समिति का गठन कर सकती है। सभी संस्थाओं व अधिकारियों के लिए इन समितियों की सभी माँगों को मानने व ज़रूरी सामग्री व कागज़ात मुहैया करने की बाध्यता होगी।

चुनाव होने के एक महीने के भीतर राज्यप्रमुख नवनिर्वाचित असेंबली का पहला सत्र बुलाएँगे। असेंबली का कार्यकाल समाप्त होने या उसके पूरे होने के पहले ही इसके भंग हो जाने की स्थिति में राज्यप्रमुख ऐसा होने की तिथियों के दो महीने के अन्दर नए चुनाव करवाने को बाध्य होंगे।

चुनाव प्रक्रिया

राष्ट्रीय असेंबली या जनपंचायतों में प्रतिनिधि मतदाताओं द्वारा समान व सार्वत्रिक मताधिकार एवं गुप्त मतदान के ज़रिये चुने जाते हैं। मताधिकार सार्वभौमिक होंगे; अट्ठारह की आयु सीमा पार कर जाने वाले राज्य के सभी नागरिक नस्ल या लिंग, राष्ट्रीयता या धर्म, शैक्षिक योग्यता सामाजिक स्थिति, संपत्ति, पद या पहले के किसी गतिविधि को बिना आधार बनाये असेंबली के प्रतिनिधि चुनने और स्वयं चुने जाने का अधिकार रखते हैं। इनमें मानसिक रूप से अस्वस्थ व्यक्ति या न्यायालय द्वारा चुनावी अधिकारों से वंचित किये गए लोग शामिल नहीं हैं। सिखों, कश्मीरी पंडितों व हरिजनों को दो-दो आरक्षित सीटें प्रदान की जायेंगी, और इसके लिए वे दूसरे वोट का प्रयोग कर सकते हैं। महिलाओं को पुरुषों के समतुल्य राज्य की सभी संस्थाओं में चुने जाने का अधिकार होगा।

सेना में कार्यरत नागरिकों को भी अन्य नागरिकों के समान प्रतिनिधि चुनने व स्वयं चुने जाने का अधिकार होगा।

चुनाव के लिए प्रत्याशी निर्वाचन क्षेत्रों के आधार पर आगे किये जायेंगे। किसी भी निर्वाचन क्षेत्र के कोई भी सौ मतदाता किसी प्रत्याशी को खड़ा कर सकते हैं। प्रत्याशियों से किसी भी तरह की जमानत राशि या कोई और शर्त पूरी नहीं करायी जाएगी।

सभी प्रतिनिधियों के लिए समय-समय पर अपने निर्वाचन क्षेत्र में अपने काम व जिस सभा में उनका चुनाव हुआ है, उसकी गतिविधियों की एक रिपोर्ट देना अनिवार्य है; उन्हें विधान द्वारा स्थापित पद्धति से कभी भी वापस बुलाया जा सकता है।

सभी निर्वाचन क्षेत्रों में जगह-जगह पैदल दूरी पर मतदान केन्द्र बनाये जायेंगे। सौ कामगारों से ज़्यादा की फैक्ट्रियों में मतदान केन्द्र स्थापित किये जायेंगे।

राष्ट्रीय भाषायें

राज्य की राष्ट्रीय भाषायें कश्मीरी, डोगरी, बाल्टी (पाल), दर्दी, पंजाबी, हिन्दी होंगी, जबकि उर्दू राज्यभर में संपर्क भाषा का काम करेगी। राज्य इन सभी भाषाओं के, ख़ासकर वे, जो ज़्यादा पिछड़ी हुई हैं, विकास एवं प्रोत्साहन के लिए हरसंभव क़दम उठाएगा, जिनमें निम्न शामिल हैं:

1. एक राज्य भाषा अकादमी की स्थापना जहाँ शोधकर्ता व व्याकरणविद भाषाओं के विकास के लिए कार्य करें।
2. लिपियों की उपलब्धता व सम्पूर्णता सुनिश्चित करना।
3. विदेशी भाषाओं से परस्पर अनुवाद के ज़रिये उन्हें समृद्ध बनाना।
4. उनका इतिहास पढ़ना-पढ़ाना।
5. शब्दकोष व पाठ्यपुस्तकें विकसित करना।
6. इन भाषाओं के अध्ययन के लिए सरकारी वज़ीफ़ों का प्रबंध करना।
7. इन भाषाओं में क्षेत्रीय प्रेस व प्रकाशन को प्रोत्साहन।

राष्ट्रीय अर्थ योजना

राज्य का आर्थिक संचालन एक राष्ट्रीय आर्थिक योजना द्वारा किया जाएगा जिससे जनसम्पदा में बढ़ोतरी, मेहनतकश नर व नारियों के भौतिक व सांस्कृतिक जीवनस्तर में सुधार एवं राष्ट्रीय सुरक्षा को सुदृढ़ किया जा सके।

परिशिष्ट–3

कश्मीर–पाक स्टैंडस्टिल समझौता

कश्मीर रियासत के प्रधानमंत्री का अंतर्राष्ट्रीय सम्बन्ध विभाग, कराची के सरदार अब्दुर रब निश्तोर के नाम टेलीग्राम (12 अगस्त 1947)

जम्मू कश्मीर सरकार पाकिस्तान के साथ उन सभी मसलों पर यथास्थिति समझौतों का स्वागत करेगी जिनपर निवर्तमान ब्रिटिश सरकार के साथ वे मौजूद हैं। हमारा सुझाव है कि सभी मसलों के निबटारे और किसी नए समझौते के लागू होने तक मौजूदा बंदोबस्त जारी रहे।

परिशिष्ट-4

जम्मू और कश्मीर राज्य के विलय का दस्तावेज़ (26 अक्टूबर, 1947)

जहाँ इंडियन इंडिपेंडेंस एक्ट, 1947 कहता है कि 1947 की अगस्त के पंद्रहवें दिन 'भारत' नाम से एक स्वतंत्र अधिराज्य की स्थापना होगी, और इस भारतीय अधिराज्य में गवर्नमेंट ऑफ़ इंडिया एक्ट, 1935 जिसमें गवर्नर जनरल के आदेशानुसार जोड़, घटाव या संशोधन किया जा सकता है, लागू रहेगा।

और जहाँ गवर्नमेंट ऑफ़ इंडिया एक्ट, 1935, जो कि इस प्रकार गवर्नर जनरल द्वारा अंगीकृत किया गया है, किसी भी भारतीय रजवाड़े के भारतीय अधिराज्य में राज्यप्रमुख के एक विलय का दस्तावेज़ प्रभावी करके मिल जाने का प्रावधान रखता है।

अत: मैं श्रीमान इन्दर महिंदर राजराजेश्वर महाराजाधिराज श्री हरि सिंहजी, जम्मू व कश्मीर नरेश तथा तिब्बत आदि देशाधिपति, जम्मू और कश्मीर राज्य का राज्यप्रमुख, अपने राज्य पर संप्रभुता के अधिकार का प्रयोग करके इस विलय के दस्तावेज़ को प्रभावी करता हूँ, और

मैं यह घोषित करता हूँ कि मैं भारतीय अधिराज्य में इस प्रयोजन के साथ विलय कर रहा हूँ कि इस विलय के दस्तावेज़ द्वारा गवर्नमेंट ऑफ़ इंडिया एक्ट (जिसे हम आगे 'इस अधिनियम' से संबोधित करेंगे), 1935 के तहत आने वाले भारत के गवर्नर जनरल, विधान मंडल, संघीय अदालतों व किसी भी तरह की अन्य अधिराज्यीय संस्था के कार्य, विलय की शर्तों को ध्यान में रखते हुए, उसी तरह जम्मू और कश्मीर राज्य (जिसे हम अब 'राज्य' कहकर संबोधित करेंगे) में भी लागू हों जिस तरह वे अगस्त की पंद्रहवीं तारीख, 1947 से भारतीय अधिराज्य में लागू हो रहे हैं।

मैं इस अधिनियम के प्रावधानों को इस विलय के दस्तावेज़ की शर्तों के अनुसार राज्य में लागू करने की ज़िम्मेदारी स्वीकार करता हूँ।

मैं अनुसूची में मौजूद विषयों को उन विषयों के तौर पर स्वीकार करता हूँ जिस पर विधायिका राज्य के लिए कानून बना सकती है।

मैं यह घोषणा करता हूँ कि मैं भारतीय अधिराज्य में इस आश्वासन के आधार पर विलय कर रहा हूँ कि यदि गवर्नर जनरल और राज्यप्रमुख के बीच राज्य में शासन-प्रशासन का कोई भी कार्य या अधिराज्यीय विधान मंडल का कोई भी कानून राज्य के प्रमुख के ज़रिये लागू करने पर सहमति बनती है, तो ऐसी सहमति को विधिवत रूप दिया जाएगा।

इस विलय के दस्तावेजों की शर्तों को इस अधिनियम या इंडियन इंडिपेंडेंस एक्ट, 1947 में किये गए किसी भी संशोधन द्वारा तब तक बदला नहीं जा सकता जब तक इस पर मेरी सहमति किसी अतिरिक्त दस्तावेज़ के रूप में दर्ज न हो।

यह दस्तावेज़ किसी भी तरह से अधिराज्य के विधान मंडल को राज्य के लिए कोई ऐसा कानून बनाने का अधिकार नहीं देगा जिसमें किसी भी काम के लिए अनिवार्य भूमि अधिग्रहण शामिल हो। हालाँकि मैं इस बात का दायित्व लेता हूँ कि यदि राज्य में अधिराज्य के पहले से लागू किसी कानून के अंतर्गत भूमि अधिग्रहण की आवश्यकता पड़ती है तो मैं उनके ख़र्च पर यह ज़मीन अधिग्रहित कर सकता हूँ, और यदि वह मेरी निजी भूमि है तो भारत के चीफ जस्टिस द्वारा नियुक्त किसी मध्यस्थ के साथ हुए समझौते, या उसके उल्लंघन की स्थिति में स्थानांतरित कर सकता हूँ।

इस दस्तावेज़ में ऐसा कुछ शामिल नहीं होगा जो मुझे भविष्य में लागू होने वाले किसी भी भारतीय संविधान को स्वीकार करने को बाध्य करे, या ऐसे संविधान के आधार पर भारत सरकार से कोई समझौता करने के मेरे अधिकार को सीमित कर सके।

इस दस्तावेज़ में ऐसा कुछ नहीं होगा जो राज्य के ऊपर मेरी संप्रभुता को प्रभावित करे, या विलय की शर्तों के बाहर, किसी भी तरह से राज्यप्रमुख के रूप में मौजूद मेरी सत्ता व अधिकार क्षेत्र या राज्य के अन्दर वर्तमान में लागू कानूनों की वैधता को प्रभावित करे।

मैं यह घोषणा करता हूँ कि मैं यह दस्तावेज़ अपने राज्य की ओर से प्रभावी कर रहा हूँ व इसमें मेरे या राज्यप्रमुख के सन्दर्भ में कही कोई भी बात मेरे वंशजों के सन्दर्भ में भी वैध मानी जाएगी।

मेरे द्वारा आज अक्टूबर के छब्बीसवें दिन, उन्नीस सौ सैंतालीस को पूर्ण किया गया।

हरि सिंह

जम्मू और कश्मीर राज्य के महाराजाधिराज

परिशिष्ट-5

संयुक्त राष्ट्र प्रस्ताव (संयुक्त राष्ट्र सुरक्षा परिषद् का 13 अगस्त, 1948 का प्रस्ताव जिसमें पाकिस्तान भी वादी था)

संयुक्त राष्ट्र कश्मीर आयोग जम्मू कश्मीर में उपजी स्थिति के सन्दर्भ में भारत व पाकिस्तान के प्रतिनिधियों के मतों पर गहन विचार करने के बाद, एवं स्वयं यह मत रखने के बाद कि त्वरित संघर्षविराम एवं अंतर्राष्ट्रीय शान्ति के लिए ख़तरा बनीं परिस्थितियों के निराकरण के बाद ही, जो कि भारत एवं पाकिस्तान की सरकारों के बीच इस मसले के स्थायी हल में इनकी मदद करने के लिए ज़रूरी हैं।

यह परिषद् भारत व पाकिस्तान की सरकारों को एक साथ निम्न प्रस्ताव भेजने का संकल्प लेती है।

भाग—1: युद्धविराम आदेश

1. भारत व पाकिस्तान की सरकारें इस बात पर सहमत हैं कि वे अपने-अपने सैन्य हाईकमान को अलग-अलग किन्तु एक ही समय पर, इस प्रस्ताव के दोनों को मान्य होने की स्थिति में ऐसा होने के चार दिनों के भीतर परस्पर सहमति से किसी शीघ्रतम तिथि पर, जम्मू व कश्मीर राज्य में मौजूद अपनी सेनाओं को युद्धविराम का आदेश दें।
2. भारत व पाकिस्तान की सेनाओं के हाईकमान जम्मू कश्मीर में अपने-अपने नियंत्रण में मौजूद सैन्यबलों में संवर्धन करने वाली कोई गतिविधि न करने पर सहमत हैं (इन प्रस्तावों के उद्देश्य हेतु इन देशों के नियंत्रण में मौजूद सैन्यबल में वे सभी संगठित व असंगठित सैन्यबल गिने जायेंगे जो दोनों ओर से संघर्ष में भागीदारी कर रहे हैं)।
3. दोनों सेनाओं के कमांडर इन चीफ़ त्वरित रूप से यह चर्चा करेंगे कि क्या वर्तमान कार्यवाहियों में बदलाव के ज़रिये युद्धविराम में सहायता की जा सकती है।
4. अपने अधिकार व वस्तुस्थिति को देखते हुए आयोग सैन्य पर्यवेक्षकों की तैनाती करेगा, जो इसकी देखरेख में व दोनों सैन्य नेतृत्वों के परस्पर सहयोग द्वारा संघर्षविराम के आदेश का पालन करवाएँगे।
5. भारत एवं पाकिस्तान की सरकारें अपने यहाँ जनता से आगे की वार्ताओं को चलने हेतु सहायक माहौल तैयार करने की अपील करेंगी।

भाग—दो: युद्धविराम संधि

भाग एक में रेखांकित किये गए संघर्षविराम के साथ ही साथ, दोनों सरकारें संघर्ष विराम की संधि हेतु निम्न आरंभिक सिद्धांतों पर सहमत हैं, जिनके आधार पर दोनों देशों के प्रतिनिधि व आयोग आगे की वार्ता कर सके:

(A)

1. क्योंकि जम्मू कश्मीर राज्य के भीतर पाकिस्तानी सेनाओं की उपस्थिति पहले की परिस्थितियों में बदलाव है, जब पाकिस्तान सुरक्षा परिषद् में इसका प्रतिनिधित्व कर रहा था, अत: पाकिस्तान की सरकार राज्य से अपने सेनायें वापस बुलाने पर सहमत होगी।
2. पाकिस्तान की सरकार यह पूरा प्रयास करेगी कि वे सभी पाकिस्तानी नागरिक एवं कबीलाई लड़ाके जम्मू कश्मीर छोड़ दें, जो आमतौर पर वहाँ के निवासी नहीं हैं और लड़ने के लिए वहाँ गए हुए हैं।
3. मसले का स्थाई हल निकलने तक पाकिस्तानी सेनाओं द्वारा खाली किये गए क्षेत्र का प्रशासन आयोग की देखरेख में स्थानीय स्तर पर चलाया जाएगा।

(B)

1. जब आयोग भारत सरकार को यह स्पष्ट कर देगा कि भाग दो, बिंदु A–2 के हिसाब से सभी कबीलाई लड़ाके एवं पाकिस्तानी नागरिक इलाका छोड़ चुके हैं, एवं इस प्रकार वे परिस्थितियाँ समाप्त हो गयीं हैं जिसके आधार पर भारत सरकार ने सुरक्षा परिषद् में रखे अपने पक्ष में राज्य के भीतर भारतीय सेनाओं की मौजूदगी को जायज़ ठहराया था, और साथ ही जब यह तय हो जाएगा कि पाकिस्तानी सेनायें जम्मू कश्मीर से वापस जा रही हैं, भारत सरकार आयोग से विमर्श के आधार पर विभिन्न चरणों में अपनी सेना का ज़्यादातर हिस्सा वापस बुलाने पर सहमत होगी।
2. जम्मू और कश्मीर राज्य में उत्पन्न हुई स्थिति का स्थायी हल निकलने तक भारत सरकार संघर्ष विराम की सीमा से पहले आयोग के साथ सहमति के आधार पर सीमित संख्या में स्थानीय प्रशासन को कानून व्यवस्था बनाये रखने में मदद करने के लिए सुरक्षाबल तैनात करेगी। आयोग आवश्यकतानुसार विभिन्न जगहों पर पर्यवेक्षकों की तैनाती करेगा।
3. भारत सरकार यह आश्वस्ति देती है कि जम्मू कश्मीर राज्य की सरकार हर वह क़दम उठायेगी जिसके द्वारा सार्वजनिक रूप से यह बात प्रचारित हो कि शान्ति व कानून व्यवस्था का ख्याल रखा जाएगा और सभी मानव एवं राजनैतिक अधिकार सुरक्षित रहेंगे।
4. हस्ताक्षर हो जाने के बाद दोनों सरकारों व आयोग के बीच सहमति के आधार पर तैयार हुई संघर्षविराम संधि को अधिसूचना के रूप में सार्वजनिक किया जाएगा।

भाग—तीन

भारत एवं पाकिस्तान की सरकारें अपनी यह इच्छा पुनः अभिव्यक्त करती हैं कि जम्मू और कश्मीर राज्य का भविष्य वहाँ के जनमानस की आकांक्षाओं के हिसाब से तय होगा और इसके लिए संघर्षविराम की संधि पर सहमत हो जाने के बाद दोनों सरकारें आयोग के साथ परामर्श करने पर सहमत हैं, ताकि ऐसी इच्छाओं की खुली अभिव्यक्ति को सुनिश्चित किया जा सके।

परिशिष्ट-6

भारतीय संविधान की धारा 370

जम्मू कश्मीर राज्य के सन्दर्भ में अस्थायी प्रावधान

(1) संविधान के किसी भी प्रावधान के बावजूद:

(a) अनुच्छेद 238 जम्मू व कश्मीर के सन्दर्भ में लागू नहीं होगा

(b) इस राज्य के लिए संसद की कानून बनाने की क्षमता निम्नलिखित तक सीमित रहेगी:

(i) संघ सूची व समवर्ती सूची में मौजूद वे विषय जो राज्य सरकार से सलाह-मशवरे के बाद राष्ट्रपति द्वारा विलय के दस्तावेज़ के अंतर्गत भारतीय अधिराज्य के विधान मंडल के अधिकार क्षेत्र में आने वाले विषयों से मिलते होने पर घोषित किये जायेंगे, एवं

(ii) इन सूचियों में मौजूद अन्य विषय जो राज्य सरकार की सहमति के बाद राष्ट्रपति के आदेश द्वारा घोषित किये जाएँ।

व्याख्या: इस अनुच्छेद के सन्दर्भ में राज्य सरकार का अर्थ अपनी 5 मार्च, 1948 की घोषणा के अंतर्गत वर्तमान के लिए मंत्री परिषद् की सलाह पर कार्य करने वाले व राष्ट्रपति द्वारा मान्य जम्मू कश्मीर के महाराज होंगे।

(c) अनुच्छेद 1 व इस अनुच्छेद के प्रावधान राज्य के सन्दर्भ में लागू होंगे।

(d) संविधान के बाक़ी प्रावधान राज्य सूची पर राष्ट्रपति द्वारा पारित संशोधनों व अपवादों के साथ लागू होंगे।

हालाँकि ऐसा कोई भी आदेश जो विलय के दस्तावेज़ के सह-अनुच्छेद (b) के अंश (i) में वर्णित विषयों के सन्दर्भ में है, बिना राज्य सरकार की सहमति के नहीं लाया जाएगा।

इसके साथ ही, ऐसा कोई भी आदेश जो उल्लिखित सन्दर्भ से अलग विषयों के बारे में है, बिना राज्य सरकार की सहमति के नहीं लाया जाएगा।

(2) यदि अनुच्छेद (1) के सह-अनुच्छेद (b) के अंश (i) या सह-अनुच्छेद (d) के दूसरे प्रावधान के अनुसार इन सहमतियों को राज्य का संविधान बनाने हेतु बुलाई गयी सभा

से पूर्व दिया गया है तो भविष्य में इस संविधान सभा में उस मसले को आख़िरी निर्णय के लिए रखा जाएगा।

(3) इस अनुच्छेद के उल्लिखित प्रावधानों के बावजूद, राष्ट्रपति एक सार्वजनिक अधिसूचना के द्वारा इस धारा के निरस्त्र किये जाने या सिर्फ उन संशोधनों व अपवादों के साथ लागू होने की घोषणा कर सकते हैं जिन्हें समय-समय पर वे जारी करें:

हालाँकि अनुच्छेद (2) के अनुसार, ऐसी अधिसूचना जारी करने से पूर्व राज्य की संविधान सभा की राय आवश्यक होगी।

धारा 370 में प्रदान की गयी शक्तियों के अनुसार, जम्मू कश्मीर की संविधान सभा की सलाह के आधार पर, राष्ट्रपति ने यह घोषित किया कि नवम्बर के सत्रहवें दिन, 1952 से उल्लिखित धारा 370 अनुच्छेद 1 में दी गयी व्याख्या में निम्न संशोधन के साथ लागू होगी:

'**व्याख्या**-इस अनुच्छेद के सन्दर्भ में राज्य सरकार का अर्थ वर्तमान समय में राज्य की संविधान सभा की सलाह पर राष्ट्रपति द्वारा स्वीकृत जम्मू और कश्मीर के **सदर-ए-रियासत** (अब राज्यपाल) हैं, जो फ़िलहाल अपने मंत्री परिषद् की सलाह पर कार्य करेंगे।'

(कानून मंत्रालय, शासनादेश संख्या सी.ओ. तारीख 15 नवम्बर, 1952)।

परिशिष्ट-7

ताशकंद समझौता (10 जनवरी, 1966)

भारत के प्रधानमंत्री व पाकिस्तान के राष्ट्रपति, ताशकंद में संपन्न हुई अपनी मुलाक़ात के बाद, व भारत व पाकिस्तान के बीच रिश्तों की मौजूदा स्थिति पर चर्चा करने के बाद, दोनों देशों के बीच सामान्य एवं शान्तिपूर्ण सम्बन्ध बहाल करने व दोनों ओर के लोगों के बीच सामंजस्य व मित्रता बढ़ने की प्रतिबद्धता घोषित करते हैं। वे भारत व पाकिस्तान के साठ करोड़ लोगों की ख़ुशहाली के लिए इन उद्देश्यों की पूर्ति बहुत ज़रूरी मानते हैं।

(i) भारत के प्रधानमंत्री व पाकिस्तान के राष्ट्रपति इस बात पर सहमत हैं कि दोनों पक्ष संयुक्त राष्ट्र घोषणापत्र के अनुसार दोनों पड़ोसी देशों के बीच बेहतर आपसी सम्बन्ध बनाने के लिए हरसंभव प्रयास करेंगे। वे इस घोषणापत्र के तहत हिंसा का सहारा न लेने व आपसी मतभेदों को शान्तिपूर्ण तरीकों से हल करने के प्रति प्रतिबद्ध हैं। उन्होंने इस बात को समझा है कि दोनों देशों के बीच जारी तनाव न तो इस पूरे क्षेत्र, और ख़ासकर भारतीय उपमहाद्वीप के हित में हैं और न ही भारत व पाकिस्तान की जनता के। इसी सन्दर्भ में जम्मू-कश्मीर पर भी चर्चा हुई और दोनों पक्षों ने अपनी-अपनी बात रखी।

सेनाओं की वापसी

(ii) भारत के प्रधानमंत्री व पाकिस्तान के राष्ट्राध्यक्ष इस बात पर सहमत हैं कि दोनों देशों के सैन्यबल 25 फरवरी, 1966 तक 5 अगस्त, 1965 से पहले की अपनी-अपनी स्थितियों पर वापस लौटेंगे तथा दोनों पक्ष नियंत्रण रेखा पर संघर्ष विराम का पालन करेंगे।

(iii) भारत के प्रधानमंत्री व पाकिस्तान के राष्ट्रपति यह मानते हैं कि दोनों देशों के बीच सम्बन्ध एक-दूसरे के अंदरूनी मामलों में हस्तक्षेप न करने की नीति पर ही आधारित हो सकते हैं।

(iv) भारत के प्रधानमंत्री व पाकिस्तान के राष्ट्रपति इस बात पर सहमत हैं कि दोनों पक्ष एक-दूसरे के विरुद्ध चल रहे प्रोपेगेंडा को बढ़ावा न देते हुए ऐसे प्रचार-प्रसार को प्रोत्साहित करेंगे जिससे दोनों देशों के बीच मित्रवत सम्बन्ध स्थापित हो सकें।

(v) भारत के प्रधानमंत्री व पाकिस्तान के राष्ट्रपति के बीच यह भी सहमति बनी है कि पाकिस्तान में भारत के उच्चायुक्त व भारत में पाकिस्तान के उच्चायुक्त अपनी-

अपनी भूमिकाओं में वापस लौटेंगे और दोनों देशों में सामान्य राजनयिक सम्बन्ध पुनः बहाल होंगे। राजनयिक अंतर्संबंधों के सन्दर्भ में दोनों देश 1962 के विएना सम्मेलन के दिशानिर्देशों का पालन करेंगे।

आर्थिक सम्बन्ध

(vi) भारत के प्रधानमंत्री व पाकिस्तान के राष्ट्रपति ने दोनों देशों के बीच आर्थिक व व्यवसायिक सम्बन्ध पुनर्स्थापित करने व सांस्कृतिक व संचार सम्बन्धी आदान-प्रदान को बढ़ावा देने हेतु क़दम उठाने और साथ ही दोनों देशों के बीच मौजूद वर्तमान समझौतों को सही तरह से लागू करने पर सहमति ज़ाहिर की है।

(vii) भारत के प्रधानमंत्री व पाकिस्तान के राष्ट्रपति में इस बात पर भी सहमति बनी है कि वे अपने-अपने प्रशासनों को युद्धबंदियों के आदान-प्रदान हेतु निर्देश जारी करेंगे।

(viii) भारत के प्रधानमंत्री व पाकिस्तान के राष्ट्रपति इस बात पर सहमत हैं कि दोनों पक्ष शरणार्थी समस्या एवं ग़ैरकानूनी प्रवासियों को वापस भेजने के मसलों पर चर्चा जारी रखेंगे। वे इस बात पर भी सहमत हैं कि दोनों पक्ष ऐसा माहौल बनाने को प्रयासरत होंगे जिसमें लोगों को पलायन करने पर मजबूर न होना पड़े। इसके साथ ही वे युद्ध के दौरान दोनों पक्षों द्वारा कब्ज़ा की गयी संपत्ति की वापसी सम्बन्धी चर्चा पर भी सहमत हुए हैं।

सोवियत नेताओं को धन्यवाद ज्ञापन

(ix) भारत के प्रधामंत्री व पाकिस्तान के राष्ट्रपति इस बात पर सहमत हैं कि दोनों देशों के लिए सीधे तौर पर महत्वपूर्ण मसलों पर वे सर्वोच्च स्तर से लेकर सबसे निछले स्तर तक बैठकें जारी रखेंगे। दोनों पक्ष सहमत हैं कि भारत-पाकिस्तान के संयुक्त स्तर पर ऐसी संस्थाएँ बनाना आवश्यक हैं जो अपनी-अपनी सरकारों को आगे के क़दमों को तय करने में सहायता करें।

(×) भारतीय प्रधानमंत्री व पाकिस्तानी राष्ट्रपति सोवियत नेताओं, सोवियत सरकार व व्यक्तिगत रूप से सोवियत संघ के मंत्री परिषद् के अध्यक्ष के प्रति दोनों पक्षों के लिए संतोषजनक परिणाम देने वाली इस बैठक को करवाने में उनकी रचनात्मक, दोस्ताना एवं उदार भूमिका के लिए असीम कृतज्ञता आभार एवं प्रशंसा व्यक्त करते हैं। वे उज्बेकिस्तान की सरकार व यहाँ के सज्जन लोगों प्रति भी इतने भव्य स्वागत व शानदार आतिथ्य के लिए कोटि-कोटि धन्यवाद अभिव्यक्त करते हैं।

वे सोवियत संघ की मंत्रिपरिषद् के अध्यक्ष को इस घोषणा में शामिल होने के लिए आमंत्रित करते हैं।

मुहम्मद अयूब खान
राष्ट्रपति, पाकिस्तान

लाल बहादुर शास्त्री
प्रधानमंत्री भारत

ताशकंद, 10 जनवरी, 1966

परिशिष्ट-8

शिमला समझौता (2 जुलाई, 1972)

1. भारत व पाकिस्तान की सरकारें इस बात के लिए प्रतिबद्ध हैं कि दोनों देश युद्ध एवं तनातनी की उस स्थिति का अंत करें जिसके कारण दोनों देशों के रिश्ते पूर्व में ख़राब हुए हैं और शान्तिपूर्ण व मित्रवत सम्बन्धों के साथ पूरे उपमहाद्वीप में दीर्घकालिक शान्ति की दिशा में काम करें, ताकि दोनों देश आने वाले समय में अपनी ऊर्जा व संसाधन अपने-अपने लोगों की ख़ुशहाली व उन्नति के चुनौतीपूर्ण कार्य में लगा सकें। इस उद्देश्य को पूरा करने हेतु भारत व पाकिस्तान की सरकारों ने निम्न बिंदुओं पर सहमति बनाई है:
   - (i) कि दोनों देशों के सम्बन्ध संयुक्त राष्ट्र घोषणापत्र के सिद्धांतों व उद्देश्यों के आधार पर संचालित होंगे।
   - (ii) कि दोनों देश अपने मतभेदों को द्विपक्षीय वार्ताओं या आपसी सहमति से तय किये गए किसी भी अन्य माध्यम से शान्तिपूर्ण ढंग से हल करने के लिए प्रतिबद्ध हैं। जब तक दोनों देशों के बीच मतभेदों का कोई स्थायी हल नहीं निकलता, कोई भी पक्ष एकतरफ़ा तरीके से वर्तमान स्थिति को बदलने का प्रयास नहीं करेगा एवं दोनों ओर से शान्तिपूर्ण माहौल को बिगाड़ने वाला कोई काम प्रोत्साहित नहीं किया जाएगा।
   - (iii) कि दोनों देशों के बीच में सुलह, मिलनसार सम्बन्धों और स्थायी शान्ति के लिये समानता व परस्पर सहयोग की बुनियाद पर दोनों देशों की शान्तिपूर्ण सह-अस्तित्व, एक-दूसरे की अखण्डता व संप्रभुता का सम्मान एवं एक-दूसरे के आंतरिक मामलों में हस्तक्षेप न करने की प्रतिबद्धता आवश्यक है।
   - (iv) कि जिन मसलों व तनाव के कारणों से दोनों देशों के रिश्ते पिछले पच्चीस साल से दुश्वार हैं उन्हें शान्तिपूर्ण ढंग से हल किया जाएगा।
   - (v) कि दोनों पक्ष एक-दूसरे की अखण्डता, संप्रभुता, एकता व राजनैतिक स्वतंत्रता का सम्मान करेंगे।
   - (vi) और कि संयुक्त राष्ट्र घोषणापत्र के अनुसार वे एक-दूसरे की भौतिक अखण्डता व राजनीतिक स्वतंत्रता का शक्ति-प्रदर्शन द्वारा हनन करने से बचेंगे।
2. दोनों सरकारें एक-दूसरे के विरुद्ध दुष्प्रचार रोकने के लिए हरसंभव क़दम उठाएँगी। दोनों सरकारें ऐसे प्रचार-पसार को प्रोत्साहन देंगी जिससे दोनों के बीच मित्रवत सम्बन्धों में सहायता मिले।

3. दोनों देशों के बीच में उत्तरोत्तर सामान्य सम्बन्ध बहाल की दिशा में यह सहमति बनी कि:
   (i) दोनों के बीच संचार, डाक, टेलीग्राफ़, जल एवं थल, जिसमें सीमा चौकियाँ भी शामिल हैं तथा हवाई सेवायें, जिसमें ओवरफ्लाइट[1] भी शामिल है, जल्द बहाल करने के लिए क़दम उठाये जायेंगे।
   (ii) दोनों देशों के नागरिकों को एक-दूसरे के यहाँ यात्रा कर सकने के लिए उचित प्रबंध किये जायेंगे।
   (iii) विज्ञान व संस्कृति के क्षेत्र में आदान-प्रदान को बढ़ावा दिया जाएगा।

   इस सन्दर्भ में दोनों देशों के प्रतिनिधि समय-समय पर मुलाकातों के ज़रिये ज़रूरी खाके को तैयार करेंगे।

4. दोनों देशों के बीच स्थायी शान्ति स्थापित करने हेतु दोनों सरकारें सहमत हैं कि:
   (i) भारत व पाकिस्तान की सेनायें अंतर्राष्ट्रीय सीमा से अपने इलाक़ों की ओर पीछे हटेंगी।
   (ii) जम्मू कश्मीर में, 17 दिसम्बर, 1971 को तय की गयी नियंत्रण रेखा का दोनों पक्ष, एक-दूसरे की स्थिति पर बिना सवाल उठाये सम्मान करेंगे। कोई भी पक्ष किसी एकतरफ़ा कार्यवाही से यह स्थिति बदलने का प्रयास नहीं करेगा चाहे कैसा भी मतभेद या कोई भी कानूनी व्याख्या सामने आये। दोनों पक्ष इस बात की भी आश्वस्ति देते हैं कि वे सैन्यबल के इस्तेमाल द्वारा इस रेखा का उल्लंघन नहीं करेंगे।
   (iii) सेनाओं की वापसी इस समझौते के प्रभावी होते ही शुरू हो जाएगी व इसके तीस दिन के भीतर पूरी करनी होगी।

5. इस समझौते की दोनों देशों की संवैधानिक प्रक्रियाओं द्वारा पुष्टि की जाएगी व उनके पारित हो जाने के दस्तावेज़ों के आदान-प्रदान की तिथि को यह प्रभावी माना जाएगा।

6. दोनों सरकारें इस बात पर सहमत हैं कि उनके राष्ट्रप्रमुख भविष्य में दोनों के लिए उपयुक्त समय पर फिर मुलाक़ात करेंगे, और तब तक के लिए दोनों देशों के प्रतिनिधि रिश्तों को सामान्य करने व स्थायी शान्ति स्थापित करने की प्रक्रियाओं व प्रबंधों पर चर्चा करने लिए मिलते रहेंगे, जिनमें युद्धबंदियों की रिहाई, जम्मू कश्मीर पर कोई अंतिम निर्णय व राजनयिक सम्बन्धों की पुनर्स्थापना शामिल हैं।

(इंदिरा गाँधी)
प्रधानमंत्री
भारतीय गणराज्य

(ज़ुल्फ़िकार अली भुट्टो)
राष्ट्रपति
इस्लामिक रिपब्लिक ऑफ़ पाकिस्तान

शिमला, 2 जुलाई, 1972

---

1. दूसरे देश के भूखंड के ऊपर से हवाई यात्रा कर सकने की स्वतंत्रता।

परिशिष्ट-9

कश्मीर समझौता (13 नवम्बर, 1974)

शेख़ अब्दुल्ला व प्रधानमंत्री इंदिरा गाँधी के बीच हुए समझौते का मसौदा, जिसके तहत फरवरी, 1975 में शेख़ ने मुख्यमंत्री पद संभाला :

1. जम्मू और कश्मीर राज्य, जो भारतीय संघ की संघटक इकाई है, संघ के साथ अपने सम्बन्धों में भारतीय संविधान की धारा 370 से संचालित होता रहेगा।
2. विधान बनाने की अविशिष्ट शक्तियाँ राज्य के पास ही रहेंगी, हालाँकि संसद के पास भारत की संप्रभुता या अखण्डता पर सवाल करने, नकारने या बाधित करने एवं भारतीय भूखण्ड के किसी भी हिस्से को संघ से अलग करने या राष्ट्रीय ध्वज, राष्ट्रीय गान व संविधान का अपमान करने जैसी किसी गतिविधि को रोकने हेतु क़ानून बनाने का अधिकार सुरक्षित रहेगा।
3. जम्मू कश्मीर में भारतीय संविधान के जो प्रावधान अनुकूलन अथवा संशोधनों के साथ लागू किये गए हैं, ऐसे अनुकूलन या संशोधन धारा 370 के तहत राष्ट्रपति के आदेश द्वारा निरस्त्र किये जा सकते हैं, जिसमें ऐसे हर प्रस्ताव को उसकी योग्यता पर तोला जाएगा। लेकिन जम्मू कश्मीर राज्य में भारतीय संविधान के वे प्रावधान जो बिना अनुकूलन व संशोधन के पहले ही लागू हो चुके हैं, उनमें कोई बदलाव नहीं किया जा सकता।
4. इस बात को ध्यान में रखते हुए कि जम्मू कश्मीर राज्य के लिए समाज कल्याण, सांस्कृतिक, सामाजिक सुरक्षा, नागरिक विधान एवं प्रक्रियात्मक विधान जैसे मुद्दों में राज्य की विशिष्ट स्थिति को देखते हुए स्वायत्तता की दरकार है, इस बात पर सहमति बनी है कि राज्य सरकार 1953 के बाद समवर्ती सूची से सम्बंधित किसी भी मसले के अंतर्गत संसद द्वारा पारित किये गए या राज्य पर विस्तारित किये गए किसी भी कानून पर पुनर्विचार कर सकती है और यह तय कर सकती है कि कौन-कौन से कानून संशोधन या तुरंत वापस लिए जाने के लिए उपयुक्त हैं। तत्पश्चात, भारतीय संविधान के अनुच्छेद 254 के तहत उचित क़दम उठाये जा सकते हैं। ऐसे किसी भी विधान पर राष्ट्रपति की मंज़ूरी के लिए सहानुभूतिपूर्ण विचार किया जाएगा। यही दृष्टिकोण भविष्य में संसद द्वारा इस धारा के अनुच्छेद 2 के प्रावधानों के अंतर्गत बनाये गए कानूनों पर भी लागू होगा। ऐसे कानूनों को राज्य में लागू करने पर राज्य सरकार की

सम्पूर्ण राय ली जाएगी व उनके नज़रिए को पूरी तरजीह दी जाएगी।

5. धारा 368 के प्रावधान के बरक्स इसी अनुच्छेद का एक संशोधित संस्करण राज्य पर लागू होने के लिए राष्ट्रपति के आदेश के रूप में आना चाहिए, जिससे कि जम्मू कश्मीर की विधायिका द्वारा निम्नलिखित मुद्दों पर पारित कोई भी कानून राज्य के संविधान के किसी भी प्रावधान या उसके प्रभावों को तब तक न बदल सके जबतक उस कानून को विचाराधीन होने के पश्चात राष्ट्रपति की मंज़ूरी न मिल जाए। वे मुद्दे इस प्रकार हैं :

   (a) राज्यपाल की नियुक्ति व उनके अधिकार, कर्तव्य, उत्तरदायित्व व प्रतिरक्षा, एवं
   (b) चुनाव सम्बन्धी मुद्दे जो इस प्रकार हैं: चुनाव आयोग द्वारा चुनावों की देखरेख, नियंत्रण एवं निर्देशन, मतदाता सूची में बिना किसी भेदभाव के शामिल किये जाने की योग्यता, वयस्क मताधिकार एवं विधान परिषद् का समायोजन। ये मुद्दे जम्मू कश्मीर के संविधान के अनुच्छेद 138, 139, 140 एवं 50 में चिन्हित हैं।

6. राज्यपाल एवं मुख्यमंत्री की नामपद्धति पर कोई सहमति न बन सकी अतः इस मसले को सिद्धांतों पर छोड़ा जाता है।

नई दिल्ली, 13 नवम्बर, 1974

मिर्ज़ा मुहम्मद अफ़ज़ल बेग़
जी. पार्थासारथी

संदर्भ ग्रंथ सूची/Bibliography

1. Abdullah, Sheikh (Translation; Khushwant Singh), *Flames of Chinar*, Penguin, Delhi, 1993
2. Ahmed, Ishtiaq, *State, Nation and Ethnicity in Contemporary South Asia*, Pinter, London, 1998
3. Ahmed, Khwaza Nizamuddin, *Tabaqat I Akbari*, Vol II, (Translation : Brajendranath De), J.K. Book House, Jammu
4. Akbar, M.J., *Kashmir Behind The Vale*, Roli Books Pvt. Ltd., Delhi, 2011
5. Akbar, M.J., *Nehru : The Making of India*, Roli Books., 2002
6. Andarabi, M.A., *Auliya I Kashmir*, M.Y. Tang (Ed.), Srinagar, 1989
7. Asimov, M.S. and Bosworth, C.E., *History of Civilization of Central Asia (Ed.)*, Motilal Banarasidas Publishers Pvt. Ltd., Delhi, 1999
8. Bamzi, P.N.K., *A History of Kashmir*, Metropolitan Book Co. Pvt. Ltd., Delhi, 1962
9. Bamzi, P.N.K., *Cultural and Political History of Kashmir*, M.D. Publication Pvt. Ltd., Delhi, 1994
10. Bazaz, Premnath, *Daughters of Vitasta*, Pamposh Publication, Delhi, 1959
11. Bazaz, Premnath, *Inside Kashmir*, The Kashmir Publishing Co., 1941
12. Bazaz, Premnath, *Kashmir in Crucible*, Pamposh Publication, Delhi, 1967
13. Bhan, K.L., *Seven Exodus of Kashmiri Pandits*, (Online Edition, Kausa.org)
14. Birdwood, Lord Cristopher, *Two Nations and Kashmir*, Robert Hale Limited, London, 1956
15. Biscoe, Tyndale, *Biscoe of Kashmir : An Autobiography*, Seeley, Service and Co. Ltd., London, 1954
16. Bose, Sumantra, *Kashmir : Roots of Conflicts, Path to Peace,* Harvard University Press, London, 2003
17. Bourke-White, Margaret, *Halfway to Freedom*, Asia Publishing House, Bombay, 1949

18. Brecher, Michael, *The Struggle For Kashmir*, Oxford University Press. London, 1953
19. Brown, William A, *The Gilgit Rebellion,*1947, Ibex,
20. Bukhari, M., *Kashmir Scares of Pellet Guns*, Partridge India, Delhi 2015
21. Butalia, Urvashi (Ed), *Seeking Peace : Women's Voices From Kashmir*, Kali for Women, Delhi, 2002
22. Butt, K.H., *Special Status of Jammu and Kashmir*, Educreation Publishing, Delhi
23. Chowdhery, Dr. Shabbir, *Kashmir Dispute : A Kashmiri Perspective*, Auther's House, New York, 2013
24. *CIA World Factbook 2010*, Skyhorse Publishing, New York, 2009
25. Dani, Dr. A. H., *History of Northern Areas of Pakistan*, National Institute of Historical and Cultural Research, Second Edition, Islamabad, 1991
26. Dasgupta, C., *War and Diplomacy in Kashmir : 1947-48*, Second edition, Sage Classics, Delhi, 2014
27. Dasgupta, Jyoti Bhushan, *Jammu and Kashmir*, Martinus Nijhoff, Hague,1968
28. Dayasagar, *Jammu and Kashmir : A Victim*, Ocean Books Pvt. Ltd., Delhi, 2015
29. Diwan, Parvez, *A History of Gilgit and Baltistan*, Second edition, Manas Publication, Delhi, 2008
30. Dulat, A.S., *Kashmir : The Vajpayee Years*, Harper Collins Publishers, Noida, 2015
31. Dutt, Jogesh Chandra, *Kings of Kashmir*, ELM Press, Kolkata, 1898
32. Elias N , *History of The Moghuls of Central Asia*; Tarikh-i-rashidi of Mirza Muhammad Haidar, Dughlat , Curzon Press, London, 1895
33. Engineer, Asghar Ali (Ed.), *Communal Riots in Post Independent India*, Second Edition, University Press, Delhi, 1997
34. Forster, George, *Letters on a Journey from Bengal to England through Northern Part of Kashmir*, R Faulder and Son, New Bond Street, London,1808
35. Gauhar, G.N., *Sheikh Nuruddin Wali*, Sahitya Academy, Delhi,1988
36. Gigoo, Siddharth and Sharma, Varad (Ed.), *A Long Dream of Home*, Bloomsbury, Delhi, 2015
37. Gupta, Virendra and Bansal, Alok (Ed.), *Pakistan Occupied Kashmir : The Untold Story*, Manas Publication, Delhi, 2016
38. Habib, Irfan, *An Atlas of The Mughal Empire*, Oxford University Press, 1982

39. Habibullah, Wajahat, *My Kashmir : Dying of The Light*, Penguin Books, Delhi, 2014
40. Haksar, Nandita, *The Many Faces of Kashmiri Nationalism*, Speaking Tiger, Delhi, 2015
41. Hangloo, Ratan Lal, *The State in Medieval Kashmir*, Manohar Lal Publication, Delhi, 2000
42. Hasan, Mohibul, *Kashmir Under Sultans*, Iran Society, Kolkata, 1974
43. Hasnain, F. M., *Freedom Struggle in Kashmir*, Rima Publishing House, Delhi, 1988
44. Hasnain, Fida Mohammad Khan, *Kashmir* : *The History of Himalayan Valley*, Gulshan Books, Srinagar, 2002
45. Hawley, John Stratton, *A Storm of Songs : India and the Idea of Bhakti Movement*, Harvard University Press, London, 2015
46. Hingorani, Aman M., *Unravelling the Kashmir Knot*, Sage Publication India Ltd., Delhi,
47. Hudson, H.V., *The Great Divide : Britain-India-Pakistan*, Oxford University Press, Krachi, 1969
48. Irwin, William, *The Later Mughals,* (Ed.) Jadunath Sarkar, Vol I, M.C. Sarkar and sons, Kolkata, 1923
49. Jagmohan, *My Frozen Turbulence In Kashmir*, Second Edition, 1991, Allied Publishers, Delhi, 1999
50. Johnson, Allan Campbell, *Mission with Mountbatten*, Jaico Publishing House, Delhi, 1951
51. K.N. Pandit (Translation), *Baharistan I Shahi*, Farma K L M Pvt. Ltd, Kolkata, 1991
52. Kak, Sanjay (Ed.), *Until My Freedom has Come*, Penguin, Delhi, 2011
53. Kak, R. C., *Ancient Monuments of Kashmir*, Utpal Publications, Delhi, 2002
54. Kalhan, *Rajtarangini*, Sahitya Academy, Delhi,
55. Kapoor, M.L., *Kashmir Sold and Snatched*, Jammu, 1968
56. Kaul, Anand, *The Kashmiri Pandit*, Thacker-Spink and Co., Kolkata, 1924
57. Kazi, Seema, *Between Democracy and Nation : Gender and Militarization in Kashmir*, Women Unlimited, Delhi, 2009
58. Khachru, Braj B., *Kashmiri Literature, A History of Indian Literature* (Ed.) Jan Gonda, Vol XIII, Otto Harrassowitz, Wiesbaden, 1981
59. Khan, Amanullah, Gilgit-Baltistan : *A Disputed Territory or 'A Fossil of Intrigues'*, Javed (Private) Printers, Gilgit-1999

60. Khan, Mohammad Ishaq, *Kashmir's Transition to Islam : The Role of Muslim Rishis*, Manohar Publishers, Delhi, 1994
61. Khan, Mohammad Ishaq, *Perspective on Kashmir*, Gulshan Publishers, Srinagar, 1983
62. Khan, Naila Ali, (Ed.), *The Parchment of Kashmir : History, Society and Polity*, Palgrave Macmillan, New York, 2012
63. Korbel, Josef, *Danger In Kashmir*, Princeton University Press, London,1954
64. Kumar, Dharma and Roychowdhary, Tapan, (Ed.), *The Cambridge History Of India*, Vol II (1757-1970), Orient Longman, Delhi, 1984
65. Lamb, Alastair, *Kashmir : A Disputed Legacy (1846-1990)*, Roxford Books, Hertfordshire, 1991
66. Lawrence, Sir Walter R, *The Valley of Kashmir*, Oxford University Press, London,1895
67. Mahajan, Mehar Chand, *Looking Back*, Asia Publishing House, Delhi,1963
68. Mahapatra, D. A. and Shekhawat, Seema, *Kashmir across LOC*, Gyan Publishing House, Delhi, 2008
69. Maneckshaw, Freny, *Behold I Shine*, Roopa, Delhi, 2017
70. Mattoo, Abdul Mazid, *Kashmir Under Mughals (1586-1752)*, Shalimar Art Press, Srinagar, 1988
71. Menon, V P, *The Story of Integration of Indian States*, Orient Longman, Kolkata, 1955
72. Mir, G.H, *Sufism in Kashmir*, Sufi Studies (Online Edition)
73. Mishra, Pankaj, (Ed.) *Kashmir : The Case For Freedom*, Versoe, London, 2011
74. Mullick, B.N., *My Years With Nehru : Kashmir*, Allied Publishers, Delhi,
75. Naqvi, Saeed, *Being the Other : The Muslims in India*, Aleph Book Co., Delhi, 2016
76. Nayar, Kuldeep, *Beyond Headlines*, Roli Books, Delhi, 2012
77. Noorani A. G. , *Article 370*, Oxford University Press (PB), Delhi, 2014
78. Pampori, Mohammad Sultan, *Kashmir in Chains*, Ali Mohammad and Sons, Srinagar, 2011
79. Pandita, Rahul, *Our Moon Has Blood Clots*, Random House India, Delhi, 2013
80. Panicker, K.M, *The Founding of the Kashmir State : A Biography of Maharaja Gulab Singh*, George Allen and Unwin Ltd., London,1953

81. Parimu, R. K., *A History of Muslim Rule in Kashmir*, People's Publishing House, Delhi, 1969
82. Parimu, B.N., *Nund Rishi : Unity in Diversity*, Jammu and Kashmir Academy of Art, Culture and Language, Srinagar, 2007
83. Parimu, P.L.D. *Kashmir and Sher-i-Kashmir : A Revolution Derailed*, Chinar Publishing, Ahmedabad, 2012
84. Pir, Basharat, *Curfewed Nights*, Random House, Delhi,
85. Puri, Luv, *Across the Line of Control : Inside Pakistan Administered Kashmir*, Columbia University Press, New York,
86. Qazi Farhana, *Secrets of Kashmir Valley*, Pharos Mesia and Publishing Pvt. Ltd, Delhi,2016
87. Quraishi, Humra, *Kashmir : The Untold Story*, Penguin, Delhi, 2004
88. Rai, Mridu, *Hindu Rulers and Muslim Subjects*, Permanent Black, Delhi, 2007
89. Rizvi, Saiyid Atahar Abbas, *A History of Sufism In India*, Munshilal Manoharlal Publishers Pvt Ltd., Delhi, 1978
90. Santos, Anne Noronha dos, *Military Interventions and Secession in South Asia : The Cases of Bangladesh, Sri Lanka, Kashmir and Punjab*, Greenwood Publishing Group, London, 2007
91. Schofield, Victoria, *Kashmir in Conflict : India, Pakistan and the Unending War*, I B Tauris and Co., 2003
92. Shobharajani, Manisha, *The Land I Dream of-The Story of Kashmir's Women*, Hatchet India, 2014
93. Singh, Karan, *Heir Apparent*, Oxford University Press, Delhi, 1984
94. Singh, Karan, *I Believe: A Philosophy For the Global Society*, Rajpal and Sons, Delhi, 2008
95. Singh, Khushwant, *A History of Sikhs*, *Vol II*, Oxford University Press, Second Edition, 1999
96. Smith, Vincent, *The Early History of India*, Oxford at the Claredon Press, 1914
97. Snowdon, Christopher, *Kashmir : The Untold Story*, Harper Collins, Delhi, 2013, -2015
98. Snowdon, Christopher, *Understanding Kashmir and Kashmiris*, C Hurst and Company (Publishers) Ltd., London, 2015
99. Sufi, G.M.D., *A History of Kashmir*, Light and Life Publication, Delhi
100. Swamy, Pravin, *India, Pakistan and Secret Jihad*, Routledge, London, 2007
101. Symonds, Richard, *In The Margins of Independence : A Relief Worker in India and Pakistan*, 1942-1949, Oxford University Press, 2001
102. Thackston, Wheeler M.,(Translated) *The Jahangirnama : Memories of*

Jahangir, Emperor of India, Oxford University Press, New York, 1999
103. Thorpe, Robert, *Kashmir Misgovernment* (Online Edition)
104. Watt, W. Montgomery, *The Faith and Practice of Al Ghazali*, George Penguin Allen and Unwin Ltd, London, 1953
105. Whitehead, Andrew, *A Mission in Kashmir*, Viking, Delhi, 2007
106. Wignet, *A, Preliminary Report of Settlement Operations in Kashmir and Jammu*, W Wall and Co,, Lahore, 1988
107. Wilson, H.H., *Hindu History of Kashmir*, Sushil Gupta Private Ltd., 1960
108. Wonneberger, Astrid, Gandelsman-Trier, Mijal, Dorsch Hauke (eds.) *Migration-Networks-Skills : Anthropological Perspective on Mobility and Transformation*, TranscriptVerlag, 2016
109. Yasin, Madhavi, *British Paramountcy in Kashmir (1876-94)*, Atlantic Publishers and Distributers, Delhi, 1984
110. Younghusband, Francis Edword, *Kashmir*, Arms and Charles Black, London, 1911
111. Zutshi, Chitralekha, *Language of Belonging : Islam, Regional Identity and the making of Kashmir*, Permanent Black, 2015
112. Zutshi, N.K, *Sultan Zain-Ul-Abidin of Kashmir*, Lucknow, 1976
113. कौल, जयालाल, *ललद्यद*, साहित्य अकादमी, दिल्ली
114. सहाय, शिव स्वरूप, *प्राचीन भारतीय धर्म और दर्शन*, मोतीलाल बनारसीदास, दिल्ली, 2001

❑❑❑

राजपाल एण्ड सन्ज़ की स्थापना एक शताब्दी पूर्व 1912 में लाहौर में हुई थी। आरम्भिक दिनों में अधिकतर धार्मिक, सामाजिक और देश-प्रेम की पुस्तकें प्रकाशित होती थीं और हिन्दी के अतिरिक्त अंग्रेज़ी, उर्दू व पंजाबी भाषा में भी पुस्तकें प्रकाशित की जाती थीं।

1947 में भारत-विभाजन के बाद राजपाल एण्ड सन्ज़ को नए सिरे से दिल्ली में स्थापित किया गया और साहित्यिक पुस्तकों के प्रकाशन का आरम्भ हुआ। रामधारी सिंह दिनकर, महादेवी वर्मा, बच्चन, अज्ञेय, शिवानी, आचार्य चतुरसेन, विष्णु प्रभाकर, राजेन्द्र यादव, मोहन राकेश, रांगेय राघव, कमलेश्वर और अन्य साहित्यिक लेखकों की कृतियाँ यहाँ से प्रकाशित होने लगीं। राजपाल एण्ड सन्ज़ से प्रकाशित *मधुशाला, कुरुक्षेत्र, मानस का हंस, आवारा मसीहा, कितने पाकिस्तान, आषाढ़ का एक दिन* जैसी पुस्तकें हिन्दी साहित्य की 'क्लासिक पुस्तकें' मानी जाती हैं और आज भी लोकप्रियता के शिखर पर हैं। भारत के राष्ट्रपतियों और प्रधानमंत्रियों की पुस्तकें प्रकाशित करने का गौरव भी राजपाल एण्ड सन्ज़ को प्राप्त है। नोबेल पुरस्कार से सम्मानित अर्थशास्त्री डॉ. अमर्त्य सेन की सभी पुस्तकों के हिन्दी अनुवाद यहाँ से प्रकाशित हैं। अन्तरराष्ट्रीय चर्चित पुस्तकों के अनुवाद, विश्वविख्यात कोशकार डॉ. हरदेव बाहरी द्वारा सम्पादित 'राजपाल' शब्दकोशों की श्रृंखला और किशोरों के लिए सैकड़ों पुस्तकें राजपाल एण्ड सन्ज़ से प्रकाशित हुई हैं।

पाठकों के स्वस्थ और सुरुचिपूर्ण मनोरंजन और ज्ञानवर्धन के लिए समर्पित राजपाल एण्ड सन्ज़ से हिन्दी और अंग्रेज़ी में पुस्तकें प्रकाशित होती हैं जो देश के सभी बड़े पुस्तक-विक्रेताओं और विश्व भर के ऑनलाइन विक्रेताओं के यहाँ उपलब्ध हैं।

राजपाल एण्ड सन्ज़

1590 मदरसा रोड, कश्मीरी गेट, दिल्ली-6, फोन: 011-23869812, 23865483
email: sales@rajpalpublishing.com, facebook: facebook.com/rajpalandsons
website: www.rajpalpublishing.com

www.ingramcontent.com/pod-product-compliance
Ingram Content Group UK Ltd.
Pitfield, Milton Keynes, MK11 3LW, UK
UKHW041843190726
13854UKWH00002B/702

9 789386 534453